《中国货币政策执行报告》增刊

2013年
中国区域金融运行报告

中国人民银行货币政策分析小组

责任编辑：吕冠华
责任校对：刘　明
责任印制：程　颖

图书在版编目(CIP)数据

2013年中国区域金融运行报告(2013 Nian Zhongguo Quyu Jinrong Yunxing Baogao)/中国人民银行货币政策分析小组编.—北京：中国金融出版社，2014.10

ISBN 978-7-5049-7632-1

I.①2… II.①中… III.①区域金融—研究报告—中国—2013 IV.①F832.7

中国版本图书馆CIP数据核字(2014)第198758号

出版
发行　中国金融出版社

社址　北京市丰台区益泽路2号

市场开发部　(010)63266347，63805472，63439533 (传真)

网上书店　http://www.chinafph.com (010)63286832，63365686 (传真)

读者服务部　(010)66070833，62568380

邮编　100071

经销　新华书店

印刷　北京侨友印刷有限公司

装订　平阳装订厂

尺寸　210毫米×285毫米

印张　36

字数　964千

版次　2014年10月第1版

印次　2014年10月第1次印刷

定价　218.00元

ISBN 978-7-5049-7632-1/F.7192

如出现印装错误本社负责调换　联系电话 (010)63263947

本书执笔人

负责人： 胡晓炼　李东荣

总　纂： 张晓慧　张翠微

统　稿： 李　斌　张　蓓

参与此项工作（以姓氏笔画为序）： 王秀丽　付竞卉　李文喆　李卫林　李亚奇　郑志丹　赵　婷　谢光启　董迪斌　管　化　穆争社

主报告执笔： 中国人民银行货币政策分析小组
中国人民银行西安分行货币政策分析小组

分报告执笔： 中国人民银行上海总部，各分行、营业管理部、省会（首府）城市中心支行、深圳市中心支行货币政策分析小组

目 录

《2013年中国区域金融运行报告》主报告

内容摘要 2

第一部分 区域金融运行情况 4

一、各地区银行业 4
二、各地区证券业 14
三、各地区保险业 16
四、资金流向和融资结构 18
五、金融生态环境建设 20

第二部分 区域经济运行情况 23

一、消费、投资、净出口和政府支出 23
二、产出和供给 27
三、各地区生态文明建设 32
四、价格和劳动力成本 33
五、主要行业发展 34
六、主要经济圈发展 37

第三部分 区域经济与金融展望 40

2013年各地区主要经济金融指标比较表 43

2013年各地区主要经济指标比较表(Ⅰ) 43
2013年各地区主要经济指标比较表(Ⅱ) 44
2013年全国70个大中城市新建商品住宅销售价格指数同比增长(Ⅰ) 45
2013年全国70个大中城市新建商品住宅销售价格指数同比增长(Ⅱ) 46
2013年年末各省、自治区、直辖市主要存贷款指标 47

专 栏

专栏1 进一步推进利率市场化改革对金融机构的影响 9
专栏2 地方法人金融机构流动性管理状况分析 12
专栏3 各地区产业结构调整和转型升级调查分析 30
专栏4 强化区域经济合作 推动丝绸之路经济带建设 38

表

表1　2013年年末银行业金融机构地区分布　4
表2　2013年年末新型农村机构地区分布　4
表3　2013年年末各地区金融机构人民币存贷款余额增速　5
表4　2013年年末各地区金融机构本外币存贷款余额结构　5
表5　2013年年末各地区金融机构本外币存贷款余额分布　6
表6　2013年地方法人金融机构部分运营指标　12
表7　2013年各地区跨境人民币业务分布　13
表8　2013年年末各地区证券业分布　14
表9　2013年年末各地区保险业分布　16
表10　2013年年末票据业务地区分布　19
表11　2013年各地区社会融资规模　20
表12　2013年各地区社会融资规模结构分布　20
表13　2013年各地区支付体系建设情况　21
表14　2013年各地区生产总值比重和增长率　23
表15　2013年各地区城镇居民人均可支配收入　23
表16　2013年各地区农村居民人均纯收入　23
表17　2013年各地区社会商品零售额比重和增长率　24
表18　2013年各地区固定资产投资（不含农户）比重和增长率　25
表19　2013年各地区出口额比重和增长率　25
表20　2013年各地区进口额比重和增长率　25
表21　2013年各地区实际利用外资比重和增长率　26
表22　2013年各地区财政收入和财政支出情况　27
表23　2013年三次产业的地区分布和各地区三次产业的比重、增长率　28
表24　2013年各地区工业增加值比重和增长率　28
表25　2013年各地区城镇非私营单位就业人员年平均工资　33
表26　2013年各地区城镇私营单位就业人员年平均工资　34
表27　2013年各地区房地产开发投资比重和增长率　35
表28　2013年各地区房地产贷款比重和增长率　35
表29　2013年三大经济圈产业结构　37
表30　2013年三大经济圈主要指标　37

图

图1 2013年年末各地区金融机构本外币各项存款余额及增长率 6
图2 2013年年末各地区金融机构本外币各项贷款余额及增长率 7
图3 2011~2013年商业银行净息差和非利息收入占比 10
图4 2013年地方法人金融机构同业业务资金融出入情况 12
图5 2013年货币市场资金净融入（净融出）情况 18
图6 2007~2013年企业和个人信用信息基础数据库年度查询情况 21
图7 2013年各地区居民平均消费倾向 24
图8 1978~2013年我国城乡居民家庭恩格尔系数变动趋势 24
图9 2013年各地区恩格尔系数 24
图10 2013年各省份进出口差额 26
图11 2013年各省份三次产业结构 28
图12 2013年各省份工业企业平均销售利润率 29
图13 2013年各地区三次产业比重 31
图14 2013年各地区各类价格同比涨幅 33
图15 2013年12月新建商品住宅销售价格同比涨幅 34
图16 2003~2013年中国同中亚五国进出口总额及占全国的比重 39

《2013年中国区域金融运行报告》分报告

2013年北京市金融运行报告 50
2013年天津市金融运行报告 67
2013年河北省金融运行报告 83
2013年山西省金融运行报告 102
2013年内蒙古自治区金融运行报告 116
2013年辽宁省金融运行报告 132
2013年吉林省金融运行报告 148
2013年黑龙江省金融运行报告 164
2013年上海市金融运行报告 180
2013年江苏省金融运行报告 199

2013年浙江省金融运行报告 215
2013年安徽省金融运行报告 231
2013年福建省金融运行报告 248
2013年江西省金融运行报告 263
2013年山东省金融运行报告 280
2013年河南省金融运行报告 297
2013年湖北省金融运行报告 313
2013年湖南省金融运行报告 331
2013年广东省金融运行报告 347
2013年深圳市金融运行报告 362
2013年广西壮族自治区金融运行报告 378
2013年海南省金融运行报告 395
2013年重庆市金融运行报告 411
2013年四川省金融运行报告 427
2013年贵州省金融运行报告 443
2013年云南省金融运行报告 458
2013年西藏自治区金融运行报告 475
2013年陕西省金融运行报告 492
2013年甘肃省金融运行报告 508
2013年青海省金融运行报告 523
2013年宁夏回族自治区金融运行报告 538
2013年新疆维吾尔自治区金融运行报告 553

《2013年中国区域金融运行报告》主报告

内容摘要

2013年，我国经济运行总体平稳，但也面临着经济与金融数据不同步、经济结构性矛盾较为突出、国际经济和政策变化不确定性较大等问题。面对错综复杂的内外部经济形势，全国各地区按照党中央、国务院统一部署，贯彻宏观稳住、微观放活和稳中求进的要求，把握好宏观经济政策框架，在促进经济运行在合理区间的同时，把重点放在调结构、促改革、推动转型升级上，按照“总量稳定、结构优化”的要求，金融业着力盘活存量、用好增量，优化融资结构，更好地服务于实体经济发展。全年经济运行稳中向好，经济结构调整步伐加快。消费需求平稳增长，结构升级特征明显；固定资产投资增速稳中有降，民间投资占比上升；进出口增速稳中有升，企业“走出去”步伐加快。全年东部、中部、西部和东北地区生产总值加权平均增长率分别为9.1%、9.7%、10.7%和8.4%。

各地区着力推进经济结构调整和转型升级，区域协调发展趋势增强。东部地区现代服务业发展较快，第三产业平稳较快增长，对外直接投资大幅提升。中西部地区承接产业转移步伐加快，第二产业占全国的比重持续上升，对外贸易趋于活跃，西部地区城乡居民收入较快增长，中部地区民间投资活力继续增强。东北农业强区地位进一步巩固，第一产业占全国的比重进一步提高。长三角、珠三角、京津冀三大经济圈改革创新发展步伐加快，区域经济一体化稳步推进。

各地区货币信贷和社会融资总量平稳增长，金融服务实体经济的能力和水平提升。全年贷款投放节奏较为均衡，各地区行业贷款集中度有所下降，高耗能行业贷款得到有效控制，贷款对经济社会发展重点领域、薄弱环节和民生领域的支持力度增强。融资结构多元发展，东部地区企业债券和股票融资占比较高，中西部和东北地区对银行贷款的依赖度下降。在外向型企业内迁及外商内陆投资规模扩大的推动下，中西部地区外币存款占全国比重上升。区域经济金融发展更趋协调。

各地区金融业运行总体稳健，区域金融改革深入推进。地方法人金融机构资本充足率有所上升，流动性状况总体稳定。利率市场化改革加快推进，金融机构在定价策略、贷款投向等方面积极调整，存贷款定价精细化程度提高，信贷资源向小微企业、个人和涉农等业务倾斜，风险成本管理更加系统化。四个国家级金融改革试验区结合区域特色推进改革，温州试验区推进民间借贷阳光化，广东珠三角试验区统筹城乡金融改革发展，福建泉州试验区服务小微企业发展，云南和广西多方面推进沿边金融合作与创新。多层次资本市场体系建设稳步推进，保险业社会保障服务领域持续扩大。社会信用体系建设稳步推进，支付体系等金融基础设施不断完善，消费者权益保护进一步增强。

综合各方面情况来看，未来一段时间各地区经济仍有望保持平稳发展态势。全球经济缓慢复苏，外需环境有所改善。随着工业化、城镇化持续推进，区域经济具有较大的互补和回旋余地，经济发展的潜能和空间也将在改革创新中得到进一步释放。但也要看到，我国正处于经济增长速度换挡期、结构调整阵痛期、前期刺激政策消化期，经济增长的内生动力尚待增强，经济结构性矛盾仍比较突出，一些低效率部门和企业大量占用资源，影响了资金周转速度和使用效率，并且对其他主体特别是中小企业形成挤出，也使总量政策效果受到影响，金融领域潜在风险隐患值得关注，资源环境约束也进一步凸显。各地区需将改革创新贯穿于经济社会发展的各个领域各个环节，加快转方式调结构促升级，充分发挥不同地区的优势和特色，积极推动产业转移和梯度发展，深化区域合作共赢，形成南北呼应、东西对接、海陆一体的区域经济发展新格局。

2014年各地区金融业将按照“稳中求进、改革创新”的工作总基调，继续贯彻落实稳健的货币政策，统筹稳增长、促改革、调结构、惠民生和防风险的关系，保持货币信贷总量和社会融资规模合理增长。积极盘活存量、用好增量，改善和优化信贷结构。推动市场融资多元化发展，提高直接融资比重。继续深化金融改革，充分发挥市场在资源配置中的决定性作用，提高金融服务区域经济协调发展和转型升级的能力。加强流动性、内控和风险管理，守住不发生系统性、区域性金融风险的底线，为经济持续健康发展创造稳定、适宜的货币金融环境。

第一部分 区域金融运行情况

2013年，全国各地区[①]金融业按照党中央、国务院的统一部署，认真贯彻落实稳健的货币政策，加大对实体经济的支持力度，着力营造稳定的货币金融环境，努力促进经济平稳健康发展。全年各地区金融运行总体平稳，金融改革深入推进，区域金融发展更趋协调，金融生态环境继续改善。

一、各地区银行业

2013年，全国各地区银行业金融机构网点、从业人员稳步增加，资产规模稳定增长。年末，银行业金融机构网点共计20.9万个，从业人员356.7万人，较上年分别增加0.7万个和18.8万人；资产总额为140.2万亿元，同比增长12.6%[②]，其中大型商业银行资产总额占比为40.1%。分地区看，东部地区银行业资产总额在全国占比最高，中部和西部地区占比有所提升（见表1）；分省份看，广东、北京、江苏三省（直辖市）银行业资产总额均超过10万亿元，贵州、西藏、福建三省（自治区）银行业资产总额增速均超过20%。

外资银行稳步发展。2013年年末，全国共有法人性质外资银行44家，分布在9个省（市），除1家在西部地区外，其余均在东部地区；全国共有27个省份入驻外资银行机构，网点总数为928个，较上年增加89个；资产总额为2.5万亿元，同比增长4.2%。东部地区外资银行机构网点和资产总额在全国的占比分别为82.7%和92.9%，较上年分别上升0.2个和下降0.6个百分点。其中，上海市法人性质外资银行数量占到全国一半，资产总额超过1万亿元。

农村金融机构体系进一步完善，新型农村机构快速发展。2013年年末，全国小型农村金融机构[③]资产总额合计16.9万亿元，同比增长8.3%。分地区看，小型农村金融机构资产的46.9%集中于东

表1 2013年年末银行业金融机构地区分布

单位：%

	营业网点			法人机构个数占比
	机构个数占比	从业人数占比	资产总额占比	
东部	39.5	44.1	58.9	33.2
中部	23.7	21.2	15.1	24.9
西部	27.2	23.9	19.1	32.7
东北	9.6	10.8	6.9	9.2
合计	100.0	100.0	100.0	100.0

注：1. 各地区金融机构营业网点不包括国家开发银行和政策性银行、大型商业银行、股份制商业银行等金融机构总部数据。

2. 部分数据因四舍五入的原因，存在与分项合计不等的情况（下同）。

数据来源：中国人民银行上海总部、各分行、营业管理部、省会（首府）城市中心支行。

表2 2013年年末新型农村机构地区分布

单位：%

	东部	中部	西部	东北	全国
村镇银行	33.9	24.4	30.2	11.5	100.0
贷款公司	46.1	15.4	30.8	7.7	100.0
农村资金互助社	28.6	20.4	30.6	20.4	100.0
小额贷款公司	29.9	20.9	34.7	14.5	100.0

数据来源：各省（自治区、直辖市）银监局和金融办，中国人民银行工作人员计算。

①全国各地区包括东部地区、中部地区、西部地区和东北地区。东部地区10个省（直辖市），包括北京、天津、河北、上海、江苏、浙江、福建、山东、广东和海南；中部地区6个省，包括山西、安徽、江西、河南、湖北和湖南；西部地区12个省（自治区、直辖市），包括内蒙古、广西、重庆、四川、贵州、云南、西藏、陕西、甘肃、青海、宁夏和新疆；东北地区3个省，包括辽宁、吉林和黑龙江。

②全国各地区银行业金融机构包括国家开发银行和政策性银行、大型商业银行、股份制商业银行、城市商业银行、农村商业银行、农村合作银行、农村信用社、新型农村金融机构、邮政储蓄银行、外资银行和非银行金融机构。各地区金融机构汇总数据不包括大型商业银行、股份制商业银行、国家开发银行和政策性银行金融机构总部的相关数据。根据中国银行业监督管理委员会统计，2013年年末银行业资产总额为151.4万亿元（本外币合计）。

③小型农村金融机构包括农村商业银行、农村合作银行和农村信用社。

部地区；广东、江苏、浙江、山东和四川五省资产总额均超过1万亿元。新型农村机构保持快速发展。2013年年末，全国各地区新型农村机构[①]共计8 872家，同比增长28.2%，其中村镇银行和小额贷款公司数量占比分别为10.9%和88.4%。分地区看，东部地区村镇银行数量在全国占比最高、增长最快（30.0%），西部地区小额贷款公司数量在全国占比最高、增长最快(36.3%)（见表2）。

（一）各地区存款增长总体平稳，储蓄存款增速有所放缓

2013年年末，全国本外币存款余额[②]突破百万亿元，增长总体平稳。东部、中部、西部和东北地区本外币各项存款余额分别为60.4万亿元、17.0万亿元、20.1万亿元和7.3万亿元，同比分别增长12.0%、15.4%、15.9%和12.4%，增速较上年分别下降1.7个、2.5个、2.6个和2.6个百分点。分省份看，贵州、西藏、甘肃、河南和重庆本外币存款增速分列前五位（见图1）。东部地区外币存款余额在全国的比重超过八成，西部地区人民币存款增速连续八年超过东部地区。

人民币储蓄存款增速有所放缓。受理财产品、互联网金融等分流影响，居民储蓄存款增速有所放缓。2013年年末，东部、中部、西部和东北地区人民币储蓄存款余额增速同比分别回落4.3个、3.6个、4.1个和5.2个百分点（见表3）。从人均人民币储蓄存款看，东部、中部、西部和东北地区分别为44 634.9元、23 907.0元、24 997.2元和34 132.1元，同比分别增长9.4%、14.3%、14.8%和10.4%，其中，北京、上海、浙江、天津、广东人均人民币储蓄存款位居全国前五位。

表3　2013年年末各地区金融机构人民币存贷款余额增速

单位：%

	东部	中部	西部	东北	全国
人民币各项存款	12.5	15.3	16.0	12.6	13.8
其中：储蓄存款	10.3	14.9	15.5	10.4	12.0
单位存款	12.7	14.4	15.9	11.1	13.5
人民币各项贷款	12.3	15.9	17.4	14.2	14.1
其中：短期贷款	13.6	19.6	24.1	18.3	16.9
中长期贷款	12.5	14.6	14.8	12.4	13.0
票据融资	-4.6	-3.5	6.1	0.1	-4.1
其中：消费贷款	23.0	30.6	23.6	24.9	24.3

注：各地区存贷款汇总数据不含全国性商业银行总行直存直贷数据。
数据来源：中国人民银行上海总部、各分行、营业管理部、省会（首府）城市中心支行。

表4　2013年年末各地区金融机构本外币存贷款余额结构

单位：%

	东部	中部	西部	东北	全国
本外币存贷款余额结构					
人民币存款占比	96.6	99.2	99.1	98.6	97.7
外币存款占比	3.4	0.8	0.9	1.4	2.3
人民币贷款占比	92.4	97.5	97.5	95.6	94.4
外币贷款占比	7.6	2.5	2.5	4.4	5.6
本外币存款余额结构					
储蓄存款占比	38.9	50.9	45.7	52.1	43.0
单位存款占比	53.4	43.4	49.5	41.7	50.2
其他存款占比	7.7	5.7	4.8	6.2	6.8
本外币贷款余额结构					
短期贷款占比	42.6	40.2	31.7	39.5	39.8
中长期贷款占比	51.3	56.4	64.9	58.8	55.2
票据融资占比	2.7	2.6	1.9	2.8	2.5
其他贷款占比	3.4	0.8	1.5	0.9	2.5

注：各地区存贷款汇总数据不含全国性商业银行总行直存直贷数据。
数据来源：中国人民银行上海总部、各分行、营业管理部、省会（首府）城市中心支行。

人民币单位存款增速有所加快，地区表现差异明显，期限结构趋向定期化。2013年年末，东部地区单位存款余额增速较上年上升2.9个百分点，中部、西部和东北地区分别下降2.0个、1.1个和1.8个百分点。从期限结构看，各地区人民币单位存款呈现定期化趋势。年末，东部、中部、西部和东北地区人民币单位存款定活比[③]分别为89.7%、45.6%、41.5%和50.7%，较上年分

①新型农村机构包括村镇银行、贷款公司、农村资金互助社和小额贷款公司。
②全国金融机构本外币各项存贷款数据包含各商业银行总行直存直贷数据，与各省份加总数据不一致。2013年年末，全国金融机构本外币存款和贷款余额分别为107.1万亿元和76.6万亿元，各省份本外币存款和贷款余额加总数据分别为104.8万亿元和73.2万亿元。
③人民币单位存款定活比=（单位定期存款余额/单位活期存款余额）×100%。

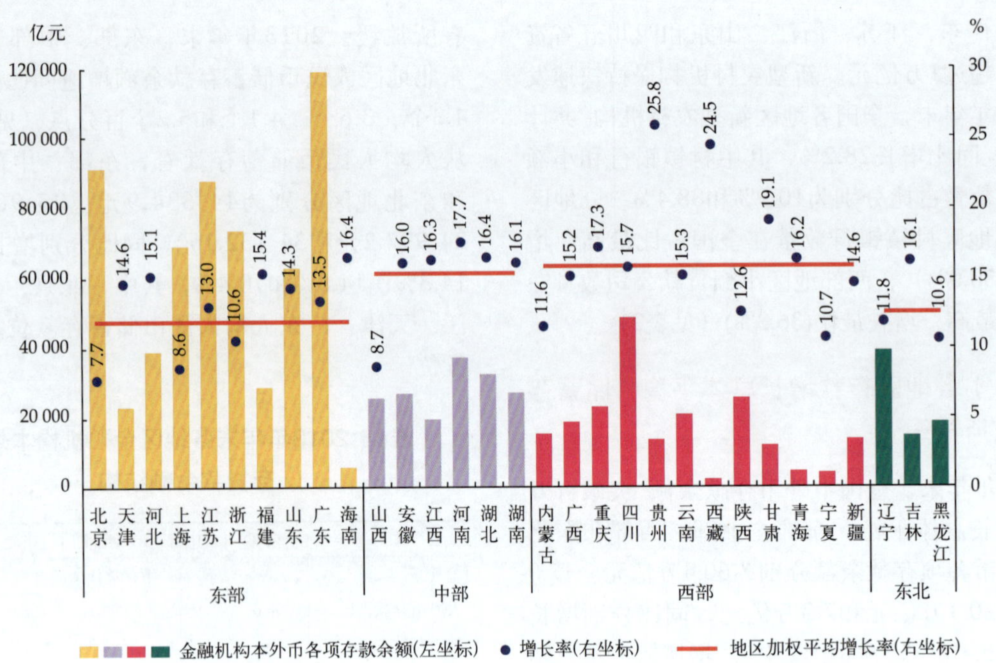

数据来源：中国人民银行上海总部、各分行、营业管理部、省会（首府）城市中心支行。

图1　2013年年末各地区金融机构本外币各项存款余额及增长率

别上升7.6个、7.2个、6.2个和4.8个百分点，一定程度上反映出企业在经济增长预期不稳时倾向于多储备资金。

外币存款增速明显回落。受上年同期基数较高与发达经济体退出量化宽松政策（QE）预期的影响，2013年年末，全国外币存款余额为4 386亿美元，同比增长7.9%，增速较上年下降39.9个百分点。分地区看，东部、中部、西部和东北地区外币存款余额增速同比分别下降55.0个、31.7个、43.0个和44.9个百分点（见表4）。

中西部地区存款占全国比重有所提升。中部和西部地区本外币存款余额占全国的比重较上年分别上升0.2个和0.4个百分点，东部地区下降0.6个百分点，东北地区与上年持平。在外向型企业内迁及外商内陆投资规模扩大的推动下，中部和西部地区外币存款占全国的比重较上年分别上升1.0个和0.3个百分点（见表5）。

表5　2013年年末各地区金融机构本外币存贷款余额分布

单位：%

	东部	中部	西部	东北	全国
本外币各项存款	57.6	16.2	19.2	7.0	100.0
其中：储蓄存款	52.0	19.2	20.4	8.4	100.0
单位存款	61.3	14.0	18.9	5.8	100.0
其中：外币存款	82.8	5.9	7.2	4.1	100.0
本外币各项贷款	57.7	15.2	20.0	7.1	100.0
其中：短期贷款	61.6	15.4	15.9	7.1	100.0
中长期贷款	53.6	15.5	23.5	7.4	100.0
其中：外币贷款	78.5	6.8	9.0	5.7	100.0

注：各地区存贷款汇总数据不含全国性商业银行总行直存直贷数据。

数据来源：中国人民银行上海总部、各分行、营业管理部、省会（首府）城市中心支行。

（二）各地区贷款保持较快增长，信贷结构进一步优化

2013年，全国本外币贷款继续保持较快增长。年末，东部、中部、西部和东北地区本外币各项贷款余额分别为42.2万亿元、11.1万亿元、14.6万亿元和5.2万亿元，同比分别增长11.5%、15.7%、17.2%和14.0%。西部地区人民币贷款增速连续七年超过东部地区。分省份看，西藏、新疆、青海、甘肃、贵州五省（自治区）本外币贷款增速均超过20%（见图2）。

外币贷款增速高位回落。2013年年末，东

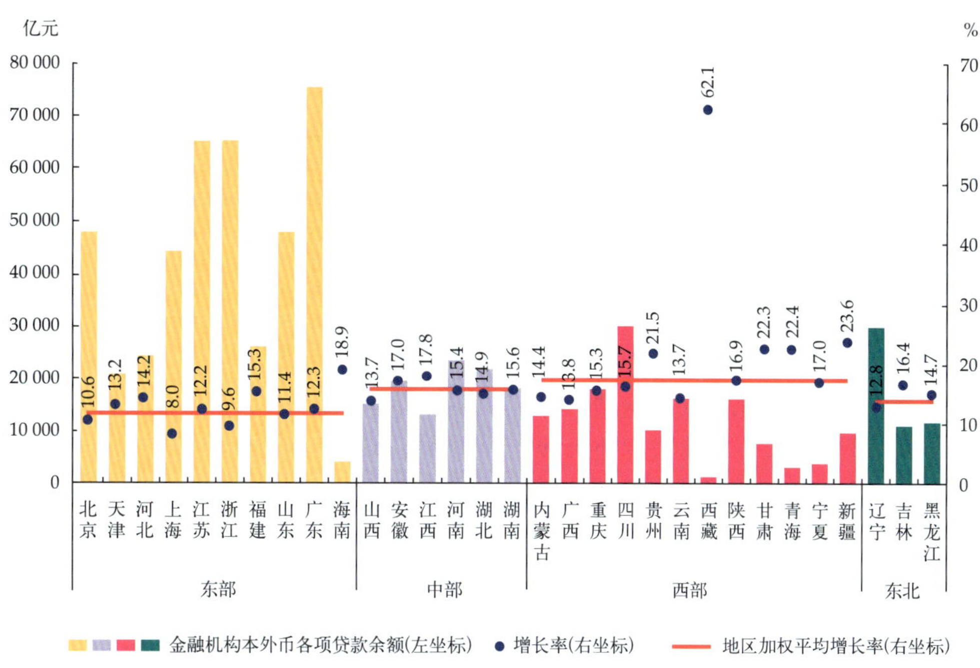

数据来源：中国人民银行上海总部、各分行、营业管理部、省会（首府）城市中心支行。

图2　2013年年末各地区金融机构本外币各项贷款余额及增长率

部、中部、西部和东北地区外币贷款余额同比分别增长10.6%、22.5%、21.2%和16.7%，较上年分别回落19.5个、13.4个、58.7个和19.8个百分点。分地区看，外币贷款的78.5%集中于东部地区，较上年年末下降1.4个百分点，其他地区均有不同程度上升。

中长期贷款增速加快。2013年年末，东部、中部、西部和东北地区人民币中长期贷款余额同比分别增长12.5%、14.6%、14.8%和12.4%，较上年年末分别上升6.1个、1.7个、2.8个和0.2个百分点。新增中长期贷款占比上升。东部、中部、西部和东北地区全年新增人民币贷款中，中长期贷款占比分别为53.9%、53.0%、57.2%和51.9%，同比分别上升25.2个、6.3个、9.9个和0.4个百分点。从人民币短期贷款看，东北地区增速较上年上升0.7个百分点，东部、西部和中部地区增速较上年分别下降4.7个、0.7个和7.7个百分点。

个人消费贷款快速增长。2013年年末，全国人民币个人消费贷款余额同比增长24.3%，较上年年末上升6.7个百分点，其中个人住房贷款余额占69.1%，较上年年末下降1.4个百分点。分地区看，东部、中部、西部和东北地区人民币个人消费贷款余额同比分别增长23.0%、30.6%、23.6%和24.9%，较上年分别上升12.0个、10.1个、5.8个和7.8个百分点。

贷款投放节奏总体均衡。2013年各季度新增人民币贷款占全年新增人民币贷款的比重分别为36.0%、21.2%、24.7%和18.1%，增量占比大体为3.5：2：2.5：2，贷款投放与经济形势变化基本相适应。分地区看，东部、中部、西部和东北地区上半年新增人民币贷款占本地区全年新增人民币贷款的比重分别为55.3%、61.5%、57.8%和59.8%，与上年相比，中部地区上升0.7个百分点，其他地区均有下降。

行业信贷投放结构进一步优化。各地区银行业金融机构积极落实《国务院办公厅关于金融支持经济结构调整和转型升级的指导意见》，着力盘活存量、用好增量。2013年年末，各地区前五大行业人民币贷款余额占各项贷款余额的比重为52.2%，同比下降2.3个百分点。东部、中部、西部和东北地区占比分别为53.1%、50.9%、50.1%和54.6%，较上年年末分别下降2.8个、1.7个、1.7

个和0.4个百分点。六大高耗能行业①贷款得到有效控制。年末，各地区六大高耗能行业中长期贷款余额占全部中长期贷款余额的比重为9.3%，同比下降1.1个百分点。东部、中部、西部和东北地区占比分别为6.6%、8.6%、15.7%和9.5%，较上年年末分别下降0.8个、1.3个、1.7个和1.7个百分点。文化金融合作成效显著。2013年年末，文化产业中长期本外币贷款余额达1 574亿元，同比增长36.3%。

信贷支持经济发展薄弱环节和民生领域的力度进一步加大。2013年年末，各地区本外币涉农贷款余额同比增长18.4%，比同期本外币各项贷款增速高4.5个百分点，中部、西部和东北地区增速均超过20%。西藏、陕西、天津、青海和吉林涉农贷款增速分列前五位。小微企业信贷支持保持较强力度。2013年年末，全国小微企业贷款余额同比增长14.2%，比同期大型和中型企业贷款增速分别高3.9个和4.0个百分点。西藏、河南、甘肃、陕西和山西小微企业贷款增速分列前五位。民生领域贷款②保持快速增长。东部、中部、西部和东北地区民生领域贷款余额同比分别增长20.3%、31.8%、32.8%和21.2%。贵州、新疆、宁夏、安徽和浙江民生领域贷款增速分列前五位。信贷支持扶贫开发力度加大。年末，全国扶贫地区③人民币贷款余额2.8万亿元，同比增长21.2%，高出全国人民币各项贷款增速7.1个百分点。

（三）利率市场化加快推进，金融机构存贷款利率小幅波动

人民币贷款利率小幅波动上行。受融资需求较为旺盛、发达经济体量化宽松政策退出预期、部分地区和行业风险溢价有所上升等因素影响，2013年金融机构贷款利率小幅波动上行，12月贷款加权平均利率为7.20%。分地区看，东部、中部、西部和东北地区全年贷款加权平均利率分别为7.03%、7.69%、7.70%和7.44%。

执行上浮利率的人民币贷款占比有所上升。2013年12月，一般贷款中执行下浮、基准利率的贷款占比分别为12.48%和24.12%，比年初分别下降1.68个和1.98个百分点；执行上浮利率的贷款占比为63.4%，比年初上升3.66个百分点。分地区看，东部地区执行利率上浮1.0～1.3倍的贷款占比最高，接近50%；西部地区执行基准利率贷款占比最高，达28.5%。分省份看，北京市和上海市执行下浮利率贷款占比均超过20%；西藏、青海和新疆三省（自治区）执行基准利率贷款占比均超过40%。

利率市场化加快推进，金融机构利率自主定价能力明显提升。北京市建立同业存款利率信息共享平台系统，根据29家银行报价自动计算生成相应期限的北京同业存款利率；河北、陕西、云南、重庆等省（直辖市）金融机构完善贷款定价管理机制，着重体现客户基础条件差异。

外币存贷款利率总体有所上升。受国际市场利率趋升、境内外币资金供求变化等因素影响，外币存贷款利率总体较年初有所上升。2013年12月，活期、3个月以内大额美元存款加权平均利率比年初分别上升0.01个和1.48个百分点；3个月以内、3（含）～6个月美元贷款加权平均利率比年初分别上升0.64个和0.86个百分点。

民间借贷利率整体下行。2013年，受部分领域投资风险有所上升、企业融资渠道不断拓宽等因素影响，民间借贷对高价格资金的需求量减少，民间借贷利率整体下行。2013年12月，温州民间融资综合利率指数为19.91%，较1月下降1.23个百分点。2013年，浙江、山东民间借贷监测利率同比分别下降3.0个和1.6个百分点。

---

①六大高耗能行业包括非金属矿物制造业、化学原料和化学制品制造业、电力热力生产和供应业、黑色金属冶炼和压延加工业、有色金属冶炼和压延加工业、石油加工炼焦和核燃料加工业。

②民生领域贷款包括下岗失业人员小额担保贷款、劳动密集型小企业贴息贷款、助学贷款和保障性住房开发贷款。

③扶贫地区共计832个县（其中包括国家14个集中连片特困地区所辖680个片区县，以及连片特困地区以外的152个国家扶贫工作重点县）。

专栏1 进一步推进利率市场化改革对金融机构的影响

2013年，在国务院统一部署下，中国人民银行加快推进利率市场化改革，贷款利率管制全面放开，金融机构市场利率定价自律机制初步建立，贷款基础利率（LPR）集中报价和发布机制启动运行，《同业存单管理暂行办法》正式出台。金融机构作为利率定价的市场主体，受利率市场化改革影响最为直接。为增强利率市场化改革适应能力，金融机构在定价策略、经营模式等方面积极进行调整、优化和变革。

一、自主定价能力增强，存贷款定价精细化程度提高

更加重视定价策略。随着利率市场化改革进一步推进，金融机构由固定利差下扩规模逐步转向关注规模和价格的整体平衡，利率定价不仅是同业竞争的重要手段，也成为金融机构实现发展目标、价值创造等经营管理意图的重要途径。

存款定价差异性进一步增强。金融机构存款利率定价从协同行动转向差异化定价，定价依据包括起存金额、存款期限、区域特点、客户类别及客户综合贡献度等多重因素。大型金融机构在维系重点客户和控制付息成本之间追求有效均衡，中小型金融机构多采取跟随定价策略，以适应竞争获得市场份额。存款业务既是各金融机构主要的负债来源，也是成本控制的重要途径。总体来看，1年期及以下期限的存款利率逐步逼近上限水平，1年期以上存款利率上下浮动差异明显。

贷款定价精细化程度提高。金融机构继续夯实数据和信息基础，完善贷款定价系统和定价模型。多数金融机构定价政策从单一关注贷款业务逐步转换为按客户综合贡献度进行定价。不过，不同区域、不同类型金融机构定价机制建设仍不平衡，经济落后与经济相对发达地区、地方性金融机构与全国性金融机构自主定价能力存在差距。

贷款基础利率初步应用。多家金融机构推出了基于贷款基础利率定价的贷款品种和利率互换衍生产品，部分金融机构研究建立本机构的贷款基础利率管理办法并探索构建自身贷款基础利率曲线，为加强LPR运用及信贷市场公平有序定价奠定了良好基础。

二、优化信贷投向，调整经营模式，盈利水平保持稳定

信贷投向“短、小”化。金融机构主动调整期限结构，缩短贷款利率重定价周期，同时将信贷资源向小微、个人和涉农等业务倾斜。2013年年末，东部、中部、西部和东北地区小微企业贷款、个人消费贷款占各地区各项贷款的比重均在30%和14%左右，比6月末分别提高约1个、0.5个百分点。农村信用社反映贷款利率上限取消使涉农贷款可得性进一步增强，有效满足了多层次的涉农贷款需求。

盈利模式转向多元化。金融机构由单一依赖存贷利差向多元化盈利支撑转变，推动传统业务、创新业务共同发展，提升综合经营与管理能力。一是以信贷资产为主逐步向信贷资产和非信贷资产并重转变；二是以表内业务为主转向探索表内外资产负债合理摆布和科学配置,积极开发高附加值的中间业务和表外业务；三是以产品为中心转向以客户需求为导向，创新金融产品和服务方式，开拓新的利润增长点。

经营发展呈现特色化。金融机构由同质化发展转向特色化经营、差异化定位，以形成核心竞争力，提高客户粘度。全国性金融机构统筹存量和增量资源，整合实体网点、互联网金融等多种营销渠道，打造综合金融服务品牌。地方法人金融机构根据区域特色及客户密集程度，通过整合专项业务、设立社区微型网点、开展错时错位服务等方式，凸显经营特色。外资银行借助全球网络和先发优势，将全能银行形式和成熟服务模式进行本土化改进，满足跨国跨境、财富管理、离岸业务等需求。

风险成本管理趋于系统化。金融机构通过

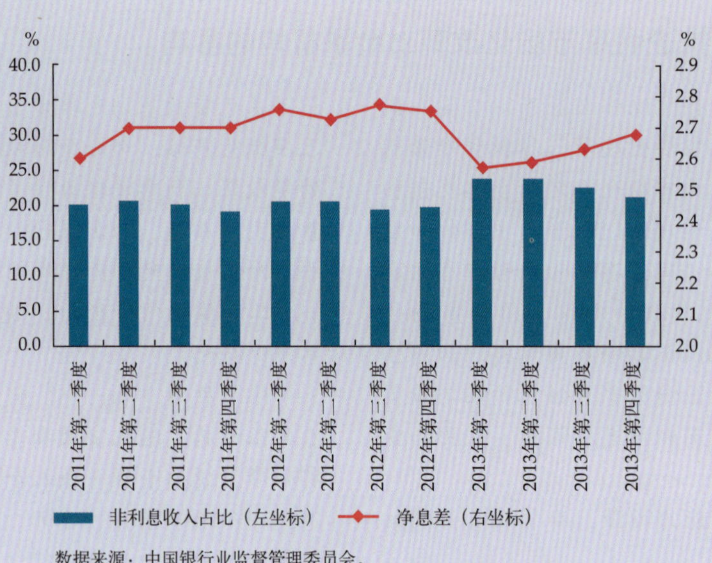

数据来源：中国银行业监督管理委员会。

图3 2011~2013年商业银行净息差和非利息收入占比

建立健全内部资金转移定价（FTP）系统，精确衡量资金成本，实现市场风险隔离及风险管理专业分工；完善敏感性缺口、久期及在险价值（VAR）、经济资本等模型，加强风险成本评估和计量；设定相应的目标值、预警值和限额进行定期风险成本监控和跟踪；丰富客户信用风险评价、风险调整的资本收益率（RAROC）考核等手段，提高风险定价和防范能力。

总体看，金融机构较好地应对了利率市场化的挑战。2013年商业银行法人净利润同比增长14.5%，与2013年上半年贷款利率全面放开前相比，增速提高0.7个百分点。净利息收入占比从第一季度的76.5%增至第四季度的78.8%，净息差从第一季度的接近2.6%逐季度提高至第四季度的2.68%（见图3）。

但也要看到，金融机构中长期盈利能力仍面临挑战，全面风险管理能力尚需增强。随着利率市场化改革进一步推进和市场竞争加剧，净息差可能有收窄的压力，盈利能力和可持续发展面临的压力上升。金融机构风险偏好上升也可能增大信用风险管理的难度。利率更为灵敏地反映资金供求和市场预期变化，也对金融机构的流动性风险和市场风险管理能力提出了更高要求。

下一阶段，将在充分评估金融机构的发展状况和承受能力、各项基础条件的成熟程度并防范风险的前提下，积极、稳妥、有序地推进利率市场化改革。注重通过健全市场利率定价自律机制等方式，促进金融机构完善公司治理、强化财务硬约束、提高自主定价能力，维护公平有序的市场竞争秩序。通过进一步优化上海银行间同业拆放利率（Shibor）报价生成机制，提升贷款基础利率报价质量，扩大贷款基础利率应用范围等措施，建设培育较为完善的市场基准利率体系，为金融机构产品和服务定价提供参考基准。同时，继续建立健全中央银行的利率调控框架，强化价格型调控和传导机制，为加快推进利率市场化改革奠定更为坚实的制度基础。

（四）银行业金融机构改革深入推进，区域金融创新步伐加快

银行业金融机构改革不断深化。2013年，政策性银行和大型商业银行积极实施“走出去”战略，跨国经营取得新进展。中国进出口银行在法国巴黎成立首家海外分行，中国银行海外信息系统整合转型项目在亚太12家分行正式运行，中国建设银行与巴西BIC银行(Banco Industrial e Comercial S.A.)签署总股本72.0%的股份买卖协议，中国工商银行在伦敦成功发行了20亿元离岸人民币高级债券，这是中国境内金融机构总部首次直接在伦敦市场发行离岸人民币债券。银行综合化经营稳步推进。兴业银行、北京银行、上海银行、宁波银行和南京银行获批设立基金管理公司，华夏银行、成都农村商业银行出资设立金融租赁公司，民生银行旗下民生加银资产管理有限公司正式开业。地方法人银行不断增强资本实力。徽商银行和重庆银行在香港上市，江苏银行、富滇银行、上海银行和兰州银行等通过定向增发方式增资扩股，天津滨海农村商业银行在银行间市场发行全国首只二级资本债券15亿元。信贷资产证券化试点进一步扩大。中国农业发展银行、中国工商银行、中国邮政储蓄银行等6家银行作为发起人在银行间债券市场发行信贷资产支持证券157.7亿元。国家开发银行在上海证券交易所试点公开发行政策性金融债券。

农村信用社改革成果显现。2013年，全国农村信用社可持续发展能力显著增强，按贷款五级分类统计，年末农村信用社不良贷款率为4.1%，同比下降0.4个百分点；资本充足率为12.5%，同比提高0.7个百分点；全年实现利润1 962亿元。农村金融服务水平明显提升。年末，全国农村信用社涉农贷款余额和农户贷款余额分别为6.2万亿元和3万亿元，同比分别增长16.4%和14.5%。产权制度改革稳步推进。2013年年末，全国共组建以县（市）为单位的统一法人农村信用社1 690家，农村商业银行468家，农村合作银行122家。

区域金融改革深入推进。2013年年末，全国共有4个国家级金融改革试验区。温州金融综合改革试验区出台首部民间融资管理条例，发行首单小额贷款公司定向债，开展民间资本管理公司私募融资业务，推进民间借贷阳光化。广东珠三角金融改革创新综合试验区成立地方金融资产交易中心，建立农户信用贷款担保基金，试点农民宅基地抵押贷款，统筹城乡金融改革发展。福建泉州金融服务实体经济综合改革试验区设立民间借贷登记服务公司，推出续贷无需还本的“无间贷”小微企业贷款产品，服务小微企业发展。云南和广西分别出台本省（自治区）《关于建设沿边金融综合改革试验区的实施意见》，从信贷、支付体系、信用体系、跨境人民币结算等多方面全面推进沿边金融合作与创新。

各地区金融产品与服务方式创新更趋活跃。安徽启动家庭农场直管直贷试点，加强对新型农业经营主体的信贷支持；重庆推出土地收益保证贷款，破解农村融资担保难题；北京成立小微企业互助基金，缓解小微企业融资压力；吉林推出中小企业贷款扶持信托，为中小企业提供资金支持；福建推出“海融通”、“海丰通”等专属金融产品，支持海洋产业发展；陕西推行民生金融主办银行制度，开展民生金融督导点建设，提升民生领域金融支持的针对性和专业性；辽宁省沈阳市、江苏省南京市、湖北省武汉市等10个城市获批参与消费金融公司试点，促进消费信贷业务发展。

（五）商业银行保持平稳运行，地方法人金融机构运营总体稳定

商业银行运行平稳。2013年年末，商业银行[①]平均资产利润率、加权平均资本充足率和流动性比率分别为1.27%、12.19%和44.03%，较上年均略有下降。商业银行不良贷款率为1%，较上年年末上升0.05个百分点。分地区看，东部和中部地区不良贷款小幅“双升”，西部和东北地区不良贷款率同比分别下降0.15个和0.59个百分点。考虑经济结构调整期部分产能过剩行业不良贷款可能增多，信用风险防控压力有所增大。

①包括大型商业银行、股份制商业银行、城市商业银行、农村商业银行和外资银行。

表6　2013年地方法人金融机构部分运营指标

单位：%

	2013年比2012年平均增减				
	东部	中部	西部	东北	全国
资本充足率	0.27	0.79	0.07	1.10	0.38
流动性比率	-1.79	0.84	-2.23	-2.43	-1.48
资产利润率	-0.02	0.10	-0.03	-0.04	-0.01

数据来源：中国人民银行上海总部、各分行、营业管理部、省会（首府）城市中心支行，各省（自治区、直辖市）银监局，中国人民银行工作人员计算。

地方法人金融机构运营总体稳定。2013年年末，各地区地方法人金融机构资本充足率均有所上升，其中东北地区升幅较大；中部地区资产利润率同比上升较多，其他地区均小幅下降（见表6）；各地区流动性比率基本保持在50%左右，其中，山西、宁夏、河北、河南四省（自治区）流动性比率均超过60%。2013年年末，全国地方法人金融机构不良贷款率同比下降0.2个百分点。分地区看，东部地区地方法人金融机构不良贷款率有所上升，其他地区均不同程度下降，其中江西和河北地方法人金融机构不良贷款率下降幅度均超过2.0个百分点。

同业业务和理财业务快速增长。2013年年末，银行业金融机构同业资产为21.5万亿元，较2009年年初增长246%；同业负债为17.9万亿元，较2009年年初增长236%。理财产品余额9.5万亿元，同比增长41.8%，其中，银行资金池理财产品占全部表外理财产品只数的比例超过50%。同业业务与理财业务融合发展，成为银行业金融机构管理资产负债、创新产品和拓展利润增长点的重要渠道，但也存在部分金融机构操作不规范、规避监管、期限错配增大和信息不透明等问题，在一定程度上影响了宏观调控和金融监管效果。

专栏2　地方法人金融机构流动性管理状况分析

2013年，地方法人金融机构[①]流动性总体平稳。年末地方法人金融机构超额准备金率为4.33%，各季度末均维持在2.5%以上。流动性比率高于25%监管要求的地方法人金融机构家数占比达到95%，各季度末均维持在93%以上。有价证券投资余额占各项贷款余额的26.0%，变现资产获取应急资金能力较强。2013年，地方法人金融机构向其他类型金融机构通过同业业务净融出资金11 868亿元，流动性相对宽裕，其中小型农村金融机构主要融出资金，东部地区城

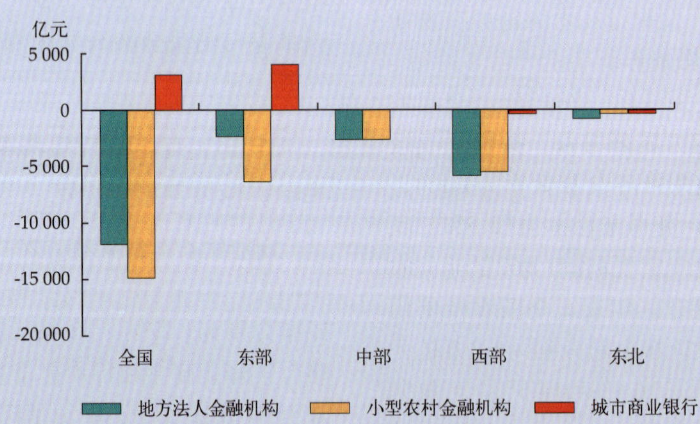

数据来源：中国人民银行上海总部、各分行、营业管理部、省会（首府）城市中心支行，中国人民银行工作人员计算。

图4　2013年地方法人金融机构同业业务资金融出入情况[②]

①本专栏所指地方法人金融机构包括145家城市商业银行、2 280家小型农村金融机构。

②“+”表示净融入，“−”表示净融出。

市商业银行主要融入资金（见图4）。不过也要看到，部分金融机构也存在超常规发展同业业务、信贷扩张较快、资产负债期限错配较严重等问题，流动性管理能力仍有待进一步提高。

针对流动性管理中存在的问题，地方法人金融机构着力加强流动性风险防控和管理制度建设，提升流动性管理能力。一是流动性风险监测指标体系初步建立，加强对流动性比率、超额准备金率、流动性缺口率、同业市场负债依存度等指标的实时监测。二是流动性风险管理体系逐步健全。大部分地方法人金融机构已确立流动性风险管理架构，设立风险管理委员会，明确了各级管理层的职责，配备专门的部门、人员和系统加强流动性风险管理。制定了《流动性风险管理办法》、《流动性风险应急预案》等制度，定期组织开展流动性风险压力测试，及早识别可能引发流动性风险的因素，有针对性地制定流动性风险应急处置措施。三是管理流动性手段逐步丰富。地方法人金融机构可通过动用超额准备金、流动性债券等流动性资产，采取同业拆借、发行同业存单等融资安排，调整资金类资产业务规模及投放节奏，参与公开市场操作、申请常备借贷便利及再贷款等，综合运用各类手段满足流动性需求。

为进一步加强和改善地方法人金融机构流动性管理，2014年1月，中国人民银行在北京、江苏、山东、广东、河北、山西、浙江、吉林、河南、深圳等10省（市）开展分支机构常备借贷便利操作试点，主要解决符合宏观审慎管理要求的地方法人金融机构流动性需求，完善中央银行对地方法人金融机构提供正常流动性供给的渠道。试点地区人民银行分支机构从2014年春节前开始，根据形势需要，适时向符合条件的地方法人金融机构提供了短期流动性支持，稳定了市场预期，促进了货币市场平稳运行。

面对金融市场和金融创新快速发展带来的挑战，地方法人金融机构还需进一步提高流动性风险管理的意识和能力，增强流动性风险防范的主动性，建立覆盖表内外业务的流动性风险预警指标体系，构建符合自身经营特点的流动性风险管理机制；积极盘活存量、用好增量，合理把握信贷投放总量与节奏，防止因资产过快扩张可能导致的流动性风险；优化资产负债结构，提高应急融资能力；加强内外部协作，探索行际间、地区间流动性互补框架，建立并完善流动性风险处置救助机制，进一步提升流动性管理能力。

（六）跨境人民币业务平稳发展，直接投资结算金额大幅增长

2013年，跨境贸易和投资人民币结算业务保持平稳有序增长。2013年银行累计办理跨境贸易人民币结算业务4.6万亿元，同比增长57%。其中，货物贸易结算额3.0万亿元，同比增长47%，占同期海关货物进出口总额的比重约为11.7%，较上年上升3.3个百分点。与境内发生人民币跨境收付的境外企业所在国家和地区达到222个。跨境贸易人民币结算业务收付比为1：1.5。跨境人民币直接投资结算业务快速发展，2013年累计办理人民币跨境直接投资结算业务5 337.4亿元，同比增长87.9%。人民币合格境外机构投资者境内证券投资规模逐步扩大，截至2013年年末，全国共有61家机构获得RQFII试点资格，累计获批人民币投资额度1 575亿元。分地区看，跨境人民币业务主要集中在东部地区，各项结算额占比均超过80%（见表7）。

表7 2013年各地区跨境人民币业务分布

单位：%

	东部	中部	西部	东北	全国
跨境人民币结算额	86.7	3.3	7.2	2.8	100.0
其中：					
经常项下结算额	87.7	3.1	7.0	2.2	100.0
资本项下结算额	83.6	4.1	7.9	4.4	100.0
其中：直接投资	85.6	4.2	6.4	3.8	100.0
其他投资	82.2	4.1	8.8	4.9	100.0

数据来源：中国人民银行上海总部、各分行、营业管理部、省会（首府）城市中心支行，中国人民银行工作人员计算。结算额为当年实际收付的发生额。

各地区跨境人民币业务进一步拓展。2013年，作为第一批跨境人民币业务试点[①]地区，深圳市和上海市陆续在前海深港现代服务业合作区和中国（上海）自由贸易区开展跨境人民币双向资金池和双向贷款业务；广东省与香港跨境人民币结算额超过1万亿元，占全国结算总额的23.8%。在第二批试点的18个省份中，2013年北京、浙江和山东三省（直辖市）跨境人民币结算额均超过5 000亿元，云南、广西、内蒙古三省（自治区）跨境人民币结算额占国际收支的比重均超过20%，江苏昆山试验区开展人民币跨境双向借款业务试点，浙江义乌创新个人经常项下跨境人民结算业务，黑龙江省绥芬河、内蒙古自治区满洲里地区开展卢布现钞使用试点获国务院批准。第三批试点区域主要为中西部省份，2013年河南、安徽两省跨境人民币结算额均超过300亿元。

二、各地区证券业

2013年，证券市场保持平稳发展。全年各地区股票交易较为活跃，市场筹资保持稳定，证券公司加快发展，期货交易品种不断丰富，资本市场服务实体经济能力有效提升。

（一）多层次股票市场稳步发展，深沪股市市值增减分化

多层次股票市场稳步发展。2013年年末，境内上市公司总数（A股、B股）2 489家，较上年减少5家，均为正常退市。其中，创业板和中小企业板上市公司数量分别为355家和701家，数量均与上年持平。分地区看，东部、中部、西部和东北地区境内各上市公司数量占全国的比重分别为65.1%、14.7%、14.7%和5.5%，与上年基本持平（见表8）。“新三板”市场挂牌企业数量明显增加。2013年年末，“新三板”市场[②]挂牌企业356家，同比增长78%。其中，北京中关村、天津滨海、上海张江和武汉东湖四园区挂牌企业数量占比分别为69.6%、6.2%、14.1%和10.1%。

表8　2013年年末各地区证券业分布

单位：%

	东部	中部	西部	东北	全国
总部设在辖内的证券公司数	68.7	10.4	15.7	5.2	100.0
总部设在辖内的基金公司数	97.8	0.0	2.2	0.0	100.0
总部设在辖内的期货公司数	71.8	10.3	10.2	7.7	100.0
年末境内上市公司数	65.1	14.7	14.7	5.5	100.0
年末境外上市公司数	78.3	11.6	6.7	3.4	100.0
当年国内股票(A股)筹资额	57.3	14.9	24.7	3.1	100.0
当年发行H股筹资额	87.8	9.1	3.1	0.0	100.0
当年国内债券筹资额	70.3	13.3	12.8	3.7	100.0
其中：短期融资券筹资额	81.6	8.1	8.7	1.6	100.0
中期票据筹资额	65.1	14.0	16.4	4.5	100.0

数据来源：各省（自治区、直辖市）证监局，中国人民银行工作人员计算。

沪深股市市值增减分化。2013年年末，上证综合指数收于2 116点，同比下跌6.8%；深证综合指数收于1 058点，同比上升20%。其中，创业板指数上升82.7%，中小企业板指数上升17.5%。从总市值看，2013年年末沪市总市值为15.1万亿元，同比减少4.7%；深市总市值为8.8万亿元，同比增加22.7%。其中，创业板总市值增加72.9%，中小企业板总市值增加29.0%。从市盈率看，2013年年末沪市A股加权平均市盈率从上年年末的12.3倍下降至11倍，深市A股加权平均市盈率从上年年末的22.2倍上升至28倍。其中，创业板市盈率从上年年末的32倍上升至55.2倍，中小企业板市盈率从上年年末的25.4倍上升至34.1倍。

（二）股票市场、债券筹资规模基本稳定

股票市场筹资额同比基本持平。2013年，各类企业和金融机构在境内外股票市场通过发行、增发、配股、权证行权等方式累计筹资3 867亿

①跨境人民币业务试点于2009年7月在上海、广州、深圳、珠海和东莞5城市启动试点；2010年6月，增加北京、天津、内蒙古、辽宁、吉林、黑龙江、江苏、浙江、福建、山东、湖北、广西、海南、重庆、四川、云南、西藏、新疆18个省份为试点地区，广东省试点范围扩大到全省；2011年8月，试点范围扩大至全国。

②2006年，中关村科技园区非上市股份公司进入代办转让系统进行股份报价转让。2012年，经国务院批准，决定扩大非上市股份公司股份转让试点，称为“新三板”，首批扩大试点新增上海张江高新技术产业开发区、武汉东湖新技术产业开发区和天津滨海高新区。2013年年末，新三板方案突破试点国家高新区限制，面向全国接受企业挂牌申请。

元，同比多筹资5亿元。分地区看，中部和西部地区A股筹资额占全国的比重较上年分别上升3.3个和6.6个百分点；东部和东北地区A股筹资额占全国的比重较上年分别下降9.6个和1.3个百分点。从创业板市场筹资看，东部、中部和西部地区创业板市场筹资额占创业板市场筹资总额的比重分别为71.6%、26.9%和1.5%，中部地区较上年上升18.6个百分点，东部和西部地区较上年分别下降15.7个和1.3个百分点。从中小企业板市场筹资看，东部、中部、西部和东北地区中小企业板市场筹资额占中小板市场筹资总额的比重分别为57.2%、21.7%、18.4%和2.7%，与上年相比，东部地区比重下降18.4个百分点，其他地区比重全部上升，其中西部地区上升10.2个百分点，上升最快。分省份看，北京市创业板筹资额占全国的近一半；广东省中小板筹资额占全国的近1/4。

债券筹资规模略有减少。2013年，国内公司信用类债券筹资总额为36 699亿元，较上年减少667亿元。分地区看，东部、中部、西部和东北地区国内债券筹资额占比分别为70.3%、13.2%、12.8%和3.7%。其中，中部和西部地区国内债券筹资额占比较上年分别提升2.4个和0.4个百分点；东部和东北地区占比较上年分别下降2.3个和0.5个百分点。从证交所债券筹资情况看，沪、深证券交易所2013年累计债券筹资4 082.1亿元，同比增长49.9%，较上年下降9.6个百分点。其中，公司债、可转债和中小企业私募债筹资额占比分别为78.9%、13.5%和7.6%。

（三）证券公司发展步伐加快，基金管理公司非公募资金规模大幅上升

2013年年末，全国各地区证券公司共计115家，较上年增加1家。分省份看，广东、上海、北京三省（直辖市）证券公司数量分别为22家、20家和18家，分居全国前三位。证券公司资产规模稳步扩大。年末，证券公司总资产为2.1万亿元，同比增长20.9%；净资本为5 204.6亿元，同比增长4.7%。全年实现营业收入1 592.4亿元，同比增长23.0%。其中，受客户资产管理业务由行政审批制改为备案制以及证券公司资产管理业务投资范围适度扩大的推动，受托客户资产管理业务净收入70.3亿元，同比增长1.6倍，银证合作定向资产管理业务是主要拉动因素之一，但也为银行存量资产出表和表外放贷提供了通道，可能存在一定的跨市场、跨行业交叉金融风险；在转融通推出和融资融券标的范围扩大的作用下，融资融券业务利息收入184.6亿元，同比增长2.5倍。全年实现净利润440.2亿元，同比增长33.7%；104家证券公司实现盈利，占证券公司总数的90.4%。

基金管理公司非公募资金规模大幅上升。2013年年末，全国各地区共有基金管理公司89家，同比增加12家。分地区看，基金管理公司有86家集中于东部地区，其中上海有41家。基金管理公司共管理资产4.2万亿元，其中，非公募资金规模（社保基金、企业年金和特定客户资产）1.2万亿元，同比增长61.2%，较上年上升32.4个百分点；非公募资金占管理总资产的比重为28.9%，较上年提高8.0个百分点。2013年，基金管理公司特定客户资产管理业务开始试点，基金管理公司子公司发展迅速。基金管理公司子公司达到62家，同比增长超过4倍，其中上海、广东和北京三省（直辖市）占比分别为41.9%、40.3%和17.8%。

（四）期货市场持续快速发展，期货交易品种不断丰富

2013年，中国期货市场累计成交总额267.5万亿元，同比增长56.3%。上海期货交易所、郑州商品交易所、大连商品交易所和中国金融期货交易所累计成交额分别为60.4万亿元、18.9万亿元、47.2万亿元和141.0万亿元，同比分别增长35.5%、8.8%、41.5%和85.9%，分别占全国的22.6%、7.1%、17.6%和52.7%。从交易商品看，焦炭、铜、天然橡胶、白银和螺纹钢五种商品成交额居前五位，均超过10万亿元。从金融期货看，沪深300股指期货成交额增速和占比分别为85.5%和99.8%；国债期货正式上市交易，5年期国债期货成交额为3 063.9亿元。

期货市场交易品种不断丰富。2013年，中国期货市场相继上市了焦煤、动力煤、石油沥青、铁矿石、鸡蛋、粳稻、纤维板、胶合板8个商品期货品种和国债期货1个金融期货品种，国内期货品种增至40个，期货品种从单一品种发展到产业链

上下游。上海期货交易所与国际市场接轨，启动黄金、白银、铜、铝、锌、铅的连续交易。全国四大期货交易所相继推出期权仿真交易，风险管理工具不断丰富。

（五）证券市场基础性制度建设不断完善，资本市场改革创新稳步推进

2013年，证券业加强基础性制度建设，努力提升资本市场服务实体经济能力。中国证券监督管理委员会正式启动新股发行体制改革，按照市场化原则理顺新股上市各环节，促进市场参与各方归位尽责；推动多层次资本市场建设，扩大"新三板"市场试点范围，年末正式面向全国接受企业挂牌申请。国务院发布《关于进一步加强资本市场中小投资者合法权益保护工作的意见》，健全投资者适当性制度、优化投资回报机制、保障中小投资者知情权，切实保护资本市场中小投资者合法权益。

资本市场改革创新稳步推进。优先股试点启动，直接融资加快发展。中国证券监督管理委员会拓宽开展基金管理业务的机构范围，适当降低公募基金管理业务准入门槛；发布《证券公司资产证券化管理规定》，明确基础资产类型、交易结构和交易方式。资产管理公司转型改制稳步推进。中国信达资产管理股份有限公司在香港上市，金融资产管理公司股份制改革和商业化转型取得阶段性成果。

各地区证券业改革创新深入推进。广东省广发期货香港子公司收购法国外贸银行（Natixis S.A.)所持英国NCM期货公司（Natixis Commodity Markets Limited）的100%股权，完成全国首宗期货公司海外收购；云南省太平洋证券在老挝设立全国首家境外合资证券公司；新疆、河北、辽宁等省份成立区域股权中心；国内首家基金第三方电子商务平台和第三方销售机构搭建的微信基金交易平台分别在浙江和上海建立。上海市海通证券成为证券业内首家柜台交易业务上线、正式发布柜台交易产品的券商。

三、各地区保险业

2013年，保险业加快发展方式转变，各项业务增长平稳回升，资产总额和保费规模稳步扩大，经济补偿功能充分发挥，重点领域和关键环节市场化改革积极推进，经济社会保障服务水平提升。

（一）保险业整体实力增强，保费收入稳步增长

2013年年末，全国保险法人公司和分支机构分别有167家和1 566家，较上年分别增加14家和30家，保险法人公司和分支机构地区分布占比保持稳定（见表9）；再保险机构10家，其中，中资4家、外资6家。保险业总资产平稳增长。年末资产总额首次超过8万亿元，同比增长12.7%。其中，投资类资产同比增长20.3%，占资产总额的比重为65.4%，较上年提高4.1个百分点。全行业实现投资收益3 658.3亿元，收益率达到5.04%，为近四年来的最好水平，其中对基础设施、不动产、资产支持计划等另类投资的收益率超过6.5%，对提升保险资金运用收益率起到重要作用，同时也需防范相关投资风险。

2013年，保险业实现保费收入[①]（指原保险

表9　2013年年末各地区保险业分布

单位：%

项目	东部	中部	西部	东北	全国
总部设在辖内的保险公司数	86.8	3.0	6.0	4.2	100.0
其中：财产险经营主体	76.2	4.8	12.7	6.3	100.0
人身险经营主体	90.2	2.8	2.8	4.2	100.0
保险公司分支机构数	46.5	18.8	23.8	10.9	100.0
其中：财产险公司分支机构	45.4	18.4	26.3	9.9	100.0
人身险公司分支机构	47.3	19.2	21.7	11.8	100.0
保费收入	54.4	18.8	19.4	7.4	100.0
其中：财产险保费收入	54.8	17.1	21.0	7.1	100.0
人身险保费收入	54.1	19.8	18.5	7.6	100.0
各类赔款给付	53.5	19.1	19.4	8.0	100.0

数据来源：各省（自治区、直辖市）保监局，中国人民银行工作人员计算。

①2011年中国保监会的统计数据开始按照《关于印发〈保险合同相关会计处理规定〉的通知》的口径，保费收入统计口径有所变动。

保费收入，下同）1.7万亿元，保费规模全球排名第四位，同比增长11.2%，较上年提高3.2个百分点，业务增速连续下滑势头得到遏制。分地区看，东部、中部、西部和东北地区保费收入同比分别增长11.0%、9.4%、13.6%和11.7%，较上年分别提高2.0个、5.3个、4.8个和4.8个百分点。分省份看，广东、江苏、山东和浙江四省保费收入均超过千亿元，保费收入合计占全国比重超过30%。

（二）人身险业务企稳回升，财产险和农业险较快发展

人身险业务企稳回升。2013年，在普通型人身保险费率政策改革①作用下，全年人身险实现保费收入1.1万亿元，同比增长8.4%，较上年提高3.9个百分点。分险种看，寿险占比为85.6%，较上年下降2.1个百分点；健康险增长30.2%，较上年提高5.5个百分点。受分红险等产品的收益率低于投保人心理预期等的影响，人身险退保率达到3.8%，较上年提升1.0个百分点。分地区看，东部、中部、西部和东北地区人身险保费收入同比分别增长8.7%、4.7%、10.8%和10.3%，较上年分别提高1.9个、5.1个、4.1个和5.2个百分点。分省份看，广东、江苏、山东和北京四省（直辖市）人身险保费收入均超过700亿元，保费收入合计占全国的比重超三成。

财产险业务加快发展。2013年，全年实现财产险保费收入6 212.3亿元，同比增长16.5%；占全国保险业总保费收入的36.1%，较上年提高1.7个百分点。其中，交强险保费收入1 258.9亿元，同比增长13.0%。分地区看，东部、中部、西部和东北地区财产险保费收入同比增长15.3%、20.5%、18.4%和14.7%，均较上年有所提高。财产险业务保费收入的地区占比与上年相比基本稳定。分省份看，广东、江苏和浙江三省财产险保费收入均超过500亿元，保费收入合计占全国的比重为27.6%。

农业保险保费规模和保险覆盖面持续扩大，产品创新步伐不断加快。2013年，《农业保险条例》正式实施，推动农业保险健康快速发展，中国成为全球第二大农业保险市场。全年实现农业保险保费收入306.6亿元，同比增长27.4%，农作物承保面积突破10亿亩，占全国播种面积的45%，提供风险保障1.4万亿元，向3 177万名受灾农户支付赔偿208.6亿元。浙江积极实施高山蔬菜、家庭农场等地方性险种，37类农业保险险种已覆盖全省主要农业品种。安徽创新推出天气指数保险、中药材保险、政策性果树保险和大棚蔬菜保险等特色险种。湖北开展政策性保险和商业性保险的结合试点，将每亩水稻保额由200元提高到1 000元。江苏完善政策性农业保险条款费率，保险金额按档次相应提高11%左右，保险费率在原基础上降低10%。内蒙古完善森林保险保障措施，全年实现政策性森林保险保费收入6.4亿元，排名全国第一。

（三）保险赔款给付支出快速增长，经济补偿功能有效发挥

2013年，保险业原保险赔付支出6 213亿元，同比增长31.7%，较上年提高11.7个百分点。其中，财产险赔付3 439.1亿元，同比增长22.1%；人身险赔付2 773.8亿元，同比增长46.0%。分地区看，东部、中部、西部和东北地区各类赔付同比分别增长28.7%、40.7%、31.3%和40.3%，其中东部、中部和东北地区增速较上年分别提高8.9个、20.1个和22.7个百分点，西部地区增速较上年小幅回落3.8个百分点。分省份看，广东、江苏、浙江三省各类赔付支出分别为619.0亿元、527.0亿元和451.0亿元，位居全国前三；黑龙江、安徽、山西和陕西等九省赔付支出增速均超过40%。2013年，在东北洪灾、南方旱灾和“菲特”台风等一系列重大灾害事故中，保险业积极履行赔付责任。其中，东北洪灾、南方旱灾和“菲特”台风共计赔款超百亿元。

---

①2013年8月5日，中国保监会发布《关于普通型人身保险费率政策改革有关事项的通知》，明确提出普通型人身保险预定利率由保险公司按照审慎原则自行决定。

（四）保险密度持续提升，保险深度基本稳定

2013年，保险密度[①]为1 265.7元/人，较上年提高121.7元。分地区看，保险密度总体呈现东部、东北、西部、中部递减态势，西部地区保险密度首次超过中部地区。分省份看，北京、上海和浙江保险密度位居前3位，均超过2 000元/人；贵州、青海、福建、海南、江西、云南六省保险密度均提升15%以上。2013年保险深度[②]为3.0%，与上年持平，保险深度总体呈现东部、西部、中部、东北递减态势；全国约2/3省份的保险深度在2%～3%，北京、上海、四川、山西、新疆和广东六省（直辖市、自治区）保险深度均超过3%，北京保险深度为5.1%，位居全国首位。

（五）市场化改革积极推进，保障服务水平不断提升

2013年，保险业重点领域和关键环节的市场化改革加快推进，行业发展的内生动力不断增强。《保险公司城乡居民大病保险业务管理暂行办法》出台。2013年，大病保险在全国25个省份的144个统筹地区全面推开，覆盖人口3.6亿人。《中国第二代偿付能力监管制度体系整体框架》正式发布，确立了定量资本要求、定性监管要求、市场约束机制的“三支柱”框架体系。

各地区保险产品与服务方式创新步伐加快，服务实体经济能力不断增强。北京、四川等省份试点国内贸易信用险业务。云南、深圳地震和综合巨灾保险试点工作正式启动。山东创新推出订单农业贷款保证保险、小微企业信贷保证保险等特色险种。广东在全省强制试点环境污染责任险，涉重金属、危险化学品等高环境风险行业被纳入试点范围。江西启动校园食品安全责任险试点。陕西、河北和湖南等省份在部分市县启动“一元民生保险”[③]，加大民生保障力度。上海成立国内首家网络保险公司——众安在线财产保险公司。湖北省武汉市建成国内第一家由保险公司投资建立的养老社区。全国超过60家企业从事互联网保险业务，保费规模为291.2亿元，三年累计增长8.1倍。

四、资金流向和融资结构

（一）银行间市场交易量同比减少

2013年，银行间市场累计成交235.3万亿元，同比减少10.7%。分地区看，东部、中部和东北地区交易量同比减少12.9%、13.5%和13.6%，西部地区交易量同比增长6.8%。分省份看，北京、上

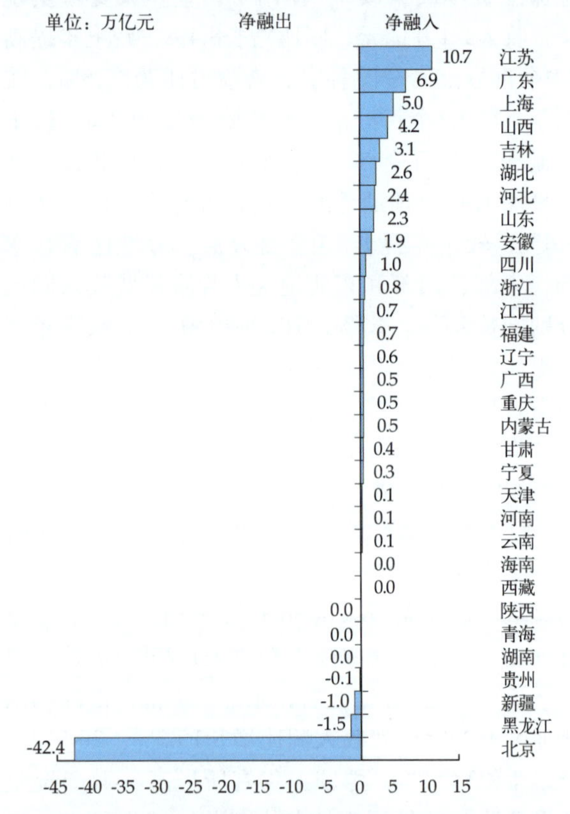

数据来源：中国外汇交易中心。

图5 2013年货币市场资金净融入（净融出）情况

①保险密度是指一国（地区）的人均保费收入。

②保险深度是指一国（地区）全部保费收入与该国（地区）生产总值的比率。

③一元民生保险：由政府为当地居民以1元标准进行统一集中投保，一年期内享受“见义勇为救助责任保险”和“自然灾害公众责任保险”。

海、广东、浙江和江苏五省（直辖市）交易量合计超过全国的70%；青海、陕西和云南交易量增速位居全国前三，均在70%以上。

区域间资金呈现主要由北京向其他省份流动态势（见图5）。2013年，北京资金净融出42.4万亿元，同比减少7.3万亿元，仍是主要资金融出地区。江苏、广东、上海、山西和吉林位居资金净融入前5位，合计净融入资金22.6万亿元。从资金净融出（净融入）状态看，与上年相比，广西、云南、西藏由净融出转为净融入；湖南、贵州、黑龙江和陕西由净融入转为净融出。

（二）票据融资交易活跃，市场利率波动上升

票据承兑业务增幅趋缓，电子商业汇票业务快速增长。2013年，企业累计签发商业汇票20.3万亿元，同比增长13.3%，增速较上年回落5.5个百分点，年末承兑余额较上年同期增加0.7万亿元。其中，电子商业汇票系统出票、承兑金额分别为1.59万亿元和1.63万亿元，同比分别增长69.1%和68.9%。第二季度以后，随着监管部门先后出台了关于规范银行理财资金投资非标资产和农村中小金融机构票据业务的监管文件，银行承兑汇票业务受到一定抑制，全年银行承兑汇票累计发生额和余额增速较上年分别下降16.9个和16.0个百分点。分地区看，各地区银行承兑汇票余额增速较上年均出现下降，西部和东北地区降幅明显。各地区银行承兑汇票累计发生额占比有所变化，中部和西部地区银行承兑汇票累计发生额占比小幅增加，较上年分别提高2.1个和0.9个百分点，东部和东北地区占比有所下降，较上年分别下降2.9个和0.1个百分点（见表10）。

票据融资交易活跃，票据融资余额下降。2013年，金融机构累计贴现45.7万亿元，同比增长44.3%。其中，银行承兑汇票贴现累计发生额同比增长42.5%，商业承兑汇票贴现累计发生额同比增长51.4%。分地区看，东部、中部和西部地区贴现累计发生额占比较上年分别提高1.9个、0.3个和1.0个百分点，东北地区下降3.2个百分点。分省份看，广东、江苏、重庆等七省（直辖市）贴现累计发生额合计超过全国的60%。2013年票据融资余额呈现先升后降的变化特点。上半年票据融资波动中有所增长，6月末票据融资同比增长2.3%，下半年，受金融机构调整信贷总量和结构、盘活票据融资存量等因素的影响，年末票据融资余额同比下降4.1%。

表10　2013年年末票据业务地区分布

单位：%

	东部	中部	西部	东北	全国
银行承兑汇票承兑余额	63.5	15.9	14.5	6.1	100.0
银行承兑汇票承兑累计发生额	63.4	16.7	14.1	5.8	100.0
票据贴现余额	62.9	14.5	15.3	7.3	100.0
票据贴现累计发生额	59.7	12.1	17.8	10.4	100.0

数据来源：中国人民银行上海总部、各分行、营业管理部、省会（首府）城市中心支行，中国人民银行工作人员计算。

票据市场利率总体有所上升。受货币市场利率和票据市场供求变化等因素的影响，2013年1～5月票据市场利率基本保持平稳，6月以后波动加大。12月，票据融资加权平均利率为7.54%，比年初提高1.90个百分点。各地区银行承兑汇票贴现、买断式、回购式票据转贴现加权平均利率的水平和走势略有差异，总体趋势与全国基本一致。

（三）社会融资规模适度增长，融资结构更趋多元

社会融资规模①适度增长，区域融资不平衡状况改善。2013年，全国社会融资规模为17.3万亿元，较上年增加1.5万亿元；各季度分别为6.2万亿元、4.0万亿元、3.8万亿元和3.3万亿元，呈现逐季回落态势。分地区看，东部地区社会融资规模达8.5万亿元，占各地区社会融资规模的52.2%，较上年下降2.1个百分点；中部、西部和东北地区占比分别上升1.0个、0.5个和0.6个百分点（见表11）。分省份看，广东、北京、江苏、山东和浙江五省（直辖市）社会融资规模均超过8 000亿元。

①社会融资规模是指一定时期和一定区域内实体经济从金融体系获得的资金总额，是增量概念。

表11　2013年各地区社会融资规模

单位：%

	东部	中部	西部	东北	合计
地区社会融资规模	52.2	17.6	23.3	6.9	100.0
其中：人民币贷款	50.0	17.7	24.9	7.4	100.0
外币贷款（折合人民币）	67.3	11.0	14.1	7.6	100.0
委托贷款	57.3	14.7	21.6	6.4	100.0
信托贷款	48.0	18.7	26.5	6.8	100.0
未贴现的银行承兑汇票	51.4	25.3	15.7	7.6	100.0
企业债券	59.6	17.8	17.9	4.7	100.0
非金融企业境内股票融资	37.5	22.5	33.6	6.4	100.0

注：地区社会融资规模不含金融机构总行（或总部）提供的社会融资规模。

数据来源：中国人民银行、发展改革委、中国证监会、中国保监会、中央结算公司和中国银行间市场交易商协会等，中国人民银行工作人员计算。

表12　2013年各地区社会融资规模结构分布

单位：%

	东部	中部	西部	东北	全国
人民币贷款	49.0	51.4	54.6	54.9	51.1
外币贷款（折合人民币）	3.5	1.7	1.6	3.0	2.7
委托贷款	15.9	12.2	13.4	13.5	14.5
信托贷款	9.5	11.0	11.7	10.1	10.3
未贴现的银行承兑汇票	4.7	6.9	3.3	5.3	4.8
企业债券	12.7	11.3	8.5	7.6	11.1
非金融企业境内股票融资	1.0	1.7	2.0	1.3	1.4
其他	3.7	3.8	4.9	4.3	4.1
合计	100.0	100.0	100.0	100.0	100.0

数据来源：中国人民银行、发展改革委、中国证监会、中国保监会、中央结算公司和中国银行间市场交易商协会等，中国人民银行工作人员计算。

2013年，社会融资规模占国内生产总值的比重为30.4%，连续两年上行，一定程度上反映出资金周转速度有所下行。主要是较多资金投向基础设施等领域，其中土地储备、购置需要大量资金投入，且短期内效益可能并不明显，产业结构调整过程往往会占用两套资金，也会放大融资需求。此外,一些过剩产能、低效率企业占用大量金融资源，容易导致资金的使用效率偏低，并可能对其他主体资金需求形成挤出。分地区看，东部地区社会融资规模与地区生产总值之比较上年下降0.4个百分点，中部、西部和东北地区较上年分别上升1.8个、1.0个和2.4个百分点。

区域融资渠道更趋多元。2013年，全国人民币贷款占同期社会融资规模比重为51.4%，为年度历史最低水平。表外融资增长较快。委托贷款、信托贷款和未贴现的银行承兑汇票占同期社会融资规模比重较上年提高7.0个百分点，成为重要的融资渠道，但部分财务软约束和宏观调控限制的行业和领域通过表外渠道吸收资金，也推高了融资成本。企业债券融资少于上年，股票融资继续处于较低水平。分地区看，东部地区企业债券和股票融资占比较高，企业债券和股票融资额合计占其社会融资规模的比重为13.7%，比中部、西部和东北地区分别高0.7个、3.2个和4.8个百分点；中部、西部和东北地区融资对银行贷款的依赖度逐步下降，中部、西部和东北地区新增人民贷款占本地区社会融资规模的比重较上年分别下降4.0个、0.2个和5.1个百分点（见表12）。

金融市场规范发展，融资工具创新力度不断增强。2013年，金融市场监管和规范力度进一步加强，对商业银行理财资金的投向、风险拨备等提出明确要求；对银行间市场非金融机构法人账户及债券交易券款对付结算管理进一步规范。各地区继续加强金融创新，融资渠道更趋多元，服务实体经济能力进一步增强。中小企业私募债试点扩展至28个省，全年发行中小企业私募债247只，募集资金310.9亿元。浙江股权交易中心成功发行国内首只纯信用小微企业私募债和小额贷款公司定向债，募集资金分别为2 000万元和5 000万元。湖北成功发行国内首只可续期公司债券，募集资金20亿元。山东、广东等多省份推广“区域集优债务融资”模式。新疆成功发行西北五省首单区域集优模式中小企业集合票据。浙江、广东、上海等省份以网络信贷、众筹融资为代表的互联网金融业迅速发展，并向小额信贷、资产管理、供应链金融等传统银行业务领域渗透。

五、金融生态环境建设

2013年，全国各地区深入推进金融生态环境建设，信用体系建设稳步推进，支付结算水平稳步提高，消费者权益保护进一步加强，协作沟通机制持续健全，金融生态环境明显改善。

信用体系建设稳步推进，社会信用环境明

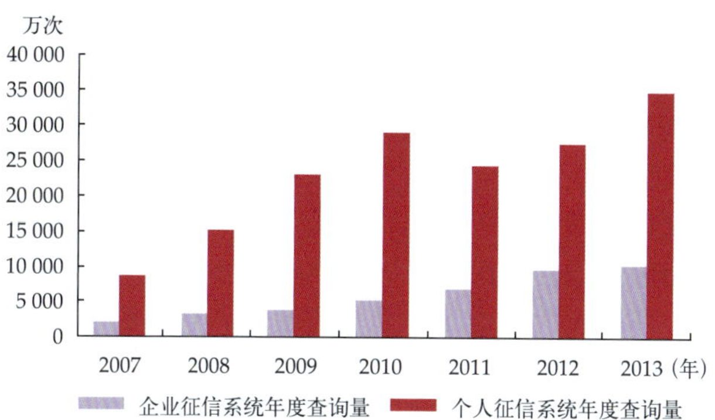

数据来源：中国人民银行。

图6 2007~2013年企业和个人信用信息基础数据库年度查询情况

显改善。2013年，《征信业管理条例》正式实施，征信业发展步入有法可依的轨道；《征信机构管理办法》制定出台，征信机构运营得到全面规范。征信系统建设不断完善。截至2013年年末，金融信用信息基础数据库累计收录8.4亿名自然人、1 919.3万户企业及其他组织，接入小额贷款公司和融资性担保公司816家；2013年自然人和企业及其他组织征信报告累计查询次数同比分别增长26.9%和6.9%（见图6）；12月31日，中征应收账款融资服务平台上线运行，为缓解中小企业融资难、融资贵问题提供有效渠道。行业信用建设积极推进。中央文明办等八部委签署《“构建诚信、惩戒失信”合作备忘录》，完善信用惩戒机制；中国人民银行征信中心和最高人民法院执行局就失信被执行人名单信息纳入征信系统签署合作备忘录，防范信贷风险，提升司法执行效率。中小企业和农村信用体系建设稳步推进。截至2013年年末，全国累计已有35万户建立了信用档案的小微企业获得银行贷款；共为1.51亿户农户建立了信用档案，其中8 746万户农户获得信贷支持。地方信用体系建设深入开展。江苏、四川、重庆等9省份开展互联网个人信用信息服务平台建设工作；北京、辽宁个人信用报告自助查询机正式运行；浙江、湖南和陕西等地区开展小额贷款公司和融资性担保公司信用评级试点，促进银贷、银担合作和小微企业融资服务。

表13 2013年各地区支付体系建设情况

单位：%

	东部	中部	西部	东北	全国
当年大额支付系统业务处理笔数	63.0	16.4	15.1	5.5	100.0
当年大额支付系统业务处理金额	76.7	8.2	10.0	5.1	100.0
当年小额支付系统业务处理笔数	66.9	14.3	14.6	4.2	100.0
当年小额支付系统业务处理金额	66.7	17.2	12.4	3.7	100.0

数据来源：中国人民银行上海总部、各分行、营业管理部、省会（首府）城市中心支行，中国人民银行工作人员计算。

支付体系建设加快推进，金融基础设施不断完善。2013年，第二代支付系统成功上线切换，中央银行会计核算数据集中系统在北京等五省（市）试点运行，支付体系建设取得新进展。截至2013年年末，支付系统直接、间接参与者超12万家，支付系统覆盖率较上年提高3.6个百分点；其中，中部和西部地区支付系统覆盖率较上年提高幅度较大。2013年大额、小额支付系统业务合计金额同比增长16.2%，其中，东部地区超七成（见表13）。非现金支付工具蓬勃发展，业务量持续增长，银行卡发卡量稳步增加，金融IC卡应用领域逐步扩大。2013年，全国共办理非现金支付业务501.6亿笔、金额1 607.6万亿元，同比分别增长21.9%和25.0%；截至年末，全国累计已发行银行卡42.1亿张，较上年年末增长19.2%。支付应用领域不断拓展，金融交易效率明显提升。2013年支付机构累计发生互联网支付业务9.2万亿元，同比增长48.6%。农村支付结算渠道进一步畅通，助农取款服务持续深入。云南开发建设“云南省支付结算综合业务系统共享平台”，探索地方法人金融机构支付汇路解决方案。广东、海南、山东等省份大力推动金融IC卡非接触小额支付商圈建设，应用范围覆盖到社会保障、商业服务等多个领域。陕西、安徽、浙江等19个省份继续推进农村手机支付业务试点，全面提升农村支付服务水平。内蒙古乡镇及以下地区新增ATM758台、POS机6 368台、“流动银行”16个，农村牧区支付环境持续改善。

消费者权益保护进一步加强，金融消费环境持续优化。在建立金融消费者权益保护组织架构的基础上，中国人民银行会同各金融监管部门联合制定《中国金融教育国家战略》，明确全国金融教育工作的治理机制、工作目标及实施措施，大力推动消费者金融教育。《中国人民银行金融消费权益保护工作管理办法（试行）》、《关于进一步加强资本市场中小投资者合法权益保护工作的意见》等制度出台，纠纷解决和投诉办理程序不断规范，金融消费者权益保护咨询投诉电话①开通，优化金融消费环境。2013年，中国人民银行共受理金融消费者投诉、咨询近10万件，投诉办结率达96.8%。各地区金融消费者保护深入开展。福建各地保险行业成立人民调解委员会，建立健全保险纠纷调解机制，全年共接到调处申请617件，调解成功率94.8%，调解涉及金额1 293.5万元。北京、上海和陕西分别开展“金融知识进高校”、“金融知识进社区”和“金融知识进农村”示范活动，提高金融知识普及的针对性。山东打造“网上金融街”，实现银行收费标准、银行产品及服务、投诉咨询等一站式查询，搭建长效金融消费者教育平台。

协作沟通机制持续健全，金融生态环境建设合力不断增强。2013年，按照国务院的部署，由中国人民银行牵头的金融监管协调部际联席会议制度建立，进一步加强金融监管协调，保障金融业稳健运行。各地区人民银行与证券监管部门开展证券期货监管合作，防范和化解证券期货市场金融风险。河南制订出台《2013年河南省金融生态环境建设评价工作实施方案》，合力改善金融运行安全环境。福建法院系统与省内21家银行业金融机构构建“点对点”网络执行查控系统，实现被执行人在全省范围内的存款信息网络查询与反馈，截至2013年年末累计查询案件6.8万余件。河北建立金融司法环境建设工作联席会议制度，开展严厉打击经济犯罪专项行动，进一步加大对非法集资案件、银行卡犯罪查处力度。重庆金融业各监管部门签订合作备忘录，在全国率先进行跨行业、跨区域突发事件应急演练，建立区县政府债务风险防控机制，严控政府性债务规模和风险。新疆证券监管机构与公安部门联合建立证监期货监管执法合作机制，共同维护资本市场稳定。

①中国人民银行、中国证监会、中国保监会金融消费者权益保护咨询投诉电话分别为“12363”、“12386”和“12378”。

第二部分　区域经济运行情况

2013年，各地区国民经济呈现出稳中向好的发展态势。农业生产形势良好，工业生产增速企稳回升，投资、消费稳定增长，消费价格涨幅和就业基本平稳。各区域间的协调性进一步增强，东部地区现代服务业快速发展，第三产业平稳较快增长；中西部地区承接产业转移步伐加快，第二产业占全国的比重上升；东北农业强区地位进一步巩固，第一产业占全国的比重不断提高。2013年东部、中部、西部、东北地区分别实现地区生产总值32.2万亿元、12.7万亿元、12.6万亿元和5.4万亿元，地区生产总值占比分别为51.2%、20.2%、20.0%和8.6%（见表14）。近十年，西部地区生产总值占比逐年持续上升，累计升幅达3.1个百分点。

表14　2013年各地区生产总值比重和增长率

单位：%

	占比		加权平均增长率	
		比上年增减		比上年增减
东部	51.2	-0.1	9.1	-0.2
中部	20.2	0.0	9.7	-1.2
西部	20.0	0.2	10.7	-1.8
东北	8.6	-0.1	8.4	-1.8

注：各地区生产总值加权平均增长率为9.5%，比国家统计局公布的国内生产总值增速（7.7%）高1.8个百分点。

数据来源：《中国统计摘要》，中国人民银行工作人员计算。

一、消费、投资、净出口和政府支出

2013年，最终消费、资本形成和净出口对国内生产总值增长的贡献率分别为50.0%、54.4%和-4.4%。内需对经济增长的贡献率较上年提升2.2个百分点。

（一）各地区居民收入差距进一步缩小，消费市场协调发展趋势明显

2013年，在国民经济稳定增长、社会就业持续增加、民生保障不断完善等有利因素的推动下，各地区城乡居民收入继续提高。全国城镇居民人均可支配收入和农村居民人均纯收入分别为26 955元和8 896元，扣除价格因素，分别实际增长7.0%和9.3%。城乡居民人均收入倍差为3.03，连续四年缩小。分地区看，东北地区城乡居民收入倍差连续三年全国最低，西部地区连续六年降幅最大。

西部地区城镇居民收入增速相对较快，中部、西部和东北地区城镇居民收入与东部地区收入差距连续四年持续缩小（见表15）。西部地区有11个省份城镇居民收入增速高于全国，其中4个省份增速进入全国前5位，西藏自治区位居全国第一。

表15　2013年各地区城镇居民人均可支配收入

单位：元、%

	城镇居民人均可支配收入		各地区与东部之比	
		加权平均增长率		比上年增减
东部	33 777.8	9.6	100.0	—
中部	22 704.9	9.9	67.2	0.2
西部	22 143.8	10.3	65.6	0.4
东北	22 749.4	10.2	67.4	0.4

数据来源：《中国统计摘要》，中国人民银行工作人员计算。

表16　2013年各地区农村居民人均纯收入

单位：元、%

	农村居民人均纯收入		各地区与东部之比	
		加权平均增长率		比上年增减
东部	14 449.6	11.5	100.0	—
中部	8 330.3	12.6	57.7	0.7
西部	6 972.0	13.5	48.3	0.9
东北	9 943.9	12.0	68.8	0.5

数据来源：《中国统计摘要》，中国人民银行工作人员计算。

各地区间农村居民收入差距持续缩小，幅度快于城镇。2013年，中部、西部、东北地区农村居民收入较快增长，与东部地区农村居民收入

差距连续五年缩小，缩小幅度快于城镇（见表16）。西部地区农村居民收入增速连续两年保持领先。全国增速前10位的省份中，西部地区占8个，其中青海增速最高。农村居民人均纯收入过万元的省份由上年6个增加至9个，集中在东部和东北地区，辽宁成为东北地区首个农村居民人均纯收入过万元的省份。

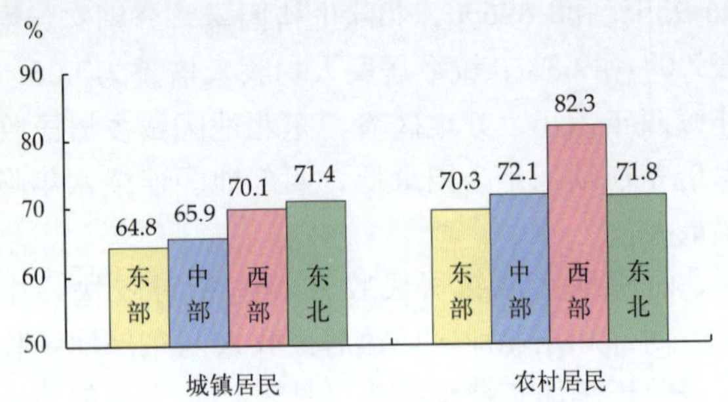

数据来源：《中国统计摘要》，中国人民银行工作人员计算。

图7　2013年各地区居民平均消费倾向

各地区城镇居民消费倾向[①]不同程度下降，农村居民消费倾向[②]差距缩小。2013年，各地区农村居民平均消费倾向为74.5%，比城市居民高7.6个百分点。从城镇居民消费倾向（见图7）看，各地区连续三年呈现下降，中部、西部和东北地区降幅收窄。从农村居民消费倾向看，中部地区较上年下降，东部、西部和东北地区较上年有所上升，全国农村居民消费倾向最高地区与最低地区相差12个百分点，较上年缩小3个百分点。

表17　2013年各地区社会商品零售额比重和增长率

单位：%

	占比	比上年增减	加权平均增长率	比上年增减
东部	52.5	-0.1	12.4	-1.3
中部	20.3	0.0	13.8	-2.0
西部	17.8	0.0	13.6	-2.4
东北	9.4	0.1	13.7	-2.1

数据来源：《中国经济景气月报》、各省（自治区、直辖市）《国民经济和社会发展统计公报》，中国人民银行工作人员计算。

消费需求平稳增长，乡村消费增长快于城镇。2013年，在城乡居民收入稳步增长、物价涨幅温和的形势下，消费需求平稳增长。全国实现社会消费品零售总额23.8万亿元，同比增长13.1%。其中，乡村消费品零售额同比增长14.6%，增速高于城镇1.7个百分点，乡村消费增速相对城镇进一步加快。分地区看，东部地区社会消费品零售总额占全国的比重（见表17）连续七年下降，七年内中部、西部和东北地区比重相应累计提高0.9个、0.8个和0.3个百分点。分省份看，社会消费品零售总额过2万亿元的省份由上年1个增加至3个，广东、山东和江苏三省社会消费品零售总额分别为25 454亿元、21 745亿元和20 657亿元，合计占全国的比重近三成。

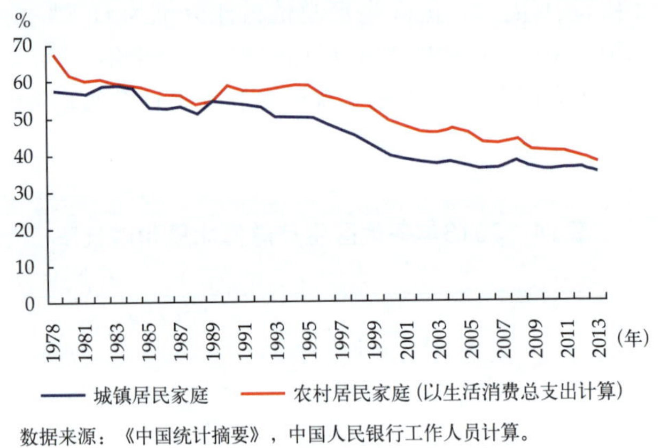

数据来源：《中国统计摘要》，中国人民银行工作人员计算。

图8　1978～2013年我国城乡居民家庭恩格尔系数变动趋势

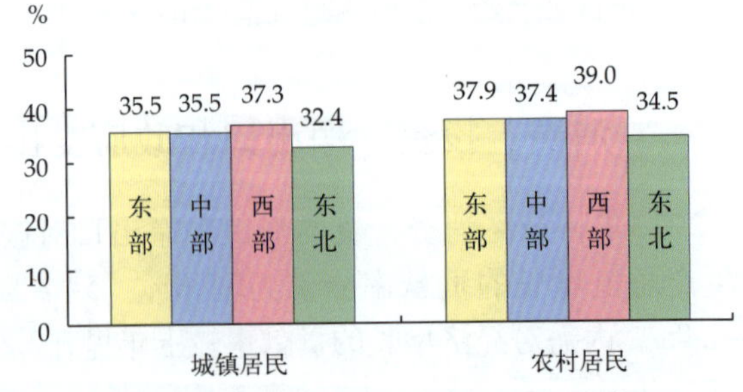

数据来源：《中国统计摘要》，中国人民银行工作人员计算。

图9　2013年各地区恩格尔系数

①城镇居民消费倾向=城镇居民家庭人均现金消费支出/城镇居民家庭人均可支配收入。
②农村居民消费倾向=农村居民家庭人均消费支出/农村居民家庭人均纯收入。

城乡居民消费水平持续提高，消费结构升级特征显著。2013年，全国城乡居民恩格尔系数（见图8）分别为35.0%和37.7%，较上年分别下降1.2个和1.6个百分点。各地区城乡居民恩格尔系数（见图9）均呈下降趋势，其中中部、西部和东北地区城镇居民恩格尔系数降幅较上年有所扩大，东北地区农村居民恩格尔系数降幅最大。从消费结构看，商品消费增长快于餐饮消费；耐用品消费增长快于日用品消费；网络消费、信息产品消费等新兴领域消费增长迅速。全国网络零售额、信息产品消费额分别达1.85万亿元和1.2万亿元，同比增速均超过30%。

（二）固定资产投资增速稳中有降，民间投资占比有所上升

2013年，全社会固定资产投资为44.7万亿元，同比增长19.3%，扣除价格因素，实际增长18.9%，名义增速和实际增速分别较上年回落1.0个和0.1个百分点。其中，固定资产投资（不含农户）43.7万亿元，同比增长19.6%。分地区看，中西部地区固定资产投资（不含农户）增速快于东部和东北地区（见表18），中部和西部地区固定资产投资（不含农户）在全国的比重较上年分别提高0.2个和0.7个百分点。分省份看，固定资产投资（不含农户）增速高于全国水平的省份有19个，其中中西部地区有15个省份。

投资的产业行业结构有所优化。2013年，全国各地区第一、第二、第三产业固定资产投资同比分别增长32.5%、17.4%、21.0%，第一、第三产业增速均超过第二产业，增幅较上年分别扩大0.3个和0.4个百分点。分行业看，水利、环境和公共设施管理业、批发和零售业、科学研究和技术服务业、租赁和商务服务业等服务行业固定资产投资比重较上年分别上升0.6个、0.2个、0.1个、0.1个百分点；建筑业和采矿业固定资产投资占各行业固定资产投资的比重较上年均下降0.2个百分点。

民间固定资产投资占比上升。2013年，各地区民间固定资产投资27.5万亿元，同比增长23.1%，占固定资产投资（不含农户）的比重为63.0%，同比上升1.8个百分点。分地区看，东部、中部、西部和东北地区民间固定资产投资占各地区固定资产投资（不含农户）的比重分别为65.4%、70.7%、52.5%和67.9%，同比分别提高1.2个、2.7个、1.1个和1.8个百分点。

表18　2013年各地区固定资产投资（不含农户）比重和增长率

单位：%

	占比		加权平均增长率	
		比上年增减		比上年增减
东部	40.8	-0.5	18.6	-0.3
中部	23.8	0.2	22.8	-2.8
西部	24.6	0.7	22.9	-2.0
东北	10.8	-0.4	18.9	-8.0

数据来源：《中国经济景气月报》，中国人民银行工作人员计算。

（三）进出口增速稳中有升，对外开放继续深化

2013年，针对国际市场低迷、贸易摩擦加大、国内成本上升的形势，国家及时出台促进外贸稳定发展的政策措施，有效推动了各地区外贸发展增速企稳和质量效益提升。2013年全国进出口总额达4.2万亿美元，同比增长7.6%，超越美国成为世界货物贸易第一大国。其中，出口2.2万亿

表19　2013年各地区出口额比重和增长率

单位：%

	占比		加权平均增长率	
		比上年增减		比上年增减
东部	81.7	-1.3	6.4	1.6
中部	6.2	0.4	14.8	-18.6
西部	8.1	0.8	21.4	-25.3
东北	4.0	0.1	11.7	3.6

数据来源：《中国经济景气月报》，中国人民银行工作人员计算。

表20　2013年各地区进口额比重和增长率

单位：%

	占比		加权平均增长率	
		比上年增减		比上年增减
东部	86.0	-0.3	7.1	3.1
中部	4.2	0.2	13.5	0.3
西部	5.1	0.3	18.7	-3.5
东北	4.7	-0.2	4.3	-2.0

数据来源：《中国经济景气月报》，中国人民银行工作人员计算。

美元，同比增长7.9%，增速与上年持平；进口2.0万亿美元，同比增长7.3%，增速较上年提高3.0个百分点。

中西部地区外贸活跃，进出口增长迅速。2013年，在内陆开放战略的推动下，中部、西部地区进出口额同比分别增长13.7%和18.5%，持续高于东部和东北地区，进出口额占全国的比重较上年分别提高0.5个和0.6个百分点。东部地区进出口额占全国比重较上年略有下降，但仍超八成，其中广东进出口额首次超过万亿美元。从进口、出口两个方面看，中西部地区均增长较快（见表19、表20），其中陕西进口额同比增长61.1%，增速居全国首位；云南出口额同比增长59.3%，增速居全国首位。

数据来源：《中国经济景气月报》。

图10　2013年各省份进出口差额

贸易顺差增幅收窄，贸易结构更趋优化。2013年，全国贸易顺差2 597.5亿美元，贸易顺差与国内生产总值之比为2.8%，处于近年来较低水平。分地区看，东部地区顺差小幅下降，中西部地区顺差明显上升，东北地区农产品和汽车产品进口特征明显，继续呈逆差状态。分省份看，广东、江苏、上海、北京和浙江继续排名全国进出口贸易额前5位，合计贸易顺差较上年减少131亿美元。其中，北京因总部经济聚集和外贸中转发达，逆差特征依然突出（见图10）。进出口贸易质量和效益进一步提升。东盟、南非等新兴市场成为新的贸易增长点；民营企业进出口所占比重提升；一般贸易比重增加。

外资体制改革积极推进，外商直接投资平稳回升。2013年9月，中国（上海）自由贸易试验区挂牌运行，探索准入前国民待遇加负面清单的管理模式，进一步推动投资便利化。全年各地区实际利用外资1 175.9亿美元，同比增长5.3%，扭转了上年小幅下滑态势。其中，服务业实际利用外资614.5亿美元，占比首次过半，社会福利保障业、电气机械修理业、娱乐服务业实际利用外资同比分别增长3.7倍、3.1倍和1.2倍。分地区看，在国家《中西部地区外商投资优势产业目录（2013年修订）》导向下，中西部地区利用外资保持快速增长（见表21），其中，贵州实际利用外资同比增长45.9%，居全国首位，安徽和四川实际利用外资首次突破100亿美元。

国内企业“走出去”步伐加快，对外投资发展迅速。2013年，各地区境外非金融领域直接投资901.7亿美元，同比增长16.8%，与同期实际利用外资差额较上年进一步缩小。地方企业对外直

表21　2013年各地区实际利用外资比重和增长率

单位：%

	占比		加权平均增长率	
		比上年增减		比上年增减
东部	55.7	-0.2	7.3	-5.1
中部	19.5	1.9	16.7	-4.2
西部	11.0	-2.2	16.5	8.5
东北	13.8	0.5	9.7	-1.9

数据来源：各省（自治区、直辖市）《国民经济和社会发展统计公报》和中国人民银行工作人员计算。

接投资329.7亿美元，同比增长16.9%，占全国对外投资的比重提高至36.6%。分地区看，东部地区对外直接投资同比增长40%，占全国的比重由上年的58.5%提高至70.1%，西部和东北地区对外直接投资同比分别下降29.5%和20.6%。广东、山东、江苏、北京四省份对外直接投资均超过30亿美元，其中广东首次超过50亿美元。

（四）财政收支增速放缓，财税改革继续推进

2013年，受传统产业税收贡献度下降、结构性减税力度加大和一般贸易进口增速下滑等因素的影响，全国财政收入增速回落。全年全国财政收入12.9万亿元，同比增长10.1%，增速较上年下降2.8个百分点。其中，地方财政收入6.9万亿元，同比增长12.9%，增速较上年下降3.3个百分点。各地区本级财政收入增速均较上年有所回落，东北地区增速降幅较大（见表22）。中西部地区财政收入增速继续保持领先，占全国地方财政收入的比重进一步上升。分省份看，有18个省份财政收入增速高于全国平均水平，其中14个省份在中西部地区。浙江、福建、重庆、湖北、上海、广东、北京7个省份地方财政收入增速高于上年。

2013年，各地区着力贯彻落实国家简政放权、财税改革政策措施，着力激发市场活力和经济动力。取消和免征地方行政事业性收费314项，地方非税收入增速同比下降10.5个百分点，企业和社会负担进一步减轻。扩大“营改增”试点，为270万户试点企业减税超过1 400亿元。积极执行暂免征收部分小微企业增值税和营业税政策，超过600万户小微企业受益。

表22　2013年各地区财政收入和财政支出情况

单位：%

	地方本级财政收入				地方本级财政支出			
	占比		加权平均增长率		占比		加权平均增长率	
		比上年增减		比上年增减		比上年增减		比上年增减
东部	52.8	-0.7	12.5	-1.4	39.3	0.1	12.2	-0.3
中部	17.3	0.4	16.5	-5.1	21.2	0.1	12.3	-5.6
西部	21.6	0.7	16.6	-4.3	30.1	-0.1	11.8	-6.2
东北	8.3	-0.4	8.8	-9.4	9.4	-0.1	11.0	-3.5

注：地方本级财政收入不含中央税收返还和补助收入。地方本级财政支出不含上解中央支出。

数据来源：各省（自治区、直辖市）《国民经济和社会发展统计公报》，中国人民银行工作人员计算。

财政支出结构逐步改善。2013年，全国财政支出14.0万亿元，同比增长10.9%，增速较上年低4.4个百分点。其中，地方财政支出11.9万亿元，同比增长11.3%，增速较上年下降4.0个百分点。分地区看，东北地区地方财政支出增速相对较低，中西部地区增速下降较快（见表22）。从支出结构看，城乡社区事务、社会保障和就业、交通运输、医疗卫生占财政支出的比重较上年分别提高0.71个、0.32个、0.13个和0.12个百分点。公务接待厉行勤俭，31个省份本级公务接待费同比减少26.0%。

二、产出和供给

2013年，全国三次产业平稳发展，产业转型升级加快。分地区看，东部地区第三产业增速保持相对稳定，与上年基本持平；西部地区工业承接产业转移步伐加快，第二产业在全国的比重较上年上升0.2个百分点；东北农业强区地位稳固提升，第一产业占比较上年提高0.3个百分点（见图11）。

（一）粮食生产再获丰收，强农惠农政策有效实施

农业增加值稳定增长，东北地区保持农业强区地位。2013年，全国气候条件对农业生产总体有利，各地区农业保持稳定发展。东部、中部、西部和东北地区农业增加值分别增长3.2%、4.0%、5.0%和4.7%，占全国的比重分别为34.9%、26.4%、27.6%和11.1%（见表23）。东北地区农业增加值占本地区生产总值和全国农业增加值的比重较上年分别提高0.4个和0.3个百分点，农业强区地位更加稳固。分省份看，山东、河南、江苏、河北、四川、湖南、湖北和广东8省份农业增加值均超3 000亿元。新疆、云南和海南农业增加值增速居全国前3位。

粮食等主要农产品增产，畜牧业稳步发展。2013年，各地区粮食播种面积保持稳定，2013年

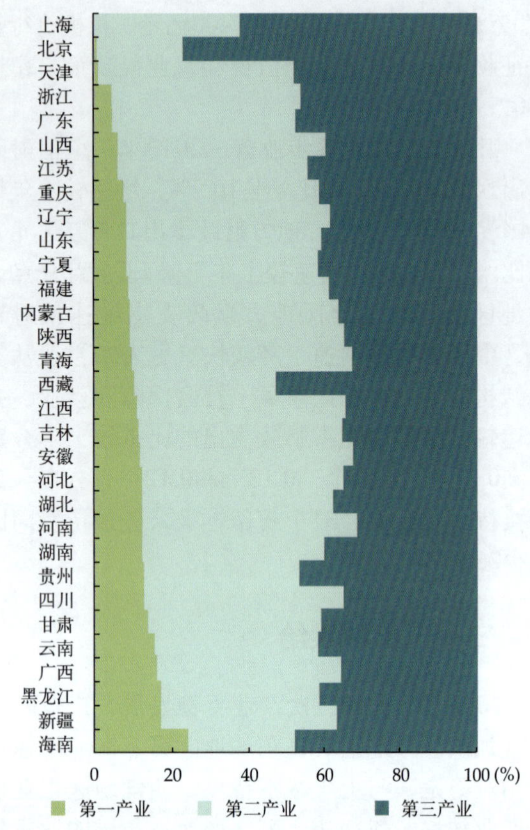

数据来源：《中国经济景气月报》、各省（自治区、直辖市）《国民经济和社会发展统计公报》，中国人民银行工作人员计算。

图11　2013年各省份三次产业结构

表23　2013年三次产业的地区分布和各地区三次产业的比重、增长率

单位：%

	东部	中部	西部	东北	地区合计
三次产业的地区分布					
第一产业	34.9	26.4	27.6	11.1	100.0
第二产业	49.2	21.7	20.3	8.8	100.0
第三产业	56.8	17.3	18.0	7.9	100.0
各地区三次产业的比重					
第一产业	6.2	11.8	12.4	11.6	9.0
第二产业	46.8	52.1	49.5	49.7	48.7
第三产业	47.0	36.1	38.1	38.7	42.3
地区生产总值	100.0	100.0	100.0	100.0	100.0
各地区三次产业的增长率					
第一产业	3.2	4.0	5.0	4.7	4.1
第二产业	9.5	11.0	11.7	8.4	10.1
第三产业	9.3	9.6	10.2	9.4	9.6
地区生产总值	9.1	9.7	10.7	8.4	9.5

注：表中数据均以三次产业增加值当年价格计算。

数据来源：《中国经济景气月报》、各省（自治区、直辖市）《国民经济和社会发展统计公报》，中国人民银行工作人员计算。

粮食产量首次超过6亿吨，较上年增长2.1%，连续十年创下历史最高水平。13个主要产粮省份新增粮食产量占全国总增产量的93.3%，较上年提高28.6个百分点，其中，黑龙江粮食产量同比增长4.2%，产量连续三年居全国榜首。从主要粮食品种看，玉米产量达21 773万吨，连续两年居第一大粮食品种，产量较上年增长5.9%。畜牧业稳步发展，全年肉类总产量8 535.0万吨，同比增长1.8%。内蒙古牲畜存栏达1.2亿头（只），连续九年超过1亿头（只）。

强农惠农政策有效实施，现代农业发展基础不断夯实。2013年，各地区继续开展粮食增产行动，落实“大县奖励政策”等38项支持粮食增产农民增收政策，确保国家粮食安全和重要农产品的有效供给。农业基础设施工程建设加快推进。黑龙江调整种植结构，实施了松花江沿岸和三江平原旱改水扩稻工程；江苏新修防渗渠道5 000公里，新增有效灌溉面积50万亩，新增节水灌溉面积200万亩。农业机械化率水平不断提升。黑龙江和江苏农作物综合机械化水平分别达92.7%和78.0%，远高于全国59.0%的水平。农业科技服务能力进一步增强。陕西农作物良种统供超过85.0%，良种覆盖率达94.0%。江西和吉林农业科技贡献率分别达60.0%和55.0%，农业科技支撑作用逐步加强。

表24　2013年各地区工业增加值比重和增长率

单位：%

	占比		加权平均增长率	
		比上年增减		比上年增减
东部	50.2	1.3	10.2	-0.6
中部	21.6	-0.5	12.0	-2.5
西部	19.3	-0.5	12.4	-3.2
东北	8.9	-0.3	9.0	-2.1

数据来源：《中国统计摘要》、《中国经济景气月报》，中国人民银行工作人员计算。

（二）工业生产稳中有升，创新驱动能力进一步增强

工业生产保持稳定增长，地区差距逐步缩小。2013年，东部、中部、西部和东北地区工业

增加值加权平均增长率分别为10.2%、12.0%、12.4%和9.0%（见表24），中西部地区工业增加值增速相对较快。全国增长率超过13.0%的6个省（市）中，西部占4个。区域间产业合作与转移明显加快。安徽围绕皖江城市带承接产业转移示范区，加强与央企、全国知名民企合作，全省投资项目实际到位资金同比增长28.6%，利用外商直接投资同比增长23.7%，工业增加值增速居全国第一。云南主动承接“珠三角”和“长三角”产业转移，两地区在云南的投资占该省投资到位资金一半以上。甘肃推进“一县一业”产业对接工作，与国家行业协会及所属分会共签订产业合作项目17项，总投资143.9亿元。

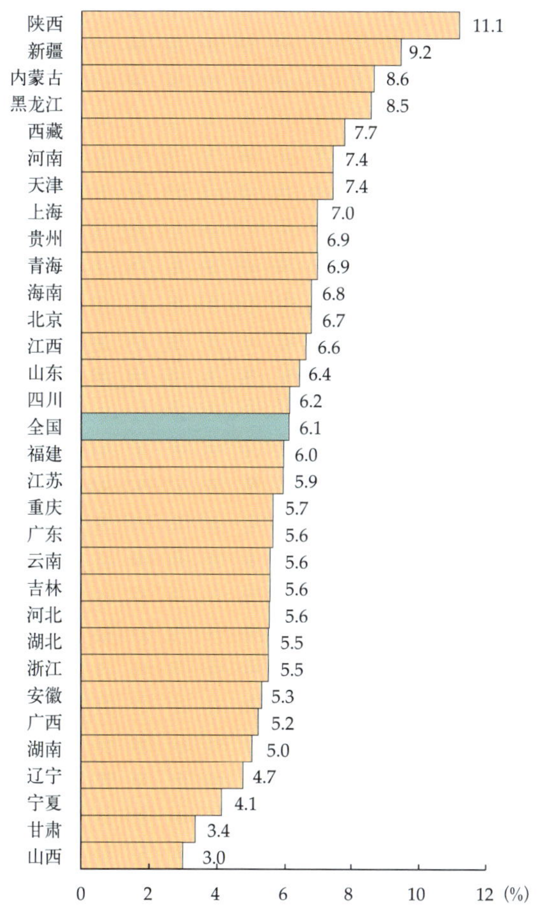

数据来源：《中国经济景气月报》，中国人民银行工作人员计算。

图12　2013年各省份工业企业平均销售利润率

工业企业利润较快增长，平均销售利润率与上年持平。2013年，工业企业主营业务收入较快增长，单位费用略有下降，工业企业利润增长较快。全国规模以上工业企业实现利润6.3万亿元，同比增长12.2%，增速较上年提高6.9个百分点。西部地区受煤炭等资源销售影响，规模以上工业企业利润增速较上年下降2.1个百分点，其他地区较上年均有提高。全国工业企业平均销售利润率为6.1%，与上年持平。工业企业销售利润率高于全国平均水平的15个省中，西部地区占7个省（见图12）。全国规模以上工业企业产销率为97.8%，较上年下降0.2个百分点，降幅较上年收窄。

工业发展创新驱动，产业转型升级加快。2013年，全国高新技术产业增加值增速高于规模以上工业增加值2.1个百分点。四川高新技术产业总产值突破万亿元，位居西部第一。广东大力发展电子信息制造业、新材料等高技术产业，高技术制造业完成增加值6 143.3亿元，占规模以上工业的比重为24.0%，较上年提高0.7个百分点。陕西加快推进电子信息产业发展和北斗导航产业链构建，收入过百亿元的军工企业达到5家，两化融合走在全国前列。甘肃战略性新兴产业发展较快，光伏、风力发电装机容量分别突破300万千瓦和705万千瓦，分别位居全国第1位和第3位。

（三）各地区第三产业比重全面提升，现代服务业发展加快

2013年，东部、中部、西部和东北地区第三产业增加值加权平均增长率分别为9.3%、9.6%、10.2%和9.4%。各地区第三产业比重均有所提高。中部和西部地区第三产业占全国的比重分别提高0.1个和0.4个百分点，对全国第三产业增加值增长的拉动作用有所提升。分省份看，广东、江苏和山东第三产业增加值均超2万亿元，占全国第三产业增加值的比重为29.5%。

各地区现代服务业较快增长，新兴业态加快发展。2013年，全国服务业增加值占国内生产总值的比重较上年提高1.5个百分点。各地区现代服

务业快速发展。北京文化创意产业实现收入超万亿元，从业人员超百万人，文化创意产业增加值同比增长9.1%，增速高于地区生产总值近1.5个百分点。上海、北京和深圳金融业增加值均超2 000亿元，占地区生产总值的比重均超10%。新兴业态加快发展。广东电子物流迅速发展，电商类企业快速增加，全年电子商务交易额超2万亿元。湖北积极发展养老事业，建设养老机构2 559个，养老服务产业蓬勃发展。四川已培育家政服务企业3 000多家，从业人员200多万人，实现收入420多亿元，较2010年增长1.5倍。

落实支持服务业发展的政策措施成效显著。2013年，围绕《服务业发展“十二五”规划》，各地区全面推进服务业加快发展和质量提升。年末，全国现代服务业综合改革试点项目达656个，总投资1 395亿元，已完成投资543亿元。超过215万户现代服务业企业受惠“营改增”政策，占受惠企业总数的80%。天津着力打造信用服务业聚集区，总部设在天津的融资租赁企业达到206家，注册资金840亿元，分别占全国的20.1%和27.5%。湖南省长沙市获批国家现代服务业试点城市，4家单位入选首批国家数字出版转型示范单位。海南积极建设国际旅游岛，充分发挥国家“离岛免税”政策优势，2013年，海口、三亚免税店接待游客110万人次，销售额达32.9亿元。

专栏3　各地区产业结构调整和转型升级调查分析

“十二五”时期是我国全面深化改革开放、加快转变经济发展方式的攻坚时期。加快产业结构调整和转型升级是转变经济发展方式的重要内容之一，是推动发展向中高端水平迈进，实现经济提质增效升级的重要途径。

2013年，面对世界经济复苏艰难、国内经济下行压力加大等情况，党中央、国务院坚持稳中求进工作总基调，在保持经济运行在合理区间的同时，集中精力推进产业结构调整和转型升级。在政府简政放权，推进结构性减税、“营改增”试点范围逐步扩大等改革措施推动下，市场在资源配置中的决定性作用进一步增强，新注册企业数量同比增长27.6%，服务业发展加快，为产业结构调整和转型升级注入新的活力。2013年全国研究与试验发展经费支出占国内生产总值的比重为2.1%，较上年提高0.1个百分点，其中，北京、天津和上海比重超过2.8%，支持创新发展力度加大。

各地区产业结构逐步优化，东部地区率先发展，中西部地区承接产业转移效果明显。改革开放以来，全国第一产业比重不断下降；第二产业比重趋稳后逐步下降；第三产业比重经历了上升、稳定和再上升，2013年已超过第二产业，在国民经济中占比最高。分地区看，各地区第一产业比重均逐步下降，其中中西部地区下降较快。东部地区近十年来第二产业占比稳步下降，第三产业占比较快上升，2013年达到47%，超过第二产业。中西部和东北地区承接产业转移效果明显，第二产业占比较快上升，2011年后有所下降，第三产业占比在保持多年稳定后开始上升（见图13）。在新型工业化发展、着力提质增效的同时，大力发展服务业，有助于激活有效需求、提高就业弹性和增加居民收入。

各地区行业结构呈现新变化。在工业中，节能环保、现代生物、高端装备制造产业、新能源、新能源汽车和新材料等战略性新兴产业增长较快，2013年实现主营业务收入16.7万亿元，同比增长15.6%，高于工业总体水平4.4个百分点，实现利润总额7 643.2亿元，同比增长20.7%，高于工业总体水平8.5个百分点。在服务业中，2013年交通运输、仓储和邮政业增加值，住宿和餐饮业增加值占第三产业的比重较之2004年分别下降4.0个和1.3个百分点，金融业、批发和零售业、房地产业增加值占第三产业的比重分别上升4.4个、1.9个和1.6个百分点，分地区看，东部和中部地区批发和零售业增加值占比上升较大，中部地区交通运输、仓储及邮政业增加值占比降幅较大。各地区金融业占比均有所上升。

为了解当前各地区产业结构调整和转型升级情况，中国人民银行对11个省（自治区、直辖市）的1 099家企业进行了问卷调查①和专题调研。调研显示，近四成的样本企业因产能过剩或市场萎缩不得不寻求转型升级，也有61.0%的样本企业因出现新的市场契机、政府政策引导或拥有新技术等原因主动转型。样本企业转型升级的方式依次为研发创新和技术改造、提升品牌竞争力、产业转移、兼并重组等。2013年约40%的样本企业研发投入占销售总额比重上升，51.6%的样本企业研发投入与上年大体持平。总体来看，企业转型升级注重创新驱动，转型升级成效初步显现。2013年，13.1%的样本企业处于亏损、半停产或停产状态，较2012年下降1.1个百分点，其中东部和中部地区下降幅度较大。在主营业务收入、利润率、市场份额、产品附加值、创新能力、核心竞争力等方面，均有超过40%的样本企业反映有所提高。

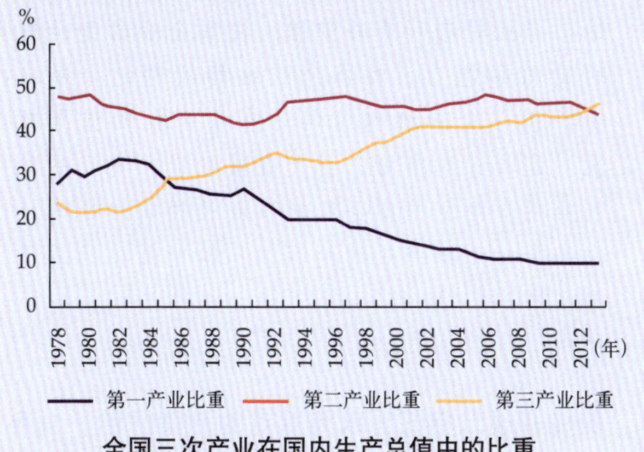

全国三次产业在国内生产总值中的比重

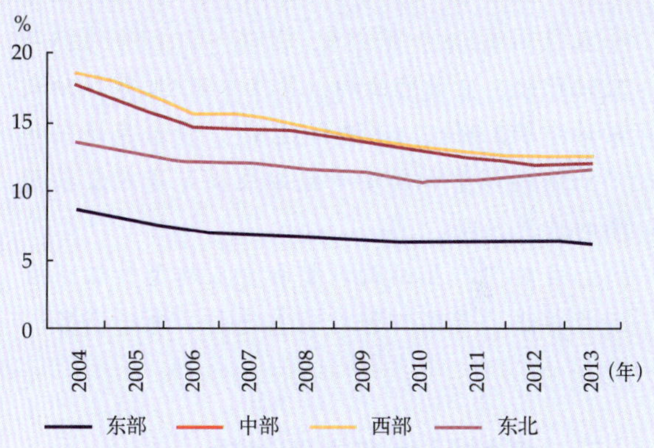

各地区第一产业在地区生产总值中的比重

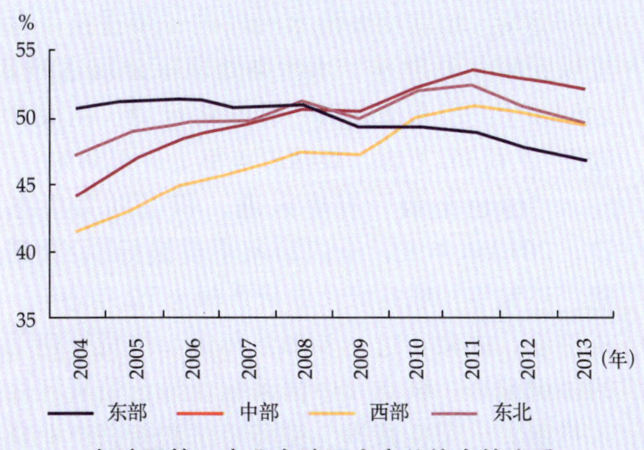

各地区第二产业在地区生产总值中的比重

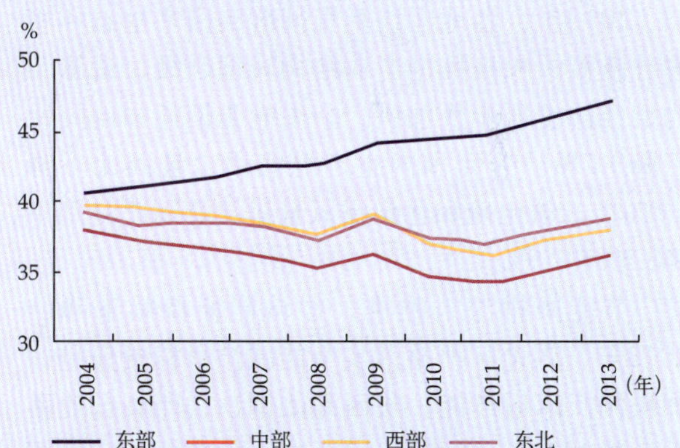

各地区第三产业在地区生产总值中的比重

数据来源：《中国统计摘要》、国家统计局和中国人民银行工作人员计算。

图13　2013年各地区三次产业比重

①在浙江、山东、广东、山西、江西、河南、广西、重庆、贵州、甘肃和黑龙江11个省份的1 099家企业中，东部、中部、西部和东北地区分别占45.1%、20.5%、28.0%和6.4%；大型、中型、小型和微型企业分别占20.6%、33.7%、37.4%和8.3%；国有或国有控股企业、集体企业、民营企业和“三资企业”分别占16.3%、3.8%、69.9%和10.0%；劳动密集型、技术密集型和资金密集型企业分别占50.5%、28.7%和20.8%。

金融支持产业结构调整和转型升级能力稳步提升。一是信贷支持产业结构调整和转型升级能力增强。2013年年末，全国服务业中长期贷款同比增长13.7%，增速较上年年末上升11.5个百分点。全国20个地区开展知识产权质押融资试点，深化科技金融合作；21家商业银行发行金融债券1 100亿元专项用于支持小微企业。二是资本市场引导产业结构调整和转型升级功能凸显。2013年年末，战略性新兴产业A股上市公司市值占总市值的比重达到20.7%，较2012年年末提高了5.8个百分点。2009～2013年传播与文化产业、电子行业和信息技术业A股市值分别累计增长2.9倍、1.5倍和52.8%，资本市场引导产业结构调整和转型升级以及提升资源配置效率的作用显现。

当前，产业结构调整和企业转型升级正在逐步推进，节能环保、信息通信、电子商务、高新装备等领域出现不少亮点，一些创新驱动的企业机制灵活，适应市场能力强，经营业绩突出，发展潜力和空间有待进一步释放，也有部分行业产能过剩较为严重，一些企业债务率持续上升，自主创新动力不足，结构调整和转型升级的任务还很艰巨。下一阶段，应继续深化改革，推进政府职能转变，破除市场分割，规范市场秩序，促进市场公平竞争，充分发挥市场机制在产业结构调整与转型中的作用。完善激励约束机制，支持企业研发创新、技术改造、产业转移和兼并重组，提高企业转型升级的动力和能力。改善产业结构调整的金融环境，引导金融机构落实好有扶有控的信贷政策，完善资本市场，扩大直接融资比重，鼓励创业投资向创新型企业起步成长的前端延伸，提高金融支持产业结构调整和转型升级的质量与水平。

三、各地区生态文明建设

2013年，各地区认真贯彻落实国家生态环境方针政策，积极推进产业结构转型升级，资源节约型经济发展步伐加快。全国能源消耗强度同比下降3.7%，万元国内生产总值用水量同比下降6.5%，二氧化硫和化学需氧量排放量同比分别下降3.5%和2.9%。

节能减排深入推进，经济能耗持续下降。2013年，各地区严格落实节能减排目标责任制，加快淘汰落后产能。陕西淘汰钢铁、印染行业落后产能283.3万吨和2 753万米，提前两年完成国家“十二五”淘汰落后产能任务。山东开展千家企业节能低碳行动，主要污染物排放总量持续下降。浙江在全国率先实施单位生产总值能耗和能源消费总量双控工作措施，单位工业增加值能耗下降6.0%。

环境治理力度进一步加强。2013年，各地区积极开展以空气、水为重点的污染防治。乌鲁木齐市实施主城区清洁能源全覆盖，优良天数比例达83.3%。北京垃圾污水治理进一步提速，生活垃圾无害化处理率、水污染处理率分别达99.3%和84.0%。广东推进新一轮绿化行动，完成森林碳汇①工程362万亩，森林覆盖率上升至58%。

“绿色金融”有序跟进，积极助力生态建设。2013年年末，全国21家主要银行②投放到节能、环保等领域的绿色信贷余额为5.2万亿元。分省份看，内蒙古进一步加强环保和信贷管理工作的协调配合，试点《中国采掘业绿色信贷评估技术指南》，节能减排、循环经济和新兴产业贷款余额近千亿元。山西、浙江、湖南、陕西4个省，作为排污权有偿使用和交易试点地区，积极开展排污权抵押贷款业务。2013年11月，上海正式启动碳排放交易，全市191家企业率先纳入碳排放配额管理范围，日均交易量稳定维持在500～1 000吨。

①森林碳汇是指森林植物吸收大气中的二氧化碳并将其固定在植被或土壤中，从而减少该气体在大气中的浓度。
②包括国家开发银行和政策性银行、大型商业银行、股份制商业银行、邮政储蓄银行。

但也要看到，环境污染治理形势仍很严峻。2013年，各地区空气环境呈现复合型污染特征，环境保护部设定的74个空气质量监测城市的空气质量平均达标天数为221天，达标率仅为60.5%，频繁出现大范围严重雾霾天气。部分地区土壤污染较重。全国土壤污染点位总超标率为16.1%，其中西南、中南地区土壤重金属超标范围较大。地下水质量问题突出。在国土资源部设定的203个地市的4 778个地下水水质监测点中，水质呈较差级和极差级的监测点数量占比合计近六成。

四、价格和劳动力成本

2013年，受国内经济增长变化等因素影响，主要价格指数呈现前低后稳走势，价格形势总体稳定。上半年，消费价格、农产品生产价格涨幅基本稳定，工业生产价格降幅扩大；下半年，消费价格、农产品生产价格涨幅扩大，工业生产价格降幅收窄。

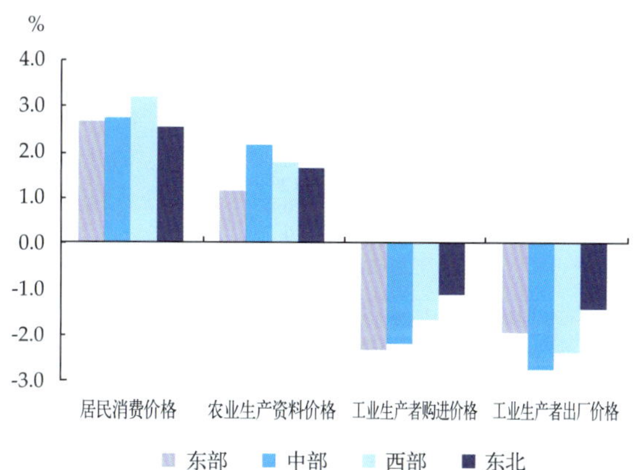

数据来源：《中国经济景气月报》，中国人民银行工作人员计算。

图14 2013年各地区各类价格同比涨幅

居民消费价格涨幅总体平稳。2013年，全国居民消费价格涨幅与上年持平。分地区看，东部、中部、西部和东北地区涨幅分别为2.6%、2.7%、3.1%和2.5%（见图14），与上年相比，东部与东北地区涨幅有所下降，中西部地区涨幅略有上升。

各地区工业生产者购进价格降幅分化，工业生产者出厂价格降幅有所扩大。在国际大宗商品价格总体下降、企业去库存等因素作用下，2013年东部、中部、西部和东北地区工业生产者购进价格同比分别下降2.4%、2.2%、1.7%和1.1%，与上年降幅相比，东部和东北地区降幅基本稳定，中部地区降幅缩小1.0个百分点，西部地区降幅扩大1.4个百分点。受部分行业产能过剩等因素影响，东部、中部、西部和东北地区工业生产者出厂价格较上年分别下降2.0%、2.7%、2.5%和1.4%。与上年降幅相比，东部降幅基本稳定，其他地区降幅明显扩大。分省份看，各地区工业生产者购进价格和工业生产者出厂价格均下降；17个省份工业生产者出厂价格降幅大于工业购进者价格降幅。

农业生产资料价格涨幅低于农产品生产价格涨幅。2013年，农业生产资料价格上涨1.4%，较上年下降4.2个百分点。分地区看，东部、中部、西部和东北地区农业生产资料价格分别上涨1.1%、2.1%、1.7%和1.6%，较上年分别下降3.8个、3.7个、3.2个和5.6个百分点，涨幅全面回落。受国际国内农产品供求形势、国家提高粮食最低收购价格和人工成本上涨等因素影响，农产品生产价格涨幅稳中有升。2013年，农产品生产价格上涨3.2%，较上年提高0.5个百分点，高出农业生产资料价格涨幅1.8个百分点。与上年相比，农产品生产价格与农业生产资料价格涨幅差有所扩大。

就业人员工资稳定增长，最低工资标准持续提高。2013年，各地区城镇非私营单位和私营单位就业人员年平均工资同比分别增长10.1%和13.8%，较上年分别下降1.8个和3.3个百分点。

表25 2013年各地区城镇非私营单位就业人员年平均工资

单位：万元、%

	平均工资		加权平均增长率	
		比上年增减		比上年增减
全国	5.1	0.5	10.1	-1.8
东部	5.9	0.5	9.6	-1.3
中部	4.3	0.3	6.6	-5.7
西部	4.7	0.5	11.9	-1.2
东北	4.3	0.4	10.7	-2.1

数据来源：国家统计局，中国人民银行工作人员计算。

表26　2013年各地区城镇私营单位就业人员年平均工资

单位：万元、%

	平均工资	比上年增减	加权平均增长率	比上年增减
全国	3.3	0.4	13.8	-3.3
东部	3.6	0.4	13.5	-4.3
中部	2.7	0.3	14.3	-0.6
西部	3.0	0.4	16.0	-1.7
东北	2.9	0.4	14.0	-0.3

数据来源：国家统计局，中国人民银行工作人员计算。

私营单位就业人员年平均工资水平是非私营单位的64%，较上年提高3.0个百分点。分地区看，西部地区非私营单位和私营单位平均工资增速都明显高于其他地区；东北地区非私营单位平均工资近年来首次超过中部地区（见表25、表26）。全国有27个省份上调最低工资标准，平均增幅为17.0%，较上年下降3.2个百分点。20个省制定了工资增长指导线，基准线普遍在14%左右。

各地区积极推动水、电、气等价格改革，进一步理顺资源性产品价格形成机制。北京规范水资源费征收，提高污水处理费，推行居民生活用水阶梯价格制度。云南实施丰枯分时电价和燃煤发电机组脱硝加价政策，在德宏等7个州（市）实行区域性电价，在云南铝业开展直购电试点。四川建立资源开发利益补偿机制，推动天然气市场定价。

五、主要行业发展

（一）房地产市场出现一定程度的分化，保障性安居工程建设力度进一步加大

2013年，房地产开发投资稳定增长，房地产贷款增速回升，保障性安居工程建设加快推进，金融支持保障性住房建设力度进一步增强。

不同城市间房价变动差异较大。2013年12月，全国70个大中城市中，新建商品房住宅价格同比上涨城市69个，比1月增加16个，最高涨幅21.9%，最低为下降2.8%，其中，一线城市涨幅均超过20%（见图15）。

商品房销售增速逐月回落。2013年，全国商品房销售面积13.1亿平方米，同比增长17.3%，较

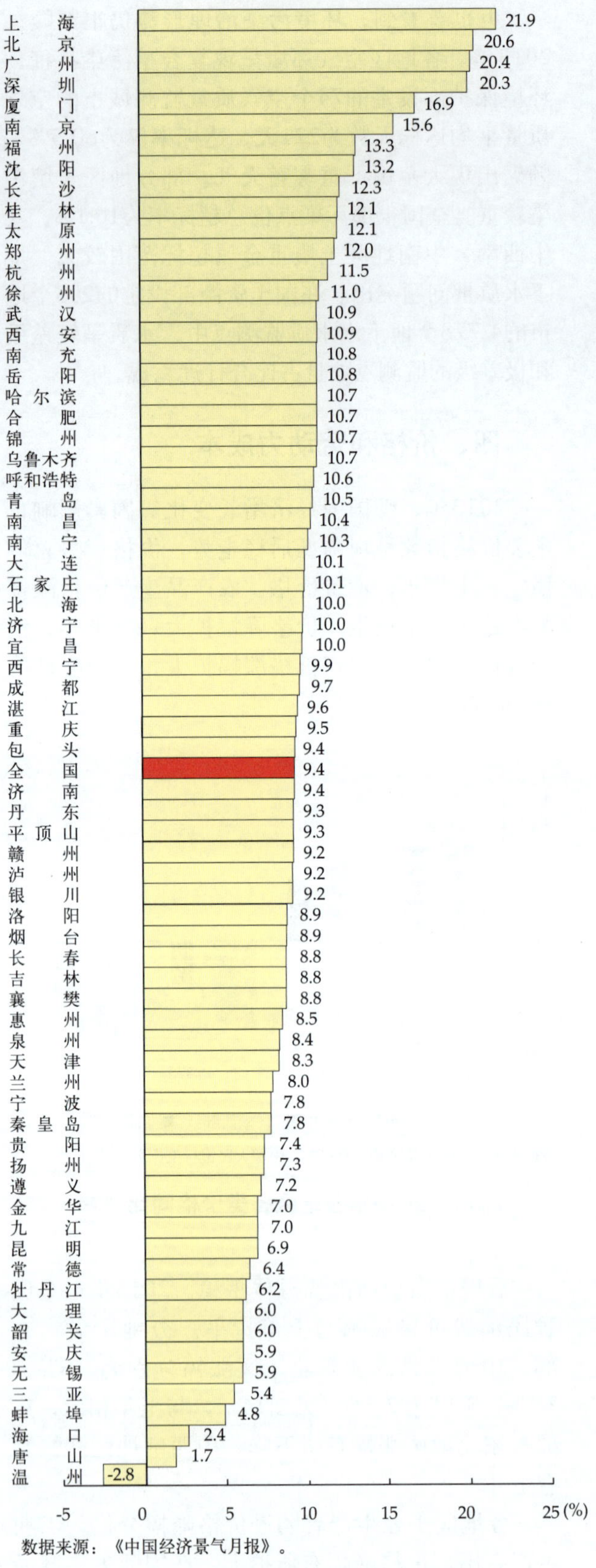

数据来源：《中国经济景气月报》。

图15　2013年12月新建商品住宅销售价格同比涨幅

上年提高15.5个百分点，但增幅已呈现出逐月回落态势。全国商品房销售额8.1万亿元，同比增长26.3%，较上年提高16.3个百分点。

房地产开发投资稳定增长。2013年，全国共完成房地产开发投资8.6万亿元，同比增长19.8%，增速较上年提高3.6个百分点。分地区看，中部和东部地区增速提升明显。2013年，东部和中部地区房地产开发投资增速较上年分别提高5.2个和6.8个百分点（见表27）。

房地产开发资金增速加快。2013年，全国房地产开发企业资金来源12.2万亿元，同比增长26.5%，增速较上年提高13.8个百分点。其中，国内贷款和个人按揭贷款合计3.37万亿元，占房地产开发资金的27.6%，较上年提高1.4个百分点；自筹资金和定金及预收款合计8.19万亿元，占房地产开发资金的67.1%，较上年下降0.9个百分点。

表27　2013年各地区房地产开发投资比重和增长率

单位：%

	占比		加权平均增长率	
		比上年增减		比上年增减
东部	48.3	-0.6	18.6	5.2
中部	18.8	0.8	25.4	6.8
西部	22.1	0.5	23.4	-0.9
东北	10.8	-0.7	12.8	-7.6

数据来源：《中国经济景气月报》，中国人民银行工作人员计算。

表28　2013年各地区房地产贷款比重和增长率

单位：%

	占比		加权平均增长率	
		比上年增减		比上年增减
东部	60.5	-1.8	17.2	7.6
中部	14.2	1.1	28.3	6.5
西部	18.5	0.6	26.0	8.0
东北	6.8	0.1	23.4	4.7

数据来源：中国人民银行。

房地产贷款增速回升。2013年年末，主要金融机构（含外资）房地产贷款余额14.6万亿元，同比增长19.1%，较上年年末提高6.3个百分点，其中，个人住房贷款余额9.0万亿元，同比增长21%，较上年年末提高8.1个百分点。分地区看，中部地区增长较快。2013年，东部、中部、西部和东北地区房地产贷款分别增长17.2%、28.3%、26.0%和23.4%，均较上年有所加快（见表28）。为应对部分城市房价过快上涨，北京、上海、广州、深圳、杭州、南京、武汉、太原、南昌、厦门、乌鲁木齐11个城市将二套房首付比例提高至70%，长沙和沈阳提高至65%。

保障性安居工程建设加快，金融支持保障性住房建设力度继续加大。2013年，全国新开工保障性安居工程660万套，基本建成540万套。保障性安居工程贷款保持较快增长。截至2013年年末，全国保障性住房开发贷款余额7 260亿元，同比增长26.7%，增速高于住房开发贷款10.9个百分点；住房公积金贷款支持保障性住房建设试点工作稳步推进，已按进度发放住房公积金贷款634亿元，支持了75个城市301个保障房建设项目。创新融资方式不断涌现。2013年，南京、上海、新疆首次发行保障房私募债；全国社保基金理事会委托建信信托20亿元用于湖南保障房建设；截至2013年年末，国家开发银行以开发性金融方式累计向保障性安居工程融资超6 000亿元。

（二）现代农业加快发展，金融支持成效显著

在工业化、城镇化深入发展中同步推进农业现代化，是转变经济发展方式、全面建设小康社会的重要内容，也是提高农业综合生产能力、增加农民收入、建设社会主义新农村的必然要求。2013年，各地区充分着力构建集约化、专业化、组织化、社会化相结合的新型农业经营体系，推广农业科技，推进标准化生产，现代农业建设取得明显进展。

推进农村土地改革，构建新型农业经营主体。截至2013年年末，全国已有105个县（市、区）开展土地承包经营权确权登记颁证试点，家庭承包经营耕地流转面积为3.4亿亩，流转比例达到26%，为发展多种形式的适度规模经营创造了条件。专业大户、家庭农场、农民专业合作社和农业产业化龙头企业等新型农业经营主体有利于提高农业产业化和规模化经营水平，成为现代农业加快发展的核心和基础。截至2013年年末，全

国依法登记注册专业合作、股份合作等农民合作社达98.2万家，实际入社农户7 412万户，约占农户总数的28.5%；承包土地50亩以上的种粮大户278万个；规模在200亩左右的家庭农场88万家；龙头企业超过12万家。“农村改革试验区”和“国家现代农业示范区”建设深入推进，积极探索具有区域特色、顺应现代农业发展规律的建设模式。截至2013年年末，国家现代农业示范区为153个，21个开展了农业改革与建设试点。

加快农业科技进步，农业物质技术装备支撑能力持续提高。2013年，国家继续强化农业科技创新与推广，编制全国农业科技创新能力条件建设规划，开展超级稻四期攻关。实施农业科技创新工程，支持近3万个乡镇农技推广机构改善条件，基本覆盖所有农业县。加快推进现代种业科技创新，认定国家级杂交水稻和杂交玉米种子生产基地57个，在100个粮棉油大县开展新品种展示及示范。重视农业农村人才培养，在100个县开展新型职业农民培育试点；全国培训新型经营主体112万人次。加强农业机械装备和基础设施建设，扶持农机合作示范社1 022个，玉米机收水平超过49%，水稻机插水平超过35%，分别较上年提高6.5个和3.3个百分点。分省份看，甘肃推广全膜双垄沟播技术1 358万亩，河南设施农业面积超过400万亩，黑龙江田间综合作业机械化程度达到92.7%，农业科技进步对现代农业发展的支撑作用不断提升。

推进标准化生产，蔬菜、畜禽、水产等“菜篮子”产品持续发展。推动农产品标准化生产是现代农业和食品安全的基础。2013年，国家加大新一轮“菜篮子”工程实施力度，创建标准化示范县639个，支持建设园艺作物标准园、畜禽水产养殖示范场5 500多个。分省份看，全国338家企业成为2013年农业部畜禽标准化示范场，山东、新疆、辽宁、黑龙江和四川5个省份均超15家，合计占全国的28.4%。山东开展果菜产业振兴项目和标准园区创建，瓜菜总产量超万吨。上海批复建设标准化水产养殖场308个，面积达16.8万亩，已完工217个项目。

金融对现代农业支持力度不断增强。2013年以来，中国人民银行对达到专项票据兑付后续监测考核标准，以及新增存款用于当地贷款达到考核标准的县域法人农村信用社和村镇银行安排增加支农再贷款350亿元；将中国农业银行江苏、浙江、湖南、云南、江西、陕西、广东7个省、538个县的县域支行纳入到深化“三农金融事业部”改革试点①范围，并延续差别化存款准备金率政策；积极引导金融机构加大对现代农业的金融支持力度。金融机构结合现代农业特色资源创新个性化信贷产品支持现代农业发展。山东省推出“保单＋仓储＋联保”模式，扩大农业订单信用保险融资模式覆盖面；甘肃省向农业产业链全局服务模式转变，形成“清吉模式”、“陇药通”、“农耕文明”、“惠陇通”等特色业务品牌。根据中国人民银行对全国31个省（自治区、直辖市）的调查数据显示，2013年农业产业链融资②和信用类贷款实现快速增长，贷款余额分别增长19.9%和19.2%。

现代农业助推农民收入较快增长。2013年，现代农业发展成效显著，带动了农村第二、第三产业发展，加快了农民转移就业和农民工返乡创业步伐，农民收入实现快速增长。全国规模以上农产品加工企业利润超过1.2万亿元，全国乡镇企业新增就业人数超过200万人，农村居民人均纯收入实际增长9.3%，农民工资性收入首次超过家庭经营收入。

①中国农业银行“三农金融事业部”改革于2008年3月启动，经过五年的不断推进，截至2013年年末，改革试点范围包括河北、吉林、黑龙江、江苏、浙江、安徽、福建、江西、山东、河南、湖北、湖南、广东、广西、重庆、四川、云南、陕西、甘肃19个省（自治区、直辖市）1 480家县域支行。

②农业产业链融资是指金融机构通过考核农业产业链上下游生产经营主体状况，通过分析考证产业链的一体化程度，以及掌握核心农业龙头企业的财务状况、信用风险、资金实力等情况，最终对产业链上的农户、种养大户、家庭农场、专业合作社等主体提供融资的模式。

六、主要经济圈发展

2013年，长三角、珠三角、京津冀经济圈[①]加快经济结构调整和转型升级，经济保持平稳运行，产业结构优化调整，区域合作迈上新台阶。

表29 2013年三大经济圈产业结构

单位：%

	长三角	珠三角	京津冀	全国
产业结构				
第一产业	4.7	2.0	6.2	10.0
第二产业	47.0	45.3	42.4	43.9
第三产业	48.3	52.7	51.4	46.1
增长率				
第一产业	2.1	2.4	3.5	4.0
第二产业	8.9	7.6	9.9	7.8
第三产业	9.2	11.5	8.9	8.3

数据来源：国家统计局、相关省（自治区、直辖市）统计局，中国人民银行工作人员计算。

表30 2013年三大经济圈主要指标

单位：%

	长三角	珠三角	京津冀	全国
占全国比重				
地区生产总值	20.8	9.3	10.9	100.0
固定资产投资	13.8	3.6	9.0	100.0
社会消费品零售额	18.4	8.0	9.8	100.0
地方财政收入	11.2	3.6	6.2	100.0
实际利用外资	54.6	19.6	27.2	100.0
进出口贸易	31.9	25.2	14.7	100.0
进口总额	28.0	22.6	24.1	100.0
出口总额	35.4	27.5	6.5	100.0
增长率				
地区生产总值	8.8	9.4	9.0	7.7
固定资产投资	18.0	15.2	15.3	19.3
社会消费品零售额	12.0	12.1	11.9	13.1
地方财政收入	11.0	13.0	12.2	10.1
实际利用外资	5.1	7.1	10.1	5.3
进出口贸易	2.5	11.0	6.6	7.6

数据来源：国家统计局、相关省（自治区、直辖市）统计局，中国人民银行工作人员计算。

经济保持稳定增长。2013年，长三角、珠三角、京津冀经济圈实现地区生产总值23.4万亿元，加权平均增长率为9.0%。从产业结构看，服务业对经济增长的支撑作用进一步增强，三大经济圈第三产业增加值比重均高于上年水平，也高于全国平均水平。从需求结构看，三大经济圈外贸进出口同比均有不同程度的回升，其中，珠三角地区外贸形势好转较为明显，增速高于全国平均水平。

结构调整和转型升级稳步推进。长三角重点布局高技术工业和现代服务业，推动上海国际金融中心、国际航运中心、贸易中心和自贸区建设，不断提升装备制造、船舶航运、石油化工、电子信息等传统产业发展质量，布局医药、风电、碳纤维等战略性新兴产业，大力发展物流、金融、文化创意等现代服务业。珠三角加快推进建设金融改革创新综合试验区和国际电子商务中心，通过中海油二期、粤海高端装备产业园等项目建设促进先进制造业发展；广东出台《关于发展创业投资促进产业转型升级的意见》，推进新一代显示技术、新型动力电池及生物医药等战略性新兴产业发展。京津冀高端行业引领增长作用突出，航空航天、石油化工、装备制造、电子信息、生物医药、新能源新材料、轻纺和国防八大优势产业发展质量稳步提升，建成7个国家级新型工业化示范基地。

区域合作取得新进展。金融支持上海自贸区建设的政策框架初步构建，国债期货正式上市交易，上海清算所正式承担银行间市场人民币外汇询价交易净额清算服务，原油期货交易平台落户上海自贸区，上海对长三角地区金融发展的示范带动作用增强。江苏完善金融生态县动态考评制度，浙江深化信用体系建设，共同推动长三角地区金融生态环境改善。珠三角制定《广佛肇经济合作区建设合作协议》、《深莞惠区域协调发展总体规划》等政策，完善各地市合作机制，协同推进转型升级；依托广州南沙、深圳前海、珠海横琴等重大战略平台，加快金融改革创新步

①长三角经济圈指上海市、江苏省和浙江省；珠三角经济圈指广东省的9个地级市：广州、深圳、珠海、佛山、惠州、肇庆、江门、中山和东莞；京津冀经济圈指北京市、天津市和河北省。

伐；发挥经济金融总量大、毗邻港澳的优势，推进以香港、广州、深圳、澳门为核心城市的珠三角金融圈建设。京津冀签署《北京市天津市关于加强经济与社会发展合作协议》、《北京市—河北省2013至2015年合作框架协议》，制定《京津冀及周边地区落实大气污染防治行动计划实施细则》，从区域规划、基础设施、资本和要素市场、产业对接、环境保护等多方面深化合作；同时，着手启动国家层面的首都经济圈发展规划，着力于实现区域城市间功能互补合作。

专栏4　强化区域经济合作　推动丝绸之路经济带建设

推进丝绸之路经济带建设，是我国加快向西开放，深化与欧亚国家区域经济合作，谋求更大发展空间的重大举措；是我国统筹中西部发展，实现东部沿海和内陆沿边开放优势互补，打造西部经济发展高地的重大举措。自2013年9月习近平总书记出访中亚四国阐述丝绸之路经济带的构想以来，区域经济金融合作开放步伐加快，经济带发展呈现出广阔的前景。

两千多年前，东起长安（今西安）、西达罗马的“古丝绸之路”是当时全球最繁荣的陆路贸易大通道。随着现代交通基础设施的完善，20世纪90年代贯通亚欧第二大陆桥，东起中国江苏连云港，沿陇海线和兰新线，经新疆阿拉山口，过境中亚国家直达欧洲鹿特丹。2010年以来，“渝新欧”、“蓉欧”、“郑新欧”等国际铁路快线相继开通，现代丝绸之路逐步成形。在新的国际发展格局下，丝绸之路经济带建设就是以古丝绸之路、亚欧第二大陆桥等为基础，以区域经济合作为重点，以沿线交通基础设施和中心城市为主体，建设形成横跨亚欧大陆及北非地区的经济大走廊。2013年11月，十八届三中全会审议通过《中共中央关于全面深化改革若干重大问题的决定》，明确提出“推进丝绸之路经济带、海上丝绸之路建设，形成全方位开放新格局”，丝绸之路经济带建设上升为对外开放国家战略。

国内沿线省区立足自身优势共建丝绸之路经济带。陕西依托古丝绸之路的历史文化渊源、东西交通枢纽和产业发展优势，举办“欧亚经济论坛”和“丝绸之路商贸博览会”，搭建多边沟通合作平台，着力打造丝绸之路经济带新起点。甘肃、青海、宁夏加快推动与沿线国家的经贸、教育科技、文化交流合作，积极建成经济带黄金段。新疆立足地缘、政策和人文优势，围绕建设经济带核心区推进全方位开放。“渝新欧”铁路打通了成渝地区产品出口欧洲市场的运输通道，有利于成渝地区承接东部产业转移。连云港作为新亚欧大陆桥的东方桥头堡，在长三角一体化战略的支持下，丝绸之路战略枢纽节点城市地位日益凸显。

国际大通道建设带动沿线城市群发展提速。亚欧第二大陆桥打通丝绸之路腹地的东西出海口；渝新欧国际铁路将经济带辐射范围延伸至中国西南及东南地区；“蓉欧快铁”、“汉新欧”和西安“新丝路”等国际班列以及西安、乌鲁木齐等国际航空港运转能力提升，中哈原油管道、中国—中亚天然气管道等能源合作项目陆续投入营运，丝绸之路立体化综合运输体系不断完善。沿线的关中—天水经济区、呼包银榆经济区、天山北坡经济带、成渝经济圈等城市群经济金融合作日益深化，产业集聚初具规模，经济辐射带动作用凸显。

与中亚国家的经济贸易往来日益密切。近年来，西部地区开发开放试验区建设提速，向西开放步伐明显加快。2013年，中国与毗邻中亚五国的进出口额达到502.8亿美元，是2003年的12.3倍，自2003年起年均增长28.6%（见图16）。其中中国同哈萨克斯坦进出口额达到286亿美元。中国已经成为哈萨克斯坦第一大贸易国，吉尔吉斯斯坦和乌兹别克斯坦的第二大贸易国。企业“走出去”步伐加快，投资领域从单一的能源、资源行业拓宽至民生、房地产、制造业、银行业等多方面，中国已成为塔吉克斯坦和乌兹别克斯坦的第一大投资来源国，吉

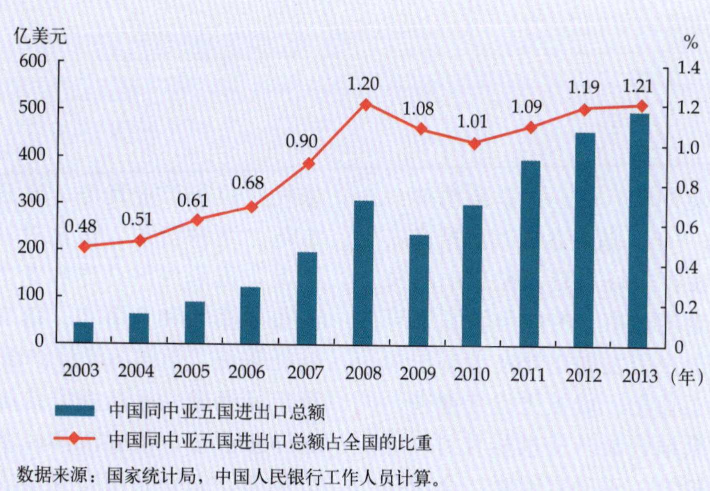

数据来源：国家统计局，中国人民银行工作人员计算。

图16　2003~2013年中国同中亚五国进出口总额及占全国的比重

尔吉斯斯坦的第二大投资来源国。

与毗邻国家的金融合作加快推进。中国人民银行先后与吉尔吉斯斯坦、哈萨克斯坦签订双边本币结算协议，启动跨境贸易投资人民币结算业务；与乌兹别克斯坦、哈萨克斯坦央行分别签订了7亿元和70亿元的货币互换协议；在中哈霍尔果斯国际边境合作中心开展跨境人民币创新业务试点。创新区域金融合作机制。2005年成立上海合作组织银联体，为上合框架下的合作项目提供金融服务，其中国家开发银行在中亚地区授信超过百亿美元。中国人民银行会同金融监管部门出台《关于金融支持喀什霍尔果斯经济开发区建设的意见》，为建设我国向西开放的重要窗口提供金融支持。

丝绸之路经济带建设既是国家构建全方位开放新格局的重大战略，也是对东中西部开放发展的统筹与协调。下一步，需要加强顶层设计，科学合理布局，明确沿线省（自治区、直辖市）功能定位，合理形成城市功能和产业发展格局。加强国际区域沟通合作，畅通贸易和经济合作通道，通过旅游、科技、文化、教育交流增强国家互信和传统友谊，深入推动经济带的一体化发展。加强金融领域务实合作，促进金融对外开放发展。

第三部分　区域经济与金融展望

2014年是贯彻落实党的十八届三中全会精神、全面深化改革的第一年，随着各项改革措施陆续出台，将更有利于发挥市场在资源配置中的决定性作用，提升要素生产效率，夯实经济长期可持续发展的基础。当前中国发展仍处在大有作为的重要战略机遇期，工业化、城镇化持续推进，区域发展互补、回旋余地较大。但也要看到，世界经济复苏仍存在不稳定、不确定因素，全球经济格局深度调整，国际竞争更趋激烈，国内支撑发展的要素条件也在发生深刻变化，深层次矛盾不断凸显，区域经济结构调整和发展方式转变的任务仍较为艰巨。各地区需将改革创新贯穿于经济社会发展的各个领域各个环节，加快转方式调结构促升级，充分发挥不同地区的优势和特色，积极推动产业转移和梯度发展，深化区域合作共赢，形成南北呼应、东西对接、海陆一体的区域经济发展新格局。

东部地区作为体制创新和改革开放的先行区，具有明显的产业优势和区位优势。长三角地区经济一体化深入推进，泛珠三角区域深化经济合作，京津冀地区协同发展，环渤海地区转型升级，天津滨海新区、浙江舟山群岛新区、广州南沙新区等功能区加快建设，中国（上海）自由贸易试验区创新发展，都将加速区域经济一体化进程。但东部地区也面临人口资源环境压力加大的挑战，城市服务管理水平有待提高，城乡基础设施的承载力与公共需要还有一定差距，部分地区化解过剩产能的压力依然较大。

东部地区可继续深化城市间分工协作和功能互补，加快重点领域改革和先行先试，提高自主创新能力，大力发展战略性新兴产业、先进制造业和现代服务业，促进地区经济率先转型升级。依托区位和产业优势，充分利用国际和国内两个市场、两种资源，优化对外贸易结构，在更高层次参与国际经济合作和竞争，不断提升外向型经济整体素质和竞争力。落实建设海洋强国战略，依托东部、南部海洋经济圈①，渤海湾和山东半岛沿岸及海域，改造提升传统海洋产业，积极发展海洋服务业，增强海洋经济发展的内生动力和竞争能力。充分利用自身发展优势，加强与中西部地区合作，推进承接产业转移示范区建设，实现区域产业转移，促进区域协调发展。

中部地区具有承东启西、连南接北的区域优势，是重要的经济增长极。《国务院关于大力实施促进中部地区崛起战略的若干意见》的贯彻落实，“三基地、一枢纽”②地位的稳步提升，沿陇海、沿京广、沿京九和沿长江经济带的加快构建，太原城市群、皖江城市带、鄱阳湖生态经济区、洞庭湖生态经济区、中原经济区、武汉城市圈、环长株潭城市群等区域发展的重点推进，将有利于增强中部地区整体实力和竞争力，加快其崛起步伐。但中部地区仍存在部分行业产能过剩问题，一些依赖资源开发和初加工的企业面临困难，服务业尤其是现代服务业发展不足，科技创新能力有待进一步提高，城乡居民收入持续较快增长难度加大。

中部地区可全面推进农业现代化，巩固粮食生产基地地位，加快发展原材料深加工，提高能源产品附加值，加强工业技术改造和关键技术研发，壮大现代装备制造及高技术产业实力，优化路网航运布局，全力打造综合交通枢纽，着力带动以现代物流业为代表的第三产业发展。继续推进资源节约型和环境友好型社会建设，走可持续发展道路。全方位扩大对内对外开放，有序承接

①东部海洋经济圈由江苏、上海、浙江沿岸及海域组成；南部海洋经济圈由福建、珠江口及其两翼、北部湾、海南岛沿岸及海域组成。

②“三基地、一枢纽”：粮食生产基地、能源原材料基地、现代装备制造和高技术产业基地、综合交通枢纽。

东部和国外产业转移，加强与西部地区在资源开发利用、基础设施等方面的互动合作，不断拓展对外开放的深度和空间。支持晋陕豫黄河金三角地区协调发展，加快跨省交界地区合作开发。

新一轮西部大开发战略的深入实施，将不断改善西部地区投资环境和发展条件，“丝绸之路经济带”和“21世纪海上丝绸之路”战略的启动与铺开，将全面提升西部地区内陆开放型经济发展和沿边开发开放水平。但西部地区基础设施瓶颈制约依然较大、部分企业和产品竞争力不强，资源综合利用水平有待进一步提高，部分地区生态环境仍在恶化，城乡发展差距较大。

西部地区可继续把基础设施建设放在优先位置，加快完善铁路、公路骨架网络，建设与东北亚、中亚、东南亚、南亚地区互联互通的国际通道，推动水利、油气管网等重点工程建设，加快构建现代化基础设施体系。加快建设重要的能源矿产基地和产业聚集区，大力发展资源再生利用产业，构建现代资源开发利用产业体系。重点推动重庆两江、甘肃兰州、陕西西咸、贵州贵安等新区建设，着力打造重庆、成都、西安、昆明、南宁和贵阳等内陆开放型经济高地。贯彻落实《国务院关于加快建立健全生态补偿机制的若干意见》，建立生态补偿机制，实施重点生态工程，健全综合防灾减灾管理体制，不断加强生态环境保护和建设。全力实施集中连片特殊困难地区开发攻坚工程，支持贫困地区和革命老区加快发展。充分发挥地缘优势，实施更加积极主动的开放战略，加大向西开放力度，培育和建设一批富有活力的边境重点口岸、边疆区域性中心城市，带动沿边地区整体发展。

东北地区振兴战略实施以来，经济结构进一步优化，对外开放水平明显提高，资源枯竭型城市转型取得积极进展。但东北地区民营经济活力有待进一步激发，科技创新能力有待进一步提高，产业结构调整任务仍很艰巨。

东北地区可坚持走特色新型工业化道路，实施东北振兴重大创新工程，开展老工业基地振兴科技引领行动计划，构建以企业为主体的技术创新体系，着力推进装备制造、汽车、冶金和石化等传统优势产业转型升级。继续推进农业基础设施建设，强化农业科技和装备支撑，加强黑土区耕地保护，完善粮食主产区利益补偿机制，进一步巩固农业强区地位。深入贯彻落实《全国资源型城市可持续发展规划（2013～2020年）》，加大对资源枯竭城市支持力度，统筹布局资源型城市接续替代产业聚集区，增强资源型城市可持续发展能力。加强森林、草原、湿地和江河流域等重点生态区的保护和治理，建设国家重要生态屏障。重点推进辽宁沿海经济带、沈阳经济区、长吉图经济区、哈大齐工业走廊和牡绥地区发展，充分发挥重点区域的辐射带动作用。充分发挥区位优势，加强基础设施与周边国家互联互通，建设面向东北亚开放的重要枢纽。以中心城市和城市群为依托，全面提高对外开放水平和层次，构筑沿海沿边全面开放新格局。

总体看，区域经济发展关键在于把改革创新贯穿于经济社会发展各个领域各个环节，充分发挥不同地区的优势和特色，实施差别化经济政策，积极推动产业转移和梯度发展，促进生产要素合理流动，着力激发市场活力，加快转方式调结构，切实提高发展质量和效益。积极促进区域协调发展，深入实施区域发展总体战略，重视跨区域、次区域规划，大力实施主体功能区制度，进一步促进区域良性互动发展。

2014年，各地区金融业将按照“稳中求进、改革创新”的工作总基调，继续贯彻落实稳健的货币政策，统筹稳增长、促改革、调结构、惠民生和防风险的关系，保持货币信贷总量与社会融资规模合理增长。坚持金融服务实体经济的本质要求，结合区域经济发展特点，积极创新金融产品和服务方式，切实满足区域经济发展的实际需要，提升自身发展能力和竞争力。盘活存量、用好增量，改善和优化融资结构和信贷结构，加大对事关全局的重点项目和战略性新兴产业、小微企业、“三农”、技术创新、企业“走出去”等方面的支持力度，落实好差别化住房信贷政策，进一步发挥开发性金融对棚户区改造的支持作用。严格控制对高耗能、高排放行业和产能过剩行业的贷款，促进产能过剩矛盾化解。大力发展直接融资，丰富融资工具和交易品种。加强稳健经营，强化流动性、内控和风险管理，守住不发生系统性、区域性金融风险的底线，促进区域经济金融平稳协调发展。

中国人民银行西安分行货币政策分析小组

负责人: 郭新明　袁庆春　王晓红

统　稿: 李学武　赵小虎　李卫林　付俊文

执　笔: 陈　潇　史健安　付兵强　郝　轩　鲁振满　崔随轮　罗　勇　熊顺朝　张　萍　薛凯文　冯　伟　孙　姣

提供材料的还有: 师树松　陈　涛　赵　阳　骆昭东　宋　星　温秋鹏　张宏亮　关　伟

专栏、行业及经济圈部分执笔人（排名不分先后）:

中国人民银行营业管理部货币政策分析小组　卢　静

中国人民银行成都分行货币政策分析小组　张新蓉

中国人民银行杭州中心支行货币政策分析小组　胡小军

中国人民银行乌鲁木齐中心支行货币政策分析小组　毕燕茹

中国人民银行南京分行货币政策分析小组　李晓斌

中国人民银行济南分行货币政策分析小组　王浩宇

中国人民银行广州分行货币政策分析小组　贾　茜

2013年各地区主要经济金融指标比较表

2013年各地区主要经济指标比较表(I)

地区	地区生产总值(亿元)	第一产业	第二产业	第三产业	固定资产投资额(不含农户)(亿元)	房地产开发投资	社会消费品零售总额(亿元)	外贸进出口(亿美元) 总额	进口	出口	差额(出口－进口)	外商实际直接投资(万美元)	地方财政收支(亿元) 差额(收入－支出)	财政收入	财政支出
北　京	19 500.6	161.8	4 352.3	14 986.5	6 797.5	3 483.4	8 375.1	4 291.0	3 658.6	632.5	-3 026.1	852 418	-509.1	3 661.1	4 170.2
天　津	14 370.2	188.5	7 276.7	6 905.0	9 103.0	1 480.8	4 470.4	1 285.3	795.0	490.2	-304.8	1 682 900	-428.0	2 078.3	2 506.3
河　北	28 301.4	3 500.4	14 762.1	10 038.9	22 629.8	3 445.4	10 516.7	548.8	239.2	309.6	70.4	644 720	-2 060.3	2 293.5	4 353.8
山　西	12 602.2	773.8	6 792.7	5 035.8	10 745.3	1 308.6	4 988.3	158.0	78.0	80.0	2.0	281 000	-1 330.3	1 700.2	3 030.5
内蒙古	16 832.4	1 599.4	9 084.2	6 148.8	14 070.5	1 479.0	5 075.2	119.9	79.0	40.9	-38.0	464 500	-1 962.6	1 719.5	3 682.2
辽　宁	27 077.7	2 321.6	14 269.5	10 486.6	24 791.4	6 450.8	10 524.4	1 142.8	497.4	645.4	148.0	2 903 996	-1 859.1	3 341.8	5 200.9
吉　林	12 981.5	1 509.3	6 858.2	4 613.9	9 880.0	1 252.4	5 426.4	258.5	191.0	67.6	-123.4	181 949	-1 587.9	1 157.0	2 744.8
黑龙江	14 382.9	2 516.8	5 918.2	5 947.9	11 794.2	1 604.8	6 205.7	388.8	226.5	162.3	-64.1	461 331	-2 091.8	1 277.4	3 369.2
上　海	21 602.1	129.3	8 027.8	13 445.1	5 644.1	2 819.6	8 019.1	4 412.3	2 370.3	2 042.0	-328.3	1 678 000	-419.1	4 109.5	4 528.6
江　苏	59 161.8	3 646.1	29 094.0	26 421.6	35 983.0	7 241.5	20 656.5	5 508.4	2 219.9	3 288.6	1 068.7	3 326 000	-1 162.7	6 568.5	7 731.2
浙　江	37 568.5	1 784.6	18 446.7	17 337.2	20 189.1	6 216.2	15 138.0	3 358.3	870.4	2 487.9	1 617.5	1 415 898	-933.9	3 796.9	4 730.8
安　徽	19 038.9	2 348.1	10 404.0	6 286.8	18 090.9	3 946.2	6 481.4	456.3	173.8	282.6	108.8	1 069 000	-2 276.5	2 075.1	4 351.6
福　建	21 759.6	1 936.3	11 315.3	8 508.0	15 045.8	3 703.0	8 275.3	1 693.5	628.5	1 065.0	436.6	667 896	-937.8	2 118.7	3 056.5
江　西	14 338.5	1 636.5	7 671.4	5 030.6	12 450.8	1 174.6	4 551.1	367.4	85.7	281.7	196.0	755 100	-1 844.9	1 620.2	3 465.1
山　东	54 684.3	4 742.6	27 422.5	22 519.2	35 875.9	5 444.5	21 744.8	2 671.5	1 326.5	1 345.0	18.5	1 405 315	-2 132.9	4 560.0	6 693.0
河　南	32 155.9	4 059.0	17 806.4	10 290.5	25 321.5	3 843.8	12 426.6	599.5	239.6	359.9	120.3	1 345 700	-3 165.2	2 413.1	5 578.2
湖　北	24 668.5	3 098.2	12 171.6	9 398.8	18 796.9	3 286.0	10 465.9	363.9	135.5	228.4	92.9	688 800	-2 141.0	2 190.0	4 331.0
湖　南	24 501.7	3 099.2	11 517.4	9 885.1	17 230.1	2 628.3	8 940.6	251.6	103.4	148.2	44.8	870 482	-2 611.9	2 023.6	4 635.5
广　东	62 164.0	3 047.5	29 427.5	29 689.0	21 795.0	6 489.6	25 453.9	10 915.7	4 551.7	6 364.0	1 812.4	2 495 200	-1 190.2	7 075.5	8 265.8
广　西	14 378.0	2 343.6	6 863.0	5 171.4	11 383.9	1 614.6	5 083.1	328.4	141.4	186.9	45.5	70 000	-1 875.4	1 316.8	3 192.3
海　南	3 146.5	756.5	871.3	1 518.7	2 625.0	1 196.8	971.9	149.8	112.7	37.1	-75.7	181 060	-528.6	480.5	1 009.2
重　庆	12 656.7	1 002.7	6 397.9	5 256.1	10 285.3	3 012.8	4 511.8	687.0	219.1	468.0	248.9	414 000	-1 367.0	1 692.9	3 059.9
四　川	26 260.8	3 425.6	13 579.0	9 256.1	19 754.4	3 853.0	10 355.5	645.9	226.4	419.5	193.1	1 035 788	-3 410.2	2 784.1	6 194.3
贵　州	8 006.8	1 029.1	3 243.7	3 734.0	7 102.8	1 942.5	2 366.2	82.9	14.0	68.9	54.8	152 600	-1 892.5	1 205.7	3 098.3
云　南	11 720.9	1 895.3	4 927.8	4 897.8	9 621.8	2 488.3	4 036.0	258.3	98.7	159.6	60.9	251 500	-2 485.9	1 610.7	4 096.6
西　藏	807.7	86.8	292.9	427.9	876.0	9.7	293.2	33.2	0.5	32.7	32.2	10 111	-919.3	95.0	1 014.3
陕　西	16 045.2	1 526.1	8 911.6	5 607.5	14 516.7	2 240.2	4 938.5	201.3	99.0	102.2	3.2	367 800	-1 919.0	1 747.2	3 666.3
甘　肃	6 268.0	879.4	2 821.0	2 567.6	6 407.2	724.6	2 139.8	102.8	56.0	46.8	-9.2	8 006	-1 701.8	606.5	2 308.2
青　海	2 101.1	207.6	1 204.3	689.2	2 285.3	247.6	544.1	14.0	5.6	8.5	2.9	9 372	-882.4	368.6	1 251.0
宁　夏	2 565.1	223.0	1 265.0	1 077.1	2 577.8	559.0	610.5	32.2	6.7	25.5	18.9	14 814	-623.3	308.1	931.5
新　疆	8 360.2	1 468.3	3 766.0	3 126.0	7 363.4	825.7	2 039.2	275.6	52.9	222.7	169.8	48 100	-1 963.1	1 556.5	3 519.6

数据来源:《中国经济景气月报》，各省、自治区、直辖市《国民经济和社会发展统计公报》及统计局。

2013年各地区主要经济指标比较表(II)

地区	地区生产总值同比增长(%)				工业增加值同比增长(%)	固定资产投资(不含农户)同比增长(%)		社会消费品零售总额同比增长(%)	外贸进出口同比增长(%)			外商实际直接投资同比增长(%)	地方财政收支同比增长(%)		各类价格指数同比增长(%)			
		第一产业	第二产业	第三产业			房地产开发投资		总额	进口	出口		收入	支出	居民消费价格指数	农业生产资料价格指数	工业生产者购进价格指数	工业生产者出厂价格指数
北京	7.7	3.0	8.1	7.6	8.0	8.9	10.5	8.7	5.1	5.0	6.1	6.0	10.4	13.2	3.3	—	-2.2	-2.6
天津	12.5	3.7	12.7	12.5	13.0	15.0	17.5	14.0	11.2	18.1	1.5	12.1	18.1	18.7	3.1	—	-2.6	-3.0
河北	8.2	3.5	9.0	8.4	10.0	18.5	11.6	13.6	8.5	14.1	4.6	11.1	10.0	6.7	3.0	1.1	-2.4	-3.4
山西	8.9	4.5	10.2	7.5	10.5	25.2	29.5	14.0	5.0	-2.8	14.0	12.1	12.1	9.7	3.1	2.5	-4.5	-9.3
内蒙古	9.0	5.2	10.7	7.1	12.0	18.6	14.5	11.8	6.5	8.4	3.1	18.0	10.7	7.5	3.2	3.5	-0.7	-3.0
辽宁	8.7	4.8	8.9	9.2	9.6	15.1	18.2	13.7	9.8	7.8	11.4	8.3	7.6	14.1	2.4	-0.1	-1.5	-1.0
吉林	8.3	4.0	8.8	8.7	9.6	20.0	-4.4	13.7	5.2	2.8	12.9	10.4	11.1	11.1	2.9	0.8	-0.6	-1.3
黑龙江	8.0	5.1	6.6	10.4	6.9	25.8	4.5	13.8	3.4	-2.2	12.4	18.3	9.8	6.2	2.2	4.1	-1.3	-2.0
上海	7.7	-2.9	6.1	8.8	6.6	10.4	18.4	8.6	1.1	3.1	-1.2	10.5	9.8	8.2	2.3	—	-3.5	-1.8
江苏	9.6	3.1	10.0	9.8	11.5	19.6	16.7	13.4	0.5	1.2	0.1	1.0	12.1	10.0	2.3	2.4	-2.9	-2.0
浙江	8.2	0.4	8.4	8.7	8.5	18.1	18.9	11.8	7.5	-1.0	10.8	8.3	10.3	13.7	2.3	2.8	-2.3	-1.8
安徽	10.4	3.5	12.4	9.5	13.7	21.1	25.2	14.0	16.2	38.6	5.6	23.7	15.8	9.9	2.4	0.9	-3.1	-1.8
福建	11.0	4.4	12.9	9.6	13.2	23.5	31.1	14.0	8.6	8.2	8.9	5.4	19.3	17.2	2.5	-0.5	-1.6	-1.6
江西	10.1	4.6	11.7	9.1	12.4	20.0	21.1	13.6	9.9	3.2	12.2	10.7	18.1	14.8	2.5	2.4	-1.6	-1.5
山东	9.6	3.8	10.7	9.2	11.3	19.6	15.6	13.4	8.8	13.5	4.5	13.8	12.3	13.4	2.2	1.2	-1.6	-1.6
河南	9.0	4.3	10.0	8.8	11.8	23.2	26.6	13.8	15.9	8.6	21.3	11.1	18.3	11.4	2.9	1.3	-0.7	-1.5
湖北	10.1	4.7	11.3	10.0	11.8	24.1	29.4	13.8	13.8	7.8	17.7	21.6	20.1	15.2	2.8	3.1	-1.8	-0.8
湖南	10.1	2.8	10.9	11.4	11.6	23.4	18.9	13.8	14.7	10.7	17.6	19.6	13.5	12.5	2.5	2.3	-1.6	-1.5
广东	8.5	2.5	7.7	9.9	8.7	18.3	21.2	12.2	10.9	11.0	10.9	6.0	13.6	13.7	2.5	-0.3	-1.8	-1.2
广西	10.2	4.3	11.9	10.2	12.9	21.8	3.8	13.6	11.4	0.9	20.9	-6.5	12.9	6.9	2.2	-0.1	-1.1	-1.8
海南	9.9	6.3	9.2	12.1	6.3	27.2	35.0	14.0	4.6	0.8	18.2	10.3	17.4	9.8	2.8	1.0	-3.0	-0.5
重庆	12.3	4.7	13.4	12.0	13.6	19.5	20.1	14.0	29.1	49.7	21.3	34.3	15.5	12.6	2.7	—	-2.4	-2.0
四川	10.0	3.6	11.5	9.9	11.1	19.5	18.0	13.9	9.2	9.5	9.1	5.0	15.0	13.6	2.8	1.5	-0.8	-1.3
贵州	12.5	5.8	14.1	12.6	13.6	29.0	32.4	14.0	25.0	-16.4	39.0	45.9	18.9	12.4	2.5	-1.0	-3.6	-2.6
云南	12.1	6.8	13.3	12.4	12.3	27.4	39.6	14.0	22.9	-10.2	59.3	14.9	20.4	14.7	3.1	0.1	-1.2	-2.5
西藏	12.1	3.8	20.0	8.7	12.2	30.6	40.8	15.1	-3.1	-27.0	-2.6	-41.9	9.7	12.0	3.6	1.8	—	-0.2
陕西	11.0	4.7	12.6	9.9	13.1	24.0	22.0	14.0	36.0	61.1	18.2	25.3	16.8	10.9	3.0	2.6	-0.7	-2.7
甘肃	10.8	5.6	11.5	11.5	11.5	27.1	29.2	14.0	15.5	5.1	30.9	37.3	18.2	12.1	3.2	2.1	-2.0	-3.1
青海	10.8	5.3	12.3	9.8	12.6	26.4	30.5	14.3	21.2	29.5	16.3	-54.5	15.3	13.4	3.9	4.3	-1.2	-3.0
宁夏	9.8	4.5	12.5	7.5	12.5	26.8	30.2	12.5	45.2	15.6	55.5	-32.1	16.7	7.8	3.4	1.6	-3.0	-4.0
新疆	11.0	6.9	13.6	9.3	12.9	25.7	36.2	13.4	9.5	-9.1	15.1	15.7	24.0	14.2	3.9	2.6	-2.2	-3.5

数据来源:《中国经济景气月报》，各省、自治区、直辖市《国民经济和社会发展统计公报》及统计局。

2013年全国70个大中城市新建商品住宅销售价格指数同比增长(I)

单位：%

地区	1月	2月	3月	4月	5月	6月	7月	8月	9月	10月	11月	12月
北　京	4.3	7.7	11.2	13.4	15.2	16.7	18.3	19.3	20.6	21.2	21.1	20.6
天　津	1.6	3.2	4.9	5.9	6.2	6.5	6.8	7.0	7.6	7.9	8.0	8.3
石家庄	2.1	3.4	4.6	5.4	5.9	7.0	6.8	7.4	8.2	9.3	9.4	10.1
太　原	1.4	2.5	3.3	4.7	7.0	8.2	9.1	10.0	11.3	12.5	12.5	12.1
呼和浩特	0.3	1.7	2.0	2.0	3.5	4.7	6.0	7.1	8.2	9.6	10.0	10.6
沈　阳	1.3	2.9	4.3	6.4	8.6	9.5	10.6	11.7	12.7	13.3	13.2	13.2
大　连	2.0	3.1	4.4	5.9	7.1	7.8	8.3	8.5	9.0	9.4	9.5	10.1
长　春	0.1	1.5	2.6	3.7	4.8	5.9	6.5	7.2	7.9	8.1	9.0	8.8
哈尔滨	1.7	2.8	3.7	4.4	5.2	6.7	7.0	7.8	8.2	10.1	10.5	10.7
上　海	1.5	4.1	7.8	10.2	12.2	14.4	16.5	18.5	20.4	21.4	21.9	21.9
南　京	3.0	5.3	7.6	9.7	11.3	12.3	12.8	13.5	14.5	15.3	15.8	15.6
杭　州	-6.6	-5.5	0.3	5.4	7.0	7.4	7.9	8.7	9.8	11.0	11.7	11.5
宁　波	-6.7	-5.3	-3.5	-0.7	1.8	3.0	3.6	4.7	5.9	6.6	7.2	7.8
合　肥	1.6	2.9	3.9	4.9	5.9	6.8	7.6	8.2	8.9	9.1	10.0	10.7
福　州	2.4	4.4	6.0	7.8	8.4	11.0	10.9	11.2	12.3	12.8	14.0	13.3
厦　门	2.4	4.2	6.6	8.6	10.2	11.9	13.9	14.9	16.5	16.9	17.1	16.9
南　昌	1.7	3.3	5.1	6.7	7.6	8.6	8.6	8.8	9.7	10.1	10.5	10.4
济　南	0.9	1.7	2.9	4.7	5.5	6.0	6.9	7.6	8.2	8.7	9.3	9.4
青　岛	-2.6	-1.0	1.3	3.8	4.9	5.8	6.9	8.4	9.3	9.9	10.4	10.5
郑　州	2.5	4.3	6.5	8.2	9.3	10.4	12.0	12.6	12.7	12.5	12.4	12.0
武　汉	2.1	3.6	4.9	6.1	7.3	8.0	8.9	9.9	10.5	11.3	11.3	10.9
长　沙	2.0	3.5	5.1	6.3	7.6	8.5	9.4	10.2	10.8	11.8	11.8	12.3
广　州	4.7	8.2	11.2	13.7	15.5	16.5	17.4	19.0	20.2	20.7	20.9	20.4
深　圳	3.3	5.8	9.1	11.5	14.0	16.0	17.0	18.4	20.1	20.6	21.0	20.3
南　宁	-0.3	1.3	3.4	4.1	5.7	6.6	7.6	8.5	8.9	9.6	9.7	10.3
海　口	-0.4	-0.1	0.0	0.3	0.8	0.9	1.0	1.0	1.1	1.8	1.8	2.4
重　庆	2.5	3.6	4.4	5.6	6.3	6.9	7.3	8.1	9.0	9.4	9.7	9.5
成　都	1.5	2.3	3.4	5.4	6.8	7.7	7.7	8.6	9.1	9.6	9.8	9.7
贵　阳	1.5	2.2	3.0	4.3	5.1	5.0	5.6	5.4	6.1	6.9	7.4	7.4
昆　明	2.0	2.1	3.2	4.0	4.8	5.6	5.5	6.3	6.6	7.0	7.0	6.9
西　安	1.6	2.6	4.2	5.2	6.5	7.3	8.6	9.3	9.8	10.3	10.5	10.9
兰　州	0.5	1.4	2.7	3.6	4.2	5.4	5.9	7.1	7.5	7.9	7.9	8.0
西　宁	2.3	3.6	4.0	4.6	5.8	6.9	7.9	8.7	8.9	9.3	9.4	9.9
银　川	2.2	2.8	3.3	4.5	5.4	6.5	6.8	7.9	8.2	8.7	9.0	9.2
乌鲁木齐	3.5	5.0	6.2	7.4	8.1	7.9	8.3	9.1	10.0	10.3	10.1	10.7

2013年全国70个大中城市新建商品住宅销售价格指数同比增长(II)

单位：%

地区	1月	2月	3月	4月	5月	6月	7月	8月	9月	10月	11月	12月
唐　山	-0.2	0.3	1.2	1.1	1.1	1.2	1.4	1.7	1.4	1.8	1.5	1.7
秦皇岛	1.5	2.8	3.7	4.6	5.4	6.0	6.4	7.1	7.8	7.6	7.9	7.8
包　头	1.6	3.6	4.9	5.7	7.1	7.0	7.4	7.3	7.6	8.4	8.7	9.4
丹　东	0.4	1.4	2.5	3.3	4.2	5.0	5.7	7.0	7.9	8.5	9.0	9.3
锦　州	0.3	1.5	1.9	3.0	3.9	5.3	6.0	7.6	8.7	9.7	10.2	10.7
吉　林	1.0	1.8	2.8	3.6	4.7	5.7	6.0	7.1	7.7	8.3	8.4	8.8
牡丹江	-0.1	0.8	1.6	3.0	3.8	4.4	4.6	5.0	5.7	5.7	5.7	6.2
无　锡	0.4	1.3	3.2	3.8	4.4	4.4	4.3	4.0	4.5	5.2	5.6	5.9
扬　州	0.1	0.8	1.4	2.5	3.5	4.4	4.3	4.8	5.4	6.6	7.6	7.3
徐　州	0.5	1.7	3.5	4.7	5.9	6.9	7.5	8.7	9.6	10.6	10.6	11.0
温　州	-10.8	-10.7	-9.8	-6.1	-3.8	-3.0	-2.6	-2.3	-1.8	-1.5	-1.2	-2.8
金　华	-5.6	-5.3	0.1	1.0	2.3	3.2	4.4	6.5	7.8	8.0	7.7	7.0
蚌　埠	0.3	0.9	1.5	1.9	2.5	3.0	3.0	3.5	4.4	5.0	5.2	4.8
安　庆	0.1	1.0	2.1	2.5	3.2	3.9	3.5	4.2	4.8	5.5	5.7	5.9
泉　州	-0.2	0.5	0.9	2.6	3.5	4.1	4.8	5.4	6.7	7.3	7.9	8.4
九　江	0.8	1.8	2.3	3.0	4.5	5.1	4.9	5.6	5.5	6.2	6.9	7.0
赣　州	0.6	1.9	3.6	4.1	4.5	4.5	5.6	6.4	7.5	8.6	9.4	9.2
烟　台	-0.3	0.8	2.4	3.4	3.7	4.0	4.9	6.3	7.2	7.8	8.5	8.9
济　宁	0.8	2.0	3.3	4.1	4.7	6.0	6.5	7.5	7.6	9.1	9.0	10.0
洛　阳	0.0	1.4	2.0	3.0	3.8	4.6	5.6	6.5	7.7	8.2	8.7	8.9
平顶山	-0.2	1.0	2.5	3.3	4.3	5.2	5.9	7.0	8.5	8.6	9.3	9.3
宜　昌	1.1	2.0	3.5	5.1	6.5	7.2	7.6	8.6	9.3	9.6	9.9	10.0
襄　阳	0.2	0.9	3.0	4.7	6.2	7.2	7.3	8.1	8.4	8.6	8.9	8.8
岳　阳	0.2	0.9	2.6	4.3	6.0	7.9	8.2	8.9	10.8	10.8	10.9	10.8
常　德	0.8	1.6	2.6	3.4	3.3	3.9	4.5	5.6	6.1	6.5	6.9	6.4
惠　州	0.3	1.2	2.0	2.7	3.6	4.3	4.7	5.7	6.7	7.2	8.1	8.5
湛　江	2.6	3.8	4.4	5.0	6.1	6.5	7.0	7.9	9.3	9.6	10.0	9.6
韶　关	1.5	2.6	2.8	3.5	5.1	5.2	5.9	6.4	6.4	7.0	6.5	6.0
桂　林	-0.3	-0.2	0.6	1.3	4.3	5.8	7.8	8.7	8.7	10.1	11.6	12.1
北　海	-0.4	0.9	2.0	3.1	4.1	5.3	5.9	6.9	8.2	8.7	9.1	10.0
三　亚	-0.1	0.3	1.1	2.0	2.2	2.4	2.8	3.4	3.7	4.7	5.5	5.4
泸　州	2.1	3.0	4.2	5.2	5.3	5.0	5.6	6.6	8.7	9.5	8.9	9.2
南　充	2.7	4.0	5.7	6.8	8.0	10.1	10.9	11.5	11.5	11.4	10.9	10.8
遵　义	2.0	3.1	3.6	4.3	4.5	4.6	4.7	5.3	6.0	6.4	7.3	7.2
大　理	2.0	3.1	3.6	4.3	4.5	4.6	4.7	5.3	6.0	6.4	7.3	7.2

注：从2011年1月起，国家统计局开始实施《住宅销售价格统计调查方案》，对数据来源渠道、指标设置、计算方法等影响价格指数计算的主要因素都进行了调整。

数据来源：国家统计局。

2013年年末各省、自治区、直辖市主要存贷款指标

地区	本外币						人民币							
	金融机构各项存款		金融机构各项贷款				金融机构各项存款				金融机构各项贷款			
	余额(亿元)	比年初(亿元)	余额(亿元)			比年初(亿元)	余额(亿元)			比年初(亿元)	余额(亿元)			比年初(亿元)
				短期	中长期			储蓄存款	单位存款			个人消费贷款	房地产贷款	
北　京	91 660.5	6 588.8	47 880.9	15 693.8	28 171.7	4 578.7	87 990.6	23 086.4	55 183.8	6 386.9	40 506.7	6 071.4	9 286.7	3 954.1
天　津	23 316.6	2 976.7	20 857.8	6 251.1	11 618.0	2 427.3	22 684.6	7 612.3	13 533.3	2 963.3	19 453.3	1 999.2	3 431.0	2 027.7
河　北	39 444.5	5 181.1	24 423.2	10 788.2	12 846.7	3 031.8	39 221.3	23 357.2	14 228.0	5 202.4	23 966.0	3 727.9	4 426.9	3 041.9
山　西	26 269.0	2 108.4	15 025.5	6 089.8	8 040.7	1 807.1	26 105.3	13 339.4	11 164.0	2 051.2	14 887.5	758.5	830.6	1 774.3
内蒙古	15 263.8	1 585.8	13 056.7	5 295.4	7 502.5	1 639.7	15 205.7	7 455.2	6 831.0	1 588.0	12 944.2	1 562.5	1 896.6	1 635.6
辽　宁	39 418.0	4 171.0	29 722.0	11 643.4	17 004.4	3 364.4	38 667.8	19 659.5	16 502.4	4 158.4	27 944.0	3 796.0	6 092.2	3 163.1
吉　林	14 885.9	2 066.9	10 805.2	3 993.5	6 517.6	1 526.0	14 781.4	7 745.3	6 192.4	2 068.5	10 696.5	1 432.9	1 995.0	1 532.2
黑龙江	18 293.4	1 746.4	11 782.5	5 024.7	6 208.9	1 506.1	18 131.8	10 058.6	6 947.1	1 799.1	11 359.4	1 568.4	1 942.7	1 436.4
上　海	69 256.3	5 474.3	44 358.1	13 673.8	25 901.8	3 297.7	65 037.5	20 486.3	38 326.5	5 093.4	39 748.6	7 520.1	11 791.5	3 176.6
江　苏	88 302.1	10 163.5	64 908.2	30 604.9	31 732.4	7 038.1	85 604.1	33 823.9	47 175.2	10 094.1	61 836.5	10 443.6	14 801.2	7 207.8
浙　江	73 732.4	7 051.5	65 338.5	39 638.8	23 737.0	5 704.6	71 986.6	28 923.0	37 839.6	7 099.1	62 597.6	10 478.9	10 451.6	5 490.7
安　徽	26 938.2	3 719.8	19 688.2	7 654.8	11 148.5	2 859.2	26 739.3	12 924.9	12 374.1	3 755.1	19 088.8	3 705.8	4 643.4	2 760.8
福　建	28 938.8	3 857.0	25 963.4	11 678.8	13 493.0	3 440.9	28 043.8	11 847.3	14 080.4	3 738.0	24 487.5	6 064.7	6 051.4	3 182.8
江　西	19 582.7	2 742.3	13 111.7	5 766.5	7 141.0	1 981.9	19 434.7	9 725.2	8 634.0	2 717.5	12 953.5	2 533.4	2 954.6	1 979.3
山　东	63 357.9	7 916.8	47 952.1	25 005.7	19 498.2	4 925.4	62 077.9	29 796.1	29 001.4	7 722.4	44 761.3	6 748.8	7 900.9	4 613.4
河　南	37 591.1	5 651.7	23 511.4	11 823.4	11 029.6	3 144.2	37 048.9	20 232.1	15 065.9	5 431.5	23 100.9	3 413.7	3 830.9	3 004.0
湖　北	32 902.8	4 641.9	21 902.6	7 857.3	13 127.2	2 834.4	32 636.2	15 507.0	14 569.7	4 626.8	20 796.9	3 210.6	4 552.8	2 756.5
湖　南	26 876.0	3 725.6	18 141.1	5 565.1	12 294.9	2 448.7	26 756.6	14 539.7	10 888.7	3 716.3	17 775.0	2 812.5	4 038.4	2 394.7
广　东	119 685.2	14 190.5	75 664.2	25 550.4	45 767.5	8 283.8	114 855.0	49 891.4	54 142.7	14 524.0	68 491.9	16 753.6	19 979.7	8 222.3
广　西	18 400.5	2 425.1	14 081.0	4 273.1	9 486.5	1 711.4	18 267.3	9 118.9	8 284.4	2 402.6	13 653.4	2 677.1	2 899.8	1 697.9
海　南	5 952.5	839.9	4 630.8	707.4	3 685.4	734.8	5 887.0	2 465.4	3 019.3	836.1	3 988.8	420.7	965.7	591.9
重　庆	22 789.2	3 356.5	18 005.7	5 153.1	12 183.9	2 383.3	22 202.1	9 622.3	11 697.5	3 258.8	17 381.6	4 035.1	5 121.7	2 222.2
四　川	48 122.0	6 534.5	30 298.8	10 097.6	19 692.1	4 104.0	47 667.3	22 597.3	22 160.4	6 526.4	29 542.7	5 483.3	6 641.7	3 951.0
贵　州	13 297.6	2 729.0	10 157.0	2 277.3	7 759.6	1 798.4	13 265.0	5 919.1	6 676.5	2 724.2	10 104.3	1 742.1	1 889.3	1 821.2
云　南	20 829.3	2 758.6	16 128.9	5 032.3	10 600.0	1 945.6	20 711.6	8 969.8	10 856.2	2 724.2	15 812.2	2 319.3	2 606.8	1 928.2
西　藏	2 500.9	491.6	1 077.0	259.8	759.8	412.7	2 499.1	496.0	1 896.2	493.4	1 076.7	102.8	49.8	412.7
陕　西	25 736.7	2 884.3	16 537.7	4 803.2	11 217.6	2 395.4	25 577.2	12 249.4	12 270.6	2 910.7	16 219.8	2 522.9	3 243.1	2 350.2
甘　肃	12 070.6	1 938.3	8 822.2	3 272.8	5 106.3	1 609.6	12 029.7	5 878.5	5 630.5	1 993.7	8 430.1	665.2	710.5	1 584.6
青　海	4 110.7	572.4	3 514.7	837.6	2 419.9	642.8	4 102.5	1 504.2	2 336.4	574.2	3 398.2	143.9	303.8	603.1
宁　夏	3 881.4	373.8	3 947.3	1 503.4	2 303.2	572.7	3 868.5	1 887.2	1 799.9	372.6	3 910.1	393.2	659.5	568.1
新　疆	14 247.5	1 818.8	10 377.1	3 424.4	5 783.3	1 980.3	14 088.8	5 884.5	7 677.2	1 752.8	9 840.5	1 053.1	1 215.9	1 915.7

数据来源：中国人民银行上海总部、各分行、营业管理部、省会（首府）城市中心支行。

《2013年中国区域金融运行报告》分报告

2013年北京市金融运行报告

中国人民银行营业管理部货币政策分析小组

[内容摘要] 2013年，北京市深入贯彻党的十八大，十八届二中、三中全会精神，按照中央稳中求进、稳中有为、稳中提质的总体要求，加快推动产业结构调整和经济发展方式转变。在国内外经济形势复杂严峻的大背景下，经济实现持续健康发展，结构调整取得积极进展，科技创新成效明显，发展成果惠及民生。

北京市金融业认真落实稳健的货币政策，全年运行平稳，信贷增长适度，非信贷融资作用突出，重点领域和经济薄弱环节得到有效支持，金融对经济企稳和结构转型调整的作用不断加大。证券业、保险业健康发展，金融生态环境建设稳步推进。

2014年，深化改革将为经济注入新的发展活力，京津冀一体化迈向新阶段，有利于促进区域协同发展和北京市可持续发展。金融业将继续贯彻落实稳健的货币政策，加大金融产品创新，提升金融服务水平，保持货币信贷和社会融资规模合理适度增长，努力营造有利于北京市经济社会和谐稳定发展的金融环境。

一、金融运行情况

2013年，北京市金融业发展总体稳健，银行业资产规模和盈利水平持续提升，贷款增长合理适度，信贷结构持续优化；证券业改革稳步推进，资产规模保持较快增长；保险业经营效益持续向好，保障功能不断增强。

（一）银行业运行状况良好，货币信贷适度增长

1. 银行业金融机构平稳发展，盈利能力明显提升。2013年，北京市银行业金融机构资产规模持续扩大，年末资产总额同比增长10.5%；实现利润同比增长43.9%；资产质量不断改善，不良贷款率比2012年年末下降0.1个百分点，继续保持低位“双降”。银行业金融机构数量持续增加，年末机构网点总数同比增长4.7%；法人金融机构同比增长7.8%（见表1）。银行支付业务快速发展，全年银行卡业务金额为17.7万亿元，同比增长19.3%；年末银行卡发卡量累计达到1.7亿张，同比增长11.9%。

表1　2013年北京市银行业金融机构情况

机构类别	营业网点			法人机构（个）
	机构个数（个）	从业人数（人）	资产总额（亿元）	
一、大型商业银行	1 759	48 118	63 797	0
二、国家开发银行和政策性银行	17	902	13 718	0
三、股份制商业银行	499	19 099	31 014	0
四、城市商业银行	262	9 139	9 036	1
五、城市信用社	0	0	0	0
六、小型农村金融机构	693	7 758	4 664	1
七、财务公司	43	1 749	6 588	43
八、信托公司	3	431	90	3
九、邮政储蓄银行	551	2 382	1 846	0
十、外资银行	100	7 924	3 091	9
十一、新型农村金融机构	15	597	122	10
十二、其他	10	2 624	1 794	10
合　计	3 952	100 723	135 758	77

注：营业网点不包括国家开发银行和政策性银行、大型商业银行、股份制银行金融机构总部数据；大型商业银行包括中国工商银行、中国农业银行、中国银行、中国建设银行和交通银行；小型农村金融机构包括农村商业银行、农村合作银行、农村信用社；新型农村金融机构包括村镇银行、贷款公司和农村资金互助社；“其他”包含金融租赁公司、汽车金融公司、货币经纪公司、消费金融公司等。

数据来源：中国人民银行营业管理部、北京市银监局、北京市金融工作局。

2. 人民币存款增速明显回落，外币存款增长乏力。2013年年末，北京市金融机构本外币存款同比增长8%，比2012年年末下降5.1个百分点。其中，人民币存款同比增长8.1%，比2012年年末下降3.9个百分点。2013年8月，受某大型商业银行调整人民币保本理财产品统计口径的影响，人民币

个人存款中的结构性存款大幅减少。此外，企业集团成立财务公司步伐加快，使得大量人民币单位存款转化为同业存款，也是人民币存款增速下降的重要原因。外币存款受2013年人民币升值幅度较大、经济主体持汇意愿减弱等因素的影响增长乏力。2013年年末，北京市金融机构外币存款同比增长9.7%，比2012年年末下降37.6个百分点。

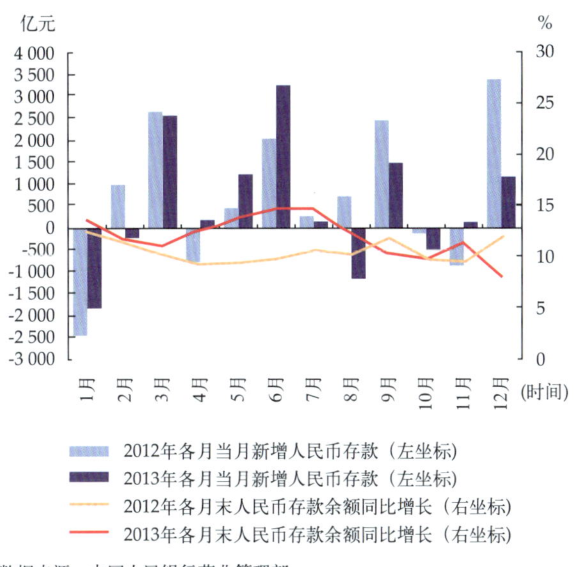

数据来源：中国人民银行营业管理部。

图1　2012～2013年北京市金融机构人民币存款增长变化

3. 本外币贷款增长平稳，信贷投向调整符合经济转型发展要求。2013年年末，北京市金融机构本外币贷款同比增长10.9%。其中，人民币贷款同比增长11.2%，比2012年年末上升2个百分点；从期限结构看，中长期贷款增速略有回升，短期贷款依然保持较快增速，票据融资增速回落较多。2013年北京市投资逐步企稳，民间投资增长加快，中长期贷款增长动力有所增强。企业出于节约财务成本需要，对短期贷款需求仍然较大。票据融资规模自2013年6月以来持续下降。受人民币持续升值和外币贷款利率水平较低的影响，外币贷款增长加快。2013年年末，北京市金融机构外币贷款同比增长12.7%，比2012年年末上升5.2个百分点。

信贷投向符合北京市经济转型发展要求。2013年，中国人民银行营业管理部进一步加强信贷政策指导，引导金融机构加大对科技、文化、现代制造业等重点领域和小微企业、涉农等经济薄弱环节的信贷支持。2013年年末，北京市中资银行人民币文化创意产业贷款同比增长29.3%，高新技术产业贷款同比增长19.5%，现代制造业贷款同比增长21.5%。北京市金融机构本外币小微企业贷款同比增长18.6%，增速比大型企业、中型企业分别高8.4个、11.2个百分点；涉农贷款同比增长27.5%。

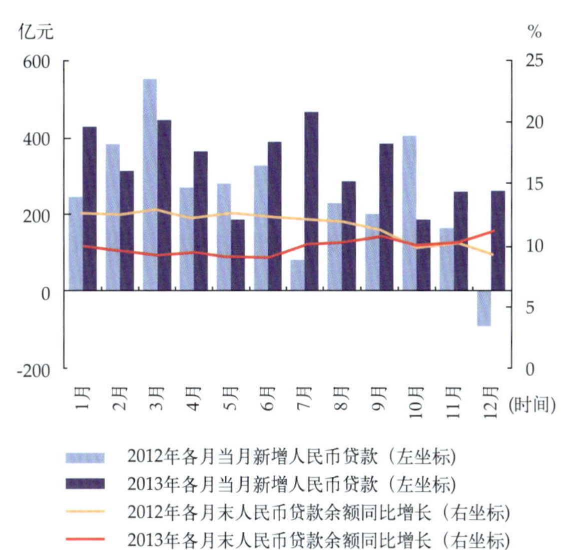

数据来源：中国人民银行营业管理部。

图2　2012～2013年北京市金融机构人民币贷款增长变化

4. 人民币存贷款利率运行稳定，外币存贷款利率低位上行。2013年，北京市金融机构人民币贷款总体利率水平在6.2%上下15个基点幅度内波动。全年金融机构执行基准利率贷款占全部人民币贷款的比重同比下降；下浮利率贷款延续2012年6月以来的较高占比；下半年，上浮利率贷款占比略有上升（见表2）。人民币存款利率总体较为平稳，金融机构存款定价差异化程度进一步显现。受外币监管政策及境内外汇资金供求变化等影响，金融机构美元存贷款利率低位震荡上行（见图4）。

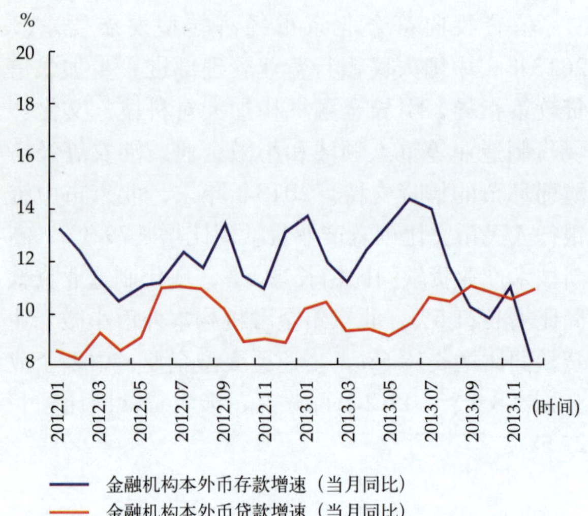

数据来源：中国人民银行营业管理部。

图3　2012～2013年北京市金融机构本外币存、贷款增速变化

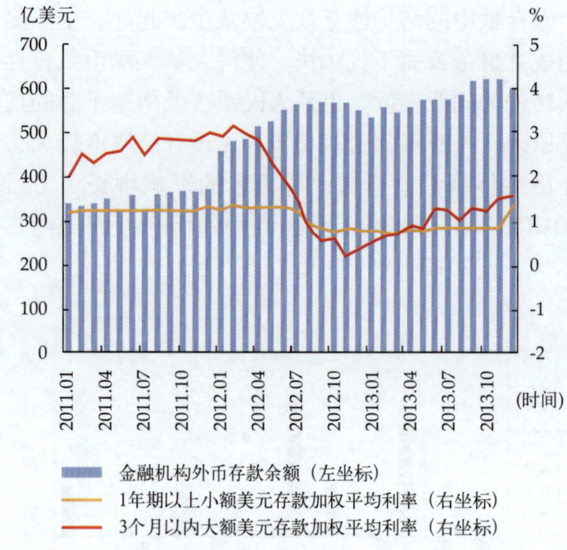

数据来源：中国人民银行营业管理部。

图4　2011～2013年北京市金融机构外币存款余额及外币存款利率

表2　2013年北京市金融机构人民币贷款各利率区间占比

单位：%

	月份	1月	2月	3月	4月	5月	6月
	合计	100.0	100.0	100.0	100.0	100.0	100.0
	下浮	43.5	46.2	43.8	41.8	43.9	46.3
	基准	30.9	28.7	28.1	25.2	24.9	22.5
上浮	小计	25.5	25.1	28.2	33.0	31.3	31.3
上浮	(1.0，1.1]	11.2	9.6	12.4	13.9	11.3	13.8
上浮	(1.1，1.3]	7.6	8.7	9.7	11.3	10.0	9.9
上浮	(1.3，1.5]	2.8	3.5	3.8	4.9	6.5	4.8
上浮	(1.5，2.0]	2.6	2.3	1.2	1.6	2.0	1.7
上浮	2.0以上	1.8	1.2	1.1	1.3	1.5	1.0
	月份	7月	8月	9月	10月	11月	12月
	合计	100.0	100.0	100.0	100.0	100.0	100.0
	下浮	43.7	39.9	40.1	39.4	38.0	50.9
	基准	22.0	19.6	21.1	22.9	27.9	21.7
上浮	小计	34.3	40.5	38.8	37.8	34.1	27.4
上浮	(1.0，1.1]	15.0	17.3	15.4	15.0	15.0	10.3
上浮	(1.1，1.3]	11.3	14.3	15.9	13.3	11.6	9.8
上浮	(1.3，1.5]	4.6	5.8	4.5	6.1	4.7	3.5
上浮	(1.5，2.0]	2.3	1.9	1.7	2.1	1.6	1.7
上浮	2.0以上	1.2	1.3	1.2	1.3	1.3	2.1

数据来源：中国人民银行营业管理部。

5. 银行业金融机构改革继续推进，风险防控能力不断增强。北京市政策性银行资产负债总量平稳增长，各项业务稳步开展，对环保及节能减排、低收入家庭住房、小微企业、进出口、新农村建设等领域支持力度加大。

五家大型商业银行北京市分行继续推进内部改革，资产质量持续提高，风险抵补能力较强。2013年，五家大型商业银行通过优化资产负债结构等多种途径确保稳健经营，成本收入比同比下降7.9个百分点，经营效率明显提高。

两家中资法人银行资本充足情况良好，盈利水平稳步提高，收入结构持续改善。北京银行积极服务实体经济，加大业务转型力度，整体经营稳健。北京农商银行着力改善公司治理结构，完善内控和严防风险，服务功能不断改善，各项业务指标持续好转。

2013年，北京房山沪农商村镇银行股份有限公司开业，北京市村镇银行增至10家。村镇银行整体实现盈利，流动性状况良好，不良贷款率较低，风险抵补能力充足。

6. 跨境人民币业务快速发展，市场参与度不断扩大。2013年，北京市银行办理跨境人民币实际收付额7 429.2亿元，居全国前列，同比增长69.6%。其中，经常项目实际收付额同比增长58%，资本与金融项目实际收付额同比增长1.6倍。市场参与度不断扩大，全年北京市银行累计为7 012户企业办理跨境人民币结算业务，同比增加2 232户，跨境人民币业务境外结算国家和地区拓展至149个。中国人民银行营业管理部不断探索创新，率先在全国实现产权交易项下的跨境人民币业务，试行跨国公司人民币资金集中运营管理工作，启动经常项目个人项下跨境人民币结算试点工作。

专栏1　探索建立同业存款利率信息共享平台　增强金融机构利率市场化适应能力

近年来，随着金融市场快速发展、金融机构类型不断丰富，北京市金融机构同业存款增长迅速。为扩大Shibor在市场化金融产品定价中的应用。自2013年3月开始，中国人民银行营业管理部依托北京市资金特点及利率工作特色，以完善同业存款利率形成机制为切入点，研究开发了同业存款利率信息共享平台（以下简称信息共享平台），并于9月23日正式启动运行。

信息共享平台运行报价行目前范围暂定为北京市29家中资商业银行，选择7天、7～14天、14天～1个月、1～3个月、3～6个月5个交易频繁、成交量大的同业存款利率期限品种。由系统自动计算生成相应期限的北京同业存款利率（Beijing Interbank Deposit Rate，BIDR）。自正式启动以来，北京同业存款利率信息共享平台总体情况良好，其中报价较为活跃的银行有20家。从短端来看，7天、7～14天、14天～1个月3个期限档次BIDR与相应参考期限的Shibor走势基本一致，二者相关性较强。2013年10月以来，货币市场利率几次短期波动在BIDR上均有所体现。从中长端来看，1～3个月、3～6个月2个期限档次BIDR的波动性和对市场的敏感性较强,能够反映市场利率的实际变动水平。为强化参与各方对信息共享平台的准确理解和便捷操作，中国人民银行营业管理部配套制定了《北京同业存款利率信息共享平台操作规程（暂行）》和《北京同业存款利率信息共享平台操作手册》，确保了信息共享平台的顺畅运行。

信息共享平台在完善同业存款定价机制方面发挥着积极的作用。一是提供真实的同业存款定价信息。信息共享平台启动运行后，BIDR较为真实地反映了北京市同业存款市场利率走势和各机构报价水平，方便银行及时掌握市场价格信息及与同业差异。部分银行将相关信息反馈总行，作为总行同业存款FTP定价参考依据之一；部分银行则用于指导下级支行和业务经营部门的营销及报价策略调整。二是支持银行完善同业存款定价机制。信息共享平台的运行方便北京市金融机构及时获取BIDR数据，参与报价行还能查看其他报价行利率数据，有助于银行增加模型变量和分析依据，为完善同业存款定价模型和定价系统奠定基础。三是促进同业存款报价规范有序。信息共享平台的建立使中国人民银行营业管理部对同业存款利率监测管理转向日常化、制度化，提高了同业存款利率的公开性和透明度，形成同业之间相互监督和自律机制，避免因信息不对称而产生价格扭曲或非正常竞争现象，有效提高北京市同业存款利率报价的规范性和有序性。

（二）证券业改革稳步推进，“新三板”挂牌公司数量大幅增加

1. 证券业新设机构不断增加，盈利能力明显增强。2013年，北京市新成立基金管理公司5家，新增证券营业部4家，期货营业部7家。随着新设机构增多，机构牌照日益完备和业务范围不断丰富，市场活力明显增强。2013年，北京市18家证券公司年末总资产同比增长22.5%，净资本同比增长20.1%，净利润总额同比增长43.3%，盈利状况好于全国。

2. 股票融资大幅下降，“新三板”市场挂牌公司数量大幅增加。2013年年末，北京市共有上

表3 2013年北京市证券业基本情况

项目	数量
总部设在辖内的证券公司数（家）	18
总部设在辖内的基金公司数（家）	15
总部设在辖内的期货公司数（家）	21
年末国内上市公司数（家）	217
当年国内股票（A股）筹资（亿元）	422.6
当年发行H股筹资（亿元）	—
当年国内债券筹资（亿元）	14 497.7
其中：短期融资券筹资额（亿元）	8 687.8
中期票据筹资额（亿元）	3 291.6

数据来源：中国人民银行营业管理部、北京证监局。

市公司217家，占全国的8.8%；总市值占全国上市公司总市值的35.7%。受IPO暂停的影响，2013年无公司通过首发上市融资，但通过再融资共募集资金422.6亿元，比2012年减少282.8亿元。北京市“新三板”挂牌公司达到248家，占全国的69.7%，其中2013年新增73家。

3. 期货交易快速增长，期货行业整合加快。2013年，北京市期货公司期货代理交易额73万亿元，同比增长60%，占全国的13.6%。期货公司年末总资产同比增长12.9%；客户保证金同比增长16.5%。为适应混业经营趋势，北京市期货公司通过合并及引入大股东等方式提高整体竞争力和市场份额。

4. 证券业改革稳步推进，服务北京市实体经济发展。2013年，北京启动创业板公司再融资，将区域性股权市场纳入多层次资本市场体系建设；股票发行从核准制向注册制过渡，进一步完善首次公开发行流程公开制度；拓展中小企业债券的发行方式和范围；制定中小投资者保护配套政策并健全制度体系。

（三）保险业经营持续向好，保障功能不断增强

1. 保险机构经营持续向好。2013年年末，北京市保险分公司和直接经营业务的保险总公司达101家，其中财产险公司40家，人身险公司56家，再保险公司4家，政策性保险公司1家，总资产达到4 010亿元，同比增长11.1%。全年实现原保险保费收入994.4亿元。

2. 保险保障功能不断增强。2013年，北京市保险业保险深度为5.1%，保险密度为4 753.5元/人，同比增长5.3%。2013年，北京市开展政策性农业保险险种24个，稳步推进新农合“共保联办”试点、持续完善健康险管理信息平台，不断提升服务“新医改”成效。

3. 保险产品创新持续推进。2013年，北京市财产险公司推出“中小企业贷款履约保证保险”和“融资租赁履约保证保险”等产品服务小微企业发展。从2013年寿险产品费率改革启动以来，北京市寿险公司推出多款预定利率达到3.5%的费改新产品。部分寿险公司北京市分公司还与北京市民政局、财政局、老龄委合作，创新推出老年人意外伤害保险项目。

表4 2013年北京市保险业基本情况

项目	数量
总部设在辖内的保险公司数（家）	61
其中：财产险经营主体（家）	12
人身险经营主体（家）	27
保险公司分支机构（家）	92
其中：财产险公司分支机构（家）	37
人身险公司分支机构（家）	51
保费收入（中外资，亿元）	994.4
其中：财产险保费收入（中外资，亿元）	288.0
人身险保费收入（中外资，亿元）	706.4
各类赔款给付（中外资，亿元）	318.2
保险密度（元/人）	4 753.5
保险深度（%）	5.1

数据来源：中国保监会、北京保监局。

（四）直接融资占比回落，货币市场交易量减少

1. 直接融资占比回落，表外融资快速发展。2013年，北京市非金融机构通过债券和股票净融资4 410.2亿元，占北京市社会融资规模的35.1%，比2012年回落25.7个百分点（见表5）。从债券发行额看，全年北京市非金融企业共发行债券14 497.7亿元，同比减少14.7%。超短期融资券、短期融资券和中期票据是北京市地区非金融机构债券市场融资的主要方式，三者在发行总额中合计占比为

75%。表外融资快速发展。2013年，北京市非金融机构通过委托贷款、信托贷款和未贴现银行承兑汇票净融资3 096亿元，占北京市社会融资规模的24.7%，比2012年提高13.8个百分点。

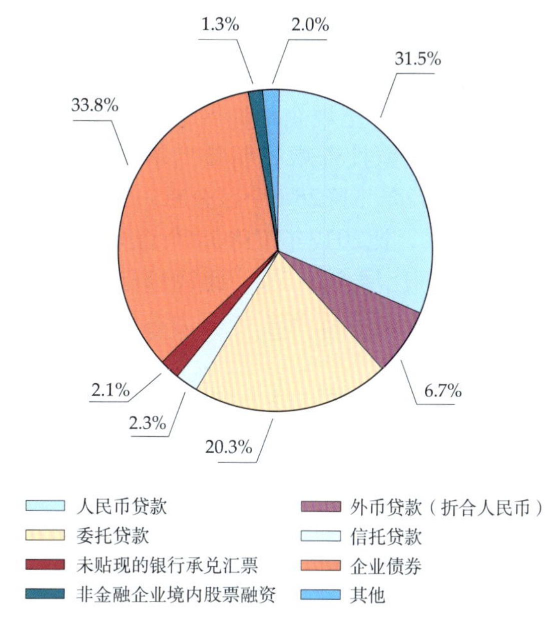

数据来源：中国人民银行营业管理部。

图5　2013年北京市社会融资规模分布

2. 货币市场交易活跃度下降，净融出资金规模减少。2013年，北京市金融机构同业拆借和债券回购累计成交153.2万亿元，同比下降11.3%；通过同业拆借和债券回购净融出资金42.1万亿元，同比下降14.5%。2013年，货币市场利率中枢明显上移，隔夜Shibor日算术平均值比2012年上升50.5个基点。

3. 票据市场运行平稳，电子商业汇票发展迅速。2013年，北京市再贴现操作及票据市场运行平稳，再贴现规模保持稳定，票据利率呈现上行态势。全年北京市金融机构累计签发银行承兑汇票5 788.5亿元，同比增长5.8%。受商业银行压缩票据贴现规模影响，2013年年末，北京市金融机构银行承兑汇票贴现余额同比下降10.1%，商业承兑汇票贴现余额同比增长7.2%，增速也出现较明显的回落。全年电子商业汇票承兑量为22 625笔、金额920.0亿元，比2012年增加10 654笔、227.3亿元；电子商业汇票贴现量为17 073笔、金额643.6亿元，比2012年增加5 641笔、171.4亿元。

表5　2013年北京市金融机构票据业务量统计

单位：亿元

季度	银行承兑汇票承兑		贴现			
			银行承兑汇票		商业承兑汇票	
	余额	累计发生额	余额	累计发生额	余额	累计发生额
1	2 168.6	1 348.0	1 316.4	3 353.7	95.4	209.0
2	2 149.3	2 768.2	1 462.5	7 412.0	133.2	522.6
3	2 207.6	4 113.8	1 264.5	11 214.2	94.6	876.7
4	2 396.4	5 788.5	1 150.1	14 962.2	79.9	1 177.3

数据来源：中国人民银行营业管理部。

表6　2013年北京市金融机构票据贴现、转贴现利率

单位：%

季度	贴现		转贴现	
	银行承兑汇票	商业承兑汇票	票据买断	票据回购
1	4.7409	5.9639	4.7483	4.3428
2	4.3922	5.8359	4.4416	4.5171
3	6.2861	6.8206	5.8826	5.6333
4	6.8782	7.3344	6.0882	6.2481

数据来源：中国人民银行营业管理部。

4. 银行理财产品发行规模快速增长，金融市场创新不断加快。2013年，北京市银行累计发行理财产品5.5万亿元，同比增长20.2%。利率市场化不断推进和产品创新加快对银行理财产品收益率上行形成支撑。余额宝等互联网金融理财工具的快速发展对传统银行理财产品的运作模式和理念带来挑战。

（五）金融生态环境建设稳步推进，金融交流与合作不断增强

2013年，中国人民银行营业管理部发布《2013北京文化金融发展报告》，启动中关村零信贷小微企业金融服务拓展活动，着力构建“科技金融”、“文化金融”的长效机制。深入推进金融惠农工程，农村综合金融服务示范村和大兴区农村金融改革试验区建设取得积极进展。稳步推进跨国公司总部外汇资金集中运营试点，优化总部经济发展政策环境。ACS和第二代支付系统成功上线。北京市企业环境违法、信托贷款信息纳入国家金融信用信息基础数据库。在全国率先

开展个人信用报告自助查询和金融机构代理查询服务试点，拓展网银查询个人信用报告业务试点范围。首创评级报告机构打分互评制度。全面做好机构信用代码推广应用工作。有序推进人民币冠字号码查询工作，北京市上万台自助取款机全部实现冠字号码可查询。第九届北京国际金融博览会、2013首都文化金融服务季等活动在京成功举办，金融交流与合作不断加强。坚持金融知识宣传与打击违法犯罪并举，开展金融安全、农村支付环境建设、诚信兴商等宣传活动，严厉打击制贩假币、洗钱、非法集资以及外汇违法违规行为，有力维护金融市场秩序。

二、经济运行情况

2013年，面对错综复杂的国内外经济形势，北京市按照中央稳中求进、稳中有为、稳中提质的总体要求，经济实现了平稳增长，调结构、转方式取得了积极进展。初步核算，2013年实现地区生产总值19 500.6亿元，按可比价格计算，同比增长7.7%（见图6）。按常驻人口计算，2013年北京市人均地区生产总值达到93 213元。

（一）三大需求协调发展，经济在调整中逐步企稳

2013年，北京市经济在调整中逐步企稳，地区生产总值增速与2012年持平，其中除第一季度增长7.9%外，上半年、前三个季度和全年增速均为7.7%。从三大需求看，北京市投资增速企稳回升，消费增速有所回落，进出口增速低位回升。

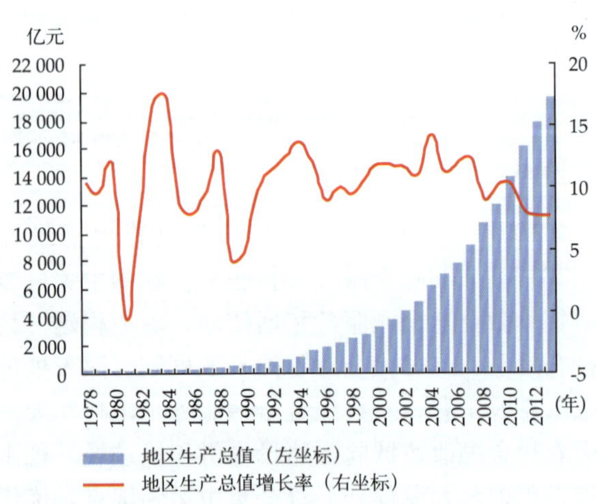

数据来源：北京市统计局。

图6　1978～2013年北京市地区生产总值及其增长率

1. 投资企稳回升，民间投资带动作用明显。2013年，北京市完成全社会固定资产投资7 032.2亿元，同比增长8.8%（见图7），比上半年提高1.4个百分点，呈现企稳回升态势。从投资结构看，基础设施投资增长明显回落，同比下降0.2%，比2012年下降28.0个百分点；建安投资同比增长13.2%，比2012年下降5.8个百分点；房地产开发投资同比增长10.5%，比2012年提高6.6个百分点。投资领域微观主体活力有所增强，民间投资同比增长15.9%，高于全社会固定资产投资7.1个百分点；占全社会投资比重为34.4%，比2012年提高2.1个百分点；拉动投资增长5.1个百分点，成为带动投资增长的主要因素。

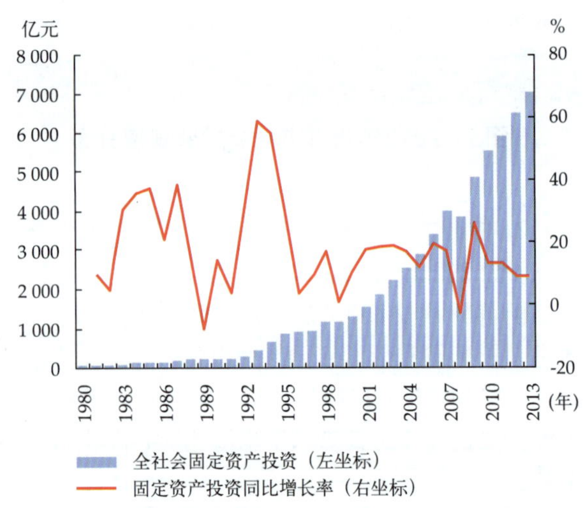

数据来源：北京市统计局。

图7　1980～2013年北京市固定资产投资（不含农户）及其增长率

2. 居民收入稳步增加，消费增速有所回落。2013年，北京市城镇居民人均可支配收入同比增长10.6%，扣除价格因素后，实际增长7.1%。农村居民人均纯收入同比增长11.3%，扣除价格因素后，实际增长7.7%。2013年，餐饮收入下降明显，但互联网、节能环保等新技术对消费结构升

级的推动作用突出，全年社会消费品零售总额同比增长8.7%（见图8），比2012年回落2.9个百分点。限额以上批发和零售企业中，通讯器材零售额同比增长40.4%，家用电器和音像器材零售额同比增长24.7%，文化办公用品零售额同比增长19.4%。网上销售快速增长，限额以上批发零售企业网上零售额同比增长44.3%，占全部零售额的11.1%。

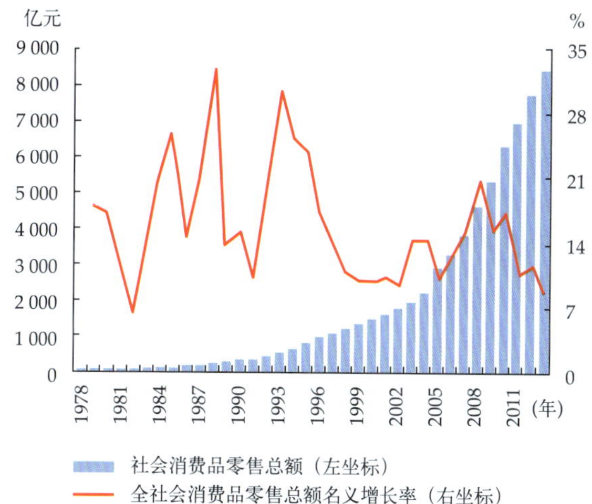

数据来源：北京市统计局。

图8　1978～2013年北京市社会消费品零售总额及其增长率

3. 出口增速低位回升，利用外资平稳增长。受世界经济缓慢复苏带动，北京市进出口增速低位回升。2013年，北京市进出口总额4 291亿美元，同比增长5.1%；进出口逆差3 026.1亿美元，同比增长4.8%。其中，出口同比增长6.1%，进口同比增长5%（见图9）。全年实际利用外资85.2亿美元，再创年度引资新高，同比增长6%，连续十二年实现增长。其中，服务业依旧是外商投资重点领域，实际利用外资70.1亿美元，占实际利用外资总额的82.2%。

（二）产业结构调整扎实推进，经济结构进一步优化

2013年，北京市持续促进产业结构优化升级，落实先行先试各项政策，坚持创新驱动，三次产业结构由2012年的0.8：22.7：76.5进一步调

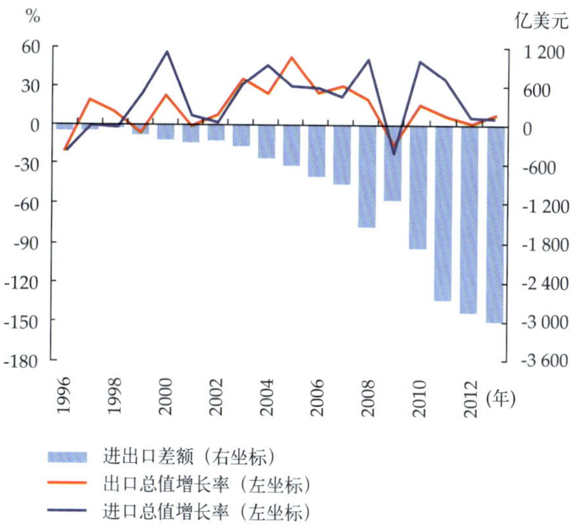

数据来源：北京市统计局。

图9　1996～2013年北京市外贸进出口变动情况

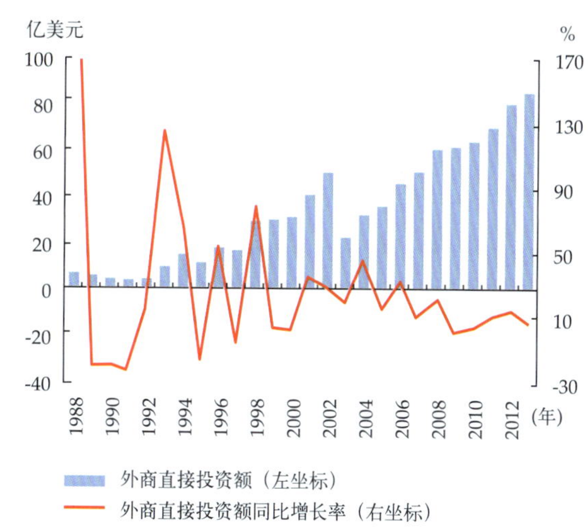

数据来源：北京市统计局。

图10　1988～2013年北京市外商直接投资额及其增长率

整为0.8：22.3：76.9。

1. 农业生产增势稳定，都市型农业稳步发展。2013年，北京市第一产业增加值按可比价格计算，同比增长3.0%，比2012年回落0.2个百分点。粮食总产量同比下降15.5%，但粮食亩产有所提高，同比增长3.1%。都市型农业稳步发展，2013年北京市设施农业收入57.3亿元，同比增长10.3%；农业观光园和民俗旅游总收入同比分别增长1.8%和12.6%。

2. 工业生产稳中向好，企业利润小幅下降。2013年，北京市工业生产受资源环境及产业结构调整等因素影响，增速有所放缓，但依然实现了平稳增长。全年规模以上工业增加值按可比价格计算，同比增长8%，是近三年来年度最高水平。重点行业对工业增长支撑作用明显，汽车制造业同比增长24%，计算机、通信和其他电子设备制造业同比增长11.9%，医药制造业同比增长8.9%，三个行业对工业增长的贡献率达到63.4%。2013年，北京市积极淘汰落后工业产能，产业结构调整步伐加快，企业利润增速放缓，规模以上工业企业实现主营业务收入同比增长6.8%；实现利润同比下降0.2%。

3. 服务业增势较稳，金融、科技服务、商务服务带动作用不断增强。2013年，北京市第三产业增加值按可比价格计算，同比增长7.6%。从增加值占比较大的行业看，金融业，批发和零售业同比分别增长11.0%和6.6%；信息传输、计算机服务和软件业，租赁和商务服务业同比分别增长7.2%和9.5%；房地产业，科学研究、技术服务和地质勘察业同比分别增长3.4%和11.2%。

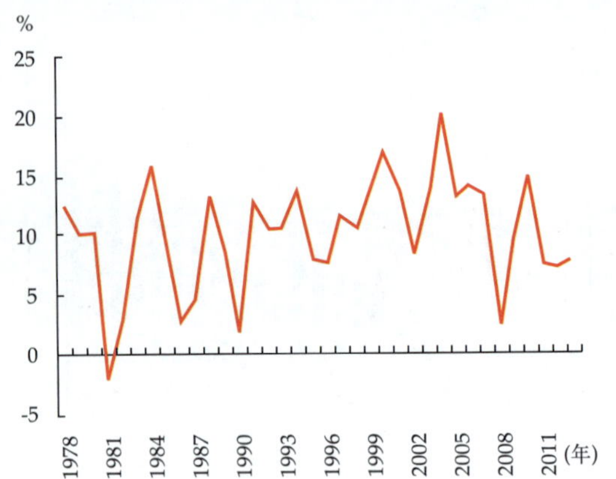

数据来源：北京市统计局。

图11　1978～2013年北京市规模以上工业增加值同比增长率

（三）消费价格涨幅基本稳定，工业生产者价格持续下降

1. 居民消费价格涨幅基本稳定。北京市继续做好稳定物价工作，以完善调控机制为重点，努力保持物价总水平基本稳定。2013年，北京市居民消费价格同比上涨3.3%，高于全国居民消费价格涨幅0.7个百分点，涨幅与2012年持平。其中，居住类价格同比上涨5.6%，食品类价格同比上涨4.7%，是拉动居民消费价格增长的主要原因。从月度同比涨幅看，2月受春节影响上涨4.6%，之后涨幅回落，各月涨幅保持在2.7%～3.6%（见图12）。

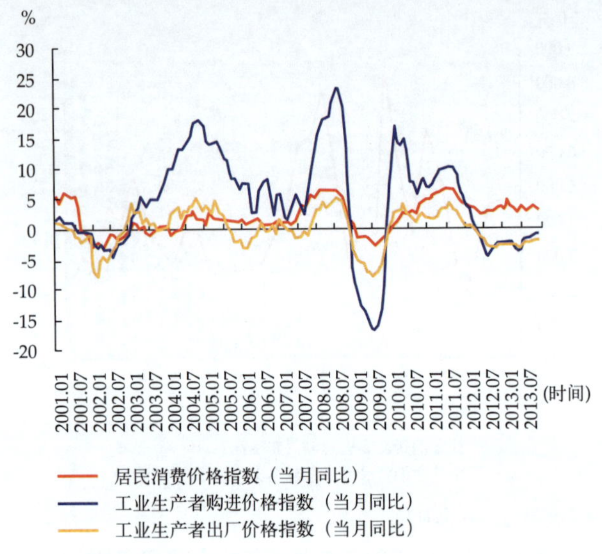

数据来源：北京市统计局。

图12　2001～2013年北京市居民消费价格和生产者价格变动趋势

2. 工业生产价格进一步回落。2013年，北京市工业生产者出厂和购进价格延续了2012年的回落态势，工业生产者出厂价格指数同比下降2.6%，降幅高于全国平均水平0.7个百分点。工业生产者购进价格指数同比下降2.2%，降幅高于全国平均水平0.2个百分点（见图12）。

3. 劳动力成本增长平稳。2013年，北京市年城镇居民家庭人均工资性收入达到30 273元，同比增长8.3%；农村居民家庭人均工资性收入达到12 035元，同比增长11.0%。北京市社会保障水平进一步提高，六项社会保险待遇标准联动调整：北京市最低工资同比增长11.1%、企业退休人员基本养老金提高10.3%、基础养老金和福利养老金分别增长9.1%和 11.7%、失业保险金增长5.6%、伤残津贴和抚恤金分别增长10.5%和9.2%、城镇和农村居民最低生活保障分别上调11.5%和21.1%。

4. 资源性产品价格改革继续深化。2013年，北京市继续在水、电、天然气等方面推进资源性产品价格改革，推进清洁能源利用和能源结构调整，引导资源合理配置。进一步规范水资源费征收，提高污水处理费，促进节约用水。同时，居民生活用电阶梯电价进一步实施，引导节约用电，并对发电企业上网电价进行适当调整，对环保发电企业给予鼓励。非居民天然气价格适时上调，成品油价格实施新的定价机制，2013年成品油价格八涨七跌，年底与年初价格水平基本持平。

（四）财政收入平稳增长，财政支出结构进一步优化

2013年，北京市财政收入保持平稳较快增长态势。在经济运行总体平稳以及“营改增”试点改革政策性减收等因素作用下，公共财政预算收入整体平稳。全年地方公共财政预算收入3 661.1亿元，同比增长10.4%，比2012年提高0.1个百分点。从主要税种看，增值税同比增长83.1%，营业税同比下降10.2%，企业所得税和个人所得税同比分别增长6.6%和18.6%。全年地方公共财政预算支出4 170.2亿元，同比增长13.2%，比2012年下降0.4个百分点，环境建设、稳增长、调结构、保障和改善民生等领域支出增加较多。

（五）生态环境建设大力推进，绿色发展迈出新步伐

2013年，北京市全面推进生态文明建设，改善城乡环境。在大气污染治理方面全方位加强，

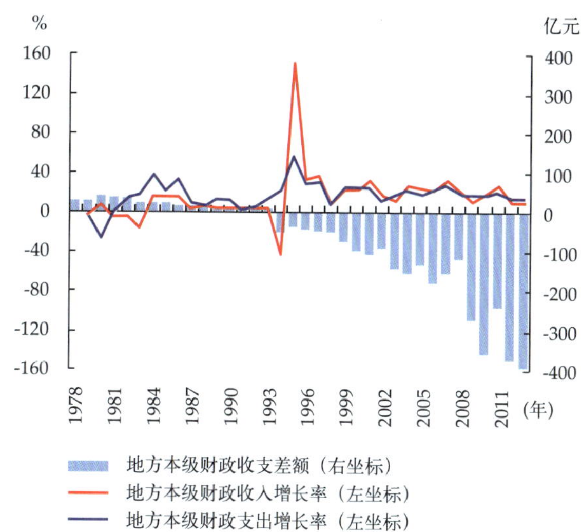

数据来源：北京市统计局。

图13　1978～2013年北京市财政收支状况

完成3 428蒸吨燃煤锅炉清洁能源改造，实施核心区4.4万户煤改电工程，更新老旧机动车36.6万辆，退出污染企业288家，压缩水泥产能150万吨。在垃圾污水治理方面进一步提速，完成垃圾焚烧厂、污水处理厂和再生水厂的建设和改造，污水处理率达到84%，比2012年提高1个百分点，生活垃圾无害化处理率为99.3%，比2012年提高0.2个百分点。在绿化建设方面步伐加快，完成人工造林面积3.1万公顷，同比增长39%。2013年年末，北京市林木绿化率达到57.4%，森林覆盖率达到40%，城市绿化率达到46.8%，比2012年分别提高1.9个、1.4个和0.6个百分点。但总体看，北京市生态环境面临的形势依然十分严峻，大气污染防治、垃圾污水处理和人口资源能源协调发展等方面的难题亟待解决。

专栏2　充分发挥“三个合力”　推动中关村国家科技金融创新中心建设

近年来，中国人民银行营业管理部以中关村国家自主创新示范区为切入点，以金融服务科技型小微企业为立足点，着力推动北京市金融资源与科技资源深度融合，通过有效发挥信贷政策与征信管理、信贷政策与产业政策、信贷政策与财政政策“三个合力”，大力推动中关村国家科技金融创新中心建设。

一是将信贷政策与征信管理妥善结合。与中关村管委会共同搭建企业信用信息共享平台，开创“建立信用档案—开展信用评级—发

放信用贷款”的融资新模式，借助国家金融信用信息基础数据库提高科技型小微企业贷款覆盖率。2013年，启动“中关村零信贷小微企业金融服务拓展活动”。

二是将信贷政策与产业政策紧密结合。2013年，印发《关于加强首都科技金融服务工作 支持中关村国家自主创新示范区建设的指导意见》，有效发挥“服务总行、服务北京”的职能定位，将信贷政策积极融入北京市支持科技发展的各项政策体系。

三是将信贷政策与财政政策有效结合。2012年，主动与北京市科委探索建立了“科技金融”贷款风险补偿与激励机制，采取风险备偿金和业务补助金相结合的方式鼓励银行发放科技贷款，首次借助地方财政资金引导银行落实信贷政策。2013年，该项工作力度进一步加大，共为北京市银行发放505万元业务补助金、70万元产品创新设计补助金。

通过科技金融工作“三个合力”，中关村国家科技金融创新中心建设取得积极成效。2013年年末，北京市共有18家商业银行在中关村科技园区设立40家专为科技型中小企业服务的信贷专营机构和特色支行，其中包括北京银行和中国建设银行设立的两家分行级机构，专营机构数量、级别和业务规模在国内领先。为科技企业服务的非银行金融机构和金融组织迅速发展。中关村担保公司充分发挥政策性科技金融担保机构的平台作用，累计为科技企业提供融资担保837.2亿元，中关村小额贷款公司自成立以来累计发放贷款60亿元。科技型金融创新产品不断增多，据中国人民银行营业管理部统计，北京市银行推出的面向科技企业的信贷创新产品已超过100项。

（六）主要行业分析

1. 多措并举保持房地产市场稳定。2013年，北京市从严落实中央各项房地产市场调控政策要求，进一步强化政策力度，创新推出自住型商品住房。全年北京市房地产市场供应总体偏紧，需求较为活跃，房价上行压力较大。房地产金融运行平稳，调整差别化住房信贷政策效果显著，二套房贷款占比明显回落。

（1）房地产开发投资稳步增长，资金来源状况较好。2013年，北京市完成房地产开发投资同比增长10.5%，比2012年提高6.6个百分点；占全社会固定资产投资比重为49.5%，比2012年提高0.7个百分点。房地产开发项目本年到位资金同比增长19.4%。其中，其他资金、金融贷款、自筹资金、利用外资同比分别增长11.1%、22.6%、31.5%、174.9%。

（2）商品房新开工竣工面积稳步增长，保障性住房建设任务超额完成。2013年，北京市商品房新开工面积同比增长11%，其中住宅新开工面积同比增长6.7%；商品房竣工面积同比增长11.5%，其中住宅竣工面积同比增长11.1%。全年完成各类保障性住房投资同比减少14.9%，2012年为增长14.9%；建设收购各类保障性住房16.2万套、竣工8.5万套，分别完成全年计划的 101.2%、121.4%；公开配租配售4.7万套，完成全年计划的117.5%。

（3）商品房销售额增长明显，新建商品住房大户型成交占比下降。2013年，北京市商品房销售额同比增长6.7%；商品房销售面积同比减少2.1%，2012年为同比增长35%（见图14）。新建商品住房90平方米以下、140平方米以上成交套数占比分别比2012年提高4.3个百分点、下降3.3个百分点。2013年年末，北京市商品房待售面积同比减少2.6%，其中住宅待售面积同比增长5.0%。

（4）新建商品住房价格指数环比涨幅回落，二手住房价格与租金涨幅明显。2013年，受新建商品住房市场重心外移、推出自住型商品房等因素影响，北京市新建商品住房价格指数环比涨幅自4月起连续九个月回落，由2月的3.1%回落至11月的0.7%；同比涨幅逐步趋缓。受区位（交通、配套、学区）、税收等因素影响，二手住房价格同比涨幅明显高于新建住房。住房平均租金同比上涨9.9%。

（5）个人住房贷款增长较快，保障性住房开发贷款持续增长。2013年年末，北京市金融机构本外币房地产贷款同比增长3.1%，比2012年下降2.2个百分点。其中，受政府土地储备机构贷款

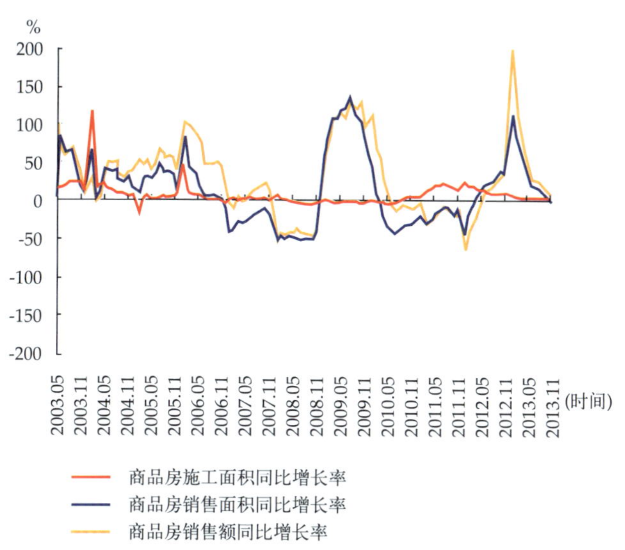

数据来源：北京市统计局。

图14　2003～2013年北京市商品房施工和销售变动趋势

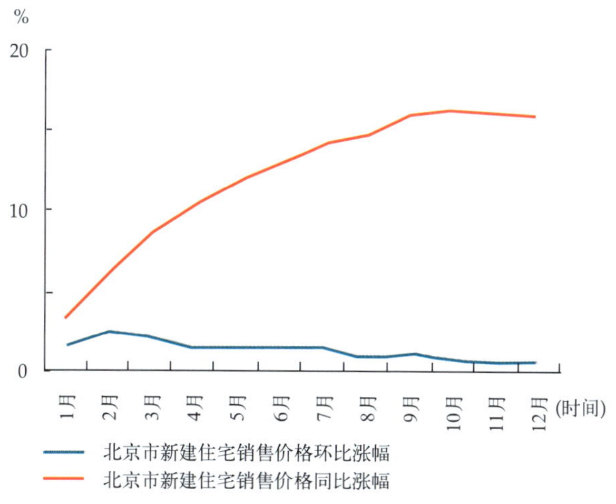

数据来源：北京市统计局。

图15　2013年北京市新建住宅销售价格变动趋势

到期还款影响，房地产开发贷款同比减少5.3%，2012年增长6.2%；在市场交易较为活跃的影响下，个人住房贷款增长较快，同比增速为11.8%，比2012年提高9.4个百分点；保障性住房开发贷款同比增长3.3%，新增额占全部房地产开发贷款新增额的88%。经济适用住房开发贷款试点继续实施，参照经济适用住房开发贷款政策开展的公共租赁住房开发贷款试点工作稳步推进。

2. 文化创意产业保持平稳发展，信贷支持力度不断加大。2013年，北京市文化创意产业实现收入超万亿元，从业人员超百万人，新兴文化业态快速成长，产业与金融的融合增强，民间资本逐步进入，政策环境得到改善。北京市银行继续通过组织、机制、产品和服务领域创新，不断加大信贷支持力度，提升金融服务水平。2013年，北京市中资银行文化创意产业人民币贷款累计发放额同比增长37.0%，各子行业贷款均保持较快增速。

3. 高新技术产业支撑北京市创新驱动发展，对经济结构调整作用明显。2013年，北京市规模以上高技术制造业工业增加值同比增长10.4%，汽车制造业、计算机通信等重点行业对工业增长支撑强劲。中关村国家自主创新示范区对提升自主创新能力、建设创新型国家的示范引领和辐射带动作用显著。2013年年末，中关村国家自主创新示范区拥有高新技术企业近2万家，每年新创办企业超过4 000家。

三、预测与展望

2014年是全面贯彻落实党的十八届三中全会精神、全面深化改革的第一年。进入新时期新阶段，尽管国内外经济形势仍然复杂严峻，但深化改革将为首都经济注入新的发展活力，首都经济发展面临的机遇大于挑战。

从国内环境看，中国经济正处于增长速度换挡期、结构调整阵痛期和前期刺激政策消化期叠加的阶段，支持我国经济增长的产业结构和要素投入结构已经发生变化。从北京自身看，经过多年发展，金融、商务、科技、文化、环保等领域的产业优势加快形成，国家深入实施新型城镇化

战略，有利于首都在服务全国过程中更好地实现自身发展。京津冀一体化迈向新阶段，有利于促进区域协同发展和北京市可持续发展。

2014年，北京市投资、消费、出口三大需求增长将更趋协调。投资结构和质量将继续优化。交通基础设施建设加快推进，保障性住房建设和供应力度加大，新机场等重大功能性项目进入全面建设期，以及大气污染防治和人口疏解都将为北京市经济转型提供有力支撑。消费的基础性作用将进一步增强。移动互联网兴起将进一步推动电子商务、网络消费的快速发展；深化国家旅游综合改革试点，增强旅游服务能力，将提升外来消费和旅游消费水平。2014年，北京市将加快建设外贸转型示范基地和跨境电子商务产业园，推动海关特殊监管区的整合优化，落实贸易投资便利化措施，都将对地区进出口增长起到促进作用。

价格方面，国内粮食连续十年增产，工业生产和供给能力充足，投资增长保持适度，货币条件持续稳健，都构成了未来稳定物价的有利因素。

从金融运行情况看，北京市金融业服务经济发展的能力将进一步增强。中小企业股份转让系统扩容，区域性股权交易市场加快发展，支持民间资本依法发起设立中小型银行等一系列政策措施，都将促进首都要素市场体系进一步完善。2014年北京市金融业将认真贯彻落实稳健的货币政策，进一步优化金融资源配置，提升金融服务水平，盘活存量、用好增量，创新金融产品和融资方式，加大对高新技术产业、文化创意产业、战略性新兴产业等重点领域，以及小微企业、“三农”等薄弱环节的金融支持，努力营造促进北京市经济社会和谐稳定发展的金融环境，更好地服务实体经济发展。

中国人民银行营业管理部货币政策分析小组

总　纂：李　超　姜再勇

统　稿：赵　宏　周　丹　李瑞敏

执　笔：魏海滨　李晓闻　张　丹　卢　静　张英男　梁珊珊　周　翔　田　娟　安　飒　李　甲
黄美娟　王新宇　张向军　吕潇潇　赵晓英　孙　丹　苏乃芳　童怡华　栾惠德　单　方
李　媛

提供材料的还有：邓凯宏　殷　奎　甘　瀛　唐　均　张　煜

附录

（一）2013年北京市经济金融大事记

1月16日，北京市融资担保业协会正式成立。

3月21日，2013年北京市金融工作会议在北京国际饭店会议中心召开。

5月1日，“第二届北京银行业小微企业金融服务宣传月”活动正式启动。

8月30日，“首都文化金融服务季”活动在京正式启动。

10月13日，“反假货币宣传周”活动在京正式启动。

10月31日至11月3日，以“金融服务实体经济、金融服务市民百姓”为主题的第九届北京国际金融博览会在北京展览馆成功举办。

11月4日，2013年京港金融服务合作论坛在北京国际饭店会议中心举办。

11月29日，中关村零信贷小微企业金融服务拓展活动正式启动。

12月1日，全国首个PE指数——北京地区私募股权投资行业发展指数在京发布。

12月28日，北京区域性股权交易市场正式启动，首批50多家企业正式上线挂牌。

（二）2013年北京市主要经济金融指标

表1　2013年北京市主要存贷款指标

		1月	2月	3月	4月	5月	6月	7月	8月	9月	10月	11月	12月
本外币	金融机构各项存款余额（亿元）	83 139.5	83 056.6	85 560.5	85 769.3	87 093.7	90 349.7	90 477.2	89 378.5	90 979.0	90 489.6	90 643.2	91 660.5
	其中：储蓄存款	22 367.9	22 448.7	23 196.4	22 750.0	22 741.2	23 081.4	22 832.8	22 908.1	23 315.8	22 948.4	22 911.4	23 747.6
	单位存款	49 868.0	49 355.0	51 655.2	51 923.3	53 010.4	54 573.6	53 843.0	54 694.3	55 594.3	56 010.7	56 253.3	57 611.6
	各项存款余额比上月增加（亿元）	-1 932.2	-83.0	2 504.0	208.7	1 324.5	3 256.0	127.5	-1 098.7	1 600.5	-489.4	153.6	1 017.3
	金融机构各项存款同比增长（%）	13.7	11.8	11.2	12.5	13.4	14.4	14.0	11.6	10.2	9.7	11.1	8.0
	金融机构各项贷款余额（亿元）	43 941.5	44 379.1	44 880.1	45 199.8	45 403.8	45 996.3	46 435.2	46 689.8	47 044.6	47 435.0	47 585.3	47 880.9
	其中：短期	13 272.7	13 502.1	13 771.3	14 066.8	14 053.6	14 452.8	14 712.6	14 763.7	14 907.6	15 303.1	15 342.5	15 693.8
	中长期	26 595.5	26 844.3	27 003.7	27 102.4	27 082.2	27 145.2	27 378.7	27 610.7	27 890.8	27 997.0	28 180.4	28 171.7
	票据融资	1 171.2	1 171.7	1 263.6	1 323.9	1 563.6	1 546.0	1 469.6	1 427.8	1 363.3	1 253.5	1 184.9	1 137.2
	各项贷款余额比上月增加（亿元）	639.3	437.6	501.0	319.7	204.0	592.5	438.9	254.6	354.8	390.3	150.3	295.6
	其中：短期	387.4	229.5	269.2	295.4	-13.2	399.3	259.8	51.1	143.9	395.5	39.4	351.3
	中长期	280.6	248.8	159.4	98.7	-20.2	63.0	233.5	232.0	280.1	106.2	183.4	-8.7
	票据融资	-31.7	0.5	91.9	60.3	239.7	-17.5	-76.5	-41.7	-64.5	-109.7	-68.6	-47.6
	金融机构各项贷款同比增长（%）	10.1	10.4	9.3	9.4	9.1	9.6	10.5	10.5	11.0	10.7	10.5	10.9
	其中：短期	17.0	16.8	16.8	18.2	17.7	19.5	22.8	22.9	23.5	23.6	20.4	22.5
	中长期	6.1	6.7	5.6	6.1	6.1	5.4	6.3	6.6	7.2	6.8	7.7	7.0
	票据融资	53.7	50.8	32.0	18.4	9.5	13.4	-2.8	-9.3	-7.3	-12.8	-12.6	-0.7
	建筑业贷款余额（亿元）	1 454.9	1 468.4	1 441.1	1 497.4	1 477.3	1 482.7	1 522.7	1 571.8	1 569.5	1 590.7	1 610.3	1 615.1
	房地产业贷款余额（亿元）	4 988.7	5 054.9	5 102.5	5 029.1	5 010.1	4 936.9	4 874.9	4 928.6	4 952.2	4 927.5	4 950.6	4 962.8
	建筑业贷款同比增长（%）	2.1	2.1	-3.0	-1.9	-3.9	-4.4	-0.9	2.9	6.7	4.8	7.6	10.2
	房地产业贷款同比增长（%）	4.9	6.2	6.9	6.0	6.5	4.1	2.0	1.8	1.5	1.3	2.7	2.8
人民币	金融机构各项存款余额（亿元）	79 785.0	79 561.4	82 121.2	82 317.6	83 543.5	86 779.6	86 909.8	85 751.3	87 176.9	86 672.0	86 817.6	87 990.6
	其中：储蓄存款	21 732.5	21 790.7	22 541.4	22 099.1	22 091.0	22 439.2	22 179.0	22 246.7	22 660.3	22 288.5	22 259.5	23 086.4
	单位存款	47 761.8	47 243.9	49 506.8	49 764.1	50 711.6	52 210.3	51 508.6	52 289.0	53 173.1	53 467.0	53 674.7	55 183.8
	各项存款余额比上月增加（亿元）	-1 818.6	-223.7	2 559.9	196.4	1 225.9	3 236.2	130.2	-1 158.5	1 425.6	-504.9	145.6	1 173.0
	其中：储蓄存款	143.2	58.2	750.7	-442.3	-8.1	348.2	-260.2	67.8	413.5	-371.8	-28.9	826.9
	单位存款	-1 752.4	-518.0	2 262.9	257.3	947.6	1 498.7	-701.7	780.4	884.0	294.0	207.6	1 509.1
	各项存款同比增长（%）	13.6	11.7	11.2	12.7	13.7	14.9	14.6	12.1	10.4	9.9	11.3	8.1
	其中：储蓄存款	14.7	15.0	14.4	13.6	12.2	8.4	9.2	8.5	7.9	7.5	6.7	6.7
	单位存款	11.3	7.8	9.1	11.5	12.3	13.1	12.5	12.1	9.3	10.0	12.3	11.6
	金融机构各项贷款余额（亿元）	36 979.2	37 290.9	37 731.7	38 092.1	38 278.1	38 667.0	39 129.0	39 414.8	39 796.6	39 984.7	40 243.6	40 506.7
	其中：个人消费贷款	5 027.0	5 066.3	5 125.5	5 223.2	5 345.7	5 418.1	5 567.6	5 675.8	5 823.9	5 912.5	6 008.8	6 071.4
	票据融资	1 171.1	1 171.7	1 263.5	1 323.8	1 563.5	1 545.9	1 469.5	1 427.7	1 363.2	1 253.5	1 184.8	1 137.2
	各项贷款余额比上月增加（亿元）	426.5	311.7	440.8	360.4	186.0	388.9	462.1	285.7	381.8	188.1	259.0	263.1
	其中：个人消费贷款	112.3	39.3	59.2	97.7	122.5	72.3	149.5	108.1	148.1	88.6	96.3	62.6
	票据融资	-31.7	0.5	91.9	60.3	239.7	-17.6	-76.4	-41.8	-64.5	-109.7	-68.6	-47.6
	金融机构各项贷款同比增长（%）	10.0	9.6	9.1	9.3	9.0	9.1	10.1	10.2	10.7	9.9	10.2	11.2
	其中：个人消费贷款	11.6	12.8	13.5	16.5	18.5	18.7	21.5	22.0	23.3	24.2	24.6	24.5
	票据融资	54.0	51.0	32.1	18.5	9.6	13.5	-2.8	-9.2	-7.3	-12.8	-12.6	-0.7
外币	金融机构外币存款余额（亿美元）	534.2	556.7	548.6	554.9	574.5	577.8	577.4	587.8	618.4	621.5	623.8	601.9
	金融机构外币存款同比增长（%）	16.3	15.6	12.3	7.6	9.3	5.2	2.8	3.9	8.4	8.7	10.4	9.7
	金融机构外币贷款余额（亿美元）	1 108.7	1 129.1	1 140.3	1 142.6	1 153.1	1 186.2	1 182.5	1 178.9	1 178.9	1 212.9	1 197.2	1 209.5
	金融机构外币贷款同比增长（%）	11.5	14.6	10.5	10.9	12.2	14.9	15.3	15.1	16.6	18.1	15.2	12.7

数据来源：中国人民银行营业管理部。

表2　2001～2013年北京市各类价格指数

单位：%

年/月		居民消费价格指数		农业生产资料价格指数		工业生产者购进价格指数		工业生产者出厂价格指数	
		当月同比	累计同比	当月同比	累计同比	当月同比	累计同比	当月同比	累计同比
2001		—	3.1	—	2.0	—	0.5	—	-0.6
2002		—	-1.8	—	-7.6	—	-2.9	—	-3.4
2003		—	0.2	—	2.4	—	4.7	—	1.5
2004		—	1	—	6.2	—	14.2	—	3
2005		—	1.5	—	2.9	—	11.4	—	1.3
2006		—	0.9	—	-0.9	—	5.5	—	-0.9
2007		—	2.4	—	14.4	—	5.0	—	-0.3
2008		—	5.1	—	12.3	—	15.8	—	3.3
2009		—	-1.5	—	-1.7	—	-11.4	—	-5.6
2010		—	2.4	—	6.5	—	10.5	—	2.2
2011		—	5.6	—	10.7	—	8.4	—	2.3
2012		—	3.3	—	4.7	—	-1.3	—	-1.6
2013		—	3.3	—	4.7	—	-2.2	—	-2.6
2012	1	4.8	4.8	—	—	3.8	3.8	0.8	0.8
	2	3.5	4.1	—	—	3.1	3.4	0.6	0.7
	3	3.7	4.0	11.6	11.6	1.0	2.6	0.2	0.5
	4	3.5	3.9	—	—	0.4	2.1	0.0	0.4
	5	3.2	3.7	—	—	-1.2	1.4	-0.3	0.1
	6	2.6	3.5	4.3	7	-1.8	0.8	-1.8	-0.3
	7	2.6	3.4	—	—	-3.8	0.2	-2.5	-0.6
	8	2.7	3.3	—	—	-4.3	-0.4	-3.2	-0.9
	9	3	3.3	2.3	6.1	-3.6	-0.8	-3	-1.2
	10	2.9	3.2	—	—	-2.9	-1.0	-3	-1.3
	11	3.2	3.2	—	—	-2.7	-1.1	-2.8	-1.5
	12	3.5	3.3	1.3	4.7	-2.9	-1.3	-2.7	-1.6
2013	1	3.1	3.1	—	—	-2.4	-2.4	-2.8	-2.8
	2	4.6	3.9	—	—	-2.4	-2.4	-2.8	-2.8
	3	3.6	3.8	2.2	2.2	-2.4	-2.4	-2.7	-2.8
	4	3.2	3.6	—	—	-3.6	-2.7	-2.8	-2.8
	5	2.7	3.5	—	—	-4.0	-2.9	-3.1	-2.8
	6	3.5	3.5	4.7	3.5	-3.6	-3	-3.1	-2.9
	7	3.3	3.4	—	—	-2	-2.9	-2.6	-2.8
	8	2.7	3.4	—	—	-1.5	-2.7	-2.5	-2.8
	9	3.3	3.3	5.6	4.4	-1.5	-2.6	-2.3	-2.7
	10	3.4	3.4	—	—	-1.2	-2.5	-2.2	-2.7
	11	3.3	3.3	—	—	-0.8	-2.3	-2.2	-2.6
	12	2.7	3.3	3	4.7	-0.9	-2.2	-2	-2.6

数据来源：北京市统计局。

表3 2013年北京市主要经济指标

	1月	2月	3月	4月	5月	6月	7月	8月	9月	10月	11月	12月
绝对值（自年初累计）												
地区生产总值（亿元）	—	—	4 101.2	—	—	9 112.8	—	—	13 766.2	—	—	19 500.6
第一产业	—	—	19.3	—	—	67.9	—	—	111.9	—	—	161.8
第二产业	—	—	886.8	—	—	1 865.9	—	—	2 890.0	—	—	4 352.3
第三产业	—	—	3 195.1	—	—	7 179.0	—	—	10 764.3	—	—	14 986.5
工业增加值（亿元）	—	—	—	—	—	—	—	—	—	—	—	—
固定资产投资（亿元）	—	498.1	1 048.4	1 515.0	2 087.3	2 820.2	3427.2	4 119.2	4 881.3	5 604.8	6 373.5	7 032.2
房地产开发投资	—	236.1	494.1	696.6	1 009.2	1 391.5	1643.8	1 985.6	2 413.9	2 763.8	3 164.1	3 483.4
社会消费品零售总额（亿元）	—	1 361.3	2 008.8	2 646.9	3 295.3	3 973.3	4643.4	5 316.5	6 073.3	6 814.0	7 558.6	8 375.1
外贸进出口总额（万美元）	3 414 576.2	6 437 053.1	10 324 187.9	14 003 130.2	17 666 269.5	21 082 830.2	24 897 463.6	28 547 469.9	32 325 602.2	35 805 220.7	39 083 952.8	42 910 333.1
进口	2 906 429.8	5 485 808.5	8 872 308.6	12 045 318.2	15 158 753.5	18 040 671.0	21 321 583.3	24 392 906.1	27 585 052.7	30 542 854.0	33 296 554.2	36 585 710.8
出口	508 146.4	951 244.6	1 451 879.2	1 957 812.0	2 507 516.0	3 042 159.2	3 575 880.4	4 154 563.8	4 740 549.6	5 262 366.6	5 787 398.6	6 324 622.3
进出口差额(出口－进口)	-2 398 283.4	-4 534 563.9	-7 420 429.4	-10 087 506.2	-12 651 237.5	-14 998 511.8	-17 745 702.9	-20 238 342.3	-22 844 503.1	-25 280 487.4	-27 509 155.6	-30 261 088.5
外商实际直接投资（万美元）	82 977.0	154 796.0	240 861.0	327 242.0	413 680.0	491 050.0	580 318.0	667 932.0	760 078.0	795 571.0	837 312.0	852 418.0
地方财政收支差额（亿元）	257.8	329.1	241.1	358.7	497.9	385.9	388.2	351.4	178.3	336.8	267.0	-509.1
地方财政收入	523.6	748.4	967.6	1 369.1	1 676.5	1 963.7	2 353.1	2 577.3	2 805.5	3 220.4	3 457.1	3 661.1
地方财政支出	265.8	419.3	726.6	1 010.4	1 178.5	1 577.8	1 964.9	2 225.9	2 627.2	2 883.6	3 190.1	4 170.2
城镇登记失业率(%)(季度)	—	—	1.4	—	—	1.4	—	—	1.4	—	—	1.2
同比累计增长率（%）												
地区生产总值	—	—	7.9	—	—	7.7	—	—	7.7	—	—	7.7
第一产业	—	—	6.5	—	—	5.3	—	—	3.8	—	—	3.0
第二产业	—	—	9.5	—	—	8.9	—	—	8.6	—	—	8.1
第三产业	—	—	7.4	—	—	7.3	—	—	7.5	—	—	7.6
工业增加值	—	9.6	9.1	8.8	8.7	8.5	8.5	8.3	8.3	8.2	8.2	8.0
固定资产投资	—	10.2	12.1	9.2	7.3	7.4	7.8	7.8	8.2	8.0	8.2	8.8
房地产开发投资	—	25.9	9.4	6.5	7.3	7.2	1.2	5.8	9.5	9.7	9.0	10.5
社会消费品零售总额	—	10.2	9.4	10.0	9.1	8.8	8.9	8.7	8.6	8.9	8.8	8.7
外贸进出口总额	8.3	-1.4	1.3	2.8	1.3	1.7	4.0	5.8	6.8	7.1	5.8	5.1
进口	6.6	-3.8	0.0	1.7	0.0	0.6	3.3	5.4	6.6	7.0	5.6	5.0
出口	19.1	15.6	10.3	10.2	10.1	8.8	8.4	8.3	7.9	7.5	7.0	6.1
外商实际直接投资	9.3	8.5	12.9	15.2	12.9	10.4	10.6	11.4	11.3	7.3	6.9	6.0
地方财政收入	15.0	15.1	15.6	15.4	12.1	12.7	12.5	11.3	11.1	11.6	11.8	10.4
地方财政支出	7.5	10.8	6.3	13.6	7.2	8.8	9.5	8.9	12.5	14.3	8.7	13.2

数据来源：北京市统计局。

2013年天津市金融运行报告

中国人民银行天津分行货币政策分析小组

[内容摘要] 2013年，天津市认真贯彻中央宏观调控政策，按照中央对天津的定位，坚持稳中求进、稳中求优，积极推进经济转型发展，全市经济保持平稳较快增长，转型升级初现成效，产业结构优化升级，发展质量和效益进一步提升。

金融业按照“总量适度、结构优化、保证重点、防范风险”的总体工作要求，认真贯彻落实稳健的货币政策，金融运行保持平稳，银行业金融机构整体实力不断增强，证券保险业发展态势良好，金融生态环境建设深入推进，有力支持了实体经济发展。

2014年，天津市将全面贯彻落实党的十八大、十八届三中全会和中央经济工作会议精神，继续加快美丽天津建设，推进滨海新区先行先试，大力发展民营经济，完善城乡一体化发展体制机制建设，深化贸易发展方式转变，促进京津冀协同发展。全市金融业将认真落实稳健的货币政策，着力优化信贷结构，着力深化改革创新，有效防范和化解金融风险，大力支持天津转型升级发展。

一、金融运行情况

2013年，天津市金融业认真贯彻落实稳健的货币政策，紧密围绕支持经济转型升级，不断优化信贷结构，积极构建和谐良好的金融发展环境，充分发挥了金融对经济社会发展的支撑和引导作用。

（一）银行业整体实力不断增强

1. 资产负债规模稳步增长，但增速趋缓。2013年年末，全市银行业金融机构资产总额为4.1万亿元，同比增长17.5%，较上年回落7.4个百分点；负债总额为4.0万亿元，同比增长17.5%，较上年回落7.6个百分点。银行业金融机构实现净利润540.3亿元，同比增长18.5%，较上年回落3.4个百分点。不良贷款小幅“双升”，2013年年末，不良贷款余额为162.6亿元，比年初增加37.5亿元；不良贷款率为0.7%，较上年年末提高0.1个百分点。

2. 存款总体增势稳定，季节性和结构性变化明显。本外币各项存款延续了上年良好的增长势头，截至2013年年末，余额达到23 316.6亿元，总体增势稳定，全年新增存款与历年相比，仅低于2009年水平，但存款月度间波动依然较大。分项目看，单位存款增速比上年提高0.3个百分点，财政性存款增速达到45.9%，比上年提高57.1个百分点，而个人存款增速比上年下降3.3个百分点。

表1　2013年天津市银行业金融机构情况

机构类别	营业网点			法人机构（个）
	机构个数（个）	从业人数（人）	资产总额（亿元）	
一、大型商业银行	1 174	27 295	11 801.9	0
二、国家开发银行和政策性银行	13	488	2 674.8	0
三、股份制商业银行	306	10 903	12 030.4	1
四、城市商业银行	284	6 949	6 367.6	1
五、小型农村金融机构	594	8 049	2 910.2	2
六、财务公司	4	111	189.7	3
七、信托公司	2	288	59.6	2
八、邮政储蓄银行	415	2 494	857.1	0
九、外资银行	26	1 627	1 028.3	3
十、新型农村金融机构	25	588	152.3	13
十一、其他	7	1 075	3 199.2	7
合　计	2 850	59 867	41 271.2	32

注：营业网点不包括国家开发银行和政策性银行、大型商业银行、股份制银行等金融机构总部数据；大型商业银行包括中国工商银行、中国农业银行、中国银行、中国建设银行和交通银行；小型农村金融机构包括农村商业银行；新型农村金融机构包括村镇银行、贷款公司和农村资金互助社；“其他”包含金融租赁公司、汽车金融公司、货币经纪公司、消费金融公司等。

数据来源：中国人民银行天津分行。

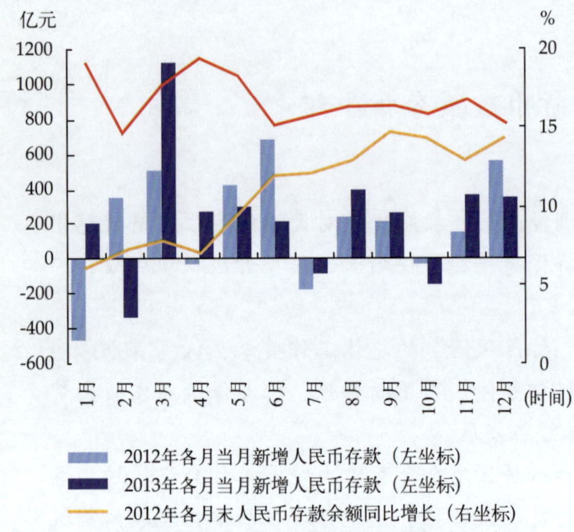

数据来源：中国人民银行天津分行。

图1 2012～2013年天津市金融机构人民币存款增长变化

3. 贷款平稳适度增长，信贷结构更趋合理。全市信贷运行符合国家宏观调控要求，2013年年末，本外币各项贷款余额为20 857.8亿元，同比少增39.0亿元，增速低于上年2.1个百分点。从贷款份额看，全国性大型银行和中资地方法人金融机构（不包括异地分支机构）贷款占全部贷款的比重比上年上升，全国性中小型银行和外资银行比重下降。从期限结构看，短期贷款增速比上年降低0.8个百分点，中长期贷款增速比上年提高0.6个百分点。

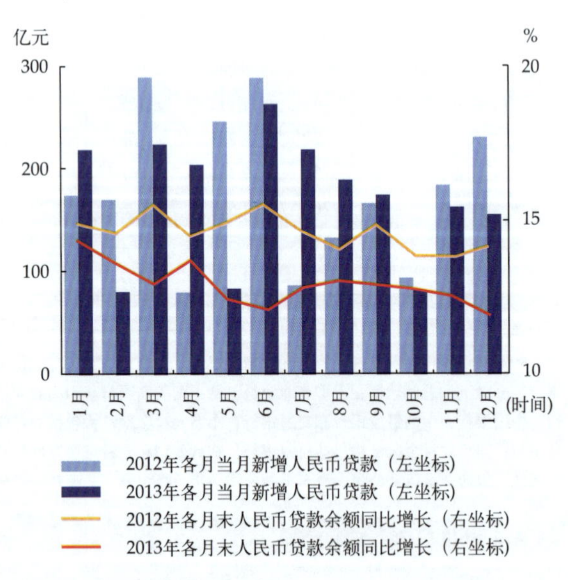

数据来源：中国人民银行天津分行。

图2 2012～2013年天津市金融机构人民币贷款增长变化

信贷投放符合政策导向。服务业、个人消费、科技型企业贷款增速均高于全市贷款平均增长水平。对薄弱环节信贷支持力度增强。小微企业贷款比年初增加580.4亿元，同比多增380.9亿元；涉农贷款增加543.6亿元，同比多增202.4亿元。

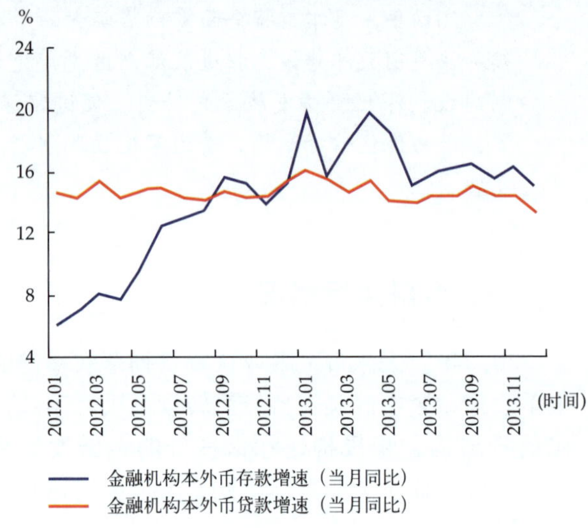

数据来源：中国人民银行天津分行。

图3 2012～2013年天津市金融机构本外币存、贷款增速变化

外币贷款继续保持较快增长。2013年年末，外币贷款余额为230.4亿美元，比年初增加70.5亿美元，同比多增19.0亿美元，增速为44.1%，比上年下降3.5个百分点。其中，境内短期贸易融资、单位普通贷款和融资租赁全年合计新增68.8亿美元。

4. 表外融资继续多增。2013年天津市银行业金融机构表外融资1 477.1亿元，比上年多175.7亿元。从结构上看，委托贷款全年增加551.5亿元，信托贷款增加528.9亿元，未贴现银行承兑汇票增加396.6亿元。

5. 贷款利率先降后升。2013年天津市金融机构人民币一般贷款加权平均利率（不含贴现）为6.58%，比上年下降0.31个百分点。从各季度看，

表2　2013年天津市金融机构人民币贷款各利率区间占比

单位：%

	月份	1月	2月	3月	4月	5月	6月
	合计	100.0	100.0	100.0	100.0	100.0	100.0
	下浮	10.0	9.8	10.5	12.2	16.1	12.7
	基准	34.7	36.2	34.3	35.3	30.0	32.7
上浮	小计	55.3	54.0	55.2	52.6	53.9	54.6
	(1.0，1.1]	27.7	25.0	24.3	27.0	23.9	26.3
	(1.1，1.3]	18.9	24.9	27.5	22.4	25.3	23.7
	(1.3，1.5]	6.5	3.7	2.8	2.9	3.6	3.8
	(1.5，2.0]	2.1	0.1	0.5	0.3	0.4	0.3
	2.0以上	0.3	0.3	0.1	0.1	0.8	0.5
	月份	7月	8月	9月	10月	11月	12月
	合计	100.0	100.0	100.0	100.0	100.0	100.0
	下浮	6.6	5.6	12.3	8.2	9.6	11.8
	基准	31.5	34.5	32.7	37.2	31.6	32.6
上浮	小计	62.0	59.9	55.0	54.5	58.9	55.6
	(1.0，1.1]	32.3	27.2	24.0	26.3	24.3	23.5
	(1.1，1.3]	24.3	27.8	25.7	23.4	29.6	23.9
	(1.3，1.5]	4.8	2.8	4.9	3.8	3.3	7.2
	(1.5，2.0]	0.4	1.5	0.2	0.6	0.7	0.3
	2.0以上	0.1	0.7	0.2	0.4	1.0	0.7

数据来源：中国人民银行天津分行。

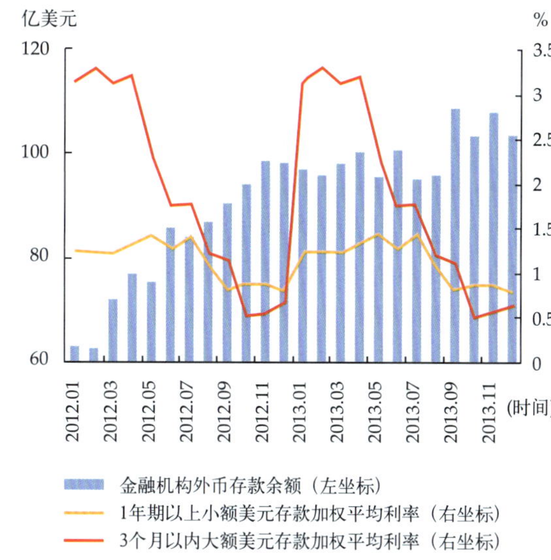

数据来源：中国人民银行天津分行。

图4　2012～2013年天津市金融机构外币存款余额及外币存款利率

第二季度利率水平最低，第四季度利率水平最高，利率水平先降后升。全部贷款中，执行下浮利率和基准利率贷款占比增加，执行上浮利率贷款占比减少。

专栏1　天津融资租赁业发展成效显著

近年来，天津凭借滨海新区良好的政策优势和产业发展环境，逐步积聚了大批优质融资租赁公司，业务规模不断扩大，经营效益持续提高，集聚发展优势凸显，已经成为国内最大的融资租赁聚集区。

一、融资租赁业务快速发展

截至2013年年末，总部在天津的各类融资租赁公司达到206家，约占全国的20.1%；注册资金总计840亿元人民币，约占全国的27.5%；租赁合同余额5 750亿元，约占全国的27.4%，同比增长55.4%，呈现快速发展的态势。一是行业发展环境持续优化。天津滨海新区为国家金融改革试验区，拥有先行先试的政策优势。国家有关管理部门及天津市政府从政策吸引、市场培育等方面对于融资租赁业的发展给予了大力扶持和引导，为天津融资租赁业的发展奠定了坚实的基础。二是行业快速高质发展。2013年在以注册资金为序的中国租赁十强企业排行榜中，天津占到5家。东疆港保税区利用自身政策优势，率先在国内探索飞机船舶融资租赁业务，并将港区政策优势与单项目公司（SPV）运作相结合，探索出飞机船舶租赁的“东疆模式”。三是融资租赁业务取得多项突破。天津先后创新推出保税租赁、境外资产包转让租赁、飞机发动机租赁、离岸租赁、出口租赁等多种模式，创造了多个国内租赁行业“第一单”。

二、金融租赁公司规模逐渐扩大

2013年，在天津注册的金融租赁公司达5家，占全国金融租赁企业总数的21.7%。注册资本合计241亿元、合同余额为2 550亿元，分别约占天津融资租赁企业注册资金的28.6%和业务总量的44.3%，占全国金融租赁公司注册资金的31.3%和业务总量的29.7%。资产总额达3 531亿元，实现净利润49亿元，对于天津成为我国融资租赁业聚集地发挥了重要作用。一是形成专业化经营模式。金融租赁公司以服务地区特色产业为基本立足点，结合自身优势，逐步形成“专业化、差异化”的发展格局。分别定位于航空、航运和各类大型设备租赁；占据公务机业务领域的市场优势；开展住宿餐饮、医疗卫生、交通设施等创新型融资租赁业务；着力服务“三农”和中小微企业。二是创新步伐不断加快。金融租赁公司不断推动业务模式、融资模式、资产管理、风险管理等方面多项创新转型工作。实施了一系列租赁创新项目，完成国内金融租赁公司飞机融资租赁业务、飞机改装金融租赁、保税港区金融租赁创新等多项业务，引领了行业发展。三是资产质量总体良好。金融租赁公司不断健全资金管理体系，形成了比较完善的内控管理制度和风险防范体系，资产质量总体良好。

三、发挥融资租赁业务优势支持实体经济加快发展

为引导融资租赁业务健康可持续发展，下一步应加强对租赁业行业战略规划与发展的研究与管理，制定天津租赁业发展长期规划，有效发挥融资租赁业务支持实体经济发展的作用。一是融资租赁公司要围绕天津的发展定位和规划，以滨海新区发展战略为依托，加大对天津具有辐射带动作用的优势产业和行业的服务支持力度。通过融资租赁的聚集和领先优势支持实体经济加快发展，增强天津经济的辐射带动作用。二是融资租赁公司要进一步深入挖掘融资租赁本质特征，充分利用融资租赁的功能和特点，从满足企业的多形式、多层次需求出发，开拓创新，实现租赁方式的多样化、专业化，不断满足市场需求。三是进一步提高风险防范能力。融资租赁正处在快速发展时期，既要抓住机遇加快发展，又要关注发展中面临的挑战，实现健康可持续发展。要从租赁业务流程、风险决策机制等方面着手，不断完善风险控制制度，提高风险预警和防范处置能力，坚守不发生系统性风险的底线。

6. 银行机构内控管理和业务流程改革不断深化。大型银行加快推进机构调整和基层营业机构建设，对辖区网点结构不断进行优化，并健全操作风险管理体系，促进风险、资本、收益的相互匹配和动态平衡。法人银行积极优化职能部门设置，搭建内控制度查询平台，推动流程银行建设进程。

（二）证券期货市场发展态势良好

2013年年末，天津市共有法人证券公司1家，期货公司6家，基金管理公司1家，上市公司38家。全市证券公司开立的资金账户数为49.2万户，客户交易结算金额余额为36.3亿元。

法人证券公司发展态势良好。法人证券公司证券承销业务增长迅速，资产总额持续扩大，净利润较快增长。

法人基金公司创新成果显著。法人基金公司旗下天弘增利宝货币市场基金与支付宝合作推出“余额宝”。由于该公司业务及管理费用较高，2013年，公司仍处于亏损状态，但亏损程度有所

表3　2013年天津市证券业基本情况

项目	数量
总部设在辖内的证券公司数（家）	1
总部设在辖内的基金公司数（家）	1
总部设在辖内的期货公司数（家）	6
年末国内上市公司数（家）	38
当年国内股票（A股）筹资（亿元）	45.1
当年发行H股筹资（亿元）	0.0
当年国内债券筹资（亿元）	1 032.8
其中：短期融资券筹资额（亿元）	248.5
中期票据筹资额（亿元）	537.0

数据来源：天津证监局、中国人民银行天津分行。

下降。

法人期货公司业务规模继续扩大。2013年年末，全市6家法人期货公司资产总额比年初增加4.2亿元。全年代理交易量、代理交易额和手续费收入同比分别增长50.0%、54.6%和2.9%。其中，2家公司实现盈利，4家公司处于亏损状态。

上市公司市值有所增加。2013年年末，天津市境内上市公司38家，上市公司总股本为434.5亿股，总市值为3 589.9亿元，同比增长28.1%。

（三）保险业经营水平稳步提升

2013年，天津市保险业经营主体基本稳定，资产规模持续扩大。基本形成了种类齐全、布局合理的保险市场体系。2013年年末，天津市保险公司总资产为1 000.6亿元，比年初增长13.6%。

保险市场保费收入持续提高，赔款给付支出持续增加。2013年，天津市保险业共实现保费收入276.8亿元，同比增长16.2%；赔付支出102.0亿元，同比增长25.90%；财产险赔付同比增长水平高于人身险赔付。

保险保障覆盖面不断扩大，承担风险责任大幅提升。2013年，天津市保险业新增承保保单1 057.3万件，同比增长51.9%，比上年提高17.3个百分点；新增保险金额71 666.4亿元，同比增长53.9%，比上年提高44.9个百分点。

表4 2013年天津市保险业基本情况

项目	数量
总部设在辖内的保险公司数（家）	5
其中：财产险经营主体（家）	2
人身险经营主体（家）	3
保险公司分支机构（家）	54
其中：财产险公司分支机构（家）	24
人身险公司分支机构（家）	30
保费收入（中外资，亿元）	276.8
其中：财产险保费收入（中外资，亿元）	102.3
人身险保费收入（中外资，亿元）	174.5
各类赔款给付（中外资，亿元）	102.0
保险密度（元/人）	1 880.2
保险深度（%）	1.9

数据来源：天津保监局、中国人民银行天津分行。

专项领域保险取得新进展，服务社会和经济作用增强。制定《关于规范政策性农业保险协保费用有关事项的通知》，确保农业保险保费补贴资金的安全和规范使用。印发《关于进一步完善基本医疗保险意外伤害附加保险制度有关问题的通知》，明确全民意外险基金的给付范围、基金拨付方法及意外死亡案件审核要求，弥补基本医疗保险缺乏意外补偿缺口。

（四）金融市场健康发展

1. 社会融资规模不断扩大。2013年全市社会融资规模为4 910亿元，比上年多470亿元。社会融资规模中企业债券和股票等净融资842亿元，同比多增282亿元，其中，增加较多的中期票据净融资522亿元，同比多增217亿元。

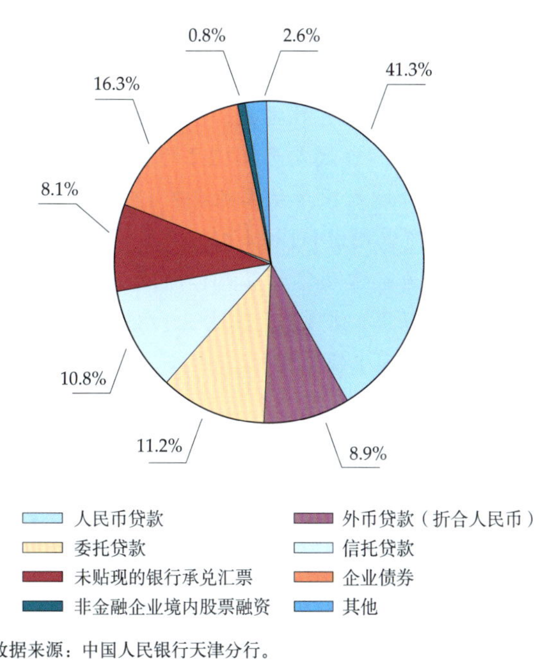

数据来源：中国人民银行天津分行。

图5 2013年天津市社会融资规模分布

2. 货币市场交易活跃。2013年全市银行间同业拆借市场累计完成信用拆借2 462笔，同比增长15.4%；累计拆借金额为8 047亿元，同比下降14.6%。债券回购交易量继续保持增长态势，累计成交额达到50 009.2亿元，同比增长23.4%。

表5　2013年天津市金融机构票据业务量统计

单位：亿元

季度	银行承兑汇票承兑		贴现			
			银行承兑汇票		商业承兑汇票	
	余额	累计发生额	余额	累计发生额	余额	累计发生额
1	5 523.0	2 572.7	748.2	1 533.4	19.3	130.5
2	4 102.7	4 930.5	891.0	2 947.9	22.5	154.7
3	3 981.5	6 946.5	740.9	4 032.0	17.9	207.6
4	4 149.9	9 341.9	742.3	5 052.2	10.5	256.6

数据来源：中国人民银行天津分行。

表6　2013年天津市金融机构票据贴现、转贴现利率

单位：%

季度	贴现		转贴现	
	银行承兑汇票	商业承兑汇票	票据买断	票据回购
1	4.93	5.99	5.58	4.30
2	4.84	5.81	4.78	4.47
3	6.59	7.03	5.29	5.62
4	6.91	7.74	6.22	6.33

数据来源：中国人民银行天津分行。

3. 票据融资平稳增长。2013年，全市承兑汇票累计发生额为9 341.9亿元，同比增长14.4%；票据贴现累计发生额为5 308.8亿元，同比增长27.6%。

4. 黄金市场稳步发展。2013年，天津市黄金市场总体运行平稳，实物黄金交易量同比增长18.3%，交易金额同比增长0.5%。

专栏2　跨境人民币业务取得新进展

自2010年6月试点以来，中国人民银行天津分行采取积极有效措施，全力推动跨境人民币业务开展，自试点至2013年年末，全市银行累计办理跨境人民币结算业务2 427.4亿元。其中，货物贸易结算1 189.4亿元，占比49%，服务贸易及其他经常项下结算801.0亿元，占比33%，跨境资本结算436.3亿元，占比18%，跨境人民币结算量得到了快速增长。

一、跨境人民币业务结算量跨上新台阶

2013年，中国人民银行天津分行不断营造良好的政策环境，在坚持风险可控的前提下，制定出台《天津市经常项下跨境贸易人民币结算银行审核流程优化指导意见》，简化经常项下跨境贸易人民币结算审核流程，进一步提高跨境人民币结算效率，扩大人民币在跨境贸易、投融资中的使用。2013年，全市办理跨境人民币结算业务突破千亿元，达到1 272.1亿元，同比增长1.01倍，占同期银行代客国际收支结算量的11.5%，成为仅次于美元的第二大跨境收付货币，结算量高于2010～2012年跨境人民币结算量总和。跨境人民币结算业务主要分布在金属矿产销售、电子制造、石油勘探及销售、汽车销售、钢铁化工、批发等行业，占结算总量的66.5%。

二、跨境人民币各项下业务均实现较快增长

依托天津市经济发展的优势和特点，不断扩大跨境人民币业务领域，支持渤海商品交易所开展现货商品跨境交易人民币结算业务。2013年4月，正式启动了渤海商品交易所现货商品跨境交易人民币结算试点工作，进一步拓展了跨境人民币结算的业务范围，跨境人民币各项下业务均实现较快增长。2013年，货物贸易结算582.0亿元，同比增长65.8%，占同期海关货物进出口总额的7.4%，占结算总量的45.8%；服务贸易及其他经常项下结算426.7亿元，同比增长2.2倍，占结算总量的33.5%；跨境资本交易263.4亿元，同比增长77.9%，占结算总量的20.7%。

三、跨境人民币业务渗透力不断增强

通过建立政策宣传培训长效机制，把政策宣传和业务培训融入日常工作中，组织银行以宣讲会、推介会、研讨会等方式进行政策宣传和产品推介，2013年组织了20余次宣传培训，培训银行、企业人员千余人；利用银行网点资源优势进行宣传，利用网络信息平台宣传推广，不断提升政策影响力。境内主体参与度持续提高，境外结算地域不断扩大。截至2013年年末，全市共有1 789余家企业办理跨境人民币业务，同比增加78%。前100家企业跨境人民币结算量占90%。已与83个国家和地区发生跨境人民币结算业务往来，较上年同期增加15个国家和地区。天津市与香港地区、欧美国家结算量占比合计为71.5%。其中，与香港地区结算量占比39.5%，同比下降5.7个百分点，比全国低17.7个百分点；与欧美国家结算量占比32%，同比增加3个百分点，高于全国21个百分点；与亚洲（除香港地区）、非洲和大洋洲结算量占比合计为28.5%，同比增加6.5个百分点，与全国基本持平。

（五）金融生态环境建设深入推进

2013年，天津市多措并举，全面推进金融生态环境建设。征信基础设施建设日趋完善。2013年年末，国家金融信用信息基础数据库共收录天津市22万户企业和940万自然人的信用信息，成为金融机构信贷决策的重要信息支撑；20家小额贷款公司和融资性担保公司首批获准接入金融信用信息基础数据库。信用服务市场得到发展。全市106家融资担保机构开展信用评级，其信用等级成为监管部门实施差别化管理和金融机构与其开展不同层级合作的重要参考。启动了“农村金融服务站”项目建设，由银行提供农村金融自助服务终端和相关技术，由村委会聘用专人进行管理，在固定场所为农民提供小额金融业务的新型支农金融服务模式，填补了农村金融服务的空白点。目前共建设金融服务站800余个，有效改善了天津市农村地区基础金融服务。

二、经济运行情况

天津市认真贯彻落实中央各项宏观调控政策措施，积极推进经济转型发展，全市经济保持平稳较快增长，发展质量和效益进一步提升。2013年，全市实现生产总值14 370.2亿元，按可比价格计算，比上年增长12.5%；增速较上年回落1.3个百分点。

（一）经济增长动力结构持续改善

2013年投资、消费、出口增速继续呈现不同程度回落，但“三驾马车”拉动经济增长的动力结构继续改善。投资增速缓中趋稳，民间投资和

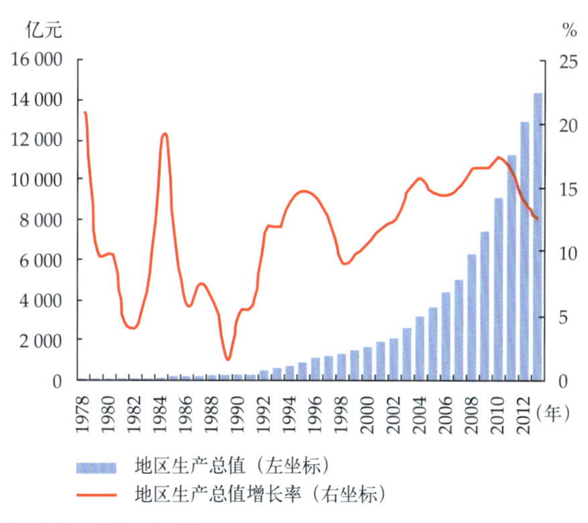

数据来源：天津市统计局。

图6　1978～2013年天津市地区生产总值及其增长率

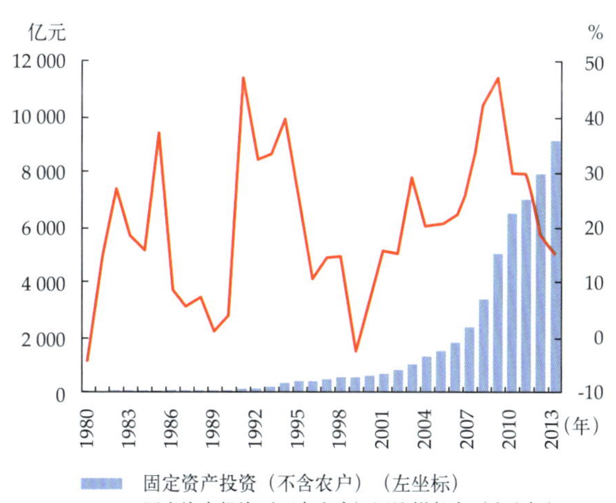

注：图中2011年以前为全社会固定资产投资数据，2011年（含）以后为固定资产投资（不含农户）数据。
数据来源：天津市统计局、《中国经济景气月报》。

图7　1980～2013年天津市固定资产投资（不含农户）及其增长率

优势产业投资支撑作用明显，消费需求基本稳定增长，略有回落，大众服务性消费需求增长较快。

1. 投资规模增长继续放缓，结构不断优化。2013年，全市全社会固定资产投资达到10 121.2亿元，同比增长14.1%，比上年下降4.0个百分点。全年新推出重大项目170项，总投资超过2 200亿元，为全市经济增长注入新的动力。全市民间投资5 103.5亿元，增长23.5%，占全社会投资的比重为50.4%。

第三产业投资比重持续提高，投资增长结构逐步向第三产业拉动转型。三次产业投资分别为63.6亿元、4 208.7亿元和5 255.8亿元。其中，第三产业投资占城镇投资的比重为55.2%，比上年提高0.1个百分点；对城镇投资增长的贡献率为55.6%，拉动城镇投资增长7.9个百分点，高于第二产业1.7个百分点。

工业优势产业投资平稳增长，民生行业增长加快。电子信息、装备制造业、石油化工、航天航空、生物医药、新能源新材料、轻纺工业等工业优势产业投资3 645.4亿元，同比增长12.7%；教育、卫生、文化等民生行业投资257.2亿元，增长20.3%，比上年加快3.7个百分点，高于城镇投资平均增幅6.1个百分点。

2. 居民收入和消费均稳定增加。2013年，天津市实施19项增收政策措施，最低工资标准、企业退休人员养老金分别增加190元和205元，城乡低保、优抚对象抚恤、农村五保供养、特困救助标准进一步提高。全年城市居民人均可支配收入为32 658元，增长10.2%。农村居民人均可支配收入增长快于城市居民收入3.3个百分点。

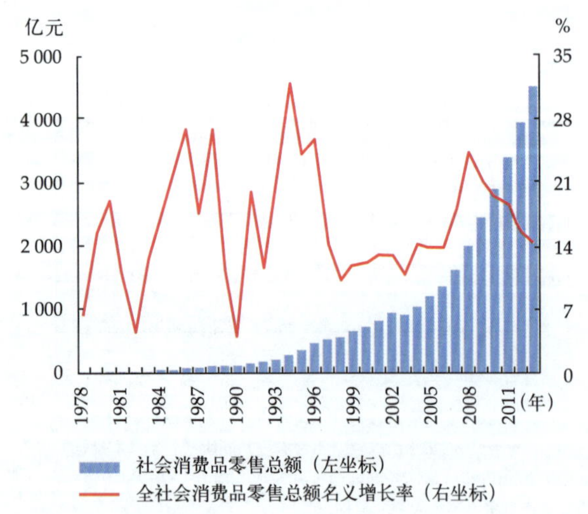

数据来源：天津市统计局。

图8　1978～2013年天津市社会消费品零售总额及其增长率

消费市场呈现新亮点。全年社会消费品零售总额为4 470.4亿元，增长14.0%。文化消费快速增长，体育娱乐用品类零售额增长62.5%，书报杂志类零售额增长73.2%。网上零售持续升温，当当网、唯品会、苏宁易购、亚马逊等互联网销售企业实现零售额70.5亿元，增长79.8%。居民消费稳步增长，城市居民人均消费性支出21 850元，增长9.1%。大众餐饮消费增势良好，限额以下住宿餐饮业营业额为519.8亿元，增长20.1%，高于全市平均水平6.6个百分点，占全市的78.6%。

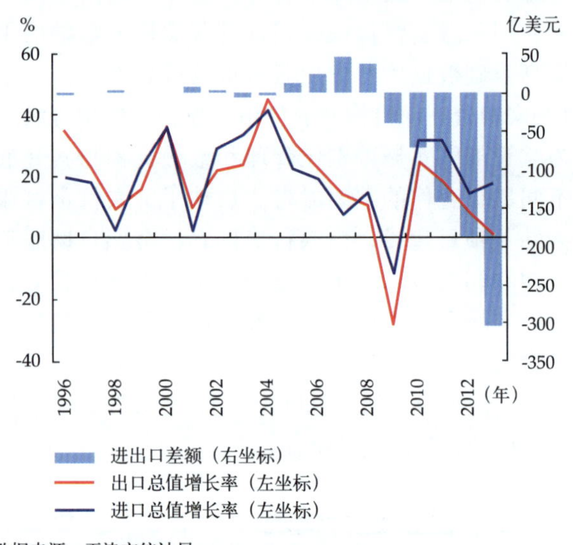

数据来源：天津市统计局。

图9　1996～2013年天津市外贸进出口变动情况

3. 外贸进出口平稳增长，对新兴市场拓展成效显现。2013年，天津外贸进出口总额为1 285.2亿美元，其中出口和进口分别为490.2亿美元和795.0亿美元，同比分别增长为1.5%和18.1%。贸易逆差304.8亿美元，同比扩大60.4%。对非洲、巴西和东盟等新兴市场出口增长分别为32.3%、28.1%和15.0%。传统市场需求持续低迷，除对韩国出口同比增长7.8%外，对欧盟、日本和美国出口同比分别下降12.0%、6.7%和0.6%。

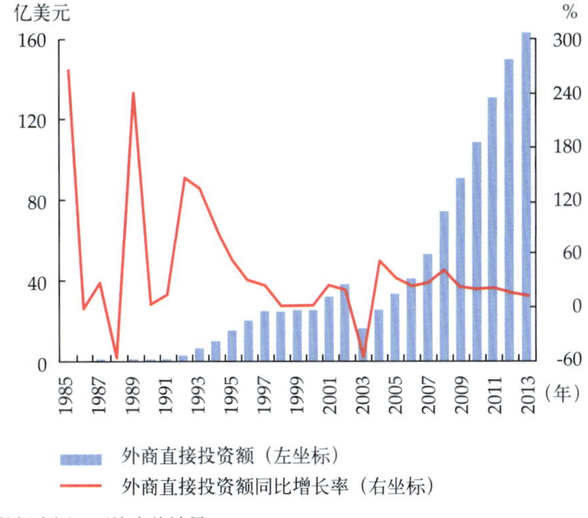

数据来源：天津市统计局。

图10　1985～2013年天津市外商直接投资额及其增长率

吸引外商投资稳步增长，滨海新区发挥带动作用。2013年，天津新批直接利用外资项目564个，合同外资金额为207.3亿美元，同比增长11.6%，实际利用外资金额为168.3亿美元，同比增长12.1%。滨海新区吸引外资在全市占比较高。2013年，滨海新区直接利用合同外资金额和实际利用外资金额分别为166.2亿美元和110.0亿美元，在全市占比分别为80.2%和65.4%。

（二）转型升级初现成效

三次产业增长更趋均衡，其中，第三产业增加值6 905.0亿元，同比增长12.5%，占全市生产总值的比重达到48.1%，，比上年提高1.1个百分点，服务业占比近十年来首次超过工业。现代农业、高新技术产业、民营经济和新兴服务业都实现了较快发展。

1. 现代都市型农业稳步发展。粮食生产连续十年丰收，全年粮食总产量为174.7万吨。主要农副产品供应稳定。蔬菜产量为460.7万吨，猪肉产量为29.8万吨，水产品产量为38.5万吨，禽蛋产量为18.9万吨。都市型农业发展迈出新步伐，现代农业示范园区带动能力不断增强。

2. 工业结构调整出现积极变化。2013年，规模以上工业增加值同比增长13.0%；规模以上工业总产值为26 400.4亿元，同比增长13.1%。高新技术产业完成工业总产值8 136.0亿元，同比增长16.5%，占规模以上工业的30.8%，比上年提高0.6个百分点。建成7个国家级新型工业化示范基地，产业聚集效应进一步显现。民营工业企业增加值同比增长25.0%，快于规模以上工业12.0个百分点。

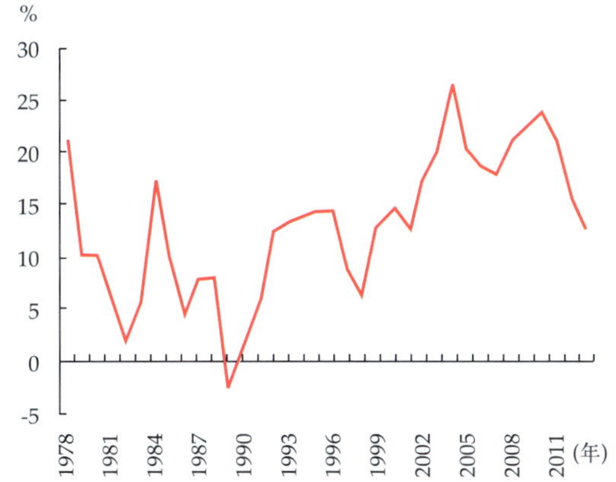

数据来源：天津市统计局。

图11　1978～2013年天津市规模以上工业增加值同比增长率

企业效益继续增长。全年规模以上工业企业完成主营业务收入27 011.1亿元，增长13.1%；实现利税总额3 170.1亿元，增长6.4%，其中，利润总额为1 992.8亿元，增长2.2%。在39个工业行业大类中，有37个行业实现盈利。

3. 服务业发展迈上新台阶。着力打造服务业集聚区，一批大型商业综合体和旅游项目建成开业，总部经济、服务外包、文化创意等新兴服务业取得新进展。商贸流通规模扩大，全年批发零售业商品销售总额超过3万亿元，达到3.2万亿元，同比增长20.5%。现代物流快速发展，港口货物吞吐量达到5.01亿吨，同比增长5.0%；机场旅客吞吐量达到1 003.6万人次，同比增长23.3%。服务外包增势强劲，全年离岸服务外包执行额10.6亿美元，同比增长41.8%。

（三）价格形势总体稳定

1. 居民消费价格稳中有升。2013年，全市居民消费价格走势较为平稳，累计同比上涨3.1%，涨幅较上年提高0.4个百分点，高于全国平均水平0.4个百分点。从构成居民消费价格的八大类商品变化来看，呈“七升一降”格局。食品价格上涨5.8%、居住类价格上涨4.4%。交通和通信类下降1.4%。食品类价格是推动2013年物价上涨的主要因素，受提高粮食收购价格，人工、运输成本增加及气候等因素的影响，食品价格拉动消费价格总水平上涨1.78个百分点。

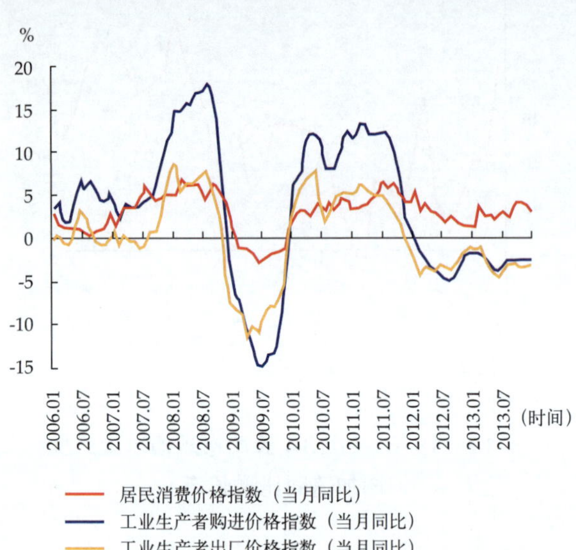

数据来源：天津市统计局。

图12　2006～2013年天津市居民消费价格和生产者价格变动趋势

2. 工业生产者价格指数负增长。2013年全市工业生产者购进价格累计同比下降2.6%，降幅比上年减少0.4个百分点，工业生产者出厂价格同比下降3%，降幅与上年持平。工业生产者出厂价格和购进价格指数均呈现上半年降幅逐渐增大，下半年降幅收窄的走势。

3. 劳动者报酬逐步增加。2013年，全市单位从业人员人均劳动报酬为65 368元，同比增长7.7%。此外，全市最低工资标准由每月1 310元、每小时7.5元，调整为每月1 500元、每小时8.6元。非全日制用工劳动者最低小时工资标准由每人每小时13.1元调整为每人每小时15元。

（四）财政收入增长稳中趋缓

2013年，全市地方一般预算收入达到2 078.3亿元，同比增长18.1%，比上年下降2.9个百分点；地方一般预算财政支出2 506.3亿元，同比增长18.7%，比上年下降0.5个百分点；财政收支差额达到-428.0亿元，较上年扩大75.8亿元。深入推进“营改增”试点，5.3万户试点企业减负面达96%；提高了小微企业税收起征点，惠及13万户企业。

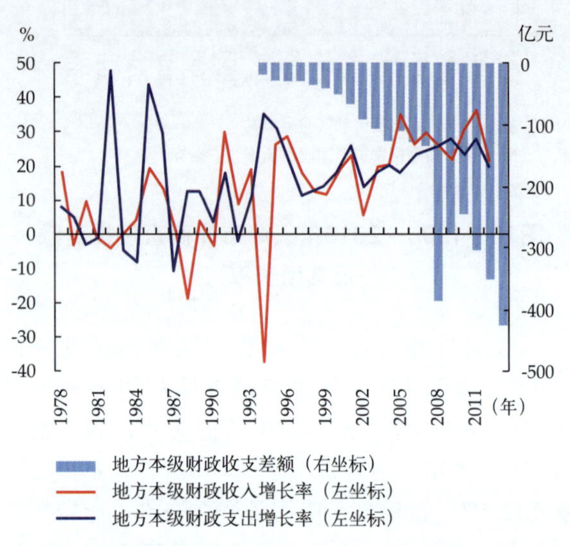

数据来源：天津市统计局。

图13　1978～2013年天津市财政收支状况

民生领域投入力度不断加大。2013年，天津市全面落实20项民心工程，财政支出75%以上用于民生领域。地方一般预算用于医疗卫生、教育、社会保障和就业等民生领域支出同比分别增长21.6%、21.0%和19.1%。

（五）节能减排取得成效

结构调整和技术创新促进了能源利用效率的提高，2013年全市规模以上工业单位增加值能耗下降6.7%，二氧化硫排放量21.7万吨，下降3.4%，六大高耗能行业单位增加值能耗均呈下降态势。共关闭污染企业669家，停产整治污染企业144家，淘汰140万吨炼铁、229万吨水泥落后产能。

（六）主要行业各具特色

1. 房地产市场平稳健康发展。2013年，全市住房供应面积平稳增长，购房融资需求有效满足，房地产市场实现了健康发展。

房地产开发投资持续增长。2013年，全市完成房地产开发投资1 480.8亿元，同比增长17.5%。房地产企业开发投资资金来源合计3 572.3亿元，同比增长19.9%。

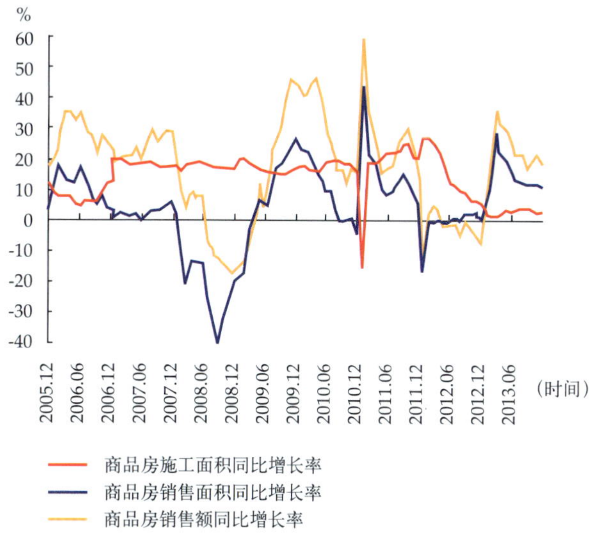

数据来源：天津市统计局。

图14　2005～2013年天津市商品房施工和销售变动趋势

土地供应量同比下降。2013年，天津市土地供应总量为1 646.6万平方米，同比下降13.9%。其中，住宅用地出让面积为892.0万平方米，同比增长16.8%，比上年提高61.3个百分点；保障住宅用地供应261.1万平方米，同比下降50.4%。同时，房屋累计施工面积、竣工面积和新开工面积分别为9 280万、2 805万和2 811万平方米，同比分别增长了2.9%、10%和7.2%。

房地产市场销售有所回升。2013年，天津市普通商品房累计销售面积为2 809.8万平方米，同比增长20.5%。其中，现房及期房累计销售面积合计为1 847.1万平方米，同比增长11.2%；累计销售金额合计为1 615.5亿元，同比增长18.3%；二手房累计销售面积为962.7万平方米，同比增长43.5%；交易金额为822.8亿元，同比增长55.8%。

房地产价格涨幅基本稳定。2013年12月，天津市新建商品住宅销售价格同比指数为108.3，比

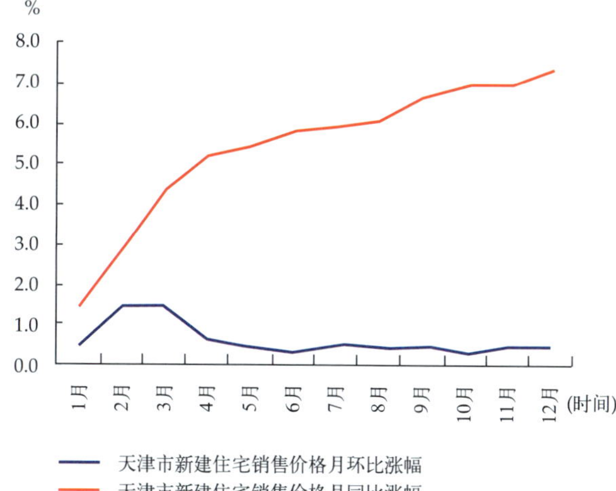

数据来源：天津市统计局。

图15　2013年天津市新建住宅销售价格变动趋势

当年城市居民人均可支配收入同比增幅低1.4个百分点。但全年月度新建住宅销售环比及同比价格指数均处于100以上，且比上年同期有所提高。

房地产贷款增速回升。2013年年末，天津市房地产贷款余额为3 431.0亿元，同比增长11.9%，涨幅较上年提高4.5个百分点。其中，房地产开发贷款增速较上年提高0.7个百分点，个人住房贷款增速较上年提高8.9个百分点，保障性住房开发贷款增速较上年提高了19.9个百分点。

2. 自行车行业迈入新的发展阶段。天津作为新中国第一辆自行车诞生的城市，自行车产业在天津已有八十多年的发展历史。2013年，天津市自行车产量达到4 004.9万辆，同比增长1.3%；自行车出口2 110.4万辆；电动自行车产量达到1 646万辆，其中锂电电动车产量达到106万辆，比上年增加38.8万辆，增长高达57.7%。在武清、静海、大港、北辰、东丽等地形成了一批有特色的自行车产业园区，吸引了禧玛诺、捷安特、建大、信隆、桂盟、宏光、新日、雅迪、新大洋等国内外整车和零配件龙头企业落户。

2013年天津市自行车行业完成工业总产值23.9亿元，实现利润总额1.8亿元，销售利润率7.4%。但与全市其他工业行业相比，自行车行业盈利能力偏低，整体行业还处于低端发展的状态。天津自行车行业已认识到发展中的问题，正进一步加

速从单纯低质化生产扩张型向产品高新创新型的科技转型升级。2013年天津市35家自行车制造骨干企业累计投入技术改造、工艺创新及产品研发的资金达到42 954万元，获专利1 556项，其中发明专利38项。与此同时，自行车生产企业积极开发应用镁合金、碳纤维等新材料及其工艺技术，逐步构建起镁合金、碳纤维整车产品生产线和配套链，有力促进自行车电动车产品结构调整和升级。此外，天津自行车企业在推出许多高品质创新型锂电自行车产品的同时，积极加强市场调研，努力开拓国内外市场渠道，为扩大锂电电动车产销量增长创造有利条件。

三、预测与展望

2014年是贯彻落实党的十八大和十八届三中全会精神的重要一年，也是完成“十二五”规划目标任务的关键一年，天津市将加快推进滨海新区开发开放，科技型中小企业发展壮大，京津冀及环渤海区域务实合作，不断释放创造力、激发市场活力。经济社会将继续保持平稳运行，物价水平保持稳定。

天津市金融业仍将保持稳健运行态势，社会融资规模适度增长，金融支持实体经济、中小微企业和产业结构调整的力度进一步增强，金融创新步伐继续加快，信贷资产结构继续优化，金融风险防范能力进一步提升，金融生态环境不断向好。

中国人民银行天津分行货币政策分析小组
总　纂：周振海　苏东海
统　稿：杨红员　闫　芳
执　笔：魏昆利　郝慧刚
提供材料的还有：杨冬梅　钟　辉　姚雪丹　李晓迟　周中明　宁　悦　李稳立　李　萌　徐　力
安瑞萍　唐　浩　于　琦　刘振斌　梁景宗　刘酉鸣　于海欢　苗润雨　马玉珊
崔　乐　徐之光

附录

（一）2013年天津市经济金融大事记

2月19日，印度国家银行天津分行开业，这是印度国家银行在华设立的第二家分行。

3月2日，工银金融租赁有限公司通过天津东疆保税港区完成的中国国内第一单空客A380融资租赁引进业务，实现了我国飞机租赁产业里程碑式新突破。

6月6日，第七届中国企业国际融资洽谈会——科技国际融资洽谈会在津举办，本届融洽会科技“小巨人”达成初步意向融资额356亿元。

6月13日，天弘基金与支付宝合作推出“余额宝”。

6月18日，第5届东亚商务论坛暨第25次东亚商务理事会会议在滨海新区召开，本届论坛以“区域经济一体化带来新机遇”为主题。

7月19日，塘沽科技金融对接服务中心正式揭牌，成立了滨海新区首家金融超市，开放式的推荐金融信贷产品，供科技型中小企业自主挑选。

7月24日，中国服务贸易商业保理专业委员会与天津滨海新区中心商务区签订战略合作协议，并举行“中国服务贸易委员会商业保理专业委员会创新发展基地”揭牌仪式。

7月25日，天津滨海农村商业银行通过银行间债券市场，以公开招投标方式成功发行总额为15亿元的二级资本债券，这是2013年1月1日《商业银行资本管理办法（试行）》正式实施以来，全国首只发行的符合二级资本工具合格标准的银行资本债券。

9月1日起，天津市国税、地税部门开启升级后的申报纳税系统，小微企业月销售额不超过2万元的将暂免征增值税和营业税。

10月16日，天津成功发放“水域滩涂养殖权抵押贷款”，标志着天津首笔“水域滩涂养殖权抵押贷款”成功落地，农村资产资本化迈出新步伐。

（二）2013年天津市主要经济金融指标

表1 2013年天津市主要存贷款指标

		1月	2月	3月	4月	5月	6月	7月	8月	9月	10月	11月	12月
本外币	金融机构各项存款余额（亿元）	20 531.2	20 190.5	21 321.4	21 613.4	21 878.4	22 131.1	22 018.1	22 421.7	22 761.9	22 580.3	22 979.6	23 316.6
	其中：储蓄存款	7 079.2	7 288.6	7 468.6	7 305.0	7 322.7	7 476.5	7 328.1	7 393.7	7 577.3	7 417.9	7 453.5	7 695.8
	单位存款	12 342.1	11 782.2	12 740.6	13 163.7	13 313.7	13 306.7	13 203.9	13 480.8	13 624.3	13 556.6	13 909.8	14 063.1
	各项存款余额比上月增加（亿元）	194.3	-340.3	1 131.0	292.0	265.0	252.8	-113.0	403.6	340.3	-181.7	399.4	336.9
	金融机构各项存款同比增长（%）	20.0	15.6	18.2	19.8	18.5	15.1	15.7	16.2	16.5	15.6	16.5	14.9
	金融机构各项贷款余额（亿元）	18 690.5	18 817.3	19 062.1	19 280.4	19 362.6	19 688.2	19 872.0	20 065.5	20 360.8	20 454.8	20 684.0	20 857.8
	其中：短期	5 195.0	5 227.5	5 306.9	5 356.5	5 318.3	5 508.2	5 599.8	5 676.5	5 913.4	5 944.7	6 071.7	6 251.1
	中长期	10 867.0	10 972.9	11 133.3	11 195.7	11 236.8	11 276.5	11 375.7	11 468.2	11 581.0	11 611.3	11 655.0	11 618.0
	票据融资	844.7	790.1	767.5	829.9	865.4	913.4	871.3	856.5	758.9	746.0	770.3	757.9
	各项贷款余额比上月增加（亿元）	277.3	126.9	244.8	218.3	82.1	325.6	183.9	193.5	295.3	94.0	229.2	173.8
	其中：短期	57.8	32.6	79.4	49.6	-38.2	190.0	91.6	76.7	236.9	31.3	127.0	179.4
	中长期	160.7	106.0	160.4	62.4	41.1	39.6	99.3	92.5	112.8	30.3	43.7	-37.0
	票据融资	19.7	-54.6	-22.5	62.3	35.5	48.1	-42.1	-14.8	-97.6	-12.9	24.3	-12.4
	金融机构各项贷款同比增长（%）	16.2	15.7	14.7	15.5	14.1	14.1	14.4	14.5	15.0	14.6	14.4	13.4
	其中：短期	23.6	22.4	20.9	22.2	18.8	21.5	24.6	25.0	26.7	24.7	26.3	21.9
	中长期	8.4	9.2	9.2	9.6	9.1	8.7	9.8	9.8	9.7	9.6	9.5	8.6
	票据融资	64.2	40.9	27.0	25.9	20.3	17.5	-5.0	-7.6	-10.2	-8.2	-11.5	-8.1
	建筑业贷款余额（亿元）	704.4	706.8	731.6	749.4	755.2	776.1	792.3	807.9	827.4	836.3	838.3	835.7
	房地产业贷款余额（亿元）	1 361.6	1 383.6	1 386.0	1 358.1	1 345.7	1 364.4	1 370.9	1 400.9	1 445.2	1 438.5	1 435.6	1 428.5
	建筑业贷款同比增长（%）	27.7	22.3	23.2	28.6	28.6	33.9	34.8	36.5	33.4	35.6	30.1	26.1
	房地产业贷款同比增长（%）	5.6	7.0	4.8	1.6	0.3	0.2	3.0	4.6	5.8	5.2	5.1	5.5
人民币	金融机构各项存款余额（亿元）	19 921.2	19 586.1	20 708.9	20 988.7	21 286.9	21 507.2	21 430.0	21 828.7	22 093.8	21 945.6	22 318.6	22 684.6
	其中：储蓄存款	7 001.0	7 206.8	7 386.8	7 223.4	7 240.3	7 394.6	7 245.7	7 310.5	7 495.4	7 335.6	7 370.8	7 612.3
	单位存款	11 829.9	11 276.3	12 228.3	12 636.7	12 826.3	12 788.7	12 715.7	12 987.5	13 055.3	13 031.6	13 357.8	13 533.3
	各项存款余额比上月增加（亿元）	202.8	-334.7	1 122.7	279.8	298.2	220.3	-77.1	398.7	265.1	-148.2	372.9	366.0
	其中：储蓄存款	-37.3	205.8	180.0	-163.4	16.9	154.3	-148.9	64.8	184.9	-159.9	35.3	241.5
	单位存款	205.0	-553.6	952.0	408.5	189.6	-37.6	-73.0	271.8	67.9	-23.8	326.2	175.5
	各项存款同比增长（%）	19.2	14.7	17.8	19.5	18.3	15.1	15.8	16.4	16.5	15.8	16.8	15.3
	其中：储蓄存款	12.7	16.4	16.6	15.6	14.3	11.5	11.4	11.3	10.3	9.4	9.8	7.9
	单位存款	23.4	14.4	20.0	24.1	22.2	17.5	18.2	18.4	17.8	17.9	19.1	16.8
	金融机构各项贷款余额（亿元）	17 626.8	17 704.9	17 927.8	18 132.0	18 214.9	18 477.2	18 694.8	18 883.8	19 057.2	19 136.3	19 298.4	19 453.3
	其中：个人消费贷款	1 684.1	1 694.2	1 718.0	1 753.7	1 787.9	1 811.2	1 840.1	1 873.6	1 902.2	1 926.0	1 959.8	1 999.2
	票据融资	844.7	790.0	767.5	829.9	865.4	913.4	871.3	856.5	758.9	746.0	770.3	757.9
	各项贷款余额比上月增加（亿元）	218.3	78.2	222.9	204.2	82.9	262.3	217.5	189.0	173.4	79.2	162.1	154.9
	其中：个人消费贷款	42.2	10.1	23.8	35.7	34.2	23.3	28.9	33.4	28.6	23.8	33.8	39.3
	票据融资	19.7	-54.6	-22.5	62.4	35.5	48.1	-42.1	-14.8	-97.6	-12.9	24.3	-12.4
	金融机构各项贷款同比增长（%）	14.3	13.6	12.9	13.6	12.4	12.0	12.7	13.0	12.9	12.7	12.5	11.9
	其中：个人消费贷款	15.4	16.3	17.2	19.5	20.9	20.5	21.3	21.5	21.4	21.4	21.4	21.7
	票据融资	64.2	40.9	27.0	25.9	20.3	17.5	-5.0	-7.5	-10.2	-8.2	-11.5	-8.1
外币	金融机构外币存款余额（亿美元）	97.1	96.3	97.7	100.4	95.7	101.0	95.2	96.1	108.7	103.3	107.8	103.7
	金融机构外币存款同比增长（%）	54.0	53.6	35.0	30.8	27.5	17.7	14.2	10.5	19.9	10.1	9.1	5.4
	金融机构外币贷款余额（亿美元）	169.4	177.2	180.9	184.6	185.7	196.0	190.5	191.5	212.0	214.6	225.9	230.4
	金融机构外币贷款同比增长（%）	60.21	65.49	55.73	59.68	54.33	61.98	53.12	48.92	63.26	53.75	54.22	44.11

数据来源：《天津市金融统计月报》。

表2　2001～2013年天津市各类价格指数

单位：%

年/月	居民消费价格指数		农业生产资料价格指数		工业生产者购进价格指数		工业生产者出厂价格指数	
	当月同比	累计同比	当月同比	累计同比	当月同比	累计同比	当月同比	累计同比
2001	—	1.2	—	—	—	-1.2	—	-4.1
2002	—	-0.4	—	—	—	-4.1	—	-4.2
2003	—	1.0	—	—	—	8.7	—	2.5
2004	—	2.3	—	—	—	15.4	—	4.1
2005	—	1.5	—	—	—	4.9	—	0.1
2006	—	1.5	—	—	—	4.7	—	0.6
2007	—	4.2	—	—	—	5.7	—	1.5
2008	—	5.4	—	—	—	12.9	—	4.1
2009	—	-1.0	—	—	—	-9.8	—	-7.5
2010	—	3.5	—	—	—	10.0	—	5.1
2011	—	4.9	—	—	—	9.8	—	3.8
2012	—	2.7	—	—	—	-3.0	—	-3.0
2013	—	3.1				-2.6		-3.0
2012　1	5.3	5.3	—	—	0.0	0.0	-2.9	-2.9
2	3.3	4.3	—	—	-1.5	-0.8	-4.0	-3.4
3	3.9	4.1	—	—	-2.4	-1.3	-3.4	-3.4
4	3.3	3.9	—	—	-3.1	-1.8	-3.6	-3.5
5	3.1	3.8	—	—	-3.5	-2.1	-3.9	-3.6
6	2.6	3.6	—	—	-4.0	-2.4	-3.0	-3.5
7	2.0	3.3	—	—	-4.7	-2.8	-3.3	-3.4
8	2.6	3.2	—	—	-4.9	-3.0	-3.6	-3.5
9	2.0	3.1	—	—	-4.3	-3.2	-3.1	-3.4
10	1.7	2.9	—	—	-3.0	-3.1	-2.1	-3.3
11	1.6	2.8	—	—	-1.8	-3.0	-1.5	-3.1
12	1.6	2.7	—	—	-1.8	-3.0	-1.1	-3.0
2013　1	1.4	1.4	—	—	-1.6	-1.6	-1.2	-1.2
2	3.7	2.6	—	—	-1.7	-1.7	-1.0	-1.1
3	2.5	2.5	—	—	-2.2	-1.9	-2.3	-1.5
4	2.8	2.6	—	—	-3.2	-2.2	-3.7	-2.0
5	2.3	2.5	—	—	-3.7	-2.5	-4.2	-2.5
6	2.9	2.6	—	—	-3.7	-2.7	-4.5	-2.8
7	3.3	2.7	—	—	-3.1	-2.7	-3.6	-2.9
8	2.6	2.7	—	—	-2.5	-2.7	-2.8	-2.9
9	3.9	2.8	—	—	-2.5	-2.7	-2.8	-2.9
10	4.3	3.0	—	—	-2.6	-2.7	-3.4	-3.4
11	3.9	3.1	—	—	-2.5	-2.7	-3.4	-3.0
12	3.3	3.1	—	—	-2.3	-2.6	-3.2	-3.0

数据来源：《天津统计月报》。

表3　2013年天津市主要经济指标

	1月	2月	3月	4月	5月	6月	7月	8月	9月	10月	11月	12月
绝对值（自年初累计）												
地区生产总值(亿元)	—	—	2 915.9	—	—	6 579.0	—	—	10 223.0	—	—	14 370.2
第一产业	—	—	20.3	—	—	79.4	—	—	119.4	—	—	188.5
第二产业	—	—	1 624.8	—	—	3 529.4	—	—	5 444.1	—	—	7 276.7
第三产业	—	—	1 270.8	—	—	2 970.3	—	—	4 659.6	—	—	6 905.0
固定资产投资(亿元)	—	684.2	1 510.6	2 524.1	3 506.4	4 805.9	5 659.2	6 452.6	7 337.7	8 059.5	8 665.2	9 103.0
房地产开发投资	—	85.9	249.5	398.8	569.0	810.0	910.1	1 020.4	1 158.7	1 221.6	1 328.4	1 480.8
社会消费品零售总额(亿元)	—	723.8	1 062.9	1 416.5	1 792.1	2 144.8	2 505.0	2 891.3	3 288.9	3 695.2	4 071.8	4 470.4
外贸进出口总额(万美元)	907 600.0	1 733 400.0	2 810 200.0	3 873 400.0	5 059 000.0	6 099 500.0	7 241 000.0	8 423 700.0	9 587 100.0	10 679 000.0	11 783 800.0	12 852 800.0
进口	541 400.0	1 018 000.0	1 707 500.0	2 370 100.0	3 066 500.0	3 713 600.0	4 438 200.0	5 192 300.0	5 931 900.0	6 604 000.0	7 267 400.0	7 950 300.0
出口	366 200.0	715 400.0	1102 700.0	1503 300.0	1 992 500.0	2 385 900.0	2 802 800.0	3 231 400.0	3 655 100.0	4 074 900.0	4 516 400.0	4 902 500.0
进出口差额(出口−进口)	-175 200.0	-302 600.0	-604 800.0	-866 800.0	-1 074 000.0	-1 327 700.0	-1 635 400.0	-1 960 900.0	-2 276 800.0	-2 529 100.0	-2 751 000.0	-3 047 800.0
外商实际直接投资(万美元)	129 900.0	267 000.0	509 800.0	630 600.0	775 000.0	960 000.0	1 019 500.0	1 135 800.0	1 265 400.0	1 373 100.0	1 513 800.0	1 682 900.0
地方财政收支差额(亿元)	48.4	36.1	31.7	51.3	36.3	17.0	-11.7	-22.0	-53.4	-8.3	-114.5	-428.0
地方财政收入	202.1	334.0	487.4	678.2	844.5	1 053.2	1 232.5	1 369.7	1 541.3	1 745.0	1 885.6	2 078.3
地方财政支出	153.8	297.9	455.6	626.9	808.3	1 036.2	1 244.2	1 391.7	1 594.7	1 753.3	2 000.1	2 506.3
城镇登记失业率(%)（季度）	—	—	3.6	—	—	3.6	—	—	3.6	—	—	3.6
同比累计增长率（%）												
地区生产总值	—	—	12.5	—	—	12.5	—	—	12.6	—	—	12.5
第一产业	—	—	3.4	—	—	3.4	—	—	3.6	—	—	3.7
第二产业	—	—	12.3	—	—	12.6	—	—	12.8	—	—	12.7
第三产业	—	—	12.8	—	—	12.6	—	—	12.6	—	—	12.5
工业增加值	—	12.1	12.5	12.7	12.8	12.8	12.9	13.0	13.0	13.0	13.0	13.0
固定资产投资	—	18.9	20.0	19.9	19.9	19.3	19.4	19.5	19.3	18.0	16.2	15.0
房地产开发投资	—	25.0	25.6	25.2	27.7	19.9	20.2	19.1	18.1	17.1	17.7	17.5
社会消费品零售总额	—	12.3	13.0	13.2	13.2	13.3	13.3	13.4	13.5	13.6	13.8	14.0
外贸进出口总额	16.2	2.9	4.5	7.5	9.8	9.0	8.8	9.5	9.2	10.2	10.7	11.2
进口	21.1	2.2	9.1	12.6	13.8	14.4	14.4	16.3	16.8	17.5	18.1	18.1
出口	9.8	3.8	-2.0	0.3	4.1	1.5	0.9	0.0	-1.2	0.1	0.6	1.5
外商实际直接投资	14.0	13.3	17.9	20.0	19.0	15.4	15.1	14.9	15.8	14.4	13.2	12.1
地方财政收入	18.1	18.2	18.2	18.2	18.3	18.3	18.0	18.1	18.1	18.1	18.1	18.1
地方财政支出	17.2	16.6	18.5	10.2	12.0	16.8	17.6	17.2	16.5	18.0	18.4	18.7

数据来源：《天津统计月报》、《中国经济景气月报》。

2013年河北省金融运行报告

中国人民银行石家庄中心支行货币政策分析小组

[内容摘要] 2013年，面对复杂严峻的经济形势和新的发展要求，河北省以全面打响“四大攻坚战”[①]为突破口和着力点，坚持解放思想、改革开放、创新驱动、科学发展，着力做好稳增长、调结构、抓改革、惠民生等各项工作，全省经济运行保持平稳、物价总体稳定，实现了年初预定目标。金融系统认真贯彻落实稳健的货币政策，不断增强对实体经济的金融支持力度，为经济强省、和谐河北建设以及经济社会发展实现稳中求进提供了有力的金融支持。

2014年，河北省发展仍将面临不少困难和挑战，全省金融系统将坚持“稳中求进，改革创新”的总基调和“总量稳定、结构优化”的政策取向，继续贯彻落实稳健的货币政策，着力改善和优化融资结构和信贷结构，保持货币信贷和社会融资规模合理适度增长，为结构调整和转型升级创造一个稳定的货币金融环境，进一步增强金融服务实体经济的能力。

一、金融运行情况

2013年，河北省金融业认真贯彻落实稳健的货币政策，加强金融机构流动性管理，准确把握执行稳健货币政策的力度、节奏和重点，引导金融机构优化金融资源配置，盘活存量，用好增量，信贷结构继续优化，实体经济融资渠道更趋多元，金融对结构调整和转型升级的支持力度进一步增强。

（一）银行业经营稳健，信贷投放节奏平稳结构优化

1. 银行类金融机构组织体系更加健全，现代金融服务体系进一步完善。金融机构不断优化网点布局，特别是向省会以外城市和县域延伸。2013年年末，股份制银行设区市覆盖面达到82%，城市商业银行县域覆盖率达到100%。20家县级农村信用联社完成股份制改造。河北建投集团财务有限公司开业，河北港口集团财务公司批准筹建。2013年年末，河北省银行业金融机构资产总额达到4.7万亿元，法人机构244家，营业网点10 503个（见表1）。

表1　2013年河北省银行业金融机构情况

机构类别	营业网点			法人机构（个）
	机构个数（个）	从业人数（人）	资产总额（亿元）	
一、大型商业银行	3 222	77 664	21 482.2	0
二、国家开发银行和政策性银行	164	3 647	2 812.9	0
三、股份制商业银行	199	7 129	4 771.9	0
四、城市商业银行	559	14 579	5 690.6	11
五、小型农村金融机构	4 840	48 976	9 283.6	181
六、财务公司	5	134	263.0	5
七、信托公司	1	134	32.7	1
八、邮政储蓄银行	1 449	9 634	2 602.5	0
九、外资银行	2	68	34.8	0
十、新型农村金融机构	61	1 275	124.5	45
十一、其他	1	77	106.0	1
合　计	10 503	163 317	47 204.5	244

注：营业网点不包括国家开发银行和政策性银行、大型商业银行、股份制银行金融机构总部数据；大型商业银行包括中国工商银行、中国农业银行、中国银行、中国建设银行和交通银行；小型农村金融机构包括农村商业银行、农村合作银行、农村信用社；新型农村金融机构包括村镇银行、贷款公司和农村资金互助社；“其他”包含金融租赁公司、汽车金融公司、货币经纪公司、消费金融公司等。

数据来源：河北银监局。

①“四大攻坚战”：即全力打造沿海地区率先发展的增长极、大力培育环京津地区新的发展增长极、下大力量把县域经济和县城搞大搞强、下大决心推动工业转型升级和环境治理。

2. 存款增速稳定，“季末冲高、季初回落”特征明显。2013年年末，人民币各项存款余额39 221.3亿元，同比增长15.3%，比上年同期上升0.2个百分点，比全国平均水平高1.6个百分点；比年初增加5 202.4亿元，同比多增755.0亿元。单位存款余额增速高于储蓄存款余额增速。单位存款余额14 228.0亿元，同比增长16.8%；储蓄存款余额23 357.2亿元，同比增长13.0%。从存款的走势变化看，呈现出月度间波动明显以及“季末冲高、季初回落”的双重特征（见图1）。

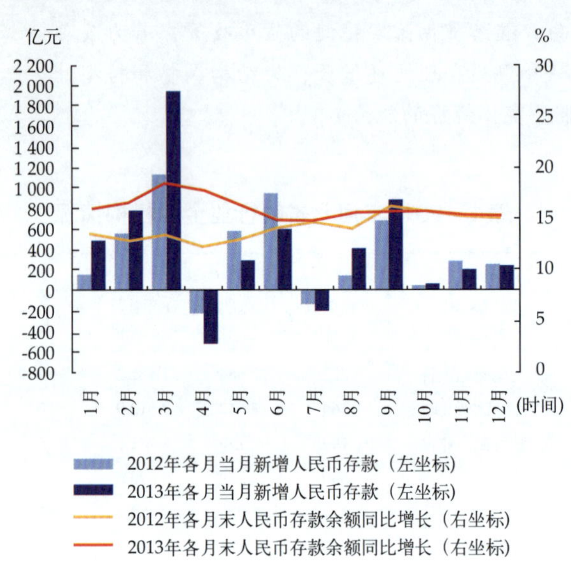

数据来源：中国人民银行石家庄中心支行。

图1 2012～2013年河北省金融机构人民币存款增长变化

3. 贷款投放节奏平稳，信贷结构继续优化。2013年年末，人民币各项贷款余额23 966.0亿元，同比增长14.9%，比全国平均水平高0.8个百分点；比年初增加3 041.9亿元，同比多增342.7亿元（见图2、图3）。全年新增贷款中，短期贷款增加1 631.4亿元，同比少增201.6亿元；中长期贷款增加1 383.0亿元，同比多增681.6亿元。

贷款结构继续优化。2013年，全省小微企业新增贷款1 037亿元，同比多增121亿元，占企业全部新增贷款的69%，同比提高20个百分点；县域新增贷款1 616亿元，同比多增455亿元，占全部新增贷款的53%，同比提高10个百分点；涉农新增贷款1 764亿元，同比多增172亿元，占全部新增贷款的58%，同比提高2.1个百分点。

2013年，河北省人民银行各分支机构累计发放支农再贷款55亿元，同比增加13亿元；累计办理再贴现182亿元，同比增加14亿元，其中，中小企业票据占95%，涉农票据占80%，业务量居全国第2位，对“三农”、小微企业的扶持引导作用充分发挥。对中国农业银行河北省分行89家县级“三农金融事业部”和65家涉农贷款占比较高的农村信用联社实施较低的存款准备金率，鼓励其加大“三农”信贷投入。

2013年年末，全省银行业金融机构不良贷款余额为479亿元，比年初减少87亿元；不良贷款率1.96%，比年初下降0.69个百分点。全省银行业金融机构累计实现净利润610亿元，同比增加104亿元。

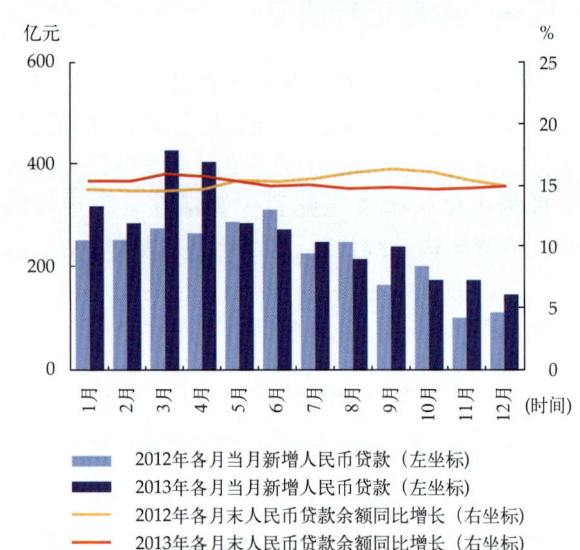

数据来源：中国人民银行石家庄中心支行。

图2 2012～2013年河北省金融机构人民币贷款增长变化

4. 全年贷款利率总体低于上年度，但呈现波动上升态势。2013年，人民币一般贷款加权平均利率（不含贴现）为7.90%，比上年度降低0.37个百分点。分月度看则呈现逐步上升的特点。其中，1月贷款利率水平为全年最低点，随后保持上升态势；下半年利率水平同比有所上升。与之相对应的是，上浮利率贷款占比逐步上升，执行下浮利率的贷款占比持续下降（见表2）。全面放开

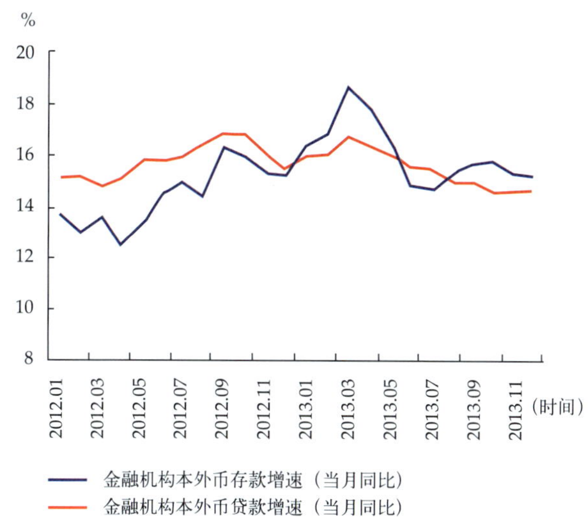

数据来源：中国人民银行石家庄中心支行。

图3　2012～2013年河北省金融机构本外币存、贷款增速变化

表2　2013年河北省金融机构人民币贷款各利率区间占比

单位：%

月份		1月	2月	3月	4月	5月	6月
	合计	100.0	100.0	100.0	100.0	100.0	100.0
	下浮	9.2	6.1	9.5	5.3	9.7	7.5
	基准	24.0	27.0	24.5	22.6	22.3	22.6
上浮	小计	66.7	66.9	66.0	72.0	68.0	69.9
	(1.0，1.1]	17.3	17.9	14.7	17.9	14.8	14.0
	(1.1，1.3]	20.6	18.8	18.4	20.4	18.7	21.4
	(1.3，1.5]	8.9	9.1	8.9	9.2	9.6	8.6
	(1.5，2.0]	16.1	16.1	18.8	18.2	19.3	19.6
	2.0以上	3.8	5.0	5.1	6.4	5.7	6.3
月份		7月	8月	9月	10月	11月	12月
	合计	100.0	100.0	100.0	100.0	100.0	100.0
	下浮	4.8	2.0	2.0	1.9	1.0	2.3
	基准	23.3	23.0	23.9	23.5	22.9	23.3
上浮	小计	71.9	75.0	74.2	74.7	76.1	74.4
	(1.0，1.1]	16.7	17.4	17.9	18.3	19.2	15.7
	(1.1，1.3]	21.3	21.4	21.7	19.5	21.6	18.6
	(1.3，1.5]	9.3	10.5	9.7	9.6	9.5	11.9
	(1.5，2.0]	17.7	17.3	18.2	20.8	19.2	20.8
	2.0以上	6.9	8.4	6.7	6.5	6.6	7.2

数据来源：中国人民银行石家庄中心支行。

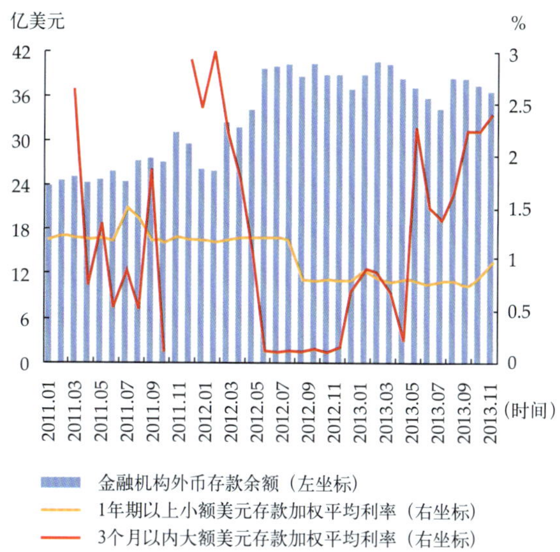

数据来源：中国人民银行石家庄中心支行。

图4　2011～2013年河北省金融机构外币存款余额及外币存款利率

贷款利率管制后，金融机构对于利率市场化改革进程加快推进的政策预期有所增强，促使其按照利率市场化改革的新要求着力提升定价能力。

5. 金融机构改革成效显著。中国农业银行河北省分行持续深化三农金融事业部改革，继续完善组织架构和运行机制，进一步优化“三农”信贷政策，服务水平和能力进一步提升。交通银行河北省分行积极推动企业直接融资，创新营销模式，为河北企业“走出去”和个人客户出国提供金融服务，实现了境内金融服务的境外延伸。农村合作金融机构改革稳步推进，2013年年末，全省已开业农村商业银行12家，已开业股份制农村信用联社27家，其中2013年开业1家农村商业银行，开业18家股份制农村信用联社，7家提交农村商业银行筹建申请。2013年，全省城商行机构达到559家，其中，城商行全年设立县域支行65家，全省城商行县域支行总数达到179家，实现全省城商行县域支行全覆盖。2013年，全省共计批筹村镇银行25家，其中批准开业21家。截至2013年年底，全省共计村镇银行51家，其中批准开业44家，批筹7家，预计2014年完成筹建或开业17家。河北省小额贷款公司总数已达439家，实收资本合计256.33亿元，贷款余额为273.10亿元，从业人员为5 093人，实现了行政区划全覆盖，河北省小额贷款公司的数量和服务能力大幅提高，有效地支持了县域经济和小型微型企业的发展。2013年，河北省银行业累计实现净利润610亿元，为2009年以来的最高，同比增盈104.3亿元。2013年，河北省银行业不良贷款余额为478.73亿元，比年初减少87.31亿元；不良贷款率为1.96%，比年初下降0.69个百分点。法人银行业金融机构资本净额1 084.63亿元，比年初增加302.42亿元；资本充足率为12.02%，比年初上升2.02个百分点。

6. 跨境人民币业务保持较快发展。2013年，全省银行累计办理跨境人民币结算业务472亿元，是2012年的2.7倍。全年货物贸易结算量约占同期海关进出口总额的8.8%，比2012年提升5.5个百分点。人民币收付占国际收支的12%，人民币已成河北省国际结算第二大货币。同时，业务种类不断丰富。以货物贸易结算为主，服务贸易、跨境投融资、跨境保函业务全面发展，境外直接投资、证券投资业务实现零的突破。业务参与面不断扩大。2013年年末，全省累计1 372家企业完成跨境人民币实际收付，比上年年末增加736家。17家省级商业银行的271家分支机构办理实际收付业务，比上年年末增加123家。境外结算地域拓展至140个国家和地区，比上年年末新增22个。

专栏1　夯实制度基础　创新监测手段　加强全省金融体系流动性管理

2013年，中国人民银行石家庄中心支行紧密围绕中国人民银行总行工作要求，不断强化地方法人金融机构流动性管理，创新监测管理机制，完善监测指标体系，进一步夯实流动性管理工作基础，及时处理银行体系流动性风险预警，流动性管理工作卓有成效。

一、加快制度建设，有效实施流动性管理

（一）建立流动性监测制度，全面掌握全省地方法人金融机构流动性状况。按照《中国人民银行关于加强地方法人金融机构流动性管理 有效发挥短期再贷款流动性供给功能的通知》的要求，中国人民银行石家庄中心支行研究制定《河北省地方法人金融机构流动性监测管理实施细则》，建立对辖内地方法人金融机构流动性状况、资产质量和财务状况的监测机制，设定流动性缺口预警指标，制订风险防范预案，按季对辖内地方法人金融机构流动性进行监测，如发现流动性指标出现预警提示的机构，则要求其按月上报相应资料，切实加大流动性监测和管理力度。

（二）加强内部制度建设，充分发挥货币政策工具作用。2013年，中国人民银行石家庄中心支行结合河北省实际，修改完善《河北省支农再贷款管理办法》、《河北省再贴现操作管理办法》和短期再贷款使用的相关管理办法，进一步明确再贷款、再贴现的发放对象、审批程序以及监督管理程序，充分发挥再贷款、再贴现解决地方法人金融机构流动性问题的积极作用。2013年年末，河北省支农再贷款、再贴现限额为141.2亿元，余额为112.3亿元，限额利用率为80%。全年累计发放中小金融机构再贷款2亿元、支农再贷款55.4亿元、再贴现182.1亿元，其中，再贴现票据中涉农和小微企业票据占比均超过75%。

二、完善监测指标体系，及时处理流动性风险预警

（一）加大监测考核力度，引导地方法人金融机构加强流动性管理。一方面，加强非现场监测，在春节、季末等时点调查监测地方法人金融机构流动性数据，及时掌握其流动性状况和经营资信情况，科学调配货币政策工具限额；另一方面，加大现场监测力度，在深入金融机构开展流动性调查研究、多次组织座谈交流的基础上，重点对石家庄市汇融农村合作银行2013年上半年流动性监测指标及经营指标进行了现场监测考核，对其同业往来较为频繁的

情况给予警示。通过监测和引导，2013年汇融农村合作银行信贷投放连续两年下降的局面得到改善，全年贷款实现均衡合理投放，对地方经济发展的支持力度显著增强。

（二）及时预警流动性信息，有效解决地方中小金融机构流动性问题。2013年6月，银行间市场利率波动升高，为全面掌握省内金融机构流动性状况和支付能力，中国人民银行石家庄中心支行组织对全省各地方法人金融机构的流动性进行了摸底调查，对监测指标和相关情况进行了分析，为河北银行等提供了一定的流动性支持。

三、夯实各项基础工作，保障流动性管理顺畅实施

（一）完善地方法人金融机构流动性监测分析，加强存款准备金管理。进一步完善存款准备金执行情况监测制度，坚持按月调查各类地方法人金融机构流动性状况，针对流动性水平较低的金融机构，研究制订流动性支持预案，对于超出预警指标的地方法人金融机构，所在地中国人民银行分支机构及时进行风险提示。

(二) 加强银行间市场监测管理，为流动性管理提供分析支持。梳理完善金融市场报表报告制度，坚持按月汇总整理省内银行间市场成员的数据报表和报告，分析判断银行间市场资金变化状况，通过各类交易的市场利率、交易量等指标变动情况，为流动性管理提供分析支持。

（二）证券期货业经营好转，但依旧面临严峻挑战

2013年，河北省证券期货市场运行平稳，证券业经营情况有所好转，证券经营机构净利润同比大幅增长；期货经营机构净利润同比略降；证券期货业整体经营状况依然面临严峻挑战，三成以上证券经营机构和过半期货经营机构处于亏损状态；境内上市公司直接融资同比略降。

1. 证券机构数量增加，经营效益成倍增长。2013年，河北省共有法人证券公司1家，证券投资咨询机构1家，证券分公司5家，证券营业部179家。证券分公司较上年增加2家，营业部较上年增加14家。石家庄股权交易所正式开市。2013年，河北省证券经营机构营业收入17.5亿元，同比增长36.4%，利润总额为6.7亿元，同比增长134.6%；净利润6.3亿元，同比增长1.5倍。其中，盈利机构110家，占比64.0%，盈利金额为7.3亿元。

2013年，投资者账户数量继续增加，证券账户453万户、资金账户274万户、A股日均开户数量为1.9万户，同比分别增长4.4%、5.0%和6.2%。证券市场活跃程度上升，实现证券交易额1.7万亿元，同比增长68.8%，达到历史最高水平。2013年客户资产1 359亿元，代理买卖证券款94亿元，指定托管市值1 265亿元。开展融资融券业务的营业部155家，较上年增加35家。融资融券信用资金账户1.9万个，信用证券账户3.8万个，同比均增长2.3倍。

2. 期货业务平稳开展，期货经营机构过半亏损。2013年，河北省共有期货公司1家，期货营业部32家。2013年，河北省期货经营机构营业收入1.1亿元，同比增长9.8%；手续费收入达到1亿元，同比增长11%；利润总额为605.7万元，净利润为378.9万元，同比下降3.7%。32家期货营业部中亏损17家。2013年，河北省期货投资者客户数近4万个，同比增长18.9%。客户保证金总额为14.1亿元，同比增长14.4%。期货机构代理交易量和代理交易额分别为3 666.4万手和3.9万亿元，同比分别增长45.5%和58%。

3. 上市公司直接融资额基本持平。2013年，河北省有境内上市公司48家，与上年持平，占全国上市公司的1.9%（见表3）。其中，主板上市公司33家（沪市18家，深市15家），中小板上市公司10家，创业板上市公司5家。ST公司由年初4家减少为2家，均为主板上市公司。共有49只股票在沪深两市挂牌交易，其中A股47只，B股2只。上市公司流通股本316.5亿元，占沪深上市公司流通股3万亿元的1.1%，河北上市公司总市值为3 895.6亿元，占沪深上市公司总市值23.9万亿元

的1.6%。上市公司分布于河北11个地市。其中，石家庄市有13家上市公司，居全省之首，衡水、张家口市上市公司最少，只有1家。2013年，河北省在沪深两市的上市公司直接融资总额为154.9亿元，比上年减少9.4亿元，同比下降5.7%。在直接融资中，6家主板上市公司定向增发融资104.9亿元，1家上市公司发行公司债券融资50亿元。

表3　2013年河北省证券业基本情况

项目	数量
总部设在辖内的证券公司数（家）	1
总部设在辖内的基金公司数（家）	0
总部设在辖内的期货公司数（家）	1
年末国内上市公司数（家）	48
当年国内股票（A股）筹资（亿元）	104.9
当年发行H股筹资（亿元）	43.5
当年国内债券筹资（亿元）	394.6
其中：短期融资券筹资额（亿元）	96.0
中期票据筹资额（亿元）	49.0

数据来源：河北证监局，中国人民银行工作人员计算。

（三）保险业市场规模继续扩大，整体实力不断增强

1. 营业网点不断增多，整体实力不断增强。2013年，河北省保险业省级分公司总数与上年持平，保险公司分支机构数量持续增加，首家法人财产保险公司燕赵财险获批筹建；保险中介机构规模化进程加快，整合成立1家保险中介服务集团。保险业总资产2 049亿元，同比增长11.4%，其中，财产保险公司总资产132.7亿元，比年初增加22.8亿元；人身保险公司总资产1 916.3亿元，比年初增加186.6亿元。

2. 保费收入平稳增长，赔付支出大幅增加。2013年，河北省保险业累计实现原保险保费收入837.6亿元，同比增长9.3%，增速较上年增加4.78个百分点，低于全国增速，其中，财产保险业务原保险保费收入为309.8亿元，同比增长19.7%，增速高于全国水平3.2个百分点；人身保险业务原保险保费收入由降转增，实现527.81亿元，同比增长4.00%，增速低于全国水平4.40个百分点。保险业累计承担风险总额保持39.2%的较高增速，比上年增加4.1万亿元，达到14.5万亿元；累计赔付支出315.7亿元，较上年增加97.1亿元，同比增长41%，增速为五年来的最高。

3. 保险服务范围不断拓展，重点保险业务均衡发展。2013年，河北省保险深度为2.96%，初步推算保险密度为1 147.4元/人，均较上年有所上升，但低于全国同期水平（见表4）。2013年，河北省深入推进农业保险健康发展，实现保费收入16.8亿元，同比增长30.9%，实现保险保障416.7亿元，农村住房保险、森林保险、农产品价格保险推动工作取得进展；积极参与社会保障体系建设，大病保险试点工作顺利启动，大额补充医疗保险、小额人身保险有序开展，承保或受益人数超过2 000万人；重点保险业务快速发展，治安保险保费收入增长155.1%，工程险保费收入增长90.5%，保证保险、信用保险保费收入同比分别增长52.8%和9.9%，责任保险保费收入增长12.6%，环境污染责任险、安全生产责任险、食品安全责任险等新险种推出前的政策准备工作有序推进。

表4　2013年河北省保险业基本情况

项目	数量
总部设在辖内的保险公司数（家）	0
其中：财产险经营主体（家）	0
人身险经营主体（家）	0
保险公司分支机构（家）	57
其中：财产险公司分支机构（家）	25
人身险公司分支机构（家）	32
保费收入（中外资，亿元）	837.6
其中：财产险保费收入（中外资，亿元）	309.8
人身险保费收入（中外资，亿元）	527.8
各类赔款给付（中外资，亿元）	315.7
保险密度（元/人）	1 147.4
保险深度（%）	3.0

数据来源：河北保监局，中国人民银行工作人员计算。

（四）社会融资规模稳步扩大，金融市场交投活跃

1. 社会融资规模稳步扩大，人民币贷款占比下降，直接债务融资快速发展。2013 年，河北省全年社会融资规模为6 246.6 亿元，同比多

增1 524.3 亿元。其中，人民币贷款占同期社会融资规模的48.7%，同比低8.5 个百分点；外币贷款占比0.1%，同比低3.1个百分点；委托贷款占比13.0%，同比高4.4个百分点；信托贷款占比13.5%，同比高14.0 个百分点；未贴现的银行承兑汇票占比11.5%，同比低5.3个百分点；企业债券占比5.6%，同比低0.6 个百分点；非金融企业境内股票融资占比1.5%，同比低0.5 个百分点（见图5）。2013年，河北直接债务融资保持了快速发展，承德市中小企业集合票据、非公开定向工具的发行，《借助银行间市场助推河北经济发展合作备忘录》的签署，均有效扩宽了企业特别是中小企业融资渠道。2013年年末，河北省非金融企业债务融资工具余额为832亿元，累计募集资金1 328.3亿元。2013年全省企业共注册发行40期非金融企业债务融资工具，共募集资金247.6亿元，占全省直接融资总额的36.2%。

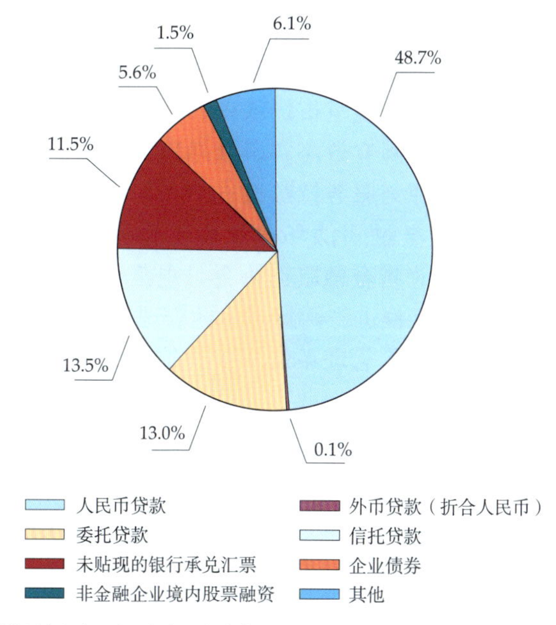

数据来源: 中国人民银行石家庄中心支行。

图5 2013年河北省社会融资规模分布

2. 货币市场交投活跃。2013年，全省货币市场活跃程度逐步提高，银行间市场参与者队伍发展至44家，其中，同业拆借市场共发生435笔拆借交易，累计拆借金额1 278.7亿元，同比增长50.9%，资金拆借主要以拆入为主，拆入拆出相抵后表现为净拆入484.7亿元；银行间债券市场累计交易5.3万亿元，同比减少5.4%，市场利率总体呈先扬后抑走势。

3. 票据市场成交量增幅较大。2013年，全省累计签发商业汇票8 003.4亿元，同比增长30.45%，累计办理票据贴现业务1.3万亿元，同比增长92.8%。金融机构票据贴现和转贴现利率呈现出前低后高、波动上行的运行态势（见表6）。

表5 2013年河北省金融机构票据业务量统计

单位：亿元

季度	银行承兑汇票承兑		贴现			
			银行承兑汇票		商业承兑汇票	
	余额	累计发生额	余额	累计发生额	余额	累计发生额
1	3 822.5	1 968.3	688.2	2 191.7	31.6	62.8
2	3 823.7	3 765.8	801.0	5 595.8	29.4	135.5
3	3 908.3	5 716.0	713.2	8 954.5	7.7	247.0
4	4 094.8	7 994.5	630.9	12 632.3	9.5	351.5

数据来源：中国人民银行石家庄中心支行。

表6 2013年河北省金融机构票据贴现、转贴现利率

单位：%

季度	贴现		转贴现	
	银行承兑汇票	商业承兑汇票	票据买断	票据回购
1	4.99	6.16	4.59	4.41
2	4.92	5.86	4.79	5.12
3	6.47	7.56	5.33	4.84
4	6.78	7.74	5.88	5.47

数据来源：中国人民银行石家庄中心支行。

（五）金融生态环境持续优化，金融基础设施不断完善

2013年，河北省委、省政府进一步加大对金融生态环境建设的支持力度，出台了多项政策和措施支持金融稳健发展，建立健全了地方政府主导下的风险应对和处置机制。先后印发《关于金融支持“四大攻坚战”的实施意见》，制定《关于加快河北省社会信用体系建设的指导意见》，大力推进金融生态市、县建设，积极营造有利于河北金融产业发展的环境和氛围。进一步加大对非法集资案件、银行卡犯罪查处力度，开展为期半年的严厉打击经济犯罪“破案会战”专项行

动，非法集资犯罪、银行卡犯罪、假币犯罪、保险诈骗犯罪等非法金融活动得到了遏制。

支付清算系统建设运行情况良好。2013年，河北省支付系统全年处理往来业务1.1亿笔、涉及资金70.3万亿元，加速推进社会资金的流转。大额实时支付系统安全稳定运行，业务量呈稳步增长态势，业务笔数和金额分别同比增长36.1%和29.3%。小额批量支付系统业务量增长较快，业务笔数和金额分别同比增长57.5%和55.6%。全国支票影像交换系统业务量略有下降。2013年10月，河北省成功切换至第二代支付系统。

社会信用体系建设继续推进。2013年年末，国家金融信用信息基础数据库已收入河北省36.7万户企业和2 689.6万位自然人信用信息，向金融机构、政府部门及社会各界提供677.7万次信用报告查询服务；收集了环境保护、诚信企业评选、部分法院和公积金等非金融信息，逐步建立起部门间联合奖惩机制。2013年，河北省农村信用体系和中小企业信用体系试验区建设成效初显。4个试点县（石家庄无极县、廊坊文安县、邢台威县、沧州肃宁县）启动了农村信用体系试验区建设，唐山市、廊坊市、张家口市三个试验区已由“信息化”迈入“信用化”阶段，廊坊市构建“廊坊市金融综合服务系统”，创新中小企业信用服务模式。张家口市开通“张家口市企业信用信息网”，在互联网上搭建“银企网上信用对接平台”，已为1 797户企业获得银行贷款171.4亿元，充分发挥了试验区“服务政府、辅助银行、助推企业”的作用。

反假货币工作机制取得明显成效。2013年，河北省建立反假货币工作长效机制，充分发挥其作用，深入开展多元化、多形化、多域化的反假宣传活动。依托助农取款点和农村反假货币宣传站，扩大了反假货币宣传覆盖面。开展反假货币知识“进校园”活动，延伸反假货币宣传工作触角，实现教会一个学生，带动一个家庭，家庭带动亲友，进而在全社会营造反假货币的良好风尚，形成一个完整的反假货币宣传网。对假币犯罪始终保持高压态势，严厉打击假币犯罪，积极同公安、检察、法院、工商和银行业金融机构等相关部门就打击假币犯罪活动、防范假币侵害等进行联合督导。

反洗钱各项工作稳步推进。2013年，河北省全面贯彻风险为本和法人监管工作理念，有效防范洗钱风险，维护辖区金融稳定。中国人民银行石家庄中心支行对河北省53家金融机构进行了现场检查，对31家金融机构进行了反洗钱风险评估，组织50家法人机构开展洗钱和恐怖融资风险评估，对692家金融机构建立了反洗钱监管档案。指导中国工商银行河北省分行顺利完成了反洗钱大额和可疑交易报告综合试点工作，完成了“分散处理”向“集中处理”改革，实现了可疑交易报告由“被动防御型”向“质量控制型”的转变，大大降低了反洗钱管理成本，释放了金融机构网点工作压力，有效提高了大额和可疑交易报送质量和效率，针对反洗钱调查中发现的风险点，及时向金融机构提示风险。

金融监管效率进一步提升。中国人民银行石家庄中心支行会同河北省政府相关部门及各金融监管部门，督促和协调金融机构加强内控管理，强化风险防范，规范市场秩序，维护资产安全。使货币政策得到有效落实，金融稳定基础更加稳固，外汇管理与服务持续改进。与河北省高级人民法院建立金融司法环境建设工作联席会议制度；成立河北省金融票据协会，规范金融票据市场行为；扎实推进“两综合、两管理” 工作，研发推广综合评价管理系统，提升综合评价工作的科学性和实效性。河北银监局加强融资平台贷款风险、房地产信贷风险等各类风险的防控，重点支持辖内银行业金融机构推进小微企业、涉农金融服务工作，引导银行业主动对接河北省战略重点，盘活存量，用好增量，推动河北省银行业科学发展水平不断提升。河北证监局进一步加强执法力度，在推动企业利用多层次资本市场发展的同时，进一步净化金融市场环境。河北保监局着力保护保险消费者利益，深入开展理赔难和销售误导治理工作。监管机构加强协调与合作，积极推动金融体系改革，不断创新监管方法和手段，加大执法检查和查处力度，风险防控和保护金融消费者权益取得实效。

二、经济运行情况

2013年，面对复杂严峻的国内外形势，河北省提出全力打好“四大攻坚战”，即全力打造沿海地区率先发展的增长极、大力培育环京津地区新的发展增长极、下大力量把县域经济和县城搞大搞强、下大决心推动工业转型升级和环境治理，着力稳增长、调结构、抓改革、惠民生，国民经济保持稳中向好的态势。初步核算，全省生产总值28 301.4亿元，按可比价格计算，比上年增长8.2%（见图6）。其中，第一产业增加值3 500.4亿元，增长3.5%；第二产业增加值14 762.1亿元，增长9.0%；第三产业增加值10 038.9亿元，增长8.4%。

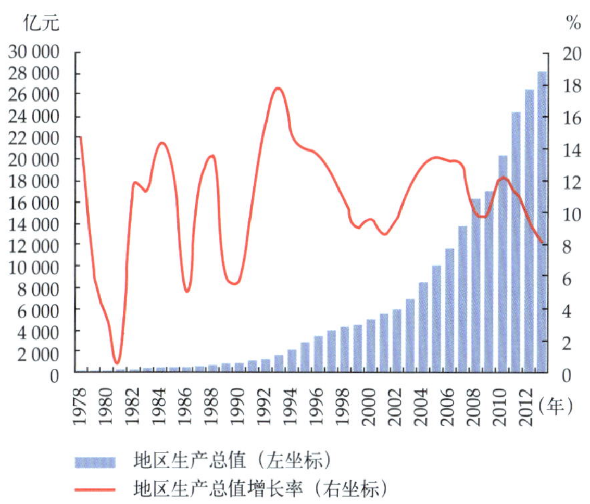

数据来源：河北省《国民经济和社会发展统计公报》和中国人民银行工作人员计算。

图6　1978～2013年河北省地区生产总值及其增长率

（一）内需拉动平稳，外需略有回升

1. 固定资产投资平稳增长，投资结构继续改善。全社会固定资产投资完成23 194.2亿元，比上年增长18.0%，其中固定资产投资（不含农户）22 629.8亿元，增长18.5%（见图7）。从三次产业看，第一产业投资增长24.7%，第二产业投资增长18.1%，第三产业投资增长18.5%。工业投资平稳增长，完成投资1.1万亿元，增长18.2%，占固定资产投资的48.8%。工业技改投资较快增长，完成投资7 322.7亿元，增长22.9%，占工业投资的66.3%，同比提高2.5个百分点。民间投资比重提高，完成投资1.78万亿元，增长20.7%，占固定资产投资的78.5%，同比提高1.4个百分点。亿元以上在建项目5 908个，完成投资13 403.0亿元，增长26.0%，占固定资产投资的59.2%，同比提高3.6个百分点。

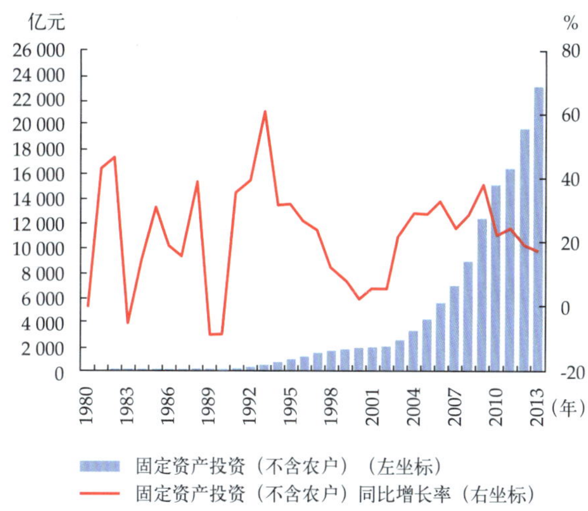

数据来源：河北省统计局。

图7　1980～2013年河北省固定资产投资（不含农户）及其增长率

2. 消费品市场平稳运行，城镇市场增长快于乡村。全年社会消费品零售总额实现10 516.7亿元，比上年增长13.6%（见图8）。其中，限额以上企业（单位）消费品零售额2 917.2亿元，增长13.9%。按经营单位所在地分，城镇消费品零售额7 965.3亿元，增长13.8%；乡村消费品零售额2 435.4亿元，增长13.1%。主要商品销售平稳增长。在限额以上企业（单位）批发和零售业商品零售额中，粮油食品饮料烟酒类增长16%，服装鞋帽针纺织品类增长16.6%，化妆品类增长15.6%，日用品类增长15.5%，汽车类增长15.8%。

3. 外贸进出口增速出现反弹，利用外资保持增长。2013年，河北省外贸进出口完成548.8亿美元，比上年增长8.5%（见图9）。出口首次突破300亿美元关口，完成309.6亿美元，增长4.6%。其中，对欧盟28国出口46.2亿美元，下降8.3%；对美国出口39.7亿美元，增长2.3%；对韩国、日

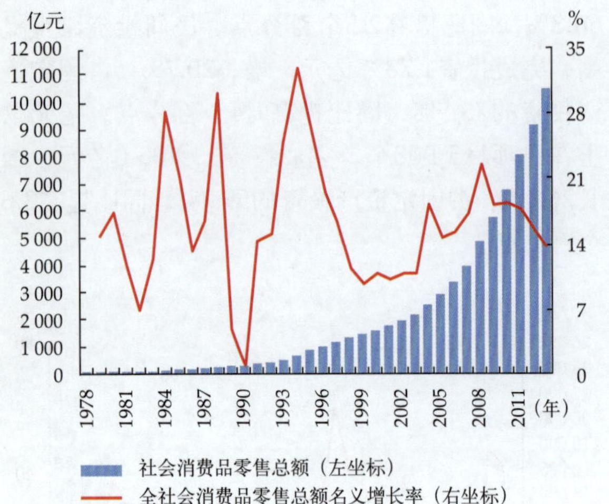

数据来源：河北省统计局。

图8 1978～2013年河北省社会消费品零售总额及其增长率

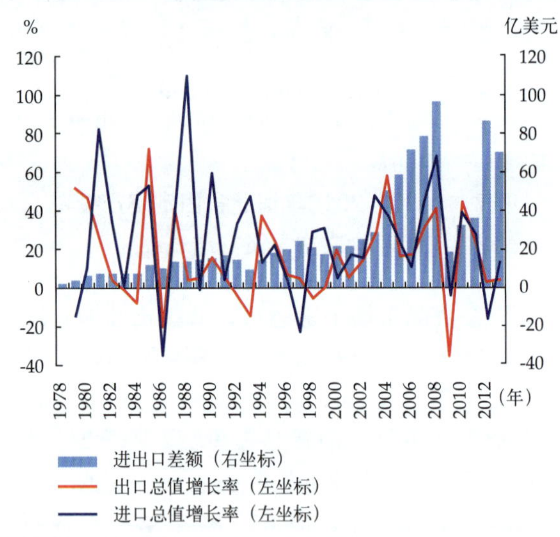

数据来源：河北省统计局。

图9 1978～2013年河北省外贸进出口变动情况

本的出口分别下降10.6%和0.3%；对28个新兴市场出口124.7亿美元，增长13.3%。纺织服装、钢材出口分别增长17.9%和14.5%，对全省出口增长的贡献率分别为70.4%和54.8%。进口239.2亿美元，增长14.1%。其中，铁矿石进口10 233万吨，煤炭进口1 202.7万吨，较上年分别增长12.8%和57.7%；进口额分别增长15.9%和30.8%。铁矿石进口额的增加对全省进口增长的贡献率为62.5%。

利用外资保持增长。2013年，河北省实际利用外资实现较快增长，完成66.7亿美元，比上年增长10.6%（见图10）。其中，外商直接投资64.5亿美元，增长11.1%。合同外资额在1 000万美元以上的大项目全年签订合同65个，到位外资55.7亿美元，增长14.6%，占全省外商直接投资的86.3%，同比提高2.7个百分点；高新技术产业外商直接投资17.1亿美元，增长14.7%，占全省外商直接投资的比重为26.5%，比上年提高0.8个百分点；来自香港的外商直接投资规模最大，为38.4亿美元，增长5.3%，占全省外商直接投资的比重为59.6%。

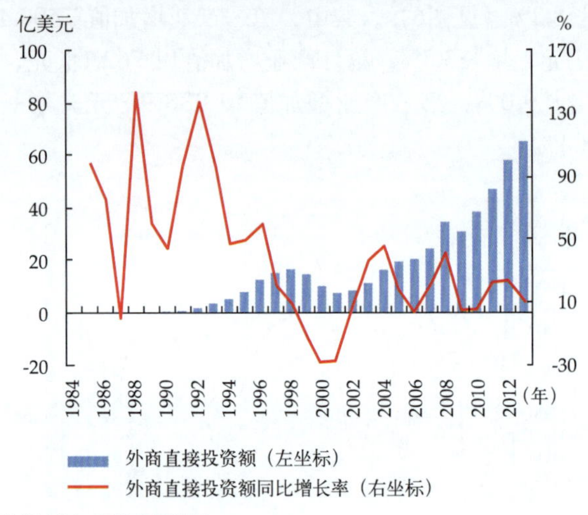

数据来源：河北省统计局。

图10 1984～2013年河北省外商直接投资额及其增长率

（二）三次产业平稳发展，工业生产趋缓

1．农业生产形势稳定，粮食生产再获丰收。农业增加值完成3 500.4亿元，占地区生产总值的比重为12.4%，比上年提升了0.4个百分点。全年粮食总产量3 365万吨，比上年增长3.6%，实现十连增。其中，夏粮产量1 402.4万吨，增长3.6%；秋粮产量1 962.6万吨，增长3.6%。蔬菜播种面积1 220.4千公顷，增长1.4%；蔬菜产量7 902.1万吨，增长2.7%。畜牧业生产保持平稳。肉类总产量448.7万吨，增长1.3%，其中猪肉产量265.3万吨，增长2.4%；禽蛋产量346.1万吨，增长1.0%；牛奶产量458.0万吨，下降2.6%。林业和渔业生产稳定发展。畜牧、蔬菜、果品三大优势产业产值占农林牧渔业总产值的70%，比上年提高0.3个百分点。

2. 工业生产稳中趋缓，企业利润好于上年。全部工业完成增加值13 194.8亿元，占地区生产总值的比重为46.6%，比上年下降了0.5个百分点。规模以上工业增加值完成11 711.1亿元，比上年增长10%，增速比上半年放缓1.3个百分点（见图11）。从经济类型看，国有及国有控股企业增加值增长3.2%，股份制企业增长11.2%，外商及港澳台商投资企业增长4.5%。从轻重工业看，重工业增长10%，轻工业增长10.2%。从行业看，40个行业大类中有35个行业实现同比增长，7个行业增长20%以上。工业产销衔接较好，工业产品产销率为97.9%，同比提高0.1个百分点。高新技术产业增加值1 384.9亿元，增长14.2%，比全省规模以上工业快4.2个百分点。节能降耗成效明显，全省规模以上工业单位增加值能耗同比下降8.1%。2013年全省规模以上工业实现利润2 560.9亿元，同比增长13.3%，增速比上年同期提高8个百分点。在40个行业大类中，27个行业实现利润同比增长或扭亏为盈。

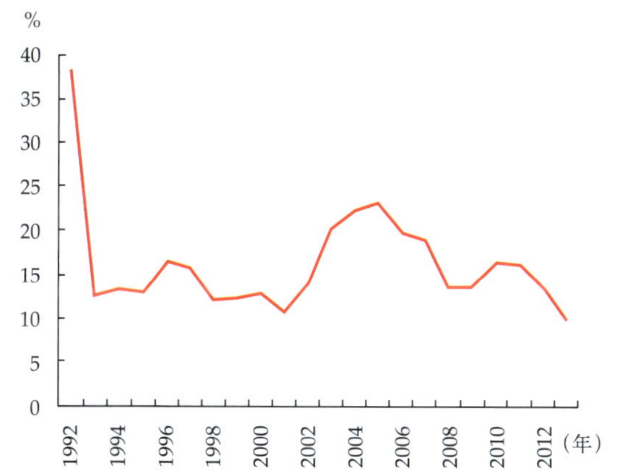

数据来源：河北省统计局。

图11　1992～2013年河北省规模以上工业增加值同比增长率

3. 服务业较快发展。2013年，服务业增加值1万亿元，比上年增长8.4%，快于整体经济增速0.2个百分点，服务业对经济增长贡献率为35.2%，同比提高4.1个百分点。其中，交通运输、仓储和邮政服务业，房地产业，金融业等支撑力度加大，三个行业增加值增长10%，占地区生产总值比重为15.8%，同比提高0.4个百分点，对经济增长贡献率为18.5%，同比提高4个百分点。

（三）居民消费价格涨幅平稳，工业生产者价格降幅缩小

1. 居民消费价格涨幅平稳。全年居民消费价格同比上涨3%，涨幅比上年扩大0.4个百分点（见图12）。其中，城市上涨2.7%，农村上涨3.5%；消费品价格上涨3.4%，服务项目价格上涨1.9%。分类别看，八大类商品及服务价格“七升一降”。其中，食品上涨5.9%，烟酒上涨0.6%，衣着上涨2.7%，家庭设备用品及维修服务上涨1.4%，医疗保健和个人用品上涨1.9%，娱乐教育文化用品及服务上涨1.7%，居住上涨2%，交通和通信价格下降0.3%。

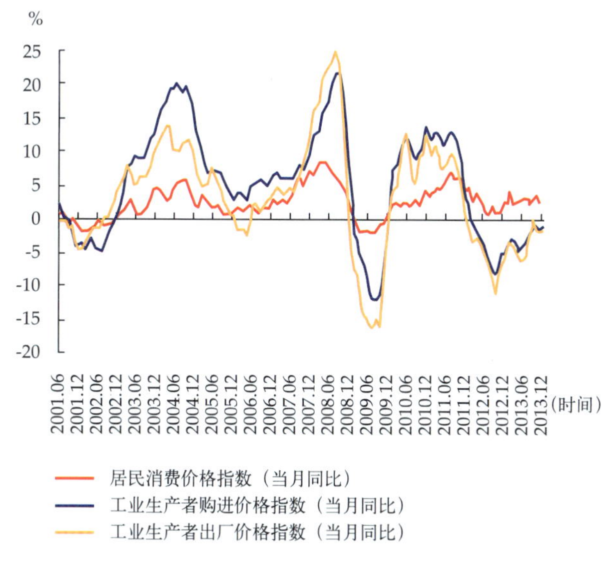

数据来源：河北省统计局。

图12　2001～2013年河北省居民消费价格和生产者价格变动趋势

2. 工业生产资料价格降幅趋小，农资价格涨幅收窄。全年工业生产者出厂价格同比下降3.4%，工业生产者购进价格下降3.2%，降幅比上年分别缩小2.1个和1.6个百分点。2013年农业生产资料价格涨幅一直呈下降趋势，12月农业生产资料价格同比下降了1.1%。比1月降低了6.6个百分点，全年农业生产资料价格同比上涨1.1%。

（四）财政收入低速增长，民生支出保障有力

2013年，受经济下行压力增大、结构转型升级、化解产能过剩等因素的影响，全省全部财政收入完成3 641.5亿元，完成全年计划的96.4%，同比增长4.7%，增速回落10.6个百分点。其中，公共预算收入完成2 293.5亿元，同比增长10.0%，增速回落9.9个百分点。全年公共财政预算收入保持低速增长态势，收入增幅居全国平均水平之下，但全省财政收入结构逐步优化。从结构上来看，税收收入完成1 722.3亿元，同比增长10.4%；非税收入完成571.2亿元，同比增长9.1%。税收收入增速超非税收入增速1.3个百分点；税收收入占财政收入的比重为75.1%，比上年提高0.2个百分点。从税种上看，在房地产业增长的带动下，土地增值税、契税、房产税、营业税分别同比增长44.0%、27.0%、、15.9%、14.4%。其中，营业税完成610.2亿元，占地方税收收入的35.4%，对地方财政收入贡献度较高。

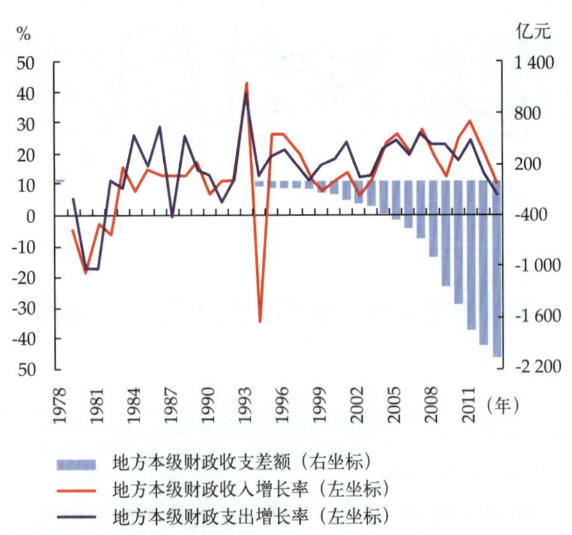

数据来源：河北省财政厅。

图13　1978～2013年河北省财政收支状况

全省公共财政预算支出完成4 353.8亿元，完成调整预算的93.5%，同比增长6.7%，增速回落6.9个百分点。通过大力压减一般性支出，调整支出结构，努力保障各项重点支出和民生支出，支持全省“四大攻坚战”，推动曹妃甸区、渤海新区、北戴河新区率先发展。全省各项民生支出完成3 386.2亿元，占全省公共财政预算支出的77.8%，比上年提高0.3个百分点。其中，社会保障和就业、医疗卫生、节能环保等重点支出增长较快。

（五）加大治理力度，节能降耗成效明显

2013年，河北省加快产业结构调整，加速产业优化升级，支持了一批产业升级带动作用大的重点项目升级改造，加快建设一批环保产业基地、园区，启动一批生态循环农业示范县（市、区）建设。加快淘汰电力、钢铁、建材、造纸、印染、氨肥、制革等行业落后产能和装备。研究制定《绿色产业目录》，提供差别化优惠信贷政策，发挥金融杠杆作用。2013年，全省规模以上工业能耗同比增长1.11%，回落1.17个百分点；单位工业增加值能耗同比下降8.08%。2014年河北省将确保压减粗钢产能1 500万吨，水泥产能1 100万吨，平板玻璃1 800万重量箱。这些过剩产能行业在河北省经济中比重一直较高，在各银行业金融机构的贷款余额大、占比多，其存量贷款违约风险将进一步显现。为此，应密切关注钢铁、水泥、平板玻璃等产能严重过剩行业的风险状况，提前布防风险管控措施。同时，银行业金融机构要准确把握河北省经济战略重点，进一步优化信贷结构，用好增量，盘活存量，加大资金支持，服务好河北省产业转型升级。

专栏2　创新金融业务　支持环首都扶贫攻坚及阜平县加快发展

2013年以来，中国人民银行石家庄中心支行按照河北省委、省政府《关于支持环首都扶贫攻坚示范区及阜平县加快发展若干政策的意见》的相关要求，将“打好新一轮扶贫开发攻坚战”作为全年的重点工作，以促进发展、脱贫致富为目标，以挖掘项目、加快投放为手段，以创新产品、完善服务为支撑，逐步强化辖内金融机构支持扶贫开发工作的社会责任，

切实加大对环首都扶贫攻坚示范区及阜平县（以下统称“示范区”）的信贷支持力度，取得了较好成效。

一、出台政策，加大对环首都扶贫攻坚示范区的信贷支持力度。中国人民银行石家庄中心支行研究出台《关于2013年河北省金融支持农业农村发展的意见》、《关于进一步做好环首都扶贫攻坚示范区及阜平县金融服务工作的意见》等文件，专项安排20亿元信贷规划和20亿元支农再贷款资金，支持环首都扶贫攻坚示范区及阜平县地方法人金融机构用于当地发放贷款需要。中国农业银行河北省分行、河北省农村信用联社也积极响应，分别制定了完善河北省贫困地区金融服务的意见和措施，切实加大对贫困地区的资金支持。

二、上下联动，强化对金融机构支持贫困地区的窗口指导。中国人民银行石家庄中心支行积极推动辖内各分支机构研究制定适合本辖区特点的扶贫信贷政策，充分调动当地金融机构扶贫积极性和主动性。中国人民银行保定市、张家口市中心支行和涞水县支行均出台了专门的信贷政策文件，引导县域金融机构明确市场定位，从民生入手，立足农户、小企业和扶贫龙头企业，加大对“三农”和小微企业等实体经济的信贷支持力度。蔚县、沽源、赤城等支行积极配合地方财政部门，指导协助当地农村信用社制定有关农业小额担保基金贷款操作办法，确保金融与担保互助合作顺利运行。

三、创新产品，切实解决贫困地区融资担保难问题。在中国人民银行石家庄中心支行的大力推动和积极引导下，示范区各金融机构加大融资模式创新力度，先后推出“农联体+扶贫办补贴+农户”、“扶贫担保基金+信贷资金”、“保险单抵押+经济实体担保+农户联保”、“龙头企业+基地+农户”、“农民专业合作社社员联保”等13项贷款新品种，降低了融资成本，进一步满足了个体农户、种植大户和农企等不同群体的融资需求。据统计，截至2013年年末，示范区金融机构通过产品创新发放贷款余额为9.92亿元，受益农户1.04万户,受益企业102家，对农户发展的带动力明显提高。

四、加强对接，实现政银企常态化信息交流。为更好地给贫困县小微企业提供融资服务，中国人民银行石家庄中心支行积极推动各级分支机构开展政银企合作对接活动，有效提升金融服务水平。中国人民银行蔚县、赤城县、沽源县支行通过银企对接、网上对接、媒体宣传等形式，积极开展多层面、深层次的政银企对接活动，扩大小微企业信贷产品的渗透面与渗透力，2013年共组织开展政银企对接活动13次，涉及企业444家，签订贷款意向14.84亿元。目前，已到位资金10.94亿元，资金到位率73.7%，有效缓解了企业融资瓶颈，实现了政银企共赢。

五、突出重点，有效改善贫困地区农户生产生活条件。中国农业银行河北省分行对丰宁、蔚县、阜平、涞水等贫困重点县域支行单独配置业务费用和固定资产计划，增强了支行服务扶贫开发的能力，并积极谋划对接贫困地区重点项目，为涞水县野三坡景区升级改造项目审批贷款1亿元，带动景区周边5个乡镇7万多人口脱贫致富。中国农业发展银行河北省分行在充分调研的基础上将水利建设项目作为支持阜平县扶贫开发的切入点，向沙河阜平县城段河道综合治理工程项目发放贷款8 000万元，成为第一笔支持阜平开发实际到位的信贷资金。

六、创新模式，积极满足贫困地区经济发展资金需求。中国建设银行河北省分行与承德市、张家口市等地方政府沟通合作，共同搭建“助保贷”业务合作平台，通过政府风险补偿资金的增信方式，加大对当地中小企业信贷支持。河北省农村信用联社在全省推广“农贷宝”系列贷款产品，为贫困地区农户提供了快捷便利的存取、信贷等多功能金融服务。国家开发银行河北省分行继续推广转贷款业务，已向滦平县、兴隆县、涞源县和易县四家小额贷款公司发放贷款1亿元，为当地中小企业及个体工商户发展提供了贷款支持。

（六）房地产市场发展平稳

1. 房地产投资稳步增长。2013年河北省完成房地产开发投资3 445.4亿元，同比增长11.6%，比上年提高10.6个百分点，比全国房地产开发投资增速低8.2个百分点。其中，商品住宅投资2 539.3亿元，同比增长9.6%，比上年提高8个百分点。从全省11个设区（市）的情况看，邢台、廊坊、沧州、邯郸投资增速排在前列分别为37.2%、24.8%、23%和18.3%。

2. 房地产市场供给较平稳。开发规模平稳增长，2013年施工面积为2.99亿平方米，同比增长8.6%，较上年提高5.2个百分点，供给速度下降，新开工面积为6 932.6万平方米，较上年减少9.3%；竣工面积为4 437万平方米，较上年减少9.3%。其中，住宅竣工面积3 517.8万平方米，同比减少11.6%。市场存量较大，2013年全省商品房待售面积快速增长，较上年增加406.7万平方米，增速达到48.9%。分区域看，唐山、秦皇岛的存量爆发式增长，增速分别为271%和173%。

3. 商品房销售市场明显回暖。2013年，全省商品房销售面积为5 675.9万平方米，同比增长10.3%，比2012年提高22.9个百分点，比2011年减少16.3个百分点。2013年，全省二手房交易面积同比增长62.3%，增速比2012年、2011年分别高出57个和96.8个百分点。

4. 房地产价格稳步增长。河北省主要是二、三线城市，房地产市场起步较晚，房价相对周边省份城市较低，价格走势整体平稳。2013年河北省房地产新建住房销售价格为4 640元/平方米（数据来自河北省统计局），同比增长11.97%，比2011年、2012年增速分别提高3个和1.8个百分点。从区域看，邯郸、廊坊和衡水房价涨幅较为明显，超过10%，其他地区价格比较平稳。

5. 房地产贷款稳步增长。2013年年末，河北省房地产贷款余额为4 426.8亿元，同比增长28.7%，比上年提高了10个百分点，高于全省贷款增速13.8个百分点。房地产贷款全年新增988亿元，比上年多增451亿元。金融支持河北省保障性安居工程建设力度加大。2013年，保障性安居工程完成投资额581亿元，占房地产开发投资的17%。自业务开办以来河北省金融机构信贷累计支持保障性安居工程项目91个，累计发放贷款240亿元。其中2013年累计支持保障安居工程项目34个，累计发放贷款49亿元。2013年年末，保障性安居工程贷款余额159亿元，比年初新增29.6亿元，未出现不良贷款。

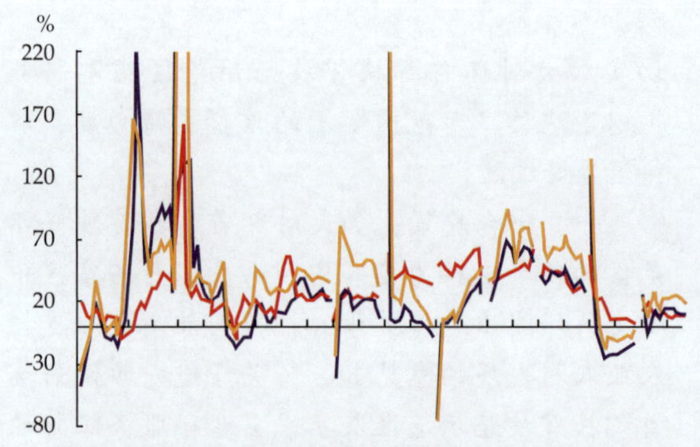

数据来源：河北省统计局。

图14　2002～2013年河北省商品房施工和销售变动趋势

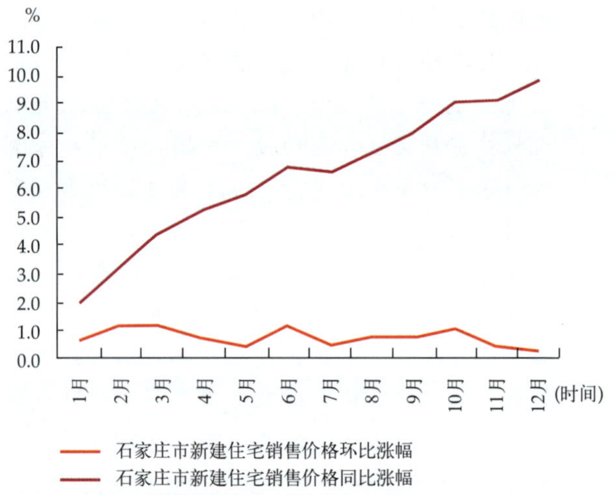

数据来源：国家统计局网站。

图15　2013年石家庄市新建住宅销售价格变动趋势

（七）京津冀合作取得新进展，重点区域发展实现新突破

2013年，河北环京津地区协同发展形成新格局，与北京、天津签署新一轮战略合作协议，围绕首都新机场建设，与北京市共同编制临空经济区总体规划。张家口与北京市联合申办第24届冬奥会，启动编制以崇礼赛区为核心的综合规划。河北省沿海地区率先发展迈出新步伐，曹妃甸区、渤海新区和北戴河新区新开工亿元以上项目326个，投资分别增长15.7%、27.5%和18.3%。全省港口通过能力和货物吞吐量均突破8亿吨。曹妃甸综合保税区封关运营，秦皇岛西港搬迁改造工程开始实施。冀中南地区协调发展开创新局面，省会城市建设提速，石家庄轨道交通和正定新区、正定古城保护建设加快推进，邯郸经济技术开发区上升为国家级，一批具有支撑作用的项目开工建设。京津冀协同发展的增强以及重点区域发展的新突破将进一步拓展河北省发展空间，为结构调整和转型升级提供新的支撑点。

三、预测与展望

当前，河北面临的国内外经济金融环境都在发生深刻而复杂的变化，国际经济金融运行中的不确定因素仍然存在，中国经济的内生增长动力仍有待增强，河北省已进入经济增长换挡期、结构调整阵痛期、前期刺激政策消化期相叠加的特殊阶段，产业结构调整和大气污染防治力度的加大也使得河北所面临的困难和矛盾更加凸显出来。但全面深化改革的实施、河北省沿海地区率先发展的全面提速、京津冀协同发展上升为国家战略等也将为河北转型提质增效提供新的历史机遇。预计2014年全省经济增速将趋缓，居民消费价格指数涨幅在2.5%左右，城镇登记失业率在4.5%以内。

2014年是深入贯彻落实党的十八届三中全会精神、全面深化改革的第一年。全省金融业将认真贯彻落实稳健的货币政策，坚持稳中求进的工作总基调，紧紧围绕河北省“四大攻坚战”发展战略以及化产能、调结构、治污染等重大部署，引导金融机构优化信贷结构，加大支持力度，严密监测金融风险，不断提升金融服务质量和水平，为支持河北省全面建设小康社会作出更大的贡献。

中国人民银行石家庄中心支行货币政策分析小组

总　纂：陈建华　王彦青

统　稿：郑雪然　杜文忠　王建中　高宏业

执　笔：张皓阳　高东胜

提供材料的还有：薛秀丽　尹　洁　李婕琼　鲍文改　岳岐峰　温振华　岳永丽　任珍珍　贾　宁　范宪忠　李福贵　李　鹏　杨　冀　杜彦尊　李　媛　王　超　郄江辉　谢瑞芬　李建令　孙刚强　王治宇

附录

（一）2013年河北省经济金融大事记

3月23日，以破解中小企业融资难为主题的“中国·河北首届金融与民间资本发展高峰论坛”在石家庄市举办。

5月19日，燕赵保险销售服务集团公司开业。该集团公司是由中国保监会批准设立的全国第二家、河北省首家集保险代理、经纪、公估为一体的全国性、综合性保险中介集团。

5月30日，中国银行间市场交易商协会、河北省金融办和中国人民银行石家庄中心支行签署借助银行间市场助推河北经济发展合作备忘录。

6月4日，澳洲联邦银行(辛集)村镇银行在辛集开业，这是河北首家外资村镇银行。本次开业是澳大利亚最大综合金融服务供应商——澳洲联邦银行启动助力河北县域金融业发展的首站。

7月，中国银行衡水分行举办了“中银信贷工厂”揭牌仪式，标志全省第一家“中银信贷工厂”正式成立，它将致力于打造中国银行河北省分行最具示范效应的中小微企业服务样板行。

8月16日，河北省金融票据协会在石家庄市正式成立，标志着河北省金融票据市场发展向规范有序、资源整合迈出实质性步伐。

9月27日，中国民间资本联盟在石家庄成立，同时中国民间资本利率实时动态指数也构建起来。这标志着市场主导下的中国民间资本自律运营体系正式诞生。今后，河北省民间资本动态指数将按固定周期公开发布。

9月30日至10月8日，中国人民银行石家庄中心支行组织河北省辖内28家银行业金融机构支付系统直接参与者、11个地市级以上国库部门、1家特许参与者、119家支票影像系统真实票交所以及7 419家间接参与者顺利完成第二代支付系统上线切换工作。

11月11日，华北大宗商品交易中心上线试运营暨企业合作签约仪式在渤海新区举行，标志着河北省第一家综合性商品交易平台建成投运。

（二）2013年河北省主要经济金融指标

表1　2013年河北省主要存贷款指标

		1月	2月	3月	4月	5月	6月	7月	8月	9月	10月	11月	12月
本外币	金融机构各项存款余额（亿元）	34 752.7	35 545.6	37 492.6	36 975.6	37 263.2	37 846.1	37 636.8	38 034.5	38 947.6	39 006.0	39 206.2	39 444.5
	其中：储蓄存款	21 189.1	22 081.0	22 704.5	22 345.6	22 478.1	22 773.3	22 692.8	22 788.8	23 258.8	23 015.6	23 072.5	23 421.5
	单位存款	12 245.2	12 069.2	13 330.7	13 224.0	13 243.1	13 559.8	13 333.3	13 615.3	14 006.8	14 020.2	14 209.5	14 381.3
	各项存款余额比上月增加（亿元）	489.3	793.0	1 946.9	-517.0	287.6	582.9	-209.3	397.7	913.1	58.4	200.2	238.2
	金融机构各项存款同比增长（%）	16.3	16.8	18.6	17.8	16.6	14.8	14.6	15.3	15.7	15.7	15.3	15.1
	金融机构各项贷款余额（亿元）	21 722.2	22 021.4	22 477.5	22 738.9	23 020.4	23 307.6	23 532.6	23 714.9	23 963.6	24 117.9	24 284.7	24 423.2
	其中：短期	9 371.8	9 494.4	9 779.7	9 840.3	9 937.7	10 130.3	10 245.0	10 325.8	10 478.8	10 556.2	10 624.5	10 788.2
	中长期	11 600.3	11 733.3	11 863.9	11 999.8	12 095.0	12 207.5	12 344.2	12 470.3	12 623.7	12 724.2	12 809.3	12 846.7
	票据融资	646.0	686.4	719.9	778.4	858.1	830.5	803.7	778.9	721.0	697.0	701.2	640.3
	各项贷款余额比上月增加（亿元）	330.8	299.2	456.2	261.3	281.6	287.2	224.9	182.3	248.7	154.2	166.9	138.5
	其中：短期	176.5	122.6	285.4	60.6	97.4	192.6	114.7	80.8	153.0	77.4	68.3	163.7
	中长期	145.3	133.0	130.6	136.0	95.1	112.5	136.7	126.0	153.4	100.6	85.1	37.4
	票据融资	5.9	40.4	33.5	58.5	79.8	-27.7	-26.8	-24.8	-57.9	-24.0	4.2	-60.9
	金融机构各项贷款同比增长（%）	16.0	16.0	16.7	16.4	16.0	15.6	15.4	14.9	15.0	14.5	14.6	14.6
	其中：短期	27.4	26.3	25.5	24.0	22.6	21.0	21.1	20.9	21.4	19.4	18.5	18.3
	中长期	7.4	8.2	9.1	9.9	10.3	11.1	11.4	11.3	11.4	11.8	12.1	12.2
	票据融资	21.9	21.2	31.9	24.4	22.7	16.6	4.8	-3.1	-7.4	-6.8	-0.1	0.0
	建筑业贷款余额（亿元）	571.5	587.5	600.6	602.0	603.3	606.8	613.3	626.2	632.6	640.5	644.6	667.4
	房地产业贷款余额（亿元）	805.8	810.4	806.5	810.8	816.9	826.2	842.6	869.4	869.0	889.2	899.1	916.4
	建筑业贷款同比增长（%）	22.3	24.2	25.1	22.0	20.4	17.3	18.2	20.1	18.7	17.9	17.0	21.5
	房地产业贷款同比增长（%）	3.8	5.0	6.5	8.2	7.2	9.2	9.0	15.2	14.2	16.2	17.0	15.0
人民币	金融机构各项存款余额（亿元）	34 520.9	35 301.7	37 237.6	36 725.0	37 027.0	37 617.0	37 415.7	37 824.7	38 712.2	38 770.1	38 976.6	39 221.3
	其中：储蓄存款	21 131.2	22 018.5	22 640.9	22 282.0	22 413.4	22 710.3	22 628.6	22 724.5	23 196.0	22 952.9	23 009.1	23 357.2
	单位存款	12 078.4	11 895.3	13 144.8	13 049.3	13 078.7	13 404.0	13 187.0	13 477.2	13 844.1	13 853.8	14 057.0	14 228.0
	各项存款余额比上月增加（亿元）	502.0	780.8	1 935.9	-512.6	302.0	590.0	-201.3	409.0	887.5	57.9	206.5	244.7
	其中：储蓄存款	462.9	887.3	622.4	-358.9	131.4	296.9	-81.8	95.9	471.5	-243.1	56.1	348.1
	单位存款	-102.3	-183.1	1 249.5	-95.4	29.4	325.3	-217.0	290.2	366.9	9.7	203.2	171.0
	各项存款同比增长（%）	16.1	16.6	18.6	17.8	16.6	15.0	14.8	15.5	15.8	15.9	15.5	15.3
	其中：储蓄存款	13.6	17.6	17.2	16.3	15.7	14.2	14.0	13.9	14.0	13.5	12.8	13.0
	单位存款	22.0	15.9	22.0	22.4	19.3	17.0	15.8	17.4	18.6	16.7	17.2	16.8
	金融机构各项贷款余额（亿元）	21 244.6	21 529.5	21 954.9	22 213.3	22 496.9	22 770.7	23 017.7	232 34.8	23 475.7	23 647.6	23 820.3	23 966.0
	其中：个人消费贷款	2 981.0	3 042.1	3 141.3	3 224.9	3 312.5	3 375.6	3 446.0	3 516.6	3 610.4	3 657.9	3 709.1	3 727.9
	票据融资	645.8	686.2	719.8	778.3	858.1	830.4	803.6	778.9	720.9	696.9	701.2	640.3
	各项贷款余额比上月增加（亿元）	320.5	284.9	425.4	258.4	283.6	273.8	247.0	217.0	240.9	171.9	172.7	145.7
	其中：个人消费贷款	110.9	61.1	99.2	83.7	87.6	63.1	70.4	70.6	93.8	47.6	51.1	18.9
	票据融资	5.9	40.3	33.6	58.5	79.8	-27.7	-26.7	-24.7	-58.0	-24.0	4.3	-60.9
	金融机构各项贷款同比增长（%）	15.4	15.4	16.0	15.7	15.4	15.0	14.9	14.6	14.9	14.6	14.9	14.9
	其中：个人消费贷款	27.8	29.1	30.4	32.2	33.8	34.5	35.0	34.4	35.5	34.8	34.3	33.0
	票据融资	21.9	21.1	31.9	24.4	22.7	16.6	4.8	-3.1	-7.4	-6.8	-0.1	0.1
外币	金融机构外币存款余额（亿美元）	36.9	38.9	40.7	40.3	38.2	37.1	35.8	34.0	38.3	38.4	37.4	36.6
	金融机构外币存款同比增长（%）	41.3	49.5	25.4	26.5	12.2	-6.9	-10.3	-15.8	-1.2	-4.7	-3.8	-5.8
	金融机构外币贷款余额（亿美元）	76.1	78.3	83.4	84.5	84.7	86.9	83.3	77.8	79.4	76.6	75.7	75.0
	金融机构外币贷款同比增长（%）	45.6	53.0	55.4	57.5	50.9	48.5	45.8	34.0	27.3	12.5	4.4	0.9

数据来源：中国人民银行石家庄中心支行。

表2　2001～2013年河北省各类价格指数

单位：%

年/月		居民消费价格指数		农业生产资料价格指数		工业生产者购进价格指数		工业生产者出厂价格指数	
		当月同比	累计同比	当月同比	累计同比	当月同比	累计同比	当月同比	累计同比
2001		—	0.5	—	0.2	—	1.0	—	-0.2
2002		—	-1.0	—	0.4	—	-2.8	—	-0.6
2003		—	2.2	—	-0.2	—	9.4	—	7.1
2004		—	4.3	—	6.7	—	18.4	—	11.6
2005		—	1.8	—	6.8	—	7.0	—	4.4
2006		—	1.7	—	1.6	—	5.0	—	0.8
2007		—	4.7	—	6.9	—	7.8	—	6.9
2008		—	6.2	—	18.6	—	15.9	—	16.7
2009		—	-0.7	—	0.6	—	-6.5	—	-10.9
2010		—	3.1	—	4.4	—	10.9	—	9.0
2011		—	5.7	—	12.6	—	10.9	—	7.7
2012		—	2.6	—	8.2	—	-3.8	—	-5.3
2013			3.0		1.1		-2.4		-3.4
2012	1	5.2	5.2	13.8	13.8	1.6	1.6	-1.1	-1.1
	2	3.3	4.2	13.1	13.5	-0.1	0.7	-2.9	-2.0
	3	4.0	4.2	12.6	13.2	-1.0	-0.1	-2.3	-2.1
	4	3.4	4.0	11.3	12.7	-2.5	-0.5	-2.8	-2.3
	5	2.7	3.7	10.4	12.2	-3.2	-1.1	-4.0	-2.6
	6	1.7	3.4	7.6	11.4	-4.4	-1.6	-5.2	-3.1
	7	1.2	3.1	5.7	10.5	-5.4	-2.2	-6.0	-3.5
	8	2.1	2.9	5.7	9.9	-6.7	-2.8	-8.3	-4.1
	9	1.6	2.8	5.0	9.3	-7.6	-3.3	-10.4	-4.8
	10	1.4	2.6	4.6	8.8	-6.6	-3.6	-8.0	-5.1
	11	2.0	2.6	5.3	8.5	-4.8	-3.7	-6.4	-5.3
	12	2.7	2.6	5.2	8.2	-4.7	-3.8	-5.6	-5.3
2013	1	2.8	2.8	5.5	5.5	-3.5	-3.5	-4.1	-4.1
	2	4.3	3.5	5.0	5.2	-2.7	-3.1	-3.2	-3.7
	3	2.4	3.2	3.5	4.6	-2.7	-3.0	-4.0	-3.8
	4	2.8	3.1	1.5	3.8	-3.4	-3.1	-5.3	-4.2
	5	2.6	3.0	0.7	3.2	-4.3	-3.3	-5.7	-4.5
	6	3.4	3.1	0.9	2.8	-3.4	-3.3	-5.8	-4.7
	7	3.3	3.1	1.0	2.5	-3.2	-3.3	-5.1	-4.8
	8	2.3	3.0	-0.3	2.2	-2.1	-3.2	-2.6	-4.5
	9	3.2	3.0	-1.0	1.8	-0.9	-2.9	0.0	-4.0
	10	3.7	3.1	-0.9	1.5	-0.9	-2.7	-1.6	-3.8
	11	3.1	3.1	-1.3	1.3	-1.1	-2.6	-1.8	-3.6
	12	1.7	3.0	-1.1	1.1	-0.9	-2.4	-1.6	-3.4

数据来源：河北省统计局、《中国经济景气月报》。

表3　2013年河北省主要经济指标

	1月	2月	3月	4月	5月	6月	7月	8月	9月	10月	11月	12月
绝对值（自年初累计）												
地区生产总值（亿元）	—	—	5 312.2	—	—	13 154.6	—	—	20 947.3	—	—	28 301.4
第一产业	—	—	558.3	—	—	1 362.2	—	—	2 845.6	—	—	3 500.4
第二产业	—	—	3 069.6	—	—	7 235.4	—	—	11 088.7	—	—	14 762.1
第三产业	—	—	1 684.3	—	—	4 557.0	—	—	7 013.0	—	—	10 038.9
工业增加值（亿元）	—	1 497.0	2 540.5	3 459.0	4 374.1	5 451.9	6 431.8	7 446.4	8 575.6	9 659.9	10 707.8	11 711.1
固定资产投资（亿元）	—	606.4	2 651.7	4 521.3	6 811.8	9 522.2	11 780.6	14 155.5	16 571.2	18 972.5	21 163.4	22 629.8
房地产开发投资	—	145.1	455.5	728.7	1 020.9	1 478.5	1 779.7	2 150.0	2 517.5	2 868.4	3 214.6	3 445.4
社会消费品零售总额（亿元）	—	—	2 359.3	—	—	4 681.7	—	—	7 210.8	—	—	10 400.7
外贸进出口总额（万美元）	434 913	800 427	1 249 752	1 713 237	2 219 233	2 658 061	3 138 350	3 613 910	4 079 606	4 541 922	4 998 660	5 488 298
进口	183 147	338 785	552 690	755 357	981 032	1 167 165	1 375 769	1 564 365	1 778 155	1 965 722	2 160 356	2 392 030
出口	251 767	461 643	697 062	957 880	1 238 201	1 490 896	1 762 581	2 049 545	2 301 451	2 576 200	2 838 303	3 096 268
进出口差额(出口－进口)	68 620	122 858	144 372	202 523	257 169	323 731	386 812	485 180	523 296	610 478	677 947	704 238
外商实际直接投资（万美元）	48 715	45 787	151 323	183 710	213 942	332 923	344 957	25 776	412 206	450 554	557 425	644 720
地方财政收支差额（亿元）	45.2	-129.5	-212.2	-367.0	-512.1	-692.5	-785.0	-952.2	-1 217.6	-1 427.8	-1 661.7	-2 060.3
地方财政收入	247.7	364.3	605.3	784.1	959.0	1 214.1	1 383.8	1 536.8	1 741.6	1 917.9	2 074.0	2 293.5
地方财政支出	202.5	493.8	817.5	1 151.1	1 471.1	1 906.6	2 168.8	2 489.0	2 959.2	3 345.7	3 735.7	4 353.8
城镇登记失业率(%)(季度)	—	—	3.7	—	—	3.7	—	—	3.7	—	—	3.7
同比累计增长率（%）												
地区生产总值	—	—	9.1	—	—	8.7	—	—	8.5	—	—	8.2
第一产业	—	—	0.5	—	—	2.7	—	—	4.4	—	—	3.5
第二产业	—	—	11.0	—	—	10.0	—	—	9.9	—	—	9.0
第三产业	—	—	8.3	—	—	8.3	—	—	7.6	—	—	8.4
工业增加值	—	12.2	12.0	12.1	12.0	11.3	11.1	11.4	11.1	10.9	10.5	10.0
固定资产投资	—	21.7	21.3	20.4	20.1	19.7	18.4	18.6	18.8	18.5	18.5	18.5
房地产开发投资	—	16.0	10.3	12.9	8.0	7.9	9.7	10.3	10.1	10.2	10.4	11.6
社会消费品零售总额	—	—	12.9	—	—	13.1	—	—	13.3	—	—	13.6
外贸进出口总额	12.9	5.1	2.4	3.3	4.4	4.8	6.8	7.0	7.4	8.7	8.6	8.5
进口	8.3	-6.2	3.5	4.0	6.1	9.1	11.0	11.6	13.3	14.5	14.7	14.1
出口	16.5	15.3	1.5	2.8	3.1	1.6	3.7	3.7	3.3	4.6	4.3	4.6
外商实际直接投资	110.0	120.0	44.6	53.5	36.4	8.2	-6.6	22.6	-1.7	-4.4	5.1	11.1
地方财政收入	3.0	1.2	6.1	7.8	5.4	5.3	7.1	8.9	8.1	9.3	8.8	10.0
地方财政支出	23.7	17.7	5.6	17.9	13.4	7.1	5.6	6.0	10.7	11.6	12.3	6.7

数据来源：河北省统计局。

2013年山西省金融运行报告

中国人民银行太原中心支行货币政策分析小组

[内容摘要] 2013年，面对复杂严峻的国内外经济形势，山西省认真贯彻落实党的十八大及十八届三中全会精神，加快转变发展方式，强化民生事业建设，积极应对资源价格下降的不利影响，保证了经济运行总体平稳。全年地区生产总值实现了有质量的合理增长，三次产业结构更加协调，就业形势总体良好，物价指数温和可控，居民收入稳步提高。全省金融运行稳健，存贷款增速有所回落，信贷投向持续向民生和重点领域倾斜，金融服务水平有所提升。

2014年，山西省将以深入推动转型综改试验区建设为统领，以“稳增长、促转型、惠民生”为工作重点，加快产业转型升级，倡导创新驱动和绿色低碳发展，积极开展新型城镇化建设和实现基本公共服务均等化。全省金融机构在认真贯彻落实稳健货币政策的同时，深化机制改革，完善金融服务，提升服务薄弱环节和民生领域的能力，引导经济转型发展。

一、金融运行情况

2013年，山西省金融业认真贯彻落实稳健的货币政策，着力优化融资结构，不断提升服务实体经济水平。

（一）银行业运行良好，服务实体经济能力提升

2013年，山西省银行业调整信贷结构，强化金融服务，继续加大对重点行业的支持力度，总体运行稳健。

1. 银行机构资产规模适度增长。2013年年末，山西省银行机构资产总额为3.2万亿元，同比增长10.6%，资产利润率为1.2%；不良贷款率为4.4%，比上年上升1.1个百分点。地方法人金融机构资本质量有所上升，资本充足率为10.7%，核心资本充足率为9.1%，流动性比率为57.1%（见表1）。

2. 各项存款增速下滑，存款分流现象凸显。2013年，山西省金融机构本外币各项存款余额为26 269.0亿元，同比增长7.2%，第二至第四季度环比增速分别回落3.6个、1.4个和4.3个百分点。企业利润下降以及信托理财产品发展迅猛是存款增速下滑的主要原因，全年煤、焦、冶、电四大产业利润同比降低36.9%，金融机构信托理财产品同比增长42.9%（见图1）。

表1　2013年山西省银行业金融机构情况

机构类别	营业网点			法人机构（个）
	机构个数（个）	从业人数（人）	资产总额（亿元）	
一、大型商业银行	1 607	47 391	12 738.8	0
二、国家开发银行和政策性银行	87	1 927	2 105.0	0
三、股份制商业银行	149	6 387	4 501.0	0
四、城市商业银行	198	6 825	2 399.3	6
五、主要农村金融机构	3 418	40 130	7 483.6	110
六、财务公司	7	268	568.7	6
七、信托公司	1	164	19.0	1
八、邮政储蓄银行	1 237	14 443	1 947.1	0
九、外资银行	2	48	22.2	0
十、新型农村金融机构	55	1 355	166.0	38
十一、其他	1	43	18.6	1
合　计	6 762	118 981	31 969.0	162

注：营业网点不包括国家开发银行和政策性银行、大型商业银行、股份制银行等金融机构总部数据；大型商业银行包括中国工商银行、中国农业银行、中国银行、中国建设银行和交通银行；主要农村金融机构包括农村信用社、农村合作银行和农村商业银行；新型农村金融机构包括村镇银行贷款公司和农村资金互助社；“其他”包含金融租赁公司、汽车金融公司、货币经纪公司、消费金融公司等。

数据来源：山西银监局、中国人民银行太原中心支行。

3. 各项贷款平稳增长，信贷结构继续优化。2013年，山西省金融机构本外币各项贷款余额为15 025.5亿元，同比增长13.7%，低于上年同期3.5个百分点。中长期贷款和地方法人金融机构贷

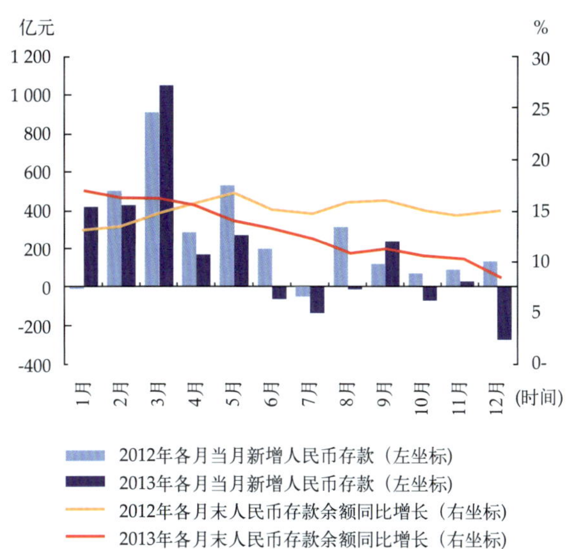

数据来源：中国人民银行太原中心支行。

图1　2012～2013年山西省金融机构人民币存款增长变化

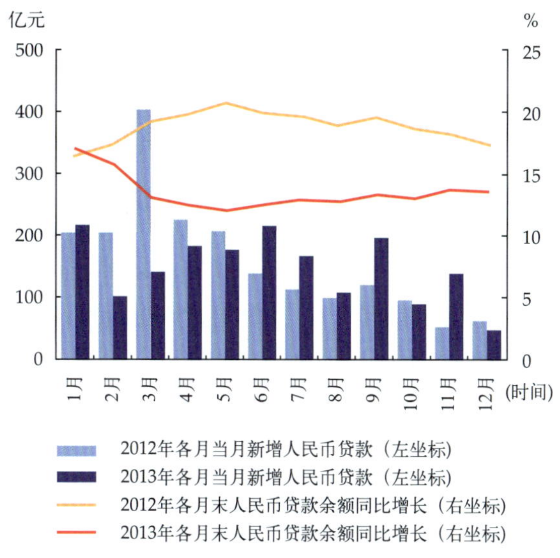

数据来源：中国人民银行太原中心支行。

图2　2012～2013年山西省金融机构人民币贷款增长变化

款增长较快，新增贷款分别占到各项贷款增量的48.1%和28.8%。

信贷投向重点突出。一是大力支持山西省国家资源型转型综合配套改革试验区建设。2013年年末，山西省银行机构投入转型综改“四大领域、十二大项目”①的贷款余额达到9 476.1亿元，同比增长15.7%，占到各项贷款余额的63.1%。二是大力支持重点领域和薄弱环节发展。2013年年末，山西省涉农贷款、小微企业贷款同比增长率分别达到22.5%、29.3%，均高于各项贷款增幅。三是积极满足保障房建设、下岗人员再就业和大学生村官创业等民生领域的资金需求。2013年年末，累计发放保障性安居工程贷款9.9亿元，有效支持了全省19.3万套新开工保障性住房建设；下岗失业人员贷款余额为7 273万元，全年累计发放7 754万元；支持大学生村官创业贷款余额为5 081.2万元，全年累计发放1 711.7万元（见图2、图3）。

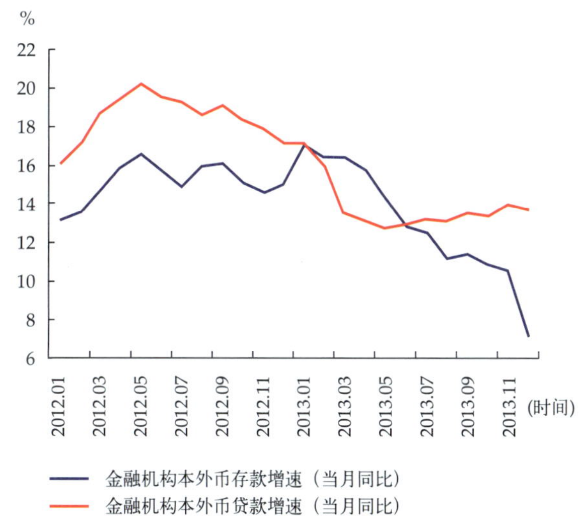

数据来源：中国人民银行太原中心支行。

图3　2012～2013年山西省金融机构本外币存、贷款增速变化

4. 表外融资大幅增长。2013年，山西省银行业金融机构通过表外业务实现融资1 026.9亿元，占到其表内业务融资的36.2%。其中，委托贷款增加710.8亿元，同比多增167.2亿元；信托贷款增加167.9亿元，与上年基本持平；未贴现的银行承兑

① “四大领域”是指产业转型领域、生态治理领域、城乡统筹领域和改善民生领域，进一步细分为“十二大项目”，包括传统产业提升项目、新型产业项目、现代服务项目、生态保护项目、环境治理项目、节能和淘汰落后项目、城乡基础建设项目、新农村建设项目、现代农业项目、就业再就业项目、基本公共服务项目、保障性住房项目。

汇票增加148.3亿元，同比少增155.1亿元。

5. 存贷款利率浮动程度加大，民间融资较为活跃。2013年，山西省银行业金融机构，特别是股份制商业银行存款利率较基准利率出现了不同程度上浮，部分期限存款利率一浮到顶。人民币一般贷款加权平均利率（不含贴现）为7.905%，同比下降了43个基点，利率整体水平低于上年。从利率浮动情况看，大、中型企业贷款执行上浮利率的占比同比分别降低9.98个和8.02个百分点，小型企业贷款上浮利率占比略有提高，同比提高84个基点（见表2、图4）。

表2　2013年山西省金融机构人民币贷款各利率区间占比

单位：%

月份		1月	2月	3月	4月	5月	6月
合计		100.0	100.0	100.0	100.0	100.0	100.0
下浮		13.7	8.5	9.2	12.8	7.2	11.3
基准		33.7	38.6	28.6	29.1	30.1	22.3
上浮	小计	52.6	52.9	62.2	58.2	62.8	66.4
	(1.0，1.1]	10.6	14.1	13.9	10.1	12.0	9.7
	(1.1，1.3]	15.2	15.7	19.1	19.8	20.5	23.4
	(1.3，1.5]	4.5	4.5	3.9	5.7	5.8	5.1
	(1.5，2.0]	7.2	8.7	12.9	10.9	12.2	16.0
	2.0以上	15.1	9.9	12.4	11.7	12.3	12.4
月份		7月	8月	9月	10月	11月	12月
合计		100.0	100.0	100.0	100.0	100.0	100.0
下浮		10.4	8.6	3.9	11.5	10.8	16.9
基准		29.0	17.4	28.0	30.3	24.5	19.2
上浮	小计	60.7	74.1	68.2	58.2	64.7	63.9
	(1.0，1.1]	12.7	5.7	13.3	9.9	11.8	9.3
	(1.1，1.3]	18.2	46.7	20.7	22.4	19.9	17.2
	(1.3，1.5]	4.8	5.8	10.5	5.1	6.6	10.2
	(1.5，2.0]	14.0	9.3	13.3	10.6	12.5	18.0
	2.0以上	11.0	6.6	10.4	10.3	13.9	9.2

数据来源：中国人民银行太原中心支行。

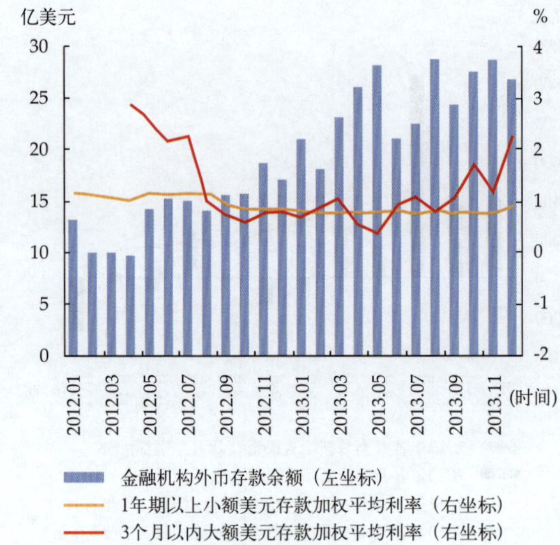

数据来源：中国人民银行太原中心支行。

图4　2012～2013年山西省金融机构外币存款余额及外币存款利率

2013年，民间借贷较为活跃，利率略有降低。据抽样监测，山西省各民间借贷监测点发生借贷7.3亿元，加权平均利率为24.7%，同比降低了5个基点。

6. 农信社改革继续推进，效益稳步提高。2013年，山西省农村信用社央行票据兑付工作基本完成，法人治理结构继续完善，经营效益稳步提高。2013年年末，全省农村信用社资本充足率为9.2%，拨备覆盖率为49.1%，实现利润126.7亿元，同比增加11.5%。

7. 跨境人民币结算业务取得较快发展。2013年，山西省累计办理经常项下跨境人民币结算金额达到155.2亿元，同比增长178%；资本项下跨境人民币结算金额为11.5亿元，同比增长35.3%。特别是货物贸易结算金额增长较快，同比增长180.1%，占到同期海关货物进出口总额的9.2%。

专栏1　运城市新绛县金融支持农村土地流转试点成效显现

运城市新绛县金融支持农村土地流转试点按照明确土地集体所有权，稳固家庭承包权，搞活经营使用权的基本原则，积极开展试点工作，取得了明显成效。

一、试点工作的思路

一是解决农民"抵押难"，破解农民融资瓶颈。近年来，农民贷款普遍存在着"抵押难"问题，农民手中缺乏可用于抵押的物品。农民最大的资源是土地，创新试点就是通过激活农民手中土地资源，解决融资难问题。

二是解决土地流转后，集约化经营大户(种养大户、农业龙头企业、农民专业合作社、家庭农场)“抵押难”。农村土地实施流转后形成了土地集中使用的经营大户，也存在着坐拥大片土地资源而因缺乏抵押物融资困难的问题。创新试点就是要把大片土地资源变为发展资金，解决经营大户融资难问题。

二、试点工作的模式

一是搭建了一个平台。当地成立了农村土地物权管理中心，对农村土地承包经营权等进行审核、登记，对需要金融支持的土地流转农户进行土地预期收益评估，融资担保，办理他项权利证书，对欠债欠息的农村物权收回、储存、发包、还贷。

二是形成了一套办法。当地制定了《关于做好金融支持土地流转工作的通知》、《关于农村土地承包经营权抵押贷款的实施意见》、《集体建设用地使用权抵押贷款管理办法》、《农民房屋所有权抵押贷款管理办法》以及《农村土地流转贷款管理办法》等一系列文件、办法，形成了从物权抵押到价值评估到银行贷款的一套行之有效的办法。

三是构建了保障机制。（1）建立严格的农村土地物权收储制度。对逾期不能还贷的小额贷款，由农村土地物权收储中心将抵押的农村土地承包经营权重新发包用于还贷；对逾期不能还贷的大额贷款，由农村土地物权担保公司进行还贷。（2）对接金融征信系统。明确对恶意欠息赖贷的，纳入信用体系“黑名单”。（3）加大政策扶持。当地对通过农村土地承包经营权抵押贷款的设施农业种植户实行强制保险和建立土地流转风险保障基金等方式，保障流转土地的农民在遇到灾害和风险时利益不受损失。

三、试点工作的成效

一是土地承包经营权流转推动了规模经营，实现了土地制度创新。依托土地承包经营权合法有序流转这个平台，既能发挥家庭经营的优势，又便于土地的规模经营，使农村经济向“统分有机结合、多种经营方式并存、充满生机活力”的方向转变，实现了更深层次的“统”。

二是土地承包经营权流转整合了生产要素，促进了土地效益提高和农民增收。通过土地承包经营权流转，当地涌现出了新龙蔬菜专业合作社、富东蔬菜种植专业合作社等一批各具特色的规模化种植农民专业合作社。社员作为出让方，不仅从土地承包经营权流转中得到收益，还作为合作社的产业工人，从蔬菜销售收入中获得与合作社五五分成的效益，增加了收入。

三是土地承包经营权流转促进了城乡发展统筹，搭建了以工哺农、以城带乡的良好平台，带动了相关产业的发展。2013年年末，全县从事农产品冷藏储运、包装加工、物流配送、农资供应、生活服务等行业的农户达到1.25万户，从土地中解放出来从事相关产业的达到3.5万人。

2013年年末，新绛县的试点工作正以点带面，逐步铺开，由先行试点时的1个乡镇发展到7个乡镇、12个村、121户，贷款余额为913万元，涉及土地面积1 106亩。

（二）证券机构服务能力增强，盈利水平明显提升

2013年，山西省证券机构继续稳健经营、创新业务模式，实现了业务规模和盈利增幅水平的提升。法人证券、期货公司2013年年末资产总额达到172.4亿元，同比增长9.46%；实现净利润4.7亿元，同比增长188.76%；全年资本市场累计实现交易54 090.1亿元。2013年年末，全省上市公司总市值达到3 633.6亿元（见表3）。

表3　2013年山西省证券业基本情况

项目	数量
总部设在辖内的证券公司数（家）	2
总部设在辖内的基金公司数（家）	0
总部设在辖内的期货公司数（家）	4
年末国内上市公司数（家）	34
当年国内股票（A股）筹资（亿元）	95
当年发行H股筹资（亿元）	0
当年国内债券筹资（亿元）	1 157
其中：短期融资券筹资额（亿元）	234
中期票据筹资额（亿元）	101

数据来源：山西证监局、山西省发展改革委、中国人民银行太原中心支行。

（三）保险业经营布局日趋合理，服务经济社会发展能力稳步提高

2013年年末，山西省保险业金融机构资产总额达到997.7亿元，同比增长9.5%。全年共实现保费收入412.4亿元，同比增长7.2%，赔款赔付同比增长41.9%，保险密度和保险深度均比上年有所提高（见表4）。

表4　2013年山西省保险业基本情况

项目	数量
总部设在辖内的保险公司数（家）	1
其中：财产险经营主体（家）	1
人身险经营主体（家）	0
保险公司分支机构（家）	43
其中：财产险公司分支机构（家）	24
人身险公司分支机构（家）	19
保费收入（中外资，亿元）	412
其中：财产险保费收入（中外资，亿元）	145
人身险保费收入（中外资，亿元）	268
各类赔款给付（中外资，亿元）	169
保险密度（元/人）	1 142
保险深度（%）	3

数据来源：山西保监局。

（四）金融市场平稳运行，市场融资能力逐步增强

1. 融资结构持续改善。2013年，山西省直接融资占比达到 40.9%，比上年提高9.8个百分点。其中，短期融资券、非公开债务融资工具同比增长超过60%（见图5）。

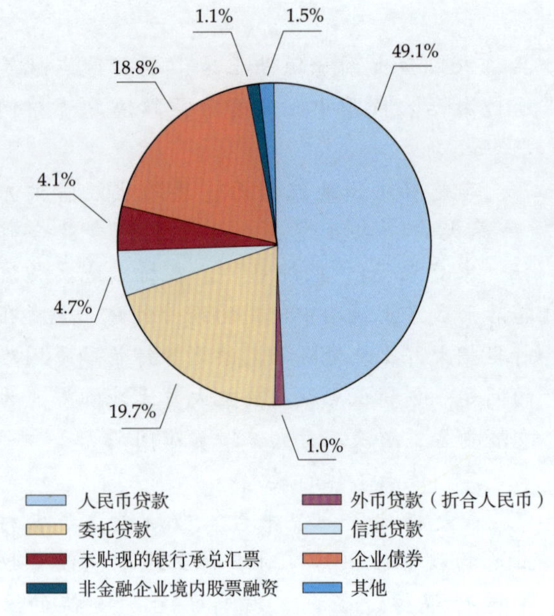

数据来源：中国人民银行太原中心支行、山西证监局。

图5　2013年山西省社会融资规模分布

2. 市场参与主体增多，交易量增加。2013年，山西省加入全国银行间同业拆借市场的金融机构为29家，比上年增加6家；加入全国银行间债券市场的金融机构为65家，比上年增加5家。山西省金融机构在全国银行间同业拆借和债券市场交易量同比上升11.7%。

3. 票据业务量明显增加，利率逐季走高。2013年，山西省各金融机构累计签发银行承兑汇票、累计办理贴现同比分别增长119.9%、85.5%，票据贴现、转贴现利率呈逐季上升态势（见表5、表6）。

表5　2013年山西省金融机构票据业务量统计

单位：亿元

季度	银行承兑汇票承兑		贴现			
			银行承兑汇票		商业承兑汇票	
	余额	累计发生额	余额	累计发生额	余额	累计发生额
1	2 099	3 952.19	692	2 902.18	2.03	114.18
2	2 042	4 945.69	918	3 829.41	4.45	133.12
3	2 138	6 122.11	954	580.16	10.81	249.27
4	2 238	7 809.26	717	6 865.2	4.86	45.44

数据来源：中国人民银行太原中心支行。

表6　2013年山西省金融机构票据贴现、转贴现利率

单位：%

季度	贴现		转贴现	
	银行承兑汇票	商业承兑汇票	票据买断	票据回购
1	5.346	5.449	4.707	4.533
2	5.043	5.519	4.739	4.128
3	6.785	7.228	5.325	5.272
4	7.062	7.682	5.623	6.580

数据来源：中国人民银行太原中心支行。

（五）金融生态环境继续优化，服务保障能力继续增强

社会信用体系建设加快推进。2013年年末，国家金融信用信息基础数据库共为山西省22万户企业和1 460.3万自然人建立了信用档案，提供企业信用报告查询50.9万次、个人信用报告查询183万次。金融机构通过查询信用报告拒绝有潜在风险的贷款188.82亿元，有效防范了信贷风险。全省全年共为5.46万户小微企业建立了信用档案，数据库累计提供查询40万余次；共为385万农户建立信用档案，评定信用户290万户，信用村6 804个，信用乡（镇）207个；共推荐企业和小贷公司、担保机构参加资信评级1 154户，比上年同期增长55.82%。

支付结算体系建设取得明显进展。大力推广非现金支付工具，推动银行票据凭证印制管理信息系统上线运行。丰富银行卡的社会管理功能，着力推进金融IC卡公交应用业务，加快向水、电、煤气、供热、医疗、旅游等公共服务领域的覆盖。积极开展农村地区手机支付试点工作，试点推广金融服务网络化管理“村村建”工程，不断优化农村支付服务环境。

二、经济运行情况

2013年，山西省经济运行总体平稳。地区生产总值达到12 602.2亿元，同比增长8.9%，高于全国水平1.2个百分点。其中，第一产业增长4.5%，第二产业增长10.2%，第三产业增长7.5%（见图6）。

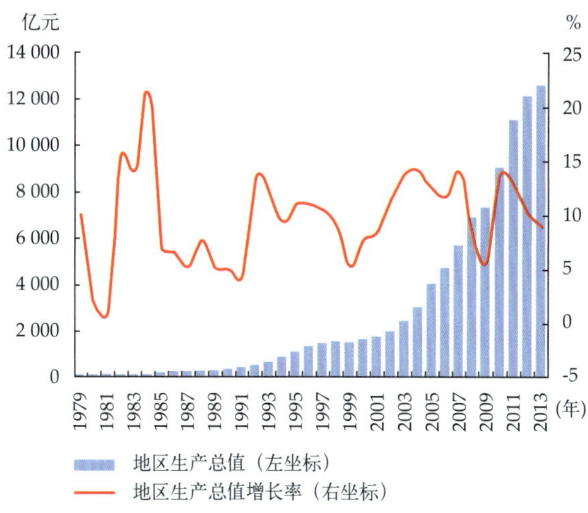

数据来源：山西省统计局。

图6　1979～2013年山西省地区生产总值及其增长率

（一）内需增速放缓，经济下行压力增加

1. 固定资产投资增长较快。2013年，山西省固定资产投资完成11 200.2亿元，同比增长22.1%。其中，民间固定资产投资完成5 802.4亿元，占到全社会固定资产投资的51.8%，同比增长35.8%（见图7）。

2. 消费市场增长放缓，餐饮住宿消费增速回落。2013年，山西省社会零售品消费总额完

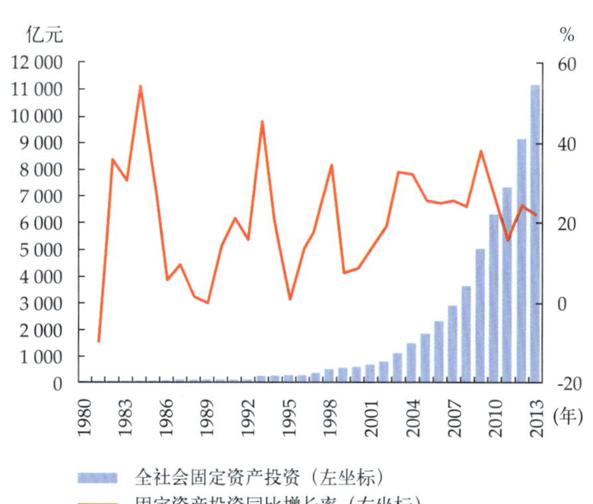

数据来源：山西省统计局。

图7　1980～2013年山西省固定资产投资及其增长率

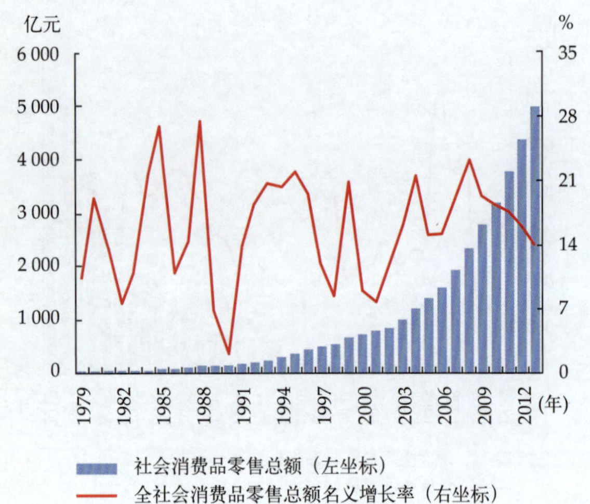

数据来源：山西省统计局。

图8 1979～2013年山西省社会消费品零售总额及其增长率

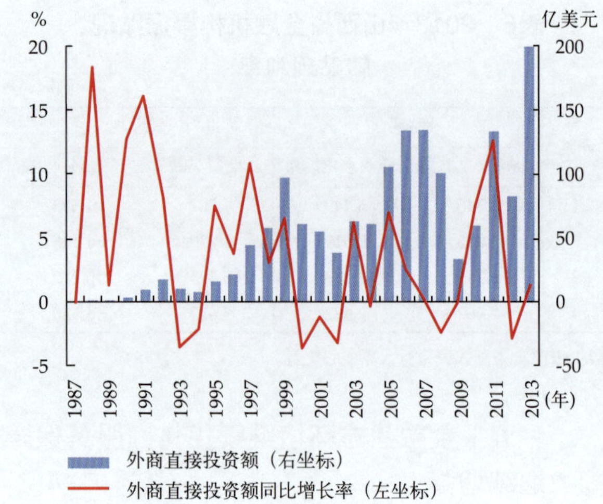

数据来源：山西省统计局。

图10 1987～2013年山西省外商直接投资额及其增长率

成4 988.3亿元，同比增长14.0%，低于上年同期2个百分点。限额以上餐饮业、住宿业增速同比回落2.1个和6.9个百分点（见图8）。

3. 外需有所恢复，资金流向多元化。2013年，山西省进出口总值为158亿美元，同比增长5.1%。直接投资净流入2.3亿美元，同比减少59.6%。投资渠道日益多元化，除能源、化工、煤层气、制药等行业外，新能源建设、精密工业建设吸引外资程度明显增强（见图9、图10）。

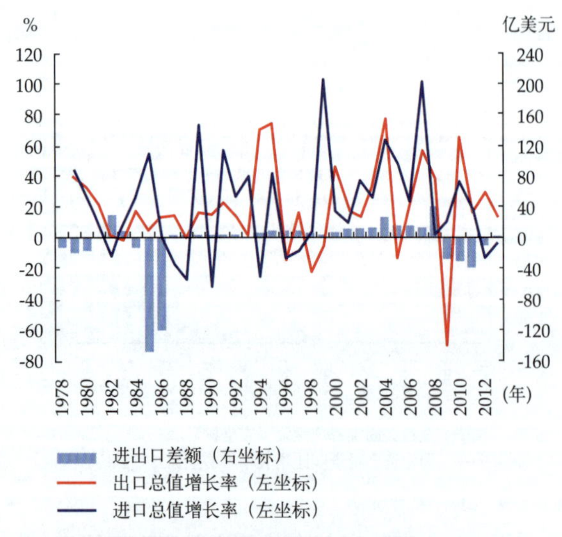

数据来源：国家外汇管理局山西省分局、山西省统计局。

图9 1978～2013年山西省外贸进出口变动情况

（二）三次产业稳步增长，粮食产量再创新高

2013年，山西省农业生产实现突破，工业、服务业增速有所回落。

1. 农业生产实现突破，粮食产量创新高。2013年，山西省粮食总产量为131.3亿公斤，同比增长3%，创历史新高，高于全国0.9个百分点。

2. 工业经济增速回落，企业效益持续下滑。2013年，山西省规模以上工业增加值增长10.5%，较上年同期回落1.4个百分点，是自2010年以来的

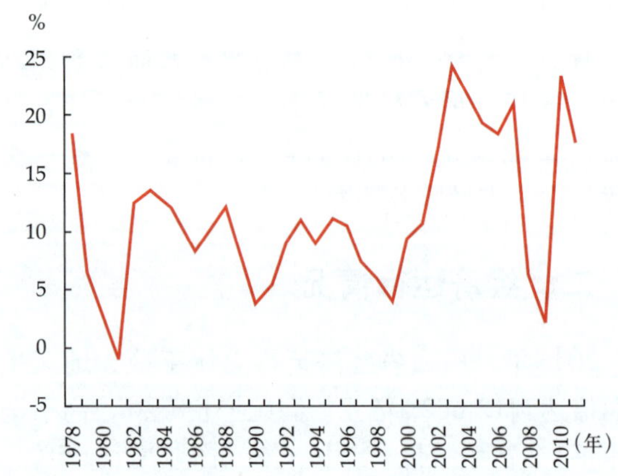

数据来源：山西省统计局。

图11 1978～2013年山西省规模以上工业增加值同比增长率

最低水平，全省工业经济利润同比下滑36.9%（见图11）。

3. 第三产业总体增长趋缓，旅游业发展强劲。2013年，山西省第三产业增长7.5%，低于全省生产总值增速1.4个百分点。但在多项政策措施带动下,全省旅游业增长强劲，全年实现总收入2 305.4亿元，同比增长27.2%，是2010年的2.1倍。旅游总收入占地区生产总值的比重升至18.3%，比2012年提高3.3个百分点。

（三）价格指数运行平稳，居民收入较快增加，就业形势基本良好

1. 居民消费价格总体稳定，工业产品价格下降。2013年，山西省居民消费价格指数上涨3.1%，高于上年同期0.6个百分点，高于全国0.5个百分点。食品价格上涨2%，拉动CPI上涨1.95个百分点，是推动物价上涨的主要因素。工业生产者出厂价格指数下跌9.3%，低于全国平均水平7.4个百分点；工业生产者购进价格指数下降4.5%，低于全国平均水平2.5个百分点（见图12）。

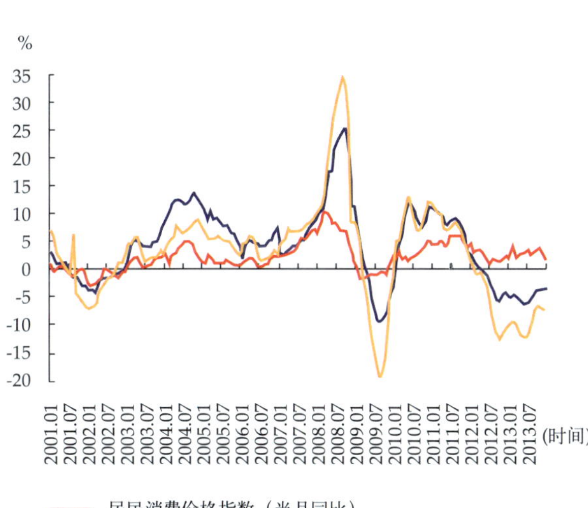

数据来源：山西省统计局。

图12　2001～2013年山西省居民消费价格和生产者价格变动趋势

2. 居民收入快速增长，劳动力就业形势总体良好。2013年，山西省城镇居民人均可支配收入为22 456元，增长10.0%；农民家庭人均纯收入为7 154元，增长12.5%。全年城镇新增就业为51.5万人，城镇登记失业率保持3.3%，低于全年4.2%的预期目标。全省高校毕业生就业率达到91.7%，创业带动就业12.9万人，转移农村劳动力42.2万人。

（四）财政收入持续增长，支出继续向民生领域倾斜

2013年，山西省相关部门通过加强预算收支管理，“增收节支”等方式，充分将经济运行成果转化为现实财力，同时进一步优化支出结构，着力保障和改善民生。全年公共财政收入为1 700.2亿元，比上年同期增长12.1%；公共财政支出为3 030.5亿元，比上年同期增长9.7%（见图13）。

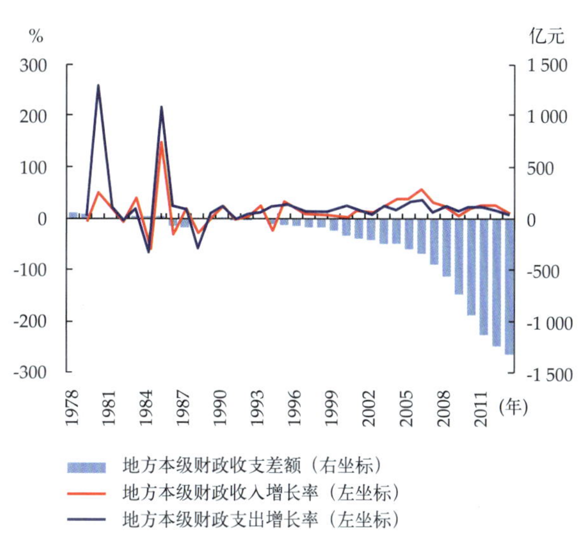

数据来源：山西省统计局。

图13　1978～2013年山西省财政收支状况

（五）落后产能调整步伐加快，节能减排和生态建设稳步推进

1. 加快落后产能调整步伐。建成煤炭行业现代化矿井54座，焦化行业兼并重组基本完成。加大关停淘汰落后产能力度，其中焦化756万吨、水泥350万吨、钢铁204万吨、电力21.2万千瓦、电石30.9万吨、铁合金12.29万吨、造纸9.1万吨、印染6 745万米。

2. 加大生态环境治理修复力度。治理水土流失面积364万亩，新增森林覆盖率提高1个百分点，关停污染企业232家，改造拆除小锅炉1.16万

台，新增集中供热面积2 159万平方米，公交车、出租车基本实现气化。

3. 继续加强耕地保护力度。2013年，新增机械化保护性耕作面积188.8万亩，全省累计实施保护性面积耕作达1 488.8万亩。保护性耕作已覆盖全省11个市100多个县，受益农民近1 100万人。

专栏2　金融机构凝心聚力　积极支持综改试验区建设

近年来，山西省金融业紧密围绕国家资源型经济转型综合配套改革试验区（以下简称综改试验区）建设，加快了各项制度建设。中国人民银行太原中心支行联合相关部门相继推出了支持山西转型发展的“138金融工程”①；成立了金融支持综改试验区加快发展领导小组，建立了金融支持综改试验区建设的工作机制；研究制订了金融支持综改试验区建设总体方案，以及金融支持转型综改专项任务实施方案和支持重点工程项目建设的指导意见，进一步细化了金融支持综改试验区的任务和措施。2013年，推动金融支持综改区建设取得明显成效，形成金融加快支持综改试验区建设的浓厚氛围。

随着金融机构对综改试验区建设认识的不断提高，信贷支持力度不断加大，金融改革和创新继续加快。2013年年末，全省银行业金融机构投入转型综改“四大领域、十二大项目”的贷款余额达到9 476亿元，占到各项贷款余额的63%，同比增长15.7%。在保持总量增长的同时，金融机构紧紧围绕综改试验区建设的任务和重点，优先扶持了一批转型标杆项目、标杆工程、标杆园区和标杆企业。在产业转型方面，大力扶持煤炭资源整合、煤矿兼并重组，以及先进装备制造、现代煤化工、新型材料工业、文化旅游、新能源、节能环保等新兴产业；在生态修复方面，大力支持绿色生态工程、生态环境治理修复工程和造林绿化工程，同时严格控制“两高一低”项目信贷投入；在城乡统筹方面，支持推进“一核一圈三群”建设，支持省城十大建筑等重要基础设施和公共服务设施建设，支持实施大县城战略和百镇建设工程，支持农村饮水、供电、沼气、住房等新农村建设项目；在民生改善方面，支持教育、医疗、就业再就业、保障性住房工程。全年各项贷款余额达到15 000亿元，同比增长13.7%。

为进一步适应转型发展的需要，山西省金融机构加大了融资机制的创新力度，全力打造适合山西转型跨越发展需要的“山西模式”。涌现了农业银行农户小额贷款和“金农超”业务模式、招商银行“1+N”贷款模式、晋城银行小微企业贷款模式、华夏银行煤炭特色行营销模式、兴业银行“311”中小企业信贷支持模式、民生银行针对民营企业的“金融管家”信贷模式、浦发银行“百家地产”和“农贷通”模式、光大银行中小企业供应链营销模式等。这些创新涵盖煤炭资源整合、大型企业技术改造、中小企业融资创新、民营企业信用贷款等领域，在一定程度上解决了贷款同质化问题，体现了差异化金融服务，避免商业银行信贷投放趋大趋同，为转型发展企业和项目提供了多样化的选择，满足了市场需求。

当前金融支持综改试验区建设还存在一些问题。首先，山西省直接融资规模占全社会融资规模比例较小，以间接融资为主的融资方式难以满足转型发展的多元化融资需求。其次，金融机构新增贷款的65%投向煤炭及其相关行业，信贷资金存在较强的资源产业锁定，难以满足转型发展对金融资源合理配置的要求。再次，金融资产质量与产业兴衰存在高度相关，难以发挥金融分散风险的功能。最后，民间资本外流严重，影响资金在转型发展中的利用效率。

---

① “138金融工程”是人民银行太原中心支行于2010年开始启动并实施的一揽子金融系统工程，即一个实施意见、三个指导意见和八个专项推动，主要包括《关于金融支持山西资源型经济转型发展实施意见》、《关于金融支持山西农村经济发展的指导意见》、《金融支持山西薄弱环节发展指导意见》和《关于金融促进消费需求的信贷指导意见》，推动中小企业发展、农村金融产品和服务方式创新、大学生村官创业、棚户区改造、文化和旅游产业发展、妇女创业与下岗再就业、国家助学贷款和生源地贷款、工业园区和高新技术产业发展。

（六）房地产市场发展平稳，保障房建设力度加大

2013年，山西省房地产市场发展总体平稳，开发投资保持较快增长，房屋施工规模继续扩张，销售量增速回落，价格上涨较快。

1. 开发投资保持较快增长。2013年，山西省房地产开发企业完成投资1 308.6亿元，同比增长29.5%，增幅比上年高1.6个百分点，居中部六省首位，拉动全省固定资产投资3.4个百分点。

2. 商品住宅投资快速增长。2013年，山西省房地产开发企业住宅投资完成958.8亿元，同比增长30.3%，增幅比上年高10.8个百分点，占全省房地产开发投资的73.3%。

3. 房屋施工规模继续扩张，竣工面积快速增长。2013年，山西省房地产开发项目房屋施工面积为14 040万平方米，同比增长19.9%，增幅比上年回落6个百分点；山西省房屋竣工面积为2 284.8万平方米，同比增长31.8%，增幅比上年加快49.7个百分点。

4. 保障性安居工程建设超额完成任务。2013年，山西省新开工城镇保障性住房24.2万套、基本建成22.1万套，分别超额完成国家下达任务34.5个和30个百分点；完成投资542.9亿元，超出年度计划38.5个百分点。

5. 商品房销售量增速回落。2013年，山西省商品房销售面积为1 642.8万平方米，同比增长9.7%，增幅比上年回落6.9个百分点；商品房销售额为728.3亿元，同比增长25.6%（见图14）。

6. 新建住宅价格上涨较快。2013年山西省居住类价格平均比2012年上涨了2.5%。受城市大规模建设的影响，太原市土地市场明显回暖，新建住宅价格指数从2012年起环比连续13个月上涨，同比涨幅7.5%（见图15）。

7.房地产贷款较快增长。2013年年末，山西省房地产贷款增幅同比上升20.51%。其中，房地产开发贷款和个人购房贷款增幅同比分别下降31.8%和11.2%。

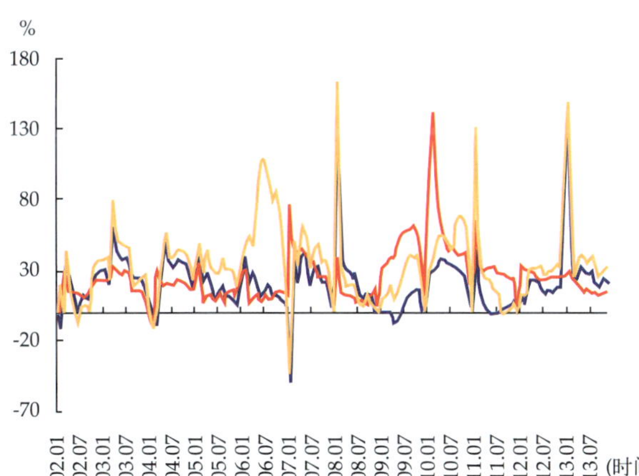

数据来源：《中国经济景气月报》。

图14 2002～2013年太原市商品房施工和销售变动趋势

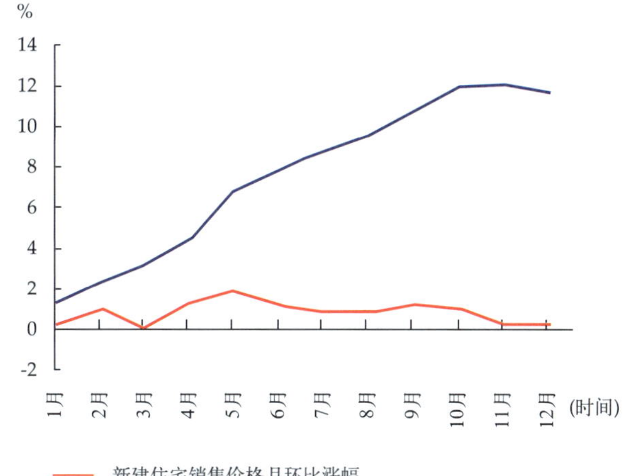

数据来源：《中国经济景气月报》。

图15 2013年太原市新建住宅销售价格变动趋势

三、预测与展望

2014年，是扎实推进山西转型发展的关键一年，经济发展向好的基本面没有改变；国家深入实施内陆开放战略、中部崛起战略，重点支持中西部地区城镇化发展，政策支撑更加有力；中央继续实施积极的财政政策和稳健的货币政策，集成效应将不断显现；国家综合能源基地建设步伐加快，以煤为基、多元发展的产业格局正在形

成，发展的基础和条件更加有利，发展空间更为广阔。但发展道路上也面临诸多挑战，外部经济形势严峻复杂，不稳定、不确定因素依然存在。受外部需求不旺、产能过剩和环保约束等因素影响，山西省传统支柱产业运行困难，经济下行压力仍然较大。

综合来看，2014年，中国经济稳中向好的基础将得到巩固，宏观调控将保持稳定，并适时适度预调微调。预计，2014年山西省地区生产总值增长9%左右，全社会固定资产投资增长20%，城镇登记失业率保持在4.2%以内，居民消费价格涨幅在3.5%左右。山西省存贷款同比增速将保持平稳增长，社会融资规模适度增加。

中国人民银行太原中心支行货币政策分析小组
总　纂：赵志华　毛德君
统　稿：高旭升　郝建军　薄文英　邓建军
执　笔：王　东　武　洋　任　磊
提供材料的还有：张晓红　孙树恩　李　绚　郭立平　武宏波　张雅婷　马儒静　仪赵胜　何　畅
李　强　杨　堃　孙　晶　常　冕　郭向阳

附录

（一）2013年山西省经济金融大事记

4月20日，《山西省国家资源型经济转型综合配套改革实施方案（2013～2015年）》正式出台，标志着山西省转型综改试验区建设正式启动、全面铺开。

8月13日，山西省政府连续出台两批27条措施，支持中小微企业发展。

8月29日，“山西纳斯达克”——山西股权交易中心正式成立，首批886家企业挂牌交易，

10月31日，太原武宿综合保税区正式运营，结束了山西没有海关特殊监管区域的历史。

12月11日，渣打银行太原分行正式成立。

（二）2013年山西省主要经济金融指标

表1　2013年山西省主要存贷款指标

		1月	2月	3月	4月	5月	6月	7月	8月	9月	10月	11月	12月
本外币	金融机构各项存款余额（亿元）	24 606.0	25 016.2	26 100.1	26 287.0	26 575.5	26 466.5	26 336.1	26 367.3	26 582.8	26 531.4	26 559.5	26 269.0
	其中：储蓄存款	12 361.9	12 795.1	13 171.1	12 968.1	13 009.5	13 152.2	13 076.3	13 104.5	13 301.0	13 145.4	13 213.2	13 385.0
	单位存款	10 967.2	10 883.1	11 573.4	11 856.4	11 999.2	11 701.2	11 513.3	11 409.8	11 363.5	11 354.1	11 421.6	11 277.6
	各项存款余额比上月增加（亿元）	445.4	410.2	1 083.8	186.9	288.5	-109.0	-130.4	31.2	215.5	-51.4	28.1	-290.5
	金融机构各项存款同比增长（%）	17.2	16.4	16.4	15.8	14.3	12.8	12.5	11.2	11.5	10.9	10.5	7.1
	金融机构各项贷款余额（亿元）	13 449.8	13 546.2	13 704.9	13 902.7	14 077.0	14 271.5	14 421.0	14 522.4	14 719.5	14 818.0	14 977.1	15 025.5
	其中：短期	5 393.1	5 394.6	5 449.3	5 508.6	5 555.9	5 648.8	5 654.7	5 701.8	5 840.6	5 931.1	6 023.2	6 089.8
	中长期	7 277.9	7 340.1	7 408.6	7 512.3	7 567.6	7 616.5	7 754.1	7 838.9	7 930.6	7 979.4	7 991.5	8 040.7
	票据融资	745.6	777.7	814.5	849.5	919.6	969.6	975.2	943.6	911.8	871.2	922.8	852.0
	各项贷款余额比上月增加（亿元）	231.4	96.3	158.7	197.8	174.3	194.5	149.6	101.4	197.0	98.6	159.1	48.3
	其中：短期	111.8	1.5	54.7	59.3	47.3	92.9	5.9	47.1	138.8	90.5	92.1	66.6
	中长期	106.0	62.1	68.5	103.7	55.2	49.0	137.5	84.9	91.7	48.7	12.1	49.2
	票据融资	12.6	32.1	36.8	35.0	70.1	49.9	5.7	-31.6	-31.8	-40.7	51.7	-70.8
	金融机构各项贷款同比增长（%）	17.2	16.0	13.5	13.2	12.7	13.1	13.2	13.1	13.5	13.4	14.1	13.7
	其中：短期	24.1	22.5	20.3	19.2	17.2	15.4	13.6	14.6	14.8	17.0	17.5	15.4
	中长期	11.5	11.7	10.7	11.3	10.9	11.6	11.6	12.8	13.4	12.8	12.5	12.1
	票据融资	27.3	14.0	-1.5	-4.2	2.7	10.5	10.3	6.8	6.9	-3.1	6.1	16.2
	建筑业贷款余额（亿元）	274.1	285.2	288.6	289.9	301.4	307.5	309.9	314.6	320.6	327.6	329.0	334.2
	房地产业贷款余额（亿元）	672.6	684.2	687.2	701.0	715.1	738.4	749.9	770.4	782.1	795.1	814.3	830.6
	建筑业贷款同比增长（%）	54.8	53.9	43.7	31.4	34.7	30.6	19.2	19.3	19.9	26.4	25.5	24.0
	房地产业贷款同比增长（%）	19.7	21.4	22.8	25.2	27.9	28.0	28.9	30.4	30.4	31.5	32.9	33.1
人民币	金融机构各项存款余额（亿元）	24 473.9	24 902.0	25 955.3	26 124.8	26 400.7	26 337.5	26 197.3	26 189.8	26 432.8	26 362.0	26 383.5	26 105.3
	其中：储蓄存款	12 319.4	12 749.8	13 124.4	12 921.4	12 961.9	13 105.8	13 029.5	13 057.9	13 255.2	13 099.9	13 167.8	13 339.4
	单位存款	10 887.3	10 818.4	11 479.5	11 745.5	11 876.9	11 623.0	11 427.0	11 283.2	11 263.9	11 239.0	11 296.3	11 164.0
	各项存款余额比上月增加（亿元）	419.8	428.1	1 053.3	169.5	275.9	-63.2	-140.1	-7.5	243.0	-70.8	21.4	-278.1
	其中：储蓄存款	319.0	430.4	374.6	-203.0	40.5	143.9	-76.2	28.4	197.3	-155.3	67.9	171.5
	单位存款	102.2	-69.0	661.1	266.0	131.4	-253.9	-196.0	-143.7	-19.4	-24.9	57.4	-132.4
	各项存款同比增长（%）	17.0	16.3	16.2	15.5	14.0	13.2	12.4	10.8	11.3	10.7	10.3	8.5
	其中：储蓄存款	13.5	16.2	15.6	15.3	14.6	12.9	13.0	12.7	11.8	11.6	11.3	11.2
	单位存款	23.5	17.7	18.5	17.0	15.0	12.6	11.4	7.8	8.0	6.7	6.3	3.5
	金融机构各项贷款余额（亿元）	13 331.8	13 430.4	13 571.1	13 753.7	13 927.8	14 142.7	14 308.2	14 416.1	14 612.2	14 701.8	14 840.4	14 887.5
	其中：个人消费贷款	538.2	540.8	566.2	573.9	595.1	625.4	638.7	663.4	694.0	709.8	738.0	758.5
	票据融资	745.6	777.7	814.5	849.5	919.6	969.6	975.2	943.6	911.8	871.2	922.8	852.0
	各项贷款余额比上月增加（亿元）	218.5	98.6	140.7	182.6	174.1	215.0	165.5	107.9	196.0	89.7	138.6	47.1
	其中：个人消费贷款	17.3	2.6	25.4	7.7	21.2	30.3	13.4	24.7	56.6	15.8	28.2	20.5
	票据融资	12.6	32.1	36.8	35.0	70.1	49.9	5.7	-31.6	-31.8	-40.7	51.7	-70.8
	金融机构各项贷款同比增长（%）	17.1	15.9	13.2	12.6	12.1	12.6	12.9	12.8	13.3	13.1	13.8	13.6
	其中：个人消费贷款	32.4	32.8	35.9	36.4	39.1	40.6	41.2	42.5	44.9	45.8	45.8	47.6
	票据融资	27.3	14.0	-1.5	-4.2	2.7	10.5	9.6	6.8	6.9	-3.1	6.1	16.2
外币	金融机构外币存款余额（亿美元）	21.0	18.2	23.1	26.1	28.3	20.9	22.5	28.8	24.4	27.6	28.7	26.8
	金融机构外币存款同比增长（%）	61.1	40.0	67.1	85.6	97.6	36.6	60.5	105.5	56.3	75.7	54.2	58.6
	金融机构外币贷款余额（亿美元）	18.8	18.4	21.3	23.9	24.1	20.8	18.3	17.2	17.5	18.9	22.3	22.6
	金融机构外币贷款同比增长（%）	26.1	32.0	70.8	120.0	143.9	123.8	103.1	91.6	74.9	60.9	63.4	35.3

数据来源：中国人民银行太原中心支行。

表2　2001～2013年山西省各类价格指数

单位：%

年/月		居民消费价格指数		农业生产资料价格指数		工业生产者购进价格指数		工业生产者出厂价格指数	
		当月同比	累计同比	当月同比	累计同比	当月同比	累计同比	当月同比	累计同比
2001		—	-0.5	—	1.9	—	1.8	—	0.3
2002		—	-2.2	—	0.9	—	3.0	—	3.6
2003		—	1.6	—	-1.6	—	7.8	—	2.2
2004		—	4.1	—	7.3	—	14.5	—	16.1
2005		—	2.3	—	13.3	—	8.2	—	10.2
2006		—	2.0	—	3.6	—	2.6	—	1.0
2007		—	4.6	—	6.2	—	5.3	—	7.4
2008		—	7.2	—	18.7	—	18.3	—	22.4
2009		—	-0.4	—	1.6	—	-3.4	—	-8.0
2010		—	3.0	—	2.0	—	9.0	—	9.5
2011		—	5.2	—	9.4	—	8.1	—	7.5
2012		—	2.5	—	5.4	—	-1.9	—	-5.5
2013			3.1		2.5		-4.5		-9.3
2012	1	4.8	4.8	8.6	8.6	2.2	2.2	1.1	1.1
	2	2.9	3.8	8.7	8.7	1.8	2.0	0.4	0.8
	3	3.5	3.7	6.5	7.9	0.7	1.6	-0.9	0.2
	4	3.4	3.7	7.8	7.9	0.1	1.2	-0.6	0.0
	5	2.8	3.5	6.3	7.6	-0.6	0.8	-2.2	-0.4
	6	1.9	3.2	4.6	7.0	-1.4	0.4	-3.4	-0.9
	7	1.2	2.9	2.9	6.4	-2.4	0.0	-6.1	-1.7
	8	1.8	2.8	2.5	5.9	-3.8	-0.5	-9.1	-2.6
	9	1.7	2.7	4.1	5.7	-5.3	-1.0	-11.8	-3.6
	10	1.7	2.6	4.4	5.6	-5.5	-1.5	-12.4	-4.5
	11	1.9	2.5	4.6	5.5	-4.4	-1.7	-11.0	-5.1
	12	2.5	2.5	4.3	5.4	-4.2	-1.9	-10.4	-5.5
2013	1	2.3	2.3	4.2	4.2	-4.6	-4.6	-9.5	-9.5
	2	4.1	3.2	3.2	3.7	-4.5	-4.6	-9.1	-9.3
	3	2.4	2.9	3.2	3.6	-4.4	-4.5	-9.3	-9.3
	4	2.8	2.9	2.1	3.2	-5.2	-4.7	-10.8	-9.7
	5	2.8	2.9	1.8	2.9	-5.5	-4.8	-11.7	-10.1
	6	3.1	2.9	2.4	2.8	-5.9	-5.0	-12.1	-10.4
	7	3.5	3.0	2.9	2.8	-5.7	-5.1	-11.7	-10.6
	8	2.8	3.0	2.9	2.8	-4.5	-5.0	-9.7	-10.5
	9	3.4	3.0	1.4	2.7	-3.7	-4.9	-7.0	-10.1
	10	3.9	3.1	1.6	2.6	-3.4	-4.7	-6.2	-9.8
	11	3.5	3.1	2.2	2.5	-3.4	-4.6	-6.8	-9.7
	12	2.1	3.1	2.5	2.5	-3.5	-4.5	-7.0	-9.3

数据来源：山西省统计局。

表3　2013年山西省主要经济指标

	1月	2月	3月	4月	5月	6月	7月	8月	9月	10月	11月	12月
绝对值（自年初累计）												
地区生产总值（亿元）	—	—	2 610.1	—	—	6 016.6	—	—	9 029.0	—	—	12 602.2
第一产业	—	—	105.9	—	—	312.3	—	—	596.5	—	—	773.8
第二产业	—	—	1 445.2	—	—	3 142.9	—	—	4 746.6	—	—	6 792.7
第三产业	—	—	1 059.0	—	—	2 561.4	—	—	3 685.9	—	—	5 035.8
工业增加值（亿元）	—	—	—	—	—	—	—	—	—	—	—	—
固定资产投资（亿元）	—	155.9	678.9	1 275.7	2 100.3	3 232.1	4 390.9	5 597.1	6 859.5	8 096.9	9 274.0	10 745.3
房地产开发投资	—	21.0	80.4	154.1	261.2	413.9	532.8	667.7	826.4	972.5	1 128.0	1 308.6
社会消费品零售总额（亿元）	—	—	1 165.1	—	—	2 351.5	—	—	3 598.7	—	—	4 988.3
外贸进出口总额（万美元）	134 706	216 150	335 148	457 956	589 283	736 179	920 367	1 039 759	1 175 237	1 291 906	1 423 028	1 579 785
进口	72 852	114 584	190 477	255 333	322 112	380 900	446 641	505 012	578 053	631 393	700 521	780 135
出口	61 855	101 566	144 671	202 623	267 181	355 279	473 726	534 747	597 184	660 513	722 507	799 649
进出口差额(出口－进口)	-10 997	-13 018	-45 806	-52 710	-54 931	-25 621	27 085	29 735	19 131	29 120	21 986	19 514
外商实际直接投资（万美元）	11 717	22 121	48 715	50 048	70 218	135 129	139 489	173 157	183 846	188 388	225 452	281 000
地方财政收支差额（亿元）	-66.5	-90.1	-47.0	-79.9	-141.1	-277.1	-306.2	-392.6	-604.5	-650.2	-803.5	-1 330.3
地方财政收入	156.9	264.1	473.2	622.9	754.6	969.6	1 092.1	1 221.7	1 374.3	1 480.5	1 571.9	1 700.2
地方财政支出	223.4	354.2	520.3	702.8	895.7	1 246.7	1 398.2	1 614.3	1 978.8	2 130.6	2 375.4	3 030.5
城镇登记失业率(%)(季度)	—	—	—	—	—	3.2	—	—	—	—	—	3.3
同比累计增长率（%）												
地区生产总值	—	—	9.5	—	—	9.0	—	—	9.0	—	—	8.9
第一产业	—	—	4.9	—	—	4.0	—	—	4.2	—	—	4.5
第二产业	—	—	10.9	—	—	10.5	—	—	10.4	—	—	10.2
第三产业	—	—	7.8	—	—	7.4	—	—	7.4	—	—	7.5
工业增加值	—	11.0	10.9	11.0	11.0	10.8	10.6	10.7	10.7	10.6	10.6	10.5
固定资产投资	—	13.8	16.8	16.6	18.7	17.5	19.3	20.4	21.4	21.9	22.6	25.2
房地产开发投资	—	28.8	23.0	23.5	29.0	29.3	27.8	27.6	29.6	31.4	33.1	29.5
社会消费品零售总额	—	—	13.1	—	—	13.2	—	—	13.4	—	—	14.0
外贸进出口总额	60.4	26.1	25.5	27.0	24.5	25.4	26.8	15.9	13.4	11.5	9.0	5.0
进口	43.9	4.0	15.3	14.4	12.2	7.6	2.4	-2.3	-3.0	-4.2	-3.2	-2.8
出口	85.5	66.0	41.9	47.3	43.5	52.3	63.4	40.8	35.8	32.2	24.1	14.0
外商实际直接投资	66.9	12.8	49.2	24.9	19.3	33.8	28.1	35.2	23.8	0.1	4.6	12.1
地方财政收入	11.8	18.2	17.3	3.2	13.8	18.0	16.8	11.9	13.0	13.0	12.5	12.1
地方财政支出	99.6	38.3	13.6	11.1	8.2	7.7	6.2	7.4	8.9	8.1	7.2	9.7

数据来源：山西省统计局、山西省人力资源和社会保障厅。

2013年内蒙古自治区金融运行报告

中国人民银行呼和浩特中心支行货币政策分析小组

[内容摘要] 2013年，内蒙古深入贯彻党的十八大、十八届三中全会精神，按照中央稳中求进、稳中有为、稳中提质的总体要求，紧密结合自治区“8337①”发展思路，加快推动经济发展方式转变，产业结构调整优化，对外开放显著增强，财政收入稳定增长，消费价格涨幅平稳。

金融业认真落实稳健的货币政策，贷款增长适度，信贷结构逐步优化；证券业运行平稳，保险保障功能不断增强；融资结构多元发展，金融市场交易活跃；信用体系建设深入推进，金融生态环境不断优化。

2014年是实现“十二五”奋斗目标的关键一年，内蒙古将坚持“稳中求进、改革创新”的总基调，以扩大有效投资为重点稳定经济增长，切实提高经济发展质量和效益，加强基础设施和生态文明建设，促进经济持续健康发展。金融业将继续落实好稳健的货币政策，实现货币信贷及社会融资规模合理增长，改善优化融资结构和信贷结构，增强金融运行效率和服务实体经济能力。

一、金融运行情况

2013年，内蒙古金融业认真贯彻落实稳健的货币政策，紧密结合自治区“8337”发展思路，着力优化信贷结构，积极提升金融服务水平，金融对实体经济发展和转型升级的支持力度不断加大。

（一）银行业稳健发展，促进经济转型升级

1. 银行业金融机构稳步发展，资产总额不断扩大。2013年年末，银行业法人金融机构164家，新增4家，均为新型农村金融机构。从业人员90 974人，同比减少3 976人。资产总额为21 335.5亿元，同比增长13.4%。实现利润295.1亿元，同比增长8.3%（见表1）。

表1　2013年内蒙古自治区银行业金融机构情况

机构类别	营业网点			法人机构（个）
	机构个数（个）	从业人数（人）	资产总额（亿元）	
一、大型商业银行	1 630	40 835	8 317	0
二、国家开发银行和政策性银行	85	2 073	2 684	0
三、股份制商业银行	79	3 073	2 286	0
四、城市商业银行	317	11 594	3 644	4
五、小型农村金融机构	2 310	27 902	3 390	93
六、财务公司	2	52	42	1
七、信托公司	2	346	43	2
八、邮政储蓄银行	158	2 712	619	0
九、外资银行	1	26	12	0
十、新型农村金融机构	91	2 361	300	64
合　计	4 675	90 974	21 335.5	164

注：营业网点不包括总部；小型农村金融机构包含农村商业银行、农村合作银行、农村信用社；新型农村金融机构包括村镇银行、贷款公司和农村资金互助社三类机构。

数据来源：内蒙古银监局。

2. 存款增速减缓，增长波动较大。2013年年末，内蒙古金融机构人民币各项存款余额为15 205.7亿元，同比增长11.7%，比上年下降1.2个百分点（见图1）。全年新增人民币存款1 588.0亿元，同比多增38.6亿元。其中，四个季度分别新增923.0亿元、157.7亿元、203.5亿元和303.9亿元，第一季度新增额高于第二、第三、第四季度的新增额合计。受内蒙古整体经济增长放缓，市场需求下降的影响，单位存款增长趋缓。随着银行理财产品种类的不断增多，居民投资理财意识的增强，

①2013年3月19日，内蒙古自治区党委书记王君在传达贯彻全国两会精神干部大会上，提出了“8337”发展思路，包括“八个目标”、“三个着力”、“三个更加注重”、“七项重点工作”。

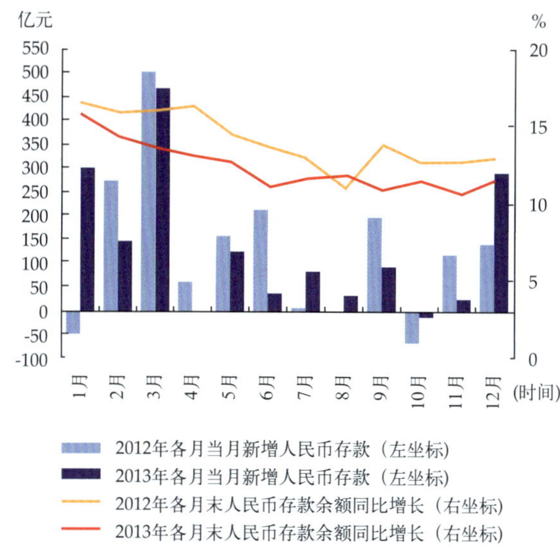

数据来源：中国人民银行呼和浩特中心支行。

图1　2012～2013年内蒙古自治区金融机构人民币存款增长变化

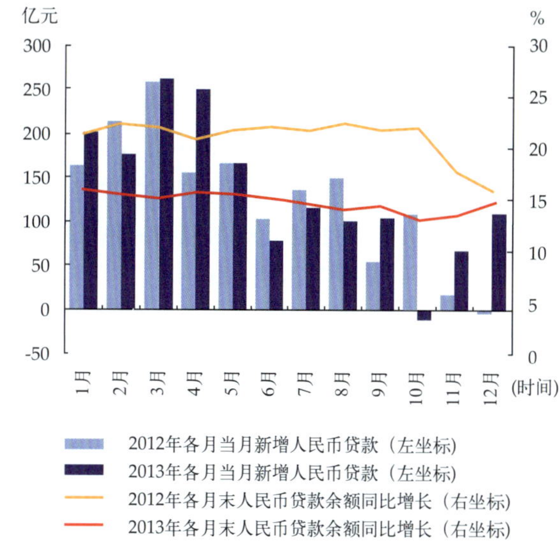

数据来源：中国人民银行呼和浩特中心支行。

图2　2012～2013年内蒙古自治区金融机构人民币贷款增长变化

个人存款持续分流。

3. 贷款保持平稳增长，信贷结构逐步优化。2013年年末，内蒙古金融机构人民币各项贷款余额为12 944.2亿元，同比增长14.7%，比上年下降0.9个百分点（见图2、图3）。全年新增人民币贷款1 635.6亿元，同比多增93.9亿元。从结构看，中长期贷款占比下降。随着国家对政府融资平台融资行为的进一步规范，房地产调控政策的逐步落实，以及固定资产投资增长趋缓等因素的影响，全年新增中长期贷款692.2亿元，占全部新增额的42.3%，比上年下降2.2个百分点。

内蒙古金融机构按照自治区“8337”的发展思路，积极盘活存量、用好增量，信贷资源努力向重点领域倾斜，支持经济结构调整和转型升级，较好地满足了实体经济发展的合理资金需求。一是信贷资源继续向“三农三牧”、非公经济和重点建设等领域倾斜，涉农贷款、私营控股企业贷款、重大项目贷款增速分别高于各项贷款增速8.3个、5.5个和220.3个百分点。二是积极支持包头市北梁棚户区改造，扎实开展民生金融安居工作，目前该项目已达成初步融资协议244亿元，有效满足了项目建设的资金需求。三是加快促进经济结构转型升级步伐，加大对高新技术产业和现代服务业的信贷支持力度，贷款增速分别为78.6%和24.6%。

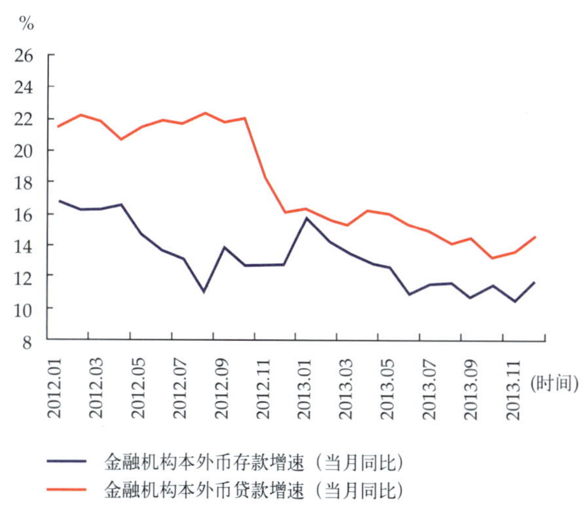

数据来源：中国人民银行呼和浩特中心支行。

图3　2012～2013年内蒙古自治区金融机构本外币存、贷款增速变化

受内蒙古经济增速放缓、企业效益下滑的影响，金融机构不良贷款出现“双升”。2013年年末，不良贷款余额为295.1亿元，同比增长60.8%；不良贷款率为2.2%，比上年上升0.6个百分点。其中，地方法人金融机构不良贷款反弹较多，小微企业不良贷款有所上升。

4. 贷款利率稳中有降，存款利率差异化定价特征显现。2013年全面放开贷款利率管制后，内蒙古人民币贷款加权平均利率稳中有降，全年贷款加权平均利率9.11%，比上年下降0.16个百分点。上浮利率的贷款占比由1月的78.5%下降到12月的69.8%（见表2）。存款利率差异化定价特征显现，从存款利率上浮幅度看，全国性大型商业银行最小，全国性股份制银行居中，地方中小法人银行最大。

表2 2013年内蒙古自治区金融机构人民币贷款各利率区间占比

单位：%

月份		1月	2月	3月	4月	5月	6月
	合计	100.0	100.0	100.0	100.0	100.0	100.0
	下浮	4.4	1.3	5.1	3.3	3.1	3.1
	基准	17.2	26.9	27.5	28.5	23.0	19.4
上浮	小计	78.5	71.8	67.4	68.1	73.9	77.5
上浮	(1.0，1.1]	8.8	17.8	10.9	8.7	11.2	13.5
上浮	(1.1，1.3]	9.3	11.9	11.1	11.5	16.8	15.0
上浮	(1.3，1.5]	5.7	4.5	5.0	5.5	6.3	9.3
上浮	(1.5，2.0]	18.9	13.6	14.0	16.2	16.0	17.2
上浮	2.0以上	35.8	24.0	26.4	26.2	23.7	22.5
月份		7月	8月	9月	10月	11月	12月
	合计	100.0	100.0	100.0	100.0	100.0	100.0
	下浮	1.9	2.8	4.9	2.5	2.4	1.5
	基准	26.6	20.0	25.3	24.0	25.1	28.7
上浮	小计	71.5	77.2	69.7	73.5	72.5	69.8
上浮	(1.0，1.1]	10.9	15.1	10.6	13.3	16.5	12.4
上浮	(1.1，1.3]	17.9	16.0	16.1	15.7	15.3	13.0
上浮	(1.3，1.5]	6.1	8.6	8.0	7.1	6.7	6.7
上浮	(1.5，2.0]	13.2	13.4	13.7	14.2	12.7	17.2
上浮	2.0以上	23.3	24.1	21.5	23.2	21.3	20.5

数据来源：中国人民银行呼和浩特中心支行。

受经济下行、煤炭价格下跌以及房地产市场低迷等因素的影响，2013年，鄂尔多斯市民间借贷大幅减少，利率多为月息3%以上，借款期限多在三个月以内。

5. 农村信用社改革稳步推进，信贷支持力度进一步加大。2013年，共有3家农村信用社成功改制为农村商业银行。现有农村商业银行14家，农村合作银行4家，县（市）统一法人社75家。内蒙古农村信用社资本充足率为12.6%，实现利润25.3亿元。全年新增贷款311.7亿元，其中涉农贷款新增211.9亿元，同比增长22.4%。

6. 跨境人民币业务稳定增长，对蒙合作逐步深化。2013年，内蒙古完成跨境人民币结算业务207.6亿元，同比增长4.4%，占国际收支总额的21.9%。其中，跨境贸易结算166.0亿元，同比下降5.3%；跨境资本结算41.6亿元，同比增长77.6%。跨境人民币结算业务已覆盖内蒙古12个盟市，与区内企业发生人民币实际收付的境外区域已拓展至57个国家和地区。其中，蒙古国为内蒙古最大跨境人民币结算国，对蒙结算量占全部结算量的41.9%。

专栏1 金融支持草原生态保护 打造北方生态安全屏障

内蒙古草原总面积为13.2亿亩，其中可利用草场面积为10.2亿亩，占全国草地面积的22%。长期以来，由于超载放牧和对地下自然资源的过度开采，造成了对草原生态的严重破坏。在全国第四次草原普查中，内蒙古已有近3/4的草原不同程度地退化，成为中国牧区草原退化最为严重的地区之一。2013年，内蒙古明确提出“8337”发展思路，要将内蒙古建设成为我国北方重要的生态安全屏障。为此，内蒙古金融业通过政策引导、产品创新、资金支持等举措，不断提升金融支持草原生态建设的能力和水平，草原生态环境明显改善。

一、强化“窗口指导”，夯实政策基石

为加大金融对生态文明建设的支持力度，充分发挥金融在支持生态文明建设中的作用，促进内蒙古经济和社会绿色发展、循环发展、低碳发展，中国人民银行呼和浩特中心支行制定出台了《金融支持内蒙古生态文明建设指导意见》，要求金融机构以高度的社会责任感，将生态理念、生态效益等纳入投融资决策行为之中，充分发挥金融在生态文明建设中的杠杆作用和资源配置功能。同时，积极探索建立金融支持生态文明建设的专项信贷政策导向效果评估机制，提高信贷政策的导向力和执行力。

二、发挥政策导向，打造生态屏障

内蒙古金融业以牧区发展、牧业增效、牧民增收和草原增绿为己任，持续加大对草原生态保护建设的支持力度。中国人民银行呼和浩特中心支行运用再贷款、再贴现等货币政策工具，引导金融机构加大对草原生态保护的支持力度。2013年累计发放再贷款161.6亿元，同比增长31.8%；办理再贴现38.9亿元，同比增长3.1倍。增强了涉农金融机构支持牧区发展的资金实力，引导信贷资金向牧业倾斜，有效支持了牧区农牧业产业化、规模化、现代化发展。2013年年末，内蒙古各金融机构生态建设贷款余额为143亿元，较2010年增长了5倍，共支持1.2亿亩草场建设与保护，占国家奖补草地面积的12.0%，惠及8万户农牧户，极大地增强了草场的再生力和修复力，为内蒙古畜牧业综合生产能力的较快提升奠定了坚实基础。

三、加大产品创新，支持畜牧业发展

针对规模化种植养殖、基础设施建设、牧业机械购置等草原畜牧业发展资金需求额度大，牧户及专业合作社等缺乏有效抵押物的实际情况，内蒙古涉农金融机构积极探索创新土地和草牧场承包经营权抵押贷款、生产设备抵押贷款、农机具购置专项贷款等信贷产品。采取“三三四”运作模式，根据不同的农机具价格，由国家补贴30%，农牧户自筹资金30%，农村信用社贷款40%，支持农牧民购买生产设备。积极推动牧民专业合作社、信用互助协会等信用共同体的建立和相互合作，努力探索“银行+企业+牧户”、“银行+专业合作社+保险”、“银行+企业+担保”信贷合作服务新模式。通过信贷产品创新，有效解决了牧民购置大型农机资金不足的困难，扶持了一批农牧民专业合作社，培育了一批现代化、规模化种养殖基地。

四、扶持新型组织，助推增产增收

积极引导扶持牧民采取合作社、互助经营、联户经营、嘎查[①]反租等形式整合畜牧业生产资料，提高服务水平，发展适度的规模经营，提高牧民组织化程度，解决单个牧户无法解决的规模化生产和经营问题，促进草地资源的集约利用，助推牧民增收，草原增绿。据调查，占内蒙古草原面积较大的锡林郭勒盟现有农牧民专业合作组织891个，合作社入社成员达2.6万户，辐射带动9.3万户，占总农牧户的77%，专业合作社已成为该地区农村牧区重要的现代农牧业经营主体。

（二）证券机构发展平稳，后备上市企业数量增多

1. 证券机构运行平稳。2013年年末，内蒙古共有2家法人证券公司和61家证券营业部（见表3），营业部比上年增加了5家，保持了稳步扩张的态势。受二级市场剧烈波动的影响，证券公司总资产和净资本同比分别下降4.6%和15.7%。投资者开户热情较高，股市交易量持续上升，股民开户数同比增长58.6%，证券交易额同比增长37.2%，营业收入和利润总额同比分别增长50.4%和1.4倍。

2. 后备上市资源培育工作稳步推进。2013年，25家境内上市公司累计募集资金220.2亿元，总市值3 037.9亿元，同比增长2.3%。上市公司后备资源发展加快，1家企业申报了IPO发行材料，6家企业进入上市辅导期。

①嘎查指蒙古族的行政村。

表3　2013年内蒙古自治区证券业基本情况

项目	数量
总部设在辖内的证券公司数（家）	2
总部设在辖内的基金公司数（家）	0
总部设在辖内的期货公司数（家）	0
年末国内上市公司数（家）	25
当年国内股票（A股）筹资（亿元）	150.2
当年发行H股筹资（亿元）	0.0
当年国内债券筹资（亿元）	413.3
其中：短期融资券筹资额（亿元）	159.0
中期票据筹资额（亿元）	74.0

数据来源：中国人民银行呼和浩特中心支行、内蒙古证监局。

（三）保险业运行平稳，保障功能不断增强

1. 市场体系日益完善。2013年年末，内蒙古保险公司省级机构达37家，从业人员9.1万人。保险密度1 100元/人，同比提高105元/人；保险深度2%，比上年提高0.4个百分点（见表4）。

2. 规模和效益平稳增长。2013年，内蒙古实现保险保费收入274.7亿元，同比增长10.9%。其中，财产险保费收入同比增长9.5%，人身险保费收入同比增长12.2%。内蒙古农业保险快速发展，政策性森林保险实现保费收入为6.4亿元，排名全国前列。财产险公司经营效益持续向好，承保利润率达10.6%，高于全国平均水平10个百分点。

表4　2013年内蒙古自治区保险业基本情况

项目	数量
总部设在辖内的保险公司数（家）	0
其中：财产险经营主体（家）	0
人身险经营主体（家）	0
保险公司分支机构（家）	37
其中：财产险公司分支机构（家）	21
人身险公司分支机构（家）	16
保费收入（中外资，亿元）	275
其中：财产险保费收入（中外资，亿元）	130
人身险保费收入（中外资，亿元）	145
各类赔款给付（中外资，亿元）	101
保险密度（元/人）	1 100
保险深度（%）	2

数据来源：内蒙古保监局。

3.保障功能持续发挥。2013年，内蒙古保险公司累计赔付支出100.6亿元，增长17.8%。其中，财产险公司赔款支出占总赔付支出的69%。农业保险保障力度加强，全年累计为294.4万农户提供27.4亿元风险保障，赔付支出同比增长37.1%。

（四）融资结构多元发展，金融市场交易活跃

1. 社会融资保持较快增长。2013年，内蒙古社会融资规模为2 729.3亿元，同比多291.4亿元，占全国的1.6%。从结构上看，融资结构呈多元化，本外币贷款占比60.2%，同比下降3.0个百分点；委托贷款、信托贷款、未贴现银行承兑汇票等表外业务融资占比19.1%，同比上升7.6个百分点；股票和企业债券净融资占比20.7%，同比下降3.5个百分点（见图4）。

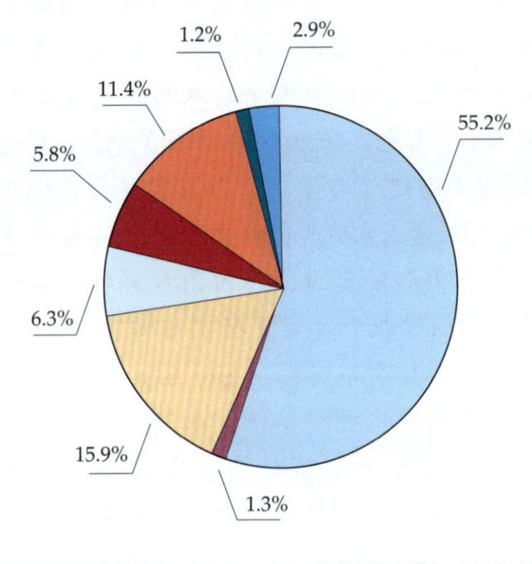

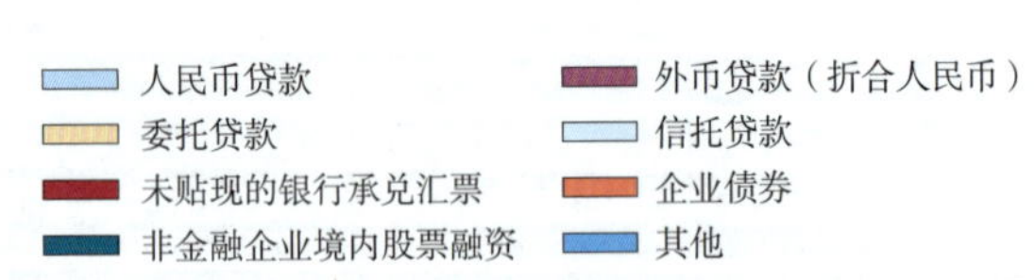

数据来源：中国人民银行呼和浩特中心支行、内蒙古证监局。

图4　2013年内蒙古自治区社会融资规模分布

2. 货币市场交易活跃。2013年，内蒙古银行间同业拆借市场19家成员中有15家机构发生业务，累计进行信用拆借交易917笔，金额为2 049.3亿元，同比增长89.2%。银行间债券回购市场累计成交16 512笔，金额为35 744.2亿元，同比增长27.8%。其中，质押式回购占比达95.8%。

3. 票据贴现快速增长。2013年，内蒙古金融机构累计办理银行承兑汇票贴现7 854.9亿元，同比增长3.5倍。其中，股份制商业银行和地方性商业银行累计办理贴现7 357.7亿元，占全部银行业金融机构贴现的93.7%。票据贴现和转贴现利率同比均有所下降（见表5、表6）。

表5　2013年内蒙古自治区金融机构票据业务量统计

单位：亿元

季度	银行承兑汇票承兑		贴现			
			银行承兑汇票		商业承兑汇票	
	余额	累计发生额	余额	累计发生额	余额	累计发生额
1	1 316.9	656.2	149.0	953.2	0.0	0.0
2	1 236.3	1 291.3	210.0	3 089.5	0.0	0.0
3	1 300.1	1 938.7	204.1	5 658.8	0.0	0.0
4	1 236.1	2 555.2	192.7	7 854.9	0.0	0.0

数据来源：中国人民银行呼和浩特中心支行。

表6　2013年内蒙古自治区金融机构票据贴现、转贴现利率

单位：%

季度	贴现		转贴现	
	银行承兑汇票	商业承兑汇票	票据买断	票据回购
1	5.51	5.94	4.39	4.30
2	5.18	5.98	4.76	4.75
3	6.90	6.48	5.24	4.28
4	6.95	6.05	5.33	4.89

数据来源：中国人民银行呼和浩特中心支行。

（五）信用环境建设取得新进展，金融生态环境不断优化

社会信用体系建设日益完善。2013年，国家金融信用信息基础数据库共收录内蒙古企业18.9万户，企业信用报告月均查询达3万次；收录自然人1 214.3万户，内蒙古一半以上人口已纳入数据库，个人信用报告月均查询达24万次。农村信用体系和中小企业信用体系建设取得新进展。2013年，共为245万农户建立了信用档案，占内蒙古农户总数的68%；累计组织对中小企业培训与宣传6 592次，为4.1万户中小企业建立信用档案。

支付体系建设深入推进。2013年，内蒙古大、小额支付系统共处理支付业务3 600多万笔，金额达42万亿元，是地区生产总值的25倍。农村牧区支付环境持续改善，银行卡助农服务点新增1万多个，取款额突破1亿元，现代化支付系统覆盖率达91.9%。农村牧区金融机具补贴专项资金1 000万元全部落实到位，乡镇及以下地区新增ATM758台、POS机6 368台、“流动银行”[①]16个，布放数量比政策实施前分别同比增长3.2倍、1.7倍和16倍。

金融生态环境建设持续改善。反洗钱宣传力度不断扩大，社会公众反洗钱意识日益增强。金融消费合法权益保护工作稳步推进，内蒙古金融消费权益保护中心共受理案件113件，答复率100%，办结率达99.1%。

二、经济运行情况

2013年，面对错综复杂的国内外形势和市场需求不足、企业效益下滑、财政增收放缓等不利因素的冲击和挑战，内蒙古全面贯彻落实党的十八大精神和自治区“8337”发展思路，坚持稳

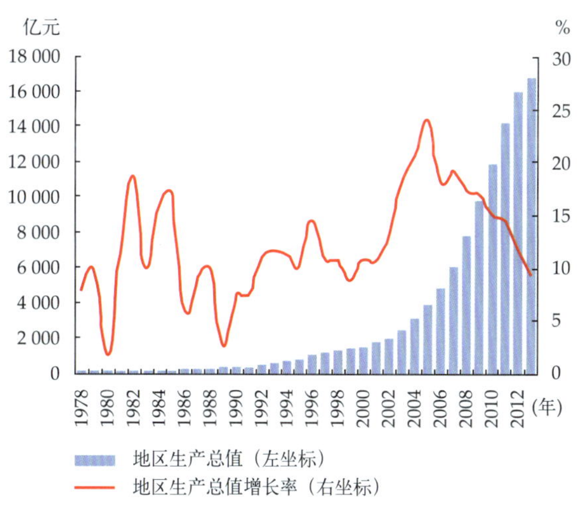

数据来源：内蒙古统计局。

图5　1978～2013年内蒙古自治区地区生产总值及其增长率

① “流动银行”就是能够独立的、流动的银行综合营业网点，全面满足客户的各种金融服务业务需求。

中求进工作总基调，积极应对，主动调控，经济发展实现稳中有进、稳中向好。2013年，地区生产总值为16 832.4亿元，增长9%；人均生产总值为67 498元，增长8.7%（见图5）。

（一）三大需求稳步增长，对外开放继续扩大

2013年，内蒙古固定资产投资稳定增长，投资结构持续优化，居民消费转暖，对外贸易逐步恢复。

1. 投资稳定增长，结构继续优化。2013年，全社会固定资产投资额完成15 520.7亿元，同比增长18.4%（见图6），仍是拉动经济增长的主力。从三次产业看，第一产业投资实现了较快增长，完成投资895.9亿元，同比增长40.5%，在总投资中的占比同比提高9.1个百分点；第二、第三产业同比分别增长21.6%和12.4%。分行业看，增速最高的三个行业分别是农林牧渔业、金融业及信息业，增速均高于35%。重大项目推进较快，新开工亿元以上项目同比增长25.8%，全年投产项目数15 233个，同比增长12.3%。

2. 消费增长平缓，城乡收入差距缩小。2013年，社会消费品零售总额首次突破5 000亿元，同比增长11.8%（见图7），其中，城镇消费品零售总额同比增长12%，高于乡村1.5个百分点。受汽车类销售放缓等因素的影响，石油及制品类零售额出现下滑。城镇居民人均可支配收入为25 497元，同比增长10.1%；农牧民人均纯收入为8 596元，同比增长12.9%，高于城镇居民收入增速2.8个百分点，高于全国平均增速0.5个百分点；城乡居民收入比缩小为2.97：1，自2003年以来首次回到3倍以下。

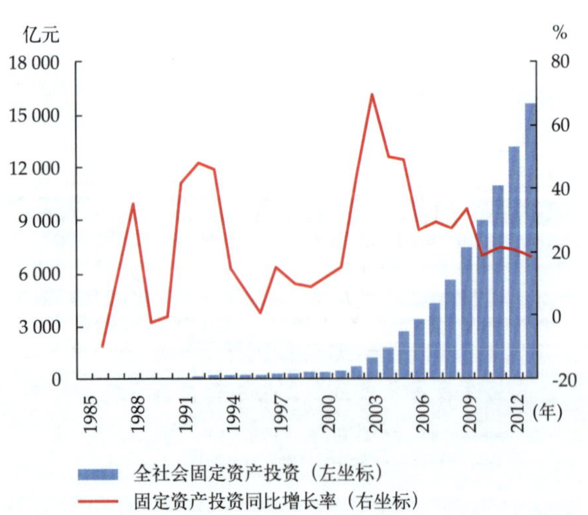

数据来源：内蒙古统计局。

图6　1985～2013年内蒙古自治区固定资产投资及其增长率

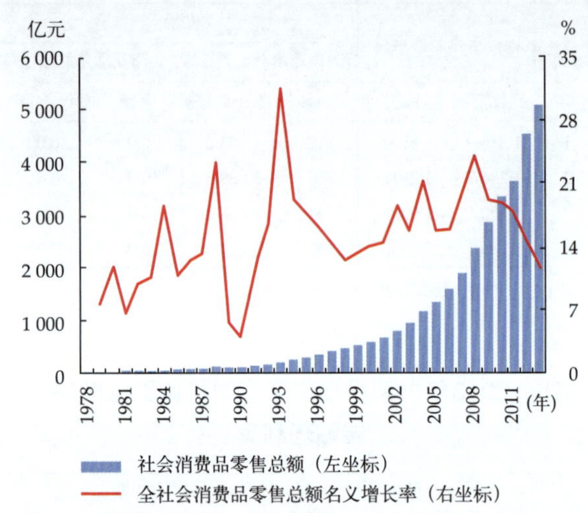

数据来源：内蒙古统计局。

图7　1978～2013年内蒙古自治区社会消费品零售总额及其增长率

3. 对外贸易实现恢复性增长，利用外资步伐加快。2013年，内蒙古进出口总额为119.9亿美元，同比增长6.5%（见图8），比上年提高11.4个百分点。其中，出口总额为41亿美元，同比增长3.1%；进口总额为79亿美元，同比增长8.4%；贸易逆差38亿美元。全年共检验检疫出入境货物25万批、货值91亿美元，口岸过货量比上年小幅增长。省际交流合作进一步加强，沿边开放开发大幅推进，积极推进京蒙帮扶合作，先后签署了蒙粤两省合作框架协议、津蒙深化经济与社会发展合作协议、内蒙古东部与东北三省西部合作协议。利用外资步伐不断加快。全年引进国内（区外）资金到位4 312亿元，同比增长24.6%；实际利用外资46.5亿美元，同比增长18%（见图9）。

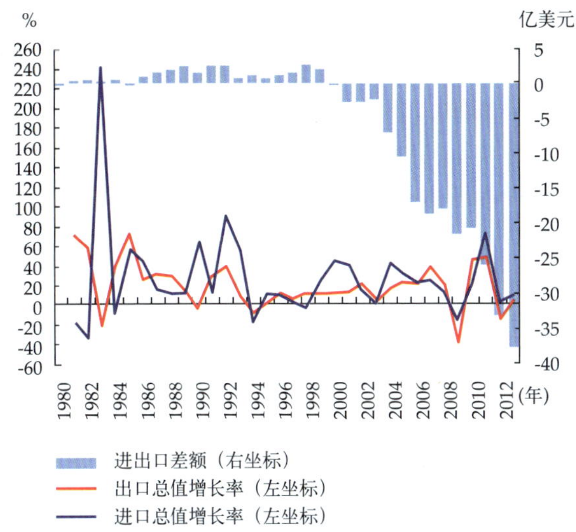

数据来源：内蒙古统计局。

图8 1980～2013年内蒙古自治区外贸进出口变动情况

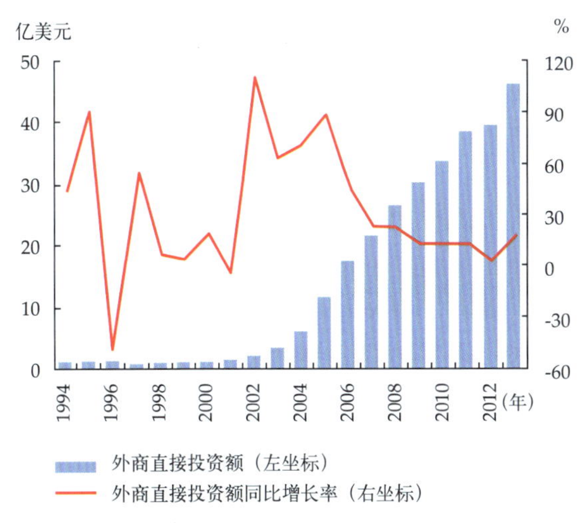

数据来源：内蒙古统计局。

图9 1994～2013年内蒙古自治区外商直接投资情况

（二）三次产业平稳增长，产业结构调整优化

2013年，内蒙古三次产业完成增加值1 599.4亿元、9 084.2亿元和6 148.8亿元，同比分别增长5.2%、10.7%和7.1%，三次产业增速均呈现不同程度的回落，第二产业带动作用突出。三次产业结构比调整为9.5∶54.0∶36.5，第一产业和第三产业所占比重分别比上年上升0.4个和1.0个百分点，产业结构进一步优化调整。

1. 农牧业生产稳定增长，基础地位不断强化。2013年，内蒙古粮食产量达554.6亿斤，增产48.9亿斤，同比增长9.7%，增量和增幅均居全国前列。牧业年度牲畜存栏达到11 819.8万头（只），连续九年超过1亿头（只），羊肉、乳、绒毛产量继续全国领先。农业基础设施建设投入进一步加大，全年累计投入资金19亿元，完成高效节水灌溉面积190万亩，投入水利建设支出81.4亿元，加强大型灌区节水改造等重点工程建设。

2. 工业生产“稳增长”与“调结构”并重。2013年，内蒙古规模以上工业增加值同比增长12%（见图10），高于全国平均水平2.3个百分点；工业产品销售率为97.3%，同比提高0.1个百分点。政府对企业扶持力度加大，切实落实金融支持实体经济、完善资源配置、推动资源资本化运作等政策措施，帮助企业降低成本，五大基地建设全面推进，现代装备制造、云计算等新兴产业快速成长。财政筹集资金6.4亿元，大力促进产业优化升级，奖励淘汰落后产能、补助循环经济试点等66个项目。

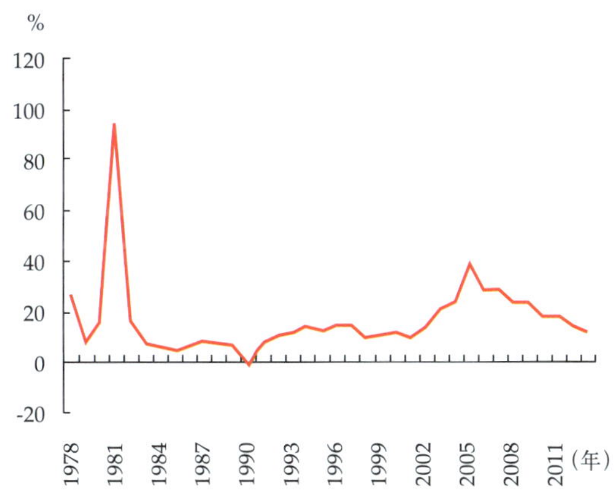

数据来源：内蒙古统计局。

图10 1978～2013年内蒙古自治区规模以上工业增加值同比增长率

3. 服务业平稳发展。2013年，交通能力和设施建设成果突出，高速公路里程突破4 000公里，12个盟市所在地全部“接入”高速公路网，新建铁路700公里，铁路运营总里程达到1.1万公里，居全国前列。金融业完成增加值563亿元，同比增

长10.3%，在经济发展、民生改善中发挥了重要作用。旅游业保持平稳增长，旅游从业人数达到138万人，占服务业就业总人数的20%，已成为容纳社会就业最多的行业之一。家庭服务业良好、有序、可持续发展，部分盟市成立了家庭服务协会。

（三）消费价格涨幅平稳，购销价格持续倒挂

1. 消费价格平稳上涨。2013年，内蒙古居民消费价格同比上涨3.2%（见图11），高于全国平均水平0.6个百分点。从具体类别看，八大类商品[①]呈“七升一降”态势，除交通和通讯类下降0.5%外，其余七大类商品均呈上涨态势。其中，食品类价格涨幅最大，同比上涨6.3%，城市价格涨幅高于农村0.6个百分点。

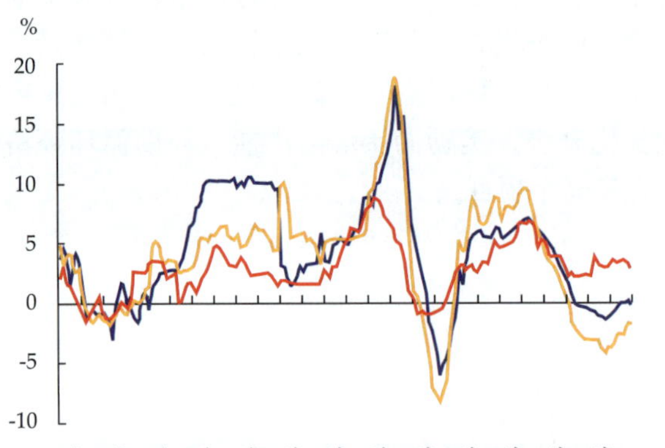

数据来源：国家统计局内蒙古调查总队。

图11　2001～2013年内蒙古自治区居民消费价格和生产者价格变动趋势

2. 购销价格持续倒挂。2013年，受国际大宗商品价格下降以及国内经济增速放缓、市场需求下降等因素的影响，内蒙古工业生产者出厂价格和购进价格同比分别下降3%和0.7%。购销价格呈“双下降”态势，且出厂价格跌幅要大于购进价格，表明产品价格不能完全消化原材料价格变化带来的影响，企业经营成本压力加大。农业生产资料价格涨幅比上年下降1.4个百分点，农业生产经营成本压力有所减轻。

3. 就业形势基本稳定，劳动力价格继续上升。2013年，内蒙古新增城镇就业27.1万人，高校毕业生就业或落实就业去向14万人，农村牧区劳动力转移就业259.3万人次，城镇登记失业率保持在3.7%的较低水平。进一步完善创业扶持政策。全年累计发放小额担保贷款31.4亿元，帮助4.4万人成功创业，带动就业人数达15.4万人；兴建了大学生创业园，为大学生营造良好的创业环境，鼓励和引导其自主创业；累计举办294场次专场招聘活动，帮助25.8万名农牧民转移就业。劳动力价格继续上升。城镇居民工资性收入同比增长10.1%，农牧民家庭经营性收入同比增长14.1%。城乡居民最低生活保障水平提高，城镇和农村牧区低保年均保障标准分别达到5 328元和2 962元，分别同比增长15.3%和14.7%。

（四）财政收支增长缓慢，保障民生力度加大

受经济下行及结构性减税等因素叠加的影响，2013年，内蒙古财政收入同比增长6.5%，比上年下降3.9个百分点。其中，税收收入仅增长8.4%，为近五年来的最低。财政支出同比增长7.5%，比上年下降7.2个百分点（见图12）。保障民生力度加大，通过压缩“三公经费”和一般性支出等措施，全力保障民生投入，财政民生支出2 340亿元，占公共财政预算支出的63.6%，其中社会保障和就业领域财政支出488.2亿元，在财政支出中占比最高；城乡社区事务领域支出增长较快，高于财政支出24.4个百分点。

（五）生态环境建设加强，金融作用逐步显现

2013年，在注重经济发展的同时，内蒙古继

①八大类商品：食品、烟酒及用品类、衣着类、家庭设备用品及维修服务类、医疗保健及个人用品类、交通和通信类、娱乐教育文化用品及服务类、居住类。

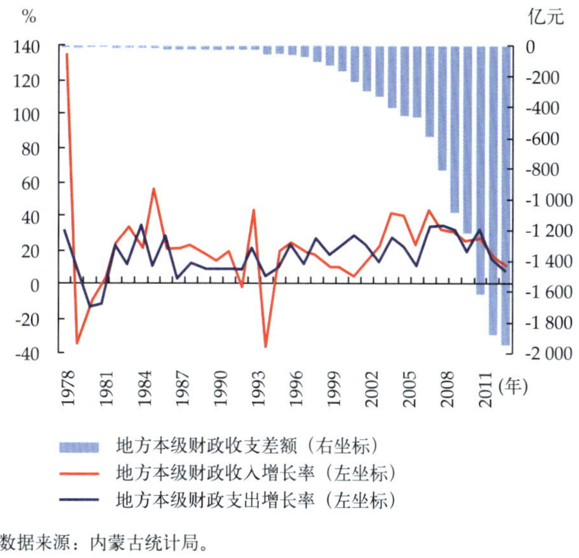

数据来源：内蒙古统计局。

图12 1978～2013年内蒙古自治区财政收支状况

续加强生态环境保护和资源节约利用，节能减排任务较好完成，单位生产总值能耗和二氧化碳排放量分别下降4.5%和5%；加入京津冀及周边地区节能低碳环保产业联盟，认真落实大气污染防治行动计划，大气污染防治全面加强；重点生态工程建设稳步推进，完成林业建设面积1 205万亩，森林覆盖率达到21%，草原建设总规模为5 307.3万亩，草原平均植被盖度44.1%。为进一步加强环保政策与信贷政策的协调配合，中国人民银行呼和浩特中心支行与德国国际合作机构共同进行“内蒙古绿色金融合作试点项目”课题研究，完成《中国采掘业绿色信贷评估技术指南》并在包商银行开展试点工作。内蒙古金融机构不断丰富绿色信贷产品。2013年年末，金融机构发放用于支持节能减排、循环经济和新兴产业的贷款余额达996亿元，对改善地区环境、促进节能减排起到了重要的促进作用。

专栏2 内蒙古多措并举重振羊绒产业

一、内蒙古羊绒产业基本情况

内蒙古是中国乃至世界山羊绒原料的主产区，全国最大的山羊绒制品深加工和出口省区，拥有享誉世界的阿尔巴斯、二郎山、阿拉善、赤峰罕山白绒山羊等优质绒山羊品种。羊绒产业是自治区经济发展的特色优势产业和重要的民生产业，在繁荣市场、扩大出口、吸纳就业和增加农牧民收入等方面发挥着重要作用。2013年，内蒙古原绒产量7 600吨，约占全国原绒产量的42%。羊绒产业从业人员约7万人，规模以上羊绒制品加工企业约153家，实现工业增加值70亿元。生产羊绒衫1 235万件，羊绒围巾4 000多万条，居全国首位。拥有包括鄂尔多斯、鹿王、维信等国内知名品牌在内的近60个品牌商标。

二、内蒙古羊绒产业存在的主要问题

（一）资源优势，效益劣势。内蒙古羊绒产量占全国的50%、世界的40%，羊绒产品在国内外市场占有率分别达到70%和50%，但受国内外因素影响，羊绒价格剧烈波动，优质优价难以保证，利润微薄导致生产企业经营积极性减弱，羊绒制品产量逐年下降，行业优势地位不断减弱。

（二）产品优势，品牌劣势。内蒙古羊绒产业规模大、产量高，产业体系相对完善，但产品附加值低，未形成品牌中心和效益中心。尽管有鄂尔多斯、鹿王、维信等知名羊绒加工企业，但由于品牌影响力不足，出口主要靠贴牌，品牌缺失问题已成为制约整个羊绒产业发展的瓶颈。

（三）“形”大“神”散，竞争劣势。内蒙古羊绒产业缺乏明确的市场定位和统一占领国际市场的组织机构和合作意识。主要表现在：加工企业羊绒收购未能以质论价，导致养殖者单纯追求产量，羊绒品质大幅下降；大部分企业缺乏新产品研发能力，同质化严重；产业链不够完善，低水平重复建设和无序竞争现象比较突出；羊绒加工企业比较分散，产业集约化程度较低。

三、内蒙古振兴羊绒产业发展的主要措施

（一）政策扶持，实现多措施保障。一是出台《关于振兴羊绒产业的意见》，自2013年起，内蒙古每年安排6 000万元资金，用于加大种供养和基础母羊核心群保护，扶持种羊场、人工授精站点、生产性能测定站点建设和推广增绒新技术应用，对企业科研经费和技术改造给予最高200万元的补助或贷款贴息。二是组织召开振兴羊绒产业推荐会，及时总结分析羊绒产业发展形势。三是成立自治区农牧业产业化龙头企业协会羊绒分会，加强发展趋势调查研究，建立行业自律机制，营造行业公平竞争的良好环境，维护行业整体利益。

（二）创新服务，实现多渠道融资。一是加大信贷支持力度，对规模大、信用好、带动就业明显的羊绒企业给予优先贷款。2013年年末，内蒙古羊绒产业贷款余额为118.53亿元，同比增长10.5%，占农畜产品加工业贷款的14.3%。其中，中国农业发展银行内蒙古分行已累计投放贷款234.6亿元。二是创新金融产品和服务，满足客户多元化资金需求。中国农业银行内蒙古分行推出产业集群整体信贷服务模式，采取"集群企业联保+白无毛绒抵押+房地产抵押"的综合授信模式，累计向11家羊绒企业核定授信总额20.83亿元。三是拓宽融资渠道，支持大型羊绒企业通过直接债务融资工具实现融资。2013年，鄂尔多斯羊绒集团通过非公开定向债务融资工具筹资37亿元。

（三）强化协调，推动多主体参与。为振兴羊绒产业，内蒙古各级、各部门按照职能分工，在农牧业产业化领导小组的统一领导下，加强沟通，密切配合，形成政策合力，确保各项政策有效落实。如质监部门在绒山羊主产区域建设标准化示范区，逐步推广实施同种、同龄、同性、同环境、同饲料"五同"饲养管理，实现山羊绒生产质量标准的统一；为解决农牧民"卖绒难"和企业原料"供应难"的突出矛盾，鄂尔多斯市、巴彦淖尔市不断提高收储规模，阿拉善盟大力推广新技术，打造和建设阿拉善超级白绒山羊基地。

（六）房地产市场运行平稳，煤炭市场复苏缓慢

1. 房地产市场运行平稳，信贷调控政策有效落实。在国家房地产市场调控政策的引导下，2013年，房地产市场保持运行平稳，房地产开发投资同比增长14.5%。其中，商品住宅投资同比增长18.7%；房屋施工面积为16 623万平方米，同比增长6.7%；房屋竣工面积为2 638万平方米，同比增长7.7%；商品房销售面积和销售额同比分别增长8.5%和15.1%；商品房均价同比上涨6.1%（见图13、图14）。

房地产贷款增长较快，信贷对保障性住房建设力度加大。2013年年末，内蒙古房地产贷款余额为1 896.6亿元，同比增长27%，比上年上升8.1个百分点；其中，保障性住房开发贷款余额为199.9亿元，占房地产开发贷款的59.2%，比上年上升15.4个百分点。金融机构严格执行差别化住房

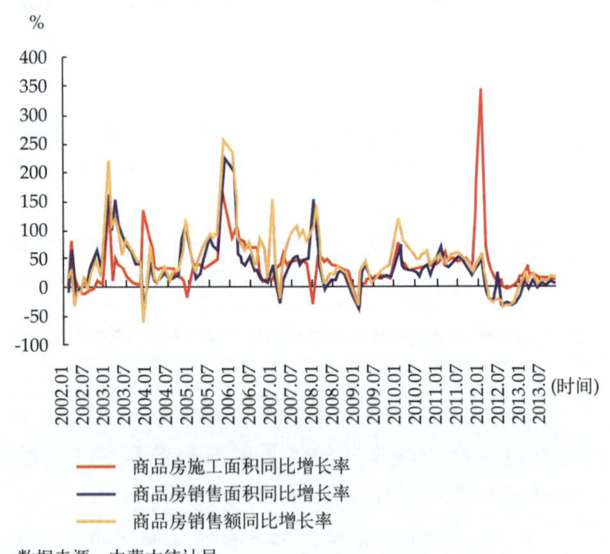

数据来源：内蒙古统计局。

图13 2002～2013年内蒙古自治区商品房施工和销售变动趋势

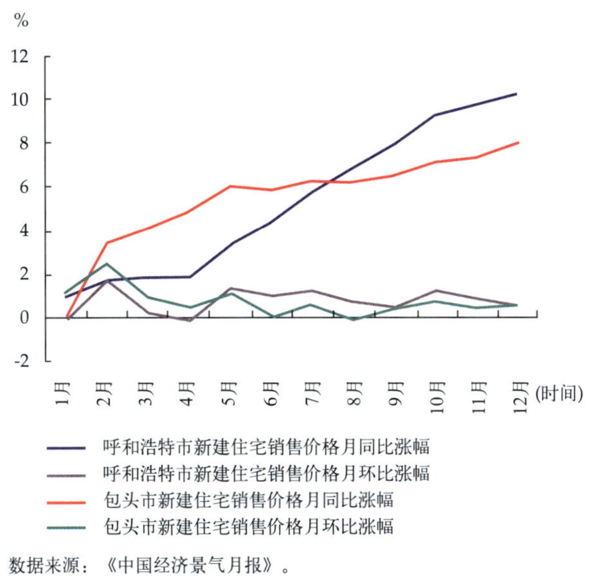

数据来源：《中国经济景气月报》。

图14 2013年内蒙古自治区主要城市新建住宅销售价格变动趋势

信贷政策，取得良好效果，发放首套房贷款占比超过90%，平均利率水平为基准利率的1.04倍。

2. 煤炭市场缓慢复苏，金融支持力度加大。2013年，内蒙古煤炭价格延续低位态势，西部地区动力煤价格跌幅明显，高热值煤坑口平均价格同比下降22.9%；东部地区褐煤低位徘徊，平均价格同比下降15%。在经济增速放缓、行业能源消耗下降的形势下，内蒙古适时出台多个文件，进一步加强政策指导力度，积极引导煤炭行业健康发展。全年生产原煤10.3亿吨，占全国产量的27.8%，连续五年居全国前列，煤炭销售量10.5亿吨，同比增长0.7%。金融机构积极支持煤炭产业转型，加大对主营业务突出、资源优势明显的大型煤炭企业集团的支持力度。2013年年末，煤炭及煤化工产业贷款余额为1 311.1亿元，同比增长12%。

三、预测与展望

2014年是内蒙古经济转型调整的关键一年，虽然面临外部经济发展环境仍然复杂严峻，内部存在经济下行压力较大、结构性问题突出、就业形势严峻等诸多问题，但随着国家各项改革和规划的全面落实推进，金融改革、行政审批制度改革等多项改革红利将逐渐释放，内蒙古经济发展也将迎来新的契机和强大动力。2014年，在一批重点项目建设和投产的支撑下，内蒙古地区生产总值预计增长9%左右，居民消费价格涨幅预计在3.5%左右。

从金融形势看，在经济稳定增长、城镇化建设加快等背景下，社会融资规模将继续呈稳步上升态势；居民投资保值意识增强、理财产品增多、余额宝等新型互联网余额增值服务快速发展，将对存款变化产生重要影响；受整体经济环境的影响，部分企业经营困难的局面难以在短期内好转。

2014年，内蒙古金融业将继续落实好稳健的货币政策，实现货币信贷及社会融资规模合理增长，不断优化融资结构和信贷结构，提升金融运行效率和服务实体经济能力，加强风险监测，及时有效防范和化解潜在金融风险。

中国人民银行呼和浩特中心支行货币政策分析小组
总　纂：余文建　肖长江
统　稿：韩向国　李　雄　汪俊艳　李　森
执　笔：张欣欣　刘　晶　张宇薇　伊丽琪　赵　婧　陈利军　乔海滨　赵　平　张海波
提供材料的还有：库晓星　张　丽　李晓霞　郭　研　吕明旭　道日娜　方松叶　张海霞　肖　文
乔　莉　王　璐　董春芳　高国鹏

附录

（一）2013年内蒙古自治区经济金融大事记

1月18日，内蒙古自治区纳入大兴安岭南麓山区、燕山—太行山区的8个旗县的连片扶贫工作正式启动。

2月3日，李克强总理在内蒙古自治区面积最大、最典型的城市棚户区——包头市北梁棚户区主持召开棚改现场会。

3月12日，中国银行间市场交易商协会、内蒙古自治区人民政府金融工作办公室、中国人民银行呼和浩特中心支行共同签署了《借助银行间市场助推内蒙古经济发展合作备忘录》。

8月9日，自治区民委印发了《关于重新确定民族贸易县内的民贸企业的通知》和《关于对全区民族贸易(旗)县民贸企业认定备案的通知》，确定了50个民族贸易县的304户企业为民贸企业。

8月17日，2013年东北四省区合作行政首长联席会议在鄂尔多斯召开。签署了《内蒙古自治区东部与东北三省西部合作协议》、《东北四省区沿边开放合作框架协议》、《东北四省区农牧业产业化经营合作协议》。

8月 18日，自治区政府与天津市政府深化经济与社会发展合作座谈会暨签字仪式在呼和浩特举行，双方共同签署了《深化经济与社会发展合作协议》。

2013年，中国人民银行呼和浩特中心支行联合自治区有关部门先后出台了金融支持县域经济、非公经济、小微企业、重大项目建设、城镇化建设、生态文明建设、旅游业发展、经济结构转型升级8个指导意见。

2013年，自治区政府启动了以创业带动就业、就业技能培训、发展家庭服务业促进就业和公共就业服务能力建设为主要内容的促进就业三年行动计划。

2013年，中国人民银行呼和浩特中心支行推动召开东西部非公有制经济金融服务峰会，积极为企业和金融机构搭建信息交流和项目对接平台，达成现场签约项目和意向性融资协议469个，金额达816亿元。

（二）2013年内蒙古自治区主要经济金融指标

表1　2013年内蒙古自治区主要存贷款指标

		1月	2月	3月	4月	5月	6月	7月	8月	9月	10月	11月	12月
本外币	金融机构各项存款余额（亿元）	13 975.8	14 127.0	14 596.0	14 595.0	14 721.1	14 761.8	14 830.2	14 860.8	14 951.8	14 950.7	14 962.7	15 263.8
	其中：储蓄存款	6 817.5	7 064.5	7 249.3	7 160.0	7 181.3	7 163.8	7 219.2	7 183.8	7 274.4	7 153.4	7 171.1	7 479.0
	单位存款	6 199.5	6 043.9	6 491.3	6 595.3	6 654.2	6 664.2	6 616.4	6 646.2	6 622.3	6 646.5	6 621.0	6 863.3
	各项存款余额比上月增加（亿元）	297.9	151.2	469.0	-1.0	126.2	40.7	68.4	30.6	90.9	-1.0	12.0	301.0
	金融机构各项存款同比增长（%）	15.8	14.3	13.6	13.0	12.6	11.0	11.5	11.6	10.8	11.5	10.6	11.6
	金融机构各项贷款余额（亿元）	11 625.9	11 804.9	12 068.7	12 334.2	12 499.3	12 569.3	12 681.0	12 781.6	12 887.1	12 874.4	12 946.1	13 056.7
	其中：短期	4 543.0	4 602.7	4 761.7	4 922.7	4 992.4	5 042.5	5 094.9	5 114.2	5 162.9	5 166.8	5 199.1	5 295.4
	中长期	6 901.9	7 017.7	7 097.6	7 170.0	7 224.2	7 254.4	7 313.1	7 388.3	7 446.0	7 432.9	7 465.9	7 502.5
	票据融资	141.1	142.6	165.3	187.8	225.0	213.0	207.5	212.2	209.9	210.8	219.8	209.1
	各项贷款余额比上月增加（亿元）	209.0	178.9	263.9	265.5	165.1	70.0	111.7	100.6	105.5	-12.8	71.7	110.6
	其中：短期	100.8	59.7	159.0	160.9	69.7	50.2	52.3	19.4	48.6	3.9	32.4	96.3
	中长期	90.7	115.9	79.9	72.3	54.2	30.2	58.6	75.2	57.7	-13.1	33.0	36.5
	票据融资	7.5	1.5	22.7	22.5	37.2	-12.0	-5.5	4.8	-2.3	0.9	9.0	-10.7
	金融机构各项贷款同比增长（%）	16.4	15.7	15.4	16.2	16.0	15.3	14.8	14.2	14.5	13.2	13.6	14.6
	其中：短期	23.0	20.4	20.6	21.4	21.1	19.9	20.2	19.3	19.4	18.4	18.4	19.8
	中长期	11.3	31.5	30.0	29.1	28.9	28.1	27.6	27.8	27.7	25.8	22.7	22.9
	票据融资	66.0	61.0	119.1	161.6	225.0	223.9	191.8	192.5	163.9	177.2	234.0	145.9
	建筑业贷款余额（亿元）	376.4	387.7	395.9	403.1	408.0	414.8	414.7	419.8	423.1	430.8	433.2	412.1
	房地产业贷款余额（亿元）	201.9	210.0	199.5	197.0	199.4	199.3	195.4	193.2	195.5	202.4	217.5	236.7
	建筑业贷款同比增长（%）	45.4	36.9	-67.1	49.0	45.5	40.2	37.0	38.7	38.2	40.7	37.3	34.0
	房地产业贷款同比增长（%）	-11.6	-7.5	-7.7	-10.7	-9.2	-5.1	-7.1	-7.6	-10.0	-6.9	1.4	5.3
人民币	金融机构各项存款余额（亿元）	13 920.3	14 070.1	14 540.9	14 535.8	14 662.7	14 698.4	14 780.0	14 809.9	14 901.8	14 889.1	14 913.0	15 205.7
	其中：储蓄存款	6 796.7	7 041.6	7 225.8	7 136.6	7 157.3	7 140.3	7 195.5	7 160.1	7 250.8	7 129.7	7 147.4	7 455.2
	单位存款	6 166.9	6 011.8	6 461.4	6 562.4	6 624.1	6 626.1	6 590.8	6 621.2	6 597.2	6 610.3	6 597.7	6 831.0
	各项存款余额比上月增加（亿元）	302.7	149.8	470.8	-5.1	126.9	35.6	81.6	30.0	91.9	-12.7	23.9	292.7
	其中：储蓄存款	194.7	244.9	184.3	-89.2	20.7	-17.0	55.2	-35.4	90.8	-121.1	17.7	307.8
	单位存款	-2.5	-155.1	449.5	101.0	61.7	2.0	-35.3	30.4	-24.0	13.1	-12.5	233.2
	各项存款同比增长（%）	15.9	14.5	13.7	13.1	12.7	11.1	11.7	11.9	11.0	11.5	10.7	11.7
	其中：储蓄存款	18.2	22.1	20.6	20.1	19.3	17.2	17.5	15.5	14.9	14.0	12.8	13.3
	单位存款	-39.3	-28.2	-31.8	-29.0	-32.8	-43.9	-41.0	-48.6	-50.5	-55.0	-52.2	-40.4
	金融机构各项贷款余额（亿元）	11 511.6	11 690.1	11 953.0	12 203.6	12 371.4	12 449.5	12 568.1	12 669.7	12 774.7	12 764.5	12 832.7	12 944.2
	其中：个人消费贷款	1 382.2	1 386.8	1 401.5	1 423.0	1 440.4	1 453.1	1 476.8	1 502.6	1 523.0	1 536.7	1 558.6	1 562.5
	票据融资	141.1	142.6	165.3	187.8	225.0	213.0	207.5	212.2	209.9	210.8	219.8	209.1
	各项贷款余额比上月增加（亿元）	203.0	178.5	262.9	250.7	167.8	78.2	118.5	101.6	105.0	-10.3	68.2	111.5
	其中：个人消费贷款	27.4	4.6	14.8	21.4	17.4	12.7	23.7	25.8	20.4	13.7	21.9	3.9
	票据融资	7.5	1.5	22.7	22.5	37.2	-12.0	-5.5	4.8	-2.3	0.9	9.0	-10.7
	金融机构各项贷款同比增长（%）	16.2	15.5	15.1	15.8	15.5	15.2	14.8	14.1	14.5	13.3	13.7	14.7
	其中：个人消费贷款	18.4	18.1	16.6	17.0	17.1	17.4	17.8	18.1	17.9	17.6	17.6	17.2
	票据融资	66.0	46.4	21.2	31.7	53.1	72.2	43.6	22.6	27.2	17.6	35.3	56.5
外币	金融机构外币存款余额（亿美元）	8.8	9.1	8.8	9.5	9.4	10.3	8.1	8.2	8.1	10.0	8.1	9.5
	金融机构外币存款同比增长（%）	-3.5	-22.3	-10.7	-4.3	-6.9	-11.4	-28.5	-35.8	-20.0	7.5	-16.7	-0.7
	金融机构外币贷款余额（亿美元）	18.2	18.3	18.5	21.0	20.7	19.4	18.3	18.1	18.3	17.9	18.5	18.5
	金融机构外币贷款同比增长（%）	40.4	45.1	58.3	62.9	45.5	38.9	35.4	33.5	34.0	39.4	57.3	38.5

数据来源：中国人民银行呼和浩特中心支行。

表2 2001～2013年内蒙古自治区各类价格指数

单位：%

年/月		居民消费价格指数		农业生产资料价格指数		工业生产者购进价格指数		工业生产者出厂价格指数	
		当月同比	累计同比	当月同比	累计同比	当月同比	累计同比	当月同比	累计同比
2001		—	1.3	—	1.4	—	-0.1	—	-0.7
2002		—	0.2	—	2.6	—	-0.1	—	-0.7
2003		—	2.1	—	1.2	—	2.9	—	3.2
2004		—	2.9	—	9.5	—	9.2	—	5.1
2005		—	2.4	—	8.3	—	9.8	—	5.1
2006		—	1.5	—	1.1	—	5.9	—	3.0
2007		—	4.6	—	3.0	—	4.8	—	5.7
2008		—	5.7	—	14.9	—	11.7	—	12.5
2009		—	-0.3	—	-0.3	—	-0.9	—	-3.8
2010		—	3.2	—	2.0	—	5.0	—	6.7
2011		—	5.6	—	6.3	—	6.1	—	7.8
2012		—	3.1	—	4.9	—	2	—	0.2
2013		—	3.2	—	3.5	—	-0.7	—	-3.0
2012	1	5.3	5.3	7.7	7.7	5.4	5.4	4.4	4.4
	2	4.0	4.7	7.4	7.5	5.0	5.2	3.5	4.0
	3	4.1	4.5	6.4	7.1	4.4	4.9	3.1	3.7
	4	3.8	4.3	5.8	6.8	3.6	4.6	2.3	3.3
	5	3.6	4.2	5.4	6.5	3.2	4.3	1.8	3.0
	6	2.9	4	4.3	6.1	2.4	4	0.6	2.6
	7	2.2	3.7	4	5.8	1.4	3.6	-0.2	2.2
	8	2.3	3.5	4	5.6	0.5	3.2	-1.5	1.7
	9	2.2	3.4	3.6	5.3	-0.3	2.8	-2.4	1.3
	10	2.1	3.2	3.7	5.2	-0.1	2.5	-2.5	0.9
	11	2.4	3.2	3.8	5.1	-0.4	2.2	-3	0.5
	12	2.4	3.1	3.6	4.9	-0.6	2	-3	0.2
2013	1	2.4	2.4	3.4	3.4	-0.7	-0.7	-3.0	-3.0
	2	3.8	3.1	3.1	3.3	-0.9	-0.8	-3.0	-3.0
	3	3.1	3.1	2.1	2.9	-1.1	-0.9	-3.2	-3.1
	4	3.2	3.1	2.2	2.7	-1.2	-1.0	-3.7	-3.2
	5	3.0	3.1	4.2	3.0	-1.4	-1.1	-4.1	-3.4
	6	3.2	3.1	4.3	3.2	-1.2	-1.1	-3.8	-3.5
	7	3.5	3.2	4.4	3.4	-1.0	-1.1	-3.8	-3.5
	8	3.4	3.2	4.5	3.5	-0.6	-1.0	-2.8	-3.4
	9	3.3	3.2	4.3	3.6	-0.1	1.7	-2.7	-3.4
	10	3.5	3.2	4.1	3.7	-0.1	-0.8	-2.6	-3.3
	11	3.4	3.3	3.1	3.6	0.1	2.2	-1.8	-3.1
	12	2.9	3.2	2.5	3.5	0.0	-0.7	-1.7	-3.0

数据来源：国家统计局内蒙古调查总队、《中国经济景气月报》。

表3 2013年内蒙古自治区主要经济指标

	1月	2月	3月	4月	5月	6月	7月	8月	9月	10月	11月	12月
绝对值（自年初累计）												
地区生产总值(亿元)	—	—	2 943.9	—	—	7 087.6	—	—	11 338	—	—	16 832.4
第一产业	—	—	123.3	—	—	263.1	—	—	515.7	—	—	1 599.4
第二产业	—	—	1 624.5	—	—	4 058.7	—	—	6 606.2	—	—	9 084.2
第三产业	—	—	1 196.2	—	—	2 765.8	—	—	4 216.1	—	—	6 148.8
固定资产投资(亿元)	—	82	610.8	1 665.9	3 189.3	5 547	7 295.7	9 278.2	11 208.4	13 172.4	14 308.4	14 070.5
房地产开发投资	—	5.5	40.5	119.2	261.7	495.2	673.1	880.5	1 116.4	1 334.1	1 438.1	1 479.0
社会消费品零售总额(亿元)	—	—	1 171.3	—	—	2 320.2	—	—	3 591.58	—	—	5 075.2
外贸进出口总额(万美元)	—	169 700	257 200	368 100	459 600	556 200	662 600	759 000	867 500	978 200	1 081 300	1 199 300
进口	—	121 200	177 600	255 500	316 300	381 500	458 300	520 800	592 300	656 800	721 600	789 800
出口	—	48 500	79 600	112 600	143 400	174 700	204 300	238 300	275 200	321 400	359 700	409 500
进出口差额(出口-进口)	—	-72 700	-98 000	-142 900	-172 900	-206 800	-254 000	-282 500	-317 100	-335 400	-361 900	-380 300
外商实际直接投资(万美元)	—	1 000	27 500	49 000	84 700	100 800	107 300	124 400	190 300	225 600	259 100	464 500
地方财政收支差额(亿元)	—	-83.6	-271.0	-348.4	-487.9	-608.8	-723.1	-874.6	-1 032.2	-1 163.1	-1 406.6	-1 962.6
地方财政收入	—	268.8	397.2	551.0	702.6	910.6	1 053.5	1 159.4	1 286.8	1 398.6	1 506.2	1 719.5
地方财政支出	—	352.5	668.2	899.4	1 190.5	1 519.4	1 776.6	2 034.0	2 319.0	2 561.7	2 912.8	3 682.2
城镇登记失业率(%)（季度）	—	—	—	—	—	—	—	—	—	—	—	3.7
同比累计增长率（%）												
地区生产总值	—	—	9.9	—	—	9	—	—	9	—	—	9
第一产业	—	—	3.4	—	—	1.8	—	—	1	—	—	5.2
第二产业	—	—	12	—	—	10.5	—	—	11	—	—	10.7
第三产业	—	—	7.6	—	—	7.4	—	—	6.5	—	—	7.1
工业增加值	—	12.7	12	11.6	11.6	11.6	11.7	12.1	12.2	12.3	12	12
固定资产投资	—	19.7	18.5	18.1	18	18.2	18.1	18.4	19.1	19.2	19.4	18.6
房地产开发投资	—	259.6	18.8	6.4	2.1	12	11.3	7.1	10.9	13.6	13.8	14.5
社会消费品零售总额	—	—	10.3	—	—	11	—	—	11.3	—	—	11.8
外贸进出口总额	—	5.9	0.8	7.3	2.7	-1.8	-0.7	0.6	3.4	5.8	5.1	6.5
进口	—	2.9	0.5	9	6.6	3.3	6.4	8.5	12.7	13.1	9.8	8.4
出口	—	14.3	2.6	3.7	-4.9	-11.4	-13.6	-13.2	-12.2	-6.4	-3.3	3.1
外商实际直接投资	—	-35	-26.1	31	10	25	26	30	62.2	75	35	18
地方财政收入	—	-0.9	-0.9	3.8	7	11.1	11.1	10.5	12.4	10.9	9.4	10.7
地方财政支出	—	23.8	14.6	13	14.9	10.1	9.6	8	6	5.4	6.6	7.5

数据来源：内蒙古统计局、《中国经济景气月报》。

2013年辽宁省金融运行报告

中国人民银行沈阳分行货币政策分析小组

[内容摘要] 2013年，辽宁经济结构调整特征明显。第二产业固定资产投资增速较上年放缓，房地产市场下行，财政收入增速回落。消费好于全国，外贸有所回暖，经济运行总体平稳。改革成效也在多方面逐渐体现。民间投资、第三产业投资增长较快；农村居民收入增长快于城镇；农业生产条件改善；万元工业增加值能耗下降。同时，货币金融环境总体良好，较好地匹配了地区经济增长与结构调整的需要。其中，新型金融产品快速发展对金融运行的影响值得关注。

2014年辽宁经济有望延续上年走势。经济增长缓中趋稳，物价涨幅平稳；消费、出口继续向好；第三产业占比将继续有所上升。辽宁省贷款投放将延续增量平稳、增速小幅下降态势。金融机构将继续助力微观搞活和产业结构转型升级。金融管理部门将着力做好金融风险的防范和化解工作。

一、金融运行情况

2013年，辽宁省货币金融环境总体适度，较好地稳定了短期经济增长，匹配了未来转型需要。银行业贷款投放平稳、经营好转、资产质量改善；证券业顺利推进改革调整，证券交易比较活跃；保险业继续稳步发展。

（一）银行业总体经营状况较好

1. 银行资产规模稳步增长，盈利水平上升。2013年年末，辽宁省银行业金融机构资产总额为50 962.1亿元，比上年同期增长8.7%（见表1）；负债总额为48 946.1亿元，比上年同期增长8.0%。机构数量也稳步增加。总体来看，不良贷款再次“双降”，2013年年末，不良贷款余额为788.2亿元，比年初减少8.9亿元；不良贷款率为2.7%，比年初下降0.4个百分点。全年银行业机构实现盈利为660.2亿元，同比增长32.7%，同比增加162.9亿元。

表1　2013年辽宁省银行业金融机构情况

机构类别	营业网点			法人机构（个）
	机构个数（个）	从业人数（人）	资产总额（亿元）	
一、大型商业银行	3 139	78 228	18 187	0
二、国家开发银行和政策性银行	82	2 390	5 373	0
三、股份制商业银行	364	14 141	8 578	0
四、城市商业银行	1 028	24 211	11 197	15
五、小型农村金融机构	2 381	31 744	4 054	69
六、财务公司	2	163	317	2
七、信托公司	1	174	61	1
八、邮政储蓄银行	1 717	18 101	2 247	0
九、外资银行	45	1 425	503	0
十、新型农村金融机构	79	2 643	445	59
合　计	8 838	173 220	50 962	146

注：营业网点不包括国家开发银行和政策性银行、大型商业银行、股份制银行等金融机构总部数据；大型商业银行包括中国工商银行、中国农业银行、中国银行、中国建设银行和交通银行；小型农村金融机构包括农村商业银行、农村信用社；新型农村金融机构包括村镇银行、贷款公司和农村资金互助社。

数据来源：辽宁银监局、大连银监局。

2. 存款增速下滑。2013年年末，辽宁省金融机构本外币各项存款余额为39 418亿元，同比增长11.7%，增幅比上年同期低2.8个百分点（见图3）。全年各项存款累计新增4 171亿元，同比少增302亿元。其中，11月和12月全省各项存款合计新增507亿元，同比少增690亿元，表现为年末存款回落较快。

3. 贷款增长平稳。2013年年末，辽宁省金融机构本外币各项贷款余额为29 722亿元，同比增长13%，增幅比上年同期低2.2个百分点。全年辽宁省本外币各项贷款新增3 364亿元，同比少增102亿元。从币种看，人民币各项贷款余额27 944亿元，同比增长13%，增幅较上年同期回落1.4个百分点（见图2）。全年累计新增人民币贷款3 163亿元，同比多增63亿元。从期限看，由于经济仍在调整时期，中长期贷款增速维持低位。2013年年末，辽宁省金融机构本外币中长期贷款余额为17 004亿元，同比增长10.3%，维持年初以来低位运行。全年新增中长期贷款1 583亿元，同比少增59亿元。短期贷款增长趋势平稳。2013年年末，辽宁省金融机构本外币短期贷款增长18.6%，增幅比上年同期低2.3个百分点。全年短期贷款新增1 779亿元，同比多增74亿元。由于基数波动，2013年票据融资同比增速先放缓后加快。

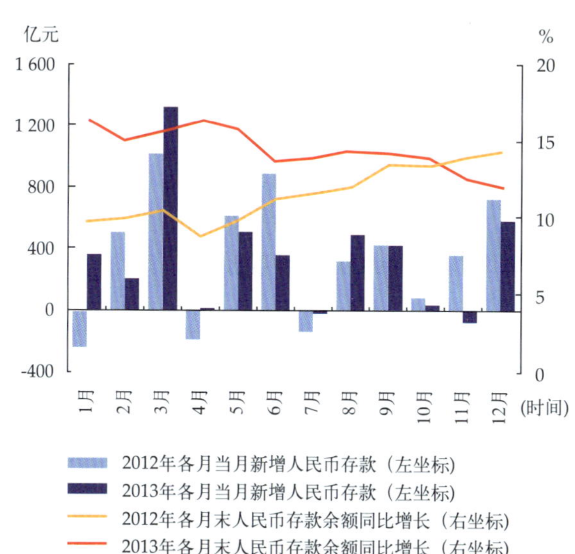

数据来源：中国人民银行沈阳分行。

图1 2012～2013年辽宁省金融机构人民币存款增长变化

4. 理财产品增速回落。受监管部门规范银行理财业务的影响，辽宁省理财产品增速下降。2013年累计自主发行理财产品498.78亿元，同比增长28.87%，增速较上年下降96.6个百分点。从产品类型看，主要以非保本浮动收益类为主，占全省自主发行理财产品的84%；从投资方向看，主要投向债券及货币市场工具，占全省自主发行理财产品的49.6%；从发行主体看，由于大连银行资产规模占全省份额较大，且在经营方向上有所倾斜，其发行理财产品占全省的63.5%。

5. 贷款利率水平总体平稳，民间借贷利率稳中微降。2013年辽宁省金融机构各期限人民币一般贷款加权平均利率（不含贴现）7.21%，比上年下降30个基点。年内贷款利率先升后降、年底冲高。下浮利率贷款占比11.7%，比上年提高3.5个百分点。大型企业仍然是下浮利率贷款主要对象。小型企业贷款风险和贷前审查成本高，银行需要以较高的贷款利率来覆盖风险和成本。

2013年，辽宁省民间借贷资金价格平稳，略

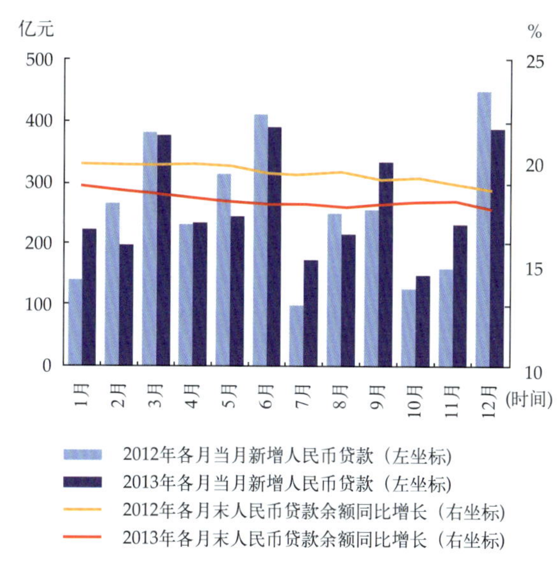

数据来源：中国人民银行沈阳分行。

图2 2012～2013年辽宁省金融机构人民币贷款增长变化

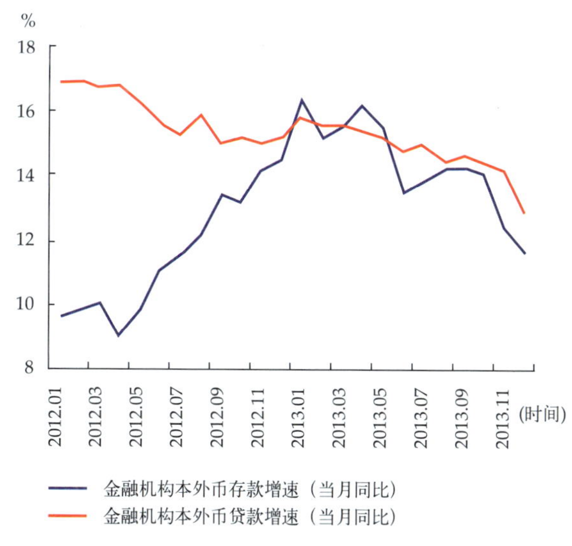

数据来源：中国人民银行沈阳分行。

图3 2012～2013年辽宁省金融机构本外币存、贷款增速变化

呈下降态势。全年各期限民间借贷监测样本加权平均利率13.56%，比上年下降21个基点。从借款对象看，农户样本的各期限加权平均利率13.13%，比上年下降17个基点；企业样本的各期限加权平均利率13.85%，比上年下降26个基点。

表2 2013年辽宁省金融机构人民币贷款各利率区间占比

单位：%

月份		1月	2月	3月	4月	5月	6月
合计		100.0	100.0	100.0	100.0	100.0	100.0
下浮		10.6	14.5	13.9	13.4	14.2	13.4
基准		23.5	18.6	21.6	20.9	18.4	21.1
上浮	小计	66.0	66.9	64.5	65.7	67.4	65.5
	(1.0, 1.1]	21.1	20.3	19.7	17.1	20.2	17.6
	(1.1, 1.3]	26.4	27.9	24.1	25.2	24.5	22.9
	(1.3, 1.5]	11.1	10.3	12.0	12.7	13.3	14.2
	(1.5, 2.0]	6.1	7.4	7.1	7.9	7.2	8.8
	2.0以上	1.3	1.0	1.6	2.6	2.2	1.9
月份		7月	8月	9月	10月	11月	12月
合计		100.0	100.0	100.0	100.0	100.0	100.0
下浮		10.7	8.8	10.4	10.3	11.3	8.6
基准		22.7	17.5	20.5	21.0	25.4	22.7
上浮	小计	66.6	73.7	69.0	68.6	63.3	68.7
	(1.0, 1.1]	17.2	19.3	17.4	22.6	17.7	16.7
	(1.1, 1.3]	27.4	28.0	26.7	24.5	24.6	24.8
	(1.3, 1.5]	11.9	14.2	13.3	11.5	11.9	15.7
	(1.5, 2.0]	7.6	8.7	9.2	8.5	7.0	10.2
	2.0以上	2.6	3.4	2.4	1.6	2.1	1.3

数据来源：中国人民银行沈阳分行。

6. 法人银行机构改革取得新进展。城市商业银行以资本管理推动转型，采取政府置换、自主清收等方式，处置历史包袱35.67亿元。年末城市商业银行资本新规达标率由年初71.4%提高到92.8%。农村中小金融机构改革继续推进。化解历史包袱21.38亿元。4家农村商业银行获批开业，4家获批筹建。2013年10月，辽阳市太子河区、灯塔市农村信用社获得人民银行专项票据资金2.2亿元，至此全省78家农村信用社121.8亿元支持资金全部到位，标志着历经十载的辽宁省农村信用社改革试点资金支持工作圆满完成。

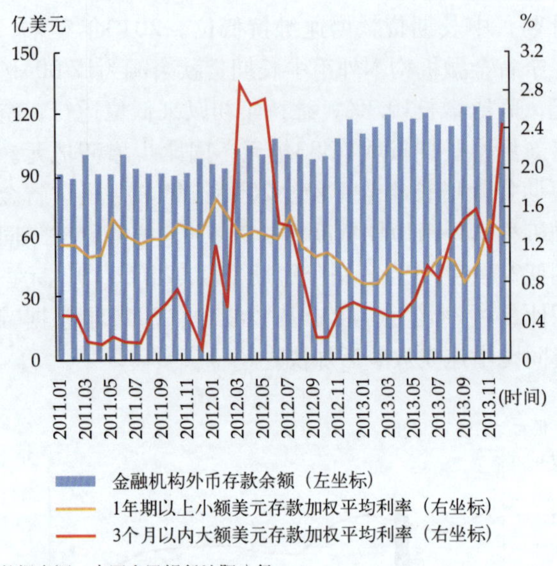

数据来源：中国人民银行沈阳分行。

图4 2011～2013年辽宁省金融机构外币存款余额及外币存款利率

7. 人民币成为全省跨境收支第二大结算货币。改革了出口货物贸易人民币结算企业管理方式，全省有进出口资格的企业均可开展出口货物贸易人民币结算。启动了境内非金融机构人民币境外放款业务。全年辽宁省共发生跨境人民币业务927.3亿元，同比增长47%，占辽宁省国际收支的12%。人民币成为辽宁省跨境收支第二大结算货币。全省有61家银行的416家分支机构办理了跨境人民币结算业务，涉及企业2 207家，境外地域涉及108个国家和地区。自试点起至2013年年底，累计结算额1 879.9亿元，为企业节约成本约43亿元。

专栏1 应加强评估金融业变化对地区金融发展的机遇和挑战

2013年中国金融业发生了很多新变化，以下三方面趋势更加明显：一是银行外的融资更加丰富。为实体经济融资的非银行融资机构更加多样，融资方式不断创新。除了股票、债券发行等传统的直接融资，财务公司、汽车金融公司、金融租赁公司、消费金融公司、小额贷款公司、典当行以及影响与日俱增的互联网金融等，都有较快的发展。二是银行主导或参与的，通过方兴未艾的泛资产管理行业（包括银行理财、银行同业、信托、券商、证券基金、私募基金、保险等相关资产管理）提供的，传统贷款之外的融资方式不断涌现。三是银行准入放松。民营银行试点起步，不同类型金融机构的业务范围不断拓宽，金融竞争日趋激烈。在此背景下，找准地方金融发展定位，更好支持地区经济增长与转型，是值得认真评估和研究的重要课题。

首先，要密切关注银行业稳健问题。目前发展较快的一些非贷款类融资业务，与银行也有一定联系。非贷款类融资业务的快速发展，拓宽了社会闲置资金的投资渠道，但也可能使银行资产负债的波动性增大。

其次，要规范金融秩序，防止金融机构实际功能出现不应有的偏差。当前，各地应抓住机遇，因势利导，进一步丰富地区金融业态、适当扩张机构规模和数量。同时，也要加强监管和引导，使各类融资模式恪守行业本质。

最后，要更加重视金融生态环境建设。经济下行时期，各类违约事件发生的可能性大增。同时，随着互联网金融的发展，跨区域的资金归集与配置更为便捷，资金向金融生态环境较好的地区流动的渠道更为畅通。同时，网络"自媒体"与"口碑效应"的存在，也会进一步放大各地金融生态环境差异对跨区域资金流动的影响。

（二）证券业顺利推进改革发展

2013年，辽宁省证券业以改革调整为发展主基调。上市公司资产重组工作顺利开展，证券公司创新力度不断加大，期货公司平稳发展，服务实体经济和资源配置功能有效发挥。

1. 上市公司资产重组进展顺利。2013年，山东路桥成功重组ST丹化，实现借壳上市。壹桥苗业完成重大资产购买，实力有所增强。奥维通信完成重大资产重组项目。万方发展重大资产重组申请资料获中国证监会受理。

2. 法人证券公司业务资格增加。中天证券取得开办融资融券、约定式购回、股票质押式回购等创新业务资格。不过，法人证券公司利润仍主要源于经纪和自营，受市场环境影响，2013年利润下滑。

3. 法人期货公司盈利状况好转。2013年年末，辽宁省共有期货经纪公司6家，期货营业部105家。全年各机构实现手续费收入5.3亿元，利润4 459万元，较上年有所下降；累计成交量4.1亿手，成交金额为37.7万亿元，同比增长50%以上。其中法人期货公司经营状况好转，全年实现利润3 472万元。

4. 证券市场交易活跃。2013年年末，辽宁省（不含大连）证券投资者开户487万户，证券累计交易额为20 712亿元，股票交易额为14 274亿元，同比上升37.5%，基金交易额为341亿元。

表3　2013年辽宁省证券业基本情况

项目	数量
总部设在辖内的证券公司数（家）	3
总部设在辖内的基金公司数（家）	0
总部设在辖内的期货公司数（家）	6
年末国内上市公司数（家）	68
当年国内股票（A股）筹资（亿元）	67
当年发行H股筹资（亿元）	0
当年国内债券筹资（亿元）	1 053
其中：短期融资券筹资额（亿元）	215
中期票据筹资额（亿元）	255

数据来源：辽宁证监局、大连证监局，中国人民银行工作人员计算。

（三）保险业继续保持相对稳定

2013年辽宁省保险业经营保持稳定，行业发展基础和业务内在质量进一步夯实和提升。

1. 保险机构数量相对稳定。2013年年末，全省共有保险经营主体（含分支机构）108家（见表4），比上年新增2家财产险分支机构。其中，财产保险公司46家，人身保险公司62家；保险公司法人机构4家。各机构资产合计1 789.8亿元，同比增长10.5%。

2.保险业务稳步发展。2013年年末，全省保险业实现保费收入622.6亿元，同比增长10.6%。其中，财产险保费收入增长14.0%，人身险保费收入增长8.6%。累计赔付支出239.9亿元，同比增长31.2%。保险深度与上年持平，保险密度略有下降。在服务“三农”方面，农业保险（不含大连）业务规模达9.8亿元，同比增长42%，参保农户337.8万户。

表4　2013年辽宁省保险业基本情况

项目	数量
总部设在辖内的保险公司数（家）	4
其中：财产险经营主体（家）	1
人身险经营主体（家）	3
保险公司分支机构（家）	104
其中：财产险公司分支机构（家）	45
人身险公司分支机构（家）	59
保费收入（中外资，亿元）	622.6
其中：财产险保费收入（中外资，亿元）	229.1
人身险保费收入（中外资，亿元）	393.5
各类赔款给付（中外资，亿元）	239.9
保险密度（元/人）	1 200.5
保险深度（%）	2.32

数据来源：辽宁保监局、大连保监局，中国人民银行工作人员计算。

（四）银行表外融资发展较快，货币市场利率波动加大

1.本外币贷款融资占比下降，银行表外融资大幅增加。2013年，辽宁省社会融资规模为5 654亿元，比2012年增加208亿元。其中，本外币贷款为3 419亿元，占社会融资比重60.5%（见图5），较上年下降3.2个百分点。委托贷款等表外融资增长较快。2013年，辽宁省表外融资规模占比24.4%，比上年提高6.9个百分点。其中，委托贷款融资814.9亿元，同比增加541亿元。直接融资占社会融资比重较上年下降3.6个百分点。

专栏2　辽宁省委托贷款增长情况

按社会融资统计口径，2013年辽宁委托贷款融资814.9亿元，比上年增加541亿元。而2013年全省社会融资比2012年仅增加208亿元。

从原因看主要有以下几点：一是个人住房公积金委托贷款快速增长。银行受托发放的个人公积金贷款主要体现在地方政府其他委托贷款项目中。2013年辽宁省个人住房公积金贷款大幅增长，全年新增213.2亿元，比上年多增80.5亿元。二是企业资金池管理模式助推委托贷款增长。一些大型企业集团采用委托贷款资金池方式管理集团资金。在资金归集时点，子公司资金上划至以集团总部名义设立的资金池账户，形成子公司对集团总部委托贷款。在子公司对外付款时，由总部资金池下拨资金先偿还贷款，超出部分形成集团总部对子公司委托贷款。如某集团公司利用委贷资金池模式管理集团资金，2013年净增委托贷款73.7亿元，比上年多增58.5亿元。三是委托贷款利率较高，成为有闲置资金、风险偏好较高企业和个人的理财工具。四是规避监管引发以委托贷款为载体的金融创新。在央行强化信贷调控、银信合作监管政策趋严的情况下，部分银行通过机构合作以委托贷款形式变相向企业发放贷款。2013年全省新增其他金融机构委托贷款（主要为银证合作形式）154.4亿元，比上年多增140亿元。

委托贷款业务的快速增长在一定程度上有利于满足实体经济的投融资需求，但也存在规避监管、潜藏一定的金融风险等问题。下一步，应继续加强对银行委托贷款等业务的监测分析，及时发现并积极应对潜在风险。

2. 银行间市场交易量同比下降，交易价格波动较大。2013年，辽宁省金融机构在全国银行间市场累计拆借资金1 552.85亿元，同比减少688.37亿元，下降30.71%。拆借资金减少的主要原因

有："保持定力"的货币政策环境以及由此产生的市场预期、货币市场短期利率波动、监管部门规范同业业务带来冲击等。从利率走势看，与全国走势一样，6月和第四季度均有明显冲高行情。2013年，辽宁辖内市场成员在银行间债券市场交易量为60 360.04亿元，同比下降4.15%。其中，债券回购交易相对活跃，成交48 578.31亿元，同比增长25.31%；现券买卖交易成交11 781.73亿元，同比减少51.33%。

3. 票据签发量平稳增长，票据贴现余额减少。2013年年末，辽宁省内票据签发余额为3 980亿元，同比增加549亿元，增长16.0%；当年累计签发8 550亿元，同比增加1 182亿元，增长16.0%。票据融资贷款余额从6月起持续走低，12月末余额同比下降3.4%。主要原因有：为合理控制表外业务规模，防范银票业务快速扩张风险，大部分商业银行总行加强对分支机构票据融资规模的控制和管理；银行通过主动压缩票据转贴现业务来满足一般贷款需求。6月和年末，票据利率出现明显上升行情，与银行间市场走势大体一致。

表5　2013年辽宁省金融机构票据业务量统计

单位：亿元

季度	银行承兑汇票承兑		贴现			
			银行承兑汇票		商业承兑汇票	
	余额	累计发生额	余额	累计发生额	余额	累计发生额
1	3 697	1 915	806	4 401	9.42	82
2	3 805	2 161	870.1	6 151	6.33	145
3	3 887	2 014	769.3	7 697	1.15	160
4	3 978	2 418	759.7	3 983	5.43	234

数据来源：中国人民银行沈阳分行。

表6　2013年辽宁省金融机构票据贴现、转贴现利率

单位：%

季度	贴现		转贴现	
	银行承兑汇票	商业承兑汇票	票据买断	票据回购
1	5.0974	5.4292	4.6380	4.5149
2	5.0786	5.1241	4.7152	4.6920
3	6.6377	6.4503	5.4207	5.2432
4	6.9594	7.2928	6.0066	5.9917

数据来源：中国人民银行沈阳分行。

4. 期货交易品种更加丰富，交易情况分化明显。2013年大连商品交易所期货成交量和成交额分别达7亿手和47万亿元。焦煤、铁矿石、鸡蛋、纤维板、胶合板5种商品期货合约相继在大商所上市，交易品种已达14个。交易情况分化明显。焦炭、棕榈油交易活跃；聚氯乙烯、玉米、大豆交易明显萎缩（见表7）。

表7　2013年大连商品交易所交易统计

交易品种	累计成交金额（亿元）	同比增长（%）	累计成交量（万手）	同比增长（%）
豆一	5 062.5	-76.4	1 099.4	-75.8
豆二	3.1	-38.1	0.7	-30.4
豆粕	88 418.6	-23.7	26 535.8	-18.6
玉米	3 174.6	-65.0	1 331.4	-64.8
豆油	72 191.9	12.3	9 633.5	39.9
聚乙烯	38 648.3	6.1	7 214.2	0.4
棕榈油	50 846.3	56.9	8 249.5	90.5
聚氯乙烯	593.2	-74.6	178.7	-74.1
焦炭	184 249.8	258.8	11 530.7	250.3
焦煤	23 317.1	—	3 426.0	—
铁矿石	2 044.3	—	218.9	—
鸡蛋	798.4	—	195.1	—
胶合板	1 305.1	—	198.8	—
纤维板	874.0	—	237.5	—
合计	471 527.3	41.5	70 050.1	10.7

数据来源：中国证券监督管理委员会网站。

（五）金融生态环境建设与金融基础设施建设得到进一步推进

人民银行征信工作有效推进。《征信业管理条例》3月15日起实施。企业征信系统征集辽宁省36万户企业及其他组织信用信息。个人征信系统收录辽宁省1 628万人、4 031万户个人信贷账户，征集3 019万个自然人信用信息。建立中小企业信用档案68 435户。阜新市开展农村信用示范户评选试点。小额贷款公司和融资性担保机构信用评级试点稳步推进，评级347家（含部分非试点担保机构）。征信系统信用查询量大幅增加。全年提供查询46万次，同比增加52%。查询方式更加多元和便利。个人信用报告互联网查询试点有10.5万人在平台注册，通过8.2万人。沈阳市引入信用报告自助查询终端。

第二代支付系统10月上线运行。全年处理大额支付系统业务3 153万笔、金额109.6万亿元，同比分别增长18.7%和28.7%；小额支付系统业务4 865万笔、金额6 421亿元，同比分别增长42.5%和63.4%（见表8）。"十二运"期间，全运会重点区域增设银行营业网点或自助场所109个，延长营业时间网点672个。重点区域能受理银行卡的特约商户达90%，POS终端全部能受理符合中国人民银行颁布的第二代金融IC卡规范的银行卡。创建"刷卡无障碍示范街（区）"，16个商业街（区）通过验收。沈阳、抚顺、铁岭三市同城化开展全国支票影像交换系统业务拓展试点。农村等薄弱地区支付环境建设继续推进。2013年年末，全省共有银行卡助农取款服务点10 280个，覆盖7 172个村级行政区。布放银行卡助农取款服务终端机具14 666台，惠及农村人口1 303.43万人。银行卡特约商户3.42万户，覆盖村级行政区4 526个。POS机具布放实现"村村通"。

二、经济运行情况

2013年辽宁经济连续第三年回落。主要是第二产业固定资产投资下行，拖累经济增长。全年实现地区生产总值27 078亿元，同比增长8.7%（见图6）；居民消费价格涨幅明显回落；工业生产者价格同比下降。消费好于全国，外贸有所回暖。产业、城乡、所有制结构向好的方向调整，发展的潜力和动力逐步积聚。

（一）内需增长放缓，外需有所转暖

由于经济动力结构与产业结构原因，2013年辽宁内需有所下滑，拖累经济增长，但调结构有一定成效。

1. 固定资产投资增速同比回落，投资结构趋于优化。全年固定资产投资完成额24 791亿元，同比增长15.1%，增速比上年低8.4个百分点（见图7），比全国低4.5个百分点，连续多年增速下滑。主要原因是受第二产业影响。第二产业固定资产投资增速9.8%，下滑16.5个百分点，带动固定资产投资增速下滑6.8个百分点（第二产业固定资产投资占比41.5%）。好的一面是，投资结构在优化。从三次产业看，第三产业投资同比增长20.1%，延续了上年快速增长势头，连续十一年增速超过20%。从所有制看，民间投资16 976亿元，增长18%，尽管较上年下滑8.9个百分点，但增速继续高于全国平均水平。

2. 消费增速好于全国，结构与潜力较好。从增速看，全年社会消费品零售总额10 524.4亿元，增长13.7%（见图8），增速较全国高0.6个

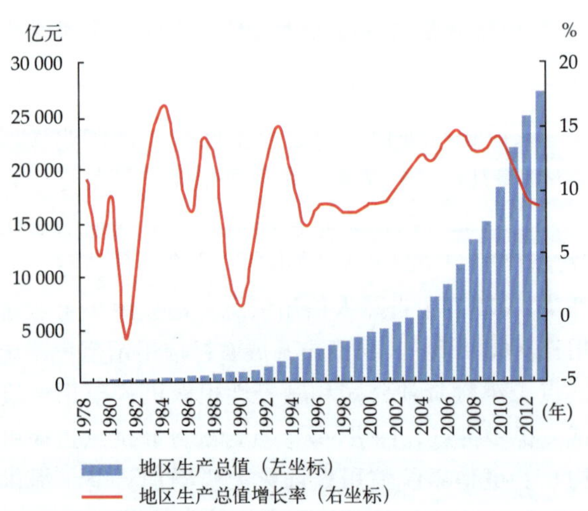

数据来源：各省（自治区、直辖市）《国民经济和社会发展统计公报》和中国人民银行工作人员计算。

图5 1978～2013年辽宁省地区生产总值及其增长率

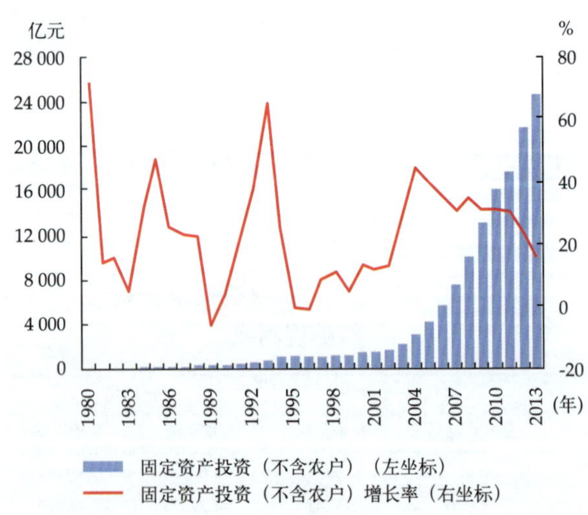

注：2010年及以前年度采用"全社会固定资产投资"数据。

数据来源：国家统计局《中国经济景气月报》、中国人民银行工作人员计算。

图6 1980～2013年辽宁省固定资产投资（不含农户）及其增长率

百分点。从结构看，建筑及装潢材料、家具消费弱于全国，说明辽宁根据房地产市场走势早于全国作出消费调整。发展类消费中的通讯器材增长40.2%，高于全国19.8个百分点；电子出版物及音像制品增长25.2%，比上年提高21.5%个百分点；体育娱乐用品增长14.3%，比上年提高11.3个百分点。从潜力看，农村居民收入继续好于全国，增速继续高于城镇居民收入，说明县域和农村消费存在潜力。全年农村居民人均纯收入10 523元，实际增长9.3%，较上年低1个百分点；城镇居民人均可支配收入25 578元，实际增长7.5%，较上年低2.8个百分点。

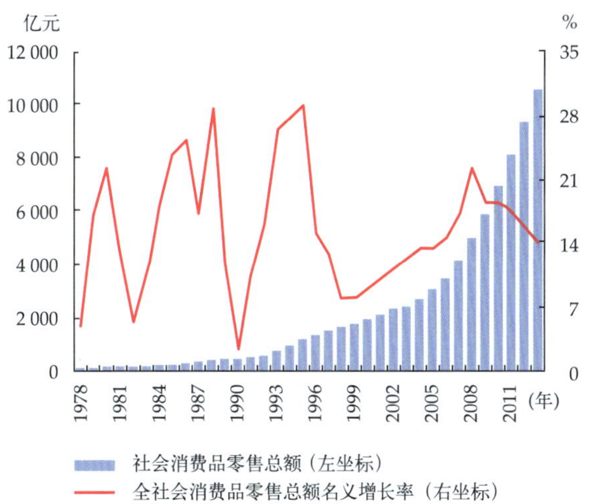

数据来源：国家统计局《中国统计摘要》、中国人民银行工作人员计算。

图7　1978～2013年辽宁省社会消费品零售总额及其增长率

3. 外贸增速企稳回升，利用外资增长放缓。全年进出口总额1 142.8亿美元，同比增长9.9%，增速高于上年1.6个百分点，高于全国2.3个百分点。出口方面，对东盟出口成为亮点，达116.8亿美元，同比增长45%。进口方面，加工贸易进口回暖，增速由上年-9.7%上升至9.6%，预示未来成品出口需求有望旺盛。全年实际使用外商直接投资290.4亿美元，同比增长8.3%，增速低于上年2.1个百分点（见图10）。其中制造业、第三产业实际使用外资增速较上年明显提高，均达18%左右。

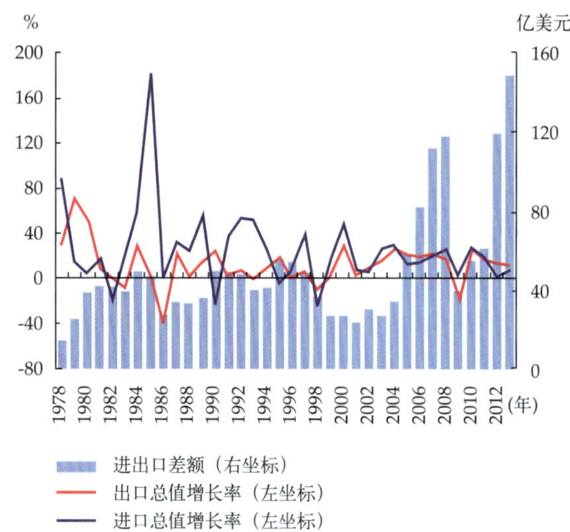

数据来源：国家统计局《中国经济景气月报》、中国人民银行工作人员计算。

图8　1978～2013年辽宁省外贸进出口变动情况

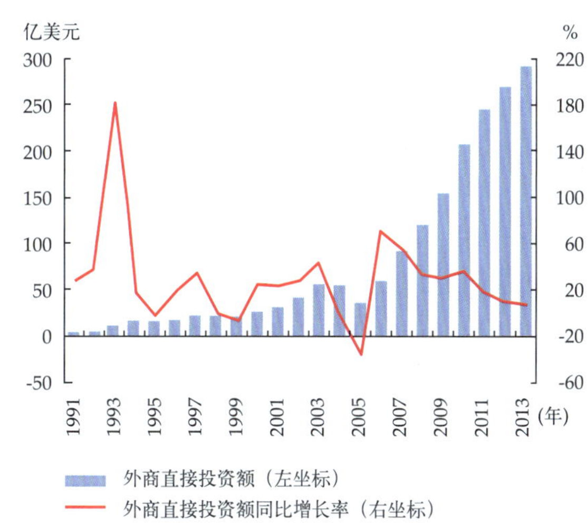

数据来源：国家统计局《中国统计摘要》、中国人民银行工作人员计算。

图9　1991～2013年辽宁省外商直接投资额及其增长率

（二）供给缓中趋稳，结构向好调整

2013年，辽宁第一、第二、第三产业增加值占地区生产总值比重分别为8.6%、52.7%和38.7%，第三产业占比较上年提高1.2个百分点；增加值增速分别为4.8%、8.9%和9.2%，第三产业增速相对较快。

1. 农业增速稳定，现代化生产条件改善。全年农业增加值2 321.6亿元，增长4.8%。粮食总产439.1亿斤，为“十连增”。农业现代化水平提升。全省设施农业面积超1 100万亩，设施蔬菜产量达3 200万吨，比上年增加210万吨；千万亩水稻生产基本实现全程机械化；千万亩节水滴灌工程累计完成349万亩。畜牧业克服生猪价格周期波动影响，全年肉、蛋、奶产量分别达713.6万吨、429.3万吨、202.4万吨，同比分别增长4.9%、4.8%、10.6%。

2. 工业增幅回落，体现结构调整政策导向。全年三次产业中第二产业增速较上年低0.9个百分点，在三次产业中降得最多。规模以上工业增加值同比增长9.6%，增速比上年低0.3个百分点（见图11）。其中，调整过剩产能是影响增速的主要原因，产业集群则是结构调整重要平台和载体。全年100个重点产业集群销售收入增长15.2%，占规模以上工业的55%。节能降耗和淘汰落后产能也取得成果，万元工业增加值能耗降低5%以上。

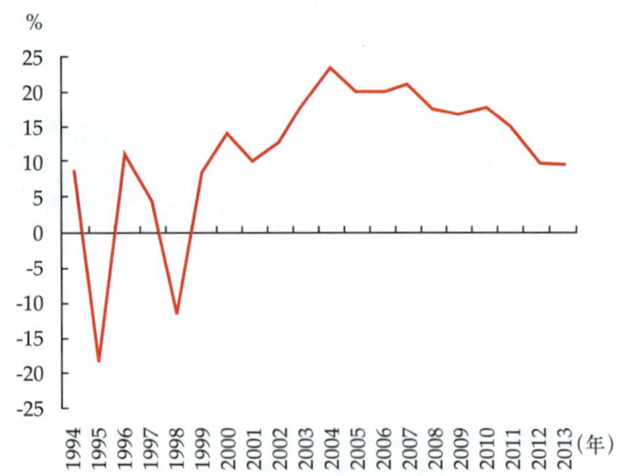

数据来源：国家统计局《中国经济景气月报》、中国人民银行工作人员计算。

图10　1994～2013年辽宁省规模以上工业增加值同比增长率

3. 服务业发展加快。全年服务业增加值10 486.6亿元，同比增长9.2%，增速高于全省地区生产总值0.5个百分点，高于全国0.9个百分点。地税收入1 593.9亿元，同比增长10.8%，高于全省地税增速2.6个百分点。物流、会展、电子商务、家庭服务、旅游、文化、金融、研发设计、房地产等重点行业快速发展。全年举办各类会展活动619项，其中国家级展会57项，实现会展交易额3 240.3亿元。全省各类商品市场2 434个，实现交易额5 972.2亿元。

（三）物价总体回落，程度超过全国

2013年，辽宁物价稳中有降，居民消费价格和工业生产者价格处于较低水平（见图12）。

1.食品价格涨幅回落导致居民消费价格走势放缓。全年居民消费价格同比上涨2.4%，涨幅低于全国。其中食品类和居住类价格涨幅分别为4.6%和2.3%。食品价格依然是影响居民消费价格的主要因素，但由于冬季气温偏高，食品价格涨幅受抑制，辽宁省居民消费价格环比增速没有像往年一样进入冬季就迅速上升，而是小幅回落。

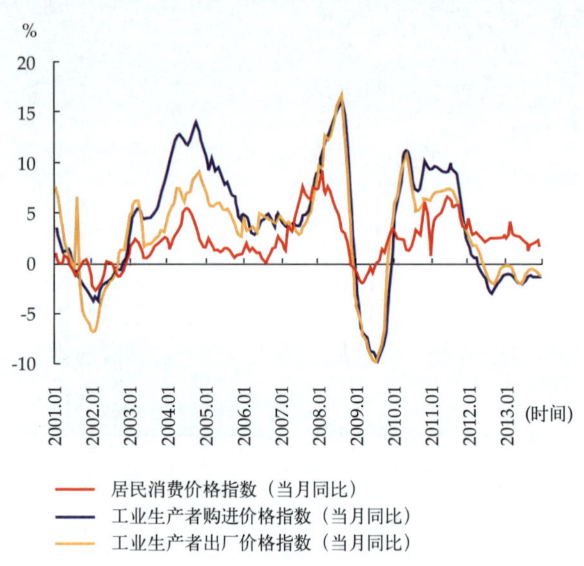

数据来源：国家统计局《中国经济景气月报》、中国人民银行工作人员计算。

图11　2001～2013年辽宁省居民消费价格和生产者价格变动趋势

2. 工业领域价格在低位继续下行。由于工业生产增速放缓、主要工业品供应稳定影响，生产资料价格保持低位下降趋势。全年工业生产者出厂价格和购进价格分别比上年同期下降1%和1.5%。

3. 人力成本稳步提高。受工资水平稳步增长、农民工外出务工潮减退、人口老龄化等因素影响，企业人工成本上涨。劳动密集型企业劳动力成本连年攀升。劳动密集型企业出现外迁趋势，转移至东南亚等劳动力成本更低廉的国家。

4. 资源性产品价格下行。2013年，辽宁省钢材价格总体变动不大，上半年短暂上涨之后快速回落，并与年初价格持平。受环保整治影响，钢铁产量回落，但市场供应仍处高位，供需矛盾严峻。煤炭企业受环保压力增大、能源结构调整影响大，全年煤炭价格低迷。

（四）财政收入增速回落，财政支出增长较快

2013年全年公共财政预算收入3 341.8亿元，同比增加236.4亿元，增长7.6%（见图13），增速比上年下降9.8个百分点。主要受经济下滑影响，增值税、营业税、企业所得税等税种收入减少。但作为结构调整的反映，服务业税收占比提高。全年公共财政预算支出4 559亿元，增长14.1%，增速比上年下降2.4个百分点（见图13）。支出重点体现了政策导向，住房保障支出增长25.8%，科学技术支出增长17.8%，节能环保支出增长16.1%。

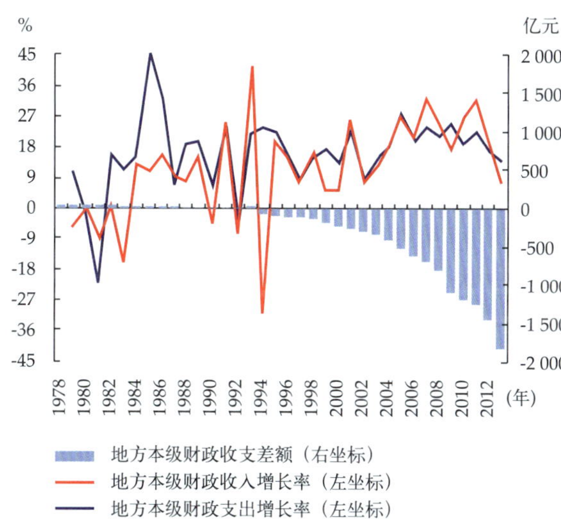

数据来源：《中国统计摘要》和中国人民银行工作人员计算。

图12　1978～2013年辽宁省财政收支状况

（五）生态文明建设稳步推进

2013年，辽宁深入推进三大工程。一是碧水工程。推进城市污水处理厂建设。巩固辽河、大小凌河、大浑太流域治理成果，干流退耕还河、生态封育170万亩。补充生态用水10亿立方米。辽河干流538公里生态廊道及滩地草原基本形成。二是青山工程。恢复生态植被570万亩。完成荒山造林193万亩、草原沙化治理100万亩。三是蓝天工程。出台扬尘污染防治管理办法。实施热电联产，拆除503台燃煤锅炉，19个县实现一县一热源，全省集中供热率93%。新增天然气管道340公里，用气量增长20%。发展绿色交通，淘汰黄标车25万辆，公交车、出租车油改气4.5万辆。

（六）房地产市场总体下行，部分城市房价涨幅较大

2013年，辽宁省房地产开发投资增速进一步放缓，商品房销售增速有所回落。

1. 房地产开发投资增速进一步回落。全年房地产开发投资6 450.75亿元，同比增长18.2%，增速同比回落3.4个百分点。从资金来源看，国内贷款和利用外资萎缩，自筹资金比重提高，资金压力加大。国内贷款847.64亿元，同比下降0.4%；利用外资61.92亿元，同比下降47.5%；自筹资金4 090.17亿元，同比增长23.6%。

2. 土地购置及房屋新开工面积等先行指标同比下降，待售面积同比大幅增长。全年购置土地面积2 502.27万平方米，同比下降21.8%。房屋新开工面积13 444.45万平方米，同比下降2.8%。竣工面积6 151.97万平方米，同比下降4.4%。待售面积3 426.59万平方米，同比增长46%。基本建成15.4万套保障房，超额完成国家下达任务。

3.商品房销售增速回落。全年商品房销售面积9 292.33万平方米，同比增长5.3%，增速同比下降11.8个百分点。其中住宅销售面积8 014.80万平方米，同比增长4.7%，增速同比下降10.9个百分点。分城市看，沈阳、营口、盘锦、铁岭四市商品房销售面积同比下降，其中沈阳市商品房销售面积2 262.33万平方米，同比下降8.4%。其他10市商品房销售面积同比上升，其中大连市商品房销售面积1 222.13万平方米，同比增长13.5%。

4. 部分城市房价涨幅较大。根据国家统计局数据，2013年辽宁省沈阳、大连、丹东、锦州四市房价指数同比增速逐月扩大（见图15）。

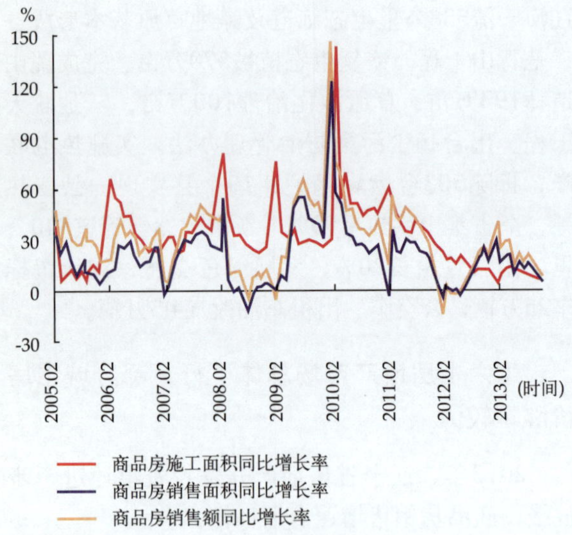

数据来源：国家统计局《中国经济景气月报》。

图13 2005～2013年辽宁省商品房施工和销售变动趋势

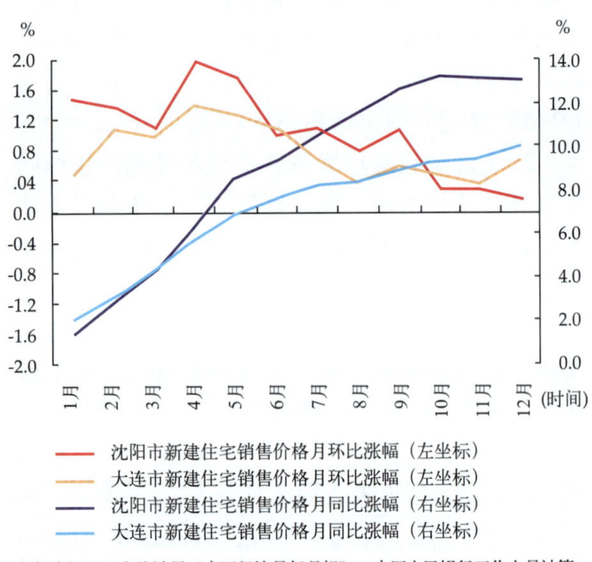

数据来源：国家统计局《中国经济景气月报》、中国人民银行工作人员计算。

图14 2013年辽宁省主要城市新建住宅销售价格变动趋势

12月，四市新建住宅价格分别同比增长13.1%、10%、9.3%、10.7%。为调控房价，沈阳市11月26日出台了政策，将第二套住房贷款首付比例提高到65%，非本市户籍居民家庭购买住房需提供纳税证明或社会保险证明年限由1年以上提高到2年以上。

5. 房地产贷款保持较高增长速度。2013年年末，房地产各项人民币贷款余额6 092.17亿元，同比增长20.3%，增速较上年提高4.67个百分点，较同期人民币贷款增速高7.3个百分点。土地储备机构贷款和个人住房贷款增速较快是拉动房地产贷款增长的主要因素。2013年年末，政府土地储备机构贷款余额729亿元，比年初增长166.87亿元；个人住房贷款余额3 169.58亿元，比年初增加542.78亿元。此外，保障性住房建设信贷支持力度加大也是一个因素，年末保障性住房建设贷款余额213.2亿元，同比增长5.3%。

（七）船舶制造业继续处于转型调整期

辽宁现有150余家船舶企业，其中造船企业21家，船舶配套企业100余家。辽宁省船舶业高度外向，80%以上订单来自国外；集中度较高，大连船舶重工集团有限公司、大连中远船务工程有限公司、STX（大连）造船有限公司和大连今冈船务工程有限公司四家大型企业出口占船舶业出口额的70%以上。

1. 船舶制造业面临一定的困难。第一，船舶需求低迷。2013年，全省船舶业进出口规模下滑，出口销售收入和利润有所下降。2013年，四大船舶企业出口29.7亿美元，同比下降40%；进口10.12亿美元，同比下降18%。第二，船东通过降低预付款比例、合同执行期间变更合同等方式转嫁资金压力，压缩了船企盈利空间。第三，船舶以美元计价，建造周期长、分期付款，船舶企业承受较大的人民币汇率升值风险。第四，原材料、配套设备、人工成本、专用费等主要造船成本呈上升趋势。第五，由于行业特殊，船舶企业特别是船舶制造企业调整经营方向难度较大。

2. 金融机构助船舶企业抵御困难并转型。金融危机以来，在造船业进入低谷、船舶企业现金流紧张的情况下，金融机构贷款维护了企业正常运转，有助于抵御金融危机对船舶制造业的深度影响。银行对船舶企业基本建设的融资使船企可以把更多资金用于高端产品技术研发，为企业生产模式转变与自主研发新产品创造了条件。2013

年，辽宁省有二十余家银行为船舶企业提供融资服务，保证了船舶及相关配套设备、海洋工程专用设备制造与生产。

三、预测与展望

2014年，辽宁经济将大体延续上年走势。地区生产总值增速降幅收窄，预计增长8.5%左右。居民消费价格上涨压力小，预计上涨2%左右。经济增长缓中趋稳，需求面得益于固定资产投资增速企稳、消费继续好于全国、出口改善等因素；供给面得益于政策对服务业的推动，第三产业占比将继续有所上升。但经济能否顺利筑底回升，更多的还是取决于第二产业结构调整的实际效果。

2014年将继续实施稳健货币政策。辽宁省贷款投放将延续增量平稳、增速小幅下降态势。在政策引导下，金融机构将进一步加大对“三农”、小微企业的支持力度，助力搞活实体经济，促进经济结构转型升级。面对经济增速总体放缓、经济结构调整持续推进、融资方式进一步多元化的复杂形势，金融管理部门将着力做好金融风险的防范和化解工作，维护好金融生态环境。

中国人民银行沈阳分行货币政策分析小组

总　纂：张启阳　闫　力

统　稿：高　兵　尹　久　陈宁波

执　笔：李振铭　王　可　许　胜　刘　杰　高　霞

提供材料的还有：于松涛　赵　越　吴新宇　高新宇　张　博　李丽丽　马　笛　刘承洋　边　赛　张冬梅　郭宝华　苗丽光　刘昊然　李士涛　李璐媚　邓吉宁　张晓玲　孙　洋

附录

（一）2013年辽宁省经济金融大事记

3月5日，沈阳综合保税区海关正式开关。综合保税区海关的正式开关将进一步密切辽宁内陆与沿海地区的联系，促进资源共享和优势互补，提升辽宁开放型经济综合竞争力。

3月22日，国内首个焦煤期货合约在大连商品交易所上市交易。中国是世界上最大的炼焦煤生产与消费国，焦煤期货对完善煤炭市场体系、帮助企业规避价格风险有重要意义。

7月16日，辽宁省中小企业厅和中国人民银行沈阳分行联合组织"融资顾问进创新型企业"活动，为每户创新型中小企业持续提供贷款申请、融资方案设计等服务。

8月，由中国人民银行沈阳分行组织编著的《东北区域经济金融协调发展研究》正式出版。该书创新和发展了理论成果，提出了多项有针对性的建议，对于指导东北地区经济金融协调发展具有重要的理论和实践价值，受到了社会的广泛关注和好评。

8月1日，辽宁省"营改增"改革正式实施。辽宁省提供交通运输和部分现代服务业服务的单位和个人将由缴纳营业税改为缴纳增值税。

8月31日至9月12日，第十二届全运会在辽宁举办，赛会金融服务保障工作圆满完成。

9月1日至30日，中国人民银行沈阳分行组织省内银行业、证券业、保险业金融机构开展为期一个月的金融知识普及活动。开展宣传近1 000场次，发放宣传手册等资料70万余份，设置宣传展板及海报6 400余个，设立咨询台300个。

9月11日至13日，第七届夏季达沃斯论坛在大连举办。世界90个国家和地区政界、工商界、学术界2 100多人出席，围绕"创新，势在必行"主题展开了深入讨论。

（二）2013年辽宁省主要经济金融指标

表1　2013年辽宁省主要存贷款指标

		1月	2月	3月	4月	5月	6月	7月	8月	9月	10月	11月	12月
本外币	金融机构各项存款余额（亿元）	35 578	35 782	37 122	37 126	37 635	37 991	37 937	38 414	38 882	38 911	38 809	39 418
	其中：储蓄存款	18 209	18 733	19 236	18 945	19 110	19 468	19 285	19 461	19 695	19 390	19 399	19 858
	单位存款	15 302	14 898	15 797	15 925	16 137	16 157	16 010	16 240	16 442	16 594	16 491	17 034
	各项存款余额比上月增加（亿元）	330.6	204.0	1 358.6	-14.5	509.5	355.5	-53.5	476.6	469.0	28.3	-102.3	609.2
	金融机构各项存款同比增长（%）	16.4	15.2	15.5	16.2	15.6	13.5	13.9	14.2	14.3	14.1	12.4	11.7
	金融机构各项贷款余额（亿元）	26 612	26 863	27 337	27 588	27 892	28 316	28 428	28 647	29 016	29 146	29 335	29 722
	其中：短期	9 980.3	10 070	10 351	10 427	10 590	10 873	10 893	10 918	11 159	11 209	11 293	11 643
	中长期	15 589	15 734	15 879	15 986	16 091	16 289	16 401	16 587	16 747	16 838	16 926	17 004
	票据融资	787.8	805.3	854.2	919.1	957.2	894.3	854.9	855.5	821.5	804.0	822.4	792.7
	各项贷款余额比上月增加（亿元）	254.5	250.9	473.6	251.3	304.4	423.7	112.4	218.6	368.8	129.9	189.6	386.7
	其中：短期	115.6	89.2	278.1	75.8	163.0	283.1	20.4	25.2	240.5	50.1	83.9	350.6
	中长期	168.0	144.8	147.6	107.0	105.0	198.6	112.1	185.4	159.8	91.5	87.4	78.9
	票据融资	-32.5	17.6	48.8	64.9	38.1	-62.9	-39.4	0.7	-34.0	-17.5	18.4	-29.6
	金融机构各项贷款同比增长（%）	15.8	15.6	15.6	15.4	15.2	14.8	15.0	14.5	14.7	14.5	14.2	13.0
	其中：短期	21.6	20.6	21.8	21.7	22.3	23.2	24.2	23.4	22.5	21.0	20.3	18.6
	中长期	11.9	12.2	11.8	11.6	11.3	11.0	10.8	11.0	11.2	11.0	10.8	10.3
	票据融资	19.7	16.1	12.7	12.1	6.5	-6.5	-8.9	-14.6	-8.7	-0.2	6.3	-3.4
	建筑业贷款余额（亿元）	939.8	962.1	978.8	967.2	991.2	1 017.2	1 028.3	1 040.4	1 052.7	1 046.3	1 046.6	1 095.8
	房地产业贷款余额（亿元）	2 315.5	2 335.7	2 365.4	2 363.7	2 350.1	2 380	2 387.1	2 390.8	2 417.9	2 421.5	2 418.6	2 431.4
	建筑业贷款同比增长（%）	38.3	39.1	35.2	31.0	31.4	28.8	28.3	26.0	25.0	21.8	19.3	21.0
	房地产业贷款同比增长（%）	16.1	17.9	18.7	18.1	15.3	14.4	12.4	8.9	8.2	6.6	4.0	5.2
人民币	金融机构各项存款余额（亿元）	34 886	35 071	36 376	36 408	36 911	37 253	37 229	37 720	38 132	38 157	38 083	38 668
	其中：储蓄存款	18 029	18 547	19 049	18 756	18 917	19 273	19 087	19 261	19 497	19 191	19 201	19 660
	单位存款	14 815	14 398	15 261	15 422	15 626	15 637	15 521	15 769	15 913	16 063	15 992	16 502
	各项存款余额比上月增加（亿元）	376.8	184.6	1 322.5	14.8	503.0	341.8	-24.5	491.4	412.8	24.6	-74.3	584.7
	其中：储蓄存款	252.4	518.5	501.6	-292.4	160.8	355.7	-185.6	174.0	235.1	-305.4	9.9	458.4
	单位存款	-136.1	-417.5	843.0	180.8	203.6	11.6	-116	247.5	144.3	150.6	-71.8	510.7
	各项存款同比增长（%）	16.4	15.0	15.6	16.4	15.7	13.6	14.0	14.4	14.2	14.0	12.5	11.9
	其中：储蓄存款	13.8	16.5	16.1	15.5	14.7	13.4	13.2	13.2	12.4	11.5	10.5	10.5
	单位存款	17.9	11.8	13.8	15.5	14.7	11.6	11.7	11.9	11.9	12.2	10.5	9.8
	金融机构各项贷款余额（亿元）	25 003	25 202	25 579	25 814	26 062	26 454	26 626	26 842	27 178	27 327	27 557	27 944
	其中：个人消费贷款	3 211	3 240.4	3 284.6	3 345.2	3 410.8	3 471.2	3 521.5	3 581.5	3 647.2	3 699.3	3 762	3 796
	票据融资	787.8	805.3	854.2	919.1	957.2	894.3	854.9	855.5	821.5	803.9	822.4	792.7
	各项贷款余额比上月增加（亿元）	222.3	199.0	376.5	235.5	248.0	391.6	172.2	216.5	335.6	148.7	230.7	386.6
	其中：个人消费贷款	61.5	29.3	44.2	60.6	65.6	60.4	50.3	60.0	65.7	52.1	62.8	34.0
	票据融资	-32.5	17.6	48.8	64.9	38.1	-62.9	-39.4	0.7	-34.0	-17.5	18.4	-29.6
	金融机构各项贷款同比增长（%）	14.8	14.4	14.1	14.0	13.5	13.2	13.4	13.1	13.3	13.3	13.5	13.0
	其中：个人消费贷款	17.5	18.1	18.7	20.1	21.1	21.6	22.0	22.3	22.5	22.7	22.6	22.4
	票据融资	19.7	16.1	12.7	12.1	6.5	-6.5	-8.9	-14.6	-8.6	-0.2	6.3	-3.4
外币	金融机构外币存款余额（亿美元）	110.1	113.2	119.1	115.3	117.1	119.4	114.7	112.4	122.0	122.7	118.3	123.0
	金融机构外币存款同比增长（%）	15.4	21.6	15.1	10.6	16.6	11.0	14.4	11.6	24.1	23.8	10.7	5.1
	金融机构外币贷款余额（亿美元）	256.2	264.5	280.4	285.1	296.1	301.4	291.7	292.4	298.9	296.1	289.9	291.6
	金融机构外币贷款同比增长（%）	34.8	38.7	44.1	43.8	51.6	49.0	48.6	44.8	45.6	39.1	29.3	16.3

数据来源：中国人民银行沈阳分行。

表2 2001～2013年辽宁省各类价格指数

单位：%

年/月		居民消费价格指数		农业生产资料价格指数		工业生产者购进价格指数		工业生产者出厂价格指数	
		当月同比	累计同比	当月同比	累计同比	当月同比	累计同比	当月同比	累计同比
2001		—	0	—	0.5	—	0	—	-1.4
2002		—	-1.1	—	1.7	—	-1.7	—	-2.2
2003		—	1.7	—	-1.6	—	5.1	—	3.6
2004		—	3.5	—	13.3	—	21.1	—	7.1
2005		—	1.4	—	10	—	8.1	—	5.1
2006		—	1.2	—	0.5	—	4.2	—	4.1
2007		—	5.1	—	14.2	—	4.8	—	4.4
2008		—	4.6	—	28.1	—	11.5	—	10.9
2009		—	0.0	—	-3.3	—	-6.7	—	-6.0
2010		—	3.0	—	3.7	—	8.6	—	7.4
2011		—	5.2	—	12.8	—	8.3	—	6.5
2012		—	2.8	—	6.9	—	-1.0	—	-0.1
2013		—	2.4	—	-0.1	—	-1.5	—	-1.0
2012	1	4.3	5.2	9.3	9.3	1.9	—	2.5	—
	2	2.9	3.6	9.3	9.3	0.8	—	2.0	—
	3	3.3	3.5	8.9	9.1	0.5	—	1.8	—
	4	3.0	3.4	9.7	9.3	-0.2	—	1.3	1.9
	5	2.7	3.2	10.1	9.5	-0.8	—	0.4	1.6
	6	2.2	3.1	8.4	9.3	-1.6	—	-0.5	1.2
	7	2.3	3.0	5.0	8.6	-2.4	—	-1.6	0.8
	8	2.7	2.9	5.2	8.2	-3.0	—	-2.0	0.5
	9	2.5	2.9	4.4	7.7	-2.7	—	-2.1	0.2
	10	2.6	2.9	4.3	7.4	-1.9	—	-1.4	0.0
	11	2.6	2.8	4.5	7.1	-1.6	—	-0.6	0.0
	12	2.9	2.8	4.8	6.9	-1.2	-1.0	-0.3	-0.1
2013	1	2.6	2.6	4.8	4.8	-0.9	—	-0.2	-0.2
	2	4.2	3.4	3.9	4.4	-0.9	—	-0.3	-0.3
	3	2.8	3.2	1.8	3.5	-1.3	—	-0.5	-0.3
	4	2.8	3.1	-1.3	2.3	-1.9	—	-1.6	-0.7
	5	2.5	3.0	-2.2	1.4	-2.2	—	-2.1	-1.0
	6	2.4	2.9	-2.5	0.7	-2.1	—	-2.0	-1.1
	7	2.1	2.8	-1.5	0.4	-1.5	—	-1.2	-1.1
	8	1.4	2.6	-1.1	0.2	-1.2	—	-0.7	-1.1
	9	2.2	2.6	-0.9	0.1	-1.5	—	-0.4	-1.0
	10	2.2	2.5	-0.9	0.0	-1.5	—	-0.6	-1.0
	11	2.3	2.5	-0.7	-0.1	-1.3	—	-1.0	-1.0
	12	1.6	2.4	-0.4	-0.1	-1.3	-1.0	-1.2	-1.0

数据来源：《中国经济景气月报》、辽宁省统计局。

表3　2013年辽宁省主要经济指标

	1月	2月	3月	4月	5月	6月	7月	8月	9月	10月	11月	12月
绝对值（自年初累计）												
地区生产总值（亿元）	—	—	5 296.2	—	—	12 334.7	—	—	19 264	—	—	27 078
第一产业	—	—	241.1	—	—	735.7	—	—	1 257	—	—	2 322
第二产业	—	—	2 852.9	—	—	6 597.4	—	—	10 363	—	—	14 270
第三产业	—	—	2 202.2	—	—	5 001.6	—	—	7 644	—	—	10 487
工业增加值（亿元）	—	—	—	—	—	—	—	—	—	—	—	—
固定资产投资（亿元）	—	502.6	2 037.16	3 988.6	7 015.2	11 191.5	14 182	16 836	21 018	21 046	24 034	24 791
房地产开发投资	—	143.8	503.2	913.7	1 663.2	2 721.2	3 434	4 090	5 023	5 631	6 159	6 451
社会消费品零售总额（亿元）	—	—	2 513.6	—	—	5 017.4	—	—	7 668	—	—	10 524
外贸进出口总额（亿美元）	—	171.2	265.0	356.3	461.6	543.6	635.2	730.4	828.8	927.9	1 052.4	1 142.8
进口	—	79.6	122.6	164.5	208.7	239.9	281.4	317.9	361.4	396.1	447.5	497.4
出口	—	91.6	142.4	191.8	252.9	303.7	353.8	412.5	467.4	531.9	604.9	645.4
进出口差额(出口－进口)	—	12.0	19.7	27.3	44.2	63.8	72.4	94.6	106	135.8	157.4	148.0
外商实际直接投资（亿美元）	—	37.2	69.3	80.8	101.7	145.7	154.7	171.2	200.8	233.1	267.4	290.4
地方财政收支差额（亿元）	—	-9.4	-71.168	-154.9	-257.8	-359.8	-399	-555	-701	-813	-1 076	-1 859
地方财政收入	—	509.5	859.2	1 085.3	1 342.8	1776	2 023	2 253	2 594	2 883	3 121	3 342
地方财政支出	—	518.9	930.4	1 240.2	1 600.6	2 135.8	2 422	2 808	3 295	3 696	4 197	5 201
城镇登记失业率 (%)(季度)	—	—	—	—	—	—	—	—	—	—	—	3.4
同比累计增长率（%）												
地区生产总值	—	—	9	—	—	9	—	—	8.7	—	—	8.7
第一产业	—	—	3	—	—	2.8	—	—	3.2	—	—	4.8
第二产业	—	—	10.7	—	—	10.3	—	—	9.2	—	—	8.9
第三产业	—	—	7.3	—	—	8	—	—	8.7	—	—	9.2
工业增加值	—	11.5	11.1	11	10.9	10.7	10.3	10	9.7	9.7	9.7	9.6
固定资产投资	—	23.6	22.8	22.4	22.1	21.1	21.1	20.9	20.8	20.8	20.4	15.1
房地产开发投资	—	29.3	28.4	27.2	29.7	21.3	23.7	21.3	23.8	20.8	20.2	18.2
社会消费品零售总额	—	—	12.4	—	—	12.9	—	—	13.2	—	—	13.7
外贸进出口总额	—	2.8	0.8	3.9	5.3	3.4	3.4	4.4	7	9.5	11	9.8
进口	—	1.5	-0.8	1.2	0.3	-0.9	0.7	1	4.1	4.4	6.8	7.8
出口	—	4	2.1	6.4	9.8	7	5.6	7.2	9.3	13.6	14.4	11.4
外商实际直接投资	—	1.5	5.8	15.2	12.1	10.6	9.8	11.5	9.5	15.1	13.7	8.3
地方财政收入	—	7	10.4	6.9	5.2	5.7	6.5	7	7.8	9	10.7	7.6
地方财政支出	—	16.2	17.3	17.2	17.2	13.8	12.1	11.6	12.1	13.7	9.9	14.1

数据来源：《中国经济景气月报》、辽宁省统计局。

2013年吉林省金融运行报告

中国人民银行长春中心支行货币政策分析小组

[内容摘要] 2013年，吉林省深入贯彻落实党的十八大精神，坚持稳中求进，积极推进经济结构调整，统筹区域协调发展，经济运行的基本面总体较好，经济增长处于合理区间，物价总水平基本稳定。社会总需求继续扩张，经济增长动力相对均衡；产业结构更趋合理，转型升级步伐加快；新型城镇化扎实推进，生态文明建设切实加强。

金融业持续健康发展，银行业稳健发展，各项存款平稳增长，信贷投放合理均衡；证券业平稳较快发展，资本市场融资功能得到增强；保险市场保持稳定发展态势，保险业保障功能进一步发挥；金融市场平稳发展，金融生态环境不断改善。

2014年，吉林省将按照十八届三中全会和中央经济工作会议的要求，全面推进创新发展、统筹发展、绿色发展、开放发展、安全发展，加快转型升级，提高经济发展质量和效益，努力促进经济持续健康发展。金融业将继续贯彻落实稳健货币政策，保持货币信贷和社会融资规模平稳适度增长、金融市场深化发展、金融运行持续稳健的良好态势。

一、金融运行情况

2013年，吉林省金融业认真贯彻落实稳健的货币政策，着力盘活存量、用好增量，努力提升金融服务水平，切实加强风险防范，在实现自身稳健经营的同时，有力地支持了吉林经济的平稳健康发展。

（一）银行业稳健发展，信贷投放合理均衡

2013年，吉林省银行业继续平稳健康发展，各项存款平稳增长，信贷投放结构持续改善，机构改革不断推进。

1. 银行机构规模进一步扩大。2013年，吉林省银行业机构数量和从业人数稳步增加（见表1），年内新增村镇银行7家，法人机构数量达到96家，汇丰银行（中国）有限公司长春分行获准筹建。资产规模不断扩大，资产总额同比增长10.8%，资产质量持续改善，不良贷款实现“双降”，盈利能力进一步增强，实现利润同比增长12.9%。

表1　2013年吉林省银行业金融机构情况

机构类别	营业网点			法人机构（个）
	机构个数（个）	从业人数（人）	资产总额（亿元）	
一、大型商业银行	1 578	44 790	7 690.9	0
二、国家开发银行和政策性银行	60	1 557	2 994.6	0
三、股份制商业银行	83	2 852	2 167.7	0
四、城市商业银行	357	8 348	2 442.3	1
五、城市信用社	0	0	0	0
六、主要农村金融机构	1 560	21 453	3 125.4	55
七、财务公司	1	137	464.7	2
八、信托公司	0	193	39.3	1
九、邮政储蓄银行	1 088	9 487	1 187.0	0
十、外资银行	1	29	11.0	0
十一、新型农村金融机构	0	57	235.8	36
十二、其他	0	407	142.5	1
合　计	4 728	89 310	20 501.2	96

注：营业网点不包括国家开发银行和政策性银行、大型商业银行、股份制银行金融机构总部数据；大型商业银行包括中国工商银行、中国农业银行、中国银行、中国建设银行和交通银行；小型农村金融机构包括农村商业银行、农村合作银行、农村信用社；新型农村金融机构包括村镇银行、贷款公司和农村资金互助社；“其他”包含金融租赁公司、汽车金融公司、货币经纪公司、消费金融公司等。

数据来源：吉林银监局。

2. 各项存款平稳增长。2013年1～5月，吉林省本外币各项存款持续了2012年的高速增长态势，同比增速均在19%以上。6月以来，市场资金面总体偏紧，理财产品预期收益率走高，存款增速呈现下行趋势。2013年年末，各项存款同比增长16.2%，增速同比下降0.7个百分点，较年初新

增2 066亿元，同比多增216亿元。分币种看，人民币和外币存款分别同比增长16.3%和1.7%（见图1）。分存款类型看，宏观经济增速放缓背景下，企业扩大再生产意愿降低，单位存款特别是定期存款同比多增较多；受理财产品、基金等投资理财渠道的增加，以及市场利率的走高等因素的作用，居民储蓄存款分流，个人存款同比少增。

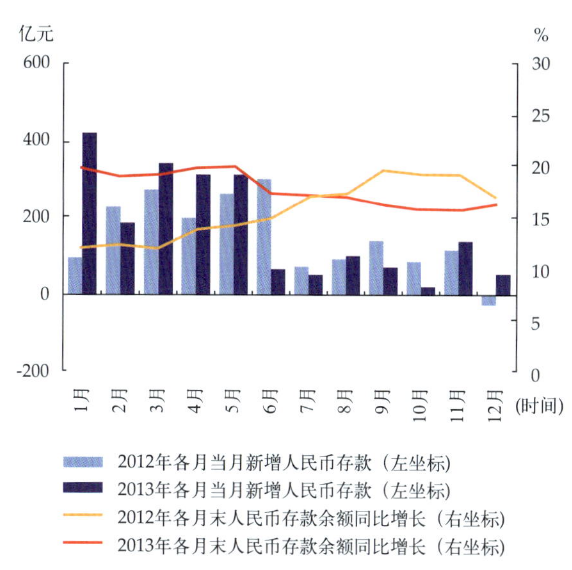

数据来源：中国人民银行长春中心支行。

图1　2012～2013年吉林省金融机构人民币存款增长变化

3. 信贷投放合理均衡。2013年，吉林省本外币各项贷款同比增长16.6%（见图3），增速同比提高1个百分点，新增贷款同比多增496.4亿元，主要原因是吉林省两次启动粮食临时储备政策，中国农业发展银行贷款同比多增317.6亿元。从贷款节奏看，四个季度本外币各项贷款增量占全年贷款增量的比重分别为36%、33.5%、12.2%和18.3%，信贷投放节奏与包括农业在内的吉林省经济生产周期相符。分贷款类型看，企业生产经营所需流动资金增加，推动经营性贷款同比多增较多；房地产行业调控、政府融资平台贷款清理整顿以及企业固定资产投资意愿降低，单位固定资产贷款同比少增。

信贷对吉林省实体经济和社会经济薄弱环节的支持力度持续增加。2013年年末，涉农贷款余额同比增长28.8%（见图2），高于人民币各项贷款增速12.2个百分点。在汽车贷款和住房贷款的带动下，个人消费贷款发展迅速，同比增长30.7%。中小微企业贷款实现“两个不低于”，增速高于贷款平均增速7个百分点。

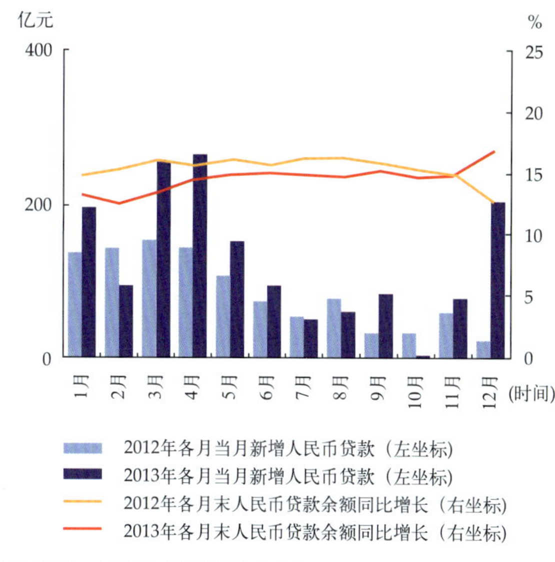

数据来源：中国人民银行长春中心支行。

图2　2012～2013年吉林省金融机构人民币贷款增长变化

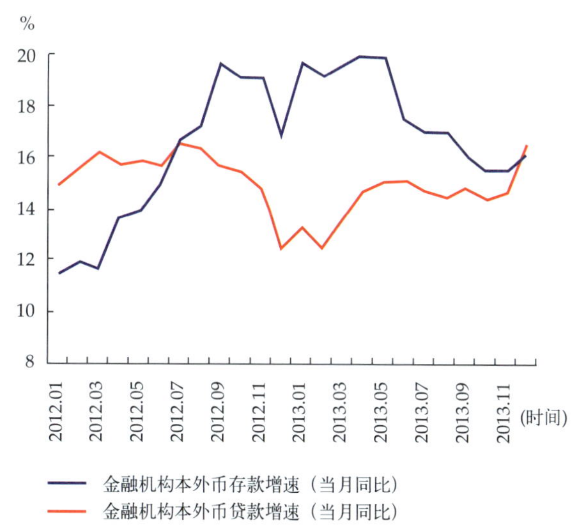

数据来源：中国人民银行长春中心支行。

图3　2012～2013年吉林省金融机构本外币存、贷款增速变化

4. 贷款利率下行。2013年，受贷款利率管制全面放开等因素影响，吉林省金融机构全年贷款加权平均利率由上年的7.65%下降至7.22%。地方

表2 2013年吉林省金融机构人民币贷款各利率区间占比

单位：%

月份		1月	2月	3月	4月	5月	6月
合计		100.0	100.0	100.0	100.0	100.0	100.0
下浮		10.0	11.2	9.2	3.8	8.4	9.3
基准		40.3	26.6	38.4	51.6	34.5	30.6
上浮	小计	49.7	62.3	52.4	44.5	57.2	60.1
	(1.0，1.1]	23.1	20.8	18.6	16.6	16.9	19.6
	(1.1，1.3]	17.8	30.8	25.1	21.7	26.6	30.2
	(1.3，1.5]	6.9	9.0	6.0	4.3	6.5	8.6
	(1.5，2.0]	2.0	1.7	2.6	1.9	5.9	1.7
	2.0以上	0.0	0.0	0.2	0.1	1.3	0.1
月份		7月	8月	9月	10月	11月	12月
合计		100.0	100.0	100.0	100.0	100.0	100.0
下浮		5.0	7.4	4.9	5.9	4.1	6.5
基准		26.0	31.7	20.9	29.3	29.1	46.5
上浮	小计	68.9	60.9	74.3	64.8	66.8	47.1
	(1.0，1.1]	21.3	18.5	18.0	24.9	22.3	13.7
	(1.1，1.3]	35.7	31.2	32.8	31.3	35.4	21.3
	(1.3，1.5]	8.0	8.6	14.4	5.8	6.0	9.3
	(1.5，2.0]	1.5	1.5	5.0	2.1	1.9	2.1
	2.0以上	2.4	1.0	4.2	0.6	1.2	0.7

数据来源：中国人民银行长春中心支行。

法人金融机构积极适应利率市场化改革，自主定价和风险管理能力进一步增强，存、贷款利率定价差异化程度提高。

5. 银行业改革扎实稳步推进。2013年，全国性银行机构在吉林省各市（州）分支机构和经营网点数量稳步增加，金融资源覆盖面逐步扩大。邮政储蓄银行吉林省分行个人信用消费贷款开办范围进一步扩大，网点覆盖吉林省乡镇总数的78%。吉林省信托投资公司与吉林银行合作，推出中小企业贷款扶持信托，为中小企业提供资金支持。2013年，有6家农村信用社改制为农村商业银行，7家村镇银行组建成立，农村金融机构改革取得新进展。

6. 跨境人民币业务持续快速发展。2013年，吉林省共办理跨境人民币结算业务560.4亿元，是上年的2.1倍。其中，货物贸易跨境人民币结算额424.6亿元，是上年的1.8倍；服务贸易及其他经常项目跨境人民币结算额96.3亿元，是上年的4倍；资本项目跨境人民币结算额39.5亿元，是上年的2.4倍。

专栏1 全国首创直补资金担保贷款模式日益成熟

2010年，吉林省在全国首创以粮食直补和农资综合直补资金作担保向农民个人提供信贷资金的“直补资金担保贷款”①产品并进行试点，近四年来，制度逐步健全，产品不断完善，已成为最受农民欢迎的信贷产品。2013年年末，直补资金担保贷款业务已从公主岭等9个试点县（市）扩大到吉林省48个县（市），覆盖672个乡（镇）。经办银行业机构已达到7家，累计发放贷款200亿元，贷款余额97亿元，占吉林省农户贷款的25.5%，惠及农户113万户，取得明显的经济效益和社会效益。

一、基本情况

产品模式日渐成熟。在风险可控前提下，为尽量放大直补资金担保的支持效果，农信社将最高贷款额度放大为一年直补资金总额的8.5倍，邮政储蓄银行由最初的4.5倍调整到5.4倍，农业银行放大6.5倍执行。贷款期限上，为方便农民灵活使用资金，邮政储蓄银行由最初的1年期调整为1~8年期，建设银行由最初的5年期调整为最长不超过10年期。还款方式上，由最初的主要采取利随本清方式，发展到目前的两类主要方式：一类是自助可循环方式贷款，授信期限1~5年，贷款期限1年，在最长五年内，自主还款，循环用信，利随本清还款；另一类是贷款期限1~10年，采取按年等额本息或等额本金定日还款。

①直补资金担保贷款：是指农民自愿以其未来的直补资金作为担保向金融机构申请贷款，金融机构依据相关的政策和要求确定农民贷款额度，与农民签订贷款合同，向农民发放贷款的一种新型的抵押贷款模式。

操作流程已形成制度。各经办银行对贷款对象的条件、额度、期限、贷款程序、贷后管理等进行了明确规定。各经办银行制定专门的操作流程，实行从调查到放款流水作业，做到一次调查、现场审查审批，贷款资金最迟2日内到账，同时借助乡财政所、村委会等力量实现集中连片作业。

信息沟通实现电子化。中国人民银行长春中心支行联合吉林省财政厅研发上线了《吉林省直补资金担保贷款信息交换系统》。农民个人只需先从当地财政所开出一份直补资金担保贷款申请单，即可到任何一家银行申请贷款，银行通过网络直接就可查证农民直补信息，确定是否为农民贷款。

拓宽支持农业发展领域。直补资金担保贷款在贷款使用范围方面取得新突破，目前已通过直补资金与土地、家庭农场、农业机械等相结合等方式，有力支持吉林省农业规模化种植、养殖，农业机械化发展和农业综合生产能力提高。

二、取得的成效

实现了财政政策与金融政策有机结合。直补资金担保贷款使农民在取得财政补贴收入之前，获得了信贷资金周转支持，既符合国家财政资金使用的政策导向，又能够充分发挥金融支持实体经济发展的作用，并发挥了财政资金的乘数效应。

成为最受农民欢迎的信贷品种。一是直补资金担保贷款解决了农民缺少有效抵押担保问题，降低了银行的风险；二是利用财政直补资金发放渠道和直补网所提供的农民信息，降低了交易成本；三是直补资金覆盖全体种粮农户，加之其手续简便、低利率，现已逐渐成为吉林省最受农民欢迎的信贷品种。

平抑了农村金融市场的价格。由于业务风险和成本降低，吉林省开办直补资金担保贷款的多家银行业机构也相应调整了其他产品的市场定位、适当降低了贷款利率。创新工作开展以来，减少农民年利息支出超过10亿元。

助推农村产业升级和土地适度集约经营。以吉林省龙井市为例，在“直补资金担保贷款+家庭农场”的支持下，该市孟凡江等5户家庭农场扩大了种植面积，累计达196公顷，经营的土地面积比贷款前增加了77.8%。

增强了农民的信用意识。办理直补资金担保贷款的农户，如果不能按时还款，不但要用自己应得的直补资金归还贷款，在银行还会出现不良贷款记录，影响再次贷款。因此，参与直补资金担保贷款的农户大都积极主动地按期还款。从近两年的实际情况看，按期还款的农户占贷款总户数的99.96%。

（二）证券业较快发展，资本市场融资功能逐步增强

2013年，吉林省资本市场健康平稳运行，证券交易规模大幅增加，行业抗风险能力持续提升。

1. 证券业机构数量小幅增加。2013年，吉林省新设证券公司营业部10家，营业部总数达到107家。辖内法人期货公司共3家，年内增加期货公司营业部1家（见表3）。证券交易总额同比增长62.1%，扭转了上年交易规模大幅下滑的颓势。东北证券股份有限公司取得债券质押式回购、约定

表3　2013年吉林省证券业基本情况

项目	数量
总部设在辖内的证券公司数（家）	2
总部设在辖内的基金公司数（家）	0
总部设在辖内的期货公司数（家）	3
年末国内上市公司数（家）	39
当年国内股票（A股）筹资（亿元）	50.1
当年发行H股筹资（亿元）	0
当年国内债券筹资（亿元）	135.7
其中：短期融资券筹资额（亿元）	14.7
中期票据筹资额（亿元）	94 .0

数据来源：吉林证监局。

回购和金融产品代销等创新业务资格，公司业务范围进一步拓展。

2. 资本市场融资功能有效发挥。2013年，吉林省实现资本市场融资69.1亿元，其中，长春燃气、华微电子、均胜电子、通葡股份、利源铝业和吉电股份6家公司完成定向增发，募集资金50.1亿元；东北证券发行公司债券，募集资金19亿元；迪瑞医疗首发申请通过证监会审核。吉林省股权交易所正式运营，长春阔尔等4家企业挂牌交易。

（三）保险业健康发展，保险保障功能进一步发挥

2013年，吉林省保险市场运行平稳，保费收入规模快速增长，保险服务实体经济水平不断提高。

1. 保险机构数量与上年持平。2013年，吉林省共有法人保险公司3家，省级保险分公司27家，均与上年持平。保险业资产总额稳步增长，2013年年末达到916.8亿元，同比增长14.7%。

2. 保险业平稳较快发展。2013年，吉林省保险密度达到968.7元/人，同比增长6.8%；保险深度为2.1%，比上年提高0.1个百分点。保费收入实现2010年以来的最高水平，同比增长14.6%（见表4）。全年保险赔款给付同比增长40.8%，保险保障功能进一步发挥。农业保险市场保持稳定发展态势，全年实现保费规模9.3亿元，同比增长5%，再创历史新高。积极创新农业保险品种，在镇赉县试点开展采草场草原植被指数保险，保险责任涵盖暴雨、洪涝、雹灾、风灾、冻灾、旱灾等。

表4　2013年吉林省保险业基本情况

项目	数量
总部设在辖内的保险公司数（家）	2
其中：财产险经营主体（家）	2
人身险经营主体（家）	0
保险公司分支机构（家）	27
其中：财产险公司分支机构（家）	12
人身险公司分支机构（家）	15
保费收入（中外资，亿元）	266.4
其中：财产险保费收入（中外资，亿元）	91.1
人身险保费收入（中外资，亿元）	175.4
各类赔款给付（中外资，亿元）	100.6
保险密度（元/人）	968.7
保险深度（%）	2.1

数据来源：吉林保监局。

（四）金融市场平稳发展，间接融资仍占主导地位

2013年，吉林省金融市场总体保持平稳运行、健康发展态势，金融市场交易活跃，投融资功能进一步发挥。

1. 融资量较快增长，间接融资占比小幅回升。2013年，吉林省融资量实现较快增长，同比增速达到44.8%。其中，银行贷款仍居主导地位，占融资量的89.2%，同比提高2.1个百分点（见图4）。

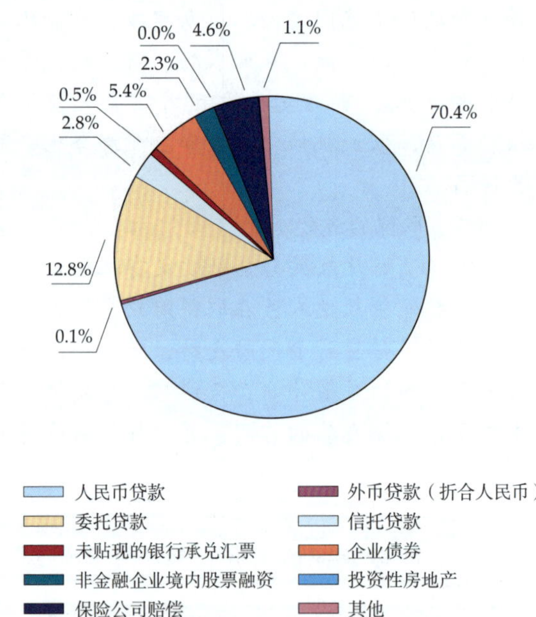

数据来源：中国人民银行长春中心支行。

图4　2013年吉林省社会融资规模分布

2. 货币市场交易活跃，市场投融资功能有效发挥。2013年，吉林省金融机构在全国银行间市场拆借成交1 003.2亿元，同比增长1.2倍，回购交易成交4.7万亿元，同比增长39.4%，融资意愿明显增加。受债券市场波动影响，现券交易大幅减少，全年成交1.0万亿元，同比减少65.3%，净

卖出债券167.0亿元，资金大幅流向同业存款、理财、信托等业务。受银行间市场利率波动影响，吉林省拆借利率和回购利率分别上升78个和53个基点。

3. 票据业务有所减少，利率呈现震荡上行态势。2013年，吉林省票据承兑业务有所增加，贴现业务略有下降（见表5），商业汇票承兑累计发生额同比上升24%，累计贴现同比下降2.6%。受货币市场资金价格走势影响，票据贴现、转贴现利率总体上行（见表6）。

表5　2013年吉林省金融机构票据业务量统计

单位：亿元

季度	银行承兑汇票承兑		贴现			
			银行承兑汇票		商业承兑汇票	
	余额	累计发生额	余额	累计发生额	余额	累计发生额
1	568.7	471.5	401.6	5 983.4	0.5	77.5
2	580.6	970.4	385.4	11 283.8	10.1	178.5
3	526.0	1 343.8	243.2	14 562.0	0.5	211.7
4	547.3	1 818.8	248.7	17 373.0	11.9	419.3

数据来源：中国人民银行长春中心支行。

表6　2013年吉林省金融机构票据贴现、转贴现利率

单位：%

季度	贴现		转贴现	
	银行承兑汇票	商业承兑汇票	票据买断	票据回购
1	4.41	6.03	4.30	4.44
2	4.68	6.98	4.34	5.07
3	6.60	6.95	5.36	5.14
4	6.35	7.48	5.89	6.10

数据来源：中国人民银行长春中心支行。

4. 外汇和黄金业务平稳发展。2013年，吉林省企业积极运用外汇交易工具应对汇率波动，全年通过银行结售汇规模287.1亿美元，同比增长2.4%；美元业务累计成交金额2 203.5万美元，同比增长13.2%。2013年年末，吉林省拥有上海黄金交易所会员机构2家，开办黄金业务的商业银行9家，全年通过上海黄金交易所销售黄金3 708.9公斤，与上年持平，但受金价下行影响，销售收入同比下降16.0%；商业银行纸黄金业务累计成交82.2亿元人民币，同比增长16.3%。黄金和外汇交易在拓宽居民投资渠道的同时，已成为商业银行新的利润增长点。

（五）金融生态环境建设继续改善，支付体系安全稳定运行

2013年，吉林省小微企业与农村信用体系建设稳步开展，累计为4.6万户小微企业与363万户农户建立信用档案。征信系统信息服务功能不断加强，国家金融信用信息基础数据库累计收录吉林省15.6万户企业、1 743万自然人信用信息，2013年向金融机构提供查询280余万次，为金融机构信贷投放提供有力信息支持。信用报告查询数量大幅增加，全年超过30万人主动查询本人信用报告，同比提高1.1倍，社会公众信用意识得到明显提高。信用宣传教育广泛开展，借助《征信业管理条例》出台等契机组织各类宣传培训活动20余次，覆盖吉林省50余万公众。

2013年，吉林省支付体系安全稳定运行。全年吉林省支付系统处理支付业务59万亿元，是吉林省全年地区生产总值的45.5倍，为社会资金交易规模的扩大提供了有力支撑。非现金支付规模持续扩大，全年共办理票据、银行卡、汇兑等非现金支付业务7.8亿笔，同比增长20.4%。银行卡交易量持续稳定增长，全年银行卡发行数量同比增长16.6%，带动社会消费作用有效发挥。

二、经济运行情况

2013年，吉林省经济运行基本面总体较好，经济增长处于合理区间，结构调整迈出新步伐，改革创新取得新成效。全年地区生产总值实现12 981.5亿元，同比增长8.3%（见图5），人均地区生产总值达到47 191.0元，经济呈现出发展动力均衡、质量效益提高、民生持续改善、社会和谐稳定的良好局面。

（一）三大需求更趋协调，经济增长动力相对均衡

2013年，吉林省社会总需求继续扩张，投资趋势稳定，消费需求平稳增长，对外贸易企稳回升趋势明显。

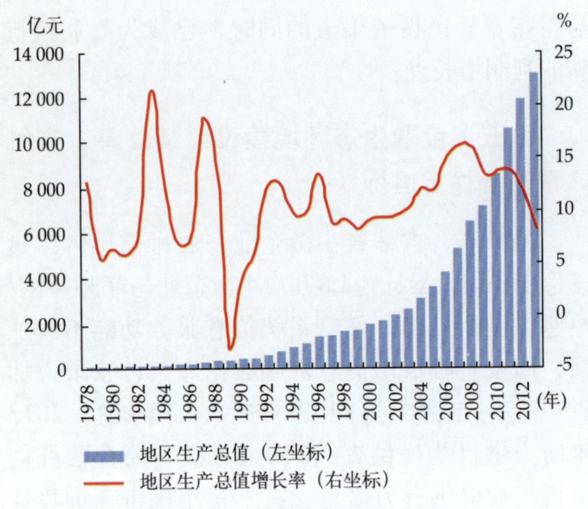

数据来源：吉林省统计局。

图5 1978～2013年吉林省地区生产总值及其增长率

1. 固定资产投资趋势稳定。2013年，吉林省完成固定资产投资（不含农户）9 880亿元，同比增长20%（见图6）。分产业看，第一、第二、第三产业分别完成投资246.4亿元、5 446.9亿元和4 186.8亿元，同比分别增长62.1%、19.7%和18.7%。投资结构明显改善，改建和技术改造投资增长30%以上，高耗能行业投资增速降至10%以下，民间投资增长20.1%，占比达到69.5%。

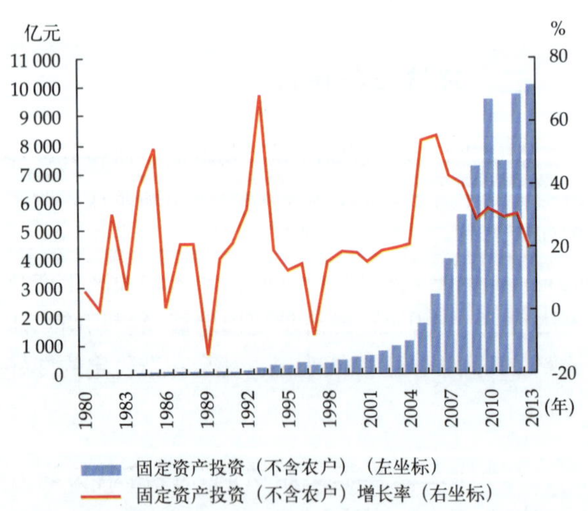

数据来源：吉林省统计局。

图6 1980～2013年吉林省固定资产投资（不含农户）及其增长率

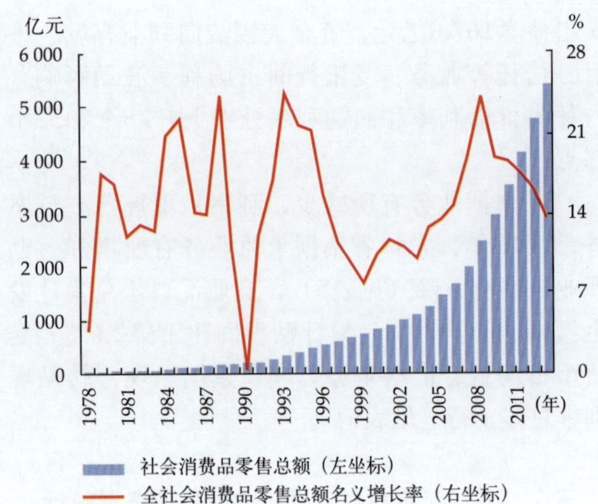

数据来源：吉林省统计局。

图7 1978～2013年吉林省社会消费品零售总额及其增长率

2. 消费需求增势平稳。2013年，吉林省城镇居民人均可支配收入和农村居民人均纯收入分别同比增长10.2%和11.9%。在城乡居民收入增长的带动下，消费稳定增长，全年实现社会消费品零售总额5 426.4亿元，同比增长13.7%（见图7）。金银珠宝、中西药品和家电类等热点消费分别增长34.5%、27.9%和14.5%。

3. 外贸进出口保持稳步回升态势。2013年，吉林省进出口总额实现258.5亿美元，同比增长5.2%。其中：出口增长12.9%，进口增长2.8%（见图8）。2013年年初，进出口处于负增长态势，但随后下降趋势逐步减缓，5月起实现正增长，此后逐步回升。服装、胶合板、家具、纺织物、塑料制品、鞋类、灯具和箱包8大类商品出口情况良好，共出口20.5亿美元，增长31.3%，拉动吉林省出口增长8.2个百分点。机电产品进口降幅止步，汽车产品进口止跌回升，粮食进口增长平稳。

对外经济合作进展顺利。2013年，吉林省实际利用外资额同比增长16.3%，直接利用外资额同比增长10.4%（见图9）。从资金来源情况看，主要外资来源地投资比较稳定，18个国家（地区）中，除德国、俄罗斯以外均有所增长。外资投资主要分布在第二产业，占77.3%。

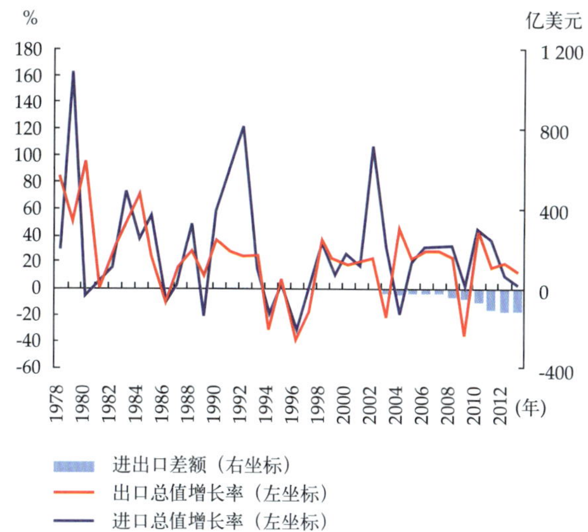

数据来源：吉林省统计局。

图8　1978～2013年吉林省外贸进出口变动情况

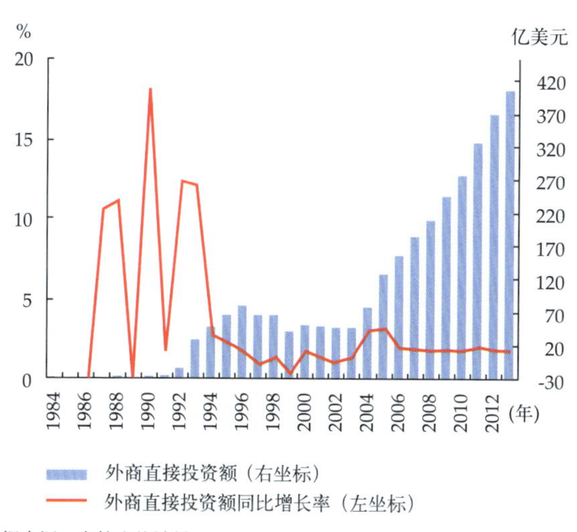

数据来源：吉林省统计局。

图9　1984～2013年吉林省外商直接投资额及其增长率

（二）三次产业发展势头良好，转型升级步伐加快

2013年，吉林省加快经济发展方式转变步伐，三次产业协调发展，产业结构更趋合理，三次产业比重由上年的11.8：53.4：34.8调整为11.6：52.8：35.6。

1. 农业生产再上新台阶。2013年，吉林省进一步完善农业基础设施，稳定粮食作物面积，推广实施增产增效技术，粮食产量再创历史新高，达到710.2亿斤，同比增长6.2%，粮食单产达到988.5斤/亩。克服H7N9禽流感疫情、市场价格波动等影响，畜牧业生产稳定向好，牛羊出栏量稳步增长。人参产业振兴工程取得重大进展，棚膜经济、食用菌、鹿业等特产业加速发展。农村土地承包经营权登记试点进一步扩大。

2. 工业经济保持平稳。2013年，吉林省规模以上工业累计实现增加值6 080.3亿元，同比增长9.6%（见图10）。汽车、石化、食品三大支柱产业同比分别增长11.3%、8.8%和9.5%，对吉林省工业的贡献率高达56.6%。其他重点行业实现较快增长，增速均达到两位数以上，装备、冶金、建材、医药、纺织、电子6大产业累计增加值同比分别增长10.2%、15.4%、12.2%、20.7%、11.8%和13.1%，有力地保障了工业经济的平稳运行。企业利润再创历史新高，规模以上工业企业实现利润总额1 230.1亿元，同比增长6.2%。销售水平有所提高，规模以上工业企业累计产销率98.4%，同比提高0.1个百分点，比全国平均水平高0.6个百分点。

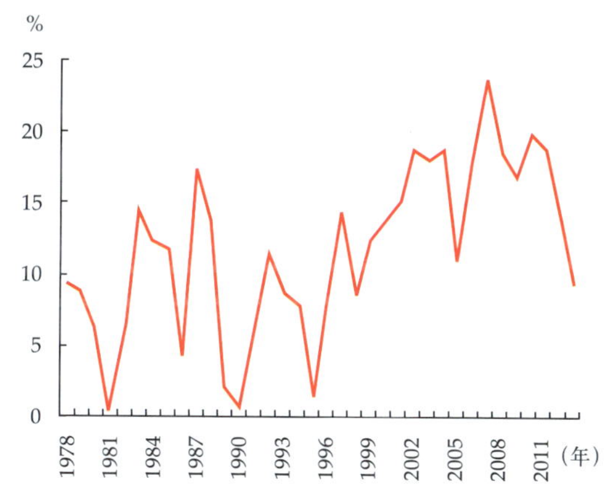

数据来源：吉林省统计局。

图10　1978～2013年吉林省规模以上工业增加值同比增长率

3. 服务业发展出现积极变化。2013年，吉林省服务业实现增加值4 613.9亿元，同比增长8.7%，占地区生产总值的比重为35.5%，较上年提高0.7个百分点。吉林省大力发展现代服务业集聚区，认定了东北亚文化创意科技园等17家首批省级现代服务业集聚区，组织谋划了16大类服务业

载体，重点实施了1 130个载体项目。长春宽城万达广场、通化九如物流等项目竣工投入运营，长影世纪城二期主体工程已完成。文化产业、养老服务、信息消费等服务业重点领域和新兴业态加快发展。

（三）物价总水平基本保持稳定，劳动成本持续走高

1. 居民消费价格平稳运行。2013年，吉林省居民消费价格指数总体呈温和上涨态势，除2月同比上涨3.9%、9月同比上涨3.4%以外，其他月份居民消费价格指数同比涨幅均在3%左右。全年居民消费价格总水平累计上涨2.9%（见图11），其中，食品类价格上涨5.7%，推动居民消费价格指数上涨1.9个百分点，占全部上涨因素的64%，是推动居民消费价格指数上涨的主要因素。

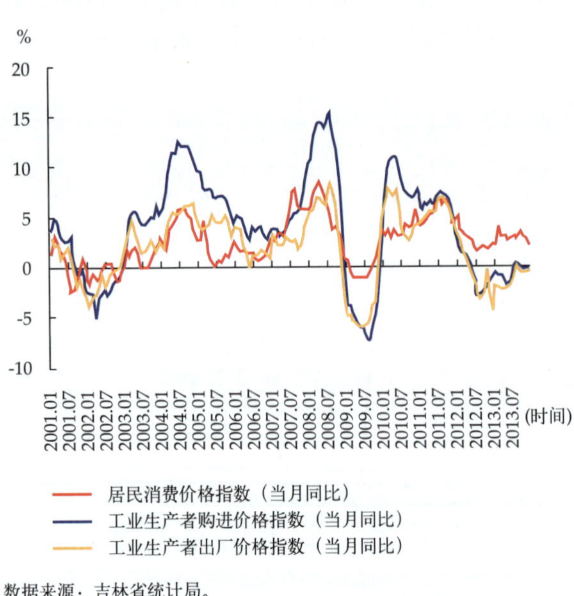

数据来源：吉林省统计局。

图11　2001～2013年吉林省居民消费价格和生产者价格变动趋势

2. 生产类价格持续走低。2013年，吉林省工业生产者出厂价格同比下降1.3%，部分行业产能过剩的现象仍存在。工业品供应充分，价格在较低水平运行，工业生产者出厂价格指数连续20个月呈负增长或零增长状态。工业生产者购进价格指数同比下降0.6%，进出厂指数“剪刀差”连续17个月呈现进高于出的“逆差”。

3. 劳动力价格持续走高。2013年，吉林省城镇居民人均工资性收入14 388.3元，同比增长6.3%，城镇最低工资标准平均上调16.3%。

4. 原油降价和成品油涨价走势不变。2013年末，吉林油田原油价格4 713元/吨，同比下降182元/吨，降幅3.7%。吉化柴油价格8 047元/吨，同比下降173元/吨，降幅2.1%；汽油价格9 370元/吨，同比上涨489元/吨，涨幅5.5%。

（四）财政收入平稳较快增长，保障和改善民生支出增加

2013年，吉林省地方财政收入1 157亿元，同比增长11.1%（见图12）。地方财政收入占全口径财政收入比重达到55.4%，比上年提高0.9个百分点，地方可直接支配财力进一步增强。财政收入结构明显改善，税收收入同比增长12.6%，比非税收入增幅高5.5个百分点，税收收入占地方财政收入比重达到74%，比上年提高1个百分点。汽车制造业企业效益持续提升、房地产市场阶段性活跃、建筑业和金融业营业额快速增长是拉动税收收入增长的主要原因。2013年，吉林省公共预算财政支出2 744.8亿元，同比增长11.1%，继续将新增财力的70%用于民生，有力地支持了教育、“三农”、就业和社会保障、医疗卫生、“暖房子”、农村安全饮水、食品安全等重点民生项目

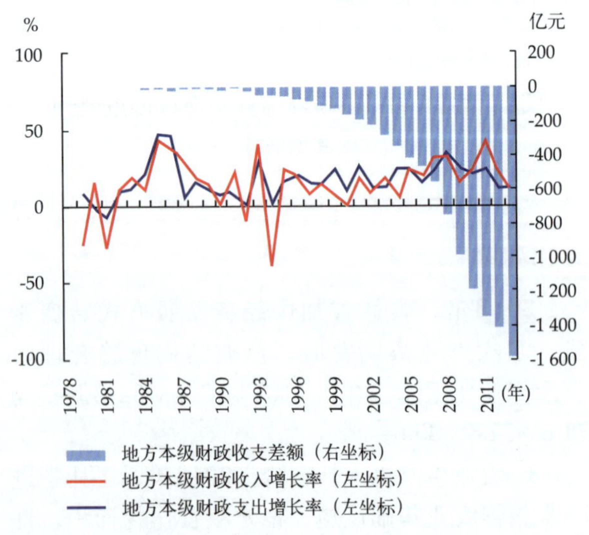

数据来源：吉林省统计局。

图12　1978～2013年吉林省财政收支状况

及工程建设。

（五）节能减排力度加大，农村环境连片整治取得成效

2013年，吉林省单位GDP能耗下降5.3%，高于年初计划2.3个百分点，污染减排超额实现预期目标，化学需氧量、氨氮、氮氧化物排放量分别下降1.5%、2%、2%，二氧化硫排放量与上年持平。经过两年、两个批次的治理，完成706个示范村庄的环境连片整治，受益人口达160万人。对918个农村集中式饮用水源地进行了保护，建设人工湿地、氧化塘等无动力或微动力的污水处理设施。

专栏2 吉林省推广银行卡助农取款服务成效明显

近年来，针对吉林省作为农业大省，农村地区基础设施薄弱、金融服务网点覆盖率低、农村居民支付结算服务需求不能得到较好满足的实际情况，吉林省各涉农银行机构以银行卡助农取款服务为着力点，大力推动发展普惠金融，在便民富农兴商、支持经济发展等方面取得了显著成效。

一、主要做法

银行卡助农取款服务“三农”工作扎实推进。一是服务点选择具有广泛覆盖性。综合考虑农村经济、人口、交通状况以及金融服务格局、涉农补贴发放渠道等因素，以具有良好信誉、满足现金需求、辐射多个村屯、优先偏僻地区为标准。突出商户效应，在村屯超市（诊所）等经营性场所设立服务点；突出信誉保障，在致富能手、村干部家中设立服务点；突出关爱需求，在身残人员家庭设立服务点。上述三类服务点占比分别为49%、38%和13%。二是服务点费用低于通常水平。各涉农银行机构做好“三免一补”，即免费为服务点布放转账电话、POS机具、验钞机等工具，免费提供打印凭条用纸，免费制作、悬挂标牌；根据服务点业务开展情况，适当给予奖励、电话费补助等。

银行卡助农取款服务业务范围不断拓宽。一是与“新农保”、“新农合”等支农、惠农代理业务开展相结合。以“惠农卡+转账电话”模式，在风险可控的情况下，开展自助缴费、小额贷款业务，推动惠农服务“村村通”工程建设。二是与粮食收购非现金结算推广相结合。将农业产业化龙头企业的带动作用与银行卡助农取款的推动作用相结合，借助“1+N”模式，依托农村经济合作组织、互助社等，变粮食收购非现金结算收购点为银行卡助农取款的一个服务点，借助吉林大成生化科技集团等农业产业化龙头企业的辐射作用，带动周边农户使用银行卡助农取款服务，促进粮食收购非现金结算的开展，将银行卡助农取款服务引向深入。三是与“万村千乡市场工程和电子商务示范店”建设相结合。积极打造“万村千乡市场工程示范店+POS机具”和“电子商务示范店+网上银行+POS机具”的“非现金支付+银行卡助农取款”模式，拓宽银行卡助农取款服务点。

涉农银行机构金融服务水平全面提高。一是提升服务点综合服务能力。农村信用社、农业银行成功将“智慧农村”手机支付、手机银行等业务引入服务点，增加了话费充值、便民缴费、代购机票和火车票5大类33个服务项目，迅速提高了服务点综合服务功能。二是提升银行机构农村市场开发能力。与助农取款推广相契合，各家银行相继推出惠农卡、惠民卡、福农卡、福农灵通卡等适应农村市场特点的特色银行卡，并在短期内即获得长足发展。

二、工作成效

农村居民得到了便利服务。截至2013年年末，吉林省共计设立了16 533个助农取款服务点，消除了仅存的10个基础金融服务空白乡镇，实现了现代化支付服务乡镇全覆盖，行政村覆盖率达到92.5%。自开办助农取款业务以来，累计办理取款业务74.1万笔、金额3.0亿元，未发生一笔假币业务，未发生

一笔业务投诉。

有力支持了农村地区经济发展。调查显示，开展助农取款服务后，服务点商户其他经营项目营业收入平均增长20%左右。2013年，累计支持各类特色经济非现金结算13.9万笔、金额17.9亿元，促进了地方经济发展，呈现出“政、银、商、农”多方共赢的良好局面。

农村地区银行卡业务获得长足发展。截至2013年年末，吉林省农村地区发展特约商户3.9万户，行政村覆盖率达到92.5%，累计布放各类转账电话、POS机3.9万部，布放ATM2 135台，农村地区银行卡人均持有量达到1.6张。

（六）房地产市场呈回落趋势，医药产业快速健康发展

1. 房地产市场增长总体呈现减缓趋势。2013年，吉林省房地产投资同比下降，商品房销售面积和销售额均同比减少，房屋价格有所上升。房地产贷款较快增长，其中，保障性住房开发贷款增长较快，保障性住房建设任务圆满完成。

房地产开发投资呈现回落趋势。2013年，吉林省房地产开发投资累计完成1 252.4亿元，比上年下降4.4%。从5月开始，房地产开发投资累计完成额低于上年同期。从资金来源看，房地产开发企业获得资金同比增长5.9%，比上年下降14.4个百分点，自筹资金和其他资金仍为主要资金来源，占比分别为53%和38.3%，国内贷款和利用外资占比分别上升0.6个和1.8个百分点。

房地产市场供给稳定。2013年，吉林省房屋施工面积和新开工面积同比分别增长11.4%和-22.4%，增速比上年同期分别下降8.5个和19.1个百分点，但房屋竣工面积同比增长16.9%，比上年同期增长14个百分点。吉林省保障性住房建设完成投资286.9亿元，为年初计划投资的129.2%，保障房新开工建设16.5万套，开工率103.8%，竣工17.2万套，竣工率120.4%。

商品房销售呈下降趋势。2013年，吉林省商品房销售面积和销售额同比分别下降9.7%和2.4%（见图13）。3月、4月吉林省二手房交易量较大，带动商品房销售呈现较快增长趋势，之后商品房销售逐步恢复正常，下半年，房屋销售增长乏力，从9月开始房屋累计销售面积呈下降趋势。

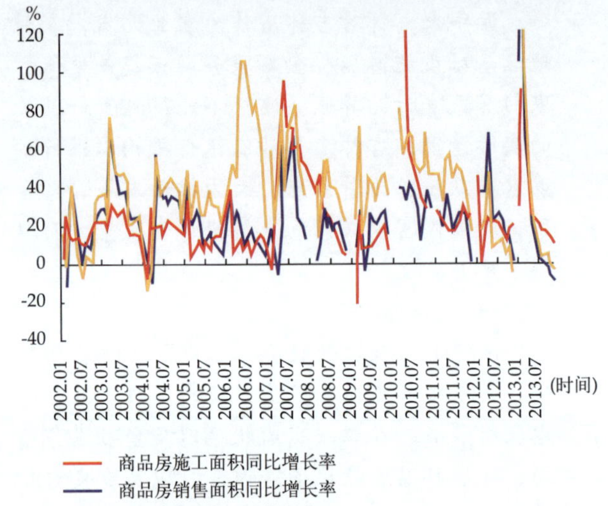

数据来源：吉林省统计局。

图13 2002～2013年吉林省商品房施工和销售变动趋势

房屋价格稳中有升。2013年，吉林省商品住房平均价格4 326元/平方米，同比增长2.9%。其中，长春市和吉林市新建住宅价格上涨幅度相对较大，同比分别上涨8.6%和8.3%（见图14）。刚性需求和改善性需求仍是商品房市场的主要动力，在销售的22.7万套商品住宅中，90平方米以下和90～144平方米住宅套数占比分别达到70.9%和23.5%。

房地产贷款较快增长。2013年，吉林省房地产贷款余额1 995亿元，同比增长30.7%，增速高于上年7.3个百分点。其中，房地产开发贷款和个人住房贷款同比分别增长29.6%和33.5%。住房开发贷款增量的63.9%用于保障性住房开发建设。保障性住房开发贷款余额243.4亿元，比年初新增57亿元，当年累计发放保障性住房贷款74.5亿元。

2. 医药产业保持健康、持续、强劲的发展势

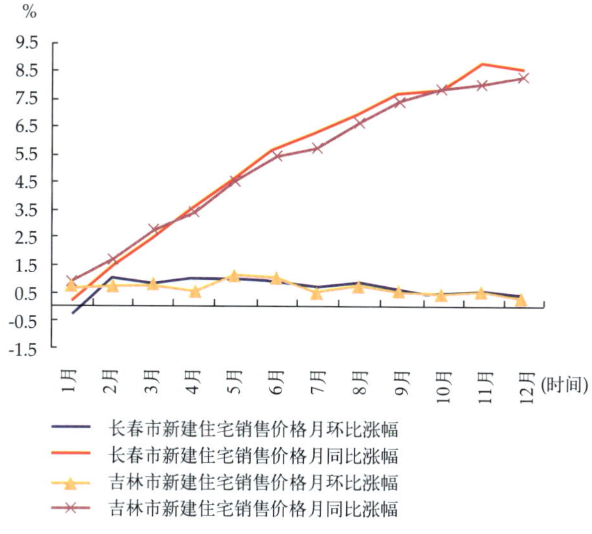

数据来源：吉林省统计局。

图14 2013年吉林省主要城市新建住宅销售价格变动趋势

头。2013年，吉林省医药产业实现销售产值2 010亿元，首次迈上2 000亿元新台阶。其中，规模以上医药工业销售产值达1 390.2亿元，同比增长28.4%。吉林省医药产业发展面临难得的历史机遇，必将快速发展成为新的支柱产业。

医药产业发展取得重要进展。一是医药开发区建设取得重大突破。国务院正式批准通化医药高新区升级为国家级医药高新区。吉林省科技厅新认定长春高新区等3个医药高新技术特色产业基地。二是加大投入并重点扶持了一批医药成果转化与产业化项目。2013年，省级财政资金及争取国家投入医药领域产业资金4.0亿元，吉林省科技厅支持医药领域投入资金1.8亿元。三是医药成果中试平台建设取得重要进展。新建立中药材精深加工、生物制药等4个省级医药中试中心，新组建现代中药等5个省级医药产业技术创新战略联盟。四是医药领域招商引资成果丰硕。成功引进投资20亿元的广州人参堂人参科技产业园、投资10亿元的深圳环球医药集团东北区采购平台等50余个重大项目，投资金额近150亿元。五是医药领域“双十工程”①项目成效显著。累计扶持的34个“双十工程”医药重大攻关和重大科技成果转化项目，共获得授权专利28项，取得药品生产批件5个、医疗器械注册证5个。但医药产业发展仍存在集群创新能力较弱，研发投入不足问题。多数医药企业专业化程度低，生物医药和化学药物基本停留在仿制水平，缺少具有自主知识产权的新产品，企业间合作度低，专业化分工与协作机制尚未建立。

金融机构不断加大对医药产业信贷投入力度，提高自身产品创新、定价能力，挖掘重点企业更深层次的金融需求，提供综合性金融服务方案。其中，针对吉林省作为全国人参主产区、发展人参产业资金需求量大的实际，创新推出参农大户助业贷款产品“参发展”，该项贷款产品通过人参产业协会借款主体缴纳一定比例的互保金组建互保金池等方式，既有效降低了人参医药产业信贷风险，又切实地促进了人参医药产业的发展。2013年年末，吉林省医药产业贷款余额达到61.2亿元，有效支持了医药产业的发展。

三、预测与展望

2014年是深入贯彻落实党的十八届三中全会精神、全面深化改革的第一年，稳中求进仍是吉林经济社会发展的总基调，改革创新将贯穿于吉林经济社会发展的各个领域。

从经济运行情况看，虽然世界经济将延续缓慢复苏的态势，中国经济由高速增长进入中高速增长阶段，但十八届三中全会作出全面深化改革的重大决策部署将释放出巨大的改革红利和综合效益，进一步增强吉林省经济发展的动力。当前，吉林省经济运行稳中向好，民生状况持续改善，科技创新的支撑能力正在提升，民营经济和县域发展势头强劲，综合实力不断增强，具有实现科学发展、加快发展的后发优势，为2014年经济发展奠定了很好的基础。2014年，吉林省将全面推进创新发展、统筹发展、绿色发展、开放发展、安全发展，经济社会将继续保持健康协调的

①从2009年开始，吉林省启动实施了加快科技成果转化的“双十工程”，即每年支持10个重大创新成果转化项目、10个重大科技攻关项目。

发展势头，预计地区生产总值增长8%左右。从物价形势看，考虑到一些积累的价格扭曲需要释放，部分资源性产品价格可能上涨等因素影响，预计居民消费价格涨幅为3.5%左右。

2014年，吉林省金融业将继续深入贯彻落实稳健的货币政策，保持各项贷款和融资规模平稳适度增长，与吉林经济持续健康发展的需求相匹配。进一步盘活存量、用好增量，切实加大对“三农”、民营小微企业、民生领域以及产业结构调整升级的金融支持力度，逐步改善融资结构，大力发展直接融资方式，拓宽企业融资渠道。加强金融风险的管控，创造稳定的货币金融环境，支持吉林省实体经济发展和经济结构的转型升级。

中国人民银行长春中心支行货币政策分析小组

总　纂：张文汇　付　裕

统　稿：孙维仁　丁树成　杨　珩　连　飞

执　笔：赵欣新　张　鹏　安立环　李贤学　袁春旺　周飞虎　赵　锋　刘鸿鹄　王春萍　曹　楠　任建春　白云峰

提供材料的还有：刘丽杰　董凯军

附录

（一）2013年吉林省经济金融大事记

4月2日，第六届中国（长春）国际装备制造业博览会暨第六届长春数控机床工模具展在长春举行。

5月10日，中国首列具有完全自主知识产权的商用100%现代有轨电车在长春轨道客车股份有限公司下线。

7月12日，第十届中国（长春）国际汽车博览会在长春举行，展会期间共销售各类车辆1.7万辆，实现交易额38亿元。

8月31日，吉林银行荣登2013年中国服务业企业500强，位列第194位，较上年前移了10个位次。

11月22日，吉林省银企保对接会共签约1 393个项目，签约金额123亿元。

12月19日，中国—东北亚博览会荣获“中国十大影响力展览会”和“中国会展经济杰出贡献奖”两项业内大奖。

12月20日，国务院正式批准通化医药高新技术产业开发区升级为国家新技术开发区。

2013年，吉林省粮食产量达到710.2亿斤，创历史新高，总产量由全国第5位上升到第4位。

2013年，土地收益保证贷款在吉林省全面推广，已覆盖吉林省70%以上县（市）。

2013年末，吉林省金融机构本外币贷款余额10 805.2亿元，比年初净增加1 526亿元，首破万亿元大关。

（二）2013年吉林省主要经济金融指标

表1　2013年吉林省主要存贷款指标

		1月	2月	3月	4月	5月	6月	7月	8月	9月	10月	11月	12月
本外币	金融机构各项存款余额（亿元）	13 248.5	13 451.5	13 822.1	14 121.8	14 419.8	14 488.7	14 515.9	14 622.7	14 685.8	14 705.0	14 843.5	14 885.9
	其中：储蓄存款	7 136.3	7 368.1	7 580.5	7 568.5	7 640.5	7 698.0	7 705.7	7 715.1	7 776.5	7 667.5	7 683.9	7 803.8
	单位存款	5 370.4	5 245.3	5 530.6	5 719.1	5 788.8	5 729.0	5 683.5	5 784.7	5 815.6	5 831.0	6 004.1	6 235.6
	各项存款余额比上月增加（亿元）	429.4	203.0	370.6	299.6	298.1	68.9	27.2	106.8	63.1	19.1	138.6	42.4
	金融机构各项存款同比增长（%）	19.8	19.2	19.6	20.0	19.9	17.5	17.1	17.0	16.2	15.6	15.6	16.2
	金融机构各项贷款余额（亿元）	9 482.1	9 577.1	9 828.1	10 092.8	10 239.7	10 339.3	10 380.2	10 437.2	10 526.2	10 533.8	10 608.0	10 805.2
	其中：短期	3 253.3	3 283.1	3 407.4	3 611.0	3 681.2	3 709.7	3 744.5	3 779.4	3 836.3	3 830.5	3 858.6	3 993.5
	中长期	5 892.2	5 951.1	5 989.7	6 056.1	6 131.2	6 200.5	6 272.2	6 344.0	6 412.0	6 463.8	6 482.1	6 517.6
	票据融资	307.3	314.0	402.2	397.0	398.5	395.5	330.0	280.4	243.7	206.8	234.2	260.6
	各项贷款余额比上月增加（亿元）	202.9	95.0	251.0	264.6	147.0	99.5	40.9	57.0	88.9	7.6	74.3	197.2
	其中：短期	52.1	29.7	124.3	203.6	70.2	28.4	34.8	35.0	56.8	-5.8	28.0	134.9
	中长期	93.8	58.9	38.6	66.4	75.1	69.2	71.7	71.8	68.0	51.8	18.3	35.5
	票据融资	56.6	6.7	88.2	-5.2	1.5	-2.9	-65.6	-49.6	-36.7	-36.9	10.9	26.5
	金融机构各项贷款同比增长（%）	13.3	12.5	13.6	14.7	15.1	15.2	14.7	14.5	14.8	14.4	14.6	16.6
	其中：短期	6.7	6.6	7.7	11.2	13.4	13.5	14.1	16.4	17.2	17.9	18.1	19.5
	中长期	15.5	14.7	15.1	15.4	15.4	15.6	15.7	15.5	15.5	15.1	14.8	15.4
	票据融资	52.0	35.6	50.8	37.3	27.4	24.0	2.1	-20.4	-22.7	-34.0	-24.8	4.0
	建筑业贷款余额（亿元）	262.1	267.1	270.8	275.6	279.2	296.8	302.5	307.2	313.0	325.3	340.5	338.1
	房地产业贷款余额（亿元）	526.0	540.4	539.5	544.8	529.4	557.9	565.5	568.2	571.3	576.1	583.4	601.3
	建筑业贷款同比增长（%）	-3.2	-1.9	2.0	4.7	4.8	9.6	8.4	7.5	7.0	10.8	14.1	11.5
	房地产业贷款同比增长（%）	25.9	26.7	30.3	31.1	24.6	29.7	27.5	25.6	27.4	23.8	24.9	29.5
人民币	金融机构各项存款余额（亿元）	13 135.8	13 321.6	13 664.0	13 977.0	14 288.5	14 353.4	14 397.4	14 501.3	14 574.6	14 591.3	14 730.3	14 781.4
	其中：储蓄存款	7 084.3	7 313.9	7 525.4	7 512.4	7 582.8	7 639.8	7 645.9	7 654.7	7 717.1	7 608.6	7 625.5	7 745.3
	单位存款	5 314.9	5 174.2	5 433.6	5 634.2	5 720.4	5 655.3	5 628.4	5 727.9	5 768.6	5 779.5	5 953.5	6 192.4
	各项存款余额比上月增加（亿元）	422.9	185.8	342.4	313.0	311.4	64.9	44.0	104.0	73.2	16.7	139.0	51.2
	其中：储蓄存款	205.3	229.7	211.5	-13.0	70.4	56.9	6.1	8.8	62.4	-108.5	16.8	119.9
	单位存款	107.4	-140.7	259.4	200.6	86.2	-65.1	-26.9	99.5	40.6	10.9	174.1	238.8
	各项存款同比增长（%）	19.8	19.0	19.2	19.8	19.7	17.4	17.1	17.0	16.3	15.7	15.7	16.3
	其中：储蓄存款	16.1	18.7	18.9	18.8	18.0	16.3	16.1	15.2	14.9	13.6	13.4	12.7
	单位存款	25.9	17.5	22.0	21.7	20.1	16.3	17.4	17.8	18.8	16.1	16.4	19.0
	金融机构各项贷款余额（亿元）	9 361.6	9 453.1	9 708.3	9 972.8	10 124.4	10 217.8	10 269.2	10 330.5	10 414.1	10 417.0	10 493.2	10 696.5
	其中：个人消费贷款	1 123.9	1 139.5	1 163.8	1 199.3	1 232.9	1 253.9	1 282.5	1313.7	1 349.3	1 377.2	1 412.2	1 432.9
	票据融资	307.3	314.0	402.2	397.0	398.5	395.5	330.0	280.4	243.7	206.8	234.2	260.6
	各项贷款余额比上月增加（亿元）	197.3	91.5	255.2	264.5	151.6	93.4	51.4	61.4	83.5	2.9	76.2	203.3
	其中：个人消费贷款	27.1	15.6	24.4	35.5	33.6	21.0	28.5	31.2	35.6	27.9	35.0	20.7
	票据融资	56.6	6.7	88.2	-5.2	1.5	-2.9	-65.6	-49.6	-36.7	-36.9	27.4	26.5
	金融机构各项贷款同比增长（%）	13.3	12.5	13.5	14.7	15.0	15.1	15.0	14.7	15.2	14.8	14.9	16.8
	其中：个人消费贷款	26.0	27.4	28.0	30.4	31.9	32.3	32.1	30.9	30.2	32.1	31.8	32.1
	票据融资	52.0	35.6	50.8	37.3	27.4	24.0	2.1	-20.4	-22.7	-34.0	-24.8	4.0
外币	金融机构外币存款余额（亿美元）	17.9	20.7	25.2	23.3	21.3	21.9	19.2	19.7	18.1	18.5	18.5	17.1
	金融机构外币存款同比增长（%）	21.0	44.4	75.3	52.8	39.0	34.9	21.7	19.2	7.2	8.0	2.0	1.7
	金融机构外币贷款余额（亿美元）	19.2	19.8	19.1	19.3	18.7	19.7	18.0	17.3	18.2	19.0	18.7	17.8
	金融机构外币贷款同比增长（%）	14.9	11.2	20.8	16.3	29.5	28.5	-4.3	0.1	-7.3	-10.5	-2.6	-2.5

数据来源：中国人民银行长春中心支行。

表2 2001~2013年吉林省各类价格指数

单位：%

年/月		居民消费价格指数		农业生产资料价格指数		工业生产者购进价格指数		工业生产者出厂价格指数	
		当月同比	累计同比	当月同比	累计同比	当月同比	累计同比	当月同比	累计同比
2001		—	1.3	—	-1.0	—	1.8	—	0.3
2002		—	-0.5	—	0.4	—	-2.2	—	-1.4
2003		—	1.2	—	1.0	—	4.8	—	2.5
2004		—	4.1	—	6.3	—	10.5	—	5.0
2005		—	1.5	—	9.2	—	7.0	—	4.5
2006		—	1.4	—	-2.8	—	3.8	—	1.7
2007		—	4.8	—	6.0	—	5.2	—	2.7
2008		—	5.1	—	27.3	—	11.3	—	4.9
2009		—	0.1	—	-3.6	—	-4.7	—	-3.9
2010		—	3.7	—	-0.9	—	8.6	—	5.2
2011		—	5.2	—	11.4	—	6.1	—	5.4
2012		—	2.5	—	6.8	—	-0.7	—	-0.9
2013		—	2.9	—	0.8	—	-0.6	—	-1.3
2012	1	4.9	4.9	12.2	12.2	2.1	2.1	2.8	2.8
	2	3.6	4.2	6.6	9.4	1.5	1.8	2.5	2.6
	3	3.2	3.9	6.9	7.9	1.3	1.6	1.5	2.2
	4	2.8	3.6	8.5	8.7	0.7	1.4	0.2	1.7
	5	2.6	3.4	8.7	8.7	0.1	1.1	-0.6	1.2
	6	1.9	3.1	6.3	8.3	-1.2	0.7	-1.6	0.7
	7	1.6	2.9	5.6	7.9	-2.8	0.2	-2.6	0.2
	8	1.8	2.8	5.8	7.6	-2.9	-0.2	-3.2	-0.2
	9	1.9	2.7	4.6	7.3	-2.4	-0.4	-2.8	-0.5
	10	1.8	2.6	5.0	7.0	-2.2	-0.6	-0.5	-0.7
	11	1.8	2.5	5.6	6.9	-1.8	-0.7	-2.1	-0.8
	12	2.1	2.5	5.8	6.8	-1.0	-0.7	-2.2	-0.9
2013	1	2.2	2.2	5.9	5.9	-0.7	-0.7	-1.9	-1.9
	2	3.9	3.0	5.7	5.8	-0.8	-0.7	-2.2	-2.1
	3	3.0	3.0	2.5	4.7	-0.9	-0.8	-2.1	-2.1
	4	3.0	3.0	0.3	3.6	-1.8	-1.0	-2.3	-2.1
	5	2.7	3.0	-1.1	2.6	-2.0	-1.2	-2.1	-2.1
	6	2.8	2.9	-0.6	2.1	-1.2	-1.2	-1.5	-2.0
	7	3.1	3.0	0.0	1.8	0.2	-1.0	-0.7	-1.8
	8	2.8	2.9	-0.1	1.5	0.5	-0.8	0.0	-1.6
	9	3.4	3.0	-0.2	1.3	0.0	-0.7	-0.5	-1.5
	10	3.0	3.0	-0.6	1.1	-0.2	-0.7	-0.6	-1.4
	11	2.9	3.0	-0.9	1.0	-0.4	-0.7	-0.6	-1.3
	12	2.1	2.9	-1.1	0.8	-0.2	-0.6	-0.5	-1.3

数据来源：吉林省统计局。

表3 2013年吉林省主要经济指标

	1月	2月	3月	4月	5月	6月	7月	8月	9月	10月	11月	12月
绝对值（自年初累计）												
地区生产总值（亿元）	—	—	2 166.0	—	—	4 808.0	—	—	8 014.6	—	—	12 981.5
第一产业	—	—	121.5	—	—	265.2	—	—	662.1	—	—	1 509.3
第二产业	—	—	1 308.0	—	—	2 971.4	—	—	4 711.6	—	—	6 858.2
第三产业	—	—	736.6	—	—	1 571.4	—	—	2 640.9	—	—	4 613.9
工业增加值（亿元）	451.3	875.4	1 448.0	1 899.6	2 400.6	2 979.9	3 474.6	3 989.2	4 536.1	5 069.8	5 610.8	6 080.3
固定资产投资（亿元）	—	—	332.6	750.8	1 747.9	3 552.3	5 204.1	6 883.0	8 507.7	9 502.0	9 708.2	9 880.0
房地产开发投资	—	—	30.5	77.4	175.4	351.8	515.6	664.7	866.3	1 019.8	1 213.3	1 252.4
社会消费品零售总额（亿元）	—	—	1 236.2	—	—	2 537.3	—	—	3 917.7	—	—	5 426.4
外贸进出口总额（万美元）	182 472.0	327 337.0	529 309.0	764 926.0	1 016 650.0	1 227 532.0	1 452 171.0	1 675 190.0	1 911 879.0	2 149 790.0	2 365 083.0	2 585 254.0
进口	135 278.0	246 230.0	400 032.0	559 720.0	746 591.0	892 386.0	1 070 880.0	1 249 858.0	1 418 539.0	1 588 199.0	1 759 732.0	1 909 553.0
出口	47 194.0	81 106.0	129 277.0	205 206.0	270 058.0	335 146.0	381 292.0	425 332.0	493 341.0	561 591.0	605 351.0	675 701.0
进出口差额(出口－进口)	-88 084.0	-165 124.0	-270 755.0	-354 514.0	-476 533.0	-557 240.0	-689 588.0	-824 526.0	-925 198.0	-1 026 608.0	-1 154 381.0	-1 233 852.0
外商实际直接投资（万美元）	3 965.0	10 079.0	36 038.0	48 185.0	75 102.0	114 197.0	125 260.0	136 256.0	142 838.0	157 549.0	172 516.0	181 949.0
地方财政收支差额（亿元）	-193.8	-228.0	-316.1	-358.0	-448.9	-504.6	-573.0	-732.8	-937.7	-1 017.1	-1 136.2	-1 587.9
地方财政收入	118.6	187.1	299.3	395.3	472.7	597.6	696.5	770.0	889.6	979.1	1 056.5	1 157.0
地方财政支出	312.4	415.0	615.4	753.2	921.6	1 102.1	1 269.5	1 502.8	1 827.3	1 996.3	2 192.7	2 744.8
城镇登记失业率(%)(季度)	—	—	3.7	—	—	3.7	—	—	3.7	—	—	3.7
同比累计增长率（%）												
地区生产总值	—	—	10.2	—	—	9.0	—	—	8.8	—	—	8.3
第一产业	—	—	3.5	—	—	1.2	—	—	2.7	—	—	4.0
第二产业	—	—	11.8	—	—	10.5	—	—	10.1	—	—	8.8
第三产业	—	—	8.5	—	—	7.5	—	—	8.0	—	—	8.7
工业增加值	19.4	12.3	12.0	11.9	11.3	11.3	11.1	10.6	10.3	10.2	9.9	9.6
固定资产投资	—	—	25.5	26.1	25.1	25.0	23.7	23.5	22.5	22.0	21.0	20.0
房地产开发投资	—	—	304.2	70.3	-6.7	-15.7	-11.0	-11.5	-7.4	-5.2	-0.8	-4.4
社会消费品零售总额	—	—	12.4	—	—	12.9	—	—	13.1	—	—	13.7
外贸进出口总额	-11.0	-13.9	-11.1	-1.3	0.6	1.1	2.5	1.7	2.4	6.0	6.2	5.2
进口	-11.8	-17.0	-13.8	-7.1	-5.2	-5.8	-3.2	-3.0	-2.9	0.7	1.8	2.8
出口	-8.3	-3.1	-1.6	18.7	21.4	25.6	22.5	18.4	21.2	24.7	21.6	12.9
外商实际直接投资	7.3	16.6	12.2	6.8	7.7	10.5	10.0	15.3	12.1	10.2	10.4	10.4
地方财政收入	16.5	8.7	11.7	8.7	8.1	10.6	10.9	10.6	10.5	10.8	11.0	11.1
地方财政支出	24.5	9.2	11.5	9.1	9.8	6.7	7.8	10.4	14.3	11.9	8.7	11.1

数据来源：吉林省统计局。

2013年黑龙江省金融运行报告

中国人民银行哈尔滨中心支行货币政策分析小组

[内容摘要] 2013年，黑龙江省牢牢把握“稳中求进”工作总基调，按照加快发展、创新发展、科学发展的要求，坚持稳增长、调结构、促改革、惠民生，积极推进“十大重点产业”[①]，经济保持平稳运行，结构调整步伐加快，内外需协调增长，农业生产再获丰收，物价涨幅总体回落，民生保障和改善力度加大。金融运行稳健良好，贷款投放合理适度，信贷结构趋向优化，金融市场创新发展，证券融资功能继续提升，农业保险强劲推进，金融业为全省经济结构转型升级与平稳增长提供了稳定的货币金融环境。

2014年，黑龙江省将坚持稳中求进、改革创新的总要求，深入实施“五大规划”[②]，进一步转方式、调结构，促进经济持续健康发展。全省金融业将贯彻落实好稳健的货币政策，确保货币信贷和社会融资规模平稳适度增长，优化融资结构，创新金融产品，提升服务水平，重点做好“两大平原”[③]现代农业综合配套改革、沿边开发开放、大小兴安岭林区生态保护与经济转型、老工业基地调整改造、资源型城市可持续发展、改善民生等方面的金融支持。

一、金融运行情况

2013年，黑龙江省金融业认真贯彻落实稳健的货币政策，金融运行总体平稳，金融服务地方经济重点领域发展的能力不断增强。

（一）银行业运行总体稳健，支持实体经济力度加大

2013年，黑龙江省银行业运行良好，存款增速放缓，贷款保持合理适度增长，实体经济融资成本继续下降，金融支持结构转型步伐加快。

1. 银行业规模稳步扩大，资产质量有所提升。2013年，黑龙江省银行业资产总额增长9.2%，负债总额增长8.9%，金融服务机构体系覆盖全省城乡（见表1）。2013年年末，黑龙江省金融机构不良贷款余额和不良贷款率比年初分别减少20.0亿元和下降0.81个百分点，其中，政策性银行不良贷款余额降幅较大，比上年下降2.87个百分点。

表1　2013年黑龙江省银行业金融机构情况

机构类别	营业网点			法人机构（个）
	机构个数（个）	从业人数（人）	资产总额（亿元）	
一、大型商业银行	2 056	55 453	9 487.5	0
二、国家开发银行和政策性银行	90	2 616	3 943.4	0
三、股份制商业银行	106	3 677	2 147.1	0
四、城市商业银行	507	13 070	5 105.5	2
五、城市信用社	0	0	0	0
六、小型农村金融机构	1 969	27 159	2 697.2	81
七、财务公司	3	86	124.9	2
八、信托公司	1	1 695	96.9	1
九、邮政储蓄银行	1 686	16 742	1 923.2	0
十、外资银行	7	133	30.4	0
十一、新型农村金融机构	45	784	101.4	28
十二、其他	0	0	0	0
合　计	6 470	121 415	25 657.5	114

注：营业网点不包括国家开发银行和政策性银行、大型商业银行、股份制银行金融机构总部数据；大型商业银行包括中国工商银行、中国农业银行、中国银行、中国建设银行和交通银行；小型农村金融机构包括农村商业银行、农村合作银行、农村信用社；新型农村金融机构包括村镇银行、贷款公司和农村资金互助社；“其他”包含金融租赁公司、汽车金融公司、货币经纪公司、消费金融公司等。
数据来源：黑龙江银监局。

① “十大重点产业”指新材料、生物、新能源装备、新型农机装备、交通运输装备、绿色食品、煤化石化、矿产经济、林产品加工业、现代服务业十大产业。

② “五大规划”指黑龙江省“两大平原”现代农业综合配套改革试验、黑龙江和内蒙古东北部地区沿边开发开放规划、大小兴安岭林区生态保护与经济转型规划、全国老工业基地调整改造规划、全国资源型城市可持续发展规划。

③ “两大平原”指黑龙江松嫩平原和三江平原。

2. 存款增速放缓，“季末冲高、季后回落”特征明显。由于理财、信托、基金、贵金属投资、互联网金融业务影响，金融机构存款业务受到冲击，存款稳定性下降。2013年年末，黑龙江省金融机构本外币各项存款余额增速低于上年年末4.1个百分点（见图3），全年存款增加1 752.7亿元，同比少增371.6亿元，其中，全国性大型银行新增存款占全部金融机构新增存款的比例较上年年末下降21.5个百分点。受金融机构季末考核、理财产品集中到期等因素影响，存款增长态势呈现“季末冲高、季后回落”特征。2013年，全省金融机构人民币存款季末月份平均增加362.9亿元，季初月份平均减少57亿元（见图1）。

3. 贷款增长平稳适度，促转型、调结构引导作用明显。2013年，黑龙江省金融机构本外币各项贷款增加1 522.6亿元，同比多增23.8亿元，贷款增长高峰期与粮食春耕生产和秋粮收购时期保持同步（见图2）。2013年年末，黑龙江省本外币各项贷款同比增长14.8%，增速比全省地区生产总值增速高出6.8个百分点。但受存款增速放缓影响，2013年前10个月贷款增长率逐月下降，年末回升（见图3）。中长期贷款增势企稳上行，全年新增中长期贷款占全部新增贷款比重接近五成。全国性中小银行机构新增贷款多于上年。

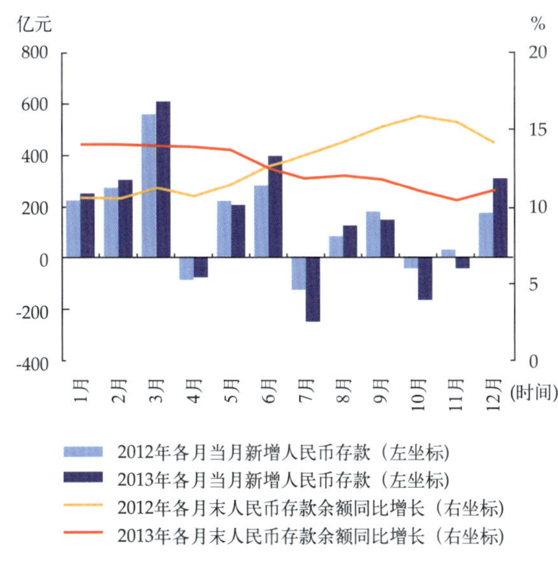

数据来源：中国人民银行哈尔滨中心支行。

图1 2012～2013年黑龙江省金融机构人民币存款增长变化

对实体经济重点领域和转型升级的信贷支持显著增强。一是继续确保“支农”重点。全年黑龙江省人民银行各分支机构支农再贷款累放176亿元，为历史同期最高额；金融机构本外币涉农贷款增加758.1亿元，占全部新增贷款的49.8%，同比提高9.5个百分点。二是“支小支弱”力度加大。2013年年末，黑龙江省中小微企业贷款余额

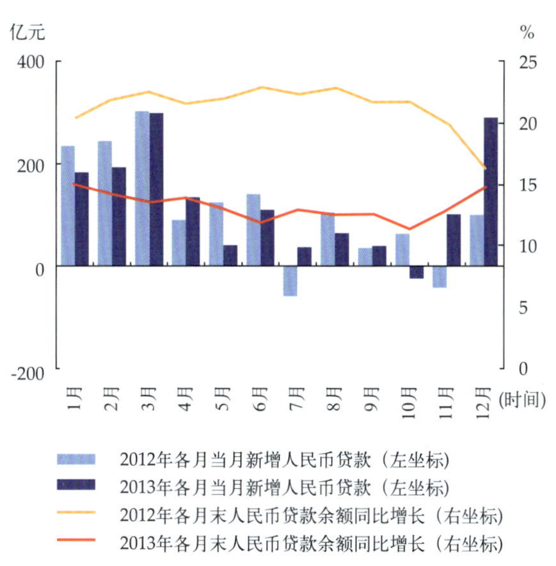

数据来源：中国人民银行哈尔滨中心支行。

图2 2012～2013年黑龙江省金融机构人民币贷款增长变化

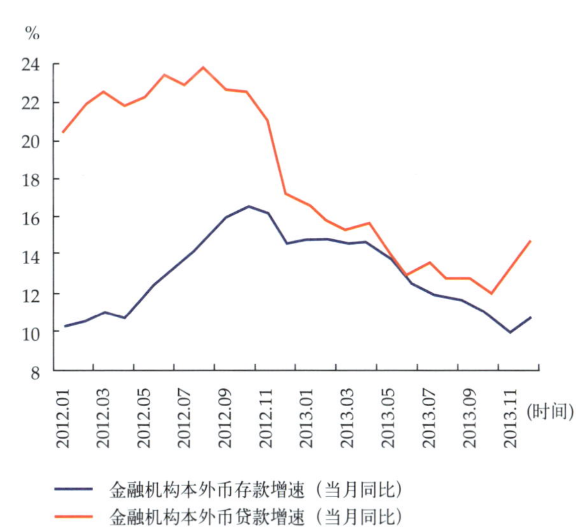

数据来源：中国人民银行哈尔滨中心支行。

图3 2012～2013年黑龙江省金融机构本外币存、贷款增速变化

和保障性安居工程贷款余额增速分别为16.9%、16.1%，分别高于各项贷款平均增速2.1个百分点和1.3个百分点。三是积极开展“支新支绿”。2013年年末，黑龙江省金融机构对“十大重点产业”贷款余额达到1 532.5亿元，同比增长37.7%，战略性新兴产业和现代服务业新增贷款比上年多增77.1亿元，节能环保产业贷款增速高于全部贷款平均增速。

4. 金融机构贷款利率小幅下行，实体经济融资成本有所下降。2013年，黑龙江省金融机构人民币贷款加权平均利率8.16%，同比下降0.25个百分点（见表2）。执行下浮、基准利率的人民币贷款占比之和为33.15%，同比上升1个百分点。中小微企业获优惠利率贷款占比小幅上升。贷款利率市场化后，贷款利率下浮空间进一步打开，贷款定价弹性增强。人民币存款利率浮动区间扩大

表2　2013年黑龙江省金融机构人民币贷款各利率区间占比

单位：%

月份		1月	2月	3月	4月	5月	6月
合计		100.0	100.0	100.0	100.0	100.0	100.0
下浮		6.0	11.0	6.9	8.4	11.7	10.6
基准		37.5	14.2	21.4	19.1	17.1	27.1
上浮	小计	56.5	74.8	71.7	72.5	71.2	62.3
	(1.0，1.1]	5.4	14.0	9.1	9.5	12.3	12.3
	(1.1，1.3]	10.3	14.3	13.5	18.1	20.1	18.8
	(1.3，1.5]	6.6	7.4	8.5	9.1	7.9	8.2
	(1.5，2.0]	28.8	33.2	35.8	29.7	25.6	19.6
	2.0以上	5.4	5.9	4.8	6.1	5.3	3.4
月份		7月	8月	9月	10月	11月	12月
合计		100.0	100.0	100.0	100.0	100.0	100.0
下浮		14.0	8.5	9.3	11.0	6.5	6.3
基准		21.4	18.0	24.1	20.5	17.8	18.6
上浮	小计	64.6	73.5	66.6	68.5	75.7	75.1
	(1.0，1.1]	11.9	11.0	13.8	12.0	13.5	9.9
	(1.1，1.3]	19.9	21.2	18.6	21.1	17.9	15.1
	(1.3，1.5]	8.7	12.3	8.4	10.6	10.4	9.4
	(1.5，2.0]	20.8	25.0	22.0	21.0	26.8	33.2
	2.0以上	3.3	4.0	3.8	3.8	7.1	7.5

数据来源：中国人民银行哈尔滨中心支行。

后，黑龙江省金融机构初步形成分层有序的存款定价格局。1年期以上小额美元存款加权平均利率呈现小幅波动走势（见图4）。

5. 银行业抗风险能力提升，金融机构流动性较为充足。2013年年末，黑龙江省银行业金融机构核心资本充足率为9.67%，达到监管标准；流动性比率为53.03%，同比上升0.06个百分点；不良贷款率为3.95%，同比下降0.81个百分点；资产利润率为1.4%，同比上升0.02个百分点。2013年，银行间市场利率波动对黑龙江省银行业金融机构未造成实质性影响，整体流动性仍处于较为宽松状态。

6. 跨境人民币业务实现省内全覆盖，卢布现钞使用试点工作扎实推进。2013年，黑龙江省13个地（市）的14家银行和200余家企业办理跨境人民币结算业务226亿元，同比增长15%，实现了跨境人民币业务在省内的全覆盖。全年对俄个人项下跨境人民币结算增长130%。国务院已批复同意在黑龙江省绥芬河市推进卢布现钞使用试点工作。

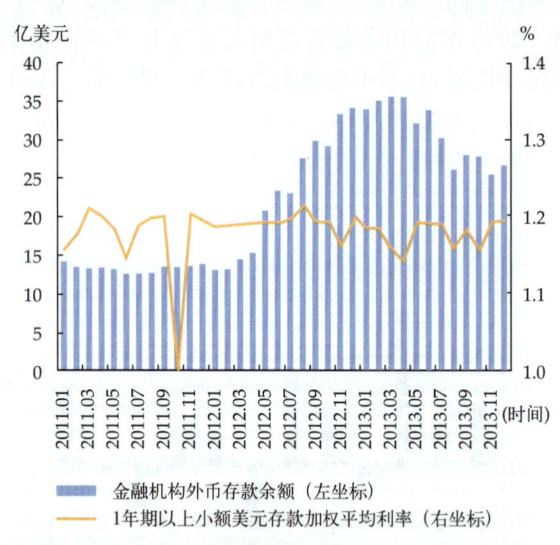

数据来源：中国人民银行哈尔滨中心支行。

图4　2011～2013年黑龙江省金融机构外币存款余额及外币存款利率

专栏1 金融支持黑龙江“大粮仓”建设取得积极成效

黑龙江作为粮食主产区，素有“中国大粮仓”之美誉，在确保国家粮食安全中占据重要位置。2013年4月，国务院将黑龙江省“两大平原”确定为全国现代农业综合配套改革的先行区。为探索创新与粮食总产持续增长、“两大平原”现代农业融资需求相适应的金融支持和服务体系，黑龙江省金融部门持续增加资金投入，积极加快农村金融产品创新，着力完善金融服务基础设施，倾力支持全省稳粮增收和现代农业建设。

一、主要做法及取得的成效

（一）把握春耕备耕和秋粮收购等重要时期，集中加强资金供给力度。面对春涝低温和洪水秋涝的困难天气，中国人民银行哈尔滨中心支行及时出台《关于进一步加大信贷投放支持春耕备耕、做好全省防汛抗洪和灾后恢复重建金融服务工作的通知》，下达支农再贷款130亿元，引导银行业金融机构适时调整涉农信贷投放额度与进度，通过贷款核销、展期、重组、减免息等措施，缓解受灾农户贷款偿还压力。2013年春耕备耕生产信贷投入710.7亿元，占同期全部新增贷款的83.1%。进入11月，中国农业发展银行黑龙江省分行积极落实政策性粮食收购政策，及时足额供应收购资金，11月、12月投放秋粮收购贷款302亿元，同比多投放132.3亿元，有效满足了粮食生产周期稳定循环的资金需求。2013年，黑龙江省战胜春涝低温、特大洪水等严重自然灾害，粮食生产再夺丰收，全年粮食总产量1 200.8亿斤，比上年增加48.5亿斤，增长4.2%，实现“十连增”，连续三年位居全国第一产粮大省地位。

（二）立足现代农业新型生产经营主体等多样化融资需求，创新支持粮食产业做大做强。2013年，黑龙江省银行业金融机构有效推广了土地承包经营权、集体林权、大型农机具、粮补资金抵（质）押贷款，“公司+合作社+农户”、农业供应链融资模式贷款，农民创业就业贷款七大类22项农村金融创新产品和服务方式，创新贷款余额357.4亿元，同比增长79.8%；累计受益农户297.5万户，累计受益企业24.1万家。2013年涉农贷款新增额占各项贷款新增额的50%。2013年全省现代农业建设保持良好势头，田间综合作业机械化程度达到92.7%，农民合作社发展到4.57万个，各类新型农业经营主体规模经营面积5 099万亩，全省规模以上农业产业化龙头企业发展到1 755家，比上年增加150家；实现销售收入2 300亿元、利税150亿元，同比分别增长9.5%和8.6%。

（三）抓好农村支付结算和信用体系等涉农服务环节，着力营造良好便利的农村金融服务环境。2013年年末，黑龙江省农村地区累计发卡量达到3 280.9万张，同比增长26.5%，农村地区人均持卡1.37张；农村地区共布放ATM3 453台，同比增长25.4%，POS机2.08万台，同比增长41.0%，电话POS机3.7万台，同比增长12.3%，农民不出村便可办理日常转账、小额存取款、余额查询以及粮食补贴发放等业务，农村支付结算环境得到极大改善。农村信用体系建设发展较快，2013年年末，全省建立信用档案的农户中170.7万农户获得贷款支持，全省首家县级信用信息中心在克山县成立，形成了以县域为基础、以农民专业合作社为依托、具有龙江特色的农村信用体系建设新模式。目前，“建三江”和“九三”两大垦区增设了2个县级国库，采取了“支付结算服务部”辐射垦区各金融机构的业务模式，解决了垦区账户开户难、票据交换难、资金汇划难、异地调款难等突出问题，极大地改善了农业金融服务环境。

二、下一阶段工作重点

下一阶段，黑龙江省将积极推进农村土地承包经营权抵押贷款试点。“一行三会”和黑龙江省政府拟出台《黑龙江省“两大平原”现代农业综合配套改革试验区金融改革方案》，中国人民银行哈尔滨中心支行与黑龙江省金融办、黑龙江省发展改革委联合制定的《黑龙江省农村土地承包经营权抵押贷款管理暂行办法》也将出台实施，《办法》中将要求全省全面开展土地承包经营权抵押贷款业务，力争实现业务全覆盖。此外，黑龙江省将深入开展银农对接、“一县一品”金融创新、各项支农政策有机结合等活动，进一步推动粮食增产和“两大平原”现代农业综合配套改革工作。

（二）证券机构效益回升，证券融资功能增强

1. 证券机构经营效益有所好转。2013年年末，黑龙江省法人证券公司仍为1家，分公司4家，比上年增加1家，证券营业部共123家。期货法人机构2家，比上年减少1家，期货营业部共14家。2013年，黑龙江省证券机构实现营业收入13.7亿元，同比增长27.7%；实现净利润4.5亿元，同比增长147.2%。全省期货公司营业收入同比增长10%；成交量同比增长34.4%（见表3）。

2. 证券市场运行平稳。2013年，黑龙江省A股上市公司31家，总市值为1 943.1亿元，同比增长22.0%。证券机构代理证券交易总额16 849.6亿元，同比增长60.5%。

3. 证券融资功能有效发挥。2013年，黑龙江省非公开发行股票募集资金25.9亿元，发行股份购买评估价值资产33.2亿元。中小企业私募债券试点成功推进，向上交所备案发行4.5亿元私募债。

表3　2013年黑龙江省证券业基本情况

项目	数量
总部设在辖内的证券公司数（家）	1
总部设在辖内的基金公司数（家）	0
总部设在辖内的期货公司数（家）	2
年末国内上市公司数（家）	31
当年国内股票（A股）筹资（亿元）	25.9
当年发行H股筹资（亿元）	0
当年国内债券筹资（亿元）	170.2
其中：短期融资券筹资额（亿元）	26.0
中期票据筹资额（亿元）	93.0

数据来源：黑龙江证监局，中国人民银行工作人员计算。

（三）保险市场稳步增长，农业保险取得突破

1. 保险业务增势良好。黑龙江省保险市场主体39家，省市县保险分支机构2 467家。全年实现保险保费收入384.3亿元，同比增长11.7%，资产合计1 060.7亿元，同比增长12.9%。各类赔付金额154.4亿元，同比增长57.0%。保险深度为2.6%，保险密度为1 002.1元/人（见表4）。

2. 农业保险取得突破。2013年，黑龙江省农业保险保费收入和赔款支出均列全国首位。全年农业保险保费收入28.3亿元，同比增长27.9%。在全省遭受严重洪涝灾害后，支付农业保险赔款27.2亿元，投入减灾减损资金2 327.6万元，提供公益捐款714.4万元，投入抗洪抢险救灾人员6万余人次，有力支持了灾民安置和灾后恢复重建工作。

3. 保险服务领域不断拓展。除人身险、财产险、农业险外，出口信用保障险同比增长5.8%，环境污染责任险、食品安全责任险、科技保险等重要领域保险业务试点工作逐渐展开。

表4　2013年黑龙江省保险业基本情况

项目	数量
总部设在辖内的保险公司数（家）	1
其中：财产险经营主体（家）	1
人身险经营主体（家）	0
保险公司分支机构（家）	39
其中：财产险公司分支机构（家）	17
人身险公司分支机构（家）	22
保费收入（中外资，亿元）	384.3
其中：财产险保费收入（中外资，亿元）	113.6
人身险保费收入（中外资，亿元）	270.7
各类赔款给付（中外资，亿元）	154.4
保险密度（元/人）	1 002.1
保险深度（%）	2.6

数据来源:：黑龙江保监局，中国人民银行工作人员计算。

（四）金融市场交易有所萎缩，债券融资创新发展

2013年，在全国经济下行压力加大的宏观形

势下，黑龙江省金融市场交易量少于上年，债券市场融资受银行间市场利率波动因素影响，发行量下滑，但融资品种等方面创新加快。

1. 债券融资同比下降，表外融资快速增长。2013年，黑龙江省社会融资规模比上年增长49.9%，社会融资能力不断提升（见图5）。受第四季度以来银行间直接债务融资市场利率提高、融资企业发行成本上升导致发行延迟等因素影响，债券融资总额同比下降近50%。委托贷款、信托贷款等表外融资占全年社会融资规模的44.9%，比上年提高29个百分点，融资投向主要是基础设施建设、批发零售、房地产业等领域，其中，委托及代理类业务同比增长59.2%；承兑汇票、保函、跟单信用证等担保类业务同比增长3.2%；承诺等其他金融衍生工具类业务同比增长18.6%，较好地满足了融资主体对资金的多元化需求。

2. 直接债务融资品种创新，发行企业趋向多元化。2013年，黑龙江省直接债务融资实现两个创新突破：一是“区域集优”集合票据成功发行，实现东北三省“零”的突破；二是发行企业类型实现突破，首家政府融资平台类企业在银行间市场进行债务融资。

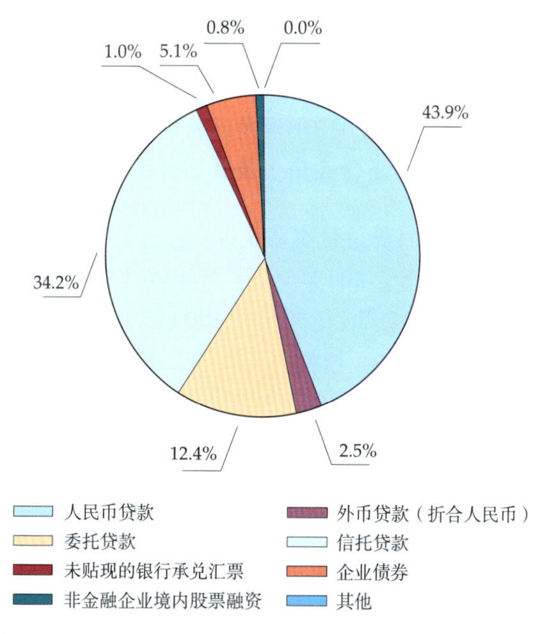

数据来源：中国人民银行哈尔滨中心支行。

图5　2013年黑龙江省社会融资规模分布

3. 货币市场交易量整体回落，同业拆借市场呈现净融出资金局面。2013年，黑龙江省银行间同业拆借累计成交1 260.3亿元，同比下降22.9%，其中，拆入资金263.4亿元；拆出资金996.9亿元，净融出资金733.5亿元，表明黑龙江省金融机构流动性较为充足。2013年，黑龙江省债券回购累计成交额58 728.2亿元，同比下降24.0%。

4. 票据融资规模明显减少，市场利率总体走高。受监管政策和金融机构业务结构调整等因素影响，2013年，黑龙江省金融机构累计签发承兑汇票1 294.9亿元，同比下降18.0%；累计办理票据贴现3 968.9亿元，同比下降28.3%（见表5）。受货币市场利率和票据市场供求变化等因素影响，全年票据贴现加权平均利率为6.01%，比上年提高0.39个百分点，票据转贴现利率水平也高于上年（见表6）。

表5　2013年黑龙江省金融机构票据业务量统计

单位：亿元

季度	银行承兑汇票承兑		贴现			
			银行承兑汇票		商业承兑汇票	
	余额	累计发生额	余额	累计发生额	余额	累计发生额
1	1 022	298.1	358.8	1 170.7	1.2	12.9
2	953	619.6	321.7	2 362.8	1.6	18.4
3	948	969.3	283.7	3 333.5	0.4	24.7
4	959.3	1 287.4	316.6	3 937.3	1.3	31.7

数据来源：中国人民银行哈尔滨中心支行。

表6　2013年黑龙江省金融机构票据贴现、转贴现利率

单位：%

季度	贴现		转贴现	
	银行承兑汇票	商业承兑汇票	票据买断	票据回购
1	4.33	5.74	4.93	4.34
2	4.37	5.62	4.76	4.46
3	6.62	7.61	4.70	5.57
4	6.95	7.68	5.24	6.19

数据来源：中国人民银行哈尔滨中心支行。

（五）金融生态建设深入推进，支付服务覆盖面有效扩大

2013年，黑龙江省金融生态发展环境持续改善。国家金融信用信息基础数据库收录了黑龙

江16.4万户企业及其他组织信用信息，同比增长4.5%；收录了黑龙江2 297万自然人信用信息，同比增长2.13%。农户信用档案中170.1万农户获得贷款支持，同比增长33.7%。动产融资登记公示系统的宣传力度不断加大。黑龙江省首家信用信息中心在克山县成立，形成了以县域农民专业合作社为依托、“政府主导、央行推动、多方参与、共赢受益”的农村信用体系建设“克山模式”。

支付服务覆盖面大幅提高。2013年年末，黑龙江省银行卡发卡总量达到9 802万张，布放POS机17.7万台、ATM10 729台，同比分别增长20.6%、66.8%、17%；黑龙江省行政村镇实现基础金融服务全覆盖；农村地区银行网点乡镇覆盖率达99.5%；支付工具乡镇及行政村覆盖率达到100%，人均持卡1.37张；探索出满足农村偏远地区金融服务需求的手机支付方式。

二、经济运行情况

2013年，受全国经济总体形势影响，黑龙江省经济运行平稳放缓，结构调整和转型升级步伐加快，全年实现地区生产总值14 382.9亿元，同比增长8.0%，人均生产总值37 509.3元，同比增加1 798.3亿元（见图6）。

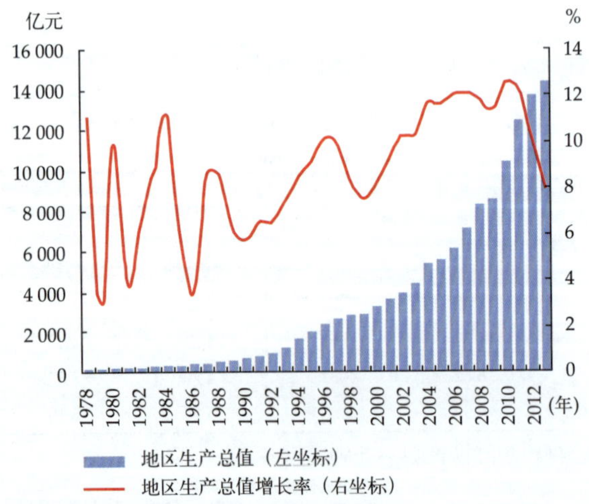

数据来源：黑龙江省《国民经济和社会发展统计公报》和中国人民银行工作人员计算。

图6 1978~2013年黑龙江省地区生产总值及其增长率

（一）三大需求持续增长，内需增势减缓

2013年，黑龙江省内外需求继续保持增长态势，但受转型压力和国内经济增速放缓等因素影响，投资、消费增势减缓。

1. 投资增速有所放缓，民间投资活力增强。2013年，黑龙江省以“十大重点产业”为战略导向，加大重点产业项目的推进力度。全省完成固定资产投资11 794.2亿元，同比增长25.8%，增幅比上年同期回落4.5个百分点。民间投资完成7 170.8亿元，占全省投资总额的64.5%，同比增长28.9%（见图7）。

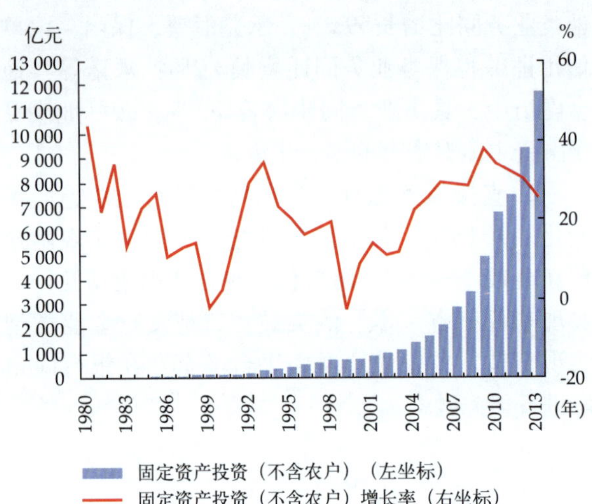

数据来源：国家统计局《中国经济景气月报》、中国人民银行工作人员计算。

图7 1980~2013年黑龙江省固定资产投资（不含农户）及其增长率

2. 城乡消费总量突破6 000亿元大关，消费增速较同期回落。2013年，黑龙江省社会消费品零售总额达到6 205.7亿元，比2004年实现翻两番，同比增长13.8%，增幅低于上年2.1个百分点，高于全国平均水平0.7个百分点。乡村消费增幅高于城镇0.5个百分点（见图8）。汽车、石油制品、服装鞋帽、粮油食品销售是拉动消费增长的主要力量。

3. 外贸发展积极推进，对俄贸易特色突出。2013年，黑龙江省进出口总额388.8亿美元，超历史峰值（2011年）3.6亿美元，再创新高，同比增长3.4%（见图9）。其中，对俄进出口总额223.6

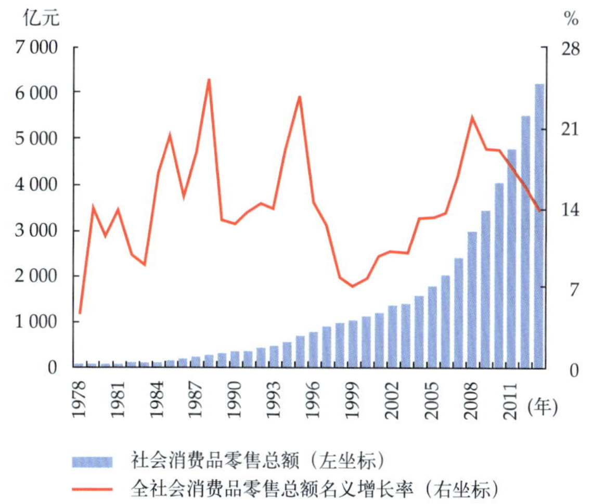

数据来源：国家统计局《中国统计摘要》、中国人民银行工作人员计算。

图8　1978～2013年黑龙江省社会消费品零售总额及其增长率

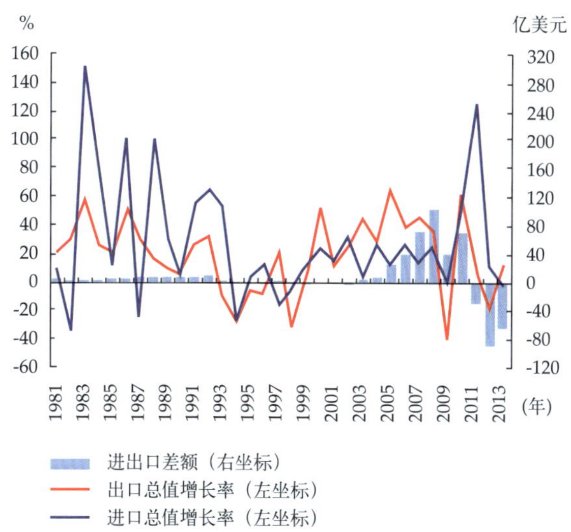

数据来源：国家统计局《中国经济景气月报》、中国人民银行工作人员计算。

图9　1981～2013年黑龙江省外贸进出口变动情况

亿美元，同比增长5.8%，占全国对俄进出口总额的25.1%；对俄投资9.5亿美元，同比增长55%，占全国对俄投资的34.2%。全省实际利用外资46.4亿美元，同比增长16.3%；外商直接投资46.1亿美元，同比增长18.3%（见图10）。俄罗斯依然是黑龙江省境外投资的主要对象。

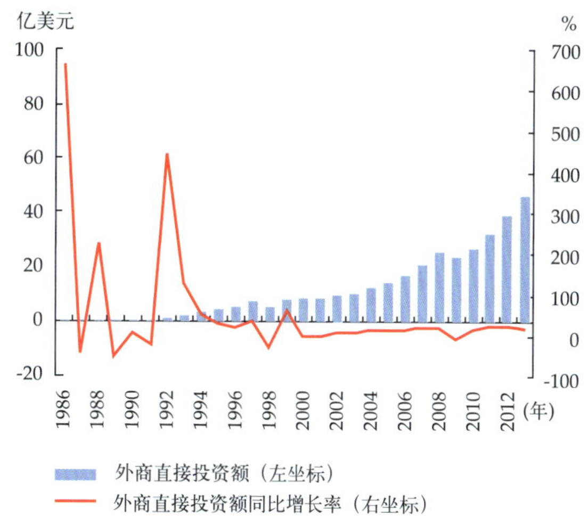

数据来源：国家统计局《中国统计摘要》、中国人民银行工作人员计算。

图10　1986～2013年黑龙江省外商直接投资额及其增长率

（二）社会供给稳定增长，转方式调结构取得新进展

2013年，黑龙江省三次产业结构比例由上年的15.4∶47.2∶37.4调整为17.5∶41.1∶41.4，第三产业对地区生产总值的贡献率明显提升。

1. 现代农业发展较快，粮食生产实现“十连增”。2013年，黑龙江省注重发挥农机、科技和水利作用，加快培育发展新型农业经营主体，科学调整种植业结构，实施了松花江沿岸和三江平原旱改水扩稻工程，第四、第五积温带高产早熟玉米种植面积进一步扩大，全省玉米、水稻种植面积达到11 072万亩和6 043万亩。粮食生产再获丰收，粮食总产量1 200.8亿斤，比上年增加48.5亿斤，同比增长4.2%，连续三年蝉联全国产粮榜首，粮食总产量、商品量、商品率、调出量等多项指标均位居全国各省之首。

2. 工业经济增幅回落，结构调整步伐加快。受全国经济增速放缓、能源价格低迷、市场需求疲弱等因素影响，2013年，黑龙江省规模以上工业企业增加值同比增长6.9%，低于上年3.6个百分点（见图11）；全年工业经济利税总额同比下降3.8%；全社会用电量增速低于上年1.2个百分点。为促进工业稳定增长，黑龙江省出台新“工业17

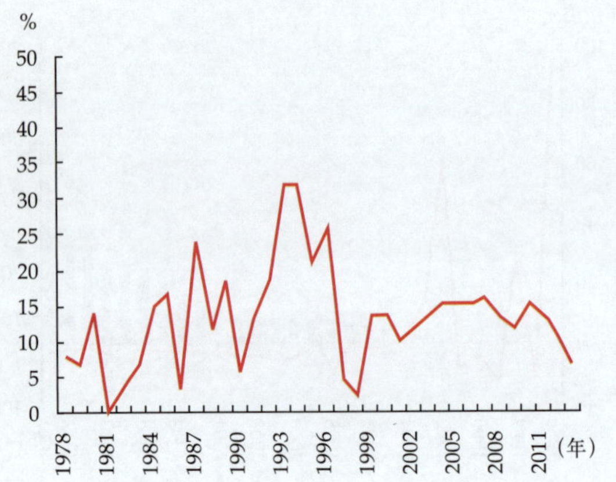

数据来源：国家统计局《中国经济景气月报》、中国人民银行工作人员计算。

图11　1978～2013年黑龙江省规模以上工业增加值同比增长率

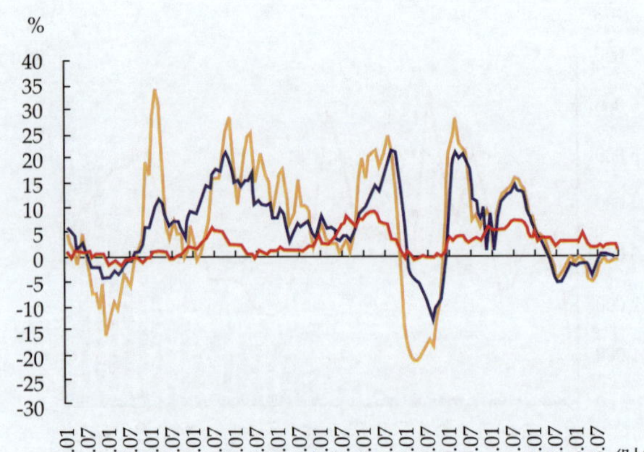

数据来源：国家统计局《中国经济景气月报》、中国人民银行工作人员计算。

图12　2001～2013年黑龙江省居民消费价格和生产者价格变动趋势

条”、《产业结构调整专项资金管理办法》等政策措施。食品工业增加值同比增长19.9%，上升为全省工业经济第二大产业。

3. 服务业稳步增长，拉动经济作用明显。批发和零售、住宿和餐饮业持续发展，金融、物流、信息传输等生产性服务业发展较快，第三产业增加值同比增长10.4%，高于全省地区生产总值增速2.4个百分点，是拉动全省经济增长的重要力量。

（三）物价涨幅总体回落，劳动力成本持续上涨

2013年，受国家和全省主要经济指标较同期下滑以及稳健的货币政策实施效果显现等因素影响，黑龙江省物价总体水平呈下行趋势（见图12）。

1. 居民消费价格回落。居民消费价格指数同比涨幅从前2个月的3.7%降至年末的2.2%，总体价格水平低于全国平均水平0.4个百分点。食品类价格上升拉动CPI上涨1.44个百分点，是居民消费价格上涨的主要因素。

2. 工业生产价格水平下降。由于黑龙江省工业经济处于结构调整期，2013年，全省工业生产者购进价格指数同比下降1.3%，工业生产者出厂价格指数同比下降2%。

3. 劳动力成本上涨明显。为扭转工资水平较低局面，黑龙江省于2012年将最低工资标准和小时最低工资标准调涨了30%。2013年，全省城镇居民人均可支配收入同比增长10.3%，农村居民人均纯收入同比增长12.0%。

4. 资源性产品价格下跌。2013年，黑龙江省原油价格波动加大，第一、第三季度走高，第二、第四季度回落，全年平均价格5 568元/吨，同比下降5%。由于近年来钢铁等相关行业持续低迷，煤炭行业产能过剩，煤炭价格持续下滑。2013年年末，原煤价格为470元/吨，同比下跌80.3%。

（四）财政收支增速放缓，预算管理不断改进

1. 财政收支增速有所放缓。2013年，受固定资产投资增速下滑、工业品需求下降等因素影响，黑龙江省全年公共财政收入1 277.4亿元，同比增长9.8%，增速比上年下降6.8个百分点；全年税收收入同比增长9.0%，增速比上年下降4个百分点；全年公共财政支出3 369.2亿元，同比增长6.2%，增速比上年下降7.3个百分点（见图13）。

2. 财政收支结构合理优化。2013年，黑龙江省认真落实结构性减税政策和实施营改增试点，减轻了3.1万户纳税人税收负担3.3亿元，通过暂免

征收小微企业增值税和营业税政策，使11.6万户小微企业受益。财政支出继续向调结构、保民生领域倾斜，其中，民生支出占公共财政支出的比重达到58.5%。

3. 财政预算管理逐步完善。2013年，黑龙江省清理以前年度结余结转资金，切实盘活财政存量资金；强化厉行节约，大力压缩“三公经费”支出，省级此类经费支出同比下降19.8%；建立综合性政府债务管理、债务风险预警等制度，一方面采取措施化解存量债务，另一方面加强对新增债务资金的使用管理和监督，政府性债务以相应资产和收入作为偿债保障，债务风险总体可控。

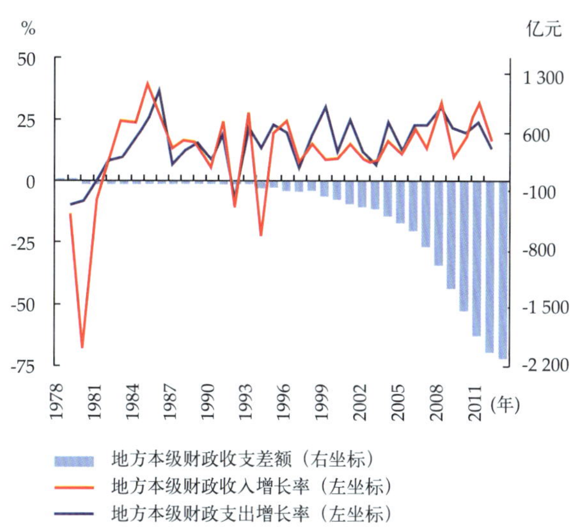

数据来源：《中国统计摘要》和中国人民银行哈尔滨中心支行工作人员计算。

图13　1978～2013年黑龙江省财政收支状况

（五）生态建设扎实推进，多措并举治理大气污染

2013年，黑龙江省继续认真落实本地区“十二五”规划生态建设项目和目标，生态建设工程积极推进，全省单位地区生产总值综合能耗下降4.3%。建成污水处理厂110家，污水处理能力达到381.8万吨。建成49个国家级生态示范区、81个国家级生态乡镇和生态村。国家级自然保护区总数达到33个，位居全国第一。水环境持续改善，全省劣V类水质占比下降2.2个百分点，剔除洪水灾害影响，河流水质达标率提高5.5个百分点。为应对雾霾天气，黑龙江省采取了多项措施，包括制定《大气污染防治行动计划实施细则》，安排专项财政资金用于污染较重城市大气治理，第一时间开展应急监测，拔除小烟筒2 198座，注销和淘汰黄标车、老旧机动车20万辆等。随着今后人口增加和城市发展，有效的大气污染治理和生态文明建设仍任重道远。

专栏2　整合资源　丰富手段　积极探索金融消费权益保护新途径

有效维护金融消费者权益，对促进金融市场健康、维护金融稳定具有十分重要的现实意义。2013年是中国人民银行金融消费权益保护工作开局之年,中国人民银行哈尔滨中心支行紧密围绕中心工作，积极加强与金融监管部门的合作，构建金融消费权益保护工作协调机制，在解决金融消费投诉纠纷等方面进行了富有成效的探索和实践。

一是制定配套制度，构建金融消费权益保护工作机制。中国人民银行哈尔滨中心支行相继印发了《黑龙江省金融消费者权益保护工作指导意见》等规范性文件，重点抓好组织机构、队伍建设两个环节，不断完善各项基本制度和工作流程，为金融消费权益保护工作的制度建设和人才储备打下良好基础。

二是召开黑龙江省金融消费权益保护工作联席会议，完善“一行三局”保护格局。联合省银监局、证监局、保监局召开了黑龙江省金融消费权益保护工作联席会议，签署了《黑龙江省金融消费权益保护协调机制备忘录》。畅通金融消费投诉内部报送和外部反馈双向通道，全面推开“多渠道受理、多模式处理”的工作机制，使维护金融消费权益的关口前移到产品设计、客户识别、交易服务等先期环节，为黑龙江省“一行三局”深度合作奠定了基础。

三是成立全国首家省级金融消费权益保护协会，形成金融消费权益保护合力。黑龙江省金融消费权益保护协会是由中国人民银行哈尔滨中心支行主导和推动，银行、证券、保险等金融机构及相关企事业单位、社会团体和金融消费者自愿组成的非营利性社会团体，具有独立法人资格，会员单位辐射全省。

四是妥善处置争议，督导金融机构维护金融消费者合法权益。积极推广"12363"投诉热线，综合运用政府网站、政务窗口等便民平台，不断拓宽金融消费者投诉渠道。2013年，全省共受理、化解金融消费者投诉130起，解答咨询900余人次，金融消费者满意度90%以上，进一步增强了金融机构合法经营、合规操作、行业自律的责任意识，切实维护了消费者合法权益。

五是开展系列宣传活动，打造全省一盘棋的联动宣传机制。结合地域特色，深入山区、林区、街区开展"金融知识普及月"等主题宣传活动，指导金融消费者科学、合理、安全消费。全年共发放宣传资料27 000余份，调查问卷3 500份，进一步提高了金融消费者的维权意识和能力。

（六）房地产调控效果凸显，林业产业发展加快

1. 房地产市场增速放缓，房地产价格稳步增长。2013年，受国家房地产调控政策影响，黑龙江省房地产投资增速继续放缓，商品房销售明显下滑，但商品房销售额和销售价格继续保持增长（见图14、图15），房地产开发贷款增速趋缓，个人住房贷款保持快速增长。

（1）房地产开发投资增速继续放缓。2013年，受全省保障性安居工程任务减少和房地产市场调控政策作用双重影响，黑龙江省房地产投资增速有所放缓。全省完成房地产开发投资1 604.8亿元，同比增长4.5%，增速比上年下降21.5个百分点。

（2）房地产开发规模持续下降。2013年，全省购置土地面积和房屋新开工面积自2012年以来持续下降。全年购置土地面积641.8万平方米，同比下降17.8%；房屋新开工面积4 030.4万平方米，同比下降20.6%；全年房屋竣工面积2 932.1万平方米，同比下降9.6%，其中住宅竣工面积2 344.4万平方米。

（3）商品房销售由增转降。商品房销售面积和销售额增速自2011年以来持续回落。全年商品房销售面积3 340万平方米，同比下降12.3%，自2009年以来首次出现下降；商品房销售额1 582.3亿元，同比仅增长2.2%，增速比上年回落11.5个百分点。

（4）房地产价格持续增长。在商品房销售量出现下降和销售额增速回落的背景下，房地产价格仍保持快速增长态势。全年商品房销售价格同比上涨16.5%，涨幅比上年提高了14.8个百分点。

（5）房地产贷款稳定增长。2013年年末，全省房地产贷款余额1 942.7亿元，同比增长26.5%，

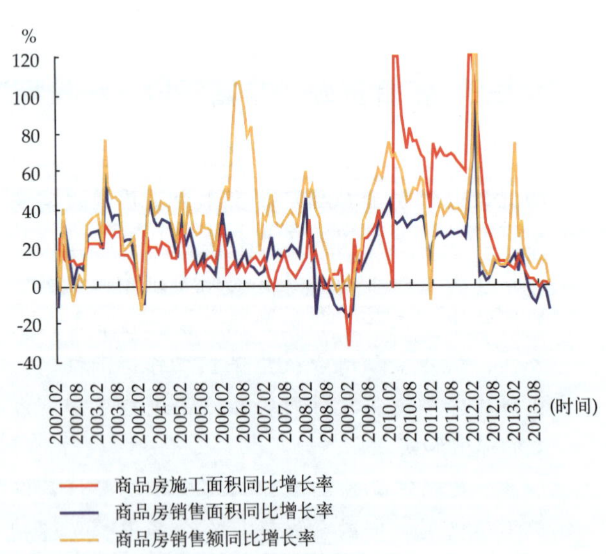

数据来源：国家统计局《中国经济景气月报》。

图14　2002~2013年黑龙江省商品房施工和销售变动趋势

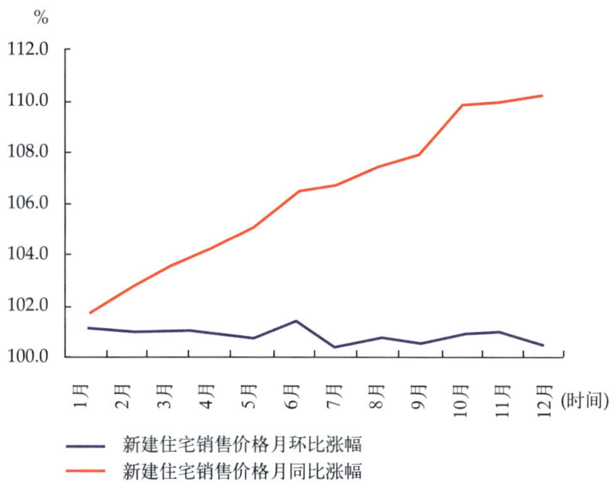

数据来源：国家统计局《中国经济景气月报》、中国人民银行工作人员计算。

图15 2013年哈尔滨市新建住宅销售价格变动趋势

增速比上年提高2.4个百分点。房地产开发贷款余额622.1亿元，同比增长29.6%。其中，保障性住房开发贷款余额274.2亿元，同比增长33.9%。个人住房贷款余额1 208.6亿元，同比增长24.7%，增速比上年提高6.5个百分点。

2. 林业产业呈现蓬勃发展态势。黑龙江是全国林业大省，拥有林地面积2 080万公顷，森林覆盖率45.73%。2011年以来，黑龙江省共推进省重点林业产业项目102个，涵盖木材加工、造纸、森林食品、北药、特色养殖、种苗花卉、森林旅游等林业建设，完成投资142.98亿元，占新中国成立六十多年来林业产业项目投资总额的80%。2013年年末，黑龙江省拥有规模以上林业企业400多家、林业特色园区39个、林业专业合作社146个。2013年黑龙江省林业总产值突破1 400亿元，比2010年翻了近一番。林业产业结构第一、第二、第三产业比重由2012年的38.2：46.8：15调整为2013年的36：54：10。林业融资起步向好，全国国有林区第一笔实质性碳汇直接交易成功落锤；全省金融机构积极为林业合作组织和林下经济产业发展提供融资支持，已累计向绿色生态产业发放贷款151亿元、林权抵押贷款5.9亿元。

三、预测与展望

2014年，在全面深化改革的新时期，黑龙江省将积极迎接机遇和挑战，经济金融将继续保持平稳健康发展态势。一方面，在国内外经济结构深度调整的宏观大背景下，所有制结构、产业结构、产品结构、要素构成等长期积累的制约黑龙江经济发展的结构性矛盾仍然突出；另一方面，国家保持宏观政策的连续性和稳定性，黑龙江省将深入实施“两大平原”现代农业综合改革试验、沿边开发开放等“五大规划”，着力发展“十大重点产业”，总体宏观经济环境有利于黑龙江经济社会发展。预计2014年黑龙江省经济结构将加快转型升级，现代农业发展水平不断提升，工业经济企稳回升压力较大，生产性服务业和生活性服务业稳步增长，全年价格涨幅与上年基本持平。

2014年，黑龙江省金融业将继续认真贯彻落实稳健的货币政策，提高金融服务实体经济的质量和水平，引导货币信贷和社会融资规模平稳适度增长，加大涉农、重点产业项目、小微企业、扶贫扶弱、对俄贸易等领域的金融支持力度，大力推动农村土地承包经营权抵押贷款试点、支持新型农业经营主体融资等金融创新工作，进一步促进黑龙江经济结构转型和可持续发展。

中国人民银行哈尔滨中心支行货币政策分析小组
总　纂：王　迅　张会元
统　稿：管公明　王　舵　高　磊
执　笔：刘　畅　周　锐　何延伟　马　辉　张　杰　海　平　刘福军　王　迟　李婷婷　李亚南
常云峰　何小川　罗　希　包艳龙　孙丽颖　李　丹　范继慈　卢　刚　刘　帆　刘　恕
提供材料的还有：孙　杨　孙晓丹　杜艳艳　孙济晖

附录

（一）2013年黑龙江省经济金融大事记

1月18日，中国银行（俄罗斯）滨海分行在俄罗斯滨海边疆区首府符拉迪沃斯托克正式开业，这是中国银行在俄远东地区开设的第2家分行，也是俄滨海边疆区第1家中资金融机构。

6月3日，黑龙江省伊春市完成首笔国有森林碳汇交易，金额18万元，涉及6 000吨森林碳汇，实现了中国国有林区管理方式由砍伐森林向经营森林的历史性转变。

6月13日，国务院批复《黑龙江省"两大平原"现代农业综合配套改革试验总体方案》，黑龙江省成为全国唯一涉及现代农业的综合配套改革试验区。

6月15日至19日，第24届中国哈尔滨国际经济贸易洽谈会在哈尔滨举行，签订各类涉外合同共计139.9亿美元。

8月9日，国务院批复《黑龙江和内蒙古东北部地区沿边开发开放规划》，对打造中国面向俄罗斯及东北亚开放的重要枢纽站具有重要意义。

8月16日，黑龙江省齐齐哈尔市成功发行东北三省首笔区域集优非公开定向债务融资工具1.2亿元。

12月5日，黑龙江省金融消费权益保护协会成立暨第一次会员代表大会在哈尔滨召开，黑龙江金融消费权益保护体系进一步完善。

2013年，黑龙江省粮食总产量1 200.8亿斤，比上年增加48.5亿斤，增长4.2%，实现"十连增"，连续三年位居全国第一产粮大省地位。

2013年，黑龙江省进出口贸易额388.8亿美元，超历史峰值3.6亿美元。对俄罗斯进出口总额223.6亿美元，占全国对俄进出口总额的25.1%，位列全国第一。

（二）2013年黑龙江省主要经济金融指标

表1 2013年黑龙江省主要存贷款指标

		1月	2月	3月	4月	5月	6月	7月	8月	9月	10月	11月	12月
本外币	金融机构各项存款余额（亿元）	16 797.4	17 101.6	17 708.4	17 628.0	17 814.2	18 219.2	17 954.6	18 051.3	18 211.1	18 046.1	17 983.1	18 293.4
	其中：储蓄存款	9 548.6	9 936.3	10 176.6	10 005.6	9 976.8	10 222.8	9 937.2	9 928.1	9 986.1	9 810.7	9 865.4	10 125.6
	单位存款	6 470.2	6 349.0	6 797.1	6 807.2	6 813.6	6 949.2	6 770.5	6 782.3	6 818.1	6 742.6	6 724.6	7 037.8
	各项存款余额比上月增加（亿元）	250.4	304.3	606.8	-80.4	186.2	405.0	-264.6	96.7	159.8	-165.0	-63.0	310.3
	金融机构各项存款同比增长（%）	14.8	14.8	14.5	14.6	13.9	12.6	11.9	11.8	11.4	10.7	9.9	10.6
	金融机构各项贷款余额（亿元）	10 475.5	10 672.5	10 995.3	11 132.0	11 170.2	11 278.2	11 297.5	11 361.6	11 429.9	11 416.3	11 497.0	11 782.5
	其中：短期	4 417.8	4 538.5	4 805.8	4 880.5	4 837.8	4 899.5	4 888.9	4 844.5	4 837.8	4 834.8	4 824.1	5 024.7
	中长期	5 590.0	5 625.9	5 686.8	5 745.0	5 811.8	5 886.1	5 945.2	6 016.4	6 087.4	6 123.8	6 173.0	6 208.9
	票据融资	387.7	429.1	405.0	409.4	424.7	397.7	368.1	387.1	373.2	326.8	371.3	420.9
	各项贷款余额比上月增加（亿元）	199.1	197.1	322.7	136.7	38.2	108.0	19.2	64.1	68.4	-13.7	80.7	285.5
	其中：短期	122.2	120.7	267.3	74.7	-42.7	61.7	-10.6	-44.4	-6.7	-3.0	-10.7	200.6
	中长期	92.1	35.9	60.9	58.2	66.8	74.3	59.1	71.1	71.1	36.4	49.2	35.9
	票据融资	-16.0	41.4	-24.2	4.4	15.3	-27.0	-29.5	18.9	-13.9	-46.3	44.5	49.6
	金融机构各项贷款同比增长（%）	16.6	15.7	15.3	15.6	14.2	12.8	13.6	12.7	12.7	11.9	13.2	14.8
	其中：短期	20.3	19.0	19.4	20.8	19.3	17.9	20.1	18.4	16.8	16.8	17.4	17.4
	中长期	13.3	13.2	13.0	13.3	13.0	13.2	13.7	13.2	13.2	12.0	12.5	12.9
	票据融资	16.4	7.7	-6.1	-13.5	-19.6	-31.1	-36.4	-35.5	-30.5	-36.6	-23.1	4.2
	建筑业贷款余额（亿元）	114.6	118.2	124.4	124.3	126.7	122.9	124.3	124.7	130.8	134.2	138.7	139.4
	房地产业贷款余额（亿元）	339.2	313.8	317.3	312.0	316.8	314.8	316.4	335.6	352.5	362.0	367.2	391.2
	建筑业贷款同比增长（%）	11.8	26.4	21.8	19.3	8.9	-0.9	-2.5	-4.9	-9.2	-7.0	0.8	-0.9
	房地产业贷款同比增长（%）	60.8	80.5	32.1	31.0	29.8	25.7	17.6	15.3	8.6	6.1	9.1	15.4
人民币	金融机构各项存款余额（亿元）	16 582.8	16 880.5	17 484.3	17 406.7	17 614.6	18 010.9	17 767.8	17 891.3	18 038.1	17 874.9	17 827.0	18 131.8
	其中：储蓄存款	9 491.9	9 876.4	10 115.4	9 943.7	9 913.7	10 159.2	9 871.5	9 862.0	9 919.6	9 744.1	9 799.0	10 058.6
	单位存款	6 316.4	6 194.6	6 638.6	6 652.0	6 682.2	6 812.1	6 654.3	6 694.0	6 716.1	6 643.9	6 640.2	6 947.1
	各项存款余额比上月增加（亿元）	250.1	297.7	603.8	-77.7	207.9	396.3	-243.0	123.5	146.8	-163.2	-47.9	304.9
	其中：储蓄存款	217.2	384.4	239.0	-171.7	-29.9	245.5	-287.7	-9.5	57.7	-175.5	54.9	259.6
	单位存款	-175.6	-121.7	444.0	13.4	30.2	129.9	-157.8	39.7	22.1	-72.2	-3.7	306.9
	各项存款同比增长（%）	14.0	13.9	13.7	13.9	13.6	12.4	11.8	12.0	11.6	10.9	10.4	11.1
	其中：储蓄存款	11.6	14.2	13.5	12.8	12.3	12.4	11.3	10.8	9.9	9.2	9.4	8.5
	单位存款	19.7	12.0	13.2	15.3	13.6	10.6	11.5	11.9	9.9	8.9	8.6	7.0
	金融机构各项贷款余额（亿元）	10 104.1	10 293.9	10 585.5	10 716.4	10 756.6	10 863.2	10 898.6	10 961.1	10 995.1	10 971.3	11 069.9	11 359.4
	其中：个人消费贷款	1 298.6	1 313.1	1 334.9	1 363.5	1 392.6	1 419.4	1 445.1	1 475.7	1 504.9	1 523.0	1 548.8	1 568.4
	票据融资	387.7	429.1	405.0	409.4	424.7	397.7	368.1	387.1	373.2	326.8	371.3	420.9
	各项贷款余额比上月增加（亿元）	181.1	189.8	291.6	130.9	40.2	106.6	35.4	62.5	34.0	-23.8	98.6	289.5
	其中：个人消费贷款	21.4	14.4	21.9	28.5	29.2	26.8	25.7	30.6	29.2	18.1	25.9	19.6
	票据融资	-16.0	41.4	-24.2	4.4	15.3	-27.0	-29.5	18.9	-13.9	-46.3	44.5	49.6
	金融机构各项贷款同比增长（%）	15.1	14.1	13.6	13.9	12.9	11.8	12.9	12.4	12.3	11.3	12.8	14.7
	其中：个人消费贷款	19.8	21.1	22.0	24.2	25.2	26.2	27.3	27.4	26.2	25.6	24.5	24.5
	票据融资	16.4	7.7	-6.1	-13.5	-19.6	-31.1	-36.4	-35.5	-30.5	-36.6	-23.1	4.2
外币	金融机构外币存款余额（亿美元）	34.2	35.2	35.7	35.6	32.3	33.7	30.2	25.9	28.1	27.9	25.5	26.5
	金融机构外币存款同比增长（%）	165.4	175.3	146.4	133.1	55.7	44.0	30.5	-6.2	-5.8	-3.8	-24.0	-22.2
	金融机构外币贷款余额（亿美元）	59.1	60.3	65.4	66.8	66.9	67.2	64.6	64.9	70.7	72.4	69.6	69.4
	金融机构外币贷款同比增长（%）	81.3	84.3	92.6	91.6	69.9	49.1	40.9	25.7	29.2	32.7	26.5	23.5

数据来源：中国人民银行哈尔滨中心支行。

表2　2001～2013年黑龙江省各类价格指数

单位：%

年/月		居民消费价格指数		农业生产资料价格指数		工业生产者购进价格指数		工业生产者出厂价格指数	
		当月同比	累计同比	当月同比	累计同比	当月同比	累计同比	当月同比	累计同比
2001		—	0.8	—	-1.1	—	-0.5	—	-4.0
2002		—	-0.7	—	-0.3	—	-0.7	—	-2.2
2003		—	0.9	—	1.8	—	7.6	—	11.9
2004		—	3.8	—	12.0	—	15.2	—	13.1
2005		—	1.2	—	8.6	—	11.8	—	16.7
2006		—	1.9	—	1.9	—	5.6	—	9.9
2007		—	5.4	—	9.4	—	5.0	—	5.3
2008		—	5.6	—	22.7	—	14.1	—	14.0
2009		—	0.2	—	-5.8	—	-6.6	—	-12.6
2010		—	3.9	—	5.6	—	14.5	—	15.0
2011		—	5.8	—	10.2	—	11.1	—	12.0
2012		—	3.2	—	7.8	—	-1.2	—	0.0
2013		—	2.2	—	4.1	—	-1.3	—	-2.0
2012	1	4.5	4.5	10.1	10.1	4.9	4.9	5.4	5.4
	2	3.2	3.9	10.8	10.4	3.9	4.4	4.6	5.0
	3	3.7	3.8	7.7	9.5	2.5	3.7	4.4	4.8
	4	3.7	3.8	6.8	8.8	1.1	3.0	3.2	4.4
	5	3.4	3.7	7.4	8.5	-1.7	2.1	0.0	3.5
	6	2.5	3.5	5.5	8.0	-3.1	1.2	-1.7	2.6
	7	2.2	3.3	5.7	7.6	-5.1	0.3	-4.3	1.6
	8	2.9	3.3	6.7	7.5	-5.7	-0.5	-4.8	0.8
	9	3.1	3.2	7.3	7.5	-3.9	-0.9	-2.6	0.4
	10	2.9	3.2	8.5	7.6	-2.9	-1.1	-1.7	0.2
	11	2.8	3.2	8.8	7.7	-1.4	-1.1	-0.2	0.1
	12	3.2	3.2	8.5	7.8	-2.2	-1.2	-1.5	0.0
2013	1	2.7	2.7	8.5	8.5	-1.0	-1.0	-0.5	-0.5
	2	4.7	3.7	6.6	7.6	-1.7	-1.4	-1.1	-0.8
	3	2.4	3.2	4.7	6.6	-1.7	-1.5	-1.9	-1.1
	4	1.8	2.9	3.5	5.8	-3.7	-2.1	-5.0	-2.1
	5	1.6	2.6	2.2	5.1	-4.0	-2.4	-5.5	-2.8
	6	1.7	2.5	4.3	4.9	-2.2	-2.4	-3.5	-2.9
	7	2.1	2.4	4.4	4.8	-0.2	-2.1	-1.2	-2.7
	8	1.4	2.3	4.2	4.8	0.5	-1.8	-0.7	-2.4
	9	2.1	2.3	3.1	4.6	-0.2	-1.6	-1.4	-2.3
	10	2.2	2.3	2.5	4.4	-0.2	-1.5	-1.4	-2.2
	11	2.5	2.3	2.7	4.2	-0.7	-1.4	-1.3	-2.2
	12	1.6	2.2	3.0	4.1	-0.6	-1.3	-0.6	-2.0

数据来源：黑龙江省统计局、《中国经济景气月报》。

表3　2013年黑龙江省主要经济指标

	1月	2月	3月	4月	5月	6月	7月	8月	9月	10月	11月	12月
						绝对值（自年初累计）						
地区生产总值（亿元）	—	—	2 608.7	—	—	5 545.1	—	—	8 748.8	—	—	14 382.9
第一产业	—	—	132.1	—	—	373.2	—	—	596.6	—	—	2 516.8
第二产业	—	—	1 328.8	—	—	2 739	—	—	4 236	—	—	5 918.2
第三产业	—	—	1 147.8	—	—	2 432.8	—	—	3 916.2	—	—	5 947.9
工业增加值（亿元）	—	678.6	1 120.4	1 501.6	1 891.3	2 339.6	2 713.6	3 087.1	3 493.4	3 933.6	4 375.6	4 857.3
固定资产投资（亿元）	—	38.6	246.1	632.6	1 339.2	2 690.6	3 868.1	4 993.4	6 436.3	8 072.5	9 515.3	11 794.2
房地产开发投资	—	8.5	34.8	115.3	254.5	454.1	645.9	840.4	1 048.5	1 253.6	1 454.7	1 604.8
社会消费品零售总额（亿元）	—	977.3	1 395.2	1 813.1	2 295.2	2 800.4	3 255.2	3 751.2	4 316	4 894.6	5 496.7	6 205.7
外贸进出口总额（万美元）	322 000.0	550 000.0	835 000.0	1 250 000.0	1 728 000.0	2 036 000.0	2 332 000.0	2 641 000.0	2 951 000.0	3 244 000.0	3 552 000.0	3 888 000.0
进口	207 000.0	372 000.0	537 000.0	737 000.0	943 000.0	1 143 000.0	1 308 000.0	1 487 000.0	1 674 000.0	1 866 000.0	2 087 000.0	2 265 000.0
出口	116 000.0	179 000.0	298 000.0	513 000.0	784 000.0	893 000.0	1 024 000.0	1 154 000.0	1 277 000.0	1 378 000.0	1 465 000.0	1 623 000.0
进出口差额(出口－进口)	-91 000.0	-193 000.0	-239 000.0	-224 000.0	-159 000.0	-250 000.0	-284 000.0	-333 000.0	-397 000.0	-488 000.0	-622 000.0	-642 000.0
外商实际直接投资（万美元）	15 746.0	34 355.0	93 188.0	114 858.0	160 176.0	242 939.0	270 195.0	296 376.0	331 421.0	382 007.0	452 439.0	461 331.0
地方财政收支差额（亿元）	-114.1	-215.6	-362.0	-442.2	-511.3	-587.3	-729.2	-839.3	-1 052.4	-1 169.7	-1 349.1	-2 091.8
地方财政收入	155	245.6	357.9	460.6	564.5	706.9	805	878	960.9	1 051.5	1 121.9	1 277.4
地方财政支出	269.1	461.2	719.9	902.8	1 075.8	1 294.2	1 534.2	1 717.3	2 013.3	2 221.2	2 471.0	3 369.2
城镇登记失业率(%)(季度)	—	—	4.1	—	—	4.4	—	—	4.3	—	—	4.4
						同比累计增长率（%）						
地区生产总值	—	—	9	—	—	8.7	—	—	8.4	—	—	8.0
第一产业	—	—	3.1	—	—	2.1	—	—	4.2	—	—	5.1
第二产业	—	—	8.9	—	—	8.4	—	—	7.3	—	—	6.6
第三产业	—	—	9.7	—	—	9.9	—	—	10.3	—	—	10.4
工业增加值	—	8.8	8.7	8.6	8.5	8.4	8.3	7.5	7.2	7.1	6.8	6.9
固定资产投资	—	25.1	28.5	27.5	26.5	26.5	26.6	26.6	26.5	26.3	26.2	25.8
房地产开发投资	—	3	27.8	38.9	28.3	20.1	13.6	4.4	4.9	4.7	8.3	4.5
社会消费品零售总额	—	11.1	12.4	12.5	12.7	13	13	13	13.1	13.2	13.5	13.8
外贸进出口总额	31.5	8.9	-3.1	8.5	17.7	15.1	13.4	10.8	10.4	9.3	8.9	3.4
进口	27.5	4.5	-9.1	-7	-7.7	-5.6	-4.7	-4.7	-3.2	-3.1	-0.2	-2.2
出口	39.3	19.2	9.9	42.7	76.1	60	49.6	40.3	35.4	32.3	25.1	12.4
外商实际直接投资	94.2	45.2	44.1	31.7	31.9	23.4	22.5	23.6	20.7	23.0	24.7	18.3
地方财政收入	13.9	10.3	8.6	9.5	9.5	9.8	9.4	8.1	9.1	10.3	9.6	9.8
地方财政支出	75.1	6.7	3.3	7.5	7.0	6.0	3.9	0.9	4.3	7.4	3.7	6.2

数据来源：黑龙江省统计局、《中国经济景气月报》。

2013年上海市金融运行报告

中国人民银行上海总部货币政策分析小组

[内容摘要] 2013年，上海市加快转变经济发展方式，经济运行总体平稳有序，创新转型积极效应进一步显现，工业生产企稳回升，第三产业保持领先增长，地方财政收入增速提高，居民消费价格涨幅基本稳定。各项存款同比多增，各项贷款增速放缓，信贷结构有所优化。证券期货业平稳运行，保险业加快转变发展方式。金融市场交易总体活跃，上海国际金融中心建设取得新进展。

2014年，上海市经济将在加快改革中寻求发展。中国（上海）自由贸易试验区建设和国资国企改革，既是上海深化改革的重要突破口，也将为上海经济发展注入新的活力与动力。为提高金融服务实体经济发展的效率，需认真做好以下各项金融工作：一是贯彻执行稳健的货币政策，保持货币信贷和社会融资规模的平稳适度增长。二是积极发展普惠金融，加大信贷结构调整力度。三是加快金融改革创新，落实金融支持中国（上海）自由贸易试验区建设的各项举措。四是加强流动性管理，防范各类金融风险。

一、金融运行情况

2013年，中国人民银行上海总部和上海市各金融机构继续认真贯彻落实稳健货币政策，配合推进中国（上海）自由贸易试验区建设，继续发挥差别准备金动态调整工具的逆周期调节作用，引导地方法人金融机构信贷投放平稳适度，有效发挥再贷款的引导功能，支持地方法人金融机构的合理流动性需求，为上海经济转型发展创造适宜的货币金融环境。

（一）各项存贷款增速放缓，信贷结构有所优化

2013年年末，上海市中外资金融机构本外币资产总额9.8万亿元，同比增长8.4%；各项存、贷款余额分别为6.9万亿元和4.4万亿元，同比分别增长9.0%和8.2%，增速比上年年末分别回落0.2个和2个百分点；金融机构不良贷款率为0.8%，比年初上升0.15个百分点。2013年，全市金融机构实现净利润991.2亿元，同比下降3.2%。

1. 银行业金融机构平稳发展。2013年年末，上海市共有中资银行法人4家，外资银行法人22家，村镇银行法人9家；银行业金融机构总资产9.8万亿元，从业人员13.4万人（见表1）。

表1　2013年上海市银行业金融机构情况

机构类别	营业网点			法人机构（个）
	机构个数（个）	从业人数（人）	资产总额（亿元）	
一、大型商业银行	1 559	44 780	34 360	0
二、国家开发银行和政策性银行	14	566	3 249	0
三、股份制商业银行	650	24 989	26 047	2
四、城市商业银行	335	12 002	10 771	1
五、小型农村金融机构	388	5 865	4 068	1
六、财务公司	16	1 145	2 550	16
七、信托公司	7	1 322	249	7
八、邮政储蓄银行	471	3 111	1 476	0
九、外资银行	215	39 509	11 897	22
十、新型农村金融机构	9	451	151	9
十一、其他	12		3 063	12
合　计	3 676	133 740	97 881	70

注：营业网点不包括国家开发银行和政策性银行、大型商业银行、股份制银行金融机构总部数据；大型商业银行包括中国工商银行、中国农业银行、中国银行、中国建设银行和交通银行；小型农村金融机构包括农村信用社、农村合作银行和农村商业银行；新型农村金融机构包括村镇银行、贷款公司和农村资金互助社；“其他”包含金融租赁公司、汽车金融公司、货币经纪公司、消费金融公司等。

数据来源：中国人民银行上海总部。

2. 各项存款大幅波动，季末冲高特征明显。2013年，全市本外币各项存款增加5 474.3亿元，同比多增95.1亿元。从存款增长节奏看，受贷存

比、内部绩效考核等因素影响，存款季初回落、季末冲高的特征依然明显。3月、6月、9月和12月全市本外币各项存款分别增加2 643.2亿元、1 316.7亿元、1 626.2亿元和467.6亿元，累计增加6 053.7亿元，为全年存款增量的105.8%，1月、4月、7月和10月各项存款则累计减少1 928.6亿元（见图1）。

单位存款同比多增，主要是定期性存款增加较多。2013年，全市单位存款增加4 068.1亿元，同比多增1 529.1亿元，其中单位定期存款增加2 154.6亿元，同比多增336.5亿元。单位定期性存款快速增长，一方面显示随着宏观经济形势逐步回稳，在企业加强财务收益管理、偏好高收益存款产品和对银行表外授信业务需求旺盛的推动下，企业资金状况有所改善。另一方面，企业将新增的流动性主要用于储蓄，反映出目前企业的投资动力仍然比较缺乏。

个人存款同比少增，主要是储蓄存款明显少增。2013年，全市个人存款增加1 572.5亿元，同比少增1 014.8亿元；其中储蓄存款增加1 272.5亿元，同比少增1 016.5亿元，储蓄存款增长乏力主要与房产市场交易升温带动居民购房支出增加，以及各种理财产品、互联网金融产品的分流因素有关。

外汇存款同比少增，主要是单位保证金存款

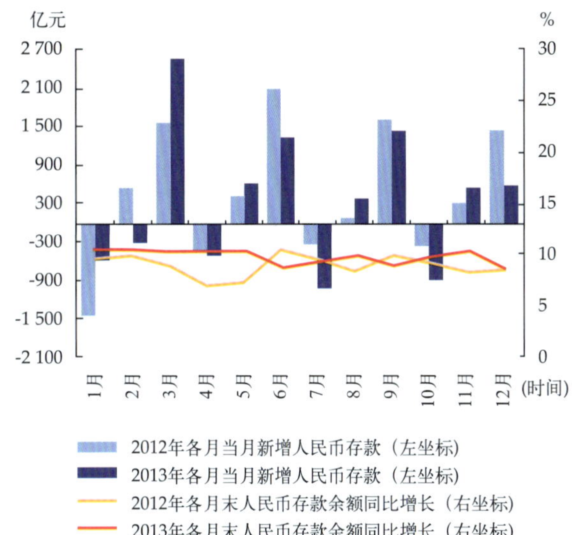

图1 2012～2013年上海市金融机构人民币存款增长变化

增速下降。2013年，全市金融机构外汇存款增加81.4亿美元，同比少增38.9亿美元；其中单位保证金存款增加7.7亿美元，同比少增31.6亿美元。6月以后，受外汇管理局进一步加强外汇管理和打击虚假贸易等因素影响，单位外汇保证金存款呈明显下降趋势。6～12月，全市金融机构外汇存款累计增加4.4亿美元，其中单位保证金存款累计减少54.5亿美元。

专栏1 充分发挥央行再融资工具的引导、支持作用

2013年，中国人民银行上海总部着力加强再贴现、再贷款工具运用，探索发挥其流动性调节和定向支持作用，引导提升农村金融服务水平，扩大中小企业信贷投放，取得显著成效。

一是加强央行再融资工具管理。制定各品种再贷款的管理办法，健全再贷款贷审会制度，强化对金融机构的贷前评估、风险管控和贷后监督检查。研究进一步扩大央行可接受合格抵押品范围的可行性和路径，完善再贷款抵押品管理制度安排。针对中小金融机构持有资产结构单一，缺乏合格抵质押品的现状，积极探索村镇银行主发起行担保、存单质押等担保方式，有效维护央行债权安全。

二是运用支农再贷款引导金融机构加大涉农信贷投放。2013年，中国人民银行上海总部累计向村镇银行发放支农再贷款2亿元，重点引导金融机构扶持种植业、牧业、渔业、林业及其配套体系，促进了涉农贷款的显著增长，支农惠农效果良好。2013年年末，上海市涉农贷款余额为1 769.8亿元，同比增加281.9亿元，增幅接近20%。

三是运用央行再融资工具定向支持实体产业发展。2013年，中国人民银行上海总部将增加的再贴现限额全部用于支持上海金融机构扩大小微企业票据融资，推动相关银行成立“上海市小额票据贴现中心”，引导扩大对小微企业的信贷支持力度。2013年年末，上海市再贴现余额为86.3亿元，比年初增加51.5亿元；其中小微企业再贴现余额为58.2亿元，比年初增加37.7亿元。启动“央行再融资工具定向支持实体产业项目”，构建再贷款支持重点企业名录，运用再贷款资金定向支持战略新兴产业、文化创意产业等行业的中小企业。

四是发挥短期再贷款流动性调节功能。2013年，中国人民银行上海总部积极探索流动性支持机制，在加强对金融机构流动性状况动态评估的基础上，对于符合宏观审慎管理要求，能主动加强自身流动性管理的地方法人金融机构合理的临时性流动性需求，采用“综合授信”管理的新模式给予满足。2013年，给予相关商业银行5亿元短期再贷款综合授信，有力提升了银行流动性管理能力。

五是强化再贷款减灾救灾政策作用。2013年4月，上海发生人感染H7N9禽流感疫情，本地家禽养殖业遭遇突发严重困难。中国人民银行上海总部及时发放再贷款4 000万元，定向支持参与防控H7N9禽流感的禽类定点收购屠宰企业及受禽流感影响的相关养殖经营企业，有力支持了禽流感防控工作，切实发挥了再贷款的应急帮扶作用。

3. 各项贷款增长放缓，信贷结构有所优化。2013年，全市各项贷款增加3 297.5亿元，同比少增520.8亿元。分季度看，第一至第四季度各项贷款分别增加1 077.4亿元、770.3亿元、1 029.5亿元和420.2亿元，第四季度信贷投放明显回落（见图2）。总体来看，各项贷款增长放缓，一方面，反映了上海社会融资渠道日趋多元化，企业更多地通过发行债券、信托等融资渠道来募集资金。另一方面，也反映出上海经济面临的结构转型压力更加明显，经济增速放缓导致企业（特别是制造型企业）有效信贷需求不足，表现为项目提款率较低、提前还款现象增多等。

从贷款投向看，信贷结构继续优化。2013年，在全市新增的本外币企业贷款（不含票据融资）中，投向第二产业的贷款增加696.6亿元，其中制造业贷款增加447.6亿元；投向第三产业的贷款增加2 646.1亿元，占全部境内企业贷款（不含票据融资）增量的79.0%，较上年提高17.8个百分点。2013年，全市新增本外币房地产开发贷款398.2亿元，同比少增12.9亿元。2013年，全市金融机构继续加大对小微型企业的信贷支持力度，对大、中、小和微型企业投放的本外币贷款分别增加560.3亿元、-41亿元、537.1亿元和90.9亿元。

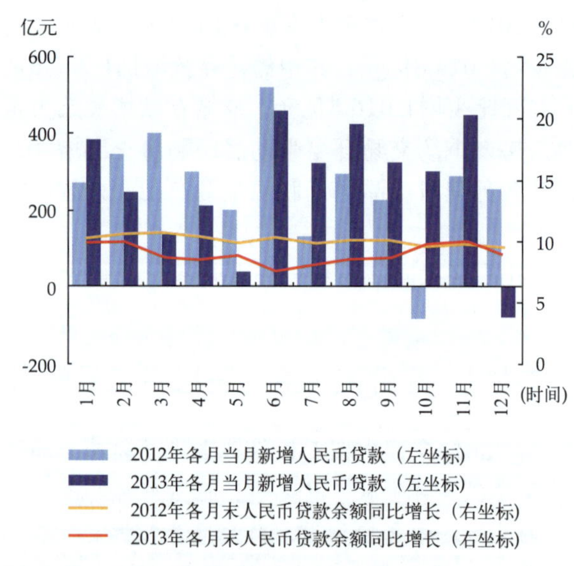

数据来源：中国人民银行上海总部。

图2 2012～2013年上海市金融机构人民币贷款增长变化

小微企业新增贷款在全部新增企业贷款的占比为54.7%，同比大幅提高35.2个百分点，小微企业贷款难的问题有所缓解。

从期限结构看，中长期贷款同比多增。个人住房贷款和单位中长期贷款成为拉动上海市信贷增长的主要动力。2013年，全市短期贷款增加581亿元，同比少增1 211.5亿元，其中短期贸易融资增加136.2亿元，同比少增1 095.4亿元；中长期贷款增加2 320.5亿元，同比多增1 562.7亿元，其中，个人住房贷款增加792.4亿元，同比多增614.8亿元，单位普通贷款增加660.1亿元，同比多增835.4亿元。

从币种结构看，外汇贷款同比少增。2013年，上海市中外资金融机构人民币各项贷款增加3 176.6亿元，同比多增33.8亿元；外汇贷款增加41.9亿美元，同比少增67.1亿美元。在短期贸易融资的拉动下，1～5月，全市金融机构外汇贷款累计增加84.4亿美元，其中短期贸易融资增加78.2亿美元。进入6月后，受监管部门要求商业银行加强结售汇综合头寸管理、强化外汇存贷比管理，以及打击虚假贸易等因素的影响，外汇贷款（特别是短期贸易融资）出现下降趋势，6～12月累计减少42.5亿美元，其中短期贸易融资累计减少68.2亿美元。

4. 商业银行通过调节不同期限的存款定价来调整主动负债的成本，存贷款利率基本稳定。在7月取消贷款利率下限后，经过一个月的时滞，政策调整效应在9月利率走势上有所反映。上海辖内9月贷款加权平均利率出现明显下跌，较8月大幅下降了22个基点，随后金融机构逐步适应了资产端的市场化步伐，贷款利率在第四季度有所回升并保持了基本稳定（见表2）。2013年，在逐步适应了存款利率浮动区间扩大的利率政策调整后，金融机构更加灵活地运用负债端的定价策略相机调节融资成本。在期限结构上，下半年，部分金融机构加大了对成本较高但稳定性较好的中长期限存款吸收力度，长端存款利率有所上升。12月，股份制商业银行分行和外资法人银行5年期定期存款利率环比分别上涨了38个和16个基点。在7月和12月流动性相对紧张的时点，6个月（含）以内期限的存款利率均高于6个月～1年（含），表明商业银行有在该期限上高息获取资金以改善流动性的意愿，银行间市场流动性的波动一定程度上传导至存贷市场。

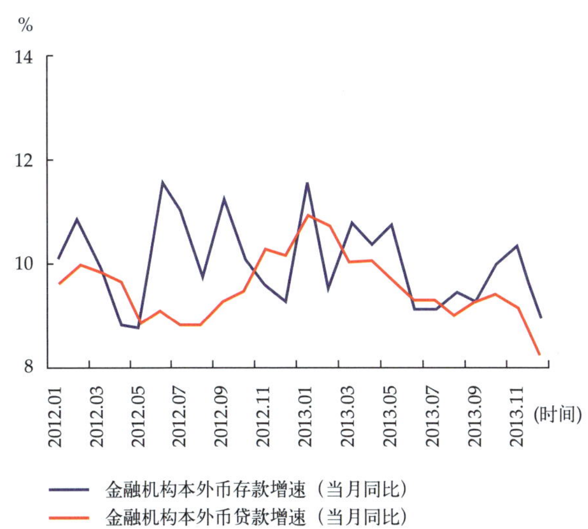

数据来源：中国人民银行上海总部。

图3　2012～2013年上海市金融机构本外币存、贷款增速变化

表2　2013年上海市金融机构人民币贷款各利率区间占比

单位：%

月份		1月	2月	3月	4月	5月	6月
合计		100.0	100.0	100.0	100.0	100.0	100.0
下浮		18.2	25.4	23.8	14.9	24.2	20.7
基准		23.3	18.8	19.6	23.1	15.8	26.6
上浮	小计	58.5	55.8	56.6	62.0	60.0	52.8
	(1.0, 1.1]	14.5	12.3	15.6	18.2	13.9	15.9
	(1.1, 1.3]	22.6	23.3	23.3	23.2	26.5	22.3
	(1.3, 1.5]	9.6	10.3	9.2	10.4	9.5	7.2
	(1.5, 2.0]	9.8	8.5	7.6	8.8	8.9	6.4
	2.0以上	2.0	1.4	1.0	1.3	1.2	1.0
月份		7月	8月	9月	10月	11月	12月
合计		100.0	100.0	100.0	100.0	100.0	100.0
下浮		21.2	21.6	21.4	19.4	20.9	24.0
基准		23.4	20.5	21.0	23.2	23.3	23.3
上浮	小计	55.5	57.9	57.6	57.5	55.7	52.7
	(1.0, 1.1]	17.5	17.1	18.8	18.8	18.1	17.6
	(1.1, 1.3]	22.3	21.6	21.6	18.5	20.2	18.4
	(1.3, 1.5]	5.1	6.5	5.6	6.4	5.5	5.2
	(1.5, 2.0]	9.2	10.9	10.3	12.3	10.6	10.1
	2.0以上	1.4	1.7	1.4	1.4	1.3	1.3

数据来源：中国人民银行上海总部。

美元存款利率走高，贷款利率下行。2013年6月，国家外汇管理局出台的《关于加强外汇资金流入管理有关问题的通知》规定，6月底前中外资银行要完成当月结售汇综合头寸限额的达标。该政策出台后，为完成考核目标商业银行出现大量吸收外汇存款的需求，美元存款利率呈现了较为

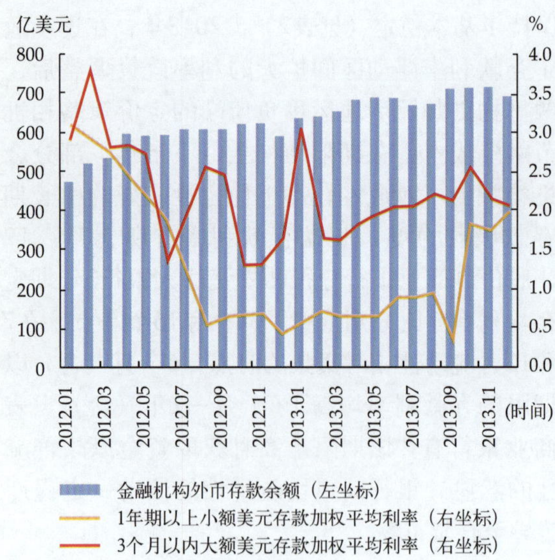

数据来源：中国人民银行上海总部。

图4 2012～2013年上海市金融机构外币存款余额及外币存款利率

明显的上涨。12月，1年期的大额美元存款加权平均利率为3.66%，同比上涨了1.57%（见图4）。美元贷款利率则有一定幅度的下跌，12月末美元贷款利率为2.74%，同比减少了30个基点。

5. 银行理财业务增速平稳，资金信托业务保持高速增长。2013年年末，上海市存续理财产品共计1.7万只，本外币理财资金余额为1.2万亿元，同比增长37.6%，月均环比增长2.7%，占全国理财资金余额的12.7%。全年上海理财产品累计募集资金7万亿元，较上年多募集1.2万亿元。2013年年末，上海市存续资金信托产品共计2 456只，本外币资金信托余额为1.03万亿元，同比增长54.9%，月均环比增长3.7%，占全国资金信托余额的10%。全年上海资金信托产品累计募集资金1.69万亿元，较上年多募集0.5万亿元。

6. 跨境收支逆差小幅扩大，跨境人民币交易活跃，占比有所提高。2013年，上海跨境收支总额8 863亿美元，同比增长12.6%，较上年下降1.6个百分点。其中，跨境收入3 836.5亿美元，同比增长13.3%；跨境支出5 026.5亿美元，同比增长12.1%；跨境收支逆差1 190亿美元，同比增长8.3%。2013年，上海跨境人民币收支总额1 409.3亿美元，同比增长93.1%，在跨境收支总额中占比15.9%，同比提高6.6个百分点。2013年，上海市银行类金融机构结售汇总额为5 050.6亿美元，同比增长12.2%，较上年上升3.4个百分点。其中，结汇2 127.6亿美元，同比增长16.4%；售汇2 923亿美元，同比增长9.4%；结售汇逆差为795.4亿美元，同比减少5.8%。2013年，上海市跨境人民币业务继续保持快速发展态势，全年实现跨境人民币业务结算9 149亿元，同比增长86%。其中，货物贸易结算量为4 012亿元，同比增长47%；服务贸易及其他经常项目结算量为2 442亿元，同比增长133%；直接投资项下结算量为1 319亿元，同比增长192%。

（二）证券期货业平稳运行，融资额显著下降

1. 证券公司资产规模及盈利水平稳中有升。2013年年末，上海辖区20家证券公司总资产合计4 571.6亿元（见表3）、净资产1 687.8亿元、净资本1 233亿元，分别较上年增长17.7%、6.0%和8.2%。全年累计实现营业收入307.8亿元，净利润为91.9亿元，分别较上年增长18.7%和11%。从收入结构看，经纪、自营、投行、资管、融资融券等各项业务收入的占比分别为48.4%、18.6%、9.5%、5.6%和12.9%。自营、投行业务收入比重分别较上年下降7.5个和1.9个百分点，经纪、资管和融资融券业务收入比重分别较上年上升10.7个、2.9个和6.6个百分点。

2. 基金公司资产管理规模平稳增长。2013年年末，上海辖区44家基金公司管理资产总规模合计12 798.8亿元，较上年增长17.8%，其中有三家基金公司规模突破千亿元。辖区公募资产总规模为9 402亿元，同比增长3.5%。37家基金公司管理公募基金产品675只，较上年增加152只，增幅29.1%，产品总数占全国的43.5%，总净值占全国的31.3%。2013年年末，上海40家基金公司开展专户业务，4家开展社保基金管理业务，3家开展企业年金管理业务。

3. 期货公司业务规模及盈利水平平稳增长。2013年年末，上海市28家期货公司客户权益达501.9亿元，占全国的25.7%；代理交易额143.8万

亿元，占全国的26.9%，市场份额较上年有所增长。从盈利能力看，全年累计实现营业收入41.3亿元（其中手续费收入25.5亿元），较上年增长6.5%；实现净利润7.0亿元，较上年增长0.3%。从市场结构看，全年股指期货代理交易额为86.6万亿元，较上年增长104.7%。从业务创新来看，上海8家期货公司开展资产管理业务，3家期货公司设立了风险管理子公司。

4. 证券市场融资额下降。2013年年末，上海辖区上市公司累计直接融资462.9亿元，较上年下降33%（不含H股融资，下同）。其中债权融资295.6亿元，较上年增长138.4%；股权融资73.2亿元，较上年下降70.5%。股权再融资下降与IPO暂停是2013年上海辖区证券市场融资额下降的主要原因。

表3　2013年上海市证券业基本情况

项目	数量
总部设在辖内的证券公司数（家）	20
总部设在辖内的基金公司数（家）	44
总部设在辖内的期货公司数（家）	28
年末国内上市公司数（家）	204
当年国内股票（A股）筹资（亿元）	167.3
当年发行H股筹资（亿元）	12.9
当年国内债券筹资（亿元）	508.6
其中：短期融资券筹资额（亿元）	3.0
中期票据筹资额（亿元）	349.7

数据来源：上海证监局。

（三）保险业加快转变发展方式，服务民生能力不断提高

2013年，上海保险业加快转变发展方式，不断提高服务民生的能力。积极推动上海国际航运中心建设，促进航运保险快速发展，上海航运保险协会正式成立；积极配合国家金融管理部门推动保险交易所等保险市场建设；推动个人税收递延型养老保险等创新试点；推动中资保险机构在境外提供专业服务；进一步加强和完善农业保险基层服务体系建设；大力发展商业医疗保险，鼓励商业保险机构与社会医疗机构的合作，拓展社会医疗机构的保险筹资渠道。

1. 保险市场主体稳步增加。2013年年末，上海市共有125家保险公司和6家保险资产管理公司，保险公司比上年增加3家。其中，财产保险公司60家，人寿保险公司48家，养老保险公司7家，健康保险公司5家，再保险公司4家，保险集团公司1家。总公司50家，分公司81家。全市共有保险专业中介机构352家，比上年增加28家。其中保险代理机构174家，保险经纪机构112家，保险公估机构66家。

2. 保险业务总体发展平稳，但寿险公司业务发展明显放缓。2013年，上海市原保险保费收入为821.4亿元，同比增长0.1%（见表4）。其中，财产险公司原保险保费收入为304.8亿元，同比增长12.2%；寿险公司原保险保费收入为516.6亿元，同比下降5.9%。产、寿险原保险保费收入比例为37：63，中、外资保险公司原保险保费收入比例为85：15。

表4　2013年上海市保险业基本情况

项目	数量
总部设在辖内的保险公司数（家）	49
其中：财产险经营主体（家）	19
人身险经营主体（家）	21
保险公司分支机构（家）	81
其中：财产险公司分支机构（家）	41
人身险公司分支机构（家）	40
保费收入（中外资，亿元）	821.4
其中：财产险保费收入（中外资，亿元）	304.8
人身险保费收入（中外资，亿元）	536.2
各类赔款给付（中外资，亿元）	302.0
保险密度（元/人）	3 401.2
保险深度（%）	3.8

数据来源：上海保监局。

3. 保险赔付支出稳步增长，充分发挥保障民生的能力。2013年，上海市保险业赔付支出为302亿元，同比增长18.1%。其中，财产险赔款支出为162.3亿元，同比增长17.1%；寿险给付为103.2亿元，同比增长17.3%；健康险赔款给付为31.8亿元，同比增长26.6%；意外险赔款支出为4.6亿元，同比增长14.8%。

（四）社会融资规模较快增长，金融市场交易总体活跃

1. 社会融资规模较快增长。上海社会融资结构变化明显，表内贷款占比下降，表外融资占比大幅上升，非金融企业债券发行和兑付均创新高，股票融资功能有所恢复，较好地满足了各层次实体经济的资金需求。2013年，上海社会融资规模为7 978.3亿元，比上年多融资2 257.7亿元，创2010年以来的新高。其中，人民币贷款、外币贷款（折合人民币）、委托贷款和信托贷款分别增加3 176.6亿元、267.1亿元、1 883.9亿元和1 782.8亿元；非金融企业债券和股票融资分别为508.6亿元和84.6亿元（见图5）。

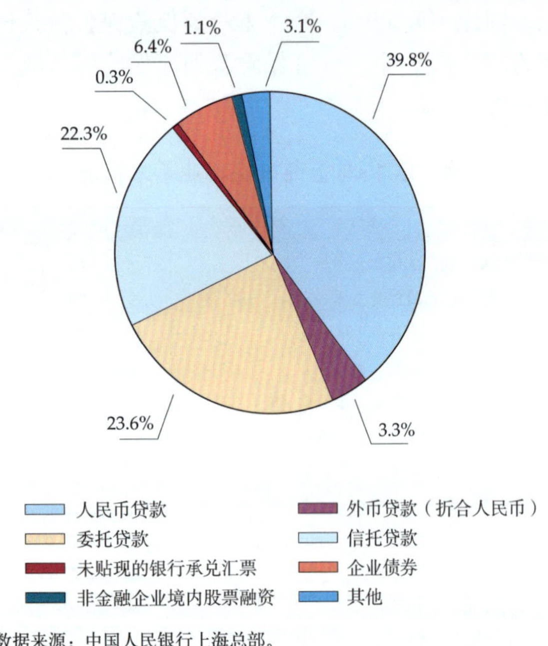

数据来源：中国人民银行上海总部。

图5　2013年上海市社会融资规模分布

2. 银行间同业拆借和现券成交量下降。2013年，上海金融机构拆入拆出合计16.8万亿元，同比减少22.7%；质押式和买断式正逆回购分别成交33.2万亿元和1.4万亿元，同比增长17.6%和34.6%。债券市场现券买卖合计21.3万亿元，同比减少40.1%。

3. 票据业务明显活跃，货币市场利率明显上行。2013年，上海市金融机构累计承兑银行汇票7 309亿元，同比增长8.2%；累计办理企业直接贴现6 461.2亿元，同比增长36.2%；累计办理买断式转贴现转入票据27 862.8亿元，同比大幅增长144.3%，累计买入返售票据13 796.7亿元，同比大幅增加104.2%。2013年年末，上海市金融机构银行承兑汇票余额为2 673.6亿元，较年初小幅下降4.7%；票据贴现余额为2 182.7亿元，较年初增加1.9%（见表6）。2013年，全市金融机构办理再贴现业务257.2亿元，同比增长73.5%，年末再贴现余额为86.3亿元，同比增长122.4%。

表5　2013年上海市金融机构票据业务量统计

单位：亿元

季度	银行承兑汇票承兑		贴现			
			银行承兑汇票		商业承兑汇票	
	余额	累计发生额	余额	累计发生额	余额	累计发生额
1	2 753.2	1 700.7	1 471.0	5 206.0	591.7	839.3
2	2 775.9	2 103.6	1 510.2	6 273.1	755.4	1 283.3
3	2 698.1	1 677.6	1 638.0	6 750.3	619.5	838.4
4	2 673.6	1 827.2	1 563.3	12 039.8	619.4	1 093.9

数据来源：中国人民银行上海总部。

货币市场利率波动较大，整体上行。1～5月，货币市场利率走势总体比较平稳，进入6月，受多种因素的共同影响，货币市场利率走高并出现较大波动，其月加权平均融资利率高于近年来各月融资利率的平均水平，下半年出现回落。年初，同业拆借加权平均利率为3.21%，年末收于4.02%，较年初上升了81个基点。年初质押式回购加权平均利率为3.08%，年末收于3.96%，较年初上升了88个基点。

4. 股票指数震荡下行，交易金额显著增加。2013年，上证综指年初开盘2 289.5点，期间最高

表6　2013年上海市金融机构票据贴现、转贴现利率

单位：%

季度	贴现		转贴现	
	银行承兑汇票	商业承兑汇票	票据买断	票据回购
1	4.91	5.72	4.30	3.96
2	6.04	6.22	4.76	4.62
3	6.09	6.64	5.61	5.78
4	6.79	6.82	6.03	6.09

数据来源：中国人民银行上海总部。

为2 434.5点，最低为1 950点，年末收于2 116点，较上年年末下跌6.8%。上海证券交易所股票交易累计成交23万亿元，同比增长39.9%。股票市场筹资总额为2 515.7亿元，较上年减少13%，全部为再融资方式。

5. 期货交易量明显增长，石油沥青、国债期货平稳上市。2013年，上海期货交易所各品种累计成交60.4万亿元（单边计算，下同），同比增长35.5%（见表8），成交额占全国期货成交总额的22.6%。各期货品种成交额同比变化差异显著，其中白银、黄金、螺纹钢期货分别较上年大幅增长459.5%、165.3%和62.4%，铜期货小幅增加2.2%，锌、铝、天然橡胶期货则分别减少44%、22.2%和6%。新上市的石油沥青期货共成交313.4万手、成交金额为1 370.5亿元。中国金融期货交易所沪深300股指期货各合约累计成交1.9亿手，累计成交金额为140.7万亿元，较上年分别增长83.9%和85.5%，成交额占全国期货成交总额的52.6%。新推出的5年期国债期货各合约共成交32.9万手，成交金额为3 063.9亿元。

表7　2013年上海期货交易所统计

交易品种	累计成交金额（亿元）	同比增长（%）	累计成交量（万手）	同比增长（%）
铜	167 323.6	2.2	6 429.6	12.2
铝	2 407.3	-22.2	330.6	-16.2
锌	9 040.9	-44.0	1 208.3	-42.7
黄金	53 545.3	165.3	2 008.8	239.5
天然橡胶	145 267.8	-6.0	7 243.8	-3.6
燃料油	2.5	-89.4	0.1	-88.6
螺纹钢	109 407.1	62.4	29 372.9	62.7
线材	1.5	37.1	0.4	42.1
铅	246.3	-7.1	17.3	151.7
白银	115 554.9	459.5	17 322.3	714.6
石油沥青	1 370.5	—	313.4	—
合计	604 167.7	35.5	64 247.4	75.9

数据来源：上海期货交易所。

6. 黄金成交量和成交金额大幅增长，金价显著下跌。2013年，上海黄金交易所黄金累计成交量为11 614.5吨，同比增长82.9%；累计成交金额为32 133.8亿元，同比增长42.6%。黄金品种Au99.99年初以334.99元/克开盘，年末收于236.46元/克，较年初大幅下跌29.4%。

（五）金融生态环境不断改善，国际金融中心建设取得新进展

金融市场体系建设不断推进。2013年9月6日，国债期货在中国金融期货交易所正式上市交易，国债期货上市4个月以来运行平稳，对国债收益率曲线的完善发挥了作用。12月12日，银行间市场推出首批同业存单，标志着利率市场化取得新进展。4月10日，银行间外汇市场推出人民币对澳大利亚元直接交易。上海清算所登记托管证券种类扩展至政府债券、央行票据、政策性金融债和商业银行债以外的所有品种，于4月12日正式承担银行间外汇市场人民币外汇询价交易净额清算服务，4月16日正式推出人民币远期运费协议中央对手清算业务。7月29日，国内首批黄金交易型开放式证券投资基金（黄金ETF）——华安易富黄金ETF和国泰黄金ETF在上海证券交易所成功上市。11月22日，上海国际能源交易中心股份有限公司正式在上海自贸区挂牌，原油期货交易平台落户上海自贸区。

金融支持上海自贸区建设的政策框架初步构建。2013年，中国人民银行、中国银监会、中国证监会和中国保监会相继出台《中国人民银行关于金融支持中国（上海）自由贸易试验区建设的意见》、《中国银监会关于中国(上海)自由贸易试验区银行业监管有关问题的通知》、《中国证监会关于支持促进中国（上海）自由贸易试验区若干政策措施》、《中国保监会支持上海自贸区建设八项措施》，中国（上海）自由贸易试验区金融工作协调推进小组正式成立，金融多部门、全方位推进上海自由贸易区发展的体制和政策正在逐步形成。

支付结算服务水平进一步提升。2013年，上海市支付系统直接参与方93家，比上年增加5家。2013年，上海市大额支付系统处理业务6 945万笔，同比增长20.4%，增速同比提高3.3个百分点；共发生大额资金流动509.1万亿元，同比增长9.9%，增速同比回落18.3个百分点。2013年，上

海市小额支付系统处理业务21 110万笔，同比增长38.1%，增速同比提高6.3个百分点；共发生小额资金流动37 427亿元，同比下降17.8%，降幅同比扩大8.4个百分点。

表8　2012～2013年上海市支付体系建设情况

	支付系统直接参与方	支付系统间接参与方	支付清算系统覆盖率（%）	当年大额支付系统处理业务数（万笔）	同比增长	当年小额支付系统处理业务数（万笔）	同比增长
2012	88	2 870	83	5 770	17.1	15 287	31.8
2013	93	2 872	81	6 945	20.4	21 110	38.1

二、经济运行情况

2013年，上海市加快转变经济发展方式，经济运行总体平稳有序，创新转型积极效应进一步显现。2013年，全市地区生产总值同比增长7.7%（见图5），增幅比上年回升0.2个百分点，与全国持平。

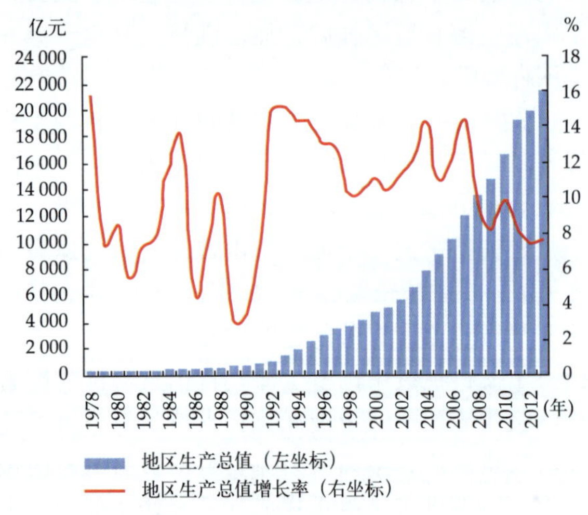

数据来源：上海市统计局、《上海统计年鉴》。

图6　1978～2013年上海市地区生产总值及其增长率

（一）投资和消费增速趋缓，外贸进出口有所恢复

1. 固定资产投资增速趋缓。2013年，上海市固定资产投资同比增长7.5%（见图6），增速比上半年回落4.6个百分点，全年呈倒“V”形走势。从三大投资领域看，基建投资改变了三年以来持续负增长的局面，同比增长0.5%；房地产开发投资继续保持较快增长，同比增长18.4%，土地购置费快速增长是拉动房地产开发投资增长的重要原因；工业投资继续负增长，同比下降4.4%。从结构看，在产业转移升级和体制机制改革的推动下，第三产业投资和非国有经济投资快速增长，同比分别增长11.1%和9.5%，占全市投资总额的比重分别为77.7%和65.9%。

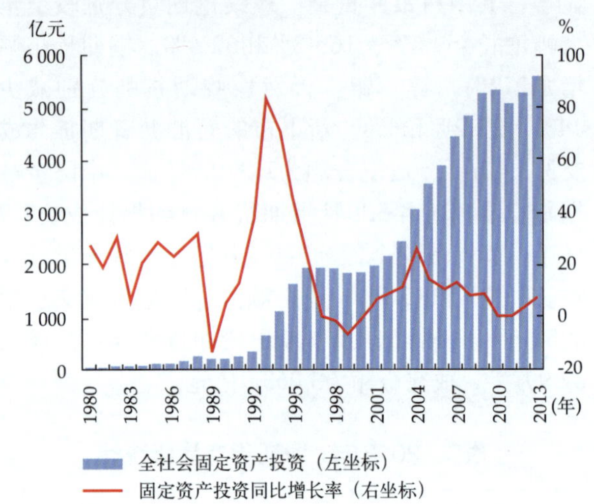

数据来源：上海市统计局、《上海统计年鉴》。

图7　1980～2013年上海市固定资产投资（不含农户）及其增长率

投资后续增长面临较大压力。2013年，全市新开工项目投资下降5.8%。从制约投资增长的因素来看，一是产能过剩、成本偏高等因素抑制工业企业投资意愿。二是房地产开发投资将可能有所放慢。三是部分重大项目不同程度地受到拆迁腾地、土地指标等的影响，项目推进难度加大。

2. 市场消费继续呈现分化，零售消费依然低迷。2013年，全市社会消费品零售总额同比增长8.6%（见图7），增速比上半年回落0.5个百分点。受外部经济环境和政策因素影响，高端消费和外来消费减少。2013年，全市国际旅游入境人数下降5.4%，住宿餐饮业零售额仅增长1%。从近年来看，世博会之后，全市消费品零售额增速开始下滑，2012年下半年跌至一位数，之后始终在

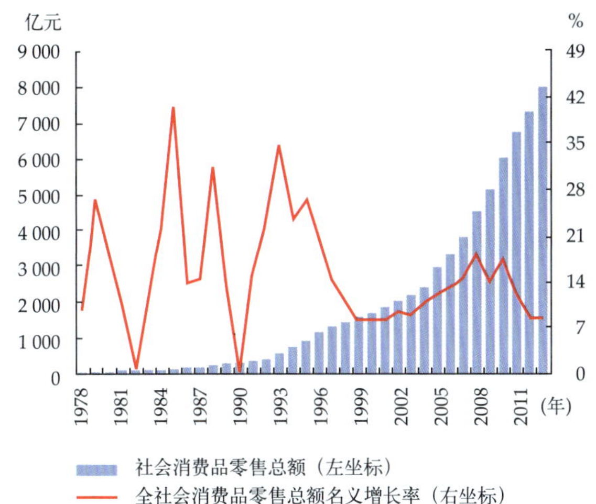

数据来源：上海市统计局、《上海统计年鉴》。

图8　1978～2013年上海市社会消费品零售总额及其增长率

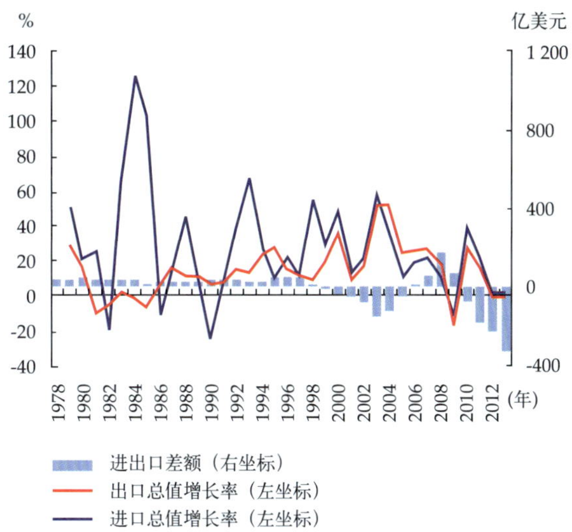

数据来源：上海市统计局、《上海统计年鉴》。

图9　1978～2013年上海市外贸进出口变动情况

低位徘徊。批发销售继续回升。2013年，上海市商品销售总额同比增长12.5%。

金融促进零售消费新增长点加快形成。互联网金融和消费金融正在为消费增长注入新的动力，2013年新型业态消费和汽车消费保持快速增长。一是互联网金融为无店铺消费提供了便利的网络支付平台，无店铺零售额等新型零售业态快速增长，增速居各零售业态之首。二是消费金融继续支持大宗耐用消费品等消费领域的合理信贷需求。2013年年末，全市汽车消费贷款余额同比增长55.5%，比年初新增457.8亿元，同比多增298.9亿元。

3. 外贸进出口有所恢复。自8月以来，上海市外贸出口保持稳步增长，全年实现进出口总额4 414亿美元，同比增长1.1%。其中，出口下降1.2%，进口增长3.1%，贸易逆差329.1亿美元。从结构看，一是贸易方式继续优化。2013年，一般贸易进出口增长9.5%，快于加工贸易16.4个百分点。二是贸易主体格局更趋多元化。2013年，民营和私营企业进出口分别增长10.8%和11.3%，增速均比国有企业高20个百分点以上。三是部分高新技术产品出口增速明显回升。2013年，光电技术产品和电子技术产品出口分别增长31.1%和8.9%，分别比上年回升56.3个和10.9个百分点。

开放型经济水平进一步提高。一是自贸区建设拉动外商直接投资。2013年，上海市实际利用外资167.8亿美元（见图9），同比增长10.5%。其中，第三产业实际利用外资占比达到80.9%。在自贸区建设带动下，11月全市合同利用外资同比大幅增长43.9%，创2011年9月以来的新高（截至11月底，自贸区累计新设外资企业注册资本6.1亿美元）。二是总部经济加快集聚，全年新增跨国公

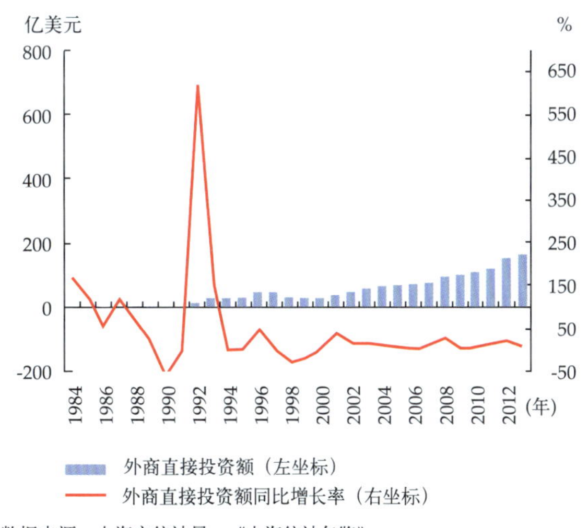

数据来源：上海市统计局、《上海统计年鉴》。

图10　1984～2013年上海市外商直接投资额及其增长率

司地区总部42家。三是服务贸易进出口额占全国比重达到30%左右。

（二）工业生产企稳回升，服务业保持领先增长

1.工业生产企稳回升。2013年，上海市规模以上工业增加值同比增长6.6%，增速比上年提高3.7个百分点。工业生产持续回升的主要原因：一是上年基数较低，上年全年规模以上工业增加值同比下降0.4%。二是汽车、石化行业新增产能释放，产值分别增长15.9%和8.4%。三是医药行业受益于国家新医改带动的医药市场扩容，产值增长14.9%。四是机械、电子、船舶等行业出现好转，其中机械行业受国家推进城市基础设施建设和棚户区改造带动，8月实现2013年以来的首次增长，扭转下降趋势；受美国经济好转的带动，电子行业有所复苏；船舶行业已经见底，新接订单和在手订单都出现回升，生产降幅有所收窄。

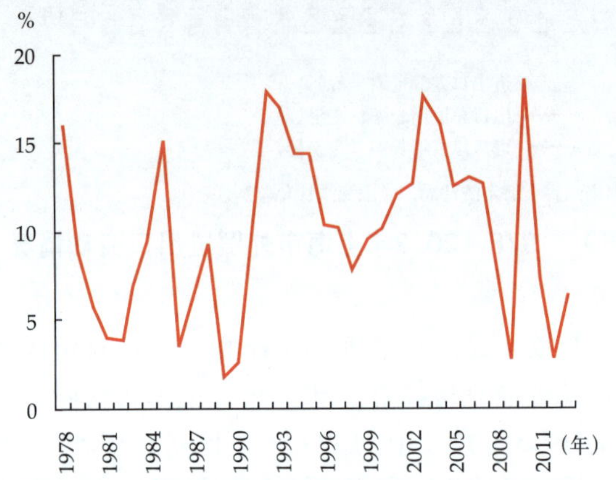

数据来源：上海市统计局、《上海统计年鉴》。

图11　1978～2013年上海市规模以上工业增加值同比增长率

传统制造业发展面临瓶颈，战略性新兴产业创新突破有待进一步加快。从传统制造业来看，一是新增建设用地潜力接近极限，重化工业和代工企业产能加速外移。2013年，规模以上重工业产值增长4.1%，低于轻工业1.2个百分点；规模以上工业出口交货值下降3.5%。二是工业投资持续零增长或负增长，对全市工业生产长期发展形成压力。同时，战略性新兴产业产值继续下降。2013年，新能源和新能源汽车发展较慢，产值分别下降11.5%和11.1%。2013年以来，上海市大力推进大规模集成电路等11个专项工程，完善高端软件等4个新专项工程方案，不断推进产业基地建设，但短期内难以弥补传统工业回落形成的缺口。

专栏2　上海新一轮国资国企改革给上海金融业带来发展机遇

2013年12月17日，上海市政府公布《关于进一步深化上海国资改革促进企业发展的意见》（以下简称《意见》），意味着上海新一轮国资国企改革启动。上海国资国企是仅次于央企的第二大国资系统，在全市经济社会发展中举足轻重。截至2012年年底，上海地方国有企业资产总额为9.64万亿元（含金融保险企业），其中，地方国有企业国有权益1.41万亿元。2012年，上海市国资委系统企业资产总额、营业收入、净利润分别约占全国地方省区市及计划单列市国资委系统企业的1/9、1/4、1/8。

改革开放以来，中国国资改革经历过多个阶段，上海国资在其中都发挥了改革先锋的重要作用，如1993～1999年整体转制、2003年成立上海国资委、2008年国资整合等。每一次改革都带来了上海新的发展，上海国资在经营效率、开放性和市场化重组方面取得重大突破。

目前来看，上海国资国企仍存在动力活力不够足、作用贡献不够大、能级能量不够高等发展瓶颈。新一轮国资国企改革，就是要以改革促发展，激发上海经济发展潜能的进一步释放。具体来看，一是建立公开透明规范的国资流动平台。搭建国资流动平台，有助于充分发挥市场配置资源功能，实现资源、资产、资本、资金的良性循环。同时，也有利于上海国资从“管企业”向“管资本”转型。二是优化国资布局。《意见》中提出，将国资委系统

80%以上的国资集中在关键领域和优势产业。目前，上海国资在战略性新兴产业、先进制造业等行业的占比仅为61%，离80%的要求有一定差距，需要通过重组并购等实现这一目标。三是建立鼓励改革创新的容错机制。企业创新的前提，是具备容许失败的创新文化。容错机制建立后，将成为企业创新体制的核心。四是建立统筹协调分类监管的国资监管体系，为之后的分类改革创造条件，为下一步国资国企产业布局的优化调整指明方向。五是发展混合所有制，允许民间资本更多参与国企经营，这可以大幅提升国有企业的经营效率和活力。六是逐步提高国有资本收益上缴比例，到2020年不低于30%，这意味着未来国有企业将承担更多的社会责任。七是探索长效激励机制和激励约束机制，这有助于提升国企的经营效率和盈利水平。

自贸区建设和国资国企改革共同构建了意义深远的改革布局。自贸区建设以开放促改革，国资国企改革则以改革促发展，自贸区建设为国资国企改革创造了有利环境，两者关系紧密、联动发展。无论是自贸区建设，还是国资国企改革，上海再次走在了全国的前列，都秉承着“可复制，可推广”的理念，对未来中国的改革开放具有指针作用。

上海的国资国企改革为上海金融业带来了新的发展机遇。一方面，上海金融资源有望在这次国资国企改革中进一步优化重组，将提高上海金融机构的综合实力。另一方面，国资国企改革中的企业兼并重组，以及各种资本交叉持股等也要求金融机构为之提供相应的上市、财务管理、资产流动等服务。此外，它所带来的制度红利将推动上海国企再次进入新的发展快车道，上海国企的投资和经营积极性将明显增强，在一定程度上缓解上海信贷有效需求不足的矛盾。

2. 服务业保持领先增长。2013年，上海市第三产业增加值同比增长8.8%，快于第二产业2.7个百分点；第三产业增加值占全市生产总值的比重为62.2%，同比提高2.2个百分点；其中，全市金融业和信息服务业增加值同比分别增长13.7%和12.8%。“四个中心”功能进一步提升，金融、信息服务、文化创意等现代服务业保持两位数增长，电子商务、互联网金融等新业态和邮轮经济迅速发展。

（三）居民消费价格涨幅基本稳定，生产类价格继续下降

1. 消费价格涨幅基本稳定。2013年，上海市居民消费价格上涨2.3%（见图11），涨幅同比回落0.5个百分点。其中，食品类价格上涨4.4%，涨幅同比回落1.4个百分点；住宅价格快速上涨带动居住类价格上升，同比上涨3.9%；烟酒、衣着、医疗用品和娱乐教育文化用品价格基本稳定，涨幅均在0.2%以内。随着食品类价格涨幅回落，物价上涨压力明显下降。

2. 生产类价格继续下降。2013年，上海市工业生产者出厂价格下降1.8%，降幅同比扩大0.2个百分点；工业生产者购进价格下降

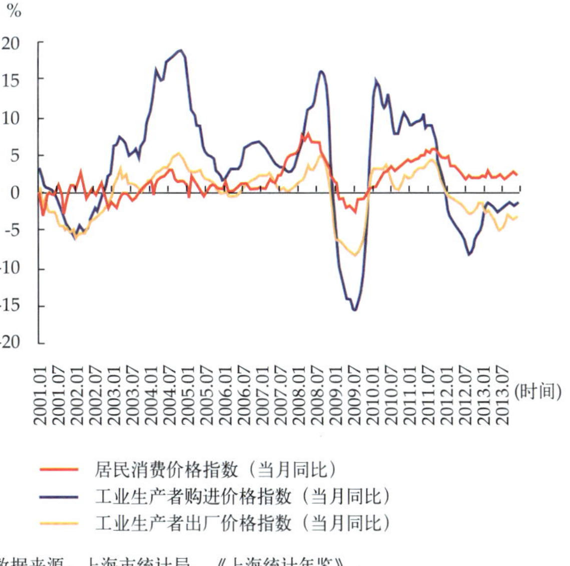

数据来源：上海市统计局、《上海统计年鉴》。

图12 2001～2013年上海市居民消费价格和生产者价格变动趋势

3.5%，降幅同比收窄1.8个百分点。具体品种价格涨跌分化，一是钢材价格持续低迷。全国固定资产投资较快增长对建材价格起到一定支撑作用，但效果偏弱，而粗钢产量回升也令市场乐观情绪渐消。二是有色金属价格继续下滑。美国经济表现较好，提振了市场对经济复苏的信心，带动美元上涨，有色金属价格承压下行。三是石化产品价格维持弱势。受原油价格下跌的影响，成品油及有机化工原料价格振荡下行。

（四）地方财政收入增速提高，居民收入和企业效益稳步增长

1. 地方财政收入增速提高。2013年，全市预算内地方财政收入同比增长9.8%，增速同比提高0.6个百分点，土地出让收入大幅增长，对地方政府收入的支撑作用明显提升。全年地方财政收入与经济增速总体保持同步，受现代服务业发展良好的带动，第三产业对财政收入增长发挥了重要作用。分税种看，2013年，受“营改增”试点影响，增值税同比增长27.2%；在房地产成交升温带动下，契税增长47.3%；个人所得税、企业所得税和营业税分别增长11.7%、3.8%和7.2%。2013年，全市地方财政支出同比增长8.2%，增速同比提高1.3个百分点。财政支出结构进一步优化，主要集中于民生保障和社会管理、城乡一体化发展等方面。

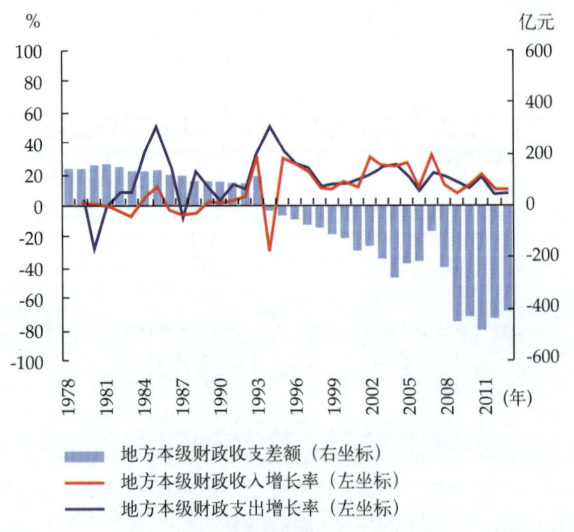

数据来源：上海市统计局、《上海统计年鉴》。

图13 1978～2013年上海市财政收支状况

2. 企业效益持续提升。2013年，上海市规模以上工业企业利润同比增长13.1%，增速同比提高15.9个百分点；实现税金总额同比增长11%。分行业看，受上年宝钢资产交易导致利润基数较高的影响，钢材制造业利润下降45.9%，剔除该因素，钢铁行业利润呈现增长态势；石化制造业利润增长84%，汽车制造业利润增长17.7%，电子信息产品制造业利润增长19.3%，成套设备制造业利润增长24.2%，但船舶行业继续亏损。

3. 城乡居民收入稳定增长。2013年，上海市城镇、农村居民家庭人均可支配收入同比分别增长9.1%和10.4%。

（五）环境保护力度继续加大，节能减排取得新成效

环境保护力度继续加大。上海市深入推进第五轮环保三年行动计划，环保投入占全市地区生产总值的比例保持在3%左右；制订实施清洁空气行动计划，全年环境空气质量优良率为66%；推进生活垃圾分类减量，全年清运生活垃圾736万吨，生活垃圾无害化处理率达到94%，比上年提高2.6个百分点；主要污染物减排超额完成年度目标，污水处理能力达到784.3万立方米/日；新增绿地1 050公顷，其中公共绿地519公顷，至年末建成区绿化覆盖率达到38.4%。

（六）房地产成交活跃，住宅价格环比涨幅冲高回落

房地产市场需求旺盛。2013年，虽然国家和上海市实施了一系列房地产市场调控措施，并加快健全保障房制度，但房地产市场需求仍较旺盛，加上2012年上半年销售负增长、基数低等原因，2013年上海市商品房销售面积持续快速增长，增幅始终保持在25%以上。全年新建商品房销售面积2 382.2万平方米（见图13），比上年增长25.5%。其中商品住宅2 015.81万平方米，增长26.6%。存量住宅成交面积2 460.1万平方米，同比增长63.7%。

土地成交量放大。2013年，由于整体销售良

好，资金转向宽松，加上对前景预期乐观，房企土地储备意愿明显增强，在年初土地市场低调开局后，从4月起土地市场交易大幅上升，连续8个月出让金超过百亿元，9月经营性用地单月收入超过400亿元，创下2010年以来的单月新高。全年房地产企业土地购置面积421.7万平方米，同比增加40.3%。受房价上涨等因素的推动，2013年土地成交价格也有较为明显的上升，出现高溢价成交的地块以纯住宅为主。同时，市中心多幅优质地块的出让也推动土地溢价屡创新高，轨道交通等基础设施的改善使得相关郊区土地价格大幅升值，自贸区政策推高了上海浦东，尤其是临港新城的相关地价，再次出现了地价超过周边现房价格的“面粉贵过面包”的现象。

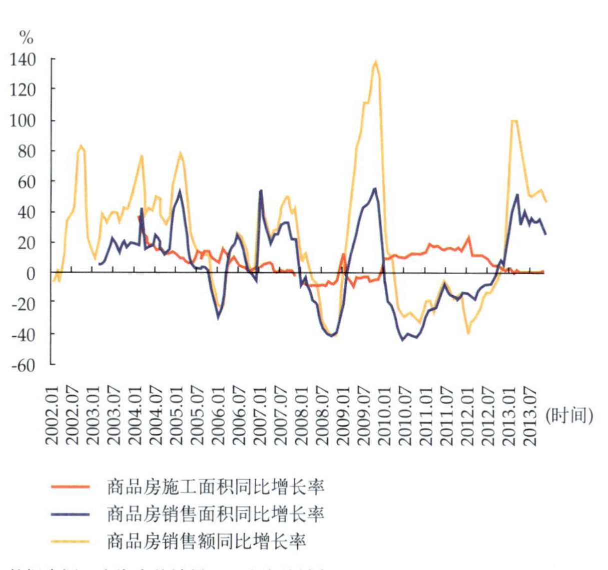

数据来源：上海市统计局、《上海统计年鉴》。

图14　2002～2013年上海市商品房施工和销售变动趋势

住宅价格环比涨幅冲高回落。2013年，上海市商品住宅成交价格总体涨势较快。国家统计局数据显示，上海新建商品住宅价格和二手住宅价格同比分别上涨14.2%和9.7%（见图14），环比累计分别上涨21.9%和13.8%。从年内走势看，两者月环比涨幅均出现冲高回落的趋势，其中，新建商品住宅价格环比涨幅从峰值3.2%回落到12月的0.6%，二手住宅价格环比涨幅从峰值2.6%回落到12月的0.5%。另据上海市房地产交易中心的统计，2013年市场化新建商品住房成交均价为23 858元/平方米，同比上涨8.5%；二手住宅成交均价为18 388元/平方米，同比上涨8.3%。全年各环线区域市场化新建商品住宅平均销售面积分别为：内环线内55 443元/平方米，内外环间34 656元/平方米，外环线外18 270元/平方米。

房地产贷款较快增长。2013年年末，上海市中资银行本外币房地产贷款余额为11 032.4亿元，同比增长13.7%，比上年提高6.6个百分点；房地产贷款余额占各项贷款余额的31.8%，比上年提高1.7个百分点。全年房地产贷款新增1 113.8亿元，同比多增483.2亿元，占各项贷款新增额的46.1%，比上年提高21.4个百分点。年末，以房地产为抵押品的贷款余额为16 241.9亿元，比年初增加2 126.2亿元；以房地产为抵押品的贷款余额占全部贷款的比重为46.9%，比年初增加3.0个百分点。

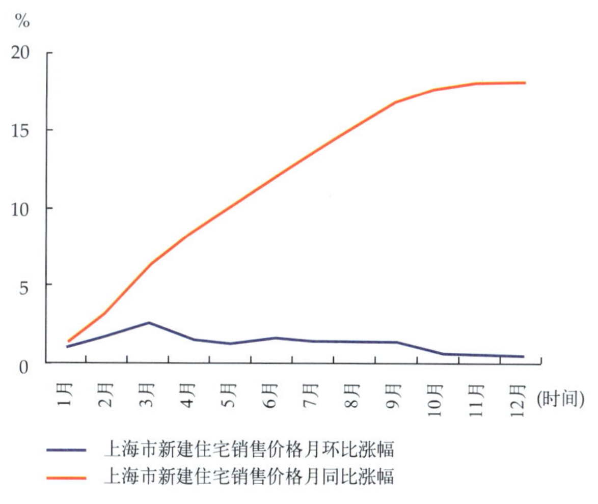

数据来源：上海市统计局、《上海统计年鉴》。

图15　2013年上海市新建住宅销售价格变动趋势

三、预测与展望

2014年，上海市经济将在加快改革中寻求发展。中国（上海）自由贸易试验区建设和国资国企改革，既是上海深化改革的重要突破口，也将为上海经济发展注入新的活力与动力。世界经济缓慢复苏将使出口进一步恢复，但出口产品的竞争力的减弱将会制约出口增长恢复力度。固定资产投资增速略有放缓，房地产投资高位回落；城乡居民收入增长放缓，影响消费增长。上海工业生产回升趋势尚未明确，第三产业将继续成为稳定上海经济增长的主要力量。综合预计，2014年上海市生产总值增长继续与全国基本保持同步。贷款方面，实体经济尤其是工业生产增速有所放缓可能减少贷款需求，债券发行、IPO重启、国际融资等融资渠道的增多，也会分流部分贷款需求。预计2014年上海市继续保持社会融资规模较快增长、贷款平稳增长的局面。

针对当前面临的形势，2014年上海市金融业要认真做好以下各项金融工作：一是贯彻执行稳健的货币政策，保持货币信贷和社会融资规模的平稳适度增长。二是积极发展普惠金融，加大信贷结构调整力度。三是加快金融改革创新，落实金融支持中国（上海）自由贸易试验区建设的各项举措。四是加强流动性管理，防范各类金融风险。

中国人民银行上海总部货币政策分析小组
总　纂：顾铭德
统　稿：刘　斌　童士清
执　笔：刘　斌　李冀申　王　晟
提供材料的还有：颜永嘉　张国文　郭　芳　王布衣　沈　骏　金艳平　白　龙　施　恬　邵　珺　王慧娟　邹丽华　张挽虹

附录

（一）2013年上海市经济金融大事记

2月6日，中国大陆与台湾地区跨境人民币业务正式启动，中国银行上海市分行成功办理上海地区首笔对台跨境人民币收付业务。

3月14日，中国人民银行上海总部与崇明沪农商村镇银行签署协议，授予其2亿元的支农再贷款额度，这是在上海开办的首笔支农再贷款业务。

4月16日，上海清算所宣布，正式推出人民币远期运费协议中央对手清算业务，标志着中国在主要的全球化金融衍生品上实现了以人民币计价清算零的突破。

6月27日至29日，由上海市人民政府和中国人民银行、中国银监会、中国证监会、中国保监会共同主办的“2013陆家嘴论坛”在上海举行，论坛的主题是“金融改革开放新布局”。

8月7日，上海股权托管交易中心中小企业股权报价系统正式启动，首批101家企业成功挂牌。

9月6日，国债期货正式在中国金融期货交易所上市交易。

9月29日，中国（上海）自由贸易试验区挂牌仪式在外高桥举行。11家金融机构获批入驻自贸区。

10月9日，全球首个沥青期货品种在上海期货交易所上市交易。

10月25日，贷款基础利率（LPR）集中报价和发布机制正式运行，上海银行间同业拆借中心是LPR指定发布人。

12月2日，中国人民银行出台《关于金融支持中国（上海）自由贸易试验区建设的意见》，包括总体原则、创新有利于风险管理的账户体系、探索投融资汇兑便利、扩大人民币跨境使用、稳步推进利率市场化、深化外汇管理改革、监测与管理共七部分30条。

（二）2013年上海市主要经济金融指标

表1　2013年上海市主要存贷款指标

		1月	2月	3月	4月	5月	6月	7月	8月	9月	10月	11月	12月
本外币	金融机构各项存款余额（亿元）	63 328.6	63 066.0	65 709.2	65 360.6	66 039.5	67 356.2	66 529.0	66 907.7	68 533.9	68 234.7	68 788.7	69 256.3
	其中：储蓄存款	20 167.8	20 485.0	21 185.7	20 521.1	20 710.1	21 258.0	20 692.4	20 849.5	21 237.7	20 723.9	20 636.7	21 185.7
	单位存款	36 699.6	35 921.8	37 915.0	38 112.3	38 297.6	39 367.9	38 368.5	38 776.1	39 565.7	39 706.9	40 792.5	41 491.6
	各项存款余额比上月增加（亿元）	-453.5	-262.6	2 643.2	-348.6	678.8	1 316.7	-827.2	378.7	1 626.2	-299.3	554.1	467.6
	金融机构各项存款同比增长（%）	11.6	9.5	10.8	10.4	10.7	9.1	9.1	9.5	9.3	10.0	10.3	9.0
	金融机构各项贷款余额（亿元）	41 527.5	41 897.6	42 137.8	42 442.5	42 504.0	42 908.1	43 109.0	43 375.2	43 937.6	44 113.8	44 510.5	44 358.1
	其中：短期	13 208.3	13 388.3	13 481.1	13 502.4	13 438.7	13 510.1	13 441.7	13 412.4	13 709.4	13 772.0	13 897.6	13 673.8
	中长期	23 890.6	24 095.3	24 203.5	24 219.7	24 262.2	24 571.3	24 790.7	25 108.9	25 453.9	25 646.6	25 817.8	25 901.8
	票据融资	1 989.3	1 916.0	1 866.2	2 063.1	2 087.6	2 007.5	1 972.5	1 945.8	1 864.8	1 782.8	1 811.2	1 805.5
	各项贷款余额比上月增加（亿元）	467.1	367.2	240.2	308.8	61.5	404.1	200.9	266.3	562.4	176.1	397.8	-152.4
	其中：短期	119.4	179.6	92.8	25.2	-63.7	71.5	-68.5	-29.3	296.9	62.7	126.6	-223.8
	中长期	300.8	204.8	108.2	18.6	42.5	309.1	219.4	318.3	345.0	192.8	171.1	84.1
	票据融资	-56.0	-73.3	-49.8	196.9	24.5	-80.1	-35.0	-26.7	-81.0	-82.0	28.4	-5.7
	金融机构各项贷款同比增长（%）	11.0	10.7	10.0	10.0	9.8	9.3	9.3	9.0	9.3	9.5	9.2	8.2
	其中：短期	16.7	15.5	13.8	14.0	13.5	12.3	12.1	11.6	11.2	10.2	9.2	5.3
	中长期	3.9	4.5	4.8	4.9	5.1	5.9	6.7	7.5	8.3	9.2	9.5	9.8
	票据融资	33.6	24.3	16.1	13.4	8.8	0.0	-7.5	-14.4	-12.3	-12.6	-12.3	-11.8
	建筑业贷款余额（亿元）	1 235.3	1 225.0	1 198.2	1 166.7	1 153.8	1 180.6	1 183.8	1 201.8	1 210.8	1 232.7	1 237.7	1 227.2
	房地产业贷款余额（亿元）	5 289.0	5 305.9	5 348.2	5 392.0	5 357.4	5 359.2	5 389.5	5 424.9	5 506.7	5 548.6	5 583.6	5 579.0
	建筑业贷款同比增长（%）	24.4	20.2	15.6	10.9	9.4	13.7	12.4	11.8	9.5	11.8	12.9	15.8
	房地产业贷款同比增长（%）	8.8	8.5	7.1	7.7	6.0	4.8	5.7	5.8	7.1	7.3	7.0	8.1
人民币	金融机构各项存款余额（亿元）	59 368.5	59 053.9	61 612.8	61 127.4	61 767.7	63 107.8	62 393.1	62 781.8	64 180.2	63 857.4	64 439.6	65 037.5
	其中：储蓄存款	19 491.0	19 786.2	20 491.6	19 825.7	20 014.4	20 563.7	19 994.7	20 147.2	20 545.5	20 026.0	19 946.6	20 486.3
	单位存款	33 811.6	32 969.0	34 889.9	34 958.4	35 127.6	36 178.9	35 299.1	35 685.5	36 295.8	36 405.4	37 477.0	38 326.5
	各项存款余额比上月增加（亿元）	-575.6	-314.6	2 558.9	-485.4	640.2	1 340.2	-714.7	388.8	1 398.4	-322.8	582.2	597.9
	其中：储蓄存款	269.2	295.2	705.3	-665.8	188.7	549.3	-569.0	152.5	398.4	-519.5	-79.5	539.7
	单位存款	-947.5	-842.6	1 920.9	68.5	169.2	1 051.3	-879.8	386.4	610.3	109.6	1 071.5	849.6
	各项存款同比增长（%）	10.4	10.4	10.2	10.2	10.2	8.8	9.2	9.6	9.0	9.8	10.3	8.6
	其中：储蓄存款	11.3	13.0	14.1	11.7	12.2	9.2	8.6	7.9	7.4	6.1	5.5	5.0
	单位存款	9.5	5.1	7.8	9.3	9.4	8.3	7.7	8.6	7.4	10.0	11.8	9.9
	金融机构各项贷款余额（亿元）	36 951.4	37 192.3	37 330.7	37 533.9	37 569.3	38 023.4	38 343.9	38 767.9	39 088.2	39 388.0	39 833.3	39 748.6
	其中：个人消费贷款	6 508.3	6 553.6	6 619.4	6 700.3	6 847.5	6 973.5	7 107.2	7 244.9	7 368.0	7 490.1	7 644.5	7 520.1
	票据融资	1 989.0	1 915.5	1 865.7	2 062.6	2 087.1	2 006.5	1 971.6	1 945.3	1 864.3	1 782.4	1 810.9	1 805.2
	各项贷款余额比上月增加（亿元）	379.5	240.9	134.5	207.1	35.5	454.1	320.5	424.0	320.3	298.8	446.3	-84.7
	其中：个人消费贷款	119.0	45.3	65.8	81.0	147.2	126.0	133.7	137.7	123.1	122.1	154.4	56.0
	票据融资	-56.0	-73.4	-49.9	196.9	24.5	-80.5	-34.9	-26.4	-81.0	-81.9	28.5	-5.7
	金融机构各项贷款同比增长（%）	9.9	9.9	8.7	8.3	8.7	7.5	8.0	8.3	8.5	9.6	9.9	8.9
	其中：个人消费贷款	9.0	10.0	10.8	12.5	14.5	16.1	17.6	18.6	19.1	20.5	21.7	21.4
	票据融资	34.0	24.5	16.3	13.5	9.0	-0.5	-7.5	-14.3	-12.2	-12.5	-12.2	-11.7
外币	金融机构外币存款余额（亿美元）	630.6	639.1	653.5	680.5	691.3	687.6	669.4	668.6	708.2	712.6	709.2	692.0
	金融机构外币存款同比增长（%）	34.4	23.6	22.5	14.8	18.5	17.8	11.4	9.9	17.8	14.8	14.2	18.8
	金融机构外币贷款余额（亿美元）	728.7	749.5	766.8	789.1	798.6	790.6	771.2	746.6	788.8	769.4	762.7	756.0
	金融机构外币贷款同比增长（%）	20.8	21.4	22.5	26.4	30.7	29.0	24.3	18.9	20.3	11.0	5.4	5.7

数据来源：中国人民银行上海总部。

表2　2001～2013年上海市各类价格指数

单位：%

年/月	居民消费价格指数		农业生产资料价格指数		工业生产者购进价格指数		工业生产者出厂价格指数		上海市房屋销售价格指数	上海市房屋租赁价格指数	上海市土地交易价格指数
	当月同比	累计同比	当月同比	累计同比	当月同比	累计同比	当月同比	累计同比	当季(年)同比	当季(年)同比	当季(年)同比
2001	—	0.0	—	—	—	-1.3	—	-3.3	4.4	4.9	-2.8
2002	—	0.5	—	—	—	-2.3	—	-3.6	7.3	-1.0	6.3
2003	—	0.1	—	—	—	6.4	—	1.4	20.1	2.1	15.1
2004	—	2.2	—	—	—	16.4	—	3.6	15.9	5.5	20.3
2005	—	1.0	—	—	—	6.8	—	1.7	9.7	3.6	6.9
2006	—	1.2	—	—	—	4.8	—	0.6	-1.3	4.0	1.2
2007	—	3.2	—	—	—	4.1	—	1.2	3.4	5.1	7.8
2008	—	5.8	—	—	—	10.3	—	2.2	5.9	4.6	7.9
2009	—	-0.4	—	—	—	-10.2	—	-6.2	0.8	0.6	2.2
2010	—	3.1	—	—	—	11.2	—	2.3	7.6	4.4	18.9
2011	—	5.2	—	—	—	7.5	—	2.9	2.2	6.7	17.0
2012	—	2.8	—	—	—	-5.3	—	-1.6	-1.0	5.8	4.5
2013	—	2.3	—	—	—	-3.5	—	-1.8	11.8	5.2	10.4
2012　1	4.9	4.9	—	—	-2.2	-2.2	-0.2	-0.2	0.7	—	—
2	3.9	4.4	—	—	-3.2	-2.7	-0.7	-0.4	-0.4	—	—
3	3.8	4.2	—	—	-3.7	-3.0	-0.9	-0.6	-0.8	7.5	6.0
4	3.6	4.0	—	—	-4.5	-3.4	-1.1	-0.7	-1.3	—	—
5	3.0	3.8	—	—	-5.1	-3.8	-1.5	-0.9	-1.6	—	—
6	2.4	3.6	—	—	-6.0	-4.1	-2.0	-1.1	-1.5	6.0	3.6
7	2.1	3.4	—	—	-7.1	-4.6	-2.4	-1.3	-1.5	—	—
8	2.2	3.2	—	—	-8.2	-5.0	-2.9	-1.5	-1.5	—	—
9	2.0	3.1	—	—	-7.6	-5.3	-2.6	-1.6	-1.6	5.0	4.4
10	2.0	3.0	—	—	-5.5	-5.3	-1.9	-1.6	-1.3	—	—
11	2.0	2.9	—	—	-5.5	-5.3	-1.5	-1.6	-0.8	—	—
12	2.2	2.8	—	—	-4.4	-5.3	-1.4	-1.6	0.0	4.7	4.2
2013　1	2.1	2.1	—	—	-2.4	-2.4	-1.6	-1.6	1.3	—	—
2	2.6	2.3	—	—	-2.5	-2.4	-1.3	-1.5	3.4	—	—
3	2.2	2.3	—	—	-2.9	-2.6	-1.7	-1.5	6.4	3.7	9.2
4	2.2	2.2	—	—	-3.7	-2.9	-2.3	-1.7	8.5	—	—
5	2.1	2.2	—	—	-4.8	-3.2	-2.5	-1.9	10.2	—	—
6	2.5	2.3	—	—	-5.0	-3.5	-2.2	-1.9	11.9	4.7	8.1
7	2.0	2.2	—	—	-4.6	-3.7	-2.0	-1.9	13.7	—	—
8	2.1	2.2	—	—	-3.0	-3.6	-1.7	-1.9	15.4	—	—
9	2.5	2.2	—	—	-3.1	-3.5	-1.4	-1.9	17.0	5.9	6.8
10	2.6	2.3	—	—	-3.6	-3.5	-1.7	-1.8	17.8	—	—
11	2.4	2.3	—	—	-3.3	-3.5	-1.7	-1.8	18.2	—	—
12	2.4	2.3	—	—	-3.3	-3.5	-1.4	-1.8	18.2	6.5	16.5

数据来源：上海市统计局、《上海统计年鉴》。

表3　2013年上海市主要经济指标

	1月	2月	3月	4月	5月	6月	7月	8月	9月	10月	11月	12月
绝对值（自年初累计）												
地区生产总值（亿元）	—	—	4 937.5	—	—	10 168.5	—	—	15 474.1	—	—	21 602.1
第一产业	—	—	18.1	—	—	42.5	—	—	70.1	—	—	129.3
第二产业	—	—	1 952.9	—	—	3 849.5	—	—	5 876.1	—	—	8 027.8
第三产业	—	—	2 966.5	—	—	6 276.6	—	—	9 528.0	—	—	13 445.1
工业增加值（亿元）	—	1 132.3	1 680.4	2 220.9	2 761.2	3 294.0	3 843.9	4 418.9	5 043.9	5 615.1	6 212.8	6 769.6
固定资产投资（亿元）	—	636.1	1 000.0	1 383.0	1 813.0	2 316.0	2 795.0	3 255.0	3 754.0	4 300.0	4 903.0	5 644.1
房地产开发投资	—	380.2	575.0	788.0	1 016.0	1 269.0	1 493.0	1 753.0	2 010.0	2 280.0	2 565.0	2 820.0
社会消费品零售总额（亿元）	—	—	1 920.0	—	—	3 888.0	—	—	5 896.0	—	—	8 019.0
外贸进出口总额（亿美元）	364.0	649.6	1 012.0	1 355.0	1 722.0	2 065.0	2 462.0	2 841.0	3 240.0	3 613.0	4 015.0	4 412.3
进口	186.0	329.2	526.0	713.0	916.0	1 100.0	1 321.0	1 522.0	1 736.0	1 938.0	2 148.0	2 370.3
出口	178.0	320.4	485.0	642.0	805.0	965.0	1 141.0	1 319.0	1 503.0	1 675.0	1 866.0	2 042.0
进出口差额(出口－进口)	-8.0	-8.8	-41.0	-71.0	-111.0	-135.0	-179.0	-202.0	-233.0	-262.0	-282.0	-328.3
外商实际直接投资（亿美元）	9.9	22.1	37.0	53.0	68.0	83.0	100.0	117.0	135.0	149.0	159.0	168.0
地方财政收支差额（亿元）	455.9	557.5	391.2	496.6	501.0	330.0	575.4	623.1	484.1	626.6	361.5	-419.1
地方财政收入	618.6	940.2	1 197.6	1 633.1	2 032.2	2 345.8	2 798.2	3 051.9	3 287.7	3 701.4	3 932.9	4 109.5
地方财政支出	162.7	382.7	806.4	1 136.6	1 531.2	2 015.8	2 222.8	2 428.8	2 803.5	3 074.9	3 571.4	4 528.6
城镇登记失业率(%)(季度)	—	—	—	—	—	—	—	—	—	—	—	4.2
同比累计增长率（%）												
地区生产总值	—	—	7.8	—	—	7.7	—	—	7.7	—	—	7.7
第一产业	—	—	-2.1	—	—	1.5	—	—	-0.1	—	—	-2.9
第二产业	—	—	5.4	—	—	4.9	—	—	5.7	—	—	6.1
第三产业	—	—	9.5	—	—	9.6	—	—	9.1	—	—	8.8
工业增加值	—	5.9	5.0	4.3	4.5	4.8	5.3	5.7	5.9	6.2	6.4	6.6
固定资产投资	—	11.4	10.3	13.0	11.2	12.1	12.0	12.7	11.1	9.5	8.3	10.4
房地产开发投资	—	20.4	21.9	28.5	23.7	21.7	21.3	21.0	20.7	20.3	19.3	18.4
社会消费品零售总额	—	—	7.2	—	—	9.1	—	—	8.7	—	—	8.6
外贸进出口总额	14.7	1.9	-1.2	-1.1	-2.6	-3.7	-2.7	-2.0	-1.3	-0.5	0.4	1.1
进口	23.0	-2.7	-4.6	-2.9	-2.8	-3.2	-1.3	-0.7	0.0	1.1	2.1	3.1
出口	7.1	7.0	2.8	1.0	-2.4	-4.3	-4.2	-3.4	-2.7	-2.2	-1.6	-1.2
外商实际直接投资	15.0	10.1	10.2	11.6	11.8	12.5	10.4	10.0	10.1	10.2	10.3	10.5
地方财政收入	9.2	8.5	8.5	7.9	7.8	8.7	9.3	9.0	9.1	9.1	9.3	9.8
地方财政支出	7.9	-19.7	2.1	3.7	4.1	3.6	3.8	3.1	3.8	5.8	-1.5	8.2

数据来源：上海市统计局、《上海统计年鉴》。

2013年江苏省金融运行报告

中国人民银行南京分行货币政策分析小组

[内容摘要] 2013年，江苏省经济运行总体平稳，主要经济指标增幅保持在合理区间和预期目标之内，全年实现地区生产总值5.9万亿元，同比增长9.6%。金融平稳运行，社会融资规模和信贷投放合理适度增长，信贷结构持续优化，融资利率基本平稳，金融服务实体经济的能力进一步提升。

2014年，世界经济温和复苏，外需有望保持稳定。随着经济金融改革深入推进，扩大投资和消费仍有较大空间，江苏经济有望保持平稳向好态势。江苏省金融业将继续坚持稳中求进的工作总基调，以加快推动转变经济发展方式为主线，继续贯彻实施稳健的货币政策，有效防范系统性金融风险，提升金融服务和管理水平，处理好经济增长、调整结构、防范风险、控制通胀之间的关系，促进经济持续健康发展。

一、金融运行情况

在稳健货币政策背景下，江苏省金融业运行稳健，银行业综合实力稳步提升，社会融资总量增长适度，贷款增量和结构变化较好地体现了宏观调控政策意图。证券、保险业创新加快，金融市场交易活跃，金融服务地方经济发展的能力继续增强。

（一）银行业综合实力稳步提升，存贷款增长适度

1. 银行业规模稳步增长，总体运行稳健。2013年年末，江苏省金融机构资产总额达10.9万亿元，同比增长12.5%（见表1）。年末金融机构本外币存贷款余额分别达到8.8万亿元和6.5万亿元。银行业金融机构服务功能不断强化，竞争有序，经营安全稳健，服务实体经济的能力进一步增强。

盈利增长平稳，全年银行业金融机构营业收入同比增长13.0%，利润总额同比增长9.3%。受化解产能过剩、深化结构调整等影响，不良贷款有所上升，2013年年末，江苏省金融机构不良贷款率为1.3%，比年初提高0.2个百分点。

2. 人民币存款同比小幅多增。从全年来看，人民币存款新增10 094.1亿元，同比多增332.3亿元（见图1）。从时序上看，第一季度存款大幅增加，之后存款增长有所放缓。第二、第三、第四季度，全省人民币存款分别仅增加394.7亿元、574.8亿元、217.3亿元，同比分别少增2 787.7亿元、606.1亿元、629.5亿元。

表1 2013年江苏省银行业金融机构基本情况

机构类别	营业网点			法人机构（个）
	机构个数（个）	从业人数（人）	资产总额（亿元）	
一、大型商业银行	4 849	100 229	47 572	0
二、国家开发银行和政策性银行	93	2 341	4 740	0
三、股份制商业银行	915	34 570	21 062	0
四、城市商业银行	747	21 621	14 294	4
五、城市信用社	0	0	0	0
六、主要农村金融机构	3 078	43 358	14 614	62
七、财务公司	11	292	401	9
八、信托公司	4	336	141	4
九、邮政储蓄银行	2 511	9 805	4 168	0
十、外资银行	65	2 038	911	2
十一、新型农村金融机构	116	2 778	521	63
十二、其他	1	121	184	1
合　计	12 390	217 489	108 608	145

注：营业网点不包括国家开发银行和政策性银行、大型商业银行、股份制银行金融机构总部数据；大型商业银行包括中国工商银行、中国农业银行、中国银行、中国建设银行和交通银行；小型农村金融机构包括农村信用社和农村商业银行；新型农村金融机构包括村镇银行、贷款公司和农村资金互助社；“其他”包含金融租赁公司、汽车金融公司、货币经纪公司、消费金融公司等。

数据来源：中国人民银行南京分行，江苏银监局。

人民币存款增速持续放缓，主要有以下两方面的原因。一是在银行间市场资金面紧平衡的背景下，理财产品收益率趋升，理财产品对存款的替代增强，加之互联网金融快速发展，居民投资渠道更趋多元化和便利化，银行存款分流较为明显。二是6月货币市场波动以后，同业资金供给减少，同业资金运用规模明显收缩，降低了存款的创造能力。

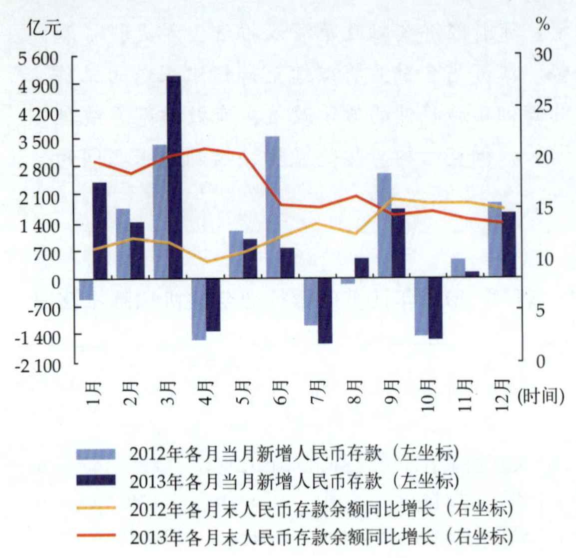

数据来源：中国人民银行南京分行。

图1　2012～2013年江苏省金融机构人民币存款增长变化

3. 社会融资规模和贷款增长合理适度，结构持续优化。2013年，全省社会融资规模为12 069.7亿元，较2010～2012年年均值高149.1亿元，融资总量增势平稳。全年新增人民币贷款7 207.8亿元，同比多增652.1亿元（见图2）。全省信贷增长继续向常态回归，贷款增速由2009年的34.9%下降至2013年的13.6%。

贷款期限结构继续调整。2013年，全省短期贷款（含票据融资）增加2 764.7亿元，同比少增2 439.4亿元，较2007～2012年年均增量少172.6亿元。其中，受信贷风险加大、工业企业有效信贷需求不足等的影响，本外币短期单位经营贷款增加2 347.6亿元，同比少增537.1亿元。

信贷支持重点突出。一是贷款区域分布更趋协调。全年苏北、苏中本外币贷款分别新增1 303.2亿元、1 382.3亿元，分别占全省新增贷款总量的18.5%、19.6%，较上年分别提升2.2个、3.9个百分点。为推动区域协调发展，中国人民银行南京分行先后出台了《关于金融支持宿迁发展实现更大突破的指导意见》和《关于金融支持淮安加快苏北重要中心城市建设的指导意见》，通过因地制宜配置金融资源，促进经济欠发达的苏北地区跨越发展。二是小微企业支持力度进一步加大。2013年年末，全省小微企业本外币贷款余额为1.6万亿元，同比增长14.6%（见图3），较同期各项贷款增速高2个百分点。全年小微企业本外币贷款新增1 892.2亿元，同比多增469.3亿元。

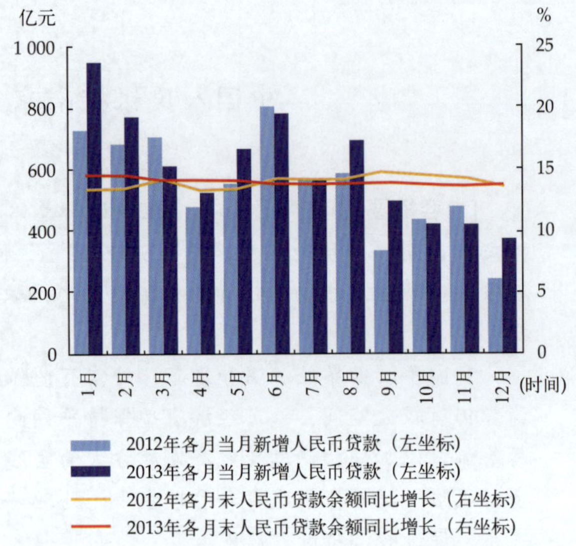

数据来源：中国人民银行南京分行。

图2　2012～2013年江苏省金融机构人民币贷款增长变化

外币贷款明显回落。受外汇贷存比约束收紧以及贸易融资监管趋严、外汇信贷产品套利空间收窄等因素的叠加影响，外汇贷款急剧收缩。2013年，全省外汇贷款净减少11.9亿美元，其中，第二、第三、第四季度，全省外汇贷款分别减少28.2亿美元、42.5亿美元、14.9亿美元。

4. 表外融资各品种增势不一。委托贷款、信托贷款明显增加，银行承兑汇票净额大幅少增。2013年，全省金融机构表外融资（包括委托贷款、信托贷款和银行承兑汇票净额）增加2 815.6亿元，同比少增151.2亿元，占同期社会融资规模

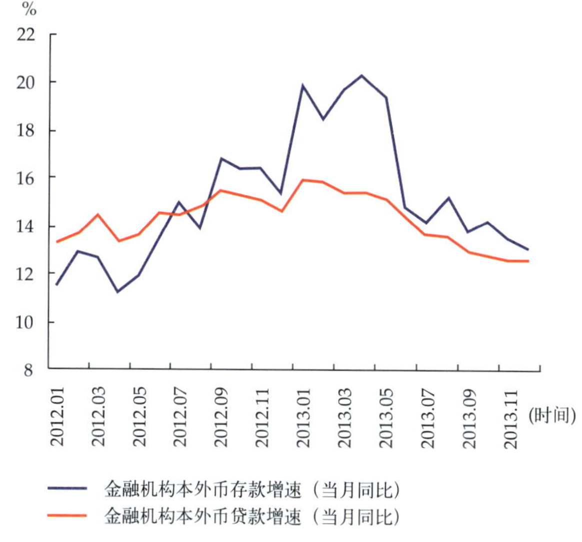

数据来源：中国人民银行南京分行。

图3　2012～2013年江苏省金融机构本外币存、贷款增速变化

的23.3%，同比下降0.6个百分点。在基础设施建设和房地产行业信贷需求的推动下，委托贷款、信托贷款快速增长。年末，全省金融机构人民币委托贷款余额为6 101.6亿元，同比增长46.1%；信托贷款余额为984.9亿元，同比增长96%。受加强监管及资金面偏紧的影响，未贴现的银行承兑汇票同比大幅少增。2013年，全省未贴现的银行承兑汇票增加432.4亿元，同比少增1 446.9亿元。

5. 利率市场化效应继续显现。2013年下半年以来，迫于同业存款竞争压力，各商业银行纷纷调整存款定价策略，越来越多的商业银行将更多品种的存款利率“一浮到顶”。此外，存款利率上浮导致银行存贷款利差空间缩小，倒逼商业银行加快转型。

贷款利率基本稳定。2013年7月20日，国家全面放开金融机构贷款利率管制，短期来看，由于银行贷款总体上仍处于供不应求的状态，同时随着银行存款成本持续上升，贷款利率明显下降的可能性不大。但从较长时间来看，贷款利率完全放开向市场传递了深化利率市场化改革的信号，这必然将引导商业银行加快金融创新和经营转型，客观上也有利于促进经济结构调整和转型升级。从实际贷款利率运行情况看，江苏省贷款利率呈现总体平稳、稳中略降的走势。2013年第一、第二、第三、第四季度，全省人民币贷款加权平均利率分别为7.09%、7.05%、7.01%和6.99%。

专栏1　2013年江苏省内商业银行存款定价策略调整情况

2013年以来，江苏省部分没有将所有存款利率均上浮到顶的商业银行迫于同业竞争压力，先后调整了存款定价策略。

第一季度，五大国有商业银行率先调整存款定价策略，五大国有商业银行之间的存款利率隐性联盟逐渐瓦解。第一季度是商业银行传统的存款吸收尤其是个人储蓄存款吸收旺季，各商业银行都非常重视存款开门红。之前五大国有商业银行在存款竞争中处于不利地位，在城市其存款利率低于股份制商业银行和城市商业银行，在农村其存款利率低于农村金融机构。在存款竞争异常激烈、银行存款考核权重较大的情况下，大型国有商业银行的基层行承受了较大的存款竞争压力，纷纷倒逼其总行调整存款定价策略。最终，第一季度五大国有商业银行均有条件、选择性地提高了存款利率上浮幅度，适当下放了存款利率上浮权限。此外，中国邮政储蓄银行在春节前后的2月、3月将农村地区的储蓄存款利率上浮10%。

6月以后，在外汇占款增速下降、社会融资规模少增的背景下，整体存款增长有所放缓，银行资金头寸趋紧，各家银行之间的存款竞争更趋激烈，多家银行机构先后调整存款定价政策，提高利率浮动幅度，扩大利率浮动范围，降低利率浮动门槛，将利率浮动授权由总行下放到分行。中国农业银行、中国银行、招商银行等银行将部分存款定价权限下放分行；中信银行、中国民生银行于9月将2年期（含）以上定期储蓄存款利率上浮10%；中国邮政储蓄银行9月开始正式将县（包括县级市）及县以下农村地区的储蓄存款利率全部上浮10%；华夏银行延长了中长期存款利率上浮10%的执行期限；中国光大银行、平安银行、广发银行等银行降低了中长期存款利率上浮10%的门槛，南京银行则彻底取消了中长期储蓄存款利率上浮10%的门槛。

目前，五大国有商业银行和中国邮政储蓄银行已将1年期（含）以内定期存款利率有条件、有选择地上浮10%，部分行还有条件地上浮了中长期存款利率；多家股份制银行已经将此前保持基准利率的中长期定期存款利率"一浮到顶"。

表2　2013年江苏省金融机构人民币贷款各利率区间占比

单位：%

月份		1月	2月	3月	4月	5月	6月
合计		100.0	100.0	100.0	100.0	100.0	100.0
下浮		4.7	4.9	4.0	4.8	4.9	5.3
基准		23.1	23.3	22.7	22.1	22.4	26.8
上浮	小计	72.2	71.8	73.3	73.2	72.7	67.9
	(1.0，1.1]	25.1	25.4	25.3	23.7	24.0	23.5
	(1.1，1.3]	32.9	31.4	31.2	32.1	32.2	30.0
	(1.3，1.5]	6.9	6.8	7.5	8.5	8.4	7.4
	(1.5，2.0]	5.3	5.6	6.8	6.7	5.9	5.5
	2.0以上	2.0	2.5	2.5	2.2	2.0	1.6
月份		7月	8月	9月	10月	11月	12月
合计		100.0	100.0	100.0	100.0	100.0	100.0
下浮		5.1	5.0	5.3	5.9	4.6	4.9
基准		25.3	23.7	23.9	24.9	25.8	26.1
上浮	小计	69.6	71.3	70.7	69.2	69.6	68.9
	(1.0，1.1]	23.1	23.4	21.7	22.4	21.0	23.9
	(1.1，1.3]	32.4	32.9	33.7	32.3	33.4	31.2
	(1.3，1.5]	7.0	7.5	7.5	6.9	7.5	6.9
	(1.5，2.0]	5.5	5.7	5.7	5.6	5.8	5.2
	2.0以上	1.6	1.8	2.0	2.2	2.0	1.7

数据来源：中国人民银行南京分行。

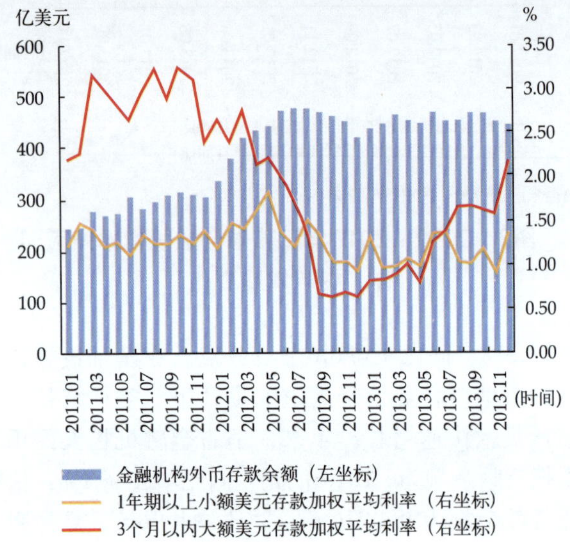

数据来源：中国人民银行南京分行。

图4　2011～2013年江苏省金融机构外币存款余额及外币存款利率

6. 银行业改革创新扎实推进。大型银行改革进一步深化，中国工商银行江苏省分行加强创新，综合开发"小企业贷款资金流向监测"、"国际业务综合查询"、"业务运营风险信息分析平台"等创新项目，促进了业务流程的优化，提升了管理效能。交通银行江苏省分行按照服务中小企业、服务实体经济导向，构建以综合型网点为主体、传统型基础网点为依托、特色型和专业化网点为补充的人工网点渠道，创新发展科技银行、文化银行，在市场条件成熟区域打造出国金融服务中心，满足客户群体全方位的金融服务需求。江苏银行以改革创新激发活力，积极培育发展优势，顺应互联网金融发展趋势，推出了微信银行、易信银行，成为首批登录支付宝钱包公共平台的城商行；推进社区银行建设，加强小区金融服务；试点公司业务经营重心上移、小微零售业务经营重心下沉改革，打造总分行和基层支行"两个发动机"。

农村金融改革稳步推进。江苏省农村信用社系统继续推动改革深化，普惠金融覆盖城乡。截至2013年年末，金融服务渠道覆盖全部行政村和所有农户，50%以上的业务通过电子银行渠道办理。落实创新驱动战略，在全国率先形成"小额信贷扶贫"、"阳光信贷"、"金融服务村村通”三大特色服务模式。银行改制继续推进，全年有3家农村商业银行挂牌开业，农村商业银行达到58家。

7. 跨境人民币业务保持较快增长。2013年，随着跨境人民币结算政策的不断完善以及结算流程的简化，江苏省跨境贸易人民币结算主体不断扩展，全省跨境人民币业务保持平稳发展态势。全年办理各项跨境人民币结算业务4 722.2亿元，试点以来累计结算量达12 457.5亿元；全省共有50家银行的822家分支机构为9 371家企业办理了跨境人民币结算业务，分别比上年增加4家、155家和4 111家；与江苏省内企业发生跨境人民币结算业务的境外国家和地区达到155个，比上年增加26个；境外参加银行1 783家，比上年增加908家。

专栏2　升级扩面　提高金融支持小微企业发展的有效性

江苏省是经济大省，小微企业数量多、占比高。为更好地发挥金融服务实体经济的本质功能，促进地方经济转型发展，中国人民银行南京分行在2010～2012年成功组织实施“中小企业金融服务三年规划”的基础上，2013年把工作的重心进一步聚焦到小微企业的金融服务上，围绕“升级”和“扩面”两个主题，启动实施了“小微企业金融服务升级扩面三年计划”（以下简称“小微三年计划”），着力增强小微企业发展动力和活力。

一、积极推动小微企业融资培育模式升级

小微企业相对分散，要有效提升其金融服务水平和质量，必须在融资培育模式上有新的进展和突破。一是积极推广“信贷工厂”、德国IPC、台湾融辅等先进的小微企业专业融资服务模式。常熟农村商业银行、民丰农村商业银行、长江商业银行等对IPC模式还因地制宜进行了消化吸收和再创新，小微企业客户数明显增加。南京银行在引进融辅模式的同时，积极帮助台湾知名连锁消费品牌店寻找合作伙伴并提供金融支持，主动创造客户需求。二是引导地方法人加快推广自创“阳光信贷”模式的使用。例如，如皋农村商业银行对当地纳税3万元以上的小微企业逐一发放调查问卷、授信审批表，全面采集企业基础信息，锁定目标客户并统一授信。三是指导人民银行市县支行全面优化“金融顾问”、“金融帮办”、“金融走访”等地方特色融资培育模式。如淮安金湖县开展了金融聚焦小微企业“一十百千”活动，围绕服务小微企业这一主题，组织10个服务工作组，开展100次以上服务帮办，重点培育和支持1 000家以上小微企业发展壮大。

二、积极推动小微企业融资渠道升级

为满足小微企业多层次、多样化的融资服务需求，积极推动各类融资渠道的升级拓展。一是积极发挥直接债务融资的渠道拓展和“腾笼换鸟”作用。2013年江苏17家中小企业发行7只集合票据，金额15.96亿元，发行只数和金额均居全国第一。二是持续加大商业票据和“央行票据通”业务推广。通过“央行再贴现引导+商业银行信用助推+风险防范”三位一体模式推动辖内商业承兑汇票业务发展。全年累计办理商业承兑汇票再贴现63.9亿元，带动商业承兑汇票贴现1 300亿元，同比增长27.8%，商业承兑汇票签发量不断增长，仅常州、无锡、泰州三市共累计签发商业承兑汇票366亿元，同比增长28.2%。三是积极鼓励地方法人充实资本和资金补充。截至年末，江苏银行、南京银行、江苏金融租赁公司累计发行次级债、金融债178亿元。江南农村商业银行10亿元二级资本债发行申请待审批，江苏银行正在准备申请发行150亿元小微企业专项金融债。

三、完善金融基础设施建设支撑扩面

一是完善小微企业信息和增信服务体系建设。实现小微企业信用信息管理系统省级数据集中，并依托系统建立了小微企业批量优选和定期向金融机构推荐机制。截至2013年年末，共为122万家中小企业建立了信用档案，基本覆盖了全省有贷和无贷企业；担保机构信用评级与银保合作信息监测管理系统已采集了1 143家担保机构、79家小贷公司信息。二是加强支付结算体系建设。积极引导金融机构支付结算服务向县域和乡镇延伸，农村地区银行网点乡镇覆盖率已达100%，POS机具布放行政村全覆盖。三是推动金融生态环境建设。建立金融生态环境动态评估机制，实行金融生态县“摘牌”、“降级”制度，激发各市县深化金融生态环境建设的主动性和积极性。目前，全省持牌金融生态优秀县32个，金融生态达标县26个，覆盖了全省83%的设乡镇县（市、区）。

（二）证券业运营平稳，抗风险能力进一步增强

1. 证券期货业继续保持稳健发展态势。2013年年末，江苏省共有法人证券公司6家，净资产总额529.3亿元，同比增长4.5%；全年营业收入为104.2亿元，同比增长28.6%；净利润为31.0亿元，同比增长56.6%。

2. 股票市场融资放缓。受IPO暂停的影响，2013年江苏无新增上市公司，辖内上市公司实现再融资158.4亿元。年末正在辅导上市的企业数达97家，其中，主板22家，创业板28家，中小板47家。

3.期货业稳步发展，抗风险能力进一步加强。截至年末，全省共有法人期货公司10家，净资本合计30.69亿元，同比增长16%；全省期货公司营业部119家，同比增加18家。代理交易量和保证金余额分别增长7.9%和7.3%。

表3　2013年江苏省证券业基本情况

项目	数量
总部设在辖内的证券公司数（家）	6
总部设在辖内的基金公司数（家）	0
总部设在辖内的期货公司数（家）	10
年末国内上市公司数（家）	235
当年国内股票（A股）筹资（亿元）	158
当年发行H股筹资（亿元）	35
当年国内债券筹资（亿元）	2 553
其中：短期融资券筹资额（亿元）	825
中期票据筹资额（亿元）	394

数据来源：江苏证监局、江苏省金融办、中国人民银行南京分行。

（三）保险业稳步发展，风险保障功能进一步发挥

1. 市场体系不断完善。截至2013年年末，全省共有保险公司90家，其中法人公司4家（紫金产险、乐爱金产险、利安人寿、东吴人寿），省级分公司86家。4家法人保险公司资产总额136.8亿元，同比增长44.9%。

2. 各项业务平稳增长。全年累计实现保费收入为1 446.1亿元，同比增长11.1%。其中，财产险保费收入为518.6亿元，同比增长17.6%；人身险业务保费收入为927.5亿元，同比增长7.8%。在人身险业务中，寿险保费收入为809.2亿元，同比增长5.7%；健康险保费收入为76.4亿元，同比增长28.9%；意外险保费收入为41.9亿元，同比增长19.0%。

表4　2013年江苏省保险业基本情况

项目	数量
总部设在辖内的保险公司数（家）	4
其中：财产险经营主体（家）	2
人身险经营主体（家）	2
保险公司分支机构（家）	90
其中：财产险公司分支机构（家）	39
人身险公司分支机构（家）	51
保费收入（中外资，亿元）	1 446.1
其中：财产险保费收入（中外资，亿元）	518.6
人身险保费收入（中外资，亿元）	927.5
各类赔款给付（中外资，亿元）	527.0
保险密度（元/人）	1 823.6
保险深度（%）	2.4

数据来源：江苏保监局。

3. 农业保险稳步发展。2013年，全省实现农险保费收入及农险基金共计31.5亿元，同比增长32.5%。出台《关于完善江苏省政策性农业保险条款费率的通知》，农业保险支农惠农强农力度持续增强。

（四）债务融资工具加快发展，金融市场创新活跃

1. 债券市场创新和发展进一步加快。2013年，江苏省累计发行各类债券2 553.3亿元，各类债券余额净增1 623.9亿元，占全部融资量的18.4%；累计从股票市场融资158.4亿元，占全部融资量的1.8%；两者合计占融资总量的20.2%。

2. 银行间市场债务融资工具继续加快发展。2013年，全省共有129家企业累计发行各类债务融资工具1 824.06亿元，发行金额同比增加42.45%。年末，存续企业和余额分别达到188家和2 769.27亿元，存续余额较年初增长1 023.46亿元，首次实现年度余额新增超千亿元。

3. 金融市场创新活跃。在总量做大的基础上，江苏省坚持创新，不断探索债务融资工具新品种。截至2013年年末，全省43家中小企业累计发行区域集优集合票据13只，共计融资32.36亿元，融资额占全国的1/3；累计发行资产支持票据5只，合计55亿元，融资额占全国一半左右；南京保障房企业试点发行定向债务融资工具走在全国前列，两家保障房企业成功发行定向债务融资工具100亿元；超长期限债务融资工具取得突破，南京城建集团成功发行15年期含有提前赎回权的中期票据，是全国第一只超长期限中期票据。

4. 货币市场交易涨跌不一。2013年，全省银行间市场成员累计完成同业拆借4 252笔，成交金额为1.5万亿元，同比下降31.8%。同业拆借呈现净拆入状态，累计拆入资金11 686.1亿元，拆出资金3 216.9亿元，净拆入额为8 469.2亿元。债券市场回购交易仍较活跃，全年累计成交额达到15.2万亿元，同比增长17.9%。

5. 票据业务平稳发展，市场利率逐步上行。2013年，江苏省承兑汇票累计发生额为3.2万亿元，票据贴现累计发生额为5.5万亿元，票据市场短期融资功能稳定。受流动性趋紧等因素的影响，票据贴现利率持续上行，12月全省票据贴现

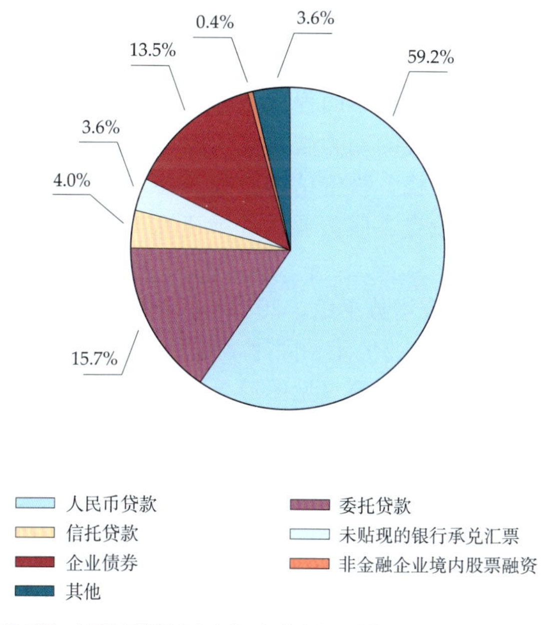

数据来源：中国人民银行南京分行、江苏省发展改革委、江苏证监局。

图5 2013年江苏省社会融资规模分布

表5 2013年江苏省金融机构票据业务量统计

单位：亿元

季度	银行承兑汇票承兑		贴现			
			银行承兑汇票		商业承兑汇票	
	余额	累计发生额	余额	累计发生额	余额	累计发生额
1	14 981.2	8 749.3	1 748.8	12 670.8	97.0	772.0
2	14 795.8	15 619.7	2 100.4	24 995.0	94.5	1 310.3
3	13 374.1	23 148.2	1 831.4	40 288.2	93.4	2 480.1
4	13 184.3	29 506.6	1 988.7	51 766.2	107.3	3 168.6

数据来源：中国人民银行南京分行。

表6 2013年江苏省金融机构票据贴现、转贴现利率

单位：%

季度	贴现		转贴现	
	银行承兑汇票	商业承兑汇票	票据买断	票据回购
1	4.9084	6.0790	4.6680	4.5233
2	4.8497	5.8003	4.7202	4.5994
3	6.5448	7.2949	5.4442	5.3839
4	6.9207	7.5655	6.0111	6.0956

数据来源：中国人民银行南京分行。

加权利率为7.68%，较1月上升了2.28个百分点。

（五）金融生态环境建设持续推进，金融基础设施不断改善

金融生态建设扎实推进。完善金融生态县动态考评制度，出台《关于进一步完善金融生态县考核 强化金融生态环境动态评估的意见》，对考核指标、考核标准、考核程序、约束机制等方面进行了完善：增加了金融基础设施、金融风险防范、直接融资等方面的考核内容。金融消费者权益保护工作扎实推进，聚焦农村，突出做好县域金融消费权益保护工作。依托银行卡助农取款点，将散布在各乡镇的反假宣传站、支付结算服务站、征信工作站等功能进行整合，在绝大部分行政村建立了农村金融综合服务站，实现站点服务职能、宣传职能与受理投诉职能的有机结合，构建了“市—县—镇—村”四位一体的网络体系。截至年末，“农村金融综合服务站”已在江苏13个地市全面推开，全辖共建立综合服务站近1 700家。

金融基础设施建设和服务水平有了新的提升。深入推进农村信用体系试验区建设工作，完善试验区建设工作机制，印发《中国人民银行南京分行关于进一步深化农村信用体系试验区建设的通知》，在全省选择了17个积极性较高、条件较为成熟的地级市、县（市、区）深化试验区建设工作。

大力推进支付体系建设，圆满完成二代支付系统上线和银行卡刷卡手续费标准调整工作，支付服务水平进一步提升。

加强货币发行工作，深化“江苏省人民币流通满意工程”，建立了小面额现金供应长效机制，增加硬币自助兑换设备，冠字号码可查询标识覆盖江苏全省4.0万台自动柜员机，流通中人民币整洁度大幅提高，券别结构进一步优化，银行与客户假币纠纷举证机制进一步完善。

二、经济运行情况

2013年，面对复杂多变的宏观经济环境，江苏省认真贯彻落实中央决策部署，扎实做好稳增长、调结构、抓创新、促改革、惠民生各项工作，经济社会发展稳中有进、稳中向好。全年实现地区生产总值59 161.8亿元，比上年增长9.6%（见图6）；人均生产总值74 607元，比上年增加6 260元。

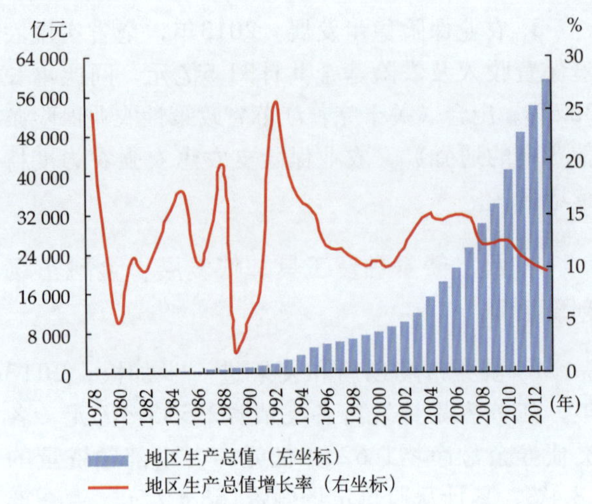

数据来源：江苏省统计局。

图6 1978～2013年江苏省地区生产总值及其增长率

（一）内需拉动逐步增强，外需总体疲弱

受经济增速放缓影响，2013年投资、消费、出口增速均出现不同程度下降，但“三驾马车”拉动经济增长的动力结构有所改善，主要表现为投资增速平稳，投资结构持续改善，第三产业投资、民间投资、服务业投资增速均高于全部投资增速。

1．投资增势平稳。2013年，全省完成固定资产投资35 982.5亿元，同比增长19.6%，增速比上年回落0.9个百分点（见图7）。全年各月累计增速均在19.6%～20.1%，同比和环比虽略有减缓，但总体仍保持高位平稳运行态势。

投资结构持续改善。第一、第二、第三产业分别完成投资198.6亿元、18 425.9亿元、17 358.0亿元，占全省投资总量的0.6%、51.2%和48.2%，同比分别增长9.4%、17.2%和22.3%。第二产业投资中，工业投资18 387.5亿元，同比增长17.5%。服务业完成投资17 397.1亿元，同比增长22.3%，占全部投资比重由上年的47.8%提高到48.4%。

民间投资增长领先。2013年，全省民间投资完成24 525.8亿元，同比增长20.1%，高于全部投资增速0.5个百分点,也分别高于国有及外商港澳台。2013年，民间投资占全部投资总量的比重为68.2%，同比提高1个百分点，拉动全省投资增长13.5个百分点，成为全省投资增长的主要动力和支撑。

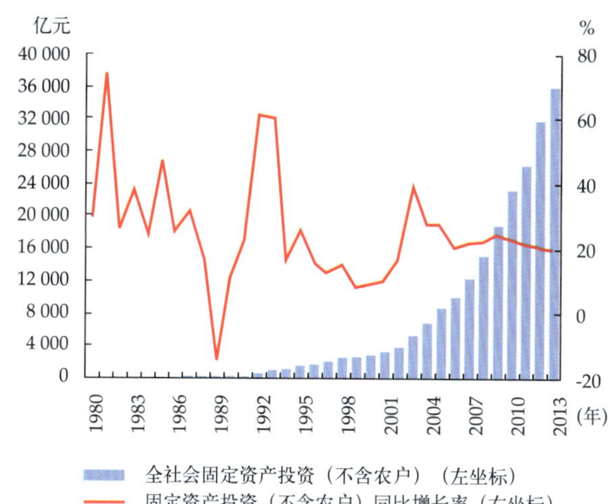

数据来源：江苏省统计局。

图7　1980～2013年江苏省固定资产投资（不含农户）及其增长率

2．居民消费增速平稳。城镇和农村居民可支配收入分别上涨9.6%和11.4%，并带动消费需求平稳增长。全年社会消费品零售总额为20 656.5亿元，比上年增长13.4%（见图8）。

大众类消费增长较快。在限额以上批发和零售业主要经营类别中，汽车类零售额为2 897.5亿元，比上年增长12.8%；石油及制品类零售额为1 070.7亿元，比上年增长12.0%；金银珠宝类零售额为275.8亿元，比上年增长26.7%；建筑及装潢材料类零售额为272.6亿元，比上年增长31.6%。

3．对外贸易小幅增长。2013年，全省进出口总额为5 508.4亿美元，比上年增长0.5%。其中，出口为3 288.5亿美元，比上年增长0.1%；进口为2 219.9亿美元，比上年增长1.1%（见图9）。

尽管外贸增速放缓，但江苏省积极调整外贸结构，外贸增长质量有所提升。一是贸易自主能力不断增强。一般贸易出口额为1 455.3亿美元，

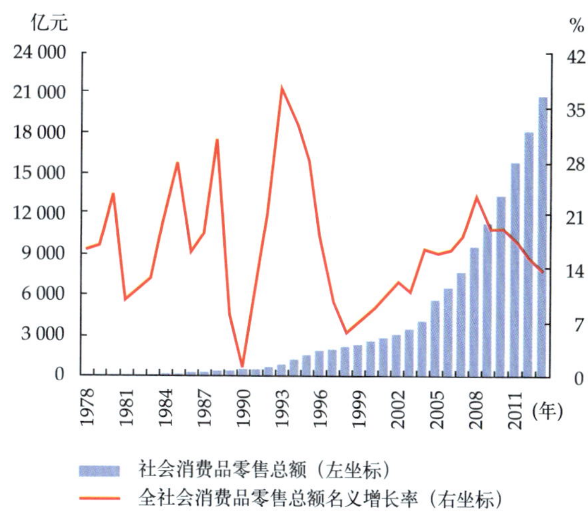

数据来源：江苏省统计局。

图8　1978～2013年江苏省社会消费品零售总额及其增长率

比上年增长4.3%；加工贸易出口额为1 500.6亿美元，比上年下降6.4%。二是出口结构进一步优化。机电产品、高新技术产品出口额分别为2 142.6亿美元和1 279.7亿美元，占出口总额比重为65.2%和38.9%。

利用外资规模继续保持全国领先。全年新批外商投资企业3 453家，新批协议外资472.7亿美元；实际使用外资332.6亿美元，比上年增长1.0%。新批及净增资9 000万美元以上项目250

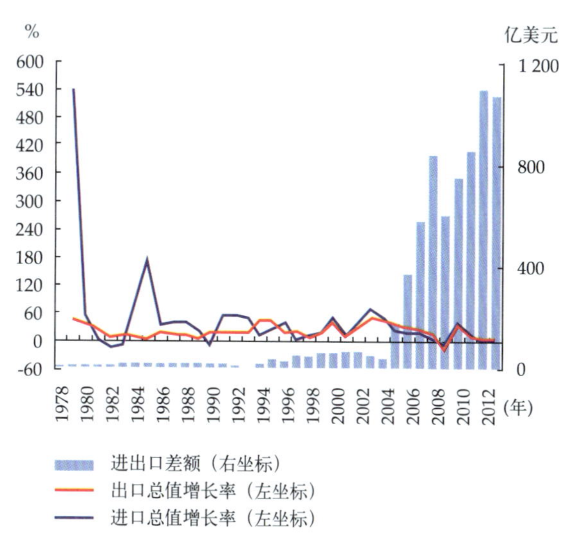

数据来源：江苏省统计局。

图9　1978～2013年江苏省外贸进出口变动情况

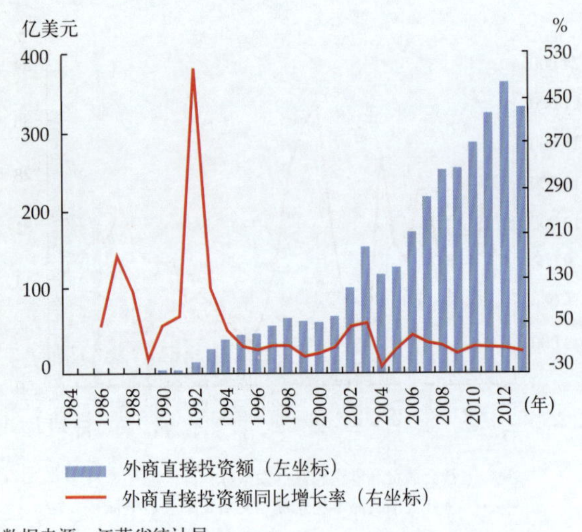

数据来源：江苏省统计局。

图10 1984～2013年江苏省外商直接投资额及其增长率

个。对外投资增势良好。全年新批境外投资项目605个，比上年增长5.8%；中方协议投资61.4亿美元，比上年增长21.8%。

（二）三次产业稳步增长，结构调整深入推进

2013年，江苏省第一产业增加值3 646.1亿元，增长3.1%；第二产业增加值29 094.0亿元，同比增长10.0%；第三产业增加值26 421.7亿元，同比增长9.8%。产业结构不断优化。三次产业增加值比例由2012年的6.3∶50.2∶43.5调整为6.1∶49.2∶44.7。

1．农业生产稳定增长。粮食连续十年增产，全年总产量达3 423.0万吨，比上年增产50.5万吨，增长1.5%。全年粮食播种面积536.1万公顷，比上年增加2.4万公顷，新增设施农业面积90.4万亩。

2．工业生产企稳向好，结构调整持续推进。全年规模以上工业增加值比上年增长11.5%，全年呈缓慢回升态势，四个季度工业增加值累计增速分别为11.4%、11.3%、11.5%、11.5%。工业生产企稳，一是受上游投资及部分产品消费需求增长较快拉动；二是部分产能过剩行业经过前期的深度调整后，呈现企稳回升迹象。全省船舶行业手持订单增速自11月开始由负转正，全年同比增长48.8%。

企业效益持续改善。全年规模以上工业企业实现主营业务收入132 270.4亿元，比上年增长10.8%；利税12 946.7亿元，比上年增长15.5%；利润7 834.1亿元，比上年增长14.5%。企业亏损面13.0%，比上年年末下降0.1个百分点；亏损企业亏损额507.9亿元，比上年下降7.9%。

结构调整深入推进。全年实现高新技术产业产值超过5万亿元，比上年增长15%；占规模以上工业总产值比重达38.5%，同比提高1个百分点。化解过剩产能取得新进展，全年分别淘汰炼铁、焦炭、水泥等落后产能210万吨、60万吨和328万吨，淘汰平板玻璃262万重量箱。

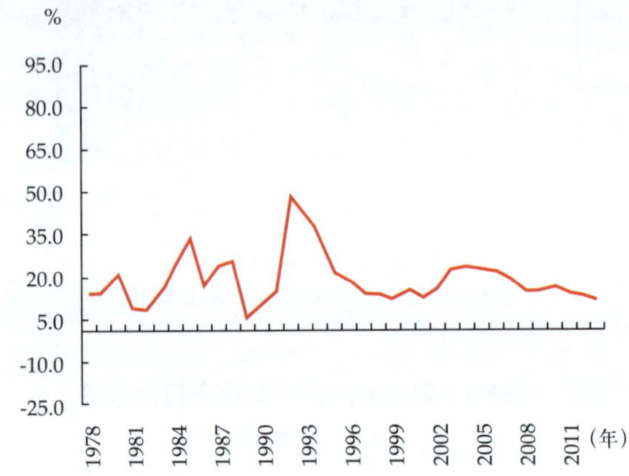

数据来源：江苏省统计局。

图11 1978～2013年江苏省规模以上工业增加值同比增长率

3. 现代服务业发展加快。全年实现服务业增加值26 596.0亿元，比上年增长9.8%；占地区生产总值比重为45.0%，同比提高1.2个百分点。服务业重点产业和新兴业态继续保持较高增长势头，软件业、服务外包全年增长30%以上。服务业集聚区加快发展，南京中邮航空速递物流集散中心、无锡（国家）数字电影产业园一期、苏州金鸡湖金融商贸区等一批产业层次高、带动作用强的项目已投入运营。

（三）物价涨幅略有回落，生产类价格同比下降

1. 居民消费价格略有回落。2013年，全省

居民消费价格同比上涨2.3%，较上年回落0.3个百分点。从年内趋势看，1～3月、1～6月、1～9月、1～12月，累计同比分别上涨1.8%、2.0%、2.2%、2.3%，涨幅呈温和回升之势。

2．2013年，全省PPI同比下降2%，降幅较上年收窄0.9个百分点。分月看，PPI当月同比降幅逐步从1月的2.1%逐步收窄至12月的1.4%，表明全年工业品供大于求的状况逐步有所改善。其中，工业生产者购进价格指数（PPIRM）同比下降2.9%，当月同比降幅从1月的3.8%持续收窄至12月的2%。

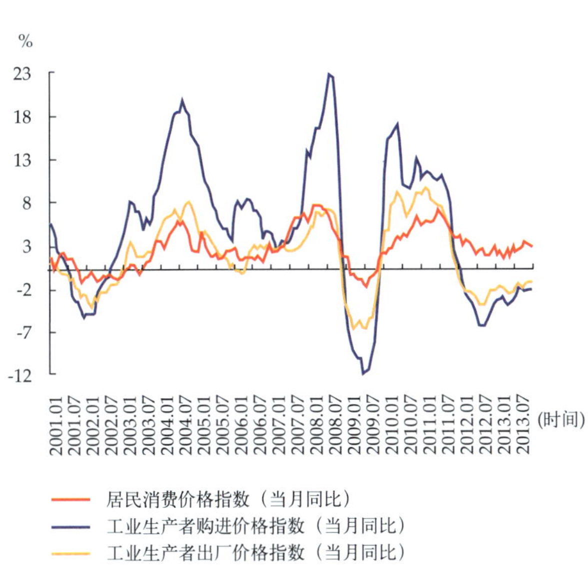

数据来源：江苏省统计局。

图12　2001～2013年江苏省居民消费价格和生产者价格变动趋势

（四）财政收入增速回落，不同税种增速差异明显

2013年，江苏省一般财政预算收入同比增长12.1%，较上年回落1.7个百分点。受经济增长放缓等因素影响，税收收入累计同比增长13.3%，比上年同期下降2.7个百分点。非税收入累计同比增长6.6%，比上年同期上升1.3个百分点。

各税种增长不均衡现象较为明显，其中受房地产销售较旺的带动，涉房税收增速较高。全年全省土地增值税、契税同比分别增长27.9%、15.3%，分别高出公共财政预算收入总体增速15.8个、3.2个百分点；受经济增速放缓、企业运营压力较大的影响，企业所得税同比仅增长2.4%，剔除营改增的影响，增值税同比增长4.7%。

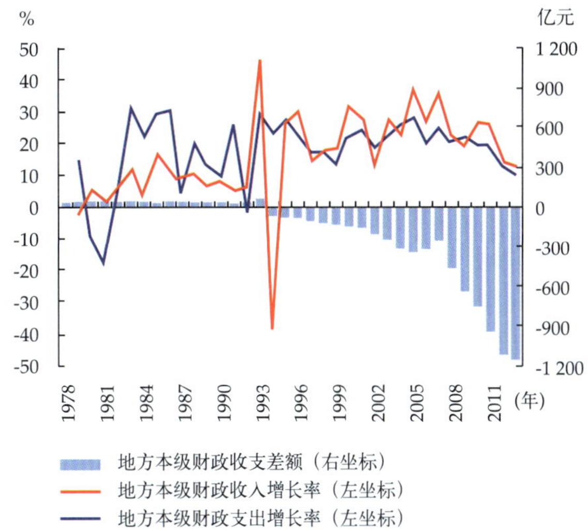

数据来源：江苏省统计局。

图13　1978～2013年江苏省财政收支状况

（五）节能降耗持续推进，生态建设成效明显

生态建设成效明显。年末全省设立自然保护区31个，其中国家级自然保护区3个，自然保护区面积56.6万公顷。加强大气污染防治，实施900项大气治理工程，完成2 450千瓦发电机组脱硝改造，PM2.5监测实现县（市）全覆盖。深入开展重点流域治理，太湖流域水质持续改善，南水北调江苏段水质达标。加强城乡环境整治，完成6.3万个村庄环境整治任务。加强绿色江苏建设，林木覆盖率提高到21.9%，国家生态市（县、区）达到22个。节能减排完成年度目标。大力实施节能减排重点工程，鼓励发展循环经济，严格控制高耗能项目，加快淘汰落后产能，推动重点耗能企业能效提升。全省电力行业淘汰落后产能50万千瓦。单位地区生产总值能耗下降、化学需氧量、二氧化硫、氨氮、氮氧化物排放削减等均完成年度目标任务。

（六）房地产市场高位运行，房价涨幅有所扩大

2013年，江苏省房地产市场高位运行，成交量明显放大，房价涨幅有所扩大，房地产贷款增长较快，贷款质量总体良好。

房地产投资增速回升。2013年，江苏省房地产开发投资完成7 241.5亿元，同比增长16.7%，增幅较上年提高5.2个百分点。

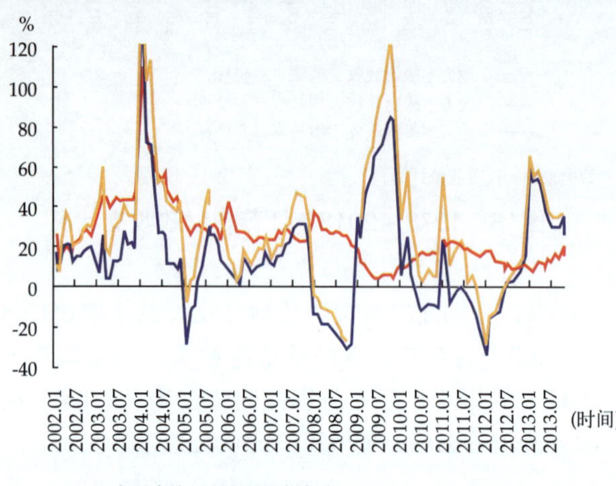

数据来源：江苏省统计局。

图14　2002～2013年江苏省商品房施工和销售变动趋势

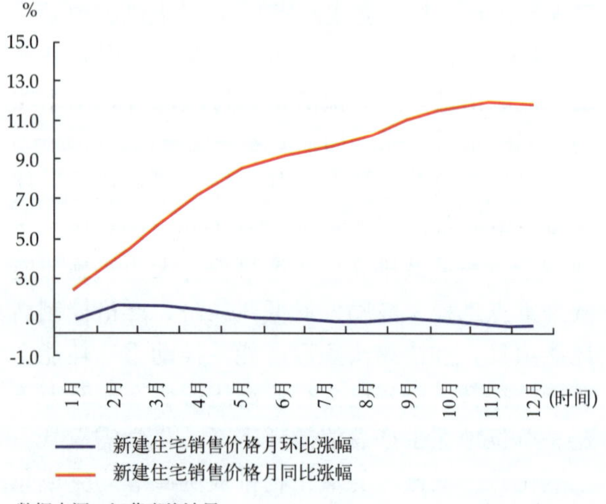

数据来源：江苏省统计局。

图15　2013年南京市新建住宅销售价格变动趋势

房地产成交量放大。2013年，全省商品住宅销售面积和销售额同比分别增长33.2%和28.6%。房地产价格继续上升，2013年江苏省辖市市区商品住宅成交均价8 177元/平方米，同比上升7.6%，较上年提高1.8个百分点。

房地产贷款增长较快。2013年，全省新增本外币房地产贷款2 665.9亿元，同比多增1 264.5亿元。从趋势看，房地产贷款发放前高后低，前三个季度房地产贷款新增月均量达250亿元左右，第四季度，月均值降至150亿元。房地产贷款质量总体良好，不良贷款率保持在1%以下。

三、预测与展望

受劳动力供给持续偏紧、生态环境承受力日益脆弱的双重制约，江苏经济潜在增长中枢已由2008年国际金融危机前13%～15%的经济增速回落至当前9%～11%的增长区间，未来相当长的时期内该区间也将成为江苏经济增长的“新常态”，这既是劳动力、环境等要素制约下江苏经济的自发合理调整，也顺应了经济可持续发展的内在要求。

展望2014年，世界经济温和复苏，外需有望保持稳定，外贸形势将进一步好转。随着经济金融改革深入推进，民间投资活力将进一步激发，金融、教育、文化、医疗等领域的行业准入限制放宽，将会带动相关投资的跟进。消费空间广阔，2013 年以来，国家出台了一系列促进消费增长的长效机制，包括扩大信息消费、老年消费、健康消费和旅游休闲等，随着这些长效机制作用的逐步显现，预计会对2014年消费增速形成一定推动。总体来看，江苏经济有望保持平稳向好态势。

江苏省金融业将继续坚持稳中求进的工作总基调，以加快推动转变经济发展方式为主线，继续贯彻实施稳健的货币政策，有效防范系统性金融风险，提升金融服务和管理水平，处理好经济增长、调整结构、防范风险、控制通胀之间的关系，促进经济持续健康发展。

中国人民银行南京分行货币政策分析小组
总　纂：周学东　李文森
统　稿：戴　俊　谢　宁　陈　实
执　笔：李晓斌　张　明　王琦玮　孙良涛　戴国海　李　伟　马军伟
提供材料的还有：戴晓东　唐成伟　王远华　李　艳　张　辉　王维全　万　秋　卜建明　张　曦

附录

（一）2013年江苏省经济金融大事记

2月26日，南京市安居建设集团首期65亿元定向债务融资工具在银行间市场成功发行，标志着江苏保障性住房建设拓展融资渠道取得新的突破。

3月20日，无锡市中级人民法院正式裁定对国内最大的太阳能光伏企业无锡尚德太阳能电力有限公司实施破产重整。

4月8日，江苏省政府同意在无锡市设立江苏金融资产管理公司。

4月25日，经国务院批准，国家发展改革委正式印发《苏南现代化建设示范区规划》，标志着中国第一个以现代化建设为主题的区域规划正式颁布实施。

7月6日，国务院决定2013年适当扩大地方政府自行发债试点范围，江苏成为6个自行发债试点省市之一。

12月31日，江苏省债务融资工具存量余额达到2 769亿元，较上年年末增加1 023亿元，首次实现年度余额新增超千亿元。

（二）2013年江苏省主要经济金融指标

表1 2013年江苏省主要存贷款指标

		1月	2月	3月	4月	5月	6月	7月	8月	9月	10月	11月	12月
本外币	金融机构各项存款余额（亿元）	80 667.0	82 134.2	87 322.8	85 898.9	86 826.7	87 710.5	85 934.6	86 420.1	88 265.2	86 722.3	86 737.4	88 302.1
	其中：储蓄存款	30 985.2	33 286.1	34 511.6	33 027.9	33 227.3	34 039.0	33 357.3	33 359.3	34 293.3	33 099.5	33 182.4	34 072.8
	单位存款	46 245.6	45 329.0	49 150.7	49 278.7	49 743.2	49 605.2	48 182.2	48 696.2	49 313.0	48 621.2	48 500.9	49 575.1
	各项存款余额比上月增加（亿元）	2 528.5	1 467.2	5 188.7	-1 424.0	927.8	883.9	-1 775.9	485.5	1 845.1	-1 542.8	15.0	1 564.7
	金融机构各项存款同比增长（%）	19.9	18.5	19.8	20.3	19.5	14.7	14.2	15.2	13.7	14.1	13.5	13.1
	金融机构各项贷款余额（亿元）	59 070.6	59 916.0	60 647.8	61 124.4	61 716.2	62 373.1	62 717.4	63 311.6	63 821.1	64 144.2	64 586.8	64 908.2
	其中：短期	28 757.9	29 029.4	29 313.3	29 123.0	29 147.7	29 583.6	29 591.2	29 819.7	30 184.2	30 179.2	30 341.1	30 604.9
	中长期	28 186.2	28 613.7	29 031.3	29 378.2	29 806.7	30 128.4	30 529.8	30 895.4	31 242.8	31 504.0	31 708.6	31 732.4
	票据融资	1 684.6	1 824.3	1 851.2	2 163.7	2 297.7	2 197.0	2 132.7	2 128.9	1 928.8	1 986.7	2 049.4	2 102.5
	各项贷款余额比上月增加（亿元）	1 200.4	845.4	731.8	476.6	591.8	656.9	344.3	594.3	509.4	323.1	442.6	321.4
	其中：短期	572.9	271.5	283.9	-190.3	24.7	435.9	7.6	228.5	364.5	-5.0	161.9	263.8
	中长期	693.4	427.4	417.7	346.9	428.5	321.7	401.4	365.6	347.4	261.2	204.6	23.8
	票据融资	-73.1	139.8	26.8	312.5	134.0	-100.7	-64.3	-3.8	-200.1	57.9	62.7	53.2
	金融机构各项贷款同比增长（%）	15.9	15.8	15.4	15.4	15.2	14.3	13.7	13.5	13.0	12.7	12.5	12.6
	其中：短期	21.7	20.7	18.8	18.0	17.1	14.9	14.1	13.9	12.0	11.3	10.5	9.4
	中长期	9.4	10.4	11.3	12.1	12.9	13.5	14.2	14.5	14.7	14.8	15.2	15.4
	票据融资	32.6	25.9	21.0	19.8	14.8	12.5	-2.1	-7.3	-1.3	0.6	2.3	19.6
	建筑业贷款余额（亿元）	2 426.2	2 483.3	2 517.0	2 512.8	2 553.3	2 594.0	2 622.7	2 671.5	2 725.0	2 724.4	2 737.9	2 766.8
	房地产业贷款余额（亿元）	3 939.1	4 015.6	4 109.1	4 149.9	4 248.3	4 316.1	4 357.2	4 458.7	4 504.3	4 573.6	4 596.7	4 620.5
	建筑业贷款同比增长（%）	29.4	30.5	28.8	26.6	25.5	22.7	21.0	20.5	20.0	18.5	17.6	16.5
	房地产业贷款同比增长（%）	14.1	15.2	15.8	15.8	19.2	20.1	19.3	21.3	20.9	22.0	22.5	23.2
人民币	金融机构各项存款余额（亿元）	77 928.4	79 337.2	84 417.3	83 091.7	84 082.6	84 812.0	83 161.4	83 656.0	85 386.8	83 857.4	83 943.2	85 604.1
	其中：储蓄存款	30 761.5	33 046.4	34 268.7	32 784.0	32 977.7	33 790.3	33 104.5	33 107.3	34 048.0	32 852.5	32 935.6	33 823.9
	单位存款	43 795.0	42 849.7	46 565.6	46 776.3	47 314.1	47 035.4	45 715.1	46 250.8	46 769.9	46 067.7	46 037.7	47 175.2
	各项存款余额比上月增加（亿元）	2 418.4	1 408.9	5 080.1	-1 325.6	990.9	729.4	-1 650.7	494.6	1 730.8	-1 529.4	85.8	1 660.9
	其中：储蓄存款	689.0	2 284.8	1 222.3	-1 484.7	193.7	812.6	-685.8	2.8	940.7	-1 195.5	83.1	888.3
	单位存款	1 658.3	-945.3	3 715.6	210.7	537.8	-278.7	-1 320.3	535.8	519.0	-702.2	-30.0	1 137.5
	各项存款同比增长（%）	19.6	18.5	20.1	21.0	20.4	15.5	15.1	16.2	14.4	14.7	14.1	13.4
	其中：储蓄存款	10.8	20.6	20.3	19.4	18.9	15.2	15.8	15.1	13.8	13.4	13.2	12.5
	单位存款	26.7	18.7	21.2	23.8	21.8	15.6	14.3	15.7	13.2	13.4	12.2	11.9
	金融机构各项贷款余额（亿元）	55 572.7	56 344.5	56 952.7	57 474.1	58 127.1	58 905.5	59 455.0	60 141.7	60 632.2	61 050.6	61 463.7	61 836.5
	其中：个人消费贷款	8 937.8	9 032.2	9 195.7	9 383.1	9 551.0	9 695.0	9 806.5	9 940.7	10 089.3	10 209.7	10 373.4	10 443.6
	票据融资	1 684.2	1 824.0	1 851.0	2 163.4	2 297.5	2 196.1	2 132.0	2 128.3	1 927.7	1 984.2	2 046.2	2 098.4
	各项贷款余额比上月增加（亿元）	944.0	771.7	608.2	521.4	653.0	778.4	549.6	686.6	490.5	418.4	413.1	372.8
	其中：个人消费贷款	213.6	94.4	163.4	187.4	167.9	144.0	111.4	134.3	148.6	120.4	164.5	70.2
	票据融资	-73.2	139.8	27.0	312.4	134.1	-101.4	-64.1	-3.7	-200.6	56.5	61.9	52.3
	金融机构各项贷款同比增长（%）	14.4	14.4	14.0	14.0	14.0	13.8	13.6	13.6	13.8	13.7	13.5	13.6
	其中：个人消费贷款	17.7	18.7	19.6	21.8	22.8	23.2	23.3	23.0	22.7	22.7	23.0	22.7
	票据融资	32.7	26.0	21.1	19.8	14.8	12.5	-2.1	-7.3	-1.3	0.5	2.2	19.4
外币	金融机构外币存款余额（亿美元）	436.1	445.5	463.5	451.3	444.1	469.1	448.8	447.9	468.2	466.4	455.6	442.5
	金融机构外币存款同比增长（%）	30.5	17.7	11.0	4.2	0.5	-1.0	-6.2	-5.8	0.1	1.4	1.1	5.9
	金融机构外币贷款余额（亿美元）	557.0	568.9	589.4	586.8	580.8	561.2	528.0	513.7	518.7	503.6	509.3	503.8
	金融机构外币贷款同比增长（%）	47.3	45.0	41.7	44.0	41.2	26.8	18.6	14.2	2.0	-0.9	-0.5	-2.3

数据来源：中国人民银行南京分行。

表2 2001～2013年江苏省各类价格指数

单位：%

年/月	居民消费价格指数		农业生产资料价格指数		工业生产者购进价格指数		工业生产者出厂价格指数	
	当月同比	累计同比	当月同比	累计同比	当月同比	累计同比	当月同比	累计同比
2001	—	0.8	—	-3.2	—	-0.5	—	-0.9
2002	—	-0.8	—	-0.7	—	-1.4	—	-2.4
2003	—	1	—	1.9	—	6.5	—	2.3
2004	—	4.1	—	12.3	—	16.3	—	6.5
2005	—	2.1	—	6.9	—	7.6	—	2.6
2006	—	1.6	—	1.7	—	6.4	—	1.5
2007	—	4.3	—	6.9	—	5.0	—	2.6
2008	—	5.4	—	17.3	—	15.0	—	4.6
2009	—	-0.4	—	-2.4	—	-8.1	—	-4.8
2010	—	3.8	—	4.2	—	12.8	—	7.3
2011	—	5.3	—	12.6	—	8.9	—	6.2
2012	—	2.6	—	4.6	—	-4.2	—	-2.9
2013	—	2.3	—	2.4	—	-2.9	—	-2.0
2012 1	3.9	3.9	8.9	8.9	-0.1	-0.1	-1.0	-1.0
2	2.9	3.4	8.0	8.5	-1.5	-0.8	-1.9	-1.4
3	3.5	3.4	6.1	7.6	-2.8	-1.5	-2.5	-1.8
4	3.3	3.4	6.1	7.3	-3.8	-2.0	-2.6	-2.0
5	2.8	3.3	5.6	6.9	-4.1	-2.5	-2.9	-2.2
6	1.9	3.1	4.1	6.4	-5.0	-2.9	-3.4	-2.4
7	2.0	2.9	2.3	5.8	-6.1	-3.3	-3.9	-2.6
8	2.3	2.8	2.6	5.4	-6.7	-3.8	-4.0	-2.8
9	1.9	2.7	2.6	5.1	-6.5	-4.1	-4.0	-2.9
10	1.8	2.6	2.9	4.8	-5.4	-4.2	-3.2	-2.9
11	2.1	2.6	3.6	4.7	-4.7	-4.2	-2.7	-2.9
12	2.4	2.6	3.7	4.6	-4.1	-4.2	-2.5	-2.9
2013 1	1.9	1.9	4.2	4.2	-3.5	-3.5	-2.1	-2.1
2	2.1	2.0	4.3	4.2	-3.3	-3.4	-2.0	-2.1
3	1.5	1.8	4.1	4.2	-3.1	-3.3	-2.2	-2.1
4	2.3	1.9	3.2	4.0	-3.8	-3.4	-2.7	-2.3
5	1.7	1.9	2.4	3.6	-4.0	-3.6	-2.8	-2.4
6	2.6	2.0	2.2	3.4	-3.5	-3.5	-2.6	-2.4
7	2.3	2.0	2.6	3.3	-3.0	-3.5	-2.2	-2.4
8	2.5	2.1	2.1	3.1	-2.2	-3.3	-1.7	-2.3
9	2.8	2.2	1.2	2.9	-2.2	-3.2	-2.2	-2.2
10	3.2	2.3	0.8	2.7	-2.3	-3.1	-1.5	-2.1
11	2.9	2.3	1.2	2.5	-2.3	-3.0	-1.3	-2.1
12	2.6	2.3	1.0	2.4	-2.0	-2.9	-1.4	-2.0

数据来源：《中国经济景气月报》。

表3 2013年江苏省主要经济指标

	1月	2月	3月	4月	5月	6月	7月	8月	9月	10月	11月	12月
绝对值（自年初累计）												
地区生产总值（亿元）	—	—	11 881.25	—	—	27 603.98	—	—	41 934.3	—	—	59 161.75
第一产业	—	—	458.41	—	—	1 175.78	—	—	1 830.63	—	—	3 646.08
第二产业	—	—	6 449.36	—	—	14 825.25	—	—	22 365.22	—	—	29 094.03
第三产业	—	—	4 973.48	—	—	11 602.95	—	—	17 738.45	—	—	26 421.64
工业增加值（亿元）	—	4 248.07	6 826.38	9 307.44	11 663.72	14 304.73	116 715.92	19 170.08	21 698.44	24 201.71	26 755.09	29 399.39
固定资产投资（亿元）	—	4 255.82	7 489.34	10 396.27	13 457.24	15 737.01	18 989.12	21 924.68	25 110.83	28 933.67	32 323.65	35 983
房地产开发投资	—	857.09	1 476.67	2 051.45	2 701.82	3 386.35	4 001.92	4 592.18	5 202.64	5 756.1	6 460.64	7 241.45
社会消费品零售总额（亿元）	—	—	5 138.82	—	—	10 039.43	—	—	15 054.86	—	—	20 656.52
外贸进出口总额（万美元）	4 264 830.4	7 478 359.6	11 951 972.7	16 671 213	21 347 473	26005 162	30 864 265	35666 969	40 522 785	45 235 160	50 175 382	55 084 435
进口	1 702 863.1	2 966 026.7	4 750 340.7	6 670 466.9	8 549 456.9	10 351 685.4	12 376 978.6	14 304 056.9	16 288 923.4	18 176 744.7	20 142 492.9	22 198 752.4
出口	2 561 967.3	4 512 332.9	7 201 632	10 000 745.8	12 798 016.6	15 653 476.7	1 848 7286	21 362 911.6	24 233 861.3	27 058 415.6	30 032 889.4	32 885 682.8
进出口差额(出口－进口)	859 104.2	1 546 306.2	2 451 291.3	3 330 278.9	4 248 559.7	5 301 791.3	6 110 307.4	7 058 854.7	7 944 937.9	8 881 670.9	9 890 396.5	10 686 930.4
外商实际直接投资（万美元）	—	500 400	866 500	1 077 500	1 309 700	1 733 500	1 906 100	2 056 900	2 248 000	2 498 100	2 811 800	3 326 000
地方财政收支差额（亿元）	—	207.81	47.61	172.4	109.03	112.51	139.99	30.56	-192.39	-70.41	-280.01	-1 162.7
地方财政收入	—	1 110.24	1 619.71	2 208.08	2 717.97	3 368.84	3 950.1	4 354.31	4 797.34	5 426.5	5 892.79	6 568.46
地方财政支出	—	902.43	1 572.1	2 035.68	2 608.94	3 256.33	3 810.11	4 323.75	4 989.73	5 496.91	6 172.8	7 731.16
城镇登记失业率(%)(季度)	—	—	—	—	—	—	—	—	—	—	—	3.03
同比累计增长率（%）												
地区生产总值	—	—	9.7	—	—	9.6	—	—	9.6	—	—	9.6
第一产业	—	—	4.1	—	—	3.5	—	—	3	—	—	3.1
第二产业	—	—	10.1	—	—	9.9	—	—	10	—	—	10
第三产业	—	—	9.5	—	—	9.9	—	—	9.8	—	—	9.8
工业增加值	—	11.5	11.4	11.4	11.4	11.3	11.4	11.6	11.5	11.5	11.5	11.5
固定资产投资	—	18.7	20	20	20.1	20.1	20	20	20	20.1	19.9	19.6
房地产开发投资	—	13.4	13	16.3	17.9	16.7	16	14.9	15.5	15.6	16.3	16.7
社会消费品零售总额	—	12.8	—	—	12.9	—	—	—	13.1	—	—	13.4
外贸进出口总额	12.2	1	-1.5	1.3	1.5	-0.1	0.6	1.1	0.2	0.8	1.1	0.5
进口	17	-6.5	-7.6	-3.2	-2.2	-3.3	-1.6	-0.8	-0.8	0.4	1	1.2
出口	9.2	6.6	3	4.6	4.2	2.1	2.1	2.5	0.8	1.1	1.2	0.1
外商实际直接投资		-16.8	-9.6	-5.2	-6.9	-2.1	-6.3	-10.6	-12.4	-10	-4.3	-4.3
地方财政收入	6.5	8.8	11	11.5	12.8	13.2	12.9	11.8	12	12	12.1	12.1
地方财政支出	-5.5	12.2	18.9	10.8	12.7	11.9	11.4	10.6	10.5	10.8	10.4	10

数据来源：江苏省统计局。

2013年浙江省金融运行报告

中国人民银行杭州中心支行货币政策分析小组

[内容摘要] 2013年，浙江省坚持稳中求进的工作基调，稳增长、促转型、优环境、惠民生，努力打造浙江经济升级版。经济运行平稳，转型升级扎实推进，发展质量效益向好，民生保障继续加强。全省生产总值同比增长8.2%，居民消费价格上涨2.3%。

浙江省金融运行总体平稳，信贷合理适度增长，信贷结构继续优化，金融支持实体经济发展和转型升级的力度加大。证券业发展稳健，保险保障功能有效发挥，金融市场创新活跃，温州、丽水、义乌等金融改革试点工作取得阶段性成果。2013年年末，全省金融机构本外币存贷款余额分别增长10.6%和9.8%。直接融资规模扩大，企业债务融资工具发行规模突破1 000亿元。

2014年，浙江省将全面深化改革，经济有望继续平稳发展，转型升级加快推进。全省金融机构将认真落实稳健货币政策，保持社会融资规模合理适度增长，继续优化信贷结构，大力发展直接融资，推进地方金融改革，助推浙江实体经济发展与转型升级。

一、金融运行情况

2013年，浙江省金融运行平稳，融资结构持续改善，各项改革有序推进，金融对实体经济发展和转型升级的支持力度不断加大。

（一）银行业总体稳健，金融改革有序推进

浙江省银行业按照宏观调控要求，认真落实稳健货币政策，信贷适度增长，结构继续优化，对实体经济、重点领域和转型升级支持力度加大。

1. 银行业规模稳步扩大，运行质量总体向好。2013年年末，浙江省银行业金融机构资产总额和负债总额同比均增长13.4%，增速较上年提高2.2个百分点（见表1）。银行业税后利润同比下降4.1%，降幅比上年收窄9.7个百分点。全年新设13家法人金融机构，法人银行机构流动性状况整体平稳，资本充足率、拨备覆盖率等指标均符合监管要求。

表1　2013年浙江省银行业金融机构情况

机构类别	营业网点			法人机构（个）
	机构个数（个）	从业人数（人）	资产总额（亿元）	
一、大型商业银行	3 944	91 182	37 759.4	0
二、国家开发银行和政策性银行	60	2 108	4 721.2	0
三、股份制商业银行	679	30 614	20 224.3	1
四、城市商业银行	884	35 092	13 984.2	13
五、小型农村金融机构	4 201	51 418	14 574.6	82
六、财务公司	6	205	480.6	5
七、信托公司	5	521	134.9	5
八、邮政储蓄银行	1 677	6 588	2 307.5	0
九、外资银行	34	1 103	445.3	1
十、新型农村金融机构	174	4 102	604.0	71
十一、其他	3	197	620.0	1
合　计	11 667	223 130	95 856.0	179

注：营业网点不包括国家开发银行和政策性银行、大型商业银行、股份制银行金融机构总部数据；大型商业银行包括中国工商银行、中国农业银行、中国银行、中国建设银行和交通银行；小型农村金融机构包括农村商业银行、农村合作银行、农村信用社；新型农村金融机构包括村镇银行、贷款公司和农村资金互助社；"其他"包括金融租赁公司、汽车金融公司、货币经纪公司、消费金融公司等。

数据来源：中国人民银行杭州中心支行、浙江银监局。

2. 存款增速有所回升，增长势头趋于减弱。2013年年末，浙江省全部金融机构本外币各项存款余额同比增长10.6%，增速较上年上升1.1个百分点。单位存款同比多增，个人存款增势平稳。单位存款较上年多增765.8亿元，个人存款多增232.1亿元。存款季末冲高现象虽有所减弱，但月度间波动仍较明显，1月、3月和9月存款为全年存款累计新增的90%。从月度走势看，1～5月存款增速较为稳定，6月之后出现下滑、短暂回升、再下滑态势（见图1）。

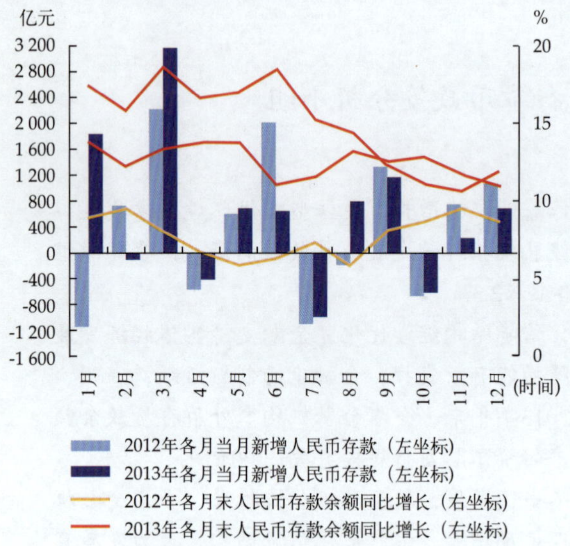

数据来源：中国人民银行杭州中心支行。

图1　2012～2013年浙江省金融机构人民币存款增长变化

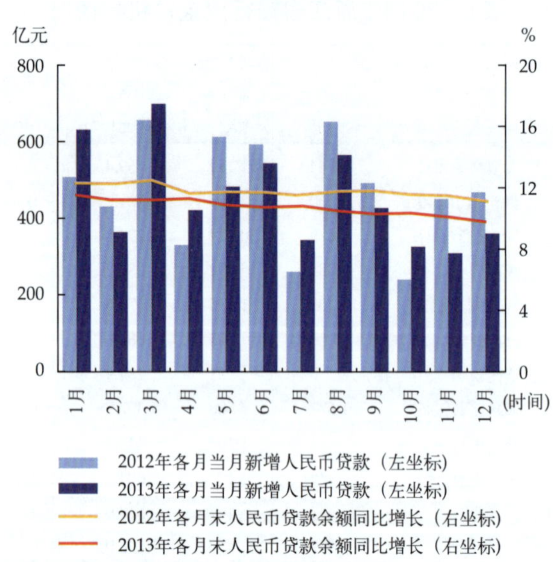

数据来源：中国人民银行杭州中心支行。

图2　2012～2013年浙江省金融机构人民币贷款增长变化

3. 贷款增速有所放缓，支持重点突出。2013年，浙江省本外币各项贷款余额比年初新增5 704.6亿元，增速比上年下降2个百分点（见图2、图3）。全年贷款增速逐季下滑，四个季度贷款增量之比为3.1∶2.6∶2.4∶1.8。从期限看，短期贷款增速明显放缓，中长期贷款多增。中长期贷款余额增速较上年同期加快9.2个百分点；短期贷款余额增速较上年同期回落6.2个百分点。

信贷结构不断优化，支持重点突出。2013年，中国人民银行杭州中心支行组织全省金融机构开展“金融支持经济转型升级服务年”活动，灵活运用货币政策工具，着力引导优化信贷结构，大力推进直接融资，有效增强对实体经济、重点领域和转型升级的金融支持。2013年，全省小微企业贷款比年初增加1 717亿元，同比多增238亿元，增量占全部企业贷款增量的54.0%，较上年提高17个百分点；全省涉农贷款新增3 320亿元，占各项贷款增量的58.2%，较上年提高5.6个百分点。保障房开发贷款余额同比增长47.3%，贷款同比多增60.2亿元。

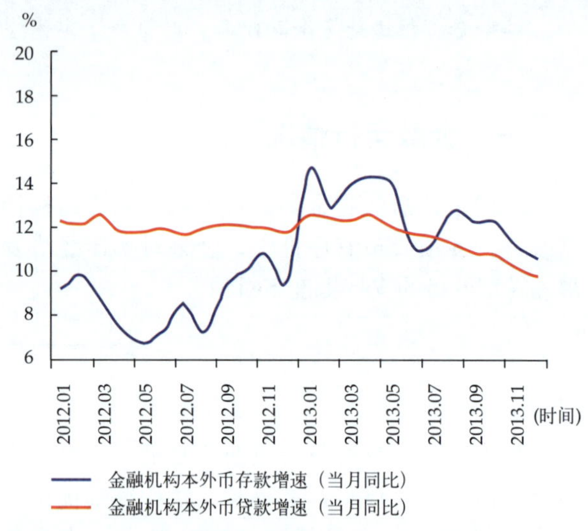

数据来源：中国人民银行杭州中心支行。

图3　2012～2013年浙江省金融机构本外币存、贷款增速变化

4. 贷款利率稳中有降，民间借贷监测利率持续回落。利率走势较为平稳，各月一般贷款加权平均利率（不含贴现）在7.15%～7.20%区间内窄幅波动，四个季度利率分别为7.19%、7.15%、7.18%和7.17%。利率重心下移，2013年利率上浮贷款占比为81.1%，较上年年末下降1.8个百分点（见表2）。受金融机构贷款利率下降、民间借贷市场风险释放、借贷主体风险意识增强等多种因素的影响，民间借贷监测利率持续回落。2013年，全省民间借贷监测综合平均利率为21.76%，较上年下降3个百分点。

5. 银行业改革稳步推进，区域金融改革取得新进展。大型商业银行在浙江省的分支机构改革创新工作有序推进，邮政储蓄银行改革持续深化。农村金融机构改革取得新成果，全省已有18家农村商业银行开业，新设11家村镇银行。浙江省浙商资产管理有限公司成立并正式运营。

温州、丽水两项金融改革取得阶段性成果。《温州市民间融资管理条例》已于2014年3月1日正式施行，成为我国首部民间融资管理条例。金融产品和服务创新不断推进，温州民间融资综合利率指数发布，征信中心温州分中心设立，金融业综合统计框架初步建立。丽水市农村金融改革着力拓展信贷支农工程、深化信用惠农工程和提升支付便农工程，初步形成了金融支农惠农的“丽水模式”。

6. 跨境人民币业务扩面增量，义乌个人跨境人民币结算试点取得积极成效。2013年，全省跨境人民币累计结算量6 649亿元，同比增长39%。全省累计有49家银行、11 899家企业与190个国家和地区开展跨境人民币业务，参与主体范围和地区分布更加广泛。义乌个人跨境人民币结算85亿元，占同期义乌外贸进出口总额的7.6%。

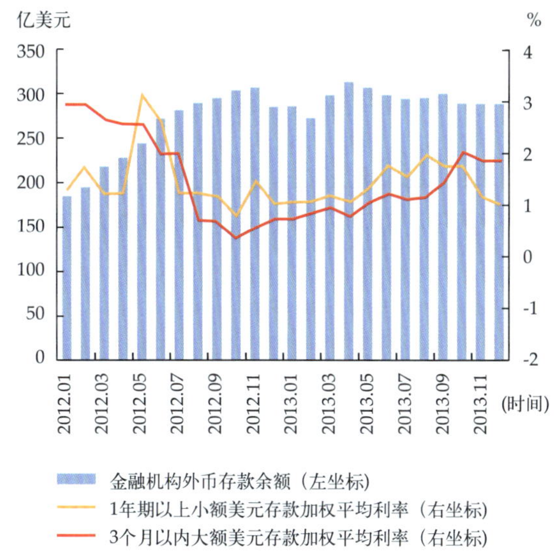

数据来源：中国人民银行杭州中心支行。

图4　2012～2013年浙江省金融机构外币存款余额及外币存款利率

表2　2013年浙江省金融机构人民币贷款各利率区间占比

单位：%

月份		1月	2月	3月	4月	5月	6月
合计		100.0	100.0	100.0	100.0	100.0	100.0
下浮		3.5	4.9	4.3	4.3	4.3	6.2
基准		15.3	18.2	16.4	13.1	13.1	14.6
上浮	小计	81.2	76.9	79.3	82.6	82.6	79.2
	(1.0，1.1]	25.2	23.4	22.4	25.4	25.4	26.5
	(1.1，1.3]	36.9	34.1	36.6	39.0	39.0	36.6
	(1.3，1.5]	9.1	8.1	8.9	8.3	8.2	7.3
	(1.5，2.0]	8.2	9.2	9.4	8.2	8.2	7.0
	2.0以上	1.8	2.1	2.0	1.9	1.9	1.8
月份		7月	8月	9月	10月	11月	12月
合计		100.0	100.0	100.0	100.0	100.0	100.0
下浮		3.7	4.0	4.7	3.8	4.9	5.2
基准		13.3	13.3	13.0	13.7	13.0	15.6
上浮	小计	83.0	82.7	82.3	82.5	82.1	79.2
	(1.0，1.1]	24.9	24.3	26.0	26.9	24.2	23.0
	(1.1，1.3]	40.5	39.6	38.4	38.5	39.5	38.1
	(1.3，1.5]	8.3	9.3	8.2	7.6	8.6	8.5
	(1.5，2.0]	7.4	7.6	7.7	7.5	7.6	7.5
	2.0以上	1.9	1.9	2.0	2.1	2.3	2.1

数据来源：中国人民银行杭州中心支行。

（二）证券业健康发展，市场交易有所放大

2013年，浙江省证券市场总体向好，交易量有所放大。期货经营机构业务发展平稳，证券机构创新业务发展迅速。

1. 证券期货业稳步发展。2013年年末，全省法人证券公司4家，证券营业部503家，证券投资咨询机构4家（见表3）。证券经营机构全年累计代理交易额13.5万亿元，同比增长52.7%，实现利润35.1亿元。期货业发展总体平稳，期货经营机构代理交易额60.1万亿元，同比增长56.2%，实现利润8.3亿元。各法人证券公司继续推动证券经纪业务转型和产品创新。

2. 上市公司融资增加。2013年年末，全省共有境内上市公司246家，其中创业板上市公司36家，中小板块上市公司119家。资本市场累计融资244.6亿元，较上年增加93.6亿元。区域股权交易市场迅速发展，在丰富中小企业融资渠道、促进民间资本转化为实业资本等方面发挥了积极作用。2013年年末，浙江省在股权交易中心挂牌的企业有737家，其中成长板企业150家，总市值230亿元；创新板企业587家，总股本为107亿股；发行私募债17单，融资金额为16.4亿元。

表3　2013年浙江省证券业基本情况

项目	数量
总部设在辖内的证券公司数（家）	4
总部设在辖内的基金公司数（家）	2
总部设在辖内的期货公司数（家）	11
年末国内上市公司数（家）	246
当年国内股票（A股）筹资（亿元）	190.4
当年发行H股筹资（亿元）	0.0
当年国内债券筹资（亿元）	1 460.8
其中：短期融资券筹资额（亿元）	485.9
中期票据筹资额（亿元）	322.0

数据来源：中国人民银行杭州中心支行、浙江证监局。

（三）保险业总体平稳，市场体系日益完善

2013年，浙江省保险业积极推进改革创新，市场体系日益完善，资产规模稳步增长，服务领域继续拓宽，经济补偿和风险保障功能有效发挥。

1. 市场体系不断完善。截至2013年年末，全省共有各类保险机构119家，行业从业人员29.2万人，新增保险市场主体2家（见表4）。保险机构、中介机构、行业社团共同发展的市场格局更趋成熟。

2. 规模和效益平稳增长。2013年，全省保险公司资产总额为2 274.3亿元，同比增长13.8%。保费收入同比增长12.7%，其中，财产险保费收入同比增长15.2%，人身险保费收入同比增长10.7%。保险业经营效益继续保持平稳增长，法人机构偿付能力有所改善，投资收益良好。

3. 保障功能有效发挥。政策性农业保险平稳推进，新险种开发加快，全年共为211万户参保农户提供319亿元的农业自然灾害风险保障。政策性农房保险参保率达到98.5%，较上年提高15.1个百分点，基本实现承保全覆盖。出口信用保险保障作用有效发挥，企业通过保险追偿、赔付挽回损失1.9亿美元。

表4　2013年浙江省保险业基本情况

项目	数量
总部设在辖内的保险公司数（家）	3
其中：财产险经营主体（家）	1
人身险经营主体（家）	2
保险公司分支机构（家）	119
其中：财产险公司分支机构（家）	64
人身险公司分支机构（家）	55
保费收入（中外资，亿元）	1 109.9
其中：财产险保费收入（中外资，亿元）	512.0
人身险保费收入（中外资，亿元）	597.9
各类赔款给付（中外资，亿元）	451.0
保险密度（元/人）	2 018.7
保险深度（%）	3.0

数据来源：浙江保监局。

（四）融资规模略有减小，融资结构变化明显

2013年，浙江省社会融资规模有所减小，表外业务发展迅速，金融市场继续平稳发展，市场利率波动上行。

1. 社会融资规模有所减小，表外业务发展迅速。2013年，浙江省社会融资规模为8 345.2亿元，同比少增117亿元。银行表外融资日趋活跃，

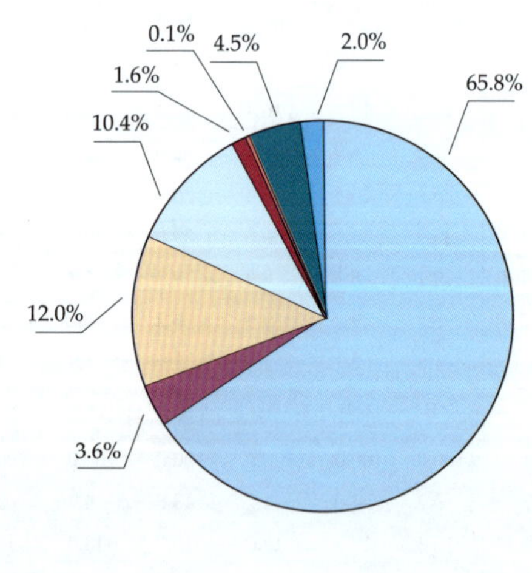

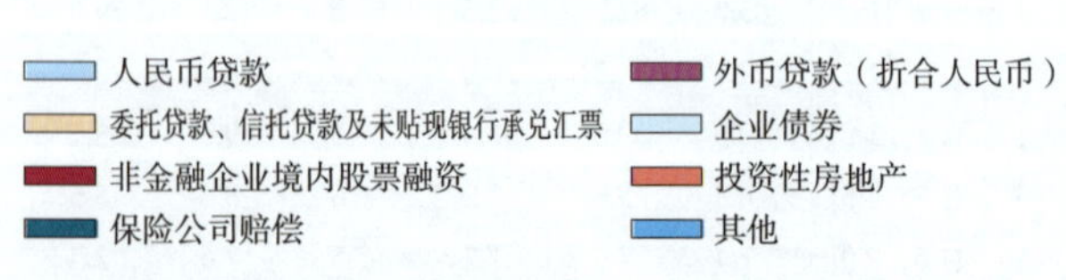

数据来源：中国人民银行杭州中心支行。

图5　2013年浙江省社会融资规模分布

委托贷款和信托贷款增加较多。2013年，实体经济以委托贷款、信托贷款和未贴现银行承兑汇票方式合计融资累计新增999亿元，占社会融资规模的12%，比上年提高5.6个百分点；贷款占社会融资规模的69.4%，较上年下降4.7个百分点（见图5）。2013年，企业债务融资工具发行1 080.3亿元，同比增长29.2%。

2. 同业拆借市场交易平稳，市场利率波动上行。2013年，全省银行间市场成员累计拆借1.56万亿元，同比增长6.5%，增速较上年回升1.3个百分点。市场成员在拆借市场上以融入资金为主，净拆入资金6 139.3亿元，同比增长21.8%。货币市场利率波动较大、上升明显。2013年同业拆借加权平均利率4.16%，较年初上升1.7个百分点。

3. 票据业务平稳发展，市场利率总体上扬。2013年，全省累计签发银行承兑汇票2.1万亿元，贴现票据3.5万亿元，同比增长46.2%。票据贴现余额上半年呈逐月攀升态势，于6月末达到全年最高。受外汇占款波动、财政收支变化等因素的影响，货币市场利率总体走高，带动票据利率自第三季度起逐步攀升，于12月达到全年最高。2013年全年银行承兑汇票贴现利率和买断式转贴利率分别为6.14%和5.27%，同比分别上升0.2个和0.1个百分点（见表5、表6）。

4. 外汇市场交易平稳，黄金市场稳步发展。2013年，全省银行间市场成员在银行间即期外汇市场的交易金额为1 017.3亿美元，净卖出126.5亿美元，全部采用询价交易方式。外币市场交易量最大的为美元/欧元类交易，占比为43%。截至2013年年末，全省共有63家法人金融机构开办黄金业务，4家机构成为上海黄金交易所成员单位。

表5　2013年浙江省金融机构票据业务量统计

单位：亿元

季度	银行承兑汇票承兑		贴现			
			银行承兑汇票		商业承兑汇票	
	余额	累计发生额	余额	累计发生额	余额	累计发生额
1	11 034.5	5 014.7	886.6	4 231.1	132.6	1 378.2
2	10 686.9	11 402.0	1 013.0	12 164.0	179.0	3 774.0
3	9 853.8	16 293.0	773.0	19 101.0	135.0	5 429.0
4	9 198.9	20 777.4	764.1	25 879.3	135.4	7 226.9

数据来源：中国人民银行杭州中心支行。

表6　2013年浙江省金融机构票据贴现、转贴现利率

单位：%

季度	贴现		转贴现	
	银行承兑汇票	商业承兑汇票	票据买断	票据回购
1	5.08	5.75	4.70	4.40
2	4.91	5.45	4.81	4.77
3	6.93	6.90	5.34	5.00
4	6.86	7.24	5.84	5.82

数据来源：中国人民银行杭州中心支行。

专栏1　全面客观看待浙江互联网金融发展

互联网金融是借助互联网技术和移动通信技术实现资金融通、支付、融资和投资的新型金融模式。浙江金融市场创新活跃，民间资金充裕，中小企业众多，软件与信息服务业较为发达，具备发展互联网金融的比较优势。近年来，浙江省第三方支付以及网上贷款、理财等互联网金融业务快速发展，出现了以"支付宝"为代表的第三方支付、以"余额宝"为代表的网络理财和以阿里小额贷款为代表的网络信贷等在全国有影响力的互联网金融业态。截至2013年年末，全省有12家企业获得第三方支付牌照，其中，行业龙头"支付宝"的账户总数达3.03亿个；2013年"支付宝"的互联网支付业务交易笔数96.7亿笔，交易额达2.6万亿元；"余额宝"客户数4 300多万人，资金规模超过1 800亿元。

与传统金融相比，互联网金融有其自身特点和优势，如客户服务口径大、金额小、手续便捷、交易成本低、数据基础强大等，一定程度上解决了市场信息不对称难题，提高了信贷供需主体对接效率。互联网金融的发展有利于降低交易成本、提高效率，有助于推动金融产品和服务方式的创新，对促进金融体系的包容性、加快构建多层次金融市场体系也具有积极意义。如阿里小额贷款公司就是利用电子商务平台上客户积累的大量信用数据及行为数据，为小微企业和个人创业者批量发放“金额小、期限短、随借随还”的小额贷款。截至2013年年末，阿里小额贷款公司累计发放网络贷款1 585亿元，服务小微企业65万家，户均贷款余额小于4万元，不良贷款率为1.12%。2013年3月，阿里巴巴又与平安保险、腾讯公司联合成立首家不设立任何实体分支机构、产品需求完全来自于互联网的网络保险公司——众安在线财产保险股份有限公司。

在关注互联网金融积极效应的同时，要看到创新过程中也存在监管套利、增大市场流动性风险及其他安全隐患等问题。对于互联网金融，应做到促创新和防风险并举，在包容互联网金融发展、鼓励互联网金融创新的同时，尽快完善法律框架和政策制度，引导互联网金融规范健康发展。浙江省应从信息安全环境、信用环境、舆论环境和市场环境等方面加强制度建设，为互联网金融产业发展营造良好氛围。

（五）信用体系建设卓有成效，金融生态环境持续优化

2013年，浙江省切实贯彻落实《征信业管理条例》，加强征信系统建设与管理，深化农村和中小企业信用体系建设，不断改善支付环境，推动浙江省金融生态环境持续优化。

1.《征信业管理条例》全面实施，征信系统建设不断深化。浙江省切实落实《征信业管理条例》要求，有效规范征信业务开展。全年开通查询用户3.8万个，月均查询量376万次。通过查询系统，金融机构拒绝风险贷款量约占申请贷款总量的1.4%，征信系统成为金融机构风险管理的重要基础设施。小额贷款公司和担保公司信用评级试点顺利开展，小微金融组织接入征信系统工作稳妥有序推进，征信系统信息增量扩面，服务范围不断扩大，服务功能有效提升。

2. 信用体系建设有序推进，融资环境持续改善。2013年，浙江省继续深化中小企业信用体系建设，累计为20万家小微企业建立了信用档案，有5万家获得银行授信。农村信用体系建设“丽水模式”继续推进，中国人民银行杭州中心支行联合浙江省农业和农村工作办公室开展“信用户、信用村、信用乡”创建工作。2013年，浙江省共评出信用农户80余万户，创建信用村3 064个、信用乡197个，农村信用环境进一步优化。

3. 金融基础设施不断完善，支付服务普惠性提升。第二代支付系统顺利上线运行，大额、小额支付系统支付清算主渠道作用进一步发挥，业务量快速增长。浙江省以网上支付、手机支付、银行卡助农服务为重点，全面深化农村支付服务。2013年年末，浙江省农村地区网银用户达2 917万个，手机支付用户531万户。助农取款服务点17 682个，办理小额取现178.2万笔、金额达6.9亿元，同比分别增长46%和85%，基本实现全覆盖。

二、经济运行情况

2013年，浙江省经济运行总体平稳，稳定性和质量效益提高，转型升级积极推进，民生保障

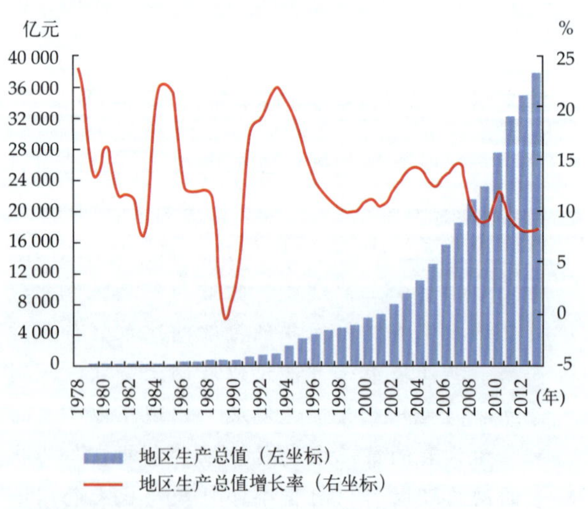

数据来源：浙江省统计局。

图6 1978～2013年浙江省地区生产总值及其增长率

力度加大，节能降耗取得新成效。全年实现地区生产总值37 568.5亿元，同比增长8.2%（见图6），人均地区生产总值11 055美元。

（一）三大需求稳定增长，转型升级积极推进

2013年，浙江省投资增长较快，消费稳中缓升，出口增速回升。

1. 投资增长较快，结构调整成效明显。2013年，浙江省继续实施扩大有效投资的各项政策，加大浙商回归引资和项目推进力度，固定资产投资首次突破2万亿元大关，同比增长18.1%（见图7）。全年新引进"浙商回归"项目到位资金1 750亿元，同比增长34%。

投资结构变化明显。大项目对投资的支撑作用有所加强，亿元以上工业投资占全部工业投资的比重由上年的44.1%上升到45.8%。第三产业投资增长较快，除去房地产开发投资外的第三产业投资同比增长19.5%。制造业转型升级继续推进，工业技术改造投资同比增长25.8%，占工业投资的比重较上年上升5.2个百分点。民间投资同比增长17.3%，占全部固定资产投资的61.4%。高新技术产业和装备制造业增加值增幅高于规模以上工业，所占比重提高。

2. 消费需求平稳增长，城乡收入差距有所缩小。2013年，浙江省社会消费品零售额实际增长11.8%，较上年回升0.4个百分点（见图8）。汽车类零售额增速回升，同比增长10.7%。新兴业态零售快速增长，2013年网络零售额同比增长88.5%，网络零售额占社会消费品零售总额的25.2%，占比较上年提高10.2个百分点。

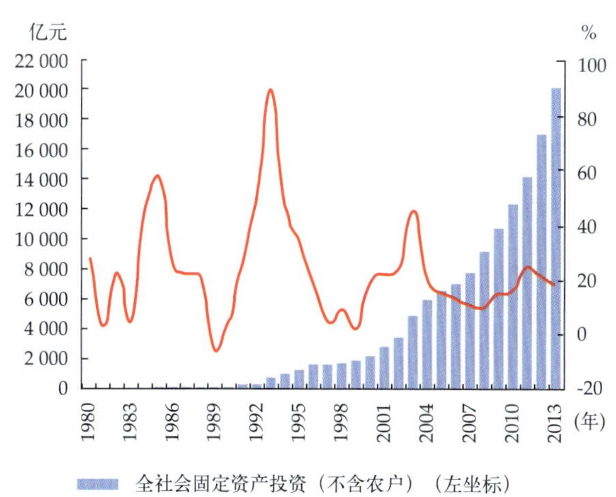

数据来源：浙江省统计局。

图7　1980～2013年浙江省固定资产投资（不含农户）及其增长率

2013年，浙江省城镇居民人均可支配收入为37 851元，农村居民人均纯收入为16 106元。扣除价格因素，城镇居民和农村居民收入分别同比增长7.1%和8.1%。城镇居民可支配收入与农村居民纯收入之比从上年的2.37缩小到2.35。

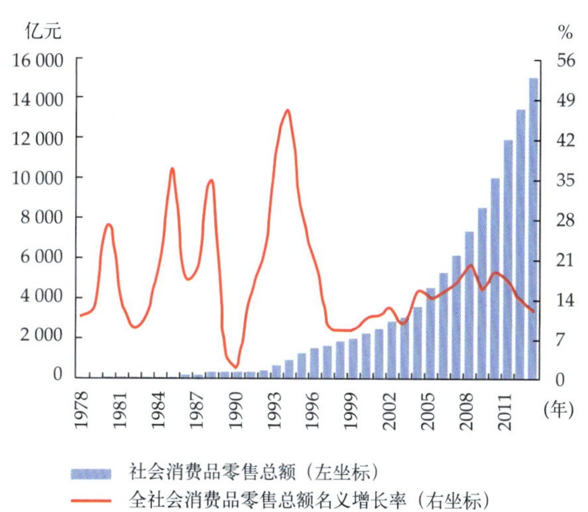

数据来源：浙江省统计局。

图8　1978～2013年浙江省社会消费品零售总额及其增长率

3. 对外贸易稳定增长，引进外资质量提升。2013年，在欧美经济总体向好、义乌国际贸易综合改革试点成效逐步释放、市场多元化战略稳步推进等多种因素作用下，浙江省进出口贸易增速回升。进出口总额为3 358.3亿美元，同比增长7.5%，较上年回升6.6个百分点。出口2 487.9亿美元，同比增长10.8%，较上年回升7个百分点；进口870.4亿美元，同比下降1.0%（见图9）；贸易顺差为1 617.5亿美元。民营企业出口额同比增长18.8%,小微企业出口额同比增长29.0%，远高于浙江省出口平均增速。

2013年，新批外商投资企业1 572家，合同外资和实际利用外资分别为243.8亿美元和141.6亿美

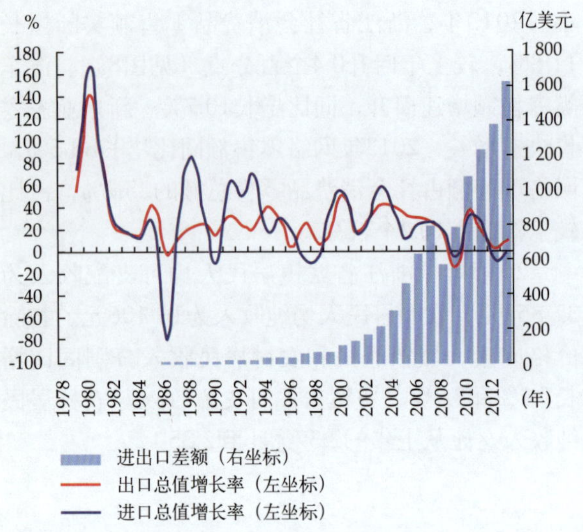

数据来源：浙江省统计局。

图9　1978～2013年浙江省外贸进出口变动情况

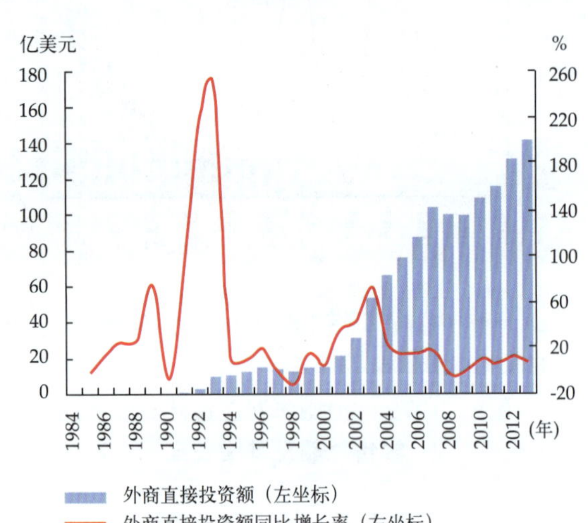

数据来源：浙江省统计局。

图10　1984～2013年浙江省外商直接投资额及其增长率

元，分别同比增长15.7%和8.3%（见图10）。新引进世界500强企业12家，新批准世界500强投资企业35家。全年经审批和核准的境外企业和机构共计568家，对外直接投资额55.2亿美元，同比增长41.7%。

（二）三次产业稳步发展，产业结构继续优化

2013年，浙江省三次产业比例为4.8：49.1：46.1，第二产业比重下降0.9个百分点，第三产业比重提高0.9个百分点，产业结构继续调整优化。

1. 农林牧渔业发展平稳，产量保持稳定。2013年，在台风形成洪涝灾害以及夏季连续高温干旱的情况下，浙江省继续有效保障农产品供给，大力发展高效生态农业，推进农业各部门转型升级。农、林、牧、渔业总产值同比分别增长0.1%、5%、-3.4%和2%。粮食生产功能区和现代农业园区建设加快，粮食播种面积保持平稳，同比增长0.2%。药材、花卉等效益农业发展良好，播种面积稳定增长，水产品产量略有增长，肉类总产量有所下降。

2. 工业经济平稳增长，结构调整步伐加快。2013年，浙江省规模以上工业企业增加值同比增长8.5%，增幅比上年回升1.4个百分点（见图11）。工业用电量稳步回升，同比增长5.9%，较上年提高5.1个百分点。工业企业利润稳步提高，在38个工业大类行业中，36个行业实现盈利。

工业结构调整稳步推进。高新技术产业和装备制造业增加值增幅均高于规模以上工业，所占比重分别为25.6%和33.8%，均比上年提高0.3个百分点。创新驱动作用增强，规模以上工业企业科技活动经费支出同比增长18%，比主营业务收入增幅高出10.7个百分点；全年新产品产值率为26.3%，比上年提高3.6个百分点。

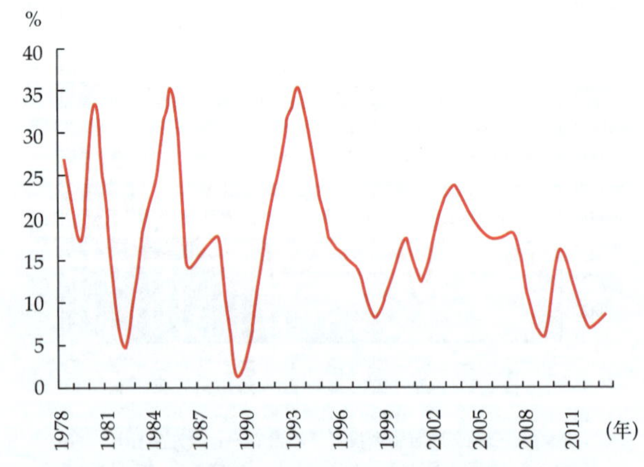

数据来源：浙江省统计局。

图11　1978～2013年浙江省规模以上工业增加值同比增长率

3. 服务业发展稳中有升，重点领域进展良好。2013年，浙江省服务业增加值同比增长8.7%，对地区生产总值的贡献率为47%。服务业从业人员占全省就业人数的35%。各行业均保持平稳增长，服务业集聚示范区建设稳步推进，高技术服务业发展较快，限额以上高技术服务业企业实现营业收入和利润总额同比分别增长19.8%和34.1%。物流和旅游业快速发展，规模以上快递企业业务量同比增长73.1%，旅游总收入同比增长15.3%。

（三）物价涨幅总体平稳，工资水平持续提高

2013年，浙江省物价涨幅总体平稳，居民消费价格与工业品价格呈现“一升一降”态势（见图12）。

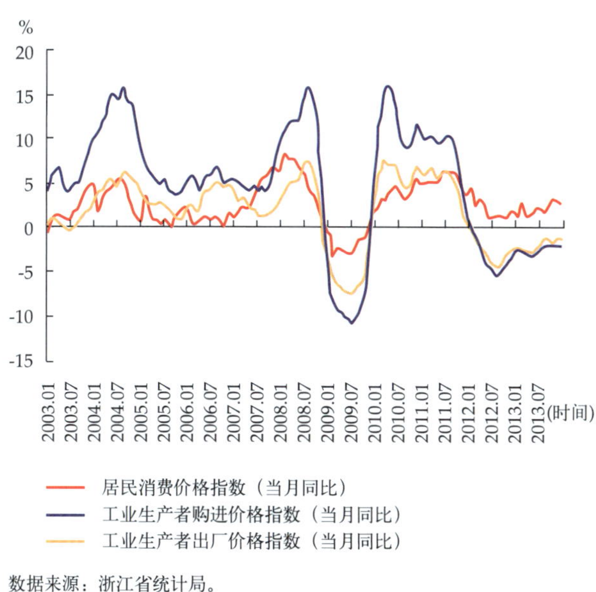

数据来源：浙江省统计局。

图12 2003～2013年浙江省居民消费价格和生产者价格变动趋势

1. 居民消费价格平稳。2013年，浙江省居民消费价格同比上涨2.3%，比上年略升0.1个百分点。八大类消费品及服务项目价格六涨二跌，其中食品类价格同比上涨3.8%，成为推动居民消费价格上升的首要因素，烟酒及用品、交通和通信类价格同比分别下降0.2%和0.6%。

2. 生产者价格降幅收窄。2013年，浙江省工业品出厂价格和原材料购进价格同比分别下降1.8%和2.3%，而上年分别下降2.7%和3.3%。工业品价格降幅逐步收窄，12月工业品出厂价格同比下降1.1%，购进价格同比下降1.8%，比降幅最大的4月分别缩小1.5个和1.4个百分点。

3. 劳动力报酬持续提高。2013年，浙江省城镇非私营单位就业人员年平均工资为56 571元，同比增长12.7%，扣除价格因素，实际增长10.2%。2013年，浙江省最低月工资标准调整为1 470元、1 310元、1 200元和1 080元四档，分别比调整前提高160元、150元、140元和130元。

4. 资源性产品价格改革有序推进。浙江省坚持市场化方向，扎实推进水电气、建设用地、环境容量等资源性要素的差别化定价机制，建立健全工业用地、节能、水权、排污权交易制度。2013年，浙江省缩短成品油调价周期，取消调价幅度限制，统一调整非居民用天然气价格，有效推进成品油、天然气价格改革。

（四）财政收支增长较快，民生重点保障有力

2013年，浙江省地方公共财政预算收入3 796.9亿元（见图13），同比增长10.3%，较上年提高1.1个百分点。其中，税收收入为3 546亿元，同比增长9.8%，占公共财政预算收入的比重为93.4%。

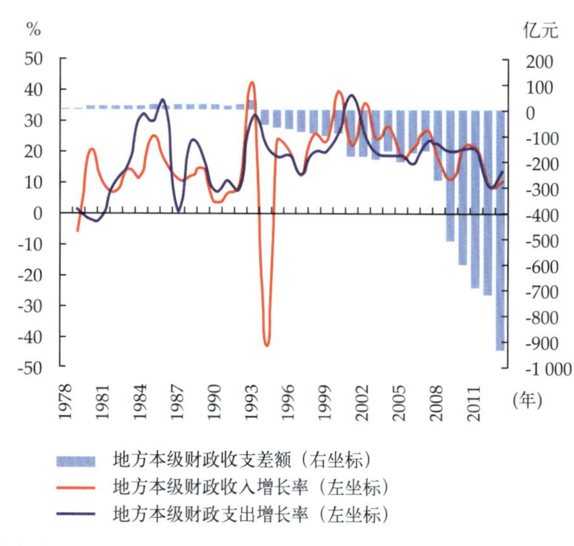

数据来源：浙江省统计局。

图13 1978～2013年浙江省财政收支状况

受“营改增”等政策的影响，营业税、企业所得税同比分别增长0.6%和5.4%。房地产税同比增长5.7%，契税同比增长31.9%。在居民收入稳步提高和年中二手房交易活跃的支撑下，个人所得税同比增长8.3%。

浙江省公共财政预算支出4 730.8亿元，同比增长13.7%，较上年提高5.4个百分点。重点支出的比重达到70%以上，各项民生重点支出保障有力。公共安全、教育、科学技术、文化体育与传媒、社会保障和就业、医疗卫生、节能环保、住房保障等支出同比增长13.5%，较上年提高3.2个百分点，支出结构进一步优化。

（五）节能降耗成效明显，生态建设扎实推进

2013年，浙江省继续实施资源节约和环境保护行动计划，积极推进生态省和生态文明建设。节能减排成效明显，全年单位地区生产总值能耗比上年降低3.7%，化学需氧量、二氧化硫减排目标顺利实现；在38个工业行业大类中，35个行业能耗下降。

浙江省在全国率先实施单位生产总值能耗和能源消费总量双控工作措施，建立主要污染物总量控制、排污权指标基本账户量化管理等制度，扎实推进水晶、造纸、印染、制革、化工等重污染高耗能行业整治提升，共淘汰关停1.8万家重污染高耗能企业（作坊），淘汰18个行业1 658家企业落后产能。有效开展大气污染防治，浙江省共关停、搬迁大气重污染企业592家。“美丽乡村”建设全面推进，全年完成1 840个村的环境综合整治，打造美丽乡村创建先进县11个。

专栏2　推进金融创新　完善融资模式　提升新型城镇化金融服务

深入推进新型城镇化是我国未来一段时期的重大战略举措，浙江省省委、省政府出台新型城镇化发展“十二五”规划和发展纲要，全面实施新型城镇化战略。中国人民银行杭州中心支行会同浙江省住房和城乡建设厅出台了《关于金融支持浙江省新型城镇化的指导意见》（杭银发[2013]130号），引导金融机构积极创新适合新型城镇化的金融产品和服务方式，满足新型城镇化融资需求。

一、浙江省城镇化建设的融资需求情况

浙江省省委、省政府提出，到2015年浙江省城市化率达到65%以上，到2020年达到72%以上。“十二五”期间，浙江省城镇化建设处在快速推进阶段，将完成城乡建设投资1.5万亿元以上，包括城镇化基础设施、保障房建设、中心镇发展和小城市培育、美丽乡村及新农村建设在内的融资需求巨大。从融资方式看，银行贷款仍是重要渠道，2013年城镇化项目融资中银行贷款占融资总额的31.7%；信托融资增长迅速，占融资总额的32.8%；以融资性理财为主的其他融资方式融资占18.3%，成为城镇化项目融资的重要途径。

二、金融支持浙江省新型城镇化建设的创新模式

近年来，浙江省金融机构积极创新金融产品和服务方式，摸索出一些具有创新性的支持新型城镇化建设的融资模式。

（一）信贷类产品。通过单列信贷计划、改进业务流程、创新评审模式等方式支持城镇化项目，提高信贷支持效率，如国家开发银行浙江省分行开展的“统借统还”贷款评审模式创新。

（二）债券类产品。积极推动城镇化项目发行债务融资工具，2013年浙江省五大城镇化项目共发行债券288.7亿元。

（三）表外融资类产品。通过银、证、信合作等模式，运用银行理财资金和金融市场资金支持新型城镇化建设，如中国银行浙江省分行为某公司量身定做20亿元委托债权投资业务。

（四）银保合作类产品。通过与国内保险公司合作，引进保险资金投资新型城镇化项目，如嘉兴交通投资集团与中国人寿资产管理公司签订了20亿元债权投资协议。

（五）境外融资类产品。引进境外人民币资金，降低新型城镇化项目融资成本，如海外人民币直接贷款业务。

（六）民生金融类产品。发展普惠金融和民生金融产品，支持“人的城镇化”，如衢州柯城农村信用社推出“相伴人生”小额信用贷款，专门用于支持失地农民缴纳养老保险金。

（七）新农村建设类产品。通过农房改造贷款支持城乡统筹发展，如义乌农村合作银行推出“美丽家园”贷款，专门用于解决农民在旧村改造、拆迁安置过程中的建房资金困难。

三、金融支持新型城镇化建设的政策建议

下阶段，应从信贷模式、直接融资、民间投资、配套政策等多个层面完善支持新型城镇化建设的融资机制。一是进一步优化信贷结构、盘活存量贷款、提升信贷支持效率。二是继续发挥融资平台作用，完善融资平台信贷管理。三是加大债务融资工具支持力度，探索发行市政债，提高直接融资比重。四是积极运用保险资金，大力发展股权投资，拓宽多元融资渠道。五是引导民间投资，鼓励民间资金投资城镇化项目。六是完善法律法规，加大配套政策支持，为农房、土地承包经营权等抵押贷款试点创造条件。

（六）房地产市场运行平稳，科技服务业发展迅速

1. 房地产市场运行平稳。2013年，浙江省房地产投资增长较快，房价稳中略涨，成交量扩大，企业资金状况改善，房地产贷款平稳增长、风险总体可控。

房地产投资增长较快。2013年，浙江省房地产开发投资同比增长18.9%，较上年提高2.1个百分点。房屋新开工和竣工面积同比分别增长19.2%和9.3%。保障性住房建设加快推进，全年新开工19.4万套，竣工11.1万套，分别完成计划任务的129.3%和123.3%。

商品房成交量稳价升。2013年，商品房销售面积同比增长22%，销售额同比增长26.6%，其中住宅销售面积及销售额同比分别上涨23.6%和27.5%（见图14）。2013年，主要城市房价指数上升，12月杭州、宁波、金华新建商品住宅销售价格指数同比分别上涨11.5%、7.8%和7%（见图15），温州同比下降2.8%。

房地产贷款平稳增长。2013年年末，浙江省房地产贷款余额同比增长15.2%，房地产贷款余额占全省各项贷款余额的16.7%。房地产贷款风险总体可控，2013年年末全省房地产贷款不良率为0.19%，较上年同期回落0.04个百分点，低于全省各项贷款不良率。保障性住房开发贷款余额同比增长47.3%。金融机构有效贯彻差别化信贷政策，重点支持中小套型、中低价位普通住宅的购房需求，90平方米以下住宅套数占比为40.2 %，比上年提高3.6个百分点。

2. 科技服务业快速发展，金融支持力度加大。2013年，浙江省共有科技服务企业1 275家，资产总计882.6亿元，营业收入为564.6亿元，同比分别增长15.7%、16.2%，增幅分别高于限额以上服务业平均水平1.4个和2.7个百分点，在推动科技进步与创新、加速科学技术转化为现实生产力、实现经济社会转型升级等方面发挥着重要作用。

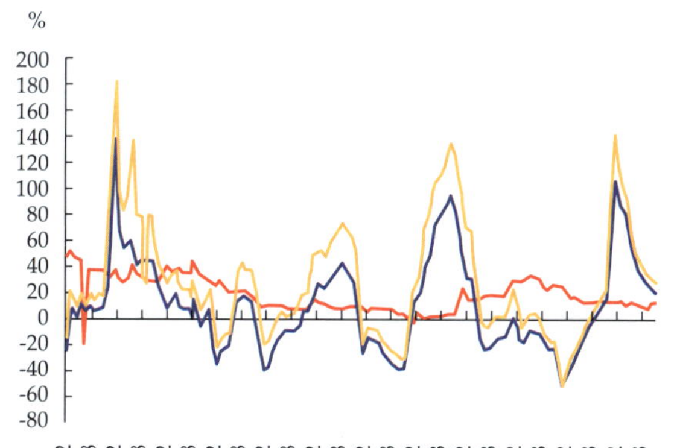

数据来源：浙江省统计局。

图14 2002～2013年浙江省商品房施工和销售变动趋势

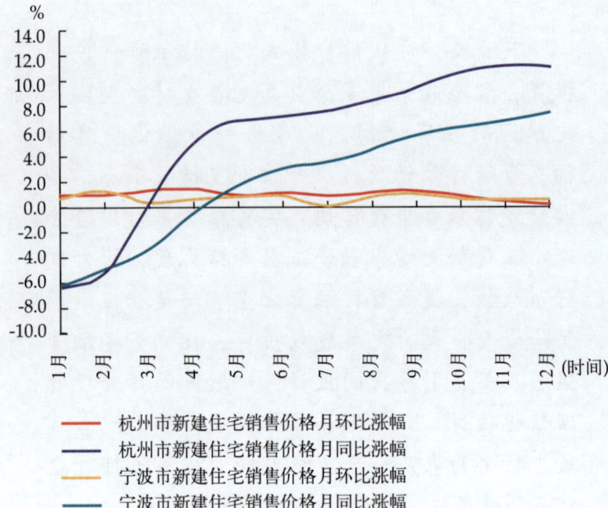

数据来源：《中国经济景气月报》、浙江省统计局。

图15 2013年浙江省主要城市新建住宅销售价格变动趋势

科技服务业蓬勃发展的主要原因：一是随着浙江省科技实力的增长和转型升级的提速，企业对科技服务的需求不断增加。二是浙江省出台多项政策，给予优先安排建设用地、财政支持和减免税费等，引导和扶持科技服务业发展。三是科技服务机构内部体制机制改革不断深化和完善，充分调动了创新积极性。

金融支持科技服务业力度加大。一是信贷支持有力。2013年，浙江省科技服务业贷款余额同比增长23.7%。二是金融产品不断创新。2013年年末，浙江省知识产权质押贷款余额为10亿元，为科技服务企业盘活无形资产提供了金融支持。三是融资渠道拓宽。杭州市和湖州市均成立了由政府指导的科技金融服务平台，集聚银行、创投机构、担保机构、会计师及律师事务所等资源，为科技服务企业提供多渠道融资服务。

三、预测与展望

2014年是全面贯彻落实党的十八届三中全会精神、全面深化改革的开局之年。浙江省经济发展总体向好，有望延续平稳增长、稳中有进态势。

2014年，浙江省经济发展仍然具备难得的机遇。改革红利的释放和新型城镇化建设的积极推进，“四大国家战略举措”、“五水共治”①、“四换三名”②、创新驱动的深入实施，以及一系列鼓励浙商创业创新、扩大有效投资、优化发展环境等政策的出台，都将有利打造浙江经济升级版。预计2014年浙江省地区生产总值增长8%左右；物价温和上涨，CPI涨幅在3.5%左右。

当前，浙江省处于短期的周期性回落和中长期潜在经济增长率下降并存阶段。2014年，受外部环境的复杂性和内部结构性、素质性问题制约，资源环境约束日益强化，浙江省经济持续平稳增长的基础仍不够牢固，加快转型升级的任务仍然艰巨。从金融层面看，保持金融平稳运行也面临不少困难，防范和化解金融风险的任务较为艰巨，改革创新工作任务较为繁重。

2014年，浙江省金融业将认真贯彻落实稳健的货币政策，保持社会融资规模和信贷平稳适度增长，满足浙江省经济发展的合理资金需求。不断优化信贷结构和融资结构，积极推动金融创新，深化金融重点领域改革，切实防范金融风险，促进经济健康发展和转型升级。

①浙江省省委十三届四次全会上提出“五水共治”，即治污水、防洪水、排涝水、保供水、抓节水。

②“四换三名”：腾笼换鸟、机器换人、空间换地、电商换市，“知名企业、知名品牌、知名企业家”工程。

中国人民银行杭州中心支行货币政策分析小组
总　纂：张健华　方志敏
统　稿：陆巍峰　徐　宏　胡小军
执　笔：余　牛　翁　磊　潘晓斌　陈　梁　宋瑞晰　陈一稀　郭舒萍　杨　曦　李　青　陈楠希　周宇晨
提供材料的还有：周　擎　汪正红　吴一颖　吕芙蓉　童红坚

附录

（一）2013年浙江省经济金融大事记

1月17日，国务院正式批复《浙江舟山群岛新区发展规划》，这是我国颁布的首个以海洋经济为主题的国家战略性区域规划。

3月15日，浙江舟山大宗商品交易所现货挂牌交易正式上线运营。

6月25日，浙江省政府召开丽水市农村金融改革推进会，总结、交流丽水农村金融改革创新经验。

7月11日，中国人民银行杭州中心支行会同浙江省住房和城乡建设厅出台《关于金融支持浙江省新型城镇化建设的指导意见》，全面构建和完善城镇化金融服务机制。

8月23日，浙江省义乌市国际贸易综合改革试点金融专项方案获批。

10月8日，中国人民银行杭州中心支行、浙江省证监局签署《加强证券期货监管合作　共同维护金融稳定备忘录》，建立金融风险监测协调联动机制。

11月22日，我国首部民间融资管理条例——《温州市民间融资管理条例》经浙江省十二届人大常委会第六次会议审议通过，2014年3月1日正式施行。

11月28日，浙江省委十三届四次全会审议通过《中共浙江省委关于认真学习贯彻党的十八届三中全会精神　全面深化改革再创体制机制新优势的决定》。

（二）2013年浙江省主要经济金融指标

表1　2013年浙江省主要存贷款指标

		1月	2月	3月	4月	5月	6月	7月	8月	9月	10月	11月	12月
本外币	金融机构各项存款余额（亿元）	68 504	68 346	71 667	71 336	71 972	72 566	71 574	72 348	73 558	72859	73 081	73 732.36
	其中：储蓄存款	27 685	28 679	29 414	28 485	28 744	29 042	28 507	28 718	29 479	28846	28 883	29 360.48
	单位存款	36 708	35 383	37 743	38 049	38 360	38 268	37 589	38 198	38 453	38198	38 266	39 097.81
	各项存款余额比上月增加（亿元）	1 823	-158.4	3 321.3	-330.7	635.4	594.5	-991.7	773.7	1 210.3	-699.9	222.4	651.44
	金融机构各项存款同比增长（%）	14.61	12.89	13.88	14.29	13.89	11.05	11.33	12.75	12.18	12.18	11.16	10.58
	金融机构各项贷款余额（亿元）	60 499	60 948	6 1758	62 233	62 687	63 238	63 488	64 022	64 447	64716	64 984	65 338.54
	其中：短期	37 537	37 677	3 8151	38 181	38 224	38 638	38 628	38 941	39 201	39236	39 322	39 638.75
	中长期	21 125	21 354	21 628	21 946	22 251	22 423	22 766	23 041	23 303	23534	23 669	23 736.96
	票据融资	929.76	1 007.4	1 055.3	1 181.3	1 262.5	1 216.8	1 114.3	1 053.4	961.9	954.5	985.8	969.81
	各项贷款余额比上月增加（亿元）	864.77	448.95	810.68	474.94	453.62	550.71	250.5	533.6	425.12	269.63	267.57	354.56
	其中：短期	617.42	140.17	474.11	29.64	43.73	414.02	-10.65	313.1	260.24	35.12	85.64	317.22
	中长期	357.66	229.27	273.86	317.92	305.12	172.24	343.07	275.32	261.77	230.44	135.72	67.54
	票据融资	-131.96	77.68	47.9	125.97	81.24	-45.78	-102.48	-60.9	-91.45	-7.45	31.29	-15.97
	金融机构各项贷款同比增长（%）	12.58	12.46	12.37	12.6	12.02	11.65	11.58	11.24	10.78	10.75	10.2	9.80
	其中：短期	15.1	14.31	13.62	13.46	12.51	12.19	11.85	11.64	10.45	9.87	8.91	7.73
	中长期	5.99	6.89	7.84	8.94	9.93	10.13	11.4	12.11	12.66	13.34	13.79	14.31
	票据融资	50.59	52.82	54.48	47.48	23.24	13.63	-1.88	-18.57	-16.56	-11.16	-13.83	-8.66
	建筑业贷款余额（亿元）	2 204.8	2 218.5	2 227.6	2 252.6	2 272.2	2 298.1	2 315.6	2 348.4	2 366.7	2359.9	2 366.1	2 377.25
	房地产业贷款余额（亿元）	2 332.8	2 364.7	2 382.6	2 349	2 368.9	2 368.2	2 402.7	2 422.7	2 457.4	2480.8	2 480.8	2 464.85
	建筑业贷款同比增长（%）	16.97	17.3	15.66	15.89	15.54	14.85	13.85	14.44	13.56	11.89	11.66	10.05
	房地产业贷款同比增长（%）	5.16	5.31	5	3.49	2.62	1.67	3.6	5.03	6.42	8.02	8.98	7.58
人民币	金融机构各项存款余额（亿元）	66 727	66 630	6 9799	69 386	70 084	70 729	69 750	70 534	71 719	71 093	71 314	71 987
	其中：储蓄存款	27 230	2 8218	28 931	27 990	28 224	28 555	28 008	28 237	29 021	28 408	28 436	28 923
	单位存款	35 435	34 170	36 400	36 655	37 040	36 964	36 310	36 914	37 116	36 922	37 011	37 840
	各项存款余额比上月增加（亿元）	1 839.1	-96.56	3 169	-413.28	697.91	645.02	-978.27	784.19	1 184.65	-625.96	220.88	672.55
	其中：储蓄存款	831.02	988.41	712.96	-941.22	234.1	330.76	-546.85	229.38	784.15	-613	27.4	487.18
	单位存款	726.98	-1 264.43	2 229.97	254.44	385.01	-75.46	-653.84	603.28	202.16	-193.25	88.34	828.83
	各项存款同比增长（%）	13.87	12.3	13.4	13.76	13.79	11.18	11.57	13.15	12.59	12.78	11.75	10.94
	其中：储蓄存款	10.43	16.93	16.77	16.09	16.12	13.03	13.36	12.93	11.95	12.46	10.89	9.53
	单位存款	16.86	8.95	11.08	11.62	11.98	8.55	8.05	10.26	9.78	9.77	8.92	9.06
	金融机构各项贷款余额（亿元）	57 742	58 103	58 805	59 228	59 712	60 257	60 604	61 171	61 599	61 927	62 241	62 598
	其中：个人消费贷款	9 457	9 463	9 587	9 741	9 896	10 033	10 115	10 197	10 318	10 353	10 441	10 479
	票据融资	929.56	1 007.3	1 055.2	1 181.1	1 262.3	1 216.3	1 114	1 053	961.63	954.36	985.62	969.64
	各项贷款余额比上月增加（亿元）	635.38	360.84	702.32	422.72	483.58	545.1	347.28	566.7	428.21	328.39	313.2	356.98
	其中：个人消费贷款	164.11	6.52	123.8	154.33	154.69	136.67	82.69	81.33	120.93	35.95	87.93	37.55
	票据融资	-132	77.7	47.9	125.93	81.17	-45.94	-102.35	-60.93	-91.41	-7.27	31.27	-15.99
	金融机构各项贷款同比增长（%）	11.5	11.27	11.22	11.32	10.95	10.74	10.83	10.55	10.34	10.45	10.13	9.85
	其中：个人消费贷款	9.06	9.68	10.97	13.44	14.92	15.88	16.3	15.98	15.82	15.33	14.99	14.29
	票据融资	50.6	52.83	54.48	47.47	23.23	13.61	-1.89	-18.59	-16.58	-11.15	-13.83	-8.66
外币	金融机构外币存款余额（亿美元）	283.04	273.27	297.96	313.54	305.52	297.39	295.22	293.89	299.17	287.4	288.12	286.34
	金融机构外币存款同比增长（%）	52.72	41.97	35.92	38.35	24.86	8.97	5.54	2.03	1.32	-5.07	-6.05	0.39
	金融机构外币贷款余额（亿美元）	438.96	453.1	471.04	483.08	481.45	482.43	466.75	461.99	463.21	454.05	447.35	449.57
	金融机构外币贷款同比增长（%）	41.98	44.06	42.3	46.87	42.55	37.07	33.12	31.97	24.94	20.75	14.63	11.86

数据来源：中国人民银行杭州中心支行。

表2 2001～2013年浙江省各类价格指数

单位：%

年/月	居民消费价格指数		农业生产资料价格指数		工业生产者购进价格指数		工业生产者出厂价格指数		杭州市新建住宅销售价格指数	宁波市新建住宅销售价格指数	杭州市新建商品住宅销售价格指数	宁波市新建商品住宅销售价格指数	杭州市二手住宅销售价格指数	宁波市二手住宅销售价格指数
	当月同比	累计同比	当月同比	累计同比	当月同比	累计同比	当月同比	累计同比	当季(年)同比	当季(年)同比	当季(年)同比	当季(年)同比	当季(年)同比	当季(年)同比
2001	—	-0.2	—	-0.3	—	-0.4	—	-1.7	—	—	—	—	—	—
2002	—	-0.9	—	-0.5	—	-2.5	—	-3.1	—	—	—	—	—	—
2003	—	1.9	—	2.9	—	5.75	—	0.64	—	—	—	—	—	—
2004	—	3.9	—	3.2	—	13.35	—	4.95	—	—	—	—	—	—
2005	—	1.3	—	5.8	—	5.4	—	2.3	—	—	—	—	—	—
2006	—	1.1	—	-0.4	—	5.6	—	3.8	—	—	—	—	—	—
2007	—	4.2	—	7.3	—	5.3	—	2.4	—	—	—	—	—	—
2008	—	5.0	—	18.9	—	10.6	—	4.3	—	—	—	—	—	—
2009	—	-1.5	—	-4.1	—	-7.4	—	-5.1	—	—	—	—	—	—
2010	—	3.8	—	2.9	—	12.0	—	6.2	—	—	—	—	—	—
2011	—	5.4	—	10.8	—	8.3	—	5.0	—	—	—	—	—	—
2012	—	2.2	—	4.2	—	-3.3	—	-2.7	—	—	—	—	—	—
2013	—	2.3	—	2.8	—	-2.3	—	-1.8	—	—	—	—	—	—
2012 1	4.6	4.6	8.2	8.2	0.0	0.0	-0.3	-0.3	—	—	—	—	—	—
2	2.7	3.7	7.7	8.0	-0.8	-0.4	-1.1	-0.7	—	—	—	—	—	—
3	3.4	3.6	6.9	7.6	-1.8	-0.9	-1.8	-1.1	—	—	—	—	—	—
4	2.9	3.4	6.4	7.3	-2.8	-1.3	-2.3	-1.4	—	—	—	—	—	—
5	2.6	3.2	5.1	6.9	-3.7	-1.8	-2.7	-1.7	—	—	—	—	—	—
6	1.3	2.9	3.4	6.3	-4.2	-2.2	-3.5	-2.0	—	—	—	—	—	—
7	1.2	2.7	1.9	5.6	-4.9	-2.6	-4.1	-2.3	—	—	—	—	—	—
8	1.5	2.5	1.5	5.1	-5.4	-3.0	-4.3	-2.5	—	—	—	—	—	—
9	1.4	2.4	1.4	4.6	-5.1	-3.2	-4.1	-2.7	—	—	—	—	—	—
10	1.2	2.3	2.1	4.4	-4.1	-3.3	-3.2	-2.8	—	—	—	—	—	—
11	1.6	2.2	3.1	4.3	-3.7	-3.3	-2.7	-2.8	—	—	—	—	—	—
12	1.9	2.2	4.1	4.2	-2.8	-3.3	-2.4	-2.7	—	—	—	—	—	—
2013 1	1.4	1.4	4.7	4.7	-2.4	-2.4	-2.1	-2.1	-6.4	-6.3	-6.6	-6.7	-0.9	-4.0
2	2.9	2.1	4.3	4.5	-2.6	-2.5	-2.1	-2.1	-5.3	-5.0	-5.5	-5.3	1.1	-1.9
3	1.4	1.9	4.1	4.3	-2.8	-2.6	-2.3	-2.2	0.3	-3.3	0.3	-3.5	1.6	-1.3
4	1.7	1.8	3.1	4.0	-3.2	-2.7	-2.6	-2.3	5.2	-0.6	5.4	-0.7	2.5	-0.2
5	1.7	1.8	2.8	3.8	-3.0	-2.8	-2.6	-2.3	6.7	1.7	7.0	1.8	2.7	1.2
6	2.5	1.9	3.5	3.7	-2.6	-2.8	-2.1	-2.3	7.1	2.9	7.4	3	3	1.3
7	2.3	2.0	2.9	3.6	-2.4	-2.7	-1.8	-2.2	7.5	3.4	7.9	3.6	2	1.9
8	2.0	2.0	2.1	3.4	-1.9	-2.6	-1.3	-2.1	8.3	4.5	8.7	4.7	1.8	2.3
9	2.5	2.1	1.5	3.2	-1.8	-2.5	-1.3	-2.0	9.4	5.6	9.8	5.9	2.8	2.6
10	3.3	2.2	1.6	3.0	-1.9	-2.5	-1.4	-2.0	10.5	6.3	11	6.6	2.8	3.1
11	3.0	2.3	1.9	2.9	-1.8	-2.4	-1.3	-1.9	11.2	6.8	11.7	7.2	3	3.8
12	2.8	2.3	1.8	2.8	-1.8	-2.3	-1.1	-1.8	11	7.3	11.5	7.8	2.9	4.4

数据来源：《中国经济景气月报》、浙江省统计局。

表3　2013年浙江省主要经济指标

	1月	2月	3月	4月	5月	6月	7月	8月	9月	10月	11月	12月
绝对值（自年初累计）												
地区生产总值（亿元）	—	—	7 261.5	—	—	16 953.9	—	—	26 195.0	—	—	37 568.49
第一产业	—	—	258.3	—	—	679.9	—	—	1 074.5	—	—	1 784.62
第二产业	—	—	3 556.6	—	—	8 440.3	—	—	13 057.6	—	—	18 446.65
第三产业	—	—	3 446.7	—	—	7 833.7	—	—	12 063.0	—	—	17 337.22
工业增加值（亿元）	—	1 464.16	2 432.74	3 369.50	4 420.87	5 474.69	6 434.20	7 413.10	8 454.57	9 449.94	10 527.05	11 700.67
固定资产投资（亿元）	—	1 729.76	3 545.80	5 027.39	6 778.44	9 233.82	11 002.50	12 708.60	14 770.46	16 570.35	18 312.29	20 189.07
房地产开发投资	—	652.10	1 131.78	1 569.98	2 081.82	2 751.73	3 274.34	3 778.97	4 360.90	4 921.06	5 537.20	6 216.25
社会消费品零售总额（亿元）	—	2 381.00	3 512.83	4 627.90	5 832.70	7 080.85	8 294.60	9 522.00	10 863.85	1 2237.7	13 614.30	15 138.04
外贸进出口总额（万美元）	2 962 500	5 084 800	7 386 600	10 162 900	13 062 000	15 938 700	19 028 600	22 102 200	24 922 100	27435300	30 369 300	33 583 439
进口	755 600	1 346 500	2 101 300	2 848 000	3 567 200	4 228 100	4 983 700	5 733 900	6 472 800	7147300	7 909 100	8 704 244
出口	2 206 900	3 738 300	5 285 200	7 315 000	9 494 800	11 710 600	14 044 900	16 368 200	18 449 400	20288000	22 460 200	24 879 195
进出口差额(出口－进口)	1 451 300	2 391 800	3 183 900	4 467 000	5 927 600	7 482 500	9 061 200	10 634 300	11 976 600	13140700	14 551 100	16 174 952
外商实际直接投资（万美元）	110 566	203 859	346 837	432 018	512 415	769 883	832 119	942 129	1 049 234	1149350	1 233 643	1 415 898
地方财政收支差额（亿元）	175.76	161.92	167.35	242.27	258.6	177.28	246.14	172.07	1.27	33.04	-264.45	-933.86
地方财政收入	521.26	809.25	1 120.76	1 510.07	1 839.46	2 182.51	2 548.94	2 789.61	3 051.42	3383.4	3 591.84	3 796.92
地方财政支出	345.50	647.33	953.41	1 267.80	1 580.86	2 005.23	2 302.80	2 617.54	3 050.15	3350.36	3 856.29	4 730.78
城镇登记失业率(%)(季度)	—	—	3.19	—	—	3.24	—	—	3.01	—	—	3.01
同比累计增长率（%）												
地区生产总值	—	—	8.3	—	—	8.3	—	—	8.3	—	—	8.2
第一产业	—	—	2.6	—	—	2.4	—	—	1.8	—	—	0.4
第二产业	—	—	8.6	—	—	8.9	—	—	8.5	—	—	8.4
第三产业	—	—	8.2	—	—	8.1	—	—	8.5	—	—	8.7
工业增加值	—	7.7	8.1	8.6	8.8	8.9	8.8	8.6	8.6	8.5	8.5	8.5
固定资产投资	—	22.7	22.8	22.1	21.9	22.0	21.5	21.0	21.1	19.7	18.9	18.1
房地产开发投资	—	20.6	17.9	18.3	16.2	17.8	16.8	15.6	15.0	14.9	16.6	18.9
社会消费品零售总额	—	10	10.3	10.7	10.9	11.1	11.2	11.1	11.3	11.5	11.6	11.8
外贸进出口总额	12.2	16.3	5.8	7.1	6.0	6.5	7.6	8.2	7.0	5.9	6.6	7.5
进口	18.1	-5.6	-6.8	-4.0	-4.5	-4.2	-3.4	-2.4	-2.3	-1.9	-1.6	-1.0
出口	10.3	26.8	11.7	12.1	10.6	11.0	12.1	12.5	10.7	8.9	9.8	10.8
外商实际直接投资	3.2	-10.9	7.3	7.8	5.7	22.3	20.7	21.6	22.2	24.9	21.7	8.3
地方财政收入	6.5	8.1	10.6	11.2	11.2	11.5	11.6	10.7	10.6	10.5	10.3	10.3
地方财政支出	2	16	7	13.3	11.8	9.9	8.4	8.4	9.1	9.1	10.1	13.7

数据来源：浙江省统计局。

2013年安徽省金融运行报告

中国人民银行合肥中心支行货币政策分析小组

[内容摘要] 2013年，安徽省积极应对经济下行压力，坚持稳中求进的工作总基调，统筹稳增长、调结构、促改革、惠民生，以自主创新驱动产业转型升级，深化各项改革激发市场活力，经济发展内生动力进一步增强，经济运行呈现稳中有进、稳中向好的发展态势，地区生产总值连续十年保持两位数增长。金融运行总体平稳，社会融资规模进一步扩大，各项存贷款保持合理增长，信贷结构继续优化，证券市场融资活跃，债务融资创新取得新突破，保险保障与服务能力有效发挥，金融改革深入推进，支持实体经济的能力明显提升。

2014年，安徽加快发展、加速转型的总体趋势没有改变，改革创新将贯穿经济社会发展各个领域和环节，经济有望保持健康较快发展；全省金融业将继续落实稳健的货币政策，保持货币信贷和社会融资规模平稳适度增长，积极发展普惠金融，全面深化金融改革，优化金融资源配置，助推经济提质增效升级。

一、金融运行情况

2013年，安徽省金融业认真贯彻落实稳健的货币政策，信贷总量适度增长，贷款结构持续优化；证券市场融资活跃，保险保障能力有效发挥；融资总量稳步增长，金融服务水平明显提升。

（一）银行业运行稳健，支持实体经济力度增强

1. 银行业平稳运行，组织体系建设有序推进。2013年，安徽省银行业资产总额和利润总额分别增长17.6%和15.6%，比上年回落4.0个和4.1个百分点。年末全省银行业金融机构不良贷款余额比年初减少24.2亿元；不良贷款率比年初下降0.4个百分点，连续六年实现“双降”。全省银行业金融机构营业网点7 664个，法人机构达到145个；瑞穗银行合肥分行、瑞福德汽车金融公司新设成立（见表1）。

表1　2013年安徽省银行业金融机构情况

机构类别	营业网点			法人机构（个）
	机构个数（个）	从业人数（人）	资产总额（亿元）	
一、大型商业银行	2 328	50 860	13 867	0
二、国家开发银行和政策性银行	90	2 317	3 831	0
三、股份制商业银行	130	5 394	4 061	0
四、城市商业银行	229	6 408	3 973	1
五、城市信用社	—	—	—	—
六、小型农村金融机构	3 014	31 559	6 114	84
七、财务公司	4	145	224	4
八、信托公司	2	366	109	2
九、邮政储蓄银行	1 753	15 052	2 430	0
十、外资银行	5	157	69	0
十一、新型农村金融机构	106	1 822	258	51
十二、其他	3	485	213	3
合　计	7 664	114 565	35 149	145

注：营业网点不包括国家开发银行和政策性银行、大型商业银行、股份制银行金融机构总部数据；大型商业银行包括中国工商银行、中国农业银行、中国银行、中国建设银行和交通银行；小型农村金融机构包括农村商业银行、农村合作银行、农村信用社；新型农村金融机构包括村镇银行和农村资金互助社；“其他”包含金融租赁公司和汽车金融公司。

数据来源：安徽银监局。

2. 存款增长波动较大，下半年分流现象明显。2013年年末，安徽省本外币各项存款余额同比增长16.1%，比上年年末回落2.7个百分点，其中人民币各项存款余额同比增长16.4%（见图1）；全年本外币存款增加3 719.8亿元，同比多增55亿元。前三个季度存款季末冲高、季初回落特征依然存在，3月、6月、9月新增存款分别达900.8亿元、599.1亿元和312.2亿元，均为当季增量最多的月份；受银行间市场流动性趋紧、理财产品和互联网金融分流等因素的影响，下半年存款增长明显放缓，仅增加608.1亿元，其中第四季度下降93.4亿元。

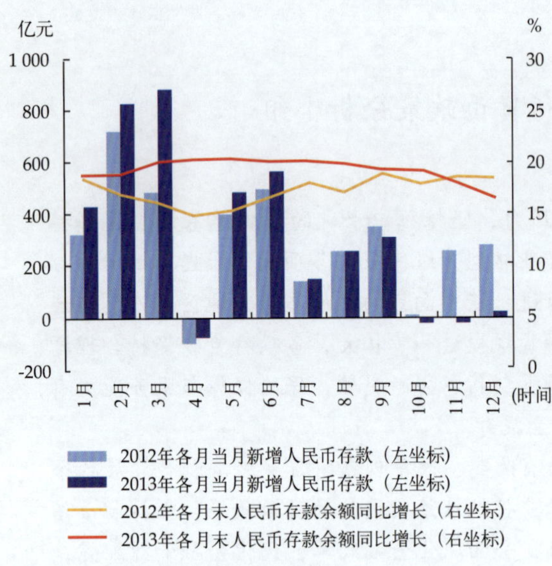

数据来源：中国人民银行合肥中心支行。

图1　2012～2013年安徽省金融机构人民币存款增长变化

3.各项贷款适度增长，信贷结构持续优化。2013年年末，安徽省本外币各项贷款余额同比增长17.2%，比上年年末回落1.5个百分点，其中人民币各项贷款余额同比增长17.2%（见图2、图3）。全年本外币贷款增加2 859.2亿元，同比多增209.7亿元，贷款投放节奏较为均衡，四个季度新增贷款分别占全年的30.5%、30.5%、24.6%和14.4%。

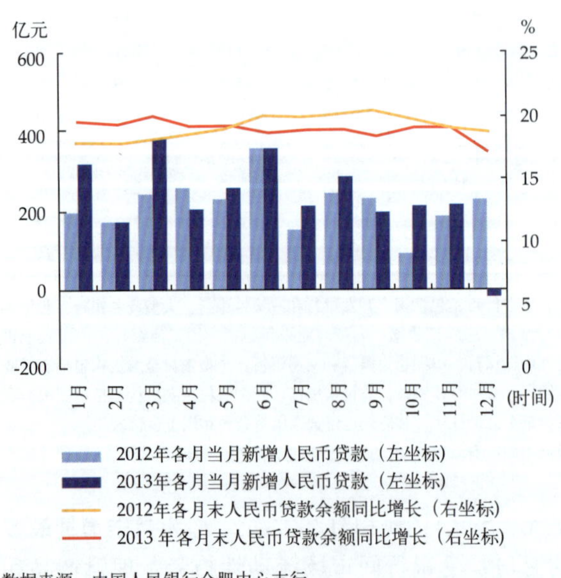

数据来源：中国人民银行合肥中心支行。

图2　2012～2013年安徽省金融机构人民币贷款增长变化

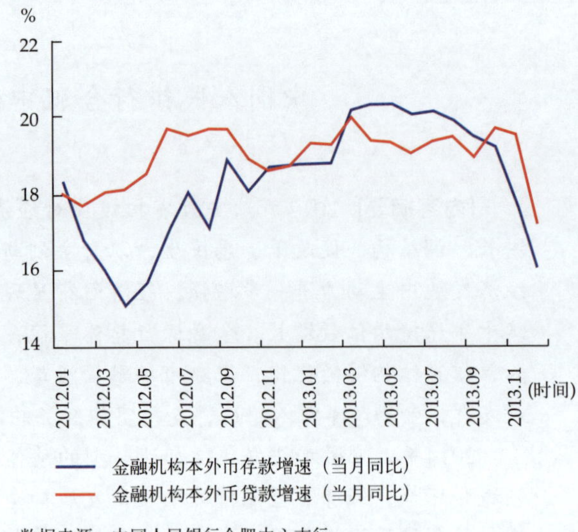

数据来源：中国人民银行合肥中心支行。

图3　2012～2013年安徽省金融机构本外币存、贷款增速变化

信贷结构调整“稳中提质”，积极推进普惠金融发展，金融服务实体经济的能力进一步提升。一是重点领域支持有力。全年贷款新增量前三大行业为制造业、批发零售业和房地产业，分别增加454.6亿元、324.8亿元和211.1亿元。二是“三农”和小微企业信贷扶持力度加大。2013年年末，全省县域贷款、涉农贷款余额分别同比增长21.1%和23.6%，分别高于各项贷款3.9个和6.4个百分点。全年小微企业贷款增量占全部企业贷款增量的53%，占比较上年提高12.2个百分点，小微企业贷款增速高于大中型企业2.8个百分点。三是首套住房信贷服务切实改善。全年累计发放个人住房贷款956.1亿元，其中，首套房贷款占比达94.6%，执行基准及下浮利率占比达95.3%。四是民生金融服务能力进一步提升。全年累计发放小额担保贷款41.7亿元，同比多增17.5亿元；累计发放助学贷款11.1亿元，其中生源地助学贷款累计发放10.9亿元，同比多增1.4亿元。五是高耗能行业贷款占比下降。2013年年末，全省六大高耗能行业贷款余额比上年年末下降41.5亿元，占各项贷款余额的比重较上年年末下降0.9个百分点。

4.贷款利率水平有所下降，利率市场化程度进一步提高。2013年，全省银行业金融机构人民币贷款加权平均利率为7.51%，比上年下降31个基点。从贷款浮动区间分布看，全年执行上浮利率贷款占比为67.4%，比上年下降0.6个百分点（见表2）。1年期以上小额美元存款利率走势平稳，3个月以内大额美元存款利率年初波动下行，下半年逐渐回升（见图4）。

表2　2013年安徽省金融机构人民币贷款各利率区间占比

单位：%

月份		1月	2月	3月	4月	5月	6月
合计		100.0	100.0	100.0	100.0	100.0	100.0
下浮		9.3	8.8	7.9	9.0	9.4	7.1
基准		20.9	22.8	21.0	20.5	25.4	33.1
上浮	小计	69.8	68.4	71.1	70.5	65.2	59.8
	(1.0，1.1]	16.3	19.3	18.9	15.7	12.3	12.9
	(1.1，1.3]	25.4	22.1	26.4	26.7	25.0	22.7
	(1.3，1.5]	12.9	11.9	10.7	12.0	12.4	11.3
	(1.5，2.0]	12.4	12.6	13.1	14.0	13.4	11.0
	2.0以上	2.8	2.5	2.0	2.1	2.1	1.9
月份		7月	8月	9月	10月	11月	12月
合计		100.0	100.0	100.0	100.0	100.0	100.0
下浮		7.0	7.2	9.2	8.0	5.4	6.8
基准		24.4	23.3	22.5	30.6	28.6	21.1
上浮	小计	68.6	69.5	68.3	61.4	66.0	72.1
	(1.0，1.1]	15.2	15.9	14.9	14.6	16.1	17.5
	(1.1，1.3]	26.8	24.7	24.9	23.0	23.3	25.0
	(1.3，1.5]	12.3	12.7	12.2	11.2	11.4	14.4
	(1.5，2.0]	12.3	13.7	13.8	10.4	12.8	12.3
	2.0以上	2.0	2.5	2.5	2.2	2.4	2.9

数据来源：中国人民银行合肥中心支行。

随着利率市场化推进，各家银行存款利率上浮比例均有所提高，定价策略差异性增强，中小银行存款增长明显快于大型银行，全国性大型银行全年新增人民币存款占全省存款增量的45.7%，比上年下降10.4个百分点。年末银行业金融机构净息差收窄，比年初下降0.2个百分点。

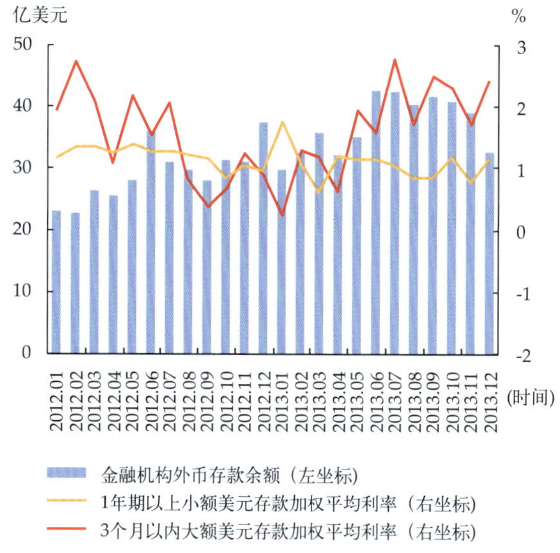

数据来源：中国人民银行合肥中心支行。

图4　2012～2013年安徽省金融机构外币存款余额及外币存款利率

5. 金融改革稳步推进。农村信用社改制工作步伐加快，全年新组建开业农村商业银行15家。大力推进金寨县、凤台县农村金融综合改革试点；开展石台县等国家级贫困县金融帮扶工作；启动家庭农场“直管直贷”试点工作，由试点金融机构在全省每个县至少联系1户家庭农场，探索金融服务家庭农场新模式。徽商银行成为中部地区首家在香港上市的城市商业银行。

6. 跨境人民币业务快速发展。2013年，全省跨境人民币实际收付金额358.8亿元，为上年的2.5倍。跨境人民币业务覆盖范围进一步扩大，全年共有690家涉外企业办理跨境人民币结算业务，比上年增长1.6倍；跨境人民币业务往来国家和地区由上年年末的106个增至133个。

专栏1　总结试点经验　探索全面启动农村金融改革之路

2012年6月以来，安徽省金寨县、凤台县先后被全国人大、安徽省政府确定为“农村金融综合改革试点县”。一年多来，试点成效显现，两县金融组织体系建设、社会信用环境、金融基础设施、金融产品创新等均有显著变化，信贷投放实现较快增长。2013年年末，金寨县各项贷款余额同比增长34.4%，高于全省17.3个百分点，全年增量存贷比较改革前提高

22.5个百分点；凤台县贷款余额为105.9亿元，全年增量存贷比较上年提高18个百分点。同时，两县的改革试点工作也为安徽省全面启动农村金融改革探索出一系列易推广、可复制、好操作的经验和做法。

一是完善改革的相关制度和配套政策，强化制度引领和政策导向作用。改革启动以来，安徽省相继出台金寨县、凤台县农村金融综合改革实施方案，两县均成立了改革领导小组，设立了改革发展专项资金，制定了系列配套措施。在改革推进过程中，全省各级人民银行加强与政府部门、监管机构的协调配合，充分发挥职能作用，在农村信用体系、现代支付服务体系、金融知识宣传培训和风险防控等方面主动作为，有效促进改革实施。

二是通过对上争取、对外引进、对内完善，逐步健全多层次、广覆盖的县域金融组织体系。金寨县农村信用社成功改制为六安市首家农村商业银行，凤台县农村商业银行已获批筹建；金寨县组建了徽银村镇银行、江淮村镇银行，成为全国唯一设有两家村镇银行的县；安徽省信用担保集团金寨县分公司挂牌成立，国元农业保险金寨分公司正式营业,华夏人寿保险公司凤台支公司已设立。试点以来，多家金融机构在两县新设或增设支行、营业网点或自助银行。

三是积极搭建农村信用信息服务平台，农村信用体系建设取得显著进展。两县均被确定为安徽省农村信用体系建设实验区，并在较短时间内搭建了农村信用信息服务平台，截至2013年年末，金寨、凤台两县农户信用信息采集率分别达87.3%和88.6%。同时，建立了信用信息评价运用机制，提高涉农主体贷款的可获得性和便利性。

四是优化支付服务环境，农村金融基础设施建设得到较大改善。大小额支付系统全面接入乡镇网点，税款基本实现网上缴纳，国库集中支付向乡镇延伸；实现了ATM乡镇全覆盖和助农取款服务点行政村全覆盖；手机银行、电话银行业务较快拓展，其中金寨县被中国人民银行批准为农村地区手机支付试点县；银行卡发放基本实现一人一卡；通过设立村级金融服务室，使农户足不出村即可享受现代金融服务。

五是体现地方特色，金融产品和服务创新得到有效推进。两县金融综合改革既有共性也有差异。金寨县是国家级贫困县，改革目的在于探索出一条金融扶贫的道路；凤台县经济实力相对较强，在吸收借鉴了金寨县经验做法的基础上，赋予了改革更多新内涵。两县在改革中，能够结合当地经济金融发展特点，创新改革思路，推出各具地方特色的金融创新产品。金寨县各银行业金融机构围绕抵押难、担保难等问题，已开办或即将申请开办增加的新业务品种达15个。如中国农业发展银行安徽省分行会同安徽省担保集团推出的“万亩茶叶、万亩油茶富民工程”，采取“担保机构+金融机构+政策性支农机构+龙头企业+农户”的“五位一体”模式，已发放贷款1 000万元。凤台县为做好粮食产业金融服务工作，创新开设了“粮食银行”，运作成效明显。截至2013年年末已收存粮食近3万吨、覆盖农户1 300余户，开展投资贷粮业务价值240万元，并引入贷款保险机制，创新开办了由银行、保险公司、融资性担保公司及地方财政四方合作的“银保贷”模式。

（二）证券市场融资活跃，场外市场建设取得突破

1. 证券期货经营机构发展较快。2013年年末，安徽省共有证券分公司7家，比上年年末增加5家，证券营业部202家，比上年年末增加44家；期货营业部38家，比上年年末增加5家。全年证券市场交易额17 461.5亿元，同比增长59.4%；实现营业收入18.6亿元，同比增长50.0%。期货市场交易额18.5万亿元，同比增长27.2%。

表3　2013年安徽省证券业基本情况

项目	数量
总部设在辖内的证券公司数（家）	2
总部设在辖内的基金公司数（家）	0
总部设在辖内的期货公司数（家）	3
年末国内上市公司数（家）	78
当年国内股票（A股）筹资（亿元）	150.5
当年发行H股筹资（亿元）	106.8
当年国内债券筹资（亿元）	643.3
其中：短期融资券筹资额（亿元）	262.5
中期票据筹资额（亿元）	248.0

数据来源：安徽证监局。

2. 市场融资和并购重组趋于活跃。2013年年末，全省境内上市公司78家，全年实现再融资17家次，融资额为244.6亿元，创历史新高。上市公司并购重组金额为90亿元，是上年的3.8倍。

3. 场外市场建设取得突破。13家企业跻身“新三板”首批挂牌行列；安徽省股权托管交易中心正式运行，挂牌企业22家、托管企业127家。

（三）保险市场运行平稳，保障水平不断提升

1. 保险业经营机构稳定发展。截至2013年年末，安徽省共有保险法人机构1家、省级保险机构48家（见表4）。其中，财产保险机构23家，人身保险机构25家；信用险、农险、汽车保险、健康险、养老险等专业保险机构8家，外资公司2家。此外，全省专业保险中介机构183家，兼业代理机构6 677家。保险营销人员人数12.8万人，同比下降7.3%；保险机构资产总额为1 109.9亿元，同比增长5.1%。

2. 保险市场平稳运行。2013年，全省保险业累计实现保费收入483亿元，同比增长6.5%，增幅同比提高1.6个百分点。其中，财产险业务保费收入为203.9亿元，同比增长20.6%；人身险业务保费收入为279.2亿元，同比下降1.9%。保险业险种结构继续改善，财产险方面，保证保险、家庭财产保险、责任保险和工程保险保费收入同比分别增长96.7%、87.8%、33.0%、28.8%；人身险方面，健康险、意外险保费收入同比分别增长42.3%和24.0%。

表4　2013年安徽省保险业基本情况

项目	数量
总部设在辖内的保险公司数（家）	1
其中：财产险经营主体（家）	1
人身险经营主体（家）	0
保险公司分支机构（家）	48
其中：财产险公司分支机构（家）	23
人身险公司分支机构（家）	25
保费收入（中外资，亿元）	483.0
其中：财产险保费收入（中外资，亿元）	203.9
人身险保费收入（中外资，亿元）	279.2
各类赔款给付（中外资，亿元）	223.0
保险密度（元/人）	801.0
保险深度（%）	2.5

数据来源：安徽保监局。

3. 服务能力不断提升。2013年，全省保险业累计支付保险赔款和给付223亿元，同比增长46.1%。全省5市、11县启动大病保险试点工作；大力发展森林保险，年末试点地区的承保覆盖率超过60%；推进环境污染责任保险试点，年末参与试点企业117家。

（四）社会融资规模稳步增长，金融市场交易下降

1. 社会融资规模稳步增长。2013年，全省社会融资规模达4 968.9亿元，同比多增710亿元。其中，本外币贷款占比57.9%，较上年下降4.4个百分点；为适应存贷利差空间缩小、开拓新的利润增长点等，金融机构加快发展表外业务，信托贷款、委托贷款及未贴现银行承兑汇票合计占比28.9%，较上年提高16.1个百分点；债券融资占比7.2%，较上年下降11.4个百分点；股票融资占比2.4%，较上年提高1.5个百分点（见图5）。

2. 同业拆借和债券交易量下降，资金净融入格局明显。2013年，受债券市场规范、监管持续加强和金融市场利率波动等因素的影响，全省银行间市场成员债券回购、现券交易和同业拆借分别为5.9万亿元、1.4万亿元和1 089.3亿元，同比分别下降3.2%、52.7%和50.8%；通过债券回购和同业拆借净融入资金1.8万亿元，同比增长52.4%。

3. 票据融资余额下降，银票承兑业务增长放

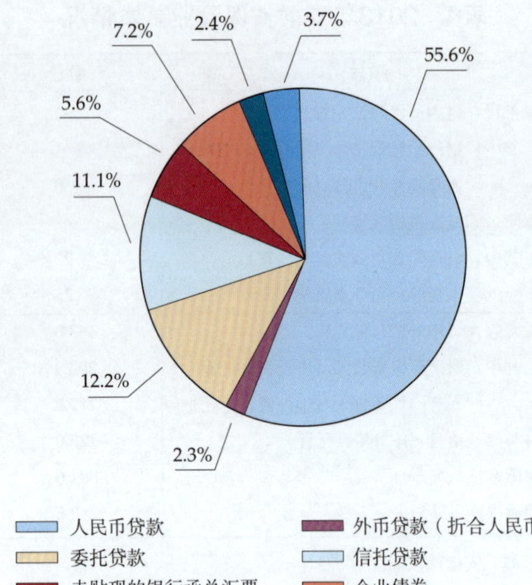

数据来源：中国人民银行合肥中心支行。

图5　2013年安徽省社会融资规模分布

表5　2013年安徽省金融机构票据业务量统计

单位：亿元

季度	银行承兑汇票承兑		贴现			
			银行承兑汇票		商业承兑汇票	
	余额	累计发生额	余额	累计发生额	余额	累计发生额
1	1 876	1 039	736	1 611	42	41
2	1 937	2 073	784	5 393	71	87
3	2 006	3 112	783	7 917	27	129
4	1 961	4 141	653	10 705	25	153

数据来源：中国人民银行合肥中心支行。

表6　2013年安徽省金融机构票据贴现、转贴现利率

单位：%

季度	贴现		转贴现	
	银行承兑汇票	商业承兑汇票	票据买断	票据回购
1	4.91	5.38	4.64	4.36
2	4.86	5.54	4.72	4.28
3	6.43	6.64	5.23	5.27
4	6.93	7.06	5.62	6.00

数据来源：中国人民银行合肥中心支行。

缓。2013年，受银行间市场整体流动性偏紧和金融机构压缩票据融资规模等因素的影响，全省金融机构票据融资净下降70.4亿元。第三季度以来，票据贴现利率一路上扬，年末达到较高水平，12月全省金融机构票据直贴、买断转贴、回购转贴加权平均利率分别达到7.5%、6.7%、7.2%，同比分别提高1.9个、1.6个、2.2个百分点。由于票据贴现难度增加，市场对银票承兑的接受程度降低，金融机构银行承兑汇票业务增长放缓，2013年年末，全省银票承兑余额同比增长11.5%，较同期贷款增速低5.7个百分点。

4. 债券融资渠道创新取得新突破。2013年全省实现超短期融资券、小微企业专项金融债的首次发行，安徽高速控股公司成为全国首批发行超短期融资券的地方性国企之一，芜湖扬子农村商业银行是全国第四家获准发行小微企业专项金融债的农村金融机构，华安证券短期融资券通过审批。

（五）金融生态环境建设进一步加强，金融基础设施建设有序推进

1.信用体系建设取得新进展。2013年，中国人民银行合肥中心支行加快农村信用体系试验区建设，选择凤台、阜南等5个县扩大试验区覆盖范围；与共青团安徽省省委共同推进农村青年信用示范创建工作，与安徽省商务厅开展全省诚信示范企业评选活动。

2. 征信系统服务范围不断拓展。截至2013年年末，个人征信系统收录全省自然人3 209.7万人，全年累计查询541.8万次，同比增长13%；企业征信系统收录企业和其他组织19.0万户，全年累计查询101.2万次。

3. 支付系统建设扎实推进。圆满完成第二代支付系统上线、同城清算系统优化和银行卡刷卡手续费标准调整工作。开展农村手机支付试点工作，在全省推广村级金融服务室，助农取款服务点实现了村级全覆盖。

4. 金融消费者权益保护渠道进一步畅通。全省人民银行系统完善辖区金融消费争议受理渠道建设，全年共受理消费者投诉462件，办结率89.4%。

二、经济运行情况

2013年，面对经济下行的严峻形势，安徽省

以提高经济发展质量和效益为中心，统筹稳增长、调结构、促改革、惠民生，努力化解经济运行中的突出矛盾，保持了经济社会平稳较快发展。全年实现地区生产总值19 038.9亿元，同比增长10.4%，增幅比上年回落1.7个百分点，连续十年保持两位数增长（见图6）。

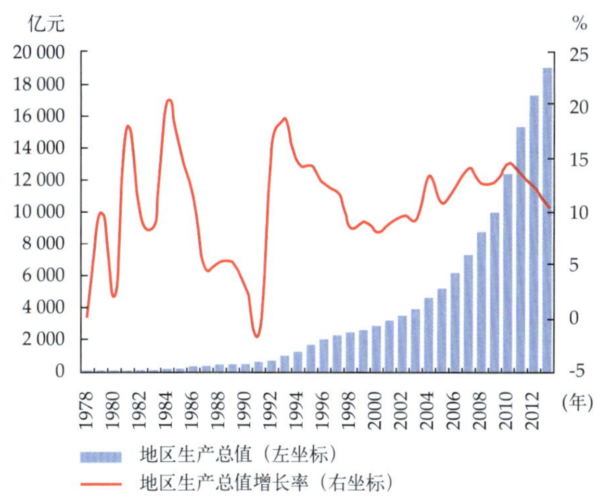

数据来源：安徽省统计局。

图6　1978～2013年安徽省地区生产总值及其增长率

（一）内需稳定增长，对外开放进一步扩大

1. 投资平稳增长，新开工项目增长放缓。全年完成固定资产投资18 090.9亿元，同比增长21.1%，增幅比上年回落3.1个百分点，比全国高1.6个百分点（见图7）。分行业看，第一、第三产业投资增长较快，同比分别增长28.9%和23.0%。从项目开工情况看，全年新开工项目完成投资增长16.4%，低于全部投资增幅4.7个百分点，新开工项目增长放缓可能影响后续投资增长的稳定性。

2. 消费市场平稳运行，消费结构升级加快。2013年，全社会消费品零售总额同比增长14%（见图8）。分城乡看，乡村消费品零售额增长14.2%，高于城镇0.3个百分点。分产品看，耐用消费品零售额增长较快，其中，家具增长29.1%，金银珠宝增长28.9%，汽车增长19.9%，家用电器和音像器材增长16.7%。

数据来源：安徽省统计局。

图7　1980～2013年安徽省固定资产投资（不含农户）及其增长率

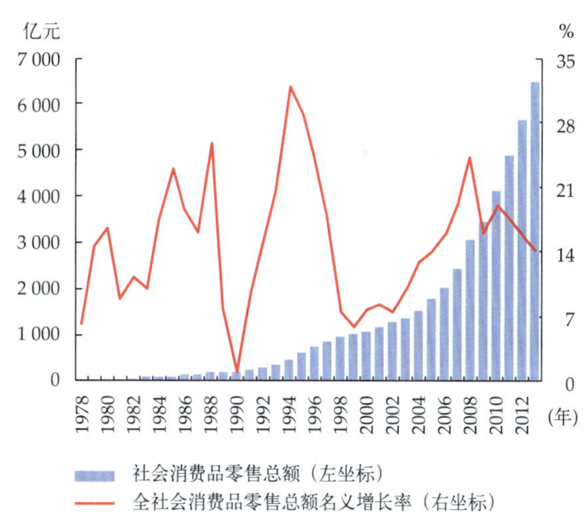

数据来源：安徽省统计局。

图8　1978～2013年安徽省社会消费品零售总额及其增长率

3. 出口波动增长，对外开放水平提高。全年进出口总额为456.3亿美元，同比增长16.2%，增幅比全国高8.6个百分点。其中，出口同比增长5.6%；进口同比增长38.6%（见图9）。年初由市场采购贸易大幅增长等拉动，1～4月全省出口增长达79.8%，但之后受上年同期基数提高和国家控制市场采购贸易等因素的影响，全年出口增速出现明显回落。

着力提高招商引资质量和开放型经济水平，亿元以上省外投资项目实际到位资金6 796.7亿

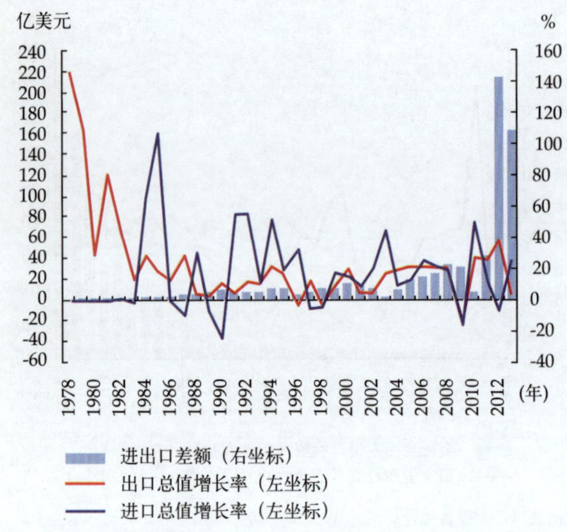

数据来源：安徽省统计局。

图9　1978～2013年安徽省外贸进出口变动情况

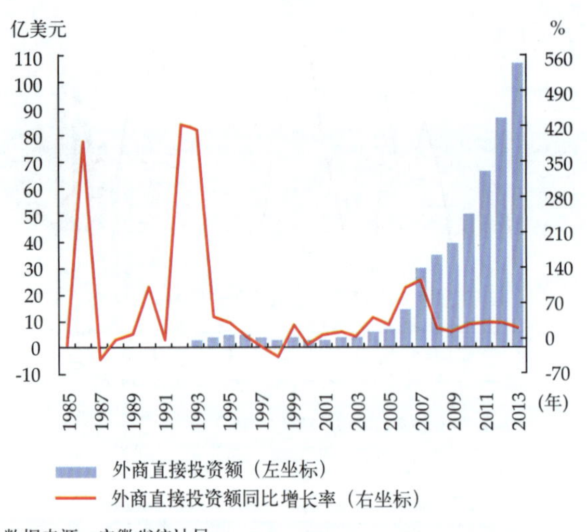

数据来源：安徽省统计局。

图10　1985～2013年安徽省外商直接投资额及其增长率

元，同比增长28.6%；实际利用外商直接投资106.9亿美元，同比增长23.7%，增幅高于全国18.4个百分点（见图10）；新增4个国家级经济技术开发区。全年实际对外投资6.9亿美元，同比增长26.6%。

（二）产业结构调整优化，民营经济占比提升

2013年，安徽省地区生产总值中三次产业比例由上年的12.7：54.6：32.7调整为12.3：54.6：33.1，其中工业占比提高0.3个百分点，服务业占比提高0.4个百分点。

1．粮食生产实现“十连丰”，农产品加工业发展较快。2013年，安徽省积极应对低温冻害、高温干旱和禽流感疫情等多重灾害，粮食总产量655.9亿斤，比上年减产1.9亿斤，仍连续两年超过650亿斤，为历史上次高产年；畜禽规模养殖比重达64%。全年农产品加工产值达7 221亿元，同比增长16.9%。

2．工业生产较快增长，质量效益提升。全年规模以上工业增加值同比增长13.7%，比全国高4个百分点(见图11)。其中高新技术产业、装备制造业增加值同比均增长15.7%，增幅高于全部规模以上工业2个百分点；战略性新兴产业产值同比增长23.4%，比全部规模以上工业高8.4个百分点，占规模以上工业比重达20.8%。全年规模以上工业企业实现利润同比增长16.9%，增幅比上年高5.6个百分点，比全国高4.7个百分点。

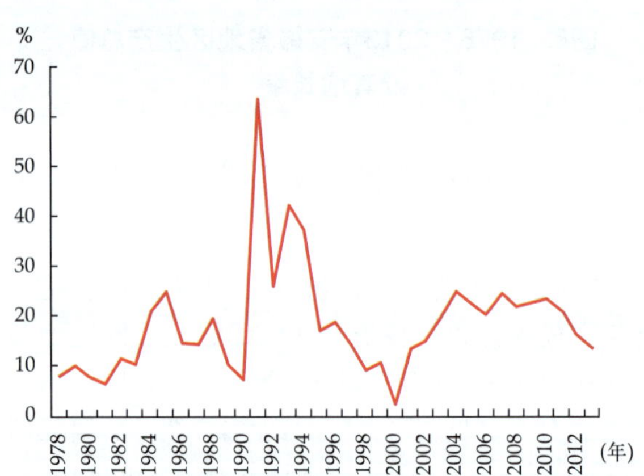

数据来源：安徽省统计局。

图11　1978～2013年安徽省规模以上工业增加值同比增长率

3．服务业增长贡献提升，现代服务业较快增长。2013年全省服务业增加值同比增长9.5%，增幅高于全国1.2个百分点；服务业拉动经济增长3.2个百分点，贡献率达30%。物流、金融、信息服务、文化创意等现代服务业增加值同比增长10.7%，增幅快于服务业1.2个百分点；占服务业增加值的50.7%，比上年提高0.6个百分点。

4.民营经济发展态势良好，民间投资较为活跃。全年民营经济实现增加值同比增长10.7%，增幅比地区生产总值高0.3个百分点；占地区生产总值比重由上年的56%提高到57%。民间投资较为活跃，完成投资同比增长25.6%，增幅高出全部投资4.5个百分点。

专栏2 金融全方位支持安徽小微企业发展

近年来，在破解小微企业融资难问题上，安徽省主动作为，多措并举，通过积极完善金融体制机制、加强政策引导与支持、着力发挥担保保险增信作用等方式，鼓励金融机构优化发展战略、调整信贷结构、加大金融创新、提升服务能力，走出了一条具有鲜明安徽特色的小微企业发展之路。2013年年末，全省银行业金融机构小微企业贷款余额为4 283.9亿元，同比增长17.4%，持续高于各项贷款增速；全年小微企业贷款新增837.1亿元，同比多增291.7亿元，占企业新增贷款的53.0%，较上年提高12.2个百分点；直接融资方面，2013年小微企业专项金融债券在安徽实现首发。

一、注引导。2009年，安徽省政府出台《关于进一步加强对小企业个体工商户和农户金融服务意见》（皖政[2009]59号），随后中国人民银行合肥中心支行及相关部门先后制定7个具体实施办法，形成了全面支持小微企业发展的“1+7”政策体系。2010年《关于进一步促进非公有制经济和中小企业加快发展的实施意见》、2011年《关于发挥财政引导作用支持中小企业和“三农”发展的意见》、2013年《关于大力发展民营经济的意见》等，一系列政策的出台实施为安徽中小企业发展提供了保障。近年来，中国人民银行合肥中心支行在引导金融机构加大小微企业金融服务方面也做出了积极努力。一是持续推进中小企业信贷政策导向评估工作。制定评估实施细则，自主开发评估系统并在全国范围推广使用，注重评估结果的宣传与运用，努力改进信贷政策实施方式，不断提升政策实施效果，辖内金融机构服务小微企业的责任感和大局意识不断增强。二是加强再贴现管理，充分发挥货币政策工具的调控导向作用。优化再贴现分布结构，提高使用效率；通过票据选择明确支持重点，确保再贴现用于支农支小。2013年年末全省再贴现余额为83.7亿元，其中小微企业票据再贴现余额占59.6%，同比提高11.3个百分点。

二、重创新。面对外部环境的变化和内在发展的要求，银行业金融机构也面临转型压力。随着党中央、国务院把支持小微企业发展作为推进经济结构战略性调整、加快转型升级的必要举措，小微企业也成为银行业金融机构探索转型的普遍选择。针对小微企业融资需求特点，辖内各金融机构坚持差异化、特色化发展，不断加大资源投入和创新力度，小微企业金融服务的专业化水平明显提升。截至2013年年末，全省已设立各级小微企业专业机构近400家，中国农业银行安徽省分行在62个县域支行设立了“三农”金融事业部；面向小微企业的金融创新产品达200余种，服务范围覆盖生产、加工、贸易流通等各个环节等。

三、排后忧。针对小微企业抵押品不足、信息不对称、贷款风险高等特点，为解决金融机构支持小微企业的后顾之忧，全省上下加强协调，凝心聚力，为金融机构构筑风险防线。一是设立风险补偿资金，降低金融机构经营风险。2008年，安徽省财政安排10亿元建立中小企业贷款风险补偿资金，专项用于中小企业贷款风险补偿和贷款贴息；2013年起建立省、市、县三级小微企业担保风险补偿基金，用于融资性担保机构发生的小微企业担保代偿损失的风险补偿。二是推进多层次融资担保体系建设，增强分险增信作用。2011年3月安徽提前完成国家部署的担保机构规范整顿工作；2013年年初安徽省省委、省政府决定自当年起连续五年，省级财政每年安排11亿元用于增加担保机构国有资本金；之后又专项安排20亿元，通过安徽省担保集团对县域担保机构注资参股，不断增强县域担保机构实力，带动提升行业担保能力和经营管理水平。截至2013年年末，全省融资性担保机构378家，平均注册资本达1.3亿元，为小微企业提供融资性担保余额620.6亿元，占全部在保余额的44.7%。三是加强小微企业信用体系建设，有效缓解银企信息不对称问题。2012年安徽省被确定为改进小微企业征信服务试点省，以此为契机，中国人民银行合肥中心支行积极拓展小微企业信息采集范围，加大非银行信息采集力度，充分发挥信用信息“辅助银行、助推企业”的作用。截至2013年年末，安徽省累计建立中小企业信用档案4.9万户，其中1.7万户取得银行授信意向。

（三）居民消费价格保持稳定，生产类价格持续负增长

1. 居民消费价格保持稳定。2013年，安徽省居民消费价格上涨2.4%，高于上年0.1个百分点（见图12）。其中，食品价格上涨4.7%，是拉动居民消费价格增长的主要因素。

2. 生产类价格持续负增长。受经济下行压力较大、部分行业产能利用率较低等的影响，全年工业生产者出厂价格同比下降1.8%，工业生产者购进价格同比下降3.1%，分别比上年低0.1个和1.3个百分点。

3. 劳动力价格持续上涨。2013年7月，安徽省调整全省最低工资标准，月最低工资标准由原680～1 010元上调至860～1 260元。2013年安徽省外出农民工月均收入为2 909元，比上年增长15.9%。

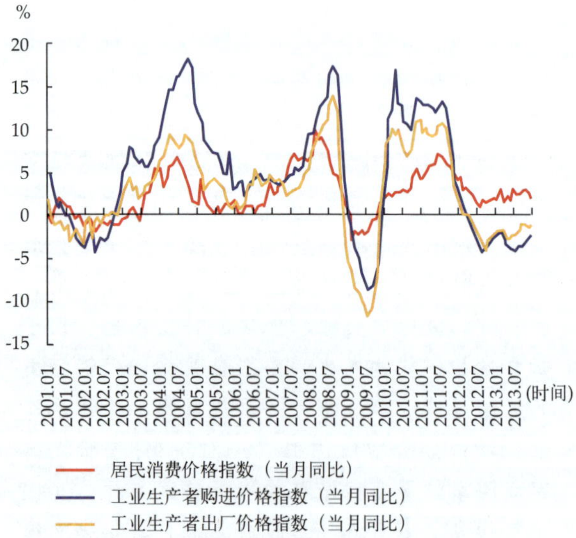

%
20
15
10
5
0
-5
-10
-15
2001.01 2001.07 2002.01 2002.07 2003.01 2003.07 2004.01 2004.07 2005.01 2005.07 2006.01 2006.07 2007.01 2007.07 2008.01 2008.07 2009.01 2009.07 2010.01 2010.07 2011.01 2011.07 2012.01 2012.07 2013.01 2013.07 (时间)

居民消费价格指数（当月同比）
工业生产者购进价格指数（当月同比）
工业生产者出厂价格指数（当月同比）

数据来源：安徽省统计局。

图12　2001～2013年安徽省居民消费价格和生产者价格变动趋势

（四）财政收入稳定增长，民生投入力度加大

2013年，安徽省财政收入为3 365.1亿元，增长11.2%，其中地方财政收入增长15.8%；财政支出增长9.9%（见图13）。社会保障与就业、城乡社区事务、科学技术、医疗卫生、农林水事务等重点民生支出得到较好保障，占总支出比重由上年的41.7%提高到44.4%。“营改增”试点稳步实施，减轻企业负担32.7亿元。落实强农惠农富农政策，发放涉农补贴223.5亿元，同比增长14.3%。

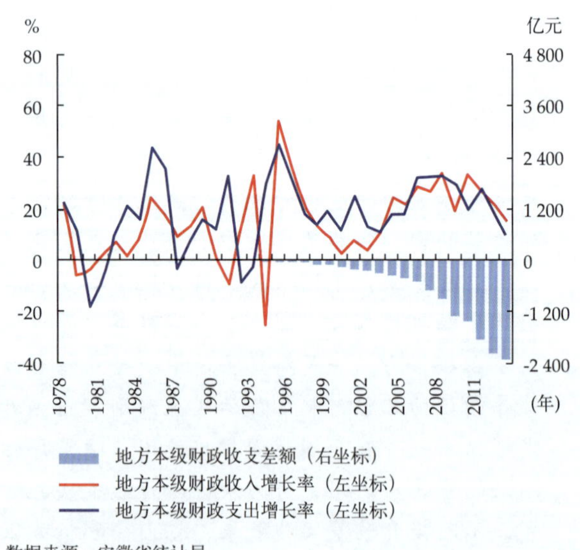

数据来源：安徽省统计局。

图13　1978～2013年安徽省财政收支状况

（五）节能减排和环境保护力度加大，高耗能行业调控压力较大

1. 节能降耗完成年初目标。2013年，安徽省单位工业增加值能耗下降7%，完成年度目标任务。加强以大气、水为重点的污染防治和城乡环境综合整治，新增污水处理配套管网1 400公里，新增造林304万亩，建成城市绿道430公里。池州市荣获“中国人居环境奖”。

2. 高耗能行业调控难度较大。规模以上工业综合能耗增长5.7%，增幅比上年上升0.6个百分点。其中，六大高耗能行业能耗增长6.3%，与上年持平，拉动全部规模以上工业能耗增长5.4个百分点，能耗占全部规模以上工业比重达85%，由于高耗能行业多属于全省经济基础性行业，影响面广，节能降耗难度较大。

（六）房地产市场呈现回升态势，现代农业发展势头良好

1. 房地产市场呈现回升态势

（1）房地产开发投资总体稳中有升。2013年，安徽省房地产开发投资完成3 946.2亿元，同比增长25.2%，比上年提高4.5个百分点；其中省会合肥市同比增长21%，比上年提高17.2个百分点。

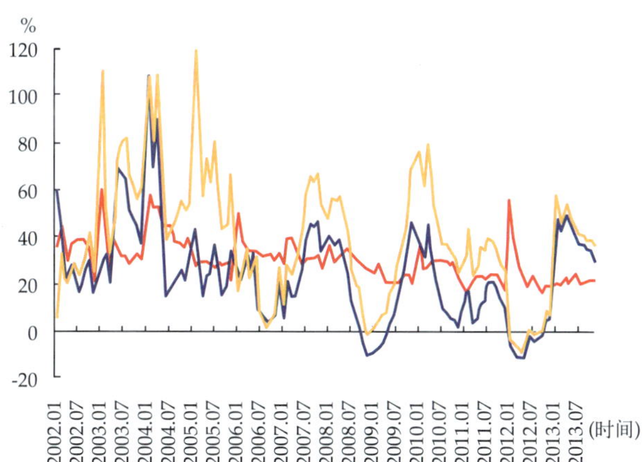

数据来源：安徽省统计局。

图14 2002～2013年安徽省商品房施工和销售变动趋势

（2）商品房供给充足。全年全省商品房施工面积和竣工面积同比分别增长21.7%和30.6%，比上年分别提高2.2个和21.3个百分点（见图14）。从先行指标情况看，后续供给充足，全年购置土地面积和新开工面积同比分别增长5.4%和28.0%，比上年提高25.9个和37.1个百分点。

（3）商品房销售快速增长。全年全省商品房销售面积同比增长29.8%，比上年提高24.9个百分点；商品房销售额同比增长36.6%，比上年提高30.7个百分点。合肥市商品房销售面积和销售额增速比上年分别提高31个和33.8个百分点。

（4）新建商品住房价格平稳增长。全年全省市区新建商品住房均价为5 473.6元，比上年增长5.7%，同比提高1.7个百分点。合肥市12月新建住宅销售价格同比上涨9.9%（见图15）。

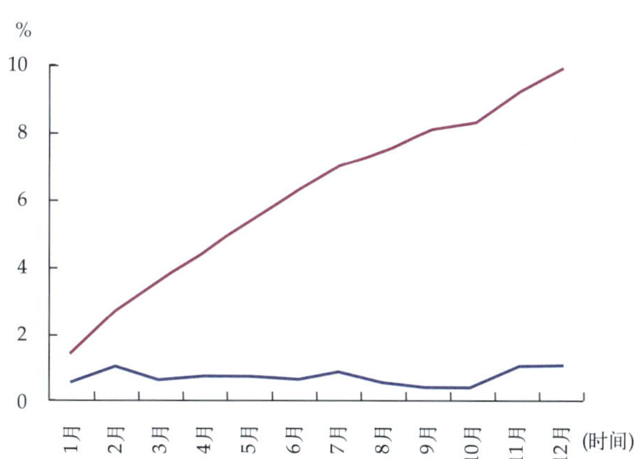

数据来源：国家统计局《中国经济景气月报》。

图15 2013年合肥市新建住宅销售价格变动趋势

（5）保障房建设加速推进。全年全省新开工保障性安居工程建设41.5万套、3 409.4万平方米，是当年计划新开工的104.9%；基本建成22.7万套、1 582.8万平方米，当年完成投资538.2亿元。

（6）金融支持保障房建设力度增强。全年全省房地产贷款同比增长29.8%，比上年提高5.9个百分点。其中，房地产开发贷款同比增长41.6%，个人住房贷款同比增长26.9%。开发贷款增量的

62.5%用于保障房建设，全年新发放保障房贷款137.5亿元。全省多地还积极通过其他融资渠道支持保障房建设。截至2013年年末，共发行企业债券94.1亿元、利用公积金贷款余额29.5亿元、信托余额15亿元、金融租赁融资20亿元、私募基金3.9亿元。

2. 现代农业加快发展

（1）现代农业发展势头良好。一是新型经营主体显著增加。2013年年末，全省农民合作社达到4.18万个，同比增长42.7%；经工商部门登记注册的家庭农场7 305个；规模以上农产品加工企业4 942家，新增648家。二是土地流转稳步开展。2013年年末，全省农村土地流转面积2 855.9万亩，新增803万亩，其中耕地流转2 012.4万亩，占全省耕地总面积的32.2%，比上年提高11.7个百分点，全年共完成2个部级、8个省级试点土地确权登记颁证任务。三是农业信息化扎实推进，初步建成了集省农业生产指挥调度中心和三个大田生产物联网子系统为一体的大田生产物联网省级平台框架。

（2）金融支持力度持续加大。一是信贷支持有力。2013年年末，全省金融机构涉农贷款余额同比增长23.6%，高于各项贷款增速6.4个百分点。二是金融产品不断创新。全省金融机构积极探索适合现代农业生产经营主体需求的金融产品和服务方式，年末创新产品贷款余额为511.3亿元，同比增长12.0%，受益农户数达66万户。三是农村金融改革稳步开展。在金寨、凤台两县农村金融综合改革取得阶段性成效基础上，将“加快推进农村金融综合改革”作为全省农村综合改革示范点建设的重要内容，确定在全省20个县（区）开展试点工作。积极推进金融支持家庭农场“直管直贷”试点工作，2013年年末，落实试点家庭农场259家，贷款余额为9 697.3万元。四是农业保险覆盖面明显增加。2013年全省农业保险金额为499.0亿元，同比增长53.7%；农业保险品种数达51个，比上年增加14个。

（七）皖江城市带承接产业转移由“重量”向“量效”转变

随着招商引资竞争日益激烈，沿海地区向外产业转移步伐放缓，安徽省承接产业转移的增速有所放缓。2013年，安徽省及时调整招商引资政策和考核评价方式，注重集群式承接、“绿色”承接，把承接产业转移和培育主导产业紧密结合，提高了承接产业转移的质量和效益。

1. 承接产业转移数量持续较快增长。2013年，皖江城市带示范区在建亿元以上省外投资项目实际到位资金4 403.5亿元，同比增长24.5%，占全省实际到位资金的64.8%。吸引外商直接投资74.6亿美元，同比增长22.7%，占全省外商直接投资的69.8%。新建亿元以上项目1 709个，占全省新建项目的66%，比上年多149个。

2. 承接产业转移质量进一步提高。2013年，示范区亿元以上省外投资战略性新兴产业项目913个，占示范区亿元以上省外投资项目的25.1%，比上年提高16.7个百分点。实际到位资金1 259.4亿元，占示范区亿元以上省外投资项目到位资金的28.6%，比上年提高15.6个百分点，其中高端装备制造和电子信息产业到位资金分别为353.9亿元和311.2亿元，分别为上年的4.8倍和3倍。

三、预测与展望

2014年，安徽省经济金融发展仍处于重要战略机遇期。一是支撑经济较快发展的基本面没有改变，新型工业化和城镇化双轮驱动动力强劲，仍有较大发展潜力。二是正处于转型升级的战略推动期。作为创新型省份建设试点，合芜蚌自主创新实验区的示范效应将进一步发挥，全省战略性新兴产业、高新技术产业等将保持良好发展态势。三是面临深化改革的重要窗口期。近年来，安徽实现了皖江城市带、皖北振兴、皖南国际文化旅游、大别山扶贫等重大战略全覆盖，全面深化改革将为全省经济发展注入强大活力。

但是，当前经济企稳回升的基础还不稳固。作为发展中省份，安徽经济长期高速发展也积累了一些矛盾，如部分传统行业产能利用率低、高耗能行业节能降耗难度加大，生态环境承载压力增加；自主创新能力总体不强，多数企业缺乏核心技术、知识产权和自主品牌；新开工项目规模偏小、资金约束偏紧，一定程度上影响后续投资稳定增长；消费增长动力不足，财政收支矛盾进一步加大等。金融支持转型升级的任务依然艰巨。总体判断，2014年安徽加快发展、加速转型的总体趋势没有改变，经济有望继续保持健康较快发展，增速可能略低于上年。

2014年，安徽省金融业将继续认真落实稳健的货币政策，保持货币信贷和社会融资规模平稳适度增长，积极发展普惠金融，继续深化金融改革，优化金融资源配置，防范化解金融风险，为经济平稳较快发展营造良好的货币金融环境。在信贷投放方面，积极支持先进制造业、战略性新兴产业、现代服务业及传统产业升级改造，推动经济转型升级；支持皖江示范区、皖北发展等重大战略，推动区域均衡发展；支持保障房建设、扶贫开发等民生领域和薄弱环节发展，推动经济社会和谐发展。在直接融资方面，强化“大融资”理念，继续推动债务融资工具“翻两番”计划，力争实现16个地市全覆盖，债券品种创新取得积极进展。在金融改革创新方面，积极适应利率、汇率市场化改革新要求，继续深化推进家庭农场“直管直贷”试点、农场金融综合改革试点、集中连片地区发展、扶贫开发等工作，力争实现新突破。在金融风险防范方面，密切关注重点领域、创新业务等风险因素，加强金融风险的监测、评估、预警和化解工作，坚守不发生系统性区域性金融风险底线。

中国人民银行合肥中心支行货币政策分析小组
总　纂：刘兴亚　戴季宁
统　稿：樊　军　骆盛强　毛瑞丰
执　笔：毛瑞丰　周　麟　沈　祥　季　军　王春贤　陈得文　方锡华　周　浩　贺　静　汪昊旻
提供材料的还有：汪守宏　余　峰　姚　丰　吴玮玮　李　建　许媛媛　吴旭东　赵志富　刘　楠

附录

（一）2013年安徽省经济金融大事记

1月，凤台县被安徽省政府确定为农村金融综合改革试点县，一年来改革工作有序推进。

9月，中国人民银行合肥中心支行被总行确定为全国唯一一个金融业综合统计试点省份。

10月，财政部启动美丽乡村建设试点，安徽省成为首批7个重点推进省份之一；11月，农业部确定1 100个乡村为全国“美丽乡村”创建试点乡村，安徽省有48个村入选。

11月，安徽省政府出台《关于深化农村综合改革示范试点工作的指导意见》（皖政[2013]69号），在20个县(区)开展农村综合改革示范试点，试点将重点围绕市场主体培育、土地市场建设等六个方面开展。

11月12日，徽商银行在香港联交所主板挂牌交易，成为国内首批、中部首家登陆H股的城市商业银行，也是近三年来香港最大的一笔银行业IPO。

11月25日，科技部致函安徽省政府，原则同意《安徽省创新型省份建设方案》，标志着安徽省成为全国第二个开展创新型省份建设试点工作的省份。

12月，中国人民银行合肥中心支行与武汉分行、郑州中心支行联合下发《关于实施大别山片区“金融扶贫雨露工程”的意见》及金融扶贫联动协调机制实施细则，提出加强区域联动协调，推动金融扶贫创新。

2013年，安徽省实现超短期融资券、小微企业专项金融债的首次发行。

（二）2013年安徽省主要经济金融指标

表1 2013年安徽省主要存贷款指标

		1月	2月	3月	4月	5月	6月	7月	8月	9月	10月	11月	12月
本外币	金融机构各项存款余额（亿元）	23 595.6	24 445.7	25 346.5	25 236.7	25 731.1	26 330.2	26 473.7	26 719.4	27 031.6	26 998.7	26 965.7	26 938.2
	其中：储蓄存款	11 524.9	12 720.8	12 984.8	12 621.5	12 651.3	12 846.2	12 817.8	12 836.8	13 014.6	12 821.2	12 816.9	12 959.8
	单位存款	10 743.5	10 387.1	11 176.1	11 346.8	11 614.0	11 793.1	11 814.1	11 900.1	12 064.4	12 139.7	12 148.7	12 534.4
	各项存款余额比上月增加（亿元）	377.2	850.1	900.8	-109.8	494.4	599.1	143.6	245.7	312.2	-32.9	-33.0	-27.4
	金融机构各项存款同比增长（%）	18.8	18.8	20.2	20.3	20.3	20.1	20.1	19.9	19.5	19.2	17.8	16.1
	金融机构各项贷款余额（亿元）	17 111.8	17 297.9	17 700.8	17 888.5	18 145.9	18 573.5	18 765.9	19 054.3	19 276.5	19 488.8	19 717.4	19 688.2
	其中：短期	6 469.9	6 561.2	6 677.9	6 636.2	6 687.5	6 947.6	7 070.2	7 191.2	7 383.3	7 520.4	7 653.1	7 654.8
	中长期	9 793.2	9 920.1	10 115.0	10 297.0	10 454.9	10 612.9	10 726.2	10 818.3	10 915.1	11 032.3	11 131.2	11 148.5
	票据融资	716.7	683.7	778.2	823.9	868.2	855.5	812.3	880.3	809.6	757.4	745.1	677.7
	各项贷款余额比上月增加（亿元）	282.9	186.1	402.8	187.8	257.3	427.6	192.4	288.5	222.2	212.3	228.6	-29.2
	其中：短期	110.0	91.4	116.7	-41.7	51.2	260.2	122.5	121.1	192.1	137.0	132.7	1.7
	中长期	199.2	126.8	195.0	182.0	157.8	158.1	113.2	92.2	96.7	117.3	98.9	17.3
	票据融资	-31.5	-33.0	94.6	45.7	44.3	-12.7	-43.2	68.0	-70.7	-52.3	-12.2	-67.4
	金融机构各项贷款同比增长（%）	19.3	19.3	20.0	19.4	19.3	19.1	19.4	19.5	18.9	19.7	19.5	17.2
	其中：短期	20.7	20.9	21.3	19.3	20.1	20.5	21.4	22.5	22.8	25.2	25.0	21.0
	中长期	14.7	15.4	16.6	17.5	17.4	17.7	17.9	17.6	17.5	17.0	17.2	16.2
	票据融资	69.5	52.4	47.4	34.5	28.0	12.7	10.1	7.3	-2.8	-0.6	-2.6	-9.4
	建筑业贷款余额（亿元）	627.3	646.9	662.2	682.6	703.4	738.6	750.0	762.9	774.5	781.2	781.1	773.2
	房地产业贷款余额（亿元）	686.5	711.4	757.1	781.8	832.8	834.0	850.7	858.5	872.9	879.1	883.6	884.7
	建筑业贷款同比增长（%）	22.3	23.3	25.6	26.5	26.3	31.0	32.1	31.5	29.8	31.0	25.7	17.8
	房地产业贷款同比增长（%）	29.4	33.4	42.1	46.0	46.0	42.2	44.2	40.8	40.2	34.8	34.0	30.0
人民币	金融机构各项存款余额（亿元）	23 409.0	24 240.7	25 121.8	25 036.9	25 514.0	26 066.6	26 212.5	26 470.7	26 775.2	26 747.7	26 725.5	26 739.3
	其中：储蓄存款	11 494.4	12 687.8	12 951.2	12 587.6	12 616.2	12 811.6	12 782.6	12 801.9	12 980.6	12 787.4	12 782.8	12 924.9
	单位存款	10 590.1	10 220.6	10 992.8	11 185.3	11 440.0	11 582.5	11 594.4	11 690.4	11 845.0	11 934.2	11 958.8	12 374.1
	各项存款余额比上月增加（亿元）	424.8	831.7	881.1	-84.9	477.2	552.5	145.9	258.2	304.6	-27.5	-22.2	13.8
	其中：储蓄存款	313.1	1193.4	263.4	-363.6	28.6	195.4	-29.0	19.3	178.7	-193.1	-4.6	142.1
	单位存款	-90.3	-369.4	772.2	192.5	254.7	142.5	11.9	96.0	154.6	89.2	24.6	415.3
	各项存款同比增长（%）	18.7	18.6	20.1	20.3	20.3	20.1	20.0	19.8	19.3	19.2	17.7	16.4
	其中：储蓄存款	13.0	22.8	23.3	21.8	20.9	19.0	18.9	18.1	17.7	17.2	16.3	15.6
	单位存款	26.4	15.1	18.1	20.3	21.4	19.4	19.7	18.7	18.4	19.1	17.4	15.9
	金融机构各项贷款余额（亿元）	16 642.5	16 813.4	17 196.8	17 400.0	17 655.1	18 010.0	18 216.8	18 497.6	18 691.4	18 898.2	19 110.6	19 088.8
	其中：个人消费贷款	3 015.3	3 057.8	3 129.8	3 230.0	3 310.7	3 370.8	3 425.1	3 479.3	3 534.6	3 596.6	3 668.7	3705.8
	票据融资	716.7	683.7	778.2	823.9	868.2	855.5	812.3	880.3	809.6	757.4	745.1	677.7
	各项贷款余额比上月增加（亿元）	314.5	170.8	383.5	203.2	255.0	355.0	206.7	280.8	193.8	206.8	212.4	-21.8
	其中：个人消费贷款	95.6	42.5	72.1	100.2	80.7	60.1	54.3	54.2	55.3	62.0	72.1	37.1
	票据融资	-31.5	-33.0	94.6	45.7	44.3	-12.7	-43.2	68.0	-70.7	-52.3	-12.2	-67.4
	金融机构各项贷款同比增长（%）	19.5	19.2	19.9	19.2	19.1	18.7	18.9	18.8	18.3	19.0	18.9	17.2
	其中：个人消费贷款	21.3	22.3	23.5	26.3	28.1	29.0	28.8	28.4	27.8	27.9	28.2	28.3
	票据融资	69.5	52.4	47.4	34.5	28.0	12.7	10.1	7.3	-2.8	-0.6	-2.6	-9.4
外币	金融机构外币存款余额（亿美元）	29.7	32.6	35.8	32.1	35.1	42.7	42.3	40.3	41.7	40.9	39.2	32.6
	金融机构外币存款同比增长（%）	28.7	41.9	35.7	26.1	25.3	18.2	35.3	34.8	47.9	30.3	26.2	-12.4
	金融机构外币贷款余额（亿美元）	74.7	77.2	80.4	78.5	79.4	91.2	88.9	90.2	95.2	96.1	99.0	98.3
	金融机构外币贷款同比增长（%）	14.3	20.6	24.3	27.4	31.0	36.5	42.6	49.7	46.1	52.3	45.0	23.4

数据来源：中国人民银行合肥中心支行。

表2 2001～2013年安徽省各类价格指数

单位：%

年/月		居民消费价格指数		农业生产资料价格指数		工业生产者购进价格指数		工业生产者出厂价格指数	
		当月同比	累计同比	当月同比	累计同比	当月同比	累计同比	当月同比	累计同比
2001		—	0.5	—	-2.1	—	0.2	—	-1.4
2002		—	-1.0	—	-0.1	—	-1.8	—	-0.2
2003		—	1.7	—	0.2	—	6.7	—	3.5
2004		—	4.5	—	12.0	—	15.0	—	8.2
2005		—	1.4	—	8.3	—	7.1	—	3.3
2006		—	1.2	—	0.0	—	3.9	—	3.1
2007		—	5.3	—	6.8	—	5.1	—	3.6
2008		—	6.2	—	23.9	—	12.4	—	8.4
2009		—	-0.9	—	-4.2	—	-4.7	—	-7.2
2010		—	3.1	—	2.0	—	11.8	—	9.0
2011		—	5.6	—	14.3	—	10.8	—	8.3
2012		—	2.3	—	5.3	—	-1.8	—	-1.7
2013			2.4		0.9		-3.1		-1.8
2012	1	4.7	4.7	0.3	8.1	1.7	1.7	0.8	0.8
	2	2.9	3.8	1.2	8.1	0.9	1.3	0.1	0.5
	3	3.3	3.6	9.4	10.2	0.1	0.9	0.0	0.3
	4	2.8	3.4	0.7	8.1	-0.8	0.5	-0.2	0.2
	5	2.5	3.2	8.1	9.5	-1.4	0.1	-0.9	0.0
	6	1.4	2.9	5.8	8.9	-2.4	-0.3	-2.0	-0.4
	7	1.1	2.7	3.4	8.0	-3.2	-0.7	-2.9	-0.7
	8	1.7	2.5	1.4	7.2	-4.2	-1.2	-3.9	-1.1
	9	1.6	2.4	1.3	6.5	-4.1	-1.5	-4.2	-1.5
	10	1.4	2.3	1.2	5.9	-3.2	-1.7	-2.9	-1.6
	11	1.7	2.3	2.4	5.6	-2.8	-1.8	-2.4	-1.7
	12	2.1	2.3	2.5	5.3	-2.5	-1.8	-2.2	-1.7
2013	1	1.7	1.7	3.0	3.0	-2.0	-2.0	-1.9	-1.9
	2	2.9	2.3	2.3	2.7	-2.1	-2.1	-1.9	-1.9
	3	1.6	2.1	1.5	2.3	-2.6	-2.2	-1.9	-1.9
	4	2.2	2.1	0.8	1.9	-3.4	-2.5	-2.6	-2.1
	5	1.8	2.0	0.1	1.5	-4.0	-2.8	-2.6	-2.2
	6	2.9	2.2	0.3	1.3	-3.8	-3.0	-2.4	-2.2
	7	2.6	2.2	0.8	1.2	-4.1	-3.1	-2.3	-2.2
	8	2.5	2.3	0.7	1.2	-3.7	-3.2	-1.6	-2.1
	9	2.8	2.3	0.0	1.0	-3.6	-3.2	-1.1	-2.0
	10	3.1	2.4	0.2	0.9	-3.1	-3.2	-1.2	-1.9
	11	2.7	2.4	0.5	0.9	-2.7	-3.2	-1.4	-1.9
	12	2.1	2.4	0.4	0.9	-2.4	-3.1	-1.2	-1.8

数据来源：安徽省统计局、国家统计局安徽调查总队。

表3　2013年安徽省主要经济指标

	1月	2月	3月	4月	5月	6月	7月	8月	9月	10月	11月	12月
绝对值（自年初累计）												
地区生产总值（亿元）	—	—	3 652.4	—	—	8 591.3	—	—	13 613.9	—	—	19 038.9
第一产业	—	—	319.2	—	—	883.3	—	—	1 381.1	—	—	2 348.1
第二产业	—	—	2 079.4	—	—	4 949.7	—	—	7 840.0	—	—	10 404.0
第三产业	—	—	1 253.8	—	—	2 758.3	—	—	4 392.8	—	—	6 286.8
工业增加值（亿元）	—	1 229.2	1 981.9	2 692.8	3 360.0	4 096.3	4 694.2	5 389.7	6 144.6	6 889.1	7 686.4	8 559.6
固定资产投资（亿元）	—	1 582.8	3 194.5	4 703.5	6 436.7	8 072.5	9 616.2	11 346.1	13 202.3	14 713.7	16 185.6	18 090.9
房地产开发投资	—	392.8	700.3	1 002.9	1 372.9	1 757.6	2 065.7	2 489.0	2 875.6	3 215.7	3 618.3	3 946.2
社会消费品零售总额（亿元）	—	—	1 552.6	—	—	3 063.2	—	—	4 672.1	—	—	6 481.4
外贸进出口总额（亿美元）	39.2	80.3	116.4	149.2	182.6	216.1	257.1	295.8	331.9	367.9	408.3	456.3
进口	13.7	22.9	36.9	49.8	63.7	76.3	94.7	110.6	125.6	140.4	155.0	173.8
出口	25.5	57.4	79.5	99.3	118.9	139.8	162.4	185.2	206.4	227.5	253.2	282.6
进出口差额(出口－进口)	11.8	34.5	42.6	49.5	55.2	63.5	67.7	74.6	80.8	87.1	98.2	108.8
外商实际直接投资（亿美元）	8.8	15.8	24.7	32.5	41.4	56.3	65.8	75.6	83.1	91.3	98.8	106.9
地方财政收支差额（亿元）	-45.3	-209.6	-440.4	-523.5	-631.9	-834.1	-973.1	-1 090.9	-1 304.0	-1 417.0	-1 618.8	-2 276.5
地方财政收入	200.9	367.9	566.2	741.0	912.2	1 107.6	1 282.0	1 430.6	1 601.3	1 778.1	1 935.0	2 075.1
地方财政支出	246.2	577.5	1 006.6	1 264.5	1 544.1	1 941.7	2 255.1	2 521.5	2 905.3	3 195.1	3 553.8	4 351.6
城镇登记失业率(%)(季度)	—	—	3.6	—	—	3.5	—	—	3.6	—	—	3.4
同比累计增长率（%）												
地区生产总值	—	—	11.2	—	—	10.9	—	—	10.7	—	—	10.4
第一产业	—	—	4.0	—	—	3.0	—	—	3.6	—	—	3.5
第二产业	—	—	13.4	—	—	13.0	—	—	12.5	—	—	12.4
第三产业	—	—	9.1	—	—	9.3	—	—	9.4	—	—	9.5
工业增加值	—	15.5	15.2	15.0	14.9	14.5	13.9	13.9	13.7	13.7	13.7	13.7
固定资产投资	—	23.1	22.8	22.4	22.2	21.7	21.6	21.5	21.5	21.5	21.4	21.1
房地产开发投资	—	4.7	14.8	16.2	21.8	22.4	23.7	23.7	24.2	25.0	25.0	25.2
社会消费品零售总额	—	—	13.5	—	—	13.6	—	—	13.7	—	—	14.0
外贸进出口总额	54.3	79.8	62.9	56.8	45.3	36.2	27.4	14.9	9.2	9.9	12.8	16.2
进口	30.5	11.3	17.7	25.1	23.8	23.6	28.3	34.3	35.1	36.2	37.3	38.6
出口	71.1	138.1	98.1	79.8	60.2	44.2	26.9	5.8	-2.2	-1.8	1.8	5.6
外商实际直接投资	21.0	17.4	20.3	23.8	23.2	20.6	22.8	24.6	24.8	25.8	23.4	23.7
地方财政收入	19.4	23.2	23.3	21.4	20.8	20.1	20.1	18.8	18.0	17.9	17.7	15.8
地方财政支出	31.2	18.4	17.5	15.5	12.3	10.4	12.7	8.8	9.7	10.3	9.7	9.9

数据来源：安徽省统计局。

2013年福建省金融运行报告

中国人民银行福州中心支行货币政策分析小组

[内容摘要] 2013年，在复杂的国内外经济环境下，福建省经济保持了较好的增长态势，体制改革和产业结构调整迈出新步伐，质量效益和后劲潜力逐步显现。金融健康平稳运行，社会融资规模继续扩大，融资结构多元发展，民生保障持续加强。农村金融改革发展取得崭新成效，闽台交流合作进展显著，金融生态环境建设不断改善。

2014年，结合国外环境、国内政策以及福建自身发展条件、空间等因素，福建省经济有望保持平稳增长的态势，物价形势基本稳定。福建省金融业将按照稳中求进、改革创新的总要求，贯彻落实稳健的货币政策，继续为结构调整和转型升级创造稳定适宜的货币金融环境。

一、金融运行情况

2013年，福建省金融健康平稳运行，社会融资规模继续扩大，融资结构多元发展，民生保障持续加强。农村金融改革发展取得崭新成效，闽台金融交流合作进展显著，金融生态环境不断改善。

（一）银行业规模稳步扩大，存贷款结构变化明显

1. 银行业规模稳步扩大，信贷资产质量有所下降。2013年年末，福建银行业金融机构资产总额为49 603亿元（见表1），同比增长20.2%；从业人员增加6 228人，同比增长5.8%。全年实现利润增长8.4%，较上年回落7.6个百分点。年末银行业金融机构不良贷款余额和不良贷款率比年初分别增加159.4亿元和提高0.5个百分点。

2. 存款较快增长，个人存款增量占比下降。2013年年末，福建本外币存款余额为28 938.8亿元，增长15.5%。全年存款增加3 857亿元，比上年多增370.5亿元。从来源结构看，单位存款增加2 136.4亿元，比上年多增301.7亿元，增量占比由上年的52.6%上升至55.4%；个人存款增加1 435.8亿元，比上年少增251.2亿元，增量占比由上年的48.4%下降至37.2%，主要与理财产品等投资渠道分流及房地产市场销售旺盛密切相关。地方法人金融机构存款增势良好，全年存款增加918.8亿元，比上年多增254.1亿元，市场份额占比为26.3%，比上年上升6.6个百分点。

表1　2013年福建省银行业金融机构情况

机构类别	营业网点			法人机构（个）
	机构个数（个）	从业人数（人）	资产总额（亿元）	
一、大型商业银行	2 258	57 452	15 821	0
二、国家开发银行和政策性银行	41	1 331	3 211	0
三、股份制商业银行	388	20 521	20 731	1
四、城市商业银行	162	5 999	3 654	4
五、主要农村金融机构	1 896	19 787	4 127	68
六、财务公司	4	81	151	3
七、信托公司	2	479	79	2
八、邮政储蓄银行	1 005	5 508	1 339	0
九、外资银行	23	918	397	1
十、新型农村金融机构	30	758	93	26
合　计	5 809	112 834	49 603	105

注：1. 营业网点不包括总部。
2. 主要农村金融机构含农村商业银行、农村信用社。
3. 新型农村金融机构包括村镇银行。
数据来源：中国人民银行福州中心支行，福建银监局。

3. 贷款增量略高于上年，对重点领域支持力度加大。2013年年末，福建本外币各项贷款余额为25 963.4亿元，同比增长15.8%（见图3）；全年贷款增加3 440.9亿元，比上年多增5.2亿元。其中，中长期贷款占比明显提升，全年增加2 083.4亿元，比上年多增838.5亿元，占全部贷款增量的比重较上年上升24.3个百分点。个人贷款增量显著扩大，全年增加1 940.3亿元，比上年多增648亿元。全省地方法人金融机构信贷投放节奏平稳，年末贷款增速达19.3%。

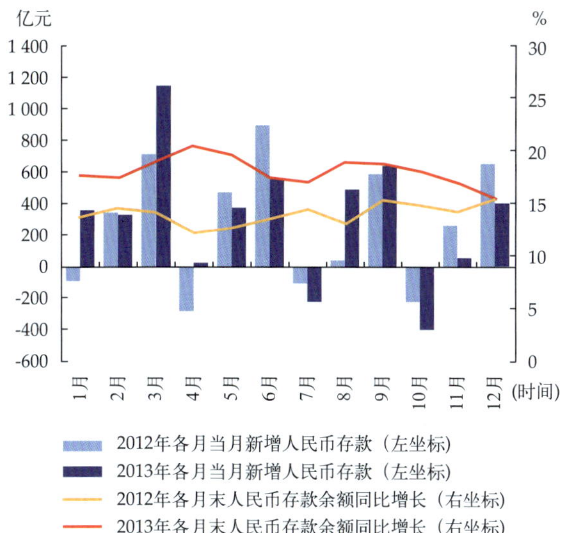

数据来源：中国人民银行福州中心支行。

图1　2012～2013年福建省金融机构人民币存款增长变化

数据来源：中国人民银行福州中心支行。

图2　2012～2013年福建省金融机构人民币贷款增长变化

2013年全省金融机构注重福建区域特色，信贷资金向小微企业、新兴产业等领域倾斜。

一是金融支持小微企业有力。省级财政安排资金2.2亿元建立小微企业贷款“风险资金池”，为小微企业提供增信支持，年末小微企业贷款同比增长17.7%，高于各项贷款增速1.9个百分点；增量占全部企业贷款的比重为49.6%，较上年提高5.1个百分点。

二是金融服务文化、科技、海洋等新兴产业水平提升。福建金融机构创新文化产业服务模式，得到中共中央宣传部肯定，并向全国宣传推广，全年文化产业贷款同比增长29.3%，高于全省各项贷款增幅13.5个百分点。福建省内4家银行设立科技专业支行或科技金融服务中心。金融机构通过设立海洋产业金融部、推出“海融通”和“海丰通”等专属金融产品等方式支持海洋产业，全年对海洋产业重点项目新增贷款17.6亿元。同时金融机构大力实施绿色信贷战略，支持节能减排和循环经济、清洁能源发展。

三是金融服务民生持续完善。金融机构改善对居民购买首套住房的金融服务，全年首套住房贷款笔数占全部个人住房贷款的比例维持在90%以上。同时金融机构全年发放生源地助学贷款2.9亿元，年末余额同比增长39.9%。

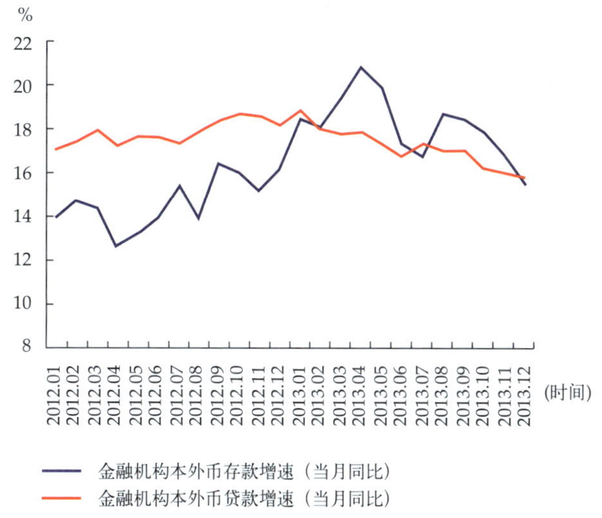

数据来源：中国人民银行福州中心支行。

图3　2012～2013年福建省金融机构本外币存、贷款增速变化

4.贷款利率保持稳定，外币利率低位回升。2013年全省贷款加权平均利率为7.36%，比上年下降约27个基点。但年度内分月份呈现稳中趋升态势，12月各项人民币加权平均利率7.29%，比年初上升11个基点。从利率浮动情况看，执行基准利率的贷款占比有所上升，执行上浮利率的贷款占比下降（见表2）。

表2　2013年福建省金融机构人民币贷款各利率区间占比

单位：%

月份		1月	2月	3月	4月	5月	6月
	合计	100.0	100.0	100.0	100.0	100.0	100.0
	下浮	6.3	6.7	6.7	3.9	5.9	6.9
	基准	15.2	17.4	18.8	16.2	15.1	16.0
上浮	小计	78.5	76.0	74.5	79.9	79.0	77.1
上浮	(1.0, 1.1]	22.9	22.7	21.8	23.2	22.2	22.8
上浮	(1.1, 1.3]	34.0	32.9	33.2	34.5	35.2	33.4
上浮	(1.3, 1.5]	11.3	10.5	10.2	11.8	12.3	12.3
上浮	(1.5, 2.0]	7.1	7.2	6.9	7.7	6.9	6.5
上浮	2.0以上	3.2	2.6	2.5	2.6	2.4	2.1
月份		7月	8月	9月	10月	11月	12月
	合计	100.0	100.0	100.0	100.0	100.0	100.0
	下浮	4.2	4.2	5.4	3.4	4.3	6.2
	基准	18.0	15.1	17.4	15.6	19.2	19.2
上浮	小计	77.7	80.7	77.2	81.0	76.5	74.6
上浮	(1.0, 1.1]	21.2	24.1	23.4	24.6	20.8	21.5
上浮	(1.1, 1.3]	34.5	32.7	32.4	32.9	32.4	30.8
上浮	(1.3, 1.5]	13.6	14.8	13.1	14.7	13.9	13.2
上浮	(1.5, 2.0]	6.1	6.8	6.2	6.2	6.8	6.6
上浮	2.0以上	2.2	2.3	2.1	2.7	2.6	2.5

数据来源：中国人民银行福州中心支行。

2013年，福建省美元大额定期存款加权平均利率为1.89%，比上年下降68个基点（见图4）；美元贷款加权平均利率2.71%，比上年下降约61个基点。美元存贷款利率明显下降的主要原因是美国连续实施量化宽松政策。

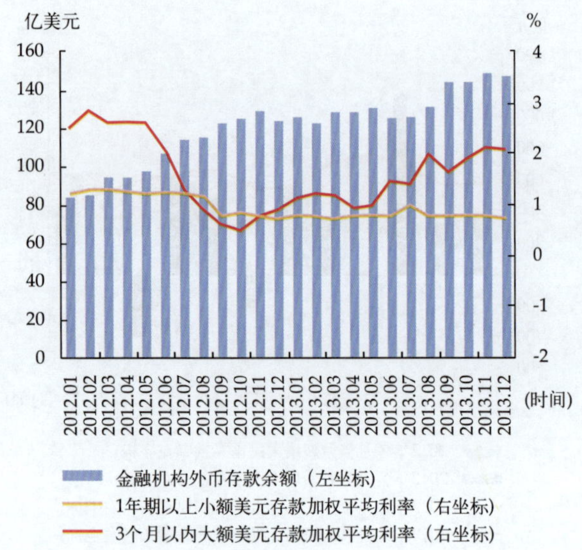

数据来源：中国人民银行福州中心支行。

图4　2012~2013年福建省金融机构外币存款余额及外币存款利率

5.区域金融改革有序推进，农村金融服务明显提升。2013年，福建省政府出台《关于贯彻落实福建省泉州市金融服务实体经济综合改革试验区总体方案的实施意见》，在以市场化手段引导金融服务实体经济、推进民间金融阳光化、加强金融基础设施建设等多个领域的改革创新取得成效。同时农村金融改革有效推进，全省农村金融服务得到显著提升（见专栏1）。

专栏1　福建省农村金融改革发展取得崭新成效

2013年，福建省加强对“三农”发展的金融政策引导和资金支持，积极引导金融机构服务“三农”发展，探索推进农村金融服务创新，大力推动农村信用体系建设，坚持优化农村金融生态环境，全省农村金融改革发展取得新成效。

一、涉农信贷投放持续增长。以推进涉农信贷政策导向效果评估为手段，加大涉农信贷政策“窗口指导”，制定出台《关于进一步加强农村金融服务十条措施的通知》，推动财政建立涉农贷款增量奖励机制，促进增加涉农信贷投放。按照“抓大、不放小、创新坚持抓”的原则，加强重点领域涉农信贷投放，推动中国农业银行、农村合作金融机构与政府部门建立支持农业龙头企业、家庭农场、专业大户、农民专业合作社等新型农业经营主体的合作机制；大力推广“公司+农户”、“信贷+征信+担保”模式，增加农户信贷投入。继续深化林业金融创新，福建省政府制定出台《关于进一步深化集体林权制度改革的若干意见》，进一步完善林业金融发展环境，全省现有3个县（市）率先设立了政府出资的林权收储担保中心。进一步发挥再贴现、支农再贷款、差别化存款准备金的政策导向作用，引导金融机构增加涉农信贷投放。2013年年末，全省涉农贷款增长19.6%，高于各项贷款增速3.8个百分点，其中林业贷款增长23.8%。

二、农村金融改革持续推进。大力推动县域金融组织建设，2013年年末，全省金融机构网点数达到5 756个，新增178个，63.8%位于县域；"村镇银行县（市）全覆盖工程"取得阶段性成效，2013年年末全省已有26家村镇银行开业，县域覆盖面接近50%；累计批复设立小额贷款公司102家，其中97家开业运营，全省多元化、多层次支农惠农金融组织体系渐趋形成，主要涉农金融机构支农服务功能不断增强。沙县国家级农村金融制度改革试点不断推进，通过设立村级担保基金和行业性担保公司，完善农村融资担保体系；创新组建农村土地承包经营权信托公司，并联合金融机构推出农村土地流转贷款业务，支持农业规模经营；挖掘农村住房抵押担保权能，推出新农村住房集体建设项目贷款、新农村个人住房贷款和装修贷款、抵押贷款等农村住房全链条服务模式；大力推广"信贷+征信+支付"的联动服务模式，沙县农户建档评级实现"全覆盖"、金融支付实现"村村通"，沙县"县、乡、村"三位一体的普惠金融体系构建得到国务院有关领导批示肯定，并向全省推广。

三、农村金融生态环境持续优化。一是扎实推动农村支付服务环境建设，在实现小额便民支付点"村村通"基础上，积极开展助农取款金额上限提高及收费调整试点，在部分地区率先将银行卡助农取款服务点每日每卡取款金额上限由1 000元提高至2 000元，同时实行受理同城银行卡办理现金支取，每月每卡前3笔免费，超过3笔酌情收费的政策，提高参与主体的业务积极性。实施"贯通城乡"工程，扫除城乡结合部支付盲区，目前全省城乡结合部1 730个行政村的90%实现支付服务有效覆盖。二是有效推进农村信用环境建设。积极发挥农村合作金融机构、中国农业银行在农村信用环境建设中的"先行军"作用。三是大力推动农村担保体系建设，全省目前基本形成以农业专业性担保公司、村级担保基金为主，商业性担保公司为补充的农村融资担保体系，福建省政府每年专门安排3 000万元建立农户融资担保风险补偿政策，进一步营造农村金融发展良好环境。

6.跨境人民币业务稳步推进，推动闽台交流合作取得成效。2013年，全省共办理跨境人民币业务1 594亿元，比上年增长49.7%，其中跨境人民币融资额较上年增长1.7倍。同时福建以推动跨境人民币业务为契机扩大闽台交流合作取得成效（见专栏2）。

专栏2　以推动跨境人民币业务为契机扩大闽台交流合作

近年来，福建省找准定位，以开展跨境人民币业务为契机推动闽台交流合作，并取得初步成效。

一是闽台跨境业务总量快速攀升。经过近几年的努力，闽台跨境人民币业务实现跨越式发展。2010年闽台跨境人民币业务量为5.2亿元，占业务总量的3.8%。2013年闽台跨境人民币业务量快速攀升至216.8亿元，占业务总量的13.6%。自跨境人民币业务开办至2013年年末，闽台跨境人民币结算累计金额453.6亿元，占全国同期两岸跨境人民币结算总量的9.6%，位居全国前茅。

二是闽台跨境业务不断深化。随着闽台人民币与新台币清算渠道的顺畅以及跨境人民币业务政策的普及，越来越多的台资企业在与台湾的经贸往来中采用了人民币结算。据不完全统计，参与闽台跨境人民币业务的台资企业数占全省有经营实绩外经贸企业数的11%，占台资企业总数的29%。闽台跨境业务往来笔数和占比由2010年的42笔、7.3%，提升至2013年的5 175笔、15.7%。

三是闽台人民币代理清算群规模不断扩大。自闽台人民币代理清算群建立以来，截至2013年年末，全省银行业机构与境外35家跨境人民币业务参加行签订人民币代理结算清算协议，其中台湾地区银行业机构20家，占比57.1%。全省人民币代理清算账户总余额为101.9亿元，其中台湾地区银行业机构开立的人民币代理清算账户余额为68亿元，占比66.8%。通过闽台人民币代理清算账户转汇结算总金额114亿元，占闽台跨境人民币业务总量的25.2%，闽台人民币代理清算账户模式将成为闽台贸易结算的主要渠道之一。

四是闽台特色金融业务产品日益丰富。福建省银行业机构对台金融服务产品不断丰富，如"两岸人民币速汇通"、"两岸人民币境外进口融资代付"、"两岸人民币进出口双保理"、"两岸人民币信用证项下福费廷"等。此外闽台内保外贷产品，银团贷款，银行联合授信也不断扩容，有力地提升了福建省对台金融辐射功能。

五是新台币兑换业务快速增长。2013年全省累计兑换7.58亿元新台币，同比增长30.6%，新台币业务办理机构扩大到9家银行，业务量约占全国1/3，提高了两岸往来民众货币兑换的便利性。平潭新台币兑换银行自主定价取得突破，在一定的幅度范围内自行确定新台币现钞买卖价格。

（二）证券业平稳发展，多层次市场体系建设取得突破

1. 证券业机构总体运行平稳，业务更趋多元化。2013年，福建省新增3家基金公司，实现从无到有的突破。证券业机构融资融券、股票质押式回购交易等资本中介类业务量明显提升，业务多元化发展趋势明显。

2. 债券融资持续增长，中小企业私募债取得突破。2013年，福建省非金融企业发行债券融资743.1亿元（见表3），其中企业在银行间市场发行债券519.3亿元，比上年增加56.4亿元，发行额在全国位次比上年前移3位；同时中小企业私募债取得突破，全年融资7.8亿元。全年福建非金融企业通过股票再融资募集资金35.9亿元。

3. 上市公司发展总体良好。2013年前三个季度，福建上市公司的平均每股收益、平均净资产收益率分别是全国平均水平的1.28倍和1.2倍，但其中也有部分公司出现亏损。

4. 海峡股权交易中心开业标志着场外市场建设取得重大进展。截至2013年年底，海峡股权交易中心与12家银行业机构签署了战略合作协议，合计授信200亿元，并已挂牌320家中小企业。

表3　2013年福建省证券业基本情况

项目	数量
总部设在辖内的证券公司数（家）	3
总部设在辖内的基金公司数（家）	3
总部设在辖内的期货公司数（家）	5
年末国内上市公司数（家）	87
当年国内股票（A股）筹资（亿元）	35.9
当年发行H股筹资（亿元）	9.4
当年国内债券筹资（亿元）	743.1
其中：短期融资券筹资额（亿元）	205.0
中期票据筹资额（亿元）	311.5

注：国内股票（A股）筹资不含金融机构融资额。
数据来源：中国人民银行福州中心支行、福建证监局。

（三）保险业较快增长，产品与服务推陈出新

1. 保险业务整体保持较快增长。2013年，福建省保险业实现保费收入574.8亿元（见表4），比上年增长20.3%；各项赔付与给付累计支出187.3亿元，比上年增长25.0%。保险对社会经济生活的渗透率明显提高。全省保险密度增加248元/人，保险深度比上年提升0.2个百分点。

表4　2013年福建省保险业基本情况

项目	数量
总部设在辖内的保险公司数（家）	2
其中：财产险经营主体（家）	1
人身险经营主体（家）	1
保险公司分支机构（家）	51
其中：财产险公司分支机构（家）	23
人身险公司分支机构（家）	28
保费收入（中外资，亿元）	574.8
其中：财产险保费收入（中外资，亿元）	205.3
人身险保费收入（中外资，亿元）	369.6
各类赔款给付（中外资，亿元）	187.3
保险密度（元/人）	1 523.2
保险深度（%）	2.6

数据来源：福建保监局。

2. 保险产品与服务不断创新。中国人民财产保险股份有限公司福建省分公司在9个地市增设“午间理赔”和“理赔夜市”服务，开设全年无休理赔服务窗口。保险业机构还推出大棚蔬菜保险，承保设施蔬菜3.3万亩。

3. 民生保障功能加强。一是总体保障水平提高。全年为社会提供风险保障总额18.2万亿元，同比增长33.2%。二是农业保险持续较快增长。全年政策性涉农保险保费收入4.6亿元，同比增长15.3%。三是出口信用险为全省出口企业提供风险保障213亿美元，同比增长15.5%，保险项下为企业提供融资47亿美元，同比增长10.4%。四是商业养老、健康保险保障有力。全省持有长期寿险保单的人次达到1 258万，约占全省人口数的1/3；商业健康保险累计赔付支出14.7亿元，同比增长34.4%。

（四）金融市场交易活跃，融资结构不断优化

1. 社会融资规模持续扩大。2013年，福建社会融资规模达6 923亿元，同比增长3.9%，其中直接融资（含企业债券、非金融企业境内股票融资及其他）占比为11.4%（见图5），比上年提升0.2个百分点。此外，银行业金融机构通过银行承兑汇票、委托贷款、信托贷款等形式为福建实体经济融资2 647.6亿元，比上年增加168.5亿元，占社会融资规模的比重较上年提升1个百分点。

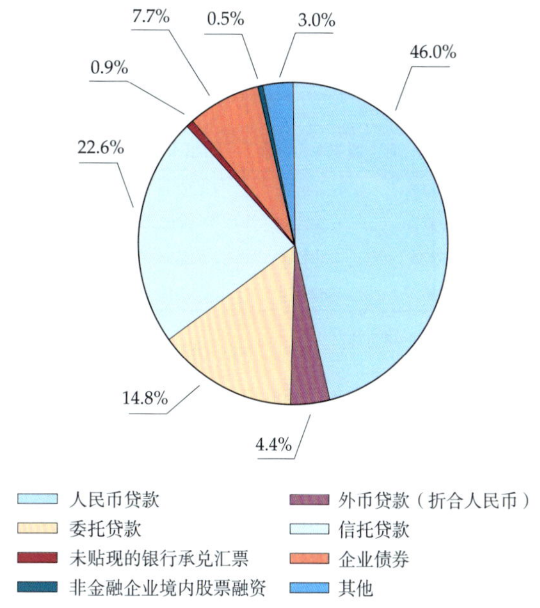

数据来源：中国人民银行福州中心支行。

图5　2013年福建省社会融资规模分布

2. 货币市场交易量减价升。2013年，福建同业拆借、债券回购、现券交易三项成交总额95 913.7亿元，同比下降19.8%。货币市场利率前5个月基本平稳，6月较快上涨后迅速回落，之后平稳运行，第四季度有所上升，12月同业拆借和银行间债券回购利率同比分别提高168个基点和166个基点。

3. 票据市场利率先抑后扬。2013年年末，福建票据融资余额为4 085.4亿元，比年初减少121.9亿元，下降2.9%。票据市场利率年内基本呈现上半年下行、下半年走高态势，6月、12月大幅攀升，与3个月Shibor走势吻合，市场化特征明显。全年票据转贴现加权平均利率5.14%，同比下降17个基点；票据贴现利率6.10%，同比下降6个基点。

表5　2013年福建省金融机构票据业务量统计

单位：亿元

季度	银行承兑汇票承兑		贴现			
			银行承兑汇票		商业承兑汇票	
	余额	累计发生额	余额	累计发生额	余额	累计发生额
1	3 940.0	2 114.0	475.9	1 997.2	8.4	106.1
2	3 844.4	4 040.1	469.2	6 247.4	15.5	335.0
3	3 837.6	6 185.4	402.3	10 406.4	20.8	679.0
4	3 764.0	8 111.0	435.7	13 319.1	23.1	1 072.0

注：贴现余额含兴业银行总行数据。

数据来源：中国人民银行福州中心支行。

表6 2013年福建省金融机构票据贴现、转贴现利率

单位：%

季度	贴现		转贴现	
	银行承兑汇票	商业承兑汇票	票据买断	票据回购
1	4.99733	6.25979	4.6701	4.3506
2	4.99377	6.20728	5.0002	4.5958
3	6.65324	7.45116	5.2655	5.3101
4	6.92150	7.83923	5.7342	5.8759

数据来源：中国人民银行福州中心支行。

4. 黄金市场交易量明显增加。2013年，受黄金价格大幅下跌的影响，金融机构各品种黄金交易量增长较快。纸黄金、实物黄金、代理金交所黄金交易分别比上年增长14.3%、30.4%和248%。黄金租赁业务持续增长，全年交易量46.4吨，余额为17.5吨，余额折合人民币49.1亿元。

5. 外汇净流入增长较快。2013年，全省净结汇451.6亿美元，同比增长33.7%。同时小额外保内贷业务试点成功获批实施，将满足企业每年境内融资需求约50亿美元。

（五）金融基础设施建设持续推进，金融生态环境改善

1. 金融消费环境良好。中国人民银行福州中心支行制定《金融消费权益保护投诉受理与处理暂行规定》，畅通金融消费投诉渠道。全年受理、处理金融消费者投诉量保持平稳态势。

2. 金融司法环境进一步改善。福建省法院系统与全省21家银行业金融机构间的"点对点"网络执行查控系统正式运行。自2013年9月系统运行后，全省法院系统已查询案件6.8万余件，查询177万余次，日均发起查询量1.1万次，是之前人工查询的60倍。

3. 信用体系建设取得成效。个人征信系统收录自然人数约占全省人口总数的64%，日均查询4.9万次；企业征信系统收录企业数约占全省法人企业数的60%，日均查询2.9万次。社会信用体系建设取得进展，《福建省社会信用体系建设工作方案》颁布实施。小微企业和农村信用体系建设稳步推进，累计为10.5万户小微企业和484万户农户建立信用档案，其中1.8万户小微企业和185.4万户农户获得银行融资。

4. 支付结算服务不断创新。第二代支付系统成功上线运行；农村支付服务体系建设取得突出成效；非现金结算方式拓展有力，电子商业汇票业务突破千亿元大关。

5. 货币发行服务水平提升。全年货币现金供应总量充足，结构合理。小面额现金供应长效机制运作顺畅，实现服务乡镇全覆盖。

二、经济运行情况

2013年，福建省经济保持了较好的增长态势，体制改革和产业结构调整取得新进展，质量效益和后劲潜力逐步显现。全年实现地区生产总值为21 759.6亿元，同比增长11.0%（见图6），人均地区生产总值达57 856元。

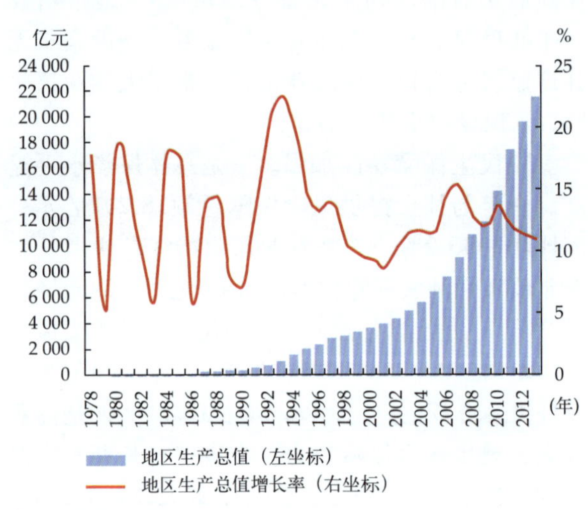

数据来源：福建省统计局。

图6 1978～2013年福建省地区生产总值及其增长率

（一）内需保持较快增长，对外贸易稳中有进

1. 投资保持较快增长，民间投资贡献持续增强。2013年，福建全社会固定资产投资同比增长22.2%，较上年回落3.3个百分点（见图7）。其中民间投资增长34.5%，比上年提高7.4个百分点，对投资增长贡献率达81.6%，比上年提高26.7个百分点。

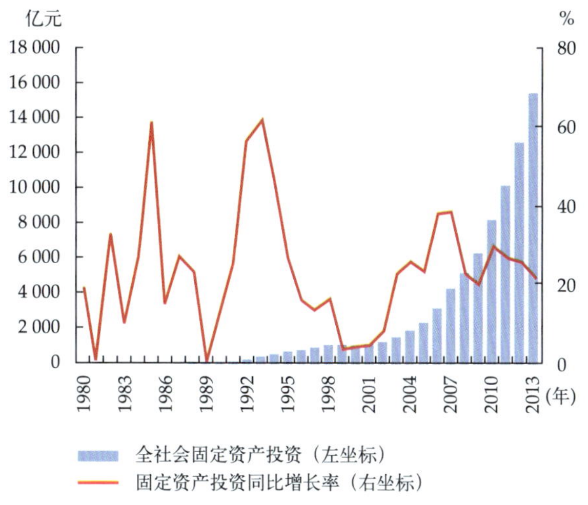

数据来源：福建省统计局。

图7　1980～2013年福建省固定资产投资及其增长率

2. 消费需求保持活跃，乡村消费增速显著提升。2013年，全省社会消费品零售总额同比增长14.0%，较上年回落1.9个百分点（见图8）。其中乡村消费同比增长18.4%，较上年提高3.8个百分点，并高于城镇消费增速4.8个百分点。

3. 出口形势有所好转，民营企业出口继续较快增长。2013年，在世界经济复苏等因素影响下，福建出口稳中有进，全年出口同比增长8.9%，较上年提高3.2个百分点（见图9）。其中民营企业出口同比增长13.5%，对全省出口贡献显著。

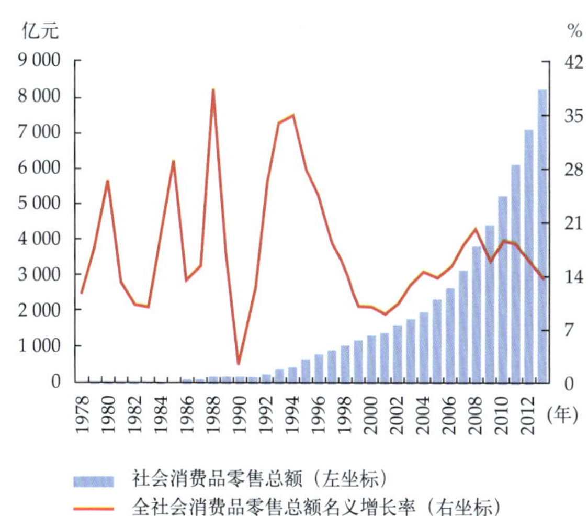

数据来源：福建省统计局。

图8　1978～2013年福建省社会消费品零售总额及其增长率

实际利用外商直接投资66.8亿美元，同比增长5.4%（见图10）。

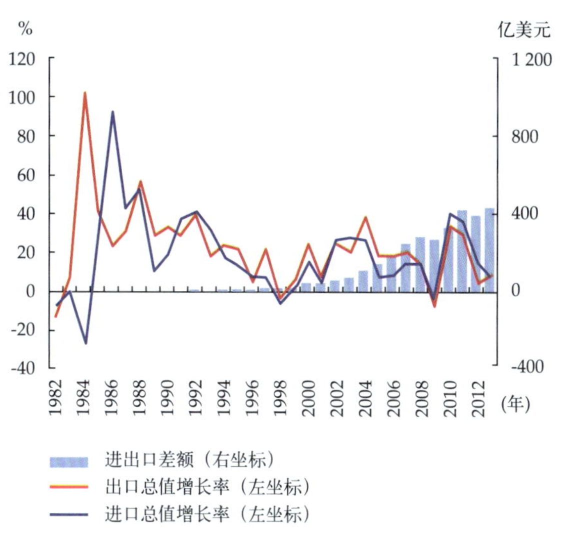

数据来源：福建省统计局。

图9　1982～2013年福建省外贸进出口变动情况

数据来源：福建省统计局。

图10　1985～2013年福建省外商直接投资额及其增长率

（二）三次产业稳定增长，三产增速加快对经济增长贡献增强

1. 农业增速加快，农业产业化经营持续发

展。2013年，第一产业增加值同比增长4.4%，较上年有所加快。粮食生产稳定，全年粮食产量同比增长0.8%。农业产业化持续推进，省级重点龙头企业销售收入增长5.3%，农民创业园、示范基地覆盖所有涉农县市区。

2. 工业增速有所回落，结构调整升级取得成效。2013年，福建工业增加值同比增长12.8%，较上年小幅回落（见图11）。其中战略性新兴产业增加值同比增长25%；高技术产业增加值同比增长13.1%，新增高新技术企业113家、省级以上企业技术中心41家。同时工业节能降耗投资同比增长37.0%，高技术产业投资同比增长31.0%，改建和技术改造投资同比增长42.8%，未来工业转型升级步伐将进一步加快。

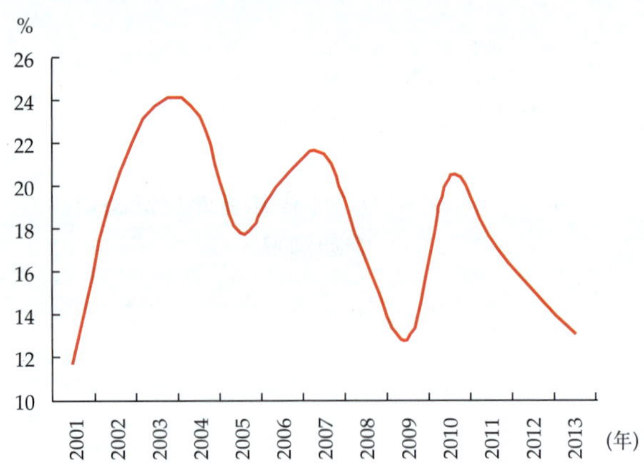

数据来源：福建省统计局。

图11　2001～2013年福建省规模以上工业增加值同比增长率

规模以上工业经济效益总体改善，企业利润平稳增长。2013年，福建省规模以上工业经济效益综合指数为256.6，比上年提高12.8个点；企业实现利润1959.5亿元，增长9.4%。

3. 服务业较快增长，海峡蓝色经济试验区建设有序推进。2013年，第三产业增加值同比增长9.6%，增速较上年提高0.5个百分点，对地区生产总值增长的贡献率达33.2%，已连续两年提升。海峡蓝色经济试验区建设有序推进，全年海洋生产总值增长15%，远洋渔业产值居全国第二位。

（三）消费价格温和上涨，生产价格持续下降

1. 居民消费价格小幅上行。2013年，福建省居民消费价格上涨2.5%（见图12），涨幅比上年扩大0.1个百分点，食品、居住类价格上涨是拉动居民消费价格上涨的主要因素。

2. 工业生产资料价格总体下降。2013年，工业生产者出厂价格同比下降1.6%（见图12），降幅比上年略有扩大；工业生产者购进价格同比下降1.6%，降幅比上年收窄0.7个百分点。

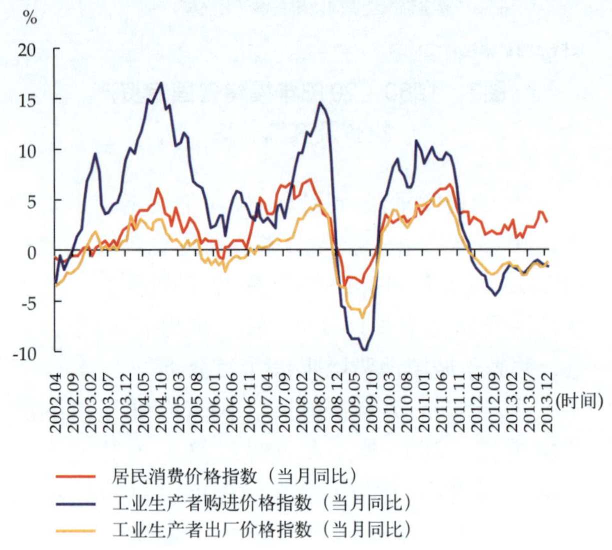

数据来源：福建省统计局。

图12　2002～2013年福建省居民消费价格和生产者价格变动趋势

3. 劳动力价格涨幅放缓。2013年，福建城镇居民人均工资性收入同比增长7.3%，比上年放缓7.2个百分点；农民工资性收入同比增长16.1%，比上年提升1.1个百分点。社会保障水平有所提高，居民社会养老保险制度实现城乡一体化，参保率为96.8%；城乡居民大病保险试点有序展开，城镇居民医保参保率达96%以上，新农合参合率达99.9%。

（四）财政收入较快增长，财政支出以民生为主

2013年，福建省地方公共财政收入增长

19.3%，较上年提高1.0个百分点(见图13)。其中地方级税收收入同比增长19.6%，对地方公共财政收入的贡献率达82.4%，比上年提高14.7个百分点。房地产业税收同比增长39.1%，对税收增长的贡献率达44%。在实施“营改增”改革，加大结构性减税力度的背景下，与经济直接相关的流转税同比增长15.4%，比上年回落5.2个百分点，可减轻企业税负25亿元。

2013年，全省公共财政支出同比增长17.2%，较上年回落1.1个百分点。其中与民生相关的支出占全省财政支出的比重达72.2%。

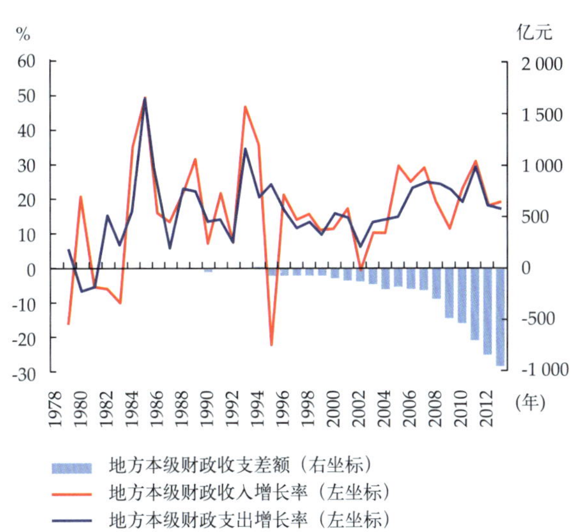

数据来源：福建省统计局。

图13 1978～2013年福建省财政收支状况

（五）生态省建设持续推进，生态环境保持优良水平

福建省严格落实节能减排目标责任制，主要污染物排放得到有效控制。全省生态环境多年来保持优良水平，森林覆盖率65.95%，继续位居全国首位。水、空气质量保持优良。城市绿地率38.7%，比上年提高1.3个百分点；人均公园绿地面积12.4平方米，比上年增加0.6平方米。

（六）房地产投资增速加快，销售旺盛带动房价较快上涨

1. 房地产开发投资增速加快。2013年，福建省房地产开发投资同比增长31.1%，较上年提升

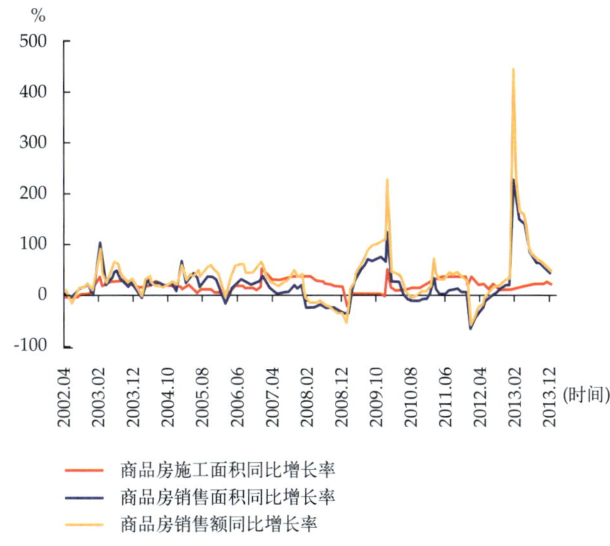

数据来源：福建省统计局。

图14 2002～2013年福建省商品房施工和销售变动趋势

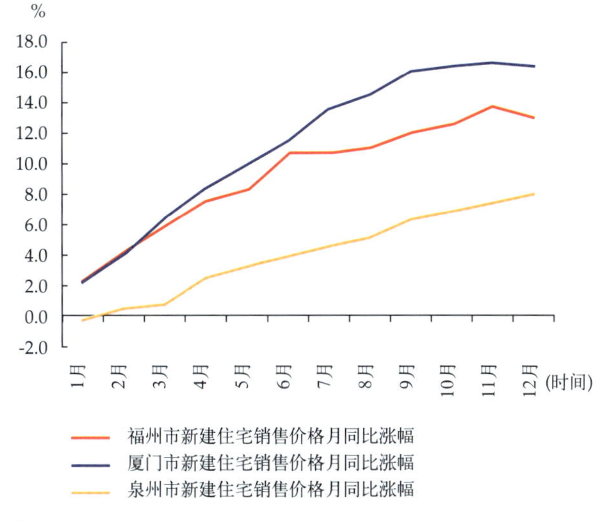

数据来源：福建省统计局。

图15 2013年福建省主要城市新建住宅销售价格变动趋势

15.7个百分点。全年新开工建设城镇保障性安居工程住房10.8万套（户）、基本建成9.3万套。

2. 房地产销售面积快速增长。2013年第一季度，房地产市场成交量大幅增加，在房屋销售集中释放后销售量明显下降，全年商品房屋销售面积增幅为43.5%（见图14）。

3. 中心城市房价上涨明显。全年福州、厦

门、泉州三个城市新建商品住宅销售价格同比分别上涨9.5%、11.7%和4.3%。

4.房地产贷款快速增长。2013年年末，全省房地产开发贷款同比增长18.0%，较上年提高6.6个百分点，其中保障性住房开发贷款同比增长25.2%。个人住房贷款同比增长29.6%，较上年提升10.1个百分点。

三、预测与展望

展望2014年，福建经济仍有望保持平稳发展的态势。从国外看，全球经济持续复苏，经济发展的外需环境更趋稳定。从国内看，国家将坚持稳中求进、改革创新，着力激发市场活力，加快转方式调结构，为经济提质增效创造良好的条件。从福建省自身看，一是经济发展的潜能和空间依然较大，福建投资多年来保持较快增长，存在较强的内在扩张动力，基础设施改善积蓄了发展动能。二是改革全面推进，有利于激发经济活力，把增长的潜力释放出来。2014 年是落实十八届三中全会精神、全面深化改革的第一年，福建省经济工作会议指出，要以全面深化改革为突破口，着力保持经济平稳较快增长，着力提高发展的质量和效益，努力实现“百姓富、生态美”有机统一。三是新的经济增长点正在形成。一批新技术产业、新商业模式发展势头较好，对台、生态、海洋等区位和自然优势正逐步转化为现实竞争力；一批电子商务示范平台和集聚区初具规模，文化、旅游、信息、健康消费等成为新热点，消费结构正逐步升级。

价格形势基本稳定，但也存在不确定因素。当前内外部经济较为平稳，货币环境比较稳定，工业生产能力较为充足，加之基数因素的影响与上年大体持平，都有利于CPI 继续保持基本稳定。当然也要注意到，农产品、劳动力、服务、租金等价格存在上行压力，有可能向其他关联领域传导。

2014年，福建省金融业将按照稳中求进、改革创新的总要求，贯彻落实稳健的货币政策，保持适度流动性，实现货币信贷及社会融资规模合理增长，进一步“盘活存量、用好增量”，优化资金配置，使资金更多流入能提高经济发展的质量和效益的领域和企业中。全面深入推进泉州金融服务实体经济综合改革、沙县农村金融改革、平潭综合实验区金融发展等重点区域性金融改革，充分发挥市场在金融资源配置中的决定性作用。继续加大风险监测和排查力度，守住不发生系统性风险的底线，为福建结构调整和转型升级创造稳定适宜的货币金融环境。

中国人民银行福州中心支行货币政策分析小组

总　纂：吴国培　杨长岩

统　稿：徐剑波　李春玉

执　笔：余　静　宋科进　陈　雄　倪飞焱　银小柯

提供材料的还有：陈宝泉　王丽红　江　宇　林　勃　林　晋　杨　敏　赵晓斐　黄素英　陈仲光　黄月琴　朱　敢　李志林　方静琴　宋　将　荣　杰

附录

（一）2013年福建省经济金融大事记

2月，福建省人民政府印发《2013年深化重点领域改革的实施方案》。

3月，中国人民银行福州中心支行出台《关于进一步加强和改善福建省实体经济发展金融服务的若干意见》。

3月，国土资源部出台９条具体措施支持福建海峡蓝色经济试验区发展。

4月，福建省人民政府出台《关于贯彻落实福建省泉州市金融服务实体经济综合改革试验区总体方案的实施意见》。

6月，福建省人民政府办公厅公布《福建省社会信用体系建设工作方案》。

7月，福建省人民政府办公厅出台《关于贯彻落实金融支持经济结构调整和转型升级政策措施的9条实施意见》。

7月，中国银行间市场交易商协会、中国人民银行福州中心支行、福建省金融工作办公室签署《借助银行间市场助推福建省经济发展的合作备忘录》。

7月，海峡股权交易中心开业。

8月，福建省人民政府出台《关于进一步深化闽台农业合作的若干意见》。

8月，福建省人民政府出台《关于进一步深化集体林权制度改革的若干意见》。

（二）2013年福建省主要经济金融指标

表1 2013年福建省主要存贷款指标

		1月	2月	3月	4月	5月	6月	7月	8月	9月	10月	11月	12月
本外币	金融机构各项存款余额（亿元）	25 453.5	25 756.8	26 954.7	26 948.5	27 326.1	27 851.8	27 639.4	28 156.4	28 877.5	28 468.8	28 544.0	28 938.8
	其中：储蓄存款	11 012.5	11 549.3	11 697.0	11 405.4	11 518.4	11 621.8	11 457.4	11 583.6	11 983.0	11 662.0	11 676.7	12 002.4
	单位存款	12 572.9	12 353.2	13 391.5	13 502.9	13 756.8	13 958.0	13 808.7	14 091.7	14 308.3	14 231.3	14 340.4	14 807.4
	各项存款余额比上月增加（亿元）	371.7	303.3	1 178.0	13.8	377.6	526.9	-213.5	517.1	720.8	-408.6	75.1	394.8
	金融机构各项存款同比增长（%）	18.5	18.0	19.2	20.8	19.8	17.3	16.7	18.7	18.5	17.8	16.8	15.5
	金融机构各项贷款余额（亿元）	22 988.8	23 214.2	23 607.1	23 899.2	24 210.0	24 427.5	24 727.9	24 990.8	25 310.1	25 500.9	25 748.3	25 963.4
	其中：短期	10 634.2	10 728.8	10 920.8	10 981.0	11 048.0	11 147.4	11 240.4	11 342.0	11 488.5	11 491.4	11 543.9	11 678.8
	中长期	11 620.0	11 769.3	11 938.9	12 136.3	12 364.2	12 502.1	12 720.2	12 889.2	13 096.0	13 247.8	13 411.5	13 493.0
	票据融资	484.1	453.1	484.3	518.8	519.4	484.7	470.1	462.6	423.1	448.8	473.1	458.8
	各项贷款余额比上月增加（亿元）	466.2	225.4	392.9	292.1	310.9	217.5	300.4	262.9	319.3	190.9	247.4	215.1
	其中：短期	287.3	94.6	192.0	60.1	67.0	99.4	92.9	101.7	146.6	2.8	54.1	133.3
	中长期	210.4	149.2	169.6	197.5	227.8	137.9	218.3	168.8	206.8	151.8	162.2	83.0
	票据融资	-41.6	-31.0	31.2	34.5	0.6	-34.7	-14.6	-7.5	-39.5	25.7	24.3	-14.3
	金融机构各项贷款同比增长（%）	18.8	17.9	17.7	17.8	17.3	16.7	17.4	17.0	17.0	16.2	15.9	15.8
	其中：短期	25.5	24.4	24.1	24.2	23.4	21.8	21.9	21.2	19.1	16.9	15.0	14.1
	中长期	12.5	12.7	13.4	14.2	14.8	15.0	16.2	16.5	17.1	17.4	18.0	18.1
	票据融资	21.1	5.3	-11.3	-17.0	-28.3	-31.8	-32.9	-36.2	-27.6	-25.0	-17.5	-12.7
	建筑业贷款余额（亿元）	427.5	431.7	418.7	411.1	401.1	403.7	403.1	405.4	407.1	407.5	413.1	413.9
	房地产业贷款余额（亿元）	1 429.5	1 441.4	1 456.2	1 448.6	1 492.6	1 478.4	1 513.3	1 518.4	1 538.4	1 561.6	1 590.0	1 609.2
	建筑业贷款同比增长（%）	32.3	27.3	18.8	14.6	9.4	7.2	7.5	6.1	5.3	3.9	4.3	2.5
	房地产业贷款同比增长（%）	11.2	10.8	9.9	8.9	10.5	8.5	10.9	10.2	11.5	12.6	13.8	13.6
人民币	金融机构各项存款余额（亿元）	24 666.9	24 989.3	26 154.5	26 155.2	26 524.7	27 082.8	26 861.3	27 351.3	27 990.9	27 587.6	27 636.8	28 043.8
	其中：储蓄存款	10 874.4	11 404.5	11 549.8	11 254.9	11 364.5	11 469.5	11 301.8	11 431.1	11 831.9	11 511.5	11 522.7	11 847.3
	单位存款	11 941.4	11 745.1	12 752.4	12 877.7	13 124.0	13 357.4	13 205.4	13 458.1	13 586.3	13 512.4	13 606.6	14 080.4
	各项存款余额比上月增加（亿元）	361.0	322.4	1145.3	20.7	369.5	559.3	-222.6	490.1	639.4	-403.3	49.2	407.0
	其中：储蓄存款	381.9	530.1	145.3	-294.9	109.7	105.0	-167.7	129.3	400.7	-320.4	11.2	324.5
	单位存款	-107.2	-196.2	1007.3	125.3	246.3	233.4	-151.9	252.7	128.0	-73.8	94.2	473.8
	各项存款同比增长（%）	17.7	17.3	18.8	20.4	19.6	17.3	16.9	18.9	18.6	18.0	16.9	15.5
	其中：储蓄存款	12.6	19.6	18.3	17.8	17.6	13.9	14.2	14.6	15.1	14.0	12.8	12.8
	单位存款	23.1	16.2	20.6	23.2	21.6	19.5	19.8	21.2	20.0	19.0	18.9	17.1
	金融机构各项贷款余额（亿元）	21 686.0	21 881.1	22 219.0	22 487.5	22 780.4	23 019.3	23 309.7	23 590.6	23 850.8	24 057.2	24 305.5	24 487.5
	其中：个人消费贷款	4 925.4	4 956.1	5 058.6	5 189.8	5 341.3	5 455.0	5 554.8	5 693.8	5 806.5	5 905.1	5 997.6	6 064.7
	票据融资	484.1	453.1	484.3	518.8	519.4	484.7	470.1	462.6	422.6	448.8	473.1	458.8
	各项贷款余额比上月增加（亿元）	381.3	195.1	337.8	268.5	292.9	238.9	290.4	280.9	260.2	206.4	248.3	182.0
	其中：个人消费贷款	151.3	30.7	102.5	131.2	151.5	113.7	99.8	139.0	112.7	98.6	92.4	67.2
	票据融资	-41.6	-31.0	31.2	34.5	0.6	-34.7	-14.6	-7.5	-40.0	26.2	24.3	-14.3
	金融机构各项贷款同比增长（%）	17.0	16.2	15.8	15.9	15.5	15.0	15.6	15.6	15.9	15.5	15.6	15.5
	其中：个人消费贷款	21.5	21.7	22.8	25.0	27.2	27.9	28.6	29.5	29.3	29.9	30.0	29.7
	票据融资	21.1	5.3	-11.3	-17.0	-28.3	-31.8	-32.9	-36.2	-27.7	-25.0	-17.5	-12.7
外币	金融机构外币存款余额（亿美元）	125.3	122.3	127.6	127.5	129.7	124.5	125.9	130.5	144.2	143.5	147.9	146.8
	金融机构外币存款同比增长（%）	49.5	45.5	35.5	35.4	32.7	17.4	11.3	14.1	17.6	15.4	14.9	19.2
	金融机构外币贷款余额（亿美元）	207.5	212.3	221.4	226.9	231.3	227.9	229.5	226.9	237.4	235.0	235.3	242.1
	金融机构外币贷款同比增长（%）	49.5	45.5	59.7	61.0	60.7	56.2	59.0	51.9	43.4	34.1	25.6	25.0

数据来源：中国人民银行福州中心支行。

表2 2001～2013年福建省各类价格指数

单位：%

年/月		居民消费价格指数		农业生产资料价格指数		工业生产者购进价格指数		工业生产者出厂价格指数	
		当月同比	累计同比	当月同比	累计同比	当月同比	累计同比	当月同比	累计同比
2001		—	-1.3	—	-1.3	—	-3.3	—	-1.9
2002		—	-0.5	—	-0.1	—	-2.4	—	-2.4
2003		—	0.8	—	1.8	—	6.3	—	0.7
2004		—	4.0	—	12.5	—	13.3	—	2.6
2005		—	2.2	—	8.1	—	8.1	—	0.2
2006		—	0.8	—	0.9	—	3.9	—	-0.8
2007		—	5.2	—	10.3	—	4.3	—	0.8
2008		—	4.6	—	23.6	—	10.2	—	2.7
2009		—	-1.8	—	-6.7	—	-6.8	—	-4.5
2010		—	3.2	—	2.4	—	7.7	—	3.2
2011		—	5.3	—	11.8	—	8.0	—	3.9
2012		—	2.4	—	3.3	—	-2.3	—	-1.3
2013		—	2.5	—	-0.5	—	-1.6	—	-1.6
2012	1	3.8	3.8	9.0	9.0	1.1	1.1	0.2	0.2
	2	2.7	3.3	8.0	8.5	0.0	0.6	-0.1	0.1
	3	3.3	3.3	7.2	8.1	-1.2	0.0	-0.5	-0.1
	4	3.1	3.2	6.5	7.7	-1.9	-0.5	-0.9	-0.3
	5	2.8	3.2	5.4	7.2	-2.3	-0.9	-1.4	-0.5
	6	1.8	2.9	3.4	6.5	-2.5	-1.1	-1.8	-0.8
	7	1.7	2.8	0.8	5.7	-3.5	-1.5	-2.2	-1.0
	8	2.0	2.7	0.6	5.0	-3.9	-1.8	-2.3	-1.1
	9	1.8	2.6	-0.3	4.4	-4.4	-2.1	-2.4	-1.3
	10	1.7	2.5	-0.5	3.9	-4.0	-2.3	-1.9	-1.3
	11	1.8	2.4	0.1	3.5	-2.8	-2.3	-1.3	-1.3
	12	2.5	2.4	0.9	3.3	-2.1	-2.3	-1.4	-1.3
2013	1	2.1	2.1	1.3	1.3	-1.6	-1.6	-1.2	-1.2
	2	2.8	2.4	1.4	1.3	-1.6	-1.6	-1.5	-1.4
	3	1.4	2.1	0.8	1.1	-1.7	-1.6	-1.5	-1.4
	4	1.7	2.0	-1.0	0.6	-1.9	-1.7	-2.0	-1.6
	5	1.4	1.9	-1.9	0.1	-2.3	-1.8	-2.3	-1.7
	6	2.4	2.0	-1.6	-0.2	-1.9	-1.9	-2.3	-1.8
	7	2.4	2.0	-1.0	-0.3	-1.6	-1.8	-1.8	-1.8
	8	2.4	2.1	-1.0	-0.4	-1.1	-1.7	-1.3	-1.7
	9	3.0	2.2	-0.8	-0.4	-1.0	-1.6	-1.3	-1.7
	10	3.8	2.3	-0.9	-0.5	-1.2	-1.6	-1.5	-1.7
	11	3.6	2.4	-0.5	-0.5	-1.3	-1.6	-1.5	-1.7
	12	2.8	2.5	-0.4	-0.5	-1.5	-1.6	-1.2	-1.6

数据来源：福建省统计局。

表3 2013年福建省主要经济指标

	1月	2月	3月	4月	5月	6月	7月	8月	9月	10月	11月	12月
绝对值（自年初累计）												
地区生产总值（亿元）	—	—	3 713.4	—	—	8 855.3	—	—	13 887.6	—	—	21 759.6
第一产业	—	—	283.0	—	—	646.6	—	—	1 111.8	—	—	1 936.3
第二产业	—	—	2 223.8	—	—	4 955.9	—	—	7 446.7	—	—	11 315.3
第三产业	—	—	1 206.7	—	—	3 252.8	—	—	4 329.2	—	—	8 508.0
规模以上工业增加值（亿元）	711.2	1 230.2	2 055.3	2 794.0	3 507.7	4 298.4	4 996.6	5 720.3	6 515.6	7 279.9	8 088.6	8 944.3
固定资产投资(不含农户)（亿元）	737.7	1 339.9	2 569.7	3 709.1	4 997.8	6 822.5	7 890.2	9 104.4	10 620.8	12 071.9	13 619.1	15 045.8
房地产开发投资	245.3	368.7	700.4	996.3	1 333.1	1 790.5	2 046.1	2 333.6	2 693.4	2 980.5	3 341.4	3 703.0
社会消费品零售总额（亿元）	708.3	1 350.8	1 984.4	2 578.9	3 196.7	3 849.7	4 460.9	5 087.3	5 822.3	6 550.0	7 310.8	8 275.3
外贸进出口总额（亿美元）	154.3	256.9	395.2	542.1	691.0	827.0	974.1	1 113.6	1 271.1	1 405.7	1 545.8	1 693.5
进口	51.3	91.5	152.8	202.4	259.2	311.2	367.9	418.2	478.2	526.2	577.0	628.5
出口	103.0	165.5	242.5	339.7	431.8	515.8	606.3	695.5	792.9	879.6	968.8	1 065.0
进出口差额(出口－进口)	51.7	74.0	89.7	137.3	172.6	204.6	238.4	277.3	314.7	353.4	391.9	436.6
外商实际直接投资（万美元）	66 470	124 744	210 616	267 686	330 716	409 362	439 609	478 044	522 115	568 572	607 298	667 896
地方财政收支差额（亿元）	31.3	-10.1	-74.4	-63.0	-78.8	-138.8	-155.4	-235.3	-333.9	-334.0	-451.2	-937.8
地方公共财政收入	217.7	342.2	514.2	727.5	904.9	1 101.1	1 282.9	1 420.0	1 574.8	1 775.6	1 910.0	2 118.7
地方公共财政支出	186.4	352.4	588.7	790.5	983.7	1 239.9	1 438.3	1 655.3	1 908.7	2 109.6	2 361.2	3 056.5
城镇登记失业率(%)(季度)	—	—	3.7	—	—	3.7	—	—	3.7	—	—	3.55
同比累计增长率（%）												
地区生产总值	—	—	11.3	—	—	11.3	—	—	11.3	—	—	11.0
第一产业	—	—	4.0	—	—	4.2	—	—	4.3	—	—	4.4
第二产业	—	—	13.0	—	—	12.8	—	—	12.8	—	—	12.9
第三产业	—	—	9.6	—	—	10.0	—	—	10.3	—	—	9.6
规模以上工业增加值	15.9	14.4	13.5	13.3	13.3	13.2	13.0	13.0	13.0	13.1	13.1	13.2
固定资产投资(不含农户)	51.2	29.3	26.6	25.6	24.9	24.1	24.1	23.6	22.6	22.6	23.5	23.5
房地产开发投资	59.4	30.3	19.3	28.4	28.6	34.0	34.6	33.9	33.6	33.9	33.9	31.1
社会消费品零售总额	17.2	13.4	13.5	13.5	13.5	13.6	13.6	13.6	13.8	13.8	14.0	14.0
外贸进出口总额	27.0	20.7	18.8	19.8	18.2	17.3	16.4	14.7	14.3	10.9	9.6	8.6
进口	19.9	4.4	15.2	12.7	14.2	15.3	16.1	14.2	13.7	11.8	9.0	8.2
出口	30.9	32.0	21.2	24.5	20.6	18.5	16.6	15.0	14.7	10.3	10.0	8.9
外商实际直接投资	6.7	2.4	3.8	0.4	2.9	3.3	2.7	1.0	1.5	2.2	4.0	5.4
地方公共财政收入	18.8	22.2	21.1	25.1	22.7	22.1	21.1	20.4	20.4	20.9	20.0	19.3
地方公共财政支出	19.7	11.6	12.1	18.4	15.5	15.2	11.2	11.2	9.9	11.3	11.8	17.2

数据来源：福建省统计局。

2013年江西省金融运行报告

中国人民银行南昌中心支行货币政策分析小组

[内容摘要] 2013年，江西省金融业坚持服务实体经济导向，着力调结构，促发展，助民生，经济金融合力进一步增强。全省地区生产总值继续保持两位数增长，三次产业结构不断优化，农民收入增幅连续两年超过城镇居民，生产和消费价格涨幅可控，财政支出保障有力，民间投资在投资来源中的优势地位进一步巩固，经济发展后劲持续增强。金融机构通过合理信贷投放，拓展银行间市场融资，保持了信贷投放和融资规模的平稳均衡发展，为全省经济发展稳中求进创造了适宜的融资环境，自身也实现了规模效益双增长。

2014年，江西金融业将以改革创新为动力，顺应实体经济转型升级趋势，密切配合江西区域发展战略的实施，按照“总量稳定，结构优化”的稳健货币政策导向要求，合理安排信贷投放，通过盘活信贷存量，优化信贷增量，扩大直接融资比重，增强金融对重要产业、重点企业和重大项目的服务，加大对“三农”和小微企业等薄弱环节的金融支持，着力提高金融资源配置效率，全面提升金融服务水平。

一、金融运行情况

2013年，江西省金融业紧紧围绕建设富裕和谐秀美江西的奋斗目标，以推动区域经济发展为核心，认真执行稳健货币政策，优化金融资源配置，强化产业对接，改善融资结构，金融运行呈现健康稳定向好的态势，对实体经济的支持作用进一步增强。

（一）银行业稳健发展，货币信贷平稳增长

1.金融机构资产规模稳步增长，盈利能力回归稳健。2013年，江西省银行业总资产同比增长13.8%，其中农村商业银行、村镇银行和信托公司资产增长均超过30%。受利率市场化推进下存贷款息差缩小和监管部门规范金融服务费用的影响，银行业净利润增速连续三年回落。银行业不良贷款率总体比上年下降0.8个百分点，其中全国性银行及城市商业银行不良贷款率上升，农村合作金融机构不良贷款率下降（见表1）。

表1　2013年江西省银行业金融机构情况

机构类别	营业网点			法人机构（个）
	机构个数（个）	从业人数（人）	资产总额（亿元）	
一、大型商业银行	1 882	40 629	9 543.3	0
二、国家开发银行和政策性银行	97	2 279	2 155.8	0
三、股份制商业银行	96	3 702	2 377.7	0
四、城市商业银行	309	7 750	3 585.7	5
五、小型农村金融机构	2 531	23 476	4 756.6	89
六、财务公司	2	106	164.4	2
七、信托公司	2	368	84.2	2
八、邮政储蓄银行	1 473	12 856	1 630.7	0
九、外资银行	3	79	24.9	0
十、新型农村金融机构	80	1 589	174.5	29
合　计	6 475	92 834	24 497.9	127

注：营业网点不包括国家开发银行和政策性银行、大型商业银行、股份制银行金融机构总部数据；大型商业银行包括中国工商银行、中国农业银行、中国银行、中国建设银行和交通银行；小型农村金融机构包括农村商业银行、农村合作银行、农村信用社；新型农村金融机构包括村镇银行、贷款公司和农村资金互助社。

数据来源：江西银监局。

2. 存款增量创新高，结构性变化明显。2013年金融机构本外币存款增量为2 742.3亿元，较上年多增225亿元，创历史新高；各月存款增速在16.3%～20.1%波动（见图1）。金融创新推动存款结构调整，基于理财产品转化基础上的结构性存款余额同比增长2.6倍，占各项新增存款的比重由上年的1.6%上升至5.3%。因理财、信托、互联网

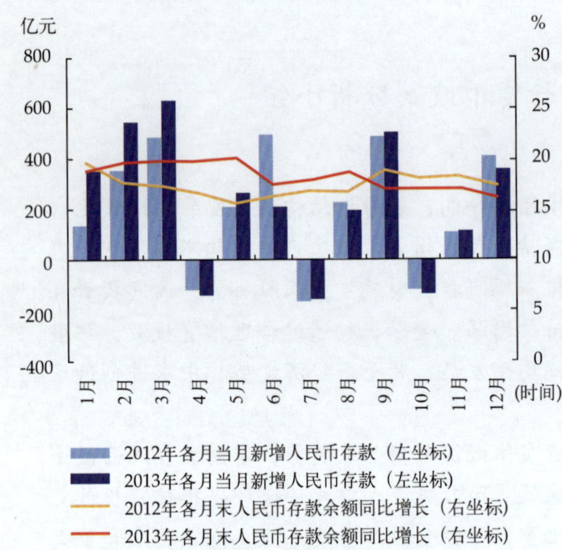

数据来源：中国人民银行南昌中心支行。

图1 2012～2013年江西省金融机构人民币存款增长变化

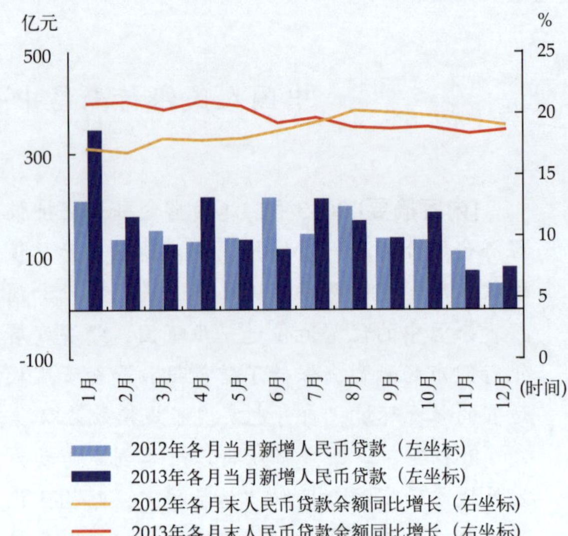

数据来源：中国人民银行南昌中心支行。

图2 2012～2013年江西省金融机构人民币贷款增长变化

金融等渠道收益率走高，企业存入定期存款积极性回落，新增单位定期存款占新增单位存款比重为20.4%，同比下降36.5个百分点。

3.贷款投放平稳适度，结构调整步伐加快。2013年金融机构本外币贷款新增1 981.9亿元，较上年多增203.2亿元；各月贷款增速在18.2%～21.1%窄幅波动。其中，法人金融机构新增贷款占比高于上年1.3个百分点。在差别准备金动态调整机制等引导下，信贷投放逐步回归均衡（见图3）。

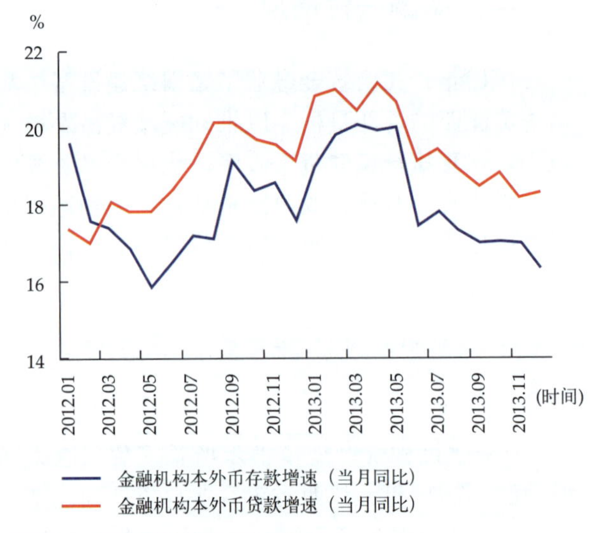

数据来源：中国人民银行南昌中心支行。

图3 2012～2013年江西省金融机构本外币存、贷款增速变化

短期贷款增速趋缓，中长期贷款占比回升。在经济形势复杂多变的背景下，银行资金安排谨慎，以短期贸易融资为代表的短期贷款业务受到冲击，短期贷款余额同比增长24.6%，比上年回落2个百分点；中长期贷款投放力度增大，1～10月，中长期贷款占新增贷款的比重始终稳定在50%以上，最高时曾达到56%，年末为48.9%。票据贴现余额下降63.2亿元。

金融支持消费升级，住房信贷政策切实落实。2013年新资本管理办法实施后，资本消耗相对较低的个人信贷业务成为银行拓展重点，全省新增个人消费贷款首次超过500亿元，达538.4亿元，余额同比增长30.2%。其中，个人住房贷款从年初开始快速增长，最高增速达到29.9%。针对这一形势变化，中国人民银行南昌中心支行及时调整房地产信贷政策，通过上调南昌二套房首付比例至七成，有效抑制投资投机需求，年末个人住房贷款增速下降至27.9%。

信贷结构持续改善，对重点领域及薄弱环节

支持力度加大。首次建立中小企业融资网上对接绿色平台，推出农民专业合作社贷款、订单农业贷款、农村土地承包经营权抵押贷款等涉农金融产品，带动小微企业贷款和涉农贷款余额分别同比增长35.3%和22.2%。信贷政策切实配合区域发展战略，重点区域、重点行业贷款得到有效满足。罗霄山脉集中连片特困地区贷款较年初增加361.9亿元，批发零售、交通运输、制造业贷款（不含票据融资）占各行业新增贷款比重合计达50.6%，科技型中小企业贷款①、国家级高新技术开发区贷款同比增长31.7%和23.9%。民生金融工作快速推进，助学贷款、保障性住房贷款、民贸民品优惠利率贷款分别同比增长22.8%、18.9%、161.4%。小额农户信用贷款和小额担保贷款自业务开办以来十年累计发放额分别突破1 000亿元和400亿元，成为全省两大民生金融品牌。

4. 贷款利率稳中趋降，银行差异化定价能力初显。上半年金融机构贷款利率总体处于较高水平，自7月全面放开贷款利率管制后，利率有所走低，12月一般贷款加权平均利率（不含贴现）为7.50%，分别较6月和上年12月下降0.12个和0.07个百分点。各月执行上浮利率贷款占比在75%～81.1%区间波动，波幅较2012年收窄（见表2）。存款利率差异化定价特征逐步显现，国有大型银行上浮程度最小，全国性股份制银行居中，地方法人银行最大，大部分村镇银行各期限存款利率一浮到顶。

5. 金融业参与主体日趋丰富，金融组织体系不断完善。华融证券、中国进出口银行江西省分行正式开业，赣州市筹建全省首家网络小贷公司。恒邦财产保险公司获批筹建，有望实现地方法人保险机构零的突破。新型农村金融机构建设不断推进，批准3家村镇银行开业、1家筹建，全省村镇银行县域覆盖面超过60%。新改制组建5家农村商业银行，全省农村银行类机构数量占全部农村合作金融机构的比重增至25%。小额贷款公司开业214家，较上年增加39家。金融商务区建设稳步推进，入驻南昌红谷滩新区的金融机构90家，较上年增加38家。

表2 2013年江西省金融机构人民币贷款各利率区间占比

单位：%

月份		1月	2月	3月	4月	5月	6月
合计		100.0	100.0	100.0	100.0	100.0	100.0
下浮		5.8	3.6	1.4	3.7	2.2	2.5
基准		15.1	20.7	21.3	15.2	21.8	20.9
上浮	小计	79.1	75.7	77.3	81.1	76.0	76.6
	(1.0，1.1]	13.5	15.5	16.0	14.6	13.6	13.3
	(1.1，1.3]	21.9	19.3	21.4	24.1	23.0	23.7
	(1.3，1.5]	17.7	16.9	16.9	18.7	17.3	16.0
	(1.5，2.0]	23.9	21.8	20.6	21.4	20.3	21.4
	2.0以上	2.1	2.2	2.4	2.3	1.9	2.2
月份		7月	8月	9月	10月	11月	12月
合计		100.0	100.0	100.0	100.0	100.0	100.0
下浮		3.9	3.5	5.7	3.1	5.9	4.4
基准		18.7	16.7	18.8	20.2	18.4	18.8
上浮	小计	77.4	79.8	75.5	76.8	75.7	76.9
	(1.0，1.1]	13.5	13.7	16.5	15.1	18.9	15.4
	(1.1，1.3]	22.2	24.2	22.8	21.1	19.2	22.9
	(1.3，1.5]	17.6	18.8	17.2	20.3	18.7	15.3
	(1.5，2.0]	21.9	21.2	17.5	18.6	17.0	21.6
	2.0以上	2.3	1.9	1.6	1.6	2.0	1.7

数据来源：中国人民银行南昌中心支行。

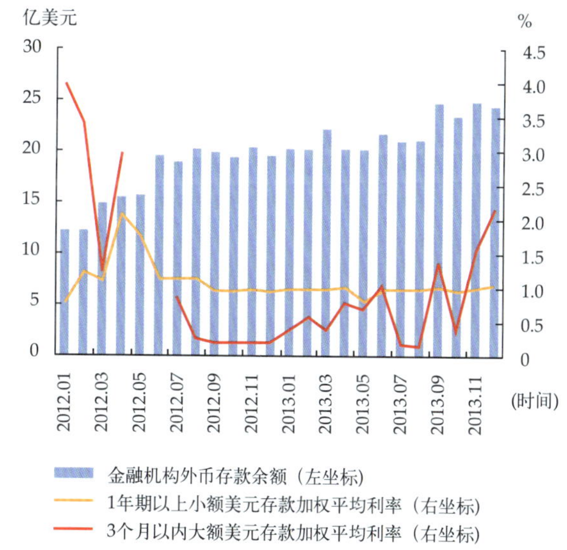

数据来源：中国人民银行南昌中心支行。

图4 2012～2013年江西省金融机构外币存款余额及外币存款利率

① 根据中国人民银行南昌中心支行跟踪的580家科技型中小企业贷款数据获得。

6. 跨境人民币业务纵深发展，结算便利化程度提升。通过简化结算业务流程、组织政策宣传月活动等，江西跨境人民币业务呈现“量增、面阔、种类全”喜人局面。全年跨境人民币业务结算实际收付金额264.8亿元，同比增长111.9%；实际收支比为0.9：1，连续12个月实现人民币跨境支出大于收入，较好地贯彻落实了人民币“走出去”的发展战略。全年共计560家企业发生跨境人民币实际收付业务，同比增长81.2%；业务涉及境外国家和地区91个，同比增长35.8%。雅星纺织企业人民币境外贷款的发放，标志着资本项下跨境人民币结算业务的全面推进。

专栏1　发挥再贴现政策工具作用，推动区域经济结构调整

再贴现作为中央银行进行货币调控的政策工具，具有针对性强、覆盖面广、调控流动性能力强的特点。近年来，中国人民银行南昌中心支行以再贴现工具作为货币政策预调微调手段，围绕“重调度、明投向、扩票源、严管理”的工作思路，对国家鼓励和扶持领域进行资金支持，有效满足了“三农”和中小微企业的融资需求，有力促进了江西经济转型升级和实体经济发展。

“重调度”。针对中小微企业主要分布在地市和县域的特点，及时调配再贴现限额区域布局，扩大再贴现政策覆盖范围，加快再贴现限额周转使用效率，满足地方融资需求。2013年，中国人民银行南昌中心支行共在全省9个地市安排再贴现额度21亿元。在6月金融市场出现短期波动，票据贴现利率较高的情况下，中国人民银行南昌中心支行加大再贴现额度安排力度，为金融机构注入流动性，较好地稳定了金融机构的价格预期，满足了企业融资需求。

“明投向”。结合江西省农业生态经济发展较快，工业领域小微企业众多的省情，及时出台再贴现窗口指导意见，再贴现支持领域突出支小支农原则。在票源选择上，对鄱阳湖生态经济区和赣南等原中央苏区内的企业以及文化、节能环保、高科技等战略性新兴产业中的小微企业票据优先办理再贴现业务。在机构选择上，将信贷投向以小微和涉农为主的地方法人机构作为再贴现重点扶持对象，逐步提高再贴现限额，增加流动性供给。从再贴现支持的机构数量上看，2013年全省支持地方法人机构8家，比上年增长3家，其中支持村镇银行及农信社7家，在有效支持小微企业票据融资的同时，解决了其资金周转不足的困难。

“扩票源”。为改变以往票据融资过于依赖银行信用、票据风险过度集中在承兑银行的状况，中国人民银行南昌中心支行印发了《促进江西省商业承兑汇票业务发展指导意见》，按照“先易后难、有序推进”的原则，在产销关系紧密的上下游企业间，以汽车行业为突破口，借力财务公司平台，利用再贴现予以引导，有序推进商业信用票据化。2013年共办理商业承兑汇票再贴现3.7亿元，较上年增长111.5%。

“严管理”。为确保央行再贴现资金安全，中国人民银行南昌中心支行制定了江西省再贴现业务管理办法，明确了从严控制金融机构准入门槛、从严控制再贴现额度审批、从严开展票据业务合规性检查的“三从严”要求，规范了办理流程，提高了办理效率。

2013年，中国人民银行南昌中心支行累放再贴现54.9亿元，较前三年分别增长3.7倍、12.6倍和1.9倍，再贴现限额年平均周转2次，较前三年分别提高1.5次、1.8次和0.9次，有效盘活了存量限额。中小微企业和涉农企业票据再贴现占再贴现总额的比重为93.0%和12.8%，政策微调作用进一步凸显。在再贴现政策工具的积极引导下，全省金融机构当年累计办理银行承兑汇票贴现7 670亿元，较上年增长101.3%;商业承兑汇票贴现233.3亿元，较上年增长3.2倍，辖内商业信用得到极大释放，激活和带动了相关产业链快速整合和发展。未来，再贴现工具在落实宏观调控政策，加强政策预调微调，推动地方经济转型升级过程中必将发挥更大作用。

（二）证券机构实力有所壮大，后备资源培育力度增强

1. 股票市场成交量回暖，证券机构盈利能力增强。江西省证券投资者在股票市场累计成交金额同比增长34.7%，客户保证金同比下降11.8%。受股市成交回暖的影响，全省证券机构营业收入和效益双双增长，实现营业收入和净利润同比分别增长44.2%和129.2%。期货经营机构发展良好，累计实现营业收入和净利润同比分别增长30.1%和106.8%。

2. 上市公司队伍继续壮大，融资方式多元化推进。受IPO暂停的影响，全省在境内股票市场未新增上市企业，已上市企业实现再融资33.6亿元（见表3）。3家企业在境外首发上市①，融资额达22.7亿港元。后备资源培育力度进一步加大，全省已通过证监会审核的企业5家、辅导验收的企业2家；21家企业在省证监局辅导备案，67家企业计划挂牌“新三板”，其中4家企业已向全国中小企业股份转让系统公司上报，19家已经完成股改，资本市场实力得到加强。

表3　2013年江西省证券业基本情况

项目	数量
总部设在辖内的证券公司数（家）	2
总部设在辖内的基金公司数（家）	0
总部设在辖内的期货公司数（家）	1
年末国内上市公司数（家）	33
当年国内股票（A股）筹资（亿元）	33.6
当年发行H股筹资（亿元）	0.0
当年国内债券筹资（亿元）	440.0
其中：短期融资券筹资额（亿元）	93.0
中期票据筹资额（亿元）	125.5

数据来源：江西证监局、中国人民银行南昌中心支行。

（三）保险市场运行平稳，服务经济功能全面增强

1. 服务专业化快速推进，保险收入稳步增长。全国首家保险销售服务一体化公司在江西设立，部分公司组建专业化销售机构，向专业服务一体化推进。2013年全省保费收入首次突破300亿元大关，达到318亿元，同比增长17.0%（见表4），增速居中部六省首位。受机车险发展强劲和工程险回暖有力等因素的影响，产险业务快速发展，实现保费收入同比增长19.2%。健康险、养老险的发展带动持续低迷的人身险业务增速企稳回升，寿险实现保费同比收入增长7.7%。

2. 农业政策性险种快速发展，服务“三农”和小微企业水平明显提高。《农业保险条例》的实施带来发展新活力，农业保险实现保费收入同比增长6.3%，共为629.3万参保农户提供701.8亿元风险保障。三大农保险种覆盖面稳步扩大，其中，水稻保险承保覆盖全省县域，承保面积达全省水稻面积的61.6%，较上年上升6.6个百分点；森林保险累计承保林木1.2亿亩，为210万户次参保农户提供风险保障619.3亿元，保费规模、承保面积、保险覆盖率三项指标跃居全国首位；承保能繁母猪头数增长12.0%，实现应保尽保。保险业支持全省外贸出口28.6亿美元，同比增长9.1%。支持服务小微企业637家，较上年新增498家，小微企业客户覆盖率40%，较上年提升了29.5个百分点。累计支持全省企业海外投资4 300万美元，同比增长258.6%。险种创新取得突破，环境污染责任险和校园食品安全责任险试点启动。

表4　2013年江西省保险业基本情况

项目	数量
总部设在辖内的保险公司数（家）	0
其中：财产险经营主体（家）	0
人身险经营主体（家）	0
保险公司分支机构（家）	34
其中：财产险公司分支机构（家）	15
人身险公司分支机构（家）	19
保费收入（中外资，亿元）	318.0
其中：财产险保费收入（中外资，亿元）	116.2
人身险保费收入（中外资，亿元）	201.8
各类赔款给付（中外资，亿元）	119.5
保险密度（元/人）	706.0
保险深度（%）	2.2

数据来源：江西保监局。

①在香港联交所发行上市的有赣州毅德集团、吉安雅高矿业；在吉隆坡证券交易所发行上市的有赣州康尔实业。

（四）金融市场稳步发展，融资结构继续优化

1. 债券融资亮点突出，融资结构明显改善。2013年全省社会融资规模为3 898亿元，其中未贴现的银行承兑汇票、信托贷款分别同比增长63.0%和60.5%，委托贷款同比大幅增长2.7倍，银行同业合作力度加大。受IPO暂停的影响，股票融资规模占江西省社会融资规模比重较上年下降0.1个百分点，但债券市场发行亮点突出。全省债券发行438亿元，其中债务融资工具发行278.5亿元，同比增长118.8%。全省15家承销行全部开展承销业务，实现金融机构全覆盖。中小企业私募债发行破冰①，地方企业超短期融资券首单落户江西，赣州市区域集优债务融资工具发行筹备工作取得重大进展。在债券融资快速发展背景下，社会对银行贷款依赖程度减弱，信贷融资占江西省社会融资规模比重较上年下降8.9个百分点（见图5）。

2. 货币市场成交量分化，资金融入意愿降温。2013年，江西省同业拆借市场成员表现活跃，累计拆借资金同比增长263.8%；债券交易有所回落，债券回购金额同比下降25.1%，现券成交金额同比下降58.5%。银行间市场资金继续表现为从其他地区流入江西的特点，但受不同市场间套利空间缩小等因素的影响，全年累计资金净融入6 715.6亿元，较上年下降64.6%。债券市场利率在年中波动后年底有所上扬，质押式回购利率、买断式回购利率、现券交易收益率同比分别上升1.8个、1.5个、1.3个百分点。

3. 票据承兑基本平稳，贴现利率总体上升。受监管部门规范票据业务影响，金融机构票据签发热情回落，银行承兑汇票承兑发生额和余额同比分别增长0.4%、2.6%。票据贴现踊跃，银行承兑汇票和商业承兑汇票贴现发生额同比分别增长101.3%和315.9%。其中股份制银行占贴现交易主导地位，市场份额占比达84.7%，累计票据贴现发生额同比增长2.1倍。贴现利率前三个季度走高，第四季度小幅回落，转贴现利率逐季走高。第四

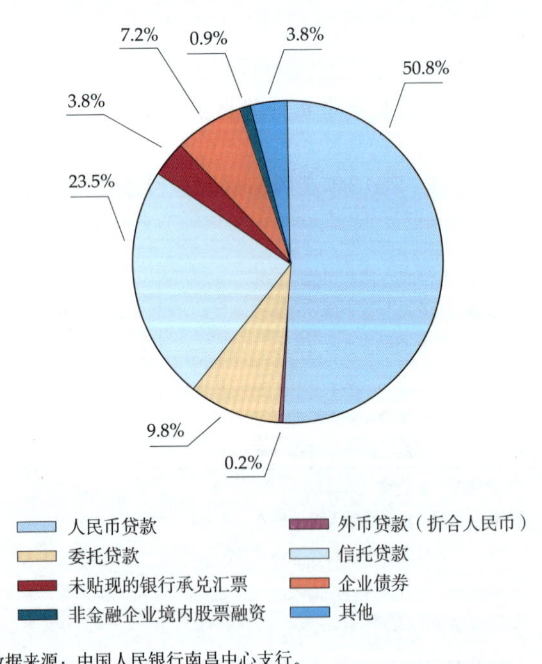

数据来源：中国人民银行南昌中心支行。

图5 2013年江西省社会融资规模分布

表5 2013年江西省金融机构票据业务量统计

单位：亿元

季度	银行承兑汇票承兑		贴现			
			银行承兑汇票		商业承兑汇票	
	余额	累计发生额	余额	累计发生额	余额	累计发生额
1	1 560.8	817.9	209.2	1 655.8	4.2	60.1
2	1 701.6	1 694.8	207.3	3 525.8	4.2	80.7
3	1 682.2	2 401.0	193.1	6 147.0	4.5	193.6
4	1 698.0	3 483.7	173.1	7 670.0	6.1	233.3

数据来源：中国人民银行南昌中心支行。

表6 2013年江西省金融机构票据贴现、转贴现利率

单位：%

季度	贴现		转贴现	
	银行承兑汇票	商业承兑汇票	票据买断	票据回购
1	4.95	5.80	4.50	4.46
2	4.92	6.39	4.72	5.18
3	6.55	6.99	5.33	5.05
4	7.06	5.04	5.70	5.57

数据来源：中国人民银行南昌中心支行。

①该债券由江西华春色纺科技发展有限公司发行，期限为3年期，发行规模2亿元。

季度贴现和转贴现利率分别为6.51%和5.67%，较上年上升0.74个和0.62个百分点。

4. 外汇市场有序发展，黄金交易规模倍增。跨境收支延续上年小幅增长态势，全年总额突破300亿美元达303亿美元，增速为6.5%。银行结售汇总额为208.2亿美元，同比下降2.6%。外汇市场交易活跃，市场成员累计成交额同比增长25.7%。黄金业务量涨价跌，全年金融机构累计成交同比增长110.3%，第二、第三季度交易量高于第一、第四季度交易量。黄金远期、黄金租赁和实物黄金交易表现抢眼，成交量同比分别增长10.5倍、7.8倍和3.8倍，成为推动整体交易规模增长的主要力量。在国际金价下跌带动下，金融机构各类黄金交易均价全线走低，较上年平均下跌19.2%。

5. 民间借贷量价齐升，小额贷款公司利率下降。监测的民间借贷显示，全年加权平均利率上升0.52个百分点，发生额同比增长23.6%。其中农户借入民间资金利率呈M形走势，各月利率在16.32%～17.73%波动；企业借入民间资金利率呈倒V形走势，各月利率在17.11%～18.09%波动。小额贷款公司贷款加权平均利率逐季回落，全年加权平均利率为15.01%，较上年回落0.93个百分点，全年累计发放贷款规模同比增长23%。

专栏2　债务融资跨越式发展　融资渠道进一步拓宽

提高直接债务融资比重，对促进江西省经济加快发展意义重大，不仅可以突破区域融资规模限制，利用全国金融资源解决融资需求；而且直接债务融资成本相对较低，能有效降低企业融资成本。近年来，在江西省政府的高度重视和各有关部门的大力支持下，金融机构通过积极宣传推介、加强沟通协作、促进银企对接等途径，大力推动全省债务融资工作实现跨越式发展，取得了“两项全国前列，三项持续倍增，四项大幅提高”的突出业绩，为进一步拓宽企业融资渠道，缓解资金供需矛盾，支持地方经济转型升级提供了强力支撑。

取得两项全国前列：一是江西赣粤高速公路股份有限公司10亿元非公开定向债务融资工具于2011年10月成功发行，成为全国第6只成功发行的定向工具，江西省也因此成为全国第三个、中部地区第一个发行定向工具的省份。二是江西省高速公路投资集团有限公司于2013年12月成功注册超短期融资券100亿元，并发行6亿元，江西省成为全国首个由地方性企业成功注册并发行超短期融资券的省份。

保持三项持续倍增：一是债务融资工具发行量持续倍增。2013年，江西省累计发行债务融资工具27只，发行量为278.5亿元，自2009年以来，年均发行量增幅接近100%。二是债务融资工具注册量持续倍增。2013年，全省企业累计获得交易商协会债务融资工具注册金额为481亿元，自2009年以来，年均注册量增幅接近140%。三是发债企业数持续倍增。2013年，全省成功注册和发行债务融资工具的企业数共16家，为2009年的8倍。

实现四项大幅提高：一是发行区域覆盖面大幅提高。截至2013年年末，全省已有南昌、赣州、宜春、上饶、新余、景德镇、鹰潭7个设区市成功运用债务融资工具进行融资，较2009年增加5个。二是发行品种多样性大幅提高。截至2013年年末，江西省企业已累计发行债务融资工具5类，实现了发债品种的全覆盖。三是本地金融机构承销意愿大幅提高。2013年，江西省辖内共有14家金融机构成功承销发行债务融资工具，而2009年仅为1家。四是债务融资工具对全省企业融资的重要性大幅提高。2009～2013年，江西省债务融资工具发行量与当年全省新增贷款之比由1.2%上升为14.1%，债务融资工具余额与全省各项贷款余额之比由0.3%上升至2.7%。经过多年的市场培育，江西省市场主体多元化融资的理念进一步增强，债务融资工具已经成为全省企业融资的重要途径和不可或缺的组成部分。

（五）金融基础设施建设加快，金融生态环境不断优化

2013年，江西省继续推进征信体系建设，着力优化金融生态环境。中国人民银行南昌中心支行宣传和贯彻落实《征信业管理条例》，推动征信业规范健康发展，23.8万户企事业单位和2 598万个人信息接入了金融信用信息基础数据库，年查询量为506万次。积极推进小额贷款公司和融资性担保公司接入金融信用信息基础数据库，全省52家小额贷款公司和5家融资性担保公司通过了接入审核。建立征信信息异议公示系统，切实维护信息主体合法权益。小微企业和农村信用体系建设持续推进，为5.4万户中小企业建立信用档案，其中1.1万户中小企业获得银行的信贷支持。为457.6万农户建立了信用档案，贷款余额为1 189.9亿元。

金融基础设施建设继续加强。第二代支付系统上线切换工作全面完成，全省2 255家大小额支付系统的参与者，按往来账口径统计，累计处理业务笔数和金额同比分别增长44.0%和20.3%。组织建立同城清算保证金制度，有效防范了系统流动性风险，4 408家同城清算系统的参与者，按往账口径统计，累计处理业务笔数和金额同比分别增长4.4%和16.6%。

二、经济运行情况

2013年，江西省统筹做好稳增长、调结构、抓改革、优生态、惠民生等各项工作，经济运行呈现稳中提质的发展态势，全年实现地区生产总值14 338.5亿元，同比增长10.1%（见图6）。

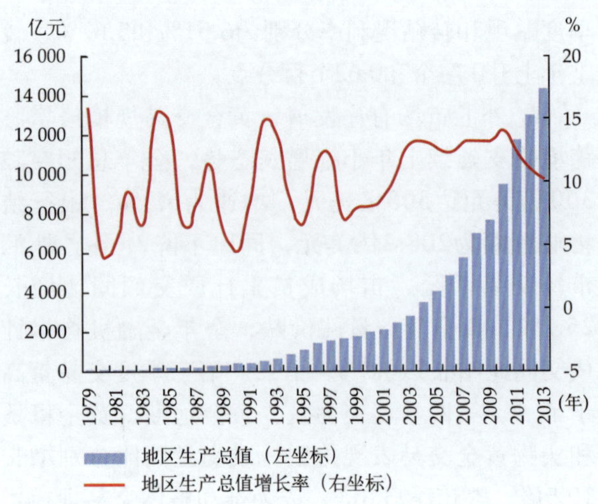

数据来源：江西省统计局。

图6　1979~2013年江西省地区生产总值及其增长率

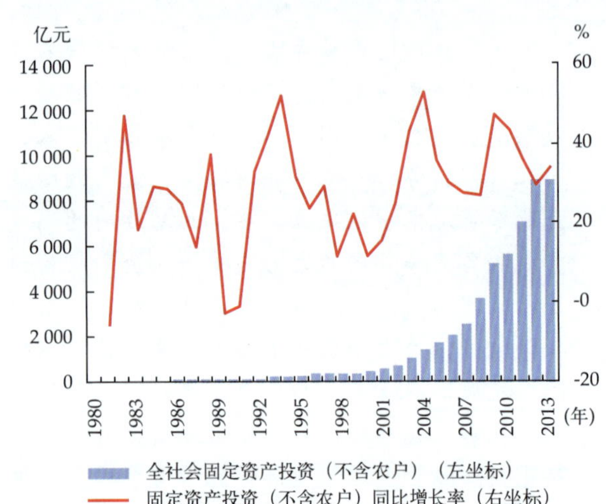

数据来源：江西省统计局。

图7　1980–2013年江西省固定资产投资（不含农户）及其增长率

（一）内需增速总体回落，外贸形势有所好转

2013年，江西投资、消费增速有所放缓，投资结构和居民收入结构更趋优化，外贸形势有所好转，经济增长动力更加协调。

1. 投资增速回落，民间投资成为投资增长主力。2013年，全省500万元以上固定资产投资额达到12 450.8亿元，同比增长20.0%（见图7），增速较上年回落10.1个百分点。随着鼓励民间投资、外商投资一系列政策的完善和发挥作用，江西省形成了以国有、外商和民间等资本共同参与投资的格局，全年非国有经济完成投资同比增长23.5%，比国有经济投资增速高出15.7个百分点，其中民间投资占固定资产投资比重为75%。

2. 消费增长放缓，城乡居民收入差距进一步缩小。受网络消费兴起和“三公”消费压缩等影响，实体消费需求增长呈现放缓态势。全省社会消费品零售总额为4 551.1亿元，同比增长13.6%，

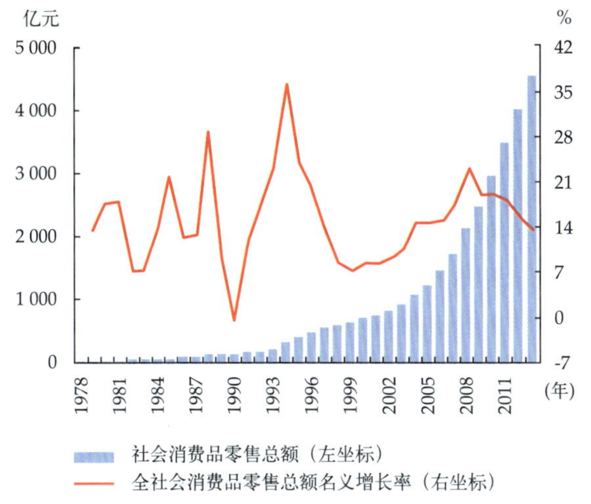

数据来源：江西省统计局。

图8　1978～2013年江西省社会消费品零售总额及其增长率

增幅比上年回落2.3个百分点（见图8）。乡村消费市场增长较快，限额以上乡村市场零售额同比增长18.3%，高于城镇2.9个百分点。随着支农惠农政策有效落实，农民外出务工和种粮收入增加，农民收入连续十年增长，增幅连续两年超过城镇居民。2013年农村居民人均纯收入达到8 781元，同比增长12.2%，增速高于城镇居民收入增速2.1个百分点，城乡居民收入差距进一步缩小。

3. 外贸形势好转，“走出去”战略迈出新步伐。2013年，全省进出口总值为367.4亿美元，同比增长10.0%，较上年提高3.8个百分点。其中，出口281.7亿美元，同比增长12.2%。贸易顺差为196亿美元，较上年增加27.9亿美元（见图9），延续了近年来持续扩大趋势。外贸市场结构更趋多元化，对东盟出口增长68.3%，超过欧盟和美国，成为江西的最大贸易伙伴。外向型经济水平进一步提高，成功举办了赣港会、赣台会、瓷博会等重大活动，实际利用外商直接投资75.5亿美元，增长10.7%（见图10）。“走出去”战略迈出新步伐，对外承包工程完成营业额为22亿美元，同比增长20%。

（二）三次产业协调推进，产业结构继续调整

江西省三次产业继续保持协调发展，

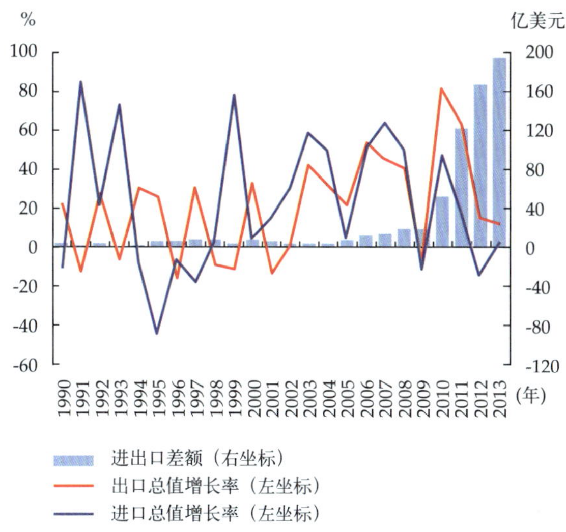

数据来源：江西省统计局。

图9　1990～2013年江西省外贸进出口变动情况

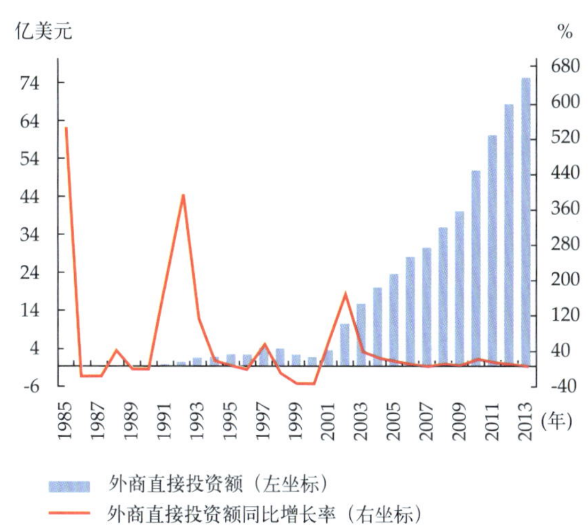

数据来源：江西省统计局。

图10　1985～2013年江西省外商直接投资额及其增长率

结构比例由上年的11.7：53.8：34.5调整为11.4：53.5：35.1，第三产业对经济的贡献度提高。

1. 农业基础地位稳固，粮食生产“十连丰”。2013年，全省农林牧渔业增加值1 636.5亿元，增长4.6%。粮食生产克服干旱、病虫害等不利因素，连续十年保持稳定增长，粮食总产423.2亿斤，同比增长1.5%。农业产业化建设大力推进，规模以上龙头企业销售收入同比增长21.1%。

2. 工业生产增速回落，非公经济活力增强。受产能过剩、市场需求低迷的影响，全省规模以上工业增加值增速持续下滑，全年同比增长12.4%，增幅比上年下降2.3个百分点（见图11）。全省支柱产业发展整体趋好，39个工业行业大类中37个实现增长，增长面达到94.9%。非公有制工业增加值实现增长13.3%，高于全省平均水平0.9个百分点，对工业增长的贡献率达84.1%。

3. 产业结构继续调整，服务业发展较快。2013年，全省实施服务业提升战略，服务业占生产总值比重上升至35.1%。服务业发展资金投入力度加大，全年服务业投资同比增长20.8%，高于全省固定资产投资平均增速0.8个百分点。旅游强省建设加快，旅游接待总人数达2.5亿人次，同比增长22%，旅游总收入达1 896.1亿元，同比增长35.2%，全省5A级景区数量达到6个。

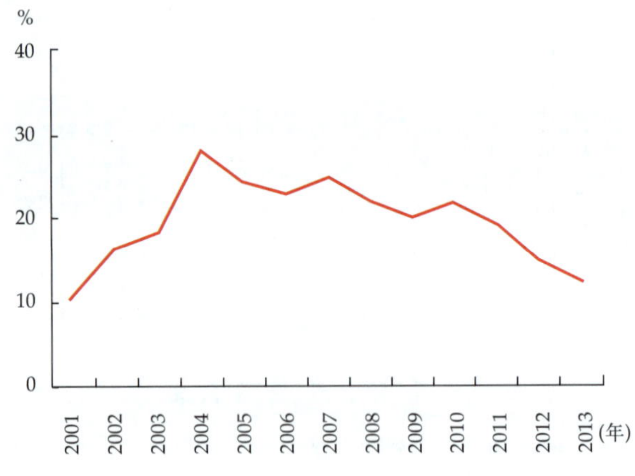

数据来源：江西省统计局。

图11　2001～2013年江西省规模以上工业增加值同比增长率

（三）物价涨幅保持平稳，就业形势基本稳定

1. 居民消费价格涨幅先扬后抑，食品类价格影响居首位。全年各月居民消费价格涨幅均控制在3.5%以内，其中1月涨幅为全年的最低点为1.8%，10月上涨至全年的最高点为3.3%，之后逐月下滑至12月的3.0%（见图12）。全年居民消费价格同比上涨2.5%，比上年回落0.2个百分点。其中，食品类价格上涨4.5%，影响居民消费价格总水平上涨约1.58个百分点。

2. 工业生产价格持续回落，降幅较上年收窄。受工业生产和固定投资放缓的影响，工业生产者出厂价格连续23个月、工业生产者购进价格连续20个月下降。其中，工业生产者出厂价格在2013年上半年降幅逐月扩大，下半年降幅快速收窄，全年工业生产者出厂价格同比下降1.5%，降幅比上年收窄2个百分点。工业生产者购进价格同比下降1.6%，降幅比上年收窄0.1个百分点。

3. 就业形势基本稳定，劳动力价格继续增长。2013年，全省城镇新增就业54.1万人，新增农村劳动力转移57.3万人，同比分别增长1.3%和1.9%。高校毕业生总体就业率94.3%，实现了“不降低、有提高”的目标。城镇登记失业率控制在3.2%以内，低于全国平均水平0.9个百分点。劳动力成本稳定增长。2013年再次上调最低工资标准，平均增幅为13.6%。城市低保平均保障标准提高到400元。企业退休人员基本养老金月人均增加158元，连续九年以不低于10%的幅度提高。

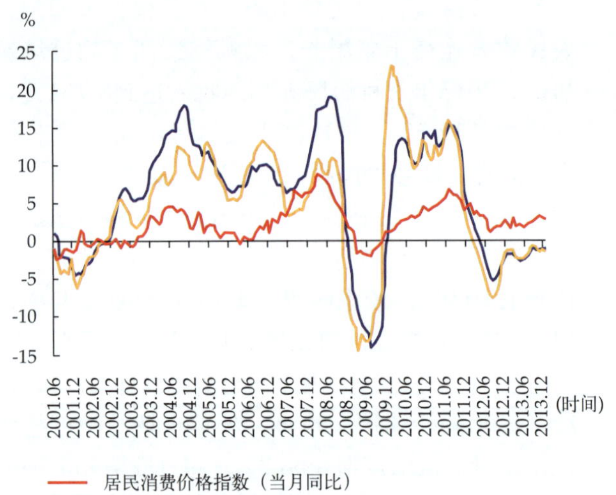

数据来源：国家统计局江西调查总队。

图12　2001～2013年江西省居民消费价格和生产者价格变动趋势

（四）财政收入质量提升，保障民生力度加大

1. 财政收入增速回落，收入质量有所提高。在经济转型换挡形势下，江西省财政总收入增幅较上年回落9.2个百分点。其中公共财政预算收入

1 620.2亿元，增长18.1%（见图13），增幅较上年回落12.1个百分点。财政收入质量稳步回升，年初税收收入占财政总收入的比重一度回落至74.6%的历史低点，之后逐步回升，全年达到81.2%，较上年提高0.5个百分点。

2. 财政支出结构优化，民生保障有力。在财政收入增速持续回落的情况下，全省调整支出结构，加大民生保障力度。2013年全省筹集财政资金约700亿元，全面完成了年初确定的涉及群众切身利益的76件实事。教育、社会保障和就业、医疗卫生、城乡社区事务、农林水事务、住房保障六大民生领域共支出2 135.8亿元，同比增长14.8%，占全省公共财政预算支出的61.6%。

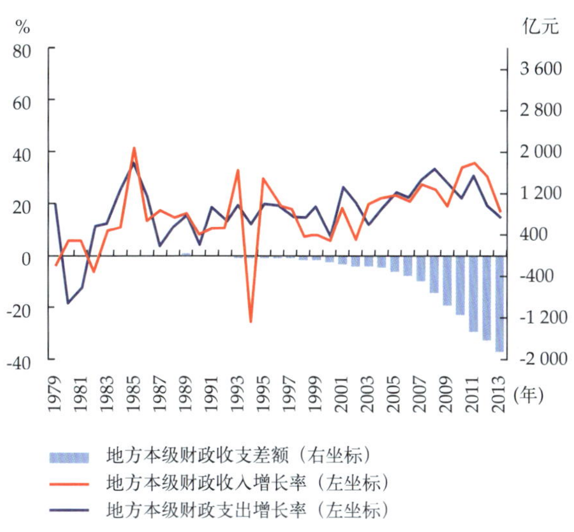

数据来源：江西省统计局。

图13　1979～2013年江西省财政收支状况

（五）生态建设成效明显，节能减排进展顺利

1. 加大环境保护力度，生态文明建设取得新成效。“森林城乡、绿色通道”[①]工程扎实推进，全年完成造林面积253.7万亩，新增国家园林城市3个。深入实施净空、净水、净土“三净”行动，全省环境质量稳中向好，除南昌市以外其他10个设区城市环境空气质量均稳定达到国家Ⅱ级标准，城市集中式饮用水水源地水质达标率达100%。

2. 节能减排进展顺利，降耗目标全面完成。江西省加大能耗评估审查力度，从源头上控制“两高一资”行业盲目扩张，淘汰落后产能项目89个，全面完成了国家下达的目标任务。全年万元地区生产总值能耗为0.6吨标准煤/万元，同比下降3.6%。

（六）房地产市场供需回升，保障房建设扎实推进

房地产市场供需两旺，差别化信贷政策有效落实。在经历了2012年平稳行情之后，2013年江西省房地产市场呈现稳步回暖特点，投资、市场供给、价格、销售量以及信贷均全面回升。

1. 房地产开发投资增速加快。2013年全省房地产开发投资1 174.6亿元，同比增长21.1%，比上年提高9.3个百分点。从结构看，住宅投资增幅较小，同比增长16.2%，商业地产投资增长偏快，同比增长30.8%。从走势看，由于担心政策的不确定性,开发商普遍在上半年开工，全年房地产开发投资增长呈现前高后缓态势。

2. 房地产市场供给回升。商品房施工面积为11 995.7万平方米，较上年增长26.7%，增速比上年提高14.8个百分点。商品房竣工面积为1 790.3万平方米，较上年增长2.4%，增速比上年提高10.7个百分点（见图14）。商品房新开工面积为4 139万平方米，较上年增长26.9%。

3. 商品房销售量价齐升。全年商品房销售走势呈先扬后抑特点。前三个季度，市场刚性需求逐渐释放，销售形势持续旺盛；受“昌六条”等政策的影响[②]，第四季度尤其是12月市场成交量有所萎缩。全年江西省商品房销售面积为3 167万平方米，同比增长32.1%，增速比上年提高32.9个百分点；商品房销售平均价格为5 203元/平方米，比上年提高458元/平方米，同比增长9.7%。重点城市商品房价格快速攀升，2013年年末，南昌、九江、赣州市新建住宅价格指数分别同比上涨

① “森林城乡、绿色通道”指森林城市创建、森林乡村创建、通道绿化提升、绿道建设、生态富民产业、森林资源保护六大工程建设。

② “昌六条”指2013年11月南昌市政府下发的《关于进一步做好房地产市场调控工作的意见》中提出的六条住房调控措施。

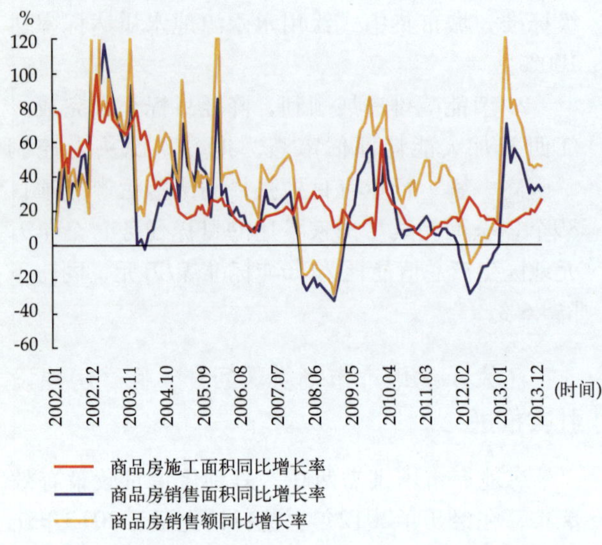

数据来源：江西省统计局。

图14　2002～2013年江西省商品房施工和销售变动趋势

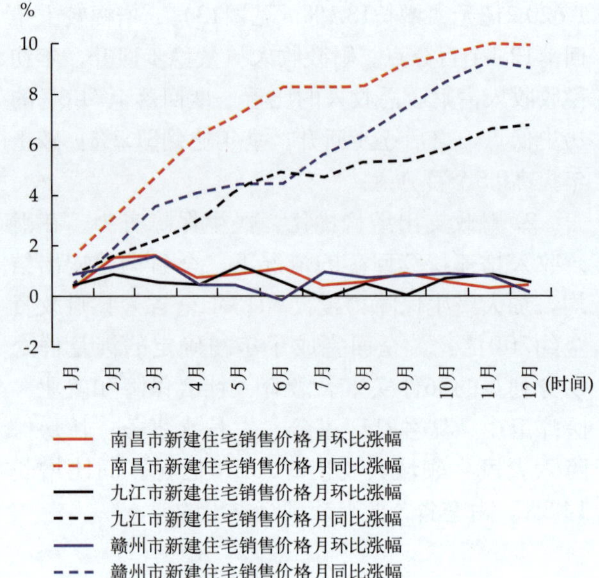

数据来源：《中国经济景气月报》。

图15　2013年江西省主要城市新建住宅销售价格变动趋势

9.9%、6.7%和9.7%（见图15）。

4. 房地产贷款快速增长，保障性住房建设扎实推进。全省房地产开发贷款同比增长33.8%，比上年提高12.8个百分点。差别化住房信贷政策成效明显，重点支持中小套型、中低价格普通住宅的购房需求，120平方米以下住宅套数占比为62.6%，比上年提高2.1个百分点；120平方米以下住宅贷款占比为56.6%，比上年提高6.1个百分点。保障房建设扎实推进，在全国率先出台“三房合一、租售并举”[①]制度，全年棚户区改造开工14万套、基本建成8.7万套；保障性住房开工32.4万套、基本建成23.7万套，均完成了年初目标。

（七）城乡一体化持续推进，区域发展新格局逐步形成

1. 以城带乡，有序推进城镇化。2013年，江西省进一步做大做强中心城市，加快示范镇中心镇建设，坚持以城带乡，促进城乡共同发展。全省共有8 321个村点开展了新农村建设，326个集镇和2 923个自然村实现镇村联动发展。近三年，全省共重点支持和扶持了28个省级示范镇和8个民族乡的建设发展，2013年示范镇镇区平均人口已达2.2万人。全省城镇化率达49%，比上年提高1.5个百分点。

2. 完善区域板块布局，激发地区发展活力。江西省紧抓鄱阳湖生态经济区建设和赣南等原中央苏区振兴发展两大国家战略带来的重大发展机遇，昌九一体化全面启动，赣东、赣西两翼经济加快发展。南昌、九江两市实现规模以上工业增加值1 944.3亿元，占全省的比重为33.8%；两市固定资产投资完成4 417.5亿元，占全省比重为35.5%。赣州市固定资产投资增速稳居全省首位，公共财政预算收入、财政总收入、实际利用外资、规模以上工业增加值、社会消费品零售总额增速在全省排位分别前移6位、2位、2位、1位和1位。

三、预测与展望

2014年是全面贯彻落实十八届三中全会精神、实施“十二五”规划承前启后的关键一年。

① “三房合一、租售并举”是指江西省实行廉租住房、经济适用住房、公共租赁住房统筹建设，并轨运行，租售并举。

江西省仍然处于工业化、城镇化加速发展期，扩大投资和消费仍有很大空间，经济有望继续保持平稳增长。

投资方面，随着鄱阳湖生态经济区建设和赣南等原中央苏区振兴发展两大国家战略的落实，以及昌九一体化、赣东北扩大开放合作、赣西经济转型发展等区域经济战略规划的不断布局到位，民间投资的不断激活和投资结构的优化调整，全省固定资产投资增幅有望保持18%以上。

消费方面，随着现代商贸流通网络购物体系的构建、收入分配体制改革的不断深化以及社会保障体系的进一步完善，预计社会消费品零售总额增速将略高于上年水平。

物价方面，受上年CPI翘尾因素的影响，同时土地流转价格的上升、农产品价格结构性上涨、劳动力成本持续上升、水电煤气等公共产品价格上调等因素将在中长期内推动CPI上行，2014年可能会面临一定的价格上涨压力。

外贸方面，对发达国家的出口增速将随美欧缓慢复苏而有所提高，新兴市场增长前景略显黯淡可能对全省出口行业造成一定负面影响。综合来看，江西外贸业仍处于一个温和改善而相对有利的外部环境，预计外贸出口增长7.5%左右。

2014年，江西省金融业将坚持稳中求进的工作总基调，增加对江西十大战略性新兴产业、文化创意产业、科技创新驱动服务以及供应链、现代物流的信贷支持，完善对现代农业、小微企业、新型城镇化、棚户区危房改造、扶贫开发、民生金融等领域的金融服务，深入推进债务融资工具发行工作，积极推进“险资入赣”，加快资产证券化步伐，保持区域货币信贷和社会融资规模平稳适度增长。加大改革创新力度，以昌九金融服务同城化推动昌九经济一体化，支持赣南等原中央苏区探索县域金融改革创新路径。加强对产能过剩行业、影子银行、融资平台债务风险和房地产贷款的监测和防范，抑制不良贷款上升，防范系统性金融风险，促进江西经济社会持续健康较快发展。

中国人民银行南昌中心支行货币政策分析小组
总　纂：王　信　张智富
统　稿：罗志东　朱　锦　林　海
执　笔：袁晋华　贾　健　曹军新　郭　丽　谢云峰　张朝阳
提供材料的还有：许一涌　汪　颖　李慧瑶　刘伟平　李　伟　黄春华　陶　静　刘　强　黄　昕

附录

（一）2013年江西省经济金融大事记

2月28日，江西省政府与上海证券交易所、深圳证券交易所签订《中小企业私募债券业务试点合作备忘录》，江西省成为全国第十四个纳入中小企业私募债券试点的省市。

4月22日，中国人民银行南昌中心支行印发《关于支持南昌打造成带动全省发展核心增长极的信贷指导意见》、《关于支持九江沿江开放开发的信贷指导意见》，为金融支持南昌经济和九江沿江开放开发提供可持续的发展动力。

6月25日，江西省政府批准正式成立江西省金融控股集团有限公司，以提高江西省金融市场化水平和辐射吸纳能力。

6月26日，中国人民银行南昌中心支行、中国证券监督管理委员会江西监管局签署《加强证券期货监管合作 共同维护金融稳定备忘录》，以建立维护江西省金融稳定的监管合作长效机制。

7月9日，中国人民银行南昌中心支行印发《中国人民银行南昌中心支行金融消费权益保护办法（试行）》，为规范江西省金融消费权益保护工作，保障金融消费者合法权益提供了依据和手段。

9月18日，江西省政府出台《关于深化行政审批制度改革的意见》，进一步减少行政审批等事项。

9月23日，中国进出口银行江西省分行正式挂牌。至此，三大政策性银行全部在江西设立分行。

10月6日，江西辖内第二代小额支付系统、大额支付系统先后成功运行。

12月3日，中国人民银行南昌中心支行印发《关于调整南昌市差别化住房信贷政策的通知》，上调南昌市第二套个人住房按揭贷款首付比至70%。

12月21日，中共江西省委、江西省人民政府印发《关于大力促进非公有制经济更好更快发展的意见》，提出今后五年全省非公有制经济发展的目标任务。

（二）2013年江西省主要经济金融指标

表1　2013年江西省主要存贷款指标

		1月	2月	3月	4月	5月	6月	7月	8月	9月	10月	11月	12月
本外币	金融机构各项存款余额（亿元）	17 192.6	17 737.1	18 380.0	18 218.6	18 484.9	18 702.0	18 538.1	18 729.6	19 253.5	19 112.7	19 235.4	19 582.7
	其中：储蓄存款	8 783.7	9 521.2	9 736.3	9 409.9	9 434.6	9 609.3	9 433.6	9 488.4	9 704.0	9 497.0	9 477.4	9 758.6
	单位存款	7 499.7	7 265.7	7 790.1	7 867.8	7 977.0	8 062.7	7 958.4	8 011.0	8 228.5	8 223.8	8 292.3	8 747.1
	各项存款余额比上月增加（亿元）	352.2	544.5	642.9	-161.4	266.3	217.1	-163.9	191.5	523.9	-140.9	122.7	347.4
	金融机构各项存款同比增长（%）	19.0	19.8	20.1	19.9	20.0	17.4	17.8	17.3	17.0	17.1	17.0	16.3
	金融机构各项贷款余额（亿元）	11 483.7	11 663.2	11 798.7	12 022.6	12 145.0	12 250.0	12 457.6	12 630.1	12 780.4	12 962.4	13 030.1	13 111.7
	其中：短期	4 890.7	4 975.1	5 029.0	5 117.7	5 171.0	5 227.4	5 363.0	5 475.3	5 551.5	5 644.9	5 688.1	5 766.5
	中长期	6 347.6	6 448.1	6 541.6	6 658.0	6 738.6	6 793.7	6 861.9	6 910.5	7 008.3	7 091.8	7 116.9	7 141.0
	票据融资	231.9	226.1	213.4	232.6	219.5	211.8	211.6	221.0	197.6	201.3	199.7	179.2
	各项贷款余额比上月增加（亿元）	353.8	179.5	135.5	224.0	122.4	105.0	207.6	172.5	150.2	182.0	67.7	81.6
	其中：短期	244.5	84.4	53.8	88.7	53.4	56.4	135.6	112.3	76.2	93.4	43.2	78.4
	中长期	169.2	100.6	93.4	116.4	80.6	55.1	68.2	48.6	97.8	83.5	25.1	24.2
	票据融资	-10.4	-5.8	-12.7	19.2	-13.1	-7.6	-0.2	9.4	-23.4	3.7	-1.6	-20.5
	金融机构各项贷款同比增长（%）	20.8	21.0	20.4	21.1	20.6	19.1	19.4	18.7	18.5	18.8	18.2	18.3
	其中：短期	30.0	30.1	28.4	29.4	29.2	26.6	27.6	27.0	25.3	26.0	24.2	24.1
	中长期	13.8	14.4	14.7	15.3	15.5	15.0	15.4	15.3	15.3	15.3	15.1	15.6
	票据融资	48.6	35.0	22.9	23.6	1.3	-11.1	-22.2	-30.7	-25.5	-23.5	-19.3	-26.1
	建筑业贷款余额（亿元）	382.1	392.8	402.5	410.3	414.1	417.0	433.6	436.0	440.5	448.8	446.7	446.4
	房地产业贷款余额（亿元）	503.6	511.9	528.6	539.7	545.0	550.6	560.0	573.5	595.6	606.7	609.9	618.2
	建筑业贷款同比增长（%）	40.3	44.4	41.3	42.5	39.1	32.7	35.9	32.5	29.1	29.3	27.3	25.9
	房地产业贷款同比增长（%）	10.1	9.9	13.3	17.6	18.2	19.3	22.8	24.3	25.4	28.3	29.0	29.9
人民币	金融机构各项存款余额（亿元）	17 065.8	17 610.2	18 240.5	18 092.8	18 360.3	18 568.2	18 408.9	18 598.6	19 102.2	18 967.8	19 083.3	19 434.7
	其中：储蓄存款	8 752.6	9 487.9	9 702.4	9 375.7	9 400.3	9 575.4	9 399.3	9 454.5	9 670.8	9 464.0	9 444.2	9 725.2
	单位存款	7 405.6	7 174.6	7 687.3	7 779.5	7 888.3	7 966.1	7 866.6	7 916.9	8 112.5	8 115.8	8 177.9	8 634.0
	各项存款余额比上月增加（亿元）	348.6	544.4	630.3	-147.8	267.5	207.9	-159.3	189.7	503.5	-134.4	115.5	351.4
	其中：储蓄存款	283.4	735.3	214.5	-326.6	24.6	175.0	-176.0	55.1	216.3	-206.9	-19.7	280.9
	单位存款	33.9	-231.0	512.7	92.2	108.8	77.8	-99.0	50.3	195.5	3.4	62.1	456.1
	各项存款同比增长（%）	18.7	19.6	19.9	19.8	20.0	17.5	17.9	17.4	17.0	17.1	17.0	16.3
	其中：储蓄存款	14.2	23.1	22.6	21.4	20.9	18.3	17.7	17.1	16.4	15.9	14.8	14.8
	单位存款	25.9	17.0	19.3	20.7	21.0	16.4	17.4	17.7	16.3	17.6	17.0	17.1
	金融机构各项贷款余额（亿元）	11 323.4	11 503.2	11 628.1	11 846.7	11 981.4	12 095.5	12 308.5	12 479.4	12 615.5	12 800.7	12 873.5	12 953.5
	其中：个人消费贷款	2 070.0	2 108.0	2 159.1	2 229.1	2 279.6	2 317.6	2 348.8	2 397.6	2 463.2	2 496.3	2 527.6	2 533.4
	票据融资	231.9	226.1	213.4	232.6	219.5	211.8	211.6	221.0	197.6	201.3	199.7	179.2
	各项贷款余额比上月增加（亿元）	349.3	179.8	124.8	218.6	134.7	114.1	213.0	170.9	136.1	185.2	72.8	80.0
	其中：个人消费贷款	124.6	38.0	51.1	70.1	50.5	38.0	31.2	48.8	65.6	33.0	31.3	5.8
	票据融资	-10.4	-5.8	-12.7	19.2	-13.2	-7.6	-0.2	9.4	-23.4	3.7	-1.6	-20.5
	金融机构各项贷款同比增长（%）	20.7	20.9	20.3	20.9	20.6	19.2	19.6	18.9	18.7	18.9	18.4	18.6
	其中：个人消费贷款	25.5	27.5	28.8	32.0	33.3	32.9	32.2	32.6	33.4	32.8	31.5	30.2
	票据融资	48.6	35.0	22.9	23.6	1.3	-11.1	-22.2	-30.7	-25.5	-23.5	-19.3	-26.1
外币	金融机构外币存款余额（亿美元）	20.2	20.2	22.2	20.2	20.2	21.7	20.9	21.2	24.6	23.6	24.8	24.3
	金融机构外币存款同比增长（%）	67.0	65.5	49.2	31.1	28.8	10.6	10.5	5.5	24.2	21.6	22.6	23.9
	金融机构外币贷款余额（亿美元）	25.5	25.5	27.2	28.3	26.5	25.0	24.1	24.4	26.8	26.3	25.5	26.0
	金融机构外币贷款同比增长（%）	28.9	29.2	30.8	36.0	26.0	18.8	11.0	7.4	7.2	15.2	8.3	4.9

数据来源：中国人民银行南昌中心支行。

表2　2001～2013年江西省各类价格指数

单位：%

年/月		居民消费价格指数		农业生产资料价格指数		工业生产者购进价格指数		工业生产者出厂价格指数		南昌市房屋销售价格指数	南昌市房屋租赁价格指数	南昌市土地交易价格指数
		当月同比	累计同比	当月同比	累计同比	当月同比	累计同比	当月同比	累计同比	当季(年)同比	当季(年)同比	当季(年)同比
2001		—	-0.5	—	-0.4	—	-0.7	—	-1.9	4.0	2.7	8.0
2002		—	0.1	—	-0.2	—	-1.4	—	-1.5	11.6	4.2	25.2
2003		—	0.8	—	2.5	—	6.5	—	4.0	4.8	3.3	10.1
2004		—	3.5	—	10.7	—	14.5	—	9.7	8.5	0.3	7.4
2005		—	1.7	—	7.9	—	10.0	—	8.8	5.9	2.2	-0.6
2006		—	1.2	—	1.1	—	8.6	—	9.7	5.8	1.2	9.7
2007		—	4.8	—	6.6	—	7.9	—	6.2	7.6	0.9	2.9
2008		—	6.0	—	19.9	—	14.2	—	6.4	1.5	0.8	10.0
2009		—	-0.7	—	-2.4	—	-9.3	—	-7.0	4.0	0.5	13.8
2010		—	3.0	—	1.9	—	11.8	—	15.3	6.1	5.8	14.2
2011		—	5.2	—	11.2	—	12.4	—	11.3	—	—	—
2012		—	2.7	—	6.6	—	-1.7	—	-3.5	—	—	—
2013		—	2.5	—	2.4	—	-1.6	—	-1.5	—	—	—
2012	1	5.0	5.0	10.6	10.6	3.5	3.5	0.8	0.8	—	—	—
	2	3.5	4.3	9.4	10.0	2.0	2.8	-0.3	0.2	—	—	—
	3	3.9	4.1	9.2	9.8	1.3	2.3	-0.9	-0.1	—	—	—
	4	3.4	3.9	8.2	9.4	0.0	1.7	-2.5	-0.7	—	—	—
	5	3.3	3.8	8.1	9.1	-1.7	1.0	-4.2	-1.4	—	—	—
	6	2.1	3.5	6.5	8.7	-3.2	0.3	-5.8	-2.2	—	—	—
	7	1.4	3.2	4.4	8.0	-4.2	-0.4	-6.7	-2.9	—	—	—
	8	1.6	3.0	4.6	7.6	-5.2	-1	-7.5	-3.4	—	—	—
	9	2.0	2.9	4.5	7.2	-4.4	-1.4	-6.7	-3.8	—	—	—
	10	2.0	2.8	4.8	7.0	-3.5	-1.6	-3.9	-3.8	—	—	—
	11	2.4	2.8	4.9	6.8	-2.7	-1.7	-2.7	-3.7	—	—	—
	12	2.7	2.7	5.2	6.6	-1.8	-1.7	-1.4	-3.5	—	—	—
2013	1	1.8	1.8	5.2	5.2	-1.8	-1.8	-1.2	-1.2	—	—	—
	2	2.9	2.3	4.6	4.9	-1.7	-1.7	-1.2	-1.2	—	—	—
	3	1.9	2.2	3.8	4.5	-1.9	-1.8	-2.2	-1.6	—	—	—
	4	2.3	2.2	2.9	4.1	-2.5	-2.0	-2.3	-1.7	—	—	—
	5	1.8	2.1	1.6	3.6	-2.4	-2.1	-2.3	-1.9	—	—	—
	6	2.2	2.1	1.4	3.2	-2.1	-2.1	-1.6	-1.8	—	—	—
	7	2.4	2.2	0.7	2.9	-1.9	-2.0	-1.8	-1.8	—	—	—
	8	2.6	2.2	1.5	2.7	-0.9	-1.9	-0.5	-1.7	—	—	—
	9	3.0	2.3	1.5	2.5	-1.1	-1.8	-0.7	-1.6	—	—	—
	10	3.3	2.4	1.6	2.5	-1.1	-1.7	-1.4	-1.5	—	—	—
	11	3.2	2.5	2.3	2.4	-1.1	-1.7	-1.2	-1.5	—	—	—
	12	3.0	2.5	2.4	2.4	-1.0	-1.6	-1.4	-1.5	—	—	—

数据来源：江西省统计局。

表3　2013年江西省主要经济指标

	1月	2月	3月	4月	5月	6月	7月	8月	9月	10月	11月	12月
绝对值（自年初累计）												
地区生产总值（亿元）	—	—	2 712.3	—	—	5 901.6	—	—	9 874.3	—	—	14 338.5
第一产业	—	—	244.4	—	—	467.2	—	—	945.0	—	—	1 636.5
第二产业	—	—	1 566.5	—	—	3 313.9	—	—	5 288.0	—	—	7 671.4
第三产业	—	—	901.5	—	—	2 120.5	—	—	3 641.3	—	—	5 030.6
工业增加值（亿元）	—	772.2	1 206.2	1 557.8	1 950.7	2 443.1	2 891.9	3 397.3	3 959.2	4 572.0	5 197.8	5 796.9
固定资产投资（亿元）	—	769.7	1 762.0	2 939.4	4 266.3	5 600.9	6 827.8	7 968.9	9 258.6	10 379.5	11 381.5	12 450.8
房地产开发投资	—	130.4	217.1	298.9	404.5	505.1	596.8	704.6	829.0	929.9	1 060.3	1 174.6
社会消费品零售总额（亿元）	—	712.3	1 045.5	1 352.2	1 709.8	2 066.1	2 394.4	2 749.5	3 158.0	3 605.5	4 050.4	4 551.1
外贸进出口总额（万美元）	341 000	618 200	899 600	1 326 000	1 697 600	1 996 600	2 295 400	2 574 000	2 863 500	3 096 500	3 355 400	3 674 000
进口	58 300	121 700	183 900	252 800	315 600	378 600	452 000	521 100	600 000	668 100	751 600	857 000
出口	282 800	496 500	715 700	1 072 800	1 382 000	1 618 000	1 843 400	2 052 900	2 263 600	2 428 400	2 603 700	2 817 000
进出口差额(出口－进口)	224 500	374 800	531 800	820 000	1 066 400	1 239 400	1 391 400	1 531 800	1 663 600	1 760 300	1 852 100	1 960 000
外商实际直接投资（万美元）	61 700	107 300	180 800	231 400	303 400	417 300	455 900	502 600	556 600	606 200	670 900	755 100
地方财政收支差额（亿元）	-110.9	-186.1	-290.7	-360.9	-451.5	-572.3	-675.3	-779.2	-983.9	-1 054.8	-1 283.6	-1 844.9
地方财政收入	186.1	300.8	455.2	591.8	720.9	880.4	988.8	1 094.0	1 212.0	1 360.5	1 487.5	1 620.2
地方财政支出	297.0	486.9	745.9	952.7	1 172.4	1 452.8	1 664.1	1 873.2	2 195.9	2 415.4	2 771.1	3 465.1
城镇登记失业率 (%)(季度)	—	—	3.0	—	—	3.11	—	—	3.17	—	—	3.17
同比累计增长率（%）												
地区生产总值	—	—	10.3	—	—	10.2	—	—	10.1	—	—	10.1
第一产业	—	—	4.0	—	—	3.0	—	—	3.5	—	—	4.6
第二产业	—	—	12.4	—	—	12.1	—	—	11.9	—	—	11.7
第三产业	—	—	8.5	—	—	8.6	—	—	8.9	—	—	9.1
工业增加值	—	12.8	12.5	12.5	12.6	12.7	12.4	12.4	12.3	12.1	12.3	12.4
固定资产投资	—	28.3	24.2	24.0	23.1	22.0	20.8	20.9	20.3	20.2	20.1	20.0
房地产开发投资	—	48.6	31.3	20.4	19.0	17.2	17.7	19.5	18.1	18.6	21.1	21.1
社会消费品零售总额	—	12.8	13.0	13.1	13.0	13.1	13.0	13.0	13.3	13.3	13.5	13.6
外贸进出口总额	95.3	91.8	64.0	40.7	19.1	11.7	9.4	10.8	12.7	13.5	13.8	9.9
进口	22.4	4.8	4.0	6.3	-3.2	-6.2	-6.6	-6.8	-4.2	-2.5	-0.3	3.2
出口	122.7	140.7	92.5	52.3	25.7	17.0	14.2	16.4	18.3	18.9	18.6	12.2
外商实际直接投资	9.3	13.5	16.3	16.8	11.0	11.3	11.6	9.9	9.1	10.4	9.1	10.7
地方财政收入	19.1	23.5	21.9	21.5	22.3	19.0	17.8	17.6	17.0	17.5	17.7	18.1
地方财政支出	24.0	27.3	19.7	20.3	19.8	17.0	16.2	14.9	15.5	15.0	12.3	14.8

数据来源：江西省统计局。

2013年山东省金融运行报告

中国人民银行济南分行货币政策分析小组

[内容摘要] 2013年，山东省深入贯彻党的十八大会议精神，继续推进“转方式、调结构、增创发展新优势”各项工作，经济保持稳中有进的发展态势。转型升级步伐加快，发展质量效益稳步提高，区域发展布局日趋完善，民生事业不断加强，物价水平保持稳定，经济社会协调可持续发展。金融运行总体平稳，信贷总量合理适度增长、结构持续优化，证券期货业稳健发展，保险服务保障功能逐步增强，金融市场交易活跃，社会融资规模稳步扩大。金融改革创新不断深化，金融生态环境建设持续推进，金融服务实体经济能力进一步提升。

2014年，山东省金融机构将坚持“稳中求进、改革创新”的工作总基调，认真贯彻落实稳健货币政策，保持社会融资规模和信贷适度增长，着力优化信贷结构，继续深化金融改革，加快发展直接融资，为经济结构调整和转型升级提供稳定的金融环境。

一、金融运行情况

2013年，山东省金融运行平稳，融资结构持续改善，各项改革深入推进。银行融资稳定增长，资本市场稳健发展，保险服务保障功能日益增强，金融支持经济社会发展和促进经济转型升级能力进一步提升。

（一）银行业稳健运行，支持实体经济力度加大

2013年，山东省银行业金融机构积极贯彻落实稳健货币政策，各项贷款平稳增长，信贷结构持续优化。金融改革创新步伐加快，服务体系日趋完善，业务品种更加丰富，市场化定价能力不断增强，有力支持实体经济平稳较快发展。

1. 规模效益稳步提升，市场主体日趋丰富。2013年，山东省银行业金融机构资产规模稳步增长，不良贷款低位双降，实现盈利同比多增131亿元。中小法人金融机构抗风险能力不断增强，拨备覆盖率同比提高79.7个百分点。金融市场组织体系进一步完善，财务公司、外资银行分支机构分别增至12家和19家（见表1）；新设村镇银行15家，新增小额贷款公司61家。

表1　2013年山东省银行业金融机构情况

机构类别	营业网点			法人机构（个）
	机构个数（个）	从业人数（人）	资产总额（亿元）	
一、大型商业银行	4 445	98 434	31 517	0
二、国家开发银行和政策性银行	128	3 787	6 422	0
三、股份制商业银行	558	20 149	13 274	1
四、城市商业银行	755	21 215	8 758	14
五、主要农村金融机构	5 152	70 771	13 438	120
六、财务公司	12	512	1 143	10
七、信托公司	2	321	3 667	2
八、邮政储蓄银行	3 007	8 756	3 453	0
九、外资银行	40	1 106	484	0
十、新型农村金融机构	118	2 586	392	69
合　计	14 217	227 637	82 549	216

注：营业网点不包括国家开发银行和政策性银行、大型商业银行、股份制银行金融机构总部数据；大型商业银行包括中国工商银行、中国农业银行、中国银行、中国建设银行和交通银行；主要农村金融机构包括农村信用社、农村合作银行和农村商业银行；新型农村金融机构包括村镇银行、贷款公司和农村资金互助社；“其他”包含金融租赁公司、汽车金融公司、货币经纪公司、消费金融公司等。

数据来源：山东银监局。

2. 各项存款增势放缓，结构分化较为明显。2013年年末，山东省本外币存款余额同比增长14.3%，增速比上年回落3.6个百分点。在理财产品、互联网金融等分流因素影响下，储蓄存款同比少增726亿元。保证金存款增量为上年的1.8倍，定期存款新增占比大幅下降。受上年同期基数较高和美联储退出量化宽松政策的预期影响，外币存款仅增加37.2亿元。

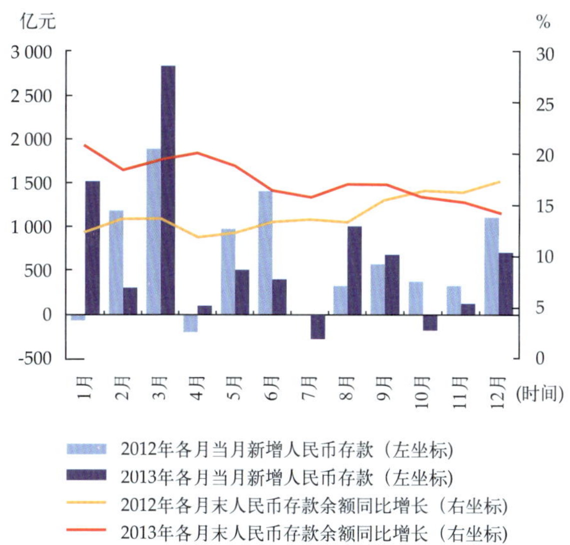

数据来源：中国人民银行济南分行。

图1　2012～2013年山东省金融机构人民币存款增长变化

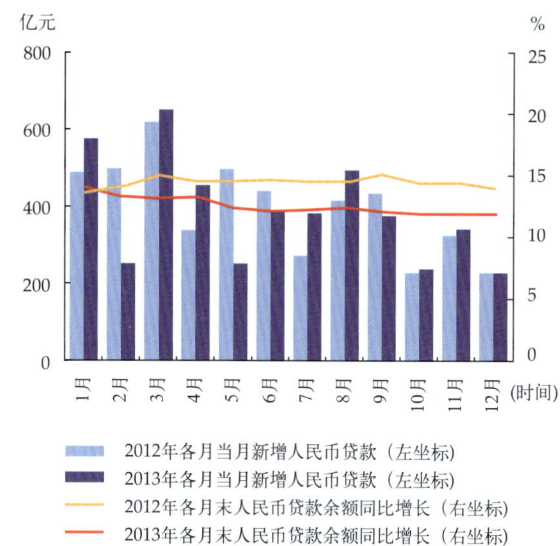

数据来源：中国人民银行济南分行。

图2　2012～2013年山东省金融机构人民币贷款增长变化

3. 各项贷款稳定增长，支持经济转型升级力度增强。2013年，山东省本外币贷款增加4 925亿元，余额增速同比下降2.8个百分点。期限结构长期化趋势明显，中长期贷款新增占全年新增贷款的50.5%，同比提高43.8个百分点。受规范外汇头寸政策等因素的影响，外汇贷款同比少增20.8亿美元。差别存款准备金动态调控政策有效落实，地方法人金融机构通过压缩票据转贴现调整信贷结构，新增实体贷款为上年同期的1.5倍。积极运用支农再贷款工具，引导农村合作金融机构全年增加涉农贷款672亿元；全年累计为民品民贸企业贷款贴息3.6亿元。

信贷投放重点突出，有力支持山东经济转型升级。战略新兴产业、服务业贷款稳步增长，小微企业贷款连续四年实现“两个不低于”目标。在全国率先开展金融支持现代农业加快发展两年攻坚计划，涉农贷款余额同比增长14.5%。就业、助学贷款等民生领域金融服务水平继续提升，小额担保贷款发放额同比增长88.6%，个人消费贷款增量为上年同期的2.3倍。不良贷款总体下降，但部分行业、地区不良贷款有所反弹，大企业担保圈风险进一步凸显，信贷风险防控压力加大。

4. 贷款利率总体下行，存款定价差异化程度不断提高。2013年，一般性贷款加权平均利率同比下降0.45个百分点，年内走势较为平稳。贷款利率重心下移，基准和下浮利率贷款占比同比上升1.4个百分点。小微企业贷款利率上浮区间整体下行，农村合作金融机构贷款利率降幅高于全部贷款0.29个百分点。贷款利率管制全面放开，金融机构自主定价空间进一步扩大，部分贷款定价降至0.7倍基准利率以下。贷款基础利率对金融机构定价的指导作用逐步显现，风险识别和定价能力提

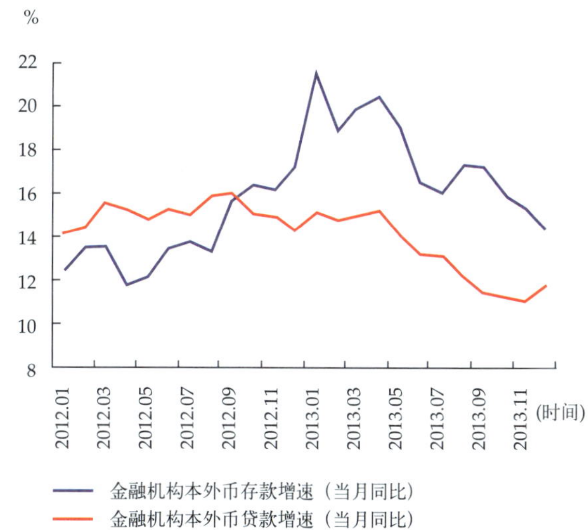

数据来源：中国人民银行济南分行。

图3　2012～2013年山东省金融机构本外币存、贷款增速变化

表2　2013年山东省金融机构人民币贷款各利率区间占比

单位：%

月份		1月	2月	3月	4月	5月	6月
合计		100.0	100.0	100.0	100.0	100.0	100.0
下浮		4.8	6.3	4.2	5.2	4.3	5.1
基准		19.2	20.3	22.3	21.3	19.6	22.6
上浮	小计	76.0	73.4	73.5	73.5	76.1	72.3
	(1.0, 1.1]	24.7	22.0	22.6	20.3	22.6	21.9
	(1.1, 1.3]	25.3	25.5	24.3	24.5	26.4	24.4
	(1.3, 1.5]	9.2	8.6	8.7	10.2	9.5	9.7
	(1.5, 2.0]	12.4	12.4	13.0	13.6	12.9	11.8
	2.0以上	4.4	4.9	4.9	4.9	4.7	4.5
月份		7月	8月	9月	10月	11月	12月
合计		100.0	100.0	100.0	100.0	100.0	100.0
下浮		4.3	5.1	4.2	2.6	3.0	3.2
基准		22.7	21.1	23.0	24.2	25.3	23.7
上浮	小计	73.0	73.8	72.8	73.2	71.7	73.1
	(1.0, 1.1]	23.7	21.5	21.7	18.0	19.8	20.9
	(1.1, 1.3]	26.2	28.3	26.7	28.4	26.1	27.1
	(1.3, 1.5]	8.8	9.2	10.4	9.8	9.5	10.5
	(1.5, 2.0]	10.4	10.5	10.3	12.2	12.3	11.4
	2.0以上	3.9	4.3	3.7	4.8	4.0	3.2

数据来源：中国人民银行济南分行。

高。民间借贷活跃度下降，监测的民间借贷量缩价跌，全年加权平均利率同比下降1.6个百分点。

5. 金融改革创新步伐加快，金融服务惠及面进一步扩大。山东省制定出台《山东省人民政府关于加快全省金融改革发展的若干意见》，明确未来五年金融改革目标。青岛市财富管理金融改革试验区总体方案顺利通过，济南区域性金融中心建设稳步推进。县域金融组织体系建设提速，股份制商业银行和城市商业银行新设县域分支机构46家，县域金融创新发展试点范围扩大到山东省20个县和莱芜市。融资性担保机构达490家，新增担保金额近1 300亿元，支持7万余户中小企业发展。农村金融机构改革纵深推进，全年新改制组建10家农村商业银行。农村新型金融组织发展

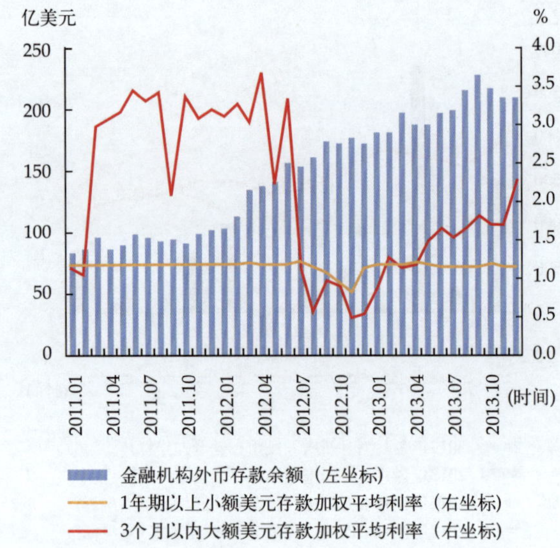

数据来源：中国人民银行济南分行。

图4　2011～2013年山东省金融机构外币存款余额及外币存款利率

速度加快，村镇银行达到79家，县域覆盖率超过60%；小额贷款公司达到357家，注册资本411.4亿元，全年累计发放贷款1 082亿元。中小企业私募债券试点步伐加快，全年19家企业募集金额28.8亿元。齐鲁股权交易中心完成公司制改革，新增挂牌企业175家，实现直接融资20亿元。

6. 跨境人民币业务蓬勃发展，深入推进贸易投资便利化。2013年，山东省跨境人民币业务结算额为5 188.6亿元，自试点以来累计结算额突破万亿元，继续稳居全国前列。山东省800余家银行分支机构办理跨境人民币业务，覆盖企业超过5 100家，涉及境外国家和地区扩展至170个。货物贸易结算规模快速扩大，占同期进出口总额的14.8%。受跨境投融资大项目减少等因素影响，资本项目下收付总额同比减少7%。在全国率先建立跨境人民币业务综合服务系统工作平台和电子结算平台，业务效率进一步提升。

专栏1 探索信用贷款新模式 破解小微企业融资担保难题

小微企业普遍存在规模较小、自有资金不足等问题，贷款抵押、担保难问题突出。为突破传统抵押担保瓶颈，山东省莱商银行、潍坊银行、济宁银行3家城市商业银行积极探索小微企业信用贷款模式，以主办行等制度设计破解了信息不对称难题和交易成本障碍，为优化小微企业金融服务、缓解小微企业“融资难”、“融资贵”问题作出有益尝试。

一、主要做法

一是实行激励相容的主办行制度。小微企业申请信用贷款，要与银行签订主办行协议，由该行作为唯一提供信贷、结算、现金收付、信息咨询等金融服务的银行。在贷后管理环节，派人员进驻检查，全程参与企业经营管理过程，客观判断企业经营现状。

二是突出非财务信息在客户甄选标准中的重要性。统一制定涵盖资产负债、现金流量、信用等级及业主诚信意识等多维度技术标准，由基层行采集筛选后上报总行审批，并实行体现银企关系的名单制管理，根据企业具体情况实施支持、维持、压缩、退出四个类别的信贷策略。

三是创新以声誉约束为主的风险控制手段。充分运用声誉效应的激励惩戒机制，对失信企业，除法律追讨外，还按约定通过媒体等方式曝光；对守信企业，给予降低利率或提高授信额度等支持，从而达到防范道德风险和提高违约成本的目的。潍坊银行还借助农民专业合作社等组织的内部监督和自我约束作用，有效降低信用贷款的违约风险。

二、取得的成效

一是信用贷款业务快速健康发展。截至2013年年末，山东省3家城市商业银行共向308家小微企业（含农民专业合作社）授信信用贷款，贷款余额为19.2亿元，贷款满足率达到64.2%。信用贷款风险得到较好控制，信用贷款不良率比一般贷款平均低0.3个百分点；获得信用贷款的小微企业担保类贷款占比同比下降5个百分点以上。

二是小微企业综合融资成本下降明显。截至2013年年末，3家城市商业银行信用贷款加权平均利率为8.2%，低于一般贷款0.5个百分点。信用贷款审贷周期一般仅需2～3个工作日，进一步降低企业的机会成本。

三是取得良好的社会效益。一方面，企业将信用贷款户荣誉视做“金字招牌”，全力维护自身信誉度，利于建立和谐稳定的银企合作关系，营造“守信光荣、失信可耻”社会信用环境。另一方面，提高了城市商业银行的社会信誉、服务水平和风险管控能力，增强了竞争优势。

（二）证券业实力不断提升，上市融资继续扩大

2013年，山东省证券市场资源配置功能继续增强，证券期货业经营机构稳步发展，上市公司股票融资规模继续扩大，“新三板”挂牌工作进展顺利。

1. 机构实力进一步增强，经营水平显著提升。2013年，山东省证券业和期货业总资产合计超830亿元，新增证券分公司和营业部31家，期货营业部7家。证券市场趋于活跃，2家法人证券公司总交易额同比增长35.1%，净利润同比增长近八成。融资融券业务加快发展，全年发生额超千亿元。期货市场交易快速增加，交易总额为上年同期的1.7倍，3家法人期货公司净利润同比增长16.6%。

2. 上市公司融资规模继续扩大，“新三板”上市工作稳步推进。2013年，山东省政府与上海证券交易所签订战略合作备忘录，稳步扩大企业上市融资规模。山东省共有237家上市公司，其中153家境内上市公司总市值达8 955.7亿元，21家公司市值超过百亿元。14家上市公司通过证券市场再融资92.6亿元。积极培育上市后备资源，拟上市公司84家。全面参与全国中小企业股份转让系统

（“新三板”）扩容工作，储备挂牌企业资源超800家，居全国前列。

3. 期货市场建设步伐加快，服务实体经济功能逐步提升。山东证监局与郑州商品期货交易所签署《市场功能“面”基地合作建设协议》，推动山东省期货业协会与中国金融期货交易所签署《国债期货投资者教育活动委托协议》，期货市场不断向纵深发展。证券期货机构法人治理进一步完善，鲁证期货积极准备上市。业务领域稳步扩展，鲁证期货启动期现结合业务和资产管理业务。境外代理、原油期货、期权等创新业务准备工作有序推进。

4. 证券业改革创新力度加大，市场发展健康稳健。推动证券期货机构业务创新和结构转型，探索金融控股集团发展模式，齐鲁证券在2013年证券公司分类评价中被评为A类A级。支持法人证券公司开展资产证券化、中小企业私募债等创新业务，齐鲁证券承做的山东首单资产证券化项目“国泰租赁”已获证监会批准，发行4单中小企业私募债、募集资金5.3亿元。完善上市辅导监管工作机制，制定《山东辖区律师事务所从事首次公开发行股票并上市法律业务监管指引》，61家企业进入辅导程序。

表3　2013年山东省证券业基本情况

项目	数量
总部设在辖内的证券公司数（家）	2
总部设在辖内的基金公司数（家）	0
总部设在辖内的期货公司数（家）	3
年末国内上市公司数（家）	153
当年国内股票（A股）筹资（亿元）	82.4
当年发行H股筹资（亿元）	0.0
当年国内债券筹资（亿元）	1 736.2
其中：短期融资券筹资额（亿元）	925.2
中期票据筹资额（亿元）	479.7

数据来源：中国人民银行济南分行、山东证监局。

（三）保险业稳步发展，服务保障功能进一步增强

2013年，山东省保险业市场体系继续完善，服务领域不断拓宽，保障功能充分发挥。

1. 保险机构实力逐步增强，市场体系进一步完善。2013年，山东省新增保险公司2家，全省保险公司总数达79家（见表4）。保费收入同比增长13.5%，高于全国2.3个百分点；为经济社会承担保险责任29万亿元，赔付支出同比增长36.1%，承保企事业单位8.2万家次。电子营销渠道快速发展，电话网络销售保费超20亿元，人身险电话网络销售保费超过专业代理渠道；5家保险公司在山东设立电销中心，太平洋保险在线商务公司日均保费突破4 000万元，成为江北最大的新型保险经营主体之一。

2. 保险业务加快发展，保障作用增强。2013年，财产险公司承保利润居全国首位，承保利润率高于全国平均水平6.2个百分点；人身险公司业务结构持续优化，标准保费居全国前列。农业保险新增花生等9大类补贴品种，创新推出生猪价格指数保险、菜篮子工程保险等特色险种。环境污染、食品安全等责任保险试点工作稳步推进，责任保险保费同比增长25.6%。新农合大病保险承保人数和保费收入均居全国首位，保险互助试点工作正式启动。

3. 保险资金运用规模不断扩大，投资领域持续拓宽。2013年，山东省保险资金运用新增83亿元，累计达177亿元。吸引保险资金实现突破，到账金额232亿元，其中大额存款、企业债投资等超过200亿元。基础设施、能源等项目投入资金131亿元，投资方式包括入股农村商业银行、成立投融资中心等多种模式。

表4　2013年山东省保险业基本情况

项目	数量
总部设在辖内的保险公司数（家）	2
其中：财产险经营主体（家）	1
人身险经营主体（家）	1
保险公司分支机构（家）	79
其中：财产险公司分支机构（家）	35
人身险公司分支机构（家）	44
保费收入（中外资，亿元）	1 280.4
其中：财产险保费收入（中外资，亿元）	445.6
人身险保费收入（中外资，亿元）	834.8
各类赔款给付（中外资，亿元）	441.7
保险密度（元/人）	1 336.6
保险深度（%）	2.3

数据来源：山东保监局。

（四）金融市场交易活跃，多元化融资格局加快形成

2013年，山东省金融市场继续保持平稳健康发展，资源配置效率不断提升。

1. 融资结构变化明显，表外融资快速增长。2013年，山东省本外币贷款新增额占社会融资规模的46.4%，同比下降11.2个百分点。银行表外融资（含委托贷款、信托贷款、未贴现银行承兑汇票）占社会融资规模的39.7%，同比提高14.4个百分点。直接融资平稳增长，非金融企业直接融资增加11 74.9亿元。其中，短期融资券、中期票据、中小企业集合票据等银行间市场直接融资增加807.2亿元，占山东省社会融资规模的7.5%，同比提高0.3个百分点。

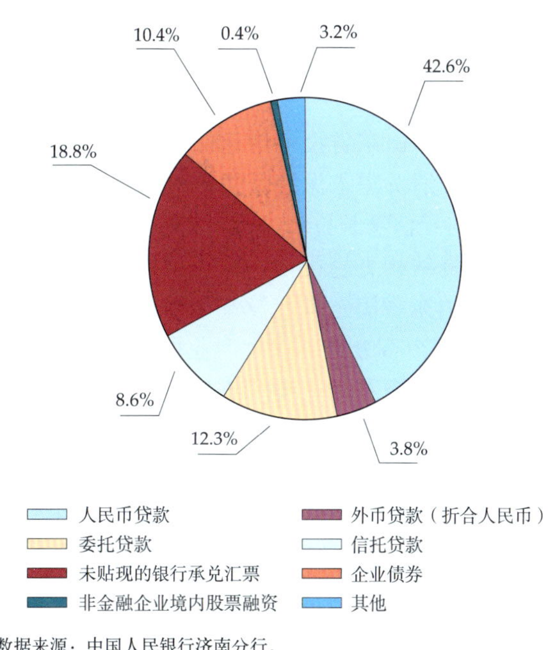

数据来源：中国人民银行济南分行。

图5　2013年山东省社会融资规模分布

2. 银行间市场交易量下降，债券回购业务较快发展。2013年，山东省银行间市场成员交易量为12.6万亿元，同比下降3.1%。同业拆借交易量同比下降17.6%，债券回购交易量同比增加2.3万亿元。质押式回购占全部市场交易量的75%，隔夜品种占质押回购的九成以上。现券交易成交量降幅达53.2%，净卖出债券392.7亿元。同业拆借和债券回购利率均有上升，现券买卖加权到期收益率同比提高56个基点。

3. 票据融资同比下降，贴现利率呈V形走势。2013年，山东省票据累计贴现量、银行承兑汇票累计量同比分别增长58%和16.7%，票据融资金额净下降246亿元，占各项贷款比重同比下降1个百分点。电子商业汇票业务进一步推广，贴现金额继续稳居全国前列。再贴现需求旺盛，全年发生额同比增加58.3亿元。贴现利率前5个月逐步回落，下半年受市场流动性波动的影响，随银行间利率市场变化逐步走高。

表5　2013年山东省金融机构票据业务量统计

单位：亿元

季度	银行承兑汇票承兑		贴现			
			银行承兑汇票		商业承兑汇票	
	余额	累计发生额	余额	累计发生额	余额	累计发生额
1	9 712	5 390	1 932	5 689	152	333
2	9 995	10 064	1 941	8 251	209	718
3	9 978	15 381	1 759	11 815	159	1 022
4	10 010	20 249	1 714	15 146	145	1 396

数据来源：中国人民银行济南分行。

表6　2013年山东省金融机构票据贴现、转贴现利率

单位：%

季度	贴现		转贴现	
	银行承兑汇票	商业承兑汇票	票据买断	票据回购
1	5.0445	5.9367	4.6474	4.4132
2	4.8541	6.0777	4.6332	4.5895
3	6.5747	7.4734	5.5106	5.6271
4	7.0095	7.9110	5.8775	6.2884

数据来源：中国人民银行济南分行。

4. 银行间外汇市场业务大幅增长，黄金市场量升价跌。2013年，山东省银行间外汇市场成员成交额同比增长43.9%，结售汇业务占市场交易量的98.1%。14家上海黄金交易所会员单位累计成交量是上年的1.7倍，累计净卖出106.5吨。产金炼金企业继续保持交易主力地位，自营交易比例与上年基本持平。纸黄金交易趋于活跃，成交量和成交金额同比分别增长21.3%和2.1%；受美元升值压力等因素的影响，平均成交价格同比下降16.1%。

（五）金融生态环境建设深入推进，金融服务水平持续提升

2013年，山东省金融生态环境建设继续扎实推进，金融基础设施建设和服务水平全面提升。在全国率先开展小额贷款公司和融资性担保公司接入金融信用信息基础数据库和信用评级试点工作，年末覆盖面达到65%。启动省域征信服务平台建设，推进小微企业和农村信用体系实验区建设。企业、个人征信系统日均查询数量6.7万次，互联网个人信用信息服务平台申请注册用户超过31万。大力推广银行卡助农取款服务和手机支付业务，截至2013年年末，山东省助农取款服务点覆盖率达96.8%，1 230万户农村地区手机支付用户累计处理业务1.4亿笔。金融IC卡推广应用工作持续推进，发卡量同比增长7.5倍，建成金融IC卡非接触小额支付商圈113个。金融消费权益保护机制创新取得新突破，实现银、信、保全覆盖，截至2013年年末，山东省3地市和13县区成立金融消费权益保护协会。

表7　2012～2013年山东省支付体系建设情况

年	支付系统直接参与方(家)	支付系统间接参与方(家)	支付清算系统覆盖率(%)	当年大额支付系统处理业务数(万笔)	同比增长(%)	当年大额支付系统业务金额(亿元)	同比增长(%)	当年小额支付系统处理业务数(万笔)	同比增长(%)	当年小额支付系统业务金额(亿元)	同比增长(%)
2012	63	7 648	56.3	6 900.7	35.2	1 187 252.7	34.4	8 755.7	33.6	25 784.3	-21.8
2013	65	8 449	59.9	8 905.4	29.1	1 465 587.0	23.4	13 473.9	53.9	18 770.9	-27.2

数据来源：中国人民银行济南分行。

二、经济运行情况

2013年，山东省经济呈稳中向好的发展态势。固定资产投资重点突出，产业结构更趋优化，消费市场需求旺盛，对外贸易企稳回升，物价水平总体稳定，环境治理力度加大，经济社会持续健康协调发展。

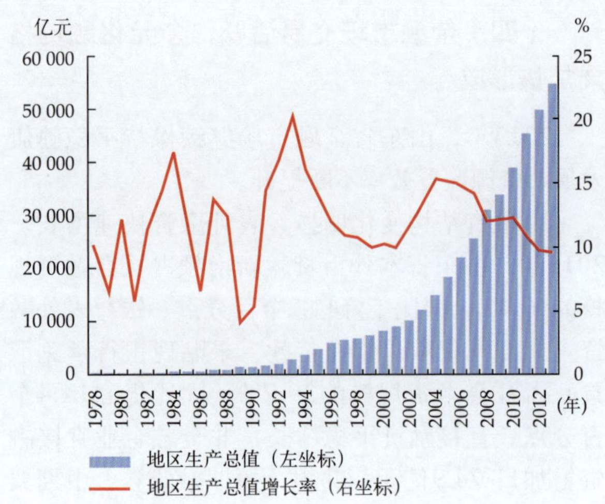

数据来源：山东省统计局。

图6　1978～2013年山东省地区生产总值及其增长率

（一）内外需求有效提振，经济发展稳中有进

2013年，山东省投资增速保持平稳，结构进一步优化。消费需求保持旺盛，对外贸易逐步回暖，内需对经济增长拉动力逐步增强。

1. 投资结构更趋优化，重点项目加快推进。2013年，山东省固定资产投资增幅与全国持平，同比回落0.9个百分点。三次产业投资比例持续优化，服务业投资占比连续三年超过第二产业。内涵效益型投资增势良好，技术改造和高新技术产业投资增速分别高于全部投资增速9.5个和4.4个百分点。民间投资保持主体地位，增速超过20%，经济内生增长动力不断增强。山东省百项重点建设项目超额完成，南水北调东线山东段工程正式通水。“两区一圈一带[①]”等重点区域投资步伐持续加快，区域协调发展取得新突破。产业转移有序推进，山东（宁夏贺兰）如意科技时尚产业工业城、山钢集团产业援疆等重点项目进展顺利。

2. 城乡消费升级加速，居民收入稳定增长。2013年，山东省社会消费品零售总额同比增长13.4%，高于全国0.3个百分点。消费结构不断优

① 两区指黄河三角洲高效生态经济区和山东半岛蓝色经济区；一圈指省会城市群经济圈；一带指西部经济隆起带。

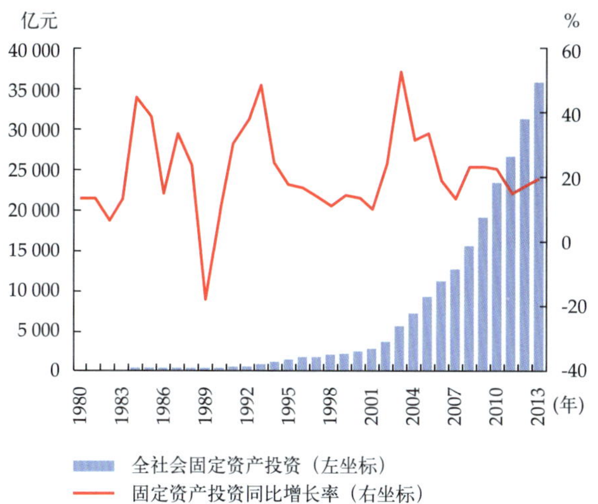

数据来源：山东省统计局。

图7　1980～2013年山东省固定资产投资（不含农户）及其增长率

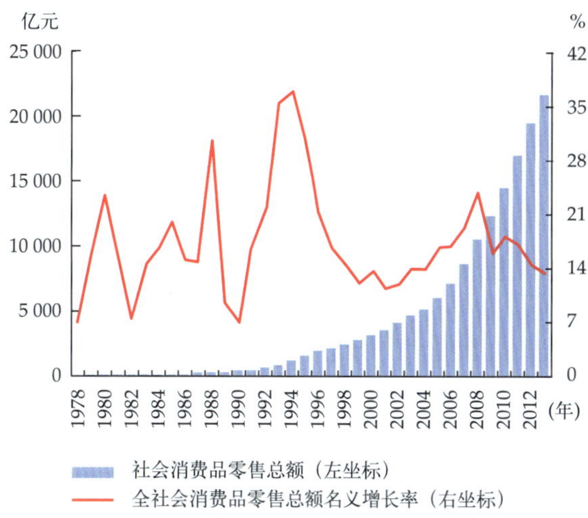

数据来源：山东省统计局。

图8　1978～2013年山东省社会消费品零售总额及其增长率

化，新的消费增长点和现代经营业态发展迅速，电子商务交易额突破万亿元，信息消费规模超过6 000亿元。乡村消费增速高于城镇0.5个百分点，农村消费潜力进一步激活。城镇居民人均可支配收入和农民人均纯收入同比分别增长7.4%和9.7%，为消费市场稳定增长提供有力的支撑。

3. 对外贸易企稳回升，利用外资不断扩大。2013年，山东省进出口总额增速明显回升，同比提高4.7个百分点。贸易顺差同比下降84.4%，降幅扩大61.2个百分点，延续近五年下降趋势。出口市场多元化格局更趋稳固，对欧盟、美国出口小幅增长，对日本、韩国出现下降，对大洋洲、中东、东盟、非洲、俄罗斯等新兴市场增长较快。民营企业外贸活力不断增强，占山东省贸易比重超过50%。资源类商品进口拉动作用明显，对进口增长贡献率达74.1%。

利用外资增势平稳，实际到账外资增速同比提高3.1个百分点。服务业利用外资占比进一步提升，跨国公司投资快速增长。对外承包工程和劳

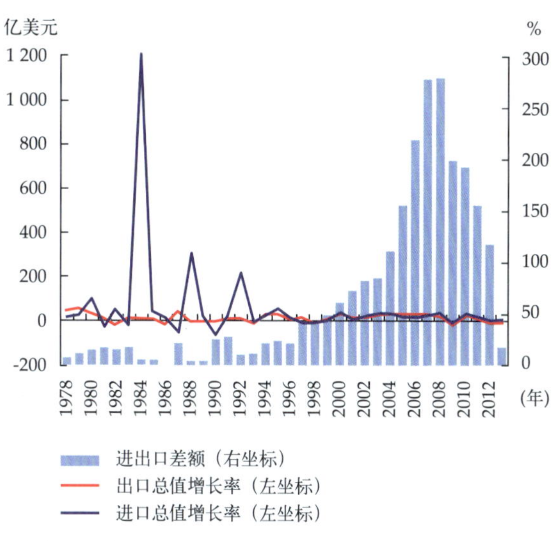

数据来源：山东省统计局。

图9　1978～2013年山东省外贸进出口变动情况

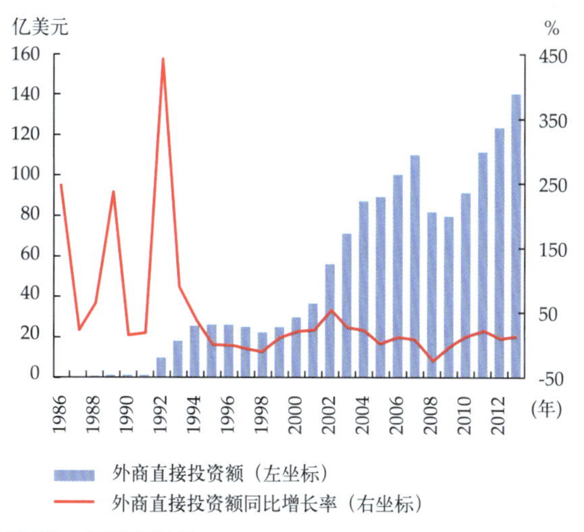

数据来源：山东省统计局。

图10　1986～2013年山东省外商直接投资额及其增长率

务合作稳步发展，新签合同额同比增长12.1%，外派劳务人数连续六年居全国首位。

（二）三次产业协调发展，结构调整成效明显

2013年，山东省三次产业比例为8.7∶50.1∶41.2，第二产业比重下降1.3个百分点，第三产业比重提高1.2个百分点，产业结构继续优化。

1. 农业基础更加稳固，农业现代化加快推进。山东省粮食总产量实现“十一连增”，种植业综合机械化水平达到80%。农业科技支撑能力进一步增强，果品、蔬菜和食用菌等高效特色农业稳步发展。现代农业快速发展，规模以上龙头企业9 100家，农民合作社9.7万家，家庭农场1.2万户。土地确权登记颁证试点工作全面展开。农产品出口连续十四年居全国首位。

2. 工业生产平稳增长，质量效益同步提高。全年工业生产呈“前低后高”走势，增速高于全国1.6个百分点。重点产品产量增长面扩大，产销率为98.8%。工业企业效益持续提高，主营业务收入、利税分别同比增长12.2%和10.8%。工业技改投资突破万亿元，高新技术、信息技术、节能环保等新兴产业快速发展，高耗能企业对工业税收增长贡献率连续三年低于10%。企业自主创新能力不断增强，全年发明专利授权量达到8 913件，同比增长19.6%。

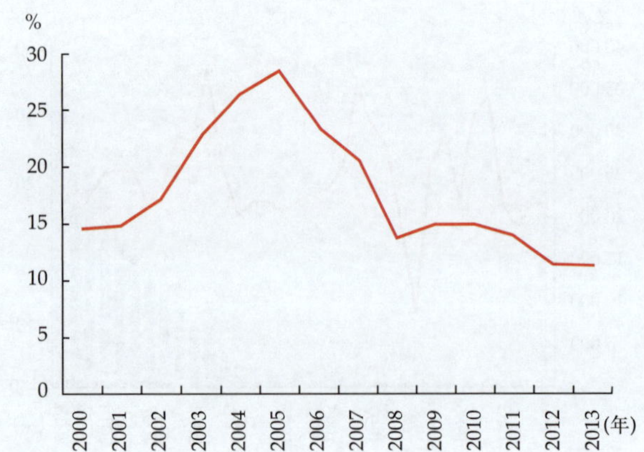

数据来源：山东省统计局。

图11 2000～2013年山东省规模以上工业增加值同比增长率

3. 服务业发展质量和效益提高，结构日趋优化。2013年，山东省服务业增加值占地区生产总值的比重同比提高1.2个百分点。现代服务业增长较快，软件业务收入、服务外包离岸执行额分别同比增长30.2%、82%。物流业与制造业联动发展，全年增加值突破4 000亿元。新闻出版业总产出等7项指标均居全国前列，数字出版、动漫游戏等新兴业态蓬勃兴起。医疗卫生服务体系和养老保障体系建设加快，新增养老床位8.9万张。

专栏2 确定“三个突破”目标 大力支持现代农业加快发展

党的十八大作出了工业化、信息化、城镇化、农业现代化同步发展的战略部署，2013年中央1号文件就加快发展现代农业、构建新型农业经营体系提出了明确要求。中国人民银行济南分行结合山东实际，在全国率先实施金融支持现代农业加快发展两年攻坚计划，明确提出用两年时间促进山东省金融支持现代农业，在创新涉农信贷产品、深化银保支农合作、支农金融规模上实现“三个突破”的工作目标。

一是完善制度设计，形成金融支农合力。立足农业大省实际，中国人民银行济南分行把支持现代农业发展作为履行基层央行职责新的切入点，2013年5月组织召开山东省金融系统支持现代农业加快发展电视电话会议，明确提出各级人民银行实施“一把手”工程，用两年时间在山东省实现“三个突破”的工作目标。2013年7月，与山东省财政厅、农业厅和保监局联合印发《山东省金融支持现代农业加快发展的意见》（济银发[2013]123号），提出20项具体扶持措施。

二是加强组织推动，健全金融支持现代农业工作机制。推动山东省12市、59县成立由人民银行、金融办、财政局、农业局、林业局、畜牧局等部门主要负责人为成员的跨部门领导

小组，建立金融支持现代农业联席会议制度，搭建政银农交流平台。山东省财政出资8 000万元发起设立互保基金，启动农业新型经营主体融资增信试点。充分发挥货币信贷政策工具的导向作用，将金融机构支持现代农业情况与差别准备金动态调整、再贷款、再贴现等有机结合，将支农信贷政策导向效果评估与“两管理、两综合”和地方奖补政策等挂钩，形成正向激励机制。

三是加快金融创新，完善信贷管理制度与支农产品体系。各涉农金融机构积极改进信贷管理政策，如中国农业银行山东省分行扩大“三农金融事业部”改革产品创新权限，探索建立“三农”产品创新基地；邮政储蓄银行山东省分行成立了“三农金融部”，专门负责“三农”领域的金融服务、产品创新和产品运作，并实行专业化队伍管理和单独的绩效考核政策。2013年，山东省银行业金融机构累计新推出农村产权抵押、产业链融资等7大类15小类134个涉农信贷产品，授信余额96.8亿元。

四是深化银保合作，完善支农风险分担机制。推动地方政府和金融机构创新与保险公司的协作方式，拓展“贷款+保险”模式。截至2013年年末，7地市推出银保合作支农创新产品，如东营市对经济作物保费给予50%补贴的试点，创新推出了“政府+银行+保险+农业经营主体”的贷款模式；德州、济宁、滨州市推动开办了种养大户、家庭农场小额贷款保证保险业务，贷款利率和保险费率配套下调，银行与保险机构按比例分摊贷款本金损失。

在中国人民银行济南分行的积极推动下，山东金融支持现代农业力度逐步加大。2013年年末，山东省新型农业经营主体贷款余额978.5亿元，同比增长20.7%，高于同期涉农贷款增速6.2个百分点，其中家庭农场和农民专业合作社贷款均同比增长近九成。金融机构支持农业积极性显著提高，农业贷款、农业保险提前一年在县域实现全覆盖。

（三）物价水平总体稳定，就业形势积极向好

2013年，宏观调控效应逐步显现，物价水平控制在合理区间内，劳动力价格稳步增长。

1. 消费价格温和上涨，食品价格仍为推动物价上涨主要因素。2013年，山东省居民消费价格总水平同比上涨2.2%（见图12），低于全国0.4个百分点。八大类商品和服务价格“七升一降”，其中食品类价格上涨4.8%，拉动价格总水平上涨1.5个百分点。受国际市场粮价上涨及国内提高最低收购价政策影响，粮食价格同比上涨7.3%，涨幅比上年扩大4.8个百分点。

2. 工业生产者价格涨幅收窄，农资价格稳步回落。工业生产者出厂和购进价格同比均下降1.6个百分点，涨幅分别连续23个月、20个月下降。农业生产资料价格涨幅同比回落4.8个百分点，年内走势前高后低。

数据来源：山东省统计局。

图12　2001～2013年山东省居民消费价格和生产者价格变动趋势

3. 就业形势基本稳定，劳动力价格稳步增长。2013年，山东省就业形势持续向好，成为全国唯一连续十年实现城镇新增就业和农村劳动力转移就业“双过百万”的省份。年末城镇登记失业率3.2%，低于全国0.9个百分点。监测的企业人均年工资同比增长4.4%。最低工资标准平均上调12%，连续6年提高农村低保补助标准，补助资金达24.1亿元。

（四）财政收入增速回落，支出结构进一步优化

2013年，山东省公共财政预算收入同比增长12.3%，较上年回落5.2个百分点。税收收入增长15.8%，“营改增”试点工作稳步推进。公共财政预算支出增长13.4%，连续六年50%以上用于民生领域；教育支出占比20.9%，居全国前列。在全国率先以省为单位推行新农合大病保险，启动城乡居民基本医疗保险整合工作。

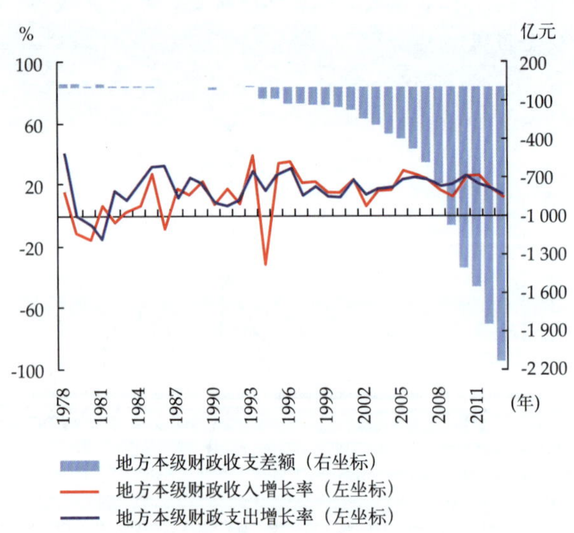

数据来源：山东省统计局。

图13 1978～2013年山东省财政收支状况

（五）环境治理力度加大，生态文明建设成效显著

2013年，山东省启动实施大气污染防治规划及一期行动计划，出台机动车排气污染防治规定和车用成品油升级实施方案。南水北调东线山东段治污方案确定的324个治污项目全部完工，小清河流域生态环境综合治理扎实推进。开展千家企业节能低碳行动，淘汰111家企业落后产能、681万吨立窑水泥生产线。加快调整能源结构，新能源发电装机占比提高到9.5%，关停小火电机组51.7万千瓦。万元地区生产总值能耗下降5%左右，主要污染物排放总量持续下降。3个市、407个乡镇、6个村获得国家级生态市、生态乡镇、生态村称号，5个园区被命名为国家级生态工业示范园区。新治理水土流失面积1 600平方公里，新增湿地保护面积130万亩，新增国家级、省级湿地公园55处。农村生态文明建设不断推进，80%以上农村实现社区化服务与管理。

（六）房地产市场总体平稳，文化产业快速发展

1. 房地产市场平稳发展，房地产金融稳健运行。2013年，山东省房地产市场整体运行平稳，开发投资高位趋稳，市场供求有所回升。房地产贷款增长较快，重点支持保障性住房建设和个人购房刚性需求。

开发投资平稳运行，自筹资金占比下降。2013年，房地产开发投资总体平稳，增速同比上升1个百分点。住宅投资增势稳定，办公楼、商业开发投资较快增长。开发企业自筹资金占比同比下降2.5个百分点，国内贷款、其他资金占比同比分别提高1.6个和2.1个百分点。

市场供给有所回升，保障性住房建设加快。新开工步伐加快，住宅和商业营业用房增速分别同比提高10.2个和6.4个百分点。竣工面积增速有所放缓，除商业营业用房外，住宅和办公楼增速分别同比下降0.4个和17.2个百分点。土地市场成交量逐步回暖，降幅逐月收窄，年末同比增长0.2%。保障性安居工程加快实施，新开工28.3万套，开工率120.1%，超额完成年初计划。

调控政策逐步落实，销售增速前高后低。2013年第一季度，山东省商品房销售增势明显，商品房销售面积、销售额增速同比大幅提高。伴随房地产调控政策的逐步落实，销售增速逐月回落，但全年商品房销售额、销售面积增速仍较上年提高30.3个和30.1个百分点。住宅和办公楼销售稳步回落，商业营业用房销售呈“M”形走势。

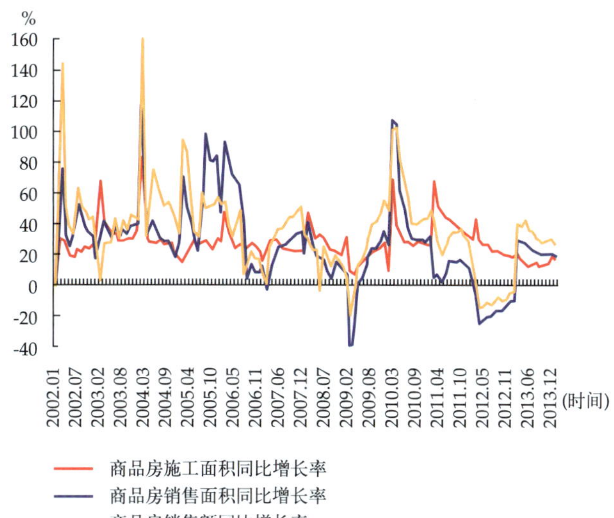

数据来源：山东省统计局。

图14　2002～2013年山东省商品房施工和销售变动趋势

重点城市房价上涨明显，呈现波动上升态势。济南、青岛、烟台、济宁新建住宅价格环比增长率呈峰谷交替态势，同比增长率呈加快上涨的态势，年末4市同比涨幅均超过8.8%（见图14），其中济南房价连续18个月呈上涨态势。

房地产贷款增长加快，重点满足刚性需求。全年房地产贷款增速同比提高14个百分点，高于同期各项贷款增速2.6个百分点。房地产开发贷款增长平稳，土地储备贷款同比增长50.6%。重点满足个人首套房和改善型住房贷款需求，购房贷款增速高于房地产开发贷款增速14.2个百分点。保障性住房开发贷款增长21.3%，保障性安居工程私募债实现突破。

2.文化产业提质增效，金融支持力度加大。山东省深入贯彻落实《合作推进山东文化强省建设框架协议》，创新实施文化产业发展六大工程。大项目带动战略成效初显，文化产业固定资产项目投资快速增长。文化产业集群建设不断推进，国家级、省级文化产业园区（基地）年主营业务收入超千亿元，带动就业12.9万人。文化与科技、金融、旅游深度融合，动漫产业服务体系不断完

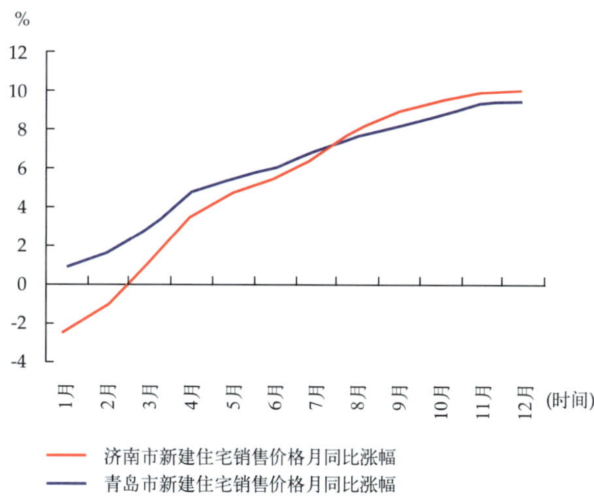

数据来源：国家统计局。

图15　2013年山东省主要城市新建住宅销售价格指数变动

善。成功举办十一届演艺产品交易会，86个演艺项目签约金额达9亿元。金融支持文化领域发展力度加大，年末文化、体育和娱乐业贷款余额112亿元，同比增长29.4%，重点支持文化产业园区、文化风景旅游等领域。

（七）“两区一圈一带”全面覆盖，区域经济联动协调发展

“两区一圈一带”海陆统筹，推动区域经济联动协调发展。“蓝黄”①战略深入实施，全年地区生产总值增长10.4%，高出全省0.8个百分点。科技创新、特色产业培育、未利用地开发成效明显，海洋生物等五大产业规模跃居全国前列。省会城市群经济圈和西部经济隆起带发展规划制定实施，基础设施建设、人才引进培训、投资环境改善迈出实质性步伐。区域经济发展得到金融全方位支持。2013年，“两区一圈一带”新增贷款分别占全省的66.8%、30.5%和24.8%。多层次资本市场体系建设步伐加快，位于蓝区的齐鲁股权交易中心实现直接融资20亿元，黄区“新三板”上市企业达40家。私募股权、信托、典当、融资租赁、资产管理等融资渠道实现新发展。

① 指山东半岛蓝色经济区和黄河三角洲高效生态经济区。

三、预测与展望

2014年，山东省经济将继续平稳运行，预计全省地区生产总值增长9%左右。

从国际看，世界经济仍处于政策刺激下弱复苏阶段，总体将保持温和回升态势。美国经济增长功能持续增强，但仍存在不确定性；欧元区经济趋于好转，去杠杆化和劳动力市场调整仍在进行；日本经济反弹可持续性和提高消费税影响有待观察。发展中国家和新兴经济体面临量化宽松政策退出带来的资本流动和融资成本冲击，经济存在下行压力。从国内看，经济发展面临复杂环境和严峻挑战，但改革的全面推进将有效激发发展潜能和增长动力，经济有望保持平稳向好的态势。具体到山东，“两区一圈一带”发展战略深入实施，全力打造特色优势产业高地，将增强区域发展活力和动力；以市场为导向，着力推进农业现代化，培育新兴产业，推动服务业实现跨越，优化调整传统工业布局，大力发展民营经济等举措将持续提升经济增长的内生动力；加快保障房、中小城镇和农村新型社区建设，统筹城乡公共基础设施建设将稳定投资增长；优化商品出口结构和利用外资结构，支持有条件企业全球布局产业链，也将稳定和扩大出口。总体来看，2014年山东经济将在“腾笼换鸟，提质增效”中实现持续健康平稳发展。

2014年物价将呈温和回升态势。受国际大宗商品价格基本稳定、国内工业品供大于求等因素的影响，工业品价格上涨压力不大；农业生产成本持续上升、极端天气和自然灾害增多加大粮价上涨风险，将推动食品价格上涨；劳动力特别是低端劳动力供应紧张，将推动劳动力成本和服务类价格上涨。总体判断，山东省物价走势与全国一致，2014年将温和回升，全年CPI涨幅将控制在3%左右。

从金融运行看，2014年山东省货币信贷平稳运行的有利因素较多，市场在金融资源配置中的决定性作用将进一步增强。山东省金融业将坚持“稳中有进、改革创新”的总要求，继续实施稳健的货币政策，不断完善宏观审慎管理，把握好调控的力度和节奏，保持货币信贷和社会融资规模适度增长；充分发挥货币信贷政策工具的结构调整引导作用，盘活存量、用好增量，将更多的资源配置到经济重点领域和薄弱环节；继续深化金融改革，加快金融创新，不断提升金融服务实体经济水平；有效防范系统性金融风险，切实维护金融稳定，为山东省经济结构调整和产业转型升级创造稳定的货币金融环境。

中国人民银行济南分行货币政策分析小组

总　纂：杨子强　肖龙沧

统　稿：谢　伟　向　珂　杨金栋　邵　宇　王俊豪

执　笔：平晓冬　孙欣华　曹妹娟　刘爱鹏　王　蓉　郑玉宝　尹　楠　孙　健　王浩宇　高晓辉　于明星

提供材料的还有：张　杨　李　讯　户兴磊　王兆旭　卜凡玫　荆　伟　信金花　张　宁　刘旭强

附录

（一）2013年山东省经济金融大事记

4月4日，中国人民银行济南分行与山东证监局签订《中国人民银行济南分行 中国证监会山东监管局关于加强证券期货监管合作 共同维护金融稳定的备忘录》。

4月9日，黄河三角洲国家现代农业科技示范区建设座谈会暨“渤海粮仓”科技示范工程启动会在东营举行。

4月16日，全球首台纸硬币自助兑换机在济南面世。

5月2日，山东省济南、济宁两地在全国率先完成中央银行会计核算数据集中系统（ACS）上线。

5月31日，中国人民银行济南分行召开山东省金融支持现代农业加快发展工作会议。

8月7日，山东省出台《山东省人民政府关于加快山东省金融改革发展的若干意见》。

9月13日，山东省土地储备中心、山东省土地和矿业权交易中心、山东省土地储备开发集团有限公司成立揭牌仪式在济南举行。

10月11日，第十届中国艺术节开幕式在济南举行。

12月4日，山东省制定出台《山东省人民政府关于建立健全地方金融监管体制的意见》，推动地方金融工作职能加快向服务和监督管理并重转变。

（二）2013年山东省主要经济金融指标

表1　2013年山东省主要存贷款指标

		1月	2月	3月	4月	5月	6月	7月	8月	9月	10月	11月	12月
本外币	金融机构各项存款余额（亿元）	56 996.4	57 295.8	60 212.2	60 245.6	60 729.6	61 202.8	60 953.4	62 058.0	62 803.5	62 568.4	62 645.9	63 357.9
	其中：储蓄存款	27 073.0	28 130.3	29 027.5	28 571.0	28 866.6	29 297.3	29 214.0	29 348.5	29 878.4	29 539.6	29 562.2	29 967.3
	单位存款	27 356.0	26 525.6	28 461.2	28 822.1	28 967.8	28 820.5	28 430.4	29 320.2	29 377.9	29 417.4	29 473.4	30 075.8
	各项存款余额比上月增加（亿元）	1 555.3	299.4	2 916.3	33.5	484.0	473.2	-249.3	1 104.6	745.5	-235.1	77.5	711.9
	金融机构各项存款同比增长（%）	21.4	18.9	19.9	20.4	19.0	16.4	16.0	17.3	17.2	16.0	15.3	14.4
	金融机构各项贷款余额（亿元）	43 805.6	44 194.6	45 026.2	45 480.4	45 640.4	45 955.6	46 164.9	46 526.4	46 872.7	47 105.0	47 375.4	47 952.1
	其中：短期	22 964.4	23 144.7	23 674.7	23 768.0	23 786.8	23 993.9	24 041.8	24 250.7	24 588.9	24 744.2	24 889.8	25 005.7
	中长期	17 374.3	17 571.7	17 808.0	18 060.6	18 187.1	18 416.3	18 663.7	18 866.2	19 045.1	19 187.7	19 377.3	19 498.2
	票据融资	2 044.2	2 031.8	2 084.2	2 196.5	2 276.1	2 149.5	2 055.8	2 078.1	1 918.1	1 844.1	1 845.5	1 859.2
	各项贷款余额比上月增加（亿元）	778.9	389.0	831.5	454.2	160.1	315.2	209.2	361.5	346.4	232.2	270.4	576.7
	其中：短期	470.1	180.3	530.0	93.4	18.8	207.1	47.8	208.9	338.2	155.3	145.6	116.0
	中长期	365.5	197.4	236.3	252.5	126.5	229.3	247.4	202.5	178.9	142.6	189.6	120.9
	票据融资	-61.5	-12.4	52.4	112.3	79.6	-126.6	-93.7	22.3	-160.0	-74.0	1.4	13.7
	金融机构各项贷款同比增长（%）	15.1	14.8	15.0	15.2	14.0	13.2	13.1	12.2	11.5	11.2	11.0	11.8
	其中：短期	23.0	21.6	20.9	20.2	18.7	17.0	16.4	15.8	14.6	13.5	12.7	11.8
	中长期	3.8	4.8	6.1	7.8	8.3	9.8	11.5	12.3	12.9	13.4	14.0	14.6
	票据融资	43.3	32.8	30.6	28.1	16.1	5.1	-5.4	-7.7	-14.5	-15.6	-15.9	-11.7
	建筑业贷款余额（亿元）	1 307.4	1 341.3	1 371.6	1 398.2	1 387.7	1 415.0	1 437.0	1 459.7	1 498.6	1 522.4	1 531.1	1 550.0
	房地产业贷款余额（亿元）	1 728.2	1 729.2	1 735.0	1 717.4	1 721.2	1 753.6	1 795.1	1 817.0	1 826.2	1 846.7	1 855.8	1 874.5
	建筑业贷款同比增长（%）	29.2	31.4	29.7	30.0	25.7	23.4	22.8	22.1	23.4	23.2	22.9	24.1
	房地产业贷款同比增长（%）	1.2	1.1	2.2	2.3	1.6	4.5	7.5	9.0	8.9	10.3	10.3	10.3
人民币	金融机构各项存款余额（亿元）	55 860.0	56 156.9	58 978.0	59 074.6	59 569.7	59 985.0	59 720.6	60 730.6	61 403.5	61 235.5	61 360.4	62 077.9
	其中：储蓄存款	26 923.6	27 969.3	28 864.3	28 407.1	28 698.6	29 130.3	29 043.4	29 177.2	29 709.1	29 369.7	29 392.7	29 796.1
	单位存款	26 400.3	25 580.2	27 422.0	27 850.7	28 011.2	27 806.7	27 406.0	28 207.8	28 182.8	28 297.4	28 399.6	29 001.4
	各项存款余额比上月增加（亿元）	1 504.5	296.9	2 821.1	96.6	495.1	415.3	-264.4	1 010.0	672.9	-167.9	124.9	717.4
	其中：储蓄存款	570.0	1 045.7	895.0	-457.2	291.6	431.6	-86.9	133.8	531.9	-339.5	23.0	403.4
	单位存款	772.6	-820.1	1 841.8	428.7	160.5	-204.5	-400.8	801.8	-25.0	114.7	102.2	601.8
	各项存款同比增长（%）	20.7	18.3	19.4	20.1	18.8	16.3	15.8	17.0	17.0	15.8	15.3	14.3
	其中：储蓄存款	16.4	20.0	19.9	19.7	18.8	16.2	16.7	16.0	15.1	14.7	13.8	13.1
	单位存款	1.3	1.2	1.2	1.2	1.2	1.2	1.1	1.2	1.2	1.1	1.1	1.1
	金融机构各项贷款余额（亿元）	40 722.4	40 974.0	41 619.8	42 071.0	42 319.8	42 707.5	43 090.3	43 579.6	43 953.3	44 190.2	44 534.3	44 761.3
	其中：个人消费贷款	5 573.7	5 634.1	5 746.4	5 886.8	6 001.4	6 122.3	6 226.3	6 352.9	6 477.3	6 554.5	6 688.8	6 748.8
	票据融资	2 044.0	2 031.7	2 084.1	2 196.4	2 276.0	2 149.4	2 055.7	2 078.0	1 918.0	1 844.0	1 845.4	1 859.1
	各项贷款余额比上月增加（亿元）	574.4	251.7	645.8	451.2	248.8	387.7	382.9	489.3	373.6	237.0	344.1	227.0
	其中：个人消费贷款	162.5	60.4	112.3	140.3	114.6	121.0	103.9	126.7	124.4	77.2	134.3	60.0
	票据融资	-61.5	-12.4	52.4	112.3	79.6	-126.6	-93.7	22.3	-160.0	-74.0	1.4	13.7
	金融机构各项贷款同比增长（%）	14.1	13.2	13.1	13.2	12.4	12.0	12.2	12.3	12.0	12.0	11.9	11.8
	其中：个人消费贷款	16.8	17.4	18.3	20.8	22.3	23.4	24.6	25.7	26.1	26.7	27.6	27.5
	票据融资	43.3	32.8	30.6	28.1	16.1	5.1	-5.4	-7.7	-14.5	-15.6	-15.9	-11.7
外币	金融机构外币存款余额（亿美元）	181.0	181.4	196.9	188.2	187.7	197.1	199.5	215.1	227.7	217.0	209.6	209.9
	金融机构外币存款同比增长（%）	73.5	59.4	46.0	36.3	32.8	26.0	29.9	33.4	30.4	26.0	18.7	21.6
	金融机构外币贷款余额（亿美元）	491.0	513.0	543.4	548.1	537.4	525.7	497.6	477.5	474.9	474.5	463.3	523.4
	金融机构外币贷款同比增长（%）	31.9	40.8	46.9	48.5	43.2	34.7	29.2	14.3	7.7	3.6	0.8	14.3

数据来源：中国人民银行济南分行。

表2　2001～2013年山东省各类价格指数

单位：%

年/月	居民消费价格指数		农业生产资料价格指数		工业生产者购进价格指数		工业生产者出厂价格指数	
	当月同比	累计同比	当月同比	累计同比	当月同比	累计同比	当月同比	累计同比
2001	—	—	—		—	—	—	
2002	—	-0.7	—	0.3	—	-1.3	—	-1.2
2003	—	1.1	—	2.4	—	5.7	—	3.5
2004	—	3.6	—	10.2	—	13.4	—	6.4
2005	—	1.7	—	6.2	—	5.9	—	3.7
2006	—	1.0	—	3.0	—	4.3	—	2.3
2007	—	4.4	—	7.1	—	4.8	—	3.3
2008	—	5.3	—	19.3	—	13.1	—	8.6
2009	—	0.0	—	-3.7	—	-4.5	—	-5.9
2010	—	2.9	—	3.0	—	9.3	—	7.2
2011	—	5.0	—	11.1	—	9.2	—	6.0
2012	—	2.1	—	5.9	—	-0.8	—	-1.6
2013	—	2.2	—	1.2	—	-1.6	—	-1.6
2012　1	4.7	4.7	9.9	9.9	2.9	2.9	0.3	0.3
2	3.2	3.9	9.2	9.6	2.2	2.5	-0.3	0.0
3	3.5	3.8	8.8	9.3	1.4	2.1	-0.5	-0.2
4	3.9	3.6	8.2	9.0	0.4	1.7	-0.8	-0.4
5	2.2	3.3	7.8	8.8	-0.2	1.3	-1.3	-0.5
6	1.5	3.0	5.7	8.3	-1.2	0.9	-1.5	-0.7
7	1.3	2.8	4.8	7.7	-2.0	0.5	-2.3	-0.9
8	1.8	2.6	3.5	7.2	-2.8	0.1	-2.9	-1.2
9	1.1	2.4	3.0	6.7	-2.9	-0.3	-3.1	-1.4
10	0.9	2.3	3.5	6.4	-2.4	-0.5	-2.6	-1.5
11	1.0	2.2	3.8	6.1	-2.1	-0.6	-2.1	-1.6
12	1.6	2.1	4.0	5.9	-2.3	-0.8	-1.9	-1.6
2013　1	1.6	1.6	4.1	4.1	-1.9	-1.9	-1.5	-1.5
2	3.0	2.3	4.1	4.1	-1.8	-1.8	-1.4	-1.5
3	1.7	2.1	4.0	4.1	-1.8	-1.8	-1.6	-1.5
4	2.1	2.1	2.6	3.7	-2.4	-2.0	-2.1	-1.7
5	1.9	2.0	1.7	3.3	-2.6	-2.1	-2.3	-1.8
6	2.4	2.1	1.1	2.9	-2.2	-2.1	-2.4	-1.9
7	2.3	2.1	0.3	2.5	-1.7	-2.0	-2.0	-1.9
8	2.0	2.1	0.1	2.2	-1.1	-1.9	-1.4	-1.8
9	2.5	2.2	-1.0	1.9	-1.2	-1.8	-1.2	-1.8
10	2.8	2.2	-1.0	1.6	-1.2	-1.8	-1.1	-1.7
11	2.7	2.3	-0.9	1.3	-0.9	-1.7	-1.0	-1.4
12	1.9	2.2	-0.7	1.2	-0.7	-1.6	-0.9	-1.6

数据来源：山东省统计局、《中国经济景气月报》。

表3　2013年山东省主要经济指标

	1月	2月	3月	4月	5月	6月	7月	8月	9月	10月	11月	12月
绝对值（自年初累计）												
地区生产总值（亿元）	—	—	11 076.5	—	—	25 958.2	—	—	39 601.7	—	—	54 684.3
第一产业	—	—	615.2	—	—	2 098.8	—	—	3 197.7	—	—	4 742.6
第二产业	—	—	6 240.4	—	—	13 311.9	—	—	20 255.8	—	—	27 422.5
第三产业	—	—	4 220.9	—	—	10 547.5	—	—	16 148.2	—	—	22 519.2
工业增加值（亿元）	—	—	—	—	—	—	—	—	—	—	—	—
固定资产投资（亿元）	—	1 852.0	4 967.8	7 895.1	11 291.2	15 009.8	18 792.7	21 889.9	25 092.1	28 877.3	32 251.6	35 875.9
房地产开发投资	—	402.9	858.0	1 254.9	1 724.1	2 327.7	2 814.8	3 297.7	3 838.7	4 318.7	4 864.4	5 444.5
社会消费品零售总额（亿元）	—	3 463.9	5 067.9	6 701.4	8 435.4	10 171.9	11 819.1	13 510.7	15 543.7	17 612.7	19 566.7	21 744.8
外贸进出口总额（万美元）	217.0	377.2	593.6	819.3	1 039.1	1 235.9	1 457.3	1 682.7	1 920.8	2 147.9	2 397.4	2 671.5
进口	106.8	191.1	301.2	418.2	526.0	623.0	734.0	845.9	965.8	1 066.2	1 190.1	1 326.5
出口	110.2	186.1	292.4	401.1	513.1	612.9	723.3	836.8	955.0	1 081.8	1207.3	1 345.0
进出口差额(出口－进口)	3.3	-4.9	-8.8	-17.2	-12.9	-10.2	-10.7	-9.0	-10.9	15.6	17.2	18.5
外商实际直接投资（亿美元）	10.0	14.8	28.6	35.7	46.5	71.8	79.0	89.6	102.9	111.8	124.9	140.5
地方财政收支差额（亿元）	9.6	-68.5	-95.1	-149.2	-275.8	-402.8	-471.1	-622.9	-893.7	-999.2	-1 373.4	-2 132.9
地方财政收入	436.9	720.0	1 148.8	1 569.8	1 967.0	2 536.7	2 899.1	3 176.1	3 481.8	3 892.5	4 194.5	4 560.0
地方财政支出	427.3	788.4	1 243.9	1 719.0	2 242.7	2 939.4	3 370.2	3 799.0	4 375.5	4 891.7	5 567.9	6 693.0
城镇登记失业率(%)(季度)	—	—	—	—	—	—	—	—	—	—	—	3.2
同比累计增长率（%）												
地区生产总值	—	—	9.7	—	—	9.6	—	—	9.6	—	—	9.6
第一产业	—	—	3	—	—	2.9	—	—	3	—	—	3.8
第二产业	—	—	11	—	—	10.9	—	—	10.9	—	—	10.7
第三产业	—	—	8.6	—	—	9.2	—	—	9.1	—	—	9.2
工业增加值	—	11.4	11.4	11.5	11.4	11.3	11.1	11.1	11.2	11.3	11.3	11.3
固定资产投资	—	20.1	20.1	20	20	20	20	20.1	20.1	20.1	19.9	19.6
房地产开发投资	—	20.2	15.2	17.4	15.5	14.1	14.1	11.8	13.8	14	14.4	15.6
社会消费品零售总额	—	12.7	12.8	12.9	12.9	13	13	13	13.1	13.1	13.2	13.4
外贸进出口总额	16.1	5.9	5	7.8	7.3	5.4	5.4	5.9	6.4	6.4	7.4	8.8
进口	27.3	6.4	6.4	11.7	10.4	9	9.2	10.1	10.8	10.4	11.9	13.5
出口	7	5.4	3.6	3.9	4.3	2	1.8	2	2.3	2.6	3.3	4.5
外商实际直接投资	42.7	23.4	12.5	2.6	3.7	11.8	11.4	12.8	13.1	12.5	12.5	13.8
地方财政收入	12.6	13	11.6	12	12.4	12.5	12.3	11.5	11	11.6	12	12.3
地方财政支出	52.9	28.3	14.9	19.9	18.2	17.3	15.3	13.8	13.4	13.6	13.6	13.4

数据来源：山东省统计局、《中国经济景气月报》。

2013年河南省金融运行报告

中国人民银行郑州中心支行货币政策分析小组

[内容摘要] 2013年，面对错综复杂的经济形势，河南省以粮食生产核心区、中原经济区、郑州航空港经济综合实验区建设为核心，着力转方式、调结构、破瓶颈，经济增速稳中趋升、质量稳中有进、趋势稳中向好。金融平稳健康运行，银行业综合实力不断提升，证券融资功能有效发挥，保险保障功能不断增强，金融市场稳步发展，金融生态环境持续优化，经济、金融呈现良性互动、协调发展的态势。

2014年，河南省将紧紧围绕中原崛起、河南振兴、富民强省的总目标，把改革创新、扩大开放贯穿于经济社会发展的各个领域和各个环节，着力扩大需求稳增长，着力优化结构促转型，切实提高发展质量和效益，促进经济持续健康发展。金融业将继续认真贯彻落实稳健的货币政策，加大对实体经济的支持力度，推动河南省经济转型跨越发展。

一、金融运行情况

2013年，河南省金融业稳健运行，社会融资规模适度增长，金融业改革不断深化，金融生态环境持续优化，支持实体经济的有效性显著增强。

（一）银行业平稳运行，货币信贷适度增长

2013年，河南省银行业金融机构认真贯彻落实稳健的货币政策，信贷结构持续改善，机构主体更加丰富，经营实力大幅提升，服务实体经济实现新突破，改革发展实现新跨越。

1. 银行业金融机构稳健运行，综合实力不断提升。2013年，河南省银行业金融机构资产规模和利润持续增加，年末资产总额同比增长16.9%，增盈面进一步扩大；不良贷款继续“双降”，不良贷款余额和占比分别较上年减少13亿元、下降0.35个百分点。银行业机构体系更加丰富，机构个数和从业人员稳步增加，渣打银行郑州分行、中国平煤神马集团财务公司顺利开业；村镇银行加快发展，新增12家，实现18个省辖市“全覆盖”。

表1　2013年河南省银行业金融机构情况

机构类别	营业网点			法人机构（个）
	机构个数（个）	从业人数（人）	资产总额（亿元）	
一、大型商业银行	3 222	77 812	18 157	0
二、国家开发银行和政策性银行	152	3 821	3 512	0
三、股份制商业银行	230	8 942	6 704	0
四、城市商业银行	660	16 892	4 736	17
五、城市信用社	0	0	0	0
六、小型农村金融机构	5 271	58 469	8 078	143
七、财务公司	4	147	412	4
八、信托公司	2	330	59	2
九、邮政储蓄银行	2 423	21 267	3 672	0
十、外资银行	4	88	60	0
十一、新型农村金融机构	187	3 540	411	64
十二、其他	0	0	0	0
合　计	12 155	191 308	45 801	230

注：营业网点不包括国家开发银行和政策性银行、大型商业银行、股份制银行金融机构总部数据；大型商业银行包括中国工商银行、中国农业银行、中国银行、中国建设银行和交通银行；小型农村金融机构包括农村商业银行、农村合作银行、农村信用社；新型农村金融机构包括村镇银行、贷款公司和农村资金互助社；“其他”包含金融租赁公司、汽车金融公司、货币经纪公司、消费金融公司等。

数据来源：河南银监局。

2. 存款增长“先扬后抑”，增量创历史新高。2013年年末，河南省金融机构本外币存款同比增长17.6%，全年新增5 651.7亿元，创历史新高。下半年以来，受理财产品热销、互联网金融快速发展、房地产市场回暖等因素的影响，存款分流加剧，年末人民币存款增速较6月末回落2.7个百分点（见图1）。

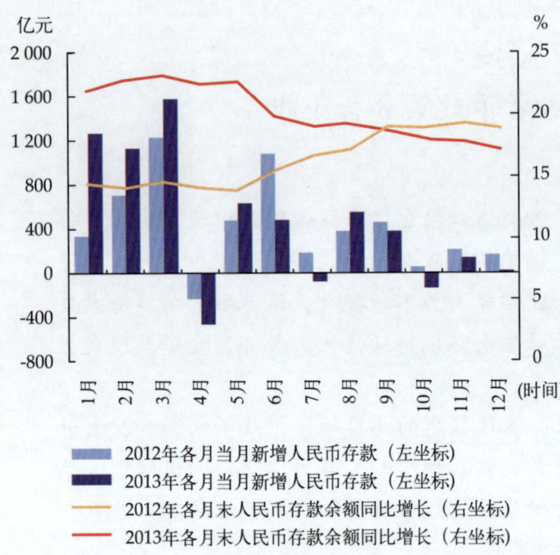

数据来源：中国人民银行郑州中心支行。

图1 2012～2013年河南省金融机构人民币存款增长变化

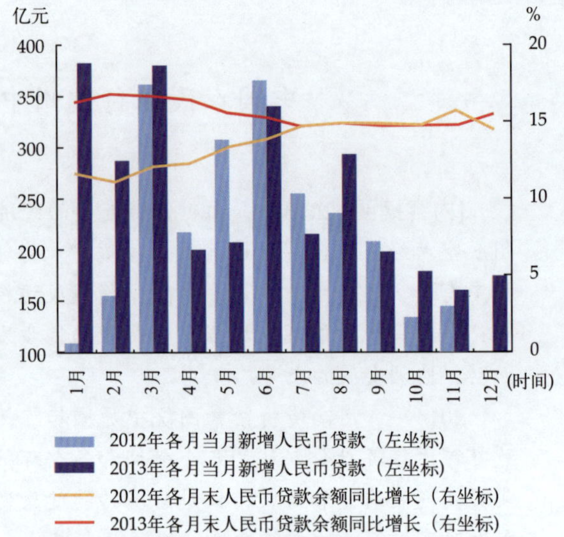

数据来源：中国人民银行郑州中心支行。

图2 2012～2013年河南省金融机构人民币贷款增长变化

3. 贷款平稳较快增长，支持实体经济有效性显著增强。2013年年末，河南省金融机构本外币和人民币贷款增速分别为15.8%、15.3%，同比分别提高0.8个和0.9个百分点（见图2、图3）。小微企业贷款新增976.7亿元，同比增长27.9%，高于人民币贷款增速12.6个百分点。涉农贷款新增1 644亿元，同比增长20%。国家开发银行牵头开展银团贷款，保障住房贷款同比增长47.1%；大型商业银行支持保障安居工程、绿色信贷、战略新兴产业贷款力度不断加大。

4. 贷款利率稳中有升，利率上浮贷款占比提高。2013年12月金融机构人民币贷款加权平均利率为8.43%，同比上升0.08个百分点。受市场资金面趋紧等因素的影响，年末执行利率上浮的贷款发生额占比较年初提高5.64个百分点（见表2）。

5. 地方法人金融机构改革发展进步明显。2013年，河南省银行业改革持续深入，支持和服务中原经济区建设的能力和水平不断提高。国有商业银行内部管理体制更加完善，股份制商业银行对现代商业银行制度探索卓有成效。地方法人金融机构改革发展进步明显，城市商业银行战略转型加快推进，股权结构进一步优化；河南省农村信用社建立分类管理制度，积极稳妥组建农村商业银行。

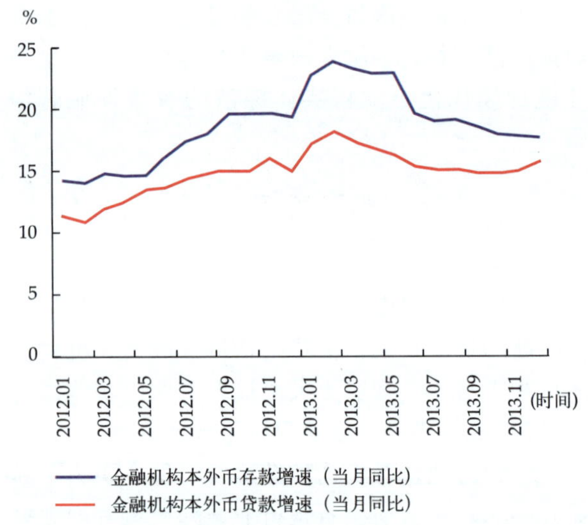

数据来源：中国人民银行郑州中心支行。

图3 2012～2013年河南省金融机构本外币存、贷款增速变化

6. 跨境人民币结算量快速增长。2013年，河南省累计办理跨境人民币结算金额425.2亿元，同比增长275.1%。业务品种日益丰富，业务覆盖面进一步扩大，全省18家具备国际结算能力的银行已全部开办跨境人民币业务，575家企业办理了跨境人民币结算业务，市场参与度进一步提高。

表2　2013年河南省金融机构人民币贷款各利率区间占比

单位：%

月份		1月	2月	3月	4月	5月	6月
合计		100.0	100.0	100.0	100.0	100.0	100.0
下浮		4.3	9.6	6.2	6.3	5.7	4.2
基准		28.4	25.9	19.9	18.1	19.5	27.4
上浮	小计	67.2	64.5	74.0	75.7	74.8	68.5
	(1.0，1.1]	14.1	27.4	22.4	19.6	17.5	14.9
	(1.1，1.3]	23.6	27.9	21.9	23.2	22.7	20.2
	(1.3，1.5]	10.3	4.5	12.1	12.6	14.5	13.7
	(1.5，2.0]	11.5	2.3	11.7	14.5	14.4	12.4
	2.0以上	7.7	2.4	6.0	5.8	5.7	7.3
月份		7月	8月	9月	10月	11月	12月
合计		100.0	100.0	100.0	100.0	100.0	100.0
下浮		4.8	2.8	4.6	5.7	4.5	5.6
基准		26.2	23.3	20.6	22.4	22.3	21.5
上浮	小计	69.1	73.9	74.8	71.9	73.3	72.9
	(1.0，1.1]	16.3	17.8	17.1	16.5	16.3	16.9
	(1.1，1.3]	20.0	25.2	26.7	27.5	28.1	20.7
	(1.3，1.5]	11.7	11.5	12.7	10.2	10.8	12.7
	(1.5，2.0]	14.1	13.3	12.0	11.8	12.0	15.5
	2.0以上	7.0	6.2	6.3	6.0	6.0	7.2

数据来源：中国人民银行郑州中心支行。

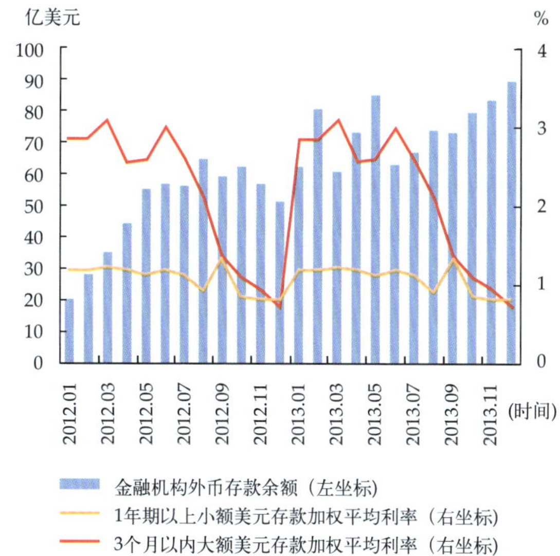

数据来源：中国人民银行郑州中心支行。

图4　2012～2013年河南省金融机构外币存款余额及外币存款利率

专栏1　好钢用在刀刃上　支农再贷款为河南县域经济增添活力

为深入贯彻落实金融服务实体经济的要求，促进河南省农业增产、农民增收、农村繁荣，实现农业现代化和中原经济区“三化”协调发展，中国人民银行郑州中心支行充分发挥支农再贷款支持和引导金融机构扩大涉农信贷投放的作用，坚持科学管理、合理调配限额，实现了“农民得利、农企壮大、机构增盈、粮食增产、政府满意”多方共赢的局面。

一、强化科学管理与激励约束，引导加大对“三农”的信贷投放

（一）科学调配限额，为建设河南粮食生产核心区提供资金。一方面，长期坚持限额向省内农业地区、粮食主产区倾斜；另一方面，根据农时灵活调剂限额，每年春耕夏收、抗旱救灾期间，及时向粮食主产区调增支农再贷款，促进了河南省粮食连续十年丰收。

（二）扶优限劣，充分发挥支农再贷款政策的引导作用。一是试点开展支农再贷款使用效果评估。从发展性、规范性、服务性三方面开展定量定性评估，做好支农再贷款资金的优化配置工作。二是结合票据兑付后续监测考核工作，强化支农再贷款正向激励作用，起到奖优抑劣的效果。

（三）建立支农再贷款支农示范园区，充分发挥示范带动作用。以支农再贷款为切入点，以创建支农示范园区为平台，通过复制、推广典型的金融产品和服务方式，引导金融机构不断提高对“三农”的信贷投放，有效降低“三农”贷款利率，缓解“融资难”、“融资贵”问题。

二、灵活运用支农再贷款，积极推动农村金融服务创新

（一）支持农村金融创新，进一步提升农村金融服务水平。2012～2013年，中国人民银行郑州中心支行开展了创建“农村金融创新示范县（市）”活动，以支农再贷款等为激励措施，深化农村金融产品和服务方式创新。2013年累计发放支农再贷款235亿元，带动全省涉农贷款余额同比增长20%，高于人民币贷款增速4.7个百分点。

（二）支持信贷扶贫，扶贫开发工作初见成效。综合运用支农再贷款、再贴现等货币政策工具，引导金融机构以点带面、示范带动、整体推进，加大对贫困地区、贫困人口的金融支持。2013年，共向贫困县累计发放支农再贷款119.7亿元。

（三）助力中小微型企业融资培育，涉农“小巨人”企业快速成长。运用支农再贷款引导金融机构重点扶持当地有优势、有特色、有潜力的涉农类“小巨人”企业快速成长。2013年，累计向对“小巨人”企业提供融资培育支持的金融机构发放支农再贷款113.6亿元，引导中小微型企业贷款余额同比增长18.5%，高于全部贷款增幅3.2个百分点。

三、深入推进支农再贷款效果评估，全面提升农村金融服务水平

下一步，将在试点的基础上全面开展支农再贷款管理使用效果评估，评估结果除作为对金融机构发放、收回以及增加支农再贷款的依据外，还将作为调配限额的依据，进一步提高政策透明度，促使用好用活支农再贷款，使支农再贷款切实引导金融机构加大涉农信贷投放，降低“三农”融资成本，全面提升农村金融服务水平。

（二）证券业健康发展，融资功能不断提升

1. 机构主体继续增加，业务发展势头良好。2013年，河南省证券期货经营机构不断增加，全年共吸引70家证券期货经营机构落户河南。期货公司积极开展资产管理、现货子公司等创新业务，万达期货连续四年被评为A级。中原证券合规创新发展，加快在香港发行H股上市进程。

2. 资本市场融资规模稳步扩大。2013年，在境内IPO暂停的情况下，河南省新增境外上市公司3家，首发募集资金16.3亿元，18家上市公司完成并购重组再融资，同比增长80%（见表3）。双汇发展、洛阳铝业、宇通客车、大有能源、华兰生物、许继电气、平煤股份7家上市公司市值超过百亿元。

表3　2013年河南省证券业基本情况

项目	数量
总部设在辖内的证券公司数（家）	1
总部设在辖内的基金公司数（家）	0
总部设在辖内的期货公司数（家）	2
年末国内上市公司数（家）	65
当年国内股票（A股）筹资（亿元）	210.4
当年发行H股筹资（亿元）	16.3
当年国内债券筹资（亿元）	1 125.8
其中：短期融资券筹资额（亿元）	265.0
中期票据筹资额（亿元）	441.3

数据来源：河南省发展改革委、河南证监局。

（三）保险业务结构显著优化，社会保障功能不断增强

1. 行业实力继续增强，市场体系更趋完善。2013年，河南省保险业总资产同比增长15.1%，新增省级保险公司2家，保险公司总数达60家（见表4）。保险业辐射能力大大增强，地市及以下分支机构数量不断增加，从业人数持续增加至32.1万人，机构和从业人数均居全国前列。

2. 保险功能有效发挥，业务结构持续优化。2013年，河南省保险业积极发挥保险保障功能，全行业累计赔付支出279.8亿元，同比增长40.2%。保险资金引进取得重大进展，中国平安集团与郑州市政府、河南投资集团有限公司、河南豫资城乡投资发展有限公司等达成投资2 000亿元

表4 2013年河南省保险业基本情况

项目	数量
总部设在辖内的保险公司数（家）	0
其中：财产险经营主体（家）	0
人身险经营主体（家）	0
保险公司分支机构（家）	60
其中：财产险公司分支机构（家）	26
人身险公司分支机构（家）	34
保费收入（中外资，亿元）	917
其中：财产险保费收入（中外资，亿元）	239
人身险保费收入（中外资，亿元）	678
各类赔款给付（中外资，亿元）	280
保险密度（元/人）	865
保险深度（%）	3

数据来源：河南保监局。

的合作意向。保险业积极服务河南“走出去”战略，对全省一般贸易出口支持率达36.7%。财产险中非车险业务较快发展，占比提升至19.7%；人身险个人渠道较快发展，渠道占比47.2%，五年来首次超过银邮渠道。

（四）金融市场稳步发展，融资结构继续改善

1. 社会融资规模平稳增长，融资结构更加多元化。2013年河南省社会融资规模为5 691.1亿元，比2012年多848.8亿元。本外币贷款增加3 154.9亿元，同比多增503.1亿元，占社会融资规模的比重为55.4%，比2012年提高了0.6个百分点。包括委托贷款、信托贷款和未贴现的银行承兑汇票在内的表外融资增加1 358.2亿元，同比少增24.5亿元，占社会融资规模的比重为23.9%，比2012年降低了4.7个百分点。直接融资增加1 178.1亿元，同比多增370.3亿元，其中，企业债券融资和非金融企业境内股票融资额合计占全省社会融资规模的16.6%，比2012年提高了3.3个百分点。

2. 银行间市场交易平稳，现券交易同比下降。2013年，河南省银行间市场交易结算量累计达 54 539.3亿元，与上年同期基本持平。现券交易同比下降70.0%，债券二级市场成交量明显减少；回购交易、同业拆借交易大幅增加。

3. 票据交易有所下降，利率持续回升。

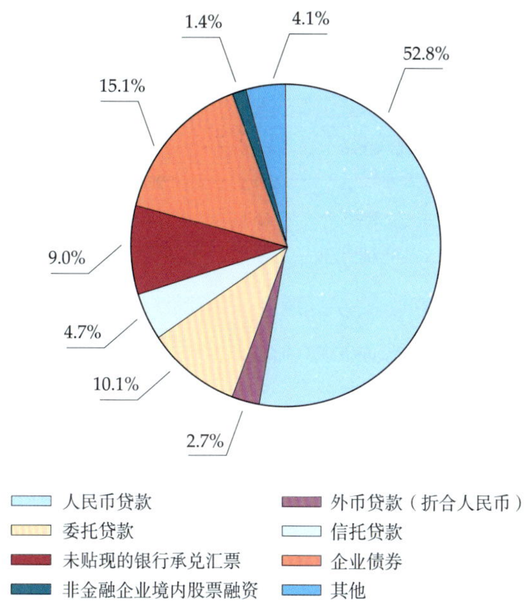

数据来源：中国人民银行郑州中心支行。

图5 2013年河南省社会融资规模分布

表5 2013年河南省金融机构票据业务量统计

单位：亿元

季度	银行承兑汇票承兑		贴现			
			银行承兑汇票		商业承兑汇票	
	余额	累计发生额	余额	累计发生额	余额	累计发生额
1	3 274.0	2 336.3	148.9	2 109.9	6.4	46.2
2	3 296.5	3 571.5	692.1	4 274.3	5.0	96.4
3	3 267.0	5 280.4	569.2	6 587.0	7.8	156.4
4	3 460.2	6 999.2	545.7	7 465.7	8.1	240.7

数据来源：中国人民银行郑州中心支行。

表6 2013年河南省金融机构票据贴现、转贴现利率

单位：%

季度	贴现		转贴现	
	银行承兑汇票	商业承兑汇票	票据买断	票据回购
1	4.5919	5.0253	4.6247	4.3860
2	4.5257	4.9473	4.6186	4.3457
3	6.4317	6.2547	5.0678	5.2188
4	6.9226	6.6591	5.6422	6.0591

数据来源：中国人民银行郑州中心支行。

2013 年，河南省金融机构票据贴现余额同比下降15%，主要因为信贷资金趋紧，金融机构更多通过压缩票据融资腾挪信贷空间。随着年内货币市

表7 2013年郑州商品交易所交易统计

交易品种	累计成交金额（亿元）	同比增长（%）	累计成交量（万张）	同比增长（%）
一号棉花	7 406.6	-64.6	745.3	-64.6
菜籽油	9 557.6	199.4	1 270.9	103.1
早籼稻	354.5	-66.1	87.4	-77.3
PTA	30 328.9	-36.8	7 628.4	-37.1
优质强筋小麦	1 294.2	-80.2	290.8	-88.7
普通小麦	2.3	-91.9	0.2	-98.2
玻璃	53 391.0	1 143.0	18 610.5	1 053.3
白糖	36 309.0	-56.8	6 979.4	-52.9
甲醇	5 551.9	3.1	349.7	-7.9
动力煤	4 951.3	—	435.7	—
油菜籽	634.6	777.7	117.5	756.9
菜籽粕	39 194.2	39 111.5	16 010.0	37 909.9
合计	188 976.0	8.8	52 525.8	51.3

数据来源：郑州商品交易所。

场利率整体抬高，全省贴现、转贴现利率持续回升，第四季度加权平均利率同比分别上升1.58个、0.91个百分点（见表5）。

4. 期货市场交易量上升，品种分化明显。2013年，郑州商品交易所商品期货累计成交量和成交金额同比分别增长51.3%、8.8%。主要交易品种为玻璃FG、菜籽粕RM、PTA和白糖SR，成交量合计占比达到93.7%（见表7）。

5. 跨境收支增速回落，黄金交易大幅增长。2013年，受一般贸易大幅下滑影响，河南省跨境收支规模增速同比回落23.9个百分点，收入增速大于支出增速，净流入压力明显增加。2013年，河南省银行业金融机构代理金交所业务成交量同比增长20%，受金价下跌驱动，实物黄金交易量同比增长270%。

6. 民间借贷规模与上年持平，利率小幅上升。2013年，河南省监测的民间借贷样本点累计发生额为17.2亿元，与上年基本持平，对缓解“三农”及中小微企业融资难问题起到了积极的作用。随着市场利率稳步上行，12月全省民间借贷加权平均利率19.45%，较年初上升0.78个百分点。

（五）金融基础设施建设不断优化，金融生态环境持续改善

2013年，河南省政府出台了《河南省金融生态环境建设评价办法》、《关于推进社会信用体系建设工作的意见》等文件，对18个省辖市和108个县（市）的金融生态环境建设工作开展年度综合评价，率先在行政管理事项中使用信用记录和信用报告，社会信用环境、行政服务环境和金融运行安全环境得到明显改善。截至2013年年末，征信系统为河南省自然人建立4 554万份信用档案，其中为农户建立616万份；同时，为全省中小企业建立9.7万份信用档案。农村地区实现基础金融服务基本覆盖，农民工银行卡特色服务全年实现取款交易255万笔，连续六年稳居全国第一位。

专栏2 全面加快郑州航空港建设 推进开放型经济发展

郑州航空港经济综合实验区位于郑州市中心城区东南约20公里，规划面积415平方公里。2007年10月，河南省委、省政府批准设立郑州航空港区。2010年10月24日，国务院批准正式设立郑州新郑综合保税区。2012年11月17日，国务院批准《中原经济区规划》，提出以郑州航空港为主体，以综合保税区和关联产业园区为载体，以综合交通枢纽为依托，以发展航空货运为突破口，建设郑州航空港经济综合实验区。2013年3月7日，国务院批准《郑州航空港经济综合实验区发展规划》，与粮食生产核心区、中原经济区共同构成了河南省三大国家战略规划。

近年来，实验区以“建设大枢纽、培育大产业、塑造大都市”为发展主线，以郑州大型航空枢纽建设为依托，以航空货运为突破口，着力推进高端制造业和现代服务业聚集，着力推进产业和城市融合发展，着力推进对外开放合作和体制机制创新，力争将郑州航空港经济综合实验区打造成为“国际航空物流中心、以

航空经济为引领的现代产业基地、内陆地区对外开放重要门户、现代航空都市、中原经济区核心增长极”。

2013年，郑州航空港经济综合实验区建设实现良好开局，规划体系和政策支撑体系基本建立，确定“两级三层”[①]管理体制，赋予其省辖市级的管理权限，实行与省直部门直通车制度，明确了实验区管委会与省直部门的266项直通事项。围绕航空物流、高端制造、现代服务业三大主导产业招商引资，全年累计签约项目43个，总投资超过1 300亿元。

2013年，郑州机场二期等重大基础设施建设全面展开，机场快件中心获得国家批准，成为中部地区唯一开展国际快件业务的机场。郑州跨境贸易电子商务服务试点启动，区内龙头企业富士康智能手机产量接近1亿部，又有13家智能手机生产商签约落户。郑州航空口岸相继开展了台胞落地签、国际快件中心、保税航油等业务，进口肉类指定口岸获批筹建，郑州新郑综合保税区成为“自产内销货物返区维修业务”全国十个试点之一。郑州机场年旅客吞吐量1 314万人次、货邮吞吐量25.6万吨，分别增长12.6%和69.1%。实验区经济社会发展态势迅猛，全年完成地区生产总值270亿元，同比增长30%；实现工业总产值1 836亿元，同比增长45%，主要经济指标增速远高于全省平均水平；郑欧班列开行半年以来，全国超半数的省份都选择从郑州将出口货物运送到亚欧各国，郑州成为“丝绸之路经济带”重要桥头堡；郑州航空港外贸进出口总值占全省总额的一半，已成为河南对外开放的战略高地，窗口平台作用日益凸显。

二、经济运行情况

2013年，河南省经济在困境中突破，转型升级渐显成效，经济增长的质量效益进一步提升，新的增长点初具规模，内生动力与可持续性增强，地区生产总值首次突破3万亿元大关（见图6）。

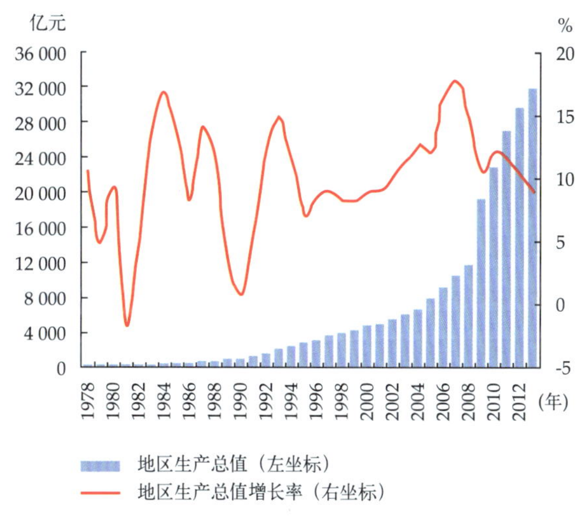

数据来源：河南省统计局。

图6　1978～2013年河南省地区生产总值及其增长率

（一）三大需求更趋均衡，内生动力不断增强

2013年，河南省投资保持稳定，消费增速企稳回升，出口较快增长，利用外资质量提高。

1. 投资稳定增长，结构更趋优化。2013年，河南省累计完成固定资产投资2.5万亿元，同比增长23.2%，增速与上年持平（见图7）。投资结构继续向有利于促进产业结构调整的方向倾斜，六大高成长性行业和高技术产业投资增速均高于全省投资增速；四大传统行业投资增速较上年下降。民间投资超过2万亿元，占全省投资的比重超过八成，对投资增长的贡献率达到86.7%。固定资产投资资金来源增速高于投资增速，自筹资金占资金来源的近八成。

① 郑州航空港经济综合试验区“两级三层”管理体制中的“两级”就是省级负责宏观指导规划、决策管理、协调服务及与国家机关联络沟通，市级负责组织领导、具体实施、督促落实；“三层”就是省、市、区三层。

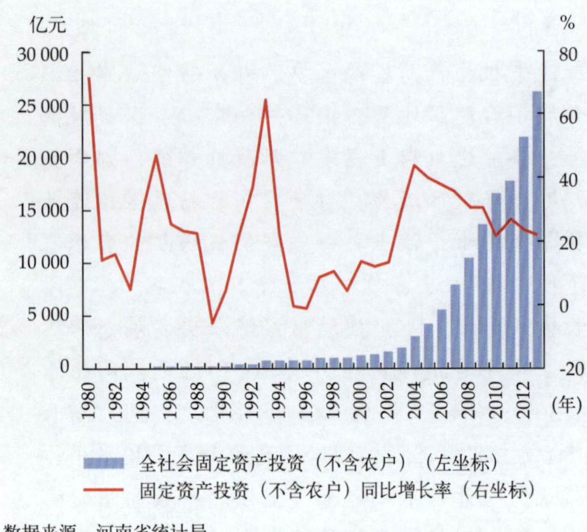

数据来源：河南省统计局。

图7　1980～2013年河南省固定资产投资（不含农户）及其增长率

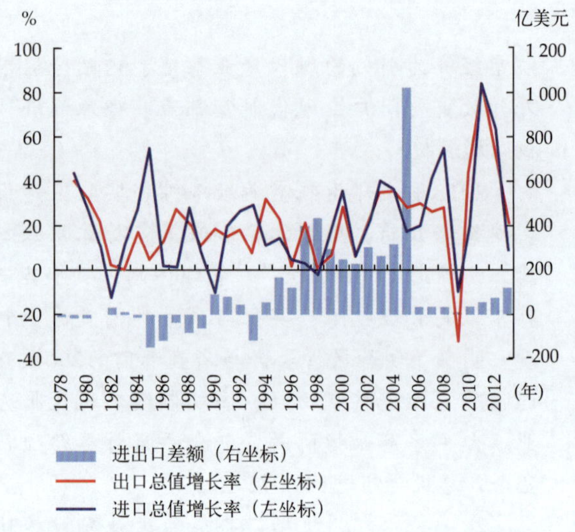

数据来源：河南省统计局。

图9　1978～2013年河南省外贸进出口变动情况

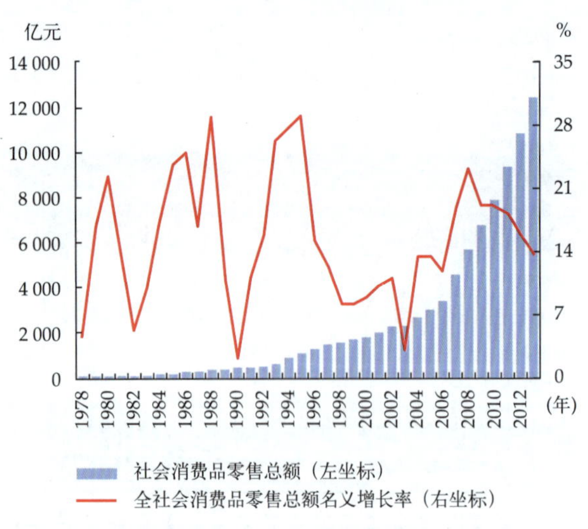

数据来源：河南省统计局。

图8　1978～2013年河南省社会消费品零售总额及其增长率

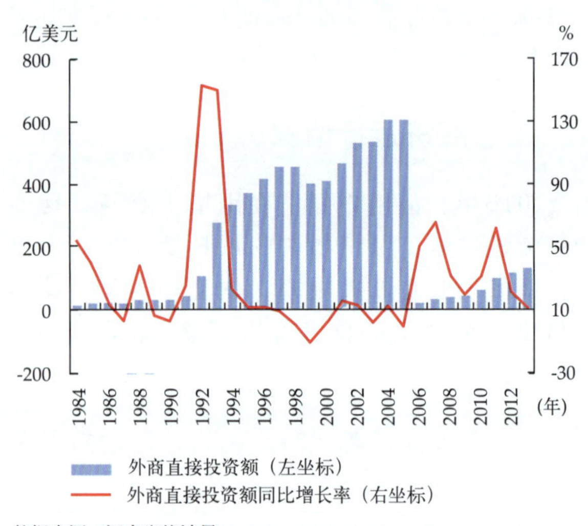

数据来源：河南省统计局。

图10　1984～2013年河南省外商直接投资额及其增长率

2. 农村居民收入快速增长，消费稳步回升。国家一系列增加居民收入和支农惠农政策的实施促进了城乡居民收入增长，农民收入增势明显，2013年河南省农民人均纯收入8 475.3元，增速高于城镇居民收入增速3个百分点。收入增长有效拉动内需，全省社会消费品零售总额各月累计增速从年初小幅稳步回升，全年社会消费品零售总额为1.2万亿元，与居民生活密切相关的食品饮料、家用电器和汽车等增长最为明显（见图8）。

3. 对外贸易态势良好，利用外资水平进一步提高。2013年河南省进出口总额近600亿美元，增速高于全国平均水平8.3个百分点；富士康在豫企业对外贸拉动作用明显，约占全省进出口总额的50%。先进制造业领域利用外资增多，现代服务业利用外资比重提高；在河南省投资的境外世界500强企业达到81家。

（二）产业结构持续优化，第三产业带动能力增强

2013年，河南省围绕中原经济区建设，努力推动发展方式转变，年末三次产业比重调整为12.6：55.4：32，第三产业占比同比提高1.8个百分点。

1. 粮食生产十连增，优势地位更加突出。2013年，河南粮食生产克服严重干旱的影响，实现总产量1 142.7亿斤，连续十年增产，连续八年超千亿斤，为国家粮食安全作出了重要贡献。周口、驻马店等5市被评为全国产粮大市，中华粮网成为全国粮食行业最大的网上交易平台。畜牧业稳定发展，肉、蛋、奶产量持续增长，全省拥有9个国家出口食品农产品质量安全示范区，国家级示范区数量跃居全国第三，稳居中西部第一。

2. 工业生产稳步增长，转型升级成效明显。2013年下半年以来，河南省规模以上工业增加值增速止跌回升，年末达到11.8%，高出全国平均水平2.1个百分点；工业经济效益提升，企业利润同比提高8.0个百分点。四大传统产业和六大高耗能行业增速趋缓，占全省工业的比重较上年下降；六大高成长性产业和高技术产业增速远高于全部工业增速，占比进一步提高；智能终端、智能装备、家电等终高端产品及传统支柱产业中的高附加值产品增长加快，高世代液晶玻璃基板、特高压直流输电控制设备等关键技术取得突破，新增国家级企业技术中心10家，总数居全国第3位、中西部地区首位。

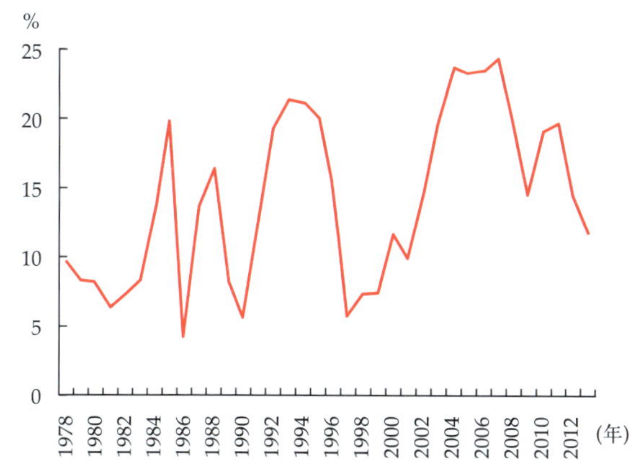

数据来源：河南省统计局。

图11　1978～2013年河南省规模以上工业增加值同比增长率

3. 服务业加快发展，对经济增长的贡献度较高。2013年，河南省服务业增加值首次突破1万亿元，占地区生产总值的比重达到32%，较上年提高1个百分点，从业人员近2 000万人。河南省将商务中心区和特色商业区作为服务业发展的重要载体和抓手，基本完成上述“两区”发展规划编制工作。着力发展航空物流、快递物流等重点领域，以现代物流、电子商务、信息服务、现代商贸等为代表的新型服务业增长动力强劲；组建全国首家跨省域物流企业联盟，新培育2A级以上物流企业9家，开通运行郑州至汉堡铁路国际货运班列；批发零售业增加值首次突破2 000亿元。

（三）物价平稳上涨，劳动力成本压力依然较大

2013年，河南省物价平稳上涨，食品仍是推动物价上涨的主要因素，上游价格持续下降，资源品价格改革进展顺利。

1.居民消费价格上升，食品类价格上涨明显。2013年，全省居民消费价格总指数同比上涨2.9%，比上年提高0.4个百分点（见图12）。其中，八大类消费品及服务项目全面上涨，食品仍

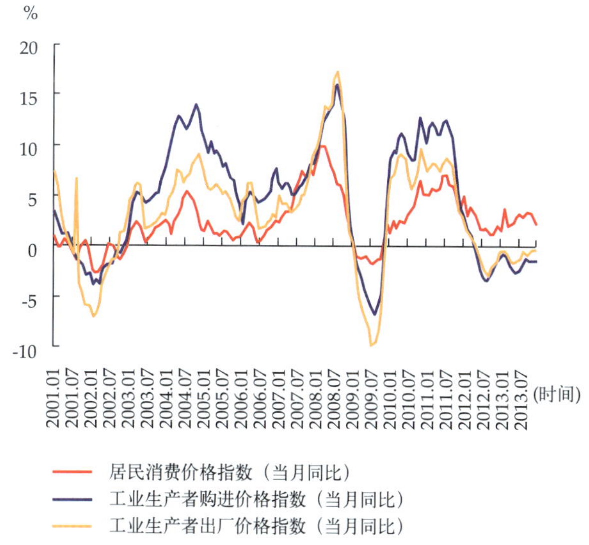

数据来源：河南省统计局。

图12　2001～2013年河南省居民消费价格和生产者价格变动趋势

是推动消费价格上涨的主要因素，带动居民消费价格总指数上涨1.7个百分点。非食品中文化用品及服务、衣着以及居住价格涨幅较大。

2. 生产价格涨幅回落，价格传导压力减轻。2013年，受经济增速放缓、需求下降、产能过剩等多重因素的影响，河南省工业生产者出厂价格指数和购进价格指数累计分别下降1.5%和0.7%，其中出厂价格指数降幅进一步扩大。上游价格持续下降，表明当前传统工业生产领域供给仍大于需求，对下游价格传导压力减弱。

3. 劳动力成本持续上涨。2013年，受物价上涨、劳动力供求矛盾加剧、工资水平期望值提高等因素的影响，河南省劳动力成本持续上涨，人工成本对企业生产的影响更加明显。最低工资标准再次上调，郑州、洛阳等一类行政区上升为1 240元，涨幅14.8%。全年新增劳动力转移就业90万人以上，农民人均收入达到8 400元。企业离退休职工养老金、城乡低保标准、农村五保户供养标准继续提高。

4. 资源品价格改革深入推进。2013年，河南省根据国家有关政策，全面实施天然气价格改革，阶梯电价、阶梯水价制度稳步推行，有效推动了全社会节能减排。新成品油价格机制实施以来，成品油调价周期明显缩短，调价频率加快，价格调整做到了常态化、透明化。

（四）财政收入较快增长，民生支出重点突出

2013年，河南省地方财政总收入为3 686.8亿元，税收收入总体保持较快增长，现代服务业等新兴产业逐步成为拉动税收增长的主要力量。受“营改增”政策试点等因素带动，各月增值税增速均实现正增长，试点政策为企业总体减税8.7亿元。全省公共财政预算支出5 578.2亿元，财政民生支出突破4 000亿元，占公共财政预算支出的比重超过七成，较上年提高0.3个百分点。城乡居民医疗保障水平进一步提高，基层医疗卫生机构运行新机制初步建立，政府举办的基层医疗卫生机构全部实施国家基本药物制度，免费向城乡居民提供12类45项基本公共卫生服务。

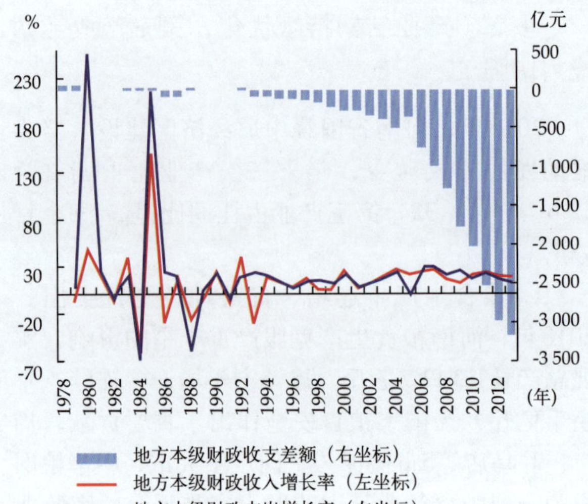

数据来源：河南省统计局。

图13 1978～2013年河南省财政收支状况

（五）地区生态文明不断改善，节能降耗成效明显

2013年，河南开展环境综合整治，加快城镇污水和垃圾处理设施建设，所有省辖市、省直管县全部安装PM2.5监测设施。加强重点领域节能降耗，实现社会节能量100万吨标准煤。循环经济试点省建设成效明显，鹤壁、博爱被列入国家循环经济示范城市（县），洛阳、焦作成为国家首批资源综合利用“双百工程”[①]示范基地，济源成为国家低碳试点城市。继续加大淘汰落后产能工作力度，万元地区生产总值用水量比十年前下降约七成；万元工业增加值能耗比上年下降8.3%；单位地区生产总值能耗、二氧化碳排放量均下降4%左右。

（六）房地产价格稳中有升，现代农业发展态势良好

1. 2013年，受房地产市场大环境的影响，河南省房地产投资、销售较快增长，房价稳中有

① “双百工程”指国家发展改革委“十二五”期间在全国重点培育和扶持百个资源综合利用示范工程（基地）和百家资源综合利用骨干企业。

升，房地产市场运行整体平稳；房地产贷款增加较多，金融支持保障房建设力度不断加大。

房地产开发投资快速增长。受房地产市场整体升温和房企资金充裕带动，2013年河南省累计完成房地产开发投资3 843.8亿元，较上年增长26.6%，同比提高11个百分点。房地产开发企业实际到位资金增速继续高于开发投资增速，企业资金来源中，自筹资金依然是主渠道，个人按揭贷款、定金及预付款继续保持较快增长。

房地产市场供给稳定增加。全省房地产开发企业本年土地购置面积1 501.6万平方米，比上年下降13.8%。房屋施工面积和新开工面积增速逐步加快，但房屋竣工面积增速逐步放缓。保障房建设力度加大，全年新开工保障性住房40万套、竣工30万套。

商品房销售“先扬后抑”。2013年，河南省商品房销售面积为7 310.2万平方米，较上年增长22.5%，但增速较1～9月回落5.3个百分点（见图14）。商业用房销售增长明显、增速加快。

商品房销售价格涨幅较大。河南省房地产市场销售价格上行明显，重点监测城市洛阳2013年12月商品住宅交易均价同比上涨18.4%（见图15）。

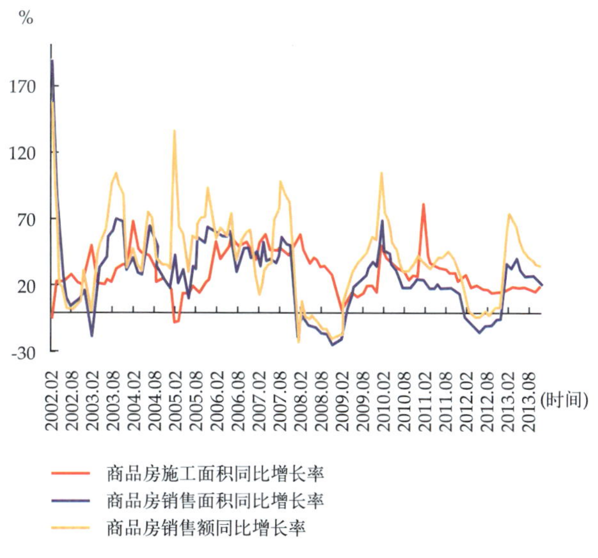

数据来源：河南省统计局。

图14　2002～2013年河南省商品房施工和销售变动趋势

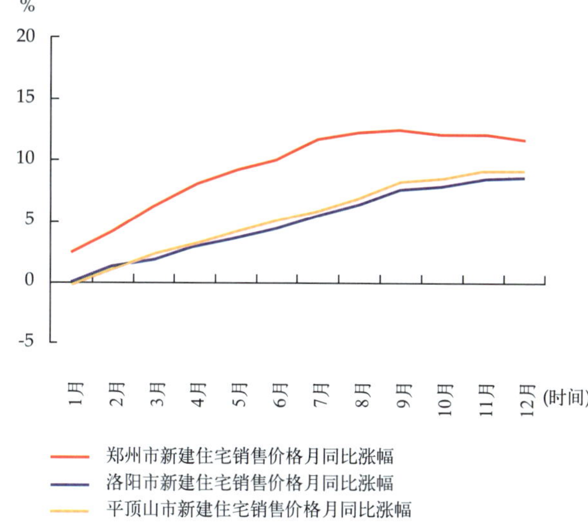

数据来源：河南省统计局。

图15　2013年河南省主要城市新建住宅销售价格变动趋势

金融对房地产支持力度进一步加大。金融机构房地产贷款增加较多，增速明显高于各项贷款增速；个人住房贷款仍是房地产贷款的主体，占全部贷款的七成，与上年同期基本持平。房地产信贷政策执行情况良好，首套房贷款占比超过95%。

2.现代农业提质增效，发展水平不断提高。2013年，河南省通过加大农业投入、加快农村改革、推进农业科技进步等手段，农业现代化取得了长足发展。

农田生产基础设施进一步改善，农业装备水平跨越式发展。全年共建成高标准农田970.9万亩，初步形成了田成方、林成网、渠相通、路相连、旱能浇、涝能排、基础设施配套、服务功能完善的连片高标准粮田。截至2013年年末，全省设施农业面积超过400万亩，农业总机械化水平达75%，小麦全程机械化水平达95%以上。

农业科技支撑能力进一步增强。相继建成了国家小麦工程技术研究中心、河南省肉牛工程技术研究中心等；河南粮食作物协同创新中心入选国家首批协同创新中心；“矮秆高产多抗广适小麦新品种矮抗58选育及应用”项目荣获2013年度国家科技进步一等奖。目前，全省共有8个国家级现代农业示范区。

农业生产组织化程度不断提高。土地规模经营进一步加速，2013年年末，河南省土地流转面积占家庭承包经营面积的26.1%。新型农村生产经营主体发展速度加快，家庭农场数量达7 150家，农民专业合作社超过7万家。

农业产业化发展加快。全省各级农业产业化龙头企业总数达6 300多个，其中国家级60个。河南已成为全国第一肉类、第一速冻食品、第一面制品生产加工基地，形成了小麦、大豆、油料、玉米、肉类加工等为主体的五大产业链条。

（七）中原经济区发展态势良好

2013年，河南省把构建“一个载体、三个体系”①作为主要内容和实现途径，深入推进中原经济区建设。

2013年3月7日，国务院正式批复《郑州航空港经济综合实验区发展规划》，郑州航空港经济综合实验区建设实现良好开局。9月，首届中原经济区市长联席会议召开，签署了共同推进中原城市群建设战略合作框架协议，中原城市群成为国家重点培育的中西部地区三大城市群之一，并纳入国家新型城镇化规划。河南上升为全国数据中心建设布局二类地区，郑州成为国家级互联网骨干直联点。11月，河南省政府与菜鸟网络科技有限公司签署战略合作框架协议，郑州成为“菜鸟网络”布局全国的第5个物流节点城市。12月，中国最大的网络零售商——京东集团正式签约落户郑州高新区。

河南省“米”字形快速铁路网纳入国家铁路网规划，郑徐高铁和城际铁路建设积极推进，中原国际陆港加快建设。国家开发银行等为河南城际铁路有限公司发放银团贷款93亿元；内联外通高速公路建设快速推进，国省干线公路升级改造和“县县畅、乡乡联”工程加快实施。成功开通郑欧国际货运班列，打通了河南到欧洲的国际物流大通道。郑州与开封金融、电信同城顺利实现，郑州、洛阳4G网络正式开通；三网融合、智慧城市、电子政务公共平台顶层设计试点顺利推进；省辖市城乡一体化示范区建设和中心城市组团式发展明显加快，城镇化率达到43.8%，比上年提高1.4个百分点。

三、预测与展望

2014年，是河南省全面贯彻落实党的十八届三中全会精神、全面深化改革的第一年，也是完成“十二五”规划目标任务的关键一年。河南省全面深化改革将进一步释放发展潜力、提升发展活力。通过聚焦粮食生产核心区、中原经济区、郑州航空港经济综合实验区三大国家战略规划，深入推进“一个载体、三个体系”建设，打造河南经济升级版，加快增长方式转变，推动产业转型升级，进一步提升经济增长的质量和效益，预计全省地区生产总值增速将高于全国。

2014年，国际大宗商品产能不断扩张、粮食产量稳定增长、总需求稳中偏弱、工业生产领域产能过剩和产品供大于求的格局短期内难以改变，将在一定程度上遏制消费品价格指数的大幅上涨。但受干旱天气造成的农产品价格上涨、劳动力成本提高、刚性需求推动资源品价格上升、水电气等资源品的阶梯价格改革等因素影响，可能出现成本推动型通胀压力，预计全省物价水平整体呈小幅上升态势。

2014年，中国人民银行郑州中心支行将坚持“总量稳定、结构优化”的取向，认真贯彻落实稳健的货币政策，综合运用多种货币政策工具，引导货币信贷总量和社会融资规模合理适度增长，为经济结构调整和转型升级创造稳定的货币金融环境，促进河南省经济持续健康发展。

① “一个载体”指产业集聚区，“三个体系”包括现代产业体系、现代城镇体系、自主创新体系。

中国人民银行郑州中心支行货币政策分析小组
总　纂：庞贞燕
统　稿：崔晓芙　刘海军　李智军
执　笔：许艳霞　李玉欣　李　伟　孙　芳　秦向辉　宋　杨　琚亚利　徐红芬　王淑云
提供材料的还有：袁　灏　乔　斐　沈志宏　刘祥谦　韩其耘　李金良　宋鹏飞　王　莎　韩保恒
张利娴　李志浩　苗晓艳　马琳琳　蒋靖亚

附录

（一）2013年河南省经济金融大事记

3月6日，河南省农村金融创新示范县（市）授牌仪式暨农村金融创新工作推进会议召开，对长葛市等10个农村金融创新示范县（市）进行授牌。

3月7日，国务院正式批复了《郑州航空港经济综合实验区发展规划（2013～2025年）》，郑州航空港经济综合实验区成为全国首个上升为国家战略的航空港经济发展先行区。

5月18日至20日，第八届中国中部投资贸易博览会在河南举办。

5月30日，双汇国际宣布收购美国最大猪肉生产企业史密斯菲尔德。

7月18日，郑欧国际货运班列开通，首创河南直达欧洲的铁路运输模式。

8月12日，河南省人民政府国有资产监督管理委员会下发《省政府国资委关于将义马煤业集团股份有限公司国有股权无偿划转至河南煤化集团的通知》，河南煤化与义煤新组建的集团煤炭年产量预计将超亿吨。

10月26日，郑州与开封之间正式实现电信同城，郑汴一体化进程加快发展。

（二）2013年河南省主要经济金融指标

表1　2013年河南省主要存贷款指标

		1月	2月	3月	4月	5月	6月	7月	8月	9月	10月	11月	12月
本外币	金融机构各项存款余额（亿元）	33 279.7	34 515.9	35 964.3	35 561.0	36 254.0	36592.1	36 536.6	37 131.4	37 503.5	37 396.8	37 546.6	37 591.1
	其中：储蓄存款	18 182.7	19 438.1	19 967.5	19 562.6	19 686.6	19892.5	19 900.8	20 011.1	20 189.4	20 054.8	20 017.6	20 297.7
	单位存款	13 612.4	13 501.4	14 486.1	14 364.9	14 726.4	14829.4	14 634.2	14 910.2	15 116.0	15 001.2	15 223.0	15 537.7
	各项存款余额比上月增加（亿元）	1 340.4	1 236.2	1 448.4	-403.3	692.9	338.2	-55.6	594.8	372.1	-106.7	149.8	44.5
	金融机构各项存款同比增长（%）	22.8	23.8	23.4	22.9	22.9	19.7	18.9	19.1	18.7	18.1	17.9	17.6
	金融机构各项贷款余额（亿元）	20 806.0	21 180.8	21 481.5	21 683.3	21 930.3	22148.1	22 359.4	22 690.8	22 885.3	23 104.8	23 306.2	23 511.4
	其中：短期	1 0305	10 560.0	10 606.4	10 652.5	10 786.9	10910.3	11 076.6	11 291.1	11 415.4	11 581.1	11 721.6	11 823.4
	中长期	9 803.5	9 969.2	10 128.0	10 212.9	10 372.0	10498.9	10 606.0	10 722.1	10 842.3	10 910.3	10 969.9	11 029.6
	票据融资	659.1	613.5	706.9	789.8	743.1	707.9	645.7	644.9	588.6	573.1	573.9	618.7
	各项贷款余额比上月增加（亿元）	438.8	374.8	300.7	201.8	247	217.8	211.3	331.4	194.5	219.6	201.4	205.2
	其中：短期	262	255.0	46.5	46.0	134.5	123.4	166.3	214.6	124.3	165.7	140.5	101.7
	中长期	195.2	165.7	158.8	84.9	159.0	126.9	107.1	116.2	120.1	68	59.7	59.7
	票据融资	-19.9	-45.5	93.4	82.9	-46.8	-35.2	-62.2	-0.8	-56.3	-15.5	0.8	44.8
	金融机构各项贷款同比增长（%）	17.2	18.3	17.4	16.9	16.3	15.5	15.2	15.3	14.8	14.9	15.1	15.8
	其中：短期	23.1	24.8	21.2	20.3	20.5	18.5	17.8	18.8	17.2	17.6	18.3	18.5
	中长期	10.7	11.9	13.1	12.7	13.1	13.2	13.4	13.5	13.7	13.7	13.7	14.8
	票据融资	29.9	19.1	26.5	33.0	7.3	7.4	2.8	-6.7	-6.7	-7.4	-12.7	-8.9
	建筑业贷款余额（亿元）	551.2	562.4	561.3	578.0	587.2	606.1	622.3	622.3	640.6	632.7	649.2	667.2
	房地产业贷款余额（亿元）	650.8	678.6	709.2	719.5	741.2	769.9	777.8	796.3	830.9	850.8	852.9	862.5
	建筑业贷款同比增长（%）	57.9	55.5	43.2	40.3	37.2	33.8	35.2	31.4	29.1	24.3	27.2	32.2
	房地产业贷款同比增长（%）	18.9	23.8	28.2	27.4	27.2	29.7	26.8	28.4	32.7	37.5	38.9	35.3
人民币	金融机构各项存款余额（亿元）	32 888.8	34 014.6	35 583.0	35 109.5	35 732.6	36203.3	36 126.6	36 677.9	37 057.6	36 912.7	37 040.1	37 048.9
	其中：储蓄存款	18 124.1	19 374.6	19 903.4	19 498.8	19 621.0	19827.2	19 834.6	19 945.0	2 0125	19 990.6	19 953.3	20 232.1
	单位存款	13 286.0	13 069.7	14 174.0	13 982.9	14 277.2	14542.7	14 296.8	14 529.2	14 739.8	14 587.2	14 788.0	15 065.9
	各项存款余额比上月增加（亿元）	1 274.2	1 125.8	1 568.3	-473.5	624.2	470.7	-76.7	551.3	379.6	-144.9	127.4	9.4
	其中：储蓄存款	653.4	1 250.5	528.8	-404.6	122.2	206.3	7.4	110.4	180.0	-134.4	-37.3	278.9
	单位存款	374.3	-216.3	1 104.3	-191.0	294.3	265.5	-245.9	232.4	210.6	-152.6	200.9	277.9
	各项存款同比增长（%）	21.9	22.8	23.1	22.5	22.6	19.8	18.9	19.2	18.7	18.0	17.7	17.1
	其中：储蓄存款	15.9	21.9	22.4	21.4	20.8	18.1	17.9	17.5	16.3	16.1	15.3	15.9
	单位存款	31.7	23.5	23.1	22.8	23.0	20.5	17.7	18.3	18.0	16.9	17.5	16.3
	金融机构各项贷款余额（亿元）	20 478.4	20 764.5	211 43.5	21 342.7	21 549.0	21888.0	22 101.7	22 393.8	22 591.2	22 768.5	22 928.0	23 100.9
	其中：个人消费贷款	2 636.5	2 733.9	28 24.3	2 890.8	2 974.6	3063.7	3 126.1	3 237.5	3 251.4	3 297.0	3 361.9	3 413.7
	票据融资	659.1	613.5	7 06.9	789.8	743.1	707.9	645.7	644.9	588.5	573.1	573.9	618.7
	各项贷款余额比上月增加（亿元）	381.6	286.1	379.0	199.2	206.3	339.0	213.7	292.1	197.4	177.3	159.6	172.9
	其中：个人消费贷款	99.5	97.4	90.4	66.5	83.9	89.1	62.3	111.4	13.9	45.6	64.9	51.8
	票据融资	-20.0	-45.5	93.4	82.9	-46.8	-35.2	-62.2	-0.8	-56.4	-15.5	0.8	44.8
	金融机构各项贷款同比增长（%）	16.2	16.8	16.6	16.3	15.5	15.1	14.7	14.8	14.6	14.7	14.7	15.3
	其中：个人消费贷款	30.1	33.7	34.8	35.5	36.9	38.4	39.1	40.4	38.8	38.4	37.9	38.1
	票据融资	30.0	19.1	26.6	33.0	7.3	7.4	2.8	-6.7	-6.7	-7.4	-12.7	-8.9
外币	金融机构外币存款余额（亿美元）	62.3	79.9	60.8	72.6	84.4	62.9	66.4	73.5	72.5	78.8	82.6	88.9
	金融机构外币存款同比增长（%）	203.6	186.0	72.8	64.6	52.3	11.5	19.2	14.9	23.0	27.1	46.3	73.6
	金融机构外币贷款余额（亿美元）	52.2	66.3	53.9	54.8	61.7	42.1	41.7	48.1	47.8	54.8	61.7	67.3
	金融机构外币贷款同比增长（%）	141.0	202.5	102.0	77.7	100.7	67.2	86.5	83.5	35.8	37.9	52.0	56.6

数据来源：中国人民银行郑州中心支行。

表2 2001～2013年河南省各类价格指数

单位：%

年/月		居民消费价格指数		农业生产资料价格指数		工业生产者购进价格指数		工业生产者出厂价格指数	
		当月同比	累计同比	当月同比	累计同比	当月同比	累计同比	当月同比	累计同比
2001		—	0.7	—	-0.9	—	1.9	—	0.5
2002		—	0.1	—	0.9	—	-2.4	—	-1.4
2003		—	1.6	—	1.9	—	7.8	—	5.0
2004		—	5.4	—	11.4	—	15.7	—	10.2
2005		—	2.1	—	7.9	—	8.3	—	6.1
2006		—	1.3	—	1.2	—	5.3	—	4.3
2007		—	5.4	—	6.1	—	6.4	—	5.2
2008		—	7.0	—	20.9	—	11.9	—	12.1
2009		—	-0.6	—	-1.9	—	-2.9	—	-5.1
2010		—	3.5	—	3.1	—	10.2	—	7.8
2011		—	5.6	—	11.1	—	10.1	—	7.2
2012		—	2.5	—	5.4	—	-0.8	—	-0.6
2013		—	2.9	—	1.3	—	-0.7	—	-1.5
2012	1	4.9	4.9	9.8	9.8	3.0	3.0	2.3	2.3
	2	3.2	4.1	9.1	9.4	1.9	2.5	1.5	1.9
	3	3.8	4.0	8.0	8.9	1.2	2.0	1.1	1.6
	4	3.5	3.9	7.9	8.7	0.6	1.7	0.7	1.4
	5	3.0	3.7	6.3	8.2	-0.4	1.3	0.0	1.1
	6	1.9	3.4	4.4	7.5	-1.7	0.8	-0.7	0.8
	7	1.7	3.1	3.0	6.8	-2.8	0.2	-1.5	0.5
	8	1.9	3.0	2.1	6.2	-3.3	-0.2	-2.5	0.1
	9	1.6	2.8	2.4	5.8	-3.1	-0.5	-2.8	-0.2
	10	1.4	2.7	3.3	5.5	-2.1	-0.7	-2.0	-0.4
	11	1.6	2.6	4.5	5.4	-1.8	-0.8	-1.6	-0.5
	12	2.2	2.5	4.6	5.4	-1.3	-0.8	-1.3	-0.6
2013	1	1.8	1.8	4.8	4.8	-0.4	-0.4	-0.7	-0.7
	2	3.7	2.8	4.1	4.4	-0.5	-0.5	-0.7	-0.7
	3	2.1	2.6	2.7	3.9	-0.7	-0.6	-1.1	-0.9
	4	2.5	2.5	1.4	3.2	-1.3	-0.8	-1.9	-1.1
	5	2.4	2.5	1.2	2.8	-1.5	-0.9	-2.3	-1.4
	6	3.2	2.6	1.9	2.7	-1.2	-0.9	-2.4	-1.5
	7	3.2	2.7	1.6	2.5	-1.1	-1.0	-2.1	-1.6
	8	3.1	2.8	0.9	2.3	-0.4	-0.9	-1.3	-1.6
	9	3.4	2.8	0.0	2.1	-0.7	-0.9	-1.1	-1.5
	10	3.5	2.9	-0.7	1.8	-0.6	-0.8	-1.3	-1.5
	11	3.2	2.9	-0.9	1.5	-0.2	-0.8	-1.2	-1.5
	12	2.4	2.9	-1.3	1.3	-0.2	-0.7	-1.4	-1.5

数据来源：河南省统计局、《中国经济景气月报》。

表3 2013年河南省主要经济指标

	1月	2月	3月	4月	5月	6月	7月	8月	9月	10月	11月	12月
绝对值（自年初累计）												
地区生产总值(亿元)	—	—	6 993.7	—	—	14 556.6	—	—	23 516	—	—	32 155.9
第一产业	—	—	656.0	—	—	1 668.9	—	—	3 527.5	—	—	4 059.0
第二产业	—	—	4 297.7	—	—	8 372.0	—	—	12 816.4	—	—	17 806.4
第三产业	—	—	2 040.1	—	—	4 515.7	—	—	7 172.2	—	—	10 290.5
固定资产投资(亿元)	—	1 244.5	3 062.6	5 368.9	7 952.7	10 858.6	13 064.3	15 290.8	17 776.2	20 099.4	22 734	25 321.5
房地产开发投资	—	219.6	520.4	836.7	1 180.1	1 597.9	1 910.7	2 225.2	2 610.4	2 933.3	3 385.1	3 843.8
社会消费品零售总额(亿元)	—	2 055.6	2 978.2	3 921.5	4 868.1	5 843.2	6 768.3	7 738.4	8 812.7	9 882.5	10 992.9	12 426.61
外贸进出口总额(万美元)	—	862 300	1 243 700	1 626 900	2 081 800	2 437 500	2 878 300	3 345 200	3 873 200	4 444 700	5 261 300	5 995 100
进口	—	319 200	462 800	625 300	802 300	923 000	1 097 500	1 293 500	1 557 700	1 815 800	2 125 800	2 395 893
出口	—	543 200	781 000	1 001 600	1 279 500	1 514 500	1 780 800	2 051 700	2 315 600	2 628 900	3 135 500	3 599 206
进出口差额(出口-进口)	—	224 000	318 200	376 300	477 200	591 500	683 300	758 200	757 900	813 100	1 009 700	1 203 313
外商实际直接投资(万美元)	—	179 000	312 000	446 700	559 700	712 200	775 600	855 100	972 000	1 088 600	1 257 700	1 345 700
地方财政收支差额(亿元)	-111.1	-335.5	-592.0	-741.7	-872.7	-1 251.4	-1 382.12	-1 491.58	-1 957.8	-2 212.87	-2 580.3	-3 165.2
地方财政收入	223.9	362.2	578.5	773.7	973.8	1 236.2	1 420.8	1 584.8	1 789.2	1 984.6	2 154.6	2 413.1
地方财政支出	334.9	697.7	1 170.5	1 515.4	1 846.5	2 487.6	2 802.9	3 076.4	3 747.0	4 197.5	4 734.9	5 578.2
城镇登记失业率(%)（季度）	—	—	3.0	—	—	3.1	—	—	3.1	—	—	3.1
同比累计增长率（%）												
地区生产总值	—	—	8.4	—	—	8.4	—	—	8.7	—	—	9
第一产业	—	—	2.9	—	—	3.2	—	—	3.8	—	—	4.3
第二产业	—	—	9.8	—	—	9.4	—	—	9.9	—	—	10
第三产业	—	—	7.1	—	—	8.3	—	—	8.7	—	—	8.8
工业增加值	—	11.5	11.1	11.2	11.1	11.1	11.2	11.5	11.6	11.8	11.8	11.8
固定资产投资	—	24.3	24	24.1	23.8	23.5	23.5	23.6	23.5	23.4	23.3	23.2
房地产开发投资	—	30.8	24.7	21.4	25.1	25.6	24.9	22.9	24.3	24.3	25.6	26.6
社会消费品零售总额	—	13	13.1	13.1	13.2	13.2	13.2	13.2	13.4	13.4	13.6	13.8
外贸进出口总额	—	13.6	8.9	9.7	13.3	12.4	14	16.4	14.4	15.3	13.6	15.9
进口	—	8.9	4.8	12	14	9.7	8.5	8.1	7.8	9.3	7.8	8.6
出口	—	16.6	11.5	8.3	13	14	17.7	22.3	19.3	19.8	17.9	21.3
外商实际直接投资	—	21.7	-2.1	10.6	9.5	8.2	4.9	6.1	7.2	6.6	12.6	11
地方财政收入	25.5	19.2	17.1	18.6	18.1	16.7	16.7	16.6	17.5	17.5	17.1	18.3
地方财政支出	15.6	14.2	12.0	14.3	10.3	14.3	10.6	8.1	7.8	9.2	10.1	11.4

数据来源：河南省统计局。

2013年湖北省金融运行报告

中国人民银行武汉分行货币政策分析小组

[内容摘要] 2013年，面对经济复杂形势和下行压力，以及严重干旱等自然灾害，在资源和环境约束趋紧、市场竞争日益激烈、结构性矛盾更加凸显等背景下，湖北省积极落实国家宏观调控政策，统筹推进稳增长与调结构，全省经济呈现“总体平稳、稳中有进、稳中向好”的良好态势。

湖北省金融运行总体平稳。贷款总量平稳增长，结构持续优化；社会融资规模继续扩大，融资渠道逐步拓宽；金融改革创新取得新进展，金融发展活力增强；金融市场体系进一步健全，功能不断完善，为全省经济发展提供了良好的金融环境。

2014年，湖北省将按照“竞进提质、升级增效”的总体思路，着力激发市场活力，加快转方式调结构，实现质量更高、实力更强、后劲更足的经济发展。全省金融部门将围绕稳中求进的大局和全面深化改革的大势，继续落实好稳健的货币政策，大力推进金融改革创新，切实维护金融稳定，不断改进金融服务和管理，进一步提高金融资源配置效率，服务湖北经济转型升级。

一、金融运行情况

2013年，湖北省金融业保持良好运行态势，整体实力有所提高，组织体系更趋完备，改革创新纵深推进，金融市场建设继续加强，金融生态环境不断改善，在促进全省经济持续健康发展方面发挥了重要作用。

（一）银行业稳健运行，信贷总量稳步增长，金融改革创新迈出新步伐

2013年，湖北省银行业立足宏观调控大局，认真贯彻落实稳健的货币政策，贷款投放总体平稳，信贷资源配置持续改善，存贷款利率小幅波动。各项改革不断深化，行业经营效益和服务能力进一步提高。

1. 银行业综合实力有所提升，机构体系逐步完善。2013年，湖北省银行业金融机构资产总额增长13.7%，实现利润增长26.3%，增速比上年加快5.2个百分点，不良贷款率实现“九连降”，比年初下降0.2个百分点，拨备覆盖率150.9%，比上年提高23.0个百分点。武汉区域金融中心建设取得新进展。全国第二批消费金融公司试点落户该地，德意志银行等4家外资银行武汉分行正在申请筹建中。股份制银行、城市商业银行建设“引进”与“下延”并举。渤海银行武汉分行获批筹建，全省股份制银行达10家，居中西部地区首位；股份制银行和城市商业银行在武汉以外的

表1　2013年湖北省银行业金融机构情况

机构类别	营业网点			法人机构（个）
	机构个数（个）	从业人数（人）	资产总额（亿元）	
一、大型商业银行	2 828	64 339	17 131	0
二、国家开发银行和政策性银行	94	2 494	4 515	0
三、股份制商业银行	240	8 854	6 452	0
四、城市商业银行	231	6 038	2 793	2
五、城市信用社	—	—	—	—
六、小型农村金融机构	2 212	29 925	5 604	84
七、财务公司	9	593	811	5
八、信托公司	2	332	75	2
九、邮政储蓄银行	1 624	8 322	2 802	0
十、外资银行	13	345	167	0
十一、新型农村金融机构	69	1 478	131	38
十二、其他	1	75	199	1
合　计	7 323	122 795	40 680	132

注：营业网点不包括总部；大型商业银行包括中国工商银行、中国农业银行、中国银行、中国建设银行和交通银行；小型农村金融机构包括农村商业银行、农村信用社、农村合作银行；新型农村金融机构包括村镇银行、贷款公司和农村资金互助社；其他包含金融租赁公司、汽车金融公司、货币经纪公司、消费金融公司等。

数据来源：中国人民银行武汉分行，湖北银监局。

市州新设7家分支机构。新型农村机构数量继续扩大。全省新增村镇银行3家，小额贷款公司97家（见表1）。

2. 存款增长略有放缓，存款季节性波动现象依然存在。2013年年末，湖北省金融机构（含外资）本外币存款余额增长16.4%，增速比上年年末低0.6个百分点（见图1、图3）。存款增长延续了自2010年以来“季末冲高、季后回调”的季节性波动特征。季末月份当月新增存款均为当季最高，平均增量达915亿元，而季后月份存款均为下降，平均减少310亿元。在季末和季初，理财资金变动与存款波动具有较为明显的关联，是导致这一现象产生的主要原因之一。6月理财资金余额减少201亿元，占当月新增存款的34.3%；4月、10月理财资金余额分别增加371亿元和332亿元，分别占当月存款减少额的82.9%和164.4%。

3. 信贷增速有所下降，信贷结构调整持续向好。2013年，湖北省新增本外币贷款3 001.9亿元，同比多增183.3亿元。自8月起，贷款余额增速逐月回落，年末回落至15.8%，是2009年以来的最低水平，比上年年末低1.4个百分点（见图2、图3）。

贷款投向更趋合理。2013年，中国人民银行武汉分行通过灵活运用货币政策工具、完善信贷政策导向效果评估、细化金融支持“三农”和小微企业相关政策措施①等多种方式，推动了信贷结构优化调整。一是县域信贷支持继续增强。县域贷款新增743.0亿元，同比多增127.0亿元；县域余额贷存比达43.3%，比上年提高1.4个百分点。二是“三农”、小微企业贷款投入进一步扩大。涉农、小微企业贷款余额增速分别高于全省全部贷款平均增速5.5个百分点和7.2个百分点；全省新增小微企业贷款680.3 亿元，同比多增234.6亿元。三是民生金融服务不断改善。保障性住房开发贷款、就业再就业小额担保贷款余额分别增长38.4%和35.5%。四是金融支持消费领域力度加大。个人消费贷款余额增长24.0%，比全省全部贷款增速高8.2个百分点，比年初增加591.2亿元，同比多增217.4亿元。五是落后产能贷款得到有效控制。全省12个行业40家落后产能企业贷款总额占全省全部贷款总额的比重已不到1.0%。

数据来源：中国人民银行武汉分行。

图1 2012~2013年湖北省金融机构人民币存款增长变化

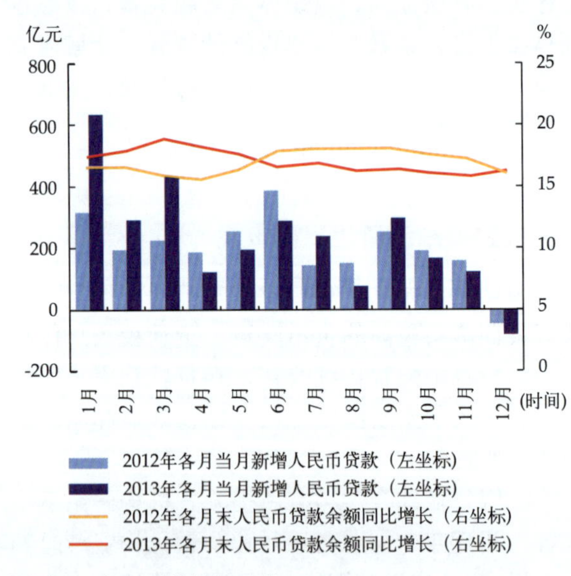

数据来源：中国人民银行武汉分行。

图2 2012~2013年湖北省金融机构人民币贷款增长变化

①包括：制定“一县一品，一行一品”县域创新产品评审办法；建立中小企业信贷客户“审批+培植”工作机制，要求金融机构采取建立培植名录、实施财务辅导、开展信用培植等措施，将信贷客户培植工作由审批前延伸到审批后等。

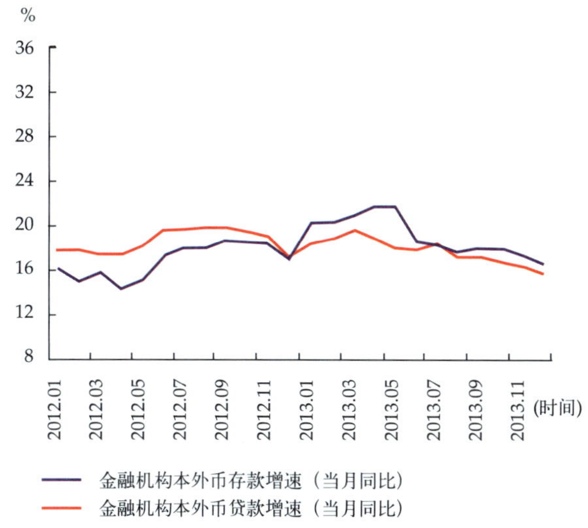

数据来源：中国人民银行武汉分行。

图3　2012～2013年湖北省金融机构本外币存、贷款增速变化

4. 表外融资增加较多，业务风险防控加强。2013年，湖北省表外融资增加2 405.7亿元，比上年多增1 023.9亿元，占社会融资规模比重为39.9%，比上年提高10.8个百分点。其中，委托贷款和信托贷款增长较为迅猛，比上年分别多增643.6亿元和466.2亿元，占社会融资规模的比重比上年分别提高9.9个和4.9个百分点；未贴现的银行承兑汇票增长下滑，比上年少增85.9亿元。中国人民银行武汉分行组织对表外业务风险进行了现场评估，金融监管部门也采取严控非标资产、强化信息披露等措施规范金融机构开展表外业务行为，全省表外业务风险管控得到加强。

5. 存款利率略有上升，贷款利率走势总体平稳、浮动区间广度扩大，非利息收入快速增长。7月，贷款利率管制取消，10月，贷款基础利率集中报价和发布机制正式运行，12月，《同业存单管理暂行办法》出台实施。随着这一系列利率市场化改革举措的推出，湖北省利率运行和金融机构经营行为呈现出一些新特点。存款利率总体有所上扬。全省地方法人金融机构、部分全国性股份制商业银行活期存款利率均上浮到顶。贷款利率小幅波动，浮动区间广度有所扩大。1年期企业贷款利率全年波动幅度在36个基点以内，3月、4月为全年最高点7.45%，7月份放开利率管制后，利率有所回落，10月、12月降至全年最低点7.09%；贷款下浮利率由全部集中在[0.9，1)区间逐步延伸至其他区间，企业下浮利率贷款在[0.9，1)、[0.8，0.9)、[0.7，0.8)、低于0.7倍4个区间均有发生。金融机构收入结构有所调整。利息收入仍是金融机构收入的主要来源，但随着利率市场化改革的深入，金融机构投资、手续费及佣金等非利息收入呈现快速增长态势，占金融机构全部收入的比重有所提高（见表2）。

表2　2013年湖北省金融机构人民币贷款各利率区间占比

单位：%

月份		1月	2月	3月	4月	5月	6月
合计		100.0	100.0	100.0	100.0	100.0	100.0
下浮		13.1	20.7	18.4	15.8	17.6	11.3
基准		26.6	30.1	31.3	31.8	30.7	37.2
上浮	小计	60.2	49.3	50.2	52.4	51.7	51.5
	(1.0，1.1]	18.0	15.1	13.9	15.7	16.6	14.9
	(1.1，1.3]	29.2	26.7	25.9	29.8	27.7	28.8
	(1.3，1.5]	8.6	5.5	7.0	5.3	5.7	5.3
	(1.5，2.0]	4.4	1.9	3.5	1.6	1.8	2.3
	2.0以上	0.0	0.1	0.0	0.0	0.0	0.0
月份		7月	8月	9月	10月	11月	12月
合计		100.0	100.0	100.0	100.0	100.0	100.0
下浮		13.1	13.7	12.2	18.2	10.5	12.1
基准		35.4	33.4	31.5	32.2	32.8	31.3
上浮	小计	51.5	52.9	56.3	49.6	56.7	56.6
	(1.0，1.1]	15.1	16.0	14.0	15.1	16.7	21.0
	(1.1，1.3]	28.8	29.0	32.0	27.5	31.5	28.7
	(1.3，1.5]	5.4	5.6	7.1	5.1	6.0	5.0
	(1.5，2.0]	2.2	2.0	3.1	2.0	2.4	1.9
	2.0以上	0.0	0.3	0.0	0.0	0.0	0.0

数据来源：中国人民银行武汉分行。

6. 银行机构改革稳步推进，金融创新亮点纷呈，地方法人金融机构发展较为稳健。2013年，湖北省农村信用社产权改革持续推进，全省已组建农村商业（合作）银行49家、县（市）统一法人社28家；中国人民银行武汉分行组织开展了中国农业银行“三农金融事业部”改革专项评估，促进其进一步提高服务“三农”能力。信贷产品和模式创新更趋活跃。金融机构围绕支持小微企

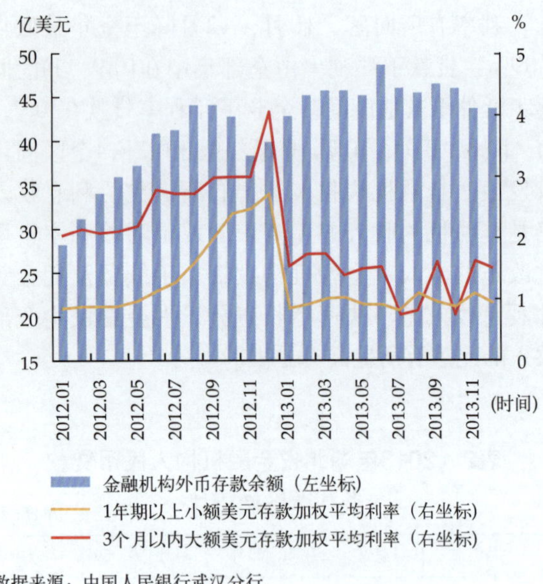

数据来源：中国人民银行武汉分行。

图4　2012～2013年湖北省金融机构外币存款余额及外币存款利率

业发展推出了“助保贷”、“微小富业贷”等多种信贷新产品，立足支持“三农”，推广了“行业协会+联保基金+银行”等信贷模式。

地方法人金融机构发展走向深入，运营较为稳健。湖北银行成立了全省首家社区支行百步亭社区支行；汉口银行拟将3家支行列入社区银行试点，第一家体验式银行（楚河汉街支行）正式开业。2013年，湖北省地方法人金融机构实现利润109.8亿元，比上年增长32.1%，资产总额增长18.9%，拨备覆盖率243.7%，比上年提高49.6个百分点，不良贷款率比上年下降0.5个百分点。

专栏1　湖北省家庭农场金融服务调查分析

2013年中央一号文件首次提出家庭农场的概念，鼓励和支持承包土地向专业大户、家庭农场、农民合作社流转。为深入了解家庭农场的经营状况和金融服务需求，中国人民银行武汉分行有针对性地选取湖北省65户家庭农场和种养殖大户开展了调研。

一、湖北省家庭农场金融需求特点

调查显示，湖北省家庭农场金融需求呈现以下特点：

（一）现实性需求与潜在性需求并存，以潜在性需求为主。家庭农场在保持现有规模下，对资金的现实性需求并不很强。随着家庭农场的深入发展，潜在性需求日趋明显。91%的家庭农场希望在今后的发展中得到金融支持，79%提出了明确的贷款额度，61%提出了进一步发展计划，32%有明确项目规划。

（二）保障性需求与融资性需求并存，以融资性需求为主。家庭农场的金融服务需求包括融资服务、农业保险服务以及信息咨询服务等，以融资服务需求为主。融资服务需求的种类主要有：生产设施建设资金需求，日常经营需求和特殊（灾后）生产重建资金需求。

（三）商业性需求与政策性需求并存，以政策性需求为主。家庭农场的金融性需求带有明显的政策性。调查显示，家庭农场主要期望获得政府贴息贷款、优惠利率贷款、政策性发展资金扶持等。调查对象普遍反映希望银行降低利率，简化手续。同时，由于目前农业保险品种少，多数家庭农场经营项目不在投保范围，家庭农场期望获得政策性保险等风险补偿的意愿也较强。

（四）临时周转性需求与长期发展性需求并存，以长期发展性需求为主。家庭农场已有一定积累，加之在当地建立了较为稳定的上下游客户关系，其购买农资化肥、饲料等临时周转性需求占比较少。调查显示，88.2%的家庭农场所需的资金中超过40%用于固定资产投入，说明家庭农场急需的资金大多用于改善基础设施、加工机械、仓储设施等方面，多数属于长期投资。

（五）小额需求与大额需求并存，以大额需求为主。由于发展规模和行业不同，家庭农场的金融需求额度存在较大差异，规模较大家庭农场贷款需求最高达370万元。调查样本中，家庭农场一次性需求额度在10万元（含）以下的仅占7.7%，50万元以上的占53.8%，其中100万元以上的占35.4%。

二、有效满足家庭农场金融需求的政策建议

当前，家庭农场金融需求尚不能得到很好满足，主要体现为抵押担保物匮乏与土地承包经营权抵押难、贷款需求期限中长期化与银行现行贷款期限约束、家庭农场资金需求多样性与金融机构信贷产品单一、贷款利率市场定价与家庭农场贷款优惠利率需求、家庭农场经营风险与农业保险发展滞后之间存在矛盾。

针对这些矛盾，改进家庭农场金融服务可从以下三个方面着手：一是积极推进农村产权抵押贷款试点工作，破解抵押担保物匮乏之难题。二是有针对性地开展金融创新，开发完善适合不同种类和发展阶段家庭农场的信贷产品。对主要从事传统种植业、特色种养业或农产品深加工的家庭农场，可分别推广土地承包经营权抵押贷款、订单质押贷款或项目贷款等信贷产品。三是推动建立家庭农场金融服务风险补偿和正向激励机制。整合财政专项资金，采取奖励、贴息、贷款损失补偿、保费补贴、担保补贴等手段，对符合条件的家庭农场和银行、保险、担保等机构给予奖励，形成促进家庭农场金融服务的长效机制。

7. “五个全覆盖”①取得明显成效，跨境人民币结算业务快速发展。2013年，湖北省以“五个全覆盖”为工作主线，同时加强本外币协同管理，积极、稳妥扩大人民币在跨境贸易和投资中的使用。全省跨境人民币结算量达574.2亿元，比上年增长了1.1倍，占全部跨境交易的比重为17.2%，较上年提高8.5个百分点；跨境人民币业务已实现市州、跨境交易项目的全覆盖，基本实现具有国际结算资格的金融机构、重点涉外企业的全覆盖。

（二）证券机构持续健康发展，上市公司质量有所提升，多层次资本市场建设取得新成效

2013年，湖北省证券市场总体呈现稳定健康的发展态势，证券业整体实力继续增强，资本市场体系更趋完善。

1. 证券机构经营效益有所提高。截至2013年年末，湖北省共有证券经营机构249家，其中，证券公司2家，证券分公司17家，证券营业部227家，基金分公司2家，证券投资咨询公司分公司1家。2013年，全省证券交易总额比上年增长56.0%，证券公司实现营业收入、净利润比上年分别增长34.8%和44.9%。

2. 上市公司实力不断提升。截至2013年年末，湖北省共有上市公司84家，其中，在上海证券交易所、深圳证券交易所、中小板、创业板上市的分别有37家、26家、10家和11家。全省上市公司总市值5 017.3亿元，流通市值4 094.6亿元，比上年末分别增长23.1%和33.5%（见表3）。2013

表3　2013年湖北省证券业基本情况

项目	数量
总部设在辖内的证券公司数（家）	2
总部设在辖内的基金公司数（家）	0
总部设在辖内的期货公司数（家）	2
年末国内上市公司数（家）	84
当年国内股票（A股）筹资（亿元）	100.9
当年发行H股筹资（亿元）	0
当年国内债券筹资（亿元）	872.2
其中：短期融资券筹资额（亿元）	339.0
中期票据筹资额（亿元）	294.0

数据来源：中国人民银行武汉分行、湖北证监局。

① “十二五”期间实现跨境人民币业务湖北辖内各市州县的全覆盖、在具有国际结算资格金融机构的全覆盖、在跨境交易项目的全覆盖、在重点外贸企业的全覆盖和已发生跨境交易的国家或地区的全覆盖。

年，湖北省上市公司营业总收入4 452.1亿元，同比增长8.2%，净利润110.6亿元，同比下降8.5%。2013年，全省上市公司通过股票、债券等方式实现直接融资84.1亿元，8家上市公司通过发行中小企业私募债募集资金15.6亿元。全年共有4家公司通过定向增发购买资产完成重大资产重组，涉及金额67.8亿元。

3. 多层次资本市场建设有新突破。武汉东湖光谷交易所进入全国中小企业股份转让系统（新三板）。截至2013年年末，已有40家企业进入系统挂牌。以武汉股权托管交易中心（四板）为标志的区域性场外交易市场发展态势良好。截至2013年年末，已有160家企业挂牌，364家企业登记托管，挂牌和登记企业累计融资55.9亿元。武汉金融资产交易所、武汉农畜产品交易所等11家资本要素市场首批通过全国交易场所清理整顿联席会议的验收，目前正处于稳步经营中。其中，武汉金融资产交易所实现交易金额2 254亿元，跃居全国第二位。同时，长江证券获批柜台交易业务试点资格，其柜台业务方案和三个具体产品已通过中国证券业协会专家委员会评审。

（三）保险业发展良好，市场体系持续完善，社会保障功能不断增强

2013年，湖北省保险业继续全面提升发展水平，保险业规模、市场主体及业务总量稳步增长，支持经济社会发展有新作为。

1. 保险业规模和市场主体有所扩大。2013年，湖北省保险业总资产增长17.5%。全年新增保险机构203家，截至年末，全省共有保险法人机构2家、省级分公司64家，下设各级分支机构3 756家（见表4）。全年全省保险业共向社会提供新增就业岗位1.1万余个，保险从业人员总量已达16.7万人。

2. 保险业务平稳增长。2013年，湖北省原保险保费收入比上年增长10.1%。全省财产险公司原保险保费收入比上年增长27.7%，增速位居全国第一位；人身险公司原保险保费收入比上年增长2%。财产险业务中，车险业务保费收入增长较快，比上年增长24.9%；人身险内涵价值较高的业务发展加快，人身险公司通过个人代理渠道、公司直销渠道累计实现保费收入比上年分别增长14.6%和55.9%。

表4　2013年湖北省保险业基本情况

项目	数量
总部设在辖内的保险公司数（家）	2
其中：财产险经营主体（家）	1
人身险经营主体（家）	1
保险公司分支机构（家）	64
其中：财产险公司分支机构（家）	28
人身险公司分支机构（家）	36
保费收入（中外资，亿元）	587.4
其中：财产险保费收入（中外资，亿元）	169.3
人身险保费收入（中外资，亿元）	418.1
各类赔款给付（中外资，亿元）	187.6
保险密度（元/人）	1 012.9
保险深度（%）	2.4

数据来源：湖北保监局。

3. 服务经济和社会能力继续增强。2013年，湖北省保险业各项赔款及给付支出额比上年增长40.8%，增速高于原保险保费增速30.7个百分点。水稻、森林等“三农”险种实现签单保费比上年增长5.5%。30个大病保险项目完成招投标，覆盖参保群众4 834万人，占应保人数的98.0%。全省已全面推广医疗责任保险，实行“调保”结合的医疗纠纷调解新模式。环境污染强制责任保险试点启动，400余家企业列入试点范围，共承担责任限额3.2亿元。火灾公众责任保险、校方责任险、安全生产责任险等险种持续发展。

（四）社会融资规模继续扩大，新增贷款占比有所下降，金融市场运行较为平稳

2013年，湖北省社会融资规模持续增长，融资结构调整变化。金融市场总体保持平稳运行，债券回购量、票据承兑业务有所增加，但同业拆借市场交易规模出现一定萎缩。

1. 社会融资规模持续增长，银行间市场深入发展。2013年，湖北省社会融资规模达6 113.0亿元，较上年多1 273.3亿元（见图5）。其中，贷款及直接融资占比分别为46.9%和10.2%，比上年分别下降9.1个和1.9个百分点。银行间市场融资取得新的突破，超短期融资券、保障性住房定向融

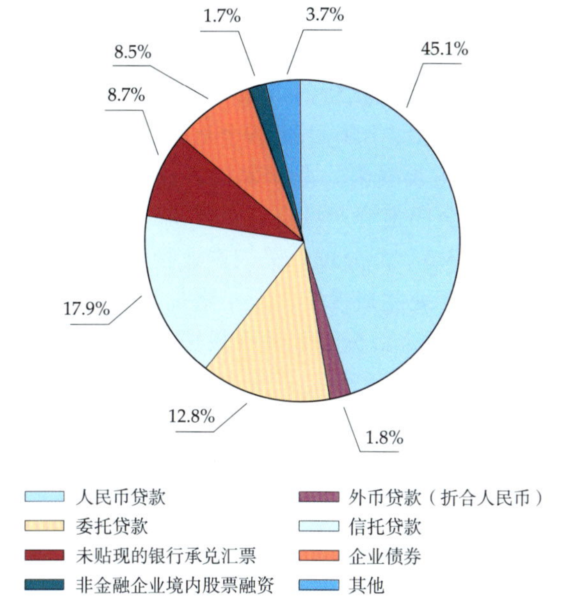

数据来源：中国人民银行武汉分行。

图5　2013年湖北省社会融资规模分布

资工具都已获批运用，全省所发行的债务融资工具已涵盖除资产支持票据之外的所有主要品种。2013年，湖北省累计发行债务融资工具635.3亿元，同比增加69.9亿元。

2. 同业拆借市场交易量下降，债券回购交易量小幅增长。2013年，湖北省金融机构同业拆借累计成交金额比上年下降31%，主要原因是商业银行省级分支机构、证券公司和财务公司的拆借交易出现明显萎缩，拆借金额比上年分别下降74%、68%和40%；农村金融机构拆借交易相对活跃，拆借金额比上年增长51%。5月以前，同业拆借利率维持在较低水平，6月大幅攀升后出现下滑，之后有所上升。12月，拆入加权平均利率和拆出加权平均利率分别为5.26%和4.85%，比上年同期分别上升242个基点和210个基点。

2013年，湖北省金融机构债券质押式回购交易金额比上年增长4%。从交易主体看，农村金融机构是债券回购交易的主要参与者，交易金额占市场交易总量的76.0%。6月，全省债券质押式回购利率水平创历史新高，正、逆回购加权平均利率分别达6.51%和6.56%，下半年后，利率有所回落，但仍明显高于上半年。

3. 票据承兑业务继续增长，票据贴现利率先抑后扬。1～7月，湖北省商业汇票承兑余额波动幅度较大，随后相对平稳并保持在较高水平。2013年，湖北省商业汇票承兑余额及全年累计承兑金额比上年分别增长18.0%和18.5%（见表5）。金融机构贴现余额比上年下降3.7%，全年累计贴现额比上年增长1.1倍。受货币市场利率和票据市场供求变化等多种因素的影响，票据贴现利率呈现“V”形走势，1～5月持续下行，6月大幅跃升，当月环比提高101个基点，下半年总体延续上升势头（见表6）。

表5　2013年湖北省金融机构票据业务量统计

单位：亿元

季度	银行承兑汇票承兑		贴现			
			银行承兑汇票		商业承兑汇票	
	余额	累计发生额	余额	累计发生额	余额	累计发生额
1	3 132.0	1 780.9	383.1	2 156.4	24.8	72.8
2	3 288.2	3 640.5	335.4	5 589.2	25.5	157.5
3	3 284.1	5 544.8	242.8	8 462.4	16.6	303.7
4	3 364.6	7 471.4	274.4	11 926.4	27.5	578.2

数据来源：中国人民银行武汉分行。

表6　2013年湖北省金融机构票据贴现、转贴现利率

单位：%

季度	贴现		转贴现	
	银行承兑汇票	商业承兑汇票	票据买断	票据回购
1	5.22	6.22	5.42	6.18
2	4.96	6.15	5.13	5.96
3	6.14	7.39	6.78	6.96
4	6.64	7.54	5.73	6.92

数据来源：中国人民银行武汉分行。

（五）信用工程建设继续深化，征信管理与服务能力不断增强，农村支付环境有效改善

2013年，湖北省持续推进信用市州县和金融安全区建设，深化企业、乡镇和社区等信用工程创建工作，开展信用农户和信用村组评选，促进全省金融生态环境进一步改善。全省13个市州全部被评选为金融信用市州，73个县区被评选为金融信用县；创建信用乡镇990个，占全省全部乡镇的94.0%；培植A级以上信用企业30 177户。继续

提高征信服务与管理能力。拓展机构信用代码在行政管理、社会事务等领域的应用，推动小额贷款公司、融资性担保机构开展信用评级试点并接入征信系统，制订社会信用体系建设规划，加强小微企业信用信息的采集和共享。

农村支付结算服务水平有效提升。银行卡助农取款服务基本实现行政村全覆盖，大小额支付系统在农村地区金融机构普及率达到75.0%，转账电话行政村覆盖率已达98.0%，ATM和POS机乡镇覆盖率分别达94.1%、88.7%。

二、经济运行情况

2013年，湖北省经济呈现“一季度下滑，二季度趋稳，三季度回升，四季度向好”的运行态势，总体来看，全省经济在结构调整与转型升级中保持了平稳增长。湖北省全年完成地区生产总值24 668.5亿元，按可比价格计算，比上年增长10.1%，增速比上年回落1.2个百分点，高于全国平均水平2.4个百分点（见图6）。

（一）内需增长较为强劲，外贸进出口增速显著回升

2013年，湖北省经济增长表现为内外需求协同拉动的特点，固定资产投资保持较快增长，消费品市场稳中向好，对外贸易明显好转。

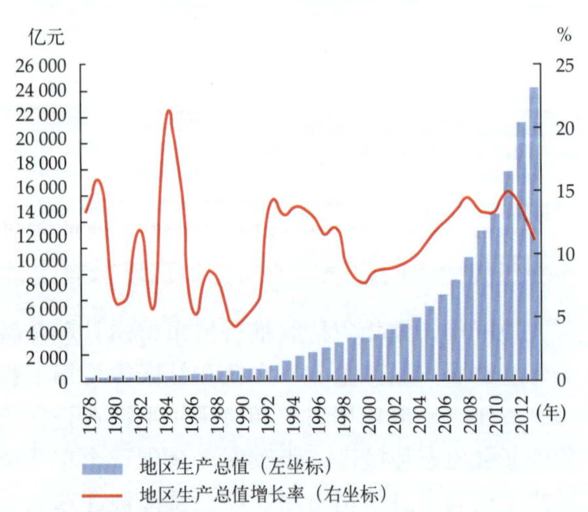

数据来源：湖北省统计局。

图6　1978～2013年湖北省地区生产总值及其增长率

1. 固定资产投资较快增长，投资对结构调整的引领作用进一步增强。2013年，湖北省完成全社会固定资产投资20 753.9亿元，比上年增长25.7%，增速比上年回落1.9个百分点（见图7）。民间投资增长突出。全年累计完成的民间投资占全省全社会固定资产投资的比重为68.5%，占比较上年提高3.6个百分点。第三产业投资增速加快。全省第三产业完成投资比上年增长26.4%，增速比上年加快3.8个百分点。基础设施投资较快增长。全省累计完成基础设施投资比上年增长30.2%，增速高于全省全社会固定资产投资平均增速4.5个百分点。

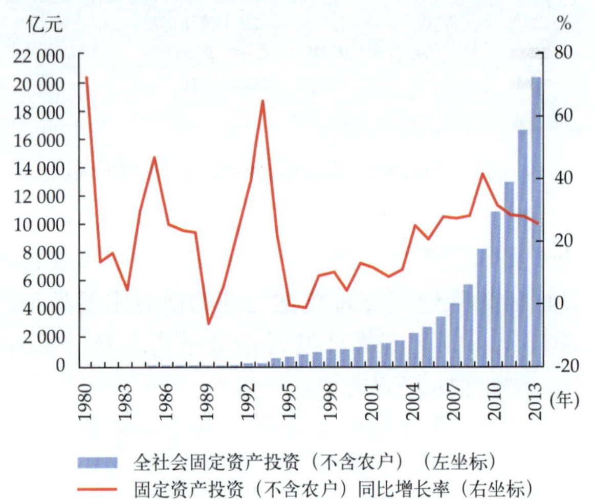

数据来源：湖北省统计局。

图7　1980～2013年湖北省固定资产投资（不含农户）及其增长率

2. 农村居民收入增长“跑赢”城镇居民，消费品市场稳中向好。2013年，湖北省城镇居民人均可支配收入22 906.4元，增长9.9%，农村居民人均纯收入8 867.0元，增长12.9%，农村居民收入增速连续四年快于城镇居民。全省实现社会消费品零售总额10 465.9亿元，比上年增长13.8%（见图8），虽然增速比上年回落2.2个百分点，但消费结构有所优化。一方面，农村市场消费快于城镇。全省农村消费市场实现零售额增长15.2%，增速高于城镇市场1.7个百分点。另一方面，新兴业态消费增长较快。全省限额以上电子商务企业实现消费品零售额增长62.7%，增速是全省社会消费品

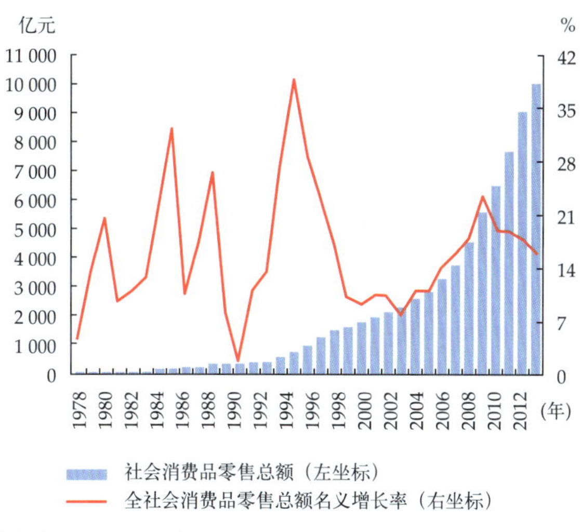

数据来源：湖北省统计局。

图8　1978～2013年湖北省社会消费品零售总额及其增长率

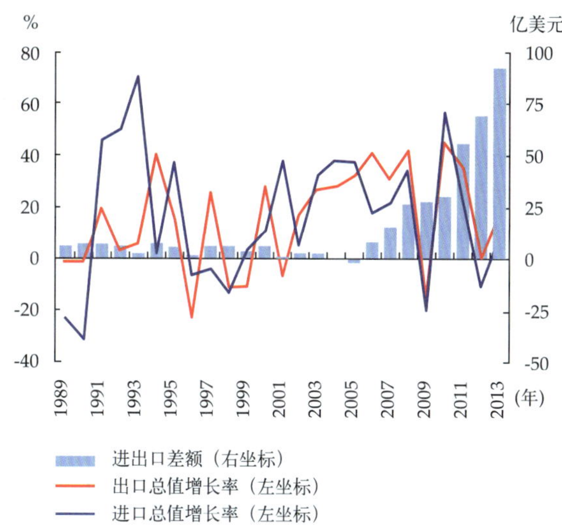

数据来源：湖北省统计局。

图9　1989～2013年湖北省外贸进出口变动情况

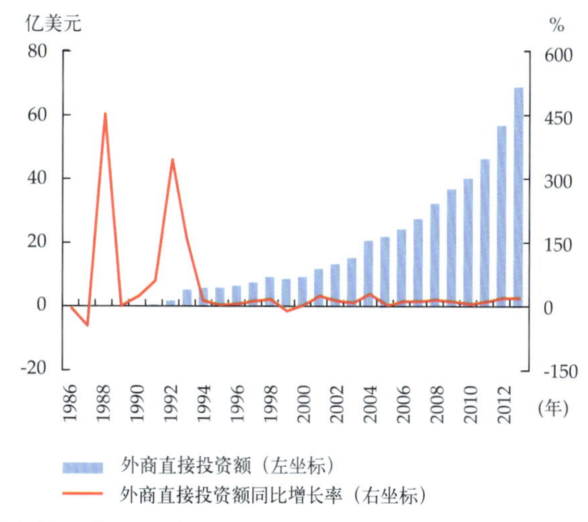

数据来源：湖北省统计局。

图10　1986～2013年湖北省外商直接投资额及其增长率

零售总额增速的4.5倍；通讯类消费品零售额增长19.1%，增速比上年加快5.4个百分点。

3. 外贸进出口呈现前低后高的走势，外商直接投资、境外投资保持增长。2013年上半年，湖北省进出口总体表现较为低迷，下半年开始，随着国家宏观调控效果逐步显现、欧美经济有所复苏，外贸进出口开始表现出较强的增长势头。第三季度出口大幅增长，总额比第一季度和第二季度分别增长79.4%和42.9%；10月以后，进口也出现快速增长，11月和12月进口同比增速均达到30%以上。2013年，湖北省进出口总额比上年增长13.8%，增速比上年加快18.6个百分点，其中出口、进口分别增长17.7%和7.9%，增速比上年分别加快18.4个和18.5个百分点（见图9）。外商直接投资、境外投资规模继续扩大。全省实际利用外资比上年增长21.6%，增速与上年基本持平；国家外汇管理局资本项目信息管理系统显示，全省境外直接投资比上年增长16.2%（见图10），投资项目涉及专业设备制造、矿产资源开发、批发业、物流、农业、建筑、服务和通信等领域。

（二）产业基础更加巩固，结构调整继续推进

2013年，湖北省第一、第二、第三产业完成增加值比上年分别增长4.7%、11.3%和10.0%，三次产业占全省GDP的比重由上年的12.8%、50.3%和36.9%调整为12.6%、49.3%和38.1%，产业结构进一步优化。

1. 农业生产增量提质。2013年，湖北省全面落实各项强农惠农富农政策，全力抗击严重干旱等自然灾害，农业大省地位进一步彰显。粮食生产实现“十连增”，总产达到500.3亿斤，创历史第二高水平。油菜籽和淡水产品产量连续十八年居全国第一位。农业产业化发展加快，全省规模

以上农产品加工企业达到4 315家，农产品加工主营业务收入突破万亿元。农作物综合机械化水平达61.0%，比上年提高1.5个百分点。新型农业经营体系建设稳步推进，农民合作社、专业大户、家庭农场等新型经营主体增多，2013年年末，全省登记注册的农民合作社达3.9万个，比上年年末增长42.6%，家庭农场总数达43 370家。

2. 工业生产增速企稳回升。2013年，全省规模以上工业增加值达11 159.7亿元，比上年增长11.8%（见图11）。第一季度、上半年及前三个季度全省规模以上工业增加值同比分别增长10.8%、10.7%和11.5%，工业生产呈现企稳回升的态势。工业行业全面增长。全省41个大类行业中有40个行业增长，行业增长面达97.6%。工业生产结构调整步伐加快。高新技术制造业增加值增长16.5%，增速高于全省规模以上工业增加值平均增速4.7个百分点；六大高耗能行业增加值增速比上年回落2.3个百分点。工业用电增长加快。全省工业用电比上年增长6.0%，上年为下降0.3%。产销衔接水平有所提高。全年工业产销率为97.3%，比上年提高0.1个百分点。

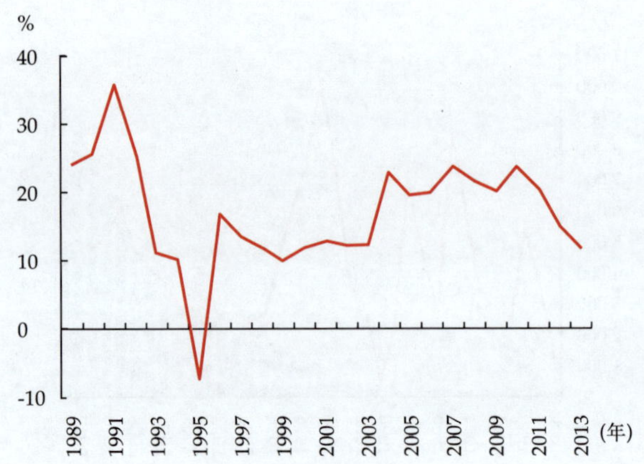

数据来源：湖北省统计局。

图11　1989～2013年湖北省规模以上工业增加值同比增长率

3. 服务业发展势头良好。2013年，湖北省第三产业完成增加值9 399亿元，增长10.0%，在GDP中的占比较上年提高1.2个百分点。货运量、货物周转量、旅游总收入和邮电业务总量增长较快，比上年分别增长11.4%、12.2%、21.9%和11.4%。

专栏2　武汉市农村产权抵押贷款试点顺利推进

2012年4月，武汉市获批全国唯一副省级农村综合改革试验区。中国人民银行武汉分行会同市政府及有关部门积极探索金融帮扶农村产权改革路径，大力推动农村产权抵押贷款业务，并以此为突破口解决农村金融供给不足问题。

一、农村产权抵押贷款主要做法

（一）确权先行，为农村产权流转奠定基础。2012年4月，武汉市出台《武汉市农村产权制度改革试验实施方案》，围绕农村产权制度改革重点开展八个方面的试验工作。5月，国家农村改革试验区工作动员部署会在武汉举行，决定在武汉市五个新城区9个试点乡镇开展“农村十权”确权登记颁证工作。到2012年年底，试点乡镇土地经营权确权登记工作基本完成，为推动武汉市农村产权的交易创造了前提条件。

（二）政府主导，搭建农村产权交易平台。2009年4月，武汉市正式挂牌成立了农村综合产权交易所（以下简称武汉农交所），成为全国第二家、中部第一家农村综合产权交易所。目前，武汉农交所的交易品种、交易规模、农村土地经营权抵押贷款总额及单笔金额、服务链条延伸度位居全国同行业首位。截至2013年12月末，武汉农交所共组织农村产权进场交易1 631宗、交易金额为97.62亿元。农村土地流转面积166万亩，占耕地总面积的54.1%。

（三）人民银行推动，为农村产权抵押贷款提供政策指导。中国人民银行武汉分行营业管理部联合市政府相关部门陆续出台了《武汉市水域滩涂养殖权抵押贷款操作指引》、《武汉市农村土地经营权抵押贷款操作指引》和

《武汉市森林资源资产抵押贷款操作指引》三份农村产权（以下简称农村“三权”）抵押贷款的规范性文件，指导武汉农交所与武汉农村商业银行制定了《武汉农村经营权抵押登记管理办法和流程》、《武汉农村土地经营权评估管理办法》，为金融助力武汉农村产权制度改革提供了制度保障。截至2013年12月末，武汉市累计发放农村产权抵押贷款14.36亿元、余额10.62亿元。

（四）银行跟进，在新一轮农村改革中积极作为。武汉农村商业银行作为地方支农金融主力军，主动作为，率先开展农村“三权”抵押贷款业务，并纳入对支行绩效考核范畴。截至2013年12月末，该行各类农村产权抵押贷款余额为10.23亿元，7家农村支行均已开办了“三权”抵押贷款业务，业务实现全市农村全覆盖。在农村商业银行的带动下，武汉市已有汉口银行和江夏民生村镇银行开展农村“三权”抵押贷款工作。

二、继续深化农村产权抵押贷款试点的工作重点

下一步，继续稳妥开展农村产权抵押贷款还应做好以下几方面工作。一是完善相关法律法规，为产权抵押提供制度保障。建议在确保土地用途不变的前提下，对于经过流转集中到新型农业经营主体的农村产权在法律法规上明确鉴证的合法性，再次流转时简化程序。同时允许家庭承包土地经营权可以抵押贷款。二是完善配套支持政策，推动农村资源有效运用。各级地方政府要探索建立农村产权抵押贷款的风险分担机制，通过设立财政专项风险资金，分担贷款风险。成立政府背景的农村产权担保公司，为农村产权抵押贷款提供担保服务。三是加速推进农村产权改革和市场建设，创造有利的市场环境。消除部门间壁垒，打通农村产权交易渠道，建立一个品种齐全、功能完善的农村产权交易市场。整合相关部门资源，成立专门行政许可机构行使对农村产权交易的监督和管理职责。四是完善风险防控体系，保障农村产权改革有序发展。完善农村信用体系建设，建立健全农村产权确权抵押登记系统，提高农村经营主体信用意识。建立健全农村产权管理部门协作监管体系，实现相关信息的沟通与共享。

（三）消费价格涨幅基本稳定，工业生产价格走势回落

2013年，湖北省居民消费价格上涨2.8%，涨幅比上年回落0.1个百分点。第一季度、上半年及前三个季度全省居民消费价格涨幅均维持在2.8%左右，全省消费价格走势基本平稳。分类别看，食品、烟酒及用品、衣着、家庭设备用品及服务、医疗保健及个人用品、交通和通信、娱乐教育文化及服务、居住价格分别上涨4.9%、0.5%、2.2%、1.9%、2.1%、-0.4%、1.5%、3.1%。全年工业生产者出厂价格下降0.8%，上年为上涨0.3%，工业生产者购进价格下降1.8%，降幅比上年扩大0.7个百分点（见图12）。

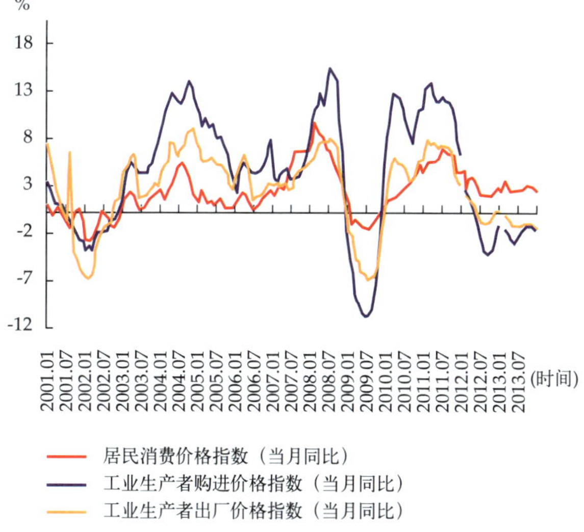

数据来源：湖北省统计局。

图12　2001～2013年湖北省居民消费价格和生产者价格变动趋势

（四）财政收入较快增长，支出结构进一步优化

2013年，湖北省地方公共财政预算收入比上年增长20.1%，增速比上年加快0.7个百分点（见图13），其中，税收收入增长21.1%，占比为73.2%，比上年提高0.6个百分点；非税收入增长17.6%。2010～2013年，全省地方公共财政预算收入规模实现翻番，年均增长29.4%，在全国的排名由第16位上升至第11位。营业税改增值税（以下简称营改增）试点效果日益显现。全省共有营改增纳税人6.7万户，较试点启动时增加3.3万户。在新增试点纳税人中，鉴证咨询、文化创意、陆运运输、研发和技术、信息技术等行业的新增户数较多，占全部新增户数的91%；全省纳税人享受"营改增"结构性减税36.5亿元，总体减税幅度28.7%，减税面97.1%。公共财政预算支出对民生领域的支持力度进一步加大。全年民生支出占公共财政预算支出的比重达75.4%，比上年提高0.4个百分点。随着中央"六项禁令"的出台，政府宴请、接待等方面支出明显放缓，全年一般公共服务支出增长15.8%，增速比上年回落8个百分点。

（五）节能减排与环境保护扎实推进，生态文明建设迈上新台阶

2013年，湖北省以做好节能减排与环境保护为主要抓手，积极推进生态文明建设，取得了一定成效。生态经济发展态势良好。全省已创建6类11个国家级循环经济示范试点、1个国家级生态旅游示范区和17个省级生态旅游示范区；节能环保产业规模增长15%以上。生态环保重点项目建设加快。全省建成投运城镇生活污水处理厂186座、城镇生活垃圾处理场82座，设计处理能力分别达632.0万吨/日和1 397.7万吨/年，分别较"十二五"初期增长21.0%和16.0%。生态安全屏障逐步建立。全省已建立自然保护区226个，占全省国土面积的5.4%，建成湿地公园28个。绿色金融有效推行。"两高一剩"行业贷款增长有所放缓；湖北省碳排放权交易正式启动前的准备工作已经完成；部分金融机构开始在排污权抵押融资、重点减排项目融资等方面进行探索和尝试。

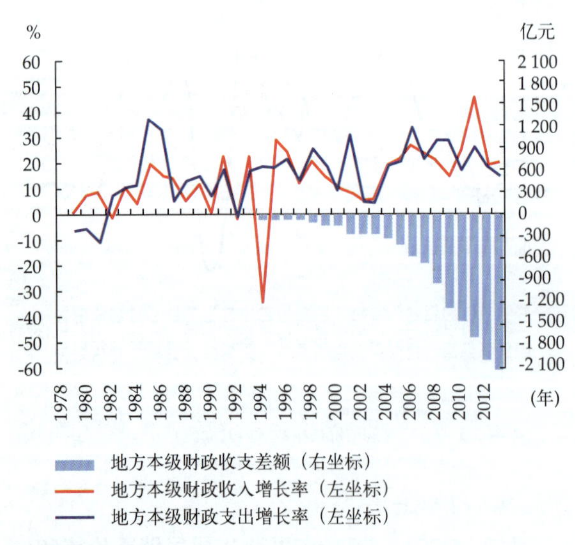

数据来源：湖北省统计局。

图13　1978～2013年湖北省财政收支状况

（六）房地产市场调控政策得到有效落实，市场运行基本符合调控预期

2013年，湖北省认真贯彻落实各项房地产市场调控政策，全省房地产开发投资稳步增长，商品房销售量增价稳，适应了经济社会发展需要；全省金融机构积极满足居民家庭首套自主购房需求，加大对保障性住房建设、棚户区改造的信贷支持，房地产金融朝着持续健康的方向发展。

1. 房地产开发投资稳步增长。2013年，湖北省房地产开发投资比上年增长29.4%，增速比上年加快6.5个百分点。武汉市房地产开发投资占全省房地产开发投资的比重较上年下降4.1个百分点，房地产开发武汉市一城独大的局面开始转变，全省房地产开发区域结构趋向均衡。银行贷款在房地产开发资金来源中的占比为18.9%，较上年提高3.7个百分点。

2. 商品房销售增速加快，二手住房销售占比提高。2013年，湖北省实现商品房销售额、销售面积比上年分别增长37.0%和31.2%，增速比上年分别加快28.6个和34.8个百分点（见图14）。据对全省36个城区的监测，二手住房销售面积占新建商品住房、二手住房销售总面积的比重达28.1%，较上年提高6.3个百分点。

3. 新建商品住房销售价格基本稳定。全省36

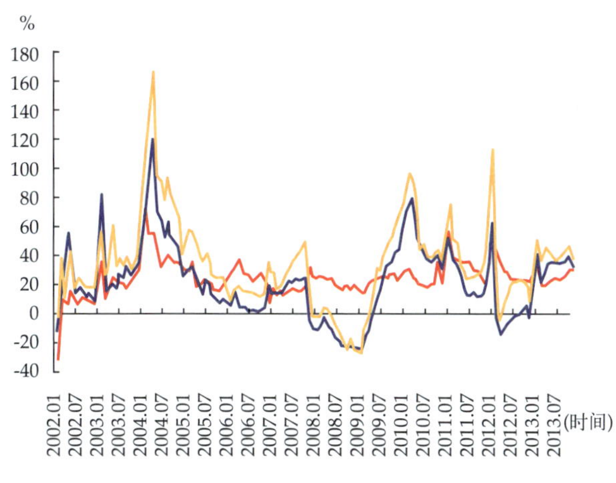

数据来源：湖北省统计局。

图14　2002～2013年湖北省商品房施工和销售变动趋势

个城区的监测结果显示，2013年，湖北省新建商品住房销售均价为5 098元/平方米，比上年上涨3.7%。其中：武汉市销售均价为7 791元/平方米，比上年上涨6.1%，在全国19个副省级城市中排名第14；其他11个设区城市销售均价为4 299元/平方米，比上年上涨6.7%；24个非设区城市销售均价为3 260元/平方米，比上年上涨6.2%（见图15）。

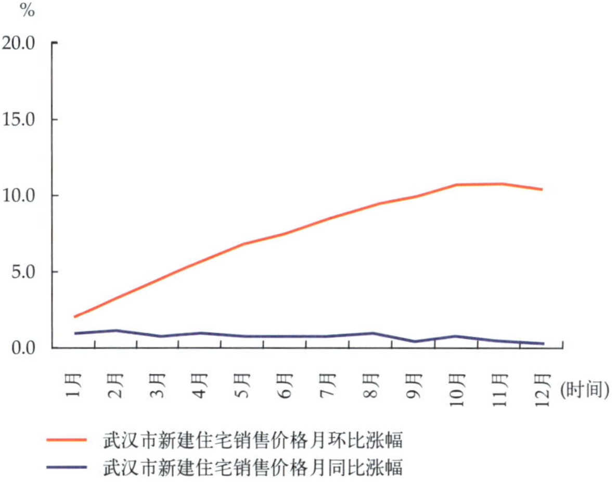

数据来源：湖北省统计局。

图15　2013年武汉市新建住宅销售价格变动趋势

4. 自住性住房消费需求得到较好满足，金融支持保障性安居工程建设力度进一步加大。2013年，湖北省认真执行差别化住房信贷政策，投资投机性购房需求受到有效抑制，自住性住房消费进一步扩大。在全年全省新增个人住房贷款中，约90%的贷款为首套房贷款，占比较上年提高近3个百分点。保障房建设、棚户区改造金融支持力度继续加大。全省保障性住房开发贷款余额增长38.4%，增速高于全省房地产开发贷款12.8个百分点；全年新增保障性住房开发贷款83亿元，支持了27万套保障性住房、棚户区改造建设。

（七）区域经济发展协调性进一步增强，金融与经济的融合度不断提高

2013年，湖北省深入推进“两圈两带”、“一主两副”建设，区域经济多点支撑、协调联动的发展特点更趋明显。武汉市国家中心城市建设迈出新步伐。在全国高新区中，东湖高新区综合排名跃居全国三甲，其中知识创新和技术创新能力上升到第2位。襄阳、宜昌发展质效继续提升。襄阳市成为首批全国新能源汽车推广应用城市和国家信息消费试点城市，宜昌市入选国家战略性新兴产业集聚发展试点，成为全国唯一的新材料产业发展示范城市。武陵山、大别山、秦巴山和幕阜山等集中连片特困地区扶贫攻坚全面推开，扶持政策、项目资金有效落实。长江中游城市群合作继续深化，产业、交通、科技等领域合作取得实质性进展。

金融机构积极对接湖北省区域经济发展战略，支持力度进一步加大。对“一主两副”中心城市贷款余额增长18.6%，高于全省全部贷款增速2.9个百分点；在武汉东湖国家自主创新示范区设立科技专营支行15家；参加在9个市州举办的金融服务“早春行”活动，共与1 289家企业签订贷款协议798亿元，到2013年年末已全部落实到位；在集中连片特困地区，采取新设机构网点、优先审批信贷等措施，到2013年年末，集中连片特困地区贷款余额增长22.1%，高于全省贷款增速6.4个百分点。

三、预测与展望

当前，湖北经济既存在下行压力仍然较大、结构性矛盾依然突出等问题，也具备较强的增长潜能和增长动力。国家大力实施促进中部地区崛起战略，并要求湖北建成中部地区崛起重要战略支点，为湖北发展带来有力的政策支持；全省正加快推进经济结构调整、把改革创新贯穿于经济社会发展各领域各环节，这将增强经济活力和发展可持续性；工业化、城镇化快速推进，沿海地区产业加速向湖北转移，经济发展还存在较为广阔的空间。综合来看，未来一段时期，湖北经济将保持稳中有进、稳中向好的基本态势，预计2014年湖北省地区生产总值增长10%左右。

从投资看，高速公路、信息基础设施等基础设施建设进一步加强；先进制造业、高新技术产业、战略性新型产业、现代服务业等领域得到重点支持；一批重大项目陆续开工建设，湖北省投资将保持合理、稳定增长，预计2014年全省固定资产投资增长20%以上。从消费看，“三网融合”大力推进，信息网络消费、智能家电、节能环保等热点消费进一步扩大；旅游、养老、文化创意等服务消费加快培育，这些将有助于扩大消费需求，维持消费市场运行稳定，预计2014年全省社会消费品零售总额增长14%左右。从物价形势看，劳动力、服务等价格上行压力依然存在，房价整体仍在上涨，这些因素可能推动价格水平有所上升。但国家继续实行稳健的货币政策，货币环境比较稳定，湖北省也将完善价格调节基金制度和物价补贴联动机制、改进价格信息发布制度，这有利于保持价格水平基本稳定，预计2014年全省CPI涨幅控制在4%以内。

当前，国家正全面深入推进金融业改革开放，金融运行活力将不断增强；湖北金融市场体系建设中的基础性、功能性问题已基本得到解决，构建层次更高、功能更完善的现代金融产业具有较好的基础，湖北省金融发展的积极因素和有利条件正在积聚。但同时，金融资源配置不够均衡、直接融资比例较低、金融机构数量不多及种类不丰富等问题仍有待解决；随着节能减排、淘汰落后产能等结构调整步伐加快，相关领域的信贷风险还可能进一步暴露，湖北省金融业也面临着较多复杂的挑战。2014年，中国人民银行武汉分行将坚持稳中求进、改革创新，围绕提高金融资源配置效率和服务实体经济能力，充分履行中央银行职能，继续贯彻执行稳健的货币政策，按照“总量稳定”的导向，引导信贷总量和社会融资规模平稳适度增长；落实“结构优化”的要求，改进和完善信贷政策实施方式，盘活存量、优化增量，加大对“三农”、小微企业信贷投入，支持传统产业改造升级、战略性新兴产业加快发展，严格控制对“两高一剩”行业贷款，努力推动金融改革创新取得新突破，有效防范金融风险，继续提升金融服务和管理水平，支持经济发展方式转变和结构调整，促进湖北经济社会持续健康发展。

中国人民银行武汉分行货币政策分析小组

总　纂：殷兴山　赵　军

统　稿：王佑元　张　剑　刘克珍　熊川伟　田湘龙

执　笔：王一飞　张　朋　胡云飞　朱迪星　高文丽　方爱国　刘　源　吴　涛

提供材料的还有：杜蔚虹　胡小芳　胡红菊　陈　翔　刘　军　王　岗　高晓波　熊艳春　涂德君　潘　荣　施　韬　陈　波　陈宏卫　贺　杰　刘　丽　孙　妍　王　莉　贾　晟　邓　晓

附录

（一）2013年湖北省经济金融大事记

2月，长江证券获批券商柜台交易业务试点资格。

3月至4月，湖北省政府在黄冈、鄂州、荆门、荆州、黄石、恩施、随州、咸宁、孝感九市州组织开展了金融服务“早春行”活动。

5月6日，中国人民银行武汉分行与中国证券监督管理委员会湖北监管局在武汉正式签署《关于加强证券期货监管合作、共同维护金融稳定的合作备忘录》。

10月9日，渤海银行获批在武汉设立分行，至此，全国12家股份制银行在鄂设立分支机构已达10家，居中西部地区首位。

10月24日至26日，第六届中国·武汉金融博览会暨中部（湖北）创业投资大会在武汉举行。

10月29日，武汉地铁集团有限公司成功发行国内首例永续债，筹资23亿元。

10月，湖北省政府组织制定的《武汉金融改革创新总体方案》上报国务院审批。

10月，湖北省政府与美国史带金融财团签署战略合作协议。

11月，中国银监会公布修订后的《消费金融公司试点管理办法》，武汉成为首批扩大的10个消费金融试点城市之一。

2013年，武汉东湖高新区40家企业在全国中小企业股份转让系统（“新三板”）挂牌，总市值37.7亿元。

（二）2013年湖北省主要经济金融指标

表1　2013年湖北省主要存贷款指标

		1月	2月	3月	4月	5月	6月	7月	8月	9月	10月	11月	12月
本外币	金融机构各项存款余额（亿元）	29 541.5	30 099.0	31 435.4	30 987.9	31 392.8	32 005.1	31 722.8	31 982.2	32 778.9	32 576.6	32 727.1	32 902.8
	其中：储蓄存款	14 070.8	15 016.9	15 473.5	15 017.1	15 044.0	15 326.5	15 101.4	15 195.7	15 461.5	15 234.3	15 304.5	15 571.0
	单位存款	13 404.2	12 932.4	13 861.5	13 812.5	14 006.3	14 396.3	14 108.9	14 300.6	14 821.6	14 626.6	14 605.9	14 766.1
	各项存款余额比上月增加（亿元）	1 282.3	557.5	1 336.4	-447.4	404.9	612.3	-282.3	259.4	796.7	-202.4	150.6	175.7
	金融机构各项存款同比增长（%）	20.3	20.2	20.9	21.7	21.6	18.7	18.2	17.6	17.9	17.9	17.3	16.4
	金融机构各项贷款余额（亿元）	19 688.8	19 966.8	20 393.0	20 515.6	20 702.4	21 138.7	21 381.0	21 445.4	21 778.1	21 931.8	22 033.2	21 902.6
	其中：短期	6 780.0	6 915.7	7 122.6	7 139.8	7 189.6	7 403.0	7 529.6	7 510.6	7 726.9	7 812.5	7 897.9	7 857.3
	中长期	11 999.6	12 136.0	12 289.1	12 433.0	12 531.4	12 635.7	12 771.5	12 879.9	13 036.6	13 111.0	13 108.6	13 127.2
	票据融资	353.1	351.6	422.9	380.1	417.2	376.0	344.7	320.5	275.7	270.3	297.9	291.7
	各项贷款余额比上月增加（亿元）	656.6	278.0	426.2	122.6	186.8	436.3	242.3	64.5	332.7	153.7	101.4	-130.7
	其中：短期	331.4	135.8	206.9	17.2	49.8	213.5	126.6	-19.0	216.3	85.6	85.4	-40.7
	中长期	282.6	136.4	153.1	143.9	98.4	104.3	135.8	108.4	156.8	74.4	-2.4	18.6
	票据融资	38.6	-1.6	71.4	-42.8	37.1	-41.2	-31.3	-24.3	-44.8	-5.5	27.6	-6.2
	金融机构各项贷款同比增长（%）	18.5	18.7	19.6	18.7	17.9	17.7	18.3	17.1	17.1	16.6	16.2	15.8
	其中：短期	26.0	25.3	26.3	26.1	25.4	24.1	25.5	27.6	25.1	23.7	23.1	23.6
	中长期	13.6	14.1	14.1	13.9	13.3	12.9	13.5	11.8	12.4	12.4	12.1	12.2
	票据融资	15.2	20.0	56.1	19.5	12.2	-5.4	-19.7	-25.7	-19.0	-18.4	-15.1	-7.3
	建筑业贷款余额（亿元）	949.4	985.6	1 001.7	1 007.2	1 007.2	1 035.4	1 072.8	1 086.0	1 091.9	1 084.6	1 079.1	1 068.9
	房地产业贷款余额（亿元）	1 366.6	1 382.2	1 418.7	1 451.1	1 478.2	1 534.9	1 540.1	1 596.4	1 631.3	1 647.1	1 616.2	1 635.7
	建筑业贷款同比增长（%）	32.4	39.6	36.2	33.2	29.4	22.9	25.1	25.3	23.9	23.2	20.5	19.8
	房地产业贷款同比增长（%）	11.6	8.4	11.7	10.5	11.8	16.2	16.5	19.3	20.6	19.7	18.3	18.0
人民币	金融机构各项存款余额（亿元）	29 272.0	29 814.2	31 146.9	30 702.0	31 112.9	31 704.5	31 437.9	31 701.2	32 492.0	32 293.8	32 459.0	32 636.2
	其中：储蓄存款	14 014.2	14 956.8	15 411.9	14 955.4	14 980.1	15 262.6	15 036.1	15 131.1	15 398.3	15 171.4	15 241.6	15 507.0
	单位存款	13 198.7	12 714.1	13 642.8	13 595.7	13 796.7	14 168.3	13 896.9	14 092.1	14 604.3	14 415.3	14 408.9	14 569.7
	各项存款余额比上月增加（亿元）	1262.7	542.2	1 332.6	-444.9	411.0	591.6	-266.6	263.3	790.8	-198.2	165.2	177.1
	其中：储蓄存款	594.7	942.7	455.1	-456.5	24.8	282.5	-226.5	94.9	267.2	-226.9	70.1	265.5
	单位存款	700.0	-484.6	928.7	-47.1	201.0	371.7	-272.7	195.3	512.2	-189.0	-6.4	160.7
	各项存款同比增长（%）	20.1	20.0	20.8	21.6	21.7	18.7	18.3	17.8	18.1	18.0	17.4	16.5
	其中：储蓄存款	14.8	21.6	20.9	20.7	20.0	17.7	17.6	17.4	16.4	16.1	15.5	15.6
	单位存款	28.3	19.6	22.4	24.8	24.9	20.0	18.4	18.3	19.6	19.1	19.5	16.6
	金融机构各项贷款余额（亿元）	18 677.7	18 966.6	19 398.4	19 514.3	19 706.1	19 992.7	20 227.7	20 301.2	20 600.7	20 762.2	20 880.3	20 796.9
	其中：个人消费贷款	2 713.2	2 754.3	2 829.0	2 877.2	2 929.7	2 976.7	3 017.6	3 052.2	3 115.7	3 131.8	3 191.8	3 210.6
	票据融资	353.1	351.6	422.9	380.1	417.2	376.0	344.7	320.5	275.7	270.2	297.9	291.7
	各项贷款余额比上月增加（亿元）	637.3	288.9	431.8	116.0	191.8	286.5	235.1	73.5	299.5	161.5	118.1	-83.5
	其中：个人消费贷款	93.8	41.1	74.7	48.2	52.5	47.0	41.0	34.5	63.5	16.2	60.0	18.8
	票据融资	38.6	-1.6	71.4	-42.8	37.1	-41.2	-31.3	-24.3	-44.8	-5.5	27.7	-6.2
	金融机构各项贷款同比增长（%）	17.4	17.8	18.8	18.2	17.6	16.5	16.9	16.3	16.4	16.0	15.7	16.2
	其中：个人消费贷款	20.4	20.9	22.2	23.9	24.7	24.5	24.5	23.7	24.1	23.8	24.2	22.8
	票据融资	15.2	20.0	56.1	19.5	12.2	-5.4	-19.7	-25.7	-19.0	-18.5	-15.1	-7.3
外币	金融机构外币存款余额（亿美元）	42.9	45.4	46.0	46.0	45.3	48.7	46.1	45.5	46.7	46.0	43.7	43.7
	金融机构外币存款同比增长（%）	51.4	45.2	34.6	27.3	21.4	18.6	11.3	2.9	5.3	7.4	14.0	9.3
	金融机构外币贷款余额（亿美元）	161.0	159.3	158.7	161.0	161.2	185.5	186.6	185.4	191.5	190.4	188.0	181.4
	金融机构外币贷款同比增长（%）	43.2	39.6	37.4	31.1	29.0	46.8	52.4	36.0	35.4	32.2	30.8	12.2

数据来源：中国人民银行武汉分行。

表2 2001～2013年湖北省各类价格指数

单位：%

年/月		居民消费价格指数		农业生产资料价格指数		工业生产者购进价格指数		工业生产者出厂价格指数	
		当月同比	累计同比	当月同比	累计同比	当月同比	累计同比	当月同比	累计同比
2001		—	-1.0	—	-2.6	—	5.8	—	3.1
2002		—	0.3	—	0.7	—	-4.8	—	-2.7
2003		—	2.2	—	0.8	—	8.2	—	3.5
2004		—	4.9	—	11.3	—	13.1	—	5.7
2005		—	2.9	—	15.1	—	7.0	—	4.5
2006		—	1.6	—	1.4	—	4.9	—	2.9
2007		—	4.8	—	8.0	—	4.5	—	3.9
2008		—	6.3	—	27.2	—	10.9	—	6.1
2009		—	-0.4	—	-1.1	—	-6.6	—	-4.4
2010		—	2.9	—	1.9	—	10.4	—	4.9
2011		—	5.8	—	13.5	—	11.5	—	6.6
2012		—	2.9	—	7.2	—	-1.1	—	0.3
2013		—	2.8	—	3.1	—	-1.8	—	-0.8
2012	1	4.8	4.8	11.5	11.5	4.1	4.1	2.3	2.3
	2	2.9	3.8	11.5	11.5	2.6	3.3	1.9	2.1
	3	3.8	3.8	5.4	5.3	1.4	2.7	1.5	1.9
	4	3.9	3.8	8.6	10.0	1.0	2.2	1.0	1.7
	5	3.5	3.8	7.9	9.6	-0.1	1.8	0.4	1.4
	6	2.4	3.6	4.6	4.8	-1.9	1.1	-0.5	1.1
	7	2.1	3.3	4.6	4.8	-3.1	0.5	-0.8	0.8
	8	2.2	3.2	2.6	4.2	-3.9	0.0	-0.9	0.6
	9	2.1	3.1	5.2	7.7	-4.1	-0.5	-0.9	0.4
	10	1.9	3.0	5.6	7.5	-3.8	-0.8	-0.5	0.4
	11	2.4	2.9	6.0	7.3	-3.0	-1.0	0.2	0.3
	12	2.9	2.9	5.9	7.2	-2.2	-1.1	0.3	0.3
2013	1	2.3	2.3	6.8	6.8	-1.4	-1.4	0.4	0.4
	2	3.6	3.0	6.4	6.6	-1.6	-1.5	-0.1	0.1
	3	2.5	2.8	6.4	6.5	-1.7	-1.6	-0.4	0.0
	4	2.5	2.7	5.1	6.2	-2.6	-1.8	-1.2	-0.3
	5	2.5	2.7	4.6	5.8	-2.9	-2.0	-1.2	-0.5
	6	2.9	2.7	4.3	5.6	-2.6	-2.1	-1.1	-0.6
	7	2.9	2.8	1.2	4.9	-1.8	-2.1	-1.2	-0.7
	8	2.9	2.8	1.5	4.5	-1.4	-2.0	-0.9	-0.7
	9	3.1	2.8	1.0	4.1	-1.2	-1.9	-0.8	-0.7
	10	3.1	2.8	0.4	3.7	-1.2	-1.8	-0.9	-0.8
	11	2.9	2.9	0.3	3.4	-1.3	-1.8	-1.3	-0.8
	12	2.5	2.8	0.5	3.1	-1.6	-1.8	-1.3	-0.8

数据来源：《中国经济景气月报》。

表3 2013年湖北省主要经济指标

	1月	2月	3月	4月	5月	6月	7月	8月	9月	10月	11月	12月
	绝对值（自年初累计）											
地区生产总值(亿元)	—	—	4 699.5	—	—	10 949.3	—	—	17 099.6	—	—	24 668.5
第一产业	—	—	412.1	—	—	867.2	—	—	2 160.8	—	—	3 098.2
第二产业	—	—	2 560.7	—	—	5 606.7	—	—	8 287.4	—	—	12 171.6
第三产业	—	—	1 726.7	—	—	4 475.4	—	—	6 651.4	—	—	9 398.8
工业增加值(亿元)	—	1 533.7	2 456.3	3 258.4	4 094.7	5 033.0	5 925.0	6 855.4	7 886.0	8 912.5	10 009.2	11 159.7
固定资产投资(亿元)	—	1 021.1	3 076.8	4 667.8	6 579.8	9 776.8	11 201.3	12 716.7	14 418.8	16 016.5	17 915.9	20 177.5
房地产开发投资	—	220.7	513.2	732.3	990.1	1 472.2	1 721.8	1 994.4	2 296.5	2 565.4	2 927.2	3 286.0
社会消费品零售总额(亿元)	—	1 715.7	2 469.1	3 243.3	4 080.2	4 939.1	5 746.4	6 559.9	7 496.0	8 479.3	9 427.2	10 465.9
外贸进出口总额(万美元)	—	467 000	706 700	1 000 000	1 284 500	1 563 700	1 935 200	2 302 600	2 647 400	2 952 200	3 297 000	3 639 000
进口	—	188 000	294 000	412 700	527 600	631 900	745 600	853 800	974 900	1 088 100	1 222 200	1 355 200
出口	—	279 000	413 300	587 300	756 900	931 800	1 189 500	1 448 800	1 672 600	1 864 000	2 074 800	2 283 500
进出口差额(出口－进口)	—	91 000	119 300	174 600	229 300	299 900	443 900	595 000	697 700	775 900	852 600	928 300
外商实际直接投资(万美元)	—	107 400	180 000	232 200	291 500	372 700	417 400	465 700	519 500	575 300	632 100	688 800
地方财政收支差额(亿元)	—	-164.1	-282.2	-434.0	-600.7	-764.4	-888.1	-1 056.7	-1 297.2	-1 452.0	-1 672.1	-2 141.0
地方财政收入	—	321.3	530.2	696.7	869.0	1 099.4	1 271.6	1 403.3	1 557.6	1 720.1	1 864.4	2 190.0
地方财政支出	—	485.4	812.4	1 130.7	1 469.7	1 863.8	2 159.6	2 460.0	2 854.8	3 172.1	3 536.5	4 331.0
城镇登记失业率(%)（季度）	—	—	3.7	—	—	3.7	—	—	3.7	—	—	3.5
	同比累计增长率（%）											
地区生产总值	—	—	9.7	—	—	9.7	—	—	10	—	—	10.1
第一产业	—	—	3.2	—	—	4	—	—	5	—	—	4.7
第二产业	—	—	10.8	—	—	10.4	—	—	11.3	—	—	11.3
第三产业	—	—	9.6	—	—	9.7	—	—	9.9	—	—	10
工业增加值	—	11	10.8	10.8	14.8	10.7	10.9	11.3	11.5	11.7	11.8	11.8
固定资产投资	—	28	27.9	27.8	27.9	27.9	27.6	27.5	27	26.7	26.4	25.8
房地产开发投资	—	39.7	25.7	26	26.6	26.9	28.2	28.1	29.8	29.4	31.7	29.4
社会消费品零售总额	—	13	13	13	12.9	13.1	13.1	13.2	13.4	13.4	13.6	13.8
外贸进出口总额	—	1.9	-1.3	5.6	5.1	3.6	7.5	10.6	11.3	11.7	13.2	13.8
进口	—	-3.7	-6.2	4.8	3.8	3.5	2.9	1.3	1.5	3	5.9	7.9
出口	—	6.2	2.5	6.2	5.9	3.7	10.6	17	17.9	17.5	17.9	17.7
外商实际直接投资	—	26.2	28.9	25.4	24.1	24.6	29.3	23.3	16.6	20.3	18.7	21.6
地方财政收入	—	24.9	23.1	21.6	20.5	19.9	21.1	20.6	19.8	19.8	19.8	20.1
地方财政支出	—	21.2	19	12.8	13.2	12.6	12.3	12.7	14.4	14.4	14.7	15.2

数据来源：湖北省统计局。

2013年湖南省金融运行报告

中国人民银行长沙中心支行货币政策分析小组

[内容摘要] 2013年，面对错综复杂的国内外经济形势，湖南省认真贯彻落实国家关于稳增长的一系列政策措施，建设“四化两型”①，促进“三量齐升”②，守住“四条底线”③，始终强化各项保障，着力真抓实干，经济保持平稳较快增长，结构调整取得积极进展，三次产业融合发展，人民生活持续改善，两型社会建设步伐加快，区域经济发展态势良好，经济发展实现稳中有进、稳中向好、稳中提质。

金融运行总体良好，信贷平稳适度增长，信贷结构继续改善；证券交易趋于活跃，资本市场融资功能增强；保险业发展提速，农业风险保障水平不断提高；金融改革稳步推进，金融市场规范健康发展，金融生态环境持续改善，金融服务地方经济发展的能力继续增强。

2014年，湖南省将准确把握全面深化改革和“一带一部”④区位优势带来的重大机遇，加速承接产业转移、加强区域经济合作、加快扩大开放，努力构建结构合理、方式优化、区域协调、城乡一体的发展新格局，奋力谱写湖南改革发展新篇章。

一、金融运行情况

2013年，湖南省金融运行总体良好，信贷平稳适度增长，金融改革稳步推进，金融市场规范健康发展，金融生态环境持续改善，金融服务地方经济发展的能力继续增强。

（一）银行业经营稳健，信贷平稳适度增长

1. 银行业稳健发展，信贷资产质量下行压力有所增加。2013年，湖南省银行业金融机构资产规模持续扩大，年末资产总额同比增长13.7%；金融机构盈利增速稳中趋缓，同比增长26.4%，较上年下降0.6个百分点。在经济增速回落的背景下，受农村合作金融机构隐性不良贷款清理等因素影响，全省不良贷款余额和占比均呈现小幅上升态势。农村金融服务体系日臻完善（见表1），小额贷款公司发展迅猛，新增36家，新设融资性担保机构13家。

表1 2013年湖南省银行业金融机构情况

机构类别	营业网点			法人机构（个）
	机构个数（个）	从业人数（人）	资产总额（亿元）	
一、大型商业银行	2 428	51 966	13 516	0
二、国家开发银行和政策性银行	116	3 301	3 568	0
三、股份制商业银行	203	7 488	5 154	0
四、城市商业银行	225	6 598	3 332	2
五、城市信用社	0	0	0	0
六、小型农村金融机构	4 050	38 389	5 357	132
七、财务公司	4	100	83	3
八、信托公司	1	120	24	1
九、邮政储蓄银行	2 079	7 401	2 530	0
十、外资银行	5	179	88	0
十一、新型农村金融机构	48	970	212	29
十二、其他	5	328	136	1
合　计	9 164	116 840	34 000	168

注：1. 营业网点不包括总部。
2. 小型农村金融机构含农村商业银行、农村信用社、农村合作银行。
3. 新型农村金融机构只包括村镇银行。
4. “其他”包含金融租赁公司、汽车金融公司、货币经纪公司、消费金融公司等。

数据来源：中国人民银行长沙中心支行、湖南银监局。

① “四化两型”指新型工业化、农业现代化、新型城镇化与信息化，环境友好型和资源节约型。
② “三量齐升”指经济总量、人均均量和运行质量的同步提升。
③ “四条底线”指经济增速10%以上、不发生系统性和区域性金融风险、保障低收入群体基本生活、不发生重大安全事故和群体性事件。
④ “一带一部”是指湖南省处在东部沿海地区和中西部地区的过渡带、长江开放经济带和沿海开放经济带结合部。

2. 存款增速放缓，月间波动较大。2013年年末，湖南省金融机构本外币存款同比增长16.1%，较上年同期下降3个百分点。全年新增本外币存款3 725.6亿元，同比多增21.7亿元。单月新增存款呈“前高后低”特征，其中12月同比少增361.6亿元，创历史同期新低。单位存款增速减缓，较上年同期下降2.5个百分点；个人存款增速高于各项存款增速0.3个百分点，全年新增2 076.3亿元，同比多增23.9亿元。

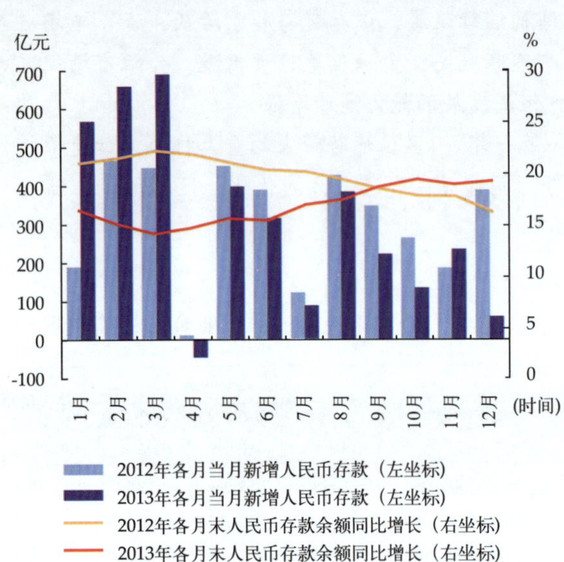

数据来源：中国人民银行长沙中心支行。

图1　2012～2013年湖南省金融机构人民币存款增长变化

3. 贷款增长总体平稳，信贷结构继续改善。2013年，湖南省金融机构本外币贷款同比增长15.9%，增速同比回落0.3个百分点。全年新增贷款2 448.7亿元，同比多增264.2亿元。分机构看，地方法人金融机构新增贷款占比较上年同期提高3个百分点（见图2）。从投放节奏看，各季度新增贷款之比为35∶26∶25∶14，呈“前多后少”态势，这主要是为应对年初经济增速下滑的影响，各行信贷投放节奏有所前移。分期限来看，中长期贷款同比增加较多，全年新增贷款中中长期贷款占比较上年同期上升8.8个百分点。

信贷结构继续改善。一是基础设施建设保障有力。全年新增交通运输、水利等基础设施建设领域贷款同比多增119.6亿元。二是薄弱环节支持力度加大。全年小微企业贷款和涉农贷款同比分别增长21.9%和24.2%，分别快于各项贷款增速6个和8.3个百分点。三是居民消费需求得到有效满足。全年新增个人消费贷款同比增长25.8%，增速比上年同期加快4.8个百分点，同比增速连续9个月保持在25%以上。四是重点调控领域有效控制，全年全省“两高一剩”相关行业中长期贷款余额净下降46.8亿元。

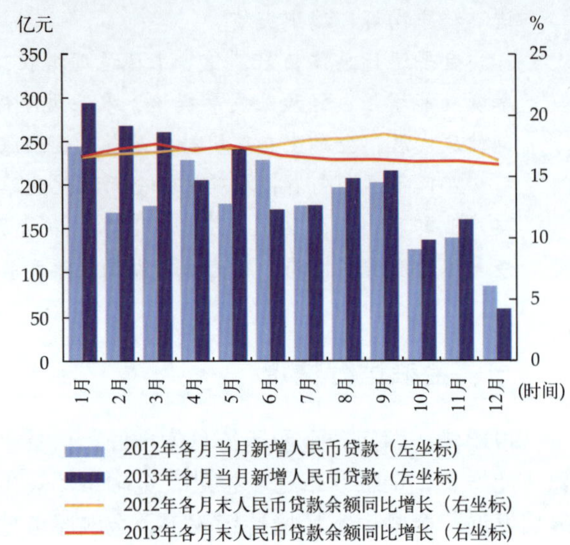

数据来源：中国人民银行长沙中心支行。

图2　2012～2013年湖南省金融机构人民币贷款增长变化

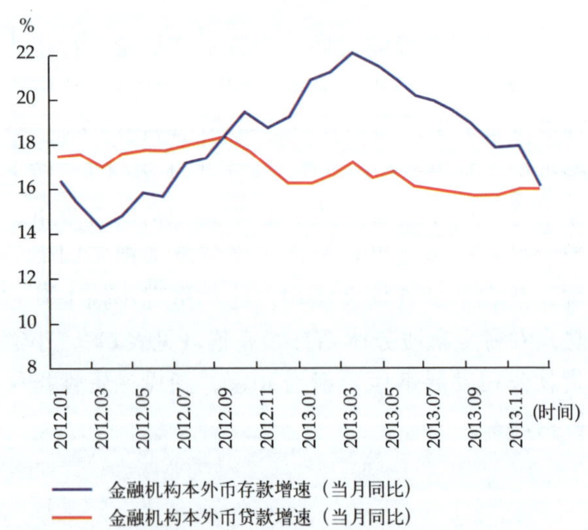

数据来源：中国人民银行长沙中心支行。

图3　2012～2013年湖南省金融机构本外币存、贷款增速变化

表2　2013年湖南省金融机构人民币贷款各利率区间占比

单位：%

	月份	1月	2月	3月	4月	5月	6月
	合计	100.0	100.0	100.0	100.0	100.0	100.0
	下浮	6.1	6.7	4.7	2.7	2.7	2.9
	基准	31.2	27.5	29.4	28.9	30.6	32.0
上浮	小计	62.7	65.7	65.9	68.4	66.6	65.1
	(1.0，1.1]	14.8	17.0	12.9	17.1	17.7	18.3
	(1.1，1.3]	19.6	20.7	21.7	17.1	17.3	16.7
	(1.3，1.5]	12.5	12.6	15.2	16.0	15.1	13.6
	(1.5，2.0]	10.3	10.6	10.2	12.2	11.4	11.8
	2.0以上	5.6	4.8	6.0	6.1	5.3	4.7
	月份	7月	8月	9年	10月	11月	12月
	合计	100.0	100.0	100.0	100.0	100.0	100.0
	下浮	2.1	2.1	2.8	7.1	7.8	7.5
	基准	26.7	28.3	23.8	23.2	24.6	23.7
上浮	小计	71.2	69.7	73.4	69.7	67.6	68.8
	(1.0，1.1]	18.9	20.0	18.7	19.3	15.9	13.6
	(1.1，1.3]	20.0	18.2	20.4	20.7	21.5	22.3
	(1.3，1.5]	14.9	14.6	17.1	13.3	14.1	12.2
	(1.5，2.0]	12.8	12.7	12.5	12.4	11.9	15.4
	2.0以上	4.6	4.2	4.8	4.1	4.2	5.3

数据来源：中国人民银行长沙中心支行。

4. 贷款利率稳中有降，利率浮动重心波动下移。2013年，受年中全面放开贷款利率管制等因素影响，市场贷款利率呈“上半年小幅上行，下半年稳步回落”态势，全年一般贷款加权平均利率（不含贴现）总体趋于平稳，较上年下降20个基点。分期限看，3～5年（含）期降幅相对明显，较上年同期下降36个基点。分机构看，小额贷款公司贷款加权平均利率远高于其他金融机构，基本保持在15%以上。从利率浮动重心看，贷款利率浮动重心经过前三个季度稳步上移后，第四季度有所下移，全省执行上浮利率的贷款占比较第三季度下降2.87个百分点。

5. 农村信用社改革取得积极进展。湖南省农村金融机构改革不断深化，农村商业银行组建有序进行。2013年共有9家农村商业银行经改组顺利挂牌开业，3家农村商业银行获批筹建，全省农村商业银行达27家；5个地市15家县级农村信用联社启动了城区机构整合改革。股权改造力度加大，全省73家县级行社已全部取消资格股，资格股占比10.7%，较上年年末下降6.8个百分点。

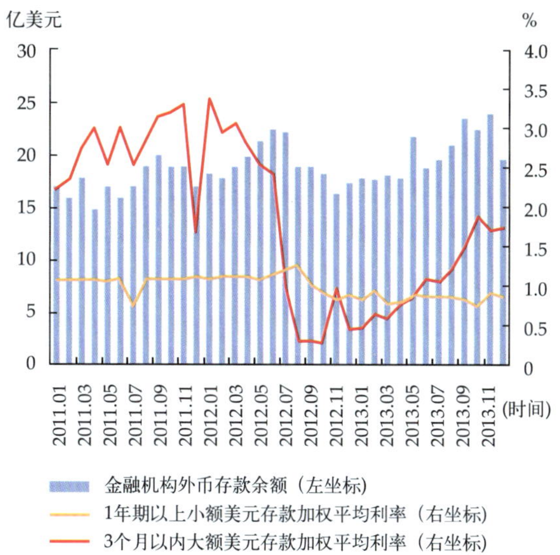

数据来源：中国人民银行长沙中心支行。

图4　2011～2013年湖南省金融机构外币存款余额及外币存款利率

6. 跨境人民币业务向纵深发展。2013年，跨境人民币业务实现了省内14个市州全覆盖，20家银行为430家企业办理跨境人民币结算业务290.2亿元，同比增长1.5倍，与湖南省发生人民币收付业务的国家和地区达58个。全年跨境货物贸易人民币结算金额同比增长1.32倍，占同期海关货物进出口总额的9.1%，同比提高4.7个百分点；资本项下人民币交易活跃，全年共办理资本项下跨境人民币结算111亿元，同比增长1.44倍。人民币结算占全省跨境收支比重为16%，成为湖南省对外经济交往中仅次于美元的第二大货币。

专栏1　中小金融机构存款定价行为简析

当前，中国利率市场化改革已进入攻坚期和深水区，加快推进存款利率市场化是改革的重中之重。在存款利率市场化推动过程中，加强对金融机构特别是地方法人金融机构存款定价行为的监测和分析，及时了解政策实施效果，科学评估机构承受能力，有利于改革顺利推进。

调查显示，自2012年6月存款利率上浮区间上限调整至基准利率的1.1倍后，湖南省中小法人金融机构存款利率均出现普遍上浮，其定价的差异化程度有所提高。分期限看，活期存款加权平均利率为0.38%，较活期存款基准利率上浮1.09倍，定期存款加权平均利率为3.48%，高于1年期存款基准利率48个基点，低于2年期存款基准利率27个基点。活期及1年期以内（含）定期存款利率普遍上浮，而2年期以上定期存款利率调整相对较少。86.8%的机构活期存款利率上浮至基准利率的1.1倍，13.16%的农村合作金融机构仍执行基准利率。定期存款中，1年期以内（含）的短期存款利率上浮比例明显高于中长期存款。以1年期存款利率为例，98%的机构实行了不同程度上浮，其中78.9%的机构上浮至1.1倍上限执行，19.8%的金融机构上浮1.08倍。分机构类型看，国有银行活期存款利率执行基准上浮10%的上限标准，1年期以内（含）定期存款执行基准利率1.08～1.09倍标准，2年期以上（含）定期存款不作浮动；股份制商业银行中活期和1年期以内（含）定期存款均上浮至基准1.1倍，2年期以上（含）定期存款均执行基准利率；中小法人金融机构存款利率均有不同程度上浮，其中39.4%的机构各类存款利率均上浮至基准利率1.1倍的上限水平。中小金融机构存款利率普遍上浮，主要有以下原因。一是发展存款客户、扩大市场规模的需求。中小金融机构普遍处于发展期，存款规模相对较小，业务网点相对偏少。大部分中小金融机构更倾向于上浮存款利率，确保存款稳定增长。二是对公存款占比较大导致存款定价权相对较弱。从客户结构看，大部分中小金融机构具有较强的地缘优势，与当地政府、大型企业、事业单位等业务往来较多，其存款总量中对公存款占比较大。然而对公存款客户由于资金量较大，对存款利率定价更具优势，中小金融机构在存款利率定价中首先考虑对公存款的稳定性，因而选择采用保守的上浮定价策略。三是同业竞争、市场资金供求状况制约。调查显示，同业竞争压力是影响中小金融机构存款利率定价的重要因素之一，特别是城镇、城郊等区域中小金融机构，既面临国有商业银行、股份制商业银行等大型银行机构的竞争压力，又需应对村镇银行等新型金融机构的冲击，存款资源争夺较为激烈，造成其在存款定价方面倾向以价取胜。

存款利率浮动区间的扩大，对于中小金融机构既是机遇也是挑战，一方面，名义存贷利差空间的收缩将促使银行机构加强利率风险管理，完善利率定价机制，从管理风险中获取相应的风险收益；同时，加快推动金融创新，拓宽利润来源，实现竞争力的全面提升。另一方面，提高存款利率势必增加银行资金成本，将直接对利润产生冲击。对此，各中小金融机构应转变经营理念，加快完善存款定价机制建设，提高自主定价能力，开展差异化竞争，推动经营模式从同质化向多元化转型，顺应存款利率市场化改革的新要求。

（二）证券交易趋于活跃，资本市场融资功能增强

1. 证券交易趋于活跃，机构改革稳步推进。2013年，湖南省证券交易明显活跃，省内各类投资者参与股票基金交易金额同比增长94.5%。受益于此，全省3家法人证券公司营业收入和净利润同比分别增长45.2%和169.6%。同时，湖南省证券公司积极完善公司治理结构，转变经营模式，方正证券成功发行短期融资券33亿元，对民族证券并购工作进展顺利；湘财证券成功登陆新三板。

表3　2013年湖南省证券业基本情况

项目	数量
总部设在辖内的证券公司数（家）	3
总部设在辖内的基金公司数（家）	0
总部设在辖内的期货公司数（家）	4
年末国内上市公司数（家）	72
当年国内股票（A股）筹资（亿元）	129.8
当年发行H股筹资（亿元）	0
当年国内债券筹资（亿元）	671.2
其中：短期融资券筹资额（亿元）	129.1
中期票据筹资额（亿元）	159

数据来源：湖南证监局、中国人民银行长沙中心支行。

2. 资本市场融资功能增强，上市公司效益好转。2013年，虽然企业首发股票融资暂停，但再融资规模快速扩张，全年通过定向增发、公司债等渠道实现再融资189.8亿元，较上年增长1.6倍。2013年年末，全省境内外上市公司87家，其中，境内上市公司72家（见表3）。上市公司效益向好，总资产和主营业务收入分别较上年增长8.5%和36%。

（三）保险业发展提速，农业风险保障水平不断提高

1. 保险业务发展提速。2013年年末，湖南省共有法人保险公司1家，省级保险分公司45家，较年初增加1家。全年实现保费收入508.6亿元，同比增长9.3%，增速同比提高4.4个百分点，其中财产险保费收入同比增长达21.4%。各项保险赔付支出同比增长35.1%；全省保险深度同比下降0.2个百分点；保险密度同比提高65.4元/人（见表4）。

表4　2013年湖南省保险业基本情况

项目	数量
总部设在辖内的保险公司数（家）	1
其中：财产险经营主体（家）	0
人身险经营主体（家）	1
保险公司分支机构（家）	45
其中：财产险公司分支机构（家）	21
人身险公司分支机构（家）	24
保费收入（中外资，亿元）	508.6
其中：财产险保费收入（中外资，亿元）	176.0
人身险保费收入（中外资，亿元）	332.5
各类赔款给付（中外资，亿元）	192.8
保险密度（元/人）	766.0
保险深度（%）	2.1

数据来源：湖南保监局。

2. 农业风险保障水平不断提高。2013年湖南省种养殖业农业保险分别承保1.97亿亩农林作物和1 359万头（只）牲畜家禽，承保数量同比分别增长8.3%和53%；全年共为2 371.4万户农户提供了785.2亿元的风险保障，农险保险金额同比增长10.3%，其中151.9万户农户获得13亿元的保险赔款，为全省农户度过特大干旱等灾害提供了有力保障。

（四）融资规模稳步扩大，货币市场平稳运行

1. 融资规模稳步扩大，融资结构不断优化。2013年，湖南省加快建设多层次金融市场体系，融资规模稳步扩大，融资结构不断优化。湖南省全年社会融资规模4 164.8亿元，同比增长27.1%。其中新增本外币贷款占社会融资规模比重为59%（见图5），为历史新低，比上年同期下降7.7个百分点；委托贷款、信托贷款和未贴现银行承兑汇票合计占比22%，同比提高7.1个百分点；直接融资力度加大，股票与企业债券融资等累计新增额占比为19%，同比提高0.58个百分点。

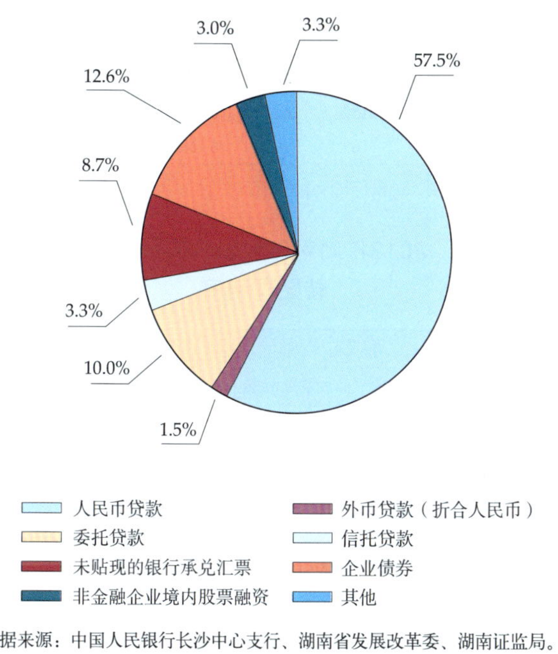

数据来源：中国人民银行长沙中心支行、湖南省发展改革委、湖南证监局。

图5　2013年湖南省社会融资规模分布

2. 货币市场平稳运行，成交利率整体上行。2013年，湖南省金融机构积极应对货币市场利率上行、波动加大的局面，加强流动性管理，全省金融市场业务保持平稳健康运行。债券回购交易小幅增长，全年债券回购交易量同比增长3.8%，融出资金占交易总额的53.4%，资金流向呈现净融出格局。同业拆借交易量同比增长2.5倍，其中7天以内拆借交易量占交易总量88.5%，短期化趋势明显。从交易利率看，债券回购和同业拆借加权平均利率同比分别提高0.63个和0.11个百分点。

3. 票据业务较快增长，市场利率“先抑后扬”。因下半年中国经济增长企稳回升，资金需求增加，市场资金面趋紧，银行办理商业汇票承兑业务意愿较强，推动票据业务实现较快增长。全年票据承兑累计发生额和票据贴现发生额分别同比增加691.1亿元和396亿元(见表5)。票据融资利率“先抑后扬”，12月攀升至7.3%，较上年同期提高2个百分点（见表6）。

表5 2013年湖南省金融机构票据业务量统计

单位：亿元

季度	银行承兑汇票承兑		贴现			
			银行承兑汇票		商业承兑汇票	
	余额	累计发生额	余额	累计发生额	余额	累计发生额
1	1 485.8	846.1	252.8	889.3	0.1	0.1
2	1 438.5	1 675.6	279.9	3 225.1	0.4	1.3
3	1 674.9	3 218.8	262.7	6 120.9	0.5	1.4
4	1 716.4	3 516.4	226.2	6 262.4	0.0	2.6

数据来源：中国人民银行长沙中心支行。

表6 2013年湖南省金融机构票据贴现、转贴现利率

单位：%

季度	贴现		转贴现	
	银行承兑汇票	商业承兑汇票	票据买断	票据回购
1	5.03	6.11	4.55	4.42
2	4.98	4.77	4.61	4.53
3	6.60	7.14	5.29	5.07
4	7.02	6.85	5.61	5.90

数据来源：中国人民银行长沙中心支行。

（五）信用体系建设不断完善，金融生态环境持续改善

信用体系建设不断完善。2013年年末，全省企业和个人征信系统信息覆盖量分别比上年增长4.2%和 1.6%；机构信用代码系统运行平稳，全省已有47.8万家机构申领机构信用代码证。成功开展互联网个人信用信息查询试点。小微企业和农村信用体系建设有序推进。截至2013年年末，累计建立小微企业信用档案5.28万户、农户信用档案729.24万户，建成9个湖南省中小企业信用体系建设示范园区；农村信用体系建设试点县（市）增加至7个。

金融生态建设多方位推进。中国人民银行长沙中心支行与湖南大学合作，连续五年对全省开展金融生态评估工作，并通过新闻通气会对外发布综合排名前40位的市（州）和前40位的县（市），社会各界反响积极。金融安全区创建工作和金融生态良好城市创建试点稳步推进，截至2013年年末，共有省级金融安全区27个，市级金融安全区57个；正式启动长沙等8个城市金融生态城市创建工作。

支付结算环境建设成效明显。截至2013年年末，全省累计发展助农取款服务点6.6万个，基本覆盖了所有行政村，有效改善了农村支付环境；积极推动农村地区手机支付应用，创新农村新型支付方式，全年共发展手机支付用户6.27万户，累计办理各类业务115.23万笔，金额达8.15亿元。电子商业汇票业务快速发展，2013年全省电子商业汇票笔数和金额同比分别增长99.7%和117.2%。

二、经济运行情况

2013年，湖南省积极应对严峻的经济下行压力和历史罕见严重干旱，统筹稳增长、调结构、促改革、惠民生等工作，全省经济保持平稳较快增长，全年实现地区生产总值2.45万亿元，同比增长10.1%，人均地区生产总值达到36 763元。

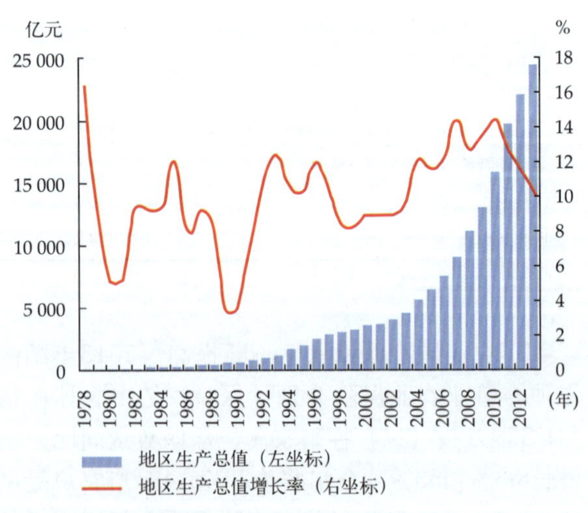

数据来源：湖南省统计局。

图6 1978~2013年湖南省地区生产总值及其增长率

（一）三大需求同步增长，经济发展质量更优

1. 投资保持平稳增长，结构不断优化。2013年，湖南省完成固定资产投资18 381.4亿元，同比增长26.1%，较上年回落1.4个百分点（见图7）。基础设施投资力度加大，全年完成基础设施投资4 147.2亿元，同比增长25.6%，比上年提高9.7个百分点。重点行业投资支撑作用增强，全省工业、房地产业、交通运输业和水利、环境和公共设施管理业投资占固定资产投资的比重达80.1%。民间投资成为投资主力，全年投资额超过1万亿元，占固定资产投资额的比重达62.4%。

数据来源：湖南省统计局。

图7 1980～2013年湖南省固定资产投资（不含农户）及其增长率

2. 居民收入稳步提高，消费需求稳中趋强。2013年，湖南省城乡居民收入同比分别增长9.8%和12.5%；城乡居民收入比连续四年下降，由2009年的3.1：1逐步缩小到2.8：1。从收入来源看，城乡居民财产性收入增速最快，同比分别增长26.3%和31%。在居民收入持续增长带动下，全省消费需求稳中趋强，全年实现社会消费品零售总额8 940.6亿元，同比增长13.8%（见图8）。汽车、家电、家具、金银珠宝类商品持续热销，零售额同比分别增长18.3%、23.8%、30.9%和40%。消费方式和消费观念进一步转变，调查显示城镇居民网络购物人均支出同比增长90.6%，农村居民医疗保健消费人均支出638元，比上年增长28.4%。

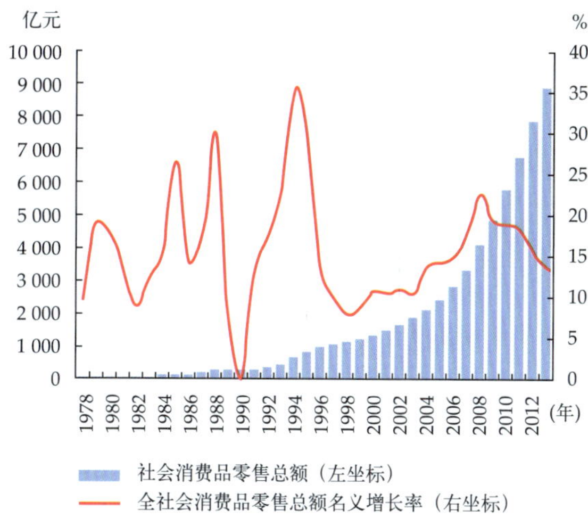

数据来源：湖南省统计局。

图8 1978～2013年湖南省社会消费品零售总额及其增长率

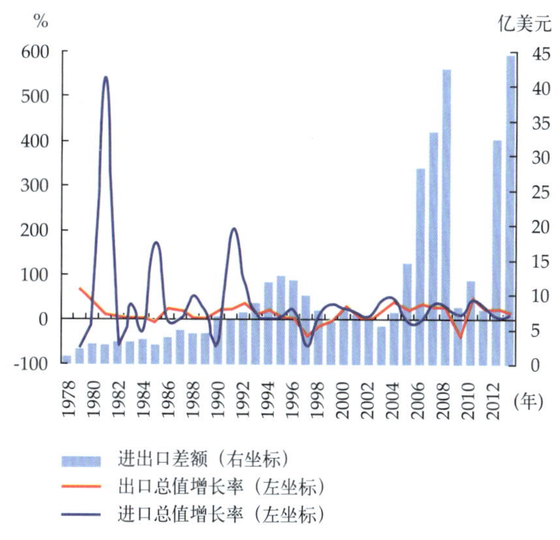

数据来源：湖南省统计局。

图9 1978～2013年湖南省外贸进出口变动情况

3. 进出口形势良好，经济外向度持续提高。2013年，湖南省进出口总额为1 560.2亿元人民币，以美元计价为251.6亿美元，同比增长14.7%。其中，出口为148.2亿美元，进口为103.4亿美元。进出口结构继续改善，机电产品和高新技术产品出口额同比分别增长13%和19.5%。民营企业成为推动进出口增长的主要力量，其进出口总额占全省进出口比重达46.1%。利用外资结构进

一步优化，全年实际使用外资87.1亿美元，同比增长19.6%，第三产业实际使用外资占比较上年提高8.6个百分点。对外投资规模稳步扩大，当年累计合同投资额15.8亿美元，同比增长22.1%。

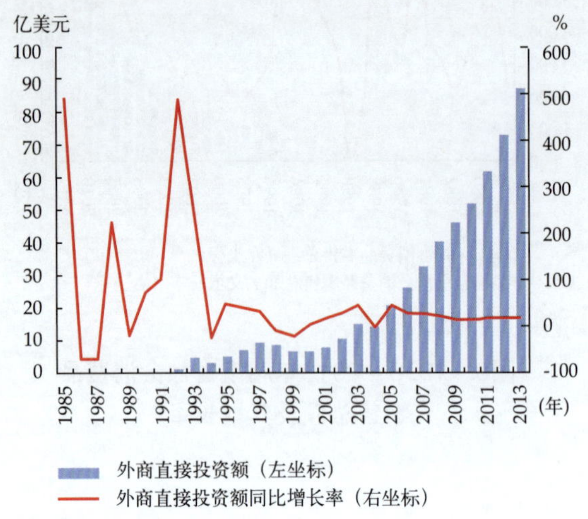

数据来源：湖南省统计局。

图10 1985～2013年湖南省外商直接投资额及其增长率

（二）三次产业融合发展，转方式调结构深入推进

2013年，湖南省转方式调结构深入推进，三次产业结构调整为12.7：47：40.3，其中第三产业比重较上年提高1.3个百分点。工业实力增强，工业增加值突破1万亿元，高新技术产业增加值占规模工业比重上升1.3个百分点。

1. 粮食生产好于预期，现代农业加快发展。2013年，湖南省克服严重干旱等自然灾害的影响，粮食生产保持基本稳定，实现总产量585亿斤。油料、烟叶和蔬菜大获丰收，分别增产8%、6.7%和3.5%，畜禽生产保持稳定。农业产业化取得新进展，农产品加工企业销售收入同比增长19.6%，利润同比增长14.2%。农产品加工业规模化、集约化水平不断提高，全省耕地流转面积达1 300余万亩。休闲农业发展水平显著提升，国家级五星休闲农庄达20家。金融支农力度不断加大，全年新增涉农贷款1 136.9亿元，同比多增392.9亿元。

2. 新型工业化取得新突破，创新驱动力不断增强。2013年，湖南省规模以上工业增加值同比增长11.6%，较上年回落3个百分点（见图11）。工业结构继续改善，高技术产业增加值同比增长27.3%，占规模工业的比重为9%，同比提高1.5个百分点。企业技术创新能力全面提升，创新主体地位日益增强，2013年全省规模以上工业新产品产值占工业总产值比重较上年提高1个百分点，工业企业专利申请量和授权量同比增长6.2%、3.6%。企业利润增速加快，全年规模工业企业实现利润增长19.2%，较上年提高8.7个百分点。

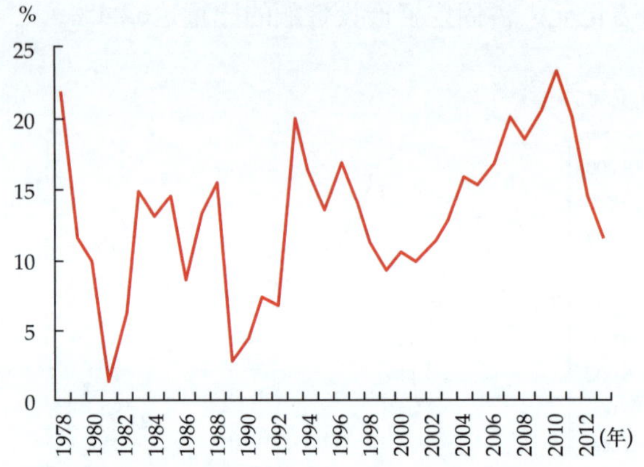

数据来源：湖南省统计局。

图11 1978～2013年湖南省规模以上工业增加值同比增长率

3. 现代服务业蓬勃发展，运行质量逐步提升。2013年，湖南省第三产业增加值为9 885.1亿元，同比增长11.4%，占地区生产总值的比重超过40%，达40.3%。全省注册资金千万元以上的物流企业达180余家，建成亿元以上商品交易市场320个，长沙市获批国家现代服务业试点城市。文化产业发展水平不断提高，天心文化产业园等4个文化产业重点项目建设稳步推进，中南传媒等4家单位入选首批国家数字出版转型示范单位。服务外包快速增长，执行金额同比增长32.2%。衡阳市综合保税区通过验收，湘潭市九华综合保税区获批。旅游业稳步增长，旅游总收入同比增长20%。

（三）主要价格指数温和上升，劳动力、资源品价格持续上涨

1. 居民消费价格温和上升，八大类商品涨多跌少。2013年，湖南省居民消费价格指数（CPI）呈温和上升走势，全年累计上涨2.5%，涨幅略低于全国水平，但下半年受猪肉价格低位回升和鲜菜价格涨幅较大等因素的影响，涨幅明显高于全国。从居民消费的八大类商品（及服务）价格看，呈“七涨一平”的态势，其中食品和居住类价格拉动全省CPI上涨1.76%，贡献率达68.75%，较上年上升3.75个百分点。

2. 生产价格延续低迷走势，在负值区间振荡运行。2013年，受经济增速回落、国际大宗商品价格疲软、部分行业产能过剩等因素影响，湖南省工业生产者出厂价格指数（PPI）累计下降1.5%，总体延续了2012年下半年以来的低迷走势。工业生产者购进价格指数累计下降1.6%，农业生产资料价格指数呈“V”型走势，5月降至年内低点后一路上扬，全年累计上涨2.3%；农产品生产者价格指数涨幅有所扩大，全年累计上涨2.1%，较上年提高1.9个百分点。

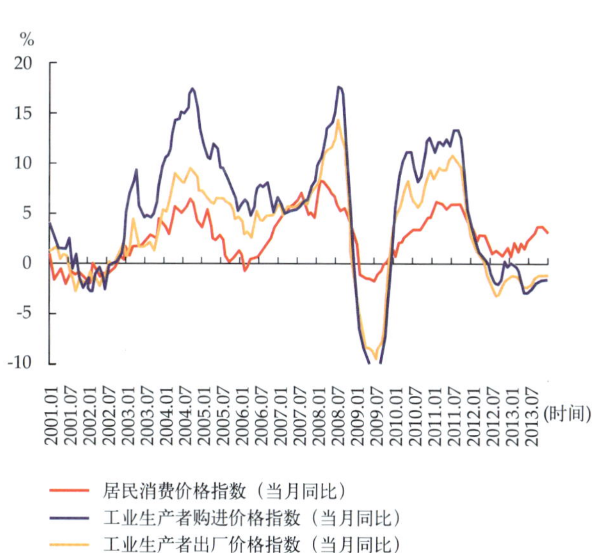

数据来源：湖南省统计局。

图12　2001～2013年湖南省居民消费价格和生产者价格变动趋势

3. 劳动力成本持续上涨，农民工工资保持较快增长。2013年，受人口老龄化和新型城镇化加速推进等因素的影响，农民工工资保持较快增长，2013年湖南省外出农民工人均年工资收入26 507元，同比增长19.2%。湖南省最低工资标准继续上调，但涨幅收窄，最高档由1 160元/月提高至1 265元/月，增长约9%，较上年下降4.7个百分点。

4. 资源品价格改革继续深化，阶梯水价正式实施。继2012年湖南省正式实施阶梯电价，长株潭[①]试点阶梯气价之后，2013年2月21日湖南省正式实施阶梯水价方案，一档执行基础价格，二档、三档分别执行基础价格的1.5倍和2倍。

（四）财政实力迈上新台阶，民生支出首超3 000亿元

2013年，湖南省克服经济增长放缓、政策性减收、严重干旱等多重不利因素影响，地方财政收入首次突破2 000亿元，达2 023.6亿元，同比增长13.6%，较上年小幅回落3.5个百分点。多个市县公共财政收入也实现了新跨越，收入超过100亿元的市州达到11个，超过10亿元的县市区达到49个。全省公共财政支出同比增长12.54%，较上年回落3.6个百分点，涉及民生的财政支出首次超过3 000亿元，占财政总支出的比重超过65%。

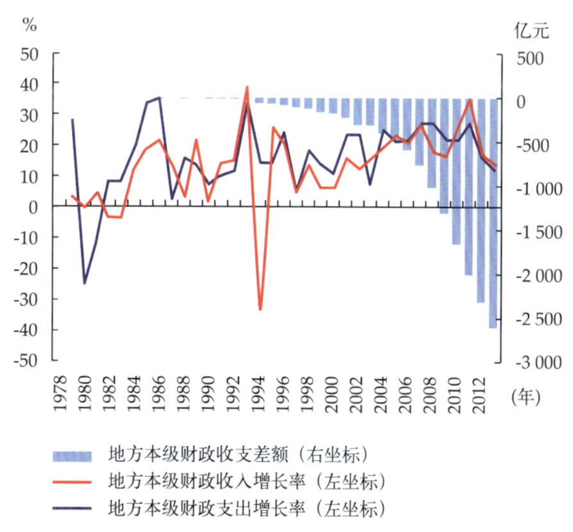

数据来源：湖南省统计局。

图13　1978～2013年湖南省财政收支状况

① 长株潭是指长沙市、株洲市和湘潭市。

（五）生态环境质量持续改善，绿色湖南建设成效凸显

2013年，湖南省大力推动节能减排工作，深入推进环境保护与生态文明体制机制建设，绿色湖南建设卓有成效。排污权有偿使用和交易试点范围扩大到湘江流域八市所有工业企业和全省火电、钢铁企业，废水废气主要污染物排放量均呈下降态势。湘江重金属污染治理取得实质性进展，2013年年末，湘江流域涉及重金属排放企业较2007年减少47%，湘江重金属污染物浓度稳步下降。农村环境综合整治全面推开，解决370多万农村人口饮水安全问题，建设110个乡村清洁工程示范村。生态建设加快推进，全年造林1 347.1万亩，森林覆盖率达57.5%，新增国家级自然保护区2个、国家湿地公园8处。循环经济发展态势良好，全省环保产业产值破千亿元，同比增长29%，《湖南省循环经济发展战略及近期行动计划》于2014年1月正式出台。

专栏2　农业生产经营主体的金融需求调查分析

近年来，湖南省以农户家庭为农业生产经营主体的格局正在发生深刻变化，专业大户、龙头企业、农民专业合作社、家庭农场等新型农业生产主体不断涌现，其金融服务需求呈现新变化和新趋势。对此，2013年，中国人民银行长沙中心支行在湖南省农村地区开展了“农业生产经营主体金融服务需求”专项调查，走访相关部门59个，召开座谈会42场，深入165个自然村，发放收回问卷614份。调查显示，农村生产经营主体金融服务需求呈现以下特点：

1. 普通农户信贷需求下降，新型主体需求上升。目前农村的温饱问题基本解决，普通农户维持简单再生产所需的资金一般能够自我满足，不需要向外融资。问卷显示，有28.7%的农户2013年没有融资需求；在有融资需求的农户中，超过一半可以通过自筹和亲友借贷解决（分别占36.7%和14.2%）。调查显示，71%的新型农业生产主体有通过银行信贷扩大生产规模的意愿，55%的新型农业生产主体向银行申请过贷款。

2. 农村小额信贷需求萎缩，大额信贷需求占据主导。调查显示，农户小额信用贷款需求日益萎缩，如某农村信用社5 000元以下农户小额信用贷款占农业贷款的比重，由2004年的50%下降至2012年的27%。调查显示，家庭农场、专业大户、合伙联营、股份合作农场、农民专业合作社、产业化龙头企业贷款平均申请额度分别为4.99万元、14.78万元、14.69万元、6.25万元、12.52万元和277.15万元。小额信用贷款之所以萎缩，是由于种养殖规模的扩大，传统5万元以下的小额贷款已不能满足当前新型农业经营主体的资金需求。

3. 临时性周转仍然普遍，中长期贷款需求增多。由于农业生产的季节性，农业经营主体金融需求呈现明显周转性的特点，主要集中在耕种时购买化肥、种子、薄膜等生产资料和农产品收购资金需求。调查显示，近年来新型农业主体为扩大生产规模，更加重视固定资产，如厂房、机器设备、基地建设、技术改造升级等方面的投资，对中长期贷款的需求明显增加。调查显示，有67.7%的农民专业合作社、52.7%的龙头企业希望贷款期限在三年以上。

4. 农村金融需求多元化发展，非信贷需求上升。农村经营主体由过去单一的融资需求向快捷的支付结算、财务管理、投资理财、信息咨询、农业保险等多样化金融需求转变。问卷显示，农村经营主体对政策及信息咨询需求占59.7%、信用卡需求占24.1%、财务顾问占13.9%。

为适应农村金融需求的新变化，金融系统可从以下几个方面着手，提高农村金融服务水平。一是进一步推动发展村镇银行、小额贷款公司等农村新型金融机构，丰富涉农金融主体。二是完善信贷管理机制，适当提高对农业主体信贷风险的容忍度。三是鼓励基层金融机构创新信贷产品,拓宽抵（质）押品范围，探索发展自助可循环流动贷款品种。四是允许更多的保险公司进入农业领域，扩大农业保险范围。

（六）房地产业运行总体平稳，油茶产业发展提质增效

1. 房地产市场运行总体健康平稳，主要指标增幅“前高后低”。房地产开发投资持续较快增长。2013年，湖南省完成房地产开发投资2 628.3亿元，同比增长18.9%，较上年提高5.2个百分点。2013年下半年以来，全省房地产开发投资增速始终处于19%～22%的较快增长区间。

市场供应明显加快，保障性安居工程建设目标超额完成。湖南省商品房施工面积为2.54亿平方米，同比增长18.9%，较上年提高13.9个百分点。新开工面积为8 869.1万平方米，同比增长33.7%，较上年提高43.1个百分点，延续了自5月以来的增长态势（见图14）。2013年，全省保障性安居工程新开工套数36.47万套，超过计划开工数3.21万套；基本建成套数为35.66万套，超过年度计划62%。

商品房销售前高后稳。2013年，湖南省商品房销售面积为5 952.4万平方米，同比增长15.6%，比上年提高10.5个百分点。商品房销售额为2 525.6亿元，同比增长21.1%，较上年提高8.8个百分点。第一季度全省商品房销售面积同比增幅39.1%，之后增速整体有所回落，成交量逐步回稳。

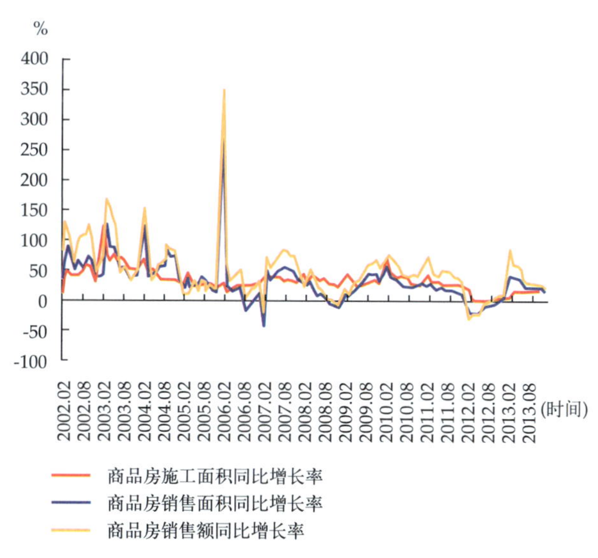

数据来源：湖南省统计局。

图14　2002～2013年湖南省商品房施工和销售变动趋势

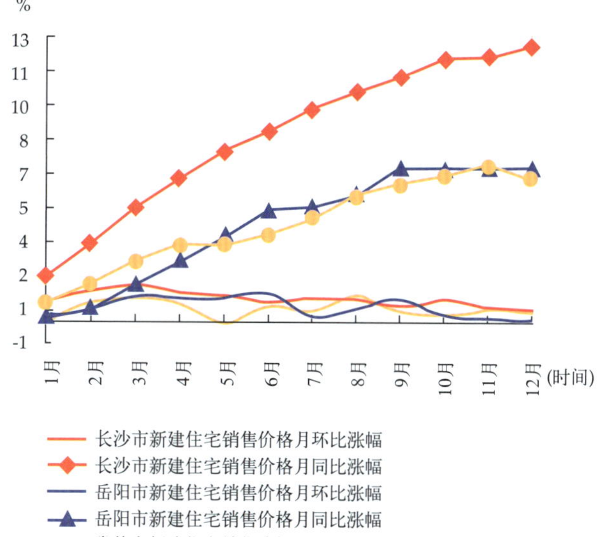

数据来源：湖南省统计局。

图15　2013年湖南省主要城市新建住宅销售价格变动趋势

房价涨幅有所扩大，个别热点城市房价上涨压力较大。2013年，湖南省商品住宅销售均价为3 670元/平方米，同比上涨6.5%，比上年提高6.3个百分点。与此同时，省内个别热点城市房价上涨压力较大。

房地产贷款增速年末放缓，差别化住房信贷政策执行情况较好。自2012年第三季度以来，湖南省房地产贷款增速持续攀升，同比增速一度高达27.6%。2013年下半年，房地产贷款虽保持高位增长，但增速逐季回落。2013年年末，全省房地产贷款余额4 038.4亿元，同比增长24.2%，高于各项贷款增速8个百分点，比上年提高3.4个百分点。此外，中国人民银行长沙中心支行监测数据显示，12月，主要银行机构首套房贷占比达94.4%，较上年同期提高0.8个百分点；首套房贷以基准利率为主，执行情况较好。

2. 油茶产业发展提质增效，优势地位继续巩固。湖南省是中国油茶核心主产区，油茶产业发展的条件和优势得天独厚。近年来，湖南省把发展油茶产业作为维护国家粮油安全、发展低碳生态农业、促进农民增收的战略措施来抓，推动油茶产业快速发展，取得了良好效益。2013年，全

省油茶产量15.6万吨，产值147.1亿元，为2008年产值的2.3倍。

湖南省油茶产业发展呈现以下特点：一是种植面积大，种植结构优。2013年年末，湖南省油茶林总面积达1 988万亩，占全国油茶林总面积的34.6%，较2008年扩大210万亩，主要集中在衡阳等7个市州。2008～2013年全省累计新造高产林和低产林改造面积占全部油茶林面积的41.1%，占比较2008年提高39个百分点。二是参与主体多元化，集约化生产成为主导。调查显示，企业、合作社以及种养殖大户逐步成为主导湖南油茶产业的主力军，同时形成了以320省道、常德、怀化等百里油茶产业带为代表的产业集群。三是产业链条不断延伸，对经济社会发展贡献加大。形成了集种苗、基地、加工、科技于一体的油茶产业链，油茶综合开发利用程度显著提高，涌现出了众多精制茶油品牌。同时，油茶精深加工呈现出良好势头，生态效益、综合经济效益得到进一步提高，对经济社会贡献明显。

（七）两型①社会建设步伐加快，区域经济发展态势良好

2013年，湖南省扎实推进两型社会建设，四大区域②产业集群发展各具特色、齐头并进。

长株潭“两型”社会试验区建设亮点纷呈。在全国率先出台两型产品政府采购制度，制定两型工业准入机制，正式实施《湖南省长株潭城市群生态绿心地区保护条例》，两型社会建设保障机制逐步健全。2013年长株潭地区生产总值同比增长11.5%，高于全省平均水平1.4个百分点；创新驱动力不断增强，规模工业新产品价值占全省总额比重达62.9%。

环洞庭湖生态经济区发展势头强劲。环洞庭湖生态区经济发展与生态建设并举，投资环境不断优化。岳阳绿色化工产业园进入国家循环化改造示范试点园区；西洞庭湖保护区获批国家级自然保护区；益阳市规模工业新产品价值同比增长1.69倍。

湘南地区承接产业转移国家示范区建设渐入佳境。湘南地区着力建设承接产业转移的新平台、跨区域合作的引领区、加工贸易的集聚区和转型发展的试验区，2013年区内加工贸易进出口额占全省53.8%，较上年同期提高6.7个百分点；高新技术产业增加值同比增长40.1%，占全省的比重由上年的14.4%提高至16.6%。

大湘西旅游产业提档升级加速，扶贫开发成效渐显。2013年，大湘西加快旅游产业转型发展，创新手段开展旅游宣传促销，旅游消费水平进一步提高，张家界市在旅游人数下降的不利形势下，仍实现了旅游收入同比增长1.7%；湘西州着力完善和丰富“神秘湘西”旅游产品体系。大湘西扶贫开发扎实推进、成效渐显，区域全年脱贫人口超25万人。

三、预测与展望

展望2014年，虽然宏观经济环境复杂多变，但湖南省经济发展的动力依然较为强劲。投资方面，全省正处于新型工业化和新型城镇化加速推进阶段，拥有“过渡带”和“结合部”的区位优势，加上洞庭湖生态经济区、长江经济带等发展战略启动实施，固定资产投资有望继续保持较快增长。消费方面，居民持续增收、消费结构升级、物价水平回落等因素都将有利于释放居民消费潜力。进出口方面，全球经济整体复苏步伐有望加快，世界贸易组织多哈回合取得突破性进展，加之中国经济结构调整和产业转型升级提速，湖南省外贸增长势头有望延续。

同时，也应看到全省经济还面临诸多挑战。全球经济运行仍存在不确定性；中国宏观经济增长内生动力仍有待增强；全省经济回升基础尚不稳固，传统消费处于平稳增长的饱和期，新兴消费有待培育，传统支柱行业受制于产能过剩等因素，改造升级压力大。综合以上分析，2014年湖南经济有望继续保持平稳较快增长态势。

2014年，湖南省金融机构将认真把握“稳中求

---

①“两型”是指环境友好型和资源节约型。

②“四大区域”是指长株潭城市群国家两型社会建设综合配套改革试验区、洞庭湖生态经济区、湘南国家级承接产业转移示范区和大湘西武陵山片区国家扶贫攻坚示范区。

进、改革创新”的总基调，继续贯彻落实稳健货币政策，保持信贷总量和社会融资规模平稳适度增长，提升重点领域和薄弱环节金融服务水平，守住不发生系统性和区域性金融风险的底线，为湖南建设“四化两型”、促进“三量齐升”创造稳定的货币金融环境，推动湖南经济持续健康发展。

中国人民银行长沙中心支行货币政策分析小组
总　纂：马天禄　肖　杰
统　稿：廖鹤琳　罗雪飞　赵遂彬
执　笔：曾得利　姜　超　李志刚　李远航　曾宪冬　郭　卉　司马亚玺　丁锐夫　罗　栋　吴　敏
提供材料的还有：吴盛光　覃兆勇　杨　波　胡丕吉　梁宏梅　徐爱华　肖灯峰　赵　晶　黄　河

附录

（一）2013年湖南省经济金融大事记

1月28日，湖南省首单区域集优中小企业集合票据——常德市第一期区域集优中小企业集合票据2.6亿元成功发行。

4月1日，《湖南省湘江保护条例》作为中国第一部江河流域保护的综合性地方法规正式施行。

6月27日，湖南省政府出台优化经济发展环境十条禁止性规定。

8月1日，湖南省对月销售额不超过2万元的小微企业实施免征增值税和营业税政策，惠及全省36万家个体工商户。

8月22日，湖南省委省政府出台《关于分类指导加快推进全面建成小康社会的意见》。

9月18日，中国人民银行、国家发展改革委等六部委联合下发《关于印发长株潭城市群金融改革发展专项方案的通知》，标志着指导长株潭城市群金融改革发展的纲领性文件获批。

11月15日，湖南省政府出台《关于金融支持经济结构调整和转型升级的实施意见》。

11月28日，中国人民银行长沙中心支行调整长沙市二套房贷款首付比例相关政策，规定首套房在90平方米以上的家庭，在长沙市内6区贷款购买第二套住房，最低首付比例提高至65%。

12月17日，湖南省决定于2014年1月1日全面启动工商注册资本认缴登记制，公司实收资本不再作为工商登记事项，公司股东（发起人）对缴纳出资情况的真实性、合法性负责。

2013年，湖南省对接国务院精简下放行政审批项目，取消和调整行政审批项目175项，向长沙市下放省级经济社会管理权限45项。

（二）2013年湖南省主要经济金融指标

表1　2013年湖南省主要存贷款指标

		1月	2月	3月	4月	5月	6月	7月	8月	9月	10月	11月	12月
本外币	金融机构各项存款余额（亿元）	23 722.4	24 382.3	25 075.3	25 027.6	25 452.0	25 747.3	25 841.5	26 232.5	26 473.1	26 599.5	26 841.7	26 876.0
	其中：储蓄存款	13 089.5	14 171.9	14 376.5	14 172.5	14 207.0	14 391.1	14 331.5	14 431.8	14 657.0	14 512.9	14 532.1	14 584.8
	单位存款	9 579.1	9 194.4	9 814.6	9 902.4	10 232.9	10 239.6	10 352.6	10 471.0	10 542.8	10 743.0	10 901.6	10 960.4
	各项存款余额比上月增加（亿元）	572.0	659.9	693.1	-47.8	424.4	295.3	94.1	391.1	240.6	126.4	242.3	34.3
	金融机构各项存款同比增长（%）	20.8	21.3	22.0	21.6	21.0	20.1	19.9	19.4	18.6	17.8	18.0	16.1
	金融机构各项贷款余额（亿元）	15 970.1	16 246.0	16 510.3	16 711.0	16 962.3	17 139.6	17 321.2	17 524.7	17 753.8	17 890.8	18 074.1	18 141.1
	其中：短期	4 946.8	5 022.3	5 084.6	5 119.2	5 156.0	5 185.5	5 269.9	5 350.9	5 440.8	5 477.3	5 561.0	5 565.1
	中长期	10 748.9	10 955.1	11 138.1	11 299.8	11 482.7	11 633.9	11 743.1	11 867.5	12 001.8	12 099.3	12 205.9	12 294.9
	票据融资	239.5	234.2	252.9	258.4	289.9	280.0	260.7	258.4	263.2	265.1	257.8	226.2
	各项贷款余额比上月增加（亿元）	277.7	275.9	264.3	200.6	251.3	177.3	181.7	203.4	229.1	137.0	183.3	67.0
	其中：短期	131.2	75.5	62.3	34.5	36.8	29.5	84.4	81.1	89.9	36.5	83.7	4.1
	中长期	209.6	206.2	183.0	161.7	182.9	151.3	109.1	124.4	134.3	97.5	106.7	89.0
	票据融资	-52.4	-5.3	18.7	5.5	31.5	-9.9	-19.3	-2.3	4.8	1.9	-7.3	-31.7
	金融机构各项贷款同比增长（%）	16.2	16.6	17.1	16.5	16.7	16.1	16.0	15.8	15.6	15.6	16.0	15.9
	其中：短期	17.3	17.4	18.4	18.4	17.6	16.1	18.1	17.3	16.3	16.3	17.1	16.6
	中长期	15.0	15.9	16.1	16.2	16.9	17.0	16.3	16.7	16.6	16.5	16.5	16.7
	票据融资	33.9	22.3	23.3	-2.1	-3.8	-11.8	-23.9	-29.4	-23.6	-22.3	-20.6	-22.5
	建筑业贷款余额（亿元）	519.9	557.4	576.7	590.0	591.3	594.6	596.7	606.7	627.9	603.7	616.8	600.3
	房地产业贷款余额（亿元）	772.0	787.4	801.4	818.8	841.5	842.3	841.2	828.7	825.6	823.2	837.5	860.8
	建筑业贷款同比增长（%）	34.5	40.0	39.9	35.2	32.9	30.9	30.8	32.3	35.6	29.0	28.4	21.9
	房地产业贷款同比增长（%）	21.4	23.9	24.6	25.0	28.6	26.6	25.9	24.4	21.7	21.6	23.1	23.7
人民币	金融机构各项存款余额（亿元）	23 610.4	24 271.6	24 961.4	24 915.9	25 316.6	25 631.8	25 720.1	26 103.1	26 328.0	26 461.9	26 694.5	26 756.6
	其中：储蓄存款	12 946.4	14 014.0	14 211.6	14 010.4	14 037.0	14 212.4	14 142.3	14 242.0	14 452.5	14 311.7	14 313.8	14 539.7
	单位存款	9 516.1	9 130.8	9 748.4	9 840.3	10 147.2	10 172.8	10 280.0	10 391.4	10 447.1	10 653.6	10 803.7	10 888.7
	各项存款余额比上月增加（亿元）	570.1	661.2	689.8	-45.4	400.7	315.1	88.4	383.0	224.9	133.9	232.6	62.1
	其中：储蓄存款	365.5	1 067.7	197.5	-201.2	26.6	175.4	-70.1	99.7	210.5	-140.8	2.0	225.9
	单位存款	120.9	-385.3	617.6	92.0	306.8	25.7	107.1	111.5	55.7	206.5	150.2	85.0
	各项存款同比增长（%）	20.9	21.4	22.1	21.9	21.1	20.4	20.1	19.5	18.6	17.8	17.9	16.1
	其中：储蓄存款	12.6	20.2	20.4	19.7	18.8	38.3	17.4	17.4	17.1	39.3	15.7	15.6
	单位存款	20.0	22.6	25.2	26.2	25.4	23.0	24.3	23.2	22.0	21.1	20.8	15.9
	金融机构各项贷款余额（亿元）	15 674.6	15 941.7	16 202.2	16 406.5	16 649.1	16 820.0	16 997.1	17 203.8	17 419.7	17 556.7	17 715.6	17 775.0
	其中：个人消费贷款	2 309.8	2 342.8	2 402.8	2 464.2	2 518.7	2 567.4	2 606.4	2 655.9	2 713.7	2 742.2	2 782.6	2 812.5
	票据融资	239.5	234.2	252.9	258.4	289.9	280.0	260.7	258.4	263.2	265.1	257.8	226.2
	各项贷款余额比上月增加（亿元）	294.3	267.1	260.5	204.3	242.5	171.0	177.1	206.7	215.9	137.0	158.8	59.4
	其中：个人消费贷款	65.4	33.0	59.9	61.5	54.6	48.7	39.0	49.5	57.8	28.6	40.3	29.9
	票据融资	-52.4	-5.3	18.7	5.5	31.6	-9.9	-19.3	-2.3	4.8	1.9	-7.3	-31.7
	金融机构各项贷款同比增长（%）	16.7	17.2	17.6	17.1	17.4	16.7	16.5	16.4	16.2	16.2	16.1	15.9
	其中：个人消费贷款	24.2	24.9	26.1	28.3	29.4	29.3	29.6	29.2	29.7	29.3	29.0	27.8
	票据融资	33.9	22.3	22.1	-2.1	-3.8	-11.8	-23.9	-29.4	-23.6	-22.3	-20.6	-22.5
外币	金融机构外币存款余额（亿美元）	17.8	17.6	18.2	17.9	21.9	18.7	19.6	21.0	23.6	22.4	24.0	19.6
	金融机构外币存款同比增长（%）	-2.8	-1.7	-4.3	-9.5	2.5	-16.3	-11.9	10.1	24.0	22.2	47.1	11.8
	金融机构外币贷款余额（亿美元）	47.1	48.5	49.1	48.9	50.7	51.7	52.5	52.0	54.3	54.4	58.5	60.1
	金融机构外币贷款同比增长（%）	6.6	3.4	7.8	0.0	0.6	3.1	5.7	5.2	4.6	7.3	25.1	21.0

数据来源：中国人民银行长沙中心支行。

表2　2001～2013年湖南省各类价格指数

单位:%

年/月		居民消费价格指数		农业生产资料价格指数		工业生产者购进价格指数		工业生产者出厂价格指数		长沙市房屋销售价格指数	长沙市房屋租赁价格指数	长沙市土地交易价格指数
		当月同比	累计同比	当月同比	累计同比	当月同比	累计同比	当月同比	累计同比	当季(年)同比	当季(年)同比	当季(年)同比
2001		—	-0.9	—	-1.6	—	1.1	—	-0.2	—	2.5	3.3
2002		—	-0.5	—	-2.0	—	-0.7	—	-0.8	—	1.7	1.1
2003		—	2.4	—	2.6	—	6.7	—	2.6	—	1.0	0.9
2004		—	5.1	—	12.1	—	14.4	—	8.0	—	2.1	3.1
2005		—	2.3	—	11.2	—	9.4	—	6.0	—	1.6	6.2
2006		—	1.4	—	0.7	—	6.5	—	4.3	—	3.3	1.4
2007		—	5.6	—	13.0	—	6.1	—	6.1	—	0.9	15.8
2008		—	6.0	—	26.5	—	12.0	—	9.3	—	0.0	3.1
2009		—	-0.4	—	-5.0	—	-7.4	—	-5.7	—	0.6	4.1
2010		—	3.1	—	1.4	—	10.0	—	6.9	—	3.7	9.0
2011		—	5.5	—	10.9	—	10.8	—	8.5	—	1.2	11.8
2012		—	2.0	—	4.7	—	0.1	—	-0.9	—	2.7	7.9
2013		—	2.5	—	2.3	—	0.1	—	-1.5	—	6.3	7.5
2012	1	3.7	3.7	7.4	7.4	3.0	3.0	2.2	2.2	2.4	—	—
	2	2.1	2.9	8.9	8.1	2.1	2.6	1.3	1.8	1.3	—	—
	3	3.0	2.9	8.4	8.2	1.1	2.1	0.9	1.5	0.9	1.5	9.6
	4	2.9	2.9	7.5	8.0	0.7	1.7	0.4	1.2	0.3	—	—
	5	2.9	2.9	6.5	7.7	0.3	1.4	-0.5	0.9	-0.3	—	—
	6	2.0	2.8	4.6	7.2	0.1	1.2	-1.6	0.4	-0.7	1.9	11.2
	7	1.2	2.6	2.9	6.6	-1.2	0.9	-2.3	0.0	-0.7	—	—
	8	1.4	2.4	1.7	5.9	-2.0	0.5	-3.1	-0.4	-0.7	—	—
	9	1.2	2.3	1.9	5.5	-2.0	0.2	-3.1	-0.7	-1.0	2.0	8.0
	10	1.0	2.1	1.9	5.1	-1.1	0.1	-2.3	-0.8	-0.8	—	—
	11	1.1	2.0	2.7	4.9	0.2	0.1	-1.7	-0.9	0.1	—	—
	12	1.7	2.0	3.4	4.7	-0.2	0.1	-1.4	-0.9	0.7	2.7	7.9
2013	1	1.0	1.0	3.0	3.0	0.1	0.1	-1.1	-1.1	1.9	—	—
	2	2.1	1.6	2.4	2.7	-0.2	-0.1	-1.1	-1.1	3.4	—	—
	3	1.4	1.5	1.9	2.4	-0.6	-0.3	-1.4	-1.2	5.0	3.6	12.1
	4	1.9	1.6	2.0	2.3	-1.9	-0.7	-2.0	-1.4	6.3	—	—
	5	1.6	1.6	1.4	2.1	-2.8	-1.1	-2.2	-1.6	7.5	—	—
	6	2.3	1.7	1.8	2.1	-2.8	-1.4	-2.2	-1.7	8.4	4.6	12.8
	7	2.8	1.9	1.9	2.1	-2.5	-1.5	-2.0	-1.7	9.3	—	—
	8	3.1	2.0	2.1	2.1	-1.8	-1.6	-1.4	-1.7	10.1	—	—
	9	3.7	2.2	2.7	2.1	-1.8	-1.6	-1.2	-1.6	10.7	6.2	11.1
	10	3.7	2.4	2.9	2.2	-1.7	-1.6	-1.2	-1.6	11.6	—	—
	11	3.6	2.5	3.1	2.3	-1.7	-1.6	-1.2	-1.5	11.6	—	—
	12	3.3	2.5	2.6	2.3	-1.5	-1.6	-1.0	-1.5	12.1	6.3	7.5

数据来源：湖南省统计局。

表3 2013年湖南省主要经济指标

	1月	2月	3月	4月	5月	6月	7月	8月	9月	10月	11月	12月
绝对值（自年初累计）												
地区生产总值(亿元)	—	—	4 658.8	—	—	10 921.8	—	—	16 913.6	—	—	24 501.7
第一产业	—	—	433.4	—	—	1 061.7	—	—	2 042.7	—	—	3 099.2
第二产业	—	—	2 277.4	—	—	5 310.5	—	—	8 055.5	—	—	11 517.4
第三产业	—	—	1 948.1	—	—	4 549.6	—	—	6 815.3	—	—	9 885.1
固定资产投资(亿元)	—	949.3	2 121.5	3 537.7	5 039.2	6 767.2	8 102.2	9 748.9	11 512.0	13 140.6	15 092.6	17 230.1
房地产开发投资	—	235.0	424.6	586.3	806.5	1 092.2	1 309.1	1 530.4	1 774.2	2 000.3	2 342.1	2 628.3
社会消费品零售总额(亿元)	712.9	1 405.2	2 028.5	2 638.7	3 353.5	4 109.8	4 826.8	5 526.3	6 319.8	7 161.6	7 980.0	8 940.6
外贸进出口总额(亿美元)	17.0	33.4	47.5	68.5	90.8	106.1	127.5	148.7	171.3	191.4	221.4	251.6
进口	8.2	15.0	20.2	28.5	38.6	44.3	51.7	60.7	70.1	78.5	90.3	103.4
出口	8.8	18.3	27.3	40.0	52.2	61.8	75.8	88.0	101.1	112.9	131.1	148.2
进出口差额(出口−进口)	0.6	3.3	7.1	11.5	13.6	17.6	24.1	27.3	31.0	34.4	40.8	44.8
外商实际直接投资(万美元)	74 362	139 418	219 879	289 245	372 032	477 111	514 622	579 169	650 312	729 377	814 580	870 482
地方财政收支差额(亿元)	-163.6	-388.1	-579.8	-702.2	-818.5	-923.4	-1 089.1	-1 197.1	-1 408.1	-1 922.3	-2 006.9	-2 611.9
地方财政收入	188.4	303.7	505.6	657.1	808.4	1 097.9	1 214.6	1 342.7	1 499.1	1 628.5	1 767.9	2 023.6
地方财政支出	352.0	691.8	1 085.4	1 359.3	1 626.9	2 021.2	2 303.7	2 539.8	2 907.2	3 550.8	3 774.7	4 635.5
城镇登记失业率(%)（季度）	—	—	—	—	—	—	—	—	—	—	—	4.2
同比累计增长率（%）												
地区生产总值	—	—	10.1	—	—	10.0	—	—	10.2	—	—	10.1
第一产业	—	—	4.5	—	—	3.4	—	—	2.1	—	—	2.8
第二产业	—	—	10.1	—	—	10.0	—	—	10.8	—	—	10.9
第三产业	—	—	11.1	—	—	11.3	—	—	11.6	—	—	11.4
工业增加值	—	10.9	10.6	10.5	10.4	10.3	10.6	11.0	11.4	11.5	11.6	11.6
固定资产投资	—	25.8	25.1	24.1	24.0	23.6	23.6	23.7	23.7	23.6	23.4	23.4
房地产开发投资	—	31.8	15.0	12.0	16.1	19.5	22.2	21.0	19.4	18.7	21.3	18.9
社会消费品零售总额	12.9	13.0	13.0	13.0	13.0	13.1	13.1	13.1	13.4	13.4	13.6	13.8
外贸进出口总额	11.5	17.8	3.6	13.2	11.4	9.4	13.4	15.8	18.2	20.4	19.8	14.7
进口	41.1	15.5	-4.7	3.7	4.4	1.6	2.6	4.4	7.7	11.5	11.5	10.7
出口	-6.8	19.8	10.7	21.1	17.3	15.8	22.1	25.2	26.8	27.5	26.3	17.6
外商实际直接投资	16.6	16.8	21.7	25.3	25.7	25.5	19.1	22.4	19.1	17.2	18.6	19.6
地方财政收入	23.5	20.6	21.9	22.0	18.9	16.2	15.1	15.7	12.8	15.0	13.4	13.6
地方财政支出	-1.2	20.3	24.3	20.9	15.1	13.1	13.4	12.4	11.6	27.1	18.9	12.5

数据来源：湖南省统计局。

2013年广东省金融运行报告

中国人民银行广州分行货币政策分析小组

[内容摘要] 2013年，广东省统筹稳增长、调结构、促改革、惠民生，经济发展呈现“稳中有进、稳中提质”的良好态势。全年地区生产总值和外贸进出口总额均突破万亿美元大关，经济增长质量和效益提升，区域发展协调性增强。

金融业深入推进改革发展各项工作，积极服务实体经济发展，金融运行积极向好，改革创新成效显著，粤港澳金融合作全面深化，普惠金融建设深入推进，金融生态环境建设取得实效。

2014年，广东省将坚持稳中求进、改革创新，激发市场活力，提高开放水平，强化创新驱动，加快转型升级，促进优质增长，推动绿色发展。金融业将认真贯彻落实稳健的货币政策，着力盘活存量，用好增量，保持社会融资规模适度增长，进一步提高金融服务实体经济的水平。

一、金融运行情况

2013年，广东省金融运行积极向好，改革创新成效显著，粤港澳金融合作全面深化，普惠金融建设深入推进，金融对实体经济的支持力度进一步加大。

（一）银行业总体稳健，货币信贷运行平稳

1. 银行业规模继续扩大，经营效益稳步提升。2013年年末，广东省银行业金融机构资产总额同比增长9.2%，机构个数和从业人员继续增加（见表1）。全年银行业资产质量保持稳定，净利润同比增长14.9%，增幅较上年提高5.5个百分点。

表1　2013年广东省银行业金融机构情况

机构类别	营业网点			法人机构（个）
	机构个数（个）	从业人数（人）	资产总额（亿元）	
一、大型商业银行	6 180	145 782	68 473	0
二、国家开发银行和政策性银行	82	2 425	6 604	0
三、股份制商业银行	1 201	45 780	40 120	3
四、城市商业银行	412	14 452	11 466	5
五、小型农村金融机构	5 800	74 228	18 607	99
六、财务公司	18	713	1 275	16
七、信托公司	6	1 601	390	6
八、邮政储蓄银行	2 075	13 575	3 928	0
九、外资银行	246	9 703	5 205	22
十、新型农村金融机构	76	2 140	383	31
十一、其他	4	935	1 583	3
合　计	16 100	311 334	158 033	185

注：1. 营业网点不包括总部。
2. 小型农村金融机构包括农村商业银行、农村信用社。
3. 外资银行法人机构个数含未改制的外国银行在华分行。
4. 新型农村金融机构指村镇银行。
5. “其他”包含金融租赁公司、汽车金融公司、货币经纪公司等。
数据来源：中国人民银行广州分行、广东银监局、深圳银监局。

2. 存款增加较多，季节性波动减弱。2013年广东省新增本外币存款1.42万亿元，创历史新高，年末存款余额达11.97万亿元，同比增长13.9%。从月度增量看，在利率市场化深入推进背景下，商业银行正逐步淡化时点考核，人民币存款增量在6月、9月、12月等季末月份反弹幅度明显减弱，在1月、4月、7月、10月等季初月份回调幅度也低于上年同期（见图1、图3）。受外汇“控流入”政策和美国退出量化宽松政策预期等因素的影响，全年外币存款减少29亿美元。

3. 贷款增长平稳，支持重点突出。2013年广东省新增本外币贷款8 283.8亿元，同比少增179.1亿元，年末贷款余额为7.57万亿元，同比增长12.8%。其中，在实体经济有效需求带动下，人民币贷款同比多增（见图2、图3）。房地产和基础设施建设投资快速增长，带动人民币中长期贷款增速持续上升。居民消费和小微企业贷款需求增强，非住房贷款成为个人贷款投放重心。受贸易融资大幅压减的影响，外币贷款同比少增。

金融支持广东省经济发展成效明显。2013年

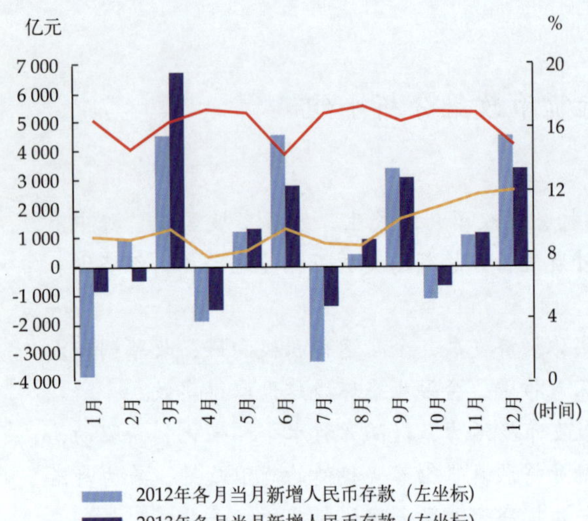

数据来源：中国人民银行广州分行。

图1　2012～2013年广东省金融机构人民币存款增长变化

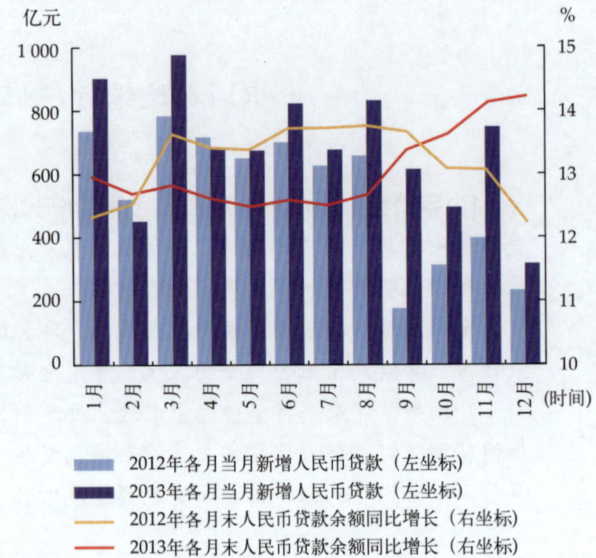

数据来源：中国人民银行广州分行。

图2　2012～2013年广东省金融机构人民币贷款增长变化

中国人民银行广州分行累计投放再贴现资金138.1亿元，其中解决中小微企业需求占比81.1%；累计发放支农再贷款36.2亿元，是上年的1.95倍。广东省全年以重点项目贷款为主的固定资产贷款增加1 796.9亿元，同比多增1 020.2亿元；小微型企业贷款增加1 669.5亿元，同比多增185.3亿元。粤东西北地区、县域、涉农贷款余额同比增速分别比全省水平快5.1个、7.5个和7.2个百分点。

4. 金融机构存贷款利率总体平稳，定价能力稳步提升。在市场供求关系基本稳定的情况下，贷款利率下限放开对利率水平影响较小，第一至第四季度广东省一般性贷款加权平均利率（不含贴现）分别为6.67%、6.78%、6.88%、6.95%，逐季小幅上行。除个别月份外，下浮、上浮和基准利率贷款占比基本保持稳定（见表2）。

受境内外汇资金供求变化等因素的影响，美元存款利率先降后升（见图4）。存款利率区间上浮1.1倍，政策实施一年多来，辖内商业银行积极应对市场竞争，主动调整定价策略，差异化、精细化定价，定价能力稳步提升。

5. 金融改革创新成效显著。全面开展服务贸易外汇管理改革，有效促进贸易投资便利化。启动美的、TCL、伟创力3家企业跨国公司总部外汇

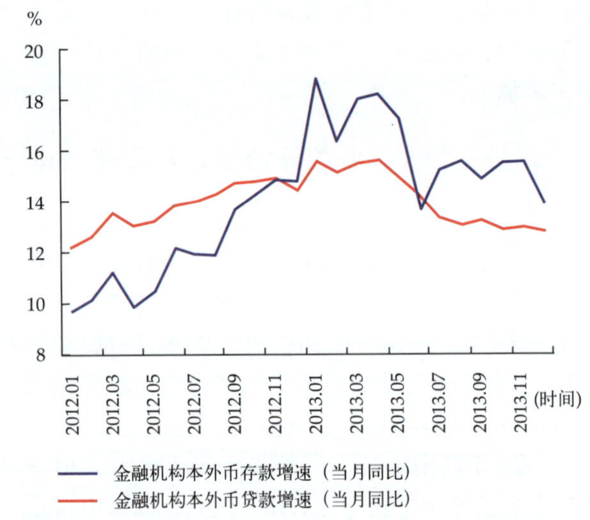

数据来源：中国人民银行广州分行。

图3　2012～2013年广东省金融机构本外币存、贷款增速变化

资金集中运营管理试点工作并取得初步成效。建立广东金融高新区股权交易中心、广东金融资产交易中心、广州金融资产交易中心，区域金融市场进一步完善。农村信用社法人治理结构不断完善。截至2013年年末，24家农村商业银行挂牌开业，73家农村信用社完成股权改造。

表2　2013年广东省金融机构人民币贷款各利率区间占比

单位：%

月份		1月	2月	3月	4月	5月	6月
合计		100.0	100.0	100.0	100.0	100.0	100.0
下浮		10.3	8.3	9.9	8.3	9.6	8.5
基准		27.8	26.7	23.0	22.3	21.4	24.1
上浮	小计	61.9	65.0	67.1	69.5	69.0	67.4
	(1.0，1.1]	28.3	31.0	29.8	31.6	31.4	29.8
	(1.1，1.3]	30.2	30.2	33.1	31.4	32.1	32.2
	(1.3，1.5]	2.6	2.5	3.1	5.1	4.2	4.2
	(1.5，2.0]	0.6	0.7	0.7	0.8	0.9	0.8
	2.0以上	0.2	0.6	0.4	0.5	0.3	0.3
月份		7月	8月	9月	10月	11月	12月
合计		100.0	100.0	100.0	100.0	100.0	100.0
下浮		6.0	6.4	9.0	5.8	10.9	9.5
基准		22.2	20.5	24.1	26.2	21.9	22.1
上浮	小计	71.8	73.1	66.9	68.0	67.2	68.4
	(1.0，1.1]	29.4	27.7	27.0	26.8	25.3	24.3
	(1.1，1.3]	35.3	36.5	31.5	31.7	31.1	32.6
	(1.3，1.5]	5.3	6.5	7.0	8.0	8.4	8.9
	(1.5，2.0]	1.3	1.8	0.8	0.7	1.2	1.1
	2.0以上	0.5	0.5	0.7	0.8	1.2	1.6

数据来源：中国人民银行广州分行。

6. 跨境人民币业务规模和范围进一步扩大。2013年，广东省办理跨境人民币结算业务1.7万亿元，比上年大幅增长48%，结算量约占全国1/3，连续五年居全国首位；办理跨境人民币结算业务的企业（机构）23 986家，办理业务的银行网点2 354个，与境外发生业务的国家和地区189个，分别较年初增加8 086家、464个和27个。2013年广东外贸进出口总额中，约有16%使用人民币结算，比全国高4个百分点。

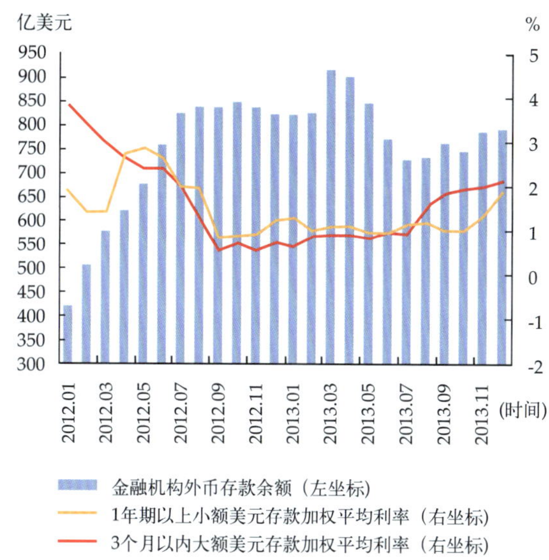

数据来源：中国人民银行广州分行。

图4　2012～2013年广东省金融机构外币存款余额及外币存款利率

7. 粤港澳金融合作全面深化。截至2013年年末，累计有1.38万亿元人民币从广东省流向港澳地区，有1.33万亿元人民币从港澳地区回流广东省。香港有6家银行在广东省设立59家异地支行，广东省有6家证券公司、7家基金管理公司和1家资产管理公司的香港子公司取得人民币合格境外机构投资者（RQFII）资格。广东已成为人民币“走出去”和“流回来”的主要枢纽。同时，粤港澳三地金融基础设施互联互通取得重大进展。粤港跨境缴费通业务已顺利开通，岭南通与澳门通实现互联互通，银联多币种卡在珠海市横琴新区率先发行，香港地区银联商户启动收单人民币结算业务。

专栏1　广东省梅州市农村土地承包经营权抵押贷款取得明显成效

广东省梅州市农业人口占比超过75%，农民手中有土地，但缺少创业资金，农村经济发展受到限制。2013年，梅州市以“地方政府支持、人行协调主导、金融机构参与”为模式，率先推进农村土地承包经营权抵押贷款试点业务，激活了农民手中的“沉睡的资本”。

一、主要做法

（一）整合资源，构建六位一体新模式。联合梅州市农业局、金融局、供销社、邮政局等9家单位，将现有资源进行融合，构建“组织+技术+培训+市场+流通+支撑”六位一体的致富培育新模式，组织开展8场大规模致富和农业融资轮训活动，受训人数近3 000人。

（二）健全制度，保障业务有序开展。出台金融支持新型农业经营主体工作方案、农村土地承包经营权抵押登记实施细则和操作办法，规范抵押登记业务文书模板，为贷款业务的有序开展提供保障。

（三）试点先行，积累经验推动业务不断深入。选取“全国农村综合改革示范试点单位”蕉岭县作为试点，推动该县完成农村土地承包经营权确权登记颁证工作，建立农村产权流转交易和融资担保平台，为交易双方提供“一站式”服务。

（四）政策引导，推动农业资源转为产业优势。累计发放支农再贷款2.9亿元，办理再贴现2.13亿元，其中涉农票据占60%，增强地方法人金融机构支农力度。推动地方政府设立现代农业产业基金，为涉农企业提供融资新渠道，首期募集资金6 500万元。

（五）创新模式，增强信贷支农力度。结合农村信用体系建设，推行综合授信模式，简化授信手续，实行优惠贷款利率。在此基础上，探索以公司、“第三方担保+农村土地经营权抵押”等方式，解决土地规模化开发资金需求。

二、取得成效

（一）“资源变资本”，促使资金回流农村，推动农业经济加快发展。土地承包经营权抵押贷款把农村土地资源变为资本，一方面提高了农户贷款的可获得性，另一方面调动了金融机构发放贷款的积极性。截至2013年年末，梅州市已累计发放土地承包经营权抵押贷款6.6亿元。

（二）“黄土变黄金”，激活土地潜能，促进农业与文化、旅游等新型产业融合发展。土地承包经营权抵押贷款通过盘活农村土地资源，有效提升了农民生产经营的可用资源，推动了山地综合经营开发。截至2013年年末，梅州市新培育发展休闲农业基地8个，已建成耕山致富标准示范园18个。

（三）“小农户变大农场”，加速农业产业结构转变，实现农业产业化发展。土地承包经营权抵押贷款提高了农民承包土地流转的积极性，推动了农村土地规模化经营。2013年，梅州市新建56家家庭农场，新增3家农民专业合作社全国示范社、19家省级示范社和17家省级重点农业龙头企业。

（二）证券业稳步发展，市场成交量和筹资额增加

1. 证券机构经营平稳，改革发展稳步推进。2013年年末，广东省法人证券公司、基金公司、期货公司分别为22家、23家和23家，机构数量同比分别持平、增加2家和减少1家（见表3）；证券业总资产6 967.7亿元，同比增长23.7%，基金规模13 105.7亿份，同比下降11.3%；全年净利润同比增长10.7%。广东省积极推进证券改革发展和监管创新。建立“12386”热线工作机制，切实加强投资者保护工作。

2. 市场成交量和筹资额扩大，上市公司数量基本稳定。2013年广东省地方法人证券公司股票基金交易金额同比增长50.8%，上市公司融资总额同比增长108.9%，期货公司代理交易额同比增长

表3　2013年广东省证券业基本情况

项目	数量
总部设在辖内的证券公司数（家）	22
总部设在辖内的基金公司数（家）	23
总部设在辖内的期货公司数（家）	23
年末国内上市公司数（家）	366
当年国内股票（A股）筹资（亿元）	1 376
当年发行H股筹资（亿元）	31
当年国内债券筹资（亿元）	1 907
其中：短期融资券筹资额（亿元）	986
中期票据筹资额（亿元）	412

注：国内债券筹资为非金融企业债券融资数据。
数据来源：广东证监局、深圳证监局。

54.9%，为广东省“稳增长、调结构、转方式”提供了有力支持。受暂停IPO的影响，年末上市公司366家，总市值为32 236亿元，同比增长16.2%。

（三）保险业总体向好，功能作用有效发挥

1. 保险机构经营总体向好，业务结构不断优化。2013年年末，总部设在广东省的保险公司有18家（见表4），和上年年末持平；保险公司总资产达到5 608.0亿元，同比增长19.7%；保险从业人员达到31.1万人。全年保险业实现保费收入、赔付支出同比分别增长12.5%和27.7%，承保利润同比下降34.9%。保险公司产品创新力度加大，结构不断优化。全年推出保险新品种502个，关系国计民生的责任、保证、农业险保费收入同比分别增长18.4%、18.3%和45.8%，均高于财产险增速。

2. 保险保障功能作用有效发挥。保险业积极参与台风等灾害的抢险救灾工作，涉农保险保障程度扩大，赔款同比增长51.4%，受益农户60.1万人次；积极运用市场化手段分担政府责任，为社会稳定提供了5.6万亿元的风险保障；通过发展补充医疗、商业健康和养老保险等，完善了多层次社会保障体系。

表4　2013年广东省保险业基本情况

项目	数量
总部设在辖内的保险公司数（家）	18*
其中：财产险经营主体（家）	10
人身险经营主体（家）	6
保险公司分支机构（家）	84
其中：财产险公司分支机构（家）	39
人身险公司分支机构（家）	45
保费收入（中外资，亿元）	1 903
其中：财产险保费收入（中外资，亿元）	660
人身险保费收入（中外资，亿元）	1 243
各类赔款给付（中外资，亿元）	619
保险密度（元/人）	1 795
保险深度（%）	3.1

注：* 另两家保险公司为集团控股公司。

数据来源：广东保监局、深圳保监局。

（四）金融市场交易活跃，融资结构继续改善

1. 银行信贷增长较多，表外融资占比扩大。2013年，广东省实体经济从金融体系获得融资总量稳步提高，融资结构持续优化。全年社会融资总规模同比增长10.5%，占全国的8.0%。其中，银行信贷保持较快增长，占社会融资规模的61.6%；表外融资增长迅猛，占社会融资规模的28.6%，同比提高9.3个百分点（见图5）。

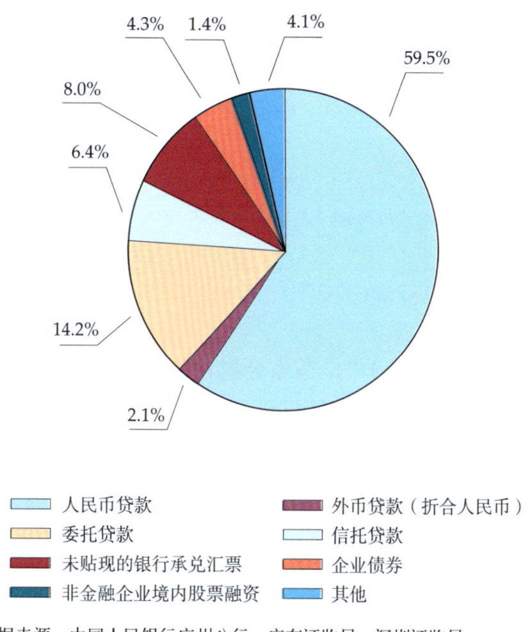

数据来源：中国人民银行广州分行、广东证监局、深圳证监局。

图5　2013年广东省社会融资规模分布

直接债务融资工作深入推进。佛山市两家中小企业成功发行“区域集优”集合票据1.4亿元；全年全省非金融企业发行债券1 907亿元，同比增长13.6%。

2. 货币市场交易呈净融入格局，利率水平冲高回落。2013年，广东省金融机构同业拆借、债券回购和现券交易累计成交66.47万亿元，累计净融入资金6.91万亿元。从资金流向看，全国性大型商业银行多为净融出，地方性商业银行多为净融入。受6月银行间市场资金紧张状况的影响，货币市场利率在年中大幅冲高后回落。

3. 票据市场运行平稳，利率水平前低后高。2013年，广东省金融机构银行承兑汇票余额平稳增长，贴现余额逐季减少，直贴、转贴现交易保持活跃（见表5）。受银行间市场流动性变化的影响，贴现、转贴现利率呈现前低后高走势（见表6）。票据市场结构优化，2013年年末粤东西北地区贴现余额同比增长达115%。商业承兑汇票贴现规模及占比回升。

表5 2013年广东省金融机构票据业务量统计

单位：亿元

季度	银行承兑汇票承兑		贴现			
			银行承兑汇票		商业承兑汇票	
	余额	累计发生额	余额	累计发生额	余额	累计发生额
1	7 163.4	4 594.5	1 537.9	15 801.9	125.0	988.9
2	7 449.0	8 821.0	1 654.1	32 008.4	164.3	2 855.7
3	7 451.4	12 644.0	1 404.9	47 823.5	147.0	4 576.1
4	7 896.8	17 588.3	1 241.8	62 058.7	154.2	6 354.0

数据来源：中国人民银行广州分行。

表6 2013年广东省金融机构票据贴现、转贴现利率

单位：%

季度	贴现		转贴现	
	银行承兑汇票	商业承兑汇票	票据买断	票据回购
1	4.8791	6.2986	4.6881	4.3148
2	4.8269	5.7347	4.8439	4.4842
3	6.6153	7.4705	5.3779	5.5335
4	7.0127	7.9090	5.7999	6.1605

数据来源：中国人民银行广州分行。

4. 外汇业务大幅增长，黄金业务结构有所调整。2013年，广东省银行结汇收入为4 182.7亿美元，售汇支出为2 162.3亿美元，同比分别增长24.2%和8.9%，实现顺差2 020.5亿美元，同比增长46.9%。受国际金价大幅下降和场内交易创新产品推出等因素的影响，金融机构黄金业务出现结构性变化，场内交易量同比大幅上升，场外交易量同比下降。

（五）金融生态环境建设取得实效

2013年，广东省深入推进金融生态环境建设，信用环境和司法环境持续改善，金融基础服务水平进一步提高。一是稳步推进中小微企业和农村信用体系试验区建设，开发并运行全省统一的农户信用信息系统，全年农户和中小企业信用档案分别比上年增加67.8万个和2.8万个。二是成功上线第二代支付系统，支付清算系统覆盖率达100%，业务量保持较快增长。金融IC卡受理环境在全国居于领先地位。三是组织开展货物贸易外汇收支、虚假转口贸易、房地产企业外资流入等专项检查，有效防范了异常外汇资金跨境流入。四是深入推进金融消费者权益保护协会建设，稳步推进“12363”电话试点工作，实现广东省各地市金融消费者保护组织全覆盖。

二、经济运行情况

2013年，广东省经济发展呈现“稳中有进、稳中提质”的良好态势。全年地区生产总值和外贸进出口总额均突破万亿美元大关，达到6.22万亿元和1.09万亿美元，同比分别增长8.5%和10.9%（见图6），经济增长质量和效益提升，区域发展协调性增强。

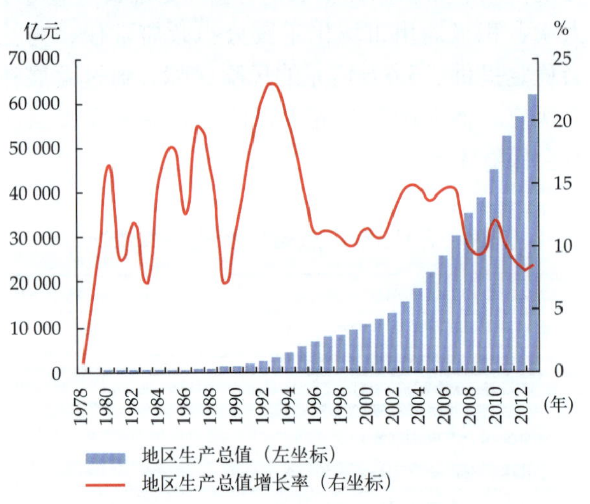

数据来源：广东省统计局。

图6 1978～2013年广东省地区生产总值及其增长率

（一）三大需求总体稳定，内需拉动作用增强

2013年，广东省投资保持较快增长，消费稳中见升，进出口恢复性增长。三大需求对地区生产总值的贡献率分别为36.8%、40.9%和22.3%，

内需贡献率同比提高4.2个百分点。

1. 投资较快增长，结构有所优化。2013年，广东省完成固定资产投资22 858.5亿元，同比增长18.3%，增幅同比提高2.8个百分点（见图7）。投资呈现四大亮点：一是民间投资拉动作用增强，全年增速达25.5%，拉动全省固定资产投资增长13.4个百分点。二是第三产业投资快速增长，增幅比上年高7.1个百分点。三是重点行业和新兴产业投资增速较快，汽车、石化、医药投资同比分别增长24.9%、35.4%和32.2%。四是粤东西北地区投资持续提速，增幅比珠三角地区高12.3个百分点。

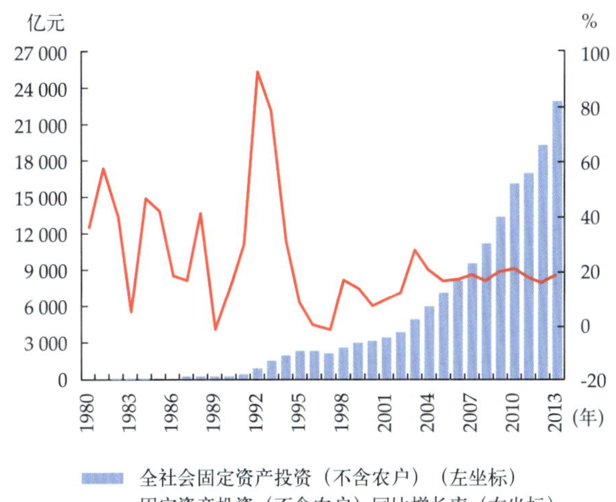

数据来源：广东省统计局。

图7　1980～2013年广东省固定资产投资（不含农户）及其增长率

2. 城乡居民收入增速提高，消费稳中见升。2013年，广东省城镇居民可支配收入和农村居民人均纯收入分别达33 090.1元和11 669.3元，同比增长9.5%和10.7%，增幅分别比上年提高0.2个和1.4个百分点。在收入增长带动下，实际消费稳中见升，全年累计实现社会消费品零售总额25 453.9亿元，同比增长12.2%（见图8），比上年高0.2个百分点。信息消费成为重要的消费亮点，2013年全省消费规模达6 400亿元，同比增长21%。

3. 进出口总额突破万亿美元大关，贸易结构继续优化。2013年广东省进出口总额达到10 915.7亿美元，同比增长10.9%；占全国的26.2%，较上年高3.2个百分点（见图9）。贸易结构持续优化：一般贸易进出口继续保持稳中有升，加工贸易进出口额增速走低；机电产品和高新技术产品出口增长较快，同比分别增长12.9%和 15.8%；对欧盟和美国进出口额同比分别增长1.6%和8.7%，比上年分别提高8.6个和4个百分点。

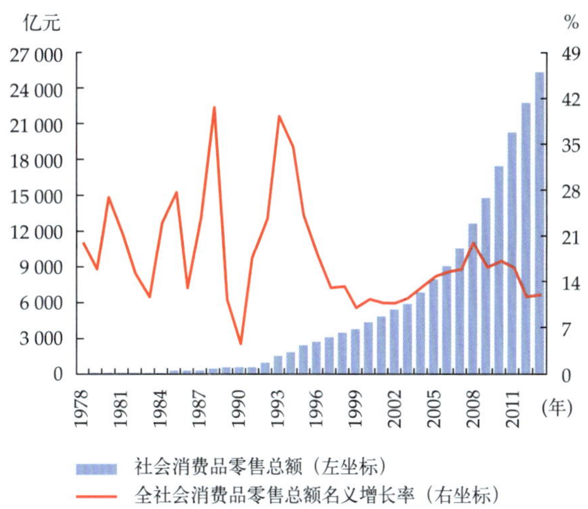

数据来源：广东省统计局。

图8　1978～2013年广东省社会消费品零售总额及其增长率

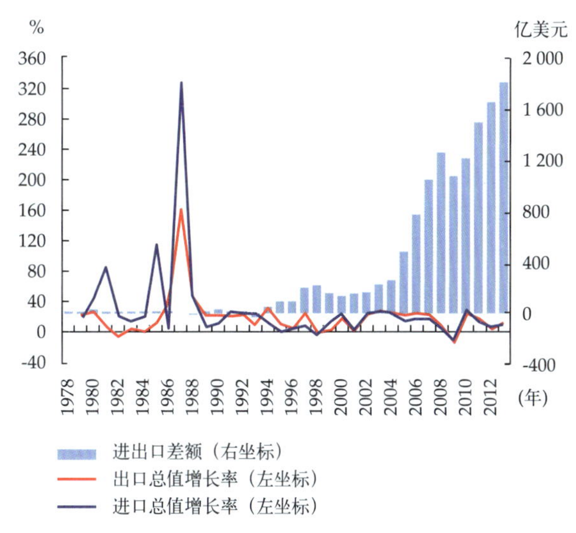

数据来源：广东省统计局。

图9　1978～2013年广东省外贸进出口变动情况

2013年，广东省实际利用外商直接投资249.5亿美元，同比多增14亿美元；同比增长6.0%（见图10）。

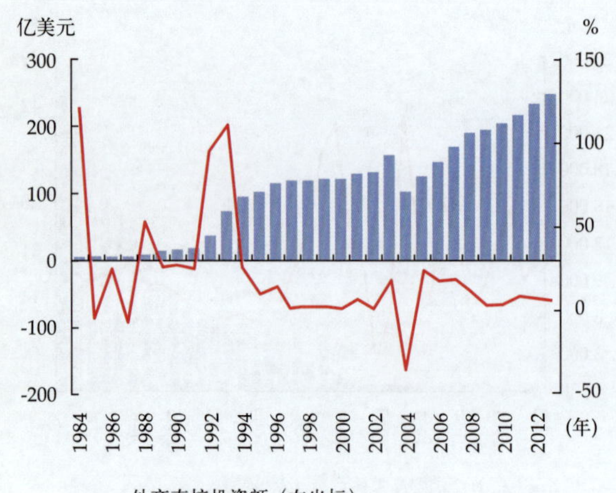

数据来源：广东省统计局。

图10　1984～2013年广东省外商直接投资额及其增长率

（二）第三产业发展加快，经济结构不断优化

2013年，广东省产业结构进一步优化，三次产业比例从上年的5.0：48.8：46.2调整为4.9：47.3：47.8，第三产业比重近10年来首次超越第二产业。

1. 农业生产增幅有所回落。2013年，受强台风、强降雨等特大自然灾害和H7N9禽流感重大疫情等不利因素的影响，广东省农业生产增幅有所回落，全年实现增加值3 047.5亿元，同比增长2.5%，增幅比上年低1.4个百分点。粮食总产量1 315.9万吨，同比减少5.8%。金融对农业支持力度加大，2013年广东省新增涉农贷款1 344.9亿元，同比多增297.5亿元。

2. 工业结构优化，企业经济效益好转。2013年，广东省规模以上工业增加值增速保持在8.6%～9.1%（见图11），波动很小，对广东省经济稳定增长发挥了重要作用。主导产业如计算机、通信和其他电子设备制造业同比增长9.9%，汽车制造业实现恢复性增长。高端先进产业地位进一步凸显，规模以上工业中高新技术制造业增加值同比增长9.8%，先进制造业增加值同比增长9.3%。

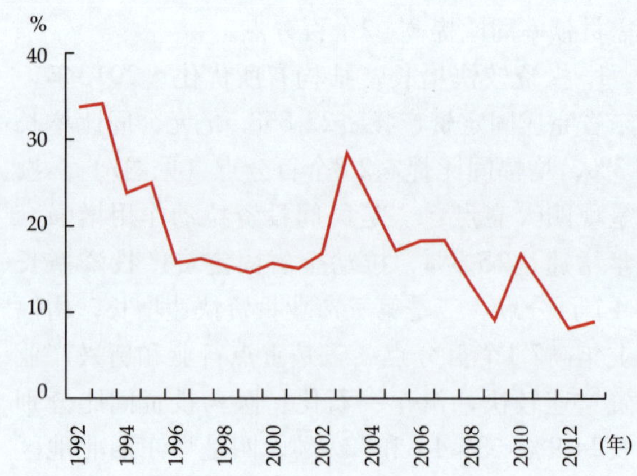

数据来源：广东省统计局。

图11　1992～2013年广东省规模以上工业增加值同比增长率

工业销售以内销为主，七成靠内需拉动。企业经济效益恢复性好转，1～11月实现利润总额4 713.7亿元，同比增长25.9%，企业销售利润率同比提高0.7个百分点，亏损面持续收窄。

3. 第三产业在交通运输、金融、房地产业的带动下加快增长。2013年，广东省第三产业实现增加值29 689亿元，同比增长9.9%，占地区生产总值的比重首次超过第二产业。分行业看，交通运输业、仓储和邮政业、金融业、房地产业对经济增长的贡献率合计达到24.3%。邮电业务发展较快，规模以上快递企业快递业务量同比大幅增长55.5%。

（三）消费价格涨幅回落，生产价格降幅扩大

1. 居民消费价格涨幅略有回落。2013年，广东省居民消费价格指数总体稳定在2.0%～2.5%（见图12），下半年略有上扬，呈现前低后高态势，全年上涨2.5%，同比回落0.3个百分点，低于全国平均水平0.1个百分点。

2. 工业生产价格降幅扩大。受国际大宗商品价格持续震荡等因素的影响，2013年广东省工业生产资料价格前高后低。工业生产者购进价格指数同比下降1.8%，降幅同比扩大1.3个百分点，工业生产者出厂价格指数累计下降1.2%，降幅同比扩大0.7个百分点。

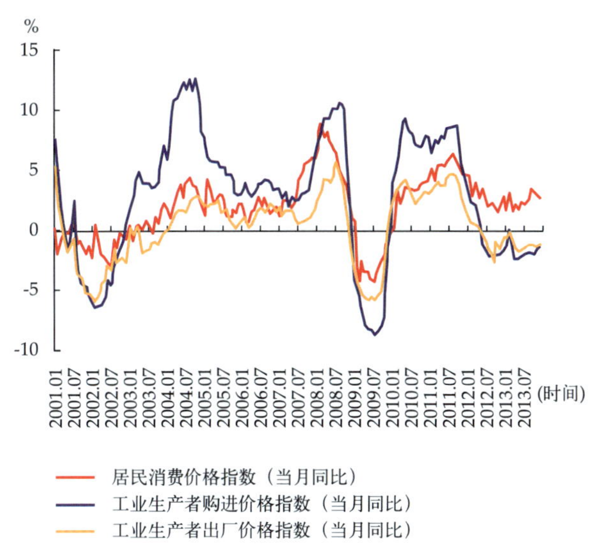

数据来源：广东省统计局。

图12　2001～2013年广东省居民消费价格和生产者价格变动趋势

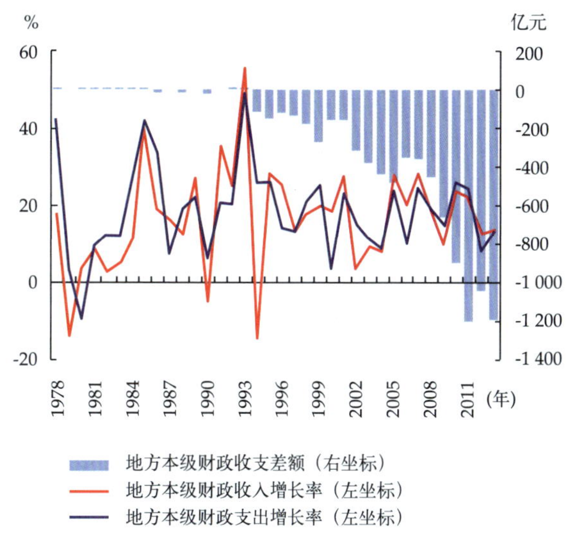

数据来源：广东省统计局。

图13　1978～2013年广东省财政收支状况

（四）财政收入较快增长，民生类支出进一步加大

2013年，广东省地方公共财政预算收入为16 964.4亿元，同比增长13.6%，增幅同比提高0.6个百分点（见图13）。分税种看，增值税增速前低后高，消费税低位回升，所得税增速提高；“营改增”积极效应逐步显现，企业购进固定资产推动升级改造积极性提高。地方公共财政预算支出为8 265.78亿元，同比增长13.7%，增幅同比提高0.7个百分点，其中对教育、社保、就业等11类民生支出增长16.1%。

（五）能耗水平继续降低，生态文明建设取得新进展

2013年，广东省单位GDP能耗下降幅度超过4.0%。高耗能行业能耗水平得到有效控制，六大高耗能行业能源消费量仅增长3.3%。在调查的68个主要工业产品中，有44个产品单位能耗下降，下降面达64.7%。新增污水日处理能力106.9万吨，完成锅炉整治、油气回收等大气治理项目3 065项，顺利完成国家淘汰落后产能任务。全面推进新一轮绿化广东大行动，建成生态景观林3 160公里、绿道9 018公里，完成森林碳汇工程362万亩，森林覆盖率达58.2%。

专栏2　揭阳市中德金属生态城“五个创新”推动产业转型升级

金属产业是广东省揭阳市支柱产业之一，共有企业7 608家，产业增加值占全市工业增加值比重近20%。国际金融危机后，揭阳市与德国有关方面合作，共同建设揭阳市中德金属生态城，构筑金属产业转型升级大平台。生态城规划面积约3.7万亩，计划总投资1 500亿元，建成后预计年可创工业总产值2 000亿元。生态城在园区建设、国际合作、产业转型升级、新型城镇化建设、绿色生态发展等方面进行了积极探索，实现了理念和机制的五个创新。

（一）创新管理模式，行业协会主导办园。成立金属企业联合会，由联合会发起、会员单位自愿认购，创立产业投资基金，由基金注资成立投资管理公司，作为项目开发建设主体，不再设立“管委会”类的一级政府机构，构筑了由行业协会牵头组织、民间投资开发、

专业化运作、企业化管理、自负盈亏的新型工业园区建设管理新格局。2013年共有712家企业加入联合会，投资主体覆盖了行业规模较大的100多家企业，首期募集资金10亿元，已实现近50%增值。

（二）创新国际合作方式，实现人才、技术、研发等多个领域合作。通过联合会与欧洲有关产业协会直接交流，实现以往依靠单个企业或政府无法达到的效果。2013年已与德国机械设备制造业联合会、高级专家组织、达姆斯塔特应用科技大学签订协议，引进生产设备和技术，为园区企业定制专家派遣服务，创办中德双元应用科技大学。

（三）创新产业转型升级方式，努力打造全产业链。直接从产业链两端的生产性服务业着手启动，优先培育商务服务、现代物流、循环经济、金融结算、科技创新、品牌孵化、产品展销等现代服务功能，带动园区实现“全产业链”升级。2013年有5家中德示范合作企业入园建设，著名的高端金属线生产企业贝肯霍夫集团公司已明确将进驻。

（四）创新新型城镇化发展模式，积极推进产城融合。采用德国工业小镇规划理念，将金属生态城定位为集综合配套服务和生产制造功能于一体的产业新城。园区工业仓储用地占比33.7%，低于全省各类园区平均水平20.5个百分点。居住、商业服务、公用设施、绿地与广场等配套服务用地占比超过50%。

（五）创新绿色生态发展模式，疏堵结合、集中治污。综合运用市场、法律、经济、行政等手段，集中设立专门的酸洗平台和电镀工业园区，采用先进技术，实施集中治污。引进达姆斯塔特工业大学IWAR研究所，主导推广实施柏林水务膜浓缩污水处理技术，确保园区电镀废水利用率达到99.64%以上，实现污水“零排放”。

（六）房地产市场总体平稳，物流产业加快发展

1. 房地产市场总体平稳，差别化住房信贷政策成效明显。

（1）开发投资稳定增长，开发企业资金充裕。2013年，广东省房地产开发投资共完成6 519.5亿元，同比增长21.8%，增幅比上年高10.5个百分点。全年房地产开发企业到位资金同比增长32.3%，五成房地产资金来源于销售回笼，资金充裕度有所提高。

（2）商品房施工面积增加，保障房建设提速。2013年，广东省商品房施工面积为46 480.5万平方米，同比增长18.3%，增速同比提高9.5个百分点（见图14）。保障性住房新开工套数完成年度任务的114.4%，基本建成14.45万套，其中公租房8.42万套。

（3）商品房销售旺盛，价格上涨压力加大。2013年，广东省商品房销售面积为9 836.4万平方米，同比增长24.5%，增速比上年提高18.2个百分点。新建商品住宅价格上涨压力加大。70个大中城市住宅销售价格指数显示，12月，广州、深圳、惠州、韶关、湛江的新建商品住宅销售价格

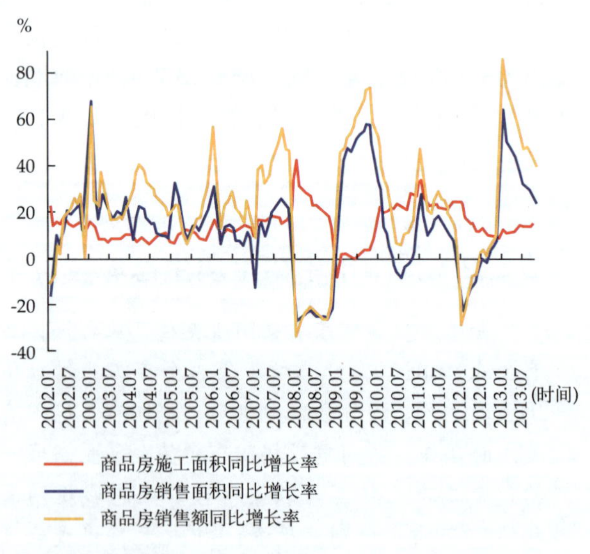

数据来源：广东省统计局。

图14 2002～2013年广东省商品房施工和销售变动趋势

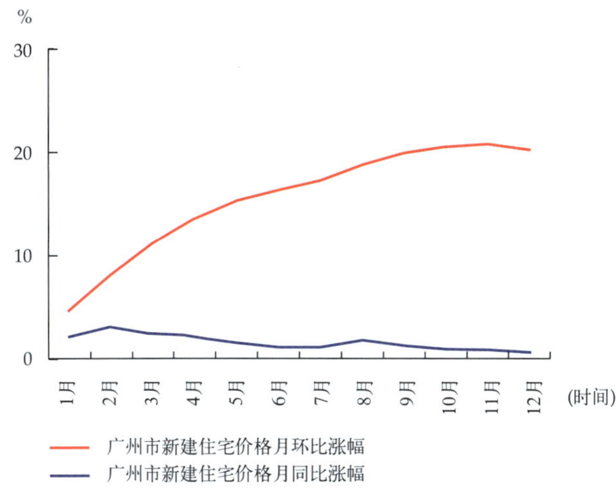

数据来源：国家统计局网站。

图15　2013年广州市新建住宅销售价格变动趋势

指数同比分别增长20.4%、20.3%、8.5%、6%和9.6%，涨幅较上年同期分别提高18.1个、19.4个、8.3个、4.6个和7.9个百分点（见图15）。

（4）房地产贷款较快增长，差别化住房信贷政策成效明显。2013年年末，广东省房地产贷款余额为19 881.0亿元，同比增长16.9%，增速同比提高8.6个百分点。引导金融机构重点支持首套、自住、普通商品房购房者信贷需求，政策效应显现，2013年广东省主要金融机构发放的个人住房贷款中，首套房贷款占91%。

（5）保障性安居工程金融支持力度不断加大。2013年年末，广东省保障性住房开发贷款余额为310.5亿元，同比增长8.8%，占房地产开发贷款余额的5.5%。金融支持保障房建设的渠道日益多元化，累计发行各类债券70.8亿元，发放公积金贷款6 300亿元。

2. 物流产业加快发展，金融部门积极支持。广东省发达的制造业、货物贸易和国际供应链是推动物流产业发展的内在力量；大规模的港口群、海陆空全方位交通为物流产业发展提供有力保障。近年来，在国家和地方政策推动下，广东省物流产业正在逐步形成以信息技术为核心，以运输技术、配送技术、装卸搬运技术等各类专业技术为支撑的现代化物流格局。2013年，广东省全社会货运总量为30.6亿吨，同比增长14.8%；客运量为63.6亿人次，同比增长8.5%；邮政业务总量和快递业务量同比分别增长46.8%和55.5%。与此同时，物流企业向集约化、协同化方向发展，电子物流成为新的发展趋势，一大批电商企业，如“唯品会”等发展迅速。

金融业为物流产业发展提供了大量资金和渠道支持。2013年年末，广东省交通运输、仓储和邮政业贷款余额为7 636.5亿元，同比增长8.6%。金融机构结合物流产业新特点，推出了各具特色的业务品种，如网络银行保理业务、贸易链上下游联保贷款等。工、农、中、建四大国有商业银行广东省分行与“广货网上行”活动组委会签订了金融战略合作协议，全面加强合作，支持广东物流产业发展。

三、预测与展望

2014年是广东省经济社会转型升级的关键一年，结构调整任务繁重，资源环境约束趋紧，经济运行仍存在下行压力和潜在风险。但经济向好的基本面没有变，交通等重大基础设施建设加快推进，制造业投资企稳，有利于保持投资平稳增长；信息消费等新兴消费快速发展，基本公共保障水平不断提高，消费市场有望继续回暖；发达经济体经济缓慢复苏，外需基本见底，出口增长情况可能会有所好转。

物价走势总体稳定。一方面，在美联储逐步退出量化宽松政策、世界经济缓慢复苏的背景下，大宗商品价格总体稳定，输入性通胀压力可能减弱；受部分行业产能过剩等影响，工业生产资料购进和出厂价格仍将低位运行。另一方面，受成本上升、农业生产周期及极端天气等影响，劳动力、服务、租金价格仍存在上行压力，食品价格存在一定不确定性，消费价格平稳运行的基础还不是很稳固；随着价格改革的不断推进和资源环境约束加大，资源品价格可能保持上升态势。

2014年，广东省金融业将认真贯彻落实稳健的货币政策，处理好稳增长、调结构、防风险、惠民生的关系，着力盘活存量，用好增量，保持社会融资规模适度增长；加强信贷政策与产业政策协调配合，加大对重点项目、骨干企业、地方特色经济、战略性新兴产业、生产性服务业等重点领域和节能减排、安居工程、创业、“三农”、助学等薄弱环节的金融支持；着力推动金融市场发展，提升直接融资占比；积极发挥银行、证券、基金、保险、担保、小额贷款及创新型融资组织等各类型机构优势，满足实体经济多样化的融资需求；强化宏观和微观审慎管理，加强房地产、融资平台、影子银行、互联网金融等领域的风险防范，维护区域金融平稳健康运行。

中国人民银行广州分行货币政策分析小组
总　纂：王景武　李思敏
统　稿：苏　赟　李　敏　蒋鹏飞　韦婵娜
执　笔：汤克明　贾　茜　李健斌
提供材料的还有：周俊英　张　皓　谢青华　史　琳　叶俊华　许建勋　何达之　陈　宇　黄载良　黄　珊　吴国兵　崔国岳　安　康　石冠飞　朱珊珊　黄桂良　李美洲

附录

（一）2013年广东省经济金融大事记

4月8日，广东省加快重要基础设施建设工作会召开，拉开了广东增创发展新优势的序幕。

6月13日，广东省属重大交通项目金融建设对接工作会议召开，动员金融资源支持省属重大交通项目建设。

6月20日，以“创业创富，圆梦南粤”为主题的广东省创业创富大赛启动仪式在广州举行。

6月21日，第二届中国（广州）国际金融交易博览会在广州琶洲广交会馆举行。

7月25日，广东省出台《中共广东省委　广东省人民政府关于进一步促进粤东西北地区振兴发展的决定》。

8月22日，“领航100”广东亿元级青年领军企业实力提升计划在广州正式启动。

8月16日，广东省“助力电子商务发展　推动经济转型升级”银企合作签约仪式在广州举行。

10月29日，广东金融高新区股权交易中心正式投入运营，首批208家业挂牌交易。

11月29日，广州市出台《中共广州市委　广州市人民政府关于全面建设广州区域金融中心的决定》。

2013年，中国人民银行广州分行先后与广东省内14个地市政府签署合作协议，支持各地特色经济和重点领域改革创新发展。

（二）2013年广东省主要经济金融指标

表1　2013年广东省主要存贷款指标

		1月	2月	3月	4月	5月	6月	7月	8月	9月	10月	11月	12月
本外币	金融机构各项存款余额（亿元）	104 647.5	104 222.1	111 514.6	109 896.4	110 836.4	113 257.0	111 485.8	112480.3	115 706.7	115 010.8	116 316.7	119 685.2
	其中：储蓄存款	45 482.0	45 856.6	48 525.8	47 080.0	47 658.4	48 994.1	48 028.8	48285.8	49 583.5	48 795.9	49 041.3	50 638.6
	单位存款	50 889.6	50 102.1	54 500.9	54 077.6	54 299.4	54 702.6	53 494.9	54048.2	55 333.4	55 084.9	55 951.8	58 088.9
	各项存款余额比上月增加（亿元）	-847.2	-425.4	7 292.5	-1 618.6	940.4	2 420.6	-1 739.5	962.8	3 232.7	-702.2	1 305.9	3 368.5
	金融机构各项存款同比增长（%）	18.8	16.3	17.9	18.2	17.2	13.7	15.2	15.6	14.9	15.4	15.5	13.9
	金融机构各项贷款余额（亿元）	68 537.1	69 111.7	70 397.7	71 245.3	71 805.5	72 433.4	72 772.4	73496.1	74 259.1	74 658.8	75 365.9	75 664.2
	其中：短期	22 564.2	22 771.2	23 481.0	23 739.6	23 935.1	24 128.0	24 053.6	24260.0	24 779.0	24 928.3	25 247.1	25 550.4
	中长期	41 644.0	42 086.1	42 510.0	42 889.3	43 269.0	43 606.1	44 092.3	44606.1	45 028.4	45 387.3	45 683.1	45 767.5
	票据融资	1 899.3	1 797.4	1 935.8	2 124.2	2 108.7	2 114.9	2 035.7	2016.7	1 860.0	1 727.4	1 794.1	1 673.5
	各项贷款余额比上月增加（亿元）	1 156.81	574.55	1 285.97	847.62005	560.24995	627.83872	339.02128	723.72512	762.96488	399.67545	707.11455	298.28514
	其中：短期	916.6	-105.5	709.9	258.6	195.5	192.9	-74.6	206.6	518.9	149.4	318.7	303.3
	中长期	610.3	457.8	423.9	379.3	379.6	337.1	486.4	513.7	422.3	358.9	295.8	84.4
	票据融资	-108.9	-102.0	138.4	188.4	-15.5	6.2	-79.2	-19.0	-156.7	-132.5	66.7	-120.7
	金融机构各项贷款同比增长（%）	15.5	15.1	15.5	15.6	14.9	14.2	13.3	13.0	13.2	12.9	13.0	12.8
	其中：短期	34.6	33.4	33.5	34.6	32.8	29.1	26.7	25.2	24.0	20.7	19.2	18.1
	中长期	7.2	7.9	8.2	8.9	9.2	9.5	10.4	11.1	11.3	11.7	11.9	11.7
	票据融资	19.3	4.9	8.9	-6.3	-15.6	-17.1	-29.8	-34.3	-30.8	29.2	-20.5	-16.7
	建筑业贷款余额（亿元）	1 649.2	1 667.5	1 716.7	1 730.3	1 778.9	1 801.0	1 821.4	1860.2	1 902.4	1 940.8	1 970.6	1 930.9
	房地产业贷款余额（亿元）	5 762.2	5 883.0	5 945.8	5 979.7	6 017.3	6 071.9	6 172.9	6273.5	6 338.4	6 405.9	6 385.7	6 394.9
	建筑业贷款同比增长（%）	34.2	31.6	29.5	28.5	32.2	24.8	24.9	26.1	26.6	26.4	26.4	22.8
	房地产业贷款同比增长（%）	4.0	5.7	6.9	7.2	7.9	7.0	9.7	11.6	12.7	12.3	11.8	13.0
人民币	金融机构各项存款余额（亿元）	99 497.8	99 055.6	105 771.6	104 298.7	105 601.1	108 373.7	107 023.7	107950.6	111 010.5	110 347.2	111 492.1	114 855.0
	其中：储蓄存款	44 775.4	45 124.8	47 792.0	46 346.5	46 926.1	48 268.5	47 297.1	47556.2	48 857.0	48 064.3	48 311.3	49 891.4
	单位存款	46 554.1	45 799.2	49 592.8	49 333.8	49 927.6	50 673.3	49 877.2	50366.4	51 470.3	51 316.8	52 014.9	54 142.7
	各项存款余额比上月增加（亿元）	-792.4	-483.0	6 716.0	-1 473.4	1 302.9	2 772.5	-1 350.0	927.0	3 066.2	-669.7	1 144.9	3 362.9
	其中：储蓄存款	-596.2	308.1	2 667.3	-1 445.5	579.5	1342.4	-971.4	259.1	1 300.8	-792.6	247.0	1 580.0
	单位存款	-419.0	-765.5	3 793.6	-259.0	593.8	745.7	-796.1	489.2	1 103.9	-153.5	698.1	2 127.8
	各项存款同比增长（%）	16.5	14.6	16.3	17.1	16.9	14.3	16.9	17.3	16.4	17.0	16.9	14.9
	其中：储蓄存款	13.4	13.6	14.9	14.3	13.8	10.8	12.4	12.0	11.1	11.4	11.2	9.6
	单位存款	16.5	13.0	16.1	18.2	18.9	15.8	17.7	18.2	16.9	17.4	17.1	15.5
	金融机构各项贷款余额（亿元）	61 167.7	61 620.1	62 591.6	63 278.4	63 940.2	64 787.4	65 464.5	66 297.4	66 917.3	67 418.1	68 169.0	68 491.9
	其中：个人消费贷款	14 378.5	14 523.2	14 723.8	15 030.0	15 286.4	15 488.2	15 698.5	15 934.4	16 144.4	16 324.5	16 563.3	16 753.6
	票据融资	1 899.3	1 797.4	1 935.8	2 124.2	2 108.7	2 114.9	2 035.7	2 016.7	1 859.7	1 727.0	1 793.5	1 672.8
	各项贷款余额比上月增加（亿元）	898.2	452.3	971.6	686.8	681.8	827.3	677.1	832.9	619.8	500.8	750.9	323.0
	其中：个人消费贷款	649.8	-49.2	98.4	306.2	256.4	201.8	210.2	236.0	210.0	180.0	238.9	190.3
	票据融资	-108.9	-101.9	138.4	188.4	-15.5	6.2	-79.2	-19.0	-39.2	-250.4	66.5	-120.7
	金融机构各项贷款同比增长（%）	13.0	12.7	12.9	12.6	12.5	12.6	12.5	12.7	13.4	13.6	14.1	14.2
	其中：个人消费贷款	59.6	16.6	17.3	19.1	19.8	19.8	19.8	19.7	21.4	21.7	21.8	21.9
	票据融资	19.3	4.9	52.7	-6.3	-15.6	-17.1	-29.8	74.1	-30.8	-29.2	-20.5	-16.7
外币	金融机构外币存款余额（亿美元）	820.1	823.0	916.1	899.8	847.2	790.4	722.2	734.0	763.9	759.2	786.7	792.2
	金融机构外币存款同比增长（%）	94.3	61.8	58.4	45.2	25.5	4.3	-12.5	-12.3	-8.6	-10.4	-6.0	-3.6
	金融机构外币贷款余额（亿美元）	1 173.6	1 193.3	1 245.2	1 280.7	1 272.8	1 237.5	1 182.7	1 166.6	1 194.2	1 178.8	1 173.6	1 176.4
	金融机构外币贷款同比增长（%）	42.9	40.0	42.2	47.8	42.9	32.4	23.6	19.6	15.3	8.9	5.9	4.0

数据来源：中国人民银行广州分行。

表2 2001～2013年广东省各类价格指数

单位：%

年/月	居民消费价格指数		农业生产资料价格指数		工业生产者购进价格指数		工业生产者出厂价格指数		广州市新建住宅销售价格指数	深圳市新建住宅销售价格指数
	当月同比	累计同比	当月同比	累计同比	当月同比	累计同比	当月同比	累计同比	当季(年)同比	当季(年)同比
2001	—	-0.7	—	-2.9	—	-0.9	—	-1.5	—	—
2002	—	-1.4	—	-1.6	—	-3.7	—	-3.5	—	—
2003	—	0.6	—	-0.4	—	4.1	—	-0.7	—	—
2004	—	3.0	—	9.4	—	10.6	—	1.7	—	—
2005	—	2.3	—	5.8	—	5.0	—	1.5	5.9	6.6
2006	—	1.8	—	2.6	—	3.6	—	1.4	7.9	11.7
2007	—	3.7	—	5.8	—	3.3	—	1.3	7.8	13.9
2008	—	5.6	—	14.5	—	7.9	—	3.1	-1.8	-2.8
2009	—	-2.3	—	-1.8	—	-6.2	—	-4.2	1.4	-2.8
2010	—	3.1	—	1.7	—	7.3	—	3.2	10.1	9.1
2011	—	5.3	—	9.6	—	7.3	—	3.7	4.4	3.9
2012	—	2.8	—	4.0	—	-0.5	—	-0.5	-0.3	-1.2
2013	—	2.5	—	-0.3	—	-1.8	—	-1.2	15.5	14.5
2012 1	4.6	4.6	8.4	8.4	3.0	3.0	0.9	0.9	—	—
2	2.7	3.6	9.0	8.7	2.4	2.7	0.7	0.8	—	—
3	4.0	3.7	7.5	8.3	2.2	2.6	0.5	0.7	0.4	0.1
4	3.6	3.7	6.8	7.9	0.9	2.1	0.2	0.6	—	—
5	3.5	3.7	6.0	7.5	-0.2	1.6	-0.2	0.4	—	—
6	2.7	3.5	4.7	7.1	-1.4	1.1	-0.8	0.2	-1.5	-2.1
7	1.9	3.3	1.8	6.3	-1.9	0.7	-1.5	0.0	—	—
8	2.2	3.1	1.1	5.6	-1.8	-0.3	-2.1	0.3	—	—
9	2.0	3.0	0.8	5.0	-2.5	0.0	-1.7	-0.4	-1.0	-2.2
10	1.6	2.9	0.4	4.6	-1.8	-0.2	-1.0	-0.5	—	—
11	2.2	2.8	1.0	4.2	-1.9	-0.3	-0.7	-0.5	—	—
12	2.9	2.8	1.3	4.0	-1.7	-0.5	-0.5	-0.5	1.0	-0.5
2013 1	1.6	1.6	1.0	1.0	-1.5	-1.5	-0.6	-0.6	—	—
2	3.1	2.3	-0.1	0.5	0.0	-1.6	-0.1	-0.7	—	—
3	1.6	2.1	0.0	0.3	-1.9	-1.7	-1.0	-0.8	8.0	5.9
4	2.2	2.1	-1.0	0.0	-2.5	-1.9	-1.5	-0.9	—	—
5	1.7	2.0	-1.5	-0.3	-2.5	-2.0	-1.8	-1.1	—	—
6	2.3	2.1	-0.8	-0.4	-2.1	-2.0	-1.6	-1.2	15.0	13.6
7	2.2	2.1	-0.5	-0.4	-2.0	-2.0	-1.4	-1.2	—	—
8	2.6	2.2	-0.3	-0.4	-1.7	-2.0	-1.2	-1.2	—	—
9	3.5	2.3	-0.3	-0.4	-1.7	-2.0	-1.2	-1.2	18.7	18.1
10	3.1	2.4	-0.2	-0.4	-1.9	-2.0	-1.3	-1.2	—	—
11	2.9	2.4	-0.1	-0.3	-1.3	-1.9	-1.2	-1.2	—	—
12	2.7	2.5	0.0	-0.3	-1.1	-1.8	-1.1	-1.2	20.4	20.2

数据来源：广东省统计局。

表3 2013年广东省主要经济指标

	1月	2月	3月	4月	5月	6月	7月	8月	9月	10月	11月	12月
绝对值（自年初累计）												
地区生产总值（亿元）	—	—	12 612.9	—	—	28 465.9	—	—	44 471.5	—	—	62 164.0
第一产业	—	—	585.1	—	—	1 216.2	—	—	2 134.9	—	—	3 047.5
第二产业	—	—	5 907.5	—	—	13 990.7	—	—	21 432.9	—	—	29 427.5
第三产业	—	—	6 120.3	—	—	13 259.0	—	—	20 903.7	—	—	29 689.0
工业增加值（亿元）	1 644.6	3 153.1	5 158.2	7 124.7	9 314.0	11 562.0	13 579.8	15 737.4	18 164.2	20 462.7	22 931.5	25 647.2
固定资产投资（亿元）	801.0	1 720.3	3 450.3	4 945.7	6 746.7	9 220.2	10 907.6	12 931.5	15 341.6	17 534.4	19 709.9	22 858.5
房地产开发投资	—	671.3	1 105.2	1 533.6	2 031.5	2 708.4	3 231.5	3 773.8	4 444.0	5 017.7	5 714.8	6 519.5
社会消费品零售总额（亿元）	2 045.0	4 035.4	5 954.5	7 907.2	9 997.3	12 117.2	14 179.8	16 289.3	18 526.2	20 838.6	23 108.7	25 453.9
外贸进出口总额（万美元）	651.6	1 670.6	2 891.6	3 912.5	4 755.4	5 544.1	6 400.8	7 295.2	8 145.0	8 972.9	9 913.8	10 915.7
进口	396.8	698.4	1 263.0	1 701.6	2 058.0	2 380.3	2 737.8	3 101.6	3 461.4	314.1	4 146.9	4 551.7
出口	554.8	972.2	1 628.6	2 210.9	2 697.4	3 163.8	3 663.0	4 193.6	4 683.6	5 197.3	5 766.9	6 364.0
进出口差额(出口－进口)	158.0	273.8	365.6	509.3	639.4	783.5	925.2	1 092.0	1 222.2	4 883.2	1 620.0	1 812.3
外商实际直接投资（亿美元）	14.4	29.2	53.0	75.4	103.1	127.9	148.0	171.6	193.7	217.4	235.6	249.5
地方财政收支差额（亿元）	212.7	207.0	51.5	177.6	161.8	128.5	207.2	194.2	-81.0	79.9	-357.2	-1 190.2
地方财政收入	719.8	1 168.0	1 627.5	2 293.1	2 828.4	3 483.6	4 171.5	4 643.3	5 160.9	5 892.1	6 405.6	7 075.5
地方财政支出	507.1	961.0	1 576.0	2 115.5	2 666.7	3 355.1	3 964.4	4 449.2	5 241.9	5 812.2	6 762.8	8 265.8
城镇登记失业率(%)(季度)	—	—	2.5	—	—	2.4	—	—	2.3	—	—	2.4
同比累计增长率（%）												
地区生产总值	—	—	8.5	—	—	8.5	—	—	8.5	—	—	8.5
第一产业	—	—	3.3	—	—	2.9	—	—	2.1	—	—	2.5
第二产业	—	—	8.1	—	—	7.9	—	—	7.7	—	—	7.7
第三产业	—	—	9.2	—	—	9.6	—	—	10.1	—	—	9.9
工业增加值	15.7	8.3	8.9	9.1	9.1	9.1	8.9	8.6	8.7	8.7	8.7	8.7
固定资产投资	14.2	16.3	19.5	19.3	18.8	18.6	18.3	18.1	18.2	18.2	18.2	18.3
房地产开发投资	-	22.8	16.9	20.2	18.9	23.5	24.6	20.1	21.0	21.4	20.4	21.8
社会消费品零售总额	10.8	10.0	13.1	11.2	11.4	11.6	11.8	12.0	12.1	12.1	12.2	12.2
外贸进出口总额	53.9	31.6	37.7	35.6	26.9	21.2	18.7	16.5	13.8	12.4	12.2	10.9
进口	74.2	30.6	42.4	41.9	31.8	25.5	22.5	18.8	15.9	13.7	12.2	11.0
出口	42.1	32.4	34.3	31.1	23.4	18.2	16.0	14.9	12.3	11.4	12.2	10.9
外商实际直接投资	8.7	7.4	13.1	10.0	8.8	6.5	3.9	3.7	3.6	6.3	6.8	6.0
地方财政收入	16.2	16.9	16.9	16.7	16.5	16.3	16.0	14.7	13.6	13.6	13.6	13.6
地方财政支出	7.2	16.5	14.0	18.1	19.6	17.4	3.1	3.4	6.0	6.3	10.4	13.7

数据来源：广东省统计局、广东省人力资源和社会保障厅。

2013年深圳市金融运行报告

中国人民银行深圳市中心支行货币政策分析小组

[内容摘要] 2013年，国内外形势复杂多变，改革发展稳定任务艰巨繁重，深圳市认真贯彻落实十八大精神，坚持稳中求进的工作总基调，着力稳增长、促转型、抓创新、推改革、惠民生、优环境，实现有质量的稳定增长和可持续的全面发展。深圳市金融业认真贯彻稳健货币政策，积极优化信贷结构，切实提升服务实体经济的能力。银行业贷款投放平稳增长，信贷结构不断优化；证券业资产规模不断壮大，盈利能力不断增强；保险业平稳发展，服务经济社会能力提高。金融机构加大对实体经济的支持力度，为深圳市社会经济发展创造了良好的金融环境。

2014年，深圳经济预计将保持平稳较快增长。深圳市金融业将继续贯彻落实稳健货币政策的各项要求，合理安排和把握信贷投放的总量和节奏，为深圳市实现产业结构升级转型、社会经济跨越式发展提供多层次、全方位的金融支持。

一、金融运行情况

2013年，深圳市金融业认真贯彻稳健货币政策，努力为支持地方经济发展、实现经济结构转型创造良好的金融环境。全年深圳金融业发展稳健，对实体经济的支持能力不断增强。截至2013年年末，深圳市金融业资产总额为6万亿元，从业人数14万人。

（一）银行业健康平稳发展

1. 银行业机构规模不断扩大，利润水平稳步上升。截至2013年年末，深圳市银行业金融机构营业网点1 569个，比年初增加80个；从业人数达到66 979人，比年初增加3 786人（见表1）；银行业总资产为5.2万亿元，同比增长13.9%；全年净利润为712.7亿元，同比增长28.5%。

2. 人民币存款增长加快，外币存款增长放缓。截至2013年年末，深圳市金融机构本外币存款余额为33 943.2亿元，比年初增加4 205.5亿元，同比少增361.3亿元，余额同比增长14.4%，增速同比下降3.8个百分点（见图3）。其中，人民币存款余额为31 547.8亿元，比年初增加4 087.9亿元，同比多增790.2亿元，余额同比增长15.2%，增速同比提高1.5个百分点。外币存款余额为392.9亿美元，比年初增加30.5亿美元，同比少增171.8亿美元，余额同比增长8.1%。外币存款增长放慢，主要因为人民币稳步升值且相对外币利差优势持续扩大，造成企业和居民持有外汇资产的意愿下降。

表1　2013年深圳市银行业金融机构情况

机构类别	营业网点			法人机构（个）
	机构个数（个）	从业人数（人）	资产总额（亿元）	
一、大型商业银行	581	23 239	20 455	0
二、国家开发银行和政策性银行	3	288	3 297	0
三、股份制商业银行	442	27 904	16 858	2
四、城市商业银行	76	3 557	4 138	0
五、城市信用社	0	0	0	0
六、主要农村金融机构	198	2 186	1 392	1
七、财务公司	9	350	419	9
八、信托公司	2	1 205	315	2
九、邮政储蓄银行	139	1 636	450	0
十、外资银行	92	5 455	3 343	4
十一、新型农村金融机构	25	795	189	7
十二、其他	2	364	1 419	2
合　计	1 569	66 979	52 274	27

注：1. 营业网点不包括总部。
2. 主要农村金融机构含农村商业银行。
3. 新型农村金融机构包括村镇银行。
4. “其他”包含金融租赁公司、货币经纪公司、消费金融公司等。
数据来源：深圳市银监局。

3. 贷款平稳增长，信贷结构持续优化。截至2013年年末，深圳市金融机构本外币贷款余额

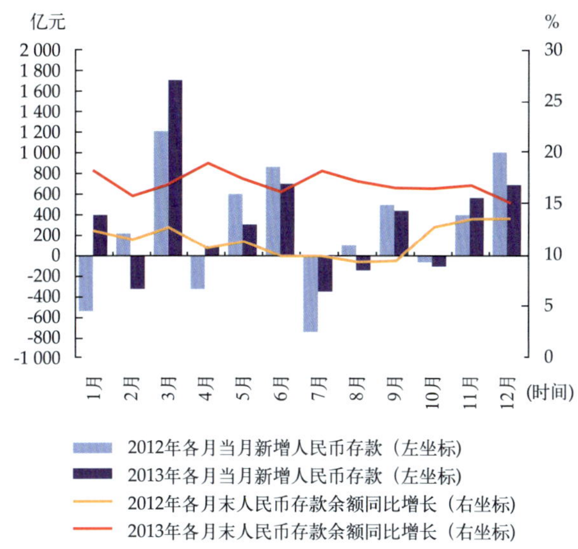

数据来源：中国人民银行深圳市中心支行。

图1　2012～2013年深圳市金融机构人民币存款增长变化

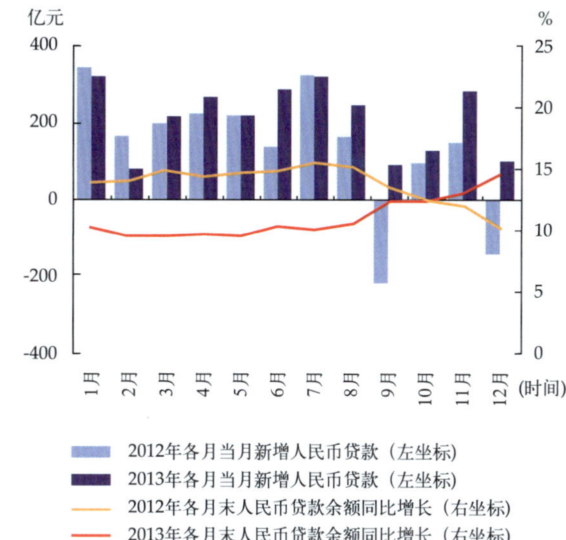

数据来源：中国人民银行深圳市中心支行。

图2　2012～2013年深圳市金融机构人民币贷款增长变化

为24 680.1亿元，比年初增加2 818.1亿元，余额同比增长13.2%，增速同比下降0.2个百分点。其中，人民币贷款余额为20 632.9亿元，比年初增加2 559.5亿元，余额同比增长14.5%，增速同比上升4.3个百分点（见图2）。外币贷款余额为663.8亿美元，同比增长10.1%，增幅同比下降21.3个百分点。

人民币贷款增长呈现以下特点：期限方面，中长期贷款大幅增加，短期贷款增长平稳。全年新增人民币中长期贷款1 445.9亿元，同比多增765.2亿元，占新增人民币贷款的56%，同比提高15个百分点。其中，在深圳市经济企稳、投资提速的带动下，全年新增单位中长期固定资产贷款增加656.1亿元，同比多增1.3倍；全年新增人民币短期贷款1 083.4亿元，同比多增443.5亿元。投向方面，银行业对小微企业、保障房建设等经济薄弱环节和重点领域的支持增强。截至2013年年末，对单户授信小于500万元的小微型企业贷款余额为160.7亿元，同比增长39.2%；保障性住房开发贷款余额为135.4亿元，同比增长9.1%；个人购买保障房贷款余额为18.9亿元，同比增长38.3%。此外，深圳市银行业积极探索金融支持科技创新运作模式，有力地支持了科技创新型企业的发展

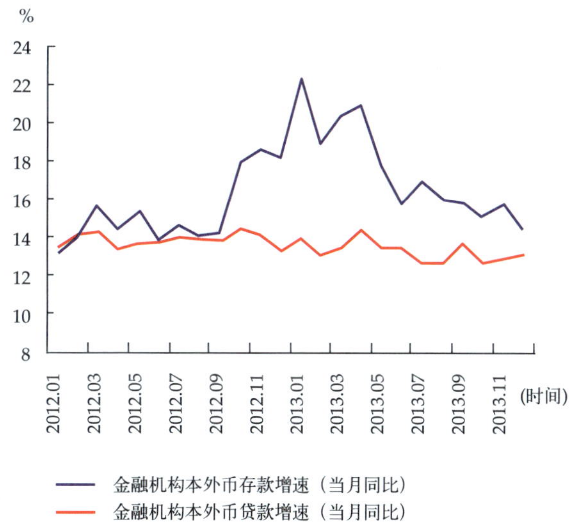

数据来源：中国人民银行深圳市中心支行。

图3　2012～2013年深圳市金融机构本外币存、贷款增速变化

（见专栏1）。机构方面，在新增人民币贷款中，四大国有商业银行、城市商业银行分别占33%和19%，较上年分别提高4个和27个百分点；股份制商业银行、政策性银行分别占20%和11%，同比分别下降23个和8个百分点。

专栏1 深圳市金融支持科技创新成效显著

2013年，深圳市高度重视科技和金融结合工作，银行业支持科技创新的运作模式多样，有力地支持了科技创新企业的发展。其运作模式主要有以下几种：

（一）银行与政府部门合作，建立风险共担机制。南山区是深圳市科技型企业较集中的区域，南山区科技局与深圳市银行业金融机构签订合作协议，对于科技创新型企业发放的贷款提供贴息。例如，杭州银行深圳分行与深圳市南山区科技局开展“孵化贷”项目合作，由深圳市南山区科技创业服务中心在杭州银行深圳分行开立账户，存入不低于完成贷款额度10%的风险代偿准备金，并每年按3%对已还清贷款本息且无逾期还款等违约行为的企业进行贴息。

（二）搭建银行与第三方服务机构的合作平台。深圳市银行业金融机构广泛加强与科技产业园及行业协会的合作，进一步搭建科技型企业营销开发平台。目前，深圳市多家银行与科技开发院、深圳市福田国际电子商务产业园、广东省工业协会、深圳市南山区科技创新服务中心等平台机构建立合作机制。例如，江苏银行深圳分行与深圳南山区科技创新服务中心合作，开发了“集合信贷”科技金融产品，为科技型企业提供专业化的科技金融服务方案。截至2013年年末，江苏银行深圳分行发放集合信贷余额为5 380万元，共有23家创业期高科技企业受惠。

（三）提升银行与风险投资机构的合作空间。招商银行深圳分行创新研发成长贷、融智贷业务模式，与风险投资公司合作推出向科技型中小企业提供“弱担保、强增长”的融资方案。截至2013年年末，招商银行深圳分行向深圳市创新投资集团有限公司授信5.0亿元，向99家深圳市科技型企业授信14.8亿元。交通银行深圳分行推出了“投贷通”产品，对风险投资基金、产业基金等投资机构投资的科技创新型企业，给予授信支持。

（四）推动银行与担保公司合作，创新担保方式。深圳市政府为支持科技型创新企业的发展，专门成立了高新技术投资担保集团，重点为各类科技创新型企业服务。目前，深圳市多家银行已经与高新技术投资担保集团建立了合作关系。

（五）创新产品支持中小微科技型创新企业。如工商银行深圳市分行近年陆续推出“三新企业融资方案”、“供应链融资”和“中小企业上市一路通”等金融产品。杭州银行深圳分行目前已开发科技金融特色产品6大类11款：一是抵质押融资类产品，包括知识产权质押融资、企业股权质押融资、抵押百分百融资；二是交易融资类产品，包括订单融资、应收账款融资；三是创投渠道类产品，包括银投联贷、选择权贷款；四是政府渠道类产品，包括风险池贷款、孵化贷；五是园区渠道类产品，如租金贷；六是担保合作类产品，如专业担保融资等。

4. 理财产品规模快速增长，投资于非标准化债权资产的占比有所下降。截至2013年年末，深圳具有理财产品自主发行管理权的中资商业银行[①] 共发行封闭式理财产品2 641只，累计募集资金5 912.7亿元，同比增长26.1%；理财产品余额为1 771.6亿元，同比增长82.0%。其中，表外非保本理财产品余额为1 426.9亿元，占比80.5%。理财产品所投资的基础资产主要分布如

①包括：辖内工商银行、农业银行、中国银行、建设银行、兴业银行及深圳市农村商业银行。招商银行总行及平安银行总行不在监测范围内。

下：债券、货币市场工具、银行存款等资产余额为997.7亿元，占比55.3%；非标准化债权（包括信托贷款、各类受益权、委托贷款、交易所委托债权及票据融资等）资产余额为789.7亿元，占比43.8%，比第一季度末下降3.7个百分点。

5. 贷款利率持续升高。2013年第一至第四季度，深圳市金融机构新发放浮动利率人民币贷款加权平均利率分别为6.64%、6.72%、6.75%、6.72%，固定利率人民币贷款加权平均利率分别为6.71%、6.67%、6.91%、6.94%。1年期外币贷款加权平均利率由年初的2.35%上升至年末2.95%。个人住房贷款利率水平也普遍提升，2013年12月，新发放的个人住房贷款执行基准及上浮利率的金额占比达52.1%，同比提高38.3个百分点。

6. 跨境人民币业务深入发展。2013年，深圳市金融机构累计办理跨境人民币结算业务7 691.4亿元，同比增长45.9%。其中，经常项目结算6 070.5

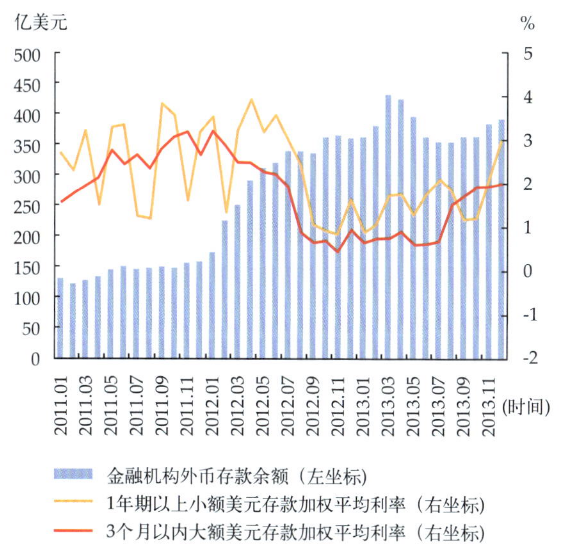

数据来源：中国人民银行深圳市中心支行。

图4 2011～2013年深圳市金融机构外币存款余额及外币存款利率

表2 2013年深圳市金融机构人民币贷款各利率区间占比

单位：%

	月份	1月	2月	3月	4月	5月	6月
	合计	100.0	100.0	100.0	100.0	100.0	100.0
	下浮	18.0	16.3	17.7	22.7	17.1	25.3
	基准	26.6	18.2	18.2	16.2	16.4	17.8
上浮	小计	55.4	65.5	64.0	61.1	66.5	56.9
	(1.0, 1.1]	23.1	31.3	25.6	29.5	29.5	29.9
	(1.1, 1.3]	30.9	31.8	36.0	29.3	35.2	25.1
	(1.3, 1.5]	1.1	1.9	2.1	1.9	1.3	1.3
	(1.5, 2.0]	0.4	0.4	0.2	0.4	0.3	0.5
	2.0以上	0.0	0.0	0.1	0.1	0.2	0.2
	月份	7月	8月	9月	10月	11月	12月
	合计	100.0	100.0	100.0	100.0	100.0	100.0
	下浮	15.3	19.6	16.5	20.1	19.7	26.4
	基准	21.6	20.1	25.6	17.6	18.9	15.2
上浮	小计	63.1	60.3	57.9	62.3	61.5	58.4
	(1.0, 1.1]	26.3	24.1	24.6	31.3	27.7	29.9
	(1.1, 1.3]	33.2	32.6	30.5	28.0	28.0	23.7
	(1.3, 1.5]	3.0	2.8	1.8	2.4	3.2	3.6
	(1.5, 2.0]	0.5	0.8	0.6	0.4	2.0	0.4
	2.0以上	0.1	0.1	0.5	0.2	0.6	0.9

数据来源：中国人民银行深圳市中心支行。

亿元，同比增长45.4%；资本项目结算1 612.0亿元，同比增长46.9%。从资金流向看，经常项下实收2 126.6亿元，实付3 943.9亿元，收付比为1∶1.9；资本项下实收943.8亿元，实付668.2亿元，收付比为1∶0.7。从跨境人民币业务试点开始至2013年年末，与深圳发生跨境人民币实际收付业务的境外国家和地区已达99个，深圳市境内代理行累计为境外参加行开立人民币同业往来账户184个，账户余额为2 626.2亿元，累计为1 723家境外企业开立人民币结算账户2 409个，账户余额90.0亿元。与此同时，深圳市以落实前海金融创新政策为契机，推升深港合作层次，前海金融先行先试改革不断推进（见专栏2）。

专栏2 深圳市前海金融先行先试改革取得新进展

2013年以来，深圳市紧紧围绕金融创新、深港合作两项重点任务，超前谋划、大胆创新、狠抓落实，前海金融先行先试改革的各项工作取得积极进展。

（一）前海跨境人民币贷款业务稳妥推进。截至2013年年末，中国人民银行深圳市中心支行共接受备案登记的前海跨境人民币贷款业务项目72个。从备案登记的前海跨境人民币贷款项目看，主要集中于商务服务业、现代物流业和信息技术服务业等实体经济行业。贷款利率介于3%~5%；贷款期限介于1~5年，其中1年期及以下占比68%。前海跨境人民币贷款有效降低了企业融资成本，有力地支持了前海开发与建设。

（二）外资股权投资企业在前海创新发展。一是探索外资股权企业（QFLP）资本金结汇新模式。2013年，国家外汇管理局以个案审批方式，允许在前海注册的外资股权投资企业将外汇资本金结汇支付给所投企业。二是试点外商股权投资企业使用境外人民币出资。截至2013年年末，已有中信逸百年、赛富前元等17家外资股权投资基金管理公司在前海设立。

（三）境内外金融机构进一步在前海集聚发展。深圳市政府及金融管理部门进一步加大工作力度，出台了推进前海开展融资租赁业务的试点意见等多项举措，不断吸引金融机构进驻前海。截至2013年年末，前海已批入区金融企业达775家，占全部入区企业总数的76.1%。其中，中外资银行分支机构9家、保险公司9家、融资担保公司3家、融资租赁公司80家、小额贷款公司11家、证券机构306家（包括私募股权投资基金公司245家、公募基金公司4家、基金公司子公司15家、证券公司资产管理公司14家、证券投资基金公司28家）。

（四）前海金融要素市场建设迈上新台阶。截至2013年年末，已有7家金融要素市场在前海开业，分别是深圳石化交易所、前海金融资产交易所、深圳碳排放权交易所、深圳农产品交易所、前海股权交易中心、前海保险结算中心、深圳文化产权交易所。各金融要素市场交易日益活跃，如前海股权交易中心挂牌企业已达2 959家，融资总量达63.24亿元；深圳石油化工交易所会员企业200家，2013年交易额达1 100亿元。

（二）证券业资产稳步增长，盈利结构更趋多元

1. 证券业资产规模增长较快，资本充足水平有所下降。截至2013年年末，深圳市证券公司总资产、净资产分别为5 061.6亿元、1 726.0亿元，分别比年初增长26.7%、2.4%。基金公司管理基金总份额8 826.1亿份，同比减少693.2亿份，总净值为8 123.4亿元，同比减少256.8亿元；期货公司总资产、净资产和净资本分别为271.3亿元、63.8亿元和56.3亿元，分别比年初增长5.7%、34.6%和29.7%。深圳市证券公司净资本总额1 006.9亿元，同比下降5.4%，净资本占净资产的比重为58.3%，同比下降4.5个百分点；深圳市期货公司净资本总额56.3亿元，平均净资本近4.5亿元。

2. 证券业收入增长较快，创新业务收入可观。2013年，深圳法人证券公司共实现营业收入333.1亿元，同比增长15.3%。创新业务表现突出，资产管理业务净收入为15.5亿元，同比增加2倍。其中，定向资产管理业务净收入为8.0亿元，同比激增6.5倍；融资融券利息净收入为45.6亿元，同比增长2.4倍。深圳市法人证券公司共实现利润120.4亿元，同比增长9.6%；深圳期货公司共实现利润6.3亿元，同比增长25.8%。

表3　2013年深圳市证券业基本情况

项目	数量
总部设在辖内的证券公司数（家）	17
总部设在辖内的基金公司数（家）	20
总部设在辖内的期货公司数（家）	13
年末国内上市公司数（家）	183
当年国内股票（A股）筹资（亿元）	269.6
当年发行H股筹资（亿元）	—
当年国内债券筹资（亿元）	327.6
其中：短期融资券筹资额（亿元）	116.4
中期票据筹资额（亿元）	93.8

数据来源：中国人民银行深圳市中心支行、深圳市证监局。

（三）保险业整体平稳发展

1. 保险业整体实力稳步增强。截至2013年年末，深圳市共有保险经营主体69家，其中，保险公司法人机构17家，保险法人机构资产总额1.9万亿元，法人机构数量和资产规模位居全国前列。保险密度4 300元/人，保险深度3.3%（见表4）。

2. 保费收入较快增长，退保率保持低位。2013年，深圳市保险业机构实现保费收入468.8亿元，同比增长16.8%，高出全国平均水平5.6个百分点。其中，财产险公司保费收入179.8亿元，增长12.4%；人身险公司保费收入289.0亿元，增长19.7%。人身险公司退保率仅为2.2%，低于全国平均水平1.3个百分点。满期给付总额占保费总量的5%，低于全国平均水平10个百分点。

表4　2013年深圳市保险业基本情况

项目	数量
总部设在辖内的保险公司数（家）	17
其中：财产险经营主体（家）	—
人身险经营主体（家）	—
保险公司分支机构（家）	69
其中：财产险公司分支机构（家）	—
人身险公司分支机构（家）	—
保费收入（中外资，亿元）	468.8
其中：财产险保费收入（中外资，亿元）	179.8
人身险保费收入（中外资，亿元）	289.0
各类赔款给付（中外资，亿元）	125.2
保险密度（元/人）	4 300.0
保险深度（%）	3.

数据来源：深圳市保监局。

3. 保险业服务经济社会能力不断提高。2013年，深圳市保险业机构承担各类风险责任限额超过20万亿元，累计赔付125.2亿元，同比增长16.2%。出口信用保险提供风险保障超过200亿美元，较好地支持了深圳市外向型经济发展。此外，保险业机构还大力发展信贷保证保险，提供分类风险保障服务超过1 200亿元，为众多小微企业提供信用担保。

（四）金融市场总体运行平稳

1. 直接融资比重有所上升。2013年，深圳市非金融机构融资量为3 539.3亿元，同比增长20.9%。其中，贷款融资2 942.1亿元，在融资总量中占比83.1%，同比下降4.7个百分点；各类债券（含短期融资券、中期票据、公司债、企业债、可转债等）融资327.6亿元，在融资总量中占比9.3%，同比上升0.4个百分点；股票市场融资269.6亿元，在融资总量中占比7.6%，同比上升4.3个百分点。总体上看，直接融资比重同比上升4.7个百分点（见表5）。

表5　2009～2013年深圳市非金融机构融资结构

单位：亿元、%

年份	融资量	比重		
		贷款	债券（含可转债）	股票
2009	4 224.9	85.1	6.4	8.5
2010	2 609.9	77.6	3.9	18.5
2011	3 250.3	82.0	9.9	8.2
2012	2 928.6	87.8	8.9	3.3
2013	3 539.3	83.1	9.3	7.6

数据来源：中国人民银行深圳市中心支行、深圳市发展改革委、深圳市证监局、深圳证券交易所。

2. 货币市场交易量稳步增长，债券交易量下降，利率波动加大。货币市场方面，2013年深圳市金融机构成交量26.0万亿元，同比增长24.7%。其中，信用拆借合计成交4.2万亿元，同比下降23.8%；质押式回购合计成交21.0万亿元，同比增长45.8%；买断式回购合计成交0.7万亿元，同比下降17.0%。债券总成交5.7万亿元，同比下降37.6%，全部为现券交易。利率方面，深圳市同业拆借全年加权平均利率为3.34%，同比上升52个基点。6月货币市场波动导致该月隔夜回购加权平均利率创下近三年来新高6.84%。下半年资金价格有所回落，至年末利率又明显抬升。

3. 票据贴现规模明显下降，贴现利率水平上升。截至2013年年末，深圳市银行承兑汇票承兑余额2 291.1亿元，同比增长22.2%（见表6），银行承兑汇票贴现余额为601.5亿元，同比下降19.6%。2013年，票据贴现利率从第一季度开始逐渐升高（见表7）。其中，银行承兑汇票贴现加权平均利率从第一季度的4.90%上升到第四季度的6.91%；买断式转贴现加权平均利率也从第一季度

表6 2013年深圳市金融机构票据业务量统计

单位：亿元

季度	银行承兑汇票承兑		贴现			
			银行承兑汇票		商业承兑汇票	
	余额	累计发生额	余额	累计发生额	余额	累计发生额
1	1 685.5	1 082.7	472.9	7 860.0	44.4	557.7
2	1 883.4	2 163.4	507.5	13 333.1	56.4	1 171.7
3	1 945.2	3 288.8	407.4	20 346.5	58.9	1 869.7
4	2 291.1	4 923.3	601.5	26 328.7	58.1	2 293.6

数据来源：中国人民银行深圳市中心支行。

表7 2013年深圳市金融机构票据贴现、转贴现利率

单位：%

季度	贴现		转贴现	
	银行承兑汇票	商业承兑汇票	票据买断	票据回购
1	4.8954	5.5558	4.6635	4.3462
2	4.7353	5.5676	4.9593	4.5278
3	6.4989	7.4008	5.3513	5.2618
4	6.9146	7.6488	5.5297	5.8178

数据来源：中国人民银行深圳市中心支行。

的4.66%上升到第四季度的5.53%。

4. 深圳证券交易所股票和债券交易量大幅增长，上市公司略有减少，股票筹资额有所下降。2013年，深证成份指数下跌994.7点，全年深圳证券市场股票累计成交额23.8万亿元，同比增长58.9%；基金累计成交额5 796.7亿元，同比增长17.1%；债券成交额5.2万亿元，同比增长122.2%。深交所股票总市值上涨22.7%，平均市盈率上涨26.1%。其中，中小板成交额为10.0万亿元，同比增长61.9%；创业板成交额为5.1亿元，同比增长119.6%。截至2013年年末，深圳证券交易所共有上市公司1 536家，同比减少4家。其中，中小板和创业板分别有701家和355家，均与年初持平。全年深交所累计股票筹资额为1 762.0亿元，同比下降13.9%。其中，创业板累计筹资额为78.7亿元，同比减少78.8%。

5. 跨境收支和结售汇平稳增长。第一季度，受海关特殊监管区域企业构造贸易等因素的影响，深圳市跨境收支差额和结售汇差额先增后降；下半年，随着外贸形势回暖和有关监管加强，跨境收支和结售汇增长逐步回归合理水平。全年实现跨境收入3 098.7亿美元，同比增长12.2%，跨境支出2 562.1亿美元，同比增长20.5%；跨境收支顺差536.6亿美元，同比下降15.7%。全年结汇1 634.0亿美元，同比增长34.2%；售汇912.3亿美元，同比增长18.6%；结售汇顺差721.7亿美元，同比增长60.9%。

6. 银行间外汇市场交易量大幅增长。2013年，深圳市银行间外汇市场总成交8 041.4亿美元，同比增长62.6%。其中，深圳市银行间人民币外汇即期市场交易量同比增长65.8%，人民币汇率衍生品市场交易量同比增长66.4%。

7. 黄金市场交易放量增长。2013年，国际金价大幅波动刺激了实物黄金销售，深圳市黄金夜市一改连续两年萎靡态势，交易量激增。全年深圳市黄金夜市交易量21.9万吨，同比增长93.4%，占上海黄金交易所交易量的49.6%，同比下降3.1个百分点；交易额为1.6万亿元，同比增长35.5%，占上海黄金交易所交易额的30.1%，同比下降2.8个百分点。

（五）金融生态环境多方面改善

2013年，深圳市金融基础建设更加完善，金融服务水平进一步提高。一是支付体系建设方面，启动深圳市金融结算系统二期升级改造，提升了系统的开放性和兼容性，实现了系统资源的集约化管理，降低了成本，为深圳市建成区域清算中心打下了坚实基础。二是金融信息化建设方面，扩容深圳市金融网，实现了银证保大金融网上信息的互联互通；实施小微型金融机构接入金融城域网，提高了对小微金融机构的服务水平。三是建设网银缴税系统，实施税收无纸化，推动了国库税收工作的互联网化，为纳税主体提供了便捷的服务。四是信用体系建设方面，启动小额贷款公司和融资性担保公司接入征信系统工作，扩大了征信体系覆盖范围，提高了小微金融机构防范风险的能力。

二、经济运行情况

2013年，面对错综复杂的外部形势，深圳市坚持着力深化改革、扩大开放，加强社会建设、民生改善，基本完成全年经济发展主要目标。初步核算，全年实现地区生产总值14 500.2亿元，同比增长10.5%。其中，第一产业增加值5.3亿元，同比下降19.8%；第二产业增加值6 296.8亿元，同比增长9.0%；第三产业增加值8 198.1亿元，增长11.7%。三次产业比重大致为0：43：57。人均地区生产总值2万美元。

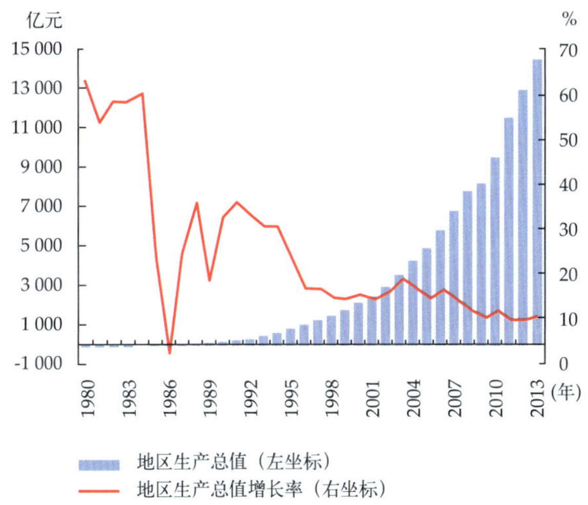

数据来源：深圳市统计局。

图5 1980～2013年深圳市地区生产总值及其增长率

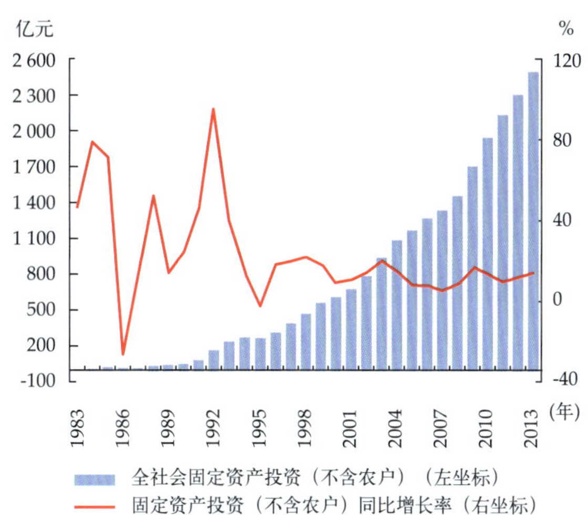

数据来源：深圳市统计局。

图6 1983～2013年深圳市固定资产投资（不含农户）及其增长率

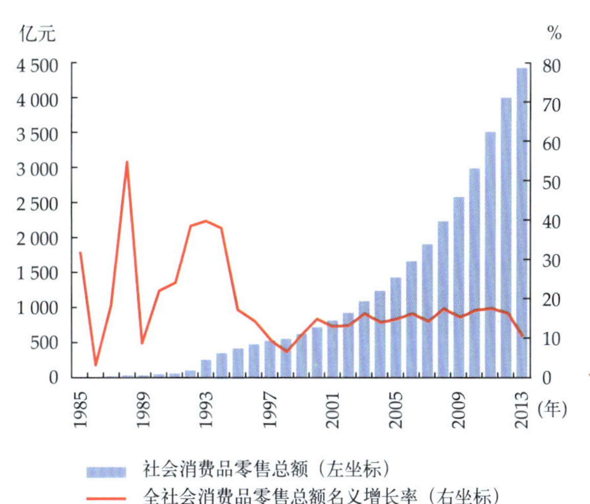

数据来源：深圳市统计局。

图7 1985～2013年深圳市社会消费品零售总额及其增长率

（一）投资较快增长，消费持续畅旺，进出口平稳增长

2013年，投资保持较快速度增长，消费市场持续畅旺，外贸需求保持稳定。

1. 投资较快增长。2013年，深圳市社会固定资产投资2 501.0亿元，同比增长14.0%。其中，第三产业投资2 117.7亿元，同比增长24.3%，比固定资产投资平均增速高10.3个百分点，占固定资产投资比重84.7%，比上年提高7.1个百分点。城市更新改造投资358.3亿元，占固定资产投资比重为14.3%。

2. 消费持续畅旺。2013年，深圳市社会消费品零售总额4 433.6亿元，同比增长10.6%，高出地区生产总值增速0.1个百分点。在主要商品销售类别中，文化办公用品类增长64.5%，通讯器材类增长56.3%，食品饮料烟酒类增长31.6%，日用品类增长19.2%，金银珠宝类增长18.5%，汽车类增长13.4%，家用电器和音响器材类增长12.1%，服装鞋帽针织类增长7.9%，体育娱乐用品类增长4.8%。

3. 外贸出口平稳增长。2013年，深圳市外

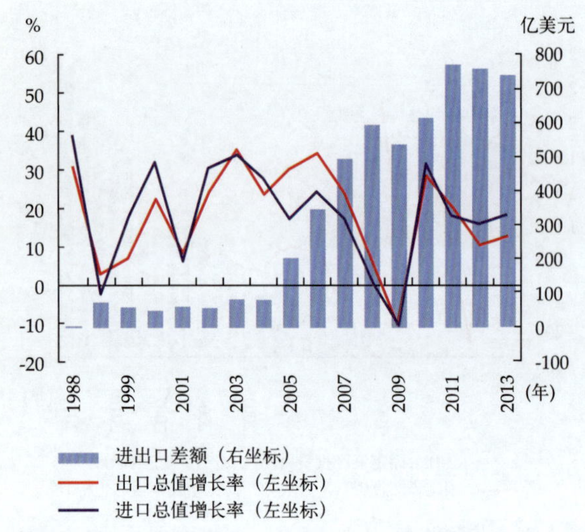

数据来源：深圳市统计局。

图8　1988～2013年深圳市外贸进出口变动情况

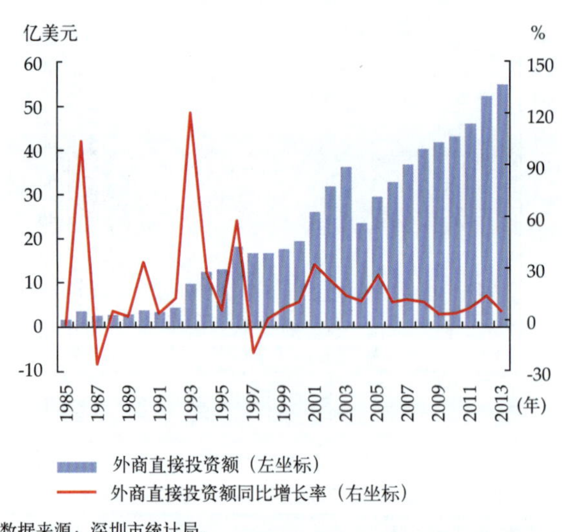

数据来源：深圳市统计局。

图9　1985～2013年深圳市外商直接投资额及其增长率

贸出口保持稳定。全年进出口总额为5 373.6亿美元，增长15.1%，增速同比上升2.4个百分点。其中出口总额为3 057.2亿美元，增长12.7%，增速同比上升2.2个百分点；进口总额为2 316.4亿美元，增长18.5%，增速同比上升2.6个百分点。

4. 外商直接投资有所增长。2013年，深圳市实际利用外资54.7亿美元，同比增长4.6%。香港仍然是深圳最大的外商投资来源地。

（二）工业生产效益提升，服务业发展良好

1. 工业生产保持增长，经济效益明显提高，企业对经济前景预期较为谨慎。2013年，全市规模以上（下同）工业企业实现增加值为5 889.1亿元，增长9.3%，增幅上升2.0个百分点。工业企业效益明显提高，全市规模以上工业企业利税和利润总额分别增长17.3%和18.3%，分别同比提高19.9个和23.5个百分点。深圳企业对经济前景预期仍较谨慎，企业景气指数由第一季度的124.1下降至第四季度的122.4，企业家信心指数由第一季度的120.1上升至第四季度的120.9。

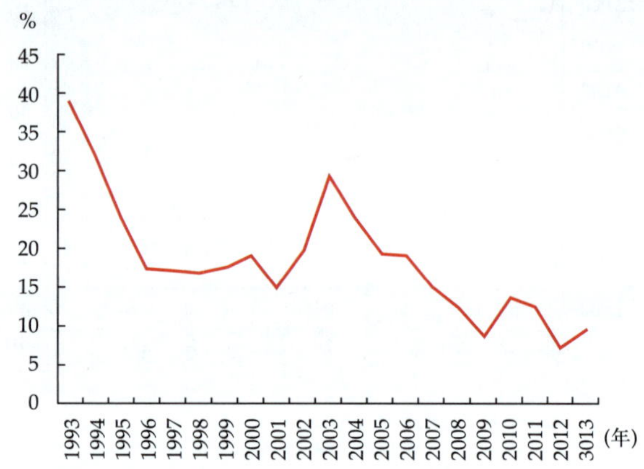

数据来源：深圳市统计局。

图10　1993～2013 年深圳市规模以上工业增加值同比增长率

2. 服务业保持良好发展态势。2013年，深圳市服务业增加值占地区生产总值的比重超过56%，服务经济的主导地位进一步巩固。其中，现代服务业占服务业比重达67%。金融业实现增加值258.5亿元，占地区生产总值的比重为8.2%，增加值同比增长14%，增速高于地区生产总值增速约4个百分点。

（三）居民消费价格涨幅保持稳定，原材料价格和工业品价格探底回升

1. 物价涨幅保持稳定。2013年，深圳市居民消费价格同比上涨2.7%，涨幅同比回落0.1个百分点。其中，食品类价格上涨2.9%，烟酒类价格下

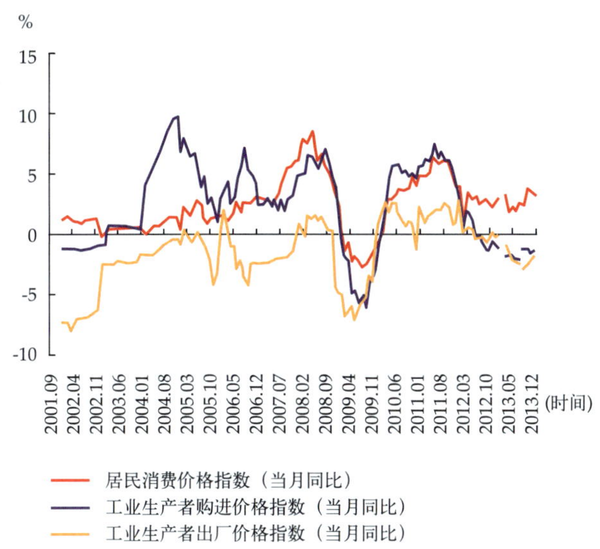

数据来源：深圳市统计局。

图11 2001～2013年深圳市居民消费价格和生产者价格变动趋势

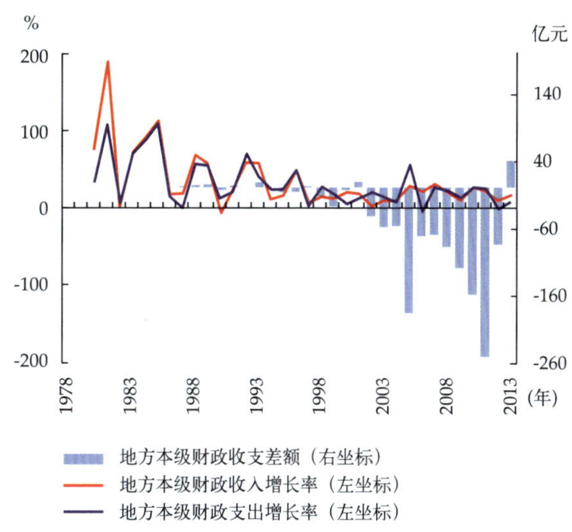

数据来源：深圳市统计局。

图12 1978～2013年深圳市财政收支状况

降1.2%，衣着类价格上涨1.9%，家庭设备用品及维修服务价格上涨1.9%，医疗保健及个人用品类价格上涨1.8%，交通和通信类价格上涨0.2%，娱乐教育文化用品及服务类价格上涨3.3%，居住类价格上涨4.8%。

2. 原材料、燃料、动力购进价格和工业品价格（国家统计局对这些指标的名称已进行了调整，请更新）探底回升。2013年，深圳市原材料价格和工业品价格分别全年累计下降1.7%和2.0%。原材料、燃料、动力购进价格自3月开始持续回落，6月跌幅达2.2%之后在低位徘徊，年末小幅回升。工业品价格自2月开始回落，8月跌幅达2.9%之后开始回升，12月回升至-2.1%。

（四）财政收入稳步增长，职工报酬有所提高

2013年，深圳市地方财政一般预算收入为1 731.3亿元，同比增长16.8%；地方财政一般预算支出为1 690.2亿元，同比增长7.7%。税收收入占财政收入的比重为86.6%。就业形势平稳，全年新增就业人数超过8万人。民生保障水平进一步提高，最低工资、最低生活保障标准分别提高至每月1 600元、560元。

（五）生态文明建设取得成效

2013年，深圳市在服务业、战略性新兴产业快速发展的基础上，加快构建梯次型现代产业体系，加强节能减排，打造可持续的产业竞争力。服务业占地区生产总值比重达56.6%，服务经济增长主导地位进一步巩固。全年战略性新兴产业增加值达5 002.5亿元，同比增长20.5%，比地区生产总值增速高10个百分点，占地区生产总值比重达34.5%，比上年提高4.6个百分点，对地区生产总值的贡献率首次突破五成，成为经济发展的主要引擎。节能减排取得成果，主要资源消耗进入“微增长”区间：2010～2013年，深圳市万元地区生产总值水耗累计下降33.4%，完成“十二五”规划目标的167%，成为全国节水型示范城市；化学需氧量累计减排2.6万吨，提前完成“十二五”减排任务；二氧化硫、氨氮累计分别减排5 100吨和3 600吨，完成“十二五”减排任务80%和96%。2013年，深圳市建设用地面积微增1.1%，全社会用电量微增1.2%，用水总量下降1.7%。工伤保险参保人数下降0.2%，标志着深圳经济发展初步实现了从要素驱动向主要依靠科技创新和劳动力素质提高的重要转折，打造科学发展的“深圳质量”取得了突破性进展。

（六）房地产市场量价齐升

2013年，深圳市房地产开发投资、土地及商品房供应、商品房销售量及销售均价大幅增长；房地产贷款明显增加，利率上浮占比大幅增加，贷款不良率下降；银行业支持保障房建设力度加大。

1. 房地产开发投资快速增长。2013年，深圳市完成房地产开发投资887.7亿元，同比增长20.5%。其中，住宅开发投资完成额为594.1亿元，同比增长25.2%。商品房施工面积为4 003.5万平方米，同比增长24.5%，商品房新开工面积为1 336.4万平方米，同比增长50.9%，其中，住宅施工面积和新开工面积分别为2 608.3万平方米和910.13万平方米，同比分别增长23.8%和62.0%。保障房建设获得持续推进，全年基本建成保障房275.8万平方米，共计4.3万套。

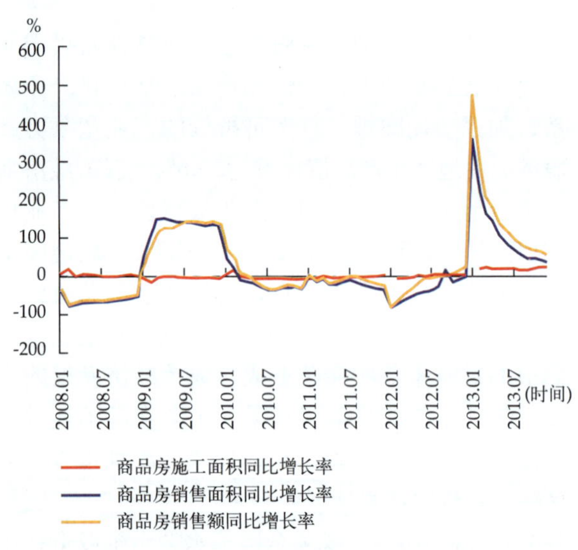

数据来源：深圳市规划和国土资源委员会。

图13　2008～2013年深圳市商品房施工和销售变动趋势

2. 土地及住房供应大幅增长。2013年，深圳市出让各类用地162.2万平方米，同比增长16.5%，土地出让金471.3亿元，同比增长4倍。其中，住宅用地出让面积62.1万平方米，同比增长1.87倍；出让金为62.1亿元，同比增长2.5倍。商品房批准预售面积为801.9万平方米，同比增长23.6%。其中，新批准商品住房预售面积为627.8万平方米，同比增长24.9%。截至2013年年末，可售商品房面积为630.4万平方米，同比增长23.1%，其中商品住房可售面积为403.2万平方米，同比增长24.4%。

3. 商品房成交活跃。全年商品房销售面积为1 373.2万平方米，同比增长37.9%。其中，新建商品住房销售面积为433.1万平方米，同比增长19.8%；二手住房成交面积为727.1万平方米，同比增长55.2%。

4. 商品住房价格上涨。2013年，深圳市新建商品住房销售均价环比连涨12个月，但涨幅逐步缩小。全年销售均价为23 776.1元/平方米，同比增长18.7%。其中，住宅销售均价为21 807.9元/平方米，同比增长15.7%。

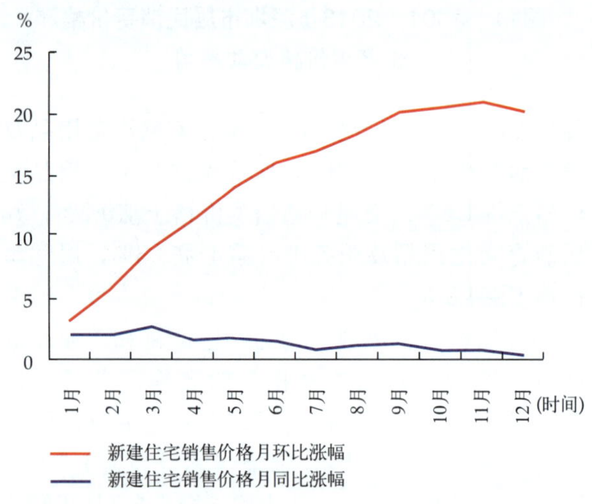

数据来源：国家发展改革委。

图14　2013年深圳市新建住宅销售价格变动趋势

5. 房地产贷款明显增长，质量保持稳定。截至2013年年末，深圳市房地产贷款余额为7 141.1亿元，同比增长12.6%，增速同比提高10.6个百分点。其中房地产开发贷款余额为1 648.4亿元，同比增长15.4%，增速较上年提高11.8个百分点；个人住房贷款余额为4 846.6亿元，同比增长11.4%，较上年增速高6.2个百分点；保障房开发贷款余额为135.4亿元，同比增长9.1%。12月新发放个人住房贷款中，99.9%执行浮动利率，其中53.5%执行基准及上浮利率，较上年高39.7个百分点。年末，房地产贷款不良率为0.3%，比年初下降0.1个百分点。其中房产开发贷款不良率0.2%，比年初下降0.1个百分点，个人住房贷款不良率0.3%，比年初下降0.1个百分点。

三、预测与展望

2014年是深入贯彻党的十八届三中全会、全面深化改革的开局之年，也是深圳市推进发展方式转型和实现产业结构升级的关键之年。新年伊始，深圳市委、市政府相继发布了《贯彻落实〈中共中央关于全面深化改革若干重大问题的决定〉的实施意见》和《关于充分发挥市场决定性作用，全面深化金融改革创新的若干意见》，为深圳市新一轮改革创新吹响了号角。展望2014年，虽然深圳市经济发展仍然面临诸多困难与挑战，但深圳市近年来坚持质量引领、创新驱动的发展战略，实现更长时期的高质量发展有着坚实基础。在此基础上，通过积极深化改革、扎实推进创新，深圳市将实现经济持续健康发展和社会和谐稳定。

2014年，深圳市将积极创造科学发展的“深圳质量”，着力稳增长、促转型、抓创新、推改革、惠民生、优环境，实现有质量的稳定增长和可持续的全面发展，努力完成全年经济社会发展的主要目标。预计进出口形势温和好转、固定资产投资保持增长，工业生产稳步增长、战略新兴产业对经济增长贡献力度进一步增强。中国人民银行深圳市中心支行将认真贯彻稳健货币政策，坚持总量稳定、结构优化的政策取向，综合运用窗口指导、再贴现、信贷政策评估等多项货币政策工具，引导金融机构把握信贷投放总量与节奏，用好增量，盘活存量，优化信贷结构，努力加大对经济薄弱环节和重点领域的支持力度；推动金融业在机制体制、服务方式、金融产品等各个层次、各个领域的创新；有效防范金融风险，促进深圳社会融资合理稳定增长，为深圳市经济健康发展创造稳定的货币金融环境。

中国人民银行深圳市中心支行货币政策分析小组
总　纂：张建军　郑　薇
统　稿：黄　富　刘川巍　管　高
执　笔：管　高　邹　颖　孟　浩　王建党　钟俊芳　黄海涛　吴劲军　丁晓松　闫雅琪　杨　丹　祝　劲
提供材料的还有：蔡瑞文　曾伟强　姜丽丽　李伟珍　王　坚　许嘉琪

附录

（一）2013年深圳市经济金融大事记

1月，《前海跨境人民币贷款管理暂行办法》及《前海跨境人民币贷款管理暂行办法实施细则》正式实施，跨境人民币贷款业务成为前海第一项落地实施的金融创新政策。

5月，对平安信托有限责任公司和华润深国投信托有限公司的信托计划管理稳健性开展了现场评估，并出台完善投资者信托风险提示工作文件。这是人民银行第一次系统性地对信托公司开展现场评估，有效发挥在维护金融稳定方面的积极作用。

5月，向辖内60家中外资银行发布了《深圳市跨行支付清算系统流动性风险应急处置预案》，在全国率先建立了同业应急互助机制，有效地提高了辖内跨行支付系统流动性风险的应急处置效率。

5月，国家外汇局批复同意深圳开展跨国公司跨境外汇资金池试点。首批3家试点企业：华为控股、中兴通讯、中集集团。

8月,人民银行深圳市中心支行按照技术方案顺利建设完成深圳中支金融城域网小微型金融机构接入平台，为深圳市小微型金融机构接入深圳金融城域网提供了安全、可靠、便利的通讯平台。

9月，国库会计集中核算系统（TCBS）顺利上线，实现了“收入直达入库、支出即时到账、数据集中摆放”。

11月，国家外汇局同意深圳开展小额“外保内贷”试点。对于年度签约金额在5 000万元人民币以内，贷款余额不超过企业净资产的“外保内贷”，不再进行额度限制和事前审批，由银行事后备案。

（二）2013年深圳市主要经济金融指标

表1 2013年深圳市主要存贷款指标

		1月	2月	3月	4月	5月	6月	7月	8月	9月	10月	11月	12月
本外币	金融机构各项存款余额（亿元）	30 160.9	29 934.9	31 979.3	32 027.5	32 145.4	32 644.8	32 240.9	32 114.6	32 628.1	32 530.4	33 218.7	33 943.2
	其中：储蓄存款	9 007.7	9 000.1	9 354.7	9 294.0	9 383.8	9 553.9	9 432.1	9 402.6	9 587.6	9 439.4	9 460.2	9 690.3
	单位存款	18 105.6	17 873.5	19 456.2	19 453.5	19 401.1	19 555.6	19 192.9	19 163.2	19 399.4	19 308.8	19 864.9	20 547.7
	各项存款余额比上月增加（亿元）	423.2	-225.9	2 044.4	48.2	117.9	499.5	-403.9	-126.3	513.5	-97.7	688.3	724.4
	金融机构各项存款同比增长（%）	22.4	18.9	20.4	20.9	18.0	15.9	17.0	16.0	15.8	15.1	15.8	14.4
	金融机构各项贷款余额（亿元）	22 295.7	22 433.2	22 782.2	23 147.2	23 270.6	23 502.1	23 694.2	23 938.4	24 126.6	24 216.0	24 545.5	24 680.1
	其中：短期	6 290.8	6 349.6	6 606.4	6 750.1	6 775.6	6 852.6	6 838.0	6 914.8	7 076.9	7 064.6	7 214.8	7 322.2
	中长期	13 157.9	13 283.1	13 338.0	13 457.6	13 581.9	13 654.8	13 825.2	14 002.4	14 142.4	14 281.2	14 386.8	14 451.6
	票据融资	735.9	667.6	694.6	786.2	767.1	761.3	793.4	760.8	661.2	605.1	666.8	601.5
	各项贷款余额比上月增加（亿元）	433.7	137.5	349.0	365.0	123.4	231.6	192.1	244.2	188.1	89.4	329.5	134.6
	其中：短期	243.1	58.7	256.8	143.7	25.6	76.9	-14.6	76.8	162.1	-12.2	150.2	107.4
	中长期	167.9	125.2	54.9	119.6	124.3	72.9	170.4	177.2	140.0	138.8	105.6	64.8
	票据融资	-12.0	-68.3	27.0	91.5	-19.0	-5.9	32.1	-32.6	-99.5	-56.1	61.7	-65.3
	金融机构各项贷款同比增长（%）	14.0	13.1	13.4	14.4	13.5	13.4	12.7	12.7	13.7	12.6	12.9	13.2
	其中：短期	31.2	30.7	33.3	38.9	36.7	34.7	32.4	31.5	33.5	26.3	23.3	22.1
	中长期	6.8	7.5	6.9	7.4	7.5	8.0	9.3	10.4	11.0	11.2	11.5	11.6
	票据融资	18.7	0.5	8.8	-5.9	-15.6	-17.6	-29.6	-36.6	-38.3	-38.8	-25.8	-19.6
	建筑业贷款余额（亿元）	498.2	498.2	511.9	514.6	541.4	549.6	558.8	576.1	595.3	615.2	626.6	637.4
	房地产业贷款余额（亿元）	2 102.9	2 132.7	2 120.3	2 157.8	2 181.1	2 219.3	2 267.0	2308.3	2 345.0	2 388.9	2 379.2	2 400.3
	建筑业贷款同比增长（%）	46.78	42.5	36.7	31.8	36.7	29.4	31.2	35.4	34.8	34.6	34.8	34.7
	房地产业贷款同比增长（%）	6.9	7.5	6.6	7.3	6.1	9.4	12.3	13.8	15.3	16.2	15.0	17.7
人民币	金融机构各项存款余额（亿元）	27 868.4	27 544.0	29 259.6	29 366.7	29 680.3	30 382.3	30 047.6	29 922.9	30 378.9	30 281.0	30 848.4	31 547.8
	其中：储蓄存款	8 765.4	8 751.7	9 104.1	9 042.7	9 133.2	9 302.6	9 178.0	9 147.6	9 333.0	9 181.2	9 200.5	9 423.1
	单位存款	16 113.7	15 808.9	17 046.2	17 110.2	17 259.2	17 612.4	17 319.3	17 293.6	17 467.4	17 408.4	17 842.4	18 482.9
	各项存款余额比上月增加（亿元）	408.5	-324.4	1 715.5	107.1	313.6	702.0	-334.7	-124.7	456.1	-97.9	567.3	699.4
	其中：储蓄存款	164.1	-8.7	387.7	-90.3	102.1	218.0	-106.2	-24.8	210.3	-172.2	3.0	325.4
	单位存款	258.0	-304.8	1237.3	64.0	149.0	353.1	-293.1	-25.7	173.8	-59.1	434.1	640.5
	各项存款同比增长（%）	18.4	15.9	17.2	19.1	17.5	16.3	18.3	17.3	16.8	16.6	17.0	15.2
	其中：储蓄存款	15.1	13.3	12.5	15.1	13.5	9.2	11.4	9.9	9.6	9.8	8.8	8.8
	单位存款	15.8	13.0	16.4	18.7	18.5	16.9	18.9	18.7	17.8	16.8	17.2	16.6
	金融机构各项贷款余额（亿元）	18 392.8	18 474.6	18 689.0	18 954.5	19 172.3	19 462.6	19 780.5	20 028.5	20 118.7	20 246.1	20 530.8	20 632.9
	其中：个人消费贷款	4 819.9	4 867.4	4 912.5	4 996.4	5 061.1	5 106.0	5 161.5	5 215.8	5 256.9	5 296.0	5 353.2	5 388.1
	票据融资	735.8	667.6	694.6	786.2	767.1	761.3	793.4	760.8	661.2	605.1	666.8	601.5
	各项贷款余额比上月增加（亿元）	319.4	81.7	214.5	265.5	217.7	290.3	317.9	248.0	90.2	127.3	284.8	102.1
	其中：个人消费贷款	74.8	47.5	45.1	83.9	64.8	44.8	55.5	54.3	41.0	39.1	57.3	34.9
	票据融资	-12.0	-68.2	27.0	91.5	-19.0	-5.9	32.1	-32.6	-99.5	-56.1	61.7	-65.3
	金融机构各项贷款同比增长（%）	10.1	9.5	9.5	9.6	9.5	10.3	10.1	10.4	12.3	12.4	13.0	14.5
	其中：个人消费贷款	5.0	6.4	6.9	8.8	9.1	9.0	8.9	8.5	13.9	14.1	14.4	14.6
	票据融资	18.7	0.5	8.8	-5.9	-15.6	-17.6	-29.6	-36.6	-38.3	-38.8	-25.8	-19.6
外币	金融机构外币存款余额（亿美元）	365.1	380.8	433.8	427.7	398.9	366.2	355.0	355.2	365.8	366.2	386.5	392.9
	金融机构外币存款同比增长（%）	108.7	68.8	70.9	46.5	27.9	13.6	3.6	3.8	7.5	0.4	4.9	8.1
	金融机构外币贷款余额（亿美元）	621.5	630.6	652.9	674.0	663.2	653.8	633.4	633.6	651.9	646.3	654.7	663.8
	金融机构外币贷款同比增长（%）	37.3	33.8	36.2	44.1	40.0	34.7	31.0	29.2	25.0	16.6	14.8	10.1

数据来源：中国人民银行深圳市中心支行。

表2 2001～2013年深圳市各类价格指数

单位:%

年/月		居民消费价格指数		农业生产资料价格指数		工业生产者购进价格指数		工业生产者出厂价格指数		深圳市房屋销售价格指数	深圳市房屋租赁价格指数	深圳市土地交易价格指数
		当月同比	累计同比	当月同比	累计同比	当月同比	累计同比	当月同比	累计同比	当季(年)同比	当季(年)同比	当季(年)同比
2001		—	—	—	—	—	—	—	—	—	—	—
2002		—	—	—	—	—	—	—	—	—	—	—
2003		—	—	—	—	—	—	—	—	—	—	—
2004		—	—	—	—	—	—	—	—	—	—	—
2005		—	—	—	—	—	—	—	—	—	—	—
2006		—	—	—	—	—	—	—	—	—	—	—
2007		—	—	—	—	—	—	—	—	—	—	—
2008		—	—	—	—	—	—	—	—	—	—	—
2009		—	—	—	—	—	—	—	—	—	—	—
2010		—	—	—	—	—	—	—	—	—	—	—
2011		—	—	—	—	—	—	—	—	—	—	—
2012		—	—	—	—	—	—	—	—	—	—	—
2013		—	—	—	—	—	—	—	—	—	—	—
2012	1	—	—	—	—	—	—	—	—	—	—	—
	2	102.2	103.0	—	—	101.9	102.0	100.4	100.2	99.8	—	—
	3	103.5	103.2	—	—	—	—	—	—	—	102.3	—
	4	102.9	103.1	—	—	101.0	101.7	100.3	100.3	98.4	—	—
	5	103.1	103.1	—	—	99.9	101.4	99.6	100.2	97.7	—	—
	6	102.4	103.0	—	—	99.9	101.1	99.7	100.1	97.5	102.0	—
	7	102.6	102.9	—	—	99.4	100.9	99.7	100.0	97.6	—	—
	8	102.9	102.9	—	—	98.8	100.6	99.3	99.9	97.8	—	—
	9	102.6	102.9	—	—	98.5	100.4	99.4	99.9	97.9	102.2	—
	10	102.2	102.8	—	—	99.4	100.3	100.1	99.9	98.4	—	—
	11	102.4	102.8	—	—	99.1	100.2	99.7	99.9	99.3	—	—
	12	103.0	102.8	—	—	98.8	100.0	100.0	99.9	100.8	102.0	—
2013	1	—	—	—	—	—	—	—	—	—	—	—
	2	103.3	102.8	—	—	98.2	98.3	99.0	99.4	105.7	—	—
	3	101.8	102.4	—	—	98.4	98.4	98.4	99.1	108.9	—	—
	4	102.3	102.4	—	—	98.1	98.3	97.8	98.7	111.3	—	—
	5	101.8	102.3	—	—	97.9	98.2	97.7	98.5	113.7	—	—
	6	102.6	102.3	—	—	97.8	98.1	97.5	98.4	115.7	102.2	—
	7	102.4	102.4	—	—	—	—	—	—	—	—	—
	8	102.5	102.4	—	—	98.8	98.2	97.1	98.1	118.1	—	—
	9	103.7	102.5	—	—	98.8	98.3	97.4	98.0	119.7	101.1	—
	10	103.5	102.6	—	—	98.4	98.3	97.7	98.0	120.2	—	—
	11	103.3	102.7	—	—	98.6	98.3	98.2	98.0	120.6	—	—
	12	103.2	102.7	—	—	—	—	—	—	—	—	—

数据来源：深圳市统计局。

表3　2013年深圳市主要经济指标

	1月	2月	3月	4月	5月	6月	7月	8月	9月	10月	11月	12月
绝对值（自年初累计）												
地区生产总值（亿元）	—	—	2 750.9	—	—	6 013.8	—	—	10 083.3	—	—	14 500.2
第一产业	—	—	1.1	—	—	2.4	—	—	3.1	—	—	5.3
第二产业	—	—	1 185.6	—	—	2 671.2	—	—	4 505.8	—	—	6 296.8
第三产业	—	—	1 564.2	—	—	3 340.2	—	—	5 574.4	—	—	8 198.1
工业增加值（亿元）	—	754.7	1 157.8	1 594.1	2 071.6	2 568.1	3 034.8	3 515.8	4 073.5	4 557.1	5 087.6	5 695.0
固定资产投资（亿元）	—	205.5	361.3	548.2	773.5	1 000.7	1 221.3	1 429.8	1 688.1	1 956.6	2 228.9	2 501.0
房地产开发投资	—	89.0	130.8	187.7	267.1	357.5	439.5	519.5	611.0	703.9	788.2	887.7
社会消费品零售总额（亿元）	—	697.9	1 000.6	1 315.7	1 663.8	2 046.4	2 411.5	2 788.2	3 172.5	3 579.7	3 992.4	4 433.6
外贸进出口总额（万美元）	—	909.1	1 710.0	2 301.5	2 673.3	3 013.0	3 397.4	3 799.7	4 259.9	4 496.5	4 902.1	5 373.6
进口	—	398.3	780.4	1 046.7	1 208.2	1 348.4	1 508.2	1 679.0	1 834.7	1 965.9	2 127.1	2 316.4
出口	—	510.8	929.6	1 254.8	1 465.1	1 664.6	1 889.2	2 120.7	2 325.2	2 530.6	2 775.0	3 057.2
进出口差额(出口 − 进口)	—	112.4	149.2	208.1	256.9	316.2	381.0	441.7	490.5	564.7	647.9	740.8
外商实际直接投资（万美元）	—	72 416.0	102 529.0	168 972.0	215 826.0	276 410.0	323 801.0	376 508.0	425 180.0	485 122.0	525 312.0	546 789.0
地方财政收支差额（亿元）	—	123.3	106.6	200.5	208.9	177.5	255.6	277.0	231.0	292.0	197.5	41.1
地方财政收入	—	329.8	443.7	640.7	766.7	899.6	1 095.7	1 202.4	1 308.4	1 538.4	1 632.9	1 731.3
地方财政支出	—	206.5	337.1	440.2	557.8	722.1	840.1	925.4	1 077.4	1 246.4	1 435.4	1 690.2
城镇登记失业率 (%)(季度)	—	—	—	—	—	—	—	—	—	—	—	—
同比累计增长率（%）												
地区生产总值	—	—	9.0	—	—	9.5	—	—	9.7	—	—	10.5
第一产业	—	—	4.3	—	—	-1.7	—	—	-7.3	—	—	-19.8
第二产业	—	—	7.6	—	—	8.8	—	—	8.2	—	—	9.0
第三产业	—	—	10.2	—	—	10.0	—	—	10.9	—	—	11.7
工业增加值	—	8.1	7.0	7.6	8.1	8.7	8.5	8.4	8.6	8.6	9.0	9.6
固定资产投资	—	10.7	10.8	10.9	10.8	11.3	11.6	12.1	12.5	12.9	13.0	14.0
房地产开发投资	—	26.1	15.9	16.9	23.7	32.0	37.0	27.9	25.3	24.4	18.0	20.5
社会消费品零售总额	—	7.9	8.5	7.9	7.9	9.0	9.1	9.2	9.6	9.8	10.3	10.6
外贸进出口总额	—	61.5	80.0	72.6	53.9	42.2	35.8	30.6	25.1	20.8	18.2	15.1
进口	—	68.8	95.4	90.8	68.0	54.2	45.9	37.9	31.2	25.9	21.9	18.5
出口	—	56.2	68.8	60.0	44.0	33.8	28.7	25.3	20.6	17.1	15.5	12.7
外商实际直接投资	—	33.6	22.7	20.0	4.5	10.6	7.4	10.3	8.5	5.4	7.3	4.6
地方财政收入	—	20.9	19.9	16.3	15.6	16.9	18.4	17.7	15.8	17.0	17.0	16.8
地方财政支出	—	11.8	8.3	14.3	14.3	10.4	0.4	-0.6	1.8	7.4	8.9	7.7

数据来源：深圳市统计局。

2013年广西壮族自治区金融运行报告

中国人民银行南宁中心支行货币政策分析小组

[内容摘要] 2013年，面对国内外复杂多变的经济形势，广西各部门认真贯彻落实国家和地方相关政策措施，在稳增长的同时注重调结构转方式，产业结构进一步优化，积极培育先进制造业、战略性新兴产业和现代服务业的新增长点，消费模式不断升级，内生经济发展动力逐步增强。

金融业继续保持平稳健康运行，银行业通过调整信贷结构引导产业结构优化，提高经济增长的质量和效益；直接融资发展取得多项突破；证券业和保险业发展势头良好；金融生态环境不断优化。经济金融继续保持协调发展。

展望2014年，广西仍面临艰巨的产业结构调整压力，但同时也有重大发展机遇，获批建设沿边金融综合改革试验区、珠江—西江经济带上升为国家战略等一系列改革红利将给广西经济发展带来新的动力。广西金融业将继续执行稳健的货币政策，积极盘活存量、优化增量，进一步优化信贷结构，加快发展直接融资，为经济增长和转型升级提供强大支持。

一、金融运行情况

2013年，广西金融业发展稳中有进。银行业信贷结构不断优化，支小扶农力度明显增强，证券业和保险业平稳运行，金融生态环境建设取得新成效。

（一）银行业稳健发展，信贷结构不断优化

1. 银行资产稳步增长，利润增速有所提高。2013年年末，广西银行业金融机构资产总额为24 276.4亿元，同比增长12.7%；银行业利润增速同比上升1.8个百分点；不良贷款呈“一升一降”格局，不良贷款率较年初下降0.1个百分点，余额较年初增加11.1亿元。金融组织体系不断完善，新增4家村镇银行，首家地方法人财务公司开业，香港汇丰银行南宁分行正式营业（见表1）。

表1 2013年广西壮族自治区银行业金融机构情况

机构类别	营业网点			法人机构（个）
	机构个数（个）	从业人数（人）	资产总额（亿元）	
一、大型商业银行	2 018	39 811	9 770.8	0
二、国家开发银行和政策性银行	64	1 731	2 750.3	0
三、股份制商业银行	86	3 392	2 274.4	0
四、城市商业银行	173	5 907	2 540.6	3
五、城市信用社	0	0	0	0
六、小型农村金融机构	2 312	23 997	5 337.4	90
七、财务公司	2	50	63.9	1
八、信托公司	0	0	0	0
九、邮政储蓄银行	1 002	11 608	1 288.2	0
十、外资银行	3	76	34.3	0
十一、新型农村金融机构	132	2 198	191.1	39
十二、其他	1	55	25.4	1
合 计	5 793	88 825	24 276	134

注：1. 营业网点不包括总部。
2. 小型农村金融机构含农村商业银行、农村信用社、农村合作银行。
3. 新型农村金融机构包括村镇银行、贷款公司和农村资金互助社三类机构。
4. “其他”包含金融租赁公司、汽车金融公司、货币经纪公司、消费金融公司等。

数据来源：中国人民银行南宁中心支行、广西壮族自治区银监局。

2. 存款增速逐步回落，季末冲高趋势明显。2013年，广西存款增速呈现上半年较高、下半年较低的“前高后低”走势。年末，本外币存款余额为1.8万亿元，同比增长15.2%，增幅同比下降2.8个百分点，同时存款“季末冲高、季初回落”进一步加剧的趋势在2013年第一季度和第三季度尤为明显（见图1）。广西存款下降的主要原因是企业存款增长乏力。2013年年末，单位存款余额同比增长12.3%，增速同比下降3.0个百分点，而个人存款则增长较快，余额同比增长18.5%。

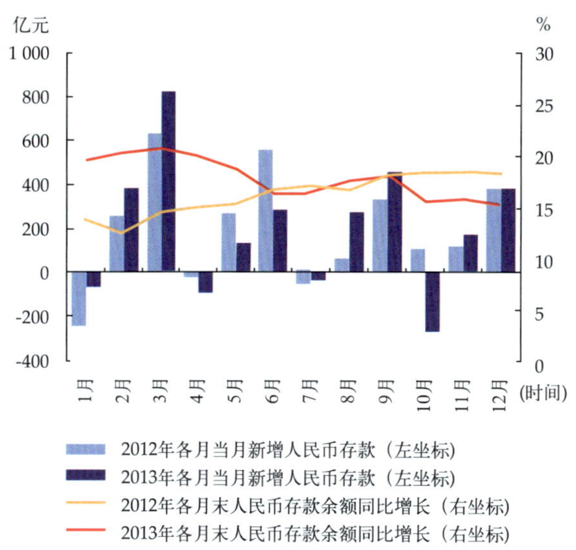

数据来源：中国人民银行南宁中心支行。

图1 2012～2013年广西壮族自治区金融机构人民币存款增长变化

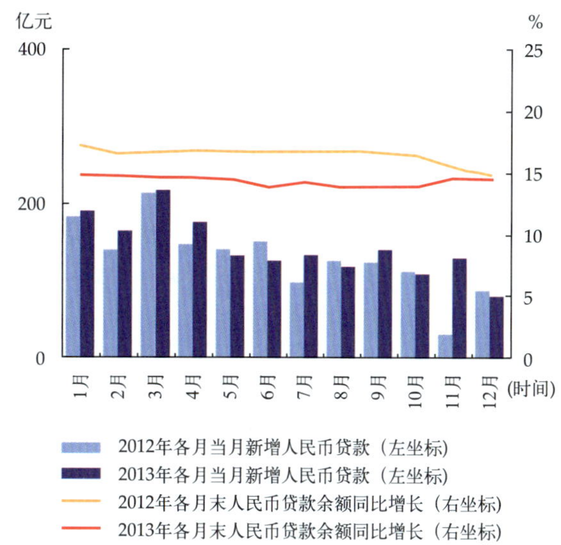

数据来源：中国人民银行南宁中心支行。

图2 2012～2013年广西壮族自治区金融机构人民币贷款增长变化

3. 贷款增速持续放缓，信贷结构不断优化。2013年年末，广西本外币各项贷款余额为1.4万亿，同比增长14.0%，增幅同比下降2.1个百分点（见图2），贷款增速在实现理性回归的同时仍高于经济增速与物价水平之和1.5个百分点，有效支持了地方经济发展。

从结构看，广西各金融机构通过积极建立信贷资产收益权转让模式、加大对低质低效贷款客户退出力度以及发行小微企业专项金融债等多种手段，努力盘活信贷存量、用好增量，不断加大对小微和涉农等社会薄弱领域以及个人消费的信贷支持力度。2013年，广西新增企业贷款的50%投向中小微企业，新增各项贷款的48%投向涉农领域，24.3%投向个人消费领域，金融扶弱功能有效发挥。推出了专利权质押融资，加大对科技型企业等新兴领域的信贷投放。

4. 表外业务快速发展。2013年，各银行机构大力发展表外业务，传统表外业务方面，继续发展银行承兑汇票、承诺、信用证、保函、金融衍生品等业务；创新型表外业务方面，通过券商资产管理计划、信托受益权转让、委托债权交易等渠道把理财资金投入实体经济。在商业银行新资本管理办法实施和银监会规范理财产品新政策要

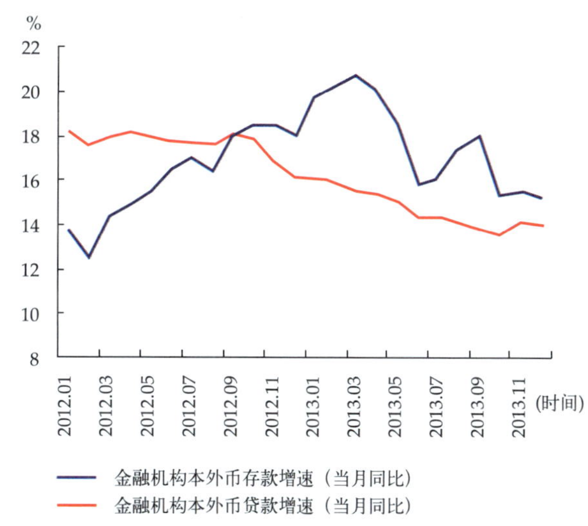

数据来源：中国人民银行南宁中心支行。

图3 2012～2013年广西壮族自治区金融机构本外币存、贷款增速变化

求下，各行积极调整表外业务结构，适当压降银行承兑汇票、买入返售资产等高资本消耗业务和非标资产业务规模。

5. 贷款利率逐步走低，民间借贷利率高企。在2013年7月全面放开贷款利率管制后，广西金融机构存款加权平均利率水平与全国走势一致，均有所提高；而一般贷款加权平均利率（不含贴

现）与全国稳定在7.2%左右不同，呈现逐步降低的态势，从2013年7月的7.5%逐步下降至12月的7.2%，全年广西金融机构人民币一般贷款加权平均利率（不含贴现）为7.3%，同比下降0.3个百分点。银行机构存贷利差有所收窄，由7月的6.0%降至12月的5.7%。其中，地方法人金融机构的存贷利差降幅尤为明显，由7月的7.2%降至12月的6.6%。主要是由于部分地方法人金融机构让利于农,出台了减轻农户和小微企业借贷成本的政策。2013年下半年，广西农村信用社共发放基准利率0.7倍的贷款3.1亿元，全部为农户固定利率贷款，主要投向种植业和养殖业。

民间借贷利率有所上升，从样本监测数据看，广西民间借贷加权平均利率从7月的26.5%不断攀升至12月的29.1%。

表2　2013年广西壮族自治区金融机构人民币贷款各利率区间占比

单位：%

月份		1月	2月	3月	4月	5月	6月
	合计	100.0	100.0	100.0	100.0	100.0	100.0
	下浮	4.0	4.7	5.3	5.5	5.8	6.7
	基准	32.6	33.7	30.6	24.9	27.1	29.0
上浮	小计	63.4	61.6	64.1	69.5	67.1	64.3
	(1.0，1.1]	18.4	18.2	19.0	19.4	15.9	14.8
	(1.1，1.3]	28.4	25.3	27.4	28.9	31.4	30.2
	(1.3，1.5]	12.7	13.9	14.8	16.6	15.8	15.3
	(1.5，2.0]	1.4	1.7	2.0	2.0	1.8	1.9
	2.0以上	2.6	2.5	1.0	2.6	2.2	2.0
月份		7月	8月	9月	10月	11月	12月
	合计	100.0	100.0	100.0	100.0	100.0	100.0
	下浮	3.5	5.8	4.5	3.4	4.2	3.3
	基准	26.5	28.5	29.1	28.2	35.4	31.5
上浮	小计	70.0	65.7	66.4	68.4	60.4	65.2
	(1.0，1.1]	14.8	12.8	17.1	17.7	14.0	16.2
	(1.1，1.3]	31.1	32.8	29.5	30.5	27.6	29.6
	(1.3，1.5]	18.9	15.7	15.6	15.4	14.1	15.3
	(1.5，2.0]	3.0	1.9	2.0	1.8	1.7	1.5
	2.0以上	2.2	2.6	2.2	3.0	3.0	2.6

数据来源：中国人民银行南宁中心支行。

6. 金融机构改革不继深化，沿边金融综合改革试验区建设工作正式启动。农业银行广西分行

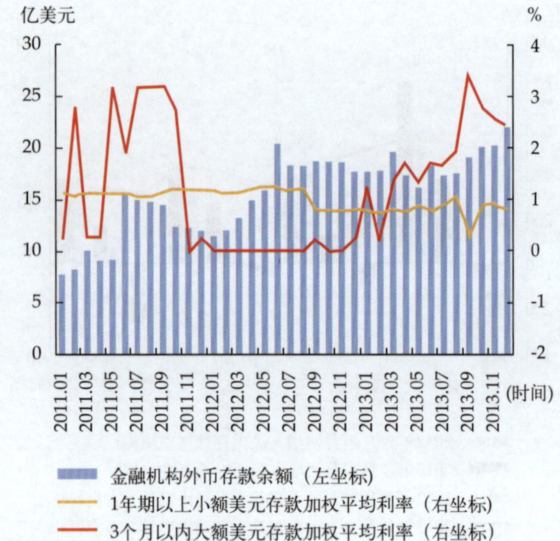

数据来源：中国人民银行南宁中心支行。

图4　2011～2013年广西壮族自治区金融机构外币存款余额及外币存款利率

进一步深化三农金融事业部改革试点工作，积极推动“三农”和县域业务转型，提高县域支行发展质量。

《云南省、广西壮族自治区建设沿边金融综合改革试验区总体方案》获得国务院通过，沿边金融综合改革试验区建设工作正式启动。广西及时出台了《关于建设沿边金融综合改革实验区的实施意见》，从信贷、支付体系、信用体系、跨境人民币结算等多方面全面推进沿边金融合作与创新。

7. 跨境人民币业务稳步快速发展。目前涉及境外地域80个国家和地区，业务呈现良好发展势头。2013年，广西跨境人民币结算金额1 012.4亿元，同比增长50.3%，其中，经常项下跨境人民币结算量为982.2亿元，同比增长49.8%；资本项下跨境人民币结算量30.3亿元，同比增长66.7%。全区4家银行机构开展了人民币兑越南盾柜台挂牌工作，2013年兑换量为56.6亿元。2013年7月，中国人民银行南宁中心支行发布了《广西边境个人跨境贸易人民币结算管理办法》，在防城港市东兴市先行实施，为广西边境个人跨境贸易人民币结算业务发展注入了新动力。

专栏1 以富民强桂为目标 创新推进民生金融

为响应国家和自治区"惠民生、促和谐"的决策部署，中国人民银行南宁中心支行积极引导金融机构创新民生金融工作思路，率先启动广西"民生金融 富民强桂"工程，实现了广西民生金融三大突破一项倍增，有力促进了广西经济金融包容性增长。

一是创新启动广西"民生金融 富民强桂"工程，现场签约金额达158亿元。中国人民银行南宁中心支行牵头联合自治区14个厅局成功举办广西"民生金融 富民强桂"工程启动暨金融扶持创业、安居、支少、扶旅合作协议签署仪式。联合自治区民委、人社厅、住建厅、旅游局首批推出"金融扶持万人创业普惠工程"、"金融安居惠民工程"、"金融支少阳光工程"和"金融扶持乡村旅游示范工程"4项子工程，14家金融机构和21家企业及相关部门现场签署了落地项目合作协议共24个，签约金额达158亿元，有效引导商业银行在民生金融产品、服务、市场、机制和融资模式上的差异化创新。

二是用足用好少数民族扶持政策，广西民贸民品贷款贴息实现倍增。为消除民贸民品贴息贷款"零"市县，中国人民银行南宁中心支行两度联合自治区民委深入市县开展民贸民品贴息贷款政策宣传；同时，联合自治区财政厅、民委起草并出台贷款贴息管理办法，以规范促业务发展。2013年，审核发放民贸民品企业贷款中央财政贴息3.6亿元，是2012年的2.6倍；带动金融机构发放优惠贷款184.5亿元；贷款覆盖了全区59个县（区）、347家民贸民品企业，同比分别增加10个县（区）和134家企业。

三是深化"万家成长型小企业信贷扶持工程"，中小企业融资取得历史突破。中国人民银行南宁中心支行联合自治区工信委深入推进"万家成长型小企业信贷扶持工程"，并公布4 500家小微企业进入第二批名录库。2013年，名录库内的6 000家中小微企业累计获得信贷支持超过300亿元。广西首单区域集优中小企业集合票据2.9亿元成功发行；2家地方法人银行业金融机构90亿元小微企业专项金融债成功获批，并首次成功发行募集资金30亿元。

四是以乡村旅游为重点，金融支持旅游业发展取得实质性突破。中国人民银行南宁中心支行联合自治区旅游局选定5市24个县区、36个乡村旅游项目作为"金融支持乡村旅游示范工程"第一批试点，通过政府担保基金、财政贴息、金融机构低利率贷款、人民银行差别准备金动态调整政策支持等方式带动资金投入。其中，巴马县示范点乡村旅游项目贷款已实现投放。

五是成功申获保障房私募债发行试点资格，金融助力保障房建设取得突破。中国人民银行南宁中心支行首次提出广西保障房债试点工作建议，获自治区领导批示及肯定；向中国人民银行总行提出将广西纳入保障房私募债发行试点省份的政策建议，获得了中国人民银行总行的同意；联合自治区住建厅制订《定向工具支持广西保障房建设工作方案》，通过发行保障房债、创新金融服务等方式，助力保障房建设。2013年年末，全区保障性住房开发贷款余额同比增长45.9%，高于同期住房开发贷款增速24.3个百分点；全年保障房项目发债融资24.9亿元。

（二）证券市场平稳发展，上市公司融资能力增强

1. 证券期货市场主体增加。2013年年末，广西共有1家证券公司，1家基金管理公司，118家证券营业部，33家期货营业部，12家具有证券、期货相关业务许可证的证券中介服务机构。与年初相比，增加18家证券营业部、2家期货营业部和1家中介服务机构，机构主体不断增加。

2. 证券机构经营能力提高。2013年年末，广西证券经营机构证券交易总额为10 509.3亿元，同比增长47.7%，其中，A股交易额为8 319.9亿元，B股交易额为7.0亿元，基金交易额为71.8亿元，债券交易额为23.9亿元，其他交易额为2 088.1亿元。证券投资者开户数200.5万户，同比增长4.6%。证券营业部实现净利润6.5亿元，同比增长1.2倍。

3. 期货交易增长明显。2013年年末，广西期货经营机构代理期货交易量3 461.9万手，代理交易额为31 943.4亿元，同比增长17.7%。期货营业部实现净利润839.9万元，期货投资者开户数为32 072户，客户保证金余额为15.1亿元。

4. 基金产品不断丰富。2013年年末，国海富兰克林基金公司资产管理规模145.3亿元。新发3只开放式基金，旗下基金产品达15只，基金总份额为142.6亿份，基金资产净值总额为145.3亿元。

5. 上市公司融资能力增强。2013年，广西上市公司通过国内股票（A股）市场融资91.6亿元，其中北海港定向增发51.8亿元，国海证券配股发行32.6亿元，南方食品非公开发行募集资金4.5亿元，广陆数测非公开发行募集资金2.7亿元。

表3　2013年广西壮族自治区证券业基本情况

项目	数量
总部设在辖内的证券公司数（家）	1
总部设在辖内的基金公司数（家）	1
总部设在辖内的期货公司数（家）	0
年末国内上市公司数（家）	30
当年国内股票（A股）筹资（亿元）	91.6
当年发行H股筹资（亿元）	0.0
当年国内债券筹资（亿元）	373.7
其中：短期融资券筹资额（亿元）	130.0
中期票据筹资额（亿元）	192

数据来源：广西壮族自治区证监局。

（三）保险市场健康发展，保障范围不断拓宽

1. 行业实力进一步增强。2013年年末，广西保险业资产总额为585.4亿元，同比增长18.3%。广西首家保险法人机构——北部湾产险开业以来发展顺利，保费收入已累计超过3亿元。广西共有保险主体34家，比上年新增1家；保险公司分支机构1 969家。

2. 业务平稳增长。2013年年末，广西累计实现原保险保费收入275.5亿元，同比增长15.6%，保险赔付支出90.9亿元，同比增长22.2%。保险密度同比增加74.8元/人；保险深度同比提高0.1个百分点。

3. 农业保险覆盖范围不断拓宽。2013年年末，广西农业保险实现保费收入2.8亿元，同比增长1.1倍。甘蔗、水稻、森林、生猪等政策性农业保险工作进展顺利，全年共承保甘蔗300万亩、森林2 700万亩、水稻40万亩、能繁母猪及育肥猪160万头，支付农业保险已决赔款逾亿元，同比增长超25%。

表4　2013年广西壮族自治区保险业基本情况

项目	数量
总部设在辖内的保险公司数（家）	1
其中：财产险经营主体（家）	1
人身险经营主体（家）	0
保险公司分支机构（家）	34
其中：财产险公司分支机构（家）	20
人身险公司分支机构（家）	14
保费收入（中外资，亿元）	275.5
其中：财产险保费收入（中外资，亿元）	112.2
人身险保费收入（中外资，亿元）	163.3
各类赔款给付（中外资，亿元）	90.9
保险密度（元/人）	583.7
保险深度（%）	1.9

数据来源：广西壮族自治区保监局。

（四）融资结构持续优化，金融市场交易趋于活跃

2013年，广西金融市场发展平稳，直接融资渠道不断拓宽，表外融资呈现快速发展，金融创新力度不断增强。

1. 融资结构不断优化，直接融资取得多项突破。2013年，广西社会融资规模为2 804.0亿元，同比多增120.1亿元，其中，间接融资仍为主要的融资方式，占社会融资规模的61.5%，较上年下降2.2个百分点。表外融资占社会融资规模的21.5%，较上年提高1.6个百分点。直接融资占社会融资规模的17.0%，较上年提高0.6个百分点。

债券融资的发展取得多项突破。2013年，广西有两家地方法人银行业金融机构成功获批发行90亿元小微企业专项金融债，并首次成功发行小微企业专项金融债募集资金30亿元；在银行间债券市场累计发行债券融资347.7亿元，相当于2012年的1.4倍，再创历史新高；广西首单区域集优中小企业集合票据——柳州第一期区域集优中小企业集合票据2.8亿元成功发行。

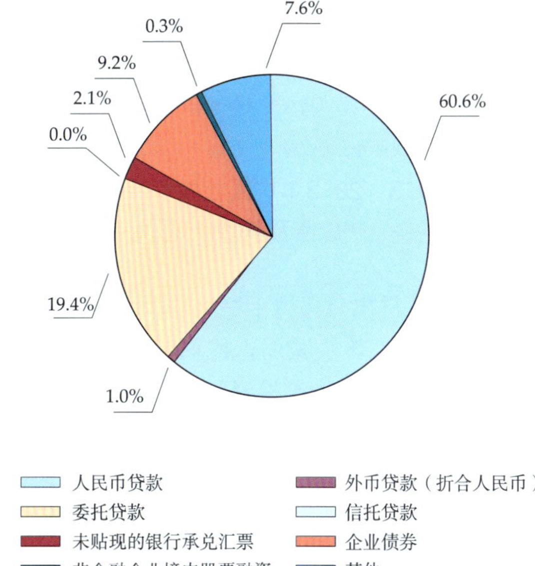

数据来源：中国人民银行南宁中心支行、广西壮族自治区发展改革委、广西证监局。

图5　2013年广西壮族自治区社会融资规模分布

2. 货币市场交易量跌价涨。2013年，在银行间市场流动性波动加大并较往年频繁的情况下，广西各市场成员不断规范交易行为，调整交易品种、期限结构和交易对象，交易量大幅减少，成交利率整体走高。信用拆借累计成交34.3亿元，同比减少48.7亿元；债券回购累计成交5 286.4亿元，同比减少59.4%，首次出现年度交易量负增长；逆回购和正回购成交加权平均利率分别为3.7%、3.6%，同比分别上升28个和29个基点。

3. 票据市场交易较为活跃。2013年前5个月，广西票据市场总体量涨价跌，6月以后受货币市场季末波动影响，票据交易量价齐涨。2013年，广西票据累计签发量同比增长1.8%，贴现和转贴现同比分别增长7.6%和94.4%，再贴现同比增长1.4倍。贴现、转贴现加权平均利率均由1月的4.9%分别提高至12月末的8%和6.2%。电子商业汇票发展迅速，全年共签发电子商业汇票8 738笔、金额216.3亿元，同比分别增长99.5%和1倍。

表5　2013年广西壮族自治区金融机构票据业务量统计

单位：亿元

季度	银行承兑汇票承兑		贴现			
			银行承兑汇票		商业承兑汇票	
	余额	累计发生额	余额	累计发生额	余额	累计发生额
1	1 182.6	586.2	119.5	258.6	2.2	4.6
2	1 083.4	1 180.3	142.7	491.7	1.5	7.6
3	1 099.6	1 786.5	120.1	680.9	1.4	13.3
4	1 168.2	2 461.8	102.7	882.5	0.9	17.9

数据来源：中国人民银行南宁中心支行。

表6　2013年广西壮族自治区金融机构票据贴现、转贴现利率

单位：%

季度	贴现		转贴现	
	银行承兑汇票	商业承兑汇票	票据买断	票据回购
1	4.9	5.2	4.6	4.6
2	4.8	6.1	4.7	4.9
3	6.6	7.2	5.1	5.5
4	7.2	8.5	5.3	6.3

数据来源：中国人民银行南宁中心支行。

4. 外汇市场平稳运行，结售汇逆差收窄。2013年，广西银行结售汇市场总规模持续扩大，结汇由降转升，售汇增速有所减缓。全年结售汇总规模为189.2亿美元，同比增长10.6%。其中，结汇为87.9亿美元，同比增长17.4%，扭转了上年负增长的局面；售汇为101.2亿美元，同比增长5.3%，增幅同比收窄37个百分点。全年结售汇逆差13.3亿美元，较上年收窄37.4%，逆差主要集中于资本与金融项目，占比达80%。

5. 黄金市场交易活跃。2013，广西共有12家银行业金融机构开办黄金交易业务。受国际金价持续下跌影响，市场投资热情高涨，商业银行黄金业务尤其是实物金交易活跃，全年各类黄金业务累计成交48.1吨、134.4亿元，同比分别增长23.8%和5.1%。其中，账户金交易量占比近六成；实物黄金成交量同比增长3.4倍。

(五)信用体系建设稳步推进,支付体系安全高效

2013年,广西社会信用体系建设日益完善,金融生态不断优化。广西区政府组织召开广西社会信用体系建设电视电话会议,成功处置北海群体性查询信用报告事件,在全国创新试行个人信用报告属地查询管理,成为互联网个人信用信息服务平台全国试点地区。全区金融机构月均查询金融信用信息基础数据库超过41万次,人民银行对外服务窗口查询达15.9万人/次,呈现逐年翻番态势。全区所有地级市及部分县已建立地方社会信用体系建设联席会议制度,小微企业和农村信用体系建设稳步推进。2013年,金融机构向全区与银行未建立信贷关系的1.3万户小微企业发放贷款1 342亿元,向293万建档农户发放贷款1 081亿元,农户贷款满足率超过90%。

支付体系建设取得重大进展。2013年,出台了《广西北部湾经济区推进金融服务同城化总体工作方案》,进一步优化广西支付结算环境。积极推进第二代支付系统建设工作,圆满完成第二代支付系统南宁城市处理中心切换上线;继续推广非现金支付工具,持续改善农村支付服务环境,便民惠民支付服务体系向纵深方向发展。

二、经济运行情况

2013年,广西坚持稳中求进的工作总基调,以提高经济增长质量和效益为中心,统筹稳增长、调结构、促改革、惠民生,全区经济呈现总体平稳、稳中提质、稳中向好的发展态势。初步核算,2013年全区实现地区生产总值14 378.0亿元,同比增长10.2%,高于全国2.5个百分点,连续十年保持两位数增速。结构调整进展明显,内需支撑动力不断增强,三次产业协同发展,物价水平保持温和,经济运行总体稳中有进。

(一)需求结构不断优化,经济增长内生动力有所增强

2013年,在经济结构调整和主动转型的背景下,广西投资增速有所放缓;得益于居民收入稳步提高,城乡消费保持平稳较快增长;在边境贸易的拉动下,进出口保持平稳增长。

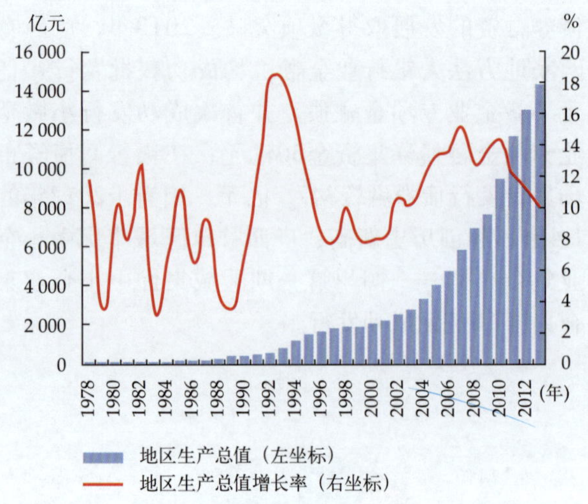

数据来源:广西壮族自治区统计局。

图6 1978~2013年广西壮族自治区地区生产总值及其增长率

1. 投资增长势头减弱,民间投资增长较快。2013年,广西固定资产投资11 393.9亿元,同比增长21.8%,增速同比下降3.0百分点。技改投资保持较快增长,全年更新改造投资同比增长30.0%,基建投资同比增长17.8%,房地产投资同比增长3.8%,维持低速增长。分产业看,第一、第二、第三产投资同比分别增长35.5%、25.9%和17.9%。投资资金到位情况良好。民间投资持续活跃,累计完成投资占固定资产投资的比重为

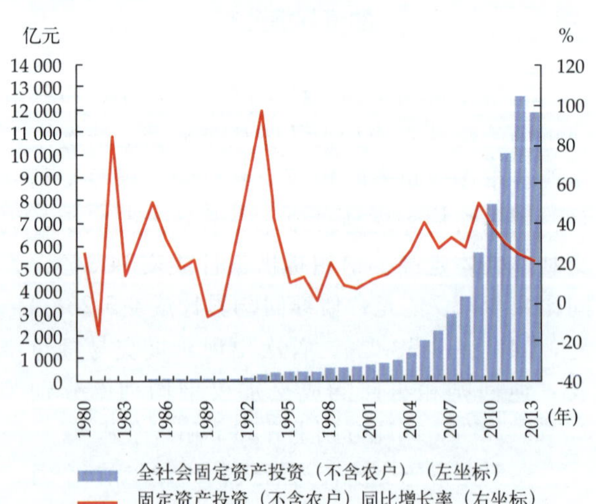

数据来源:广西壮族自治区统计局。

图7 1980~2013年广西壮族自治区固定资产投资(不含农户)及其增长率

63.8%，同比提高3.1个百分点。

2. 消费市场平稳增长，消费意愿较为谨慎。2013年，广西社会消费品零售总额为5 083.1亿元，同比增长13.6%。城镇居民人均可支配收入为23 305元，同比实际增长7.3%；农村居民人均纯收入为6 791元，同比实际增长10.4%。居民物价感受缓和、就业前景有所改善。中国人民银行南宁中心支行定点城市储户问卷调查显示，2013年第四季度居民物价感受指数比第三季度下降1个百分点，就业形势指数比第三季度提高4.6个百分点。但居民消费意愿仍较谨慎，当前和未来月消费指数分别为67%和68.7%，分别比第三季度下降2.8个和0.8个百分点。

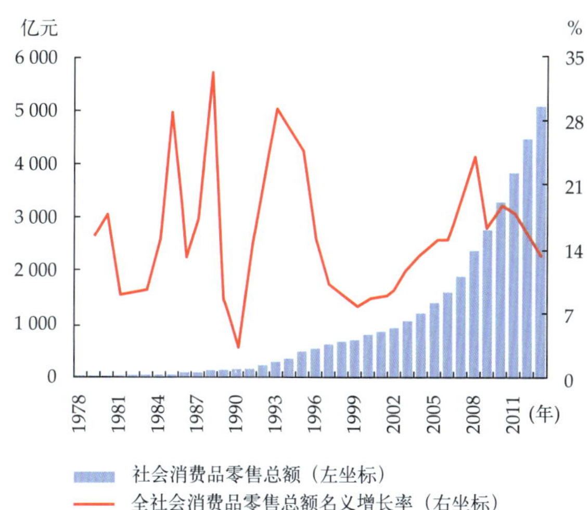

数据来源：广西壮族自治区统计局。

图8 1978～2013年广西壮族自治区社会消费品零售总额及其增长率

3. 外贸进出口平稳增长，合同利用外资有所增加。2013年，广西地方政府全力推进沿边金融综合改革试验区建设进程，加快重点产业园区和海关特殊监管区域的建设，继续执行边贸财政支持政策。全年外贸进出口总额为328.4亿美元，同比增长11.4%。其中，出口和进口同比分别增长20.9%和0.9%，进出口顺差为45.53亿美元，同比增长211.3%。东盟继续保持广西第一大贸易伙伴地位，广西全年对东盟进出口额占全区的48.5%，其中对越南进出口额占广西对东盟进出口的79.8%。出口商品结构持续优化，高新技

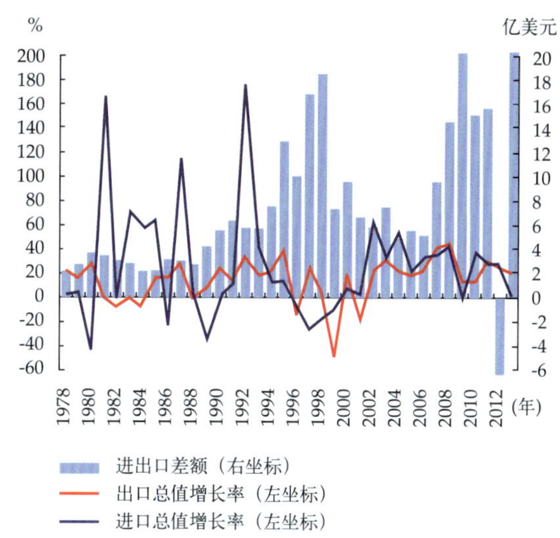

数据来源：南宁海关。

图9 1978～2013年广西壮族自治区外贸进出口变动情况

术产品同比增长21.8%，占全区出口总额比例较2012年有所提高。

2013年，广西共批准设立外商投资企业109家，合同利用外资金额同比增长136.6%，实际利用外资金额同比下降6.5%。外商直接投资投向仍以制造业为主，且占比显著提高。2013年，广西对外直接投资协议投资总额为9.1亿美元，同比增长25.9%。从投资行业来看，主要集中于房地产业和矿业。

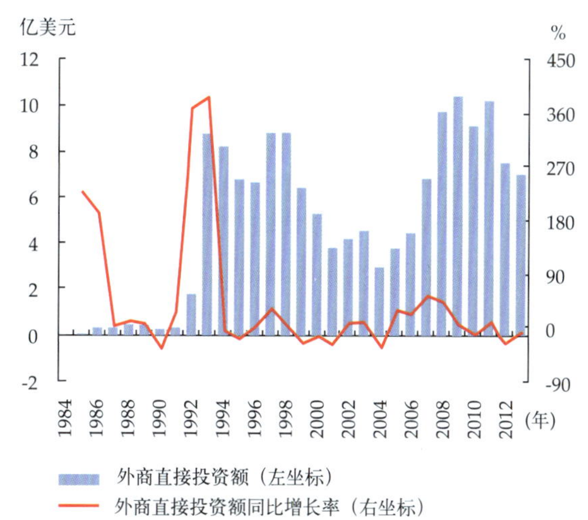

数据来源：广西壮族自治区商务厅。

图10 1984～2013年广西壮族自治区外商直接投资额及其增长率

（二）三次产业协同发展，产业结构进一步调整

2013年，广西第一、第二、第三产业增加值分别为2 343.6亿元、6 863.0亿元、5 171.4亿元，同比分别增长4.3%、11.9%、10.2%，三次产业结构由2012年的16.7∶47.9∶35.4调整为16.3∶47.7∶36.0，第三产业占比有所提高，产业结构持续优化；三次产业对经济增长的贡献率分别为6.6%、59.0%和34.4%，工业发展占据主导地位。

1. 农业生产总体稳固，主要农产品产量稳定增长。2013年，广西大力抓好农业生产，实施千万亩超级稻示范推广、千万亩农作物间套种示范推广等扶农政策，促进优势特色产业发展，农业经济保持平稳发展态势。粮食产量创8年来最高，主要优势农产品稳定增产，糖料蔗、蚕茧产量同比分别增长3.5%和2.5%；水果、松脂产量同比分别增长9.1%和7.1% ；肉类、水产品产量同比分别增长2.1%和5.1%。

2. 工业生产底部回升，部分行业增长较快。2013年，受市场需求的影响，广西企业生产总体处于恢复性增长阶段，工业增长幅度有所减缓，全年规模以上工业增加值同比增长12.9%，增速同比下降3个百分点，但比全国平均水平高3.2个百分点。从工业分类看，重工业增加值同比增长13.5%，轻工业增加值同比增长11.7%。主要重点产业保持较快发展。规模以上工业企业实现利润总额874.0亿元，同比增长14.3%，工业产品销售率95.0%，同比下降0.4个百分点。工业经济效益综合指数为328.3%，同比提高7.4个百分点。

3. 第三产业发展良好，旅游市场发展较快。2013年广西第三产业发展状况良好，产业增加值同比增长10.2%，增速同比提高0.7个百分点，第三产业对经济增长的贡献率为34.4%，同比提高5个百分点。其中，金融业、营利性服务业、批发零售和交通运输、仓储和邮政业等行业保持平稳较快增长。广西建设旅游强区、推动旅游业跨越式发展的工作力度加大，出台加快旅游业跨越发展若干政策，旅游市场较快发展，全年入境过夜游客391.5万人次，同比增长11.8%；旅游总收入为2 057.1亿元，增长23.9%。

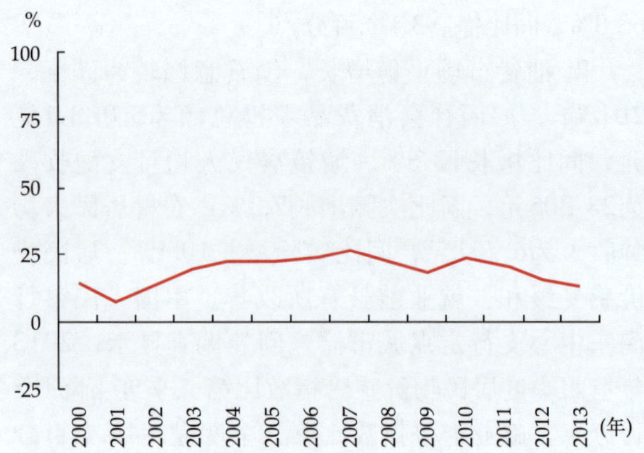

数据来源：广西壮族自治区统计局。

图11　2000～2013年广西壮族自治区规模以上工业增加值同比增长率

（三）消费价格总体平稳，生产价格持续下行

2013年，广西物价整体保持低位运行，下半年物价略有抬升。

1. 居民消费价格指数低位窄幅波动。广西居民消费价格指数全年在1.5%～2.2%震荡。2013年广西CPI累计同比上涨2.2%，同比下降1个百分点，比全国低0.4个百分点。从CPI构成结构看，食品和居住类价格是推动CPI温和上涨的主要因素。2013年食品价格涨幅达到3.8%，食品中鲜果、鲜菜和蛋类价格涨幅较大，分别达到9.1%、8%和7.7%。

2. 生产价格继续下行。2013年工业生产者出厂价格累计同比下降1.9%，比上年少降0.3个百分点。工业生产者购进价格累计同比下降1.1%，比上年多降0.3个百分点，降幅小于全国水平0.9个百分点。全年农业生产资料价格累计同比下降0.1%，比上年回落4个百分点。

3. 劳动力成本增速趋缓。2013年，广西居民人均工资性收入继续增长，其中，城镇居民人均工资性收入和农村居民人均工资性收入分别为15 648元和2 712元，同比增长6.5%和20.8%，增速比上年分别下降1.9个和2.6个百分点。工资性收入增长主要是最低工资标准再次上调，促进企业相应提高职工工资标准。

4. 资源价格改革不断深化。一是逐步调整销售电价分类结构，把现行居民生活、非居民照明、商业等八类销售电价逐步归并为居民生活、农业生产和工业商业及其他用电价格三个用电类别。该项改革有利于减轻学校、社会福利和农林牧渔生产单位电费支出。二是对天然气价格管理由出厂环节调整为门站环节，并推出针对非民用气的“存量气+增量气”的门站价调整方案。三是进一步推动居民用水阶梯价格改革，促进资源合理配置和节约使用。

数据来源：广西壮族自治区统计局。

图12　2001～2013年广西壮族自治区居民消费价格和生产者价格变动趋势

（四）公共预算收支增速双双回落，民生支出得到保证

2013年，在我国经济调结构、稳增长的大背景下，广西增值税、营业税、企业所得税等主体税种增长乏力，非税收入增速下滑，公共预算收入增速快速回落。全年地方公共预算收入1 316.8亿元，同比增长12.9%，增速回落10个百分点。在政府严控“三公”支出的形势下，全区公共预算支出增速创近年来的新低，全年支出3 192.3亿元，同比增长6.9%，比上年回落6个百分点。从支出结构来看，教育、医疗卫生、社会保障与就业、城乡社区事务、农林水事务、住房保障等民生领域支出合计1 715.6亿元，同比增长12.3%，占支出总量的57.9%，占比较上年提高1.2个百分点。

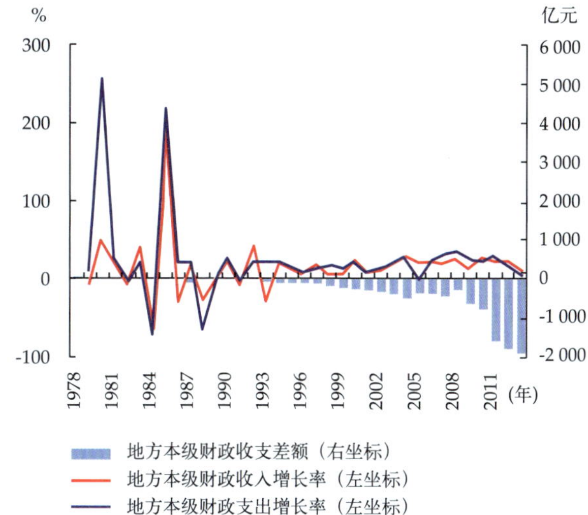

数据来源：广西壮族自治区统计局。

图13　1978～2013年广西壮族自治区财政收支状况

（五）节能减排成效显著，经济可持续发展能力增强

2013年，广西继续狠抓节能减排和清洁生产，万元地区生产总值能源消耗比上年下降3.16%，规模以上万元工业增加值综合能源消耗比上年下降3.76%。淘汰落后水泥产能452万吨、铁合金产能19.9万吨、造纸产能14.2万吨、铅冶炼产能2.4万吨、钒冶炼产能0.1万吨，完成年度节能减排和淘汰落后产能目标任务。经测算，广西可实现结构性节能近70万吨标准煤，折合减排二氧化硫1.4万吨，减排二氧化碳175万吨，大宗工业固体废物综合利用率预计达72%。全区森林覆盖率提高至61.8%，设区市空气污染指数优良率均值为97.5%，39条主要河流水质达标率94.4%。

专栏2　政府主导　金融助力“中(国)马(来西亚)钦州产业园区”建设发展成就新格局

中马钦州产业园区于2012年3月26日获批成立，是中国、马来西亚两国合作的第一个产业园区，是中外两国政府合作的第三个产业园区，致力于打造成中国—东盟合作的示范园区。2013年，广西着力在基础设施建设、筹融资、招商引资、金融服务、信贷支持五个方面发力，成功争取多项扶持政策，打造中马两国投资合作旗舰项目的目标向前迈进了一大步。

一是健全领导合作机制，基础设施建设全面推进。建立了园区联合理事会、自治区工作领导小组、钦州市服务协调园区领导小组三级工作协调机制，全力推进各项基础设施建设。2013年年末，园区累计征地10 039亩；园区办公区、生活区已实现通水、通电、通信，办公和生活设施已全部投入使用，雨水管线和污水管线已随道路铺设，配套设施加快完善；全年园区累计完成基础设施投资6.5亿元，中马大街、锦绣大道已全线打通。

二是多项优惠政策叠加，筹融资工作全面开展。中马钦州产业园区作为中马两国经贸合作的标志性项目，同时享受国家级经济技术开发区的优惠政策以及广西政府专项优惠政策。在自治区主要领导的大力推动下，中央财政已明确自2013年起连续三年每年给园区8亿元补助资金。中马合资公司正式组建运营，3亿元首批注册资金已到位，开发主体组建工作顺利推进。

三是加大推介力度，招商引资成绩喜人。自开园以来，园区先后在马来西亚、中国香港、中国台湾以及北京、厦门、长春、广州、深圳等地举办或参与招商推介会21场，迅速扩大了园区的知名度和影响力；累计走访企业150余家，接待海内外客商4 000余人。2013年，园区累计完成产业项目投资2.6亿元，其中慧宝源、中马粮油、马来西亚清真食品三个项目已正式开工建设。

四是掌握园区发展金融需求，完善金融服务。中国人民银行南宁中心支行定期与中马钦州产业园区管委会进行工作磋商，了解政府和企业在招商引资和投资中遇到的外汇管理政策问题和实际困难，在“两国双园”试行人民币利率、汇率市场化、发展离岸人民币业务等方面提出切实可行的政策建议，并给予产业园区优质的外汇服务环境。2013年6月，国家外汇管理局明确表态支持中马钦州产业园区试行资本金结汇改革、突破外资房地产企业资本金结汇限制、设立海关特殊监管区域、进行离岸金融个案业务改革试点四项外汇优惠政策，中马钦州产业园区外汇服务水平发展上了新台阶。

五是做好做实信贷引导，资金洼地效应凸显。中国人民银行南宁中心支行通过货币信贷“窗口指导”会议等平台，鼓励和引导金融机构用好用足政策，加大对园区经济发展的信贷支持力度。广西金融机构累计向园区发放贷款30多亿元，园区资金洼地效应显著增强。第十届中国—东盟博览会期间，管委会与中国建设银行广西壮族自治区分行、国家外汇管理局广西壮族自治区分局等机构签订了战略合作协议，并与中国建设银行、国家开发银行、兴业银行等金融机构总行积极洽谈整体融资方案，为园区的发展提供强大支持。

（六）房地产市场交易复苏，会展行业快速发展

1. 房地产市场交易有所复苏，市场整体呈上行趋势。2013年，广西严格落实新“国五条”政策，严控投机性和投资性购房，加大对保障性和普通商品住房建设的金融支持。

（1）开发投资实现反弹，银行融资占比提高。2013年全区房地产累计投资降幅逐月收窄，并在11月出现反弹；全年完成房地产开发投资1 614.6亿元，同比增长3.8%。从资金来源看，银行贷款占比13.9%，同比提高1.7个百分点；

自筹资金占比37.9%，同比回落1.4个百分点。

（2）住房供应降幅缩小，保障房建设目标顺利完成。全年住宅新开工面积同比下降0.3%，降幅同比缩小7.7个百分点；住宅竣工面积同比下降29.2%，降幅同比缩小30.2个百分点；保障性住房新开工13.3万套、基本建成11.6万套，完成年度目标。

（3）住房销售全面回暖，重点城市销量涨幅领先。全年全区新建商品住宅销售面积同比增长8.6%，增速同比提高16个百分点，全区14个城市全部实现增长。其中，南宁、柳州、桂林、北海等重点城市同比分别增长30.3%、20.5%、47.3%、34.1%，领先全区平均涨幅。

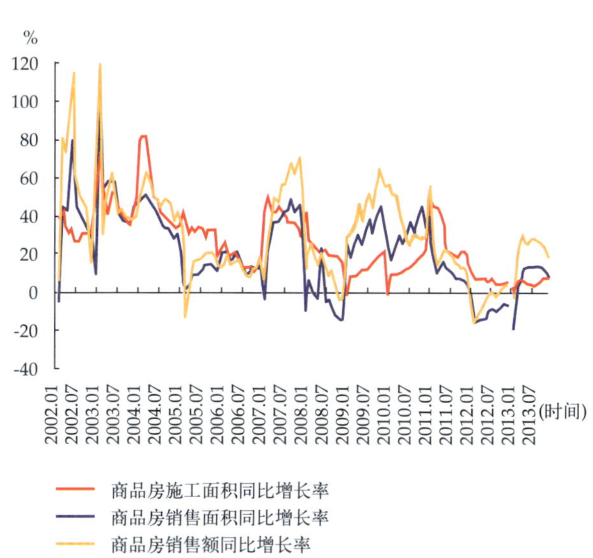

数据来源：广西壮族自治区统计局。

图14　2002～2013年广西壮族自治区商品房施工和销售变动趋势

（4）平均房价增速小幅回落，热点城市房价涨幅逐月扩大。2013年全区新建商品住房平均售价同比增长7.9%，增幅同比回落2.1个百分点。但南宁、桂林、北海新建商品住房价格同比增幅逐月上涨，12月同比增幅均超过10%。

（5）房地产贷款增幅扩大。2013年年末，全区房地产贷款余额同比增长21.8%，增幅同比提高11.1个百分点；个人住房贷款余额同比增长16.4%，增幅同比提高3.8个百分点，但第四季度以来增幅逐月小幅回落，主要是受商业银行收紧个人住房贷款影响。

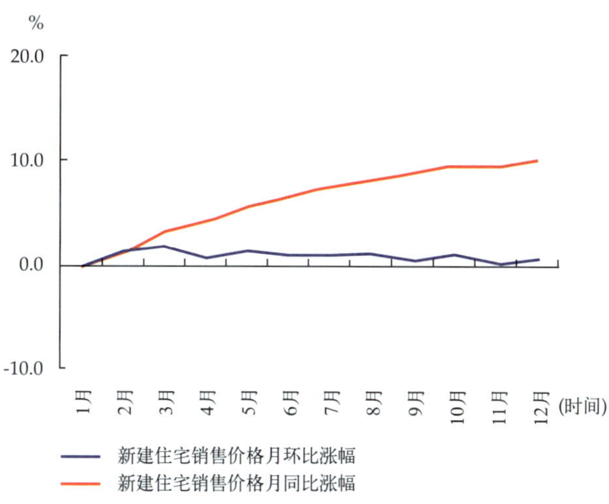

数据来源：国家统计局。

图15　2013年广西壮族自治区主要城市新建住宅销售价格变动趋势

首套房贷款需求得到有效保障，但占比有所下降。2013年，个人首套房贷占个人住房贷款的92.1%，较上年下降2.4个百分点。从贷款利率情况看，各月利率下浮笔数占比逐月回落，而利率上浮贷款占比逐月提高。12月执行利率下浮贷款占20.4%，比1月回落7.6个百分点；执行利率上浮贷款占17.1%，比1月提高3.0个百分点。

保障性住房开发贷款高位回落。2013年年末，全区保障性住房开发贷款增速高位运行，同比增长45.9%，但增速同比回落50.8个百分点。

2. 会展行业快速发展。随着中国—东盟博览会永久落户南宁市，广西会展业迎来了广阔的发展空间。在中央的大力支持下，广西政府部门及时出台了《关于加快发展会展业工作方案》，从财政、税收、金融等方面给予广西品牌会展和展览公司多种扶持政策，推动广西在展馆建设、会展组织、会展教育等方面日益完善。据中国展览数据统计报告显示，2012年，全区已建展馆6个，列西部第一，共举办展览73场，展览面积达127.1万平方米，平均办展面积达1.7万平方米，在全国排名第五；率先成为组建省级政府会展管理机构的八个省份之一；有两所本科院校开设了会展专业，为培养会展行业的高素质专业人才提供保障。同时，坚持“引进来”与“走出去”相结合，多次由广西商务厅组织到境外自主办展，为本土企业提供贸易服务。会展行业的快速发展也带动了物流、信息、金融、旅游等服务产业的跨越式前进。

经过多年的培育，目前广西已形成了以中国—东盟博览会为龙头，桂林、玉林、柳州国际会展中心为重点，梧州宝石城、中越边境商贸·旅游博览会为亮点的全区会展体系，建立具有全国影响力的会展品牌5个，区域性会展品牌27个，并衍生出具有地方特色的节庆活动11个。其中，中国—东盟博览会最具影响力，2012年被评为全国十大知名品牌展会。2013年，中国—东盟博览会迎来了第十个发展年头，参展企业数量创下了历史新高，签订国内外合作项目投资额超过1 000亿元人民币。同时，中国与东盟企业的贸易成交额已连续10年呈上升趋势，极大地推动了区域经济发展。

在政策效应带动下，银行业金融机构紧紧抓住会展经济的发展机遇，充分发挥金融引领会展经济的作用。尤其是在会展业发展的初期，金融机构对广西展馆项目建设的信贷支持起到了非常重要的作用，随着广西展馆建设基本完工，金融机构逐渐调整思路，把会展业当作文化产业的组成部分，确定会展业为银行信贷积极进入类行业，主动加大了对广西参展企业的金融服务力度，为“走出去”的企业提供跨境人民币结算业务的个性化金融服务。2013年年末，广西金融机构对会展业的贷款余额为236.7亿元，当年累计发放贷款127.6亿元，其中，对参展企业的贷款余额占75.5%。未来，随着会展企业、中介组织等在会展产业发展中的主体地位不断提高，广西本土参展企业的技术创新能力不断增强，再辅以政府部门的持续支持，广西会展业将具有更大的发展空间。

（七）“两区一带”[①]经济协调发展

2013年，广西深入开展“两区一带”建设，促进区域经济协调发展。北部湾经济区依托沿边、沿海的强大区位优势和政策优势，继续保持快速发展，地区生产总值增速高于全区0.3个百分点；西江经济带充分利用珠江—西江经济带发展规划获国务院审批、上升为国家战略的重大机遇，利用已有的工业集群优势，着力布局沿江产业带，实现经济增长提质增效，财政收入增长位列三大板块之首。桂西资源富集区充分发挥沿边优势，大力发展边境贸易，在全区严峻的对外贸易形势下，进出口总额逆势增长，同比增速达39%。

三、预测与展望

2014年是贯彻落实党的十八届三中全会精神、全面深化改革的第一年，也是广西全面落实沿边金融综合改革试验区建设总体方案的第一年。尽管面临世界经济不稳定、内需不足等问题，相比东、中部地区，广西经济增长的动力和潜力仍然较大，尤其是北部湾经济区开发、珠江—西江经济带建设、中国—东盟合作进入新的“钻石十年”，这些区位优势“红利”和改革“红利”的充分释放，将为未来发展提供支持；李克强总理提出的打造广西战略支点的重要指示将为我区发展提供强大的动力。从投资形势看，国内和区内深化改革的各项政策和城镇化建设为投资增长提供了新空间和新需求，2013年新开工项目同比增长41.6%，为2014年投资增长提供了强大的项目支撑，但在转型升级过程中，面对更加严格的土地、节能、环保等约束，一些重点行业投资存在下行压力。从消费形势看，城乡居民收入的持续增长和物价的相对稳定有利于创造一个良好的消费环境，预计消费保持平稳增长。从进出口形势看，随着国际经济的缓慢复苏以及广西与东盟联系的日益紧密，预计进出口呈现回升态势。

从金融运行看，随着城镇化建设等投资增长的加快，信贷需求趋于旺盛，但受工业投资需求减弱、存款增速放缓等因素制约，银行信贷投放趋于谨慎，预计贷款增长保持常态。而随着沿边金融综合改革的不断深化，融资产品、融资结构趋于多元化，企业利用国外市场融资机会大大增加，渠道不断拓宽。

① “两区一带”指北部湾经济区、桂西资源富集区和西江经济带。

中国人民银行南宁中心支行货币政策分析小组
总　纂：崔　瑜　苏　阳
统　稿：袁朝霞　谢　艳　李雪俏
执　笔：罗树昭　李　根　邓蒂妮　安立波　李文明　王　涛　陈　普　易庆玲　辛悦玲　陆文希
提供材料的还有：覃　琪　秦义春　罗冬泉　杨喜孙　钱　琳　董志汇　磨雁能

附录

（一）2013年广西壮族自治区经济金融大事记

2月22日，自治区人民政府与中国农业银行城镇化建设与金融服务全面合作备忘录签约仪式在南宁举行。

5月21日，全区“营改增”试点工作会议召开，广西8月1日起正式实施“营改增”，交通运输业和部分现代服务业等将改为缴纳增值税。

7月1日，广西北部湾经济区4市通信同城化政策措施开始施行，实现通信“服务同城化、资费同城化”。

7月10日，中国人民银行南宁中心支行正式发布《广西边境个人跨境人民币结算业务管理办法》，东兴试验区成为继浙江义乌之后的全国第二个个人跨境人民币结算试点地区。

7月18日，广西“民生金融 富民强桂”工程启动暨金融扶持创业、安居、支少、扶旅合作协议签署仪式在南宁举行。

8月30日，自治区党委、政府作出《关于加快新型工业化实现跨越发展的决定》，通过推进“1131工程”和“十大行动计划”，力争实现“三年突破3万亿元，五年跨越5万亿元，八年超过10万亿元”的总体目标。

9月3日至6日，第十届中国—东盟博览会和商务与投资峰会在南宁成功举办，中共中央政治局常委、国务院总理李克强出席开幕大会并发表主旨演讲，来自中国和东盟10国的政府官员、工商企业界、新闻媒体等各界代表1 100余人与会。

9月5日，国家外汇管理局广西壮族自治区分局与中国—马来西亚钦州产业园区管委会在广西南宁签订合作协议，正式启动“广西外汇服务承诺示范区”建设活动。

10月28日，互联网个人信用信息服务平台正式面向广西公众开放。

11月20日，中国人民银行等11个部委联合印发《云南省、广西壮族自治区建设沿边金融综合改革试验区总体方案》。

（二）2013年广西壮族自治区主要经济金融指标

表1　2013年广西壮族自治区主要存贷款指标

		1月	2月	3月	4月	5月	6月	7月	8月	9月	10月	11月	12月
本外币	金融机构各项存款余额（亿元）	15 902.0	16 284.5	17 117.8	17 005.4	17 131.5	17 418.9	17 373.2	17 645.4	18 111.5	17 843.2	18 011.8	18 400.5
	其中：储蓄存款	7 891.5	8 330.8	8 703.3	8 471.4	8 528.1	8 700.2	8 633.4	8 682.2	8 887.5	8 756.3	8 791.7	9 151.1
	单位存款	7 315.7	7 216.0	7 676.1	7 717.2	7 748.7	7 872.2	7 715.4	7 813.7	8 162.2	8 031.9	8 111.3	8 384.3
	各项存款余额比上月增加（亿元）	-73.4	382.5	833.4	-112.4	126.1	287.3	-45.7	272.2	466.1	-268.3	168.6	388.7
	金融机构各项存款同比增长（%）	19.8	20.2	20.7	20.0	18.6	15.9	16.1	17.5	17.9	15.4	15.5	15.2
	金融机构各项贷款余额（亿元）	12 575.7	12 739.1	12 972.7	13 137.0	13 262.1	13 414.0	13 522.9	13 632.7	13 774.6	13 885.9	14 003.0	14 081.0
	其中：短期	3 609.0	3 675.7	3 798.0	3 861.9	3 885.6	3 944.5	3 969.6	3 998.7	4 053.2	4 121.9	4 197.5	4 273.1
	中长期	8 639.6	8 741.8	8 858.0	8 932.1	9 005.5	9 107.4	9 188.5	9 272.8	9 377.6	9 428.0	9 471.9	9 486.5
	票据融资	138.6	129.0	121.7	144.9	170.9	144.2	145.3	141.7	121.4	113.7	108.6	103.6
	各项贷款余额比上月增加（亿元）	206.1	163.4	233.6	164.2	125.1	151.9	108.9	109.8	141.9	111.3	117.1	78.0
	其中：短期	127.1	66.7	122.3	63.8	23.7	58.9	25.1	29.1	54.5	68.7	75.6	75.7
	中长期	101.9	102.2	116.2	74.1	73.5	101.9	81.1	84.3	104.8	50.4	43.9	14.6
	票据融资	-28.9	-9.6	-7.2	23.2	26.0	-26.7	1.1	-3.6	-20.3	-7.7	-5.1	-5.1
	金融机构各项贷款同比增长（%）	16.1	15.9	15.5	15.4	15.0	14.3	14.3	14.1	13.8	13.5	14.1	14.0
	其中：短期	37.0	33.9	29.9	29.2	28.6	27.4	27.6	26.2	23.3	23.0	23.8	23.2
	中长期	8.2	8.9	9.8	10.1	10.0	10.0	10.6	11.2	11.7	11.3	11.5	11.1
	票据融资	23.3	17.5	1.7	-6.9	-11.9	-31.0	-41.0	-48.9	-51.9	-51.9	-49.3	-38.2
	建筑业贷款余额（亿元）	252.7	259.3	254.4	265.5	263.4	272.3	273.6	273.4	277.0	281.0	280.9	285.9
	房地产业贷款余额（亿元）	505.9	511.5	526.6	530.2	543.8	556.5	552.1	559.9	575.3	577.7	574.3	578.5
	建筑业贷款同比增长（%）	27.7	30.5	24.0	23.4	13.7	15.5	14.9	11.9	10.0	10.6	11.0	17.5
	房地产业贷款同比增长（%）	0.8	0.5	2.3	4.5	8.2	9.5	9.2	12.0	15.8	16.0	16.1	13.4
人民币	金融机构各项存款余额（亿元）	15 790.3	16 172.0	16 995.5	16 897.3	17 031.4	17 306.5	17 266.2	17 536.7	17 994.2	17 720.5	17 888.1	18 267.3
	其中：储蓄存款	7 861.7	8 298.5	8 670.8	8 438.8	8 494.9	8 668.1	8 601.1	8 649.4	8 855.6	8 724.3	8 759.7	9 118.9
	单位存款	7 235.5	7 137.1	7 587.9	7 644.8	7 683.3	7 793.4	7 642.8	7 740.1	8 079.4	7 943.8	8 021.8	8284.4
	各项存款余额比上月增加（亿元）	-74.4	381.7	823.6	-98.2	134.0	275.2	-40.3	270.5	457.5	-273.7	167.6	379.1
	其中：储蓄存款	-0.5	436.7	372.3	-232.0	56.1	173.2	-67.0	48.3	206.2	-131.3	35.4	359.2
	单位存款	-152.7	-98.4	450.8	56.9	38.5	110.2	-150.6	97.3	339.3	-135.6	78.0	262.6
	各项存款同比增长（%）	19.6	20.1	20.6	20.0	18.7	16.1	16.3	17.6	18.1	15.5	15.6	15.2
	其中：储蓄存款	14.3	19.2	19.8	18.3	17.9	16.6	16.7	16.6	16.1	15.8	15.4	15.4
	单位存款	24.6	20.6	18.8	19.3	19.1	14.6	13.7	12.7	14.7	11.2	11.1	12.2
	金融机构各项贷款余额（亿元）	12 143.8	12 305.7	12 522.0	12 697.2	12 826.3	12 951.4	13 082.5	13 199.2	13 339.4	13 448.0	13 574.3	13 653.4
	其中：个人消费贷款	2 304.0	2 327.1	2 356.5	2 394.8	2 433.1	2 470.9	2 506.6	2 542.7	2 580.1	2 615.2	2 655.2	2 677.1
	票据融资	138.6	129.0	121.7	144.9	170.9	144.2	145.3	141.7	121.4	113.7	108.6	103.6
	各项贷款余额比上月增加（亿元）	188.3	161.9	216.4	175.1	129.1	125.1	131.1	116.7	140.2	108.6	126.4	79.0
	其中：个人消费贷款	42.9	23.2	29.4	38.3	38.2	37.8	35.8	36.1	37.4	35.1	40.0	21.9
	票据融资	-28.9	-9.6	-7.2	23.2	26.0	-26.7	1.1	-3.6	-20.3	-7.7	-5.1	-5.1
	金融机构各项贷款同比增长（%）	14.6	14.7	14.4	14.5	14.2	13.8	14.0	13.8	13.8	13.7	14.5	14.3
	其中：个人消费贷款	15.5	15.9	16.0	17.0	18.1	19.2	19.8	20.1	20.2	20.0	19.8	19.1
	票据融资	23.3	17.5	1.7	-6.9	-11.9	-31.0	-41.0	-48.9	-51.9	-51.9	-49.3	-38.2
外币	金融机构外币存款余额（亿美元）	17.8	17.9	19.5	17.4	16.2	18.2	17.3	17.6	19.1	20.0	20.2	21.9
	金融机构外币存款同比增长（%）	55.0	50.4	46.4	15.3	2.9	-10.7	-5.5	-3.1	2.8	6.5	8.0	24.1
	金融机构外币贷款余额（亿美元）	68.8	69.1	71.9	70.7	70.5	74.9	71.3	70.3	70.8	71.3	69.9	70.1
	金融机构外币贷款同比增长（%）	81.1	70.3	60.0	52.7	47.4	33.1	26.6	27.6	15.1	11.5	6.0	6.5

数据来源：中国人民银行南宁中心支行。

表2　2001～2013年广西壮族自治区各类价格指数

单位：%

年/月	居民消费价格指数		农业生产资料价格指数		工业生产者购进价格指数		工业生产者出厂价格指数	
	当月同比	累计同比	当月同比	累计同比	当月同比	累计同比	当月同比	累计同比
2001	—	0.6	—	-2.3	—	3.7	—	6.3
2002	—	-0.9	—	-1.8	—	-4.4	—	-4.4
2003	—	1.1	—	2.4	—	1.2	—	2.8
2004	—	4.4	—	15.3	—	16.3	—	9.7
2005	—	2.4	—	10.5	—	8.2	—	4.9
2006	—	1.3	—	1.0	—	11.4	—	9.6
2007	—	6.1	—	14.4	—	6.1	—	4.5
2008	—	7.8	—	24.0	—	10.6	—	9.0
2009	—	-2.1	—	-5.8	—	-4.9	—	-6.5
2010	—	3.0	—	1.9	—	11.2	—	12.0
2011	—	5.9	—	12.2	—	10.0	—	8.5
2012	—	3.2	—	3.9	—	-0.8	—	-2.2
2013	—	2.2	—	-0.1	—	-1.1	—	-1.9
2012　1	3.7	3.7	9.6	9.6	2.0	2.0	0.2	0.2
2	2.6	3.1	10.3	10.0	0.8	1.4	-0.8	-0.3
3	3.4	3.2	8.7	9.5	-0.3	0.8	-1.1	-0.6
4	2.6	3.0	7.3	9.0	-1.2	0.3	-1.4	-0.8
5	3.0	3.0	4.4	8.0	-0.6	0.1	-1.4	-0.9
6	3.0	3.0	2.9	7.1	-0.5	0.0	-2.0	-1.1
7	2.6	3.0	1.2	6.2	-1.1	-0.1	-2.9	-1.4
8	3.4	3.0	0.5	5.5	-1.7	-0.3	-4.2	-1.7
9	3.9	3.1	0.4	4.9	-2.0	-0.5	-4.6	-2.0
10	2.8	3.1	1.0	4.5	-1.5	-0.6	-3.3	-2.2
11	3.9	3.2	1.2	4.2	-1.9	-0.7	-2.7	-2.2
12	4.1	3.2	1.3	3.9	-1.9	-0.8	-2.1	-2.2
2013　1	1.8	1.8	1.6	1.6	-1.8	-1.8	-1.7	-1.7
2	2.3	2.0	0.2	0.9	-1.4	-1.6	-1.6	-1.7
3	1.2	1.7	0.4	0.7	-1.2	-1.5	-2.0	-1.8
4	1.2	1.6	-1.0	0.3	-1.4	-1.5	-2.9	-2.1
5	1.1	1.5	-0.8	0.1	-1.4	-1.4	-3.2	-2.3
6	1.7	1.6	-1.0	-0.1	-1.3	-1.4	-2.9	-2.4
7	1.8	1.6	-0.3	-0.2	-1.2	-1.4	-2.5	-2.4
8	2.4	1.7	-0.3	-0.2	-0.9	-1.3	-1.7	-2.3
9	3.2	1.9	-0.4	-0.2	-0.6	-1.2	-2.2	-2.3
10	3.4	2.0	-0.1	-0.2	-0.6	-1.2	-0.9	-2.2
11	3.2	2.1	0.0	-0.2	-0.8	-1.1	-0.7	-2.0
12	3.2	2.2	0.5	-0.1	-1.1	-1.1	-0.8	-1.9

数据来源：国家统计局广西调查总队。

表3　2013年广西壮族自治区主要经济指标

	1月	2月	3月	4月	5月	6月	7月	8月	9月	10月	11月	12月
绝对值（自年初累计）												
地区生产总值（亿元）	—	—	2 779.4	—	—	5 810.2	—	—	9 007.2	—	—	14 378.0
第一产业	—	—	309.5	—	—	642.3	—	—	1 253.6	—	—	2 343.6
第二产业	—	—	1 477.7	—	—	2 966.7	—	—	4 484.6	—	—	6 863.0
第三产业	—	—	992.2	—	—	2 201.2	—	—	3 269.1	—	—	5 171.4
工业增加值（亿元）	—	—	—	—	—	—	—	—	—	—	—	—
固定资产投资（亿元）	—	721.4	1 755.0	2 609.9	3 630.2	5 337.9	6 002.3	6 879.2	7 751.2	8 792.8	10 055.1	11 383.9
房地产开发投资	—	135.3	267.8	380.0	521.7	719.1	824.2	938.3	1 070.0	1 213.6	1 427.1	1 614.6
社会消费品零售总额（亿元）	—	—	1 189.5	—	—	2 392.8	—	—	3 667.1	—	—	5 083.1
外贸进出口总额（万美元）	—	422 800.0	674 300.0	912 500.0	1 157 100.0	1 378 000.0	1 683 000.0	1 984 300.0	2 293 600.0	2 573 800.0	2 848 200.0	3 283 700.0
进口	—	218 500.0	304 500.0	393 800.0	522 000.0	617 700.0	763 100.0	883 100.0	1 008 200.0	1 108 200.0	1 229 500.0	1 414 200.0
出口	—	204 300.0	369 800.0	518 700.0	635 100.0	760 300.0	919 900.0	1 101 200.0	1 285 400.0	1 465 600.0	1 618 700.0	1 869 500.0
进出口差额(出口－进口)	—	-14 200.0	65 300.0	124 900.0	113 100.0	142 600.0	156 800.0	218 100.0	277 200.0	357 400.0	389 200.0	455 300.0
外商实际直接投资（万美元）	—	11 600.0	27 300.0	42 200.0	35 300.0	51 200.0	49 500.0	50 400.0	95 300.0	54 000.0	56 300.0	70 000.0
地方财政收支差额（亿元）	—	-184.3	-292.5	-392.4	-506.3	-643.8	-706.5	-878.7	-1 178.4	-1 251.8	-1 533.9	-1 875.4
地方财政收入	—	173.8	314.6	405.9	503.9	691.3	780.0	844.8	934.7	1 031.7	1 144.1	1 316.8
地方财政支出	—	358.1	607.1	798.3	1 010.2	1 335.1	1 486.6	1 723.5	2 113.1	2 283.5	2 677.9	3 192.3
城镇登记失业率 (%)(季度)	—	—	3.4	—	—	3.4	—	—	3.3	—	—	3.3
同比累计增长率（%）												
地区生产总值	—	—	10.5	—	—	10.2	—	—	10.2	—	—	10.2
第一产业	—	—	4.4	—	—	3.8	—	—	4.1	—	—	4.3
第二产业	—	—	13.4	—	—	12.4	—	—	12.0	—	—	11.9
第三产业	—	—	7.7	—	—	8.8	—	—	11.2	—	—	10.2
工业增加值	—	15.6	14.2	13.6	13.3	12.9	12.8	12.8	12.7	12.8	12.9	12.9
固定资产投资	—	23.5	23.4	23.3	23.1	22.9	22.7	22.6	22.4	22.3	22.2	21.8
房地产开发投资	—	-9.5	-12.9	-6.4	-4.7	-6.6	-4.5	-3.3	-1.2	-1.3	3.2	3.8
社会消费品零售总额	—	—	13.0	—	—	13.3	—	—	13.4	—	—	13.6
外贸进出口总额	—	5.3	5.8	5.4	4.2	4.7	11.8	16.4	18.8	12.0	8.0	11.4
进口	—	-1.9	-6.8	-12.4	-9.4	-10.3	-3.2	-0.5	0.4	-1.7	-3.6	0.9
出口	—	14.2	19.2	24.6	18.9	21.2	28.3	34.8	38.7	25.2	18.8	20.9
外商实际直接投资	—	78.2	22.9	37.3	7.6	18.1	7.0	1.4	49.3	-4.4	-13.9	-6.5
地方财政收入	—	8.7	12.4	17.7	17.7	14.9	17.1	15.9	11.4	12.0	13.7	12.9
地方财政支出	—	27.0	9.0	13.7	12.1	10.2	9.5	7.1	3.8	4.2	9.6	6.9

数据来源：广西壮族自治区统计局。

2013年海南省金融运行报告

中国人民银行海口中心支行货币政策分析小组

[内容摘要] 2013年，海南省以科学发展观为指导，坚持稳中求进的工作总基调，全面推进国际旅游岛建设，经济平稳健康发展，呈现出“增势趋稳、结构优化、能耗下降、民生改善”的良好态势，地区生产总值突破3 000亿元。投资较快增长，消费水平提升，外贸结构优化，三次产业协调发展，物价涨幅基本稳定，环境保护和节能减排成效明显。海南省金融运行稳健，金融改革持续推进，多家银行机构进驻，多个新型农村金融机构组建开业，金融组织体系逐步完善。银行业、证券业、保险业稳步发展、质量提升，金融生态环境不断改善。

2014年，海南省将坚持改革创新、绿色崛起的发展思路，突出提质增效、生态优先、民生为本，加快国际旅游岛建设进程，扎实推进重点领域改革，实现经济社会的可持续发展。海南省金融机构将继续贯彻落实稳健货币政策，促进社会融资规模持续、合理、均衡增长；积极调整优化信贷结构，着力改善金融服务水平；继续加强对特色经济、战略性新兴产业、新型城镇化、节能减排、弱势群体、县域经济的支持，以促进区域经济增长方式的转变、经济结构的调整和经济社会的包容和谐发展。

一、金融运行情况

2013年，海南省金融业运行稳健，存、贷款稳步增长，产品、服务创新步伐加快，银行业规模、质量、效益明显提升，证券、保险业整体向好，金融市场交易活跃，有力支持了实体经济的企稳回升。

（一）银行业稳健发展，机构体系进一步健全

1. 银行业规模、质量、效益持续提升，机构体系不断完善。2013年，海南省银行业经营稳健，效益快速增长，资产规模和利润同比增速分别达17.5%和41.3%。资产质量持续改善，不良贷款率降至0.9%。金融机构看好海南经济发展前景，加快进驻步伐，浦发银行海口分行、民生银行三亚分行、国家开发银行三亚分行相继开业，兴业银行海口分行获批筹建，机构体系日趋完善（见表1）。

2. 存款同比多增，月度波动较大。截至2013年年末，海南省本外币存款余额为5 952.5亿元，同比增长16.5%，高于全国水平3.0个百分点；比年初增加839.9亿元，同比多增240.2亿元（见图

表1　2013年海南省银行业金融机构情况

机构类别	营业网点			法人机构（个）
	机构个数（个）	从业人数（人）	资产总额（亿元）	
一、大型商业银行	518	12 162	3 770.3	0
二、国家开发银行和政策性银行	20	612	2 202.8	0
三、股份制商业银行	31	1 329	808.5	0
四、城市商业银行	0	0	0.0	0
五、城市信用社	0	0	0.0	0
六、小型农村金融机构	425	4 401	1 214.2	21
七、财务公司	3	122	71.7	3
八、信托公司	0	0	0.0	0
九、邮政储蓄银行	347	1 406	441.4	0
十、外资银行	1	33	28.2	0
十一、新型农村金融机构	14	227	22.0	12
十二、其他	0	0	0.0	0
合　计	1 359	20 292	8 559.0	36

注：1. 营业网点不包括总部。
2. 小型农村金融机构包括农村商业银行、农村合作银行、农村信用社。
3. 新型农村金融机构包括村镇银行、贷款公司和农村资金互助社三类机构。
4. “其他”包含金融租赁公司、汽车金融公司、货币经纪公司、消费金融公司等。

数据来源：中国人民银行海口中心支行。

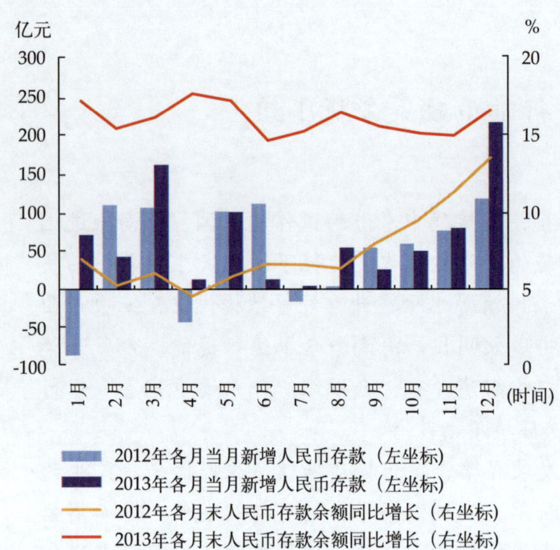

数据来源：中国人民银行海口中心支行。

图1　2012～2013年海南省金融机构人民币存款增长变化

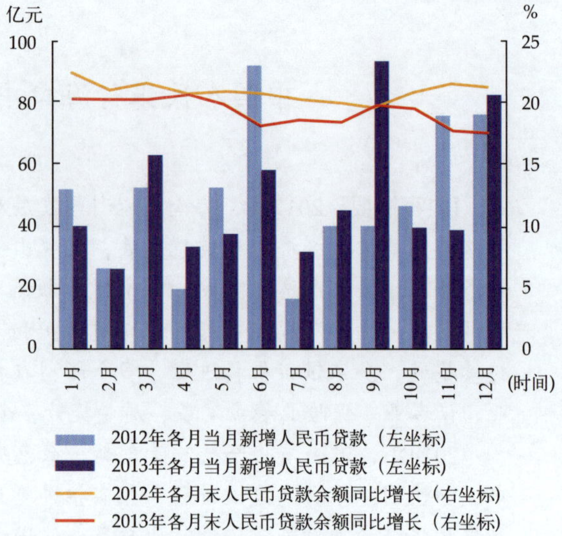

数据来源：中国人民银行海口中心支行。

图2　2012～2013年海南省金融机构人民币贷款增长变化

1）。省内重点项目贷款带动派生存款增加，推动企业存款增速同比提升。受金融产品多样化，特别是理财产品分流影响，居民储蓄存款增速呈现小幅回落趋势。出于业绩考核的需求，年末银行揽储力度加大，理财资金回流，冲量特征明显，12月存款增量达到全年月均增量的3.2倍。

3. 贷款稳步增长，投放结构优化。在重点项目融资需求的带动下，贷款增势趋稳。截至2013年年末，海南省本外币贷款余额为4 630.8亿元，同比增长19.1%，高于全国水平5.2个百分点；比年初增加734.8亿元，同比多增40.2亿元（见图2、图3）。

贷款期限呈中长期化趋势，投向重点突出。中长期贷款余额占比79.6%，高于全国水平26.0个百分点，主要保障了省内重点项目建设资金需求，基础设施行业贷款和房地产贷款余额在全省行业贷款中的占比分别为42.7%和15.6%。个人消费贷款增势良好，同比增长27.1%，比上年同期提高20.7个百分点。在信贷政策的引导下，银行机构加大对经济薄弱环节的支持力度，“三农”、小微企业、民生工程、技术改造、节能减排、就业再就业等方面贷款稳步增长，小额担保贷款、劳动密集型小企业贴息贷款、保障性住房开发贷款同比增速均高于全省本外币贷款增速。

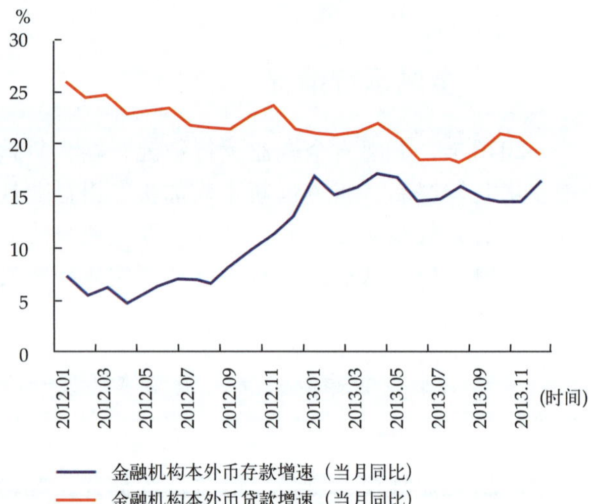

数据来源：中国人民银行海口中心支行。

图3　2012～2013年海南省金融机构本外币存、贷款增速变化

4. 表外业务快速发展，创新力度加大。2013年，为满足客户多元化的投融资需求，规避表内监管，海南省银行业表外业务快速发展，合计规模达到1 563.1亿元。商业银行与信托、证券、基金等其他金融机构开展合作，运转模式日趋复杂。

5. 贷款利率小幅波动，下浮利率贷款占比有所上升。2013年，海南省金融机构人民币贷款利

表2 2013年海南省金融机构人民币贷款各利率区间占比

单位：%

月份		1月	2月	3月	4月	5月	6月
	合计	100.0	100.0	100.0	100.0	100.0	100.0
	下浮	6.7	5.2	16.1	11.1	17.5	11.1
	基准	39.2	41.1	41.0	34.2	37.1	43.2
上浮	小计	54.2	53.7	42.9	54.7	45.4	45.7
	(1.0，1.1]	12.0	14.5	17.1	30.8	19.2	20.8
	(1.1，1.3]	31.3	23.6	13.4	15.1	18.2	17.4
	(1.3，1.5]	5.2	14.8	6.3	5.2	6.2	5.3
	(1.5，2.0]	1.4	0.4	5.9	3.5	1.7	2.2
	2.0以上	4.4	0.4	0.1	0.2	0.1	0.1
月份		7月	8月	9月	10月	11月	12月
	合计	100.0	100.0	100.0	100.0	100.0	100.0
	下浮	7.1	2.5	23.8	10.1	25.3	13.7
	基准	35.3	27.4	28.8	33.0	35.5	25.7
上浮	小计	57.6	70.1	47.4	57.0	39.2	60.6
	(1.0，1.1]	23.8	29.9	14.7	29.4	22.6	22.9
	(1.1，1.3]	24.3	26.4	25.7	18.0	11.7	21.8
	(1.3，1.5]	5.5	11.8	4.9	6.5	2.8	9.8
	(1.5，2.0]	3.8	1.6	1.9	2.1	1.4	5.2
	2.0以上	0.3	0.5	0.2	1.0	0.8	1.0

数据来源：中国人民银行海口中心支行。

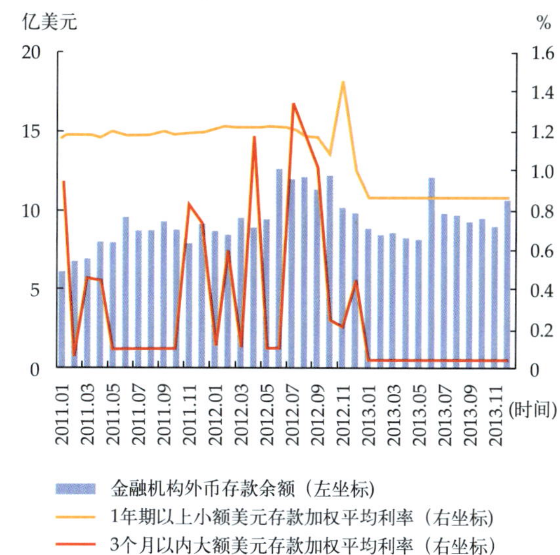

数据来源：中国人民银行海口中心支行。

图4 2011～2013年海南省金融机构外币存款余额及外币存款利率

率呈现小幅波动态势，第一季度贷款利率水平为全年最高。7月贷款利率管制放开后，受银行同业竞争影响，贷款利率水平小幅下降。全年人民币贷款加权平均利率同比下降0.3个百分点。企业贷款利率主要集中在基准利率1.5倍以下，下浮利率贷款占比明显上升。受议价能力影响，大型企业以下浮利率贷款为主，中小企业贷款利率分布与大型企业呈现出相反特点（见表2、见图4）。

6. 地方金融机构改革收效良好，新型农村金融机构持续增加。2013年，新型农村金融机构试点取得新成果，农村金融公共扶持政策更趋完备，农村支付体系持续改善。海口联合农村商业银行开业，三亚市农村信用联社成功改制为三亚农村商业银行，海南银行筹备工作有序推进。新设立小额贷款公司12家，3家村镇银行获批筹建。

7. 跨境人民币业务稳步发展，有力支持国际旅游岛建设。2013年，海南省累计办理跨境人民币结算业务265.2亿元，同比增长1.8倍。市场参与主体不断丰富，办理跨境人民币业务的银行和企业分别增至11家和401家，与海南省开展跨境人民币结算的境外国家和地区增至44个。跨境人民币业务在服务高端旅游业、重点项目建设方面发挥了重要作用，办理跨境人民币业务的旅游业企业新增52家，旅游相关产业跨境贸易人民币结算额同比增长79.9%，旅游住宿收入和免税品进口支付同比分别增长62.9%和1.0倍；海南省重点项目境外引入人民币资本金5.6亿元、借入人民币外债50.7亿元。

专栏1 创新信贷产品和服务方式 支持旅游设施建设和服务升级

三亚是中国唯一的热带滨海旅游城市，热带旅游资源丰富、密集、完整。三亚市一直坚持“以旅游业为龙头”，大力推动现代服务业发展。三亚市各金融机构按照2012年中国人民银行等8部门印发的《关于金融支持旅游业加快发展的若干意见》（银发[2012]32号）要求，创新旅游业金融服务模式，加快旅游金融基础设施建设，支持热带旅游业发展。

一是紧密结合产业政策，加大旅游产业信贷支持力度。三亚市各金融机构紧密结合《国务院关于推进海南国际旅游岛建设发展的若干意见》（国发[2009]44号），发挥自身专业优势，积极开展旅游信贷产品创新，在支持高端酒店建设、旅游景区开发、游艇产业及配套服务设施建设等方面，取得了显著成效。截至2013年年末，三亚市投向旅游及相关产业的贷款余额达280.4亿元，占全部单位贷款的45.7%，其中，酒店类贷款188.3亿元、景区类贷款49.8亿元、医疗康复类贷款25.5亿元、旅游娱乐类贷款6.8亿元。

二是创新酒店信贷服务模式，支持高端酒店业快速发展。高端酒店较多是三亚市酒店业发展的特色，三亚市银行业金融机构据此创新了“经营性物业抵押贷款”信贷产品，支持已建成高端酒店的经营和再建设。目前，高端酒店已成为信贷投放的主要领域，而“经营性物业抵押贷款”成为支持高端酒店业的典型信贷产品。截至2013年年末，三亚市五星级酒店12家、在建五星级酒店4家、在建超五星级酒店16家。

三是创新未来收益质押信贷产品，支持旅游景区完善升级。三亚市目前有5A、4A等景区19处，全部由企业经营，旅游监管和经营有效分离，景区经营主体明确，为开展信贷产品创新提供了天然条件。三亚市银行业金融机构通过开展特定资产收费权支持贷款、旅游景区收费权质押贷款等信贷业务，支持景区的改扩建工程。截至2013年年末，三亚市19处景区累计获得银行100.3亿元信贷资金支持，其中天涯海角、南山文化旅游区等旅游景区通过信贷资金的支持已建设升级完毕，旅游服务功能更加完善，提前进入成熟经营阶段，流动资金充足，效益良好。

四是优化旅游支付环境，提高支付便利化水平。三亚市积极推动“刷卡无障碍”旅游城市建设，银行卡受理终端保持较快增长，全市用卡环境得到显著提升。截至2013年年末，全市共布放POS机15 150台。2013年POS机累计交易量达312.3亿元。支付结算环境的不断优化，改善了游客的消费体验。同时，随着境外游客的增加，为缓解银行外汇兑换窗口覆盖面小的问题，三亚市银行业金融机构纷纷在旅游酒店、景区开设外币代兑点，截至2013年年末，全市外币代兑点已达95个，覆盖三亚大部分旅游景区，为境内外游客创造了便捷的外币兑换环境。

五是发挥银行支付体系监测功能，促进旅游行业规范发展。近年来，针对三亚市餐饮业出现的个别“宰客欺客”现象，三亚市政府利用现代金融支付技术，创新海鲜排档监管信息化平台。通过该平台，工商、税务、物价、食品安监等监管部门可以查看海鲜排档的电子交易支付相关信息，对海鲜排档的定价、食品采购、税费缴纳等经营行为进行实时监控。该措施不仅促进了三亚市海鲜排档刷卡交易，更有效规范了餐饮业的经营行为。

（二）证券业平稳发展，盈利能力大幅提升

2013年，海南省证券业平稳发展，经营机构盈利水平进一步提高，资本市场融资功能持续发挥。

1. 证券期货交易量大幅提升，盈利能力良好。2013年，海南省证券期货经营机构数量保持稳定，内控水平明显提高，规范经营与风险管理意识显著增强。证券期货市场规模逐步扩大，成交金额和经营效益大幅增长。全省证券和期货交易总额为78 394.4亿元，同比增长86.9%；证券营业部、法人证券公司和期货公司的净利润同比分别增长2.7倍、1.6倍和20.3%。

2. 股票融资有所放缓，后备上市资源培育工作继续推进。2013年，海南省共有上市公司26家，共募集资金73.8亿元，同比下降29.3%；股本总市值为1 795.7亿元，同比增长24.3%。后备上市企业增至106家，涵盖旅游、制药、工业、渔业、

表3　2013年海南省证券业基本情况

项目	数量
总部设在辖内的证券公司数（家）	2
总部设在辖内的基金公司数（家）	0
总部设在辖内的期货公司数（家）	4
年末国内上市公司数（家）	26
当年国内股票（A股）筹资（亿元）	59.0
当年发行H股筹资（亿元）	0
当年国内债券筹资（亿元）	96.5
其中：短期融资券筹资额（亿元）	5.0
中期票据筹资额（亿元）	7.0

数据来源：海南证监局。

房地产等多个行业（见表3）。

（三）保险业发展质量提升，风险保障作用增强

2013年，海南省保险业运行平稳，市场组织体系不断完善，资产规模持续扩大，保费收入快速增长。全省保险公司资产规模和保费收入同比分别增长22.9%和20.5%。财产险公司经营成本持续下降，人身险公司业务结构调整稳步推进，保险覆盖面进一步扩大，保险密度同比增加131.4元/人，保险深度同比提高0.2个百分点。农业保险业务快速发展，经济补偿功能有效发挥。2013年，海南政策性农业保险保费收入同比增长97.6%，提供风险保障233.2亿元，试点险种增至14个，实现农业保险19个市县全覆盖。8月，海南接连遭受热带风暴“飞燕”和“山竹”的袭击，保险业积极做好理赔服务，有效保障了灾后生产恢复（见表4）。

表4　2013年海南省保险业基本情况

项目	数量
总部设在辖内的保险公司数（家）	1
其中：财产险经营主体（家）	0
人身险经营主体（家）	1
保险公司分支机构（家）	22
其中：财产险公司分支机构（家）	12
人身险公司分支机构（家）	10
保费收入（中外资，亿元）	72.6
其中：财产险保费收入（中外资，亿元）	31.7
人身险保费收入（中外资，亿元）	40.9
各类赔款给付（中外资，亿元）	22.0
保险密度（元/人）	811.4
保险深度（%）	2.3

数据来源：海南保监局。

（四）金融市场交易活跃，融资结构有待优化

1. 融资规模适度增长，银行融资占主导地位。2013年，海南省社会融资规模达到1 084.0亿元，同比增长11.1%。银行信贷仍是融资主渠道，占比高达69.4%（见图5）。因缺乏成熟的发债主体、项目及相关扶持政策，海南省企业在银行间市场发行的债券品种偏少，仅限于短期融资券及中期票据，发行规模明显偏低。

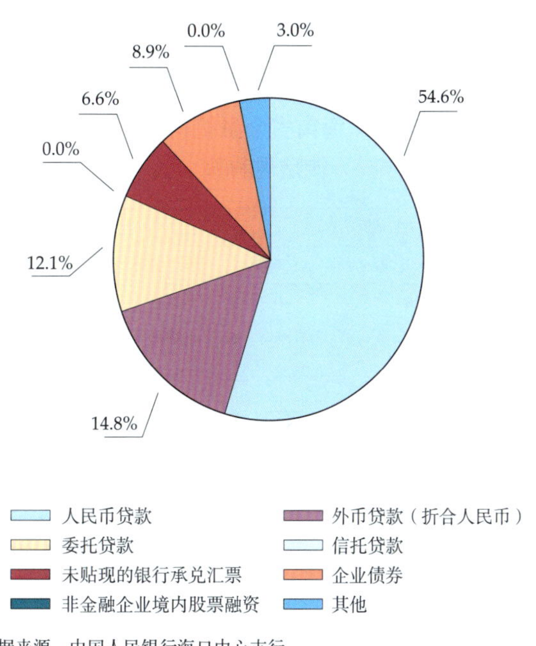

数据来源：中国人民银行海口中心支行。

图5　2013年海南省社会融资规模分布

2. 货币市场交易较快增长，以融出交易为主。2013年，全国银行间市场拆借利率持续走高，海南省地方法人金融机构参与货币市场的积极性较高，融出业务占主导地位。质押式回购累计融出999.9亿元，同比增长46.2%；现券交易累计融出89.8亿元，同比增长1.3%；同业拆借主体较少，且均为拆入业务，全年累计拆入64亿元。

3. 票据交易成倍增长，转贴现业务表现活跃。2013年，海南省票据承兑呈现先抑后扬的交

易格局。2013年年末，全省金融机构承兑余额同比增长1.3倍。受票据转贴现利率持续走高影响，全省转贴现表现较为活跃，全年买断式转入同比增长38.4%，买断式转出同比增长1.7倍，买入返售同比增长77.5%（见表5、表6）。

表5 2013年海南省金融机构票据业务量统计

单位：亿元

季度	银行承兑汇票承兑		贴现			
			银行承兑汇票		商业承兑汇票	
	余额	累计发生额	余额	累计发生额	余额	累计发生额
1	67.4	38.2	8.5	18.3	0.2	0.3
2	78.7	153.0	15.4	73.3	1.5	3.9
3	83.2	321.6	15.4	161.2	0.7	5.4
4	115.3	573.9	10.7	261.1	2.5	18.4

数据来源：中国人民银行海口中心支行。

表6 2013年海南省金融机构票据贴现、转贴现利率

单位：%

季度	贴现		转贴现	
	银行承兑汇票	商业承兑汇票	票据买断	票据回购
1	5.5716	0	4.5701	0
2	5.2158	7.0185	4.3905	3.9622
3	6.1802	6.7522	5.8376	5.3236
4	7.0785	7.2250	6.1896	6.2386

数据来源：中国人民银行海口中心支行。

4. 期货黄金产品投资趋于理性，现货黄金产品受青睐。2013年，随着黄金价格持续走跌，人民币账户黄金以短线投资为主，交易量持续低迷，累计完成交易4 793.8公斤，同比减少94.6%。代理上海黄金交易所原始金交易量屡创新低。随着“抢金热”兴起，现货黄金交易呈现上升趋势，累计完成实物黄金交易2 309.3公斤，同比增长1.2倍。

（五）金融生态建设全面深化，社会信用环境不断改善

2013年，海南省扎实推进信用体系建设，加强金融服务创新，金融生态环境持续改善。一是深入推进中小企业信用体系建设，截至2013年年末，累计采集28 638户中小企业信息，共为8 471户中小企业建立信用档案。二是启动食品行业信用体系建设工作，逐步将省内食品安全信息纳入中国人民银行征信系统，创新食品行业企业监管方式。三是积极开展金融消费权益保护工作，2013年共接受咨询近300件、受理投诉30多件，开展“金融消费权益保护宣传周”和“金融知识普及月”活动，提高消费者金融知识水平和自我保护能力。四是稳步推进支付信息化建设，推动银联商务海南分公司开发“农技110惠农信息管理系统，组织协调在出租车、公交车等公共服务行业开展金融IC卡试点工作。

二、经济运行情况

2013年，海南省着力稳增长、调结构、促改革、惠民生，经济发展稳中有进、稳中向好。全年实现地区生产总值3 146.5亿元，同比增长9.9%，高于全国水平2.2个百分点，综合经济实力进一步增强（见图6）。

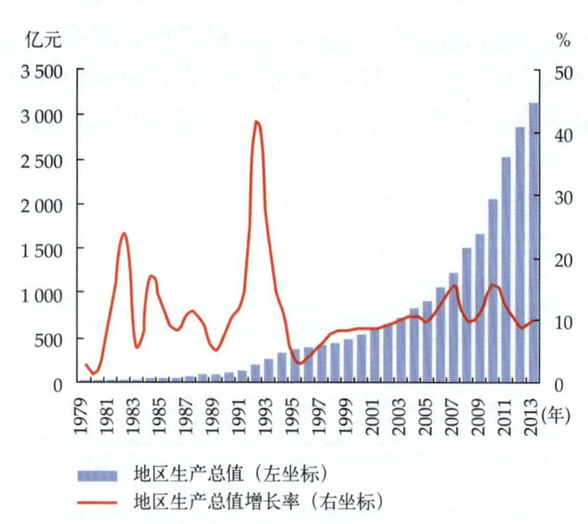

数据来源：海南省统计局。

图6 1979～2013年海南省地区生产总值及其增长率

（一）需求结构优化升级，经济运行平稳健康

2013年，海南省三大需求结构逐步优化，投资继续高速增长，城乡消费成为经济增长主要动力，进出口低速增长。

1. 投资较快增长，结构不断改善。2013年，

海南省强化“六个一”项目责任模式①，开展项目融资对接活动，加大项目检查督办力度，“项目建设年”活动取得明显成效。全年固定资产投资同比增长27.0%（见图7）。其中，349个重点项目投资同比增长31.1%，完成年度计划投资的119.4%。投资结构持续优化，第三产业投资占比高达81.8%，为经济结构转型升级打下良好基础。

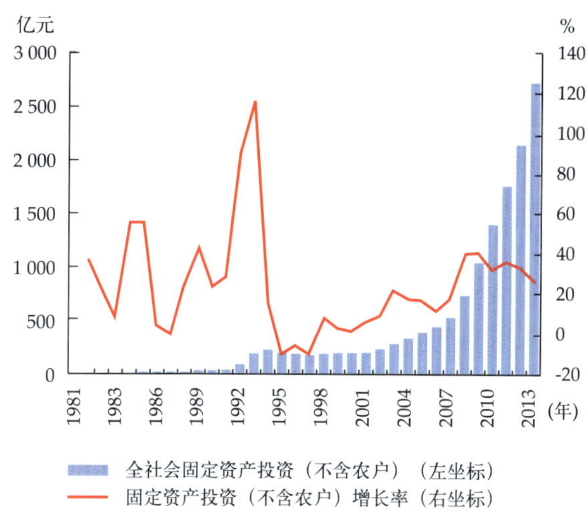

数据来源：海南省统计局。

图7　1981～2013年海南省固定资产投资（不含农户）及其增长率

2. 居民收入大幅提升，消费结构明显升级。2013年，海南省城乡居民收入增幅较大，为消费增长提供了有力支撑。同时，海南省积极拓展岛外消费市场，开展“百项促销费活动”，在北京等4个城市设立海南品牌农产品直销中心，在淘宝网开设“特色中国—海南馆”，与阿里巴巴联合打造电子交易平台，全年社会消费品零售总额同比增长14.0%（见图8）。各项惠农政策和“万村千乡市场工程”收效明显，农村消费水平有效提升，乡村零售额同比增长17.6%，高于城镇4.1个百分点。消费结构进一步升级，城镇和农村居民恩格尔系数分别同比下降0.5个和1.4个百分点，医疗保健、交通通讯、教育娱乐、网络消费等较快增长。全年免税商品销售额同比增长38.3%，仍是消费品市场一大亮点。

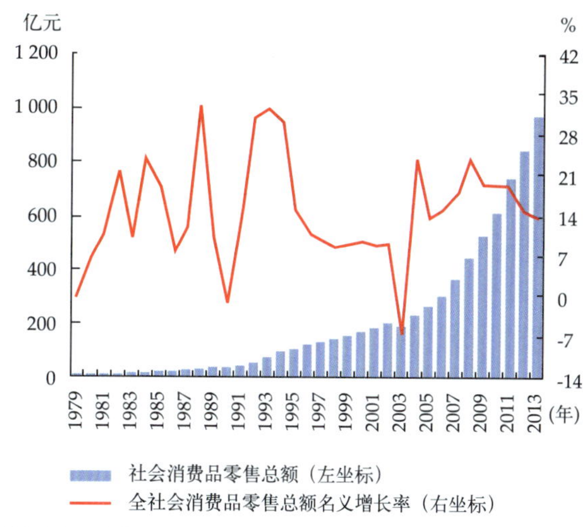

数据来源：海南省统计局。

图8　1979～2013年海南省社会消费品零售总额及其增长率

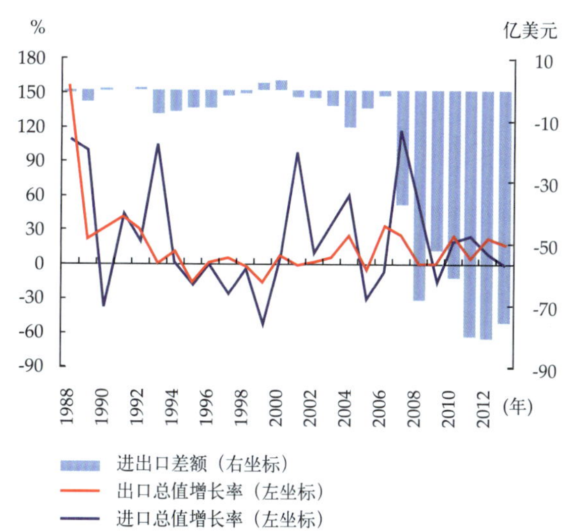

数据来源：国家统计局《中国经济景气月报》、中国人民银行工作人员计算。

图9　1988～2013年海南省外贸进出口变动情况

3. 外贸结构持续优化，利用外资平稳增长。2013年，海南省启动无纸化、分类查验等通关业务改革，继续深化货物贸易外汇管理改革，进一步促进贸易便利化，进出口总额同比增长4.6%，出口增速达到18.2%（见图9）。外贸结构优化升级，以成品油、农产品、天然气等商品为主的

① “六个一”项目责任模式：一个项目、一个分管领导、一个责任单位、一个工作班子、一个倒计时工期计划、一竿子抓到底。

初级产品出口比重同比下降3.1个百分点；外贸形式灵活多样，加工贸易、保税监管场所进出境贸易、边境小额贸易等明显增长；贸易对象多元化，对拉丁美洲、中东、俄罗斯等新兴市场的出口增速分别达到21.9%、46.3%和42.5%。海关特殊监管区域支持力度加大，海南省首个游艇保税仓库落户三亚。海南省成为《中西部地区外商投资优势产业目录》执行省份，助力外商投资稳步增长，实际利用外资同比增长10.3%（见图10）。

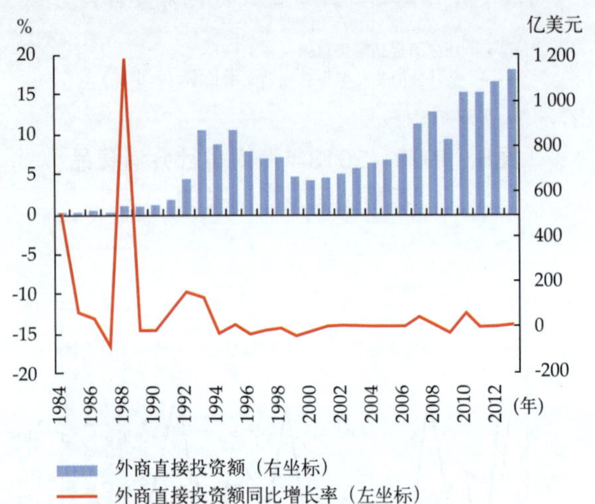

数据来源：海南省统计局。

图10　1984～2013年海南省外商直接投资额及其增长率

（二）三次产业发展势头良好，现代服务业加快发展

2013年，海南省加大产业结构调整和发展方式转变，三次产业结构由上年的24.9：28.2：46.9调整为24.0：27.7：48.3。农业基础地位进一步稳固，工业生产较快恢复，服务业提质升级取得新进展，三次产业协调性不断增强。

1. 农业生产稳步增长，特色农业较快发展。2013年，海南省加大强农惠农政策力度，克服了H7N9禽流感、超强台风“海燕”、部分农产品价格低迷等不利因素影响，农业增加值同比增长6.3%。品牌农业发展取得新进展，新建标准化养殖小区102个、热作标准园54个，改造标准化菜田40万亩，新认证“三品一标”①农产品27个，文昌鸡等7个农业标准化示范区通过国家考核验收。冬季瓜菜、畜牧、水果、橡胶等特色产业较快发展，槟榔、胡椒、干胶产量分别同比增长12.9%、9.3%和8.1%；依托罗牛山、雨润等畜产品加工企业，畜牧业逐步实现规模化发展；西南中沙渔场开发力度加大，远洋捕捞能力持续提升。农业产业化经营进一步发展，全年新增省级农业龙头企业28家、国家和省级农民专业合作社258家。

2. 工业生产低速增长，企业效益有所下滑。2013年，由于国内外市场需求不足、工业骨干企业停产检修，海南省工业生产面临较大困难。面对不利形势，海南省建立重点工业企业服务“直通车”，安排10亿元专项资金支持重点产业园区发展，安排中小企业专项资金4 500万元，减轻企业税收负担，切实加强能源调度，为工业平稳增长提供了重要支撑，全年工业增加值同比增长6.3%。受市场低迷、生产成本提高等因素影响，工业企业效益下滑，利润总额同比下降6.4%（见图11）。

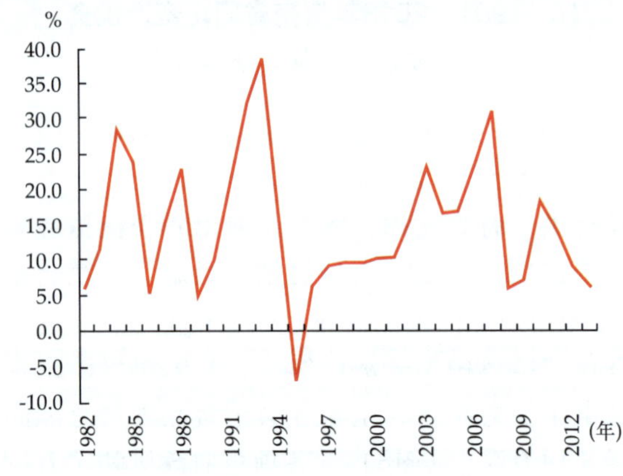

数据来源：海南省统计局。

图11　1982～2013年海南省规模以上工业增加值同比增长率

3. 服务业发展良好，旅游市场表现活跃。2013年，海南省服务业增加值同比增长12.1%，对经济增长的贡献率达57.7%。海南省把握国际旅游岛建设契机，打造了一批特色产品和精品旅

① “三品一标”：无公害农产品、绿色食品、有机农产品和农产品地理标志。

游线路，新增4A和3A级旅游景区各3家，观澜湖、海棠湾、电影公社等一批重点旅游项目相继竣工或有力推进；邮轮边境游异地办证政策落地，西沙邮轮旅游开通并实现常态化运行；各市县继续实施“走出去，请进来”战略，向岛外推介特色旅游产品；扎实开展“旅游市场整治年”活动，有效规范旅游行业秩序。全年接待旅游过夜人数3 672.5万人次，同比增长10.6%；旅游总收入428.6亿元，同比增长13.0%。

（三）物价温和上涨，劳动力报酬提升

2013年，海南省物价调控取得明显成效，物价涨幅基本稳定，就业状况良好，失业率保持在较低水平。

1. 居民消费价格温和上涨。2013年，海南省继续加大“菜篮子”建设力度，建立鲜活农产品直供直销配送体系，保障市场供应和物价稳定。全年CPI累计上涨2.8%，低于年初预期调控目标2.2个百分点。在八大类消费品中，食品和居住类价格累计分别上涨3.9%和3.4%，是推动物价上涨的主要原因。

2. 生产价格持续低迷。2013年，受需求不振因素影响，海南省生产者价格指数仍持续回落。全年工业生产者购进价格累计下降3.0%；工业生产者出厂价格累计下降0.5%；农业生产资料价格累计上涨1.0%，涨幅同比回落3.3个百分点（见图12）。

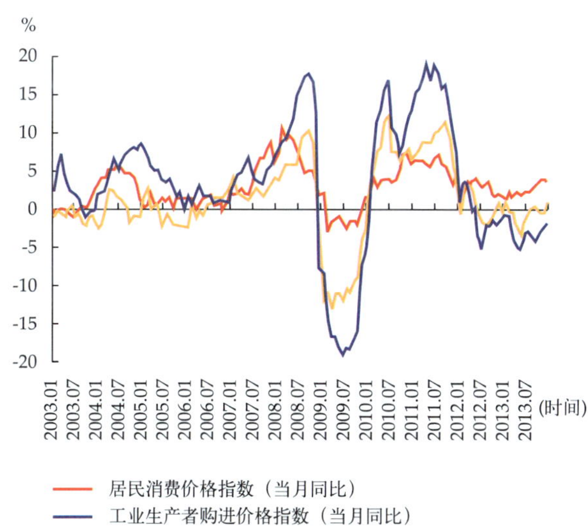

数据来源：海南省统计局。

图12　2003~2013年海南省居民消费价格和生产者价格变动趋势

3. 劳动力报酬稳步提升，就业形势良好。2013年，海南省着力提高中低收入者收入水平，全省月最低工资标准上调70元。全年城镇新增就业人数9.9万人，同比增长2.5%；农村劳动力转移9.5万人，同比增长2.2%；年末城镇登记失业率2.2%，继续保持较低水平。

（四）财政收入较快增长，民生保障力度加大

2013年，得益于经济运行稳健、房地产业税收较快增长，海南省地方公共财政收入保持稳步增长势头，同比增长17.4%。财政支出结构持续优化，有效保障重点民生领域发展需要。地方公共财政支出同比增长9.8%，民生支出占比达到70.9%，医疗卫生、城乡社区事务、社会保障和就业、教育等民生领域支出等保持较快增长，确保了年初政府承诺的十件民生实事全面完成（见图13）。

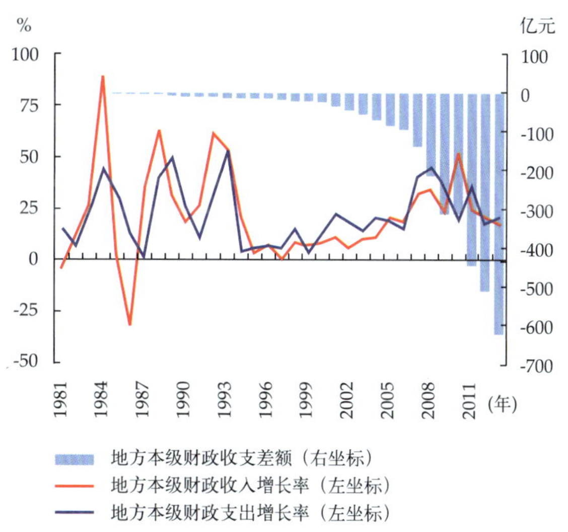

数据来源：海南省统计局。

图13　1981~2013年海南省财政收支状况

（五）扎实推进生态文明建设，节能减排取得新成效

2013年，海南省将生态环境建设和绿色崛起放在更突出的位置，建立起更加注重资源消耗和

环境效益、符合生态文明要求的经济社会发展评价体系。全省加大生态环境保护转移支付力度，扎实推进“绿化宝岛”大行动，完成绿化造林45.3万亩，对全省1 345万亩重点生态公益林进行管护性补偿；实施测土配方和水土保持工程，加大水土流失治理力度；支持增殖放流、人工渔礁及海洋与渔业服务中心建设，增强海洋公共服务和管控能力；强化建设项目环境评价，停止审批高耗能高污染项目22个，实施节能技术改造和资源综合利用项目26个；积极开展主要污染物减排工程建设，对123家污染源企业安装了自动监控系统；新建4个省级生态文明乡镇、36个省级小康环保示范村和988个文明生态村。

环境保护和节能减排措施取得明显成效。2013年，全省万元规模以上工业增加值能耗下降0.7%，单位地区生产总值建设用地下降8.0%；全年城镇环境空气质量优良天数比例为99%，其中77%的监测日空气质量为优；90.8%的监测河段、88.9%的监测湖库水质符合或优于可作为集中式生活饮用水源地的国家地表水Ⅲ类标准；海南岛近岸海域水质总体为优，绝大部分近岸海域处于清洁状态，一、二类海水占92.7%；森林覆盖率达61.9%，比上年提高0.4个百分点。

专栏2　优化县域金融服务环境　促进本地涉海经济发展

2013年4月博鳌亚洲论坛期间，习近平总书记亲临琼海市潭门港调研，鼓励渔民“打更多的鱼，打大鱼”，琼海市各金融机构以此为契机，加大涉海金融产品和服务方式创新，引导金融资源向海洋产业倾斜，支持县域蓝色海洋经济发展，取得了积极的成效。

（一）强化信贷政策引导，推动信贷资源向海洋产业倾斜。中国人民银行琼海市支行制定了《金融支持琼海市潭门镇建设发展指导意见》，引导金融机构加强对中心渔港、港口配套设施、涉海产业、民生等四方面的信贷支持；向农村信用社发放3 000万元支农再贷款，用于扩大海洋产业专项信贷；强化对农信社和村镇银行当年新增存款用于当地贷款的考核评估，指导金融机构对涉海信贷少上浮或不上浮利率。

（二）推动信贷产品创新，支持涉海产业发展壮大。2013年，琼海市银行业金融机构积极支持涉海产业发展，创新开展深海种养殖、远洋捕捞、涉海物流业、船舶抵押等信贷业务，推出了融资租赁、圈链会联合担保、“房产—造船厂阶段性担保—渔船抵押”等信贷模式，拓宽贷款抵质押范围，破解涉海产业贷款难瓶颈。同时，简化贷款手续，通过“一抵通”、“零售贷款”等业务，方便渔民获得信贷支持。截至2013年年末，琼海市金融机构向远洋捕捞业、工艺品加工厂、养殖业及相关产业共计贷款385笔，合计金额1.7亿元。其中，用于支持潭门镇渔民循环授信贷款达3 160万元。

（三）多管齐下，降低涉海信贷成本和风险。2013年，琼海市银行业金融机构积极办理渔业农户贷款贴息，为238户农户争取到了25.3万元贷款贴息，减轻了渔民融资成本；同时对获准改造渔船给予信贷支持，发放渔船改造贷款1 176万元。保险业金融机构以渔民和渔船互保合作方式推广渔业保险，发挥低保费和风险共担的互保优势。截至2013年年末，琼海市保险业金融机构为306艘船舶提供保险共计315万元，投保渔船占潭门港渔船总数的58%，为5 030位渔民提供人身保险382万元。

（四）支持风情小镇建设，促进热带海洋旅游发展。按照党的十八届三中全会提出的“新型城镇化建设”理念，琼海市各金融机构全力支持潭门南海渔业风情小镇建设，掀起潭门发展新热潮，海特产工艺品销售、农家乐、海上旅游观光逐步成为潭门经济新增长点。截至2013年年末，潭门镇地区生产总值13.2亿元，同比增长37%；贝类旅游工艺品店310家，同比增长了8倍，平均月营业额10万元，同比增长了20倍；2014年春节期间共接待旅客20.4万人，同比增长2.62倍；新增从业人员1.1万人，吸引大批本地居民返乡就业。

（五）改善乡镇金融支付环境，便利农村金融服务。琼海市银行业金融机构加大非现金结算工具推广力度，将“海产品工艺品一条街”作为创建刷卡无障碍重点建设街区，已安装POS机465台、EPOS机53台，工艺品店POS机覆盖率达94.6%，方便渔民转账消费。以超市刷卡返利、刷卡抽奖等方式，提升社会公众用卡意识，向170艘渔船推广海上移动支付工具，深受渔民好评。

（六）房地产市场平稳回升，高新技术产业加快发展

1. 房地产市场回暖势头明显，房地产金融运行稳健。房地产市场预期向好，楼市交易活跃。2013年，受内地持续雾霾天气影响，海南楼市生态环境优势凸显，房价上涨预期增强，岛内外居民购房需求明显增长。全省房屋销售面积1 191.2万平方米，同比增长27.8%，比上年同期提高22.9个百分点，房地产市场回暖势头明显（见图14、图15）。

房地产投资较快增长，保障性住房建设稳步推进。2013年，受开发商信心提升、闲置土地处置力度加大的带动，海南省房地产投资保持较快增长态势，同比增速达到35.0%，高于全国水平17.4个百分点。保障性住房建设超额完成全年任务。全年城镇保障性住房新开工4.7万套，占计划的134.7%；竣工2.6万套，占计划的126.0%。

房地产贷款增速加快，金融风险可控。2013年，海南省房地产投资力度加大，岛内居民住房刚性需求稳步释放，房地产业对信贷资金的需求量明显增加。全省房地产贷款余额同比增长27.6%，比上年同期提高14.4个百分点。房地产贷款质量保持稳定，不良率仅为0.4%。

2. 高新技术产业群逐步形成，金融助力重点领域发展加速。近年来，海南省通过建设海口药谷、文昌卫星发射基地、海南生态软件园、三亚创意产业园等一大批项目，逐步形成了以生物与新医药、汽车和装备制造、信息、新能源、新材料与油气化工、海洋高新技术为代表的特色高技术产业群。2013年，全省新增认定高新技术企业

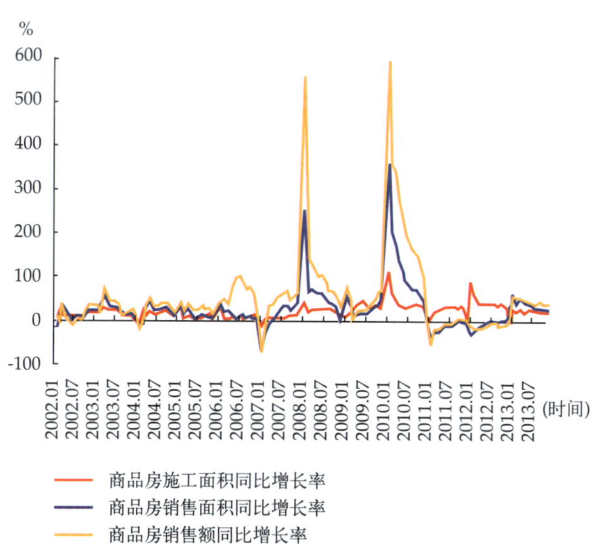

数据来源：海南省统计局。

图14　2002～2013年海南省商品房施工和销售变动趋势

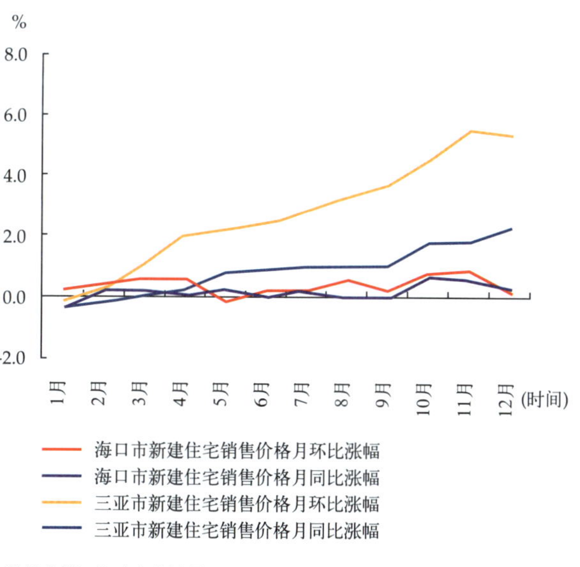

数据来源：海南省统计局。

图15　2013年海南省主要城市新建住宅销售价格变动趋势

28家，总数达到127家，实现工业总产值320亿元，同比增长8.5%。当前，海南省高新技术产能主要集中在生物制药与电子信息领域，合计产值占比高达八成，油气、海洋等高新技术领域相对较弱，产业间发展的协同性和集群效应有待进一步增强。金融对高新技术产业重点领域支持力度明显加大，2013年，油气、核燃料加工领域新增贷款达到11.2亿元，生物医药、软件信息技术领域贷款余额同比分别增长4.3倍和1.0倍。

三、预测与展望

2014年，世界经济总体将形成企稳巩固和复苏加快的向好态势，国际金融市场再次发生大幅震荡的几率较小。在中央稳中求进的总基调下，统筹稳增长、调结构、促改革，中国经济金融形势有望继续保持稳定增长，但需对物价上升保持警惕。随着国际旅游岛建设和三沙设市两大国家战略叠加，海南发展的政策优势将逐步凸显。2014年，随着政策效应的持续释放，海南经济将继续稳步增长。

投资方面，全省继续推进“项目建设年”，2014年安排实施省重点项目407个，年度计划投资1 746亿元，将加大对民生工程、基础设施、“三农”、生态环保等领域的投资力度。同时，2013年以来省内一批新增重点项目陆续投产，新增产能的释放有望改善工业低增长局面。随着中央加强对“三公”消费的审查力度，国内公务会议消费减少，加之近年来网购力度增大，岛内居民外购支出增多，对本地消费增长造成一定冲击。2014年，海南省将继续抓好旅游、房地产、热带特色农产品“三大促销”活动，培育新的消费增长点，营造良好的消费环境。受海南炼化项目产能增加、洋浦成品油保税仓储和中转业务开展、免税品获批纳入进出口贸易统计等因素的影响，预计2014年海南外贸进出口将明显增长。

金融方面，随着经济基本面的平稳向好，海南省金融业将继续保持稳健运行态势。一批实力雄厚的金融机构陆续入驻海南，将形成更具活力、层次丰富和特色鲜明的金融组织体系，有助于为海南经济发展提供更加充裕的资金支持、更加全面的金融服务。2014年，海南省金融部门将认真执行稳健货币政策，保持信贷合理均衡增长，不断拓宽融资渠道，改善社会融资结构，全力提供便捷、高效、低成本的金融服务，切实防范金融风险，为区域经济和社会发展营造良好的金融环境。

中国人民银行海口中心支行货币政策分析小组

总　纂：吴盼文　曹协和

统　稿：吴竞择　何志强　潘　琪　林　昕

执　笔：符浩勇　石海峰　金为华　郭　雁　邹　炜　丁　攀　陈太玉　符瑞武　王振兴　张丽影
徐　健　王　艳　陈琼蓉　邓　昕　陈　波　吴志贵　王晓勃　黄翠玲

提供材料的还有：邱彦华　戴鸿广　吴　帆　黄静慧　范　静

附录

（一）2013年海南省经济金融大事记

2月1日，海南省政府出台《海南省2013年金融服务项目建设年和金融改革创新指导意见》，加大对重要产业、重点企业、重大项目、“三农”和小微企业的金融支持力度。

2月21日，海南省政府办公厅出台《关于金融支持海洋经济发展的指导意见》，编制五大规划助推“蓝色金融”发展。

2月28日，海南博鳌乐城国际医疗旅游先行区正式获国务院批复。

4月4日，2013年博鳌亚洲论坛年会在海南召开，本届年会的主题为“革命 责任 合作：亚洲寻求共同发展”。

5月31日，海南省政府在海口召开“海南省重点项目融资对接会”，39个重点项目实现融资对接，授信额度达1 510亿元。

6月，国家开发银行三亚市分行、上海浦东发展银行海口分行先后挂牌开业。

9月29日，海南西环高铁海口至三亚凤凰机场段正式开工建设，标志着海南西环高铁全线动工。海南西环铁路项目总投资约271亿元。项目全长344公里，北起海口市，途经澄迈、临高、儋州、昌江、东方、乐东，接入三亚市。全线拟设车站16个。

12月2日，中国民生银行三亚分行正式开业。

12月7日，由全国地方金融论坛办公室、中国银行业协会、金融时报社联合主办的全国地方金融十七次论坛在海南三亚市举行。

12月14日，2013年三亚·财经国际论坛开幕。

（二）2013年海南省主要经济金融指标

表1　2013年海南省主要存贷款指标

		1月	2月	3月	4月	5月	6月	7月	8月	9月	10月	11月	12月
本外币	金融机构各项存款余额（亿元）	5 177.8	5 218.2	5 381.4	5 392.5	5 493.2	5 531.2	5 519.6	5 575.4	5 598.2	5 649.6	5 726.3	5 952.5
	其中：储蓄存款	2 238.8	2 327.0	2 398.0	2 377.5	2 402.2	2 424.3	2 394.6	2 393.4	2 422.5	2 410.6	2 436.4	2 480.4
	单位存款	2 629.9	2 602.3	2 747.4	2 754.6	2 805.1	2 870.1	2 779.5	2 844.9	2 845.3	2 889.4	2 968.6	3 069.1
	各项存款余额比上月增加（亿元）	65.2	40.4	163.2	11.1	100.8	38.0	-11.6	55.8	22.8	51.4	76.7	226.2
	金融机构各项存款同比增长（%）	17.1	15.2	15.9	17.4	16.9	14.4	14.7	15.8	15.1	14.6	14.7	16.5
	金融机构各项贷款余额（亿元）	3 944.6	3 978.3	4 049.0	4 089.2	4 126.8	4 217.6	4 233.2	4 278.2	4 370.7	4 499.9	4 582.2	4 630.8
	其中：短期	528.3	532.1	541.5	535.9	549.6	545.0	551.2	559.8	595.2	664.5	733.7	707.4
	中长期	3 188.8	3 231.7	3 279.5	3 311.0	3 325.8	3 387.2	3 408.1	3 441.4	3 490.9	3 560.3	3 595.8	3 685.4
	票据融资	57.0	38.8	44.8	60.8	71.4	80.1	68.0	71.5	80.7	71.8	50.1	39.3
	各项贷款余额比上月增加（亿元）	48.6	33.8	70.7	40.1	37.7	90.8	15.6	45.0	92.5	129.2	82.2	48.6
	其中：短期	6.8	3.8	9.3	-5.5	13.7	-4.6	6.2	8.6	35.4	69.3	69.2	-26.3
	中长期	51.8	42.9	47.8	31.6	14.8	61.3	21.0	33.3	49.5	69.3	35.6	89.6
	票据融资	-8.3	-18.1	6.0	16.0	10.6	8.7	-12.1	3.6	9.1	-8.8	-21.7	-10.8
	金融机构各项贷款同比增长（%）	21.1	21.0	21.1	22.0	21.0	18.7	18.6	18.3	19.3	21.1	20.6	19.1
	其中：短期	16.6	23.9	26.7	31.0	35.0	21.3	25.0	27.9	32.8	44.1	49.3	37.3
	中长期	21.7	21.4	20.3	20.9	19.5	18.6	18.7	18.3	18.1	18.4	17.5	17.5
	票据融资	-13.6	-42.7	-32.1	-24.6	-25.9	-18.1	-36.3	-38.5	-22.4	-22.0	-42.5	-39.7
	建筑业贷款余额（亿元）	67.8	68.2	76.9	81.0	80.0	82.0	74.3	77.9	79.5	75.8	84.2	88.8
	房地产业贷款余额（亿元）	504.0	505.6	523.1	525.3	516.7	518.4	523.2	541.6	554.3	565.0	574.4	599.5
	建筑业贷款同比增长（%）	54.7	51.3	58.9	75.2	61.5	36.1	15.8	18.3	14.9	3.2	3.8	6.0
	房地产业贷款同比增长（%）	34.6	30.7	30.9	31.0	26.2	20.2	23.0	25.4	26.3	27.0	24.6	24.1
人民币	金融机构各项存款余额（亿元）	5 122.2	5 164.0	5 327.5	5 340.6	5 442.8	5 456.5	5 458.3	5 515.3	5 541.0	5 590.5	5 671.3	5 887.0
	其中：储蓄存款	2 224.7	2 312.0	2 382.7	2 362.3	2 387.2	2 409.4	2 379.7	2 378.4	2 407.7	2 395.6	2 421.5	2 465.4
	单位存款	2 589.4	2 564.3	2 709.8	2 718.6	2 770.9	2 812.9	2 734.8	2 801.1	2 803.7	2 846.9	2 929.7	3 019.3
	各项存款余额比上月增加（亿元）	71.3	41.7	163.5	13.1	102.2	13.6	1.9	56.9	25.7	49.5	80.8	215.7
	其中：储蓄存款	51.3	87.3	70.7	-20.4	24.8	22.3	-29.7	-1.4	29.4	-12.1	25.9	43.9
	单位存款	-11.4	-25.1	145.6	8.8	52.3	42.1	-78.2	66.3	2.6	43.2	82.9	89.6
	各项存款同比增长（%）	17.4	15.4	16.3	17.7	17.3	14.8	15.3	16.5	15.6	15.2	15.0	16.6
	其中：储蓄存款	14.9	18.0	18.3	17.3	17.0	15.5	16.2	15.4	14.7	15.2	14.3	13.5
	单位存款	20.1	14.2	15.6	19.2	19.5	16.4	14.0	17.4	15.4	14.8	15.5	16.1
	金融机构各项贷款余额（亿元）	3 437.7	3 463.9	3 526.9	3 560.3	3 598.1	3 656.5	3 688.4	3 733.8	3 827.1	3 866.9	3 905.8	3 988.8
	其中：个人消费贷款	342.4	346.8	369.6	374.4	378.9	384.7	390.8	396.3	404.5	408.5	415.3	420.7
	票据融资	57.0	38.8	44.8	60.8	71.4	80.1	68.0	71.5	80.7	71.8	50.1	39.3
	各项贷款余额比上月增加（亿元）	40.8	26.2	63.0	33.5	37.8	58.4	31.9	45.3	93.3	39.8	38.9	83.0
	其中：个人消费贷款	11.3	4.5	22.8	4.8	4.4	5.8	6.1	5.5	8.2	4.0	6.7	5.4
	票据融资	-8.3	-18.1	6.0	16.0	10.6	8.7	-12.1	3.6	9.1	-8.8	-21.7	-10.8
	金融机构各项贷款同比增长（%）	20.6	20.4	20.4	20.7	19.9	18.2	18.6	18.5	19.9	19.4	17.9	17.6
	其中：个人消费贷款	9.8	12.1	19.3	21.3	22.4	23.2	24.5	24.6	26.1	26.6	26.5	27.1
	票据融资	-13.6	-42.7	-32.1	-24.6	-25.9	-18.1	-36.3	-38.5	-22.4	-22.0	-42.5	-39.7
外币	金融机构外币存款余额（亿美元）	8.9	8.6	8.6	8.3	8.2	12.1	9.9	9.7	9.3	9.6	9.0	10.7
	金融机构外币存款同比增长（%）	1.3	1.6	-9.9	-6.8	-13.8	-4.8	-17.1	-19.6	-18.1	-22.0	-12.3	9.5
	金融机构外币贷款余额（亿美元）	80.7	82.0	83.3	85.0	85.6	90.8	88.2	88.2	88.4	103.1	110.3	105.3
	金融机构外币贷款同比增长（%）	26.6	26.5	26.9	33.0	32.6	25.0	21.5	20.5	19.0	36.1	42.7	32.6

数据来源：中国人民银行海口中心支行。

表2 2001～2013年海南省各类价格指数

单位：%

年/月	居民消费价格指数		农业生产资料价格指数		工业生产者购进价格指数		工业生产者出厂价格指数	
	当月同比	累计同比	当月同比	累计同比	当月同比	累计同比	当月同比	累计同比
2001	—	-1.5	—	-0.5	—	—	—	—
2002	—	-0.5	—	1.7	—	5.0	—	0.4
2003	—	0.1	—	4.8	—	2.2	—	-0.5
2004	—	4.4	—	11.3	—	5.9	—	0.0
2005	—	1.5	—	8.9	—	4.2	—	-0.5
2006	—	1.5	—	0.7	—	1.5	—	0.8
2007	—	5.0	—	7.1	—	5.0	—	2.7
2008	—	6.9	—	14.8	—	11.6	—	4.5
2009	—	-0.7	—	-6.0	—	-14.7	—	-9.4
2010	—	4.8	—	7.3	—	10.3	—	7.7
2011	—	6.1	—	15.6	—	15.3	—	8.8
2012	—	3.2	—	4.3	—	-0.4	—	0.8
2013	—	2.8	—	1.0	—	-3.0	—	-0.5
2012　1	—	—	—	—	—	—	—	—
2	2.8	3.8	11.0	12.4	3.7	4.1	2.9	2.9
3	4.0	3.9	9.4	11.4	3.4	3.8	3.6	3.1
4	3.8	3.9	8.4	10.6	-0.1	2.8	3.3	3.2
5	4.1	3.9	7.4	10.0	0.3	2.3	1.4	2.8
6	3.5	3.8	4.8	9.1	-3.5	1.3	-0.3	2.3
7	2.9	3.7	1.6	8.0	—	—	-1.3	1.7
8	3.8	3.7	-0.3	6.9	-1.9	0.2	-1.8	1.3
9	3.2	3.7	-0.1	6.0	-2.1	-0.1	-1.2	1.0
10	1.9	3.5	-0.3	5.4	-1.5	-0.2	-0.4	0.9
11	2.0	3.3	-1.0	4.8	-1.9	-0.4	0.8	0.9
12	1.8	3.2	-0.9	4.3	-0.8	-0.4	0.1	0.8
2013　1	—	—	—	—	—	—	—	—
2	2.4	1.9	0.0	-0.3	-1.0	-0.9	-0.2	0.4
3	1.9	1.9	0.5	0.0	-3.9	-1.9	-0.4	0.1
4	2.5	2.0	2.8	0.7	-4.7	-2.6	-2.5	-0.6
5	2.1	2.1	1.4	0.8	-5.0	-3.1	-3.1	-1.1
6	2.4	2.1	0.3	0.7	-3.4	-3.1	-1.6	-1.2
7	2.4	2.2	1.0	0.8	-2.7	-3.1	-0.3	-1.0
8	3.0	2.3	1.4	0.8	-3.3	-3.1	0.2	-0.9
9	3.3	2.4	1.0	0.9	-4.0	-3.2	0.6	-0.7
10	3.8	2.5	0.8	0.8	-2.9	-3.2	-0.3	-0.7
11	4.1	2.7	1.5	0.9	-2.2	-3.1	-0.2	-0.6
12	4.0	2.8	1.9	1.0	-1.7	-3.0	1.0	-0.5

数据来源：国家统计局和海南省统计局。

表3 2013年海南省主要经济指标

	1月	2月	3月	4月	5月	6月	7月	8月	9月	10月	11月	12月
绝对值（自年初累计）												
地区生产总值（亿元）	—	—	734.6	—	—	1 516.7	—	—	2 224.6	—	—	3 146.5
第一产业	—	—	168.2	—	—	372.3	—	—	538.4	—	—	756.5
第二产业	—	—	177.6	—	—	411.1	—	—	622.7	—	—	871.3
第三产业	—	—	388.8	—	—	733.3	—	—	1 063.5	—	—	1 518.7
工业增加值（亿元）	—	78.4	119.1	159.3	198.8	240.7	278.3	313.4	352.7	397.0	444.3	509.6
固定资产投资（亿元）	—	263.7	456.9	634.9	827.7	1 074.8	1 297.8	1 505.0	1 734.4	1 982.0	2 266.8	2 625.0
房地产开发投资	—	124.7	198.6	282.3	375.2	500.5	602.2	705.0	814.5	919.4	1 058.2	1 196.8
社会消费品零售总额（亿元）	—	169.6	246.2	323.3	404.5	475.5	549.9	625.8	707.3	793.2	879.5	971.9
外贸进出口总额（万美元）	128 042.0	236 925.0	355 191.0	473 647.0	622 229.0	725 350.0	801 009.0	892 553.0	1 017 861.0	1 109 738.0	1 256 289.0	1 497 791.7
进口	93 423.5	179 217.0	259 596.0	333 492.0	448 387.0	533 653.0	582 689.0	637 250.0	737 857.0	810 894.0	928 454.0	1 127 156.8
出口	34 618.5	57 708.0	95 595.0	140 155.0	173 842.0	191 697.0	218 320.0	255 303.0	280 004.0	298 844.0	327 835.0	370 634.9
进出口差额(出口－进口)	-58 805.0	-121 509.0	-164 001.0	-193 337.0	-274 545.0	-341 956.0	-364 369.0	-381 947.0	-457 853.0	-512 050.0	-600 619.0	-756 521.8
外商实际直接投资（万美元）	—	35 083.0	51 166.0	64 481.0	78 606.0	88 105.0	101 704.0	123 635.0	145 112.0	158 823.0	168 596.0	181 060.0
地方财政收支差额（亿元）	—	-32.9	-74.4	-103.0	-134.0	-194.6	-218.8	-266.2	-320.7	-361.2	-403.1	-528.6
地方财政收入	—	84.2	125.4	167.8	211.4	251.8	291.0	326.3	359.5	403.0	441.2	480.5
地方财政支出	—	117.1	199.8	270.8	345.4	446.4	509.9	592.5	680.2	764.2	844.3	1009.2
城镇登记失业率 (%)(季度)	—	—	1.9	—	—	2.0	—	—	2.1	—	—	2.2
同比累计增长率（%）												
地区生产总值	—	—	10.5	—	—	10.3	—	—	10.1	—	—	9.9
第一产业	—	—	6.3	—	—	6.1	—	—	6.4	—	—	6.3
第二产业	—	—	8.6	—	—	10.8	—	—	9.8	—	—	9.2
第三产业	—	—	13.0	—	—	12.1	—	—	12.0	—	—	12.1
工业增加值	—	5.9	6.4	6.4	7.1	7.7	8.0	7.2	5.9	5.3	5.2	6.3
固定资产投资	—	34.0	27.7	26.5	26.5	27.1	26.9	26.8	27.1	27.4	27.2	27.2
房地产开发投资	—	35.7	29.6	33.1	25.8	29.2	34.6	30.8	31.0	32.0	32.4	35.0
社会消费品零售总额	—	13.9	13.9	13.9	13.9	14.0	14.0	14.0	14.1	14.1	14.0	14.0
外贸进出口总额	43.3	22.7	12.2	16.2	14.0	8.9	0.8	-0.6	-1.7	-1.8	-2.5	4.6
进口	24.6	18.1	3.5	5.3	4.3	1.5	-7.7	-10.9	-10.8	-9.6	-8.2	0.8
出口	140.0	39.8	45.3	54.1	49.5	36.5	33.4	39.2	34.0	28.3	18.6	18.2
外商实际直接投资	—	250.0	360.0	240.0	270.0	92.1	68.1	43.7	26.2	3.1	7.7	10.3
地方财政收入	—	13.0	14.6	14.9	14.8	15.8	15.7	16.0	16.7	17.0	17.0	17.4
地方财政支出	—	33.3	20.5	18.9	21.7	20.0	19.7	19.1	15.3	10.1	6.8	9.8

注：地方财政收入是指地方财政一般预算收入，地方财政支出是指地方财政一般预算支出。

数据来源：《中国经济景气月报》、海南省统计局。

2013年重庆市金融运行报告

中国人民银行重庆营业管理部货币政策分析小组

[内容摘要] 2013年，重庆市加快了经济结构调整和转型升级步伐，全市投资总额破万亿元，对经济增长形成关键性支撑，同时消费需求增势良好，出口总额稳步增长。农业现代化进程不断加快，工业质量和效益显著提升，第三产业占比提高，价格走势总体平稳，生态文明建设成效明显。

金融业认真落实稳健货币政策，积极服务实体经济，不断加快自身发展。银行业、证券业、保险业运行稳健，货币信贷适度增长，信贷结构进一步优化，利率市场化稳步推进，跨境人民币业务发展加快。金融市场交易活跃，直接融资占比提升。区域金融生态环境建设持续深化。

2014年，重庆市将围绕"科学发展、富民兴渝"任务，推进"三中心两集群一高地"①建设，以改革开放和转型升级促进五大功能区②差异化联动发展。金融业将继续落实稳健货币政策，保持社会融资规模适度增长，盘活存量、用好增量，优化金融资源配置，发展直接融资，促进金融改革创新，强化风险防范，为经济社会发展创造稳定的金融环境。

一、金融运行情况

2013年，重庆市金融业稳中求进，认真落实稳健货币政策，积极服务实体经济，为地区经济社会发展提供了稳定的金融环境。

（一）银行业稳健运行，货币信贷适度增长

2013年，重庆市银行业规模和效益稳步提升，货币信贷适度增长，信贷结构不断优化，改革创新成效显著。

1. 规模效益稳步提升，组织体系更加完备。2013年，重庆市银行业资产总额同比增长15.1%，规模稳步扩大，委托贷款和债券资产占比有所增加。银行业资产质量持续改善，法人机构拨备覆盖率、存贷比和流动性总体适度，抗风险能力较强。随着经营管理水平的提升，贷款议价能力的增强以及各类创新业务的较快发展，银行业经营效益向好，利润增速比上年提高7.5个百分点。银

表1　2013年重庆市银行业金融机构情况

机构类别	营业网点			法人机构（个）
	机构个数（个）	从业人数（人）	资产总额（亿元）	
一、大型商业银行	1 331	27 244	10 446.0	0
二、国家开发银行和政策性银行	39	1 154	2 771.1	0
三、股份制商业银行	192	7 607	7 682.3	0
四、城市商业银行	188	6 715	2 363.4	2
五、小型农村金融机构	1 769	16 278	5 111.3	1
六、财务公司	2	48	59.0	2
七、信托公司	2	730	164.3	2
八、邮政储蓄银行	1 726	4 398	1 732.0	0
九、外资银行	28	803	202.3	0
十、新型农村金融机构	53	1 451	193.9	31
十一、其他	2	147	500.8	2
合　计	5 332	66 575	31 226.3	40

注：1. 营业网点不包括总部。
2. 小型农村金融机构含农村商业银行。
3. 新型农村金融机构包括村镇银行、贷款公司和农村资金互助社三类机构。
4. "其他"包含金融租赁公司、汽车金融公司、货币经纪公司、消费金融公司等。

数据来源：重庆银监局、中国人民银行重庆营业管理部。

①"三中心两集群一高地"是指长江上游金融中心、商贸物流中心、科技教育中心、产业集群、城镇集群以及内陆开放高地。

②2013年9月，重庆市委四届三次全会决定将重庆"一圈两翼"功能区域升级划分为都市功能核心区、都市功能拓展区、城市发展新区、渝东北生态涵养发展区、渝东南生态保护发展区五大功能区域。

行业组织体系更加完备，全年新增4家村镇银行和1家财务公司（见表1），重庆市首家民营财务公司正在筹建。

2. 存款增速走高后趋缓，结构变化明显。年初以来，受资金面较为宽裕、市场主体因经济运行预期不稳而更愿持有资金、银行表外和同业业务活跃导致派生存款增加等多重因素影响，人民币存款增速延续2012年以来走高的趋势，并在4月、5月达到年内高点。但此后，在多种因素作用下货币市场利率出现了一定波动，各类派生存款明显下降，加之以“余额宝”为代表的互联网金融产品对存款分流加大，人民币存款增速持续回落（见图1）。受出口增速回落，贸易融资带来的派生存款收缩等因素制约，外币存款结束了前三个季度平稳增长的趋势，余额在第四季度出现下降（见图4）。2013年年末，重庆市本外币存款余额同比增长17.3%，较上年回落3.1个百分点（见图3）。在利率市场化加快推进的背景下，存款竞争更趋激烈，市场格局变化明显，中小银行存款增速明显高于大型银行。

3. 贷款增速平稳回落，资源配置效率提升。2013年年末，重庆市人民币贷款余额同比增长14.9%，较上年回落1.5个百分点，贷款增量与上年基本持平（见图2）。中长期消费贷款和单位短期经营性贷款分别在房市回暖和企业经营向好的带动下较快增长，并成为全市贷款增长的主要动力；固定资产贷款因投资增长放缓，增速有所回落。各季新增贷款占比分别为32%、28%、21%和19%，信贷投放节奏趋于均衡。宏观审慎管理成效显著，地方法人金融机构信贷投放合理适度。在企业贸易融资快速增长带动下，外币贷款增速

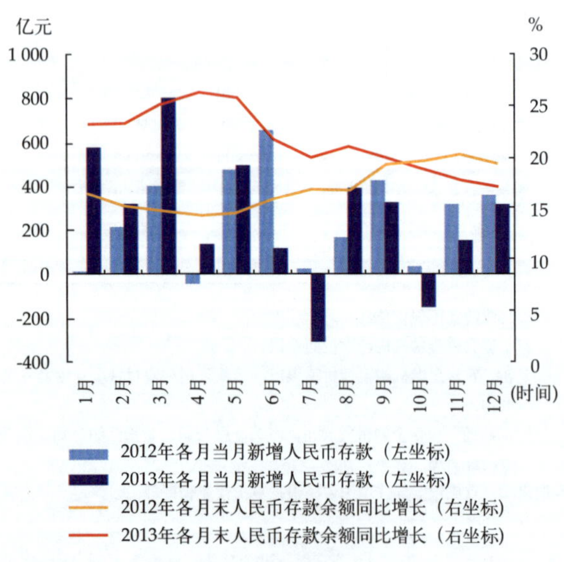

数据来源：中国人民银行重庆营业管理部。

图1　2012～2013年重庆市金融机构人民币存款增长变化

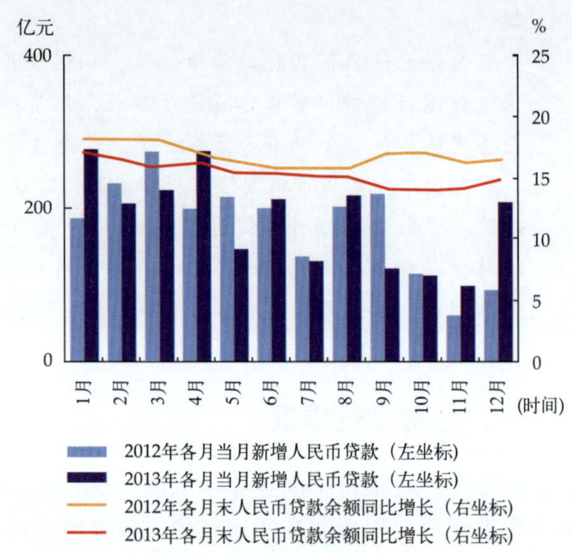

数据来源：中国人民银行重庆营业管理部。

图2　2012～2013年重庆市金融机构人民币贷款增长变化

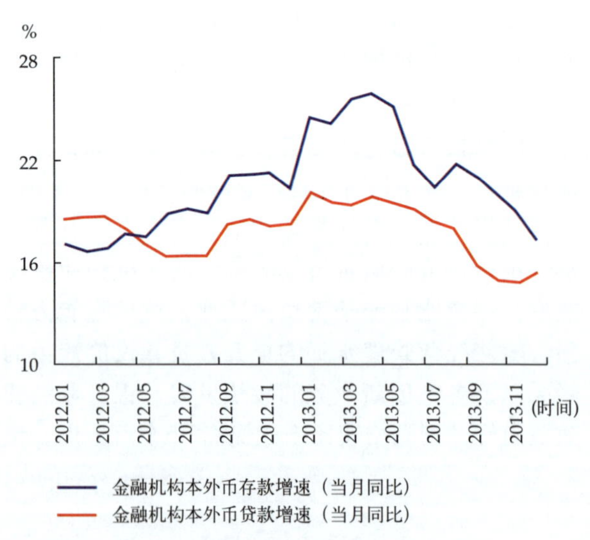

数据来源：中国人民银行重庆营业管理部。

图3　2012～2013年重庆市金融机构本外币存、贷款增速变化

在年初处于高位，随后受基数效应及加强外汇资金流入管理等因素的影响，增速逐步回落。

信贷结构持续优化，金融资源配置更趋合理。2013年，制造业、批发零售业、交通运输、仓储和邮政业新增贷款量占企业贷款增量的比重上升20个百分点。涉农和小微企业贷款实现增量、增速“两个不低于”①的目标，农村金融产品达到103种。小额担保贷款支持8.4万名失业人员、返乡农民工和高校毕业生实现创业就业。武陵山和秦巴山扶贫开发重庆片区贷款增速高于全市贷款增速9.4个百分点。核定民族民品贷款贴息额同比增长2.3倍。保障房开发贷款余额同比增长20%，公租房贷款余额居全国前列。重点领域结构调整和风险防范明显加强，六大高耗能产业贷款余额同比下降。全市银行业不良贷款率、不良贷款余额连续十三年保持“双降”。

4. 利率水平稳中略升，金融机构定价能力持续增强。在下半年贷款利率管制全面放开的背景下，重庆市金融机构加大了对收益率较高的中、小、微企业贷款及个人经营性贷款的投放力度，执行上浮利率的贷款占比有所提高（见表2），第四季度一般贷款加权平均利率（不含贴现）为7.1%，较上年提高0.17个百分点。金融机构利率定价管理不断强化，内部收益率曲线进一步完善，适宜市场化的定价基准逐渐形成，根据客户基础条件差异化定价的特征日益显著。部分全国性银行参照贷款基础利率定价能力较强，重庆银行和重庆三峡银行贷款定价管理办法进一步完善，重庆农村商业银行存款定价能力处于全国农村金融机构前列。六成法人金融机构利率市场化承受力较上年有所提高。

5. 改革创新成效显著，服务能力不断提高。政策性银行积极探索商业化运营模式，继续加强对基础设施、粮食收储、国际贸易与海外投资等方面的金融支持。中国农业银行“三农金融事业部”重庆分部改革向业务经营转型和服务模式创新推进。多家银行着力提高电子银行替代率，利用社区银行、小微支行推动零售和小微业务发展。重庆农村商业银行推出农村土地复垦和农村

表2　2013年重庆市金融机构人民币贷款各利率区间占比

单位：%

月份		1月	2月	3月	4月	5月	6月
	合计	100.0	100.0	100.0	100.0	100.0	100.0
	下浮	4.1	4.1	3.7	3.5	5.9	4.0
	基准	33.9	37.9	35.0	34.0	33.6	32.7
上浮	小计	62.0	58.1	61.4	62.5	60.5	63.3
	(1.0，1.1]	19.5	17.4	20.6	15.4	16.4	19.3
	(1.1，1.3]	30.4	27.1	28.5	31.8	29.7	29.4
	(1.3，1.5]	8.3	8.8	8.6	10.9	9.8	10.5
	(1.5，2.0]	3.0	4.3	3.1	3.7	3.9	3.8
	2.0以上	0.7	0.5	0.6	0.8	0.7	0.4
月份		7月	8月	9月	10月	11月	12月
	合计	100.0	100.0	100.0	100.0	100.0	100.0
	下浮	3.3	4.4	4.2	4.6	6.7	6.1
	基准	30.3	28.8	26.5	31.6	24.1	25.0
上浮	小计	66.4	66.8	69.4	63.7	69.2	68.9
	(1.0，1.1]	22.0	15.4	20.6	19.6	13.1	13.5
	(1.1，1.3]	30.4	31.5	31.1	27.9	34.4	31.2
	(1.3，1.5]	10.2	15.3	13.5	12.6	14.6	15.3
	(1.5，2.0]	3.2	4.0	3.5	2.9	5.4	6.7
	2.0以上	0.7	0.6	0.6	0.7	1.7	2.3

数据来源：中国人民银行重庆营业管理部。

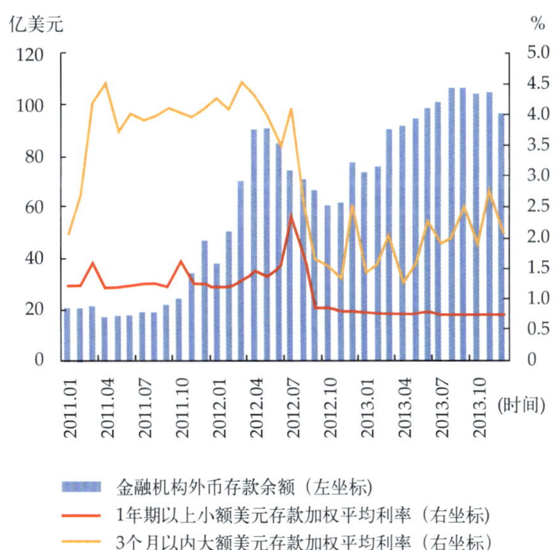

数据来源：中国人民银行重庆营业管理部。

图4　2011～2013年重庆市金融机构外币存款余额及外币存款利率

① “两个不低于”是指涉农和小微企业贷款同比增速不低于全部贷款增速，增量不低于上年。

土地收益保证贷款。重庆三峡银行与重庆有线电视网络有限公司联手率先在西部地区推出电视银行业务。重庆银行成为全国首家在香港上市的城市商业银行。受益于上市融资和利润增长，重庆银行、重庆三峡银行和重庆农商行3家主要地方法人金融机构资本充足率提升了70个基点。

6. 跨境人民币业务结算量再上新台阶。全年跨境人民币结算额超过700亿元，排名中西部前列，其中笔记本电脑贸易结算量占比近六成。成功办理全市首笔境外投资者以人民币投资境内银行、保险机构的结算业务。对外直接投资人民币结算迅猛发展，结算量由上年的35万元增长至10.7亿元，非金融机构境外人民币放款结算业务实现零突破。结算业务交易对手扩大至86个国家和地区，对外经贸往来更加便利。

（二）证券业发展势头良好，要素市场更加丰富

1. 市场交易活跃，证券期货机构经营稳健。2013年，证券市场景气度回升带动证券交易额和期货交易额同比分别增长51.8%和56%。基金管理公司新发行开放式基金募集资金38亿元，西南证券通过短期融资券融资54亿元，资产管理业务收入增幅达71%，投资业务显著改善，净利润同比大幅增长。

2. 上市公司数量和融资保持稳定。重庆银行在香港联交所挂牌上市，成为首家在香港上市的内地城市商业银行。重庆在全球各大交易所挂牌的上市公司增至52家，新三板挂牌企业新增4家（见表3）。境内上市公司新增融资额144亿元，股票增发和配套融资占比75.9%，公司债占比10.4%，中小企业私募债占比13.7%。

3. 要素市场更加丰富。重庆再生资源交易中心正式挂牌成立，区域要素市场数量达到12家，累计交易额达5 000亿元。重庆股份转让中心挂牌企业数量和总股本同比分别增长46%和27.9%，累计帮助托管挂牌企业融资152.76亿元。

表3　2013年重庆市证券业基本情况

项目	数量
总部设在辖内的证券公司数（家）	1
总部设在辖内的基金公司数（家）	1
总部设在辖内的期货公司数（家）	4
年末国内上市公司数（家）	37
当年国内股票（A股）筹资（亿元）	109.3
当年发行H股筹资（亿元）	30.0
当年国内债券筹资（亿元）	649.8
其中：短期融资券筹资额（亿元）	104.1
中期票据筹资额（亿元）	319.4

数据来源：重庆证监局、中国人民银行重庆营业管理部。

（三）保险业稳步发展，保障能力进一步增强

1. 保险机构运营向好，保费收入持续增长。保险业法人机构数量居全国前列，行业总资产同比增长11.07%。全年保费收入同比增长8.52%，车险费率市场化等因素带动产险公司保费收入增长快于寿险公司（见表4）。

2. 保险保障能力进一步增强。全年累计赔付支出同比增长35.8%，较上年高11.7个百分点。小额贷款保证保险覆盖全市，支持的贷款发放额同比增长4.6倍。小额人身险和外出农民工意外险承保人数同比增长近七成。责任险、出口信用保险保额同比较快增长。在《农业保险条例》等有利政策推动下，农业保险保费收入同比增长39.9%，承担保险责任近90亿元，农业保险品种扩大至15个，参与农业保险试点的公司增至9家。

表4　2013年重庆市保险业基本情况

项目	数量
总部设在辖内的保险公司数（家）	3
其中：财产险经营主体（家）	2
人身险经营主体（家）	1
保险公司分支机构（家）	41
其中：财产险公司分支机构（家）	22
人身险公司分支机构（家）	19
保费收入（中外资，亿元）	359.2
其中：财产险保费收入（中外资，亿元）	112.5
人身险保费收入（中外资，亿元）	246.7
各类赔款给付（中外资，亿元）	124.6
保险密度（元/人）	1 209.5
保险深度（%）	2.8

数据来源：重庆保监局。

（四）金融市场快速发展，直接融资比重提升

1. 直接融资比重提升，融资结构不断优化。2013年，全市社会融资规模平稳增长，本外币贷款增量占比下降至47.8%。信托贷款、委托贷款和未贴现的银行承兑汇票在社会融资规模中的占比为33%。重庆钢铁等6家上市公司再融资带动全市非金融机构股票融资金额达109.3亿元，在社会融资规模中的比重达2.2%。同时，银行间市场直接融资快速发展，在全市企业债券融资量和社会融资规模中的比重分别达94.5%和9.9%，成为全市直接融资比重提升的重要推动力量（见图5）。

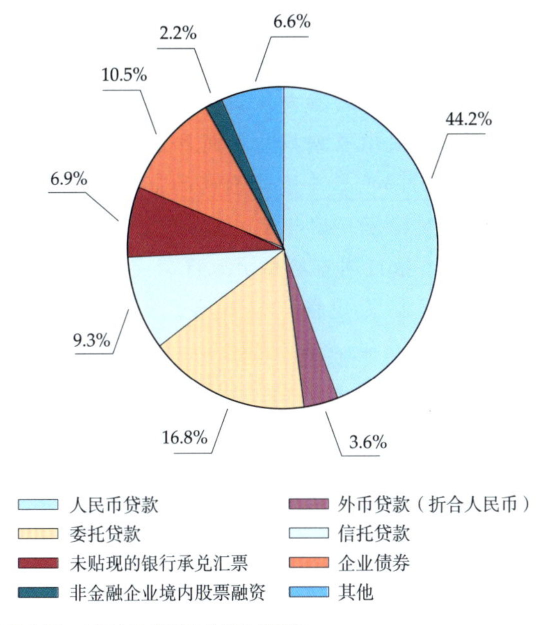

数据来源：中国人民银行重庆营业管理部。

图5　2013年重庆市社会融资规模分布

专栏1　完善机制　多方联动　推动银行间市场直接融资取得新突破

近年来，中国人民银行重庆营业管理部不断探索创新、完善机制、多方联动、凝聚合力，推动重庆市企业借助银行间债券市场进行直接债务融资，在拓宽企业融资渠道，降低融资成本，支持地方经济社会发展方面发挥了重要作用。

一、主要做法

一是完善机制，建立双轮驱动的融资项目储备库。一方面，通过主承销商将具有融资意向和潜力的客户纳入项目储备库，形成制度化、常态化储备机制；另一方面，构建由市金融工作办公室牵头，市经济和信息化委员会、市对外贸易经济委员会、市国有资产监督管理委员会、市科学技术委员会和市商业委员会等行业主管部门协作，定期推荐优质企业的储备机制。2013年年末，储备库企业达到50家，拟融资金额740亿元，融资增长后劲充足。

二是多方联动，建立发债企业培育机制。引导主承销商发挥专业优势，对纳入储备库的企业给予重点培育和长期跟踪辅导，协助其设计融资方案，选择合适的融资工具。同时，加强与中国银行间市场交易商协会的沟通，积极向其推荐储备库中符合发债条件的优质企业，协调解决注册审查中的困难和问题。2013年年末，储备库中处于培育期的项目25个，拟融资金额414亿元。企业平均在库培育时间3个月，总体缩短2个月，成熟速度加快。

三是服务民生，推动相关融资项目落实。统筹兼顾稳健货币政策要求和地方经济发展需要，积极引导城镇化和民生相关领域项目的资金需求问题通过银行间市场渠道进行解决。为此，中国人民银行重庆营业管理部向中国银行间市场交易商协会推荐了17家城市基建类平台企业的450亿元融资项目，同时积极推动永川、涪陵等5个区县以及两江新区、綦江区第二期区域集优集合票据项目。

四是多策并举，构建融资促进长效机制。推动重庆市政府与中国银行间市场交易商协会拓展和深化战略合作关系，推动公租房信托投资基金等创新产品方案研究。联合市证监局

开展重庆市金融领域重大决策咨询课题《创新利用债券市场助推重庆实体经济发展的战略研究》，提出中长期战略构想和近期具体化工作建议。2013年参与债券承销的市内银行业金融机构达到12家，参与面达到64.7%。

二、银行间市场融资取得新突破

一是融资规模同比翻番。2013年，重庆市非金融企业在银行间市场发行直接债务融资工具63只，实现融资515.5亿元，同比增长103.5%，融资规模在全国发行总量中的占比较上年提高0.45个百分点。

二是发行种类和发行主体实现新突破。国内首只公租房建设定向票据成功注册，将有效支持3个公租房建设项目。两江新区、綦江区成功发行首批区域集优集合票据，西南证券成功发行全市首单证券公司短期融资券，重庆银行成功发行全市首单小微企业金融债券。发行主体涵盖基建类市属企业和农业、建筑、制造、电力、交通运输、批发零售、文化、科技8大行业的企业，发行利率低于同期金融机构贷款利率1.17个百分点。

2. 货币市场成交额有所回落，市场利率波动上行。2013年上半年，重庆市银行间市场成员交易量较快增长，下半年受6月市场利率短期波动后银行资产配置趋于谨慎、大型银行融出资金减少以及市场资金供求变化等因素的影响，市场交易活跃度下降，全年成交额下降3.65%，净融入资金减少16.99%。各子市场走势分化，债券回购交易额和净融入资金同比减少，但同业拆借交易量和净融入资金翻倍增长。受6月货币市场利率波动等因素的影响，下半年以来货币市场利率同比有所走高，12月债券回购和同业拆借加权平均利率同比分别上升161个和97个基点。

3. 票据市场交易扩张后收缩，贴现利率总体走高。上半年，受企业资金需求较强，票据贴现利率水平较低以及银行吸收保证金存款意愿较强等因素影响，银行票据业务快速增加，贴现余额也相应扩大。下半年以来，在票据业务规范发展以及市场利率短期波动的共同作用下，票据业务有所收缩，贴现利率总体上升（见表5、表6）。批发零售业、制造业、建筑业企业是签发票据的主力，签发量占比达85.9%。

4. 银行结售汇持续增长，黄金交易活跃。2013年，在实体经济向好发展支撑下，重庆市银行结售汇增长30.2%。受人民币升值步伐加快、境内外正利差处于高位、企业资金运作方式转变等因素影响，市场主体“资产本币化、负债外币化”趋势明显，全年结售汇重新转为顺差，并创近年新高。外汇交易趋于活跃，银行间外汇市场交易额同比增长1.8倍，交易币种新增澳元后达到8种，非银行业金融机构会员增加1家，1家民营企业直接在银行间市场买卖外汇，有效降低了汇兑成本。随着国际金价下跌，投资者避险需求强烈，黄金市场交易活跃，上海黄金交易所代理交易进一步发挥主渠道作用，黄金租赁、远期等新业务增长较快。

5. 民间融资规模保持平稳，利率走高后回

表5　2013年重庆市金融机构票据业务量统计

单位：亿元

季度	银行承兑汇票承兑		贴现			
			银行承兑汇票		商业承兑汇票	
	余额	累计发生额	余额	累计发生额	余额	累计发生额
1	2 658.2	1 556.6	397.7	5 592.0	12.7	203.0
2	2 768.2	2 893.1	416.8	15 391.1	12.8	331.4
3	2 519.4	4 214.4	331.2	27 111.8	15.7	424.2
4	2 510.5	5 668.3	326.1	37 161.6	9.6	568.0

数据来源：中国人民银行重庆营业管理部。

表6　2013年重庆市金融机构票据贴现、转贴现利率

单位：%

季度	贴现		转贴现	
	银行承兑汇票	商业承兑汇票	票据买断	票据回购
1	4.73	6.27	4.72	4.55
2	4.86	5.76	4.53	5.39
3	6.64	7.33	5.02	4.99
4	6.84	7.43	5.49	5.76

数据来源：中国人民银行重庆营业管理部。

落。中国人民银行重庆营业管理部监测显示，全市民间融资活跃度有所下降，但单户融资金额有所增加，民间融资规模总体平稳。借贷利率在年中冲高后虽有回落，但总体水平仍然较高。制造业、建筑业、商贸流通和房地产企业是主要的资金融入方，借贷期限较短。受温州等地区民间借贷风险显现的影响，借贷主体的风险意识提高，信用借贷占比有所下降。

6. 区域性金融中心建设迈上新台阶。2013年，重庆市出台了《加快建设长江上游区域性金融中心的意见》，系统规划金融业发展，金融业增加值占地区生产总值的比重达8.4%，支柱产业地位更加巩固。中信银行西南票据中心落户重庆，小额贷款、担保、股权投资类企业新增113家，互联网金融加快布局，支付宝重庆分公司成立。涉外金融不断发展，重庆市成为全国首批中西部唯一参与跨境电子商务外汇支付业务试点的五个地区之一，资本项目行政审批项目减少2/3，平安银行重庆分行成功办理全市首笔中资企业外保内贷业务，惠普（重庆）结算中心累计结算量超2 000亿美元，新华信托成为重庆首家合格境内机构投资者机构。

（五）防风险、强基础，金融生态环境建设有序推进

监管协调不断加强，中国人民银行重庆营业管理部与重庆证监局签订监管合作备忘录，与重庆保监局联合开展全国首次跨行业、跨区域突发事件应急演练。严控政府性债务规模和风险，建立区县政府债务风险防控机制。建立完善多部门协作会商机制，严厉打击非法金融活动。金融消费权益保护工作机制进一步完善，创新开展金融舆论生态状况体检。巴南区和黔江区成为全国农村和小微企业信用体系建设示范区。重庆作为全国首批三个试点省市之一率先推广使用个人信用报告互联网查询服务。重庆在全国首批实现小额贷款公司和融资性担保公司接入征信系统。地方法人评级机构重庆公信达信用管理有限公司成立。实施“金融便民服务工程”，重庆在西部率先实现银行卡助农取款行政村全覆盖。金融IC卡受理硬环境持续改善，发卡量超3 000万张。37家银行业金融机构二代支付系统成功上线。

二、经济运行情况

2013年，重庆市经济在结构调整和转型升级中稳中向好，地区生产总值同比增长12.3%（见图6），人均GDP首破4万元大关。需求结构、供给结构进一步优化，物价走势总体平稳，经济运行的质量和效益不断提升。

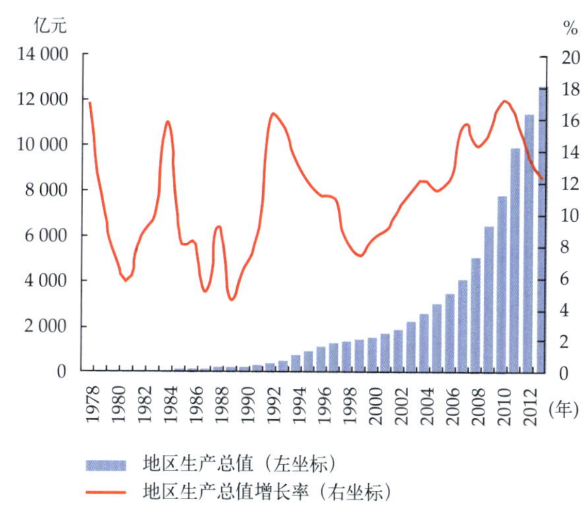

数据来源：重庆市统计局。

图6　1978～2013年重庆市地区生产总值及其增长率

（一）三大需求更趋协调，内生发展动力增强

2013年，重庆市固定资产投资增速稳中趋缓，对稳增长形成关键性支撑，消费增势良好，出口总额稳步增长，三大需求更趋协调。

1. 投资增速稳中趋缓。2013年，重庆市固定资产投资额首破万亿元，同比增长19.5%，增速虽较上年回落1.1个百分点，但仍对经济增长形成关键性支撑（见图7）。全市29个重点投资项目和43个央地合作项目有序推进，投资结构进一步优化，工商产业和基础设施投资占比稳步提高，房地产投资占比有所下降。受民营经济向好发展和民间投资鼓励政策的影响，全市民间投资更加活跃，增速高于全市固定资产投资8.2个百分点。

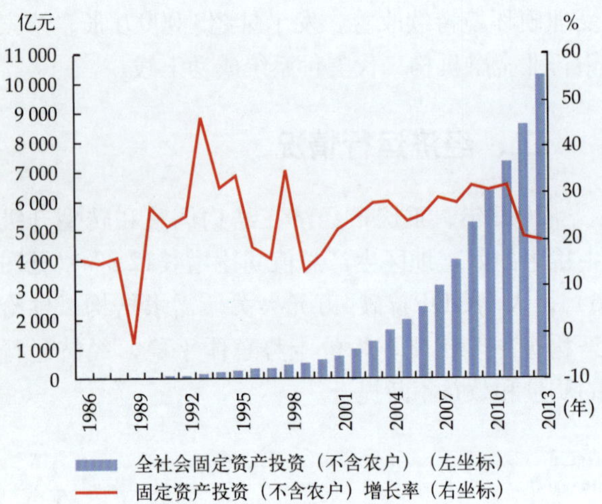

注：1986～2010年数据为全社会固定资产投资口径。
数据来源：重庆市统计局。

图7　1986～2013年重庆市固定资产投资（不含农户）及其增长率

2. 消费需求增势良好，城乡协调发展趋势增强。2013年，重庆出台扩大消费、振兴商业八项措施，有效促进了消费需求释放，全年社会消费品零售总额同比增长14.0%（见图8）。汽车类商品、信息消费品、金银饰品以及家具、建材等房地产相关消费增长较快，高端消费市场培育成效显著。随着城乡一体化建设加快，加之家电惠民、汽车惠农等政策推动，农村消费增速高于城市，协调发展趋势增强。

3. 对外贸易持续扩大，开放型经济向好发展。

数据来源：重庆市统计局。

图8　1986～2013年重庆市社会消费品零售总额及其增长率

2013年重庆市进出口总额同比增长29.1%，出口增速虽有所回落，但仍高于全国水平13.4个百分点（见图9）。以笔记本电脑、打印机等为代表的电子信息产品对出口形成有力支撑，机电产品出口增长较快且产品附加值不断提高。利用外资连续3年突破百亿元，结构更趋合理，工业、房地产和金融商贸流通等服务业利用外资占比大体形成“433”格局。境外投资平稳增长，商务服务业、批发零售业和农林渔牧业是“走出去”的主要行业。

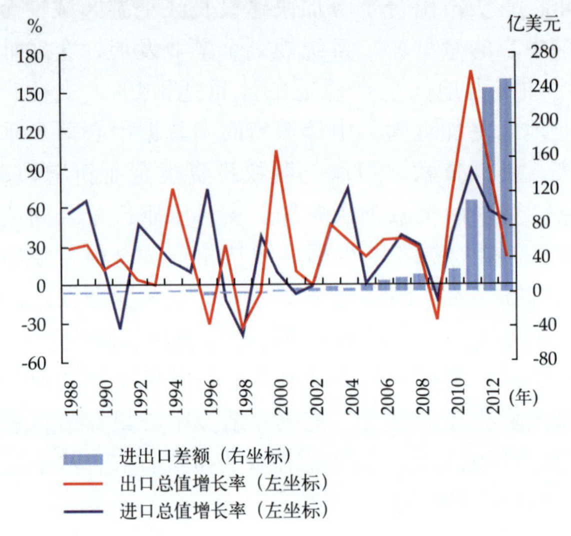

数据来源：重庆市统计局。

图9　1988～2013年重庆市外贸进出口变动情况

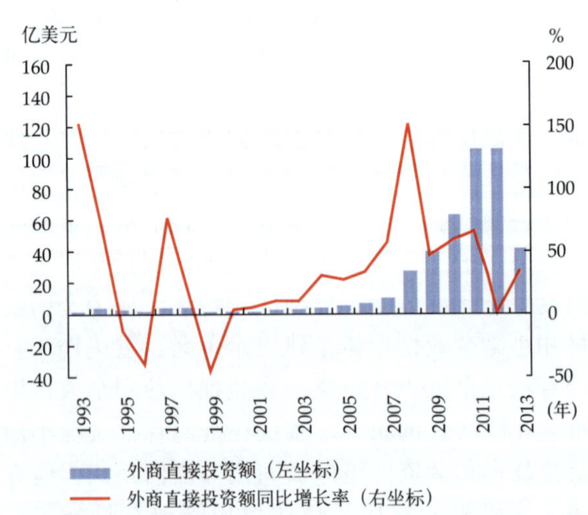

注：2013年外商直接投资数据统计口径发生变化，绝对数与往年不可比。
数据来源：重庆市统计局。

图10　1993～2013年重庆市外商直接投资额及其增长率

（二）三次产业不断壮大，转型升级成效显著

2013年，重庆市三次产业增加值比例由上年的8.2∶53.9∶37.9调整为7.9∶50.5∶41.6，产业结构进一步优化。

1. 农业生产总体稳定，现代化进程不断加快。2013年，重庆市农业增加值首次突破千亿元，同比增长4.7%。农业生产结构更加优化，粮油生产保持稳定，蔬菜产品量质齐升，生猪、牛羊、生态鱼、柑橘、林果等百亿元产业链建设加快。特色效益农业加速发展，近郊特色休闲采摘以及渝东北、渝东南高山纳凉休闲旅游业进一步发展。南川、忠县等20个现代农业综合示范工程和农田水利建设稳步推进。实施高山生态扶贫搬迁工程，创新开展金融支持美丽乡村建设，农村人均纯收入同比增长12.8%，继续高于全国平均水平。

专栏2　统筹深化城乡金融创新　助推“美丽乡村”建设成效显著

建设“美丽乡村”，是在农村地区建设“美丽中国”的具体行动，是重庆市统筹城乡发展、加快推进农业现代化、全面建成农村小康社会的重要举措。2013年，重庆市金融业紧紧围绕“美丽乡村”建设规划，精心编制《金融支持“美丽乡村”建设行动实施方案》，深入推进“金融支持强农”、“金融培育富农”、“金融服务便农”、“信用打造惠农”四大工程，着力提升农村金融服务水平。

一是实施金融支持强农工程。按照“支持一个重点产业，扶持一批企业”的思路，积极扶持地方特色效益农业发展。重点组织实施“千村千企融资培育计划”，按照扶优、扶大、扶强的原则，在每个示范村选择1～3家信用状况佳、经营水平好、经济效益高、辐射带动能力强的农业企业进行重点培育，扶持内容不仅包括信贷支持，还包括开户、结算、理财、咨询等一揽子金融服务。

二是实施金融培育富农工程。围绕农民发展规模化种养殖、农产品加工流通和农家乐、休闲农场等乡村旅游休闲项目融资需求，组织实施“千村万户融资培育计划”。在每个示范村选择10～20户有经营能力、有发展意愿、有财产基础、诚实守信的农户进行重点培育，贷款利率在同等条件下优惠5%～15%。

三是实施金融服务便农工程。通过投放便民金融自助服务点、ATM、POS机等自助机具设备，开展代理银行业务，推广汽车移动金融服务、电话银行、手机银行等现代金融服务，持续加大对农村地区机构网点布设力度，并优先在示范村增设服务网点，实现农村居民存取款基础金融业务“不出村、低成本”。

四是实施信用打造惠农工程。通过深化农村信用体系试验区建设，加快农村地区延伸网点接入征信系统进程，在示范村开展“信用村、信用户”创建工作，将创建与培育“美丽乡村”信用文化、道德诚信建设有机结合，增强农户的荣誉感和信用意识，促进形成信用水平提升与信贷投入增加的有效联动。

金融支持“美丽乡村”建设成效显著。一是信贷资源进一步向“三农”倾斜，2013年重庆市人民币涉农贷款余额同比增长20.7%，较同期人民币贷款增速高5.8个百分点。涉农贷款在全市人民币贷款中的占比达到19.5%，比年初提高1.1个百分点。二是涉农贷款投向结构不断优化，农村地区贷款增长明显。2013年年末全市农户贷款余额792.8亿元，同比增长56.6%。农村企业贷款余额为1 556.9亿元，同比增长18.6%。三是农村金融创新产品不断涌现。包含农村居民房屋产权、农村土地承包经营权和农村林权的农村“三权”抵押贷款稳步推进，覆盖全市37个涉农区县，全年实现农村“三权”抵押融资175亿元，融资余额达326.6亿元。

2. 工业运行稳中向好，质量效益显著提升。2013年，重庆市规模以上工业总产值超过1.5万亿元，同比增长14.5%。规模以上工业增加值同比增长13.6%（见图11）。工业销售形势良好，产销率稳步提高，企业经营效益持续改善，全年规模以上工业利润增长42.5%，利税增长40.2%。

转型升级和创新驱动是工业向好发展的主要动力。笔记本电脑、打印机和手机制造垂直整合、集群发展，长安福特新产品推出力度加大，长安汽车建成“五国九地”①跨国研发机制，自主创新能力大幅提高，新兴产业加快发展，高新技术制造业产值占比提升至30%。“6+1”支柱产业集群②不断壮大，全市“1+2+7+36”工业园区③产值占全市工业总产值的比重进一步提高，都市功能区高端产业聚集效应明显，全员劳动生产率提升11.6%。

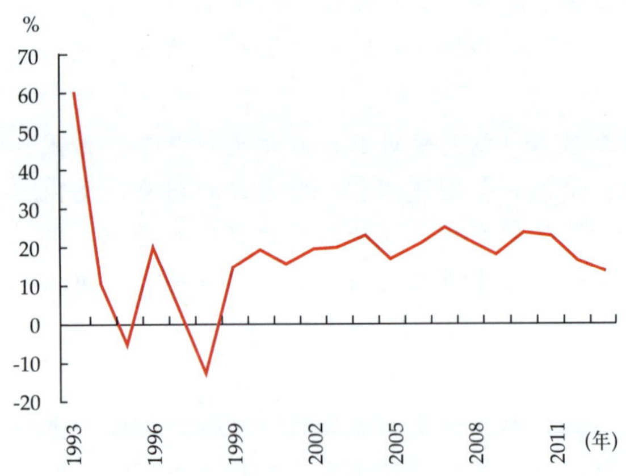

数据来源：重庆市统计局。

图11　1993～2013年重庆市规模以上工业增加值同比增长率

3. 服务业加快发展，有力支撑经济发展。2013年，在地区生产总值增速有所回落的背景下，重庆市第三产业增加值增速与上年持平，其在地区生产总值中的占比较上年提高3.7个百分点，有力支撑了经济发展。长江上游金融、商贸流通和科技教育中心建设持续推进。金融业快速发展，百亿级商圈、市场分别增加到8个和15个，物流体系不断完善，服务外包业从中低端向生物医药、技术研发和测试技术等高端延伸。

（三）物价指数走势平稳，工资水平稳步增长

1. 居民消费价格在合理区间波动。2013年，全市商品供需总体平衡，CPI在2%～3.4%区间内呈“M”形波动，全年CPI上涨2.7%（见图12），略高于全国水平。八大类商品中，除交通通信类商品价格略有下降外，其余各类商品价格均不同程度上涨，食品仍是CPI上涨的主推力。

2. 生产价格低位运行。受国际大宗商品价格不稳定、上半年国内经济下行压力较大以及产能过剩影响，前6个月工业生产者价格指数持续下跌；随着全国经济运行景气度提升，后6个月工业生产者价格指数跌幅收窄。

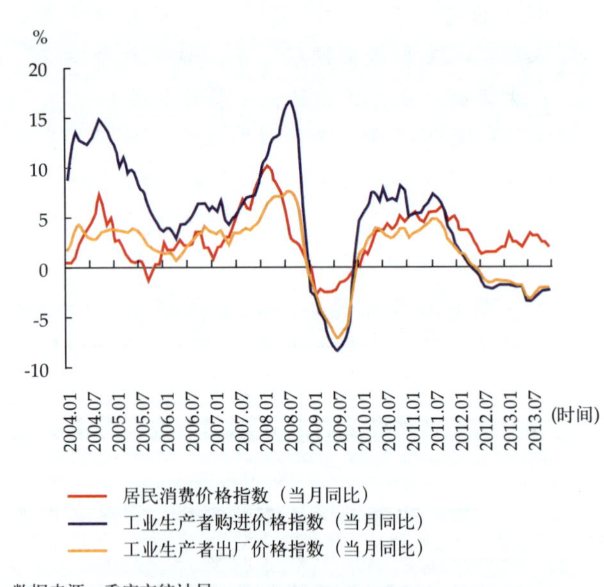

数据来源：重庆市统计局。

图12　2004～2013年重庆市居民消费价格和生产者价格变动趋势

①指中国、意大利、英国、美国、日本“五国”以及重庆、北京、上海、江西、哈尔滨、都灵、诺丁汉、底特律、横滨“九地”。
②分别指电子信息、汽车、装备、化工、材料、能源、消费品等产业。
③包括两江新区、两路寸滩保税港区、西永综合保税区、7个国家级和市级开发区以及36个特色工业园区。

3. 工资水平稳步增长，就业持续扩大。劳动力市场供求关系逐步转变，劳动者权益保护制度日益完善，城镇单位从业人员平均工资实现稳步增长。全年城镇新增就业人员68.1万人，同比增长4%，小微企业吸纳就业作用凸显。

（四）财政收入增速回升，民生支出占比提高

2013年，重庆全市公共财政预算收入同比增长15.5%，较上年提高1个百分点（见图13）。工业运行态势良好以及房地产市场交易活跃带动税收较快增长。结构性减税、营改增、减免行政事业收费和政府性基金等政策，为企业减税271亿元。财政收入中政府性基金预算收入增长12.8%，占比仍然较高。财政支出项目有保有压，医疗卫生、社保就业和文化传媒领域占比提高，稳增长、促改革、保民生成效显著。

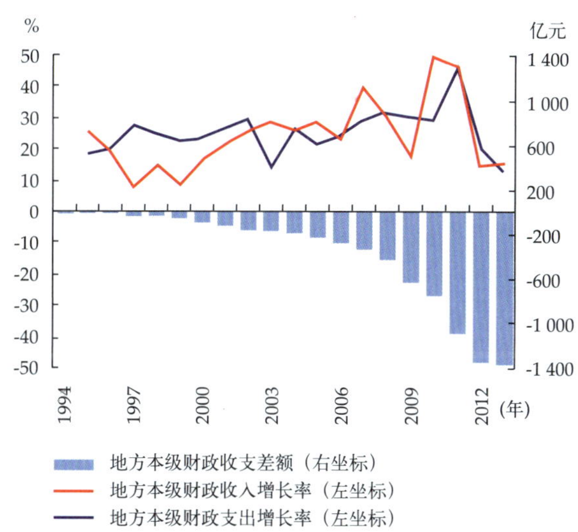

数据来源：重庆市统计局。

图13　1994～2013年重庆市财政收支状况

（五）节能降耗成效明显，金融支持力度加大

2013年，重庆市单位生产总值能耗下降5%。主城PM2.5监测实现全覆盖，建成区[①]湖库综合整治工程启动。城市生活垃圾、生活污水处理率分别达到98.5%和89%，三峡库区水质稳定。蓝天、碧水、宁静、绿地、田园五大环保行动深入开展，主城区空气质量优良天数按新标准计算为206天。生态工程建设和水土流失治理务实推进，森林覆盖率达到42.1%，建成区绿地率提高到39.9%。“绿色信贷”增速同比上升2个百分点，有效支持库区低碳经济、生态农业、水污染治理等项目。

（六）房地产业平稳发展，文化产业发展势头良好

1. 房地产市场总体平稳，房地产金融运行稳健。随着“国五条”及细则的出台，重庆市房地产投资增速结束了年初的上扬态势，转为逐月回落并趋稳，全年房地产投资额同比增长20.1%，比上年下降4.4个百分点。房企三大资金来源中，国内贷款、自筹资金和以定金、预收款、个人按揭为主的其他资金增速在下半年均有所放缓，资金充裕度有所下降。

房地产市场供需继续向理性回归。“国五条”出台前夕，由于市场预期不稳，商品房新开工、施工、竣工面积一度出现下挫，政策逐步明晰后，房地产市场供给逐步恢复（见图14）。购房需求以首次置业和改善自住型置业为主，商品房销售面积和销售额增速从年初高位逐步回落。新建住宅价格同比涨幅逐月扩大，二手房交易在2月、3月量价齐升后逐步回稳（见图15）。保障性住房建设稳步推进，全市公租房累计惠及63万人，棚户区改造面积达113万平方米，对商品房市场形成有益补充。

房地产信贷调控政策切实实施，房地产开发贷款增速平稳回落，个人按揭贷款随着下半年房市回暖增速有所扩大。差别化住房信贷政策有效执行，个人首套房贷款占比达96.9%，二套房贷款首付比例和利率按规定上浮。保障性住房建设的金融支持力度持续加大，融资结构多元化特征显著。

①指城市行政区内实际已成片开发建设、市政公用设施和公共设施基本具备的地区。

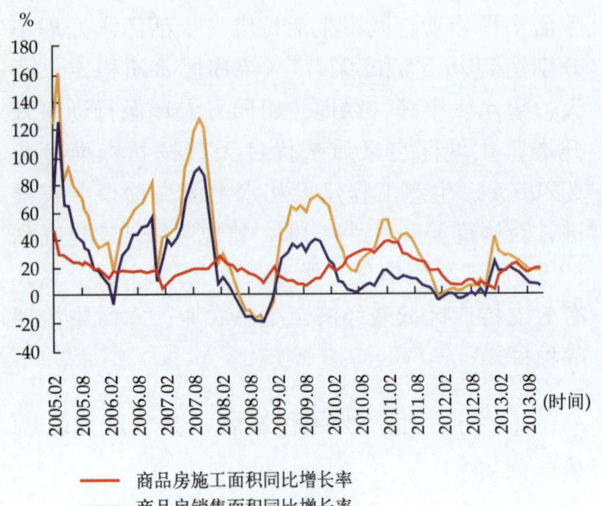

数据来源：重庆市统计局。

图14 2005~2013年重庆市商品房施工和销售变动趋势

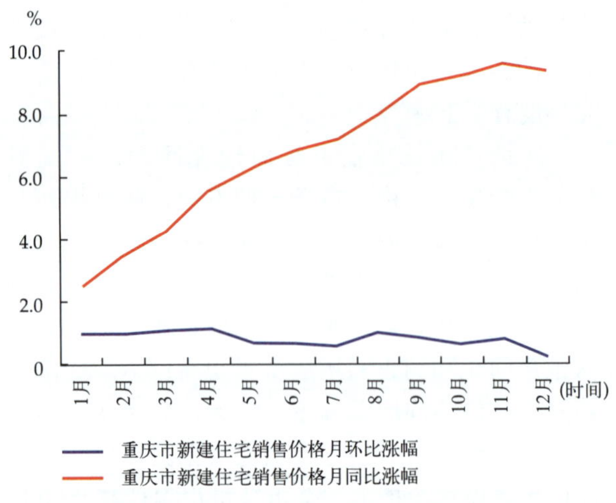

数据来源：重庆市统计局。

图15 2013年重庆市新建住宅销售价格变动趋势

2. 文化产业稳步发展，金融支持更趋多元。2013年，重庆市文化产业市场主体实力显著增强，四大国有文化企业营业收入持续增长，重庆市演艺集团赴多国进行文化交流，市场得到有效拓宽。民营文化企业不断壮大，全年新增文化创意类微企达1.37万户。要素市场建设取得突破，全国首个出版发行在线交易中心在重庆上线运行，西南首家媒体版权服务工作站挂牌营业。文化消费市场保持繁荣，电影消费高速增长，演艺娱乐量增质优，会展经济持续发展。在上述积极因素的推动下，全市文化产业蓬勃发展，增加值达460亿元，同比增长25.7%，对经济增长的贡献进一步提高。

但重庆市文化产业发展仍面临着一些制约因素，一是起步较晚，软硬件基础仍显薄弱，文化创作生产体系仍有待完善。二是文化产业区域积聚和辐射能力相对较弱，产业化进程有待加快。三是智能发展型、高端文化消费需求较弱，消费层次有待提高。

金融业积极对接文化产业需求，服务更趋多元。金融机构加大对骨干企业、重大项目和文化创意类小微企业的信贷支持力度，2013年年末，重庆市文化、教育和娱乐业贷款余额达43.8亿元。文化融资担保公司等担保机构加大业务拓展力度，有效破解文化企业无形资产多，有形资产少，融资抵质押品不足的难题。2013年，重庆市国有文化资产经营管理公司分别通过中期票据和短期融资券融资5.8亿元和2.2亿元，融资渠道有效拓宽。

三、预测与展望

2014年，全球经济仍将处于复苏状态，中国将进入全面深化改革时期，经济仍将处于合理增长区间。重庆市经济有望在继续统筹推进新型工业化、信息化和农业现代化，以及西部大开发、扩大内陆开放、丝绸之路经济带和长江经济带建设等国家政策引领下，保持较快增长。

固定资产投资活力增强。五大功能区错位发展、新型城镇化建设和产业转型升级将促进投资需求平稳释放。简政放权、放宽准入，将有利于释放民间投资潜力，增强投资活力和效益。

居民消费将较快增长。居民增收，社保体系日趋完善以及消费环境提档升级都有利于消费的增长。电子信息、文化娱乐、休闲旅游和健康养老消费将成为新的增长点。

进出口规模持续扩大。笔记本电脑等外向型产业链整合度提升，保税物流、跨境电子商务、离岸金融结算、软件服务外包等新型业态以及转口贸易服务不断发展，将支撑对外贸易持续扩大。但受基数效应影响，增速或有所回落。

物价上行压力依然存在。受生产成本上升、市场需求增大等因素影响，食品、服务和居住等商品价格看涨，资源品价格改革也将对物价形成一定上涨压力，但受美国量化宽松政策逐步退出等因素影响，预计输入型通胀压力有所缓解，总体看物价涨幅将处于相对温和状态。

2014年，重庆市金融业将认真落实稳健货币政策，保持货币信贷和社会融资规模适度增长。进一步盘活存量、用好增量，强化信贷政策与产业政策的协调配合，加大对小微、“三农”和民生的金融支持力度。优化融资结构，推动直接融资发展。发挥银行、证券、保险、信托、小额贷款、基金等各类型金融机构和新型融资组织优势，增强金融服务实体经济的能力。强化宏观审慎管理，加强和改善银行体系流动性管理，维护金融市场稳定。在支持金融创新的同时，加强对理财、票据和同业业务发展潜在风险的监测和防范。加强金融监管协调，防范融资平台和房地产等重点领域风险，守住不发生系统性、区域性金融风险的底线，为地区经济发展创造稳定的金融环境，促使市场主体形成合理和稳定预期，推动经济结构调整和转型升级。

中国人民银行重庆营业管理部货币政策分析小组
总　纂：白鹤祥　王江渝
统　稿：杨育宏　张晓昱　古　旻
执　笔：王　睿　董晓亮　刘松涛　刘　炼　熊　波　易　娟　汪会敏　李高亮　韩　静　蔡　黎
钟　升　段　端　余　翔　卜醉瑶
提供材料的还有：邓翊平　罗　杰　蒲于滨　岑　露

附录

（一）2013年重庆市经济金融大事记

2月，重庆市成为全国首批支付机构跨境电子商务外汇支付业务试点地。

8月，为深入贯彻落实金融“国十条”精神，更好地服务实体经济，中国人民银行重庆营业管理部出台《关于做好经济结构调整和转型升级金融支持工作的指导意见》，力争到“十二五”末，全市产业类、民生类贷款占比明显提高。

8月，重庆两江新区获得中西部唯一的商业保理试点资格。

9月，重庆市委四届三次全会确立建设“五大功能区域”战略，进一步推动统筹城乡区域协调发展。

10月，重庆市发布国内首部地方性对外投资规划。

11月，重庆银行成为首家H股上市的内地城商行。

2013年，重庆银行间市场债务融资突破500亿元，规模实现翻番，并成功注册全国首只公租房建设定向票据。

2013年，围绕服务实体经济，金融业保持健康持续发展态势，占全市生产总值的比重达到8.4%，创历年来新高。

（二）2013年重庆市主要经济金融指标

表1　2013年重庆市主要存贷款指标

		1月	2月	3月	4月	5月	6月	7月	8月	9月	10月	11月	12月
本外币	金融机构各项存款余额（亿元）	19 994.1	20 329.7	21 231.4	21 382.3	21 899.0	22 050.7	21 762.1	22 187.6	22 516.8	22 358.8	22 525.5	22 789.2
	其中：储蓄存款	8 544.8	9 108.9	9 264.4	9 091.9	9 154.8	9 321.8	9 200.4	9 302.1	9 469.8	9 319.5	9 382.7	9 648.4
	单位存款	10 601.8	10 298.0	11 136.2	11 349.3	11 720.3	11 883.7	11 587.2	11 898.9	12 019.1	11 884.8	12 010.5	12 247.1
	各项存款余额比上月增加（亿元）	561.5	335.6	901.7	150.9	516.7	151.7	-288.6	425.5	329.2	-158.0	166.7	263.7
	金融机构各项存款同比增长（%）	24.4	24.1	25.6	25.8	25.2	21.7	20.4	21.8	20.9	20.0	18.8	17.3
	金融机构各项贷款余额（亿元）	16 052.8	16 263.1	16 614.8	16 940.1	17 115.3	17 295.9	17 358.3	17 576.0	17 630.0	17 693.4	17 802.6	18 005.7
	其中：短期	4 298.7	4 338.7	4 551.5	4 650.8	4 742.8	4 875.2	4 877.6	4 967.1	5 029.2	5 019.5	5 087.3	5 153.1
	中长期	11 148.6	11 271.0	11 394.3	11 504.3	11 622.1	11 705.5	11 808.4	11 924.8	11 948.6	12 022.0	12 077.3	12 183.9
	票据融资	359.7	393.4	397.7	475.4	475.6	416.8	364.9	370.6	331.2	312.3	295.5	326.1
	各项贷款余额比上月增加（亿元）	430.4	210.3	351.7	325.3	175.2	180.6	62.4	217.8	53.9	63.4	109.2	203.1
	其中：短期	241.8	40.0	212.9	99.2	92.1	132.4	2.4	89.5	62.2	-9.7	67.8	65.8
	中长期	171.7	122.4	123.3	110.0	117.8	83.5	102.8	116.5	23.8	73.4	55.3	106.5
	票据融资	10.8	33.7	4.3	77.7	-17.8	-40.8	-51.8	5.7	-39.4	-18.9	-16.8	30.5
	金融机构各项贷款同比增长（%）	20.1	19.5	19.4	19.8	19.3	19.1	18.4	18.0	15.8	15.0	14.8	15.5
	其中：短期	59.7	55.3	55.7	57.0	57.1	54.0	50.9	47.9	40.2	35.1	31.6	27.9
	中长期	9.7	10.0	10.1	10.6	10.9	11.0	11.4	11.7	10.4	10.2	9.9	11.0
	票据融资	7.4	12.6	-3.6	-13.0	-25.2	-26.4	-36.9	-38.5	-36.7	-34.6	-25.2	-6.5
	建筑业贷款余额（亿元）	1 014.4	1 026.1	1 043.5	1 054.4	1 038.0	1 038.9	1 029.4	1 046.6	1 056.3	1 067.9	1 073.5	1 094.8
	房地产业贷款余额（亿元）	1 339.6	1 358.2	1 348.2	1 331.0	1 311.1	1 303.6	1 311.4	1 324.5	1 349.2	1 366.4	1 366.1	1 385.0
	建筑业贷款同比增长（%）	22.1	22.5	24.1	25.2	22.3	17.9	11.1	9.3	6.9	6.9	5.7	5.9
	房地产业贷款同比增长（%）	17.6	17.2	15.7	13.5	8.6	3.9	5.3	5.2	6.0	5.5	3.9	5.7
人民币	金融机构各项存款余额（亿元）	19 529.4	19 855.3	20 664.9	20 813.8	21 315.0	21 442.2	21 135.8	21 533.1	21 862.6	21 719.7	21 882.0	22 202.1
	其中：储蓄存款	8 522.0	9 084.5	9 239.5	9 066.9	9 129.0	9 296.1	9 174.2	9 276.0	9 444.3	9 294.2	9 357.2	9 622.3
	单位存款	10 170.4	9 859.4	10 604.2	10 814.7	11 170.6	11 309.6	11 000.3	11 278.7	11 398.4	11 281.5	11 404.5	11 697.5
	各项存款余额比上月增加（亿元）	586.2	325.8	809.6	148.9	501.2	127.2	-306.4	397.3	329.5	-142.9	162.2	320.1
	其中：储蓄存款	166.7	562.5	155.0	-172.6	62.1	167.1	-121.9	101.9	168.2	-150.1	63.0	265.1
	单位存款	313.1	-310.9	744.8	210.5	355.9	139.0	-309.3	278.5	119.6	-116.9	123.1	293.0
	各项存款同比增长（%）	23.3	23.6	25.5	26.7	26.0	22.0	20.1	21.2	20.1	19.1	17.9	17.3
	其中：储蓄存款	13.9	21.4	21.6	20.6	19.6	17.5	17.0	17.2	16.6	15.6	15.4	15.1
	单位存款	33.5	26.4	30.9	33.1	32.3	27.5	24.0	25.9	22.7	21.3	20.2	18.7
	金融机构各项贷款余额（亿元）	15 437.7	15 642.3	15 865.9	16 141.8	16 285.4	16 499.3	16 629.8	16 845.9	16 965.0	17 076.4	17 174.8	17 381.6
	其中：个人消费贷款	3 309.8	3 340.6	3 408.3	3 499.3	3 599.6	3 667.6	3 757.8	3 815.0	3 857.2	3 905.3	3 967.1	4 035.1
	票据融资	359.7	393.4	397.7	475.4	457.6	416.8	364.9	370.6	331.2	312.3	295.5	326.1
	各项贷款余额比上月增加（亿元）	278.4	204.6	223.6	275.8	143.6	214.0	130.5	216.0	119.1	111.4	98.4	206.8
	其中：个人消费贷款	74.1	30.8	67.7	91.0	100.3	68.0	90.2	57.3	42.1	48.1	61.8	68.0
	票据融资	10.8	33.7	4.3	77.7	-17.8	-40.8	-51.8	5.7	-39.4	-18.9	-16.8	30.5
	金融机构各项贷款同比增长（%）	17.1	16.6	15.9	16.2	15.5	15.3	15.2	15.0	14.1	14.0	14.2	14.9
	其中：个人消费贷款	18.3	19.1	19.8	22.0	23.9	24.3	25.8	26.0	25.3	25.2	25.2	25.8
	票据融资	7.4	12.6	-3.6	-13.0	-25.2	-26.4	-36.9	-38.5	-36.7	-34.6	-25.2	-6.5
外币	金融机构外币存款余额（亿美元）	74.0	75.6	90.4	91.4	94.5	98.5	101.4	106.1	106.4	104.0	104.9	96.3
	金融机构外币存款同比增长（%）	94.5	49.5	29.9	0.9	5.0	13.4	35.5	49.3	59.9	72.0	70.4	23.8
	金融机构外币贷款余额（亿美元）	98.0	98.9	119.5	128.3	134.3	128.9	117.9	118.3	108.2	100.4	102.4	102.4
	金融机构外币贷款同比增长（%）	237.8	224.2	241.4	218.4	254.6	278.5	232.8	199.5	90.4	54.0	37.6	39.0

数据来源：中国人民银行重庆营业管理部。

表2　2001～2013年重庆市各类价格指数

单位：%

年/月	居民消费价格指数		农业生产资料价格指数		工业生产者购进价格指数		工业生产者出厂价格指数	
	当月同比	累计同比	当月同比	累计同比	当月同比	累计同比	当月同比	累计同比
2001	—	1.7	—	—	—	—	—	-1.9
2002	—	-0.4	—	—	—	-0.9	—	-2.4
2003	—	0.6	—	—	—	4.9	—	0.6
2004	—	3.7	—	—	—	12.9	—	3.9
2005	—	0.8	—	—	—	8.2	—	3.0
2006	—	2.4	—	—	—	4.8	—	2.2
2007	—	4.7	—	—	—	6.2	—	3.5
2008	—	5.6	—	—	—	12.2	—	5.8
2009	—	-1.6	—	—	—	-5.0	—	-4.5
2010	—	3.2	—	—	—	6.9	—	3.1
2011	—	5.3	—	—	—	5.7	—	3.8
2012	—	2.6	—	—	—	-0.5	—	-0.1
2013	—	2.7	—	—	—	-2.4	—	-2.0
2012　1	5.0	5.0	—	—	2.2	2.2	2.0	2.0
2	3.6	4.3	—	—	1.6	1.9	1.6	1.8
3	3.6	4.1	—	—	0.9	1.6	1.3	1.6
4	3.8	4.0	—	—	0.4	1.3	0.9	1.5
5	3.3	3.9	—	—	-0.1	1.0	0.3	1.2
6	2.2	3.6	—	—	-0.5	0.8	0.0	1.0
7	1.6	3.3	—	—	-1.1	0.5	-0.4	0.8
8	1.3	3.0	—	—	-1.7	0.2	-1.0	0.6
9	1.5	2.9	—	—	-2.2	-0.1	-1.5	0.3
10	1.6	2.7	—	—	-2.2	-0.3	-1.6	0.1
11	1.6	2.6	—	—	-1.9	-0.4	-1.4	0.0
12	2.0	2.6	—	—	-1.7	-0.5	-1.4	-0.1
2013　1	2.0	2.0	—	—	-1.7	-1.7	-1.3	-1.3
2	3.4	2.7	—	—	-1.7	-1.7	-1.3	-1.3
3	2.6	2.7	—	—	-1.8	-1.8	-1.5	-1.4
4	2.5	2.6	—	—	-2.0	-1.8	-1.7	-1.4
5	2.1	2.5	—	—	-2.1	-1.9	-1.7	-1.5
6	2.5	2.5	—	—	-3.3	-2.1	-2.9	-1.7
7	3.3	2.6	—	—	-3.3	-2.3	-3.0	-1.9
8	3.2	2.7	—	—	-2.9	-2.4	-2.7	-2.0
9	3.1	2.8	—	—	-2.6	-2.4	-2.3	-2.0
10	2.5	2.7	—	—	-2.4	-2.4	-2.1	-2.0
11	2.5	2.7	—	—	-2.3	-2.4	-2.0	-2.0
12	2.0	2.7	—	—	-2.2	-2.4	-2.0	-2.0

数据来源：重庆市统计局。

表3　2013年重庆市主要经济指标

	1月	2月	3月	4月	5月	6月	7月	8月	9月	10月	11月	12月
绝对值（自年初累计）												
地区生产总值（亿元）	—	—	2 725.9	—	—	5 840.5	—	—	8 637.1	—	—	12 656.7
第一产业	—	—	114.6	—	—	293.5	—	—	672.7	—	—	1 002.7
第二产业	—	—	1 567.6	—	—	3 185.0	—	—	4 597.7	—	—	6 397.9
第三产业	—	—	1 043.7	—	—	2 362.1	—	—	3 366.8	—	—	5 256.1
工业增加值（亿元）	—	—	—	—	—	—	—	—	—	—	—	—
固定资产投资（亿元）	—	791.9	1 562.2	2 246.2	3 071.2	3 940.3	4 781.2	5 893.9	6 978.7	8 029.5	9 203.5	10 285.3
房地产开发投资	—	298.3	547.3	747.2	988.6	1 272.3	1 500.4	1 774.4	2 112.2	2 329.9	2 645.1	3 012.8
社会消费品零售总额（亿元）	—	775.7	1 101.7	1 435.7	1 819.0	2 190.4	2 541.8	2 899.9	3 279.0	3 680.6	4 085.8	4 511.8
外贸进出口总额（万美元）	—	75.5	115.1	164.5	225.5	301.6	364.6	412.1	474.2	545.8	611.2	687.0
进口	—	21.7	35.6	55.1	73.4	91.9	112.4	129.1	152.1	171.9	195.4	219.1
出口	—	53.8	79.5	109.4	152.1	209.7	252.3	283.0	322.1	373.9	415.9	468.0
进出口差额(出口－进口)	—	32.1	43.9	54.3	78.7	117.8	139.9	153.9	170.0	202.0	220.5	248.9
外商实际直接投资（亿美元）	—	11.0	21.0	25.4	31.5	42.1	44.5	14.5	16.2	17.3	34.6	41.4
地方财政收支差额（亿元）	—	-13.8	-128.9	-144.5	-206.1	-362.4	-586.8	-778.8	-893.2	-910.6	-1 068.6	-1 367.0
地方财政收入	—	259.1	372.9	540.6	690.9	856.5	1 015.7	1 129.9	1 239.0	1 385.9	1 515.2	1 692.9
地方财政支出	—	272.9	501.8	685.1	897.0	1 218.9	1 602.5	1 908.7	2 132.2	2 296.5	2 583.8	3 059.9
城镇登记失业率(%)(季度)	—	—	3.0	—	—	3.0	—	—	3.0	—	—	3.4
同比累计增长率（%）												
地区生产总值	—	—	12.5	—	—	12.4	—	—	12.4	—	—	12.3
第一产业	—	—	4.2	—	—	3.5	—	—	3.8	—	—	4.7
第二产业	—	—	13.7	—	—	13.6	—	—	13.4	—	—	13.4
第三产业	—	—	11.0	—	—	11.6	—	—	12.2	—	—	12.0
工业增加值	—	13.0	13.4	13.6	13.7	13.8	13.9	13.6	13.5	13.6	13.6	13.6
固定资产投资	—	12.9	20.9	20.1	21.2	21.3	21.2	20.7	20.7	20.5	20.2	19.5
房地产开发投资	—	20.5	25.3	27.9	26.2	27.7	23.1	22.0	20.6	19.5	20.1	20.1
社会消费品零售总额	—	13.2	13.3	13.3	13.3	13.5	13.4	13.4	13.5	13.5	13.7	14.0
外贸进出口总额	—	40.9	28.1	21.8	14.8	20.4	20.6	16.9	17.5	20.5	24.6	29.1
进口	—	15.3	13.2	31.0	28.0	33.4	40.6	38.5	38.5	42.4	47.0	49.7
出口	—	54.8	36.2	17.6	9.3	15.5	13.4	9.1	9.7	12.5	16.2	21.3
外商实际直接投资	—	7.3	20.6	20.0	20.1	20.0	10.6	16.6	7.1	3.8	98.4	34.3
地方财政收入	—	17.3	13.9	13.0	11.5	14.1	14.2	14.2	14.3	14.3	14.9	15.5
地方财政支出	—	26.9	21.0	14.6	10.6	13.8	14.5	15.0	13.7	11.5	7.7	12.6

数据来源：重庆市统计局。

2013年四川省金融运行报告

中国人民银行成都分行货币政策分析小组

[内容摘要] 2013年，在全球经济缓慢复苏、国内经济下行压力较大的宏观环境下，四川省努力克服"4·20"芦山强烈地震和特大洪灾等极端自然灾害的影响，全省经济保持平稳较快增长。工业平稳增长，投资规模继续扩大，社会消费品零售总额稳步回升，进出口小幅增长，物价总体保持平稳。

2013年，四川省金融业保持平稳较快发展。银行业存款增速有所回落，贷款合理适度增长，信贷结构不断优化，利率水平整体平稳，跨境人民币业务不断拓展。证券业和保险业健康发展，整体质量进一步提高。

2014年，在世界经济有望延续缓慢复苏态势和国内经济进入提质增效升级的背景下，中央全面深化改革、实施内陆沿边开放战略，支持跨区域、次区域发展，推进新型城镇化等措施为四川省提供了较多有利条件。在四川省深入实施多点多极支持发展战略、"两化①"互动、统筹城乡发展战略、创新驱动发展战略以及加快推进经济提质增效升级等有力因素促进下，四川省经济有望继续保持平稳增长态势。但区域性、结构性矛盾仍较突出，资源环境约束进一步增强，经济发展基础尚需巩固，部分领域潜在金融风险需要高度关注。四川省金融机构将继续贯彻落实稳健的货币政策，支持实体经济持续健康发展。

一、金融运行情况

2013年，四川省金融机构继续实施稳健的货币政策，金融运行整体平稳，金融支持经济能力进一步增强。

（一）银行业资产规模持续扩大，信贷结构进一步优化

1. 资产负债规模持续增长，组织体系更加健全。年末，四川省银行业机构资产总额为6.22万亿元，同比增长18.51%。银行业资产质量继续改善，不良贷款余额为465亿元，同比减少1.6亿元，不良贷款率为1.53%，同比下降0.25个百分点。银行业法人机构212家，其中农村中小法人金融机构192家，非银行法人金融机构7家。全年新设财务公司1家。银行业机构网点13 431个，同比增加209个。信托、财务公司资产总额为383.17亿元，同比增长28.09%。外资银行分支机构26家，资产总额为334.08亿元，同比增长5.85%。农村新型

表1　2013年四川省银行业金融机构情况

机构类别	营业网点			法人机构（个）
	机构个数（个）	从业人数（人）	资产总额（亿元）	
一、大型商业银行	3 331	93 707	24 193	0
二、国家开发银行和政策性银行	113	3 913	4 500	0
三、股份制商业银行	221	9 877	8 325	0
四、城市商业银行	640	15 543	9 614	13
五、城市信用社	0	0	0	0
六、小型农村金融机构	5 805	66 515	11 010	144
七、财务公司	5	143	288	4
八、信托公司	2	562	96	2
九、邮政储蓄银行	3 130	23 519	3 392	0
十、外资银行	26	954	334	0
十一、新型农村金融机构	153	2 450	408	48
十二、其他	5	630	70	1
合　计	13 431	217813	62 228	212

注：1. 营业网点不包括总部。
2. 小型农村金融机构含农村商业银行、农村合作银行、农村信用社。
3. 新型农村金融机构包括村镇银行、贷款公司和农村资金互助社三类机构。
4. "其他"包含金融租赁公司、汽车金融公司、货币经纪公司、消费金融公司等。

数据来源：四川银监局。

①新型工业化、新型城镇化。

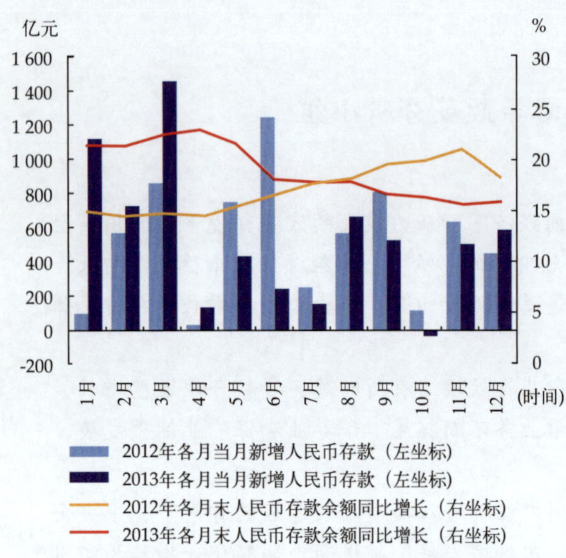

数据来源：中国人民银行成都分行。

图1 2012～2013年四川省金融机构人民币存款增长变化

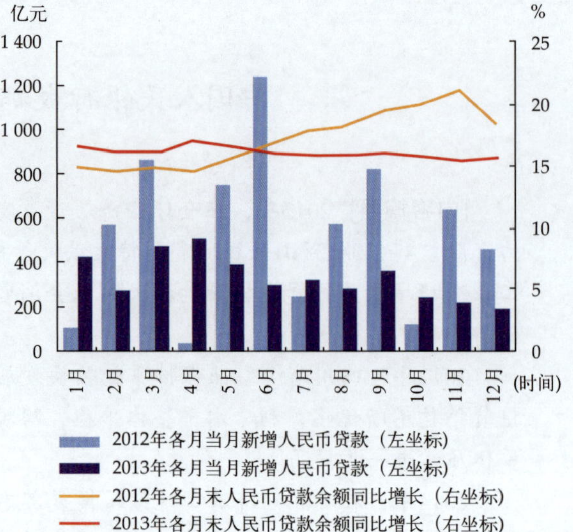

数据来源：中国人民银行成都分行。

图2 2012～2013年四川省金融机构人民币贷款增长变化

金融机构快速成长，存贷款规模增速较快（见表1）。

2. 存款增速放缓，存款分流较为明显。年末，四川省金融机构本外币各项存款余额为4.81万亿元，比年初增加6 534亿元，同比少增73亿元；余额同比增长15.7%，增速同比下降3.2个百分点。从走势看，存款在4月达到23.3%的峰值后，增速持续下降（见图1）。调查显示，目前金融机构普遍通过积极营销理财产品留存客户资金，将一部分存款转化为理财产品资金，对储蓄存款形成替代效应，同时余额宝等互联网金融的快速发展，对个人储蓄存款也产生一定分流效应，造成储蓄存款增速下降。年末，四川省储蓄存款余额比年初增加3 170亿元，同比少增127亿元。

3. 贷款平稳适度增长，结构进一步优化。年末，四川省金融机构本外币各项贷款余额为3.03万亿元，较年初增加4 104亿元，同比多增452亿元；余额同比增长15.8%，连续21个月在15.5%～17.5%区间窄幅波动，呈现平稳适度增长态势（见图2）。500项重点项目本外币贷款余额为3 526亿元，较年初增加967亿元；新能源、新材料等497户重点战略性新兴产业项目本外币贷款余额为492亿元，较年初增加70亿元。小微企业本外币贷款余额同比增长18.2%，高于各项贷款增速2.4个百分点；涉农贷款余额同比增长19.5%，高于各项贷款增速3.7个百分点；四川省以秦巴山和乌蒙山为代表的集中连片特困地区67个县各项贷款余额同比增长18.8%，高于各项贷款增速3个百分点。

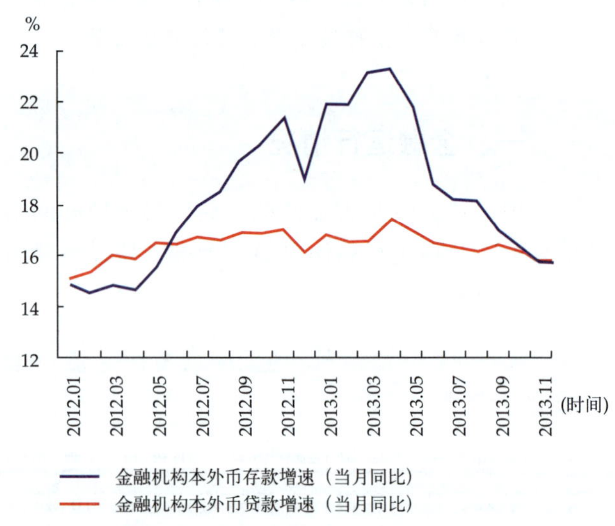

数据来源：中国人民银行成都分行。

图3 2012～2013年四川省金融机构本外币存、贷款增速变化

4. 表外业务呈现较快发展态势。2013年，四川省金融机构表外融资较年初增加1 812亿元，同比多增765亿元。从结构看，票据业务和信托贷款增速放缓，委托贷款大幅增加。由于票据签发监管政策趋严，票据签发量大幅下降。年末，银行承兑汇票余额为3 373.71亿元，同比减少254亿元。受6月银行间市场波动影响，下半年信托业务增速放缓。委托贷款作为银行中间业务，能增强银行盈利能力、拓展资金富裕者投资渠道、缓解资金需求者融资压力，发展较迅速。年末，委托贷款余额为3 855.07亿元，同比增加1 449亿元。

5. 利率定价更加合理，净息差缩小。金融机构以上海银行间同业拆借利率（Shibor）为基准的金融产品开发与创新不断取得进展，利率定价能力进一步提高。金融机构实际贷款利率小幅波动，全年人民币贷款加权平均利率7.97%，同比下降0.17个百分点。执行上浮利率的贷款占比同比提高3.13个百分点（见表2）。地方法人金融机构活期存款和整存整取定期存款利率全部上浮1.1倍，贷款利率上浮幅度不及存款利率，地方法人金融机构净息差降低。2013年，受境内外汇资金供求变化和国际金融市场利率波动的影响，3个月以内

表2　2013年四川省金融机构人民币贷款各利率区间占比

单位：%

月份		1月	2月	3月	4月	5月	6月
合计		100.0	100.0	100.0	100.0	100.0	100.0
下浮		5.61	7.25	6.87	12.58	6.37	4.98
基准		20.81	18.26	17.45	18.83	19.27	16.49
上浮	小计	73.6	74.5	75.7	68.6	74.4	78.5
	(1.0，1.1]	15.78	14.54	14.04	12.46	14.49	14.91
	(1.1，1.3]	28.62	28	29.25	28.58	31.33	30.38
	(1.3，1.5]	9.82	9.78	10.2	9.17	10.49	10.19
	(1.5，2.0]	15.01	17.6	18.4	15.07	14.13	18.87
	2.0以上	4.35	4.57	3.79	3.31	3.92	4.18
月份		7月	8月	9月	10月	11月	12月
合计		100.0	100.0	100.0	100.0	100.0	100.0
下浮		4.64	5.69	5.92	5.58	5.6	4.78
基准		16.98	15.58	17.89	17.13	16.21	15.74
上浮	小计	78.4	78.7	76.2	77.3	78.2	79.5
	(1.0，1.1]	14.41	15.2	13.57	15.77	17.5	15.15
	(1.1，1.3]	31.7	28.37	26.37	24.61	25.6	27.38
	(1.3，1.5]	11.3	12.45	13.01	12.53	14.34	15.74
	(1.5，2.0]	16.26	17.96	18.7	19.39	16.14	16.75
	2.0以上	4.71	4.75	4.54	4.99	4.61	4.45

数据来源：中国人民银行成都分行。

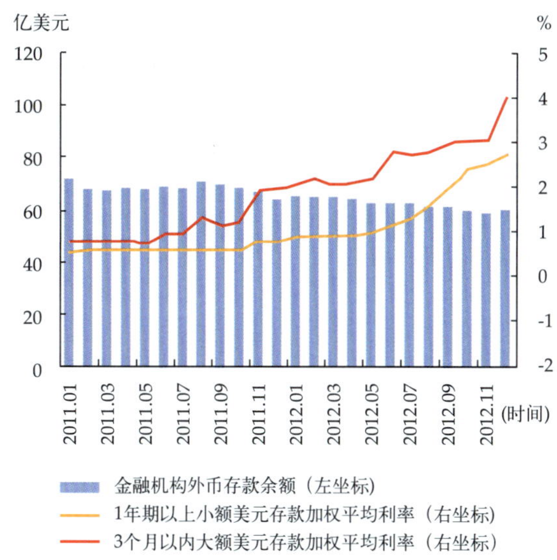

数据来源：中国人民银行成都分行。

图4　2011～2013年四川省金融机构外币存款余额及外币存款利率

大额美元存款利率和1年期美元贷款利率同比分别下降43个和70个基点（见图4）。

6. 银行业改革发展稳步推进。国家开发银行四川省分行、中国农业发展银行四川省分行和中国进出口银行成都分行改革继续深化，发展方向和战略定位逐步清晰，治理结构进一步健全。中国农业银行四川省分行“三农金融事业部”改革深入推进，改革成效逐步显现。四川省政府出台《关于推进城市商业银行改革与发展的意见》，从壮大资本实力、提高核心竞争力、提升治理水平和风险控制能力等方面提出推进城市商业银行改革发展的意见。新型农村金融机构公司治理不断改进，盈利能力和竞争力明显提高。

7. 跨境人民币业务加速发展。年末，四川省跨境人民币累计结算1 170.82亿元，首次突破千亿元大关。2013年，四川省40家金融机构办理跨境人民币结算业务710.96亿元，同比增长1.3倍。其中，经常项下和资本项下分别结算367.7亿元和343.26亿元，同比分别增长1.38倍和1.24倍。跨境人民币结算额占全省国际收支的比例达12.7%，人民币成为四川省对外经济交往中仅次于美元的第二大货币。年末，跨境人民币业务实现省内21个市州全覆盖，共涉及1 241户企业、93个境外国家（地区），同比分别增加494户企业和22个境外国家（地区）。

专栏1 四川省新兴金融业态发展较快

近年来，四川省网络信贷、第三方支付、财富管理、股权投资基金和非银行金融机构等新兴金融业态发展较快，改进了传统金融中介功能，提高了金融服务实体经济效率。

（一）网络信贷处于发展初期阶段。据不完全统计，年末，在成都市工商局注册并取得工信部ICP备案号的网贷平台近20家，累计借款额度超4亿元，网络信贷初具规模。其中，易贷网等网贷平台已在全国具有一定名气。

（二）第三方支付西部领先。年末，四川省共5家企业法人取得支付牌照，居西部第1位，另24家全国性第三方支付机构分公司开展业务。2013年，四川省预付卡发行量217.3万笔，发行金额达18.3亿元，同比增长156.3%；银行卡收单办理5 414.9万笔，金额1 754.3亿元，同比增长156.4%；法人机构网络支付（包括互联网支付、移动电话支付）17.2万笔、交易金额9 404万元，同比增长77%。

（三）财富管理发展迅速。一是银行类财富管理发展迅速，年末，四川省人民币银行理财产品资金余额2 141.4亿元，同比增长41.6%。二是信托类财富管理规模持续扩大，信托产品余额4 158.9亿元，同比增长52.5%。三是保险类财富管理发展平稳，原保险保费收入914.7亿元，保险密度1 134.4元/人，保险深度3.5%。四是两家开展资管业务的法人券商资产管理业务收入成倍增长，实现飞跃式发展。五是私募及第三方理财类财富管理发展良好，具有较明显的地域优势。全国组织机构代码共享平台数据显示，年末，四川省投资管理类、投资咨询类及理财类公司数量超过13 000家。

（四）股权投资基金初具规模。一是以成都为核心的西部股权投资基金产业基地初具雏形。据不完全统计，截至年末，成都市有各类投资基金230余家，管理资金规模约350亿元。二是产业投资基金发展西部领先。四川省有绵阳科技城产业投资基金和四川产业振兴发展投资基金2只获国家批准的产业投资基金，此外，正在筹建规模为数亿元的四川省物流产业投资基金。三是初步具备有利于股权投资基金发展的良好配套服务和发展环境。注册资本2.5亿元的成都股权投资服务中心是西部服务功能最齐全的综合金融服务平台，投融资信息交流平台盈创动力已发展成为西部最大的科技金融服务中心，与深交所合作设立的西部“路演中心”是西部首家企业路演中心。

（五）非银行金融机构发展多元化。信托方面，2家信托公司注册资本共33亿元，资本实力不断增强，信托资产规模快速扩张，盈利水平显著提升。4家财务公司平稳发展，年末资产余额共计256.8亿元，各项贷款余额达121.8亿元，同比增长17.7%。作为中西部首家消费金融公司的四川锦程消费金融公司各项贷款较快增长。

（二）证券期货业稳健发展，融资规模稳中有降

2013年，四川省证券期货业金融机构总体经营稳健，业务创新积极推进，市场交易回升，融资规模稳中有降。

1. 证券业总体稳健发展。年末，四川省共有证券分公司14家，营业部240家，期货营业部34家，基金公司分公司12家，证券投资咨询公司3家。其中，法人证券公司4家，法人期货公司3家。年末，四川省法人证券公司资产总额为368.98亿元，负债总额为206.41亿元，利润总额为14.2亿元，净利润总额为10.85亿元；法人期货公司资产总额为44.1亿元，负债总额为37.39亿元，利润总额为0.62亿元，净利润总额为0.49亿元。

2. 市场交易回升，融资规模稳中有降。年末，四川省共有上市公司103家，其中，A股上市公司90家，总股本674.07亿股，总市值5 579.02亿元；H股上市公司15家（含2家A+H股公司）。2013年，四川省A股上市公司再融资额为122.72亿元，同比下降50.40%（见表3）。股票投资者开户

表3　2013年四川省证券业基本情况

项目	数量
总部设在辖内的证券公司数（家）	4
总部设在辖内的基金公司数（家）	0
总部设在辖内的期货公司数（家）	3
年末国内上市公司数（家）	90
当年国内股票（A股）筹资（亿元）	123
当年发行H股筹资（亿元）	0
当年国内债券筹资（亿元）	771
其中：短期融资券筹资额（亿元）	273
中期票据筹资额（亿元）	155

数据来源：四川证监局。

数为765.62万户，同比增长2.4%；证券市场交易额为3.99万亿元，同比增长66.25%。

（三）保险业稳步发展，扶弱效应显著

2013年，四川省保险业稳步发展，市场主体多元化，保费收入平稳增长，赔付与给付支出持续增长，服务地方经济社会发展作用进一步增强。

1. 保险市场主体多元化特征明显。年末，四川省共有法人保险公司3家，保险公司分支机构72家。按业务性质分，产险公司31家，寿险公司36家，养老险公司3家，健康险公司2家。按资本国别分，中资公司57家，外资公司15家。

2. 保费规模稳步增长。2013年，四川省共实现原保险保费收入914.68亿元，同比增长11.61%。赔付支出314.62亿元，同比增长35.09%。保险密度1 134.4元/人，同比增长11.80%。保险深度3.48%，同比增长0.04个百分点（见表4）。

表4　2013年四川省保险业基本情况

项目	数量
总部设在辖内的保险公司数（家）	3
其中：财产险经营主体（家）	2
人身险经营主体（家）	1
保险公司分支机构（家）	72
其中：财产险公司分支机构（家）	31
人身险公司分支机构（家）	41
保费收入（中外资，亿元）	914.68
其中：财产险保费收入（中外资，亿元）	315.12
人身险保费收入（中外资，亿元）	599.56
各类赔款给付（中外资，亿元）	314.62
保险密度（元/人）	1 134.40
保险深度（%）	3.48

数据来源：四川保监局。

3. 保险扶弱效应显著。2013年，四川省农业险共实现保费收入27.35亿元，同比增长17.99%。受益农户254.36万户次，同比增长2.97%，为农业生产、农民增收和农村稳定提供了有力保障。2013年，有49家保险公司接到有效报案8 915件，结案8 841件，结案率达99.17%，赔付保险金4 528万元。

（四）金融市场运行平稳，融资结构持续优化

2013年，四川省金融市场运行平稳，直接债务融资发展环境不断优化，发展基础进一步夯实，债券融资在直接融资中的占比不断提升，有效地发挥了促进经济结构调整和转型升级的作用。

1. 社会融资规模总体常态增长。2013年，四川省社会融资规模为7 138.5亿元，同比增加537亿元，总体保持常态增长态势。其中，本外币贷款、表外间接融资、直接融资规模分别占57.8%、26.2%和16.0%（见图5），占比同比分别上升2.4个、下降1.3个和下降2.9个百分点。

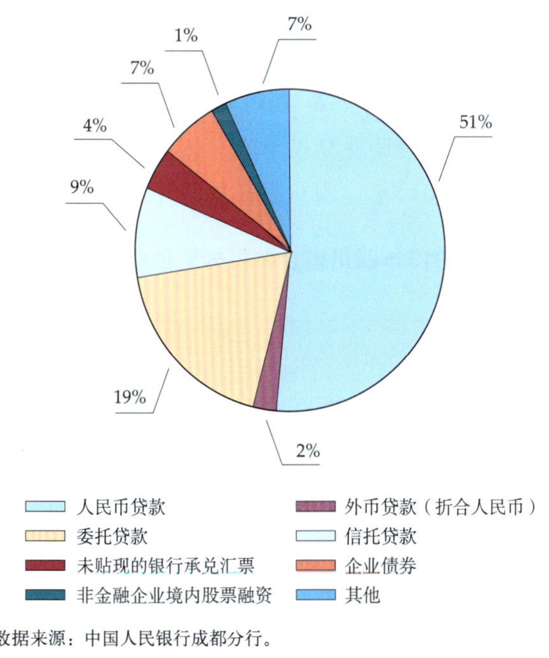

数据来源：中国人民银行成都分行。

图5　2013年四川省社会融资规模分布

2. 货币市场总体运行平稳。2013年，四川省货币市场交易量达175 437.42亿元，同比增长23%。其中，银行间同业拆借与债券市场累计成交135 909.20亿元，同比增长15.93%；成交量占全国银行间交易总量的5.77%，同比上升1.32个百分点。从融资结构看，城市商业银行和农村信用社成交量占四川省银行间交易总量的83.89%。从资金流向看，净融入资金9 979.57亿元，融入方式以质押式正回购和现券卖出为主。从各子市场看，同业拆借市场成交3 201.71亿元，同比增长36.65%；质押式回购市场成交94 964.72亿元，同比增长35.74%；现券市场成交31 506.32亿元，同比下降22.97%。银行间市场各品种利率水平和Shibor趋于一致，质押式回购加权平均利率为3.64%，同比上升76.4个基点；同业拆借加权平均利率为3.95%，同比上升56.2个基点。

3. 票据承兑业务减少，贴现业务持续增长。2013年，四川省金融机构累计签发银行承兑汇票7 049.22亿元，同比下降1.5%。企业累计签发商业承兑汇票78亿元，同比下降50.6%。累计办理银行承兑汇票贴现8 128.86亿元，同比增长22.5%。累计办理商业承兑汇票贴现1 102.24亿元，同比增长7.6%（见表5）。受货币市场利率波动和票据市场供求变化等因素影响，贴现、转贴现利率总体呈上升趋势。年末，票据贴现加权平均利率为6.87%，较年初上升167个基点；转贴现加权平均利率为5.85%，较年初上升129个基点（见表6）。

4. 外汇市场交易量下降，黄金市场交易量快速增长。2013年，四川省银行间外汇市场累计成交14.09亿美元，同比增长70.03%。金融机构黄金交易量累计96 704.4千克，同比增长50.63%。其中，实物黄金交易量为12 408.85千克，同比增长114.1%；账户金交易量为37 651.76千克，同比增长73.19%；商业银行代理上海黄金交易所的黄金交易量为21 343.54千克，同比增长3.84倍。

表5　2013年四川省金融机构票据业务量统计

单位：亿元

季度	银行承兑汇票承兑		贴现			
			银行承兑汇票		商业承兑汇票	
	余额	累计发生额	余额	累计发生额	余额	累计发生额
1	3 497.45	1 681.62	519.34	1 573.41	41.60	208.08
2	3 371.08	3 497.12	506.45	3 961.36	35.72	511.31
3	3 378.55	5 292.63	463.41	6 272.96	33.76	812.99
4	3 326.94	7 049.22	369.54	8 128.86	30.67	1 102.24

数据来源：中国人民银行成都分行。

表6　2013年四川省金融机构票据贴现、转贴现利率

单位：%

季度	贴现		转贴现	
	银行承兑汇票	商业承兑汇票	票据买断	票据回购
1	5.13	6.15	4.69	4.17
2	5.08	6.44	4.56	4.12
3	6.57	7.37	4.95	5.14
4	6.73	7.81	5.58	6.06

数据来源：中国人民银行成都分行。

5. 民间融资总规模减小，风险趋于上升。根据调查样本测算，年末，四川省民间融资余额同比下降21.8%。2013年，民间融资加权平均利率同比上升5.5个百分点，民间借贷市场违约风险指数为63.5%，同比上升1.7个百分点。调查显示，部分民间投融资理财中介机构的资金投向房地产和产能过剩行业，易受国家政策调控和经济周期影响，一旦资金链断裂，潜在金融风险不容忽视。

（五）金融生态环境建设进一步推进

2013年，中国人民银行成都分行起草了《四川省县域金融生态环境评价管理办法》。建立了“企业诚信与银行授信挂钩联动信息共享及转接系统”、试验区小微企业信用信息数据库和服务网，完善了金融培育与货币信贷、财政产业政策“三联动”机制和省、市、县、乡、村五级组织领导机制。在南充、阿坝高校开设了《征信理论与实务》选修课程。2013年，为34个县的72万户农户、633户龙头企业和7 557户专业合作社建立信用档案，提前3个月在具备条件的农村实现迅通工程建设“四有”①目标。年末，四川省农村地区银行网点的电子通汇率达98.95%，助农取款点乡镇覆盖率达98.8%，行政村覆盖率达96.8%。中国农

① “四有”是指在通电、通通讯的农村地区全面实现户户有银行卡、村村有POS、镇镇有ATM、县县有刷卡无障碍示范街的目标。

业银行和中国邮政储蓄银行研发的新型手机支付工具在凉山、雅安、巴中试点。第三方支付市场交易活跃，服务主体不断壮大。非现金支付工具交易量稳步上升。

二、经济运行情况

2013年，在全球经济复苏缓慢、国内经济下行压力较大的宏观环境下，四川努力克服“4·20”芦山强烈地震和特大洪灾等极端自然灾害影响，经济保持平稳较快增长，工业平稳增长，投资规模继续扩大，社会消费品零售总额稳步回升，进出口小幅增长，物价总体保持平稳。2013年，实现地区生产总值26 260.77亿元，按可比价格计算同比增长10%，增速同比回落2.6个百分点（见图6）。

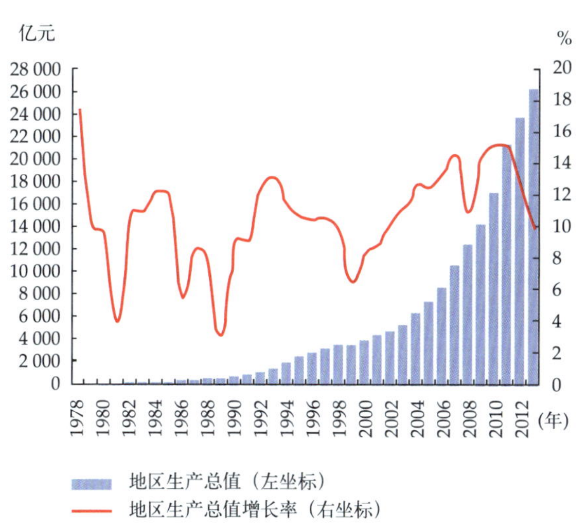

数据来源：四川省统计局。

图6 1978~2013年四川省地区生产总值及其增长率

（一）社会总需求继续扩张，投资拉动经济增长特征明显

在国家稳增长政策推动下，四川省全社会投资、消费和进出口均稳步增长，带动社会总需求增加，投资仍是拉动经济增长的“主引擎”。

1. 投资规模继续扩大。2013年，四川省全社会固定资产投资完成21 049.2亿元，同比增长16.7%，其中，固定资产投资（不含农户）完成19 754.4亿元，同比增长9.5%（见图7）。投资对经济增长的贡献率继续保持在50%以上。一是新开工项目增长较快。新开工项目19 015个，同比增加649个；新开工项目计划总投资1.6万亿元，同比增长14.2%。二是民间投资支撑作用较强。民间投资完成11 507亿元，同比增长19.3%。三是房地产投资总体平稳。房地产开发投资完成3 853亿元，同比增长18%；商品房施工面积为32 165万平方米，同比增长7.7%；商品房销售面积为7 313万平方米，同比增长13.3%。

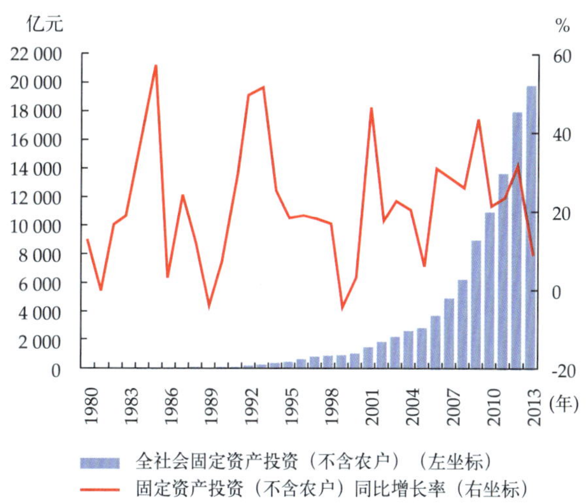

数据来源：四川省统计局。

图7 1980~2013年四川省固定资产投资（不含农户）及其增长率

2. 消费稳定增长。2013年，四川省实现社会消费品零售总额为10 355.4亿元，同比增长13.9%，增速同比回落2.1个百分点（见图8）。一是消费品零售增速不断加快。消费品零售总额季度增速分别为13.5%、13.7%、13.8%和14.6%。二是餐饮消费回落较大。2013年实现餐饮收入1 518亿元，同比增长10.1%，增速同比回落6.9个百分点。据测算，餐饮收入增速的回落，对2013年四川省社会消费品零售总额增速的影响为1.0个百分点。

3. 外贸进出口小幅增长。2013年，四川省出口419.5亿美元，同比增长9.1%；进口226.4亿美元，同比增长9.5%（见图9）。其中，一般贸易进出口272.4亿美元，同比增长14.3%；加工贸易进

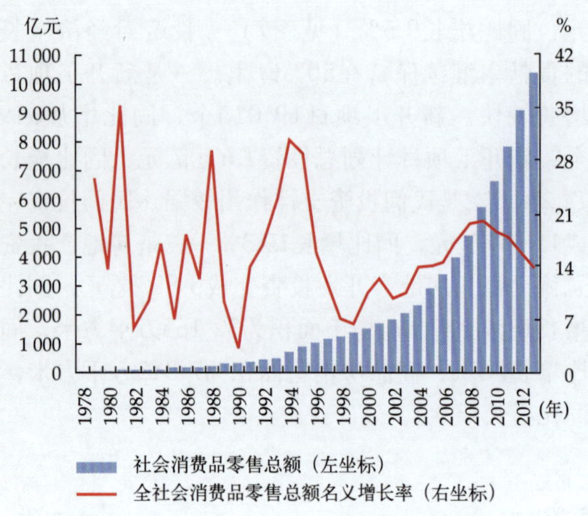

数据来源：四川省统计局。

图8　1978~2013年四川省社会消费品零售总额及其增长率

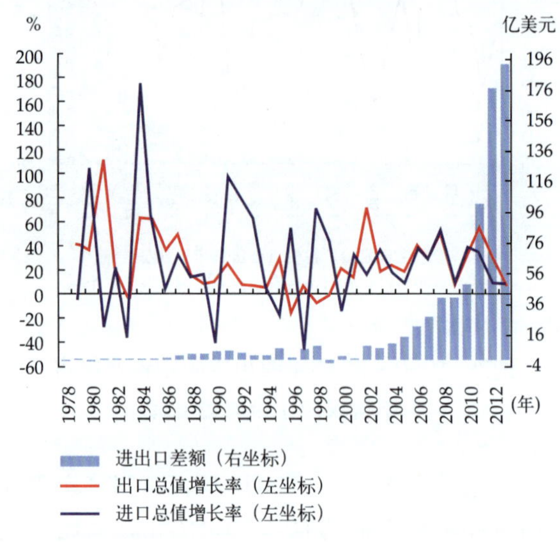

数据来源：成都海关。

图9　1978~2013年四川省外贸进出口变动情况

出口271.6亿美元，同比下降5.4%。2013年，前20位企业进口、出口集中度小幅下降，进口占全省比例由上年的68.7%降至65.3%，出口占全省比例由上年的51.9%降至48.5%。

2013年，四川省新批外商投资企业288家，同比下降0.4%；合同外资41.3亿美元，同比下降22.7%；资本项下跨境收入51.9亿美元，同比增长10.4%。服务业利用外资额同比增长14.5%，占全省实际到位外资的60.8%，其中房地产业实际利

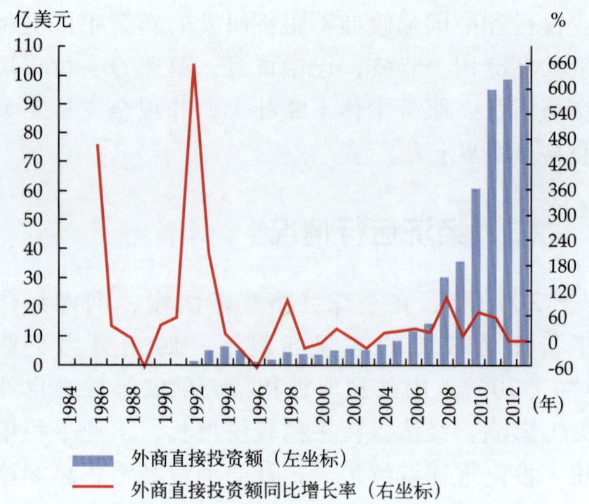

数据来源：四川省统计局、四川省商务厅。

图10　1984~2013年四川省外商直接投资额及其增长率

用外资同比增长39.4%，占全省实际到位外资的39.5%。外资来源以香港为主，占57.16%。

2013年，四川省新增境外投资企业82家，核准对外投资额15.3亿美元，境外投资累计汇出5.2亿美元，同比下降30.9%，涉及矿产资源开发、农业、医药、化工、畜牧业、酒店旅游等领域。香港仍是四川省境外投资流出第一大地区。

（二）三次产业保持较快增长，推动经济健康发展

2013年，四川省农业基础地位持续增强，工业平稳增长，服务业快速发展，有力地推动了全省经济的健康发展。

1. 农业基础地位持续增强。2013年，四川省实现第一产业增加值3 425.61亿元，同比增长3.6%。粮食总产量为3 387万吨，连续七年增产。肉类总产量同比增长3.6%，水产品产量同比增长6.3%。亭子口水利枢纽等大中型水利工程加快建设，红鱼洞水库及灌区工程通过国家审核。新增有效灌溉面积120万亩。新建高标准农田218万亩，现代农业产业基地361万亩，农民专合组织达到3.7万人。

2. 工业平稳增长。2013年，四川省实现工业增加值11 578.5亿元，同比增长11%，其中，规模以上工业增加值同比增长11.1%（见图11）。

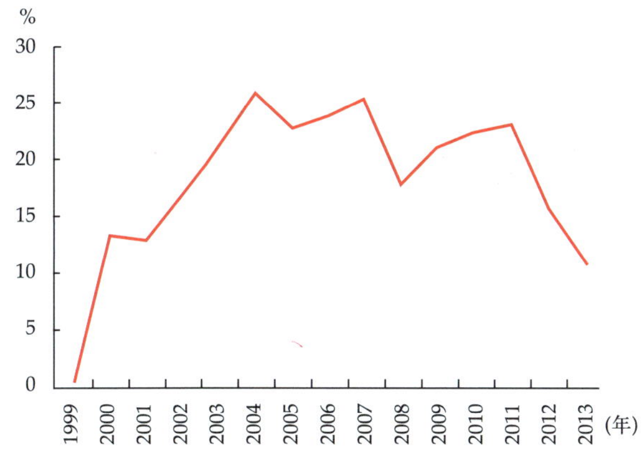

数据来源：四川省统计局。

图11 1999～2013年四川省规模以上工业增加值同比增长率

七大优势产业增加值占规模以上工业增加值的比重达到78%，高新技术产业产值突破1万亿元，战略性新兴产业产值突破5 000亿元。化工、钢铁、水泥、有色等高耗能产业总产值占比下降0.5个百分点，关闭小煤矿424处，淘汰433户落后产能企业。实施重大科技成果转化369项。技术改造投资完成4 600亿元，同比增长14%。

3. 服务业加快发展。2013年，四川省实现第三产业增加值9 256.13亿元，同比增长9.9%。金融、物流、电子商务、旅游等行业加快发展。电子商务市场交易量突破1.1万亿元，同比增长25%。旅游总收入3 877亿元，同比增长18.2%。

（三）物价整体运行平稳，要素价格改革加速推进

2013年，受各项调控政策效应显现等因素的影响，四川省物价涨幅整体平稳，资源性产品价格改革持续推进。

1. 居民消费价格运行平稳。2013年，四川省居民消费价格累计上涨2.8%（见图12）。分结构看，八大类商品及服务项目价格呈现“六涨一平一跌”的特点，其中，受下半年猪肉价格回升和鲜菜价格继续高位运行等因素影响，食品类价格同比上涨4.8%。

2. 生产价格止跌回升。2013年，工业生产者购进价格累计下降0.8%，工业生产者出厂价格累计下降1.3%（见图12），经济增速回落特别是

数据来源：四川省统计局。

图12 2001～2013年四川省居民消费价格和生产者价格变动趋势

工业生产动力不足是各类生产价格连续两年下降的重要原因。从趋势来看，随着宏观经济逐步企稳，第三季度起各类生产价格逐步回升，工业生产者出厂价格及工业生产者购进价格由年内最高1.7%和2.3%的跌幅均回升至年末上涨0.3%。

3. 劳动力成本持续上涨。近年来，劳动力特别是低端劳动力成本上涨已成为中国经济运行的阶段性特征。调查显示，2013年，四川省外出务工人员月均工资3 177元，同比增长5.9%。根据“十二五”规划纲要及党的十八大提出的未来劳动力工资、居民收入的量化增长目标，劳动力成本的快速上涨将是长期趋势。

4. 资源性产品价格改革持续推进。2013年，四川省审慎推进资源性产品价格改革，四川省发改委按照存量气和增量气加权综合作价方法调整了全省天然气价格。资源性产品价格改革最终将通过交通居住类的直接传导、上下游产业链的间接传导及加剧居民通胀预期等途径对CPI造成上行影响。

（四）财政收入平稳增长，财政支持结构持续改善

2013年，四川省实现本级财政收入2 781亿元，同比增长14.5%（见图13）。财政收入结构持

续改善，税收收入占比提高0.1个百分点。实现本级公共财政支出6 197亿元，同比增长13.6%。财政支出结构持续改善，民生保障支出、产业发展和基础设施建设支出占比分别提高0.3个和0.1个百分点，行政成本支出占比下降0.4个百分点。全面落实结构性减税政策，组织开展交通运输业和部分现代服务业"营改增"试点，继续实施提高增值税营业税起征点、对小型微型微利企业减半征收企业所得税等税收优惠政策。

（五）节能减排目标完成，生态文明建设持续加强

2013年，四川省单位地区生产总值能耗下降3.5%，单位二氧化碳排放量下降3.5%，万元工业增加值耗水量、化学需氧量、二氧化硫、氨氮排放量等指标完成年度目标。四川省积极开展灰霾污染治理、饮用水源保护、危险废物防治和农村环境连片整治。对115家企业实施强制性清洁生产审核，实施80个重金属污染防治项目。设市城市（包括直辖市、市及建制镇）生活垃圾无害化处理率、

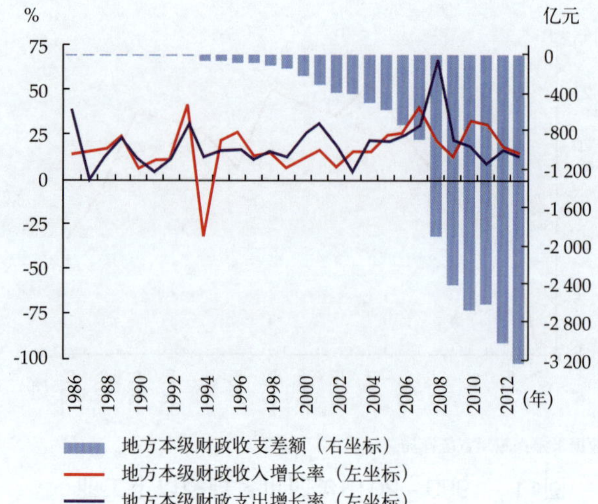

数据来源：四川省统计局。

图13　1986～2013年四川省财政收支状况

生活污水处理率分别达92%、85%。长江上游生态屏障建设加快，完成营造林941万亩，巩固退耕还林成果1 336万亩，完成水土流失综合治理2 390平方公里，森林覆盖率提高至35.5%。继续实施川西藏区生态保护与建设工程。

专栏2　加强信贷政策和产业政策协调配合　金融支持重点建设项目成效显著

2013年，中国人民银行成都分行按照四川省委、省政府深入实施"三大发展战略"的要求，主动作为，突出重点，紧密结合产业政策，推动四川省产业结构升级和经济增长方式转变，增强经济发展内生动力。

——制度和机制保障不断增强。联合四川省发展改革委制定下发《金融支持四川重点项目建设的指导意见》。建立重点项目建设金融支持情况监测制度，鼓励和引导金融机构贷款投向重点项目。建立重点项目定期磋商机制和"一事一议"、"一项（目）一策"动态协调机制。

——重点项目融资对接多样化和常态化开展。组织重点项目专题对接，年初联合四川省发展改革委举办全省重点项目融资对接会议，促成142个重点项目融资落实，银行授信总金额达713亿元。与金融机构开展常态对接，及时公布重点项目或重点企业融资需求信息，指导金融机构提前介入融资过程。结合地方特色，先后开展凉山、攀枝花、宜宾、巴中、德阳等地与省级金融机构的银政企对接，进一步推动地市（州）重点项目融资工作。

——重点项目融资的渠道不断丰富。邀请专家对300余个重点项目业主单位进行新型融资方式培训。制订《四川重点企业在银行间市场直接债务融资增长计划》，建立500户省级重点项目直接债务融资后备企业库，引导金融机构开展对接和融资辅导。年末，全省相关经济主体银行间市场发行直接债务融资工具达573.41亿元，已注册待发行的直接债务融资工具总额达460亿元。

——重点项目融资效果显著。年末，全省

500项重点项目本外币各类融资余额为3 870亿元，比年初增加1 155亿元。在改善基础设施方面，146个重大基础设施项目各类融资余额为1615亿元。在力促经济结构调整方面，306个重大产业项目各类融资余额为1 978亿元。在保障民生和社会环保方面，48个重大民生工程、生态建设和环境保护项目本外币各类融资余额为277亿元。

（六）房地产市场平稳运行，现代农业加快发展

1. 房地产市场景气提升。2013年，在一线城市房价快速攀升的带动下，四川省房地产市场总体平稳运行。

房地产开发投资保持较快增长。2013年，四川省房地产开发投资3 853.00亿元，同比增长17.96%，增速同比提高2.06个百分点。

商品房供给保持平稳，保障房建设超额完成任务。年末，四川省商品房施工面积为32 164.98万平方米，同比增长7.7%（见图14），改变2011年以来长期下行局面。保障性安居工程开工约22.4万套，基本建成超28万套，超额完成国家计划任务。

商品房销售大幅增长后持续回落。2013年，四川省商品房销售面积为7 312.78万平方米，同比增长13.3%；商品房销售额为4 020.27亿元，同比增长14.3%（见图14）。受“国五条”细则出台的影响，2月，商品房销售面积、销售额分别同比增长61.0%和70.6%，此后增速持续回落，年末增幅分别较年初回落46.7个和56.3个百分点。

重点城市商品房价格温和上涨。根据国家统计局对70个大中城市的监测数据，年末，成都市新建住宅销售价格同比上涨9.6%，环比上涨0.2%（见图15）；泸州市新建住宅销售价格同比上涨8.9%，环比上涨0.7%；南充市新建住宅销售价格同比上涨10.7%，环比上涨0.6%。成都市新建商品住宅、二手住宅涨幅在全国35个大中城市中居于下游，涨幅相对温和。

房地产贷款增速呈上升趋势。年末，四川省房地产贷款余额同比增长21.70%，比本外币各项贷款增速高5.9个百分点。房地产开发贷款余额同比增长24.3%。其中，保障性住房开发贷款同比增长25.19%。个人住房贷款加权平均利率水平振荡上行，执行基准利率的个人住房贷款占比从年初47.38%下滑至年末14.93%。

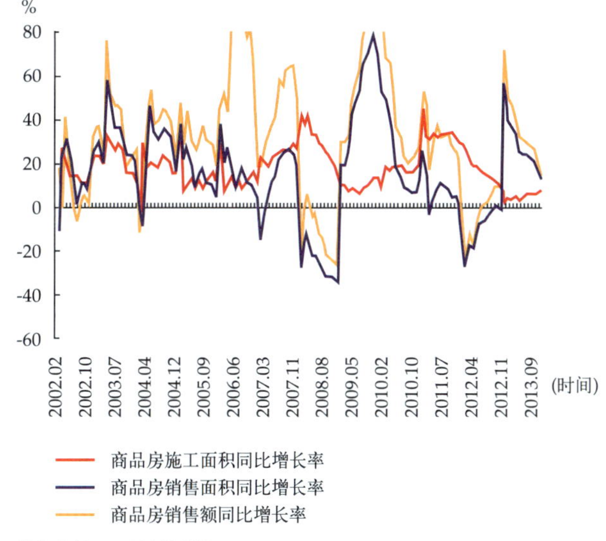

数据来源：四川省统计局。

图14　2002～2012年四川省商品房施工和销售变动趋势

2. 现代农业加快发展。发展现代农业对增强农业生产的抗风险能力，提高农产品产量和质量，转变农业生产经营方式，推动新农村建设，促进农民增收等具有重要作用。近年来，四川省加快发展现代农业，取得积极成效。一是现代农业规模不断扩大。2012年年末，四川省现代蔬菜大棚共计125.5万个，同比增长32.7%。二是现代农产品品种不断增多。三是现代农业效益明显。调查显示，2012年，四川省现代蔬菜亩均收入达1.5万元，纯收入达0.8万元，比传统蔬菜种植收益高50%。

但同时，受资金和技术等因素制约，四川省现代农业发展存在以下问题。一是农村土地布局分散，流转度低，部分地区水利设施和装备水平

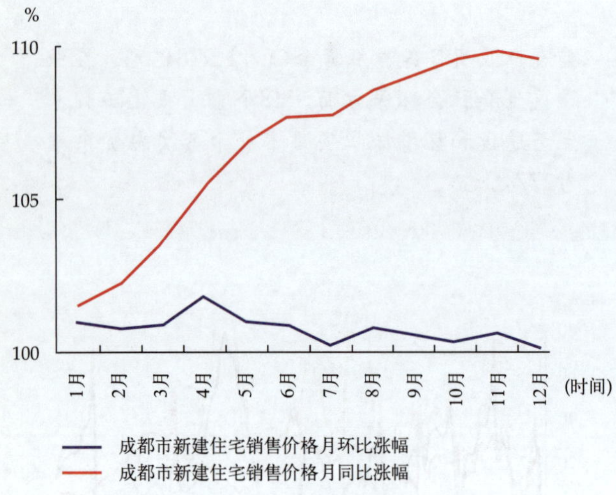

数据来源：国家发展改革委、国家统计局网站。

图15　2013年成都市新建住宅销售价格变动趋势

落后，降低了现代农业推广度。二是现代农业产业化程度不高，未形成风险共担、利益共享的紧密经济共同体，限制了现代农业发展。三是从业人员素质较低，配方施肥技术、高效节能日光温室应用、膜下暗灌等先进实用技术推广欠深入，降低了现代农业效益。

（七）四大主要城市群城镇化进程加速推进

目前，四川省规划形成了成都平原、川南、川东北和攀西四大主要城市群，并以此为重点加速推进城镇化进程。一是经济整体较快增长，特别是川南城市群经济快速增长，成都平原城市群由于其经济结构比较成熟稳定，增速相对较缓。二是经济增长质量分化明显。测算结果显示，2013年，成都平原城市群全员劳动生产率人均达72 418元，攀西城市群人均达48 809元，川南城市群达人均43 364元，川东北城市群人均仅为34 913元。三是产业结构差异显著。川南城市群和攀西城市群工业特征明显，工业化率均超过50%，高出成都平原城市群和川东北城市群10个百分点以上。从第三产业增加值占比指标看，成都平原城市群超过40%，其他城市群低于30%，表明在产业结构优化、经济增长的资源依赖度上的压力仍较大。

三、预测与展望

2014年，四川省经济发展具备较多的积极因素和有利条件。一是中央全面深化改革、释放改革红利，将为四川省经济社会发展注入强大而持久的动力。二是国家扩大内陆沿边开放，打造长江经济带、丝绸之路经济带，为四川省经济社会发展开辟更大空间。三是国家支持次区域发展，四川集中连片特困地区和天府新区、绵阳科技城、攀西国家级战略资源创新开发试验区等有望得到国家的重点支持。四是国家积极推进新型城镇化，必将进一步释放四川省扩大内需的巨大潜力。五是国家投资继续向中西部倾斜，加大中西部铁路、公路、大型水电水利工程及城市基础设施建设力度，有利于四川省加快基础设施建设。

但受国际、国内经济发展动力不足、市场有效需求不足等影响，四川省经济增速有所放缓，工业生产回升基础尚需巩固，开放型经济发展形势较为严峻，影子银行、地方政府融资平台等领域潜在金融风险需要密切关注。

综合以上因素，2014年，在四川省深入实施多点多极支持发展战略、“两化”互动、统筹城乡发展战略、创新驱动发展战略以及加快推进经济提质增效升级等有利因素的促进下，四川省经济仍有望保持平稳较快增长态势。在继续实施稳健货币政策的背景下，四川省金融机构将进一步促进货币信贷和社会融资规模合理适度增长，不断调整优化信贷结构，提升金融服务水平，坚守住不发生系统性和区域性金融风险的底线，为区域经济发展创造良好的货币金融环境。

中国人民银行成都分行货币政策分析小组
总　纂：周晓强　李　铀
统　稿：刘本定　肖　丹　廖继伟　熊万良
执　笔：王鲁滨　王越子　鲜骊珠
提供材料的还有：雷进贤　毛　慧　马　珂　曾　好　王　龙　龙阅新　石　慧　郑敏闽　李华伟
张　伟　许　蓓　罗来东　陈　鹏　杨华强　彭宇松　劳川奇　陈　银　罗　叶

附录

（一）2013年四川省经济金融大事记

年初，四川省首家以人民币出资的外商投资股权投资基金公司在成都成立。

年初，中国银行四川省分行等3家金融机构率先开展新台币现钞与人民币双向兑换业务试点。

4月17日，四川省达州市率先发行全省首只区域集优中小企业集合票据，金额达2.5亿元。

4月18日，广东发展银行成都分行开业，全国12家股份制银行至此全部齐聚四川。

4月21日，四川省跨境人民币结算实现21个市州全覆盖。

7月2日，中国银行承销的成都公共交通集团公司资产支持票据获得注册通知书，为全省首只资产支持票据。

10月18日，第四届中国西部金融论坛开幕，论坛从“新型城镇化中的金融支持与金融创新”、“金融支持四川多点多极支撑发展战略”等方面深入研讨促进西部地区经济与金融发展的政策措施。

11月5日，成都公交集团通过中国银行四川省分行采取资产支持票据的方式，成功融资8亿元，这是西部地区发行的首只资产支持票据。

（二）2013年四川省主要经济金融指标

表1 2013年四川省主要存贷款指标

		1月	2月	3月	4月	5月	6月	7月	8月	9月	10月	11月	12月
本外币	金融机构各项存款余额（亿元）	42 739	43 464	44 969	45 124	45 566	45 846	45 938	46 613	47 150	47 057	47 554	48 122.048
	其中：储蓄存款	20 144	21 491	21 839	21 586	21 663	21 877	21 896	22 024	22 334	22 131	22 297	22 663.486
	单位存款	19 837	19 052	20 199	20 637	20 944	20 923	20 733	21 149	21 313	21 301	21 529	22 543.955
	各项存款余额比上月增加（亿元）	1 151.3	724.74	1 505.2	155.11	442.44	279.68	91.95	675.75	537.09	-91.37	494.88	568.54394
	金融机构各项存款同比增长（%）	21.94	21.96	23.16	23.33	22	18.79	18.17	18.17	17.03	16.31	15.72	15.74
	金融机构各项贷款余额（亿元）	26 638	26 931	27 427	27 956	28 357	28 666	28 952	29 249	29 621	29 879	30 105	30 298.85
	其中：短期	8 421.5	8 529.6	8 738.6	8 909.1	9 053	9 202	9 328	9 447	9 657	9 799	9 909	10 097.612
	中长期	17 763	17 927	18 161	18 495	18 715	18 838	18 991	19 176	19 371	19 502	19 613	19 692.14
	票据融资	388.8	409.84	463.39	489.45	521.48	553.73	560.69	551.76	515.66	502.56	506.13	424.03661
	各项贷款余额比上月增加（亿元）	443.36	293.08	495.48	529.29	401.38	308.69	286.09	296.73	371.61	258.20	225.98	194.09014
	其中：短期	237.1	108.15	208.95	170.49	143.88	149.24	125.68	119.57	209.79	141.24	110.72	188.28146
	中长期	220.63	164.21	234.2	333.44	220.67	122.38	153.52	184.61	195.59	130.15	111.22	79.360736
	票据融资	-15.14	21.04	53.553	26.059	32.02	32.26	6.96	-8.93	-36.10	-13.10	3.57	-82.0891
	金融机构各项贷款同比增长（%）	16.87	16.53	16.59	17.41	17.04	16.55	16.28	16.20	16.38	16.11	15.76	15.81
	其中：短期	37.05	35.72	33.9	33.58	31.81	28.34	27.55	26.94	26.74	26.14	24.05	23.85
	中长期	8.98	9.15	9.55	10.78	10.71	10.86	10.95	11.40	11.75	11.89	12.12	12.26
	票据融资	34.96	19.68	25.36	23.81	28.86	45.83	34.95	19.90	16.56	4.82	7.65	4.98
	建筑业贷款余额（亿元）	1 203.4	1 193.2	1 228.7	1 239.9	1 243.8	1 236.7	1 257.1	1 243.6	1 270.5	1 265.29	1 274.00	1 242.6466
	房地产业贷款余额（亿元）	1 317.4	1 327.2	1 325	1 348.6	1 377.5	1 407.2	1 407.1	1 403.1	1 427.1	1 417.99	1 422.30	1 442.9174
	建筑业贷款同比增长（%）	21.97	17.513	16.406	16.289	11.108	8.4345	8.7017	5.4665	7.44	5.18	4.63	1.5042527
	房地产业贷款同比增长（%）	4.19	3.5293	2.55	4.0385	6.134	7.4708	6.8573	7.389	8.53	8.53	9.28	11.118061
人民币	金融机构各项存款余额（亿元）	42 265	42 990	44 445	44 585	450 13	45 253	45 404	46 073	46 595	46 571	47 079	47 667.279
	其中：储蓄存款	20 086	21 429	21 777	21 523	21 598	21 812	21 830	21 958	22 270	22 066	22 233	22 597.304
	单位存款	19 426	18 647	19 745	20 165	20 461	20 405	20 270	20 684	20 825	20 882	21 127	22 160.379
	各项存款余额比上月增加（亿元）	1 124.1	725.38	1 454.3	140.44	428.07	240.07	151.15	669.04	522.33	-23.86	508.20	588.0565
	其中：储蓄存款	651.6	1 342.8	347.72	-253.7	75.03	214.49	17.56	127.61	312.31	-203.69	166.49	364.67844
	单位存款	160	-778.7	1098	419.75	296.13	-56.1	-135.55	414.28	140.69	57.72	169.02	1 033.4994
	各项存款同比增长（%）	21.33	21.43	22.56	22.83	21.51	18.20	17.84	17.83	16.72	16.32	15.74	15.89
	其中：储蓄存款	15.69	22.8	22.09	21.76	20.98	19.16	19.09	18.06	17.29	17.09	16.65	16.25
	单位存款	27.43	19.74	21.43	23.22	21.25	16	15.00	15.49	13.53	13.13	11.56	15.03
	金融机构各项贷款余额（亿元）	26 013	26 283	26 756	27 265	27 655	27 948	28 264	28 543	28 903	29 137	29 351	29 542.736
	其中：个人消费贷款	4 669.3	4 737.5	4 825.9	4 936.4	5 038.9	5 111.1	5 180.8	5 244.1	5 318.7	5 378.2	5 431.3	5 483.3
	票据融资	388.79	409.82	463.38	489.43	521.46	553.72	560.69	551.76	515.65	502.55	506.11	424.02943
	各项贷款余额比上月增加（亿元）	420.75	270.89	472.9	508.73	390.1	292.87	316.47	278.54	359.73	234.69	213.95	191.33754
	其中：个人消费贷款	109.21	68.208	88.385	110.5	102.53	72.15	69.71	63.37	74.53	59.55	53.12	51.97
	票据融资	-15.14	21.033	53.553	26.049	32.03	32.26	6.97	-8.93	-36.11	-13.11	3.57	-82.08316
	金融机构各项贷款同比增长（%）	16.48	16.06	16.06	16.86	16.46	16.04	15.83	15.71	15.92	15.63	15.30	15.58
	其中：个人消费贷款	16.09	16.89	17.69	19.25	20.48	21.06	21.13	21.02	21.46	21.45	21.21	21.11
	票据融资	35.41	20.01	25.69	24.1	29.16	46.2	35.26	20.15	16.81	5.02	7.65	4.97
外币	金融机构外币存款余额（亿美元）	75.47	75.384	83.617	86.622	89.53	95.95	86.37	87.56	90.29	79.38	77.34	74.590186
	金融机构外币存款同比增长（%）	123.17	104.02	111.66	87.135	87.267	95.559	59.98	60.487	54.40 4	18.019	16.616	5.1183653
	金融机构外币贷款余额（亿美元）	99.642	103.2	106.95	111.08	113.65	116.23	111.31	114.4	116.76	120.69	122.85	124.01603
	金融机构外币贷款同比增长（%）	36.508	39.797	42.749	45.961	49.249	44.2108	41.599	44.423	42.517	42.1987	40.661	29.292843

数据来源：中国人民银行成都分行。

表2　2001～2013年四川省各类价格指数

单位：%

年/月	居民消费价格指数		农业生产资料价格指数		工业生产者购进价格指数		工业生产者出厂价格指数	
	当月同比	累计同比	当月同比	累计同比	当月同比	累计同比	当月同比	累计同比
2001	—	2.1	—	-2.2	—	–	—	-1.5
2002	—	-0.3	—	4.1	—	-0.8	—	-2.3
2003	—	1.7	—	0.8	—	1.8	—	0.4
2004	—	4.9	—	10.9	—	10.3	—	5.4
2005	—	1.7	—	7.2	—	9.3	—	4
2006	—	2.3	—	3.3	—	4.5	—	1.9
2007	—	5.9	—	9.0	—	5.7	—	3.9
2008	—	5.1	—	16.6	—	12.4	—	9.3
2009	—	0.8	—	1.2	—	-4.7	—	-3.5
2010	—	3.2	—	3.6	—	6.1	—	5.0
2011	—	5.3	—	12.4	—	12.6	—	7.3
2012	—	2.5	—	4.7	—	0.0	—	-1.4
2013	—	2.8	—	1.5	—	-0.8	—	-1.4
2012　1	4.2	4.2	—	—	5.0	5.0	2.7	2.7
2	2.3	3.2	9.6	10.0	3.5	4.2	1.5	2.1
3	2.7	3.1	7.3	9.1	2.9	3.8	0.6	1.6
4	1.1	1.2	6.9	8.5	2.1	3.3	0.1	1.2
5	3.0	3.1	6.7	8.2	1.1	2.9	-0.6	0.8
6	2.5	3.0	4.5	7.5	-0.4	2.3	-1.6	0.4
7	2.1	2.8	2.3	6.8	-1.9	1.7	-2.5	0.0
8	1.8	2.7	0.8	6.0	-2.6	1.2	-3.5	-0.4
9	1.9	2.6	1.2	5.4	-3.0	0.7	-3.9	-0.8
10	1.6	2.5	1.4	5.0	-2.7	0.3	-3.5	-1.1
11	2.4	2.5	2.7	4.8	-1.8	0.2	-1.8	0.2
12	2.8	2.5	3.3	4.7	-1.2	0	-2.4	-1.4
2013　1	2.3	2.3	3.6	7.5	-0.5	-0.4	-2.0	-2.0
2	3.3	2.8	2.6	6.8	0.0	-0.2	-1.8	-1.9
3	2.4	2.6	2.7	6.0	-0.8	-0.5	-1.7	-1.8
4	2.5	2.6	1.5	5.4	-1.3	-0.6	-2.3	-2.0
5	2.3	2.6	0.2	5.0	-1.7	-0.9	-2.2	-2.0
6	2.5	2.6	0.5	4.8	-1.6	-1.0	-1.7	-2.0
7	2.9	2.6	1.1	4.7	-0.8	-0.9	-1.4	-1.9
8	2.8	2.6	1.9	3.6	-0.5	-0.9	-0.9	-1.8
9	3.3	2.7	1.1	3.1	-0.5	-0.8	-0.7	-1.6
10	3.3	2.8	0.8	1.6	-0.5	-0.8	-0.5	-1.5
11	3.3	2.8	0.9	1.5	-0.3	-0.8	-0.3	-1.4
12	2.7	2.8	1.1	1.5	-0.5	-0.8	-0.6	-1.3

数据来源：四川省统计局。

表3 2013年四川省主要经济指标

	1月	2月	3月	4月	5月	6月	7月	8月	9月	10月	11月	12月
绝对值（自年初累计）												
地区生产总值（亿元）	—	—	5 436.95	—	—	11 655.05	—	—	19 138.94	—	—	26 260.77
第一产业	—	—	512.95	—	—	1 290.37	—	—	2 683.56	—	—	3 425.61
第二产业	—	—	3 100.69	—	—	6 485.29	—	—	9 840.78	—	—	13 579.03
第三产业	—	—	1 823.31	—	—	3 879.39	—	—	6 614.6	—	—	9 256.13
工业增加值（亿元）	—	—	—	—	—	—	—	—	—	—	—	1 1578.5
固定资产投资（亿元）	—	2037	4 084.7	5587.1	7 357.5	9 428.4	11 098.9	12 722.1	14 635.3	16 168.8	17 778.5	1 9754.4
房地产开发投资	—	407.26	772.9	1053.7	1 407.5	1 823.8	2 152.5	2 455.1	2 811.3	3 118.3	3 449.8	3853
社会消费品零售总额（亿元）	801.09	1 562.25	2 375.1	3185.5	4 049.4	4 882.81	5 709.04	6 529.76	7 420.99	8 386.1	9 305.3	10 355.45
外贸进出口总额（万美元）	56.27	97.27	150.37	206.87	256.32	299.51	353.29	404.71	460.45	514.63	583.26	645.93
进口	18.4	31.34	50.86	70.02	88.06	103.64	124	141.75	162.47	182	203.9	226.41
出口	37.89	65.93	99.51	136.85	168.26	195.87	229.29	262.96	297.98	332.63	379.36	419.52
进出口差额(出口－进口)	19.49	34.59	48.65	66.83	80.2	92.23	105.29	121.21	135.51	150.63	175.46	193.11
外商实际直接投资（万美元）	—	13.88	26.72	33.5	41.4	54.37	60.37	66.94	79.84	86.88	95.18	103.58
地方财政收支差额（亿元）	-5.24	134.32	238.33	523.17	-999.08	954.01	1 147.55	1 473.54	1 786.17	2 056.06	2 313.85	3 410.19
地方财政收入	300.76	460.5	746.64	954.38	1 186.56	1 506.57	1 696.38	1856.1	2 045.76	2 276.67	2 476.77	2 784.1
地方财政支出	295.52	594.82	984.97	1477.55	187.48	2 460.58	2 843.93	33 29.64	3 831.93	4 332.73	4 790.62	6 194.29
城镇登记失业率 (%)(季度)	—	—	4.12	—	—	4.18	—	—	4.16	—	—	4.1
同比累计增长率（%）												
地区生产总值	—	—	10.2	—	—	10.1	—	—	10.0	—	—	10.0
第一产业	—	—	3.7	—	—	3.1	—	—	3.5	—	—	3.6
第二产业	—	—	12.2	—	—	12.2	—	—	11.7	—	—	11.5
第三产业	—	—	8.4	—	—	8.4	—	—	9.8	—	—	9.9
工业增加值	—	11.7	11.8	11.8	11.8	11.9	11.3	11.0	11.0	11.1	11.1	11.0
固定资产投资	—	22.8	22.6	21.1	20.1	20.2	19.9	20.1	20.2	20.1	19.8	19.5
房地产开发投资	—	17.8	16.2	15.6	17.9	17.6	18.1	18.4	19.5	17.9	17.3	18.0
社会消费品零售总额	—	13.5	13.5	13.5	13.5	13.6	13.6	13.6	13.7	13.7	13.9	13.9
外贸进出口总额	60.405	48.0	42.1	29.5	14.5	6.5	6.9	6.2	7.0	7.2	8.7	9.2
进口	49.8	13.7	17.1	21.3	15.9	11.5	10.8	7.8	7.4	7.6	8.3	9.5
出口	65.7	72.7	59.6	34.2	13.8	4.0	5.0	5.4	6.7	6.9	8.9	9.1
外商实际直接投资	—	3.4	5.5	4.9	4	3.6	5.7	4.6	6.8	3.4	5.4	5
地方财政收入	18.7	15.7	14.7	16.1	16.6	16.4	16	15.9	15.8	16.1	15.1	14.5
地方财政支出	-2.6	15	2.8	16.6	14.1	8.8	5.9	10.3	8.8	10.8	8.2	13.6

数据来源：四川省统计局。

2013年贵州省金融运行报告

中国人民银行贵阳中心支行货币政策分析小组

[内容摘要] 2013年，贵州省经济社会发展稳中有进，经济保持较快增长，综合实力稳步提升，结构布局持续优化，农业生产稳中有增，工业经济总体平稳，服务业发展步伐加快，固定资产投资保持较快增长，对外贸易加快发展，物价保持总体稳定，居民收入进一步增加。

金融业保持快速增长，成为服务业中增长最快的行业，对经济增长的贡献度持续提升。稳健货币政策得到有效落实，贷款总量合理增长，信贷结构持续优化。法人证券公司实力持续增强，上市公司稳健发展，期货市场交易快速增长。保险业保障能力持续增强，保障范围进一步扩大。金融市场较快发展，市场参与度持续提升。信用环境建设深入推进，支付系统平稳运行。

2014年，贵州省经济将继续保持良好发展态势，金融机构将继续贯彻落实稳健的货币政策，大力支持经济发展方式转变和经济结构调整，努力提高直接融资比重，持续提升金融服务效率，推动信贷结构和融资结构“双优化”，助推贵州经济社会持续健康发展。

一、金融运行情况

2013年，贵州省金融业保持良好发展态势，增加值较上年增长16.5%，是服务业中增长最快的行业，对经济增长的贡献度持续提升。稳健货币政策得到有效落实，货币信贷保持合理适度增长，证券市场稳步发展，保险业服务能力持续增强，金融市场加快发展，金融基础设施建设稳步推进。

（一）银行业组织体系持续完善，信贷总量合理增长

银行业机构逐渐增多，存贷款保持合理适度增长，信贷结构持续优化，利率水平整体平稳，银行业改革稳步推进，跨境人民币业务快速发展。

1. 银行业组织体系日趋完善。银行业整体运行良好，资产规模不断增加，民生银行入驻贵州，村镇银行、财务公司逐渐增多，银行机构网点进一步向县域以及乡镇发展（见表1）。

表1　2013年贵州省银行业金融机构情况

机构类别	营业网点			法人机构（个）
	机构个数（个）	从业人数（人）	资产总额（亿元）	
一、大型商业银行	1 085	24 032	6 329.9	0
二、国家开发银行和政策性银行	68	1 330	1 948.4	0
三、股份制商业银行	27	1 218	1 289.2	0
四、城市商业银行	224	6 440	2 440.5	2
五、小型农村金融机构	2 226	22 883	4 176.3	85
六、财务公司	5	78	226.8	3
七、信托公司	1	218	60.3	1
八、邮政储蓄银行	950	2 363	726.2	0
九、外资银行	1	43	2.9	0
十、新型农村金融机构	62	1 363	87.4	32
合计	4 649	59 968	17 287.8	123

注：营业网点不包括国家开发银行和政策性银行、大型商业银行、股份制银行金融机构总部数据；大型商业银行包括中国工商银行、中国农业银行、中国银行、中国建设银行和交通银行；小型农村金融机构包括农村商业银行、农村信用社；新型农村金融机构包括村镇银行、贷款公司和农村资金互助社。

数据来源：贵州银监局。

2. 存款保持较快增长。金融机构通过表外业务和同业业务引入大量资金，2013年年末人民币存款余额增速达25.9%，月度间新增存款波动明显（见图1）。金融机构存款市场竞争加剧，大型国有商业银行市场占比下降较多，股份制银行、城市商业银行明显上升。

3. 贷款保持合理增长。2013年年末人民币贷款余额迈上万亿元台阶，同比增长22.1%（见图

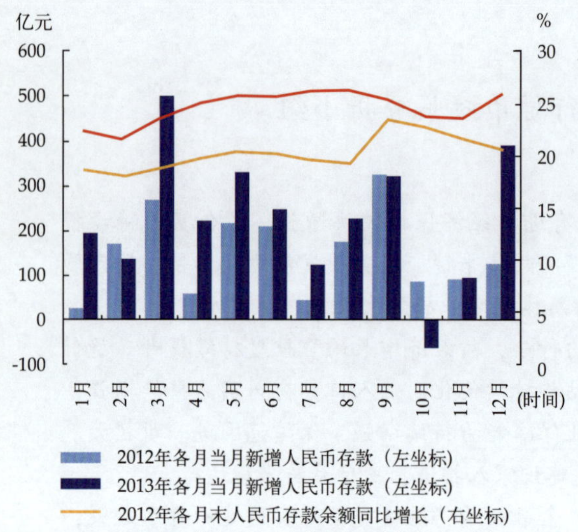

数据来源：中国人民银行贵阳中心支行。

图1　2012～2013年贵州省金融机构人民币存款增长变化

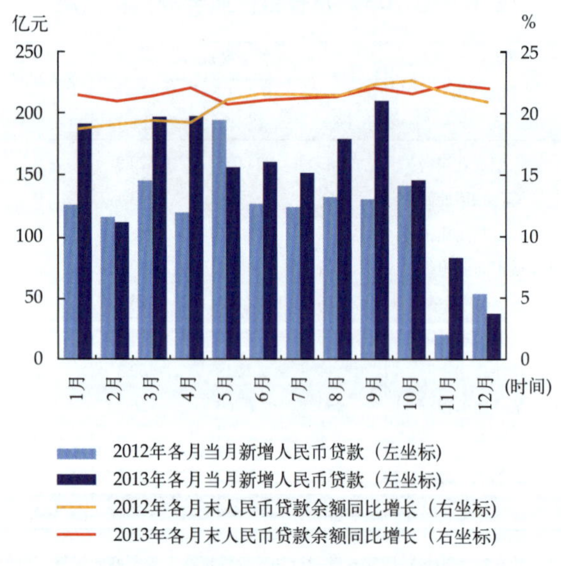

数据来源：中国人民银行贵阳中心支行。

图2　2012～2013年贵州省金融机构人民币贷款增长变化

2）。中长期贷款余额占比略有下降，外币贷款负增长。“5个100工程”①、贵安新区、基础设施建设和传统优势产业的信贷支持力度继续加大，涉农、小微企业贷款增速高于各项贷款余额增速，就业、助学、扶贫等薄弱环节的金融服务水平持

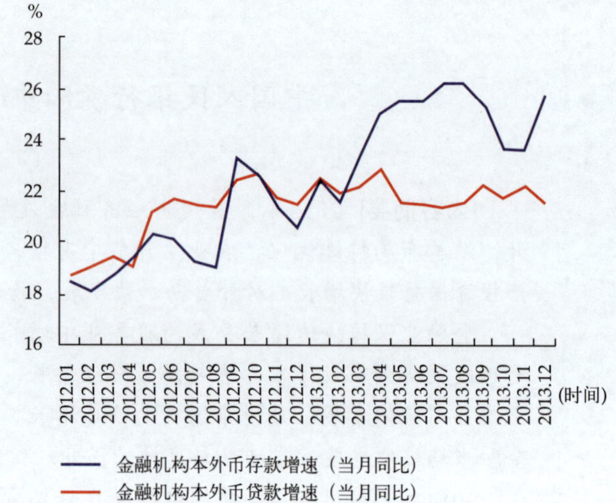

数据来源：中国人民银行贵阳中心支行。

图3　2012～2013年贵州省金融机构本外币存、贷款增速变化

表2　2013年贵州省金融机构人民币贷款各利率区间占比

单位：%

	月份	1月	2月	3月	4月	5月	6月
	合计	100.0	100.0	100.0	100.0	100.0	100.0
	下浮	2.7	0.7	2.9	3.2	4.3	3.8
	基准	31.3	28.7	32.4	25.5	28.2	31.9
上浮	小计	65.9	70.6	64.8	71.4	67.5	64.3
	(1.0，1.1]	13.2	19.5	13.2	16.0	13.3	10.3
	(1.1，1.3]	18.5	16.9	15.0	16.5	16.0	19.4
	(1.3，1.5]	10.7	10.3	11.7	11.7	11.8	11.4
	(1.5，2.0]	22.1	22.1	23.0	25.6	24.9	22.0
	2.0以上	1.4	1.9	1.9	1.6	1.6	1.2
	月份	7月	8月	9月	10月	11月	12月
	合计	100.0	100.0	100.0	100.0	100.0	100.0
	下浮	1.8	3.5	3.6	4.4	3.1	3.0
	基准	25.9	27.5	25.2	30.2	26.4	28.8
上浮	小计	72.3	69.0	71.2	65.4	70.5	68.3
	(1.0，1.1]	12.7	11.4	12.1	9.2	10.9	11.1
	(1.1，1.3]	18.0	19.5	18.4	16.1	15.7	16.7
	(1.3，1.5]	14.0	11.9	14.5	13.8	15.6	15.5
	(1.5，2.0]	25.6	24.7	24.9	24.4	25.9	23.7
	2.0以上	2.0	1.5	1.3	1.9	2.5	1.3

数据来源：中国人民银行贵阳中心支行。

①“5个100工程”是指贵州省重点打造的100个产业园区、100个高效农业示范园区、100个旅游景区、100个示范小城镇、100个城市综合体。

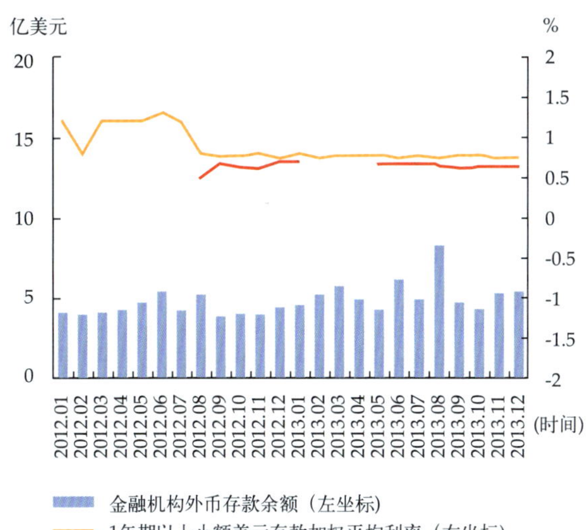

数据来源：中国人民银行贵阳中心支行。

图4 2012～2013年贵州省金融机构外币存款余额及外币存款利率

续提高。支农再贷款、再贴现增长迅速，商业承兑汇票再贴现实现零突破。

4. 利率水平整体平稳。地方法人金融机构各期限档次人民币存款利率均按基准利率1.1倍执行。各月人民币一般贷款加权平均利率（不含贴现）在7.8667%～8.1751%区间波动，整体运行平稳，12月达8.1167%，贷款利率向上浮动比例提高（见表2），金融机构资金议价能力明显增强。民间借贷利率稳步上升。

5. 银行业机构改革持续推进。稳健性进一步增强，拨备覆盖率提高，不良贷款余额和不良率“双降”；利润总额大幅增长，金融机构中间业务收入占比上升；地方金融机构改革步伐加快，资本充足率继续提高，9家农村商业银行挂牌开业，2家财务公司正式成立，16家村镇银行开业运营。新增小额贷款公司33家。

6. 跨境人民币业务快速增长。2013年，贵州省跨境人民币实际收付额235.5亿元，同比增长56.6%。其中，经常项目增长66.0%，资本和金融项目在直接投资高速增长的带动下增长50.5%。市场参与面不断提高，业务品种不断丰富。

专栏1 “四项机制”推动贵州省民贸民品优惠利率贷款快速增长

2013年，贵州省人民银行各分支机构积极主动工作，联合相关部门完善民贸民品优惠利率贷款政策，加强沟通协调和工作衔接，努力健全工作机制，推动民贸民品优惠利率贷款快速增长。

（一）积极优化机制，推动政策有效落实。一是健全组织协调机制。建立民贸民品企业贷款额度核定联席会议制度，根据最新政策文件制定贷款贴息管理实施细则以规范工作流程和申请要件，并多次组织金融机构和有关企业召开联席会、工作推进会和业务培训会。二是强化政策宣传机制。组织金融机构开展民贸民品企业贴息贷款宣传月活动，通过发放宣传手册、在金融机构LED电子显示屏滚动宣传、集市设立宣传台、上门宣传等多种方式，提高政策知晓度。三是加强调查研究机制。通过深入企业进行摸底调查、到少数民族地区开展专题调研等方式，协调解决企业存在的实际困难，帮助企业规范管理，达到有关认定标准，为及时获得优惠利率贷款创造条件。四是建立监督管理机制。加强对金融机构开办民贸民品优惠利率贷款业务的监督检查，确保业务开展符合相关政策要求，促使业务良性发展。

（二）工作成效明显，企业受益范围大幅增加。一是优惠利率贷款幅度大幅攀升。截至2013年年末，贵州省民贸民品优惠利率贷款余额达31.7亿元，同比增长131.3%，全年共办理贴息7 744.3万元，同比增长59.4%。二是贴息政策覆盖行业逐步扩大。2013年以来，全省享受贴息的企业类型涉及农业供销、医药、食品、针纺织品、民族工艺美术品等近10个行业，改变了以往以制药企业为主的状况。三是受扶持的企业数量不断增加。2013年共有124家企业享受了民贸民品优惠利率贷款贴息，同比增加95家。

下一步，贵州省人民银行各分支机构继续

加大与相关部门的配合，进一步促进金融机构与当地民贸民品企业有效对接，充分发挥优惠利率政策支持少数民族地区经济发展的积极作用。

（二）证券业稳步发展，期货市场交易增长迅速

证券业机构经营总体平稳，上市公司稳健发展，期货市场交易快速增长。

1. 证券机构经营业绩稳步提高。2013年年末，贵州省共有法人证券公司1家、证券分公司3家、证券营业部54家。证券市场交易额同比增长45.3%，各证券经营机构全年营业收入4.5亿元，实现净利润1.7亿元。法人证券公司经营范围进一步扩大，机构实力持续增强。

2. 上市公司整体稳健发展。2013年年末，贵州省共有21家上市公司，其中创业板上市公司1家，总市值2 387.1亿元。全年国内股票（A股）筹资4.6亿元、债券筹资208.1亿元（见表3）。2家企业在"新三板"首次亮相。

表3　2013年贵州省证券业基本情况

项目	数量
总部设在辖内的证券公司数（家）	1
总部设在辖内的基金公司数（家）	0
总部设在辖内的期货公司数（家）	0
年末国内上市公司数（家）	21
当年国内股票（A股）筹资（亿元）	4.6
当年发行H股筹资（亿元）	0
当年国内债券筹资（亿元）	208.1
其中：短期融资券筹资额（亿元）	40.6
中期票据筹资额（亿元）	89

数据来源：中国人民银行贵阳中心支行、贵州证监局、贵州省发展改革委。

3. 期货市场交易增长迅速。2013年年末，贵州省共有期货营业部9家，全年期货成交额7 176.7亿元，同比增长99.2%；各期货经营机构营业收入为250万元，净利润为62万元。

（三）保险业服务能力持续增强，保险品种日益丰富

保险业体系日趋完善，保障能力持续增强，保障范围进一步扩大。

1. 保险市场体系进一步健全。2013年年末，贵州省保险公司主体达23家，其中，财产险公司14家，人身险公司9家（见表4）；全年新批设保险机构分支机构42家、专业中介机构17家、兼业代理机构51家。法人机构筹备工作有序推进。

2. 保险业保障能力持续增强。2013年保费收入181.6亿元，同比增长20.9%。各类赔款给付72.4亿元，同比增长30.9%。承担风险总量快速增长，保障能力进一步提升。

3. 保险品种持续增多。享受中央财政补贴的农业保险品种增至10个，新开办4个农业保险品种。开展保证保险、信用保险业务为小微企业和个人融资提供风险保障。科技保险服务平台成功

表4　2013年贵州省保险业基本情况

项目	数量
总部设在辖内的保险公司数（家）	0
其中：财产险经营主体（家）	0
人身险经营主体（家）	0
保险公司分支机构（家）	23
其中：财产险公司分支机构（家）	14
人身险公司分支机构（家）	9
保费收入（中外资，亿元）	181.6
其中：财产险保费收入（中外资，亿元）	89.0
人身险保费收入（中外资，亿元）	92.6
各类赔款给付（中外资，亿元）	72.4
保险密度（元/人）	518.6
保险深度（%）	2.3

数据来源：贵州保监局、贵州省统计局。

搭建，商业保险机构承办的大病保险在全省6个市（州）正式运行，成功引入保险资金支持贵州省高速公路建设。

（四）金融市场较快发展，市场参与度持续提高

1. 实体经济融资渠道不断拓宽。2013年，贵州省社会融资规模达3 543.8亿元，分结构看，信贷融资占比仍然最大，但较上年下降6.5个百分点，委托贷款、未贴现银行承兑汇票快速增长，非信贷融资占比提升至49.2%，企业融资渠道不断得到拓宽（见图5）。

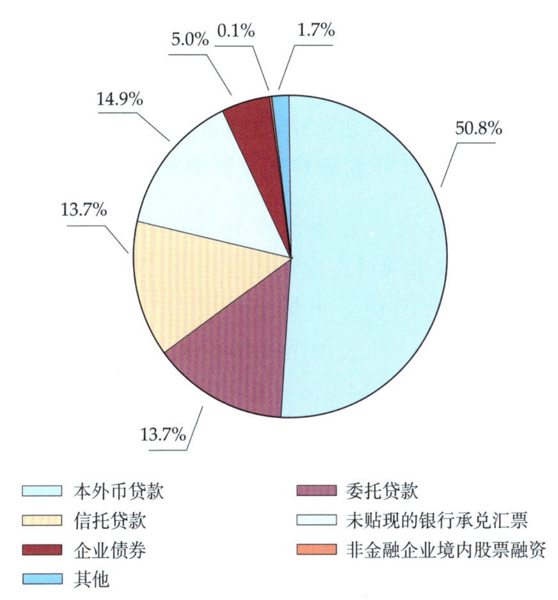

数据来源：中国人民银行贵阳中心支行、贵州省发展和改革委员会、贵州证监局、贵州保监局。

图5 2013年贵州省社会融资规模分布

2. 货币市场债券回购业务明显增加。2013年市场成员债券回购交易增长40.7%，现券交易下降64.9%；信用拆借减少17.5亿元，省内市场成员向市场融出资金1 240.0亿元。受金融市场利率波动的影响，交易量呈逐季下滑趋势。

3. 票据市场利率震荡走高。全年银行承兑商业汇票累计签发量、签发余额、累计贴现额均较上年大幅增长，年末贴现余额有所下降。其中，下半年票据累计签发和累计贴现金额分别是上半年的1.4倍和3.1倍（见表5）。票据市场加权利率水平总体呈现震荡走高的态势（见表6）。

表5 2013年贵州省金融机构票据业务量统计

单位：亿元

季度	银行承兑汇票承兑		贴现			
			银行承兑汇票		商业承兑汇票	
	余额	累计发生额	余额	累计发生额	余额	累计发生额
1	642.6	345.3	143.5	122.2	2.0	1.5
2	766.7	802.7	154.1	281.0	2.2	3.3
3	867.1	1 285.0	148.1	748.1	4.0	15.3
4	1 041.1	1 930.4	89.7	1 132.2	3.7	31.5

数据来源：中国人民银行贵阳中心支行。

表6 2013年贵州省金融机构票据贴现、转贴现利率

单位：%

季度	贴现		转贴现	
	银行承兑汇票	商业承兑汇票	票据买断	票据回购
1	5.3277	6.9708	4.6443	3.9686
2	5.4398	7.5535	4.3168	4.2754
3	6.5237	8.0859	5.2541	5.9223
4	6.6679	8.1511	7.4267	6.5633

数据来源：中国人民银行贵阳中心支行。

4. 从事黄金交易的金融机构增加。贵州省获得授权开展黄金业务的银行业金融机构达15家，全年贵州省黄金交易量达到50 649.8公斤，交易金额为142.6亿元。

5. 外汇交易量大幅减少。2013年外汇市场成员交易额为1.3亿美元，仅为上年同期的56.9%。分币种看，仅日元交易量出现上升。

6. 理财业务活跃。2013年全省地方法人金融机构累计发行封闭式银行理财产品261期，较上年增加168期，累计募集资金166.0亿元，同比增长114.7%。

（五）信用环境建设深入推进，支付系统平稳运行

遵义市社会信用体系建设试点城市确定、“贵州省融资担保行业征信系统”试点以及农村信用体系兴仁模式、“金融生态示范县”黔东南模式、“三品三表”德江模式①取得实效。金融信

①该模式将企业的“三品”（企业负责人的人品、产品、抵押品）和“三表”（企业电表、水表、财务报表）6大指标作为考核企业信用情况的主要内容，并给予不同的考核计分权重。

用信息基础数据库进一步完善，数据库共收录贵州省9.4万户企业组织和1 948.5万自然人的信用信息。全省机构信用代码进一步推广应用，农村信用体系建设试点县模式深入开展，中小企业信用体系建设持续推进，“贵州省第三方信用评级管理系统”成功开发。第二代支付系统成功上线，通过大小额支付系统清算业务量稳步增长，“银行卡助农服务村村通”和农村手机支付试点工程稳步推进。

二、经济运行情况

2013年，贵州省经济保持较快增长，综合实力稳步提升。全省地区生产总值突破8 000亿元，较上年增长12.5%（见图6）。人均生产总值达2.3万元，结构布局持续优化，发展方式加快转变，工业对经济增长的贡献率继续提升。

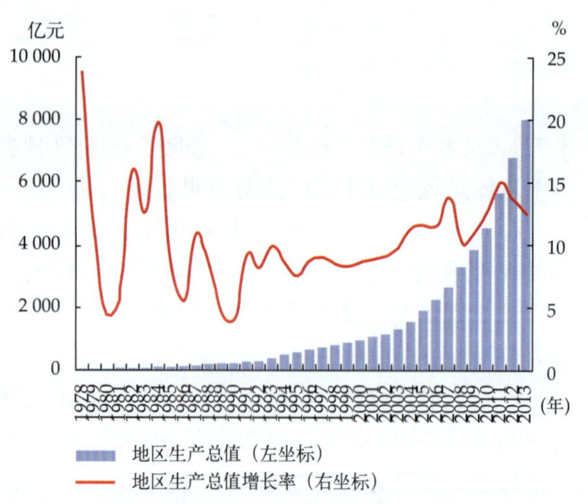

数据来源：《中国经济景气月报》、贵州省统计局。

图6　1978~2013年贵州省地区生产总值及其增长率

（一）投资、对外贸易保持较快增长，消费市场增长平稳

1. 固定资产投资较快增长。2013年，贵州省固定资产投资累计完成7 102.8亿元，比上年增长29.0%（见图7）。以交通运输、水利环境为重点的基础设施建设和房地产开发仍是拉动固定资产投资增长的主要力量，第一产业、医药制造业、科学研究和技术服务业等行业的固定资产投资高

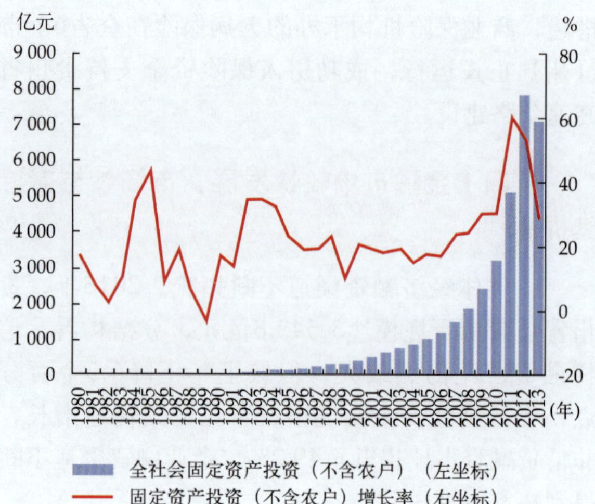

数据来源：《中国经济景气月报》、贵州省统计局。

注：因2013年统计口径发生变化，只统计计划总投资500万元及以上的固定资产项目投产和房地产开发项目投资，因此与2012年数据不具有可比性。

图7　1980~2013年贵州省固定资产投资（不含农户）及其增长率

速增长。投资资金来源中自筹部分占比继续提高，跨区投资项目占比较低且有所下降。

2. 社会消费品市场增长平稳但增速继续回落。2013年，社会消费品零售总额为2 366.2亿元，比上年增长14.0%（见图8），增速比上年回落2个百分点，城镇消费占比有所下降。城乡居民收入继续提高，农村居民人均纯收入增速高出城镇居民人均可支配收入3.8个百分点，城乡收入差

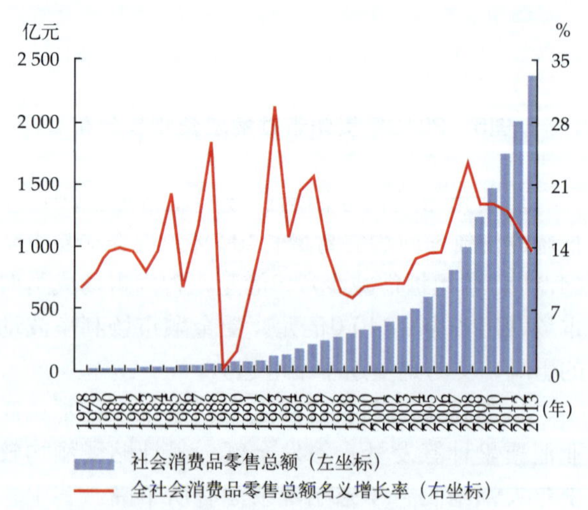

数据来源：《中国经济景气月报》、贵州省统计局。

图8　1978~2013年贵州省社会消费品零售总额及其增长率

距呈缩小趋势。受居民对经济形势不确定预期等因素的影响，城镇消费增速继续回落，城镇居民消费性支出占可支配收入的比例下降。农村消费增长较快，农民人均生活消费支出占人均纯收入的比例提高。

3. 对外贸易和实际利用外资显著增长。对外贸易在地方性政策推动下大幅增长，进出口总额比上年增长25.0%（见图9），其中出口增长39.0%，进口受行业低迷、企业库存和资源性产品国际市场价格下跌的影响，下降16.4%；货物贸易资金流动主要集中在磷化工、橡胶、烟酒以及钢铁行业。2013年实际利用外资15.3亿美元，增长45.9%（见图10）；引进省外资金5 017.0亿元，增长30.1%，能源供应业和服务业是外资流入的主要行业。

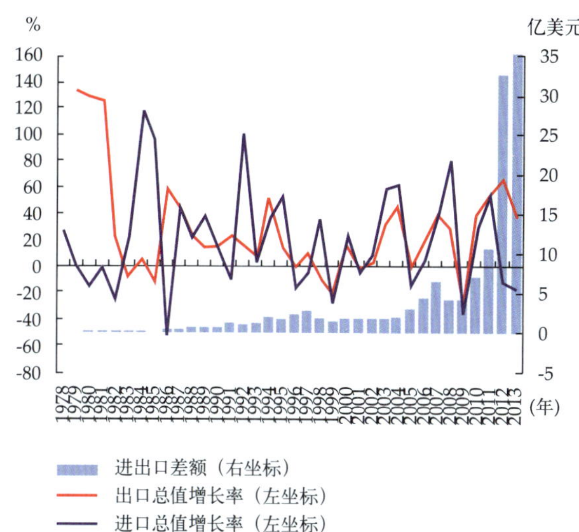

数据来源：《中国经济景气月报》、贵州省统计局。

图9　1978～2013年贵州省外贸进出口变动情况

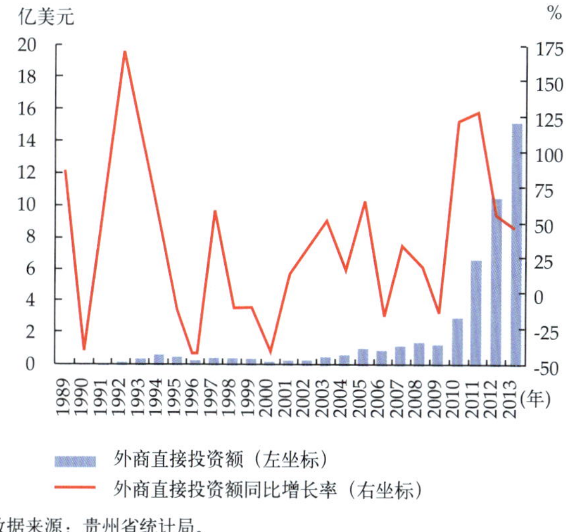

数据来源：贵州省统计局。

图10　1989～2013年贵州省外商直接投资额及其增长率

（二）经济运行继续向好，结构调整持续优化

2013年贵州省三次产业结构比例为12.9：40.5：46.6，第二产业对经济增长的贡献度继续增强，结构布局持续优化。

1. 农业生产总体平稳，粮经作物结构优化。第一产业增加值首次突破1 000亿元。全省粮食产量稳定，经济作物种植比重超过50%，粮经作物面积比调整到44：56。现代农业和农业产业化不断推进。

2. 工业稳步发展，投资驱动效应增强。全年规模以上工业增加值增长13.6%（见图11）。主要工业行业和大部分工业产品均实现不同程度增长。工业投资不断加大，工业项目建设加速推进。贵安新区和贵阳综合保税区正式批准设立，富士康第四代绿色产业园、三大电信运营商数据中心等重大引领性项目入驻贵州，中关村贵阳科技园开工建设。工业结构不断优化升级，轻工业

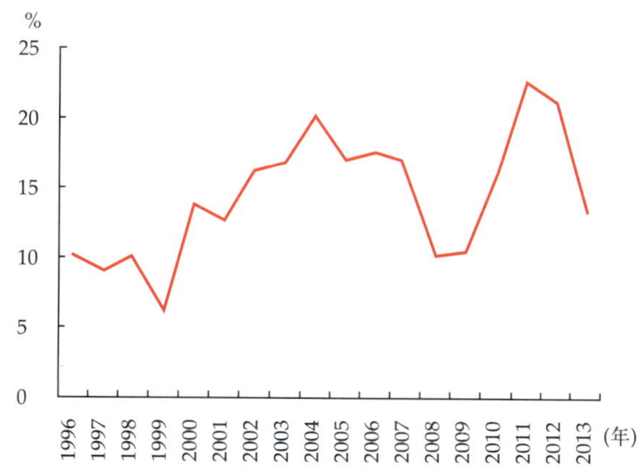

注：2013年的数据口径为规模以上工业统计口径为全部年主营业务收入2 000万元及以上的工业企业，之前年度为500万元及以上口径。

数据来源：《中国经济景气月报》、贵州省统计局。

图11　1996～2013年贵州省规模以上工业增加值同比增长率

增加值占比提升至38.3%。

3. 服务业保持较快增长，行业结构持续改善。第三产业增加值比上年增长12.6%。在生态文明贵阳国际论坛年会、国际酒类博览会等大型活动的带动下，旅游、商贸等服务业快速发展，旅游人数和收入分别增长25.1%和27.4%。金融、房地产发展势头稳步加快，物流、会展等现代服务业持续发展，淘宝网、京东商城贵州馆等电子商务平台启动。营利性服务业和非营利性服务业增加值均增长10%以上。

（三）价格总水平平稳，劳动力成本涨幅上升

2013 年全年物价水平保持总体稳定，生产价格有所下降，劳动力成本继续上升。

1. 居民消费价格保持总体稳定。全年居民消费价格涨幅在2.2%～3.0%区间平稳波动（见图12）。全年居民消费价格总体比上年上涨2.5%，涨幅较上年回落0.2 个百分点，其中，食品价格上涨4.1%，居住价格上涨3.0%，服务价格上涨3.0%。

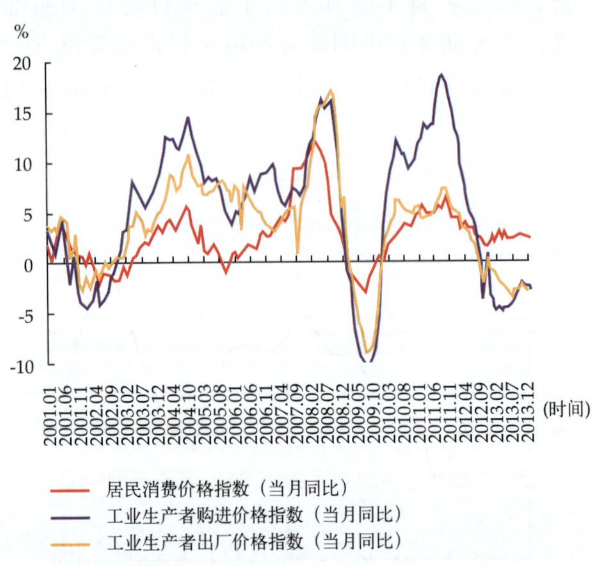

数据来源：贵州省统计局。

图12　2001～2013年贵州省居民消费价格和生产者价格变动趋势

2. 生产价格涨幅继续下降。延续上年生产价格涨幅下降趋势，2013年年初生产价格涨幅继续下降后略有回升，但全年生产价格涨幅仍总体下降，全年工业生产者出厂价格指数和购进价格指数分别为97.4%和96.4%。

3. 劳动力成本继续上升。单位从业人员平均劳动报酬继续上升，各类型单位从业人员平均劳动报酬差距继续扩大。最低工资标准、失业保险金标准上调，企业退休人员基本养老金增加，住房公积金缴存进一步规范。农民工返乡就业创业发展迅速，各项扶持政策成效显著。

4. 公共性资源产品价格保持稳定。全省电力、自来水、汽油、煤油、煤、石油液化气等资源性产品价格调整幅度不大，基本保持稳定。矿产资源配置机制改革和居民电价改革逐见成效，公共资源交易中心建设大力推进。

（四）财政收入较快增长，支出结构不断优化

2013年，贵州省财政总收入为1 919.2亿元，比上年增长16.7%（见图13），其中地方级增速快于中央级3.6个百分点。产业结构调整成效明显，卷烟、建筑、房地产、金融等行业支撑税收较快增长，交通运输、仓储和邮政、租赁、居民服务等行业成为新的税收增长点，“高污染、高能耗、高排放”产业税收下降。白酒、住宿餐饮等行业税收增速明显放缓。财政收入质量改善，非税收入占比、增速均低于上年。“5个100工程”

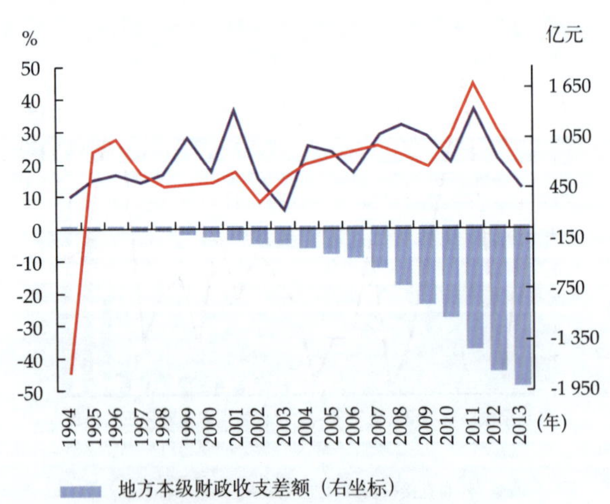

数据来源：贵州省统计局。

图13　1994～2013年贵州省财政收支状况

重点发展平台、道路交通等重大基础设施建设和科技创新等领域的财政支出力度加大，教育、就业、扶贫、医疗卫生、保障性安居工程等民生财政支出占比达75%。

（五）生态环境明显改善，配套措施持续完善

节能减排和再生资源利用成效明显，淘汰落后产能988万吨，城市污水、生活垃圾无害化处理率提高，单位生产总值能耗下降3.1%，主要污染物排放总量控制在国家下达指标范围内。治理石漠化1 000平方公里，治理水土流失2 706平方公里，完成营造林450万亩，新增耕地30万亩，森林覆盖率提高到48%。

创建全国生态文明先行区规划和主体功能区规划编制实施，生态文明国际论坛年会成功举办。在部分流域实施水污染生态补偿制度，开展环境污染强制责任保险试点，扶贫生态移民持续推进。

全省淘汰落后产能和“两高一剩”贷款余额实现“双降”，节能减排和循环经济金融支持力度不断加大。

专栏2　贵州省“3个15万元”扶持微型企业政策取得实效

2012年开始，为扶持微型企业发展，贵州省政府开始实施“3个15万元”政策（投资者出资达到10万元后，政府给予5万元补助，15万元的税收奖励，15万元额度的银行贷款支持），专门成立扶持微型企业发展工作领导小组办公室，推动财税、金融、就业等多项政策的有效结合，充分发挥政策支持合力。

（一）多项政策叠加支持，助推微型企业发展。一是财政补助政策。创办的微型企业，在实际货币投资达到10万元，并经审核合格后，由省市县三级人民政府财政部门按照7：1：2的比例给予5万元补助。二是税收奖励政策。符合扶持条件的微型企业除享受国家和贵州省对微型企业及特定行业、区域、环节的税收优惠政策外，县级财政部门按照微型企业实际缴付的所有税收中省级及以下地方留存部分总额进行等额奖励，总计不超过15万元。三是融资与担保政策。符合扶持条件的微型企业有贷款需求的，可以自有财产抵押、税收奖励为质押或信用贷款等方式，到当地银行或担保机构申请15万元额度的银行贷款或担保支持。四是其他扶持政策。符合扶持条件的微型企业，享受行政事业性零收费政策；创办的微型企业符合国家有关部门政策支持的，可依据相关规定进行申请。

(二)扶持政策有效落实，政策效应不断释放。截至2013年年末，全省累计扶持微型企业40 000户；培训微型企业创业者41 268人；累计37 387户微型企业获得财政补助资金22.5亿元；共5 744户微型企业获得2012年度税收奖励金额845 万元；累计有10 554户微型企业申请贷款支持，申请户数占全省扶持总数的26%；有7 171户获得贷款支持9.89亿元（户均13.8万元），占全省扶持总数的18%。

在“3个15万元”政策的带动下，全省扶持的微型企业累计带动就业21.8 万人，扶持的微型企业实际货币投资总额达到48.4亿元（户均12万元），全省扶持的微型企业正保持着良好发展势头。同时，政策的实施也有效推动了全省小微企业“两个不低于”贷款增长目标的顺利实现，带动了全省小微企业贷款的快速增长。

（六）房地产调控效果显现，茶产业快速发展

1. 房地产调控效果逐步显现。全省房地产开发投资增长适度放缓，保障性住房建设步伐加快，市场销售继续保持稳定增长，省内重点城市商品房销售价格稳中有升。

房地产开发投资增长放缓。2013年，贵州省房地产开发投资完成额1 942.5亿元，较上年增长32.4%，增速较上年下降35.6个百分点。从资金来源构成看，对国内贷款的依赖程度有所下降，国内贷款较上年下降1.6%。

保障性住房建设力度加大。2013年，全省房屋施工面积较上年增长31.0%，新开工面积增长48.6%，竣工面积增长24.6%。新开工保障性住房套数31.4万套，基本建成保障性住房10.2万套，均超额完成年初计划目标。

商品房销售加快增长。2013年全省商品房销售面积为2 972.3万平方米，商品房销售额为1 276.7亿元，分别较上年增长35.9%和41.8%（见图14），整体涨幅高于上年。从重点城市情况看，贵阳市

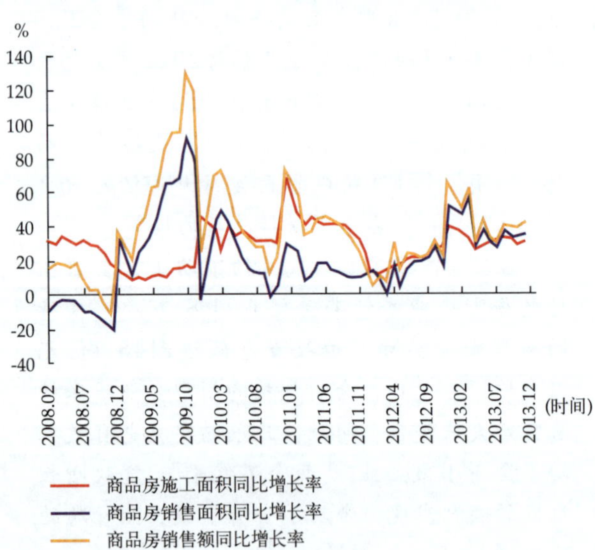

数据来源：《中国经济景气月报》、贵州省统计局。

图14 2008～2013年贵州省商品房施工和销售变动趋势

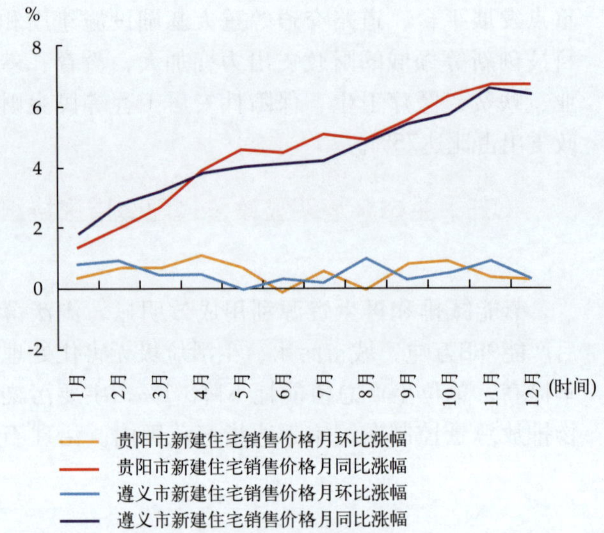

数据来源：《中国经济景气月报》、贵州省统计局。

图15 2013年贵州省主要城市新建住宅销售价格变动趋势

商品房销售面积连续两年突破“千万方”，遵义市商品房销售面积、销售额较上年增长均超过60%。

新建住宅价格稳中有升。2013年以来，贵阳市各月新建住宅价格环比指数均在1%左右波动，同比指数较年初以来逐月稳步提高，12月达到6.7%（见图15）。二手住房价格上涨明显，同比指数呈逐月走高趋势，12月达到10%。

房地产贷款稳步增长。年末房地产贷款余额较年初增长32.6%，其中，房地产开发贷款增长41.5%，个人住房贷款增长25.5%。土地储备贷款新增额占房地产贷款新增额比重达43.4%。个人住房贷款抵贷比56.5%，较上年下降3.2个百分点。保障性住房开发贷款余额较年初增长88.9%，住房公积金贷款支持保障性住房建设试点工作有序推进。

2. 茶产业快速发展。2013年，全省茶产业积极扩张，加快转型升级，品牌形象逐步建立，实现种植面积、产量和产值等全面增长，已逐步成为贵州的“五张名片”[①]之一。截至2013年年末，全省茶园种植面积已跃居全国首位，达到611

①贵州的“五张名片”是指烟、酒、茶、多彩贵州旅游和中药材产业。

万亩，茶业产量13.6万吨，总产值105亿元，分别较上年增长22.2%、36.0%和22.1%。目前已初步形成湄潭翠芽、都匀毛尖等区域品牌，贵茶、贵天下、兰馨获中国驰名商标，“绿宝石”出口美国。金融机构对茶产业的信贷投放逐年增长，针对茶产业的金融产品不断增多，2013年年末茶产业贷款余额26.8亿元，同比增长35.6%。

三、预测与展望

2014年，是深入贯彻落实党的十八届三中全会精神、全面深化改革的第一年，也是完成“十二五”规划至关重要的一年。贵州省正处于从低收入向中等收入迈进的关键阶段，处于发展加速期、结构调整期、改革攻坚期。贵州省迎来了后发赶超、推动跨越的重要战略机遇期，进入了工业化、城镇化加速推进的新阶段，开启了科学发展、同步小康的新征程。

贵州省经济发展的主要预期目标是:地区生产总值增长12.5%，全社会固定资产投资增长25%，工业经济、城镇人口、民营经济、县域经济比重分别提高到38.4%、40.1%、46%和68%左右，居民消费价格涨幅控制在3.5%左右。受2013年贷款余额基数较大等因素的影响，预计2014年全省贷款余额增速较2013年将有所下降，但仍将高于全省经济增长速度和全国贷款增长的平均水平。

2014年，贵州金融业将继续贯彻落实好稳健的货币政策，积极做好各项金融服务工作，充分发挥金融对资源的配置作用，大力支持经济结构调整和转型升级，持续提高对重点领域、经济社会薄弱环节、民生领域的金融扶持力度。

中国人民银行贵阳中心支行货币政策分析小组
总　纂：王　平　卢　钦
统　稿：王凯明　李家鸽　封明川
执　笔：白庆菊　欧阳斌　李晶彦　杨　丽　刘　爽　孔艳彦　颜　寅
提供材料的还有：潘　琳　黄　蓉　刘　杰　孙　怡　蒋　昕　刘利红　陈　曦　路　音　孙学栋

附录

（一）2013年贵州省经济金融大事记

7月20日，贵州省政府出台《省人民政府关于支持“5个100工程”建设政策措施的意见》（黔府发[2013]15号）。

9月8日，贵阳市人民政府与中关村科技园区管理委员签订战略合作框架协议，并举行“中关村贵阳科技园”揭牌仪式。

9月16日，国务院正式作出批复，同意设立贵阳综合保税区。

9月25日，中国民生银行贵阳分行正式开业，成为入驻贵州的第6家股份制商业银行。

10月28日，贵州省骨干水源工程、引提灌工程和地下水（机井）利用工程 “三大会战”启动。

12月14日，贵阳龙洞堡机场年旅客吞吐量首次突破千万人次大关，这标志着贵阳龙洞堡机场已跻身大型繁忙机场行列。

12月31日，2013年全省地区生产总值增长12.7%，突破8 000亿元，提前两年实现“十二五”规划的预期目标。

12月31日，全省社会固定资产投资、金融机构贷款余额、企业和个体工商户注册资本三项指标均突破1万亿元。

（二）2013年贵州省主要经济金融指标

表1　2013年贵州省主要存贷款指标

		1月	2月	3月	4月	5月	6月	7月	8月	9月	10月	11月	12月
本外币	金融机构各项存款余额（亿元）	10 763.3	10 904.7	11 408.1	11 627.3	11 954.9	12 213.8	12 328.4	12 557.0	12 873.5	12 806.8	12 909.7	13 297.6
	其中：储蓄存款	4 958.1	5 266.9	5 323.2	5 267.1	5 318.9	5 428.1	5 447.8	5 512.1	5 648.5	5 581.9	5 647.5	5 929.9
	单位存款	5 260.5	5 094.6	5 588.3	5 757.3	5 940.0	6 110.4	6 127.8	6 216.4	6 412.0	6 386.3	6 384.0	6 697.2
	各项存款余额比上月增加（亿元）	194.7	141.4	503.4	219.2	327.6	258.8	114.7	228.6	316.5	-66.7	103.0	387.9
	金融机构各项存款同比增长（%）	22.4	21.6	23.5	25.1	25.6	25.5	26.2	26.2	25.4	23.7	23.6	25.8
	金融机构各项贷款余额（亿元）	8 582.5	8 697.9	8 896.2	9 089.6	9 231.9	9 380.2	9 510.9	9 683.4	9 899.5	10 037.4	10 115.3	10 157.0
	其中：短期	1 879.5	1 916.4	1 971.7	2 005.6	2 027.0	2 076.5	2 103.5	2 128.6	2 185.9	2 199.2	2 235.1	2 277.3
	中长期	6 542.5	6 644.3	6 762.7	6 895.0	7 013.5	7 131.2	7 236.4	7 374.5	7 539.2	7 666.5	7 726.3	7 759.6
	票据融资	140.0	116.8	145.5	172.6	175.0	156.4	154.0	163.6	152.1	147.0	128.5	93.4
	各项贷款余额比上月增加（亿元）	223.9	115.4	198.2	193.4	142.3	148.3	130.8	172.5	216.1	137.9	77.9	41.7
	其中：短期	68.6	36.9	55.3	33.9	21.5	49.5	27.0	25.1	57.3	13.3	35.9	42.2
	中长期	136.4	101.8	118.3	132.4	118.5	117.6	105.3	138.1	164.6	127.3	59.8	33.2
	票据融资	18.2	-23.2	28.7	27.1	2.4	-18.7	-2.4	9.6	-11.4	-5.2	-18.4	-35.2
	金融机构各项贷款同比增长（%）	22.5	22.0	22.2	22.9	21.6	21.5	21.4	21.6	22.2	21.8	22.2	21.6
	其中：短期	39.8	37.9	36.7	36.0	33.5	33.1	31.2	29.5	30.2	27.1	27.8	26.3
	中长期	17.9	18.2	18.1	18.7	17.8	18.2	18.8	19.6	20.7	20.8	21.0	21.1
	票据融资	34.4	6.6	43.4	69.9	59.1	37.9	27.1	16.9	-4.1	-0.8	7.1	-23.3
	建筑业贷款余额（亿元）	377.2	388.4	394.3	399.9	410.9	425.8	434.9	444.1	449.5	456.9	458.6	463.3
	房地产业贷款余额（亿元）	377.0	394.9	404.8	414.3	410.1	401.9	409.2	425.1	421.6	442.6	441.5	448.0
	建筑业贷款同比增长（%）	19.2	22.7	19.4	19.6	19.4	23.4	23.8	27.4	26.1	25.5	24.4	28.4
	房地产业贷款同比增长（%）	8.4	12.6	11.9	15.9	12.6	9.3	13.9	17.5	14.3	17.4	19.5	19.2
人民币	金融机构各项存款余额（亿元）	10 734.5	10 872.7	11 373.4	11 596.7	11 928.1	12 176.2	12 298.6	12 524.4	12 844.2	12 780.6	12 877.0	13 265.0
	其中：储蓄存款	4 948.3	5 256.0	5 312.2	5 255.0	5 307.7	5 417.4	5 436.8	5 500.8	5 637.6	5 571.2	5 636.7	5 919.1
	单位存款	5 242.0	5 074.6	5 565.3	5 739.4	5 924.9	6 084.6	6 109.8	6 196.0	6 394.2	6 371.9	6 362.8	6 676.5
	各项存款余额比上月增加（亿元）	193.7	138.2	500.6	223.3	331.4	248.1	122.4	225.8	319.7	-63.5	96.4	388.0
	其中：储蓄存款	141.8	307.7	56.2	-57.2	52.8	109.7	19.4	64.1	136.8	-66.4	65.5	282.3
	单位存款	22.0	-167.4	490.8	174.1	185.4	159.8	25.2	86.1	198.2	-22.3	-9.1	313.7
	各项存款同比增长（%）	22.4	21.6	23.5	25.1	25.7	25.6	26.3	26.3	25.4	23.8	23.6	25.9
	其中：储蓄存款	17.4	24.3	23.4	22.9	22.9	22.8	22.4	21.8	21.4	20.5	20.7	23.2
	单位存款	32.4	23.6	25.0	29.0	29.1	29.1	30.3	30.1	30.6	28.6	26.8	27.9
	金融机构各项贷款余额（亿元）	8 473.9	8 586.0	8 782.6	8 980.7	9 137.3	9 297.0	9 449.0	9 627.6	9 838.6	9 984.0	10 067.2	10 104.3
	其中：个人消费贷款	1 422.0	1 436.6	1 464.4	1 500.0	1 535.9	1 570.1	1 604.1	1 640.4	1 668.7	1 695.7	1 732.8	1 742.1
	票据融资	140.0	116.8	145.5	172.6	175.0	156.4	154.0	163.6	152.1	147.0	128.5	93.4
	各项贷款余额比上月增加（亿元）	190.8	112.0	196.6	198.2	156.5	159.7	152.0	178.6	210.9	145.5	83.1	37.2
	其中：个人消费贷款	38.6	17.3	27.8	35.6	35.9	34.2	34.0	36.3	39.7	27.0	37.1	9.4
	票据融资	18.2	-23.2	28.7	27.1	2.4	-18.7	-2.4	9.6	-11.4	-5.2	-18.4	-35.2
	金融机构各项贷款同比增长（%）	21.5	21.1	21.4	22.1	21.0	21.1	21.2	21.4	22.1	21.7	22.4	22.1
	其中：个人消费贷款	31.8	30.8	29.6	29.1	29.3	28.2	28.6	28.5	28.3	27.2	26.8	26.2
	票据融资	34.4	6.6	43.4	69.9	59.1	37.9	27.1	16.9	-4.1	-0.8	7.1	-23.3
外币	金融机构外币存款余额（亿美元）	4.6	5.1	5.5	4.9	4.3	6.1	4.8	5.3	4.8	4.3	5.3	5.3
	金融机构外币存款同比增长（%）	12.2	28.1	35.8	14.8	-9.2	16.0	14.4	3.6	22.8	5.3	34.9	21.1
	金融机构外币贷款余额（亿美元）	17.3	17.8	18.1	17.5	15.3	13.5	10.0	9.0	9.9	8.7	7.8	8.6
	金融机构外币贷款同比增长（%）	221.6	191.6	169.2	176.3	135.2	80.4	64.4	56.2	52.8	30.1	-6.0	-28.0

数据来源：中国人民银行贵阳中心支行。

表2 2001～2013年贵州省各类价格指数

单位：%

年/月		居民消费价格指数		农业生产资料价格指数		工业生产者购进价格指数		工业生产者出厂价格指数	
		当月同比	累计同比	当月同比	累计同比	当月同比	累计同比	当月同比	累计同比
2001		—	1.8	—	-0.6	—	0.2	—	2.2
2002		—	-1.0	—	0.6	—	-2.4	—	-1.1
2003		—	1.2	—	4.1	—	6.0	—	3.4
2004		—	4.0	—	9.0	—	12.0	—	8.0
2005		—	1.0	—	10.2	—	7.4	—	7.2
2006		—	1.7	—	5.4	—	7.3	—	4.3
2007		—	6.4	—	5.1	—	7.5	—	5.0
2008		—	7.6	—	13.4	—	12.5	—	12.4
2009		—	-1.3	—	-3.8	—	-6.5	—	-4.9
2010		—	2.9	—	1.1	—	9.8	—	4.7
2011		—	5.1	—	11.1	—	15.0	—	5.4
2012		—	2.7	—	0.7	—	2.3	—	1.0
2013			2.5		-1.0		-3.6		-2.6
2012	1	4.2	4.2	10.7	10.7	11.8	11.8	4.5	4.5
	2	3.2	3.7	9.2	9.9	8.8	10.3	3.8	4.2
	3	3.8	3.8	3.7	7.8	7.8	9.5	3.2	3.8
	4	3.2	3.6	1.8	6.2	5.4	8.4	2.9	3.6
	5	3.3	3.6	2.9	5.5	4.6	7.6	2.1	3.3
	6	2.8	3.4	0.1	4.6	3.5	6.9	1.5	3.0
	7	2.3	3.3	-3.4	3.4	1.7	6.1	0.1	2.6
	8	2.2	3.1	-3.0	2.6	-0.6	5.3	-1.1	2.1
	9	1.6	3.0	-4.7	1.7	-3.7	4.2	-1.8	1.7
	10	1.5	2.8	-3.7	1.2	0.8	3.5	0.0	1.4
	11	2.0	2.7	-1.7	0.9	-3.4	2.8	-0.9	1.2
	12	2.5	2.7	-1.7	0.7	-3.6	2.3	-0.8	1.0
2013	1	2.2	2.2	-3.7	-3.7	-4.7	-4.7	-1.4	-1.4
	2	3.0	2.6	-3.0	-3.3	-4.5	-4.6	-2.2	-1.8
	3	2.4	2.5	-2.0	-2.9	-4.7	-4.6	-2.3	-2.0
	4	2.8	2.6	-2.0	-2.7	-4.5	-4.6	-2.9	-2.2
	5	2.3	2.5	-3.4	-2.8	-4.4	-4.6	-3.1	-2.4
	6	2.3	2.5	-0.5	-2.5	-4.1	-4.5	-3.5	-2.6
	7	2.4	2.5	0.3	-2.1	-3.4	-4.3	-2.7	-2.6
	8	2.7	2.5	0.3	-1.8	-3.0	-4.2	-2.6	-2.6
	9	2.8	2.5	0.4	-1.5	-2.0	-3.9	-2.4	-2.6
	10	2.7	2.6	1.1	-1.3	-2.7	-3.8	-2.5	-2.6
	11	2.6	2.6	0.7	-1.1	-2.5	-3.7	-2.5	-2.6
	12	2.3	2.5	0.4	-1.0	-2.3	-3.6	-2.8	-2.6

数据来源：《中国经济景气月报》、贵州省统计局。

表3　2013年贵州省主要经济指标

	1月	2月	3月	4月	5月	6月	7月	8月	9月	10月	11月	12月
绝对值（自年初累计）												
地区生产总值（亿元）	—	—	1 231.9	—	—	3 249.9	—	—	5 110.7	—	—	8 006.8
第一产业	—	—	144.3	—	—	316.1	—	—	603.3	—	—	1 029.1
第二产业	—	—	654.6	—	—	1 434.4	—	—	2 258.7	—	—	3 243.7
第三产业	—	—	433.0	—	—	1 499.4	—	—	2 248.7	—	—	3 734.0
工业增加值（亿元）	—	356.1	561.5	747.1	956.8	1 182.3	1 390.1	1 605.8	1 838.3	2 054.7	2 295.2	2 531.9
固定资产投资（亿元）	—	496.7	978.9	1 408.9	1 788.5	2 538.9	3 076.8	3 546.4	4 296.2	4 958.2	5 767.6	7 102.8
房地产开发投资	—	152.2	383.1	496.1	664.8	859.6	1 028.1	1 211.8	1 420.7	1 598.6	1 778.4	1 942.5
社会消费品零售总额（亿元）	—	—	526.0	—	—	1 046.9	—	—	1 616.0	—	—	2 366.2
外贸进出口总额（亿美元）	9.1	12.1	16.8	19.7	23.0	26.0	36.3	44.2	48.6	60.6	76.9	82.9
进口	1.4	1.8	2.8	3.8	5.1	6.2	7.3	8.6	9.7	11.7	12.5	14.0
出口	7.8	10.3	14.0	15.9	17.9	19.8	28.9	35.6	39.0	48.9	64.4	68.9
进出口差额(出口－进口)	6.4	8.5	11.2	12.1	12.8	13.6	21.6	27.1	29.3	37.2	52.0	54.8
外商实际直接投资（亿美元）	1.4	2.2	3.3	4.4	5.5	7.3	8.0	9.6	10.9	12.2	13.8	15.3
地方财政收支差额（亿元）	-89.2	-202.1	-350.9	-517.8	-563.6	-715.4	-841.0	-982.8	-1 153.9	-1 338.2	-1 501.8	-1 892.5
地方财政收入	109.9	171.1	315.2	329.4	473.9	632.8	695.5	761.9	864.0	962.4	1 086.4	1 205.7
地方财政支出	199.1	373.2	666.2	847.2	1 037.5	1 348.2	1 536.5	1 744.8	2 017.8	2 300.7	2 588.3	3 098.3
城镇登记失业率(%)(季度)	—	—	3.4	—	—	3.3	—	—	3.3	—	—	3.3
同比累计增长率（%）												
地区生产总值	—	—	12.6	—	—	12.5	—	—	12.6	—	—	12.5
第一产业	—	—	5.4	—	—	4.8	—	—	5.2	—	—	5.8
第二产业	—	—	15.2	—	—	14.6	—	—	14.6	—	—	14.1
第三产业	—	—	10.9	—	—	12.2	—	—	12.5	—	—	12.6
工业增加值	—	15.6	14.8	14.5	14.2	13.9	14.0	13.9	13.9	13.9	13.7	13.6
固定资产投资	—	30.7	34.2	33.0	29.4	29.4	29.5	29.5	29.6	29.4	29.2	29.0
房地产开发投资	—	86.7	74.3	54.0	52.2	49.5	47.0	45.5	42.0	40.3	33.8	32.4
社会消费品零售总额	—	—	13.7	—	—	13.7	—	—	13.8	—	—	14.0
外贸进出口总额	163.3	96.8	75.1	56.2	41.9	26.5	3.8	7.4	3.9	16.6	34.6	25.0
进口	-29.3	-42.9	-38.8	-35.7	-31.4	-32.0	-31.4	-27.5	-25.2	-13.7	-15.8	-16.4
出口	399.2	243.2	179.4	138.0	104.8	73.2	19.3	21.4	14.9	27.3	52.3	39.0
外商实际直接投资	97.9	47.4	41.1	26.2	35.0	30.2	38.4	47.7	48.7	47.6	48.9	45.9
地方财政收入	12.5	11.7	20.8	20.3	17.8	18.5	17.9	14.7	14.8	15.2	17.6	18.9
地方财政支出	32.2	36.0	12.6	16.7	15.5	15.9	15.6	17.4	14.8	18.9	15.0	12.4

数据来源：《中国经济景气月报》、贵州省统计局、贵州省人力资源和社会保障厅。

2013年云南省金融运行报告

中国人民银行昆明中心支行货币政策分析小组

[内容摘要] 2013年，面对错综复杂的国内外经济环境和省内经济下行压力加大等形势，云南省积极应对各种挑战，采取了一系列强有力的措施，全力以赴"稳增长、调结构、促改革"。全省经济持续较快增长，发展方式进一步转变，结构调整取得积极进展，改革开放步伐明显加快，人民生活水平不断改善，国民经济运行和社会发展态势良好。

全省金融机构贯彻落实稳健货币政策成效突出，金融运行总体稳健、效率提高，地区货币信贷和社会融资总量合理增长，信贷结构持续优化，资本市场直接融资功能有效发挥，金融支持实体经济发展、结构调整和转型升级的力度继续增强。

云南省正处于跨越发展的关键时期。2014年，全省发展面临的内外部环境总体趋好，经济持续健康较快发展的可能性依然很大。金融机构将继续坚持稳中求进的工作总基调，贯彻落实好稳健的货币政策和各项信贷政策，深化金融改革，扩大金融对外开放，为全省经济发展创造良好稳定的金融环境。

一、金融运行情况

2013年，云南省金融业运行稳健，发展态势良好，金融支持实体经济发展、经济结构调整和转型升级的力度持续加大，各项金融改革创新有序推进，金融生态环境不断优化。

（一）银行业稳健发展，货币信贷合理增长

2013年，云南省银行业金融机构经营稳中有进，综合实力不断增强，改革创新步伐持续加快，支持实体经济发展与经济结构调整和转型升级的能力有效提升。

1. 综合实力稳步增强，服务体系日趋完善。2013年，云南省银行业金融机构数量、从业人员均有所增加，资产规模较快增长，不良贷款实现"双降"。年末，全省银行业金融机构数量、从业人员同比分别增加69个和1 589人，资产总额同比增长16.3%，不良贷款余额和不良贷款率分别比年初减少7.0亿元和下降0.2个百分点。年内，华夏金融租赁有限公司正式开业，填补了云南省租赁行业的空白；村镇银行数量增加到36家，营业网点增至57个，资产规模扩大到150.4亿元、同比增长78.0%（见表1）。

表1 2013年云南省银行业金融机构情况

机构类别	营业网点			法人机构（个）
	机构个数（个）	从业人数（人）	资产总额（亿元）	
一、大型商业银行	1 594	35 467	10 728.8	0
二、国家开发银行和政策性银行	88	2 060	2 845.9	0
三、股份制商业银行	183	6 442	4 513.6	0
四、城市商业银行	161	3 623	1 528.8	3
五、小型农村金融机构	2 383	21 237	6 126.2	133
六、财务公司	3	62	81.9	2
七、信托公司	1	121	16.1	1
八、邮政储蓄银行	860	2 003	662.1	0
九、外资银行	4	97	45.7	1
十、新型农村金融机构	57	910	150.4	36
十一、其他	1	47	123.5	1
合 计	5 335	72 069	26 823.2	177

注：营业网点不包括国家开发银行和政策性银行、大型商业银行、股份制银行金融机构总部数据；大型商业银行包括中国工商银行、中国农业银行、中国银行、中国建设银行和交通银行；小型农村金融机构包括农村商业银行、农村合作银行和农村信用社；新型农村金融机构仅有村镇银行；"其他"仅有金融租赁公司。

数据来源：云南银监局。

2. 各项存款较快增长，余额突破2万亿元。2013年，云南省各项存款继续保持较快增长，但增速有所下滑（见图1、图3）。年末，全省银行业金融机构本外币各项存款余额达到20 829.3亿

元，同比增长15.3%，比上年年末下降1.8个百分点。受居民收入较快增长、资本市场持续低迷等因素影响，储蓄存款增加较多，占新增存款的比重同比提高2.9个百分点。年末外币存款余额同比增长45.8%，比上年年末提高17.6个百分点（见图4）。

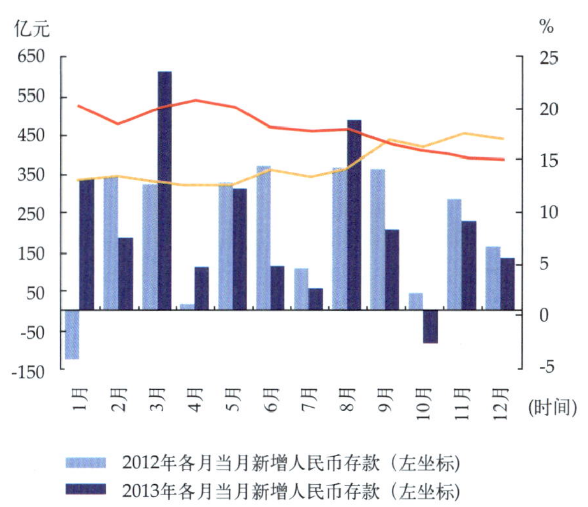

数据来源：中国人民银行昆明中心支行。

图1　2012~2013年云南省金融机构人民币存款增长变化

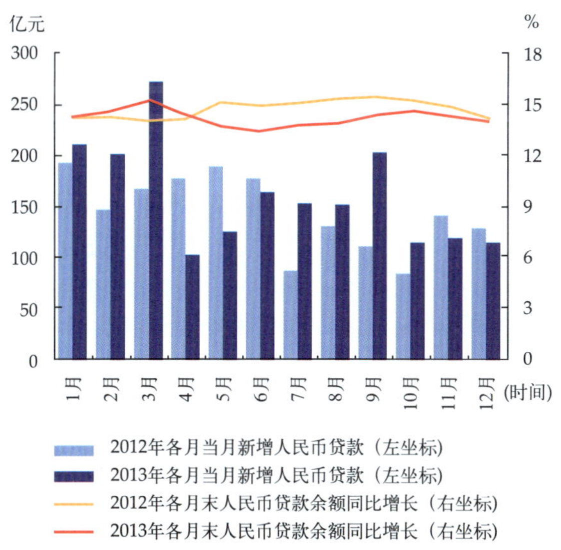

数据来源：中国人民银行昆明中心支行。

图2　2012~2013年云南省金融机构人民币贷款增长变化

3. 各项贷款合理增长，信贷支持重点突出。2013年，云南省银行业金融机构贯彻落实稳健货币政策和信贷政策成效显著，各项贷款保持合理稳定增长（见图2、图3），信贷投向结构持续优化，信贷政策与产业政策的协同性增强，信贷资金在经济结构调整和转型升级中的引导作用有效发挥。2013年年末，全省银行业金融机构本外币各项贷款余额同比增长13.8%，比年初增加1 945.6亿元，同比多增130.7亿元。全年全省银行业金融机构累计向工业园区企业发放贷款630.3亿元，同比多发放208.7亿元；累计发放保障性住房贷款135.6亿元，同比多发放53.8亿元；全年新增“三农”和小微企业贷款760.9亿元和430.0亿元，同比多增54.4亿元和64.9亿元。全省银行业金融机构积极盘活贷款存量，信贷资金使用效率有所提高，全年累计发放人民币贷款1.1万亿元，同比多发放1 468.9亿元；人民币贷款周转次数0.61次/年，比上年提高0.02次。

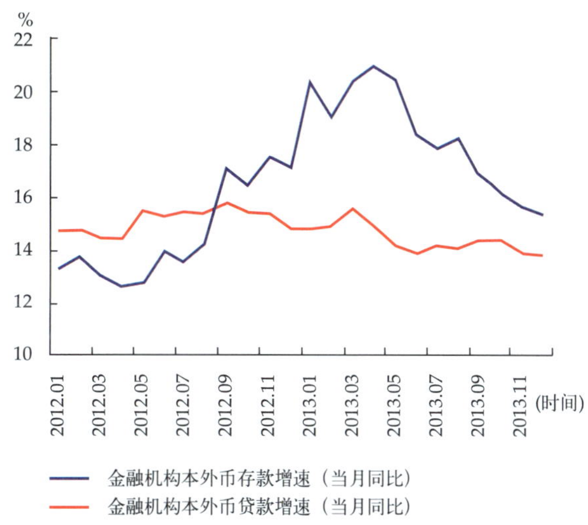

数据来源：中国人民银行昆明中心支行。

图3　2012~2013年云南省金融机构本外币存、贷款增速变化

4. 表外业务快速发展，融资增量创历史新高。2013年年末，云南省委托贷款余额和信托贷款余额同比分别增长63.2%和2.5倍；全年全省委托贷款、信托贷款和未贴现银行承兑汇票合计新增1 782.8亿元，同比多增1 031.4亿元，新增额占全省社会融资规模的比重达41.8%，比上年提高

表2 2013年云南省金融机构人民币贷款各利率区间占比

单位：%

月份		1月	2月	3月	4月	5月	6月
合计		100.0	100.0	100.0	100.0	100.0	100.0
下浮		7.2	4.4	3.4	3.8	2.7	4.5
基准		24.1	27.7	23.5	19.8	22.8	22.0
上浮	小计	68.8	68.0	73.2	76.4	74.5	73.5
	(1.0，1.1]	16.2	16.9	20.0	17.9	15.4	17.8
	(1.1，1.3]	26.1	23.0	24.5	28.6	30.5	27.2
	(1.3，1.5]	10.3	11.9	12.0	13.6	13.6	14.8
	(1.5，2.0]	15.4	15.7	15.9	15.5	14.4	13.1
	2.0以上	0.8	0.6	0.9	0.8	0.7	0.7
月份		7月	8月	9月	10月	11月	12月
合计		100.0	100.0	100.0	100.0	100.0	100.0
下浮		2.0	4.9	5.1	3.0	4.7	3.5
基准		19.7	15.9	23.3	20.6	24.1	23.6
上浮	小计	78.4	79.2	71.6	76.4	71.3	73.0
	(1.0，1.1]	16.8	20.4	18.9	18.5	16.2	18.9
	(1.1，1.3]	30.1	28.6	26.0	29.1	27.9	25.5
	(1.3，1.5]	17.2	14.8	14.0	14.4	14.3	15.7
	(1.5，2.0]	13.7	14.6	11.8	13.5	12.1	11.7
	2.0以上	0.7	0.8	1.0	1.0	0.9	1.1

数据来源：中国人民银行昆明中心支行。

16.6个百分点。受中国银监会规范理财产品市场等一系列政策的影响，2013年下半年全省信托贷款增量逐月减少，其中11月和12月增量分别为负的24.6亿元和负的39.8亿元。

5. 贷款利率总体稳定，市场化改革成效明显。2013年，云南省金融机构积极应对利率市场化改革带来的挑战和机遇，着力提高资产负债管理能力，完善定价机制建设，并根据自身发展基础、经营定位和客户资源状况实施差异化定价策略，利率市场化改革的成效逐步显现。从存款看，利率在基准利率及其1.1倍区间内浮动，实现了分机构和分客户的差异化定价。从贷款看，全面放开贷款利率管制后，金融机构定价趋于稳定，各月人民币一般贷款加权平均利率（不含贴现）在7.4%～7.6%区间内小幅波动，但受宏观经济形势变化和市场资金松紧程度的影响，上浮利率贷款比重呈现年初较低、年中上升、年末回落的发展态势（见表2）。

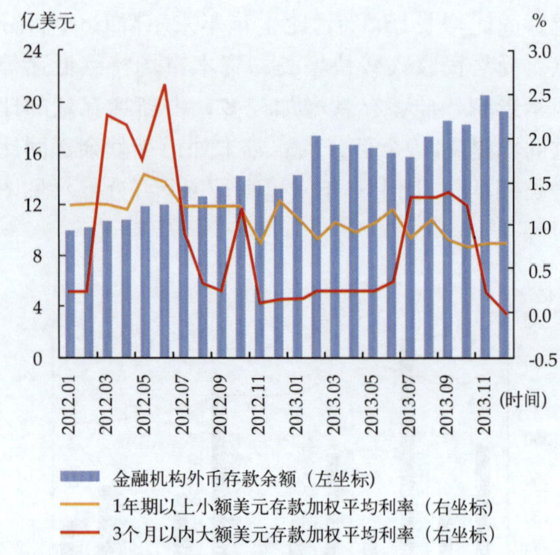

数据来源：中国人民银行昆明中心支行。

图4 2012～2013年云南省金融机构外币存款余额及外币存款利率

6. 银行业金融机构改革有序推进，风险管控能力有效提升。2013年，中国农业银行云南省分行“三农金融事业部”改革继续深化，组织架构不断完善，“三农”业务风险管理体制逐步健全，支持“三农”和县域经济能力显著增强。沿边金融综合改革试点州市金融机构改革力度加大，农村信用社深化改革步伐加快。全年银行业金融机构运行稳健，风险防御能力稳步提升，资产利润率、拨备覆盖率比上年均有所提高，地方法人金融机构资本充足率、流动性比率指标明显改善。

7. 跨境人民币业务向纵深发展，辐射面持续扩大。2013年，全省银行共办理跨境人民币结算591.0亿元，同比增长30.8%，其中货物贸易项下结算309.2亿元，占同期全省外贸总额的19.3%，同比提高0.7个百分点，自试点以来全省跨境人民币累计结算额已达1 314.4亿元。跨境业务辐射面进一步扩大，参与跨境人民币结算的银行分支机构达247个，涉及企业1 134家，比上年分别增加44个和293家，境外地域覆盖面由上年的47个国家和地区拓展至61个。

专栏1　云南省全力推动沿边金融综合改革试验区建设

云南省是我国连接东南亚和南亚的陆路交通枢纽、对外开放的重要门户，是中国面向西南开放的重要桥头堡。改革开放以来，依靠民间力量自发推进，政府和职能部门引导规范，云南边境地区金融对外开放和交流取得长足发展，为全面推进沿边金融改革开放创造了良好条件。20世纪90年代，云南省率先在全国边境贸易中使用人民币结算，并在21世纪以来结算量快速上升，成为边境贸易的主要结算方式。2010年6月，云南省获批成为跨境贸易人民币结算第二批试点地区，至2013年年末全省累计办理跨境人民币结算1 314.4亿元，业务覆盖61个国家和地区。2011年，云南省在全国首次实现人民币与老挝基普区域性柜台交易挂牌，首创人民币对非主要国际储备货币（泰铢）在银行间市场区域交易的全新模式。同时，云南省与东盟双边经贸往来不断扩大，东盟已成为云南增长最快和份额最大的主要贸易市场。2013年，云南省与东盟贸易额达109亿美元，占全省外贸总额的42.2%。

2013年11月20日，经国务院同意，中国人民银行等十一部委联合下发了《云南省 广西壮族自治区建设沿边金融综合改革试验区总体方案》（银发[2013]276号）。围绕“推动跨境人民币业务创新”、“完善金融组织体系”、“培育发展多层次资本市场”、“促进贸易投资便利化”等十项主要任务，国家赋予了云南大量先行先试政策。这是国家首次在云南开展的综合性区域金融改革，充分体现了中央对云南边疆民族地区金融工作的关心、重视和支持，必将对全省加快沿边开发开放、促进经济金融长期平稳健康发展产生积极而深远的影响。

为全力推动沿边金融综合改革试验区建设，2013年12月31日，云南省人民政府印发了《关于建设沿边金融综合改革试验区实施意见》（云政发[2013]158号）。围绕《总体方案》确定的十项主要内容进行了重点任务分解，成立了以省长为组长的云南省沿边金融综合改革试验区领导小组。中国人民银行昆明中心支行高度重视《总体方案》的贯彻落实工作，多次召开会议专题研究部署贯彻落实《总体方案》的各项工作，对《总体方案》中涉及人民银行、外汇局的四十多项任务作了逐项梳理，明确了责任人、时间表和路线图，在此基础上划分为“积极推进类”、“寻求突破类”和“探索研究类”三类，分别制定有针对性的推进措施。

2013年是建设沿边金融综合改革试验区的开局之年，做好2013年的各项工作将为未来五年试验区建设打下坚实基础。全省金融系统将倍加珍惜国家赋予云南的重大政策利好，抢抓机遇，全力以赴，按照中国人民银行等十一部委的统一部署，在省委省政府的坚强领导下，坚持改革创新、先行先试，坚持风险可控、稳步推进，坚持“成熟一项、推进一项”的原则，周密安排部署、精心组织实施、坚持不懈推进，举全省金融系统之力，推动沿边金融综合改革试验区建设取得实效。

（二）证券业改革创新步伐加快，融资功能有效发挥

2013年，云南省证券业快速发展，证券期货经营机构收入水平和盈利能力大幅提升，证券市场融资功能显著增强，改革创新步伐加快，服务实体经济发展的能力持续提高。

1. 经营效益显著提升，改革发展步伐加快。证券公司分支机构规模继续扩大，全年新增2家证券分公司、36家证券营业部，证券机构实现全省各州市的全覆盖。2013年，云南省证券机构积极开展业务和服务模式创新，市场交易规模、收入水平和盈利能力下滑态势得以扭转，全年证券

市场累计总成交金额同比增长64.6%；两家法人证券公司和证券分支机构实现营业收入分别增长19.4%和41.2%，净利润增长60.6%和74.0%。期货市场业务量快速增长，全年总交易金额同比增长50.2%。证券机构改革取得积极进展，两家法人证券机构资产总额同比增长15.5%，红塔证券完成20亿元增资扩股，太平洋证券在老挝设立中国首家境外合资证券公司。

表3　2013年云南省证券业基本情况

项目	数量
总部设在辖内的证券公司数（家）	2
总部设在辖内的基金公司数（家）	0
总部设在辖内的期货公司数（家）	2
年末国内上市公司数（家）	28
当年国内股票（A股）筹资（亿元）	253.4
当年发行H股筹资（亿元）	0
当年国内债券筹资（亿元）	501.8
其中：短期融资券筹资额（亿元）	198.4
中期票据筹资额（亿元）	215.9

数据来源：中国人民银行昆明中心支行、云南证监局。

2. 证券市场融资功能有效发挥，资金配置更加合理。2013年，云南省上市公司融资活跃，年内9家上市公司实现再融资255.9亿元，首破200亿元大关，其中股票融资253.4亿元（见表3）、发行公司债融资2.5亿元。2013年，云南省充分发挥资本市场优化资源配置功能，积极支持和推动利用上市公司平台进行并购重组、完善产业链、促进产业整合，最大限度地发挥上市公司在推动产业升级和结构调整中的作用。其中，云天化重大资产重组后，云天化集团主营业务实现整体上市，成为全国磷化工行业龙头企业；罗平锌电、云南旅游资产重组后，公司质量显著提升。

3. “新三板”挂牌工作成效初显，业务创新稳步推进。2013年，云南省推动建立健全“新三板”工作机制，通过举办培训会和现场督导会加大培育力度，以省内工业园区中小企业为突破口，全力推动“新三板”挂牌工作，至年末全省已有3家中小企业上报“新三板”挂牌申报材料。非经纪业务创新稳步推进，2013年两家法人券商获批代销金融产品、约定购回、转融通、全国中小企业股份转让系统主办券商等多项新业务资格，综合服务功能有效增强。

（三）保险业发展水平全面提升，保障服务功能不断增强

2013年，云南省保险业发展水平全面较快提升，业务结构调整稳步推进，投融资规模持续扩大，资金运用渠道进一步拓宽，服务地方经济发展和经济补偿功能不断增强。

1. 保险业规模平稳增长，投融资持续增加。年末，云南省共有省级分公司以上保险公司33家（见表4），与上年持平；保险中支及以下机构2 610家，比上年增加68家，辐射面进一步扩大；保险公司资产总额507.4亿元，同比增长15.0%。保险业金融机构积极支持服务云南经济社会发展，全年保险企业集团投融资总额达106.1亿元，比上年增加10.1亿元。

2. 保险业务较快发展，涉农保险服务力度加大。2013年，云南省保费收入同比增长18.2%，保险密度和深度比上年分别增加99.5元/人和0.1个百分点；保险赔付支出增速继续快于保费收入增速，全年累计承担各类风险保障11.1万亿元，赔付金额同比增长21.9%。涉农保险服务能力增强，农业保险品种基本涵盖全省种、养两业主要支柱产业，全年农业险保费收入和赔付支出增速分别高于全部保费收入和赔付支出增速26.3个和25.5个百

表4　2013年云南省保险业基本情况

项目	数量
总部设在辖内的保险公司数（家）	1
其中：财产险经营主体（家）	1
人身险经营主体（家）	0
保险公司分支机构（家）	32
其中：财产险公司分支机构（家）	20
人身险公司分支机构（家）	12
保费收入（中外资，亿元）	320.8
其中：财产险保费收入（中外资，亿元）	151.8
人身险保费收入（中外资，亿元）	169.0
各类赔款给付（中外资，亿元）	122.1
保险密度（元/人）	685.3
保险深度（%）	2.7

数据来源：云南保监局。

分点。

3. 产品结构变化明显，资金运用渠道进一步拓宽。财产险保费收入增速继续高于人身险保费收入增速，增速差比上年扩大7.4个百分点。财产险公司保费收入中，非车险保费收入快速增长，增速比上年提高20.7个百分点，高于车险保费收入增速6.5个百分点。寿险公司保费收入中，新单业务保费收入同比增长15.1%，高于寿险公司全部保费收入增速2.1个百分点，对寿险公司保费增长的贡献率达到42.1%。保险资金运用渠道进一步拓宽，目前已涵盖城市轨道交通、公路、房地产、旅游、水电、环境治理等多个领域。

（四）融资结构变化明显，金融市场交易大幅增长

2013年，云南省社会融资规模持续增大，结构变化明显，金融机构参与货币市场活跃度大幅回升，票据融资规模增长放缓，市场利率波动上升。

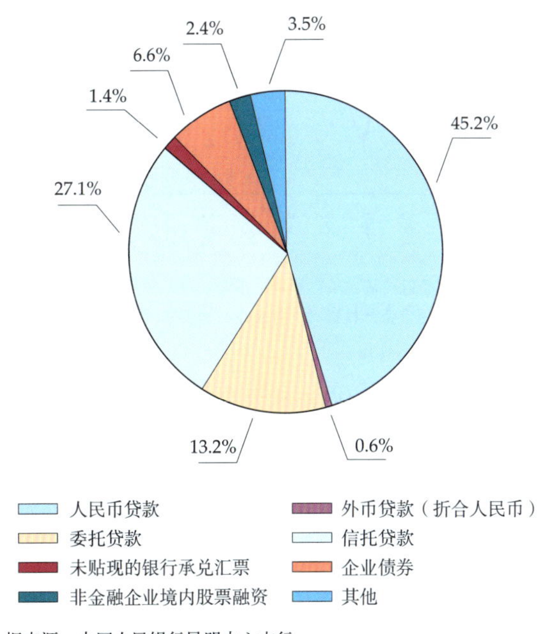

数据来源：中国人民银行昆明中心支行。

图5　2013年云南省社会融资规模分布

1. 融资规模持续增大，结构变化明显。2013年，云南省实现社会融资规模4 268.0亿元，比上年多1 283.4亿元，金融对实体经济发展的支持力度进一步加大。融资结构变化明显，人民币贷款占比同比下降12.9个百分点，委托贷款、信托贷款占比同比分别提高7.5个和13.1个百分点；直接融资比重有所下降，企业债券净融资和非金融企业境内股票融资占社会融资规模的比重比上年低0.9个百分点（见图5）。

2. 货币市场交易大幅增长，利率水平波动上升。2013年，云南省地方法人金融机构参与货币市场活跃度大幅回升，全年拆借、回购、现券买卖累计成交27 423.3亿元，同比增长72.2%，彻底扭转了上年交易额下滑态势。受货币市场资金面松紧程度的影响，全年拆借、回购交易利率波动上升，12月拆借、回购交易加权平均利率分别比1月提高2.1个和2.2个百分点。其中，6月货币市场利率大幅上升，当月全省拆借、回购加权平均利率分别达到5.61%和6.51%，此后随着市场流动性改善，货币市场利率逐渐回归正常。

3. 票据融资增长放缓，利率水平较快上涨。2013年，云南省金融机构加强资产结构调整和票据业务管理，票据融资规模增长逐步放缓（见表5）。年末，银行承兑汇票余额和票据贴现余额同比分别增长10.8%和22.4%，比上年年末分别下降19.5个和26.6个百分点，其中票据融资对小微

表5　2013年云南省金融机构票据业务量统计

单位：亿元

季度	银行承兑汇票承兑		贴现			
			银行承兑汇票		商业承兑汇票	
	余额	累计发生额	余额	累计发生额	余额	累计发生额
1	1 321.5	710.3	283.6	1 291.0	20.7	120.6
2	1 326.3	1 367.7	325.9	3 589.8	8.0	267.7
3	1 286.5	2 105.8	337.1	5 338.9	10.0	306.5
4	1 350.5	2 848.5	346.6	7 102.0	4.6	394.1

数据来源：中国人民银行昆明中心支行。

表6　2013年云南省金融机构票据贴现、转贴现利率

单位：%

季度	贴现		转贴现	
	银行承兑汇票	商业承兑汇票	票据买断	票据回购
1	4.8469	5.9907	4.6862	4.4029
2	4.8851	5.9137	4.8666	4.3437
3	6.3004	7.0309	5.4283	5.6751
4	6.8399	7.0221	5.7170	5.5031

数据来源：中国人民银行昆明中心支行。

企业的支持力度加大，融资占比比上年年末分别提高3.4个和11.2个百分点。受货币市场利率和票据市场供求变化等因素的影响，票据市场利率较快上涨（见表6）。12月，票据直贴、买断式转贴现加权平均利率同比分别提高1.5个和1.9个百分点。

（五）金融基础设施建设稳步推进，生态环境持续改善

支付系统建设取得重大突破，实现惠农支付服务业务在全省所有行政村的全覆盖，全年新增惠农支付服务点5 265个。积极探索地方性金融机构和村镇银行支付汇路解决方案，成功开发建设了云南省支付结算综合业务系统共享平台，有效满足了省内中小金融机构接入支付结算综合业务系统的需求。国库信息化建设稳步推进，圆满完成国库会计数据集中系统在全省的推广上线，全年新增财税库银横向联网单位165家。

信用体系建设继续强力推进。年内，中国人民银行昆明中心支行与云南省高级人民法院联合印发了《关于建立法院执行案件信息与金融信用信息基础数据库信息共享机制的实施意见》，加大对被执行人的联合惩戒力度；省人民政府办公厅印发了《云南省农村信用户信用村信用乡镇创建管理办法》，至年末云南省人民银行各分支机构已通过统一的农户信用信息系统为全省419.5万户农户建立了信用档案。

二、经济运行情况

2013年，面对错综复杂的国内外经济环境和省内经济下行压力加大等形势，云南省积极应对各种挑战，采取一系列强有力措施，全力以赴“稳增长、调结构、促改革”。全年国民经济运行呈现稳中有进、稳中有好、稳中有快的良好态势，地区生产总值同比增长12.1%（见图6），继续保持平稳较快增长。

（一）投资拉动强劲有力，消费需求平稳发展

2013年，云南省固定资产投资高位运行，仍是保持和巩固全年经济稳中向好发展势头的最主要动力；消费市场总体活跃，平稳发展；外贸出口增速加快，进口大幅下滑。

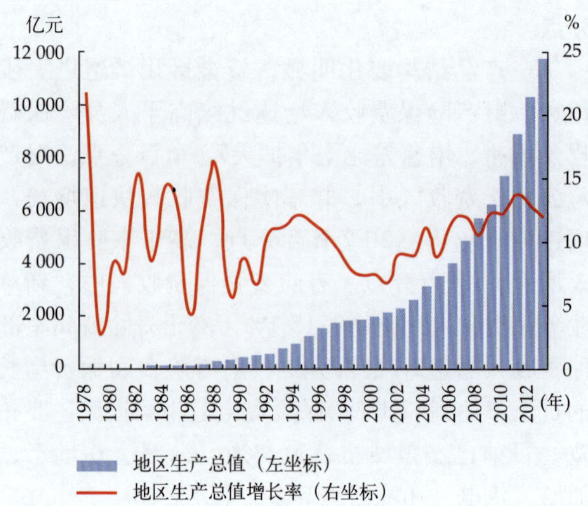

数据来源：云南省统计局。

图6　1978～2013年云南省地区生产总值及其增长率

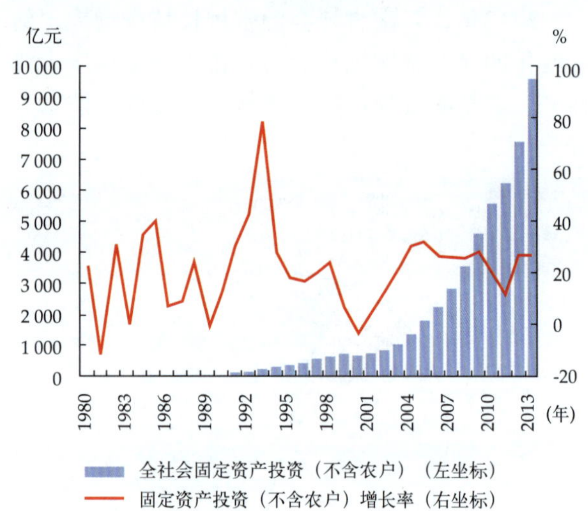

数据来源：云南省统计局。

图7　1980～2013年云南省固定资产投资（不含农户）及其增长率

1. 投资保持快速增长，投资结构更趋优化。2013年，云南省固定资产投资保持高位运行，全年固定资产投资（不含农户）完成9 621.8亿元，同比增长27.4%（见图7）。三次产业投资比例发生积极变化，第三产业投资比重提高3.0个百分点；重点行业投资稳步增长，电力、水利、房地产、教育、公路运输五大重点行业投资占比达54.2%。民间投资比重持续上升，同比提高5.1个

百分点，经济发展内生动力不断增强。重点区域投资带动作用明显，滇中产业聚集区重点项目建设进展顺利，产业转移有序推进。

2. 居民收入稳步提升，消费需求平稳增长。2013年，在就业形势稳定向好、各项惠民增收政策措施落实到位等因素的共同作用下，全省城乡居民收入增速虽有所下滑，但总体仍保持较快增长，其中城镇居民人均可支配收入增长10.3%，农村居民人均纯收入增长13.4%。消费需求平稳增长，全年社会消费品零售总额增长14.0%，比上年下降4.0个百分点（见图8）。其中，受农村居民收入持续增加因素带动，农村消费市场潜力逐步释放，全年乡村市场增速高于城镇0.7个百分点。

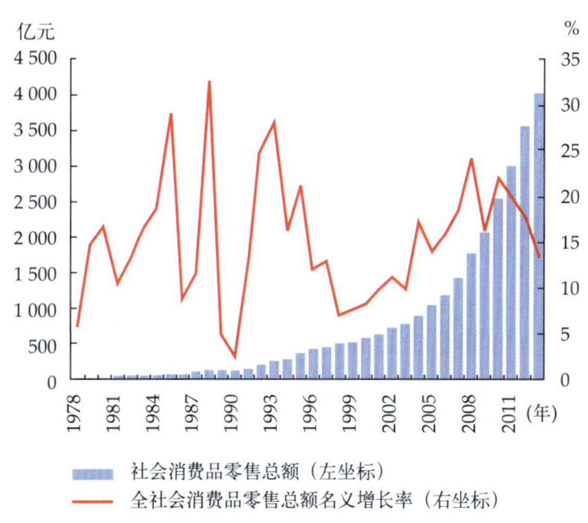

数据来源：云南省统计局。

图8　1978～2013年云南省社会消费品零售总额及其增长率

3. 对外贸易企稳回升，利用外资力度加大。2013年，受国内外需求不足、钢铁及有色金属等产品市场价格下跌的影响，全省外贸形势一度严峻，但随着下半年国际市场回暖及加快出口退税进度、改善进出口金融服务、简化审批手续等措施，全省外贸形势逐步反弹。全年共实现外贸进出口总额258.3亿美元，同比增长22.9%，其中出口增长59.3%，进口下降10.2%，进出口差额60.9亿美元，创历史新高（见图9）。贸易结构大幅改善，全年机电产品出口、进口额分别到达50.8亿美元和20.1亿美元，同比分别增长2.0倍和1.4倍。

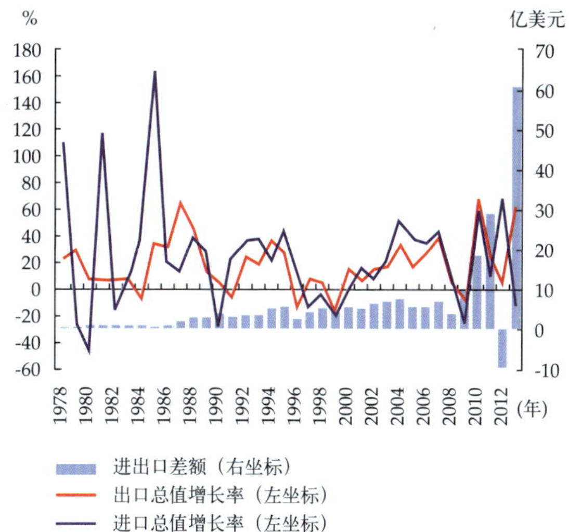

数据来源：云南省统计局、云南省商务厅。

图9　1978～2013年云南省外贸进出口变动情况

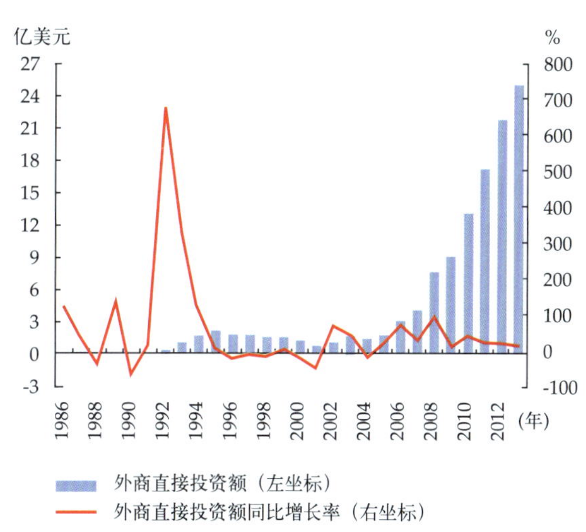

数据来源：云南省统计局、云南省商务厅。

图10　1986～2013年云南省外商直接投资额及其增长率

2013年，云南省吸引利用外资成绩显著，全年共批准外商投资项目116个，实际利用外商直接投资25.2亿美元，增长14.9%（见图10）。第三产业仍是利用外资的主要领域，占全年利用外资总额的60.0%；中国香港投资比重持续扩大，全年投资额达17.4亿美元，占全省外商直接投资总量的近七成。企业“走出去”步伐加快，全年对外承包工程新签合同55个，金额达12.8亿美元；新批境外投资企业40家，对外实际投资8.2亿美元，增长15.6%，外派各类劳务人员8 350人。

（二）生产形势稳定向好，结构调整有所突破

2013年，云南省农业基础地位作用进一步强化，工业生产逐步企稳，经营效益不断提升，服务业发展水平持续提高，经济发展方式进一步转变，结构调整和转型升级取得积极进展。

1. 农业生产提质增效，高原特色农业加快发展。2013年，云南省把“三农”发展作为重中之重，积极落实各项强农惠农富农政策，不断推进农业结构调整和产业化进程，农业发展呈现崭新局面。全年实现农业总产值3 056.4亿元，增长7.0%；粮食总产量达364.8亿斤，增长4.3%，再创历史新高。高原特色农业呈现量效齐增态势，种植结构不断优化，品质明显提升，橡胶、核桃、咖啡种植面积和产量继续保持全国第一，粮油、肉类、蔬菜均获得较好收成，首批40个高原特色农业示范县和37个现代农业庄园建设进展顺利，高原特色农业营销方式和销售渠道有效转变。

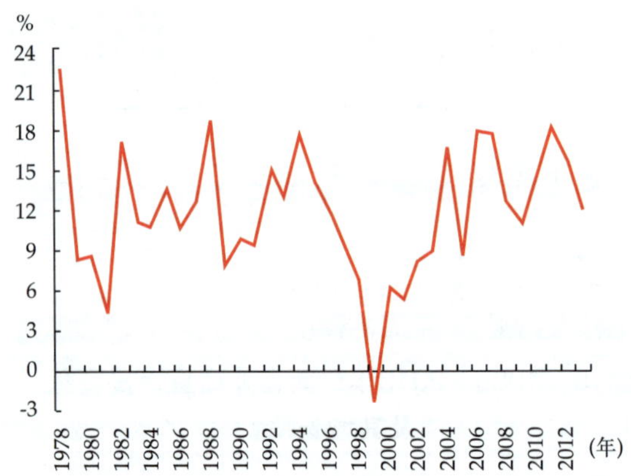

数据来源：云南省统计局。

图11　1978～2013年云南省规模以上工业增加值同比增长率

2. 工业生产逐步企稳，经营效益不断提升。2013年，云南省着力推动工业跨越发展，工业园区和滇中产业聚集区建设加快推进，工业经济运行在市场需求严重不足、价格持续下滑等不利情况下实现逐步企稳。全年规模以上工业增加值同比增长12.3%（见图11），比1～9月提高0.1个百分点，前三个季度增速逐月下滑局面得到有效控制。工业结构调整优化力度加大，全年扶持培育850户省级成长型中小企业，新培育30个省级小企业创业基地，创新型企业达到238家，钢铁、有色、化工等传统支柱行业转型升级稳步推进，全年工业园区规模以上企业实现增加值2 526.0亿元，占全部规模以上工业增加值的72.8%。工业企业经营效益稳步提升，规模以上工业企业主营业务利润总额同比增长5.5%，比上年提高16.1个百分点。

3. 服务业发展水平提高，住宿餐饮业转型加快。2013年，云南省在推动传统服务业升级改造的同时，大力培育新兴服务业，启动实施了服务业发展三年行动计划，积极推进“四个一百”①服务业重点工程建设，商贸、现代物流、休闲健康、养生养老等服务业加快发展。全年第三产业增加值实现4 897.8亿元，同比增长12.4%。全省住宿餐饮业转型升级力度加大，面向大众化理性消费的住宿餐企业加快崛起，全年住宿餐饮业实现营业收入增长17.6%，其中限额以下增速高于限额以上15.0个百分点。

（三）居民消费价格较快上涨，生产者价格持续下降

2013年，云南省居民消费价格较快上涨，新涨价因素推动作用明显增强；工业生产者价格持续下降，购销倒挂现象严重（见图12）；农业生产资料价格总体稳定，劳动力成本持续上升，就业形势总体良好。

1. 居民消费价格较快上涨，食品和住房涨价因素推动明显。2013年，云南省居民消费价格总水平同比累计上涨3.1%，比全国高0.5个百分点。新涨价因素推动作用明显增强，对全年居民消费价格总水平涨幅的影响达2.7个百分点。食品价格和居住价格过快上涨是居民消费价格总水平较快上涨的主要推手，全年食品价格和居住价格上涨

①100个重点聚集区、100个重点项目、100户重点企业和100个重点品牌。

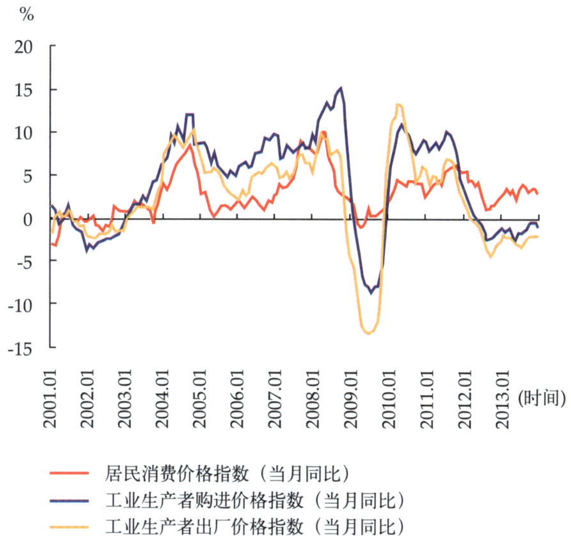

数据来源：国家统计局云南调查总队。

图12　2001～2013年云南省居民消费价格和工业生产者价格变动趋势

5.5%和3.6%，拉动居民消费价格总水平上涨约1.9个和0.6个百分点。

2. 工业生产者价格持续下降，生产资料价格涨幅大幅回落。2013年，云南省工业生产者出厂价格和购进价格同比累计分别下降2.5%和1.2%，比上年分别扩大0.4个和0.5个百分点。受国内外钢铁、有色金属、化工产品等价格下降幅度较大影响，全省工业生产者出厂价格降幅持续高于购进价格降幅，购销价格倒挂现象严重。农业生产资料价格基本保持不变，全年上涨0.1%，涨幅比上年大幅回落4.5个百分点，农业生产经营成本压力有效减轻。

3. 劳动力成本持续上升，就业形势总体良好。2013年，受劳动者素质不断提高、新型城镇化加快推进等因素的影响，云南省城乡居民人均工资性收入继续较快增长，全年最低工资标准平均上调15%以上。加快落实各项就业创业扶持政策，突出做好高校毕业生和农村转移劳动力就业工作，全年城镇新增就业31万人，帮助零就业家庭2 757户实现就业，农村新增转移就业97万人，大学生初次就业率达到86.6%。

4. 资源性产品价格改革稳步推进。2013年，云南省继续推进资源性产品价格改革，研究完善了丰枯分时电价政策，全面实施燃煤发电机组脱硝加价政策，对工业企业实施超基数用电奖励措施，坚持和完善德宏等7个州市区域性电价政策，推动实施云铝直购电试点，制订出台水价综合改革方案，贯彻实施新的成品油价格形成机制。

（四）财政收入增势平稳，公共财政职能不断强化

2013年，云南省地方公共财政预算收入同比增长20.4%（见图13），其中税收收入增长14.2%，比上年低6.4个百分点，受结构性减税、部分涉税企业效益下滑等因素的影响，增值税、企业所得税等主体税种增长明显放缓。受中央财政支出结构调整的影响，全省地方公共财政预算支出增速比上年回落7.3个百分点。支出结构进一步优化，教育、医疗卫生、社会保障、农业、住房等民生领域支出保障有力，支出额占全部支出的比重达68.0%，公共财政职能不断彰显。

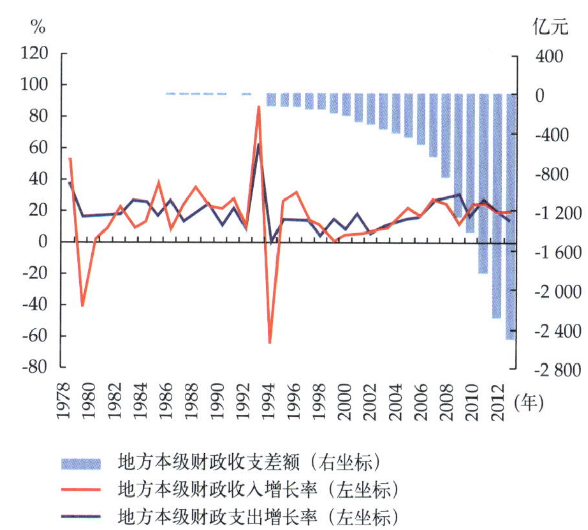

数据来源：云南省统计局、云南省财政厅。

图13　1978～2013年云南省财政收支状况

（五）环境质量有效改善，生态云南建设深入推进

2013年，云南省继续加大技术改造、环境污染治理投资力度，节能降耗、环境保护工作成效显著。全年单位生产总值能耗降低3.2%左右，规模以上工业增加值能耗同比下降3.8%，工业固体废物综合利用率比上年提高1.0个百分点。至年

末，全省712个重点减排项目已全部完成，化学需氧量、二氧化硫等主要污染物排放量较上年均有不同幅度下降。七彩云南保护行动计划和森林云南建设深入推进。完成营造林850万亩，改造低效林402万亩，年末森林覆盖率达到54.6%。加大力度保护和治理滇池、抚仙湖、洱海等九大高原湖泊，大力推进生物多样性保护、国家公园体系建设，积极创建普洱国家绿色经济试验示范区，持续推动低碳省试点工作。

专栏2　强化推动创新模式　做好金融扶贫工作

2011年，中央召开扶贫开发工作会议，颁布了《中国农村扶贫开发纲要（2011～2020年）》，确定了14个连片特困地区、720个县作为新阶段扶贫攻坚主战场，其中云南省涉及4个连片特困地区、91个县，数量居全国之首。

为做好新时期扶贫开发工作，实现云南与全国同步全面建成小康社会的目标任务，2013年中国人民银行昆明中心支行出台了《关于金融支持云南加快扶贫开发促进农民增收的指导意见》（昆银发[2013]178号），大力推动农村金融产品和服务方式创新，指导和鼓励金融机构与涉农部门建立对接互动机制，推进农村产权确权登记颁证服务平台建设；依法探索扩大可用于担保的财产范围，创新农村互助担保机制和信贷风险分担机制；鼓励涉农金融机构开展林权、土地承包经营权、农村住房财产权"三权三证"抵押融资为重点的农村金融产品贷款业务。

全省银行业金融机构立足省情，完善金融服务机制，积极调整信贷结构，加快产品和模式创新。主要创新产品包括：一是经济林木（果）权抵押贷款。大理州南涧县农村信用社以经济林木（果）所有权作为抵押，率先在全国开展了经济林木（果）所有权抵押贷款业务，使农民的资源转变为资本、资本转变为资金。二是美丽家园建设贷款。红河州、临沧市推出了惠及贫困农民最多、投资力度最大，以旧村、旧房改造为内容的"美丽家园行动计划"，其中临沧市通过政府贴息、设立担保机构、开设贷款风险补偿，创新建立了"政府+银行+龙头企业+农户"的风险共担机制，形成了推动农户建房贷款发放的合力。三是贷免扶补创业贷款。采用在全国首创的"政府主导、部门负责、多方参与、农信社承贷"模式，是解决连片特困地区失业人员创业就业的重要途径。四是产业化到户贷款。通过开发当地优势产业，提高产业发展组织化程度，重点扶持龙头企业和农村合作经济组织，采用"公司+农户+基地+扶贫贴息"模式，将分散的贫困农户引入市场，提高农户市场竞争力，促进农民增收。

通过多方共同努力，金融支持云南连片特困地区发展的力度显著增大。一是信贷投入增加。截至2013年年末，云南省连片特困地区金融机构各项贷款余额4 232.8亿元，同比增长18.6%，高于全省人民币各项贷款平均增速4.6个百分点。其中，农林牧渔业贷款、农村企业贷款和农户贷款余额合计为2 627.9亿元，增长16.9%。二是农村金融产品创新规模增加。截至2013年年末，纳入中国人民银行昆明中心支行重点监测的全省14种农村金融创新产品贷款余额达485亿元，同比增长18.4%，受益农户超120.9万户，受益企业824家。三是国家扶贫贴息贷款受益范围不断扩大。2008～2013年，全省累计发放扶贫贴息贷款193亿元，安排贴息资金8.6亿元，扶持优势产业企业656家、贫困农户146万户，分别覆盖全省连片特困地区80多个县（市）区和3.1万个行政村。

（六）房地产市场总体平稳，旅游业综合带动作用增强

1. 房地产市场总体平稳，房地产金融较快发展。2013年，云南省房地产开发投资保持高速增长，商品房销售面积和销售额增长缓慢，重点城市房价有所反弹，房地产贷款增速加快，保障性安居工程建设和金融支持情况良好。

（1）房地产开发投资快速增长，资金来源结构变化明显。2013年，云南省房地产开发投资完成2 488.3亿元，同比增长39.6%，占全省固定资产投资的比重为25.9%，比上年提高3.1个百分点，对全省固定资产投资形成有力支撑。全年房地产开发投资资金来源2 924.4亿元，同比增长37.0%，其中自筹资金和国内贷款增速加快，占全部资金来源的比重比上年分别提高7.0个和6.7个百分点。

（2）商品房供应充足，保障性住房各项目标超额完成。2013年，全省商品房供应实现较快增长，商品房施工面积、新开工面积和竣工面积同比分别增长27.1%、7.4%和9.1%，其中住宅施工面积和竣工面积增速分别低于全部商品房2.8个和3.5个百分点，商品房供应结构向非住宅转变趋势明显。全年云南省城镇保障性住房开工30.4万套，基本建成23.4万套，分别占国家下达计划数的100.1%和146.4%。

（3）商品房销售增长缓慢，待售面积大幅增长。2013年，全省商品房销售面积同比增长2.2%，继续保持上年低速增长态势；实现销售额同比增长9.1%，比上年回落7.2个百分点（见图14）。年末，全省商品房待售面积同比增长128.2%，比上年年末大幅提高75.1个百分点，房地产市场供应充足、需求下降态势明显。

（4）重点城市房价有所反弹，房地产调控压力增大。与全国房价上涨同步，2013年云南省昆明市、大理市新建住宅销售价格总体持续攀升（见图15）。从环比看，除1月大理市新建住宅销售价格环比小幅下降外，其余均呈现不同程度的环比上涨；从同比看，昆明市、大理市各月新建住宅销售价格同比涨幅呈逐步扩大态势，12月同比涨幅分别达到5.8%和5.5%，同比分别提高4.5个和5.7个百分点。

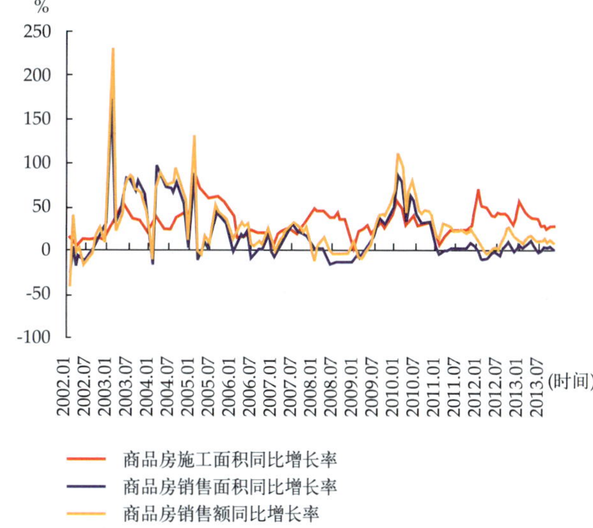

数据来源：云南省统计局。

图14　2002～2013年云南省商品房施工和销售变动趋势

（5）房地产贷款增速加快，金融机构支持保障房建设力度增大。2013年，云南省房地产贷款增速稳中有升，年末全省房地产贷款余额同比增长23.2%，比上年年末提高4.3个百分点。其中，房地产开发贷款同比增长35.8%，金融机构加大对商业用房和优质住宅项目的支持力度，带动房地产开发贷款持续快速增长；个人住房贷款同比增长16.1%，首套房贷款笔数占比达90.7%。全省金融机构积极支持保障性安居工程建设，全年累计发放保障性住房贷款135.6亿元，比上年多发放53.8亿元，年末贷款余额同比增长38.5%。

2. 旅游业综合带动作用明显增强，多元化融资渠道基本打开。旅游业是云南省重点发展的战略性支柱产业，也是七彩云南的第一形象产业。近年来，云南省通过打造品牌、优化结构、延伸产业链，旅游业竞争力大幅提升，建设旅游强省步伐加快。2013年，全省接待国内外游客24 505.9万人次，同比增长22.0%；旅游业总收入2 111.2亿元，同比增长24.1%。全年旅游业对交通运输业、住宿业、餐饮业、娱乐业、商品零售业的产出贡献达到1 945.2亿元，比上年增长90.4%，产业综合带动作用明显增强。

近年来，虽然云南省旅游业发展速度加快，产业综合带动作用不断增强，但全省旅游业发展

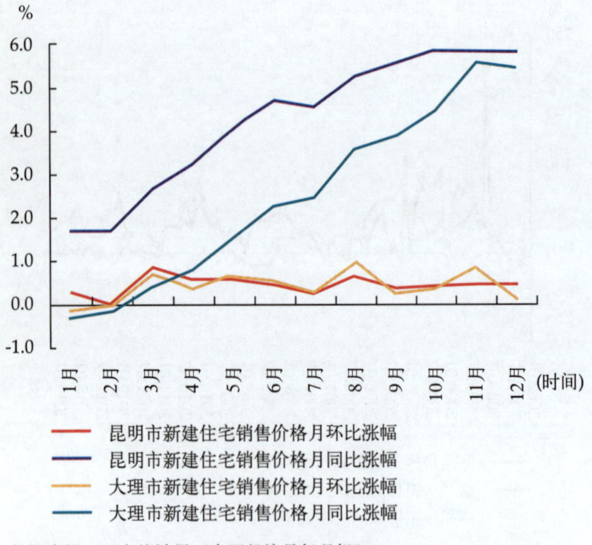

数据来源：国家统计局《中国经济景气月报》。

图15 2013年云南省主要城市新建住宅销售价格变动趋势

仍面临较多问题。主要表现在景区景点分散、产业集约度较差、旅游业与三次产业的融合互动不足、旅游资源重开发轻保护等几个方面。

全省金融机构持续加大对旅游业发展的金融支持力度，多元化融资渠道基本形成。截至2013年年末，全省旅游业贷款余额为185.7亿元，同比增长29.9%；累计发行中期票据、企业债等各类债券融资为18.4亿元；以景区门票收益权为基础资产发行信托产品融资余额为4.6亿元；引进社保基金和银行承兑汇票融资余额为10亿元。

三、预测与展望

2014年，世界经济低速增长态势仍将延续，国际经济形势依然错综复杂、充满变数，尤其是美国退出量化宽松政策将给全球经济和金融市场带来较大不确定性。从国内看，虽然长期积累的一些矛盾开始显现，但经济发展仍处于大有作为的重要战略机遇期。从省内看，虽然云南发展仍面临产业层次偏低、城乡和区域发展不平衡、县域经济发展滞后、贫困面大等问题，但总体来看经济长期向好的基本面没有变，经济增长仍具备较多有力支撑因素。一是党的十八届三中全会对全面深化改革作出总体部署，将进一步激发全省发展的内生动力与活力；二是国家高度重视西部大开发和沿边开放，将进一步在差别化政策、产业发展、基础设施建设等方面向西部倾斜；三是云南正处在工业化初期向中期过渡和城镇化快速发展时期，在产业结构转型升级、新型城镇化进程中蕴藏着广阔的发展空间和巨大的内需潜力；四是近年来全省建成了一批重要基础设施和重大产业发展项目，积蓄的发展潜力将逐步释放。

2014年是深入贯彻落实党的十八届三中全会精神、全面深化改革的第一年，也是完成“十二五”规划目标任务的关键一年。总的来看，全年云南经济发展面临的机遇大于挑战，经济持续较快发展的可能性依然很大，居民消费价格涨幅将控制在合理水平。

2014年云南省金融机构将继续坚持稳中求进的工作总基调，贯彻落实好稳健的货币政策和各项信贷政策，保持货币信贷和社会融资总量合理增长，着力优化信贷结构和融资结构，加大金融对全省经济结构调整和转型升级的支持力度。同时，全省金融机构将以建设沿边金融综合改革试验区为契机，深化金融改革，扩大金融对外开放；继续加强风险监测排查，牢牢守住不发生系统性金融风险的底线，为全省经济发展创造良好稳定的金融环境。

中国人民银行昆明中心支行货币政策分析小组
总　纂：杨小平　于　华
统　稿：雷一忠　杨　杰　夏祥谦
执　笔：夏祥谦　字　军　张　琦
提供材料的还有：王　勤　段一群　张　屿　胡维金　董　娴　金艳昭　朱兆虎　杨百昕　李耀玉
汪　洋　白双玉　敖学文　陆凌骏　成　瑾

附录

（一）2013年云南省经济金融大事记

3月8日，中国人民银行正式函复，支持云南省成立50亿元人民币国际投贷基金，云南成为继上海之后第二个获准开展人民币国际投贷基金业务的省份。

3月27日，中国太平洋证券与老挝农业促进银行、老挝信息产业股份有限责任公司在万象签约组建中老合资证券公司，这是中国在国外设立的首家合资证券公司。

5月28日，经中国证监会批准，由华夏银行和昆明产业开发投资有限公司共同发起设立的全国性非银行金融机构——华夏金融租赁有限公司正式开业，填补了云南省内租赁行业的空白。

5月30日，中缅油气管道工程全线贯通。

6月6日至10日，第一届中国—南亚博览会在昆明国际会展中心成功举办。

7月20日，云南省人民政府印发《关于促进当前经济平稳较快发展的若干意见》，为全年全省经济持续较快发展奠定了坚实基础。

10月16日，云南省人民政府印发《关于金融支持经济结构调整和转型升级的意见》，为金融支持全省实体经济发展、经济结构调整和转型升级提供了重要指引。

11月20日，经国务院批复同意，中国人民银行等十一部委联合印发了《云南省 广西壮族自治区建设沿边金融综合改革试验区总体方案》。

12月29日，牛兰江—滇池补水工程正式投入营运，该工程每年将向滇池补充6亿吨清水。

（二）2013年云南省主要经济金融指标

表1　2013年云南省主要存贷款指标

		1月	2月	3月	4月	5月	6月	7月	8月	9月	10月	11月	12月
本外币	金融机构各项存款余额（亿元）	18 417.6	18 624.0	19 234.8	19 349.7	19 662.9	19 776.3	19 828.9	20 327.8	20 541.4	20 456.2	20 701.9	20 829.3
	其中：储蓄存款	7 893.5	8 201.2	8 431.0	8 348.0	8 436.9	8 568.8	8 518.7	8 590.9	8 909.7	8 773.8	8 794.8	9 004.0
	单位存款	9 652.5	9 344.5	9 977.5	10 065.4	10 208.4	10 221.3	10 249.9	10 510.4	10 528.3	10 484.1	10 596.6	10 937.2
	各项存款余额比上月增加（亿元）	346.9	206.4	610.9	114.8	313.3	113.4	52.5	498.9	213.6	-85.2	245.7	127.5
	金融机构各项存款同比增长（%）	20.4	19.0	20.4	21.0	20.4	18.4	17.9	18.3	17.0	16.1	15.7	15.3
	金融机构各项贷款余额（亿元）	14 408.0	14 605.2	14 884.2	14 996.0	15 129.2	15 290.5	15 432.3	15 561.1	15 760.6	15 879.5	16 008.2	16 128.9
	其中：短期	4 245.8	4 296.8	4 435.2	4 458.1	4 515.6	4 603.4	4 678.8	4 700.8	4 806.0	4 853.3	4 907.4	5 032.3
	中长期	9 761.1	9 871.1	9 968.5	10 080.0	10 129.2	10 192.4	10 265.0	10 379.3	10 475.9	10 540.7	10 613.6	10 600.0
	票据融资	231.2	269.5	312.0	278.5	302.9	312.6	303.9	294.5	285.1	286.9	277.5	285.0
	各项贷款余额比上月增加（亿元）	224.7	197.2	278.9	111.8	133.2	161.3	141.8	128.8	199.5	118.9	128.7	120.7
	其中：短期	104.9	51.1	138.1	23.0	57.4	87.8	75.4	22.0	105.2	47.3	54.1	124.9
	中长期	116.7	108.9	98.4	111.5	49.2	63.3	72.6	114.3	96.7	64.8	72.9	-13.6
	票据融资	-1.7	38.4	42.5	-33.5	24.4	9.7	-8.8	-9.3	-9.5	1.9	-9.5	7.5
	金融机构各项贷款同比增长（%）	14.8	14.9	15.6	14.9	14.2	13.9	14.2	14.1	14.4	14.4	13.9	13.8
	其中：短期	31.4	29.8	30.5	29.3	28.9	28.0	28.3	27.1	26.5	26.0	22.6	22.0
	中长期	8.0	8.4	9.0	9.3	8.7	8.4	8.7	9.2	9.5	9.7	10.2	9.9
	票据融资	36.8	53.1	46.9	10.9	2.4	8.3	11.5	4.9	16.6	19.5	17.0	22.4
	建筑业贷款余额（亿元）	842.2	846.9	867.5	878.5	875.5	897.1	890.4	897.0	873.3	884.1	898.2	910.9
	房地产业贷款余额（亿元）	601.7	623.3	633.0	677.9	693.1	669.7	690.5	719.8	740.2	739.0	728.8	713.6
	建筑业贷款同比增长（%）	19.4	15.6	16.2	16.2	12.8	14.0	13.6	11.1	6.9	8.2	9.3	10.4
	房地产业贷款同比增长（%）	29.9	27.4	28.7	35.0	36.3	29.5	29.0	31.2	33.8	29.4	27.0	24.6
人民币	金融机构各项存款余额（亿元）	18 328.4	18 515.7	19 130.9	19 245.8	19 562.3	19 677.1	19 732.1	90 221.5	20 427.7	20 344.1	20 575.8	20 711.6
	其中：储蓄存款	7 863.3	8 168.8	8 398.1	8 315.1	8 402.4	8 535.2	8 484.4	8 556.3	8 875.4	8 739.7	8 760.8	8 969.8
	单位存款	9 596.0	9 289.7	9 910.1	9 997.7	10 145.4	10 158.7	10 190.5	10 441.6	10 451.4	10 409.4	10 508.0	10 856.2
	各项存款余额比上月增加（亿元）	341.0	187.3	615.2	114.8	316.6	114.8	55.0	489.5	206.2	-83.6	231.7	135.8
	其中：储蓄存款	112.8	305.5	229.3	-83.0	87.3	132.8	-50.8	72.0	319.1	-135.7	21.1	209.0
	单位存款	153.2	-306.3	620.4	87.6	147.7	13.3	31.8	251.1	9.8	-42.0	98.6	348.1
	各项存款同比增长（%）	20.3	18.8	20.2	20.9	20.3	18.3	17.9	18.2	16.9	16.1	15.5	15.2
	其中：储蓄存款	15.2	19.1	19.7	19.3	18.9	17.1	17.4	17.7	17.7	16.8	16.8	15.8
	单位存款	27.0	19.6	22.4	23.7	23.3	20.6	19.7	20.1	16.0	16.6	14.8	15.0
	金融机构各项贷款余额（亿元）	14 092.9	14 293.3	14 565.4	14 667.9	14 793.7	14 956.2	15 110.1	15 260.8	15 465.0	15 578.9	15 698.3	15 812.2
	其中：个人消费贷款	1 919.7	1 948.4	1 981.0	2 015.0	2 056.6	2 105.0	2 119.2	2 155.6	2 195.0	2 241.5	2 275.9	2 319.3
	票据融资	231.2	269.5	312.0	278.5	302.9	312.6	303.9	294.5	285.1	286.9	277.5	285.0
	各项贷款余额比上月增加（亿元）	208.9	200.5	272.1	102.5	125.8	162.5	153.9	150.7	204.2	114.0	119.3	113.9
	其中：个人消费贷款	45.8	28.8	32.6	34.0	41.6	48.3	14.2	36.4	39.4	46.5	34.4	43.3
	票据融资	-1.7	38.4	42.5	-33.5	24.4	9.7	-8.8	-9.3	-9.5	1.9	-9.5	7.5
	金融机构各项贷款同比增长（%）	14.3	14.6	15.2	14.4	13.7	13.4	13.8	13.8	14.4	14.6	14.3	14.0
	其中：个人消费贷款	19.3	20.5	20.8	21.1	21.1	22.4	21.3	22.1	22.2	23.7	23.6	24.9
	票据融资	36.8	53.1	46.9	10.9	2.4	8.3	11.5	4.9	16.6	19.5	17.0	22.4
外币	金融机构外币存款余额（亿美元）	14.2	17.3	16.6	16.7	16.3	16.1	15.7	17.2	18.5	18.3	20.6	19.3
	金融机构外币存款同比增长（%）	42.7	69.7	55.8	57.6	38.8	34.3	16.9	37.8	37.9	29.2	51.7	45.8
	金融机构外币贷款余额（亿美元）	50.2	49.7	50.9	52.8	54.3	54.1	52.2	48.7	48.1	48.9	50.5	51.9
	金融机构外币贷款同比增长（%）	44.4	34.4	33.8	41.1	45.1	42.4	37.5	33.2	18.8	11.5	2.7	9.1

数据来源：中国人民银行昆明中心支行。

表2　2001～2013年云南省各类价格指数

单位：%

年/月	居民消费价格指数		农业生产资料价格指数		工业生产者购进价格指数		工业生产者出厂价格指数	
	当月同比	累计同比	当月同比	累计同比	当月同比	累计同比	当月同比	累计同比
2001	—	-0.9	—	-3.4	—	-0.6	—	-0.1
2002	—	-0.2	—	0.4	—	-2.4	—	-1.8
2003	—	1.2	—	1.9	—	2.7	—	1.4
2004	—	6.0	—	6.3	—	9.6	—	8.8
2005	—	1.4	—	5.9	—	6.5	—	4.5
2006	—	1.9	—	2.8	—	7.6	—	4.6
2007	—	5.9	—	7.0	—	8.2	—	5.7
2008	—	5.7	—	16.6	—	11.6	—	5.8
2009	—	0.4	—	-0.7	—	-5.0	—	-8.5
2010	—	3.7	—	1.4	—	9.0	—	8.8
2011	—	4.9	—	8.3	—	8.0	—	4.7
2012	—	2.7	—	4.6	—	-0.7	—	-2.1
2013	—	3.1	—	0.1	—	-1.2	—	-2.5
2012　1	5.3	5.3	8.4	8.4	2.6	2.6	0.9	0.9
2	4.2	4.7	7.4	7.9	2.0	2.3	0.3	0.6
3	4.2	4.6	7.3	7.7	0.6	1.7	-0.4	0.3
4	3.7	4.4	6.9	7.5	-0.1	1.2	-0.8	0.0
5	3.9	4.3	7.0	7.4	-0.6	0.9	-1.3	-0.3
6	2.3	3.9	5.6	7.1	-1.1	0.5	-2.3	-0.6
7	1.2	3.6	3.6	6.6	-1.8	0.2	-3.1	-1.0
8	0.9	3.2	2.9	6.1	-2.5	-0.1	-4.2	-1.4
9	1.4	3.0	2.0	5.6	-2.4	-0.4	-4.6	-1.7
10	1.4	2.8	2.0	5.2	-2.1	-0.6	-3.5	-1.9
11	1.8	2.7	1.7	4.9	-1.5	-0.6	-3.3	-2.0
12	2.7	2.7	1.6	4.6	-1.0	-0.7	-2.5	-2.1
2013　1	2.7	2.7	1.3	1.3	-1.3	-1.3	-2.2	-2.2
2	3.3	3.0	1.3	1.3	-1.4	-1.4	-2.3	-2.2
3	2.8	2.9	0.5	1.0	-1.2	-1.3	-2.3	-2.3
4	3.0	2.9	0.1	0.8	-1.8	-1.4	-2.7	-2.4
5	2.5	2.8	-0.5	0.5	-2.3	-1.6	-3.0	-2.5
6	3.2	2.9	-0.8	0.3	-1.6	-1.6	-3.1	-2.6
7	3.8	3.0	-0.4	0.2	-1.6	-1.6	-3.4	-2.7
8	3.7	3.1	-0.2	0.1	-1.1	-1.5	-2.6	-2.7
9	3.1	3.1	0.1	0.1	-0.6	-1.4	-2.3	-2.6
10	3.4	3.1	0.0	0.1	-0.3	-1.3	-2.2	-2.6
11	3.3	3.1	0.1	0.1	-0.4	-1.2	-2.1	-2.6
12	2.8	3.1	-0.4	0.1	-0.9	-1.2	-2.1	-2.5

数据来源：国家统计局云南调查总队。

表3　2013年云南省主要经济指标

	1月	2月	3月	4月	5月	6月	7月	8月	9月	10月	11月	12月
绝对值（自年初累计）												
地区生产总值(亿元)	—	—	2 260.4	—	—	4 640.6	—	—	7 545.7	—	—	11 720.9
第一产业	—	—	197.4	—	—	468.2	—	—	990.9	—	—	1 895.3
第二产业	—	—	1 129.1	—	—	2 240.8	—	—	3 262.9	—	—	4 927.8
第三产业	—	—	933.9	—	—	1 931.6	—	—	3 291.9	—	—	4 897.8
固定资产投资(亿元)	—	716.6	1 509.4	2 386.0	3 177.8	4 054.9	4 862.1	5 686.6	6 636.1	7 697.8	8 596.3	9 621.8
房地产开发投资	—	218.1	410.6	587.0	810.5	1 084.4	1 272.3	1 470.0	1 737.5	1 989.8	2 189.5	2 488.3
社会消费品零售总额(亿元)	—	575.7	872.4	1 162.2	1 454.9	1 769.6	2 081.3	2 395.7	2 720.2	3 057.8	3 395.3	4 036.0
外贸进出口总额(万美元)	164 015	296 000	451 600	598 400	714 600	841 000	1 039 000	1 247 000	1 509 000	1 761 000	2 061 000	2 583 000
进口	82 082	151 000	235 700	312 400	371 600	432 000	498 000	579 000	651 000	713 000	817 000	987 000
出口	81 933	145 000	215 900	286 000	342 900	409 000	541 000	668 000	858 000	1 048 000	1 244 000	1 596 000
进出口差额(出口-进口)	-149	-6 000	-19 800	-26 400	-28 700	-23 000	43 000	89 000	207 000	335 000	427 000	609 000
外商实际直接投资(万美元)	21 820	24 580	64 342	65 303	81 895	122 999	126 000	135 000	152 000	184 000	236 000	251 500
地方财政收支差额(亿元)	—	-138.6	-401.6	-504.8	-630.5	-797.2	-1 027.4	-1 210.4	-1 478.2	-1 529.1	-1 737.4	-2 485.9
地方财政收入	—	251.1	348.0	471.8	601.5	780.7	885.2	972.7	1 110.4	1 278.9	1 419.8	1 610.7
地方财政支出	—	389.7	749.5	976.6	1 232.0	1 577.9	1 912.6	2 183.1	2 588.6	2 808.0	3 157.2	4 096.6
城镇登记失业率(%)（季度）	—	—	4.0	—	—	4.0	—	—	4.0	—	—	4.0
同比累计增长率（%）												
地区生产总值	—	—	12.6	—	—	12.4	—	—	12.1	—	—	12.1
第一产业	—	—	3.4	—	—	3.1	—	—	5.0	—	—	6.8
第二产业	—	—	15.4	—	—	14.3	—	—	13.4	—	—	13.3
第三产业	—	—	10.9	—	—	11.9	—	—	12.7	—	—	12.4
工业增加值	—	15.4	14.9	14.8	14.5	13.6	13.0	12.4	12.2	12.3	12.3	12.3
固定资产投资	—	29.8	29.5	28.9	28.7	28.9	27.7	27.5	27.7	27.3	27.5	27.4
房地产开发投资	—	44.6	41.8	36.0	38.5	36.9	37.8	38.5	39.3	43.6	39.2	39.6
社会消费品零售总额	—	13.7	13.7	13.6	13.6	13.7	13.7	13.7	13.8	13.8	13.9	14.0
外贸进出口总额	80.3	53.9	45.5	41.1	23.6	14.6	8.6	3.7	6.8	10.9	9.5	22.9
进口	72.1	32.5	29.7	23.3	11.3	5.3	-4.0	-8.4	-12.2	-13.7	-17.3	-10.2
出口	89.3	84.8	67.9	67.5	40.5	26.5	23.5	17.1	27.9	37.6	39.3	59.3
外商实际直接投资	0.5	0.5	9.9	0.4	15.9	27.3	30.1	28.9	10.0	12.4	22.2	14.9
地方财政收入	—	24.8	24.0	21.3	20.4	20.5	19.3	16.6	16.8	16.3	17.1	20.4
地方财政支出	—	16.9	16.1	17.5	18.6	10.6	19.1	17.1	17.2	14.2	13.2	14.7

数据来源：云南省统计局、云南省商务厅。

2013年西藏自治区金融运行报告

中国人民银行拉萨中心支行货币政策分析小组

[内容摘要] 2013年，西藏自治区认真贯彻落实党的十八大和十八届二中、三中全会精神，中央第五次西藏工作座谈会精神，坚持走有中国特色、西藏特点的发展路子，统筹稳增长、调结构、促改革、惠民生，呈现出经济发展速度快、结构不断优化、基础建设力度持续加大、改革开放动力强、群众得到更多实惠、生态环境保持良好、社会持续和谐稳定的良好局面，实现了经济社会又好又快发展。

西藏自治区金融机构认真贯彻执行特殊优惠货币政策，以助推地方经济发展为己任，围绕“一产上水平、二产抓重点、三产大发展”经济发展战略，以及“民生先动、项目带动、金融撬动、市场推动、创新驱动、环境促动”发展思路，加快推进金融改革发展，切实增加有效信贷投放，着力防范金融风险，努力提升金融服务水平，有力地助推了地方经济又好又快发展。

2014年是深入贯彻落实党的十八届三中全会精神、全面深化改革的开局之年，是完成“十二五”规划目标任务的关键之年。西藏自治区金融机构将认真贯彻落实中央决策部署，坚持稳中求进的工作总基调，用好、用活、用足、用实中央赋予西藏的特殊优惠金融政策，大力实施“金融撬动”战略，坚持“总量稳定、结构优化”的原则和金融服务实体经济发展的本质要求，把握好信贷投放的力度和节奏，进一步优化金融资源配置，盘活存量、优化增量，增强金融运行效率和服务实体经济能力，努力为西藏经济社会跨越式发展和长治久安作出更大的贡献。

一、金融运行情况

2013年，西藏自治区金融业认真执行稳健的货币政策和特殊优惠金融政策，金融业继续保持了平稳健康发展。银行业信贷总量明显增长，证券业、保险业稳步发展，金融体系日趋完善，金融生态环境继续改善。

（一）银行业稳步发展，货币信贷总量较快增长

2013年，西藏自治区金融运行呈现“两高”、“一稳”、“一优”的特点，信贷总量、增量创历史新高，信贷持续平稳增长，信贷结构进一步优化，金融机构体系建设稳步推进，金融支持地方经济社会发展的作用进一步凸显和放大。

1. 银行业机构体系不断完善，经营效益稳步提高。2013年，西藏自治区继续扎实推进银行业机构体系建设，做强金融主体，中国民生银行拉萨分行获准设立，林芝民生村镇银行成功组建，多层次的金融服务体系日趋完善（见表1）。银行

表1　2013年西藏自治区银行业金融机构情况

机构类别	营业网点			法人机构（个）
	机构个数（个）	从业人数（人）	资产总额（亿元）	
一、大型商业银行	597	6 963	2 295.06	0
二、国家开发银行和政策性银行	2	77	60.27	0
三、股份制商业银行	1	88	14.69	0
四、城市商业银行	1	178	164.62	1
五、城市信用社	0	0	0	0
六、主要农村金融机构	0	0	0	0
七、财务公司	0	0	0	0
八、信托公司	0	0	0	0
九、邮政储蓄银行	75	558	122	0
十、外资银行	0	0	0	0
十一、新型农村金融机构	1	30	0	1
十二、其他	0	0	0	0
合　计	677	7 894	2 656.7	2

注：营业网点不包括国家开发银行和政策性银行、大型商业银行、股份制银行金融机构总部数据；大型商业银行包括中国工商银行、中国农业银行、中国银行、中国建设银行和交通银行；小型农村金融机构包括农村商业银行、农村信用社、农村合作银行；新型农村金融机构包括村镇银行、贷款公司和农村资金互助社；“其他”包含金融租赁公司、汽车金融公司、货币经纪公司、消费金融公司等。

数据来源：西藏银监局。

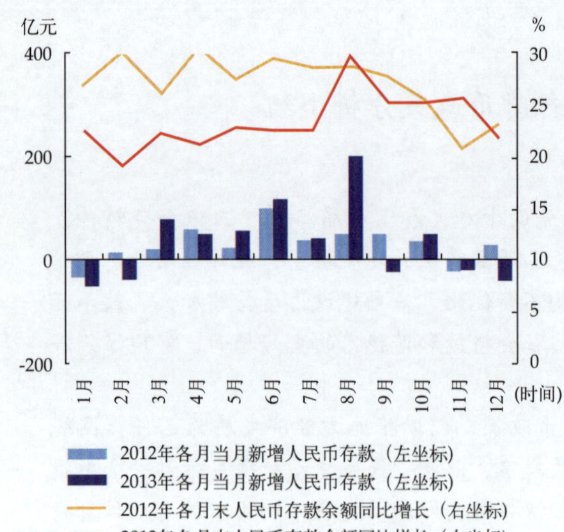

数据来源：中国人民银行拉萨中心支行《西藏自治区金融统计月报》。

图1　2012～2013年西藏自治区金融机构人民币存款增长变化

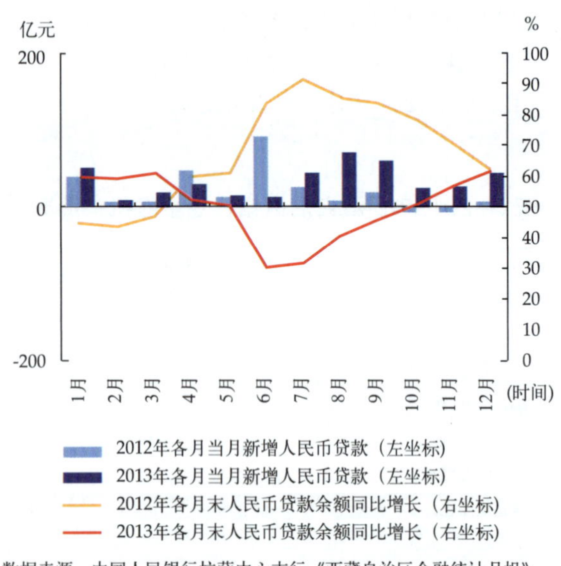

数据来源：中国人民银行拉萨中心支行《西藏自治区金融统计月报》。

图2　2012～2013年西藏自治区金融机构人民币贷款增长变化

业资产总额快速增长，信贷资产质量不断改善，不良贷款余额为7.77亿元，不良贷款率为0.72%，经营效益稳步提高，实现账面利润30.58亿元，同比增盈3.46亿元。

2. 各项存款平稳增长，存款增量再创新高。2013年年末，西藏自治区金融机构人民币各项存款余额为2 499.08亿元，比年初增加448.09亿元，增长21.84%，存款增量再创历史新高（见图1、图3）。从存款性质来看，单位存款增长较快，呈定期化态势；个人存款稳步上升，以储蓄存款为主。从存款部门看，非金融企业存款增幅较快，机关团体存款新增额较大，财政性存款则大幅下降。

3. 各项贷款实现历史性突破，超额完成预期目标。2013年年末，西藏自治区金融机构人民币各项贷款余额为1 076.69亿元，比年初增加412.68亿元，增长62.15%，首次突破千亿元大关，实现历史性突破，增速居全国第一，高于西藏自治区地区生产总值增速近50个百分点；增量创历史新高，超额完成预期目标。2013年累计发放贷款1 294.44亿元，累计收回贷款882.48亿元，分别同比增长18.89%和3.63%（见图2、图3）。信贷投向重点突出，信贷结构进一步优化，支持实体经济发展的能力进一步增强。2013年年末，中小微企业贷款余额为427.98亿元，较年初增加234.09亿元，同比增长121.60%。涉农贷款余额为150.06亿元，较年初增加61.51亿元，同比增长69.45%，涉农和中小微企业贷款均实现“两个不低于”目标。扶贫贴息贷款余额为76.74亿元，较年初增加45.54亿元，同比增长145.93%，增速居各类贷款之首。

4. 利率水平稳定。继续执行贷款优惠利率政策，利率水平保持相对平稳。从贷款看，自2013

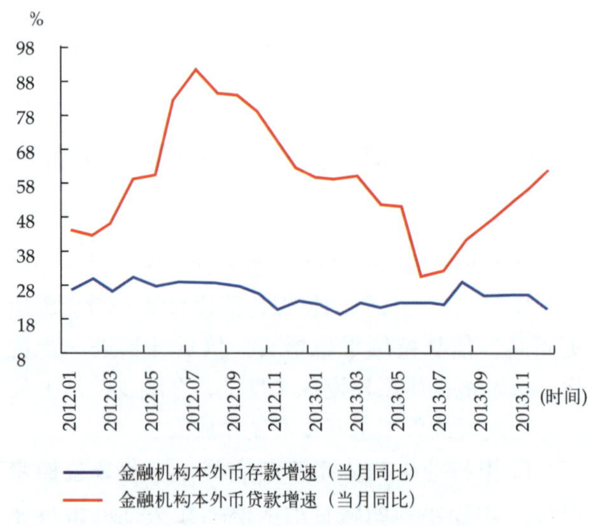

数据来源：中国人民银行拉萨中心支行《西藏自治区金融统计月报》。

图3　2012～2013年西藏自治区金融机构本外币存、贷款增速变化

表2 2013年西藏自治区金融机构人民币贷款各利率区间占比

单位：%

	月份	1月	2月	3月	4月	5月	6月
	合计	100.0	100.0	100.0	100.0	100.0	100.0
	下浮	0	0	0	0	0	0
	基准	99.7	99.8	99.6	99.9	99.9	99.9
上浮	小计	0.3	0.2	0.4	0.1	0.1	0.1
	(1.0，1.1]	0.3	0.2	0.4	0.1	0.1	0.1
	(1.1，1.3]	0.0	0.0	0.0	0.0	0.0	0.0
	(1.3，1.5]	0.0	0.0	0.0	0.0	0.0	0.0
	(1.5，2.0]	0.0	0.0	0.0	0.0	0.0	0.0
	2.0以上	0.0	0.0	0.0	0.0	0.0	0.0
	月份	7月	8月	9月	10月	11月	12月
	合计	100.0	100.0	100.0	100.0	100.0	100.0
	下浮	0	0	0.1	23.3	11.1	4.5
	基准	68.8	99.9	82.7	74.5	85.2	95.2
上浮	小计	31.2	0.1	17.2	2.2	3.7	0.3
	(1.0，1.1]	0.1	0.1	0.1	0.2	0.1	0.3
	(1.1，1.3]	31.1	0.0	17.1	2.0	3.6	0.0
	(1.3，1.5]	0.0	0.0	0.0	0.0	0.0	0.0
	(1.5，2.0]	0.0	0.0	0.0	0.0	0.0	0.0
	2.0以上	0.0	0.0	0.0	0.0	0.0	0.0

数据来源：中国人民银行拉萨中心支行。

年7月20日起中国人民银行宣布全面放开金融机构贷款利率管制，根据西藏优惠货币政策实际，西藏自治区金融机构同步取消贷款利率下限，贷款利率仍实行上限管制，利率区间为0到西藏优惠贷款利率，除居民购买第二套及以上住房贷款执行西藏贷款优惠利率的1.1倍外，暂不实行上浮（见表2）。从存款看，西藏银行各期限存款利率均上浮至1.1倍外，其他在藏银行业金融机构存款利率均按各自总行要求的浮动水平执行。

2013年，西藏自治区民间借贷利率波动幅度较小，处于9%～11%区间，加权平均利率为9.92%，较上年度上升0.04个百分点，利率走势平稳。

西藏自治区各商业银行对美元、欧元、港元、日元4种币种的活期、7天通知和1年（含1年）以内定期存款利率，均执行中国人民银行公布的基准利率上限，其他档次和币种按各自总行规定的利率执行。2013年年末，西藏金融机构外币各项存款余额为3 043.2万美元，同比下降47.9%。

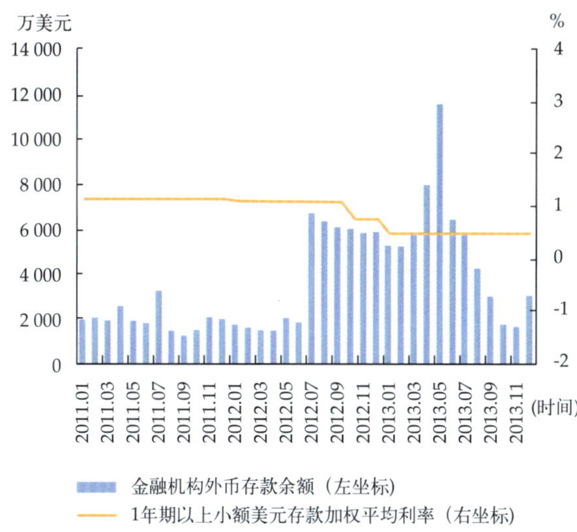

数据来源：中国人民银行拉萨中心支行。

图4 2011～2013年西藏自治区金融机构外币存款余额及外币存款利率

5. 银行改革持续推进。2013年，西藏自治区金融体制改革不断推进，银行业机构体系日趋完善。一是2013年12月，中国民生银行拉萨分行正式成立并对外营业。二是西藏首家村镇银行——林芝民生村镇银行的筹建工作有序推进，于2013年11月取得牌照，12月开始试营业。三是辖内各现有银行机构设立分支机构工作取得新进展。中国工商银行西藏自治区分行在拉萨市设立了首家城区支行；中国农业银行设立惠农通金融服务点达1 030个，极大地方便农牧民群众小额取款、转账、查询等基础金融服务；中国银行西藏自治区分行将山南、林芝、日喀则地区支行升格为分行，并在昌都地区设立了支行；中国建设银行拉萨东城区支行、阿里分行筹建工作正在推进；西藏银行在山南地区设立了贡嘎县支行，在日喀则、林芝地区筹建分行，在拉萨市墨竹工卡县筹建支行的工作正在有序推进。

2013年，中国人民银行拉萨中心支行对辖区银行业金融机构进行了非现场评估，并对西藏银行股份有限公司进行了全面的现场评估。从非现场评估的情况来看，西藏自治区银行业金融机构稳健值在60～80分之间，处于稳健区间。从对西藏银行的现场评估情况来看，其在公司治理、内部控制、风险管理、传染性风险、抗冲击性等方面都有较完备的制度保障，制度的执行情况较好。

6.跨境人民币结算业务稳步增长。2013年，西藏自治区累计办理跨境人民币结算业务89亿元，同比增加13.5亿元，增长17.9个百分点。其中，货物贸易出口结算金额为88.5亿元，同比增长17.5%，占全部结算总额的99.4%；货物贸易进口结算金额为0.2亿元，同比增长17.6%；服务贸易和其他经常项目进出口业务结算金额为0.3亿元，同比增长1.8倍。境外企业在自治区共开立人民币结算账户28个，较2012年新增5个，账户余额为5.7亿元，同比增长7.1倍。人民币结算地域范围不断扩大，除尼泊尔、中国香港、中国台湾外，还包括德国、荷兰、西班牙、坦桑尼亚等国家和地区。

专栏1　加大中小微企业金融服务　有效推动企业发展

为进一步做好中小微企业金融服务工作，全力支持中小微企业良性发展，西藏辖区银行业金融机构切实采取有效措施，重点加大对中小微企业的信贷支持，全面实现了中小微企业贷款增速不低于全部贷款平均增速、增量不低于上一年同期增量的“两个不低于”目标，有力推动了西藏中小微企业更好更快发展。

一、主要做法

（一）加强调研与政策研究。银担合作是促进中小企业贷款增长的有效途径之一。为进一步加强银担合作，拓宽辖区企业融资渠道，2013年10月，中国人民银行拉萨中心支行在全辖范围内开展了西藏银担合作情况的调研，提出了“建立长效合作机制，拓展银担合作领域；建立健全内部管理机制，增强担保公司实力完善监管机制；加强担保体系建设；建立完善各类扶持政策，加大政府支持力度”的建议。同时，研究实施新的扶贫贴息贷款政策，进一步扩大了自治区区扶贫贴息贷款的使用范围。其中，将“县及县以下中小微企业贷款”全部纳入扶贫贴息贷款发放范围，西藏自治区县及县以下中小微企业均可以享受全国最低的1.08%的扶贫贴息贷款优惠利率。

（二）着力引导金融机构加大支持力度。积极探索建立中小微企业融资信息沟通机制，由中小企业主管部门提供中小企业融资推荐清单，中国人民银行拉萨中心支行引导和督促银行业金融机构本着开户行主要负责、其他银行自主选择的原则，积极介入、主动联系，切实做好重点联系企业金融服务工作。同时，2013年以来，西藏自治区各地区口岸中心支行积极主办银企推介会（洽谈会），成功为企业融资搭建了金桥，有力地支持了地方经济和企业的发展。

（三）大力推进中小微企业的金融产品和服务创新。2013年，在中国人民银行拉萨中心支行的指导下，各商业银行积极探索创新金融产品和服务，为不同类型、不同规模的市场主体提供有针对性的、个性化的金融产品和服务。邮政储蓄银行西藏分行创新推出了“保证金+市场方协助扣划”担保方式发放商户小额贷款；农业银行西藏自治区分行在辖内成立了8家“小企业金融服务中心”，专门为区内中小微企业提供专业的金融服务；工商银行西藏自治区分行继中国银行西藏自治区分行之后第二个推出了法人保理业务，进一步丰富了企业融资产品；建设银行西藏自治区分行通过“速贷通”业务继续支持西藏自治区中小微企业发展。

二、工作成效

一年来，西藏辖区金融机构大力支持中小微企业的发展，西藏自治区中小微企业金融服务工作开创了新局面。2013年年末，西藏自治区中小微贷款增长已超额完成“两个不低于”的发展目标。西藏自治区中小微企业贷款余额为427.98亿元，比年初增加224.09亿元，增长109.91%，增速比同期各项贷款增速高47.82个百分点，增量比去年同期多增146.39亿元。其中，小微企业贷款余额达188.26亿元，比年初增加97.4亿元，增长107.2%，增速比同期各项贷款增速高45.11个百分点；增量比2012年同期多增36.63亿元。

三、努力方向

西藏自治区各金融机构将进一步支持中小微企业的发展。一是积极拓展融资渠道，建立完整的企业融资市场体系。建立健全直接融资渠道，加大股权融资力度；完善金融组织体系，发展融资租赁业务、典当业务，拓展资金来源，加大金融对中小微企业的支持力度。二是建立综合信息系统，有效解决银企信息不对称问题，保证信息来源稳定和准确，并根据数据管理与共享办法加以合法、合理、有效利用。三是加快担保体系和中介机构发展，促进企业信用增级与银担合作，催化西藏自治区融资市场有效畅通运转。四是加强企业自身建设，提高中小微企业有效信贷需求。进一步引导企业建立现代企业制度，完善公司法人治理结构，建立健全企业财务制度和内控制度；清理不合理行政收费，简化行政手续；严格贯彻执行国家关于中小微企业免收税相关政策；逐步充实中小企业贷款风险补偿资金；加强对企业的诚信教育和宣传，增强企业诚信意识，优化区内信用环境。

（二）证券业稳步发展，上市公司改革平稳推进

2013年，西藏自治区证券业稳步发展，市场主体日益多元化，经营状况保持良好，经营效益明显提高。

1. 证券机构较快增长。2013年年末，西藏自治区辖内共有6家证券营业部，其中西藏同信证券营业部5家，中投证券营业部1家。2013年7月，西藏首家期货营业部——同信久恒期货有限责任公司拉萨营业部正式开业经营，结束了西藏无期货经营机构的历史。西藏同信证券为在西藏注册的法人证券公司，公司在全国范围内下设3家分公司、32家证券营业部，3家分公司分别位于上海市、河南省、山东省，32家证券营业部中5家位于西藏自治区内的拉萨、山南、林芝、昌都，其余27家分布在全国其他各省（市）。

2. 证券业务发展良好。2013年年末，西藏自治区共有西藏矿业、西藏天路、西藏旅游、西藏城投、西藏发展、西藏药业、西藏珠峰、梅花集团、奇正藏药、海思科10家A股上市公司和“5100”1家H股上市公司。其中，10家A股上市公司中国有控股3家，民营控股7家；沪市公司6家，深市公司4家；主板公司8家，中小板公司2家。2013年年末，10家A股上市公司总股本69.5亿股，同比增长18.40%；上市公司总市值718.64亿元，同比增长25.56%。2013年年末，10家A股上市公司累计融资181.61亿元：其中股权融资142.61亿元，中期票据融资19亿元，短期融资券融资20亿元（见表3）。

表3　2013年西藏自治区证券业基本情况

项目	数量
总部设在辖内的证券公司数（家）	1
总部设在辖内的基金公司数（家）	0
总部设在辖内的期货公司数（家）	0
年末国内上市公司数（家）	10
当年国内股票（A股）筹资（亿元）	24.5
当年发行H股筹资（亿元）	0
当年国内债券筹资（亿元）	0
其中：短期融资券筹资额（亿元）	0
中期票据筹资额（亿元）	0

数据来源：西藏证监局。

3. 证券业改革平稳进行。2013年，西藏矿业、西藏旅游先后通过非公开发行方式分别再融资11.74亿元、3.3亿元，为公司发展壮大提供了资金支持。梅花集团实施非公开发行股份募集资金，募集资金总额25.08亿元，这是西藏辖区资本市场成立以来的最大一笔直接融资。西藏雅砻与上海北方城市发展投资有限公司并购重组，化解了退市风险，重组后公司变更为西藏城投，公司治理结构进一步完善、财务状况和经营情况趋好，市场反应较好。五洲明珠与梅花生物科技集团并购重组，变更为梅花集团，成功实现主业转型，市场竞争力得到大幅提升。

（三）保险业健康发展，保险保障功能增强

2013年，西藏自治区保险业总体运行良好，资产规模稳步扩大，保费收入和赔付支出快速增长，经济补偿功能不断增强（见表4）。

1. 资产规模不断扩大。2013年，西藏自治区新引进一家保险机构省级分公司，即中国太平洋财产保险股份有限公司西藏分公司。2013年年末，西藏自治区保险市场共有省级分公司6家，其中，产险分公司5家，寿险分公司1家，无法人保险公司。2013年年末，西藏自治区保险业总资产5.66亿元，同比增长22.14%，其中，产险公司总资产4.11亿元，同比增长28.16%，人身险公司总资产1.55亿元，同比增长8.68%。保险公司资产总额快速增长，保险业总体实力和服务能力进一步增强。

2. 保险业务发展良好，保障能力增强。2013年，西藏自治区保险业实现保费收入11.43亿元，同比增长19.86%。其中，产险保费收入7.96亿元，同比增长22.17%；人身险保费收入3.47亿元，同比增长14.87%。从具体险种看，机动车辆险保费收入同比增长22.72%，责任险同比增长42.11%。2013年，西藏自治区保险业赔付支出共计5.60亿元，同比增长38.3%。其中，产险业务赔款支出4.02亿元，同比增长19.83%；人身险业务赔付支出1.57亿元，同比增长127.06%。2013年，西藏自治区保险密度为366.3 元/人，同比增加56.6元/人，增长18.3%；保险深度1.42 %，同比上升了0.05 个百分点，保险的社会“稳定器”功能日益增强。

表4　2013年西藏自治区保险业基本情况

项目	数量
总部设在辖内的保险公司数（家）	0
其中：财产险经营主体（家）	0
人身险经营主体（家）	0
保险公司分支机构（家）	6
其中：财产险公司分支机构（家）	5
人身险公司分支机构（家）	1
保费收入（中外资，亿元）	11.43
其中：财产险保费收入（中外资，亿元）	7.96
人身险保费收入（中外资，亿元）	3.47
各类赔款给付（中外资，亿元）	5.6
保险密度（元/人）	366.3
保险深度（%）	1.42

数据来源：西藏保监局。

（四）非金融机构部门融资量大幅增长，金融市场交易平稳

2013年，西藏自治区金融市场稳步发展，非金融机构部门融资量大幅增长，市场融资结构仍以间接融资为主，票据融资规模较2012年明显缩小。

1. 非金融机构融资量大幅增长。2013年年末，西藏自治区非金融机构部门融资总额达438.1亿元，同比增长66.95%。从融资结构来看，贷款融资仍占主导地位，占比94.1%，股票融资略有上升，占比5.9%（见图5）。

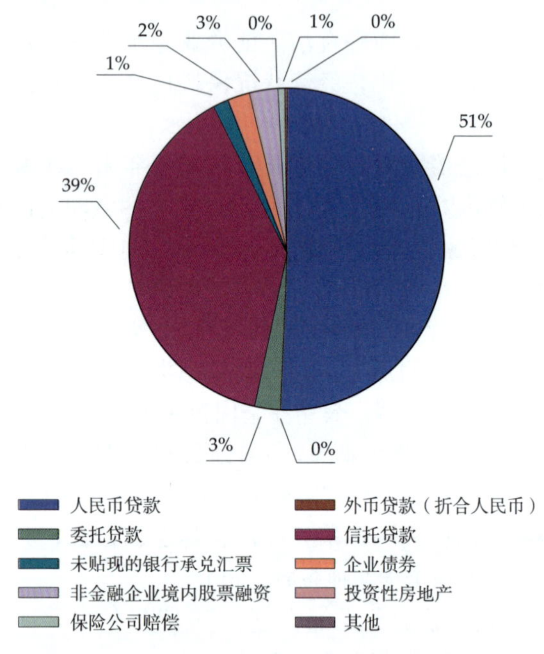

数据来源：《西藏自治区金融统计月报》、西藏证监局。

图5　2013年西藏自治区社会融资规模分布

2. 票据市场交易下降。2013年，西藏自治区票据融资规模较上年明显缩小。2013年年末，西藏自治区票据融资（含直贴和买断式转入）余额为57.39亿元，其中，企业贴现余额仅为245万元，票据转贴现余额为57.37亿元。其中，买断式转贴现累计发生额为141.09亿元，同比大幅减少519.34亿元，降低78.64%（见表5）。

票据转贴现业务大幅缩减的主要原因有：一是西藏自治区经济发展良好，重点建设项目、中小微企业等有效信贷需求出现较大增长，各家商业银行为满足区内各经济实体资金需求，纷纷压缩票据转贴现业务，增加信贷投入力度。二是银行业金融机构受各自总行以存定贷管理模式影响，大幅削减了转贴现业务。

表5　2013年西藏自治区金融机构票据业务量统计

单位：亿元

季度	银行承兑汇票承兑		贴现			
			银行承兑汇票		商业承兑汇票	
	余额	累计发生额	余额	累计发生额	余额	累计发生额
1	1.6955	1.1439	0.022	0.0296	0	0
2	1.6998	2.1324	0.018	0.0466	0	0
3	1.4833	3.3054	0.017	0.0466	0	0
4	1.5375	3.9589	0.025	0.0706	0	0

数据来源：中国人民银行拉萨中心支行。

表6　2013年西藏自治区金融机构票据贴现、转贴现利率

单位：%

季度	贴现		转贴现	
	银行承兑汇票	商业承兑汇票	票据买断	票据回购
1	4.38	0	4.53	0
2	3.98	0	4.78	4.45
3	6.16	0	5.89	6.24
4	6.24	0	6.7	0

数据来源：中国人民银行拉萨中心支行。

（五）金融基础建设逐步完善，生态环境不断优化

2013年，西藏自治区金融生态环境建设稳步推进，金融市场发展环境进一步优化。

一是征信系统建设成效显著。2013年年末，企业征信系统收录西藏自治区企事业单位及其他经济组织6 848户，同比增长5.6%。个人征信系统收录西藏自治区自然人约111.4万人，同比增长6.3%。截至2013年年末，西藏自治区发放农牧户钻石、金、银、铜卡贷款证共41万本，发证面达86%以上，评定信用乡（镇）304个、信用村3 137个，农牧民小额贷款余额为76.7亿元，其中不良贷款余额0.23亿元，仅占农户小额贷款的0.29%。二是社会信用体系建设基础不断夯实。2013年8月，召开了西藏自治区社会信用体系建设联席会议第一次会议，研究制定了《西藏社会信用体系建设工作规划》，为全面推动西藏自治区社会信用体系建设工作奠定了良好的基础。三是支付清算系统建设取得重大进展。继2005年大额支付系统在西藏自治区投产运行后，2013年第二代支付系统在西藏自治区成功切换上线，标志着西藏自治区清算系统建设取得了实质性的成果。助农取款服务点建设持续推进，农村支付环境建设取得一定的突破。2013年，共建立助农取款服务点1 212个，填补了258个空白乡镇，有效解决了农牧区金融服务网点缺失、农牧民取款难的问题（见表7）。

表7　2012～2013年西藏自治区支付体系建设情况

年份	支付系统直接参与方（家）	支付系统间接参与方（家）	支付清算系统覆盖率（%）	当年大额支付系统处理业务数（万笔）	同比增长（%）	当年大额支付系统业务金额（亿元）	同比增长（%）	当年小额支付系统处理业务数（万笔）	同比增长（%）	当年小额支付系统业务金额（亿元）	同比增长（%）
2012	22	190	33.33	59.61	27.15	19 876.06	39.91	154.23	-11.12	154.23	0.90
2013	23	194	32.05	65.12	9.20	24 301.74	22.30	295.2	91.40	295.17	91.40

数据来源：中国人民银行拉萨中心支行。

二、经济运行情况

2013年，西藏自治区紧紧围绕工作重点，突出投资拉动，巩固消费带动，加快结构调整，注

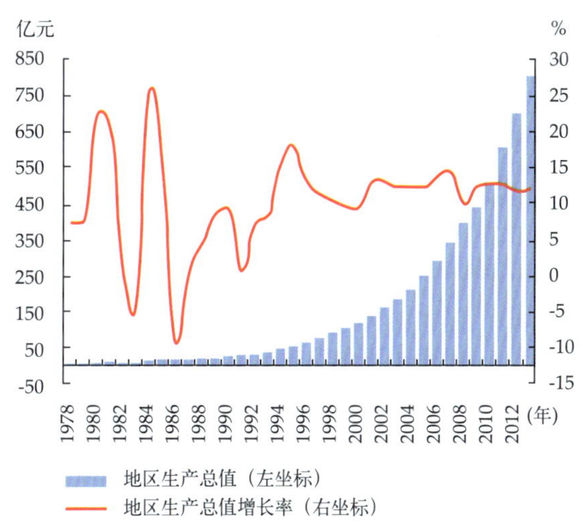

数据来源：西藏自治区统计局。

图6　1978～2013年西藏自治区地区生产总值及其增长率

重民生改善，经济保持平稳增长。2013年完成地区生产总值807.67亿元，增长12.1%（见图6）。

（一）总需求持续扩大，投资消费平稳增长

2013年，西藏自治区加大基础建设力度，投资规模实现较快增长，消费市场活跃，需求平稳增长，经济实现了又好又快发展。

1. 投资规模增长较快，基础设施建设取得新进展。2013年，西藏自治区不断优化投资环境，努力拓宽投资渠道，累计完成固定资产投资918.48亿元，同比增长29.4%，增速比2012年上升0.1个百分点。从投资主体看，政府投资比例有所上升，2013年完成688.74亿元，同比增长40.8%，占投资总额的75.0%，同比上升6.1个百分点。2013年落实国家投资380亿元，增长30%，“十二五”规划226个项目投入建设，项目投资累计完成1 085亿元，完成对口援藏项目384个，落实资金17.7亿元（见图7）。

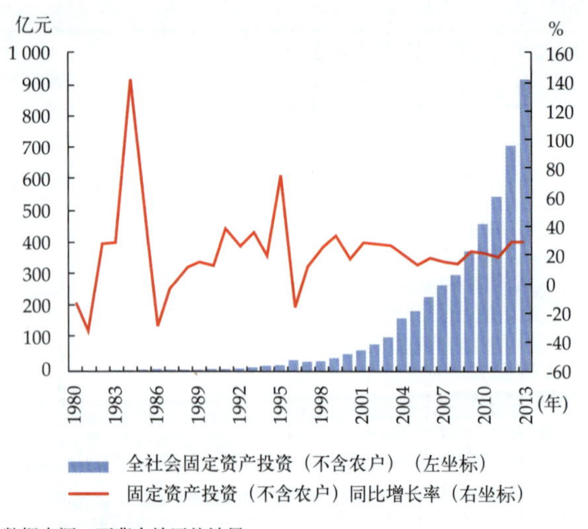

数据来源：西藏自治区统计局。

图7　1980～2013年西藏自治区固定资产投资（不含农户）及其增长率

2. 城乡居民收入稳步提高，消费需求平稳增长。2013年，西藏自治区城镇居民人均可支配收入20 023元，同比增长11.1%；农牧民人均纯收入6 578元，同比增长15%，连续多年保持两位数增速。全年消费市场活跃，2013年西藏自治区社会消费品零售总额达到293.22亿元，同比增长15.1%。其中，城镇和农村社会商品零售总额分别达到246.15亿元、47.07亿元，增长16.2%、9.8%，城镇市场增速快于农村市场6.4个百分点（见图8）。

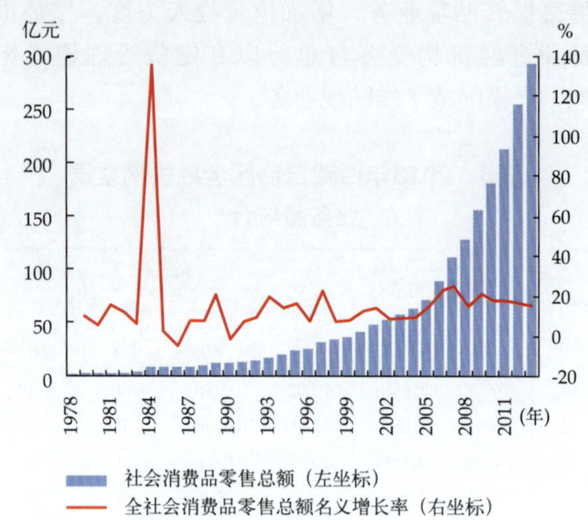

数据来源：西藏自治区统计局。

图8　1978～2013年西藏自治区社会消费品零售总额及其增长率

3. 外贸总量小幅回落，贸易顺差小幅收缩。2013年，西藏自治区外贸进出口总额33.19亿美元，同比下降3.1%。其中贸易出口和贸易顺差分别为32.69亿美元和32.19亿美元，同比分别下降

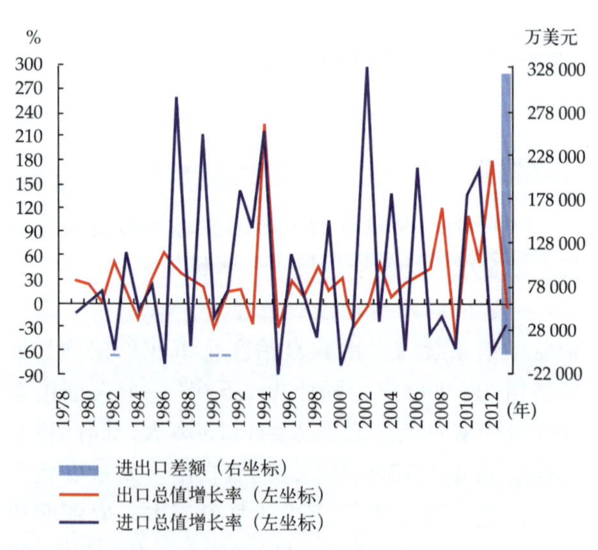

数据来源：西藏自治区统计局。

图9　1978～2013年西藏自治区外贸进出口变动情况

2.6%和2.1%。进口总额为5 034万美元，同比下降27%（见图9）。

4. 招商引资不断加强。2013年落实招商引资项目65个，实际到位资金225亿元，主要涉及旅游服务业、特色产品加工、新能源、矿产开发、水电开发、商贸物流等领域。“中国光彩事业西藏行”招商引资活动签约项目238个。非公经济市场主体达到12.8万户，增长11.9%，增速同比上升5.5个百分点。据西藏自治区商务部门数据显示，2013年，西藏自治区合同利用外资额为1.02亿美元，实际外资利用额为1.01亿美元（见图10）。

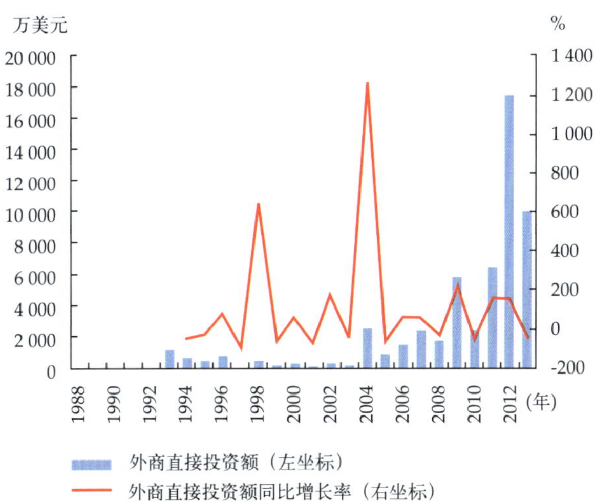

数据来源：西藏自治区统计局。

图10　1988～2013年西藏自治区外商直接投资额及其增长率

（二）三大产业继续稳步发展，产业结构进一步优化

2013年，西藏自治区三大产业稳步发展，增加值分别为86.82亿元、292.92亿元、427.93亿元，同比分别增长3.8%、20.0%和8.7%。第一、第二、第三产业增加值比重分别为10.7%、36.3%、53%。与上年相比，第一产业比重下降0.8个百分点，第二产业上升1.9个百分点，第三产业下降0.9个百分点，产业结构进一步优化。

1. 农牧业形势持续向好，农业基础设施建设取得新进展。2013年，西藏自治区主要农产品生产取得显著成效，2013年粮食总产达96.15万吨，超过计划目标1万吨，油菜籽总产6.34万吨，蔬菜总产66.99万吨，同比分别增长0.6%和2.2%，粮食产量连续十五年保持在90万吨以上；猪牛羊肉产量29.2万吨、奶类产量32.6万吨，同比分别增长0.9%、2.6%。农业基础设施建设取得新进展，基本完成农牧民安居工程建设任务，46.03万户、230万名农牧民全部住上安全适用新房，“八到农家”工程有序推进，新增解决23.1万名农牧民和5.13万名农村学校师生饮水安全问题，提前完成“十二五”规划农牧民饮水安全任务。基本解决无电人口和村级公共场所、学校、寺庙、道班用电问题。累计建成25万个农牧民户用沼气池，100余万名农牧民用上清洁能源。新增农村公路通车里程5 288公里，西藏自治区99.7%乡镇、97.4%建制村和90.3%寺庙通公路，50.7%乡镇通沥青（水泥）路。乡镇通邮率、通光缆率和通宽带率分别达到94.6%、97.5%和100%。完成1 000个行政村人居环境建设。金融支农力度进一步增强，涉农贷款余额年底达到88.56亿元，增长13.02%。

2. 工业生产稳步增长。2013年，西藏自治区工业增加值完成61.16亿元，同比增长12.2%。其中，规模以上工业增加值完成45.83亿元，同比增长12.2%。主要工业品产销两旺，全年工业累计销售产值92.53亿元，同比增长3.1%，销售率94.0 %（见图11）。

3. 以旅游业为龙头的服务业加快发展。2013年，西藏自治区旅游业产业规模逐步壮大，旅游产品不断丰富，产业功能进一步加强，经济效益

数据来源：西藏自治区统计局。

图11　2000～2013年西藏自治区规模以上工业增加值同比增长率

再创新高。全年共接待国内外游客达1 291.06万人次，同比增长22%，其中，接待国内游客1 268.74万人次，同比增长22.1%，接待入境旅游者22.32万人次，同比增长14.5%，增速同比上升42.5个百分点。实现旅游总收入165.18亿元，同比增长30.6%，旅游总收入增幅高于接待人数增幅8.6个百分点。2013年，旅游总收入占西藏自治区地区生产总值的20.45%，比上年提高2.45个百分点；占第三产业产值的38.6%，比上年提高3.71个百分点，旅游业日益成为西藏国民经济的重要支柱产业，为“做强三产”战略目标的顺利实现提供了有力支撑。

（三）物价总水平保持稳定，居民消费价格高于全国平均水平

2013年，西藏自治区物价总水平保持理性增长，受输入性因素的影响，居民消费价格高于全国平均水平。

1. 居民消费价格高于全国平均水平。2013年，西藏自治区居民消费价格上涨3.6%，同比上升 0.1个百分点，比全国平均上涨2.6%的水平高1个百分点。居民消费八大类商品价格同比全部上涨，食品是推动CPI上涨的主要因素，全年上涨7.7%，同比上升0.6个百分点；其次是居住类价格，全年上涨2.5%，同比上升1.1个百分点。2013年，西藏自治区服务项目价格上涨2.7%，同比上升0.7个百分点；商品零售价格上涨3%，同比上升0.1个百分点，基本与上年持平（见图12）。

2.生产价格水平总体略有上升。2013年，西藏自治区农业生产资料价格上涨1.8%，同比上升0.2个百分点，工业生产者出厂价格下降0.2%，同比上升0.1个百分点（见图12）。

3．劳动力报酬继续提高。2013年，西藏自治区城镇居民人均工资性收入为19 604元，同比增长10.9%，；农村居民人均工资性收入为1 475元，同比增长22.8%，增速高于城镇居民增速11.9个百分点。

（四）财政收支规模扩大，民生领域支出不断增加

1. 财政收支总量扩大。2013年，西藏自治区经济保持了跨越式发展强劲势头，经济活力逐步增强，公共财政预算收入保持快速增长态势，同时中央对西藏发展经济支持力度持续加强，全国各省市援藏资金额度也创新高，使得财政总收入快速增长。2013年，西藏自治区财政总收入为1 051.53亿元，比2012年同期增加165.61亿元，增长18.69%。其中，本级财政收入为109.39亿元，占比10.4%，同比增加13.68亿元，增幅14.29%，中央税收返还收入为68.49亿元，占比6.5%，同

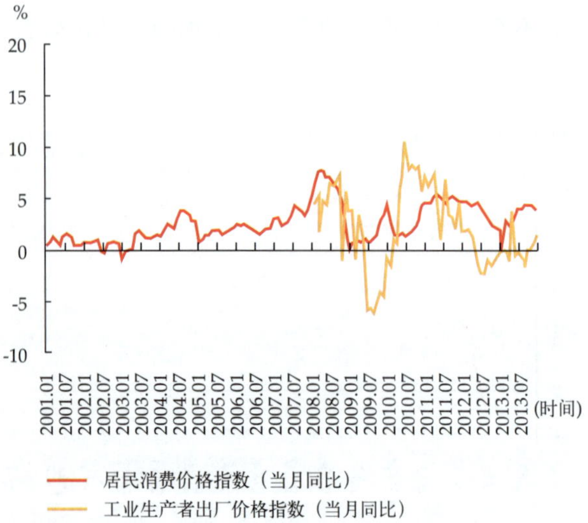

%

20 15 10 5 0 -5 -10

2001.01 2001.07 2002.01 2002.07 2003.01 2003.07 2004.01 2004.07 2005.01 2005.07 2006.01 2006.07 2007.01 2007.07 2008.01 2008.07 2009.01 2009.07 2010.01 2010.07 2011.01 2011.07 2012.01 2012.07 2013.01 2013.07 (时间)

居民消费价格指数（当月同比）

工业生产者出厂价格指数（当月同比）

数据来源：西藏自治区统计局。

图12　2001～2013年西藏自治区居民消费价格和生产者价格变动趋势

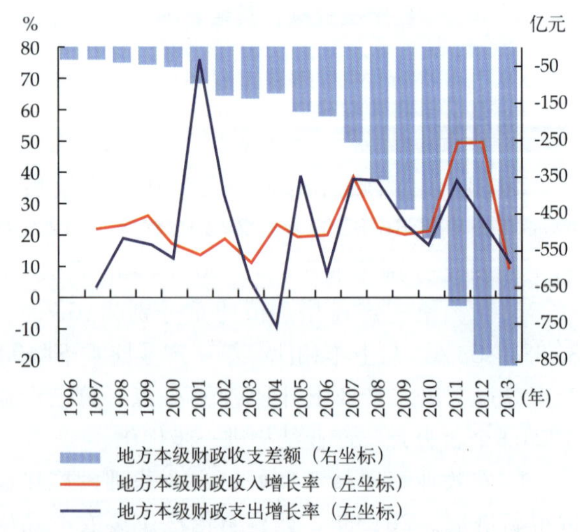

数据来源：西藏自治区统计局。

图13　1996～2013年西藏自治区财政收支状况

比减少8.72亿元，降幅11.29%，中央补助收入为873.65亿元，占比83.1%，同比增加160.65亿元，增幅22.53%。财政总支出为1 030.11亿元，同比增加88.22亿元，增幅9.37%，西藏自治区财政支出全部为本级财政支出，没有上解中央支出（见图13）。

2. 财政民生支出增加。2013年，西藏自治区财政支出突破1 000亿元大关，创历史新高。西藏自治区统筹兼顾，在保运转、保民生、保稳定、促发展等基本支出上，切实做好各项落实，继续坚持财力向重点领域倾斜，其中，“强基惠民”工程支出、基础设施建设支出、社会保障支出、三农支出等重点领域增长强劲（见图13）。

（五）环境保护力度不断加大，生态文明建设加快推进

2013年，西藏自治区生态环境保护力度不断加大，加快实施西藏国家生态安全屏障保护与建设规划，累计落实投资48.2亿元。落实林业投资17亿元，育林造林104万亩。颁布了生态环境保护监督管理和矿产资源勘察开发监督管理办法。设立总额7 400万元的奖励资金，建立环境保护奖惩机制。严格环境准入，坚决控制“三高”行业，淘汰落后水泥产能20万吨。落实建设美丽西藏意见，兑现草原生态保护补助奖励和森林生态效益补偿金等28.3亿元，落实主体功能区生态转移支付9亿元。拉萨市创建国家环境保护模范城市通过预评估。

专栏2　西藏自治区妇女小额担保贷款工作成效显著

近年来，西藏银行业金融机构将妇女小额担保贷款作为参与社会管理和落实民生工程的重点工作，不断改善金融服务，创新金融产品，加大对妇女的有效信贷投入，切实做好金融支持妇女创业就业工作，妇女小额担保贷款工作取得了显著成效。

一、主要做法

（一）加强“窗口指导”。中国人民银行拉萨中心支行每年下发《西藏自治区信贷工作的指导意见》，明确要求辖区银行业金融机构深入贯彻落实就业与再就业政策，加大支持农牧区和城镇妇女就业再就业；将妇女小额担保工作作为重中之重，不断改进和提升对妇女的金融服务，增加信贷投放，推动妇女小额担保贷款工作稳步发展。

（二）加强机制建设。2012年4月，西藏自治区政府下发了《关于成立自治区妇女小额担保财政贴息贷款工作领导小组的通知》（藏政办发[2012]32号），成立了西藏自治区妇女小额担保财政贴息贷款工作领导小组，明确了领导小组各成员单位的工作职责和分工。同时，下发了《转发财政厅等四部门关于开展城乡妇女小额担保财政贴息贷款工作意见的通知》（藏政办发[2012]39号），进一步推动了妇女小额担保贷款在西藏自治区的开展和推广。

（三）加强协调配合。中国人民银行拉萨中心支行联合自治区财政厅、人力资源和社会保障厅、妇女联合会、中国农业银行西藏自治区分行等单位下发了《关于印发西藏自治区城乡妇女小额担保财政贴息贷款的实施意见》（藏财企字[2010]136号），明确了妇女小额担保贷款的贷款对象、经营项目、贷款额度及期限、贷款利率和贴息、担保形式及办法、贷款流程及办理程序等。

二、取得的成效

自2011年以来，在西藏自治区妇联、财政、人民银行、农业银行和担保公司的共同努力下，西藏妇女小额担保贷款取得显著成效。农业银行西藏自治区分行先后在拉萨地区、日喀则地区和阿里地区开展了妇女小额担保贷款业务。2011～2013年，农业银行西藏自治区分行累计向230名妇女发放小额担保贷款1 100多万元，为妇女创业提供了资金支持。2013年年末，西藏自治区妇女小额担保贷款余额为987万元，贷款均发放给农牧区妇女，切实为农牧

区妇女创业就业提供了资金保障。

三、下一步工作措施

（一）引导加大妇女创业就业信贷投入，确保妇女小额担保贷款适度合理增长。中国人民银行拉萨中心支行积极引导辖区内的工商银行、中国银行、建设银行、邮政储蓄银行、西藏银行等认真贯彻落实中央第五次西藏工作座谈会精神，出台差异化的信贷管理办法和考核办法，充分发挥各自优势，加大对妇女创业就业的金融支持力度，确保妇女小额贷款适度合理增长。

（二）积极指导相关部门，切实做好妇女小额贷款工作。中国人民银行拉萨中心支行将积极协调落实好妇女小额担保贷款的相关金融政策，加强对商业银行的“窗口指导”，指导各商业银行机构做好妇女小额担保贷款复核、发放、管理、回收和风险控制工作。配合妇联等部门做好妇女小额担保贷款工作的政策宣传和业务指导。

（三）建立健全信息交流共享机制，优化区域金融生态环境。积极将妇女创业就业情况纳入人民银行征信系统，为其建立个人信息档案。通过征信知识进社区、稳步推进信用乡（村、镇）等活动，强化包括妇女在内的广大城乡居民的诚信意识和金融知识，优化区域金融生态环境。

（六）房地产市场运行平稳

2013年，西藏自治区房地产投资规模和销售面积增长较快，房地产销售价格同比上升，但市场规模依然较小。

1. 房地产开发投资规模逐年增长，住宅投资占西藏自治区房地产开发比重较大。2013年，西藏自治区房地产开发投资累计完成额9.68亿元，同比增加2.78亿元，增长40.8%。其中，住宅投资完成4.9亿元，占房地产开发投资的50.62%，同比增加0.65亿元，增长15.29%；商业营业用房投资完成2.61亿元，占房地产开发投资的26.96%，同比增加0.31亿元，增加13.48%；其他类房地产开发投资完成0.86亿元，同比增加214%。

2. 房地产施工面积大幅增长。2013年，西藏自治区商品房施工面积达57.7万平方米，同比上升21.9%（见图14）；西藏自治区房屋新开工面积已达24.87万平方米，极大促进了西藏自治区房地产开发市场较快发展。

3. 新建商品房销售面积有所放缓，销售价格同比上升较快。2013年，西藏自治区新建商品房销售面积达25.40万平方米，新建商品房销售额为8.97亿元，但市场规模依然较小。按照新建商品房销售额与销售面积计算（商品房销售额/销售面积），新建商品房销售均价为4 006.2元/平方米，较上一年均价增长22.6%。

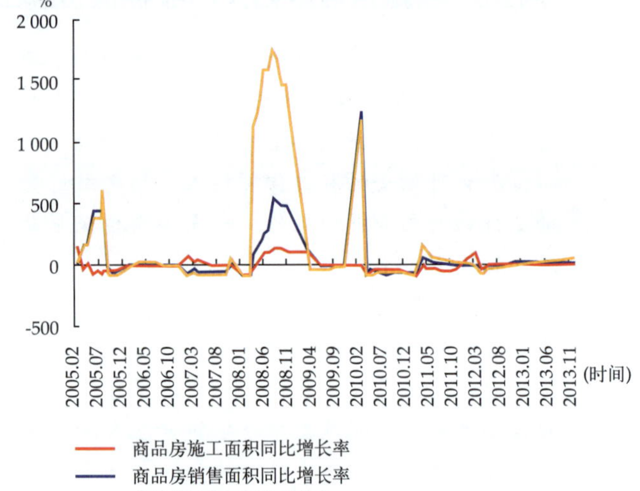

数据来源：西藏自治区统计局。

图14 2005～2013年西藏自治区商品房施工和销售变动趋势

4. 房地产贷款总量增速较快，个人住房贷款发放逐年减少。2013年，西藏自治区房地产贷款余额为49.83亿元，新增9.3亿元，同比增长22.95%。分类别看，房地产开发贷款为13.72亿元，较2012年增加9.78亿元，也为近两年来的新增最高。

个人住房贷款发放逐年减少。2013年，西藏自治区发放商业性个人住房贷款31.96亿元，较2012年减少2.89亿元。公积金委托贷款余额为

28.48亿元，环比增加5.74亿元，上升25.24个百分点。

三、预测与展望

2013年，西藏自治区经济社会保持了跨越式发展的良好态势，经济呈现了“快、高、优、大、强、新、惠、好、稳”九大特征，经济活力日趋活跃，地区生产总值连续二十一年保持两位数增长，农牧民人均纯收入连续十一年保持两位数增长，生产总值和投资、消费等主要指标增长速度均高于全国平均水平。但西藏市场经济发展滞后于全国，市场发育程度低，项目建设、投资拉动仍然是推动经济社会发展的主要动力。

2014年，机遇大于挑战。西藏将紧紧抓住打牢农牧业和基础设施两个基础，突出特色产业和生态文明建设两个重点，加强民生改善和基本公共服务两个保障，进一步强化民生先动、市场推动、项目带动、金融撬动、创新驱动、环境促动的“六动措施”，大力促进经济持续健康发展，保持社会大局持续和谐稳定，确保经济社会发展各项目标任务的全面完成。

2014年是深入贯彻落实党的十八届三中全会精神、全面深化改革的开局之年，是完成“十二五”规划目标任务的关键之年。西藏金融机构将认真贯彻落实中央的宏观经济政策和稳健的货币政策，用好、用活、用足、用实中央赋予西藏的特殊优惠金融政策，大力实施“金融撬动”战略，坚持稳中求进工作总基调，坚持“总量稳定、结构优化”的原则，坚持金融服务实体经济的本质要求，保持政策的连续性和稳定性，增强调控的前瞻性、针对性、协同性，把握好信贷投放的力度和节奏，进一步优化金融资源配置，盘活存量、优化增量，增强金融运行效率和服务实体经济能力，努力为西藏经济社会跨越式发展和长治久安作出更大的贡献。

中国人民银行拉萨中心支行货币政策分析小组
总　纂：郭振海　洛桑占堆　李隆仕
统　稿：李玉福　索　珍　德　吉　贾蜀苇　达瓦萨珍　次仁顿珠　申　霞　曾茂娟
执　笔：贾蜀苇　田春苗
提供材料的还有：杨富彬　胡　艳　冯　兰　伊毕热恒　胡西鹏

附录

（一）2013年西藏自治区经济金融大事记

3月20日，中国人民银行拉萨中心支行与中国证券监督管理委员会西藏监管局在拉萨市签署了《中国人民银行拉萨中心支行、中国证券监督管理委员会西藏监管局关于加强证券期货监管合作、共同维护金融稳定的备忘录》。

4月27日，中国银行山南地区支行正式升格为二级分行。

7月5日，中国银行西藏分行为西藏嘉灿商贸有限公司办理西藏首笔跨境直接投资人民币结算业务，开辟了西藏外商投资新渠道，标志着西藏跨境人民币业务范围由经常项目延伸到了资本项目。

7月20日，中国人民银行全面放开金融机构贷款利率，西藏也全面放开贷款利率下限管制。

8月1日，西藏第一家期货营业部——同信久恒期货有限责任公司拉萨营业部正式开业，结束西藏无期货公司的历史。

8月23日，中国太平洋财产保险股份有限公司西藏分公司获得了经营许可证，标志着西藏地区第四家产险公司、第五家保险公司正式成立，西藏保险市场格局进一步得到完善和优化。

9月11日，中国银行西藏分行在昌都地区的首家分支机构——中国银行昌都支行正式挂牌成立。

12月10日，中国人民银行拉萨中心支行向西藏银行发放1亿元的短期再贷款，这是时隔十多年来再次办理再贷款业务，也是首次向西藏地方性商业银行发放的短期再贷款。

12月16日，中国工商银行拉萨色拉路支行作为拉萨第一家城区支行举行开业仪式并正式对外营业。

12月26日，中国民生银行股份有限公司拉萨分行开业试营运，并正式对外开办相关业务。

（二）2013年西藏自治区主要经济金融指标

表1 2013年西藏自治区主要存贷款指标

		1月	2月	3月	4月	5月	6月	7月	8月	9月	10月	11月	12月
本外币	金融机构各项存款余额（亿元）	2 002.94	1 966.11	2 048.24	2 103.80	2 165.74	2 283.92	2 327.76	2 531.02	2 506.16	2 560.94	2 542.03	2 500.94
	其中：储蓄存款	409.16	401.87	406.993	405.311	411.966	419.708	434.604	442.552	467.177	474.712	486.419	496.489
	单位存款	1 492.59	1 472.56	1 521.03	1 501.74	1 611.44	1 704.77	1 626.62	1 681.43	1 720.36	1 763.37	1 737.75	1 897.52
	各项存款余额比上月增加（亿元）	-51.719	-36.832	82.1364	55.5517	61.9488	118.178	43.8336	203.269	-24.862	54.7775	-18.912	-41.090
	金融机构各项存款同比增长（%）	22.77	19.3142	22.6253	21.5743	23.2707	22.9062	22.5335	29.6392	25.0861	25.1931	25.5634	21.7448
	金融机构各项贷款余额（亿元）	714.11	723.781	743.097	773.198	789.402	802.70	848.068	918.245	976.723	1 003.02	1 031.31	1 076.96
	其中：短期	143.87	143.692	148.992	153.531	164.741	165.195	192.740	205.778	242.912	257.339	257	259.771
	中长期	491.65	492.999	507.09	531.684	554.784	576.055	602.888	659.294	684.180	698.866	731.114	759.814
	票据融资	78.59	87.0875	87.0125	87.9806	69.7234	61.4476	52.4379	53.1712	49.6282	46.8112	43.1929	57.3710
	各项贷款余额比上月增加（亿元）	49.81	9.66716	19.3165	30.1008	16.2034	13.2982	45.3686	70.1763	58.4783	26.2959	28.2898	45.6497
	其中：短期	16.84	-0.1766	5.30038	4.53853	11.2104	0.4537	27.5446	13.0378	37.1350	14.4265	-0.3392	2.7717
	中长期	26.95	1.34927	14.0912	24.5942	23.1002	21.2704	26.8337	56.4053	24.8864	14.6863	32.2475	28.7000
	票据融资	6.02	8.4945	-0.0751	0.96809	-18.2572	-8.2758	-9.0096	0.7333	-3.5431	-2.8169	-3.6183	14.1781
	金融机构各项贷款同比增长（%）	59.89	59.9266	61.4695	52.0601	50.9189	30.5154	32.1930	40.8766	45.9964	51.0915	56.8323	62.1814
	其中：短期	94.67	83.9572	76.4166	71.9963	74.8623	68.6913	81.6007	92.7864	119.143	115.606	102.126	104.915
	中长期	72.69	69.1713	74.9196	59.9225	61.8309	47.4650	52.1261	61.6346	59.6995	58.8786	62.8129	63.5059
	票据融资	-10.71	4.8751	1.34789	1.6478	-18.9586	-51.4085	-62.3001	-61.2384	-61.733	-55.2538	-46.927	-20.945
	建筑业贷款余额（亿元）	124.132	124.982	127.659	135.77	150.556	156.931	162.973	173.707	190.276	193.578	208.58	208.516
	房地产业贷款余额（亿元）	9.38344	9.88324	9.88244	9.8293	9.8054	9.6354	9.5754	9.5754	11.3484	15.1393	15.0743	16.2482
	建筑业贷款同比增长（%）	118.635	105.667	106.902	86.4340	89.0111	87.1152	88.6174	85.4850	84.3934	74.4373	81.6216	82.4440
	房地产业贷款同比增长（%）	249.763	111.069	113.132	112.002	111.486	98.8142	87.1235	87.3065	72.1944	72.2245	69.9741	72.6040
人民币	金融机构各项存款余额（亿元）	1 999.66	1 962.86	2 044.64	2 098.86	2 158.61	2 279.97	2 324.21	2 528.40	2 504.38	2 559.88	2 541.03	2 499.08
	其中：储蓄存款	408.74	401.445	406.573	404.891	411.540	419.301	434.184	442.124	466.744	474.280	485.966	496.032
	单位存款	1 489.78	1469.77	1518.11	1 497.32	1 605.43	1 701.28	1 624.63	1 679.39	1 719.11	1 762.80	1 737.27	1 896.15
	各项存款余额比上月增加（亿元）	-50.92	-36.8	81.7842	54.2154	59.7501	121.361	44.2487	204.183	-24.014	55.5008	-18.855	-41.945
	其中：储蓄存款	4.42	-7.2906	5.12799	-1.6818	6.6486	7.7615	14.8828	7.9395	24.6202	7.5362	11.6859	10.0658
	单位存款	15.31	-20.012	48.3419	-20.786	108.106	95.8500	-76.6477	54.7628	39.7201	43.6814	-25.524	158.880
	各项存款同比增长（%）	22.65	19.1918	22.4782	21.3528	22.9536	22.7684	22.6201	29.7710	25.2355	25.3717	25.7412	21.8721
	其中：储蓄存款	27.55	27.3060	26.4260	26.4241	26.7998	26.7412	28.1158	26.8342	27.4554	28.5386	25.1398	22.8085
	单位存款	33.61	26.9149	22.0109	21.3591	25.9377	28.9791	22.7323	24.6051	23.7627	25.5902	24.8064	28.5993
	金融机构各项贷款余额（亿元）	713.82	723.492	742.816	772.918	789.124	802.422	847.790	917.967	976.453	1 002.75	1 031.04	1 076.69
	其中：个人消费贷款	80.383	80.8775	84.3726	86.9764	89.7378	91.4373	93.1325	94.6149	98.6833	101.663	102.178	102.792
	票据融资	78.59	87.0875	87.0125	87.9806	69.7234	61.4476	52.4379	53.1712	49.6282	46.8112	43.1929	57.3710
	各项贷款余额比上月增加（亿元）	49.81	9.6681	19.3238	30.1028	16.2060	13.2981	45.3679	70.1766	58.4856	26.2960	28.2909	45.6505
	其中：个人消费贷款	2.24	0.4945	3.49516	2.60372	2.7614	1.6995	1.6953	1.4824	4.0683	2.9802	0.5145	0.6142
	票据融资	6.02	8.4945	-0.0751	0.9681	-18.257	-8.2758	-9.0096	0.7333	-3.5431	-2.8169	-3.6183	14.1781
	金融机构各项贷款同比增长（%）	59.93	59.9689	61.5130	52.0938	50.9515	30.5332	32.2108	40.8984	46.0197	51.1169	56.8605	62.2113
	其中：个人消费贷款	17.23	16.5853	18.2033	21.7207	23.6326	24.7917	25.6913	26.7500	29.6221	33.3128	32.6926	31.9792
	票据融资	-10.71	4.87512	1.34789	1.6478	-18.959	-51.4085	-62.300	-61.238	-61.733	-55.254	-46.927	-20.945
外币	金融机构外币存款余额（亿美元）	0.52	0.5179	0.57483	0.79408	1.1552	0.6402	0.5730	0.4257	0.2894	0.1720	0.1630	0.3043
	金融机构外币存款同比增长（%）	196.71	214.953	286.525	446.771	474.013	256.491	-14.217	-32.614	-51.840	-71.162	-71.977	-47.861
	金融机构外币贷款余额（亿美元）	0.05	0.046107	0.04497	0.0450	0.0449	0.0449	0.0450	0.0450	0.0440	0.0440	0.0439	0.0440
	金融机构外币贷款同比增长（%）	-3.25	-3.5346	-5.1104	-4.7981	-4.2350	-4.2471	-3.9683	-4.2436	-4.4486	-4.4871	-4.7684	-3.8009

数据来源：《西藏自治区金融统计月报》、《西藏金融统计专项报表》。

表2 2001～2013年西藏自治区各类价格指数

单位：%

年/月		居民消费价格指数		农业生产资料价格指数		工业生产者购进价格指数		工业生产者出厂价格指数	
		当月同比	累计同比	当月同比	累计同比	当月同比	累计同比	当月同比	累计同比
2001		—	0.2	—	—	—	—	—	—
2002		—	0.4	—	—	—	—	—	—
2003		—	0.9	—	2.8	—	—	—	—
2004		—	2.7	—	1.3	—	—	—	—
2005		—	1.5	—	1.0	—	—	—	—
2006		—	2.0	—	0.4	—	—	—	—
2007		—	3.4	—	1.1	—	—	—	—
2008		—	5.7	—	3.2	—	—	—	5.6
2009		—	1.4	—	-0.9	—	—	—	-1.8
2010		—	2.2	—	0.6	—	—	—	5.8
2011		—	5.0	—	2.6	—	—	—	4.3
2012		—	3.5	—	1.6	—	—	—	-0.3
2013		—	3.6	—	1.8	—	—	—	-0.2
2012	1	—	—	—	—	—	—	—	—
	2	4.6	4.7	2.4	2.5	—	—	2.1	2.1
	3	4.3	4.5	1.5	2.2	—	—	1.6	1.9
	4	4.4	4.5	1.7	2.0	—	—	0.3	1.5
	5	4.6	4.5	1.9	2.0	—	—	-1.1	1.0
	6	4.0	4.4	1.6	1.9	—	—	-2.0	0.5
	7	3.6	4.3	1.4	1.9	—	—	-2.1	0.1
	8	3.0	4.2	1.4	1.8	—	—	-0.7	0.0
	9	2.6	4.0	1.4	1.8	—	—	-1.4	-0.2
	10	2.3	3.8	1.3	1.7	—	—	-1.1	-0.3
	11	2.1	3.7	1.3	1.7	—	—	-0.6	-0.3
	12	1.9	3.5	1.3	1.6	—	—	—	-0.3
2013	1	—	—	—	—	—	—	—	—
	2	2.8	2.5	1.4	1.4	—	—	0.0	0.1
	3	2.4	2.4	0.9	1.2	—	—	-1.1	-0.3
	4	2.8	2.5	5.5	0.6	—	—	3.8	0.8
	5	3.4	2.7	1.3	1.2	—	—	-0.5	-0.4
	6	3.9	2.9	1.8	1.3	—	—	-0.3	-0.4
	7	4	3.1	2.2	1.4	—	—	-0.5	-0.4
	8	4.4	3.2	2.2	1.5	—	—	-1.5	-0.5
	9	4.3	3.3	2.1	1.6	—	—	0	-0.5
	10	4.3	3.4	2.3	1.6	—	—	-0.1	-0.5
	11	4.2	3.5	2.5	1.7	—	—	0.7	-0.4
	12	4	3.6	2.4	1.8	—	—	1.3	-0.2

数据来源：西藏自治区统计局。

表3　2013年西藏自治区主要经济指标

	1月	2月	3月	4月	5月	6月	7月	8月	9月	10月	11月	12月
绝对值（自年初累计）												
地区生产总值（亿元）	—	—	152.9	—	—	329.6	—	—	575.73	—	—	807.67
第一产业	—	—	11.5	—	—	32.4	—	—	60.27	—	—	86.82
第二产业	—	—	18.6	—	—	92.7	—	—	193.66	—	—	292.92
第三产业	—	—	122.71	—	—	204.46	—	—	321.80	—	—	427.93
工业增加值（亿元）	—	3.32	6.41	10.11	14	19	22	29	34	38	42	45.83
固定资产投资（亿元）	—	7.08	44.84	103.06	172	317	437	539	655	762	884	918
房地产开发投资	—	—	—	1.30	2	3	4	6	6	8	8	10
社会消费品零售总额（亿元）	—	—	64.61	84	107	131	154	179	208	236	258	293
外贸进出口总额（万美元）	—	—	130 444	151 891	161 440	173 277	188 722	217 108	248 758	277 212	302 104	331 939
进口	—	—	415	627	883	1 058	1 348	1 639	2 198	4 407	4 716	5 034
出口	—	—	130 029	151 264	160 557	172 219	187 374	215 469	246 560	272 805	297 388	326 905
进出口差额(出口－进口)	—	—	129 614	150 637	159 674	171 161	186 026	213 830	244 362	268 398	292 672	321 871
外商实际直接投资（万美元）	—	—	—	—	—	—	—	—	—	—	—	10 111
地方财政收支差额（亿元）	—	-110.24	-152.20	-208.61	-289.92	-372.90	-419.10	-528.76	-593.21	-668.70	-806.40	-919.31
地方财政收入	—	9.76	14	22	28	35	44	51	58	70	81	95
地方财政支出	—	120.00	166.51	231	318	408	464	580	652	738	888	1014
城镇登记失业率(%)(季度)	—	—	—	—	—	—	—	—	—	—	—	2.5
同比累计增长率（%）												
地区生产总值	—	—	12.0	—	—	12.0	—	—	12.0	—	—	12.1
第一产业	—	—	2.5	—	—	1.4	—	—	3.2	—	—	3.8
第二产业	—	—	18.9	—	—	21.5	—	—	18.9	—	—	20.0
第三产业	—	—	11.9	—	—	9.8	—	—	9.9	—	—	8.7
工业增加值	—	15.8	15.8	15.6	15.5	15.1	14.1	14.0	14.0	13.8	13.4	12.2
固定资产投资	—	13.5	49	43.8	39.0	38.9	35.0	34.8	31.9	29.4	29.5	29.4
房地产开发投资	—	—	—	46.3	103.6	49.9	43.9	38.8	34.9	44.4	34.1	40.8
社会消费品零售总额	—	—	13.9	13.9	14.1	14.9	15.1	15.1	15.2	15.1	15.1	15.1
外贸进出口总额	—	—	410	230.0	122.6	70.6	17.9	11.2	0.3	-4.2	-5.0	-3.1
进口	—	—	3.5	0.5	3.0	0.8	13.7	-70.8	-65.4	-32.4	-29.7	-27.0
出口	—	—	420	230.0	124.1	71.3	18.0	13.6	1.9	-3.5	-4.5	-2.6
外商实际直接投资	—	—	—	—	—	—	—	—	—	—	—	-41.9
地方财政收入	—	26.2	17.4	33.5	34.7	28.9	31.9	33.9	32.0	36.8	10.1	9.7
地方财政支出	—	27.2	0.1	10.8	14.5	17.6	11.9	13.1	10.4	15.6	14.8	12.0

数据来源：西藏自治区统计局。

2013年陕西省金融运行报告

中国人民银行西安分行货币政策分析小组

[内容摘要] 2013年，陕西省认真贯彻落实中央决策部署，坚持实施“稳中有为、提质增效”的发展战略，统筹推进稳增长、调结构、促改革、惠民生，全力加快经济转型升级，全省经济呈现总体平稳、稳中趋好的发展态势，为加快“富裕陕西、和谐陕西、美丽陕西”建设奠定了坚实基础。

陕西省金融业认真贯彻执行稳健的货币政策，深入实施“四对接一扩大”工程①，不断推进金融服务提质增效，信贷结构调整成效显著，利率市场化改革效果显现，新增贷款较多，贷款利率稳中有降；直接融资发展较快，社会融资规模保持适度合理增长；保险市场结构优化，补偿功能更好发挥；金融生态环境建设继续深化，征信系统覆盖面扩大，支付环境进一步改善，金融支持实体经济发展和服务民生的力度不断加大。

2014年，陕西省将紧抓深化改革重大历史机遇，紧扣共建丝绸之路经济带、西咸新区列为国家级新区等重大战略部署，以培育新兴支柱产业为重点，努力提高新型城镇化发展质量，着力打造陕西经济升级版。全省金融业将认真贯彻落实稳健的货币政策，着力推进“区域金融资源优配八大行动”②，“聚焦八大目标，实施八大创新”，加快金融改革发展，保持货币信贷和社会融资规模适度合理增长，改善优化融资结构和信贷结构，努力为建设“三个陕西”③创造良好稳定的金融环境。

一、金融运行情况

2013年，陕西省金融业认真贯彻落实稳健货币政策，不断推动金融服务提质增效，着力优化融资结构，大力发展普惠金融，稳步推进金融改革，切实防范和化解金融风险，经营效益进一步改善。金融业总体保持稳健发展态势，有力地支持了全省经济结构调整和转型升级。

（一）银行业改革稳步推进，金融服务提质增效

1. 银行业资产质量不断提高，盈利结构持续优化。至年末，陕西省银行业金融机构总资产和总负债分别达3.3万亿元和3.2万亿元（见表1），均较年初增长10%以上，首次出现存款超千亿元法人金融机构；全年实现利润492.3亿元，同比

① “四对接一扩大”金融服务提质增效工程：即区域金融改革发展理念与全省全面建成小康社会目标对接、信贷结构调整优化思路与全省经济发展方式转变对接、金融调控监管政策与财政定向扶持政策对接、金融服务产品创新与全省实体经济发展实际需要对接、扩大全省社会融资规模。

② “区域金融资源优配八大行动”：即聚焦稳健货币政策取向，实施区域货币信贷增长分类调控创新行动；聚焦经济结构转型升级目标，实施差别化货币政策工具定向调整创新行动；聚焦集中连片扶贫开发战略部署，实施金融精准扶贫创新行动；聚焦现代农业发展总体部署，实施金融支持新型农业主体配套服务创新行动；聚焦利率市场化改革进程，实施法人机构流动性管理评估预警创新行动；聚焦全省社会融资结构优化，实施多元化融资渠道联合拓展创新行动；聚焦“三个陕西”建设部署，实施货币财政定向扶持引导政策联合发力创新行动；聚焦丝绸之路经济带新起点，实施内陆开放高地建设金融支撑创新行动。

③ “三个陕西”是实现“陕西梦”的战略构想，即富裕陕西、和谐陕西、美丽陕西。建设“三个陕西”分为两个阶段：第一阶段是到建党一百周年时，全面实现陕西省“三强一富一美”目标，进入全国中等发达省份行列，建成经济繁荣、社会和谐、生态良好的西部强省，与全国同步全面建成小康社会；第二阶段是到新中国成立一百周年时，全面建成“三个陕西”，使陕西省经济发展、民主健全、文化繁荣、社会和谐、生态美好，实现发达强省的宏伟蓝图。

表1 2013年陕西省银行业金融机构情况

机构类别	营业网点			法人机构（个）
	机构个数（个）	从业人数（人）	资产总额（亿元）	
一、大型商业银行	1 896	41 988	13 051.6	0
二、国家开发银行和政策性银行	81	2 111	2 966.7	0
三、股份制商业银行	164	7 579	5 814.0	0
四、城市商业银行	241	6 703	3 585.7	2
五、小型农村金融机构	2 940	25 054	5 491.2	108
六、财务公司	6	258	323.8	3
七、信托公司	3	770	97.2	3
八、邮政储蓄银行	1 271	9 444	1 894.1	0
九、外资银行	11	332	140.1	0
十、新型农村金融机构	17	356	30.7	12
合 计	6 630	94 595	33 395.0	128

注：营业网点不包括国家开发银行和政策性银行、大型商业银行、股份制银行金融机构总部数据；大型商业银行包括中国工商银行、中国农业银行、中国银行、中国建设银行和交通银行；小型农村金融机构包括农村商业银行、农村合作银行和农村信用社；新型农村金融机构仅有村镇银行。

数据来源：陕西银监局。

增长29%；不良贷款在经济下行压力下继续保持“双降”。盈利模式更趋多元，银行业金融机构全年中间业务收入首次突破百亿元大关，同比增长27.4%，其中，管理性中间业务收入增速达45.1%。

2. 存款增速显著回落，单位存款、大型银行新增占比下降。至年末，陕西省金融机构（含外资）人民币各项存款较年初增加2 910.7亿元，同比增长12.9%，增速同比下降5.6个百分点，创近五年来的新低（见图1、图3）。单位存款“去活转定”特征较为明显，新增占比同比下降5.4个百分点；理财产品发行带动个人存款保持稳定；年末支出增加使财政存款同比下降。存款市场竞争更趋激烈，中资全国中小银行、区域性银行（含信用社）存款定价较为灵活，新增占比同比上升

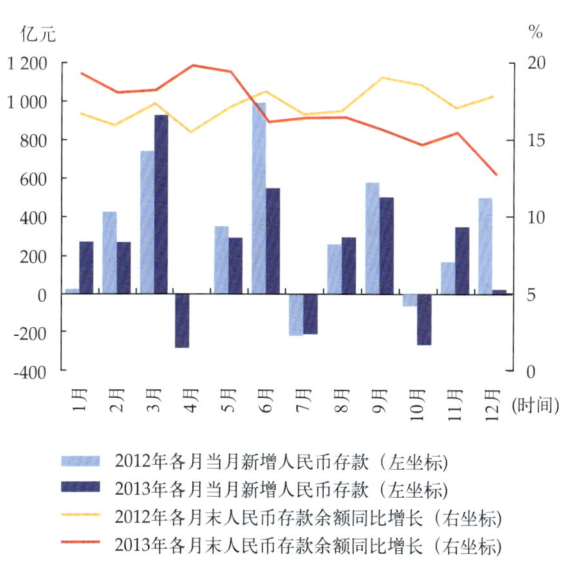

数据来源：中国人民银行西安分行。

图1 2012～2013年陕西省金融机构人民币存款增长变化

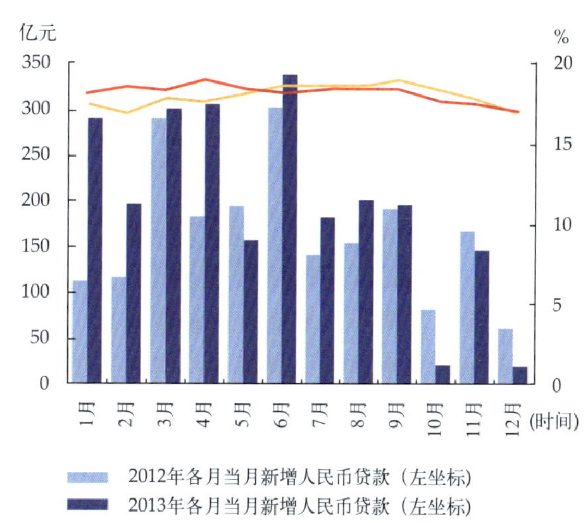

数据来源：中国人民银行西安分行。

图2 2012～2013年陕西省金融机构人民币贷款增长变化

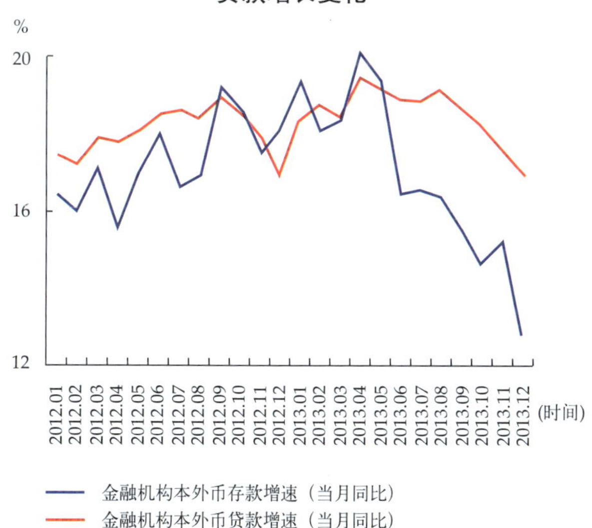

数据来源：中国人民银行西安分行。

图3 2012～2013年陕西省金融机构本外币存、贷款增速变化

10.2个和6.3个百分点，中资全国大型银行新增占比同比下降22.5个百分点。

3. 贷款较快增长，投向更加体现普惠金融理念。全年人民币贷款新增2 350.2亿元；同比增长17%，增速同比上升0.1个百分点（见图2、图3），受流动性趋紧因素影响，7月以来贷款增速环比逐月下滑。新增贷款“长多短少”，中长期贷款同比多增593.5亿元，短期贷款同比少增178.7亿元，新增单位经营贷款趋向长期化，一定程度上表明经济发展前景向好。存款市场份额变化对贷款投放影响有所显现，中资全国中小银行、法人金融机构贷款增速分别高于中资全国大型银行10.4个和5.4个百分点。

前五大行业贷款集中度下降，民生金融投放力度加大。新增贷款前五大行业占全部新增贷款比重同比下降3.1个百分点。小型、微型企业贷款较年初增速分别高于全部企业贷款增速4.8个和16.9个百分点。涉农贷款同比增长37.4%。新兴产业、就业型产业贷款增长较快，信息传输、软件和信息技术服务业以及居民服务、休闲和其他服务业贷款分别增长88.5%和45.2%，小额担保贷款同比增长39.5%。

专栏1　市场机制和政府引导作用逐步显现　2013年陕西省民生金融实现稳健发展

2013年，在人民银行西安分行的组织推动下，民生信贷政策传导体系创建、民生金融部门协作机制建设和民生金融风险补偿激励设计等方面均取得新进展，政府部门引导、支撑作用更好发挥，市场机制的决定性作用逐步显现，陕西省民生金融继续保持了稳健发展势头。

（一）民生金融政策更加有力，民生信贷投放总体增速较快。民生信贷政策传导体系初步形成。人民银行西安分行在全省省级金融机构推行民生金融主办银行制度，在县域开展民生金融督导点和民生金融创新示范县建设，逐步形成了以落实民生金融政策为抓手，以推动民生金融政策产品化为目标的务实性常态化新体系。

民生金融风险补偿、激励力度显著提高。人民银行西安分行与陕西省中小企业局签署《关于推动银行业金融机构加大信贷投放 支持小微企业发展战略合作协议》；与陕西省财政厅联合发布《陕西省金融机构小微企业贷款增量奖励资金管理考评办法》；陕西省科技厅、西安市科技厅与财政部门、西安市高新区、经开区及相关金融机构签署科技金融合作协议，对于金融机构信贷支持科技型中小企业而产生的不良贷款，政府提供合计50%～80%不等的补偿。

民生信贷投放总体增速较快。涉农、小微企业、保障性住房贷款同比分别增长37.4%、35.6%和27.9%，分别高于全部贷款增速20.4个、18.6个和10.9个百分点。

（二）民生金融差异化管理更趋明显，民生金融产品和服务更加丰富。陕西省金融机构积极探索针对民生金融的差异化管理措施，民生金融服务呈现专营化、标准化、模块化的特点。主要商业银行均建立了针对小微企业的专营机构；各金融机构通过民生金融服务流程再造，致力于提供标准化的金融解决方案，同时搭配模块化的业务发展方式，有力地推动了民生金融服务可复制、可推广。差异化管理消除了民生金融从业人员以及基层金融机构的顾虑，有力地激发了民生金融产品和服务方式创新的积极性和主动性，陕西省民生金融创新亮点纷呈，涌现出了以国家开发银行保障性住房融资、农业银行扶贫开发、建设银行网银循环贷、民生银行商贷通、浦发银行吉祥三宝2.0、农信社新型农业组织贷款、长安银行科技金融等为代表的一大批具有创新性的金融产品和服务方式。

（三）支付环境和信用体系建设进一步强化，民生金融发展基础环节更为坚实。各级金融机构不断提高支付便利程度，加快信用体系覆盖，以改善民生金融服务环境，2013年陕西省助农取款服务站乡镇覆盖率达100%，行政村镇覆盖率达90%以上。人民银行西安分行推动的小微企业信用增值计划共为全省1 038家小微企业建立信用信息档案，信用培植1 015家，426家获得贷款支持21.2亿元。

4. 理财业务发展较快，产品收益率同比大幅提高。受益于居民投资观念更新，理财市场持续升温，发行期数、累计募集额增速达到或超过30%；购买者对产品流动性要求提升，开放式理财增速最快；受市场流动性持续趋紧的影响，理财产品平均预期收益率同比有较大幅度提高。

5. 贷款利率稳中有降，利率市场化改革效果显现。人民币一般贷款加权平均利率（不含贴现）为7.4%，较上年下降0.8个百分点，执行下浮利率贷款占比较上年提高4.8个百分点，执行上浮利率贷款占比较上年下降4.5个百分点（见表2）。在利率市场化加快推进、中国人民银行通过公开市场操作等工具适时适度调节流动性以及商业银行加强自身流动性管理的背景下，金融市场资金供给与实体经济契合度进一步提高，融资成本偏高问题得到一定程度缓解。受外汇资金供求影响，美元存款利率震荡下行（见图4）。民间借贷月度发生额波动较大，借贷利率有所下降。

表2 2013年陕西省金融机构人民币贷款各利率区间占比

单位：%

	月份	1月	2月	3月	4月	5月	6月
	合计	100.0	100.0	100.0	100.0	100.0	100.0
	下浮	16.2	24.7	17.6	11.4	8.5	18.3
	基准	18.6	30.8	22.1	23.3	26.9	23.5
上浮	小计	65.2	44.6	60.3	65.3	64.6	58.1
	(1.0，1.1]	20.5	21.0	15.2	18.0	16.2	15.3
	(1.1，1.3]	14.3	17.9	15.8	16.6	17.3	16.4
	(1.3，1.5]	5.4	4.4	4.3	6.2	7.5	5.8
	(1.5，2.0]	11.8	0.5	13.7	15.1	14.5	13.4
	2.0以上	13.2	0.8	11.2	9.4	9.1	7.2

	月份	7月	8月	9月	10月	11月	12月
	合计	100.0	100.0	100.0	100.0	100.0	100.0
	下浮	7.9	10.5	10.4	10.8	10.7	8.0
	基准	23.7	23.2	27.5	22.7	27.0	24.5
上浮	小计	68.4	66.2	62.1	66.4	62.3	67.5
	(1.0，1.1]	17.0	15.3	13.9	15.3	16.1	18.5
	(1.1，1.3]	16.7	21.1	22.8	23.4	18.5	22.2
	(1.3，1.5]	7.6	10.0	4.9	5.3	6.5	7.2
	(1.5，2.0]	17.0	12.5	14.3	14.9	12.5	11.1
	2.0以上	10.2	7.3	6.1	7.5	8.6	8.6

数据来源：中国人民银行西安分行。

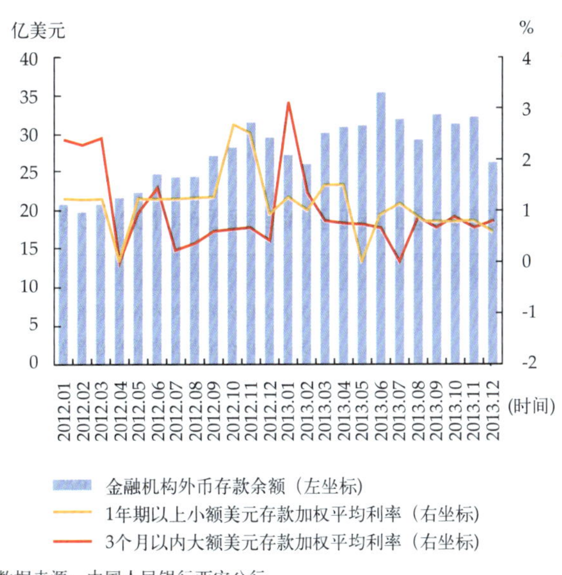

数据来源：中国人民银行西安分行。

图4 2012～2013年陕西省金融机构外币存款余额及外币存款利率

6. 银行业改革稳步推进，机构改制、新设步伐加快。农业银行陕西省分行被正式纳入“三农金融事业部”改革试点范围；平安银行在陕西开设分支机构；延长石油财务公司新设开业；改制成立农商行7家，获批筹建4家，村镇银行新开业2家；两家法人城商行年内共有10家支行开业，8家支行获批筹建，全省营运小额贷款公司达208家。成功收回西电财务公司金融稳定再贷款全部本息2.05亿元。全省融资平台贷款年内到期均按时还本付息，未出现风险事件，3家信托公司年内到期各类信托计划545个，全部按期足额兑付。

7. 跨境人民币交易实现“倍增”，业务覆盖面进一步扩大。金融机构办理跨境人民币实际收付297亿元，同比增长102.8%。至年末，境外人民币业务参加行增加至320个，与陕西省发生人民币实际收付的境外国家和地区达65个。资本项目人民币结算品种不断丰富，人民币对外直接投资、境内非金融机构境外人民币贷款、出售碳减排量指标专利权人民币转让等新型业务均实现突破。

（二）证券业经营改善，区域股权交易市场填补空白

2013年，陕西资本市场继续保持稳定发展态势，融资规模与上年基本持平，上市公司、证券期货经营机构经营业绩稳定增长，多层次资本市场建设取得重大突破。

1. 证券业经营效益明显改善，创新发展取得新突破。证券业营业收入、净利润同比分别增长38.7%和108.6%，期货业经营净利润同比增长37.8%。西部证券取得代销金融产品资格、银行间交易商会员资格和中小企业私募债承销资格；开源证券取得融资融券业务资格；中邮证券取得融资融券、证券承销和代销金融产品业务资格；西部证券、开源证券均开通约定购回、股票质押回购业务，初步形成多元化发展新格局。

2. 再融资保持较高水平，区域股权交易市场填补空白。在IPO暂停的情况下，全省加大培育上市后备资源和推动上市公司再融资力度，7家公司利用资本市场融资51.7亿元，资本市场融资量与上年基本持平（见表3）。后备上市企业储备充分，陕西煤业IPO发行上市，天和防务通过发审委核准，西部超导等6家企业进入审核程序，18家企业进入辅导备案程序，9家企业进入“新三板”首批挂牌名单，41家企业与中介机构签署协议。股权交易中心正式成立，填补了陕西区域性股权市场空白，资本市场对陕西中小微企业实现全覆盖。

表3　2013年陕西省证券业基本情况

项目	数量
总部设在辖内的证券公司数（家）	3
总部设在辖内的基金公司数（家）	0
总部设在辖内的期货公司数（家）	3
年末国内上市公司数（家）	39
当年国内股票（A股）筹资（亿元）	51.7
当年发行H股筹资（亿元）	0
当年国内债券筹资（亿元）	745.5
其中：短期融资券筹资额（亿元）	209
中期票据筹资额（亿元）	249.5

数据来源：陕西证监局、中国人民银行西安分行、陕西省发展改革委。

（三）保险业市场结构不断优化，补偿功能更好发挥

2013年，陕西省保险业加快转型，整体业务呈现平稳、向好发展态势，服务领域不断拓宽，结构调整取得突破，行业风险基本可控。

1. 保险业务稳定增长，结构调整效果显现。保险业实现原保险保费收入同比增长14.3%，高于全国平均增速（见表4）。非车险业务拉动财产险较快增长；普通寿险加速发展带动寿险业务企稳回升。保险业加快业务结构调整优化步伐，从“规模导向型”向“价值导向型”转变，产险公司业务渠道更加多元化，车商、电销、网销以及交叉销售渠道建设不断成熟；寿险公司产品向保障型转变，标准保费增速高于规模保费增速1.9个百分点。人身险市场平稳渡过满期高峰，未发生大规模群体性退保事件。

2. 补偿功能更好发挥，重点领域得到拓展。保险业赔付支出同比增长41.5%。积极应对延安水灾、商洛冻灾和榆林雹灾等自然灾害，较好发挥了保险补偿功能。环境污染责任险、承运人责任险、专利保险责任险和小额贷款信用保证保险等成为财产险发展新的增长点，有力提升了保险

表4　2013年陕西省保险业基本情况

项目	数量
总部设在辖内的保险公司数（家）	1
其中：财产险经营主体（家）	1
人身险经营主体（家）	0
保险公司分支机构（家）	48
其中：财产险公司分支机构（家）	23
人身险公司分支机构（家）	25
保费收入（中外资，亿元）	417.5
其中：财产险保费收入（中外资，亿元）	137.1
人身险保费收入（中外资，亿元）	280.4
各类赔款给付（中外资，亿元）	147.7
保险密度（元/人）	1 109.3
保险深度（%）	2.6

数据来源：陕西保监局。

业服务经济社会能力。涉农保险实现承保主体、承保数量、承保险种、保险金额和财政补贴资金“五扩大”。大病保险服务人群占到全省参保城镇居民医疗保险和新农合人数的五成以上。

（四）金融市场稳健发展，债券融资占比再创新高

1. 社会融资规模保持适度合理增长，债券融资占比再创新高。2013年陕西省社会融资规模4 254亿元，同比多369.3亿元，增长9.5%。贷款占比56.5%，同比提高4.2个百分点；委托贷款、信托贷款和未贴现银行承兑汇票合计占比28.0%，同比下降5.1个百分点，股票与企业债券融资合计占比12.6%，同比提高0.7个百分点（见图5）。全年债券融资744亿元，占全省融资量比重再创新高，同比提高1.2个百分点。企业通过直接融资工具累计融资807.7亿元，同比增长23.3%。中期票据和企业债成为优化融资结构的主导，国德电气发行全省第一只中小企业私募债，融资1.5亿元。

2. 银行间市场交易成员扩大，货币市场总体呈现净融出。市场交易成员增加至9家。同业拆借市场累计成交量同比增长5.1%，受流动性变化影响，6月拆借利率创历史新高，下半年回落后，年末又有所抬升。现券交易活跃，成交同比增长1.5倍。由于全省非银行金融机构资金实力增强，市场参与度提高，债券市场成为其配置资金的重要场所，2013年全省货币市场资金呈净融出态势。

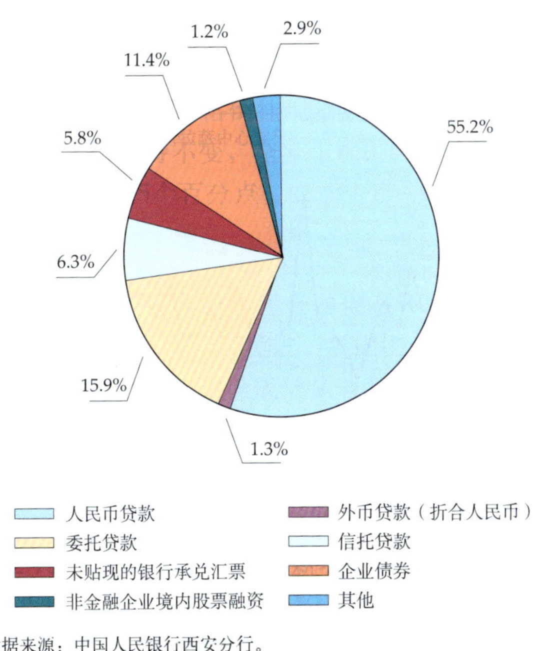

数据来源：中国人民银行西安分行。

图5 2013年陕西省社会融资规模分布

3. 票据贴现大幅减少，市场利率先抑后扬。2013年，信贷资金投放实体经济的趋势愈加明显，各商业银行表内“持票生息”模式的盈利空间明显收缩，票据贴现量大幅减少，全年票据累计贴现额同比减少11.3%（见表5）。同时，票据承兑累计额同比增长24.8%，，一定程度上表明票据信用支付功能有所强化。票据贴现利率总体先抑后扬，下半年贷款投放挤压贴现份额，利率逐步上行（见表6）。

表5 2013年陕西省金融机构票据业务量统计

单位：亿元

季度	银行承兑汇票承兑		贴现			
			银行承兑汇票		商业承兑汇票	
	余额	累计发生额	余额	累计发生额	余额	累计发生额
1	925.0	453.8	601.5	1 409.6	6.9	4.1
2	928.6	961.4	531.2	3 277.8	6.5	9.3
3	953.9	1 452.7	498.1	4 587.0	6.7	14.0
4	1 019.6	2 028.0	430.5	5 751.3	7.4	18.6

数据来源：中国人民银行西安分行。

表6 2013年陕西省金融机构票据贴现、转贴现利率

单位：%

季度	贴现		转贴现	
	银行承兑汇票	商业承兑汇票	票据买断	票据回购
1	5.0242	5.9186	4.7368	4.3500
2	4.3447	5.6727	4.7631	4.5206
3	6.2814	7.3571	5.1700	5.5964
4	6.8990	8.1313	5.8428	5.9523

数据来源：中国人民银行西安分行。

4. 纸黄金交易量下降，实物金交易保持增势。2013年，全球黄金价格出现大幅下挫，作为投资品的纸黄金交易量迅速下降，全年商业银行纸黄金业务累计成交金额同比下降40%。对金价敏感性较弱的实物金交易依然保持增势，全年商业银行实物金业务累计成交金额同比增长9.2%。

（五）金融生态环境建设继续深化，支付环境进一步改善

金融生态环境建设继续深化。在全国率先开通12363金融消费者权益保护热线电话。陕西省10个市全面开展金融生态环境评价。逐步建立行政管理事项中使用信用记录和信用报告的制度。征信系统覆盖范围不断扩大，利用率显著提高。全省从事信贷业务的金融机构全部接入征信系统，金融机构全年累计查询企业和个人征信系统同比分别增长15%和12.9%，全年为12.8万人次提供了本人信用报告查询服务，同比增长60%。中小企业和农户信用信息征集和更新工作进展顺利，全年为2 363户中小企业和3.3万个农户新建信用档案，更新8 411户企业的基本信息和财务信息。累计评定信用户414.9万户，创建信用村镇4 239个。

支付环境进一步改善。二代支付系统顺利上线，运行平稳。信用卡发卡量大幅增长，全年累计发行信用卡722.3万张，同比增长21.2%。组织开展QPOS农村手机支付试点工作并初显成效。全省助农取款服务站覆盖全部乡镇和90%以上行政村。

二、经济运行情况

2013年，陕西省经济发展面临结构调整期带来的较大压力，全省坚持实施“稳中有为、提质增效”的发展战略，迎难而上，综合施策，经济稳中有进、稳中向好。全年实现生产总值16 045.2亿元，同比增长11%（见图6），县域经济规模创出新高，中小企业、非公经济增加值占全省GDP的比重均超过50%。

（一）内需增长保持平稳，对外贸易增速加快

2013年，重点项目投资带动全省投资高位运行，城乡居民收入差距缩小，消费市场保持稳中向好，对外贸易增速加快，经济增长的动力更趋多元化。

1. 投资平稳增长，重大项目支撑能力增强。固定资产投资(不含农户）同比增长24.7%（见图7），民间投资占44.7%。重点项目、中小企业投资有力地支撑了全省经济发展。一批具有引领作用的重大项目加快推进，三星项目即将达产，并带动59家相关企业落户，3条国家干线铁路同时建成运营，水利建设取得重大进展。中小企业投资增长25%，成为全省经济重要增长点。七大战略性新兴产业投资增长14.3%，增速同比下降10.6个百分点。文化产业投资增长50.5%。

2. 消费市场繁荣稳定，居民收入结构优化。社会消费品零售总额增速位居全国第3（见图

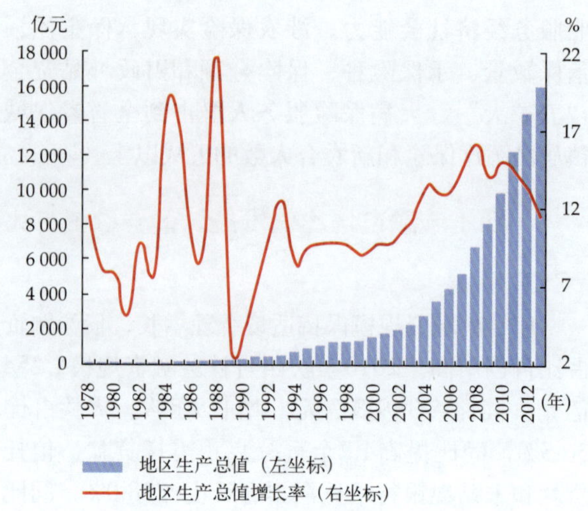

数据来源：《陕西统计年鉴》、陕西省统计局。

图6 1978~2013年陕西省地区生产总值及其增长率

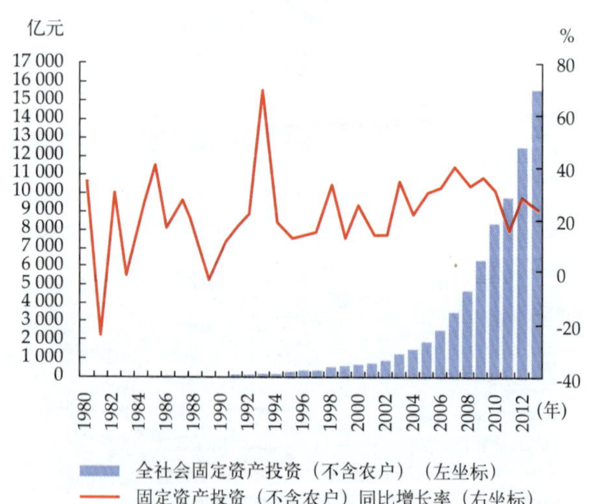

数据来源：《陕西统计年鉴》、陕西省统计局。

图7 1980~2013年陕西省固定资产投资（不含农户）及其增长率

8）。农贸市场升级改造、农产品流通企业冷链项目、城市蔬菜流通网络建设以及“万村千乡”、“镇超工程”等民生工程有力地推动了商贸业发展。城乡医保、社保体系不断健全，各类政策性补助项目加快推进，城镇、农村居民收入增速连续多年高于全国平均水平，城乡居民收入比为3.5：1，同比缩小0.1。城乡居民收入结构进一步优化，城镇居民经营性收入和财产性收入占家庭总收入比重明显提升，农民收入由单纯依赖务农向务农、务工发展第二、第三产业转变，务工收入的快速增长成为农民增收的主要动力。

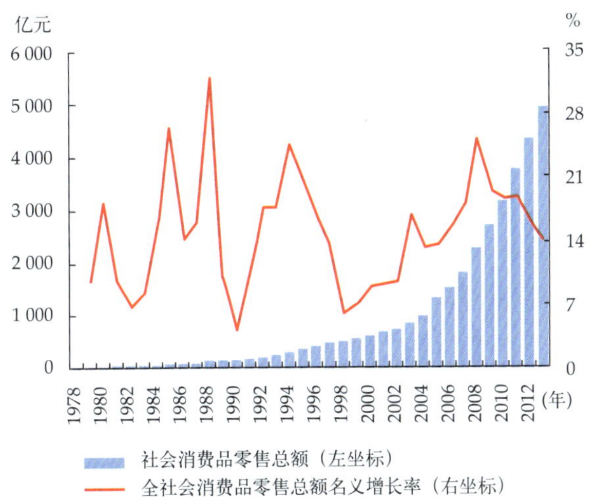

数据来源：《陕西统计年鉴》、陕西省统计局。

图8 1978～2013年陕西省社会消费品零售总额及其增长率

3. 对外贸易快速增长，外向型经济初具势能。进出口总额突破200亿美元，同比增长36%（见图9），美国、欧盟、中国台湾、韩国、中国香港等成为进出口主要目的地。贸易便利化程度提升，陕西口岸部门与青岛港、天津港以及新疆边境口岸签署合作备忘录，建立了便捷通关机制。向西开放取得进展，西安至阿拉木图的货运班列开通。重型卡车、输变电设备、飞机及零部件和浓缩苹果汁四类产品的出口稳居全国前列。实际利用外商直接投资同比增长25.3%（见图10），第二、第三产业成为利用外资的重要领域，三星项目、通用电气新加坡公司定向增发西电公司等外商投资大项目对全省外向型经济的带动作用明显。

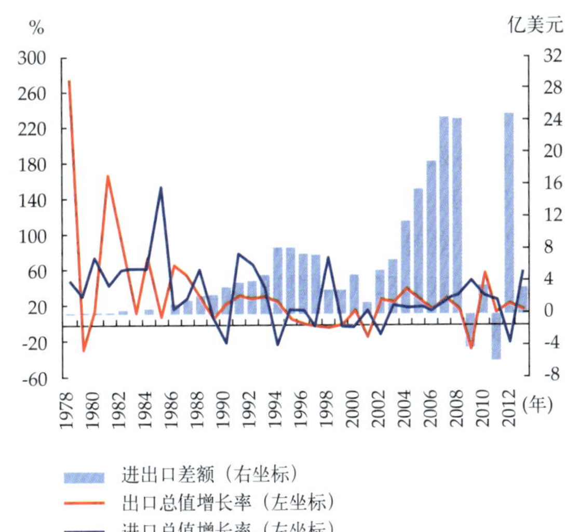

数据来源：《陕西统计年鉴》、陕西省统计局。

图9 1978～2013年陕西省外贸进出口变动情况

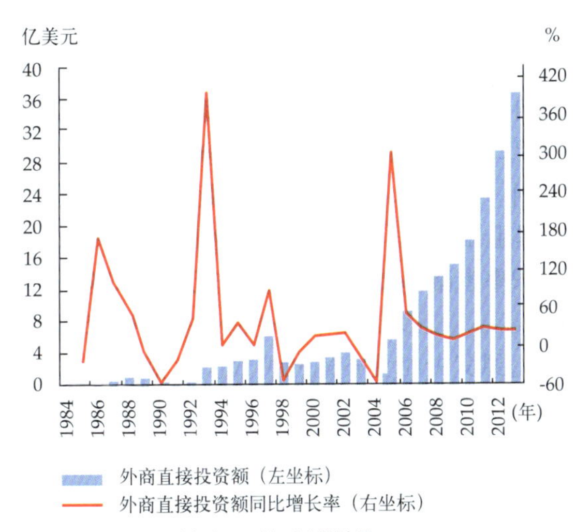

数据来源：《陕西统计年鉴》、陕西省统计局。

图10 1984～2013年陕西省外商直接投资额及其增长率

（二）三次产业保持平稳增长，产业转型升级步伐加快

随着经济结构的转型升级，第三产业对经济增长的贡献率提高。2013年，陕西省三次产业的比重调整为9.5：55.5：35.0，第三产业占比同比提高0.4个百分点。

1. 农业再获丰收，现代农业发展格局初步形成。有效应对多年不遇冬春连旱、低温、冰雹等

自然灾害，全省粮食产量达到1 215.8万吨，实现“十连丰”。水果总产同比增长3.5%，林业实现产值同比增长27%。以陕南生态农业、陕北有机农业、关中高效农业为核心的现代农业产业体系日益完善。以农业园区为基础的全省现代农业发展格局初步形成，全省建设各级各类农业园区1 687个，完成建设面积385万亩，占全省耕地总面积的9.0%；土地规模化经营进一步加速，全省园区土地流转面积达到270万亩；农业效益和农民经营收入大幅提高，省级园区农民人均收入达1.3万元。

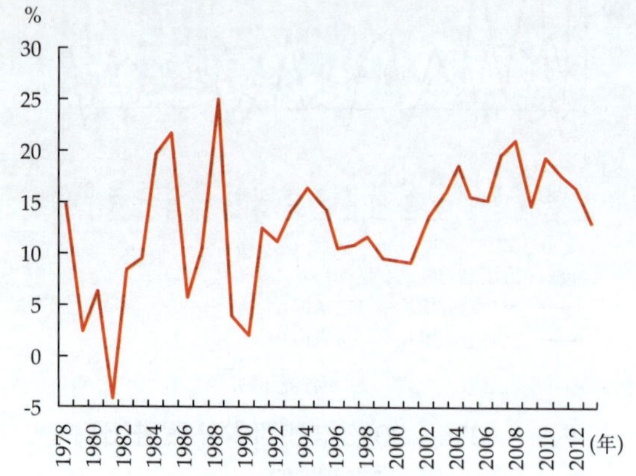

数据来源：《陕西统计年鉴》、陕西省统计局。

图11　1978～2013年陕西省规模以上工业增加值同比增长率

2. 工业缓中趋稳，转型升级取得新进展。在煤炭市场供需失衡，高耗能行业产能过剩的压力下，2013年，陕西省工业强化结构调整和提质增效，全省规模以上工业企业增加值同比增长13.1%（见图11）。煤炭工业增速高出全国6.5个百分点，延长集团成为西部首家进入世界500强的企业；非能源工业增长高于能源工业8个百分点。新型产业迅速发展，电子信息产业链加快构建，北斗导航产业链逐步形成，军工过百亿元企业达到5家。“两化融合”走在全国前列。创新驱动力增强，新增专利申请连续八年增幅保持在30%以上，发明专利申请排名西部之首，技术合同成交额同比增长59.3%。

专栏2　以促进信息化和工业化深度融合为重点　助推陕西经济结构转型升级

加快推进信息化和工业化深度融合，充分发挥信息化支撑作用，是近年来陕西工业增速始终保持全国前列、经济结构调整和转型升级步伐加快的重要因素。

（一）“两化融合”步入快车道。2013年，陕西省大力推动信息化与工业化深度融合，推行“137”计划，围绕实现西部两化融合先导区总体目标，坚持区域、行业、企业三大推进策略，实施七大重点工程，以需求为导向、创新为动力、产业结构优化升级为主线，全面提升企业竞争力，加快传统产业改造升级，培育壮大生产性服务业，拓展战略性新兴产业发展空间，使“两化融合”进一步步入快车道。全省信息化发展水平指数达0.729，列全国前10位、西部第1位；“两化融合”发展总指数达62.47，增幅全国第1位，全国排第15位，由第四梯队跨入第二梯队，“两化融合”总体水平已经从局部应用为主的第二阶段，进入集成应用的第三阶段，为加快陕西经济结构调整和转型升级步伐奠定了坚实基础。

（二）“两化融合”实验区深入推进。目前，陕西省拥有西安—咸阳国家级“两化融合”实验区和宝鸡先进装备制造和产业集群实验区、榆林能源化工循环产业链实验区两个省级实验区。“两化融合”对保持地区经济平稳较快增长发挥了积极作用，促进了园区产业集中大发展，并有效地推动了区域现代服务产业体系形成和节能减排、安全生产。2013年，西安—咸阳实验区通过国家验收，工业总产值占区域GDP的比重达到40%左右；信息技术应用促进榆林万元GDP能耗下降20%；宝鸡围绕9大产业集群建成5个以上公共支撑及配套服务平台，吸引2 000家中小企业开展应用，全市装备制造业增加值超过530亿元。

（三）“两化融合”有效地促进了陕西行业、企业转型发展。先进装备制造业“两化融合”走在前列，石化工业“两化融合”特色明显，煤炭行业数字矿山建设成效显著，电子信息行业技术含量提高。工业产品的信息技术含量和附加值显著提高，自主创新能力不断增强，“两化融合”对企业综合竞争力提升作用明显。涌现出以陕鼓动力、陕煤化集团、延长石油为代表的一大批“两化融合”示范企业，其中，延长石油2013年成为西部首家世界500强企业。结构优化、布局合理、创新能力强、技术水平高、资源消耗低、环境污染少、经济效益好的现代工业体系初具雏形。

3. 服务业占比提高，文化旅游业快速发展。2013年，陕西省服务业同比增长9.9 %，占GDP比重同比提高0.4个百分点。文化产业同比增长26%，占GDP比重同比提高0.5个百分点，30个重点文化项目建设全面启动，旅游总收入同比增长24.6%。服务业就业吸纳能力增强，连续三年保持新增小微企业逾3万户水平，其中80%以上为服务业。

（三）消费价格温和上涨，生产者价格低位运行

2013年，陕西价格水平总体呈现平稳态势，受食品价格上涨影响，居民消费价格指数温和上涨，全年走势表现为“年中走高，年末回落”，生产者价格呈现“低位运行，触底回升”趋势。

1. 居民消费价格温和上扬。居民消费价格总水平同比上涨3%，较上年涨幅扩大0.2个百分点（见图12）。新涨价和翘尾因素影响程度分别为58%和42%。食品、居住、衣着、医疗四大类商品和服务价格上涨明显，对CPI的影响程度为96.7%，其中食品价格上涨影响程度达62%。农产品原料价格的持续上涨和加工企业成本的不断上升，导致食品价格全面上涨，同时，牛、羊肉市场供需相对紧缺导致价格上涨较多。

2. 生产者价格低位运行。随着经济转型和结构调整，陕西宏观经济和工业增长速度总体放缓，工业生产者价格指数低位运行。全年工业生产者出厂价格较上年下降2.7%，购进价格下降0.7%。九大类产品购进价格中农副产品类价格涨幅最高，达4.2%，最低工资标准不断提高，投资价格中人工费上涨9.8%，加之能源资源价格低迷，共同推动生产者价格呈现轻工业产品价格、生活资料价格上涨，重工业产品、生产资料价格下降状况。

3. 资源性产品价格改革稳步推进。电煤价格并轨，取消电煤重点合同，解除电煤临时价格干预措施；出台油品升级加价政策，完善环保电价政策，规范市场行为；新一轮水价改革第一步任务基本完成，工商业用水实现同价。

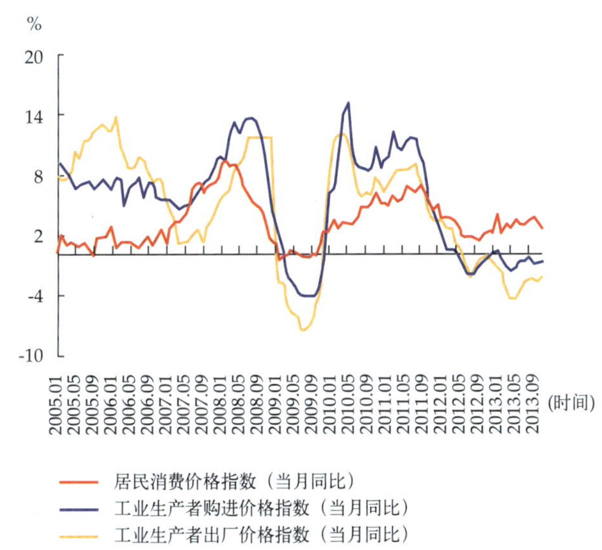

数据来源：《陕西统计年鉴》、陕西省统计局。

图12 2005～2013年陕西省居民消费价格和生产者价格变动趋势

（四）财政收入增速回落，支出继续倾向民生

2013年，陕西省地方财政收入同比增长16.8%，增速回落8.1个百分点（见图13）。财政支出同比增长10.9%。民生保障水平持续提高，

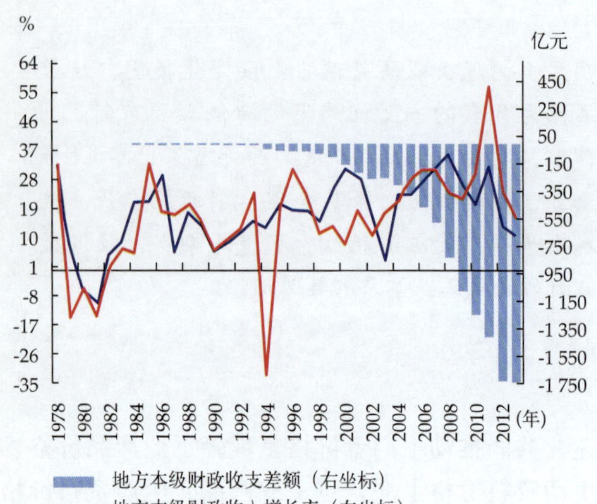

数据来源：《陕西统计年鉴》、陕西省统计局。

图13　1978～2013年陕西省财政收支状况

80%财政总支出、80%新增财力用于社会保障就业、医疗卫生、节能环保、城乡社区事务等领域。

（五）环境治理攻坚成效显现，生态文明建设纵深推进

节能降耗效果明显，生态环境日益优化。淘汰钢铁、印染等行业落后产能283.3万吨、2 753万米，提前两年完成国家“十二五”任务。单位GDP能耗下降3.6%。大力实施“治污降霾·保卫蓝天”行动计划，四项主要污染物排放大幅下降，化学需氧量、氨氮、二氧化硫、氮氧化物分别比上年下降3.1%、3.8%、4.4%和6.1%。城镇污水处理整体水平居全国前列，43个农村环境连片整治示范县建设取得重大进展。全年造林513万亩，治理水土流失面积6 650平方公里。

（六）房地产调控效果明显，交通运输物流业快速发展

1. 房地产市场运行平稳。房地产开发投资持续增长，销量回暖，房价增速较为合理，房地产市场调控政策效应明显。

房地产开发投资持续增长，保障性安居工程进展顺利。房地产开发投资同比增长22%，较上年回落8.1个百分点。保障性安居工程实际开工建设36.7万套，开工率达到108.8%，连续三年居全国前列。房屋新开工面积同比降低5.4%，可能导致未来房地产市场商品房供应不足，推动房价上涨。

商品房成交量持续回暖，新建住房价格控制目标较好实现。实施房地产调控“限购”、“限贷”政策，居民投资性购房需求得到有效抑制，刚性需求进一步释放。商品房销售面积同比增长10.5%，较上年提高20.7个百分点；商品房销售额同比增长13.2%，较上年提高19.6个百分点（见图14）。西安市新建商品住宅价格月环比指数基本呈现回落态势，各市年度新建住房价格控制目标全部实现（见图15）。

房地产贷款增速回升，保障性住房信贷支持力度增强。房地产贷款增长29.2%，同比提高6.4个百分点；保障性住房开发贷款增长28.6%，占房地产开发贷款的比重达29.3%，较好地体现了金融房地产调控“区别对待、有扶有控”的原则；首套住房贷款以基准利率为主，较好地满足了购房者的贷款需求。

2. 交通运输物流业快速发展。高速公路建设稳步推进。2013年，陕西省累计完成交通投资357亿元，高速公路在建规模达1 400公里，通车总里程达到4 363公里，保持全国前列，覆盖90%以上

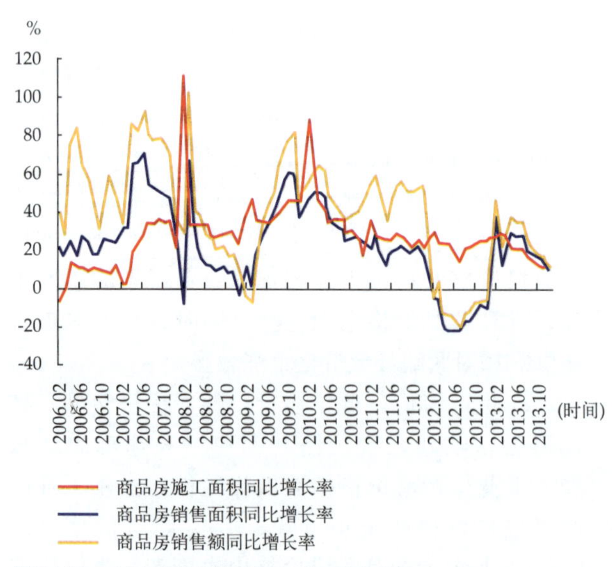

数据来源：《中国经济景气月报》、陕西省统计局。

图14　2006～2013年陕西省商品房施工和销售变动趋势

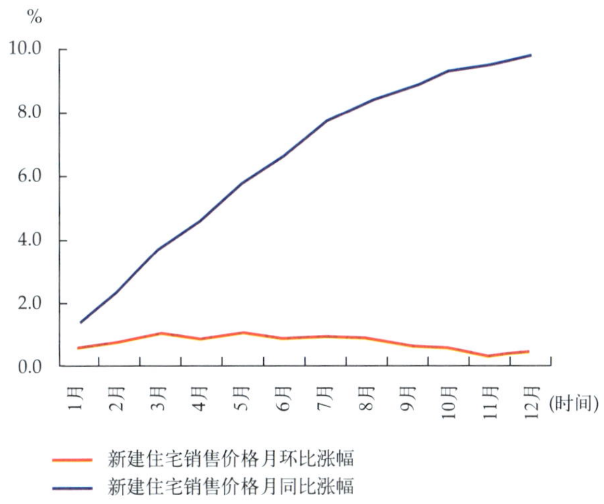

数据来源：《中国经济景气月报》、陕西省统计局。

图15 2013年西安市新建住宅销售价格变动趋势

县区。贫困地区交通状况显著改善。陕西省交通运输厅与陕西7个市政府分别签订集中连片特困地区交通扶贫省市共建协议，2013年建设通村水泥路2 420公里，改建重要县乡公路730公里、一般县乡公路1 700公里，进一步改善了广大农村尤其是集中连片特困区交通条件。道路水路运输实现新突破。开展农村物流、甩挂运输和城市配送试点，传统货运向现代物流转型取得突破。全年完成公路、水路客货运量11.1亿人、11.7亿吨和377万人、191万吨，同比分别增长5%、11.6%和2.2%、1.0%。物流业政策支持力度加大，陕西出台支持物流业发展专项意见，从2013年起将连续五年从燃油税中安排资金，重点支持农村物流、城市配送、甩挂运输、多式联运以及龙头骨干企业和试点项目建设，并提高了对货运站场建设的补助标准。

多元融资有力地支持了交通运输物流稳健发展。财政资金投入力度加大，财政补助优先向特困地区倾斜，并提高了补助标准，2013年累计投入财政资金150亿元。融资渠道更加畅通，全省金融机构累计落实交通运输物流业贷款540亿元，陕西省高速集团、交通集团通过发行企业债券、短期融资券筹措资金215亿元。

三、预测与展望

2014年是深入贯彻落实党的十八届三中全会精神、全面深化改革的第一年，也是完成陕西省“十二五”规划至关重要的一年。2014年，国内外经济金融仍然错综复杂，陕西省经济仍面临较大下行压力。但陕西省总体仍处于工业化加速的上升通道和工业化、信息化、城镇化、农业现代化同步加快发展的新阶段，特别是西咸新区被列为国家级新区，共建丝绸之路经济带等重大战略部署，给陕西带来新的发展机遇。全省经济运行在较快增长区间的基础依然牢固。

从经济运行情况看，在投资层面，随着国家基础设施建设提速，陕西省有望新开工一批铁路、公路、机场及重大水利工程，将带动基础设施投资继续增长。三星新一代闪存芯片正式量产，富士康、美国新材料等企业落户陕西，将进一步带动信息、电子、新材料等战略新兴产业投资。“一核、两轴两带、三走廊、四极”的陕西新型城镇化建设加快推进，将进一步拉动新一轮城镇化建设投资，为陕西省经济实现稳定增长奠定坚实基础。

消费层面，随着陕西省城乡居民收入倍增计划的加快实施，文化、休闲、健康、养老、信用等新型消费业态加快发展，将大力促进居民消费结构优化和消费层次升级，电子商务和移动互联网等信息消费将会有较快增长。

对外贸易层面，新丝绸之路经济带建设将为陕西省经济向西开放搭建国际化的合作平台，对外开放便利化程度不断提高。围绕打造“丝绸之路新起点”品牌，积极吸引外资，促进陕西省对外贸易稳定增长。

物价方面，经济结构调整与转型升级将使能源资源价格承压，农产品价格、劳动力成本将呈现趋势性上涨，住房价格保持高位趋稳，预计全年消费价格水平控制在3.5%以内。

2014年，陕西省金融业将按照“稳中求进”总基调和“改革创新”总要求，继续执行稳健的货币政策，着力推进“区域金融资源优配八大行动”，“聚焦八大目标，实施八大创新”，在防范风险的前提下，加快金融改革创新，改善优化融资结构和信贷结构，保持货币信贷和社会融资规模适度合理增长，扩大普惠金融、绿色金融覆盖面，支持经济结构调整和产业转型升级，努力为“三个陕西”建设、实现全省经济持续健康发展创造良好稳定的金融环境。

中国人民银行西安分行货币政策分析小组
总　纂：郭新明　袁庆春
统　稿：李学武　师树松
执　笔：陈　涛
提供材料的还有：赵　斐　宋　星　刘社芳　骆昭东　连太平　李　芃　冯　伟　赵　阳　王　玮
李　娟　郭雯婷　李玉辉　王　青　包　琼　李亚凤　梁　红　邱念坤

附录

（一）2013年陕西省经济金融大事记

4月3日，平安银行西安分行正式挂牌营业。

5月25日，陕西省政府出台《关于进一步推进农村信用社改革的意见》，并正式启动“秦农银行”组建工作。

7月10日，陕西省被中国证监会纳入中小企业私募债试点区域，陕西省政府与沪深交易所签订《中小企业私募债券业务试点合作备忘录》，12月27日，陕西国德电气制造有限公司成功发行中小企业私募债，募集资金1.5亿元，实现了陕西省私募债企业发行“零”的突破。

7月15日，陕西股权交易中心股份有限公司设立，标志着陕西省多层次资本市场建设取得重大进展。

9月7日，陕西省委、省政府作出加快建设丝绸之路经济带新起点的决策部署。

9月26日至28日，欧亚经济论坛成功举办。来自中国、哈萨克斯坦、吉尔吉斯斯坦、俄罗斯、塔吉克斯坦、乌兹别克斯坦、蒙古等国的政府官员、银行家和企业界人士共200多人与会。

11月29日，陕西省十二届人大常委会第六次会议表决通过《陕西省大气污染防治条例》，这是在治污降霾新形势下全国出台的第一部地方大气环境污染防治法规，将于2014年1月1日起正式施行。

12月4日，西咸新区管委会与微软（中国）有限公司签署战略合作备忘录，世界级科技巨头微软落户陕西西咸新区沣西新城。

12月31日，国家发展改革委批准西安市轨道交通近期建设规划，同意陕西省2018年前建成西安地铁4号、5号、6号线，届时形成6条线约200公里的西安市轨道交通骨架网。

2013年，国家开发银行、交通银行、北京银行、平安银行与陕西省政府分别签署战略合作协议，合作金额达3 500亿元。

2013年，西安、延安、杨凌入选科技部智慧城市试点。

（二）2013年陕西省主要经济金融指标

表1　2013年陕西省主要存贷款指标

		1月	2月	3月	4月	5月	6月	7月	8月	9月	10月	11月	12月
本外币	金融机构各项存款余额（亿元）	23 103.4	23 359.5	24 300.5	24 299.3	24 585.6	25 151.7	24 911.6	25 193.1	25702.5	25 421.3	25 756.8	25 736.7
	其中：储蓄存款	11 078.4	11 539.8	11 865.9	11 595.4	11 682.9	11 932.4	11 811.8	11 909.1	12108.7	11 974.0	12 049.6	12 302.3
	单位存款	11 098.5	10 787.5	11 490.6	11 684.6	11 780.6	12 138.5	11 904.0	12.47.58	12371.0	12 173.2	12 389.4	12 369.3
	各项存款余额比上月增加（亿元）	250.9	256.2	941.0	-1.2	286.3	566.1	-240.0	281.5	509.4	-281.1	335.5	-20.0
	金融机构各项存款同比增长（%）	19.3	18.0	18.4	20.0	19.3	16.4	16.5	16.4	15.6	14.6	15.2	12.7
	金融机构各项贷款余额（亿元）	14 448.3	14 647.3	14 956.0	15 290.2	15 460.2	15 795.9	15 969.3	16 172.7	16370.3	16 394.0	16 541.0	16 537.7
	其中：短期	4 156.9	4 228.1	4 315.8	4 400.3	4 467.4	4 592.2	4 650.7	4 699.3	4762.1	4 782.7	4 846.0	4 803.2
	中长期	9 700.6	9 811.2	9 939.1	10 131.3	10 279.9	10 493.7	10 639.6	10 787.7	10981.0	11 059.3	11 151.6	11 217.6
	票据融资	565.7	582.6	677.7	735.6	690.4	687.3	656.0	662.6	603.6	528.1	519.4	493.6
	各项贷款余额比上月增加（亿元）	306.0	199.0	308.7	334.2	170.0	335.7	173.4	203.5	197.5	23.7	147.0	-3.3
	其中：短期	92.2	71.2	87.7	84.5	67.1	124.8	58.5	48.6	62.8	20.6	63.3	-42.8
	中长期	161.0	110.6	127.9	192.1	148.6	213.8	145.9	148.1	193.3	78.3	92.3	66.0
	票据融资	52.9	16.9	95.1	57.9	-45.3	-3.1	-31.3	6.6	-59.0	-75.6	-8.7	-25.8
	金融机构各项贷款同比增长（%）	18.3	18.7	18.4	19.4	19.0	18.8	18.9	19.0	18.7	18.1	17.6	17.0
	其中：短期	29.8	30.5	27.6	28.1	28.2	26.5	26.4	26.6	24.4	22.8	22.2	18.3
	中长期	13.7	14.0	14.5	15.1	15.4	15.9	16.8	17.3	18.3	18.4	18.2	17.6
	票据融资	23.8	23.1	24.7	33.9	19.7	16.3	4.7	1.9	-8.0	-16.0	-18.9	-3.7
	建筑业贷款余额（亿元）	370.4	400.0	405.3	434.6	444.8	457.8	463.2	461.1	448.8	448.5	461.0	453.8
	房地产业贷款余额（亿元）	564.9	581.7	590.2	611.7	624.1	652.8	661.5	668.1	691.5	715.3	716.3	726.5
	建筑业贷款同比增长（%）	32.5	40.4	37.0	42.9	42.6	43.1	41.7	40.0	30.8	31.0	32.9	29.3
	房地产业贷款同比增长（%）	21.9	24.1	25.9	30.2	34.8	38.5	41.4	40.4	39.2	41.6	35.8	35.4
人民币	金融机构各项存款余额（亿元）	22 933.1	23 196.6	24 111.9	24 106.8	24 393.8	24 932.7	24 714.6	25 011.3	25502.2	25 229.1	25 565.3	25 577.2
	其中：储蓄存款	11 029.1	11 487.3	11 812.8	11 542.5	11 629.0	11 878.9	11 757.7	11 855.7	12056.3	11 921.4	11 997.0	12 249.4
	单位存款	10 984.1	10 682.7	11 360.0	11 548.9	11 648.7	11 978.6	11 769.7	11 925.3	12226.5	12 039.9	12 255.8	12 270.6
	各项存款余额比上月增加（亿元）	266.6	263.4	915.4	-5.1	287.0	538.9	-218.1	296.6	491.0	-273.2	336.2	11.9
	其中：储蓄存款	266.3	458.2	325.5	-274.5	86.5	327.3	-121.2	98.1	200.5	-134.9	75.7	252.4
	单位存款	-119.8	-301.4	677.3	189.0	99.7	329.9	-208.9	155.6	301.2	-186.6	215.9	14.8
	各项存款同比增长（%）	19.2	18.0	18.2	19.8	19.2	16.3	16.4	16.4	15.6	14.7	15.4	12.9
	其中：储蓄存款	15.1	18.9	19.4	18.7	17.8	16.5	16.4	16.2	14.8	15.2	14.7	13.7
	单位存款	22.0	15.7	16.1	19.9	19.5	15.7	16.1	14.6	14.2	12.3	13.6	10.5
	金融机构各项贷款余额（亿元）	14 158.6	14 354.9	14 654.8	14 960.5	15 115.8	15 451.6	15 635.0	15 835.4	16 031.6	16 052.3	16 200.5	16 219.8
	其中：个人消费贷款	2 163.0	2 183.6	2 225.0	2 259.9	2 300.5	2 335.6	2 372.2	2 406.0	2 441.9	2 459.1	2 497.8	2 522.9
	票据融资	565.7	582.6	677.7	735.6	690.4	687.3	656.0	662.6	603.6	528.1	519.4	493.6
	各项贷款余额比上月增加（亿元）	289.0	196.3	299.9	305.7	155.3	335.8	183.4	200.4	196.2	20.7	148.1	19.4
	其中：个人消费贷款	48.2	20.6	41.4	34.9	41.0	34.6	36.7	33.8	36.0	17.2	38.7	25.2
	票据融资	52.9	16.9	95.1	57.9	-45.3	-3.1	-31.3	6.6	-59.0	-75.6	-8.7	-25.8
	金融机构各项贷款同比增长（%）	18.1	18.6	18.3	19.0	18.4	18.2	18.3	18.5	18.3	17.7	17.4	17.0
	其中：个人消费贷款	21.6	21.8	22.0	22.2	22.5	22.5	22.8	22.3	21.7	21.0	19.7	19.4
	票据融资	23.8	23.1	24.8	34.0	19.7	16.3	4.7	1.9	-8.0	-16.0	-18.9	-3.7
外币	金融机构外币存款余额（亿美元）	27.1	26.0	30.1	30.9	31.0	35.4	31.9	29.5	32.6	31.3	31.2	26.2
	金融机构外币存款同比增长（%）	31.9	30.4	43.6	43.7	40.0	42.0	31.3	20.5	19.7	10.5	0.9	-11.2
	金融机构外币贷款余额（亿美元）	46.1	46.6	48.1	53.0	55.7	55.7	54.1	54.7	55.1	55.6	55.5	52.1
	金融机构外币贷款同比增长（%）	27.9	22.2	26.6	43.4	55.5	53.1	52.2	57.2	47.5	41.0	35.1	20.1

数据来源：中国人民银行西安分行。

表2 2001～2013年陕西省各类价格指数

单位：%

年/月		居民消费价格指数		农业生产资料价格指数		工业生产者购进价格指数		工业生产者出厂价格指数	
		当月同比	累计同比	当月同比	累计同比	当月同比	累计同比	当月同比	累计同比
2001		—	1.0	—	1.9	—	0.5	—	0.4
2002		—	-1.1	—	0.8	—	-1.2	—	0.7
2003		—	1.7	—	2.3	—	4.8	—	5.7
2004		—	3.1	—	11.6	—	10.4	—	7.3
2005		—	1.2	—	7.2	—	7.5	—	10.4
2006		—	1.5	—	0.7	—	6.7	—	9.6
2007		—	5.1	—	8.3	—	6.3	—	2.9
2008		—	6.4	—	22.0	—	11.2	—	8.4
2009		—	0.5	—	-4.2	—	-1.6	—	-3.9
2010		—	4.0	—	5.3	—	9.7	—	8.7
2011		—	5.7	—	10.3	—	9.6	—	7.2
2012		—	2.8	—	5.4	—	0	—	0.7
2013		—	3.0	—	2.6	—	-0.7	—	-2.7
2012	1	5.1	5.1	8.3	8.3	3.1	3.1	3.4	3.4
	2	3.7	4.4	8.2	8.3	2.2	2.7	3.5	3.4
	3	3.9	4.2	7.0	7.8	0.6	2.0	2.9	3.3
	4	3.7	4.1	7.5	7.8	0.7	1.6	2.6	3.1
	5	3.3	3.9	6.7	7.5	0.4	1.4	1.4	2.8
	6	2.2	3.6	5.5	7.2	-0.7	1	0.4	2.3
	7	1.9	3.4	3.6	6.7	-1.6	0.6	-0.9	1.9
	8	1.9	3.2	3.6	6.3	-2.0	0.3	-2.0	1.4
	9	1.7	3	3.5	6.0	-1.7	0.1	-1.5	1.1
	10	1.6	2.9	3.8	5.8	-0.8	0	-0.5	0.9
	11	2.1	2.8	3.7	5.6	-0.4	0	-0.2	0.8
	12	2.4	2.8	3.8	5.4	0	0	0	0.7
2013	1	2.3	2.3	4.7	4.7	0.3	0.3	-0.5	-0.5
	2	3.8	3.1	4.4	4.5	0.4	0.4	-1.2	-0.9
	3	2.3	2.8	4.1	4.4	-0.4	-0.1	-1.8	-1.2
	4	3.0	2.9	2.9	4.0	-1.2	-0.2	-3.7	-1.8
	5	2.7	2.8	2.6	3.7	-1.6	-0.5	-4.4	-2.3
	6	3.4	2.9	2.5	3.5	-1.3	-0.6	-4.3	-2.7
	7	3.2	2.9	2.6	3.4	-0.7	-0.6	-3.4	-2.8
	8	3	3	1.8	3.2	-0.6	-0.6	-2.6	-2.7
	9	3.4	3	1.3	3.0	-0.3	-0.6	-2.5	-2.7
	10	3.7	3.1	1.0	2.8	-1	-0.6	-2.6	-2.7
	11	3.2	3.1	1.3	2.6	-0.9	-0.7	-2.6	-2.7
	12	2.6	3.0	1.8	2.6	-0.7	-0.7	-2.2	-2.7

数据来源：《中国经济景气月报》、陕西省物价局、国家统计局陕西调查总队。

表3　2013年陕西省主要经济指标

	1月	2月	3月	4月	5月	6月	7月	8月	9月	10月	11月	12月
绝对值（自年初累计）												
地区生产总值(亿元)	—	—	3 069.4	—	—	6 777.7	—	—	10 579.4	—	—	16 045.2
第一产业	—	—	133.0	—	—	399.0	—	—	716.7	—	—	1 526.1
第二产业	—	—	1 744.6	—	—	3 834.0	—	—	5 944.7	—	—	8 911.6
第三产业	—	—	1 191.8	—	—	2 544.8	—	—	3 918.1	—	—	5 607.5
固定资产投资(亿元)	—	593.1	1 632.8	2 816.0	4 410.7	6 351.5	7 852.4	9 179.4	10 788.9	12 382.0	14 066.9	15 583.6
房地产开发投资	—	162.1	302.8	460.1	665.6	976.2	1 175.0	1 362.9	1 561.7	1 766.7	2 064.6	2 240.2
社会消费品零售总额(亿元)	—	423.4	1 181.8	1 181.8	1 181.8	2 315.2	2 315.2	2 315.2	3 519.4	3 519.4	3 519.4	4 938.5
外贸进出口总额(万美元)	—	249 165	382 500	516 100	678 600	821 100	999 000	1 213 300	1 404 200	1 584 200	1 831 900	2 012 700
进口	—	112 900	180 500	242 100	326 400	399 200	484 700	589 700	688 700	780 500	909 500	990 300
出口	—	136 265	202 000	274 000	352 200	422 000	514 300	623 300	715 500	803 700	922 400	1 022 400
进出口差额(出口−进口)	—	23 365	21 500	31 900	25 800	22 800	29 600	33 600	26 800	23 200	12 900	32 100
外商实际直接投资(万美元)	—	13 000	58 800	70 000	94 800	184 900	187 000	197 700	262 100	269 900	307 100	367 800
地方财政收支差额(亿元)	—	-105.3	-298.3	-394.2	-566.1	-853.6	-924.5	-1 051.6	-1 281.6	-1 341.0	-1 509.3	-1 919.1
地方财政收入	—	233.4	403.5	547.0	678.9	873.2	994.3	1 090.9	1 228.4	1 371.3	1 503.4	1 747.2
地方财政支出	—	338.7	701.8	941.2	1 245.0	1 726.8	1 918.8	2 142.5	2 510.0	2 712.3	3 012.7	3 666.3
城镇登记失业率(%)（季度）	—	—	3.3	—	—	3.1	—	—	3.3	—	—	3.3
同比累计增长率（%）												
地区生产总值	—	—	11.2	—	—	11.0	—	—	11.1	—	—	11
第一产业	—	—	4.5	—	—	3.1	—	—	3.8	—	—	4.7
第二产业	—	—	13.2	—	—	12.9	—	—	13	—	—	12.6
第三产业	—	—	9.1	—	—	9.2	—	—	9.3	—	—	9.9
工业增加值	—	13.2	13.5	13.2	13.0	13.0	13	13.2	13.3	13.2	13.1	13.1
固定资产投资	—	28.3	27.0	27.1	27	26.9	26	25.8	25.6	25.3	24.9	24.7
房地产开发投资	—	35.7	34.8	37.3	31.4	32.8	37.3	33.7	27.3	25.4	26.2	22
社会消费品零售总额	—	16.9	13.6	13.6	13.6	13.6	13.6	13.6	13.6	13.6	13.6	14.0
外贸进出口总额	—	25.6	22.3	22.4	24.8	25.4	30	35.4	37.9	41.2	40.7	36.0
进口	—	23.2	24.9	27.1	34.1	35.2	37.9	43.4	49.1	52.8	61.6	61.1
出口	—	27.7	20.1	18.6	17.2	17.4	22.1	27	28.6	31.4	24.8	18.2
外商实际直接投资	—	-65.2	14.0	12.5	13.7	23.7	21.7	20.2	38.6	29.9	30.0	25.3
地方财政收入	—	5.7	16.5	12.4	11.5	12.6	11.3	11.6	13.3	12.5	13.5	16.8
地方财政支出	—	24.2	22.8	19	16	13	12.1	12.3	12.0	11.7	10.9	10.9

数据来源：陕西省统计局《经济要情》、陕西省商务厅。

2013年甘肃省金融运行报告

中国人民银行兰州中心支行货币政策分析小组

[内容摘要] 2013年，甘肃省紧紧把握国家支持甘肃经济社会发展的政策机遇，坚持稳中求进、好中求快，着力推动稳增长、调结构、转方式、扩内需、惠民生，全省经济增长持续稳定、质量效益同步提升、人民生活显著改善、发展后劲继续增强。全省金融机构认真执行稳健的货币政策，着力优化信贷结构，积极推动金融服务和产品创新，切实加强风险防范，金融运行健康平稳，货币信贷总量和社会融资规模较快增长，为甘肃实体经济发展提供了有力支持。

2014年，全省金融机构将认真贯彻党的十八届三中全会精神和中央经济工作会议部署，坚持稳中求进、改革创新，按照总量稳定、结构优化的要求，继续落实好稳健的货币政策，把握好新型城镇化建设和打造丝绸之路经济带甘肃黄金段的重大战略机遇，大力支持循环经济示范区、兰州新区、华夏文明传承创新区、国家生态安全屏障综合实验区等重点领域建设，做好“三农”、小微企业、扶贫开发等薄弱环节的金融服务，促进甘肃省经济转型发展。

一、金融运行情况

2013年，甘肃省金融业综合实力稳步提升，货币信贷合理均衡增长，金融市场功能有效发挥，金融生态环境继续优化，改革创新取得新进展，金融服务实体经济发展能力进一步提升。

（一）银行业运行稳健，货币信贷适度增长

1. 综合实力不断增强，服务体系日益完善。2013年，全省银行业金融机构数量、从业人员稳步增加，资产规模、资产质量、盈利能力快速提升。全省银行业资产总额同比增长19.0%，净利润同比增长34.0%，年末不良贷款率较年初下降0.4个百分点。全年新设村镇银行3家，全省新型农村金融机构达到20家，农村金融服务体系日益完善。兴业银行成功入驻甘肃（见表1）。

表1　2013年甘肃省银行业金融机构情况

机构类别	营业网点			法人机构（个）
	机构个数（个）	从业人数（人）	资产总额（亿元）	
一、大型商业银行	1 391	31 167	6 703	0
二、国家开发银行和政策性银行	59	1 580	1 948	0
三、股份制商业银行	41	2 325	1 302	0
四、城市商业银行	183	4 568	2 041	2
五、城市信用社	0	0	0	0
六、小型农村金融机构	2 242	17 335	3 252	88
七、财务公司	2	62	106	2
八、信托公司	1	93	16	1
九、邮政储蓄银行	589	2 379	508	0
十、外资银行	0	0	0	0
十一、新型农村金融机构	43	605	59	20
十二、其他	1	133	308	1
合　计	4 552	60 247	16 242	114

注：营业网点不包括国家开发银行和政策性银行、大型商业银行、股份制银行金融机构总部数据；大型商业银行包括中国工商银行、中国农业银行、中国银行、中国建设银行和交通银行；小型农村金融机构包括农村商业银行、农村合作银行和农村信用社；新型农村金融机构包括村镇银行、贷款公司和农村资金互助社；“其他”包含金融租赁公司、汽车金融公司、货币经纪公司、消费金融公司等。

数据来源：中国人民银行兰州中心支行、甘肃银监局。

2. 存款平稳增长，月度增量波动明显。2013年年末，全省金融机构本外币各项存款余额为12 070.6亿元，较年初增加1 938.3亿元，增长19.2%。全省金融机构存款月度增量波动明显，3月、6月、9月、12月共增加存款883.3亿元，占全年增量的45.6%，4月、7月、10月三个月存款减少15.0亿元，呈现出明显的“季末冲高、季初回落”特征。从期限来看，全省全年新增定期存款891.9亿元，占全部新增存款的46.0%，较上年下降3.4个百分点，存款趋向活期化（见图1、图3）。

3. 贷款较快增加，薄弱环节、民生领域投放加快。2013年年末，全省金融机构本外币各项贷

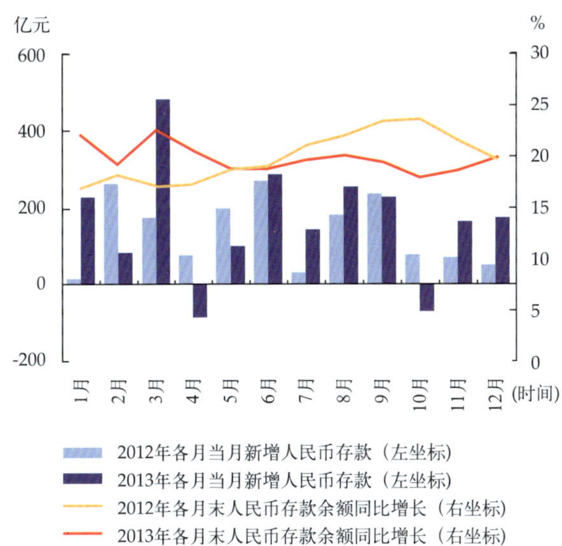

数据来源：中国人民银行兰州中心支行。

图1 2012～2013年甘肃省金融机构人民币存款增长变化

款余额为8 822.2亿元，较年初增加1 609.6亿元，增长22.6%。从期限来看，短期贷款占比进一步提升，全年新增短期贷款729.7亿元，增量是上年的1.3倍，占各项贷款增量的45.3%，占比同比提高7.2个百分点。从投向来看，薄弱环节、民生领域信贷支持力度进一步加大。年末，全省涉农贷款余额为3 331.7亿元，增长26.2%；小微企业贷款余

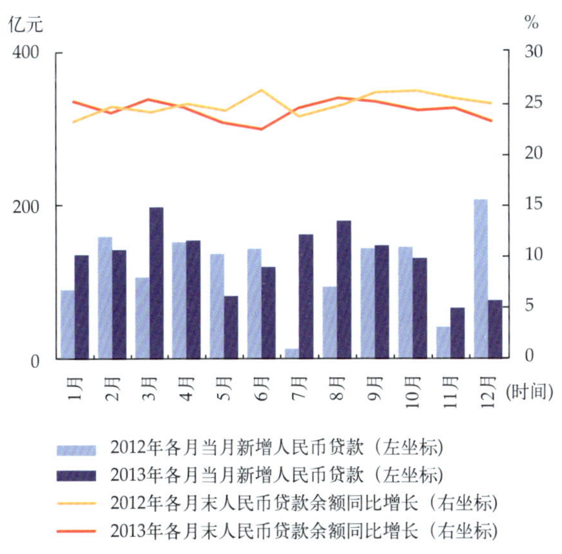

数据来源：中国人民银行兰州中心支行。

图2 2012～2013年甘肃省金融机构人民币贷款增长变化

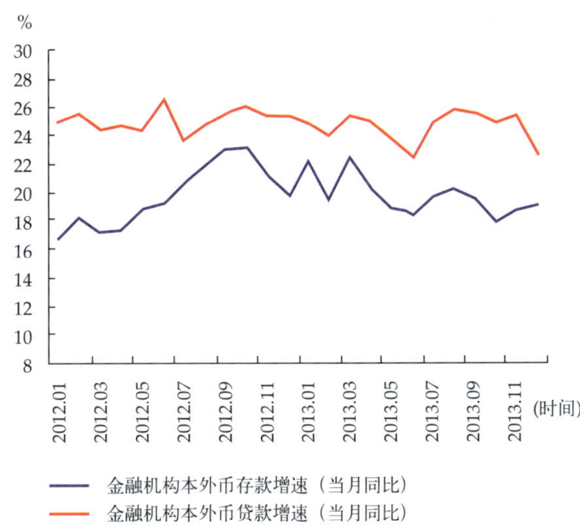

数据来源：中国人民银行兰州中心支行。

图3 2012～2013年甘肃省金融机构本外币存、贷款增速变化

额为1 839.9亿元，增长43.4%，高于同期大中型企业贷款增速31.8个百分点；保障性住房贷款余额为58.8亿元，增长48.7%（见图2、图3）。

4. 表外融资业务快速发展，金融创新力度加大。在金融脱媒、利率市场化加速发展背景下，全省银行业金融机构不断加大金融创新力度，银行体系表外融资业务较快发展。2013年全省委托贷款、银行承兑汇票、保函和信托贷款等表外融资业务增长了37.2%。

5. 存款利率定价水平不断提升，贷款利率波动明显。2013年，全省金融机构采取差异化的定价措施，存款定价渐趋分化。全国性大型银行初步尝试分客户、分期限、分产品进行差别化定价，对重点客户的存款利率实行策略性定价，对非重点客户根据综合贡献合理确定利率。地方法人金融机构存款利率基本“一浮到顶”，一定程度上吸引了资金流入。

受市场资金价格等因素的影响，商业银行贷款利率波动较为明显，1月、3月和12月贷款利率水平较高，全年人民币一般贷款加权平均利率（不含贴现）7.7257%，较上年下降0.9853个百分点。放开贷款利率管制后，金融机构表现出较强的适应性，全省贷款下浮幅度最低为基准利率的0.8倍（见表2、图4）。

表2 2013年甘肃省金融机构人民币贷款各利率区间占比

单位：%

月份		1月	2月	3月	4月	5月	6月
合计		100.0	100.0	100.0	100.0	100.0	100.0
下浮		15.5	14.1	11.9	16.7	13.0	12.3
基准		51.2	34.0	20.3	22.3	24.7	30.1
上浮	小计	33.3	51.8	67.8	61.0	62.3	57.6
	(1.0，1.1]	11.3	6.6	11.0	7.1	9.5	9.6
	(1.1，1.3]	16.1	13.1	15.2	14.6	17.7	17.3
	(1.3，1.5]	4.4	9.8	13.2	15.3	17.6	13.4
	(1.5，2.0]	0.7	21.3	27.4	21.5	16.5	16.5
	2.0以上	0.8	1.0	1.0	2.5	1.0	0.8
月份		7月	8月	9月	10月	11月	12月
合计		100.0	100.0	100.0	100.0	100.0	100.0
下浮		17.3	9.5	6.1	6.7	5.6	3.3
基准		25.4	24.8	25.1	32.3	29.4	26.0
上浮	小计	57.3	65.7	68.8	61.1	65.0	70.8
	(1.0，1.1]	7.9	9.2	9.0	9.2	14.5	16.8
	(1.1，1.3]	18.3	20.2	21.5	19.9	18.0	14.4
	(1.3，1.5]	15.0	17.2	19.3	15.1	14.5	16.6
	(1.5，2.0]	15.3	18.3	18.1	15.5	16.1	20.7
	2.0以上	0.9	0.8	1.0	1.4	1.8	2.3

数据来源：中国人民银行兰州中心支行。

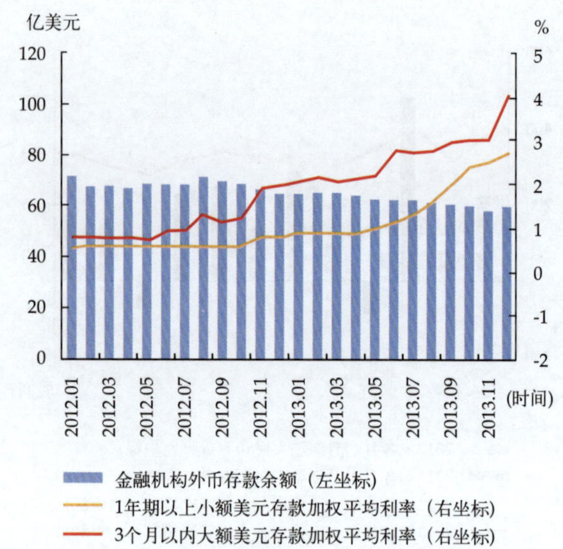

数据来源：中国人民银行兰州中心支行。

图4 2012~2013年甘肃省金融机构外币存款余额及外币存款利率

6. 银行业改革深入推进，地方法人金融机构改革取得新进展。中国农业银行甘肃省分行“三农金融事业部”改革不断深入，“三农”金融服务水平进一步提高。中国邮政储蓄银行甘肃省分行加快推进“二类”支行改革，管理体制进一步理顺。兰州银行完成增资扩股，募集资金26亿元，民营企业持股占比提高7.0个百分点，股权结构不断优化。甘肃银行机构网点建设取得新突破，省内所有市州办事处变更为支行，庆阳、酒泉两家分行获批设立。农村合作金融机构股份制改革取得新进展，1家农村信用社改制成为农村商业银行，全省农村商业银行达到3家。

7. 跨境人民币业务持续快速发展，覆盖面进一步扩大。2013年，全省共有8家金融机构的50家分支机构为境内82户企业累计办理跨境人民币结算146.5亿元，同比增长188.6%。其中，经常项下人民币结算117.6亿元，同比增长159.8%，资本项下人民币结算29.0亿元，同比增长423.7%。与甘肃省发生跨境人民币交易的国家和地区为31个，增加9个，其中，与中国香港地区人民币交易量96.29亿元，占65.7%。

专栏1 甘肃农村金融服务年活动成效明显

2013年，针对农村金融“贷款难”、“贷款贵”、“服务缺”、“动力弱”等突出问题，中国人民银行兰州中心支行在全省组织开展了“农村金融服务年”活动，采取有针对性的措施，引导金融资源向“三农”倾斜，有效地缓解了农村金融服务薄弱问题，得到广大农民群众及涉农企业的普遍欢迎和广泛好评。

一是加强货币政策指导，放大政策效应，着力缓解“三农”贷款难的问题。缓解“三农”贷款难是“农村金融服务年”活动的核心内容。全省人民银行综合运用“窗口指导”、支农再贷款、再贴现等政策工具，引导金融机构有效增加涉农信贷总量，满足“三农”发展的合理信贷需求。组织对69个县（区）275家县域金融机构涉农信贷政策导向进行评估，针对涉农信贷政策执行情况设立了“三农金融服务奖”，强化了涉农信贷政策激励作用。2013年，全省涉农贷款余额达到3 331.7亿元，较年初新增691.6亿元，比上年多增118.9亿元，增长26.2%，高于各项贷款增幅，实现了“两个不低于”目标。

二是坚持多策并举，降低信贷成本，着力缓解“三农”贷款贵的问题。坚持多管齐下、综合治理，从健全农村金融组织体系、加强定价机制建设、创新联合增信模式、扩大贴息贷款政策范围入手，引导金融机构合理定价，有效缓解“三农”贷款贵的问题。推动地方法人金融机构完善利率定价机制，细化涉农贷款浮动利率层次，对传统种植业、养殖业、贫困户和受灾户等不同类型农户发放贷款实行区别定价。努力扩大扶贫贴息贷款、双联惠农贷款、草食畜牧业及设施蔬菜产业发展贷款等贴息贷款覆盖面，有效降低农户贷款成本。据中国人民银行利率信息系统监测，2013年全省主要涉农金融机构利率比上年下降1～2个百分点，减少农户利息支出近8亿元，有效地缓解了“三农”贷款贵的问题。

三是加强基础服务，优化金融生态，着力缓解“三农”服务缺的问题。打通金融基础设施“最后一公里”是解决农村金融“服务缺”问题的关键。组织召开了全省农村支付服务环境工作座谈会，推动金融机构向农村延伸服务网点，着力打造快速支付通道，拓展银行卡助农取款服务范围，服务偏远农村地区群众。全省农村地区布放ATM4 585台、POS机49 458台，发行银行卡3 950.9万张，累计设立助农取款服务点13 835个。将改善农村金融服务环境和优化农村信用环境协同推进，组织涉农金融机构加快农户电子信用档案建设进度，开展农户信用评价和农村信用体系实验区建设，规范“信用户、信用村、信用乡镇”创建。目前，全省已建立农户电子信用档案389.9万户，评定信用农户341.0万户，对建立了信用档案的290.9万户农户累计发放贷款784.9亿元。

四是凝聚金融合力，强化服务创新，着力改善支农“动力弱”。探索建立以市场为导向、以利益为核心的市场化的金融支持“三农”激励机制，有效地增强了“三农”领域对金融资源的集聚力，形成了以涉农金融机构为主力、各类金融机构共同参与、同业合作与适度竞争并存的金融支农合力。针对“三农”多元化融资需求特点，各金融机构因地制宜、因业制宜，积极创新农业特色产业链信贷模式，形成了“清吉模式”、“陇药通”、“农耕文明”等特色业务品牌，有效借助产业链内灵活组合担保方式，切实提高了贷款效率和效益。将农业用具、农副产品、仓单等多种动产纳入抵质押范围，相继推出了针对特色产业融资需求的棉花、中药材、水产品、牲畜、民族饰品等10多种动产抵质押贷款产品，有效解决了农民贷款抵押难、担保难的问题。截至2013年年末，全省金融机构累计推出涉农信贷产品和服务方式47种，受益农户200多万户。

（二）证券期货业稳健发展，市场融资功能进一步增强

2013年，甘肃省证券业保持快速发展态势，证券交易量、融资量大幅增长，资本市场服务实体经济发展能力进一步增强。

1. 证券营业部数量稳步增加，法人机构实力不断增强。2013年年末，甘肃省有1家法人证券公司，6家证券分公司，65家证券营业部，较上年增加3家；1家法人期货公司，6家期货营业部。全年累计实现证券交易额4 995.6亿元，增长82.2%；累计实现营业收入8.6亿元，增长50.1%；累计实现净利润4.0亿元，增长126.6%（见表3）。

2.资本市场融资规模大幅增长，上市后备资源培育取得新进展。2013年年末，甘肃辖内共有25家上市公司，通过资本市场实现直接融资175.1亿元。2013年年末，全省拟上市公司达到12家，其中7家企业已上报申请材料，4家企业处于辅导期。

表3 2013年甘肃省证券业基本情况

项目	数量
总部设在辖内的证券公司数（家）	1
总部设在辖内的基金公司数（家）	0
总部设在辖内的期货公司数（家）	1
年末国内上市公司数（家）	25
当年国内股票（A股）筹资（亿元）	175.1
当年发行H股筹资（亿元）	0.0
当年国内债券筹资（亿元）	397.6
其中：短期融资券筹资额（亿元）	104.0
中期票据筹资额（亿元）	150.0

数据来源：中国人民银行兰州中心支行、甘肃证监局。

（三）保险业平稳发展，保障范围稳步扩大

2013年，甘肃省保险业平稳较快发展，保险覆盖面不断扩大，服务地方经济发展和经济补偿作用有效发挥。

1. 保险业综合实力不断增强，经济补偿作用得到充分发挥。2013年年末，全省共有23家保险市场主体，累计实现原保险保费收入180.2亿元，增长13.5%，增速高于全国平均水平2.3个百分点；累计发生赔付支出67.1亿元，增长39.3%（见表4）。

2. 财产险业务保持较快发展，农业保险承保覆盖面进一步扩大。2013年，受益于投资项目拉动和汽车消费释放效应，财产产险保持快速增长态势。累计实现原保险保费收入68.3亿元，增长22.2%。在农业保险中，藏区特色农牧业险、马铃薯和森林保险等8个险种受益国家补贴政策红利，承保覆盖面继续扩大，累计实现原保险保费收入5.7亿元，增长51.5%。

表4 2013年甘肃省保险业基本情况

项目	数量
总部设在辖内的保险公司数（家）	0
其中：财产险经营主体（家）	0
人身险经营主体（家）	0
保险公司分支机构（家）	23
其中：财产险公司分支机构（家）	12
人身险公司分支机构（家）	11
保费收入（中外资，亿元）	180.2
其中：财产险保费收入（中外资，亿元）	68.3
人身险保费收入（中外资，亿元）	111.8
各类赔款给付（中外资，亿元）	67.1
保险密度（元/人）	692.9
保险深度（%）	2.9

数据来源：甘肃保监局。

（四）金融市场活力增强，直接融资占比显著提高

2013年，全省金融市场总体运行平稳。直接融资规模快速增长，货币市场交易活跃，票据市场发展迅速，黄金外汇市场稳步发展。

1. 债券融资规模快速增长，融资结构进一步优化。2013年，全省企业债务融资呈跨越式发展态势，10家非金融企业和1家地方商业银行累计发行债券357亿元，比上年增加137.7亿元，增长62.8%，其中发行保障性住房私募债券25亿元，实现“零”的突破。全省企业债务融资以中长期融资为主、短期融资为辅，有效满足了重点企业、重大项目的资金需求（见图5）。

2. 债券交易稳中有增，总体呈前高后低趋势。2013年，甘肃省银行间债券市场成员累计成交债券18 449笔，成交额为33 040.3亿元，增长5.48%。各季度债券成交量之比为47.7：23.2：14.1：15.0。

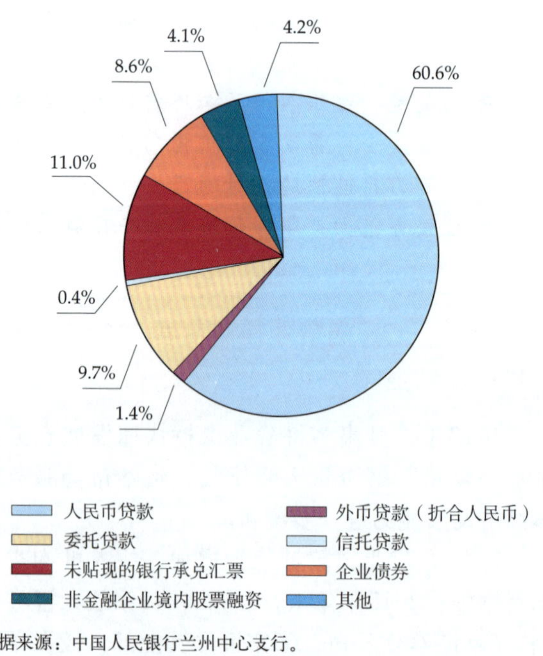

数据来源：中国人民银行兰州中心支行。

图5 2013年甘肃省社会融资规模分布

3. 票据业务稳步发展，利率上行趋势明显。2013年，甘肃省辖内金融机构累计签发银行承兑汇票1 588.4亿元，比上年增加577.0亿元；票据贴现累计发生2 224.7亿元，比上年增加592.9亿元（见表5）。甘肃省票据贴现利率呈现明显上升趋势，票据买断式转贴现加权平均利率和票据回购式转贴现加权平均利率同比分别上升1.9个和2.4个百分点（见表6）。

4. 黄金市场交易量明显增加，商业银行黄金业务大幅增长。全省在上海黄金交易所的黄金交易量为8 829.2公斤，增长59.1%。辖内部分商业银行开展了黄金租赁、黄金远期等衍生业务，进一步丰富黄金市场的业务品种，推动商业银行黄金业务交易量大幅增长，全年累计交易125 029.5公斤，增长220.7%。

表5　2013年甘肃省金融机构票据业务量统计

单位：亿元

季度	银行承兑汇票承兑		贴现			
			银行承兑汇票		商业承兑汇票	
	余额	累计发生额	余额	累计发生额	余额	累计发生额
1	519.8	325.8	191.2	355.1	8.9	14.8
2	506.3	695.4	164.7	981.9	3.4	17.5
3	484.7	1 301.2	183.3	1 926.2	2.6	32.8
4	522.6	1 588.4	141.6	2 224.7	0.7	34.8

数据来源：中国人民银行兰州中心支行。

表6　2013年甘肃省金融机构票据贴现、转贴现利率

单位：%

季度	贴现		转贴现	
	银行承兑汇票	商业承兑汇票	票据买断	票据回购
1	5.4593	5.6667	4.5821	4.4051
2	5.1435	6.5000	4.6917	4.3472
3	6.8890	2.5764	5.2862	5.0411
4	7.3852	0.0000	5.9144	6.3959

数据来源：中国人民银行兰州中心支行。

专栏2　积极推动企业债券发行　有效改善融资结构

为积极推动非金融企业债务融资工具的推广运用，中国人民银行兰州中心支行采取多种措施，积极推动企业市场化直接融资，全省直接融资规模迅速扩大，参与主体不断增多，交易品种日渐丰富，为促进甘肃转型跨越发展提供了重要支撑。

一、采取的主要措施

（一）积极宣传解读新政策、新产品和新工具，提升企业债务融资意识。近年来，先后10余次举办了大规模的非金融企业债务融资工具及金融产品宣传推介会和培训班，帮助企业和金融机构了解市场发展政策和市场管理规则。组织编印发放《债券基础知识宣传手册》、《中小非金融企业集合票据业务宣传手册》和《企业直接融资工具宣传手册》等宣传资料3万多册，全面普及了直接融资基础知识。

（二）切实发挥“窗口指导”作用，引导金融机构加强创新和服务。及时制定了《扩大非金融企业债务融资规模 支持甘肃经济社会跨越发展的意见》，从提高认识、明确目标、细化措施和形成合力四个方面，引导全省银行业金融机构积极面向市场，针对各类市场主体对信贷产品和服务方式的个性化需求，不断改进金融服务，充分发挥行业优势，大力发展非金融企业债务融资工具的承销业务，扩大企业债券融资。

（三）加强沟通联系，构建直接融资长效机制。中国人民银行兰州中心支行发挥职能作用，横向推动政、银、企工作配合，纵向加强向中国人民银行总行和中国银行间市场交易商协会的情况汇报和信息反馈，逐步形成了“分工明晰、配合紧密、信息畅通”的联动机制。中国银行间市场交易商协会与甘肃省政府金融办、中国人民银行兰州中心支行2012年签署《借助银行间市场助推甘肃经济发展合作备忘录》，为全省扩大债券融资规模，提高债券发行效率打下了坚实基础。

二、融资结构进一步优化

（一）债务融资规模取得新突破。截至2013年年末，全省有15家金融及非金融企业通过银行间市场交易商协会注册登记，在银行间债券市场累计发行债券1 125.3亿元，突破1 000亿元大关，位列西北五省区第2位。2013年，11家金融及非金融企业在银行间债券市场累计发行债券357亿元，是上年同期的1.6倍。

（二）直接融资占比显著提升。随着债务融资规模的快速增长，全省直接融资占比不断提高，2013年全省债券、股票等直接融资占比达到16.9%，较上年提高5.4个百分点。

（三）直接融资对支持薄弱环节发展的作用增强。兰州银行发行50亿元小微企业专项金融债，有力地增强了支持小微企业发展的资金实力。继北京、青海和南京之后，兰州市发行25亿元保障性住房私募债券，为保障和改善民生起到了强有力的推动作用。

虽然甘肃省企业债务融资工作取得了较快发展，但债务融资比例相比发达省份仍然较低，且主要集中在一些大企业，中小企业债务融资还没有取得突破，支持中小企业债务融资的政策体系还不够完善。下一步，中国人民银行兰州中心支行将继续加大企业债务融资宣传力度，加强与政府有关部门的协同配合，积极营造有利于企业债务融资发展的政策环境，推动企业债务融资增量扩面，为全省经济社会转型跨越发展提供有力的资金支持。

（五）金融生态环境建设深入推进，农村金融基础设施不断完善

中小企业和农村信用体系不断完善。2013年，甘肃省中小企业信用信息采集更新机制不断完善，农户电子信用档案建档范围继续扩大，信用体系建设成果转化力度不断加大。2013年年末，全省共有3.3万户中小企业和389.9万户农户建立了信用档案，其中2.41万户中小企业和290.9万户农户获得银行融资，累计融资额1 351.3亿元和784.9亿元。

农村支付服务环境持续改善。2013年，甘肃省农村支付服务环境持续改善，银行卡助农取款服务、重点市场非现金支付工具推广等业务不断拓展。2013年年末，全省农村地区累计设立助农取款服务点13 835个，布放ATM4 585台、POS机49 458台，电话银行、手机银行和网上银行的用户数量较年初分别增加47.4%、68.1%和38.8%。

二、经济运行情况

2013年，甘肃省经济运行总体呈现增长稳健、结构优化、物价平稳的良好态势。经济社会发展的内生动力进一步增强，全年实现地区生产总值6 268亿元，同比增长10.8%，连续十一年保持两位数增长（见图6）。

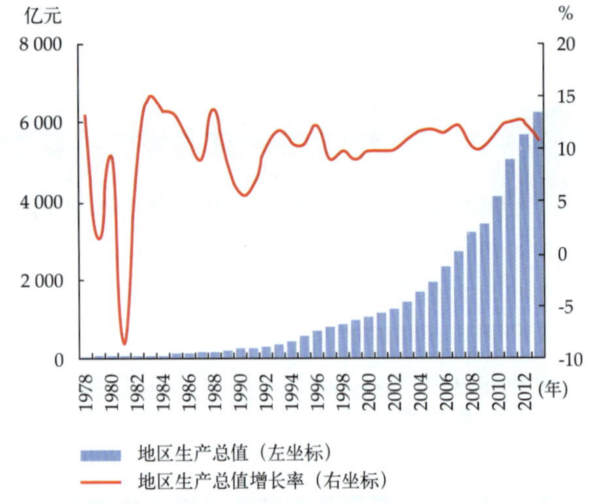

数据来源：甘肃省统计局。

图6　1978～2013年甘肃省地区生产总值及其增长率

（一）内外需求协调增长，经济平稳健康发展

2013年，全省固定资产投资增长较快，结构进一步优化，消费品市场增长稳定，对外贸易增速提高，经济增长的内外需求动力逐步增强。

1. 投资增速回落，结构优化。2013年，甘肃

省固定资产投资额达到6 407.2亿元，增长27.1%，比上年回落16.8个百分点（见图7）。投资结构进一步优化，工业投资占比超过36%，能源工业投资占比超过17%，投资增长的内生动力不断增强。大项目支撑作用明显增强，亿元及以上项目投资额占比超过50%。重点区域投资带动作用突出，兰州新区、兰白承接产业转移示范区、关中—天水经济区等重点区域融合发展态势良好。

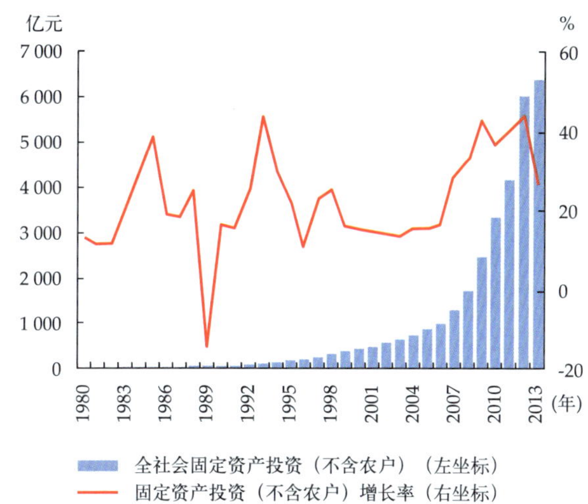

数据来源：甘肃省统计局。

图7 1980～2013年甘肃省固定资产投资（不含农户）及其增长率

2. 城乡居民持续增收，消费品市场稳定增长。2013年，甘肃城镇居民人均可支配收入18 964.8元，增长10.5%，农民人均纯收入5 107.8元，增长13.3%（应和地区生产总值增速比，和全国比没有意义）。在收入持续增长及各种消费刺激政策的带动下，城乡居民消费意愿逐步增强。全年全社会消费品零售总额为2 139.8亿元，增长14%（见图8）。

3. 对外贸易实现历史性跨越，外商直接投资快速增长。对外贸易突破百亿美元大关，逆差显著缩小。2013年，甘肃省进出口总值为102.8亿美元，增长15.5%，首次突破百亿美元大关，实现历史性突破。其中，进口为56亿美元，同比增长5%；出口为46.8亿美元，增长31%；逆差为9.2亿美元，比上年下降48%（见图9）。

随着招商引资力度加大，全省外商直接投资快速增长，全年实际流入资金0.8亿美元，增长

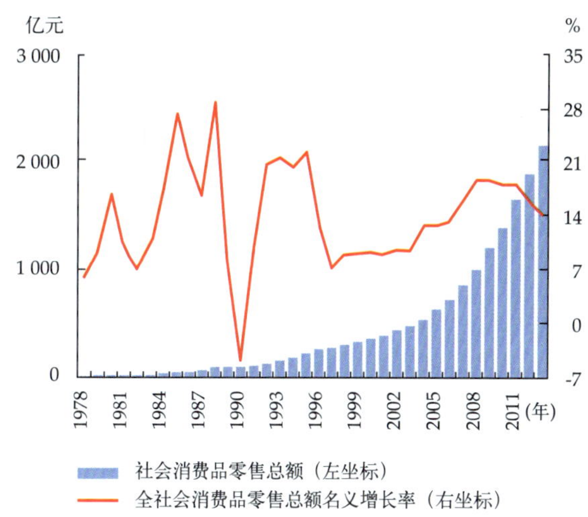

数据来源：甘肃省统计局。

图8 1978～2013年甘肃省社会消费品零售总额及其增长率

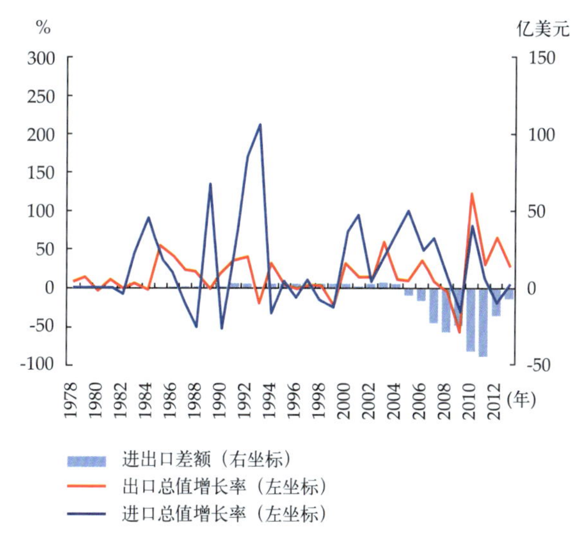

数据来源：甘肃省统计局。

图9 1978～2013年甘肃省外贸进出口变动情况

37.3%。由于辖内境外投资龙头企业金川集团有限公司等年内没有大项目支撑，导致全省对外投资增速下降，全年实际汇出资金1.5亿美元，下降88.8%（见图10）。

（二）社会供给稳定增长，产业结构调整加快

2013年，甘肃省围绕转型跨越发展战略，加快推动发展方式转变，三次产业比重调整为

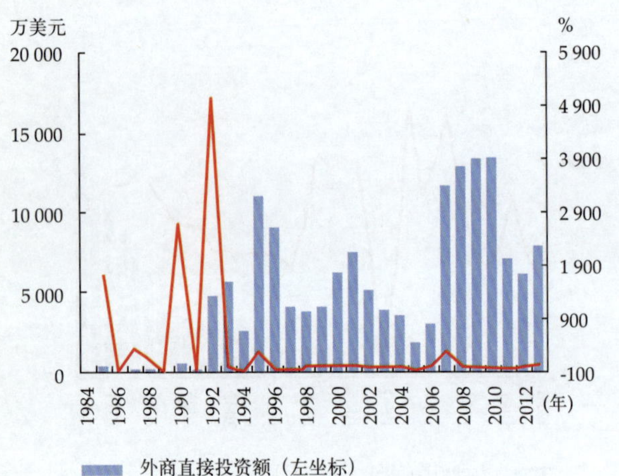

数据来源：甘肃省统计局。

图10　1984～2013年甘肃省外商直接投资额及其增长率

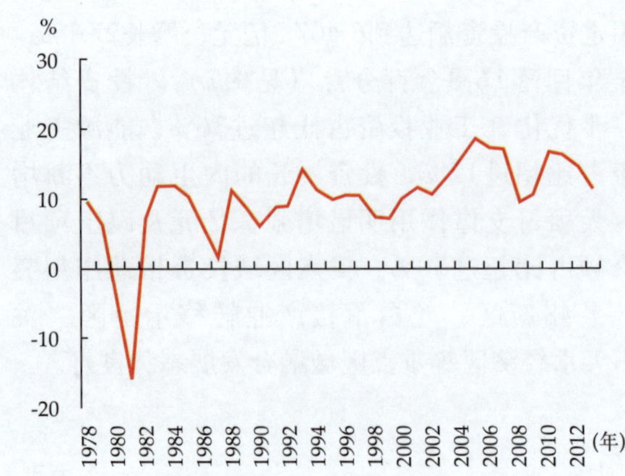

数据来源：甘肃省统计局。

图11　1978～2013年甘肃省规模以上工业增加值同比增长率

14.0：45.0：41.0，三次产业协调发展，产业结构更趋合理。

1. 农业持续增收，粮食自给水平进一步提高。围绕粮食增产和农民增收，全面启动实施了“365”现代农业发展计划，农业综合生产能力增强，粮食生产实现“十连丰”，总产量达到1 138.9万吨，人均445公斤，超过国家认定的年人均粮食安全标准。

2. 工业生产平稳运行，结构调整成效明显。2013年，全年完成全部工业增加值2 225.2亿元，比上年增长11.6%（见图11），其中非公有制企业完成工业增加值464.5亿元，比上年增长26.2%。在风能、太阳能等新能源及新能源装备制造业的带动下，战略性新兴产业发展较快，全省风电、光伏发电装机容量分别突破705万千瓦和300万千瓦，分别居全国第3位和第1位。

3. 服务业发展较快，对经济拉动作用明显提升。以华夏文明传承创新示范区建设为平台，力促文化旅游业融合发展，文化产业实现增加值105.8亿元，增长35.6%；旅游业实现收入618.9亿元，增长31.8%。

（三）物价涨势趋稳，劳动力成本继续上涨

1. 居民消费价格先扬后抑，食品价格涨幅较高。上半年，在食品类价格的带动下，全省居民消费价格指数逐步走高，7月达到年内高点3.9%。8月以后，一系列稳物价措施作用开始显现，物价水平有所回落，全年全省居民消费价格上涨3.2%，涨幅较上年提高0.4个百分点（见图12）。

2. 生产者价格涨幅持续回落。受需求下降、产能过剩等多重因素的影响，甘肃工业生产者购进价格和出厂价格指数同比分别下降2.2%和3.1%。工业生产者购进价格指数自2011年3月起低

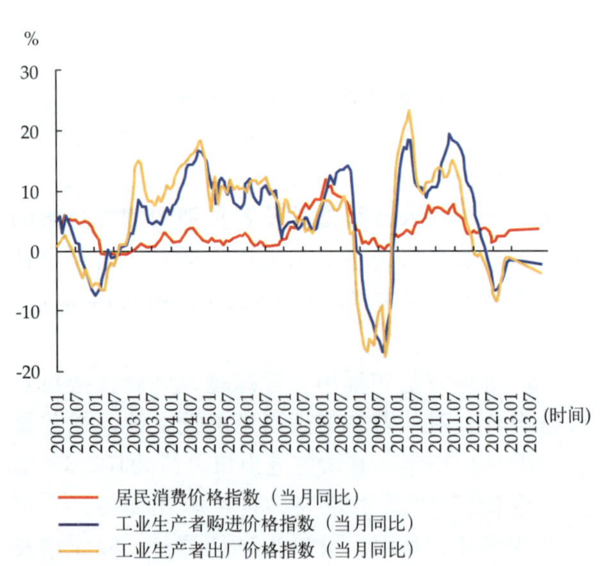

数据来源：甘肃省统计局。

图12　2001～2013年甘肃省居民消费价格和生产者价格变动趋势

于出厂价格指数，2013年以来价格差有所收窄，维持在1.0个百分点水平，一定程度上缓解了价格向下游传导的压力。

3. 劳动力成本继续上涨，最低工资标准大幅上调。受劳动力结构性供求矛盾加剧、薪酬期望提高等因素影响，劳动力成本继续保持较快上涨势头，企业用工成本普遍上涨10%～20%。2013年4月1日，甘肃再次上调最低工资标准，四类地区全部超过1 000元，其中兰州等一类地区上调至1 200元，涨幅达22.5%。

4. 资源性产品价格改革有序推进。2013年，根据国家有关政策，甘肃省稳妥推进居民阶梯用电、用水、用气等领域的价格改革。组建了公共资源交易局，完成进场交易项目689项，成交金额为95.5亿元。

（四）财政收入稳定增长，支出向民生领域倾斜

2013年，面对经济下行压力和结构性减税政策的全面实施带来的影响，甘肃省不断强化重点非税收入征收管理，确保地方财政收入实现稳定增长，全年公共财政预算收入606.5亿元，增长18.2%。其中营业税、企业所得税、个人所得税收入增长加快，“高污染、高耗能、高排放”产业税收增速明显减缓。

财政支出结构逐步优化，民生继续改善。

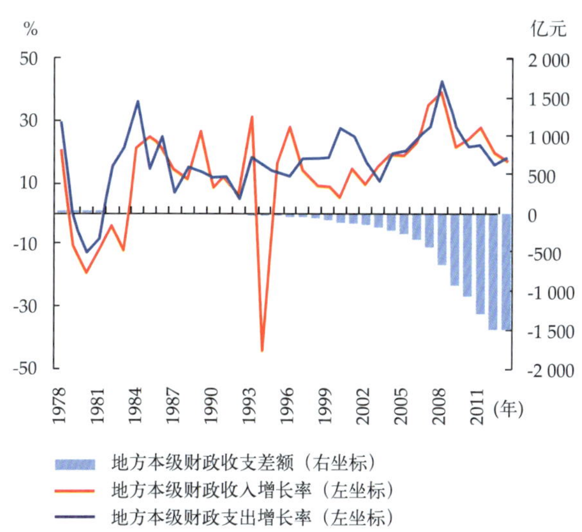

数据来源：甘肃省统计局。

图13　1978～2013年甘肃省财政收支状况

2013年，全省财政支出为2 308.2亿元，其中教育、社会保障、扶贫和就业、医疗卫生等民生领域的支出占比超过3/4。社会保障水平进一步提高，省级财政投入296亿元，全部兑现了10项26件为民办的实事，城乡低保标准分别提高15%和28%，农村五保供养省级补助标准提高11%（见图13）。

（五）积极构筑生态安全屏障，环境质量持续改善

2013年，甘肃省以循环经济示范区这一平台为战略机遇，以强化联防联控、淘汰落后产能为有力抓手，以助推经济社会转型跨越发展为根本目标，坚持省市联动、综合施策、重点突破，生态文明建设取得了显著成效。在生态战略平台方面，国务院常务会通过《甘肃省加快转型发展建设国家生态安全屏障综合试验区总体方案》，这对把甘肃建成西北乃至全国的重要生态安全屏障具有重大意义。在环境治理方面，制定了《关于贯彻落实国务院大气污染防治行动计划的实施意见》，着力改善提升兰州等重点城市的空气质量，全年兰州市空气优良天数超过292天的预期目标。在循环经济方面，扎实推进循序经济示范区建设，设立引导发展循环经济的投资基金，全省资源综合利用水平和产出效率进一步提升，全年综合利用各类废渣3 190万吨、废气116万吨，实现资源综合利用产值175亿元。

（六）主要行业分析

1. 房地产调控效果显现，市场总体运行平稳。2013年，在商品房价格区域控制、限购、配建保障房和差别化信贷政策在内的一系列房地产调控政策的作用下，房价过快上涨得到抑制，房地产信贷平稳增长，房地产市场运行总体符合预期调控方向。

保障房带动房地产投资建设较快增长。2013年，保障性住房投资达到287.6亿元，同比增长37.7%，对房地产投资的贡献率进一步提高。全省完成房地产开发投资724.7亿元，同比增长29.2%。

商品住房销售稳步提高，销售价格基本稳

定。2013年，全省新建商品住房销售1 134.8万平米，同比增长27.0%。“国五条”的政策效应明显，全年存量住房交易684.7万平米，同比增长100.5%。全省14个城市有9个房价涨幅低于5%，其中庆阳市新建商品住房销售价格同比下降0.3%（见图14、图15）。

房产贷款快速增长，差别化住房信贷政策执行效果良好。2013年年末，全省房地产贷款余额为710.5亿元，同比增长52.5%，其中房产开发贷款余额同比增长66.8%，个人住房贷款余额同比增长41.2%。2013年全省银行业金融机构发放的个人住房贷款中，首套房贷款占比与执行基准及下浮利率的贷款占比始终稳定在90%左右，有力地支持了居民首套自主购房需求。

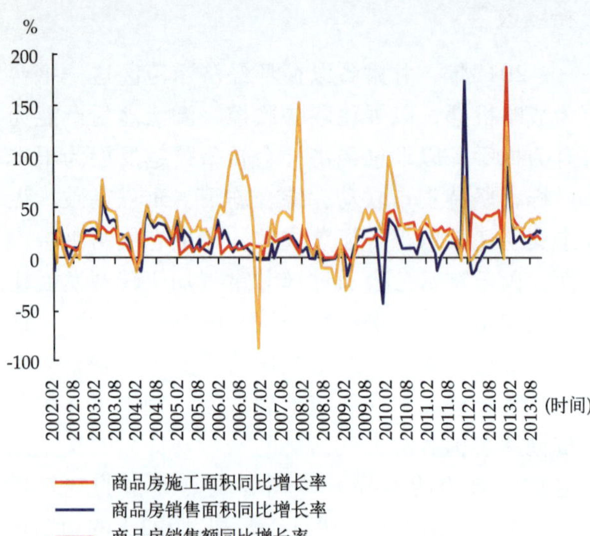

数据来源：甘肃省统计局。

图14 2002~2013年甘肃省商品房施工和销售变动趋势

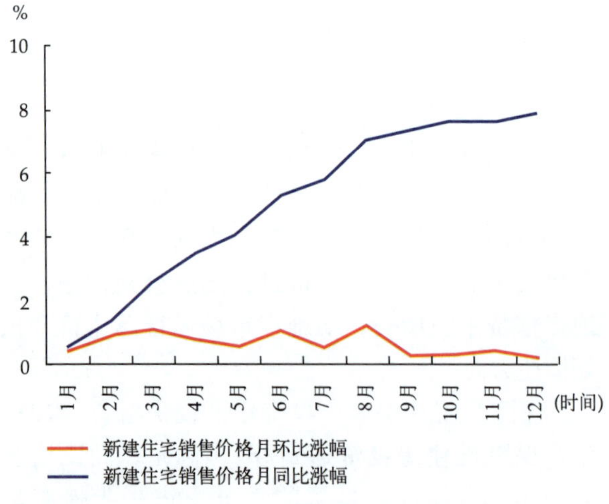

数据来源：甘肃省统计局。

图15 2013年兰州市新建住宅销售价格变动趋势

2. 现代农业加快推进，金融服务水平不断提升。2013年，甘肃省实施“365”现代农业发展行动计划，着力打造三个国家级示范区、壮大和提升六大特色优势产业、强化五大支撑，促进农业现代化发展和农民的持续增收，推动现代农业取得新发展。围绕旱作农业示范区、高效节水农业示范区、草原畜牧业可持续发展示范区，推广全膜双垄沟播技术1 358万亩、高效农田节水技术974.8万亩，完成退耕还草围栏建设任务700万亩。建成全国最大的马铃薯脱毒种植繁育技术推广基地。耕种收综合机械化水平达到42%，科技对农业经济增长的贡献率达到50%；土地承包经营权有序流转，新型农业生产经营主体加快培育，农民专业合作社达到2.6万个、增长71%；“三农”投入力度不断加大，中央和省级投入达345亿元，增长14.2%。

全省金融机构结合现代农业融资需求特点，积极探索现代农业融资模式，加大现代农业信贷产品创新力度，不断拓宽抵押担保范围，切实加大对农业示范区产业项目、现代农业示范区、特色农业、农业科技创新等“三农”重点领域信贷投放和家庭农场、专业合作社等新型农业经营主体的支持力度。据调查，2013年，主要涉农金融机构对新型农业经营主体信贷投放500多亿元，有效地促进了农业适度规模经营。

三、预测与展望

2014年，世界经济仍将延续缓慢复苏态势，不稳定、不确定因素仍然很多，加之国内经济下行压力较大，势必会对甘肃省石油化工、有色冶金等传统支柱产业和相关企业的发展产生冲击。但近年来国家出台了一系列支持甘肃加快发展的政策措施，批复了甘肃省建设循环经济示范区、兰州新区、华夏文明传承创新区、国家生态安全屏障综合试验区等重大战略平台，再加上国家推进丝绸之路经济带和新型城镇化建设等重大决策部署，甘肃省经济社会转型跨越发展面临难得机遇。预计2014年甘肃省经济发展仍将保持平稳增长态势。

2014年，全省金融机构将认真学习贯彻十八届三中全会精神，坚持稳中求进，改革创新，继续认真执行稳健的货币政策，按照总量稳定、结构优化的要求，保持信贷投放合理均衡增长。中国人民银行兰州中心支行将组织在全省深入开展“金融生态建设深化年”活动，着力营造金融运行、社会融资、社会信用、金融服务、金融发展的良好环境，促使经济金融良性互动发展。

中国人民银行兰州中心支行货币政策分析小组
总　纂：罗玉冰　李文瑞
统　稿：陈志远　李兴坚　刘　刚
执　笔：杨召举　常　晔　王　昊　王　曼　王文婷
提供材料的还有：聂　蕾　张　颖　李　静　弓　晶　姚　敏　王　煜　景文宏　谢晓娜　陈　涛
田震坤　任墨香　冯　丽　王　博　孔　晴　巩月明　张　锋　景小娟　李育峰

附录

（一）2013年甘肃省经济金融大事记

1月21日，国务院办公厅正式批复甘肃省建设华夏文明传承创新区。

3月8日，中国人民银行兰州中心支行启动“农村金融服务年”活动。

5月8日，全省金融工作会议在兰州召开，会议安排部署今后一个时期全省金融工作，并对2012年度对全省经济社会发展作出突出贡献的金融机构进行表彰奖励。

5月13日，甘肃省政府与国家开发银行高层联席会议在北京召开，双方签订共同推进甘肃省扶贫开发战略合作协议。

5月30日，全省农村金融工作会议在兰州召开。

6月17日，兴业银行兰州分行在兰州成立。

6月20日，第十九届中国兰州投资贸易洽谈会暨民企陇上行活动开幕式和重点项目签约仪式在兰州举行，活动共签约合同项目1 093个、签约总额6 129亿元。

9月17日，甘肃省委、省政府出台《关于深入实施“1236”扶贫攻坚行动的意见》，制定了18项措施6大机制。

10月25日，兰州国资投资（控股）建设有限公司发行保障性住房私募债券达25亿元，开创了兰州市额度最大、到位资金最快、运作时间最短的直接融资新模式。

12月18日，国务院常务会通过《甘肃省加快转型发展建设国家生态安全屏障综合试验区总体方案》。

（二）2013年甘肃省主要经济金融指标

表1 2013年甘肃省主要存贷款指标

		1月	2月	3月	4月	5月	6月	7月	8月	9月	10月	11月	12月
本外币	金融机构各项存款余额（亿元）	10 317.8	10 403.8	10 891.1	10 793.5	10 906.3	11 182.8	11 320.2	11 589.8	11 804.1	11 733.9	11 901.1	12 070.6
	其中：储蓄存款	5 242.6	5 419.6	5 564.0	5 469.2	5 484.5	5 530.1	5 587.4	5 604.7	5 689.3	5 638.9	5 702.6	5 901.1
	单位存款	4 678.9	4 602.9	4 974.3	4 933.0	5 018.7	5 237.2	5 194.2	5 311.4	5 513.1	5 441.7	5 535.7	5 649.6
	各项存款余额比上月增加（亿元）	186.3	81.3	487.3	-97.6	112.7	276.5	137.4	269.6	214.3	-70.2	167.2	169.6
	金融机构各项存款同比增长（%）	22.2	19.4	22.5	20.4	18.9	18.3	19.7	20.3	19.6	17.9	18.8	19.2
	金融机构各项贷款余额（亿元）	7 309.5	7 452.5	7 653.9	7 816.4	7 913.8	80 502.2	8 216.0	8 401.4	8 545.6	8 682.6	8 756.2	8 822.2
	其中：短期	2 560.4	2 640.8	2 744.2	2 805.9	2 854.5	2 945.2	2 991.3	3 082.6	3 123.3	3 199.4	3 217.1	3 272.8
	中长期	4 311.4	4 371.9	4 462.9	4 550.0	4 601.5	4 684.8	4 781.6	4 852.2	4 938.0	4 986.4	5 057.4	5 106.3
	票据融资	213.5	217.6	204.1	216.6	204.2	169.1	174.4	196.0	192.9	190.2	175.4	142.3
	各项贷款余额比上月增加（亿元）	112.9	143.0	201.4	162.5	97.5	136.4	165.8	185.4	144.3	136.9	73.7	66.0
	其中：短期	33.3	80.4	103.4	61.7	48.6	90.7	52.2	91.4	40.7	76.1	17.7	55.7
	中长期	90.7	60.5	90.9	87.2	51.4	83.3	96.8	70.6	85.8	48.4	71.0	48.9
	票据融资	-21.3	4.1	-13.5	12.5	-12.4	-2.4	5.4	21.5	19.6	-2.7	-14.8	-33.2
	金融机构各项贷款同比增长（%）	24.8	24.0	25.4	25.1	23.7	22.5	24.8	26.0	25.6	24.8	25.3	22.6
	其中：短期	29.0	30.2	33.6	33.4	33.4	33.6	36.2	39.0	36.3	33.7	34.7	29.5
	中长期	19.0	17.4	18.8	18.8	17.4	16.9	19.1	19.3	20.3	19.4	20.3	21.0
	票据融资	44.8	40.3	3.8	2.2	-13.4	-32.4	-32.3	-22.2	-26.5	-19.7	-23.0	-39.4
	建筑业贷款余额（亿元）	203.7	213.6	222.0	232.8	245.1	252.2	257.9	270.1	271.6	272.6	281.2	287.0
	房地产业贷款余额（亿元）	155.9	160.8	172.0	174.2	177.5	191.2	188.9	209.5	212.3	227.6	243.1	252.9
	建筑业贷款同比增长（%）	65.1	63.6	75.3	79.2	25.5	74.4	74.2	74.4	63.7	48.5	48.3	44.7
	房地产业贷款同比增长（%）	47.4	42.2	50.3	53.3	51.8	57.4	57.7	66.5	61.3	68.0	71.4	63.2
人民币	金融机构各项存款余额（亿元）	10 264.7	10 354.4	10 837.4	10 750.5	10 851.8	11 133.3	11 275.2	11 528.5	11 755.8	11 685.8	11 852.9	12 029.7
	其中：储蓄存款	5 222.5	5 396.8	5 540.8	5 445.8	5 460.4	5 507.5	5 564.4	5 581.6	5 666.5	5 616.4	5 680.0	5 878.5
	单位存款	4 645.4	4 575.3	4 943.0	4 912.5	4 988.7	5 213.0	5 171.8	5 274.8	5 486.7	5 415.4	5 509.3	5 630.5
	各项存款余额比上月增加（亿元）	229.5	84.9	483.0	-86.9	101.3	281.5	141.9	253.3	227.3	-70.0	167.1	176.8
	其中：储蓄存款	172.3	174.3	144.0	-95.0	14.6	47.1	57.0	17.2	84.9	-50.1	63.6	198.5
	单位存款	-16.2	-70.1	367.7	-30.5	76.2	224.3	-41.2	103.0	211.9	-71.3	93.9	121.2
	各项存款同比增长（%）	22.1	19.5	22.5	20.5	19.0	18.5	19.7	20.1	19.5	17.9	18.7	19.9
	其中：储蓄存款	20.7	23.1	23.4	22.2	21.2	19.1	20.4	18.7	18.1	16.9	16.1	16.4
	单位存款	26.5	18.9	22.5	20.5	20.0	20.3	20.4	18.8	19.9	17.4	18.8	21.0
	金融机构各项贷款余额（亿元）	6 966.3	7 107.4	7 305.1	7 459.1	7 541.9	7 663.1	7 826.9	8 007.4	8 156.7	8 286.6	8 353.3	8 430.1
	其中：个人消费贷款	521.7	524.9	547.2	557.2	568.7	583.3	592.8	609.8	625.6	638.4	654.1	665.2
	票据融资	213.5	217.6	204.1	216.6	204.2	216.9	174.4	196.0	192.9	190.2	175.4	142.3
	各项贷款余额比上月增加（亿元）	136.9	141.1	197.7	153.9	82.9	121.2	163.8	180.6	149.3	129.9	66.8	76.7
	其中：个人消费贷款	30.7	3.3	22.3	10.0	11.6	14.5	9.5	17.1	15.8	12.8	15.7	11.2
	票据融资	-21.3	4.1	-13.5	12.5	-12.4	-35.2	5.4	21.5	-3.0	-2.7	-14.8	-33.2
	金融机构各项贷款同比增长（%）	25.2	24.2	25.3	24.7	23.3	22.3	24.7	25.6	25.2	24.4	24.6	23.4
	其中：个人消费贷款	34.0	34.4	36.1	34.5	31.0	31.1	32.9	34.0	34.5	35.5	33.8	35.6
	票据融资	44.8	40.3	3.8	2.2	-13.4	-32.4	-32.3	-22.2	-26.5	-19.7	-23.0	-39.4
外币	金融机构外币存款余额（亿美元）	8.5	7.9	8.6	6.9	8.8	8.0	7.3	9.9	7.9	7.8	7.9	6.7
	金融机构外币存款同比增长（%）	50.4	7.7	15.0	-5.1	11.2	-12.5	21.9	84.6	52.4	39.1	36.8	-56.1
	金融机构外币贷款余额（亿美元）	54.7	55.0	55.6	57.4	60.2	62.7	63.0	63.8	63.3	64.5	65.7	64.3
	金融机构外币贷款同比增长（%）	17.9	20.7	27.0	35.3	36.5	28.8	31.2	36.3	38.8	38.8	47.0	10.1

数据来源：中国人民银行兰州中心支行。

表2 2001～2013年甘肃省各类价格指数

单位：%

年/月	居民消费价格指数		农业生产资料价格指数		工业生产者购进价格指数		工业生产者出厂价格指数	
	当月同比	累计同比	当月同比	累计同比	当月同比	累计同比	当月同比	累计同比
2001	—	4.0	—	-1.4	—	1.4	—	-1.5
2002	—	0.0	—	0.4	—	-1.6	—	-2.1
2003	—	1.1	—	1.8	—	5.6	—	10.0
2004	—	2.3	—	7.4	—	12.5	—	14.3
2005	—	1.7	—	9.0	—	9.9	—	9.6
2006	—	1.3	—	4.4	—	8.8	—	9.5
2007	—	5.5	—	7.1	—	4.3	—	5.5
2008	—	8.2	—	14.7	—	10.2	—	4.9
2009	—	1.3	—	-1.0	—	-8.9	—	-9.0
2010	—	4.1	—	1.7	—	14.4	—	15.0
2011	—	5.9	—	7.6	—	15.1	—	11.0
2012	—	2.7	—	5.2	—	-1.3	—	-3.2
2013	—	3.3	—	2.4	—	-2.0	—	-3.0
2012 1	3.1	3.1	5.8	5.8	8.7	8.7	0.2	0.2
2	2.9	3.0	4.8	5.3	5.3	7.0	-0.9	-0.4
3	3.3	3.1	4.2	5.0	3.3	5.7	-0.8	-0.5
4	3.5	3.2	6.6	5.4	1.5	4.6	-1.4	-0.7
5	3.5	3.2	6.6	5.6	-1.6	3.3	-3.5	-1.3
6	2.7	3.1	6.8	5.8	-3.8	2.0	-4.9	-1.9
7	1.5	2.9	5.0	5.7	-6.4	0.7	-7.4	-2.7
8	1.8	2.8	4.8	5.6	-6.3	-0.2	-8.5	-3.4
9	2.3	2.7	4.5	5.5	-5.4	-0.8	-6.0	-3.7
10	2.4	2.7	4.5	5.4	-4.4	-1.2	-2.3	-3.6
11	2.3	2.7	4.3	5.3	-2.3	-1.3	-1.3	-3.4
12	3.1	2.7	4.2	5.2	-1.6	-1.3	-1.1	-3.2
2013 1	3.3	3.3	4.4	4.4	-1.2	-1.2	-1.0	-1.0
2	2.9	3.1	4.4	4.4	-0.2	-0.7	-1.2	-1.1
3	2.2	2.8	4.6	4.5	-1.1	-0.9	-2.4	-1.6
4	2.8	2.8	2.3	3.9	-2.9	-1.4	-4.7	-2.4
5	3.1	2.9	2.2	3.6	-3.4	-1.8	-6.0	-3.1
6	3.5	3.0	1.3	3.2	-4.9	-2.3	-5.2	-3.4
7	3.9	3.1	1.3	2.9	-2.6	-2.4	-2.8	-3.4
8	3.4	3.1	1.2	2.7	-1.1	-2.2	-0.9	-3.1
9	3.3	3.2	1.3	2.5	-1.9	-2.2	-1.7	-2.9
10	3.4	3.2	0.8	2.3	-2.2	-2.2	-3.6	-3.0
11	3.4	3.2	0.7	2.2	-2.0	-2.1	-3.7	-3.1
12	3.5	3.2	4.4	2.1	-2.1	-2.2	-3.5	-3.1

数据来源：甘肃省统计局。

表3　2013年甘肃省主要经济指标

	1月	2月	3月	4月	5月	6月	7月	8月	9月	10月	11月	12月
绝对值（自年初累计）												
地区生产总值（亿元）	—	—	1 065.4	—	—	2 349.6	—	—	4 159.6	—	—	6 268.0
第一产业	—	—	82.0	—	—	186.5	—	—	655.9	—	—	879.4
第二产业	—	—	573.2	—	—	1 235.3	—	—	2 082.9	—	—	2 821.0
第三产业	—	—	410.2	—	—	927.8	—	—	1 420.7	—	—	2 567.6
工业增加值（亿元）	138.4	281.2	457.3	616.6	736.1	960.3	1 130.4	1 299.4	1 498.4	1 665.1	1 854.1	2 045.2
固定资产投资（亿元）	—	178.5	589.6	1 261.4	2 233.0	3 678.7	4 496.9	5 280.8	6 236.2	7 024.5	7 556.1	6 407.2
房地产开发投资	—	17.3	58.2	116.4	189.2	291.3	368.8	448.3	549.3	627.6	693.5	724.7
社会消费品零售总额（亿元）	174.2	333.0	494.5	655.9	831.9	1 012.4	1 185.7	1 363.0	1 557.0	1 750.2	1 944.3	2 139.8
外贸进出口总额（万美元）	99 521	186 000	285 703	390 918	485 146	546 012	608 413	690 373	743 211	897 577	977 200	1 028 100
进口	46 645	81 000	153 290	222 990	268 858	310 894	360 535	396 665	430 208	493 611	535 300	560 200
出口	52 876	105 000	132 413	167 928	216 288	235 117	247 878	293 708	313 003	403 966	441 900	467 900
进出口差额(出口－进口)	6 231	24 000	-20 877	-55 063	-52 570	-75 777	-112 658	-102 957	-117 206	-89 645	-93 400	-92 300
外商实际直接投资（万美元）	3.0	250.0	904.0	1 222.0	1 302.0	2 151.0	4 041.0	4 059.0	4 059.0	5 660.0	6 429.0	8 006.0
地方财政收支差额（亿元）	-87.0	-130.3	-303.1	-376.7	-530.3	-724.4	-801.8	-918.1	-1 099.7	-1 206.5	-1 385.0	-1 701.8
地方财政收入	64.3	107.5	147.1	192.8	243.3	311.2	355.7	398.0	444.8	486.3	535.0	606.5
地方财政支出	151.3	237.8	450.2	569.5	773.6	1 035.5	1 157.5	1 316.1	1 544.5	1 692.8	1 920.0	2 308.2
城镇登记失业率(%)(季度)	—	—	2.6	—	—	2.7	—	—	2.7	—	—	2.4
同比累计增长率（%）												
地区生产总值	—	—	12.1	—	—	11.3	—	—	11.0	—	—	10.8
第一产业	—	—	4.6	—	—	4.0	—	—	5.0	—	—	5.6
第二产业	—	—	14.3	—	—	12.4	—	—	11.8	—	—	11.5
第三产业	—	—	10.1	—	—	11.0	—	—	12.5	—	—	11.5
工业增加值	16.4	15.4	14.4	13.9	13.5	12.4	11.9	11.6	11.6	11.5	11.5	11.5
固定资产投资	—	30.6	31.0	30.7	31.5	31.9	32.1	31.5	30.8	30.5	30.7	27.1
房地产开发投资	—	7.8	19.6	30.5	28.8	31.5	32.3	31.4	30.7	31.5	31.2	29.2
社会消费品零售总额	14.0	13.0	13.0	13.0	13.1	13.2	13.2	13.3	13.6	13.6	13.9	14.0
外贸进出口总额	41.6	43.2	50.6	44.2	3.5	-2.3	-0.7	2.1	1.7	13.8	16.2	15.5
进口	28.7	4.3	22.4	23.1	18.5	12.9	13.5	7.0	4.4	8.1	7.7	5.0
出口	55.3	100.9	105.4	86.4	-10.5	-17.0	-16.0	-3.8	-1.8	21.7	28.4	31.0
外商实际直接投资	-99.4	-47.2	25.4	68.6	25.0	122.8	270.0	210.3	10.2	48.5	24.5	37.3
地方财政收入	1.4	16.9	-0.1	14.0	13.2	16.5	18.1	19.2	18.0	19.4	20.0	18.2
地方财政支出	83.0	31.2	12.5	14.0	17.1	17.2	15.5	14.0	13.2	12.8	11.9	12.1

数据来源：甘肃省统计局。

2013年青海省金融运行报告

中国人民银行西宁中心支行货币政策分析小组

[内容摘要] 2013年，青海省认真贯彻中央宏观调控政策，准确把握发展大势，主动应对各种困难挑战，全省工业转型发展扎实推进，固定资产投资快速增长，财政收支总体平稳，消费市场稳步增长，城乡居民收入增加，居民消费价格涨幅明显回落，全省经济呈现稳中有进、稳中向好的态势。金融业按照稳健货币政策的总体导向，以保持资金环境稳定、优化信贷结构、盘活资产存量为重点，服务于地方经济社会发展，全年存贷款保持较快增长，证券业运行平稳，保险市场稳步发展，社会融资结构继续改善，金融市场体系建设稳步推进。

2014年，青海省金融工作将认真贯彻落实十八届三中全会精神，稳步推进金融改革，优化升级金融服务，在保证区域货币金融环境总体稳定的前提下，继续加大结构调整力度，进一步加强对实体经济、中小微企业、民生领域和“三农”的金融支持力度，为辖区经济社会发展营造良好的金融环境。

一、金融运行情况

2013年，青海省金融运行平稳，银行、证券、保险业保持健康有序发展，融资结构持续改善，各项改革深入推进，为地方经济社会发展创造了稳定良好的金融环境。

（一）银行业运行稳健，信贷资源配置进一步优化

全省银行业认真贯彻落实稳健货币政策，深化产品和服务创新，信贷总量适度增长，结构持续优化，对实体经济的支持力度进一步加大。

1. 银行业资产规模稳步扩大，经营效益持续向好。2013年，银行业金融机构资产总额为5 789.6亿元，同比增长19.8%；全年累计实现净利润78.9亿元，同比增长26.4%，平均资产利润率为1.6%，同比提高0.2个百分点。

2. 本外币存款增速放缓，单位存款呈现定期化趋势。2013年，全省金融机构本外币各项存款同比增长16.2%，增速较上年同期回落8.6个百分点。受理财产品、互联网金融分流因素的影响，单位存款和个人存款增速分别较上年同期回落8.2个和2.7个百分点。从期限结构来看，单位定期存款的占比较上年同期上升3个百分点，定期化趋势显现。

表1　2013年青海省银行业金融机构情况

机构类别	营业网点			法人机构（个）
	机构个数（个）	从业人数（人）	资产总额（亿元）	
一、大型商业银行	425	9 842	2 753	0
二、国家开发银行和政策性银行	27	648	1 351	0
三、股份制商业银行	4	284	222	0
四、城市商业银行	54	1 152	492	1
五、城市信用社	0	0	0	0
六、小型农村金融机构	373	3 558	651	31
七、财务公司	1	27	63	1
八、信托公司	1	276	45	1
九、邮政储蓄银行	177	921	201	0
十、外资银行	0	0	0	0
十一、新型农村金融机构	1	41	11	1
十二、其他	0	0	0	0
合　计	1 063	16 749	5 789	35

注：营业网点不包括国家开发银行和政策性银行、大型商业银行、股份制银行金融机构总部数据；大型商业银行包括中国工商银行、中国农业银行、中国银行、中国建设银行和交通银行；小型农村金融机构包括农村信用社、农村合作银行和农村商业银行；新型农村金融机构包括村镇银行、贷款公司和农村资金互助社；“其他”包含金融租赁公司、汽车金融公司、货币经纪公司、消费金融公司等。

数据来源：中国人民银行西宁中心支行、青海银监局。

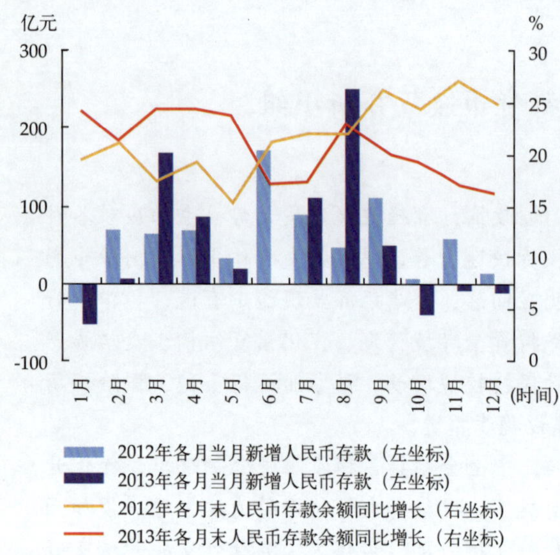

数据来源：中国人民银行西宁中心支行。

图1　2012～2013年青海省金融机构人民币存款增长变化

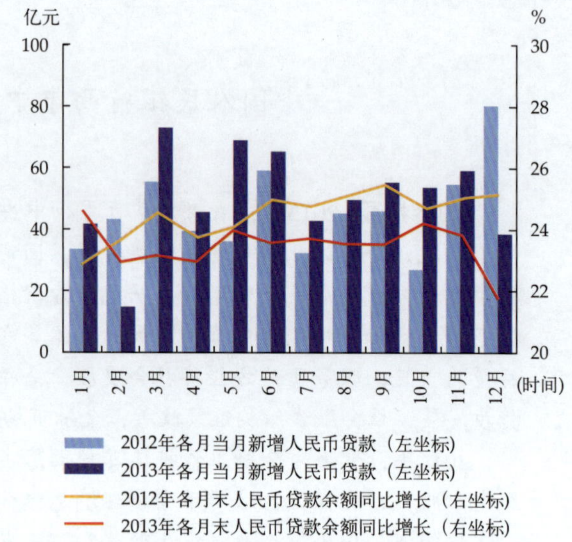

数据来源：中国人民银行西宁中心支行。

图2　2012～2013年青海省金融机构人民币贷款增长变化

3. 贷款保持较快增长，信贷结构进一步优化。2013年年末，金融机构新增本外币贷款为642.8亿元，贷款余额同比增长22.5%。信贷增量与上年同期基本持平，贷款增速与固定资产投资同步，既体现了资金供给总量趋稳的调控意图，又兼顾了地区经济社会发展的切实需求。

包容性金融发展势头良好。2013年年末，全省涉农贷款同比增长30.7%，较平均水平高8.4个百分点；下岗失业人员小额担保贷款余额为3.3亿元，满足2 250人的创业和再就业信贷需求；妇女创业小额担保贷款余额为8.4亿元，同比增长2.6倍；各类助学贷款余额为5亿元，帮助3万余名困难学生解决就学问题；落实扶贫贴息贷款为2.4亿元，贴息额为1 060万元，近6 000户贫困家庭得到救助。

4. 表外业务增长较快，金融机构资产业务呈现多元化发展趋势。2013年，青海省表外融资规模继续扩大，全年累计开办委托贷款86.5亿元、信托贷款292亿元、银行理财产品253.4亿元，同比分别多增80.3亿元、68.9亿元和104.7亿元。

5. 人民币贷款利率水平小幅下降，差异化定价策略显现。2013年，青海省金融机构各期限贷款加权平均利率水平较上年下降0.24个百分点。分机构看，政策性金融机构、国有股份制商业银行、地方法人金融机构各期限贷款加权平均利率

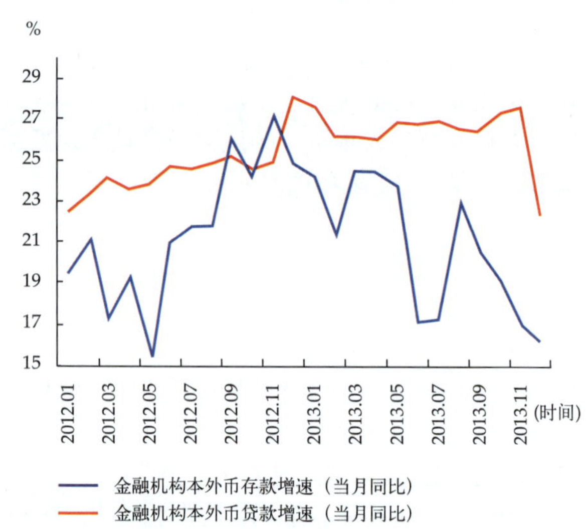

数据来源：中国人民银行西宁中心支行。

图3　2012～2013年青海省金融机构本外币存、贷款增速变化

水平同比分别下降0.19个、0.14个和0.70个百分点。区域股份制商业银行各期限贷款加权平均利率水平同比上升0.13个百分点。

6. 银行业金融机构改革继续深化，风险抵御能力不断增强。2013年，青海省农村合作金融机构股权改造顺利开展，全省农村合作金融机构股本金总额为25.7亿元，比年初增加11.5亿元，资格股

表2　2013年青海省金融机构人民币贷款各利率区间占比

单位：%

月份		1月	2月	3月	4月	5月	6月
合计		100.0	100.0	100.0	100.0	100.0	100.0
下浮		1.1	3.0	1.7	1.5	13.7	7.2
基准		67.7	44.3	44.4	52.5	54.5	49.1
上浮	小计	31.2	52.8	53.9	46.1	31.9	43.7
	(1.0，1.1]	15.6	36.0	31.4	25.7	15.0	18.5
	(1.1，1.3]	12.2	13.0	17.8	12.5	12.2	20.3
	(1.3，1.5]	2.8	3.1	3.9	6.3	3.4	3.9
	(1.5，2.0]	0.4	0.6	0.7	1.3	1.0	0.9
	2.0以上	0.2	0.1	0.2	0.3	0.2	0.2
月份		7月	8月	9月	10月	11月	12月
合计		100.0	100.0	100.0	100.0	100.0	100.0
下浮		4.4	3.8	7.1	7.9	5.9	8.0
基准		43.6	54.0	45.9	46.3	49.1	41.7
上浮	小计	52.1	42.2	47.1	45.8	45.0	50.3
	(1.0，1.1]	17.7	20.9	24.9	21.6	21.3	18.4
	(1.1，1.3]	28.8	17.3	16.3	18.6	18.7	21.2
	(1.3，1.5]	3.7	3.2	4.6	4.3	4.2	8.7
	(1.5，2.0]	1.7	0.6	1.1	1.0	0.6	1.7
	2.0以上	0.2	0.3	0.3	0.3	0.2	0.3

数据来源：中国人民银行西宁中心支行。

清理转化工作全面完成。农村信用社改革工作稳步推进，3家农村商业银行挂牌开业，1家农村信用社改制农村商业银行工作启动。中信银行西宁分行开业，进一步丰富了青海省金融市场主体。

截至2013年年末，青海省银行业金融机构贷款损失准备金余额为104.2亿元，比年初增加15.4亿元；地方法人银行业金融机构拨备余额为19.7亿元，比年初增加1.8亿元。全省法人银行业金融机构整体加权资本充足率为14.9%，比年初上升1.5个百分点，流动性比率48.0%，总体状况良好。

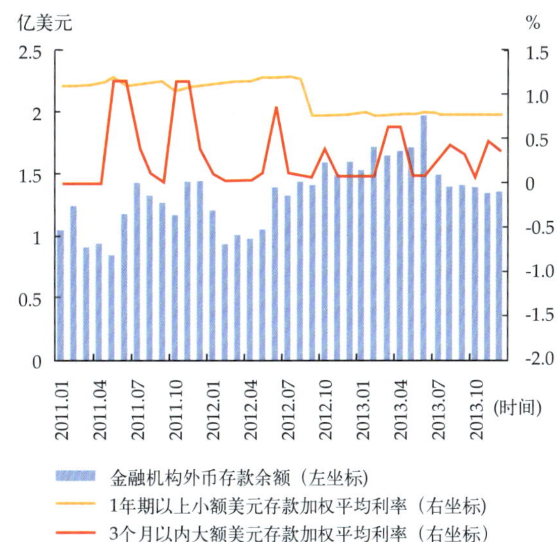

数据来源：中国人民银行西宁中心支行。

图4　2011～2013年青海省金融机构外币存款余额及外币存款利率

7. 跨境人民币业务结算量持续增加，参与面稳步扩大。2013年青海省跨境人民币实际收付额为69.6亿元，占国际收支总额的比例达49%。跨境人民币业务从经常项目下货物贸易、服务贸易拓展到资本项下的投融资业务。参与银行扩大至地方法人金融机构，机构达到8家。试点以来参与跨境人民币业务的企业达60余家。

专栏1　“国开农贷”创新举措开辟新形势下金融支农工作新途径

2013年，中国人民银行西宁中心支行会同国家开发银行青海省分行、国开村镇银行建立了由“政府主导、央行扶持、开行推进、村镇银行实施”的“国开农贷”模式，作为新形势下金融支持“三农”的探索之举，取得了良好成效。

（一）“国开农贷”模式的基本内涵。“国开农贷”模式由资金保障平台、组织管理平台、风险控制平台、信用公示平台和农村专业合作社为构架的“四台一社”模式。该模式将再贷款资金、政策性银行资金、担保资金、保险资金进行了有机衔接，形成了服务新形势下县域经济发展的资金链条体系。政府通过政策主导，对于符合农业设施项目给予政策扶持和资金补贴或将补贴资金作为农业贷款的“风险补偿金”和担保基金，为设施农业贷款项目提供担保；中国人民银行对村镇银行在支持涉农项目过程中出现的流动性不足，及时提供支农再贷款，满足村镇银行的支农流动性需求；国家开发银行青海省分行通过转贷款和为村镇银行申请支农再贷款提供担保为村镇银行提供流动性资金支持；村镇银行作为贷款实施平台，负责具体贷款项目的实施，支持青海省大通县现代设施农业发展。

（二）“国开农贷”运行模式。建立三级风险分担与补偿机制。第一级是合作社每个社员拿出1%～2%的资金作为风险金存入合作银行专户，作为第一级风险补偿金。第二级是对于村镇银行向合作社发放的贷款，由担保公司在担保范围内向村镇银行提供保证担保，并按不低于贷款额的10%缴存保证金。第三级是由保险公司以农业保险保单作为村镇银行贷款的第二还款来源，拓宽了农民专业合作社贷款担保渠道，为合作社获得信贷支持提供更多便利。

在贷款业务运行过程中引入贷款止损机制。当逾期30天以上的贷款比率超过农业合作社贷款余额5%（含）时，村镇银行可终止合作，在政府采取措施使上述比率减少至5%以下时，村镇银行可恢复与政府的合作。

资金封闭运行体系建设。农户购买种苗、肥料等物资时，贷款资金由村镇银行直接支付给物资供应商。农业合作社在村镇银行开立专户，获得的财政补贴资金直接划入专户。

推进信用体系建设。在建立公示平台的基础上，推进农村信用体系建设。明确“奖诚罚赖”的原则，对于诚实守信、按期还款的借款人，优先考虑续贷或增加贷款额度；对于恶意拖欠资金，形成不良记录的合作社或农户，在公示平台上予以公示，并明确不再受理其贷款申请。通过培育信用体系，逐渐增强农民诚信意识，强化信用协会在银行贷款中所起的作用。

（三）模式特点及成效。2013年以来，村镇银行通过“国开农贷”模式发放涉农贷款2.15亿元，占村镇银行发放量的80%，涉及设施农业、养殖业、食品制造业、乳制品加工业、批发零售等多个行业，充分发挥了“国开农贷”模式对农户、农村、农业的推动作用。

时任青海省副省长高云龙在出席大通县“国开农贷”模式现场调研会，充分肯定了“国开农贷”模式对青海省现代农业发展的积极作用，指出“村镇银行要在中国人民银行西宁中心支行以及国家开发银行总行和青海省分行的支持下，创造条件，抓点带面，把国开农贷模式创建到位，推动到位、落实到位，力求收到在全省推广的效果，为解决青海省的农业资金短缺问题作出新的贡献”。青海省省委书记骆惠宁在青海信息《国开农贷模式支持大通县现代农业发展》批示“国开农贷模式有推广意义”。青海省金融办组织全省各金融单位、各级主管部门召开“学习国开农贷模式、加快金融支持现代农牧业发展专题会议”。

“国开农贷”模式是开发性金融在支持欠发达地区现代农业发展的新尝试，主要有以下创新点：一是通过央行进行政策引导和提供流动性支持，更加完善了金融支农机制体系。中国人民银行政策上给予村镇银行积极指导，国家开发银行和村镇银行创建“国开农贷”模式的过程中，多次到大通县现场调研，对模式的形成与发展进行了指导；二是成立专业农业担保公司，引入国家扶贫资金、农业补贴资金壮大担保平台实力，扩大融资规模；三是建立三级风险保障体系，有效防范涉农贷款风险、促进了贷款风险机制建立；四是该模式具有可复制性和可操作性，各金融机构可参照此模式开展金融支农业务。

（二）证券业稳步发展，抗风险能力进一步增强

2013年，青海省股票期货交易量稳步扩大，虽然市场规模仍然偏小，但基础性工作扎实推进，整体抗风险能力显著增强。

1. 证券机构网络逐步扩大，服务体系逐步完

善。截至2013年年末，青海省辖区有1家证券公司，1家期货公司，1家证券公司分公司，17家证券营业部，证券期货从业人员354人，年内辖区新设证券营业部3家。目前，青海省没有综合类的证券公司、基金公司和独立的审计与评估机构，中介机构服务能力仍然较为薄弱。

2. 股票交易量稳步增加，上市公司融资额仍然较低。2013年，青海辖区股票交易量1 005.4亿元，同比增长96.8%。截至年末，青海辖区拥有上市公司10家，其中主板9家，中小板1家。辖区上市公司全年累计直接融资50亿元。

表3　2013年青海省证券业基本情况

项目	数量
总部设在辖内的证券公司数（家）	1
总部设在辖内的基金公司数（家）	0
总部设在辖内的期货公司数（家）	1
年末国内上市公司数（家）	10
当年国内股票（A股）筹资（亿元）	0
当年发行H股筹资（亿元）	0
当年国内债券筹资（亿元）	189
其中：短期融资券筹资额（亿元）	14
中期票据筹资额（亿元）	60

数据来源：青海证监局。

3. 期货交易趋于活跃，保证金规模稳步扩大。2013年青海辖区累计期货交易量2 104.3亿元，同比增长141.5%。截至年末，期货保证金余额10.4亿元。

4. 监管工作进一步加强，区域性股权交易市场建设有序推进。2013年，青海证监局以信息披露、风险防控为重点，加大信息公开透明力度，完善突发事件应急处置工作机制，开展压力测试与风险排查，确保证券业稳健发展。2013年10月，青海股权交易中心正式成立，现有90家企业在青海股权交易中心挂牌，成为中小企业实现股权融资的重要平台。

（三）保险业健康发展，保障功能不断增强

2013年，青海省保险业务继续保持较快发展的良好势头，社会保障能力显著提升。

1. 市场规模不断扩大，整体实力有效提升。截至2013年年末，青海省共有保险公司分支机构12家，其中财产险公司6家，人身险公司6家。共有保险专业中介公司主体11家，比上年增加2家。保险兼业代理机构774家，比上年增加52家。全省共有保险营销人员5 567人，比上年增加280人。

2. 保险业务平稳增长，服务“三农”水平显著提高。2013年，青海省原保险保费收入39亿元，同比增长20.4%；其中农业险保费收入1.3亿元，同比增长41.4%。全省保险赔付支出15.3亿元，同比增长40.7%；其中农业保险赔付0.8亿元，3.45万户次农牧民从中受益。

表4　2013年青海省保险业基本情况

项目	数量
总部设在辖内的保险公司数（家）	0
其中：财产险经营主体（家）	0
人身险经营主体（家）	0
保险公司分支机构（家）	12
其中：财产险公司分支机构（家）	6
人身险公司分支机构（家）	6
保费收入（中外资，亿元）	39.0
其中：财产险保费收入（中外资，亿元）	19.5
人身险保费收入（中外资，亿元）	19.5
各类赔款给付（中外资，亿元）	15.3
保险密度（元/人）	676
保险深度（%）	2

数据来源：青海保监局。

（四）金融市场活力增强，融资结构进一步改善

2013年，青海省融资渠道继续拓宽，融资总量稳步扩大。

1. 融资总量稳步增长，融资结构持续优化。2013年，青海省社会融资规模为1 229.2亿元，同比增长24.2%。其中，银行贷款、信托贷款、企业债券分别占到融资规模的49.1%、23.7%和12.4%，各种融资渠道呈现均衡增长。企业利用债务融资工具的能力提升，全年利用银行间市场融资118.5亿元。

2. 货币市场交易稳步增长，地方法人金融机构流动性管理增强。2013年，青海省地方法人金融机构在银行间市场累计交易2 587.9亿元，同比增长23.3%。在经历了银行间市场波动后，青海省

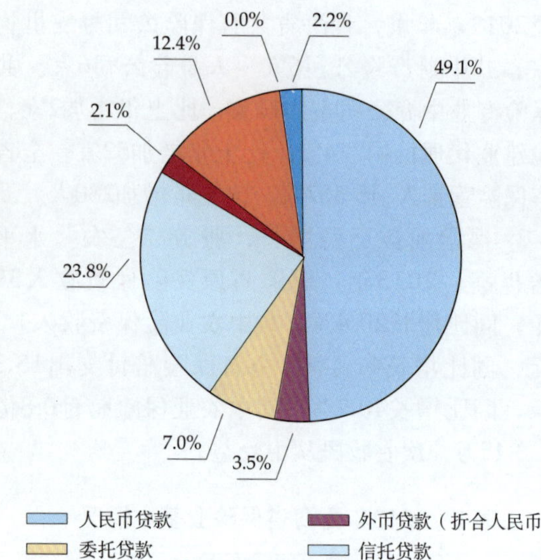

数据来源：中国人民银行西宁中心支行。

图5　2013年青海省社会融资规模分布

地方法人金融机构更加注重风险管理，资金营运水平进一步提高。

3. 贴现利率走高，票据融资增势放缓。2013年下半年以来，青海省银行承兑汇票贴现利率持续走高，年末贴现利率比上年高1.4个百分点，接近同期限贷款利率水平。企业票据融资意愿下降，截至年末，全省票据融资余额为147.3亿元，同比增长0.6%，票据融资量占各项人民币贷款余额的4.3%，较上年下降0.8个百分点。

4. 黄金价格波动加剧，市场交易规模大幅增长。2013年，青海省金融机构账户金交易额为81.9亿元，同比增长134%；实物金交易额为9.7亿元，同比增长235%。

表5　2013年青海省金融机构票据业务量统计

单位：亿元

季度	银行承兑汇票承兑		贴现			
			银行承兑汇票		商业承兑汇票	
	余额	累计发生额	余额	累计发生额	余额	累计发生额
1	18.04	20.98	158.55	173.3	0	0
2	31.37	32.23	180.3	366.6	0	0
3	51	51.13	138.65	427.02	0	0
4	41.13	152.5	147.34	520.02	0	0

数据来源：中国人民银行西宁中心支行。

表6　2013年青海省金融机构票据贴现、转贴现利率

单位：%

季度	贴现		转贴现	
	银行承兑汇票	商业承兑汇票	票据买断	票据回购
1	5.3219	0	4.7428	0
2	4.5315	0	5.0098	0
3	6.1087	0	4.9530	0
4	6.9158	0	6.4800	0

数据来源：中国人民银行西宁中心支行。

（五）金融基础设施建设加快推进，金融生态环境持续改善

2013年，第二代支付系统在青海省成功上线，支付清算系统覆盖率达100%；建成农牧区助农取款点409个，惠及125个乡镇近百万农牧民；青海省同城清算系统顺利上线，实现票据交换资金实时到账，切实改善了城乡居民金融服务。截至2013年年末，全省累计发行银行卡1 176.8万张，布放ATM机具1 944台、POS机2.7万台，同比分别增长20.9%、34.3%和55.6%。

2013年，青海省深入推进“信用青海”建设，统筹各部门创建金融生态安全区，全省信用环境不断改善，金融生态环境持续优化。截至2013年年末，金融信用信息基础数据库为青海省20 097户企业和362.4万个自然人建立了信用档案，建立农户信用档案48.5万份，中小企业信用档案4 062份；评定信用县1个、信用乡（镇）88个、信用村1 255个、信用户249 423户，信用户贷款余额为12.3亿元，同比增长17.7%；信用户贷款不良率同比降低4.7个百分点。

表7　2012～2013年青海省支付体系建设情况

年份	支付系统直接参与方	支付系统间接参与方	支付清算系统覆盖率（%）	当年大额支付系统处理业务数（万笔）	同比增长（%）	当年大额支付系统业务金额（亿元）	同比增长（%）	当年小额支付系统处理业务数（万笔）	同比增长（%）	当年小额支付系统业务金额（亿元）	同比增长（%）
2012	26.0	599.0	60.7	183.1	0.4	46 368.1	0.2	227.0	0.4	279.7	0.3
2013	27.0	731.0	71.3	226.4	0.2	57 406.5	0.2	329.4	0.5	385.6	0.4

数据来源：中国人民银行西宁中心支行。

二、经济运行情况

2013年，青海省经济在转型中平稳增长，呈现稳中有进、稳中向好的态势。全年实现地区生产总值2 101.1亿元，同比增长10.8%。

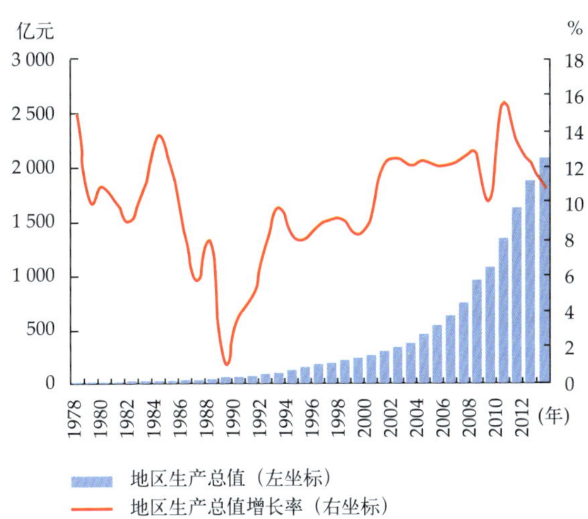

数据来源：青海《国民经济和社会发展统计公报》。

图6　1978～2013年青海省地区生产总值及其增长率

（一）内需协调增长，对外贸易快速回升

1. 固定资产投资保持较快增长，结构不断优化。2013年，全省完成全社会固定资产投资2 403.9亿元，同比增长25.2%。三次产业投资增速分别为31.8%、30.4%和19.7%。

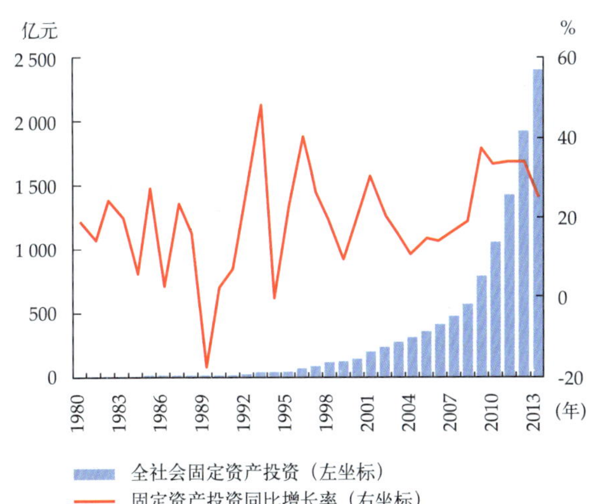

数据来源：青海《国民经济和社会发展统计公报》。

图7　1980～2013年青海省固定资产投资及其增长率

从投资结构来看，新兴产业和惠民投资保持较快增长。租赁商务服务业投资增长1.3倍，信息传输、计算机服务和软件业投资增长98.3%，文化体育和娱乐业投资增长79.8%；居民服务和其他服务业投资增长63.2%。从资金来源看，自筹资金为1 240.9亿元，增长26.6%；国内贷款为537.9亿元，增长25.9%；国家预算内资金为406.4亿元，增长3.4%；利用外资为9.12亿元，增长2.6倍。

2. 消费增长企稳回升，城乡居民收入差距缩小。2013年，全省实现社会消费品零售总额544.1亿元，同比增长14.3%。从销售区域看，城镇零售额同比增长13.6%；乡村零售额同比增长18.8%，乡村社会消费品零售额增速高于城镇5.2个百分点。在提高养老金、医疗保障水平，规范津补贴，推进民生工程货币化政策以及粮食直接补贴、农资综合补贴等政策性补助标准提高的综合带动下，城乡居民收入稳步增长。全年全省城镇居民人均可支配收入19 498.5元，同比增长11%；全省农牧民人均纯收入6 196.4元，同比增长15.5%。

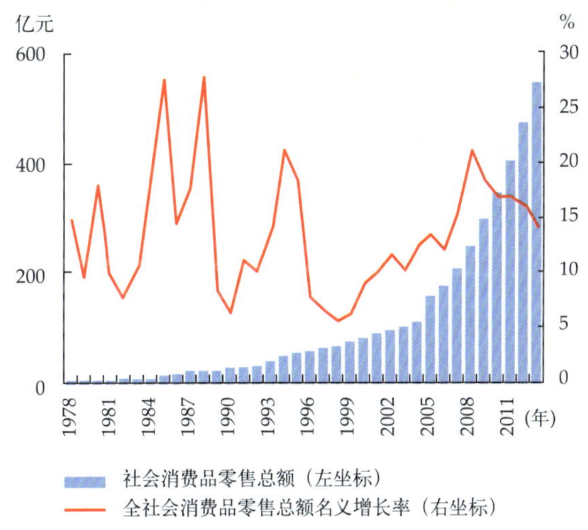

数据来源：青海《国民经济和社会发展统计公报》。

图8　1978～2013年青海省社会消费品零售总额及其增长率

3. 进出口贸易快速增长，外商投资大幅下降。2013年，全省积极落实国家外贸扶持政策，出台了支持进出口贸易18条措施，促进了全省进出口总值稳步增长。全年全省完成进出口总值14.1亿美元，同比增长21.2%。其中，出口总值

8.5亿美元，增长16.3%；进口总值5.6亿美元，同比增长29.5%。合同利用外资1.7亿美元，同比下降54.7%；实际利用外资0.9亿美元，同比下降54.4%。

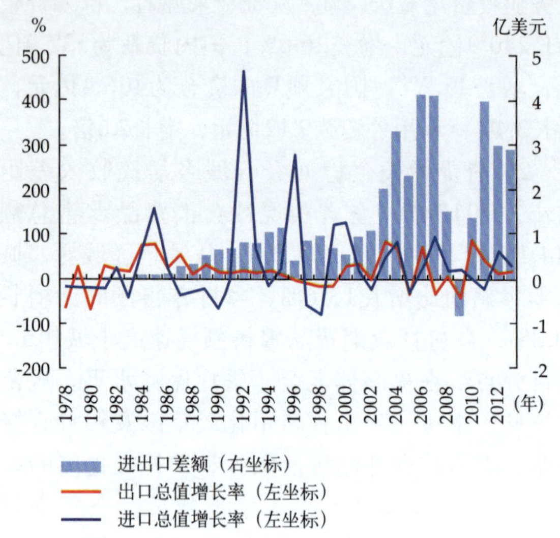

数据来源：国家统计局《中国经济景气月报》。

图9　1978～2013年青海省外贸进出口变动情况

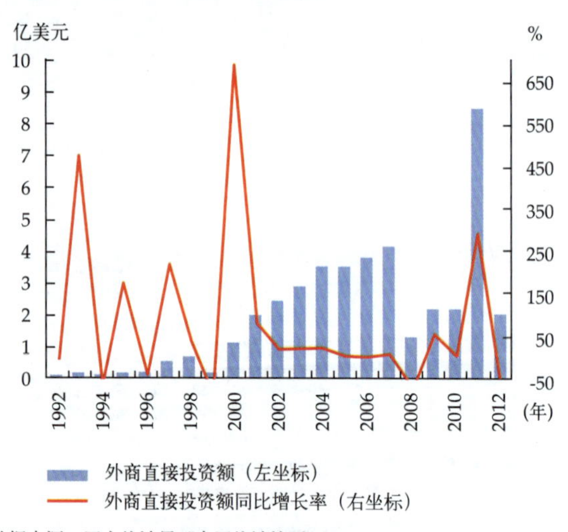

数据来源：国家统计局《中国统计摘要》。

图10　1992～2013年青海省外商直接投资额及其增长率

（二）三次产业平稳发展，结构调整稳步推进

1. 农业生产平稳增长，特色种植业加快发展。2013年，青海省粮食总产量为102.4万吨，同比增长0.9%，每亩单产提高2.3公斤；枸杞产量为4万吨，同比增长52.9%；全省牛羊存栏为1 912.4万头（只），同比增长2.2%。肉类总产量为31.4万吨，同比增长2.7%；牛奶产量为27.6万吨，与上年持平。

2. 工业生产稳中有进，转型发展扎实推进。2013年，青海省规模以上工业增加值1 019.7亿元，同比增长12.6%。从产业结构来看，全省高新技术产业完成工业增加值32.8亿元，占规模以上工业增加值的3.2%，比重较上年提高0.5个百分点；装备工业完成工业增加值30.4亿元，占规模以上工业增加值的3.0%，比重较上年提高0.7个百分点。全省六大高耗能行业完成工业增加值602.6亿元，占规模以上工业增加值的59.1%，比重较上年下降1.5个百分点；资源类行业完成工业增加值288.1亿元，占规模以上工业增加值的28.3%，比重较上年下降0.5个百分点。

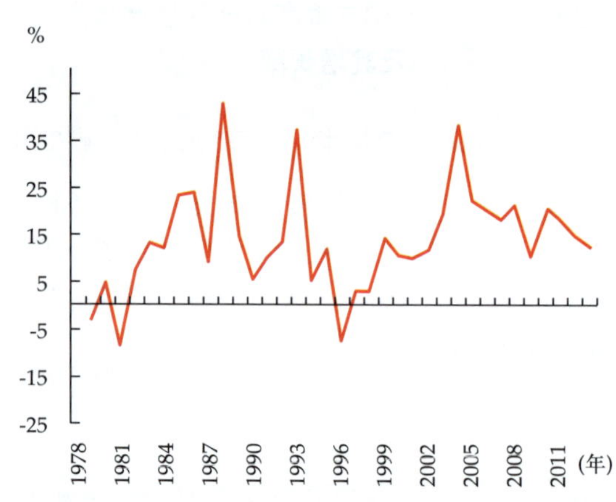

数据来源：国家统计局《中国经济景气月报》。

图11　1978～2013年青海省规模以上工业增加值同比增长率

3. 服务业稳步增长，旅游业健康发展。2013年，青海省第三产业实现增加值689.2亿元，同比增长9.8%，物流、商贸、金融、住宿餐饮、旅游等行业保持快速发展势头。旅游业成为带动第三产业发展的重要驱动力，全年全省接待国内外游客1 780.4万人次，同比增长12.6%；实现旅游总收入158.5亿元，同比增长28.1%。

（三）价格调控效果明显，物价形势总体平稳

1. 居民消费价格涨幅回落，物价调控效果明显。2013年，青海省采取多种措施综合调控物价，全省居民消费价格总水平比上年上涨3.9%；12月当月价格同比上涨2.5%。

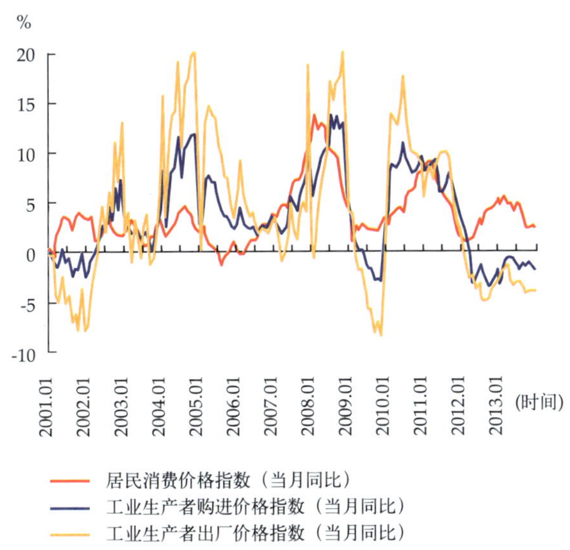

数据来源：国家统计局《中国经济景气月报》。

图12　2001～2013年青海省居民消费价格和生产者价格变动趋势

2. 生产价格持续负增长，降幅有所收窄。2013年工业生产价格继续呈现下降趋势，全年工业生产者出厂价格同比下降3%，降幅较上年同期收窄0.1个百分点；工业生产者购进价格同比下降1.2%，降幅较上年同期收窄0.2个百分点。

3. 劳动力成本稳步提高，就业形势良好。2013年，青海省继续推进惠民工程，着力提高中低收入者收入水平，全省月最低工资上调100元，各地区小时最低工资普遍由9元上调至10元。全年城镇新增就业人数6万人，同比增长4.1%；转移农村富余劳动力115万人次，同比增长6.5%。

（四）地方财政实力不断增强，民生支出显著增加

2013年，青海省公共财政预算收入为368.6亿元，同比增长15.3%。其中地方公共财政预算收入224.4亿元，增长20.4%，占全省公共财政预算收入的60.9%，比重比上年提高2.6个百分点。增值税增长0.9%，消费税增长3.8%，企业所得税增长32.8%，个人所得税增长32.6%，营业税增长18.8%，城市维护建设税增长14.4%，资源税增长3.3%。

全省公共财政预算支出为1 251亿元，同比增长13.4%。其中，交通运输支出增长27.8%，农林水事务支出增长19%，医疗卫生支出增长14%，文化体育与传媒支出增长37%，财政对社保基金的补助增长13.1%，城乡社区事务支出增长49.4%。

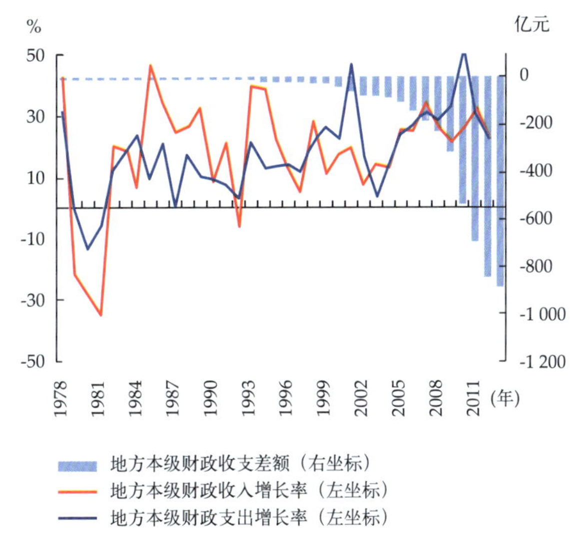

数据来源：国家统计局《中国统计摘要》。

图13　1978～2013年青海省财政收支状况

（五）生态文明建设力度加大，节能减排工作扎实推进

2013年，青海省加大节能减排力度，加快经济升级转型步伐，深入推进生态文明建设。三江源生态保护建设一期工程历时八年，圆满完成，二期规划正式启动实施。青海湖流域治理、天然林保护、小流域综合治理等项目扎实推进，祁连山生态环境保护和综合治理规划获得国家批准。生态补偿机制进一步完善，草原生态奖补政策全面落实，禁牧减畜任务顺利完成，并进行了西部首次生态补偿碳交易。全面推行投资项目节能评估审查制度，严控新上载能项目，坚决淘汰落后

产能，集中实施了一批重点技改和工程减排项目。截至2013年年末，湟水河水质达到国控标准，西宁市空气质量优良天数率达到61%，全省单位地区生产总值能耗下降2%。

专栏2　包容性金融有序发展　薄弱环节支持力度加大

2013年，青海省辖内各家金融机构高度重视金融服务的可获得性，针对青海经济社会发展现状，有效推动包容性金融发展。

（一）实体经济得到有效扶持。青海金融业把金融资源配置与服务实体经济有机结合，助推全省支柱、优势产业做大做强。2013年采矿和制造业贷款同比增长24.8%和11.4%。实体经济主要指标呈现增长态势，全省十大特色优势产业完成增加值562.8亿元，同比增长12.4%。铁合金、中成药、单晶硅、多晶硅、机制地毯、钾肥等主要产品产量保持高位增长。

（二）扶助“三农”力度得到增强。中国人民银行西宁中心支行有效发挥支农再贷款资金的信贷政策引导作用，撬动地方金融机构对农村牧区信贷资金投放。各家金融机构发挥支持“三农”主力军作用，运用多种对口融资模式，对“三农”融资实施“一村一品”、“一镇一业”。2013年累计发放支农再贷款89亿元，引导全省新增涉农贷款305.9亿元，较上年同期多增79.3亿元；涉农贷款余额同比增长30.7%，较全省各项贷款增速高8.4个百分点。

（三）普惠金融力度得到扩展。各家金融机构从推动社会事业发展角度出发，建立了下岗失业人员再就业的资金帮扶机制、风险补偿与市场化运作的资金助学机制、大学生创业的资金帮扶机制、脱贫致富的资金救助机制。2013年青海省下岗失业人员小额担保贷款余额同比增长10%，满足2 250人的创业和再就业信贷需求；6 200名妇女通过金融扶持实现创业，妇女创业小额担保贷款余额同比增长2.6倍；全省各类助学贷款余额同比增长24%，帮助3万名困难学生解决就学问题；落实扶贫贴息贷款2.4亿元，近6 000余户贫困家庭得到救助。

（四）小微企业融资瓶颈得到有效缓解。青海省各金融机构针对小微企业业务需求，在账户开立、支付结算、存款和存款类产品、外汇兑换、支付性质的垫款等基础性金融服务实行“一站式”到位服务，推出“成长之路”、“速贷通”等一系列信贷产品。2013年小微企业贷款余额同比增长28.3%，高于各项贷款平均增速。

（五）助力社会发展的责任得到改善。各家金融机构在信贷投向方面向中小学、辖区公共卫生及基本医疗服务体系、民族医药事业、社会保障等建设方面倾斜。2013年金融机构教育业、卫生业、社会保障业的贷款同比分别增长36.8%、10.9%和91.4%。金融支持保障房建设得到快速发展，形成了“私募债+保障房”、“政府融资平台+保障房”等多种融资模式，全年保障性住房开发贷款余额同比增长36%。

（六）房地产市场总体平稳，高新技术产业加快发展

1. 房地产市场发展趋于理性。2013年，青海省房地产开发投资稳步增长，房价涨幅收窄，保障房建设进度加快。

房地产开发投资稳步增长，自筹资金和预收款在资金来源占比较大。2013年，青海省房地产开发投资额为247.6亿元，同比增长30.5%。在资金来源中，国内贷款、自筹资金、定金及预收款、其他资金分别占17.1%、45.6%、 26.9%和10.5%。自筹资金和定金及预收款在开发资金来源中占72.5%。

房地产开发步伐有所放缓，保障房建设如期推进。2013年，全省房地产开发企业土地购置面积为80.1万平方米，较上年减少117万平方米；全省新开工房屋面积为859.8万平方米，同比增长11.2%，增幅较上年同期下降30个百分点；商品住宅新开工面积为599.9万平方米，同比下降0.9%。

2013年，全省完成新开工城镇保障性住房和各类棚户区5.5万套，基本建成7.6万套，入住6.3万套，分别完成年度目标任务的100%、106%、100.7%。

商品住宅销售额增长较快，省会城市房屋待售面积增幅较大。2013年，青海省商品房销售额为158.9亿元，同比增长49.2%；商品住宅销售额为146.3亿元，同比增长60.5%。其中，西宁市商品房销售面积为277.8万平方米，同比增长64.4%。西宁市房屋待售面积为80.5万平方米，同比增长60%；住宅待售面积为65.6万平方米，同比增长68%。

土地购置价格小幅下降，房产价格涨幅收窄。2013年，青海省房地产开发企业土地成交价款为10.2亿元，同比下降60.5%。从土地平均购置价格来看，2013 年房地产企业购置土地平均价格为1 277元/平方米，较2012下降了37元/平方米。省会西宁市商品住宅平均销售价格为4 380元/平方米，同比上涨8.7%，涨幅较上年收窄3.9个百分点。

房地产开发贷款增幅回落，保障性安居工程金融支持力度继续加大。2013年，青海省各金融机构房地产贷款余额为303.8亿元，同比增长34.5%，增幅较上年回落17.1个百分点。其中，

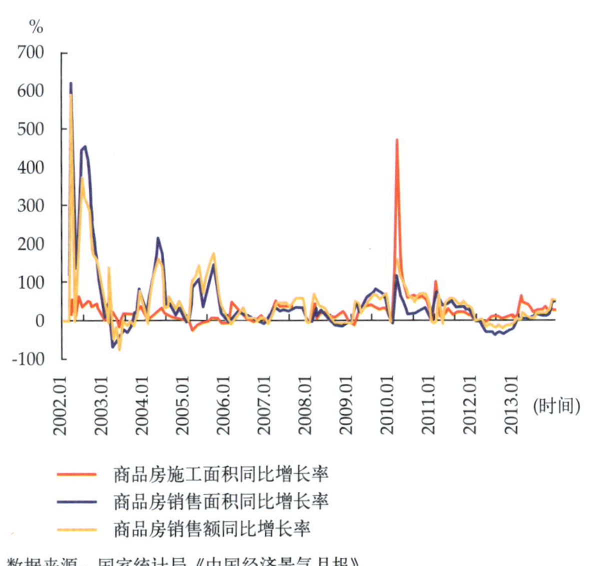

数据来源：国家统计局《中国经济景气月报》。

图14　2002～2013年青海省商品房施工和销售变动趋势

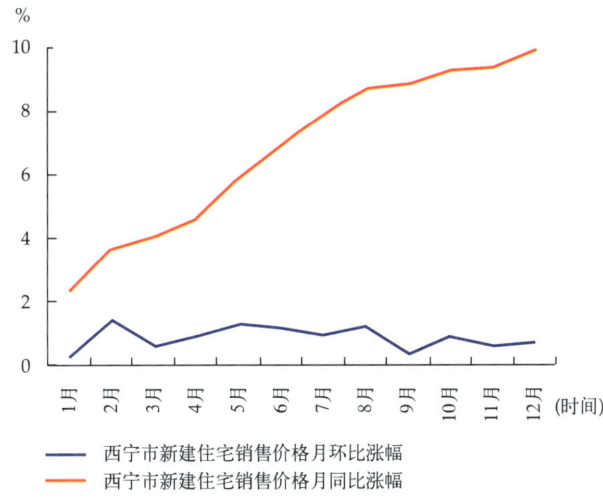

数据来源：国家统计局《中国经济景气月报》。

图15　2013年西宁市新建住宅销售价格变动趋势

房地产开发贷款余额为179.9亿元，同比增长31.5%，增幅较上年回落29个百分点。全省保障性住房开发贷款为49.0亿元，同比增长36.0%。

2. 高新技术产业对经济增长的贡献度不断提高。2013年以来，青海省高新技术产业实现较快发展，工业经济转型升级的步伐加快。青海省高新技术产业主要包括：化学药品原药制造、化学药品制剂制造、中成药制造、生物药品制造、电子器件制造、电子元件制造六大行业。2013年，青海省高新技术产业完成工业增加值32.9亿元，比上年增长22.9%，占规模以上工业增加值的3.2%，比重比上年提高0.5个百分点。

三、预测与展望

2014年是深入贯彻落实党的十八届三中全会精神、全面深化改革的第一年，也是顺利完成“十二五”规划、推进“三区”建设的关键一年，青海省经济社会发展将坚持稳重求进的总基调，把改革创新贯彻于经济社会发展各个领域，着力增强发展的内生动力和活力，着力提高发展的质量和效益，着力保障和改善民生，全面加强生态环境保护、基本公共服务体系和社会治理体系建设，确保经济提质增效、社会和谐稳定。经济社会发展的预期目标是：地区生产总值增长10%左右，居民消费价格涨幅控制在4%左右，城

镇登记失业率控制在3.8%以内，农牧区劳动力转移就业100万人次以上，城镇居民人均可支配收入增长12%，农牧民人均纯收入增长14%。

2014年，青海省金融业将按照稳中求进、改革创新的总要求，认真贯彻落实稳健货币政策，保持货币信贷和社会融资总量平稳适度增长，为结构转型升级与经济可持续发展提供稳定的货币金融环境。

中国人民银行西宁中心支行货币政策分析小组
总　纂：郑　锋
统　稿：贡伟宏　贾丽均
执　笔：马启军　邵　辉　江雯雯
提供材料的还有：张昆霖　张亚玲　吴金昌　李月梅　王小军　李　卿　李坤鹏　李生海　周　慧
樊纪相　刘　涛　李公文　韩永春　马良录

附录

（一）2013年青海省经济金融大事记

3月19日，中国人民银行西宁中心支行联合青海省金融工作办公室，组织开展了以“全面贯彻落实《征信业管理条例》，促进征信业规范健康发展”为主题的全省《征信业管理条例》及相关金融知识大型专题宣传活动。

5月11日，全省金融工作会议在青海会议中心召开，会议总结2012年全省金融工作，安排部署了2013年金融工作。

7月6日，青海省股权交易中心挂牌开业，青海省成为全国第十家、西北第二家成立区域性股权交易市场的省份，首批70 家企业挂牌。

7月19日，人民银行西宁中心支行会同国家开发银行青海省分行在大通县召开了“银政企合作支持大通现代农业发展暨推进国开农贷模式”现场会。

8月2日，青海省金融会计学会年会在人民银行西宁中心支行召开。

8月30日，西宁市公交公司为感谢中国人民银行西宁中心支行在零钞交存、残损人民币兑换提供的协调服务，赠送了书为“为企业排忧 树行业丰碑”的锦旗。

10月17日，青海省债务融资工具运用培训会在青海宾馆召开。各市州政府部门、经济主管部门、各金融机构、债务融资成功企业、非金融企业等96家单位的负责同志参加培训会。

12月18日，青海省格尔木农村信用社正式改制为格尔木农村商业银行股份有限公司。

（二）2013年青海省主要经济金融指标

表1 2013年青海省主要存贷款指标

		1月	2月	3月	4月	5月	6月	7月	8月	9月	10月	11月	12月
本外币	金融机构各项存款余额（亿元）	3 486.78	3 490.38	3 659.72	3 744.84	3 764.26	3 765.71	3 871.32	4 120.93	4 171.98	4 131.4	4 122.97	4 110.74
	其中：储蓄存款	1 323.56	1 325.83	1 340.09	1 320.58	1 337.18	1 355.62	1375.1	1 400.99	1 432.83	1 425.54	1 446.09	1 510.11
	单位存款	1 880.87	1 846.15	2 017.88	2 053.43	2 119.79	2 091.85	2 057.79	2 106.93	2 233.95	2 227.63	2 230.79	2 338.84
	各项存款余额比上月增加（亿元）	-51.11	3.6	169.33	85.12	19.43	1.45	105.61	249.61	51.06	-40.58	-8.43	-12.23
	金融机构各项存款同比增长（%）	24.19	21.39	24.51	24.46	23.74	17.12	17.19	22.95	20.52	19.13	16.95	16.18
	金融机构各项贷款余额（亿元）	2 912.41	2 934.86	3 004.89	3 050.46	3 118.26	3 186.46	3 230.81	3 280.36	3 336.22	3 390.83	3 474.07	3 514.68
	其中：短期	657.06	657.59	682.36	685.31	713.44	737.73	752.23	760.26	781.36	793.01	813.88	837.57
	中长期	2 023.35	2 054.75	2 080.89	2 122.11	2 152.97	2 186.73	2 222.77	2 278.58	2 332.29	2 371.31	2396.6	2419.89
	票据融资	154.19	138.02	158.55	158.98	173.42	180.31	172.84	158.76	138.65	141.34	154.64	147.34
	各项贷款余额比上月增加（亿元）	43.98	22.44	70.03	45.58	67.8	68.2	44.35	44.55	55.87	54.6	83.24	40.61
	其中：短期	4.05	0.53	24.77	2.94	28.13	24.3	14.5	8.03	21.1	11.65	20.87	23.69
	中长期	29.52	31.4	26.14	41.22	30.86	33.76	36.04	55.81	53.71	39.02	25.29	23.29
	票据融资	7.75	-16.17	20.52	0.43	14.44	6.89	-7.47	-14.07	-20.11	2.69	13.3	-7.3
	金融机构各项贷款同比增长（%）	27.68	26.23	26.23	26.04	26.94	26.76	26.89	26.6	26.48	27.24	27.69	22.53
	其中：短期	31.43	27.49	30	29.2	32.26	30.28	33.77	34.47	36.88	36.14	34.82	28.33
	中长期	19.82	19.97	18.66	19.03	20.15	19.78	19.87	20.93	22	23.36	23.56	21.35
	票据融资	71.46	47.06	60.36	52.79	42.36	54.01	38.77	16.4	-7.36	-7.95	-9.37	0.61
	建筑业贷款余额（亿元）	74.25	80.74	81.65	79.25	80.19	85.36	89.89	88.39	94.37	93.04	94.26	88.76
	房地产业贷款余额（亿元）	108.37	110	113.74	114.04	113.51	116.72	116.89	117.69	118.21	122.66	134.9	136.3
	建筑业贷款同比增长（%）	113.55	131.75	124.01	93.48	89.62	84.64	89.12	65.74	65.07	59.73	58.26	18.44
	房地产业贷款同比增长（%）	57.63	45.73	47.71	55.66	55.05	52.28	52.1	38.87	22.89	22.4	35.21	27
人民币	金融机构各项存款余额（亿元）	3 477.11	3 479.69	3 649.43	3 734.42	3 753.75	3 753.56	3 862.19	4 112.42	4 163.37	4 122.92	4 114.76	4 102.54
	其中：储蓄存款	1318.1	1 319.46	1 333.59	1 313.95	1 330.54	1 349.53	1 369.08	1 394.79	1 427.01	1 419.79	1 440.15	1 504.17
	单位存款	1 876.39	1 841.57	2 013.84	2 049.55	2115.8	2 085.65	2 054.51	2 104.59	2 231.11	2 224.74	2 228.46	2 336.41
	各项存款余额比上月增加（亿元）	-50.79	2.58	169.74	84.99	19.33	-0.19	108.63	250.23	50.94	-40.45	-8.15	-12.22
	其中：储蓄存款	42.84	1.36	14.12	-19.64	16.59	18.99	19.55	25.71	32.23	-7.22	20.36	64.02
	单位存款	-109.42	-34.82	172.27	35.71	66.25	-30.15	-31.15	50.08	126.52	-6.37	3.72	107.95
	各项存款同比增长（%）	24.18	21.27	24.43	24.37	23.66	17.06	17.22	23.02	20.58	19.24	17.03	16.27
	其中：储蓄存款	22.06	23.74	23.14	22.12	21.38	19.56	19.79	19.64	18.07	17.76	16.66	17.95
	单位存款	26.65	20.12	25.8	25.94	28.34	17.02	14.13	15.98	18.29	17.86	19.04	17.66
	金融机构各项贷款余额（亿元）	2 832.88	2 848.5	2 921.01	2 966.14	3 034.64	3 099.76	3 142.36	3 192.32	3 247.43	3 300.44	3 359.55	3 398.17
	其中：个人消费贷款	15.46	14.73	16.34	17.5	24.51	25.9	26.48	27.92	29.28	29.5	31.54	143.9
	票据融资	154.19	138.02	158.55	158.98	173.42	180.31	172.84	158.76	138.65	141.34	154.64	147.34
	各项贷款余额比上月增加（亿元）	37.8	15.61	72.51	45.13	68.49	65.12	42.6	49.96	55.11	53.01	59.11	38.62
	其中：个人消费贷款	3.29	-0.74	1.61	1.16	7.02	1.39	0.58	1.44	1.35	0.23	2.04	2.04
	票据融资	7.75	-16.17	20.52	0.43	14.44	6.89	-7.47	-14.07	-20.11	2.69	13.3	-7.3
	金融机构各项贷款同比增长（%）	24.6	22.93	23.11	22.95	23.93	23.63	23.74	23.51	23.45	24.21	23.88	21.72
	其中：个人消费贷款	203.73	175.33	158.54	150.72	189.72	166.46	156.84	147.3	140.79	137.9	157.89	171.24
	票据融资	71.46	47.06	60.36	52.79	42.36	54.01	38.77	16.4	-7.36	-7.95	-9.37	0.61
外币	金融机构外币存款余额（亿美元）	1.54	1.7	1.64	1.67	1.7	1.97	1.48	1.38	1.4	1.38	1.34	1.35
	金融机构外币存款同比增长（%）	28.33	80.85	60.78	70.41	63.46	42.75	12.12	-2.82	0	-13.21	-9.46	-15.09
	金融机构外币贷款余额（亿美元）	12.67	13.76	13.38	13.55	13.53	14.03	14.32	14.27	14.44	14.72	18.67	19.11
	金融机构外币贷款同比增长（%）	964.71	992.06	979.03	1 001.63	1 009.02	1 275.49	1 276.92	1 299.02	1 177.88	1 077.6	1 243.17	56.51

数据来源：中国人民银行西宁中心支行。

表2 2001～2013年青海省各类价格指数

单位：%

年/月		居民消费价格指数		农业生产资料价格指数		工业生产者购进价格指数		工业生产者出厂价格指数	
		当月同比	累计同比	当月同比	累计同比	当月同比	累计同比	当月同比	累计同比
2001		—	2.6	—	-0.4	—	-0.9	—	-6.3
2002		—	2.3	—	-0.2	—	2.7	—	-2.4
2003		—	2.0	—	1.1	—	1.8	—	5.5
2004		—	3.2	—	9.2	—	8.5	—	11.2
2005		—	0.8	—	6.5	—	5.3	—	10.2
2006		—	1.6	—	2.1	—	2.8	—	9.5
2007		—	6.6	—	8.1	—	4.4	—	4.2
2008		—	9.9	—	24.2	—	10.4	—	7.6
2009		—	2.6	—	0.4	—	-0.2	—	-8.7
2010		—	5.4	—	3.5	—	8.6	—	9.4
2011		—	6.1	—	12.4	—	7.0	—	7.4
2012		—	3.1	—	8.7	—	-1.4	—	-3.1
2013		2.5	3.9	1.9	4.3	-1.6	-1.2	-3.8	-3.0
2012	1								
	2	1.0	1.6	8.2	9.4	1.9	2.8	-1.4	-0.6
	3	1.0	1.4	7.8	8.9	0.3	1.9	-2.6	-1.3
	4	1.4	1.4	8.3	8.7	-3.0	0.7	-2.4	-1.6
	5	2.4	1.6	8.6	8.7	-2.5	0.0	-3.7	-2.0
	6	3.2	1.9	8.3	8.6	-1.5	-0.2	-3.3	-2.2
	7	2.8	2.0	8.7	8.6	-1.3	-0.4	-4.8	-2.6
	8	4.0	2.3	9.3	8.7	-2.7	-0.7	-4.9	-2.9
	9	4.4	2.5	8.9	8.7	-3.4	-1.0	-4.8	-3.1
	10	4.6	2.7	8.9	8.7	-3.0	-1.2	-3.6	-3.1
	11	4.5	2.9	8.8	8.7	-2.7	-1.3	-3.4	-3.2
	12	5.3	3.1	8.7	8.7	-1.7	-1.4	-2.9	-3.1
2013	1	4.8	4.8	9.0	9.0	-2.9	-2.9	-2.1	-2.1
	2	5.5	5.2	9.1	9.1	-1.3	-2.1	-1.6	-1.9
	3	4.9	5.1	6.8	8.3	-0.4	-1.6	-1.2	-1.6
	4	4.9	5.0	5.4	7.6	-0.3	-1.2	-2.3	-1.8
	5	4.3	4.9	4.4	6.9	-0.5	-1.1	-3.4	-2.1
	6	4.8	4.9	3.7	6.4	-0.7	-1	-3	-2.3
	7	4.8	4.9	3.1	5.9	-1.6	-1.1	-3	-2.4
	8	3.3	4.7	2.9	5.5	-1	-1.1	-3.7	-2.5
	9	2.5	4.4	2.2	5.1	-1.2	-1.1	-4	-2.7
	10	2.5	4.2	1.8	4.8	-1.1	-1.1	-3.8	-2.8
	11	2.6	4.1	1.8	4.5	-1.4	-1.1	-3.9	-2.9
	12	2.5	3.9	1.9	4.3	-1.6	-1.2	-3.8	-3

数据来源：国家统计局《中国经济景气月报》。

表3　2013年青海省主要经济指标

	1月	2月	3月	4月	5月	6月	7月	8月	9月	10月	11月	12月
绝对值（自年初累计）												
地区生产总值（亿元）	—	—	356.81	—	—	888.61	—	—	1 432.46	—	—	2 101.05
第一产业	—	—	13.02	—	—	31.13	—	—	108.95	—	—	207.59
第二产业	—	—	189.38	—	—	548.77	—	—	851.52	—	—	1 204.31
第三产业	—	—	154.41	—	—	308.71	—	—	471.99	—	—	689.15
工业增加值（亿元）	—	109.51	186.93	281.24	362.01	453.66	541.02	639.88	745.17	838.75	928.09	1019.7
固定资产投资（亿元）	—	30.26	136.82	371.6	637.25	970.07	1 300.97	1 582.83	1 946.11	2176.5	2 308.8	2 285.30
房地产开发投资	—	0.97	13.92	36.96	60.99	85.67	129.36	156.62	196.78	226.92	244.8	247.61
社会消费品零售总额（亿元）	—	78.5	116.69	154.5	199	241.28	283.9	329.44	386.18	434.6	478.9	544.08
外贸进出口总额（万美元）	—	16 394	23265	34 843	43 406	52 211	62 551	87 445	102 850	111 224	122 104	140 256
进口	—	7 031	9 258	13 455	17 358	21 500	25 597	29 866	38 388	42 735	49 119	55 530
出口	—	9 363	13 907	21 388	26 048	30 711	36 954	57 579	64 462	68 489	72 985	84 726
进出口差额(出口－进口)	—	2 332	4 649	7 933	8 690	9 211	11 357	27 713	26 074	25 754	23 866	29 196
外商实际直接投资（万美元）	—											9 372.3
地方财政收支差额（亿元）	—	-53.86	-114.53	-175.16	-225.46	-316.15	-369.8	-507.64	-605.02	-704.2	-795.65	-882.42
地方财政收入	—	61.01	94.33	122.67	151.15	193.37	217.56	238.09	275.24	309.87	338.58	368.56
地方财政支出	—	114.87	208.86	297.83	376.61	509.52	587.36	745.73	880.26	1 014.07	1 134.23	1 250.98
城镇登记失业率(%)(季度)	—	—	3.4	—	—	3.4	—	—	3.3	—	—	3.3
同比累计增长率（%）												
地区生产总值	—	—	10.1	—	—	10.1	—	—	10.6	—	—	10.8
第一产业	—	—	4.1	—	—	4	—	—	5.4	—	—	5.3
第二产业	—	—	11.1	—	—	11.3	—	—	11.7	—	—	12.3
第三产业	—	—	9.1	—	—	8.6	—	—	9.7	—	—	9.8
工业增加值	—	9.9	11.3	11.7	11.4	12	11.6	11.6	12	12.2	12.5	12.6
固定资产投资	—	32	34.6	33.2	31.8	30.9	29	27	26	25.3	25.2	26.4
房地产开发投资	—		96	65.2	48.2	30.4	43.2	38.6	44.3	32.7	31.6	30.5
社会消费品零售总额	—	11.4	12.7	13	12.6	13	13.3	13.6	13.6	13.6	13.9	14.3
外贸进出口总额	—	52.1	25.3	31.9	34	23.7	22.2	41.4	45.3	39.8	28.5	21.2
进口	—	31.8	0.9	4.8	17.7	6.5	3.8	-2.4	13.1	15.1	21.8	29.5
出口	—	72	49.6	57.6	47.6	39.3	39.4	84.3	75.1	61.5	33.4	16.3
外商实际直接投资	—											-54.5
地方财政收入	—	11.4	15.7	9	8.9	12.1	8.7	6.2	10.3	12.1	13.4	15.3
地方财政支出	—	25	27.7	24.8	11	13.2	-0.5	8	8.3	10.2	10.7	13.4

数据来源：青海省统计局。

2013年宁夏回族自治区金融运行报告

中国人民银行银川中心支行货币政策分析小组

[内容摘要] 2013年，宁夏回族自治区坚持稳中求进的工作总基调，着力稳增长、调结构、促改革、惠民生，加快推进内陆开放型经济试验区和银川综合保税区建设，继续实施重大项目和优势特色产业带动战略，地区经济发展呈现“稳中有进、稳中向好”的特征，三次产业协调发展，经济结构持续优化，各项经济运行指标均保持在合理区间。

金融运行健康平稳，服务实体经济能力进一步增强。社会融资规模和信贷总量平稳适度增长，信贷结构持续优化，贷款利率整体回落，较好地满足了实体经济融资需求；证券创新业务加快发展，保险保障功能不断增强，金融市场交易活跃，金融生态环境持续优化，金融、经济呈现良性互动、协调发展的态势。

2014年，宁夏自治区将大力推进产业转型升级和结构调整，加快内陆开放型经济试验区建设，强化特色产业竞争优势，经济有望持续平稳较快发展。金融业将认真贯彻落实各项金融调控政策，继续完善金融服务体系，加快金融创新，优化融资结构，提升服务水平，更好地支持“开放宁夏、富裕宁夏、和谐宁夏、美丽宁夏”建设。

一、金融运行情况

2013年，宁夏金融业认真贯彻落实国家各项金融调控政策，优化金融资源配置，提升金融服务水平，社会融资规模和货币信贷总量平稳适度增长，有力支持了地区经济提质增效和产业转型升级。

（一）银行业稳健发展，信贷资源配置更趋优化

2013年，宁夏银行业有效贯彻落实稳健的货币政策，货币信贷总量适度增长，贷款结构进一步优化，贷款利率水平整体回落，金融对实体经济的支持作用进一步增强。

1. 资产规模稳步扩大，服务重心不断下沉。2013年年末，宁夏银行业资产规模增长15.5%，增速同比回落5.3个百分点（见表1）。中信银行入驻银川市，为金融体系注入新的活力。机构网点逐步下沉，金融资源不断向县域和偏远地区倾斜，支持“三农”和薄弱环节发展的能力进一步增强。

表1　2013年宁夏回族自治区银行业金融机构情况

机构类别	营业网点			法人机构（个）
	机构个数（个）	从业人数（人）	资产总额（亿元）	
一、大型商业银行	495	10 745	2 109	0
二、国家开发银行和政策性银行	16	526	960	0
三、股份制商业银行	6	303	127	0
四、城市商业银行	84	2 919	1 123	2
五、小型农村金融机构	385	5 624	1 227	20
六、邮政储蓄银行	195	1 005	149	0
七、新型农村金融机构	20	457	69	9
合　计	1 201	21 579	5 764	31

注：营业网点不包括国家开发银行和政策性银行、大型商业银行、股份制银行金融机构总部数据；大型商业银行包括中国工商银行、中国农业银行、中国银行、中国建设银行和交通银行；小型农村金融机构包括农村信用社、农村合作银行和农村商业银行；新型农村金融机构包括村镇银行、贷款公司和农村资金互助社。

数据来源：中国人民银行银川中心支行、宁夏银监局。

2. 存款增长放缓，结构变化明显。2013年年末，宁夏金融机构人民币存款余额为3 868亿元，增长10.7%，同比回落7.1个百分点（见图1），为近五年来最低水平。其中，个人存款平稳增长，同比增长15.8%；单位存款低位运行，同比增长7.6%；财政性存款比年初减少，同比下降21.6%。

3. 贷款总量适度增长，投向结构持续优化。2013年年末，宁夏金融机构人民币各项贷款余额

为3 910亿元，增长17.1%，增速同比提高0.3个百分点；全年新增贷款568亿元，较上年多增89亿元（见图2）。贷款期限结构变化明显，中长期贷款增长持续回升，增量占比较上年提高29.3个百分点；短期贷款增长高位回落，增速同比回落18.9个百分点。差别准备金动态调控效果显著，地方法人金融机构信贷总量和投放节奏符合稳健货币政策调控要求。

信贷支持经济提质增效、产业转型升级和民生发展的作用有效发挥。一是小微企业及“三农”金融服务持续强化。在实施中小企业“百家成长 千家培育”工程、加快信贷产品和服务方式创新等措施推动下，全区小微企业贷款（含票据融资）和涉农贷款余额分别增长22.8%和20.3%，均高于全部贷款平均增速。二是民生领域信贷投放力度持续加大。民贸民品贴息贷款余额和贴息额分别增长40.4%和43%，扶贫贴息贷款、小额担保贷款和助学贷款大幅增加，保障性安居工程贷款余额增长76.2%。三是存量贷款得到盘活。全区金融机构不断加大对“两高一剩”行业中的潜在风险较大、工艺落后项目退出力度，将腾出的信贷资源重新投入到更符合政策要求的领域。

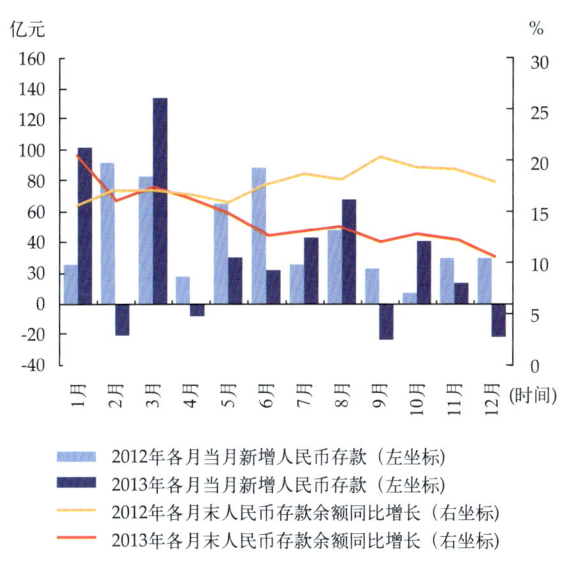

数据来源：中国人民银行银川中心支行。

图1　2012～2013年宁夏回族自治区金融机构人民币存款增长变化

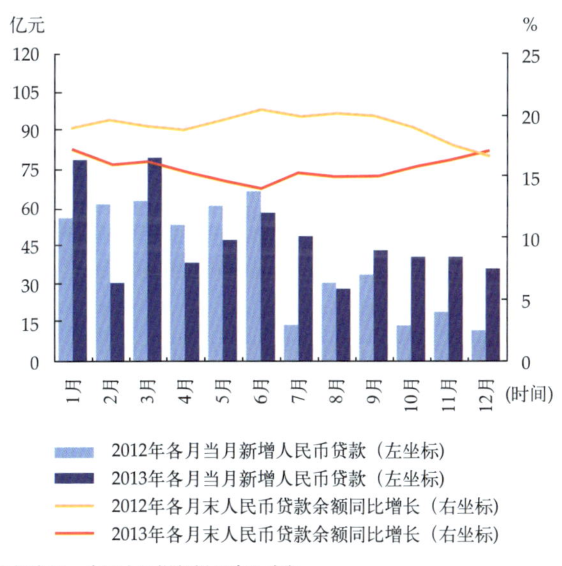

数据来源：中国人民银行银川中心支行。

图2　2012～2013年宁夏回族自治区金融机构人民币贷款增长变化

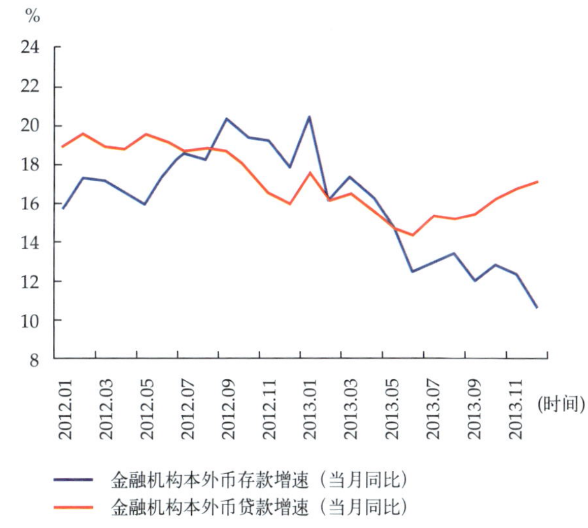

数据来源：中国人民银行银川中心支行。

图3　2012～2013年宁夏回族自治区金融机构本外币存、贷款增速变化

专栏1　金融扶贫多措并举　宁夏模式特色鲜明

截至2013年年末，宁夏尚有100多万贫困人口，占总人口的近1/6，扶贫攻坚任务艰巨。其中，南部山区的原州、西吉、隆德、泾源、彭阳、同心、海原7县（区）地处六盘山集中连片特困区，贫困人口占到全区贫困人口总数的70.5%。自2012年以来，宁夏启动了中南部山区百万贫困人口扶贫攻坚工程，以解决温饱、脱贫致富为目标，逐步形成了以专项扶贫、行业扶贫、社会扶贫有机结合、互为支撑的三位一体“大扶贫”格局。中国人民银行银川中心支行充分运用各类货币政策工具，积极引导金融机构创新产品与服务方式，不断增加对贫困地区的信贷投放，有效提升了农村服务便利化水平，形成了金融服务深度和广度“双向扩大”，产品创新、部门合作、网点布局“多面提升”的特色金融扶贫模式，取得了积极成效。

一是实施贫困村“千村信贷”：发展组合贷款模式，提升资金倍增效应。以贫困村村级“资金互助社”为平台，以互助社社员为服务对象，实行贫困村村级资金互助社与农村信用联社“两个法人主体”联手，互助资金与信贷资金“两个金融产品”捆绑模式发放“千村信贷·互助资金”贷款（简称千村信贷）。截至2013年年末，金融机构向7个六盘山集中连片特困县（区）124个项目村的7 163户农户发放该类贷款2.0亿元，占全部项目贷款的42.4%。

二是发展金融助善：依托“黄河善谷”，助推慈善园区和特困群体发展创业。2011年，宁夏依托黄河文明，围绕主要贫困地区，打造了六大慈善园区，其中4个集中在六盘山集中连片特困县（区）。2013年年末，金融机构投向四大慈善园区的各项贷款余额5.0亿元，占全部慈善园区各项贷款余额的77.1%。其中，制造业企业流动资金及项目建设贷款余额为0.7亿元，农林牧渔产业贷款余额为0.5亿元，无不良贷款发生。累计发放残疾人康复扶贫贷款5 583万元。2013年，发放到户贷款1 969.8万元，直接受益残疾人达400户，专业大户、扶贫基地、合作组织类贷款274万元，享受贴息57.4万元，有力地促进了残疾人创业就业。

三是力促合作共创：多部门合作，发挥财政资金杠杆撬动作用。2011年下半年，宁夏启动妇女创业小额担保贷款项目，带动特困家庭脱贫致富。2013年，7个六盘山集中连片特困县（区）共发放农村妇女创业贷款16 291笔、7.1亿元，分别占全区发放贷款笔数、金额的42.5%和45.7%。贷款发放至今，妇女创业小额担保贷款不良率为零，切实发挥了妇女在发展生产、带动致富方面的积极作用。

四是加强产品创新：创新抵押担保方式，盘活土地林地等资源资产价值。及时跟进和试点推动六盘山片区农村土地承包经营权和林权抵押贷款业务，取得明显成效。2013年年末，同心县土地承包经营权反担保贷款（指农户将土地承包经营权入股加入土地承包经营权流转合作社，土地承包经营权流转合作社为农户贷款进行担保，农户用入股的土地承包经营权向土地承包经营权流转合作社进行反担保的贷款模式）余额19 501万元，已全部覆盖同心县扬黄灌区37个行政村，惠及农户8 542户。泾源县作为林权抵押贷款业务试点县之一，积极开展林权抵押贷款实践，截至2013年年末，泾源县共发放林权抵押贷款53笔，涉及金额252万元，较8月试点初期增加28笔、127万元。

五是延伸服务半径：夯实金融服务基础条件，打造金融服务硬环境。围绕提升金融服务效率、拓宽农村金融服务广度和深度的主要方向，积极增设农村金融服务网点，有序布放自助终端设备。截至2013年年末，7个连片特困县（区）共有31家县级银行业金融机构，327个银行业金融机构服务网点，分别较2012年年末增加5家和129个。全年新增助农取款服务点859个，新增自助设备2 434个，有效提升了7县（区）的金融服务便利化水平。

下一阶段，中国人民银行银川中心支行将

围绕自治区百万贫困人口扶贫攻坚工程，采取选点带面、试点示范的方式，综合运用各类政策工具，组织引导银行业金融机构实施普惠金融工程。选择试点地区和试点银行，鼓励通过“领养”新型农村经营主体、定点支持贫困村、建立普惠金融试验点、普惠金融示范行等模式，推动金融服务更多地惠及偏远地区、弱势群体与薄弱环节，实现资金、服务、产品和实效“四到位”。

4. 贷款利率水平稳中趋降，自主定价能力有所提升。2013年，宁夏银行业金融机构人民币贷款利率总体保持下行，利率浮动重心整体下移，全年贷款加权平均利率为8.3%，比上年下降0.6个百分点；执行上浮利率的贷款占67.5%，同比下降3.4个百分点。全区各类型金融机构存款利率定价继续执行不同浮动策略，存款利率差异化格局更趋明显。地方性金融机构积极适应利率市场化改革进程明显加快等环境变化，继续完善利率定价机制，加强利率风险管理，逐步推进利率定价差异化，确定符合自身实际的存、贷款利率定价策略。

表2 2013年宁夏回族自治区金融机构人民币贷款各利率区间占比

单位：%

月份		1月	2月	3月	4月	5月	6月
合计		100.0	100.0	100.0	100.0	100.0	100.0
下浮		4.1	5.7	6.1	4.5	3.1	7.8
基准		25.9	25.4	26.5	28.2	26.1	25.9
上浮	小计	70.0	68.9	67.4	67.3	70.8	66.3
	(1.0，1.1]	4.7	3.8	9.6	4.4	8.3	12.8
	(1.1，1.3]	16.0	18.5	17.5	16.9	15.8	21.2
	(1.3，1.5]	10.6	10.1	8.9	15.8	20.6	13.4
	(1.5，2.0]	18.1	19.8	17.1	19.0	17.2	13.2
	2.0以上	20.6	16.7	14.3	11.2	8.9	5.7
月份		7月	8月	9月	10月	11月	12月
合计		100.0	100.0	100.0	100.0	100.0	100.0
下浮		4.5	5.1	6.3	6.8	6.8	14.2
基准		24.7	24.4	26.3	29.1	31.3	20.9
上浮	小计	70.8	70.5	67.4	64.1	61.9	64.9
	(1.0，1.1]	9.2	12.9	10.8	11.8	9.2	10.7
	(1.1，1.3]	18.4	17.3	19.2	15.0	15.4	16.3
	(1.3，1.5]	15.9	14.9	12.7	13.3	13.3	12.0
	(1.5，2.0]	20.0	17.6	18.8	17.5	16.1	19.4
	2.0以上	7.3	7.8	5.9	6.5	7.9	6.5

注：城乡信用社贷款利率浮动区间为[0.9，2.3]。

数据来源：中国人民银行银川中心支行。

5. 地方性银行改革步伐加快，农村金融服务体系更加完善。宁夏银行实施增资扩股补充资本，石嘴山银行继续稳步下沉机构网点，城市商业银行服务中小微企业的能力和水平进一步提高。新增改制农村商业银行2家，农村商业银行机构数达到6家；新型农村金融组织快速发展，全年新增小额贷款公司27家，总数达117家；新增“贫困村村级发展互助资金”组织22个，总数达1 120个。

6. 跨境人民币业务快速增长，覆盖面持续扩大。2013年，宁夏累计办理跨境人民币结算业务16.1亿元，增长375.4%，境外交易对手国（地区）20个，是2012年的2倍。

（二）证券创新业务加快发展，上市公司盈利大幅减少

宁夏证券机构加快完善网点布局，共有15家证券公司在辖区设立33家分支机构。2013年新设或获批筹建2家证券分公司、6家证券营业部。各证券机构积极开展融资融券、资产管理、证券发

表3 2013年宁夏回族自治区证券业基本情况

项目	数量
总部设在辖内的证券公司数（家）	0
总部设在辖内的基金公司数（家）	0
总部设在辖内的期货公司数（家）	0
年末国内上市公司数（家）	12
当年国内股票（A股）筹资（亿元）	1.8
当年发行H股筹资（亿元）	0
当年国内债券筹资（亿元）	25.5
其中：短期融资券筹资额（亿元）	10
中期票据筹资额（亿元）	0

数据来源：宁夏证监局、宁夏发展和改革委员会。

行保荐及并购重组财务顾问业务承揽等各类创新业务，在帮助企业发行私募债、城投债等方面发挥了积极作用。证券市场交易活跃，累计证券交易额同比增长51.2%。

受销售订单减少、产品价格下降等因素影响，宁夏上市公司经营状况不断恶化，2013年，上市公司营业收入同比增长11.5%，净利润同比下降68.5%；上市公司实现股票融资1.8亿元，为上年同期的7.7%，创六年来的最低水平（见表3）。

（三）保险业服务领域不断拓宽，农业保险持续快速发展

2013年，宁夏保险业保持良好发展态势，服务领域不断拓展，保险保障功能继续提升。

1. 保险业务稳步发展，服务体系日趋完善。2013年，全区保险业总资产和保费收入同比分别增长17.6%和15.9%；新设分支机构数、从业人员稳步增长，初步形成了覆盖城乡的保险服务网络（见表4）。

2.农业保险持续快速发展，大病保险试点扎实开展。2013年宁夏养殖业保险承保牲畜和种植业保险（含林果业）承保作物分别增长123.8%和64.9%，支付赔款惠及9万农户。率先在石嘴山市、固原市启动城乡居民大病保险试点工作，责任保险覆盖了所有道路运输承运人，学校、幼儿园，旅行社和公立医院。

表4　2013年宁夏回族自治区保险业基本情况

项目	数量
总部设在辖内的保险公司数（家）	0
其中：财产险经营主体（家）	0
人身险经营主体（家）	0
保险公司分支机构（家）	16
其中：财产险公司分支机构（家）	6
人身险公司分支机构（家）	10
保费收入（中外资，亿元）	72.7
其中：财产险保费收入（中外资，亿元）	31.4
人身险保费收入（中外资，亿元）	41.3
各类赔款给付（中外资，亿元）	24.0
保险密度（元/人）	1 111.3
保险深度（%）	2.8

数据来源：宁夏保监局。

（四）金融市场运行平稳，直接融资占比下降

1. 社会融资规模稳步扩大，直接融资占比偏低。2013年，宁夏社会融资规模稳步扩大，社会融资规模同比增加35亿元。新增人民币贷款占全区社会融资规模的85.5%，比上年年末高9.3个百分点；企业债券和股票融资规模占全区社会融资规模的2.7%，同比下降0.7个百分点（见图4）。

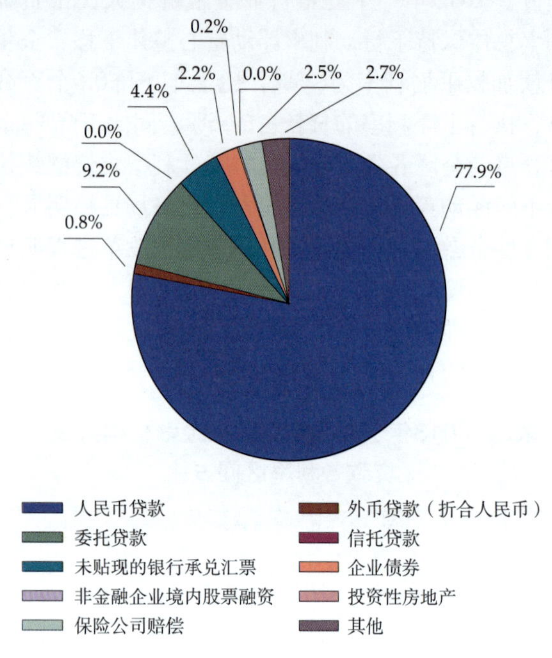

数据来源：中国人民银行银川中心支行。

图4　2013年宁夏回族自治区社会融资规模分布

2. 银行间市场交易量减少，市场利率波动上行。2013年，受现券交易量大幅减少的影响，宁夏银行间同业拆借市场和债券市场累计成交量下降17.3%。资金流向继续呈现净融入趋势，但融入规模有所缩小，全年净融入量下降50.7%。货币市场利率震荡上行，同业拆借和质押式回购加权平均利率分别上升112个和47个基点。

3. 票据业务平稳发展，市场利率高位运行。2013年，宁夏累计签发银行承兑汇票量下降3.1%，贴现票据同比增长9.6%。票据市场利率持续高位运行，转贴现年加权平均利率上升15个基点。下半年市场利率逐月上升，明显高于上半年。

4. 银行间外汇交易较快增长，黄金交易大幅增长。2013年，宁夏银行间外汇市场成员交易量增长15.5%，非美元外币结售汇业务成倍增长。在国际金价大幅下跌且波动较大的背景下，宁夏商业银行黄金交易量大幅增长，全年人民币账户金、实物金交易量同比增长109.9%、133.7%，增速同比提高141.5个和116个百分点。

表5　2013年宁夏回族自治区金融机构票据业务量统计

单位：亿元

季度	银行承兑汇票承兑		贴现			
			银行承兑汇票		商业承兑汇票	
	余额	累计发生额	余额	累计发生额	余额	累计发生额
1	375.1	185.5	150.4	298.3	0	0
2	532.1	360.9	172.1	634.9	0	0
3	350.5	546.7	138.1	933.3	0	0
4	358.2	743.9	120.1	1 336.4	0	0

数据来源：中国人民银行银川中心支行。

表6　2013年宁夏回族自治区金融机构票据贴现、转贴现利率

单位：%

季度	贴现		转贴现	
	银行承兑汇票	商业承兑汇票	票据买断	票据回购
1	5.61	—	4.98	4.36
2	5.07	—	4.47	4.04
3	6.94	—	5.73	5.79
4	7.49	—	6.05	6.03

数据来源：中国人民银行银川中心支行。

（五）金融生态环境持续优化，农村金融基础设施不断完善

征信体系建设稳步推进，9家村镇银行获准接入金融信用信息基础数据库，在6家慈善园区开展中小企业信用体系试验区建设，推动联合信用管理有限公司发起成立了宁夏第一家信用评级机构。为2 475户无贷款中小微企业和1.4万户农户新建立信用档案，系统查询用户数和查询量大幅增加，2013年企业和个人征信系统分别累计查询15.1万次、120.6万次。以生态移民地区为重点，采取多项举措，加大对金融生态环境薄弱地区的征信宣传力度和信用建设。

支付环境建设取得新进展。积极开展国库集中支付电子化管理试点，成功运行财政支出无纸化联网系统，实现了财政支出凭证传递无纸化、业务处理标准化、资金清算电子化。财税库银横向联网系统（TIPS）推广成效显著，全区TIPS收入业务量占比提高至77.6%。农村支付便民工程取得新成效，助农取款服务点已覆盖全区91.2%的行政村。

二、经济运行情况

2013年，宁夏扎实推进稳增长、调结构、促改革、惠民生的各项工作，采取一系列行之有效的举措，经济呈现“稳中有进，稳中向好”的运行态势。全年地区生产总值为2 565亿元，按可比价格计算，增长9.8%（见图5）。

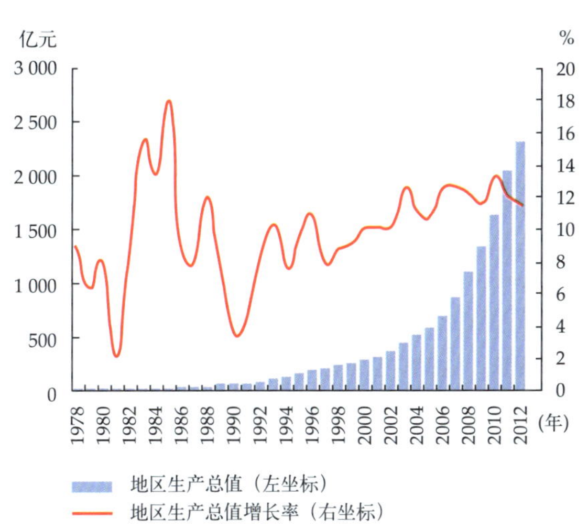

数据来源：宁夏统计局。

图5　1978～2013年宁夏回族自治区地区生产总值及其增长率

（一）内需贡献突出，外需增势强劲

1. 投资快速增长，结构不断优化。2013年，全区全社会固定资产投资增长27.1%，增速同比回落0.4个百分点。三次产业投资比例发生积极变化，服务业投资占比达到49.8%，同比提高2.9个百分点，第二产业投资占比同比回落2.8个百分点。民间投资占全部投资的58%，经济内生动力不断增强。

2. 城乡居民收入差距缩小，消费结构升级加速。2013年，由于社会保障水平不断提高，惠农

政策力度加大，城乡居民收入稳步增长，全区城镇居民人均可支配收入实际增长6.6%，农民人均纯收入实际增长8.1%。全区城乡居民收入比由2012年的3.21：1调整为2013年的3.15：1，城乡差距逐步缩小。全区社会消费品零售总额同比增长12.5%。城乡市场协调发展，城乡消费增速差同比收窄0.8个百分点，农村消费市场潜力进一步激活。消费结构升级加快，汽车、金银珠宝等热点商品销售旺盛。

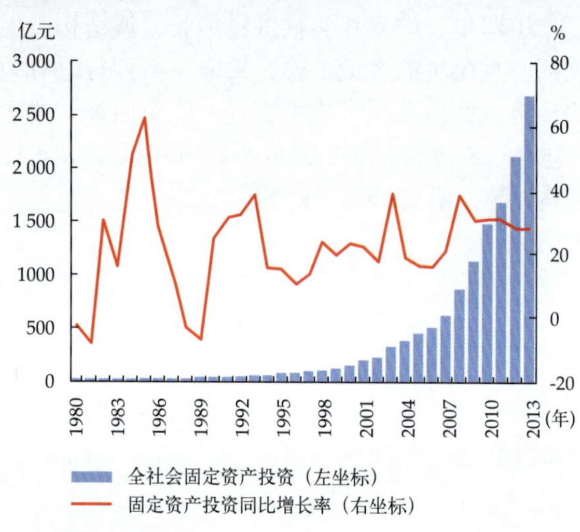

数据来源：宁夏统计局。

图6　1980～2013年宁夏回族自治区固定资产投资及其增长率

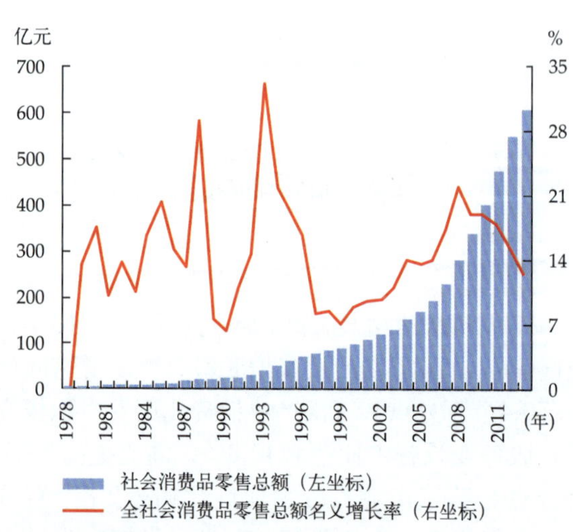

数据来源：宁夏统计局。

图7　1978～2013年宁夏回族自治区社会消费品零售总额及其增长率

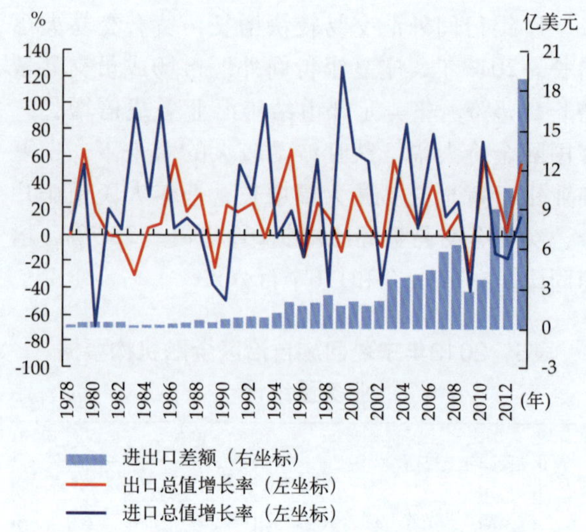

数据来源：宁夏统计局。

图8　1978～2013年宁夏回族自治区外贸进出口变动情况

3. 对外贸易强劲增长，利用外资增速回落。2013年，宁夏进出口总额增长45.2%，增速同比提高48.2个百分点，机电产品、羊绒纱线、羊绒衫和活性炭等特色优质产品出口大幅增长，分别增长140%、78.9%、39.4%和19.3%。从出口对象看，对美国、欧盟和日本出口总额增长13.8%，对阿拉伯国家出口增长230%。全区实际利用外资1.4亿美元，同比下降32.1%。

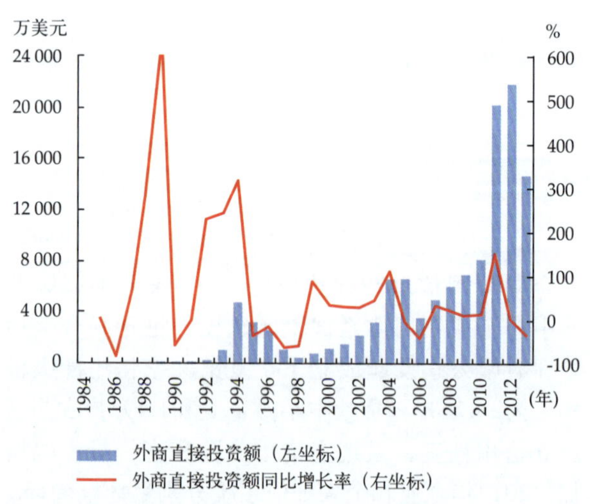

数据来源：宁夏统计局。

图9　1984～2013年宁夏回族自治区外商直接投资情况

（二）产业结构调整加快，发展方式持续改善

2013年，第一产业平稳增长，第二产业较快增长，第三产业稳步增长，三次产业比重由上年的8.5：49.5：42.0调整为8.7：49.3：42.0。

1. 农业生产稳定增长，特色优势农业带动效应凸显。2013年，宁夏实现农林牧渔业增加值223.0亿元，增长4.5%，增速同比回落4.1个百分点。粮食总产量实现连续十年丰收。农业科技支撑和服务能力进一步增强，农产品技术含量及附加值不断提高。农业特色优势产业成为农民增收的主渠道，产值占农业总产值的85%，农产品加工率提升到58%。

2. 工业生产稳步向好，企业效益明显改善。2013年，在自治区政府一系列政策措施的推动下，全区规模以上工业增加值同比增速由2月的8.3%提高到全年的12.5%，工业经济拉动GDP增长4.8个百分点，对GDP的贡献率达到51.2%。全区规模以上工业盈亏相抵后实现利润总额139.1亿元，增长29.5%。

3. 服务业平稳发展，结构进一步优化。2013年，宁夏服务业增加值增长7.5%，增速同比回落2.2个百分点。重点旅游资源、区域物流中心、商业综合体的辐射带动作用进一步增强，贺兰山东麓葡萄文化旅游长廊、银川综合保税区物流、新型业态消费等新增长点培育工作取得明显成效。现代物流、金融、信息、现代商务、旅游、文化六大现代服务业加快发展，服务业结构调整升级特征继续显现。

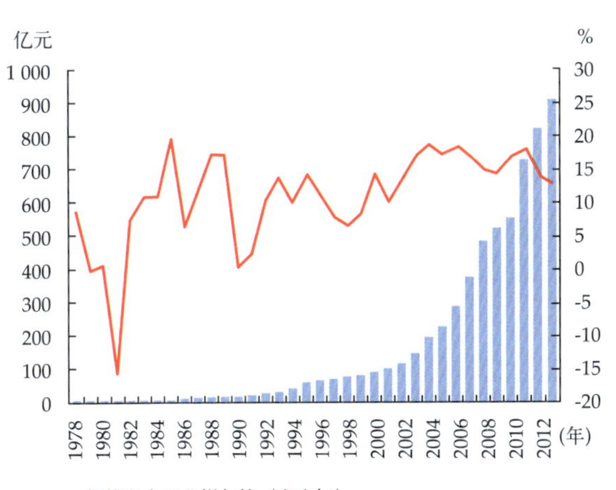

数据来源：宁夏统计局。

图10　1978～2013年宁夏回族自治区规模以上工业增加值同比增长率

（三）物价涨幅总体回落，通胀压力有所缓解

1. 居民消费价格上涨。2013年，全区居民消费价格指数（CPI）月同比涨幅呈倒“U”形走势，全年累计上涨3.4%，涨幅比全年预期目标低0.1个百分点。分类别看，食品、医疗保健和居住仍是推动CPI上涨的主要因素（见图11）。

2. 工业生产者价格持续下降。2013年，宁夏食品制造、化学原料及化学制品制造、非金属矿物制品、有色金属冶炼及压延加工等行业产品出厂价格下降。全年工业生产者出厂价格比上年下降4.0%，工业生产者购进价格下降3.0%（见图12）。

3. 就业形势基本稳定，劳动力成本继续上涨。2013年，宁夏就业人口净增5.5万人，同比增长1.6%，全区城镇登记失业率为4.1%。受最低工资标准和居民社会保障水平提高等政策因素和经济发展因素的双重影响，全区城镇在岗职工年人均工资和农民工年人均工资性收入保持较高增长。

（四）财政收入稳步增长，民生支出持续加大

2013年，宁夏完成公共财政预算总收入528.2亿元，增长14.8%。其中，地方公共财政预算收入308.1亿元，增长16.7%。在地方公共财政预算收入中，完成各项税收收入237.3亿元，增长14.6%。支出结构不断优化，城乡社区事务、医疗卫生、社会保障和文化体育等民生领域支出增长较快，分别增长22.7%、15.7%、13.3%和12.2%。

（五）能源消费平稳增长，生态环境继续改善

2013年，全区能源消费总量比上年增长6.3%。石油加工炼焦业、黑色金属冶炼业、煤炭开采洗选业和非金属矿物制品业能耗增长较快，

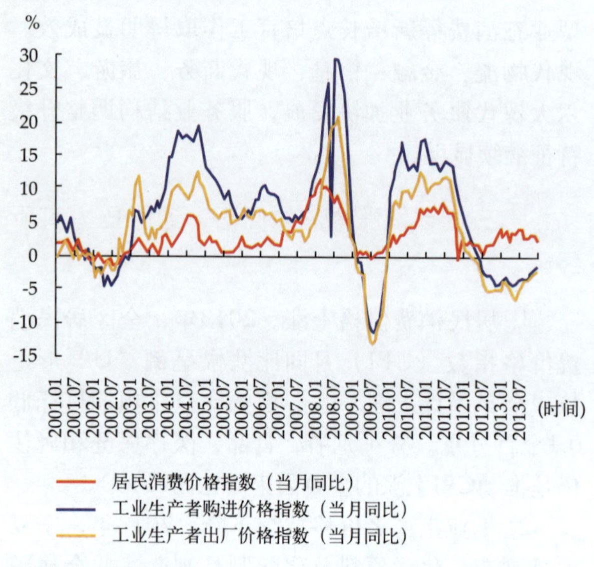

数据来源：宁夏统计局。

图11　2001～2013年宁夏回族自治区居民消费价格和生产者价格变动趋势

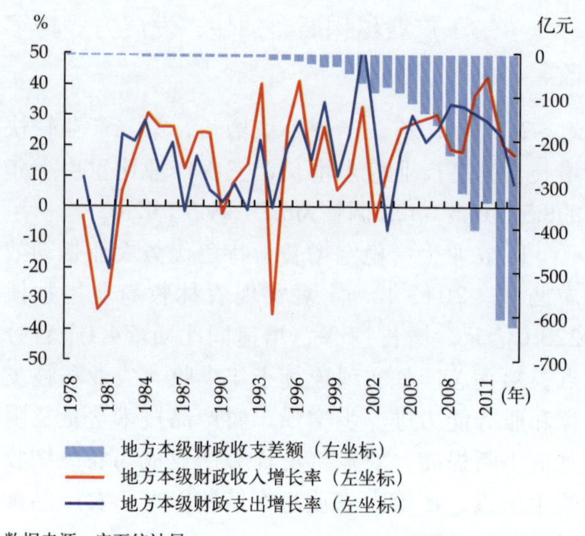

数据来源：宁夏统计局。

图12　1978～2013年宁夏回族自治区财政收支状况

分别增长36.9%、16.6%、14.7%和12.3%。万元地区生产总值综合能耗下降3.2%，四项主要污染物削减完成国家下达年度指标。生态环境建设步伐加快，生态修复、水土流失治理力度加大，森林覆盖率提高到13.6%，石嘴山市和吴忠市分别成为西北首个国家森林城市和全国绿化模范城市。

专栏2　宁夏民族贸易和民族特需商品生产贷款优惠利率政策实施成效显著

宁夏是我国唯一的省级回族自治区，发展民族贸易和民族特需商品生产对于促进宁夏经济社会发展、维护地区社会稳定具有重要意义。近年来，中国人民银行银川中心支行认真贯彻执行民族贸易和民族特需商品生产贷款优惠利率政策，促进民族地区和民族企业加快发展。2013年年末，宁夏民贸民品贴息贷款余额148.1亿元，同比增长40.4%；全年累计发放民贸民品贴息贷款147.6亿元，同比增加32.8亿元。民贸民品贷款贴息额不断增加，年贴息额由2006年不到0.1亿元增加到2013年的3.9亿元。

一是畅通多部门沟通协调机制。经过多年的探索，宁夏建立了民族宗教部门、财政部门及人民银行之间的沟通交流机制，三方共同研究制定发展规划和管理措施，对各市（县）上报的民族特需商品生产企业共同进行审核上报国家，对民贸县（市）上报的民族贸易企业逐级审核备案。三方密切合作，信息共享，畅通优惠政策传导渠道。

二是完善贴息审核流程。多年来，中国人民银行银川中心支行结合宁夏实际及业务需要，联合政府相关部门制定完善优惠政策贴息审核制度，严格贴息流程，明确各方职责，为优惠政策的顺利实施提供了制度保证。同时，督导金融机构严格按照优惠政策规定的期限、利率、用途发放贷款，确保优惠政策的有效贯彻落实。

三是将扶持民族贸易企业发展与扶贫开发相结合。宁夏共有9个县（市）被国家确定为民族贸易县，这些县（市）基本属于中部干旱带和南部山区集中连片贫困带，经济发展相对落后。中国人民银行银川中心支行会同自治区民委、财政厅以优惠政策为抓手，将优惠政策与扶持贫困地区经济发展相结合，充分发挥优惠政策扶持民族贸易县内民族贸易企业发展带动县域经济发展的优势，有重点地选择并扶持了一批民族贸易企业。宁夏民族贸易企业数量已由2006年年末的3家，增至2013年年末的59家，2013年宁夏民族贸易企业贴息额0.9亿元，同比增长79%。

四是将优惠政策与产业政策相结合带动民族特色优势行业快速发展。多年来，宁夏始终坚持将优惠政策与产业结构调整相结合，支持地方优势特色产业做大做强。2013年，羊绒企业贴息金额占到宁夏全部贴息金额的60%左右；清真食品类贴息企业占宁夏享受贴息企业总数的57.0%，享受优惠政策的清真食品企业累计贴息额占全部企业贴息金额的21.4%。宁夏羊绒产业已由过去的松散型向产业集群转变，实现了由粗加工向精深加工转变，由初级产品向高端产品转变，由贴牌向自主品牌转变，尤其近两年羊绒产业年均产值已超过百亿元。宁夏清真食品产值占食品工业产值的90%以上，产品销往国内半数省区和部分中东国家。与此同时，羊绒及清真食品企业在解决民族地区就业方面也作出突出贡献，增加了少数民族群众致富渠道。

五是将优惠政策与地区优惠政策相结合切实带动中小企业加快发展。中国人民银行银川中心支行始终将引导扩大中小企业信贷投放作为货币信贷政策工具的重要着力点，在充分发挥货币政策工具引导作用的基础上，协同配合优惠政策、中小企业“百家成长 千家培育”工程贴息等优惠政策，充分发挥财政资金杠杆撬动作用，引导金融机构对更多的民族贸易和民族特需商品生产企业执行基准利率，切实降低中小企业融资成本，全力支持中小企业发展壮大。目前，在宁夏享受贴息资金的民贸民品企业中，95%以上的企业为中小企业。

（六）房地产市场运行平稳，旅游产业加快发展

1. 房地产市场供需两旺，房地产供应充足，房地产价格持续上涨，城镇保障性安居工程建设力度加大，房地产贷款大幅增长。

房地产投资强劲增长。2013年，宁夏房地产开发投资增长30.2%，占全社会固定资产投资额的20.8%。全年新开工建设各类城镇保障性安居工程5.2万套，超额完成年度任务。

商品房潜在供应量触底回升。2013年，宁夏房屋竣工面积下降4.1%，增速同比回落26.3个百分点。新开工面积增长17.4%，增速同比加快23.1个百分点；土地购置面积增长3.0%，增速同比回升21.2个百分点。

商品房需求旺盛。2013年，宁夏商品房销售面积和销售额分别增长30.3%和39.7%，增速同比分别提高35.3个和39.2个百分点（见图13）。

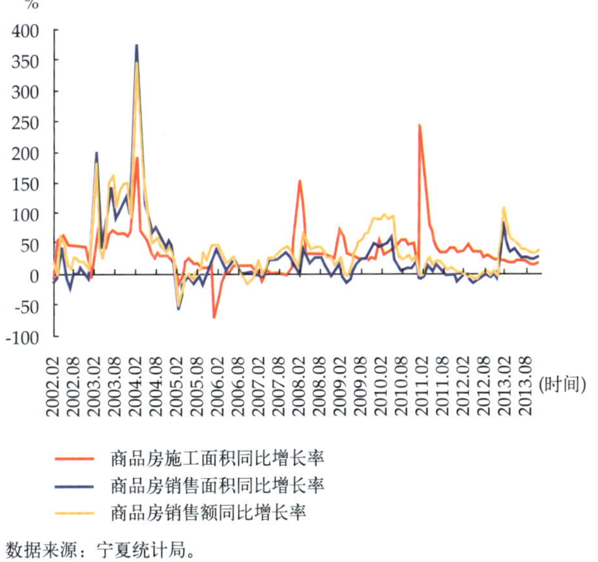

数据来源：宁夏统计局。

图13 2002~2013年宁夏回族自治区商品房施工和销售变动趋势

房地产价格持续上涨。在刚性需求旺盛等因素的影响下，银川市房价持续上涨。12月，银川市新建住房销售价格同比上涨8.4%，同比提高6.8个百分点（见图14）。

房地产企业开发资金较快增长。2013年，宁夏房地产开发企业到位资金694亿元，同比增长

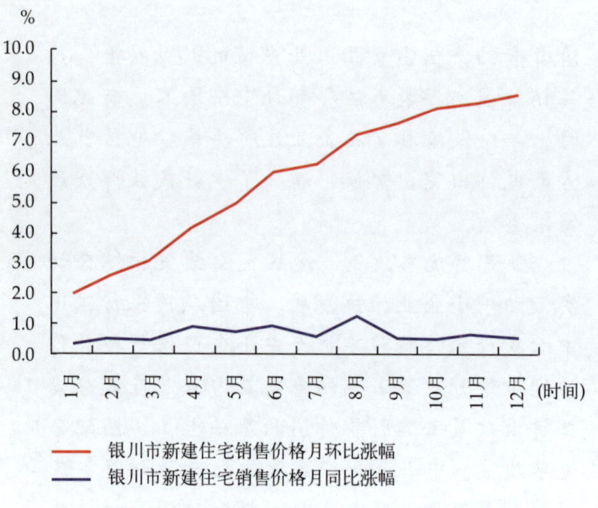

数据来源：银川市统计调查总队。

图14 2013年银川市新建住宅销售价格变动趋势

38.9%，同比提高23.5个百分点。其中，国内贷款106亿元，增长78%；自筹资金248亿元，增长26.2%；其他资金340亿元，同比增长39.6%。

房地产贷款大幅增长。2013年，宁夏金融机构房地产贷款余额增长45.0%，同比提高32.7个百分点。其中，房地产开发贷款余额增长115.8%，增速同比提高123.4个百分点；个人住房贷款增长26.8%，增速同比提高8.0个百分点。保障性安居工程累计获得各类金融支持34亿元，增长118.1%。

2. 旅游业加快发展，金融支持力度持续加大。宁夏历史文化和人文资源独特，自然风光优美，旅游资源得天独厚。近年来，宁夏以国家批准建设内陆开放型经济试验区为契机，围绕打造独具特色的国际旅游目的地，着力推动旅游业发展壮大。一是开发特色优势文化旅游项目。深度挖掘和优化黄河文化、回乡文化、红色文化、沙漠文化等旅游资源。二是积极推动旅游与信息产业和现代服务业融合发展，提升宁夏旅游业软件环境。制订了《旅游目的地数字系统建设规划》，加快旅游信息化发展及智慧旅游建设。加快酒店、交通等建设，提升接待能力和消费档次。三是与周边省区加强合作，合力创建优秀旅游线路和旅游绿色通道，合力开发旅游资源，共享旅游资源。2013年，宁夏国内游客接待量和旅游收入分别增长14.6%和23.2%；入境游客接待量和旅游外汇收入分别增长33.5%和121.7%。旅游总收入占第三产业增加值的11.6%。

人民银行银川中心支行通过制定专项信贷指导意见和综合运用各项货币政策工具，引导金融机构创新信贷产品和服务方式，加大对旅游业支持力度。下阶段，宁夏金融机构以重点旅游资源为重点，以银川滨河新区旅游资源开发为新增长点，加大信贷投放，推动旅游资源优势转化为经济优势和产业优势。

三、预测与展望

2014年，宁夏将坚持“稳中求进、改革创新”的工作总基调，大力推进产业转型升级和结构调整，加快实施沿黄经济区发展和百万贫困人口扶贫攻坚战略，加快推进内陆开放型经济试验区建设，预计宁夏经济平稳较快发展，地区生产总值增长9%左右。在重大项目带动下，投资将增长20%以上；随着城乡居民可支配收入的逐步提高以及扩大信息消费等战略的加快推进，社会消费品零售总额预计增长13%；居民消费价格总水平预计涨幅3.5%左右；城镇登记失业率控制在4.5%以内。

2014年，宁夏金融业将进一步优化金融资源配置，推动信贷结构与社会融资结构改善和优化，提升对重点领域与民生领域的金融服务水平，大力支持现代农业发展、工业优化升级、现代服务业加快发展、新型城镇化有序推进；以普惠金融工程和科技文化金融服务两大主题项目促进薄弱领域发展，金融运行效率和服务实体经济能力将进一步提升。

中国人民银行银川中心支行货币政策分析小组
总　纂：胡文莲　麦遵伍　束　华
统　稿：马建斌　王　青　刘　玲　梁非哲
执　笔：常军卫　何敬杰　王银昆　马明霞　李　鹏　李旭胜　马俊鹏　周金东
提供材料的还有：陈伟忠　王立军　张　冀　周　豹　张晓宁　缪　纾　马　康　刘　力　姚景超
杨　光　曹洪强　王　浩　冯爱华　王永舵

附录

（一）2013年宁夏回族自治区经济金融大事记

6月2日，宁夏区政府转发中国人民银行银川中心支行、宁夏银监局、宁夏证监局、宁夏保监局关于金融支持宁夏“两区”建设的意见，发挥金融助推“两区”建设的作用。

6月10日，宁夏启动城乡居民大病保险试点工作，提高城乡居民医疗保障水平。

7月3日，“宁夏中小企业进入新三板市场交易和中小企业私募债发行试点”启动仪式在银川举行，标志着宁夏中小企业到资本市场上进行直接融资跨入了新阶段。

7月12日，宁夏区党委组织召开金融工作座谈会，研究部署金融发展工作。

7月19日，中信银行银川分行开业，进一步完善了宁夏金融体系。

9月15日，2013中国—阿拉伯国家博览会在宁夏银川市隆重开幕，进一步推进了中阿全方位交流合作。

9月28日，神华宁煤集团年产400万吨煤炭间接液化示范项目开工建设。

12月18日，平罗县农村土地产权交易中心正式挂牌成立，成为宁夏第一家农村土地产权交易中心。

12月29日，银川综合保税区正式封关运行，标志着宁夏步入扩大开放的新阶段。

（二）2013年宁夏回族自治区主要经济金融指标

表1　2013年宁夏回族自治区主要存贷款指标

		1月	2月	3月	4月	5月	6月	7月	8月	9月	10月	11月	12月
本外币	金融机构各项存款余额（亿元）	3 607.3	3 587.0	3 721.6	3 712.9	3 742.5	3 763.2	3 807.6	3 874.6	3 850.9	3 890.2	3 904.2	3 881.4
	其中：储蓄存款	1 729.0	1 766.2	1 798.0	1 782.2	1 799.9	1 810.3	1 821.3	1 845.9	1 889.8	1 864.7	1 881.7	1 893.4
	单位存款	1 672.5	1 624.2	1 732.6	1 725.3	1 726.0	1 769.4	1 784.4	1 799.9	1 797.1	1 806.4	1 802.9	1 806.3
	各项存款余额比上月增加（亿元）	99.7	-20.3	134.6	-8.8	29.6	20.7	44.4	66.9	-23.6	39.3	14.0	-22.8
	金融机构各项存款同比增长（%）	20.4	16.1	17.3	16.4	14.9	12.5	13.0	13.4	12.0	12.8	12.3	10.7
	金融机构各项贷款余额（亿元）	3 451.7	3 482.6	3 564.0	3 602.1	3 647.2	3 702.9	3 749.3	3 778.7	3 831.4	3 872.6	3 912.7	3 947.3
	其中：短期	1 317.9	1 326.2	1 357.6	1 367.2	1 364.7	1 397.7	1 415.4	1 438.3	1 462.1	1 467.3	1 470.1	1 503.4
	中长期	1 983.7	1 996.8	2 047.9	2 064.0	2 091.8	2 120.7	2 156.9	2 169.5	2 210.2	2 247.8	2 293.2	2 303.2
	票据融资	142.3	151.7	150.5	162.3	180.3	172.2	164.5	158.6	138.2	136.7	128.4	120.2
	各项贷款余额比上月增加（亿元）	77.1	30.9	81.4	38.1	45.1	55.7	46.3	29.5	52.7	41.2	40.1	34.6
	其中：短期	18.9	8.4	31.4	9.5	-2.4	32.9	17.7	22.9	23.8	5.3	2.8	33.3
	中长期	22.9	13.0	51.1	16.1	27.8	28.9	36.2	12.5	40.7	37.7	45.4	10.0
	票据融资	34.8	9.5	-1.2	11.8	18.0	-8.1	-7.7	-6.0	-20.3	-1.5	-8.3	-8.3
	金融机构各项贷款同比增长（%）	17.5	16.1	16.4	15.7	14.8	14.3	15.3	15.1	15.5	16.2	16.7	17.1
	其中：短期	37.4	32.1	28.5	23.5	20.2	16.3	15.9	17.7	17.8	18.1	15.7	16.0
	中长期	8.6	9.1	11.4	12.1	12.4	13.1	14.8	14.1	14.6	15.9	17.9	17.5
	票据融资	-3.1	-5.0	-6.5	0.7	4.3	9.7	12.2	4.1	-2.5	-4.1	-0.9	11.8
	建筑业贷款余额（亿元）	62.1	63.3	67.7	66.3	67.9	70.7	69.2	68.8	69.0	71.7	72.8	73.6
	房地产业贷款余额（亿元）	100.0	100.7	113.8	115.1	126.4	136.4	138.6	141.3	149.2	156.8	158.4	165.1
	建筑业贷款同比增长（%）	69.7	67.9	70.6	51.8	47.2	42.4	31.3	23.9	17.0	20.7	21.2	22.9
	房地产业贷款同比增长（%）	5.1	3.5	15.8	21.2	31.2	39.4	45.2	48.6	50.7	56.8	62.7	69.5
人民币	金融机构各项存款余额（亿元）	3 596.2	3 575.2	3 708.7	3 699.9	3 729.7	3 750.9	3 794.2	3 861.1	3 837.8	3 877.6	3 891.3	3 868.5
	其中：储蓄存款	1 723.5	1 760.1	1 791.9	1 776.0	1 793.5	1 804.1	1 815.0	1 839.7	1 883.7	1 858.7	1 875.6	1 887.2
	单位存款	1 667.2	1 618.7	1 726.0	1 719.2	1 719.9	1 763.6	1 777.5	1 793.0	1 790.3	1 800.1	1 796.5	1 799.9
	各项存款余额比上月增加（亿元）	100.4	-21.0	133.4	-8.8	29.8	21.2	43.3	66.8	-23.2	39.7	13.7	-22.8
	其中：储蓄存款	43.6	36.7	31.8	-15.8	17.4	10.7	10.9	24.7	44.0	-25.0	16.9	11.7
	单位存款	-6.4	-48.4	107.3	-6.8	0.7	43.7	14.0	15.4	-2.6	9.7	-3.5	3.3
	各项存款同比增长（%）	20.4	16.1	17.3	16.4	15.0	12.6	13.0	13.4	12.0	12.9	12.3	10.7
	其中：储蓄存款	23.5	24.6	23.6	22.1	21.1	18.4	18.3	17.5	17.1	16.0	14.7	12.4
	单位存款	24.7	15.3	17.3	17.7	15.6	11.3	12.9	11.9	12.3	13.8	11.9	7.6
	金融机构各项贷款余额（亿元）	3 420.4	3 450.4	3 530.1	3 568.4	3 615.2	3 673.0	3 721.4	3 749.2	3 792.9	3 833.3	3 874.0	3 910.1
	其中：个人消费贷款	318.7	321.0	326.6	334.1	341.8	351.7	361.0	368.0	375.1	378.1	389.3	393.2
	票据融资	142.2	151.7	150.4	162.2	180.3	172.1	164.4	158.3	138.1	136.6	128.3	120.1
	各项贷款余额比上月增加（亿元）	78.4	30.0	79.7	38.3	46.9	57.8	48.4	27.8	43.7	40.3	40.7	36.2
	其中：个人消费贷款	6.4	2.2	5.7	7.5	7.7	9.9	9.2	5.1	7.2	3.0	11.2	3.9
	票据融资	34.8	9.4	-1.2	11.8	18.0	-8.2	-7.7	-6.0	-20.3	-1.5	-8.3	-8.3
	金融机构各项贷款同比增长（%）	17.3	15.9	16.2	15.4	14.7	14.1	15.2	15.0	15.1	15.9	16.4	17.1
	其中：个人消费贷款	17.1	17.9	18.0	20.1	21.6	23.6	25.6	26.6	25.6	26.1	27.2	26.2
	票据融资	-3.1	-5.0	-6.2	0.7	4.2	9.7	12.2	4.1	-2.5	-4.2	-0.9	11.8
外币	金融机构外币存款余额（亿美元）	1.8	1.9	2.1	2.1	2.1	2.0	2.2	2.2	2.1	2.1	2.1	2.1
	金融机构外币存款同比增长（%）	14.2	0.8	26.5	9.7	1.7	7.2	18.5	20.9	22.8	11.5	18.9	13.5
	金融机构外币贷款余额（亿美元）	5.0	5.1	5.4	5.4	5.2	4.8	4.5	4.8	6.3	6.4	6.3	6.1
	金融机构外币贷款同比增长（%）	42.8	47.0	52.9	50.3	38.8	36.0	32.1	45.6	74.7	70.1	65.4	17.7

数据来源：中国人民银行银川中心支行。

表2 2001～2013年宁夏回族自治区各类价格指数

单位：%

年/月	居民消费价格指数		农业生产资料价格指数		工业生产者购进价格指数		工业生产者出厂价格指数	
	当月同比	累计同比	当月同比	累计同比	当月同比	累计同比	当月同比	累计同比
2001	—	1.6	—	2	—	2.5	—	0.3
2002	—	-0.6	—	3.5	—	-2.2	—	-0.3
2003	—	1.7	—	-0.6	—	6.8	—	5.6
2004	—	3.7	—	13.5	—	17.3	—	10.0
2005	—	1.5	—	9.3	—	9.7	—	6.2
2006	—	1.9	—	0.8	—	8.5	—	6.2
2007	—	5.4	—	12.2	—	7.1	—	3.7
2008	—	8.5	—	26.2	—	21.8	—	12.9
2009	—	0.7	—	-3.7	—	-5.3	—	-6.1
2010	—	4.1	—	4.4	—	14.1	—	9.1
2011	—	6.3	—	14.0	—	12.8	—	9.5
2012	—	2.0	—	7.6	—	-0.5	—	-2.6
2013	—	3.4	—	1.6	—	-3.0	—	-4.0
2012 1	—	—	—	—	—	—	—	—
2	1.9	2.1	12.3	12.3	4.1	4.5	0.8	0.9
3	2.2	2.1	11.1	11.9	2.8	3.9	0.1	0.6
4	2.1	2.1	11.2	11.7	1.5	3.3	-0.4	0.4
5	2.1	2.1	11.3	11.6	0.6	2.8	-1.1	0.1
6	1.0	1.9	7.7	11.0	-1.0	2.1	-2.4	-0.3
7	0.6	1.7	5.4	10.1	-2.1	1.5	-3.8	-0.2
8	1.7	1.7	5.1	9.5	-2.5	1.1	-4.8	-1.3
9	1.8	1.7	4.2	8.9	-2.7	0.6	-5.2	-1.8
10	2.0	1.8	3.3	8.3	-3.3	0.2	-5.0	-2.1
11	2.6	1.8	3.6	7.9	-3.8	-0.2	-4.8	-2.3
12	4.1	2.0	4.5	7.6	-3.9	-0.5	-4.9	-2.6
2013 1	—	—	—	—	—	—	—	—
2	3.9	3.6	3.1	4.1	-3.0	-3.0	-4.1	-3.9
3	2.7	3.3	3.8	4.0	-3.1	-3.1	-4.3	-4.0
4	3.7	3.4	-0.5	2.9	-3.8	-3.3	-5.3	-4.4
5	3.7	3.5	-3.0	1.6	-4.0	-3.6	-6.1	-4.7
6	4.2	3.6	1.3	1.6	-3.3	-3.4	-5.1	-4.8
7	4.1	3.7	2.3	1.7	-3.0	-3.3	-4.4	-4.7
8	2.8	3.6	2.7	1.8	-3.1	-3.3	-3.5	-4.6
9	3.0	3.5	2.3	1.9	-3.1	-3.3	-3.3	-4.4
10	3.4	3.5	0.6	1.7	-2.5	-3.2	-3.0	-4.3
11	3.2	3.5	0.5	1.6	-2.1	-3.1	-2.7	-4.2
12	2.7	3.4	0.7	1.6	-1.4	-3.0	-2.3	-4.0

数据来源：《中国经济景气月报》、《宁夏国民经济统计月报》。

表3　2013年宁夏回族自治区主要经济指标

	1月	2月	3月	4月	5月	6月	7月	8月	9月	10月	11月	12月
绝对值（自年初累计）												
地区生产总值（亿元）	—	—	415.7	—	—	1 008.2	—	—	1 757.8	—	—	2 565.1
第一产业	—	—	27.1	—	—	39.9	—	—	138.4	—	—	223.0
第二产业	—	—	220.8	—	—	544.9	—	—	905.1	—	—	1 265.0
第三产业	—	—	167.8	—	—	423.3	—	—	714.3	—	—	1 077.1
工业增加值（亿元）	—	120.1	194.4	264.8	334.4	413.4	488.8	567.9	648.5	731.0	817.2	907.2
固定资产投资（亿元）	—	38.6	175.5	371.4	608.3	945.8	1 212.9	1 532.1	1 883.2	2 157.9	2 343.0	2 681.1
房地产开发投资	—	1.6	25.9	64.8	116.1	189.8	257.7	324.3	399.7	465.1	530.8	559.0
社会消费品零售总额（亿元）	—	99.6	145.4	193.7	234.1	283.4	334.0	386.6	443.5	501.0	556.1	610.5
外贸进出口总额（万美元）	—	47 904	70 277	114 332	174 529	196 290	214 144	240 030	265 321	287 528	305 923	321 791
进口	—	6 401	12 680	17 736	23 876	28 845	33 599	41 879	50 234	56 942	63 061	66 545
出口	—	41 503	57 597	96 597	150 654	167 445	180 546	198 152	215 087	230 586	242 862	255 246
进出口差额(出口－进口)	—	35 102	44 917	78 861	126 778	138 600	146 947	156 273	164 853	173 644	179 801	188 701
外商实际直接投资（万美元）	—	2 622	2 622	8 360	10 043	10 226	10 520	10 539	11 789	11 789	11 789	14 814
地方财政收支差额（亿元）	—	-34.3	-69.2	-96.0	-126.3	-177.1	-233.1	-318.7	-388.9	-426.6	-486.2	-623.3
地方财政收入	—	50.7	75.5	101.1	122.6	152.4	180.6	203.3	226.8	256.4	277.9	308.1
地方财政支出	—	85.0	144.6	197.1	248.9	329.5	413.7	522.0	615.7	683.0	764.1	931.5
城镇登记失业率(%)(季度)	—	—	4.1	—	—	4.1	—	—	4.1	—	—	4.1
同比累计增长率（%）												
地区生产总值	—	—	8.6	—	—	9.0	—	—	9.5	—	—	9.8
第一产业	—	—	3.8	—	—	3.0	—	—	2.9	—	—	4.5
第二产业	—	—	10.3	—	—	11.4	—	—	12.6	—	—	12.5
第三产业	—	—	6.9	—	—	6.0	—	—	6.3	—	—	7.5
工业增加值	—	8.3	9.7	10.0	10.6	11.0	11.4	11.8	12.2	12.4	12.5	12.5
固定资产投资	—	28.2	29.1	27.0	26.7	28.1	27.6	28.7	28.2	27.8	28.0	27.1
房地产开发投资	—	61.9	24.8	21.4	23.7	33.5	36.9	37.6	36.6	35.2	33.1	30.2
社会消费品零售总额	—	11.1	11.0	11.4	11.6	11.8	11.9	11.9	12.1	12.2	12.4	12.5
外贸进出口总额	—	95.7	61.2	90.5	120.9	78.5	64.1	45.5	60.8	51.5	46.1	45.2
进口	—	-8.2	-12.6	-8.4	-10.1	-4.7	-7.2	-10.7	7.1	10.4	15.0	15.6
出口	—	137.1	97.9	137.6	187.4	110.1	91.5	67.8	82.1	66.9	57.2	55.5
外商实际直接投资	—	0.0	-61.6	22.6	14.3	-13.7	-18.1	-25.9	-28.9	-29.6	-30.4	-32.1
地方财政收入	—	7.8	17.4	12.6	12.3	15.0	13.5	15.0	15.7	16.3	16.1	16.7
地方财政支出	—	31.5	23.7	21.4	17.2	-0.4	1.7	7.8	6.7	8.2	10.1	7.8

数据来源：宁夏统计局、宁夏人力资源和社会保障厅。

2013年新疆维吾尔自治区金融运行报告

中国人民银行乌鲁木齐中心支行货币政策分析小组

[内容摘要] 2013年,新疆坚持"稳中求进，进中求变"的工作总基调，统筹推进稳增长、控物价、调结构、惠民生工作。公共基础设施、新型工业化以及民生领域重点项目建设提速，投资持续强劲增长，消费需求保持平稳，外贸出口增长较快；三次产业协调发展，农业生产再获丰收，工业转型升级加快，服务业稳步增长。经济运行呈现出结构优化、动力增强、效益提升的良好态势。

金融运行健康平稳。银行信贷平稳较快增长，金融支持民生力度加大；证券业机构实力增强，保险业经济保障功能提升；多元化融资加快发展，金融市场创新加快；金融生态环境持续改善；金融对外开放成效显著，经济金融发展的协调性进一步增强。

2014年，新疆经济加快发展的政策因素更加有利，经济基础更加牢固，重点领域和关键环节的改革加快推进，经济有望继续较快增长，呈现持续向好态势。金融业将进一步改善和优化融资结构和信贷结构，深化金融改革，加快金融对外开放，促进自治区经济社会持续健康发展。

一、金融运行情况

2013年，新疆金融业认真执行稳健的货币政策，按照"总体稳健、结构优化"的要求，保持信贷平稳较快增长，持续加大民生金融支持力度，不断拓宽融资渠道，稳步推进金融改革，金融业稳健发展，服务实体经济能力显著增强。

（一）银行业组织体系不断完善，信贷资源配置效率提升

2013年，新疆银行业资产规模稳步扩大，贷款平稳较快增长，银行业服务体系进一步完善，新型农村金融组织加快发展。

1. 资产规模继续扩大。2013年年末，新疆银行业资产总额为2.01万亿元，同比增长17.9%；不良贷款率1.3%，较年初下降0.3个百分点。银行业机构网点数达3 483家，较年初增加199家。农村金融机构加快发展，新增农村商业银行4家，村镇银行9家。

2. 存款增速趋缓。2013年年末，新疆金融机构本外币各项存款余额为14 247.5亿元，同比增长14.7%，较上年同期下降4.3百分点。

分结构看，单位存款增长较快，个人存款和

表1　2013年新疆维吾尔自治区银行业金融机构情况

机构类别	营业网点			法人机构（个）
	机构个数（个）	从业人数（人）	资产总额（亿元）	
一、大型商业银行	1 382	30 028	8 268.89	0
二、国家开发银行和政策性银行	94	2 226	2 917.05	0
三、股份制商业银行	64	2 047	1 516.61	0
四、城市商业银行	175	4 189	3 397.14	5
五、城市信用社	0	0	0.00	0
六、小型农村金融机构	1 062	11 732	2 730.21	83
七、财务公司	1	13	10.30	0
八、信托公司	0	271	40.90	2
九、邮政储蓄银行	660	4 048	667.81	0
十、外资银行	2	70	37.46	0
十一、新型农村金融机构	43	849	122.93	17
十二、其他	0	84	353.98	1
合　计	3 483	55 557	20 063.28	108

注：营业网点不包括国家开发银行和政策性银行、大型商业银行、股份制银行金融机构总部数据；大型商业银行包括中国工商银行、中国农业银行、中国银行、中国建设银行和交通银行；小型农村金融机构包括农村商业银行、农村合作银行、农村信用社；新型农村金融机构包括村镇银行、贷款公司和农村资金互助社；"其他"包含金融租赁公司、汽车金融公司、货币经纪公司、消费金融公司等。

数据来源：中国人民银行乌鲁木齐中心支行、新疆银监局。

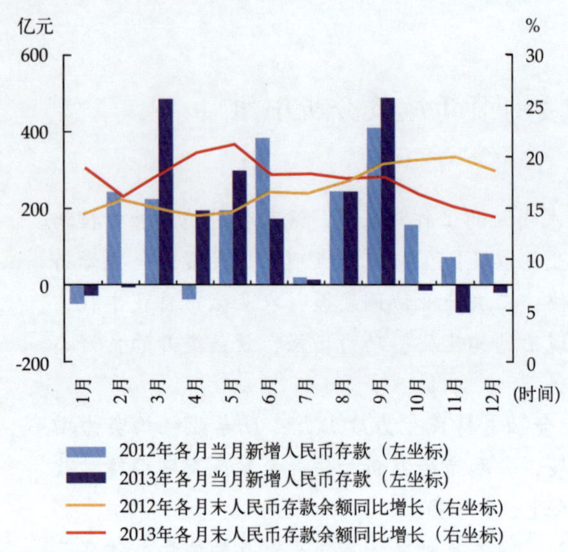

数据来源：中国人民银行乌鲁木齐中心支行。

图1　2012～2013年新疆维吾尔自治区金融机构人民币存款增长变化

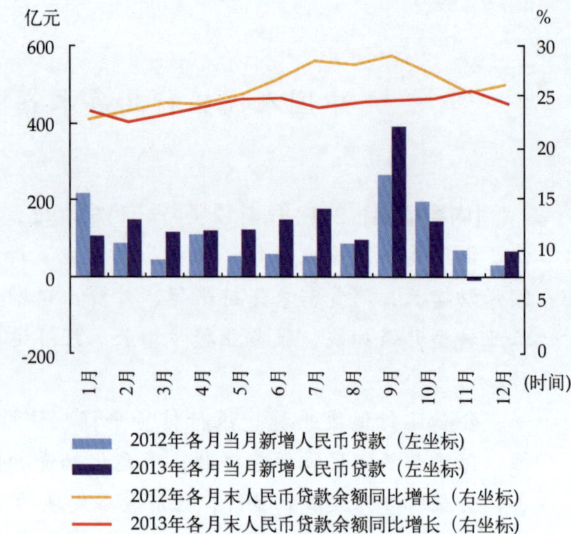

数据来源：中国人民银行乌鲁木齐中心支行。

图2　2012～2013年新疆维吾尔自治区金融机构人民币贷款增长变化

财政存款增速放缓。单位存款较年初增加1 146亿元，同比增长17.4%，其中3月和9月由于项目资金集中到位和棉花收购贷款派生存款因素，单位存款增加较多；随着互联网金融和银行理财业务的快速发展，个人存款分流明显，年末增速仅为13.1%，同比下降6.6个百分点，同期个人银行理财资金余额增幅超过40%；受结构性减税和财政支出增多等因素的影响，财政存款增速大幅下降，同比增长11.5%，低于上年同期7.6个百分点。

3. 贷款平稳较快增长，投放重点更加突出。2013年年末，新疆本外币贷款余额为10 377.1亿元，较年初增加1 980.3亿元，同比增长23.7%，切实满足了实体经济发展的资金需求。

信贷投向重点突出，“保重点”和“惠民生”作用增强。中长期贷款同比增长23.5%，有效保障了重点行业及重点项目有效资金需求。涉农贷款和微型企业贷款增速、民贸民品贴息额等指标排名均居全国前列。金融扶贫开发力度加大，南疆三地州贷款增速高于全区8.5个百分点。支农再贷款信贷引导效应显著，农村信用社涉农贷款增量、增幅、占比均高于上年。

4. 贷款利率保持平稳。2013年，新疆一般贷款加权平均利率（不含贴现）为6.9994%，除3月、10月受农业季节性贷款发放致使利率波动较大外，新疆月度贷款利率基本平稳。从利率浮动情况看，新发放下浮和基准利率贷款占比分别为6.84%和48.93%，较上年分别上升1.55个和0.46个百分点。票据、同业存款利率等受银行间市场利率波动影响明显，年中冲高回落后持续保持高

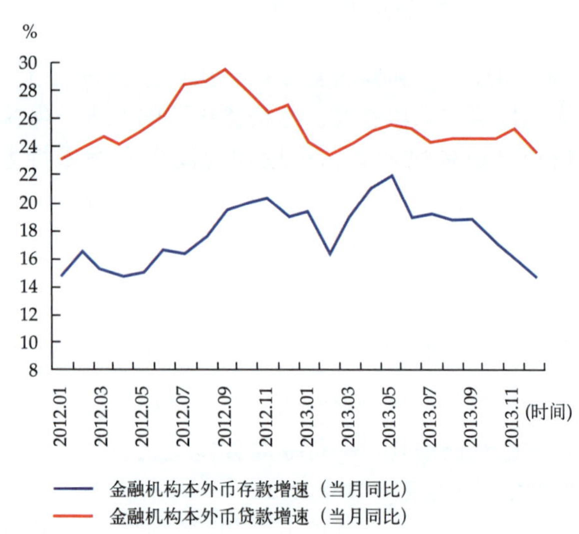

数据来源：中国人民银行乌鲁木齐中心支行。

图3　2012～2013年新疆维吾尔自治区金融机构本外币存、贷款增速变化

位，票据贴现利率于12月达到7.48%的年内高点。由于存款竞争加剧，辖内部分股份制银行中长期存款利率上浮至10%，全国性银行分支机构存款定价权限进一步扩大。

贷款利率管制放开后，商业银行进一步强化贷款收益考核，对Shibor、贷款基础利率（LPR）等市场基准利率的敏感性进一步提升，部分银行开始尝试以LPR为基准进行贷款报价。地方法人金融机构加快利率定价基础信息系统改造，不断完善利率定价模型，应对利率市场化改革的主动性和积极性明显提高。

表2 2013年新疆维吾尔自治区金融机构人民币贷款各利率区间占比

单位：%

月份		1月	2月	3月	4月	5月	6月
合计		100.0	100.0	100.0	100.0	100.0	100.0
下浮		6.3	10.0	6.9	6.6	10.5	11.3
基准		42.6	36.8	31.8	38.5	43.2	46.7
上浮	小计	51.2	53.2	61.4	54.9	46.3	41.9
	(1.0，1.1]	12.0	9.8	12.2	14.2	11.6	10.3
	(1.1，1.3]	11.7	13.6	15.1	14.1	12.9	14.1
	(1.3，1.5]	11.4	11.6	14.0	11.7	10.8	7.9
	(1.5，2.0]	13.7	16.3	18.7	13.6	10.2	9.2
	2.0以上	2.4	1.8	1.4	1.3	0.8	0.5
月份		7月	8月	9月	10月	11月	12月
合计		100.0	100.0	100.0	100.0	100.0	100.0
下浮		11.5	6.2	4.5	3.4	5.9	3.7
基准		51.6	46.1	61.7	66.6	53.8	48.5
上浮	小计	36.9	47.7	33.8	30.0	40.3	47.8
	(1.0，1.1]	8.5	11.7	7.2	6.8	8.7	9.5
	(1.1，1.3]	11.7	14.9	8.2	8.6	8.8	9.8
	(1.3，1.5]	8.3	8.8	8.6	5.4	8.6	10.5
	(1.5，2.0]	8.1	11.6	9.2	8.5	13.0	17.0
	2.0以上	0.3	0.6	0.6	0.6	1.2	1.0

数据来源：中国人民银行乌鲁木齐中心支行。

新疆民间借贷市场基本稳定，价格有所回落。监测样本全年累计借贷发生额2.6亿元，同比增长11.6%；全年加权平均利率17.0%，较上年下降3.0个百分点。其中，期限在1年以内的借贷占87.1%。

5. 银行业改革取得实效。大型国有商业银行基础服务设施不断优化，国家开发银行全国首家

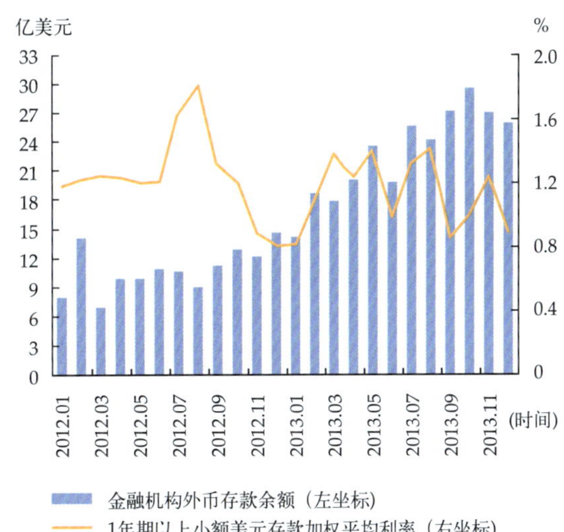

数据来源：中国人民银行乌鲁木齐中心支行。

图4 2012～2013年新疆维吾尔自治区金融机构外币存款余额及外币存款利率

二级分行——伊犁分行开业，自治区首家社区支行——兴业银行乌鲁木齐高新区天山花园社区支行顺利开业。法人银行实力进一步增强，新疆银行获批筹建，4家城市商业银行新增股本16.56亿元。

农村金融改革进程加快，5家农村信用社率先改制成立4家农村商业银行，核准筹建村镇银行10家，邮政储蓄银行新疆分行成立三农金融部，农村金融服务能力进一步增强。

6.跨境人民币业务继续推进。2013年，新疆跨境人民币实际收付结算额为425.26亿元，占同期涉外收支总额的28%。其中，经常项目结算额371.98亿元，资本项下结算额同比增长81%。2013年年末，新疆已与53个国家和地区开展了跨境人民币业务，较上年增加13个。中哈霍尔果斯国际边境合作中心跨境人民币创新业务试点正式启动。人民币兑哈萨克斯坦坚戈实现现钞挂牌。

（二）证券业盈利能力提升，上市公司实力不断增强

证券机构盈利能力增长较快。2013年，辖内证券经营机构实现利润36.34亿元，同比增长92.1%。法人期货公司2家，期货营业部10家，实现代理交易1.21万亿元。

上市公司整体实力进一步增强。2013年末，新疆A股上市公司总股本为338.41亿股，同比增长26.9%，总市值2 605.27亿元，同比增长5.2%。全年辖内10家上市公司通过增发、配股在A股市场融资155.46亿元。

表3　2013年新疆维吾尔自治区证券业基本情况

项目	数量
总部设在辖内的证券公司数（家）	1
总部设在辖内的基金公司数（家）	0
总部设在辖内的期货公司数（家）	2
年末国内上市公司数（家）	39
当年国内股票（A股）筹资（亿元）	155.46
当年发行H股筹资（亿元）	0.00
当年国内债券筹资（亿元）	449.70
其中：短期融资券筹资额（亿元）	168.40
中期票据筹资额（亿元）	104.00

数据来源：新疆证监局。

（三）保险机构稳步发展，经济保障功能持续提升

保险主体不断丰富，资产规模进一步扩大。2013年，新疆新增1家法人财险公司，省级保险分公司达29家。保险业总资产达557.82亿元，同比增长12.8%。

保费收入较快增长，保障功能进一步增强。2013年，新疆保险累计实现保费收入273亿元，同比增长16.1%。其中，财产险和人身险保费收入同比分别增长20.87%和12.95%。保险业赔付总额首次突破100亿元，达106.59亿元，增长33%。

表4　2013年新疆维吾尔自治区保险业基本情况

项目	数量
总部设在辖内的保险公司数（家）	1
其中：财产险经营主体（家）	1
人身险经营主体（家）	0
保险公司分支机构（家）	1 714
其中：财产险公司分支机构（家）	618
人身险公司分支机构（家）	1 096
保费收入（中外资，亿元）	273
其中：财产险保费收入（中外资，亿元）	113
人身险保费收入（中外资，亿元）	160
各类赔款给付（中外资，亿元）	106.59
保险密度（元/人）	1 207.83
保险深度（%）	3.14

数据来源：新疆保监局。

农业保险迈上新台阶。2013年，中央财政继续加大对新疆农业保险保费补贴力度，农业保险累计实现保费收入26.3亿元，同比增长36.7%。农户综合保险、设施农业保险和林果业保险的试点工作稳步推进，政策性畜牧业险试点新增至6个县。

（四）债务融资规模持续扩大，货币市场交易活跃

2013年，新疆金融市场加快发展，企业债务融资大幅增长，新疆股权交易中心成立，企业融资渠道更趋多元化。

1. 社会融资规模下降，银行信贷占比上升。2013年，新疆社会融资规模为2 854.0亿元，其中银行信贷占比为69.9%，较上年提高13.9个百分点；未贴现银行承兑汇票、信托贷款规模持续扩大，委托贷款大幅减少；企业债券融资稳步增长，创新产品运用取得突破，新疆首单区域集优票据和保障房私募债成功发行。

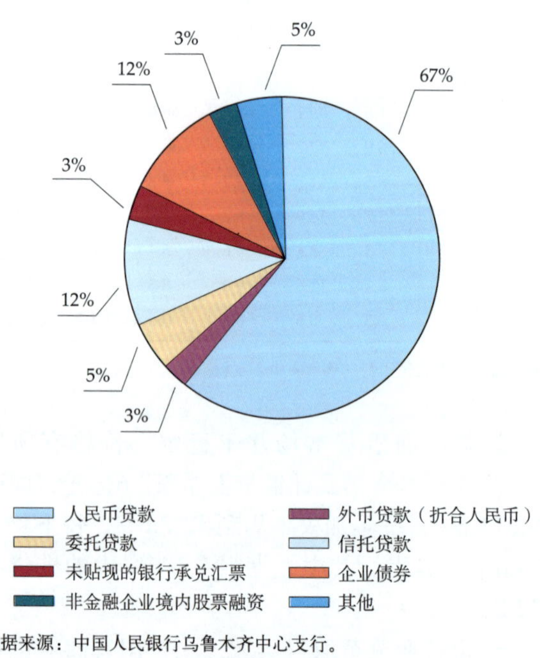

数据来源：中国人民银行乌鲁木齐中心支行。

图5　2013年新疆维吾尔自治区社会融资规模分布

专栏1　直接债务融资快速增长　有力支持新疆实体经济发展

近年来，在遵循市场化原则的前提下，新疆把发展直接债务融资与贯彻落实金融宏观调控政策、提升资源配置效率相结合，充分发挥参与主体能动性，加大市场培育，深化改革创新，全区形成了参与主体广泛、融资方式灵活、产品层次丰富的市场体系，有力地助推了实体经济发展。

一是直接债务融资总量迅速扩大。新疆银行间市场发债虽起步晚，但发展快，近三年债务融资成倍增长，发债总量实现200亿元、300亿元、500亿元的跨越。2013年，企业在银行间市场注册发行各类债务融资工具518.2亿元，同比增长49.8%，历年累计融资872.8亿元，为新疆经济发展提供了有力的资金支持。

二是实现债务融资与产业政策的有效结合。全区发债范围覆盖10个地州市的44家企业，涉及石油石化、煤炭、煤电煤化工、矿产开发、农副产品加工、医药、物流、电子等多个行业，既包括能源、化工、农产品加工等机械制造特色优势产业，也覆盖新能源新材料、先进装备制造等战略性新兴产业，对经济结构调整和转型升级起到重要作用。

三是开辟中小企业融资新渠道。近年来，新疆在培优扶强，做好大型企业融资的同时，着力推进中小企业发债工作。2012年以来，乌鲁木齐市1.7亿元中小企业集合票据和4.8亿元区域集优票据先后注册发行，为新疆中小企业直接融资发展打开了新局面。

四是支持民生领域发展取得新进展。2013年11月，新疆50亿元保障房定向融资承销协议顺利签署，首只保障房私募债成功发行，15 000余户低收入家庭受惠；当月喀什前海集团5亿元短期融资券注册发行，填补了新疆连片特困地区债务融资的空白。

五是支持兵团发展作用日益突出。兵团是新疆经济建设和维护社会稳定的重要力量。近年来，金融机构不断创新适合兵团组织体系的债务融资产品，2013年年末，兵团16家企业累计注册发行债务融资工具453.5亿元，占新疆银行间市场债务融资的37.3%。

2. 同业拆借交易活跃。2013年，新疆金融机构同业拆借交易活跃，全年共发生信用拆借211笔，较上年增加48笔，其中拆出168笔，资金净融出9 376.9亿元。由于债券收益率随市场利率波动出现整体上行,现券交易下降明显，新疆银行间债券市场累计成交34 931.7亿元，同比下降11%。

3. 票据业务快速发展。2013年，新疆金融机构累计签发银行承兑汇票1 210.36亿元，同比增长32.6%。其中银行承兑汇票累计签发量占比达98.8%。电子商业汇票业务增长较快，全年共办理3 094笔、金额106.89亿元，同比分别增长174.3%和75.4%。

表5　2013年新疆维吾尔自治区金融机构票据业务量统计

单位：亿元

季度	银行承兑汇票承兑		贴现			
			银行承兑汇票		商业承兑汇票	
	余额	累计发生额	余额	累计发生额	余额	累计发生额
1	360.7	225	454.9	646.7	1.1	0.6
2	474.7	531.2	403.3	1 184.2	0.5	1.1
3	541.7	813	431.3	1724	0.94	1.9
4	585.9	1 210	485.6	2 098.1	1.1	2.8

数据来源：中国人民银行乌鲁木齐中心支行。

表6　2013年新疆维吾尔自治区金融机构票据贴现、转贴现利率

单位：%

季度	贴现		转贴现	
	银行承兑汇票	商业承兑汇票	票据买断	票据回购
1	5.2708	5.8579	4.5530	4.4236
2	5.1249	5.9332	5.6629	4.2572
3	6.8063	7.2257	5.7063	5.6006
4	7.0948	7.8175	6.6174	6.1506

数据来源：中国人民银行乌鲁木齐中心支行。

4. 新疆股权交易中心开辟企业融资新渠道。西北地区首个区域性股权交易市场——新疆股权交易中心于2013年10月开市，首单股权质押融资产品、首单小额贷款公司贷款收益权质押融资产品相继成功发行，新疆权益资产质押融资取得实质性突破。

（五）金融生态环境建设加快推进

2013年，新疆各部门发挥合力，大力推动征信体系建设。新疆社会信用体系建设联席会议制度正式建立，基层社会信用环境建设情况纳入社会管理综合治理年度考核，有力地推动了地方信用体系建设。

多层次的新型农村信用体系建设模式逐步建立，中小企业信用信息采集工作加快推进。2013年年末，新疆已建立农户信用档案280.47万户，占农户总数的77.51%，已评定信用农户数249.12万户；累计纳入中小企业信用档案户数2.9万户。电信客户缴费、欠费信息纳入金融信用信息基础数据库，“新疆企业金融服务信息网”一期上线，信用基础设施建设不断完善。

金融基础设施建设加快推进。新疆乡镇、团场银行卡助农取款服务覆盖率分别达80%和90%，惠及农牧民500余万户，农村支付环境持续改善。小额支付和支票影像交换系统处理同城票据业务进展迅速，业务量排名居全国前列。成立金融消费权益保护中心42个，实现了区、地、县全覆盖。

二、经济运行情况

2013年，新疆经济继续保持增长较快、效益提升、结构优化的良好态势，发展内生动力进一步增强，综合经济实力大幅提升。全年实现地区生产总值8 360亿元，同比增长11.1%，人均地区生产总值为37 181元。

（一）三大需求增长不一，经济发展内生动力增强

1. 投资增长较快，结构不断优化。中央新疆工作座谈会以来，新疆投资力度持续加大，增速连续三年超过30%。2013年，全社会固定资产投资增长30.2 %，其中城镇固定资产投资增长25.7%。

投资结构不断优化，第三产业投资占比提高。三次产业投资结构由上年的2：55：43调整为2：52：46。第三产业投资对城镇投资贡献率达55.4%。石油工业尤其是下游深加工行业投资明显加快，石油工业投资增长27.8%，高于工业投资2个百分点。随着经济结构的不断调整，加之部分行业市场需求下降，钢铁、有色金属和六大高耗能行业投资增速明显放缓，同比分别下降51个、14.2个和6.8个百分点。

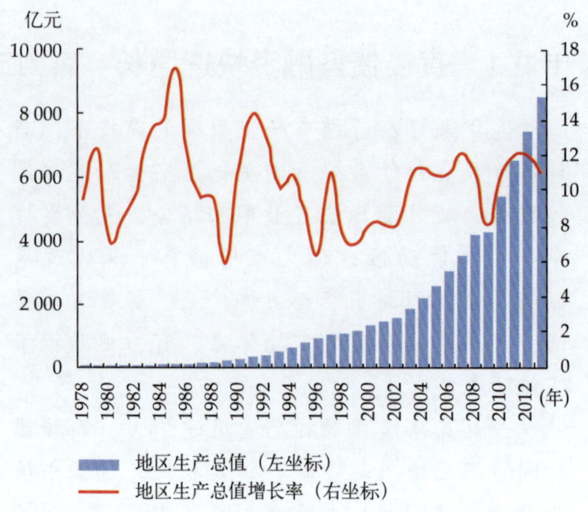

数据来源：新疆维吾尔自治区统计局。

图6 1978～2013年新疆维吾尔自治区地区生产总值及其增长率

分主体看，地方项目投资占主导地位，民间

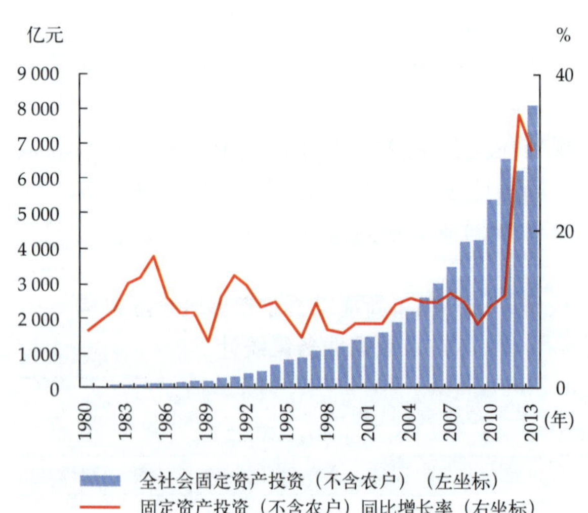

数据来源：新疆维吾尔自治区统计局。

图7 1980～2013年新疆维吾尔自治区固定资产投资（不含农户）及其增长率

投资活跃，投资内生动力增强。地方项目投资增长35.5%，对城镇投资增长贡献率达84.6%。民间投资增长35.1%，对城镇投资的贡献率为44.9%。

分投向看，基础设施、民生等薄弱环节投资力度持续增强。基础设施投资增幅达59%，同比提高22.8个百分点，对城镇投资增长的贡献率为48.8%。民生领域投资在近三年高速增长的基础上继续增长33.7%，其中涉及各类保障性住房建设的房地产业投资增长30.9%。

2. 消费需求平稳增长，结构转换特点突出。全年实现社会消费品零售总额2 039.2亿元，同比增长13.4%。消费结构变化呈现以下特点：一是强农惠农政策带动农民收入增长，释放农村消费潜力，农村社会消费品零售额增长13.4%，高于城镇0.1个百分点。二是受规范“三公”消费等因素影响限额以上消费增速回落，高档餐饮和住宿消费回落尤为明显，以大众消费为主的限额下消费大幅增长，增幅达到18.3%，高于限额以上10.6个百分点。三是网络购物冲击实体企业销售，42.2%的限额以上零售企业销售额出现下降。

3. 对外贸易稳步发展，出口拉动明显。2013年，新疆实现进出口额275.6亿美元，增长9.5%。由于中亚国家等主要贸易伙伴市场需求旺盛，出口增幅达15.1%。受国内经济增速放缓，原油、铁矿石等大宗资源型产品进口需求减少，以及

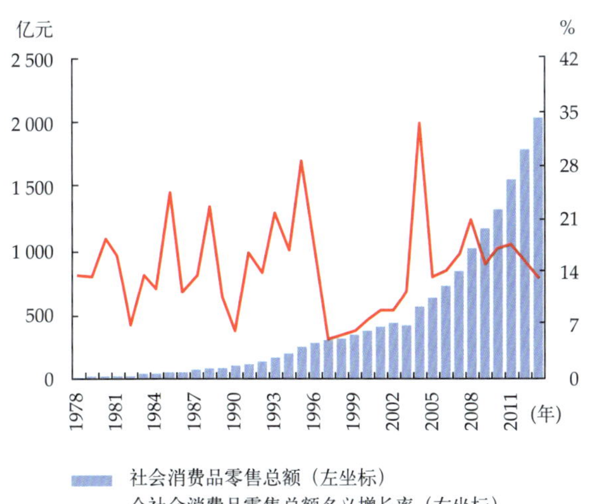

数据来源：新疆维吾尔自治区统计局。

图8 1978～2013年新疆维吾尔自治区社会消费品零售总额及其增长率

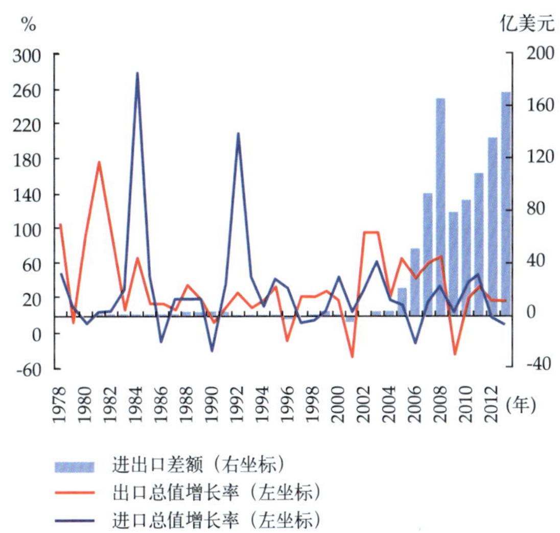

数据来源：新疆维吾尔自治区统计局。

图9 1978～2013年新疆维吾尔自治区外贸进出口变动情况

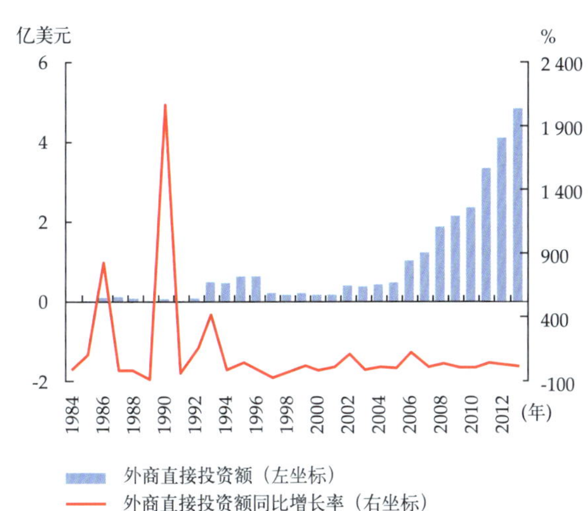

数据来源：新疆维吾尔自治区统计局。

图10 1984～2013年新疆维吾尔自治区外商直接投资情况

大宗产品价格持续走低等因素影响，进口下降9.1%。

贸易方式以边境小额贸易为主，占进出口总额的52.1%。民营企业外贸活跃度高，占进出口总额的73%，增长11.7%。出口产品结构逐步优化，机电产品出口比重增加。

利用外资保持增长。全年实际利用外资4.8亿美元，增长15.7%，主要投向加工制造业、矿产资源行业和农产品加工业等。外资来源地集中，来

自香港投资占到七成。2013年，地方企业“走出去”成效显著，对外投资增速创历史新高，投资领域从矿产资源开发行业拓展至贸易、房地产和银行业等领域。

专栏2　金融助力新疆向西开放成效显著

新疆作为中国向西开放的桥头堡，是内地与南亚、西亚、欧洲各国开展贸易、金融、交通合作的战略枢纽，处在“丝绸之路经济带”建设的核心区域。近年来，新疆金融业依托独特的区位优势，着力加大金融支持力度，促进对外合作发展，有力地推动了向西开放步伐不断加快。

对外金融合作平台逐步完善。以中国—亚欧博览会为平台，中国人民银行乌鲁木齐中心支行成功承办两届“金融发展与合作论坛”，构筑金融界高端对话平台，论坛已成为新疆与周边邻国金融沟通合作的重要桥梁。在上海合作组织框架下，中国与中亚领头羊哈萨克斯坦建立了央行之间的工作协调机制，信息交换框架初见端倪，金融合作逐步深化。中国与哈萨克斯坦区域经济合作的创新区域——中哈霍尔果斯国际边境合作中心正式封关运营，成为双边金融合作的重要平台。

人民币“走出去”步伐加快。自2010年新疆开展跨境人民币业务以来，新疆已与境外53个国家和地区开展跨境人民币结算，累计结算量突破千亿元，达到1 206亿元。其中，与周边接壤国家①跨境人民币结算额达到25.12亿元。为深度推进新疆跨境人民币结算业务的发展，中国银行新疆分行于2011年和2013年先后完成人民币与哈萨克斯坦坚戈的现汇现钞挂牌。

跨境人民币创新试点初见成效。2013年8月，霍尔果斯合作中心启动跨境人民币业务创新试点，打通了新疆与国际金融市场人民币资金流动和融资通道。各商业银行积极入驻合作中心，已有1家银行营业，4家银行筹备开业，通过吸收境外人民币资金，试点银行已向中心内企业发放贷款0.9亿元。

外汇金融服务水平不断提升。在全国加快推进外汇管理重点领域改革的背景下，新疆金融机构全面落实货物贸易、服务贸易等外汇管理改革措施，努力打造良好的外汇市场环境。2013年年末，全辖外汇指定银行达21家，结售汇网点571个，遍布中心城市和口岸地区；积极发展外汇衍生产品业务，全辖具有远期业务资质银行15家、116个网点，具有人民币与外币掉期业务资质银行6家、31个网点，具有期权业务资质银行5家。

金融机构涉外业务往来日益密切。新疆商业银行和银联公司与格鲁吉亚、巴基斯坦等国金融机构签订了多项金融合作协议，涉及银联卡发卡、跨境项目融资、货币结算、信息交流等方面。截至2013年年末，哈萨克斯坦、吉尔吉斯斯坦、巴基斯坦、俄罗斯、塔吉克斯坦在国内银行开立了14个人民币同业往来账户。依托上合组织银联体平台，国家开发银行加强与中亚国家的项目合作，有力地支持了其在能源资源、农业、中小企业领域的建设。

随着丝绸之路经济带建设的加快，新疆与周边国家的联系将更加紧密，金融要进一步发挥好核心作用，全方位、多层次、宽领域推进金融对外开放，努力把乌鲁木齐建成辐射中亚的区域性金融中心，把新疆打造成中国向西开放的区域金融高地。

①指蒙古、俄罗斯、哈萨克斯坦、吉尔吉斯斯坦、塔吉克斯坦、阿富汗、巴基斯坦、印度8个国家。

（二）三次产业协调发展，结构不断优化

2013年，新疆第一、第二、第三产业分别增长6.9%、13.6%和9.3%，对地区生产总值的贡献率分别为11.3%、60.2%和28.5%。

1. 农业经济稳中趋好，生产能力稳步提升。农林牧渔业总产值为2 539亿元，同比增长7.2%。粮食产量增长8.2%，连续三年实现增产丰收；优质林果种植面积实现突破，瓜果、林业特色产品喜获丰收，产量增长9%；棉花、油料、蔬菜主要经济作物生产平稳；畜牧业加快发展，产值首次突破500亿元大关。

新型农业经营主体发展迅速，农民专业合作社达到1.08万家，覆盖全区近20%的农户。农业龙头企业规模持续扩张，优质粮油、棉花加工、特色林果、畜产品加工四大特色产业生产格局形成，产业集聚和辐射能力进一步增强。

2. 工业经济增速持续回升，转型升级步伐加快。全年规模以上工业增加值增长12.9%，创三年来的新高。制造业技术创新能力提高，新产品产值率达到4.5%，为历史最好水平。

非石油工业、中小企业、园区工业增长加快。在国家给予新疆的差别化产业政策作用下，煤化工、石化、电力、有色等行业加快发展，拉动全年非石油工业增长19.9%。中小企业活力显著增强，增加值增长17.1%，创造了70%以上的就业岗位；园区产业集聚效益凸显，占规模以上工业增加值的34%，乌鲁木齐经济技术开发区成为全疆首家工业总产值突破1 000亿元的园区。

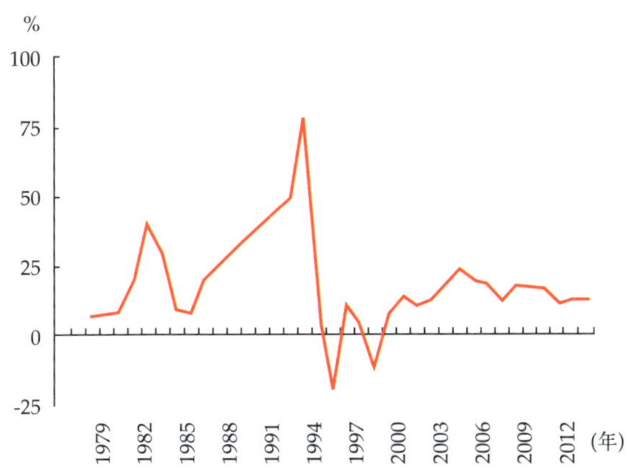

数据来源：新疆维吾尔自治区统计局。

图11　1979～2013年新疆维吾尔自治区规模以上工业增加值同比增长率

3. 服务业稳步发展。以旅游业、现代物流业、金融服务业等为重点的现代服务业加速推进，发展质量和水平稳步提升。交通、旅游等服务业支撑有力，客货运输稳定增长，道路客运量增长8.4%，货运量增长9.9%；旅游经济企稳回升，接待国内游客增长7.2%，国内旅游总花费增长17.6%。物流业稳步发展，A级物流企业数量位居西北地区前列。

（三）物价涨幅可控，工业品价格小幅下降

1. 居民消费价格涨幅稳步回落。2013年，自治区政府通过采取大力发展农牧业生产，加大投放储备菜、储备肉及进口牛羊肉等措施，加大生产生活用品供应，物价上涨得到有效控制，呈现涨幅前高后低、逐月回落态势。全年居民消费价格上涨3.9%，其中，城市上涨3.8%，农村上涨4.1%。食品类价格上涨8.5%，依然是推动新疆物价上涨的主要因素。

2. 生产资料价格小幅下降。受内需不足、部分行业产能过剩等因素的影响，新疆工业生产者价格持续下降，但降幅收窄。工业生产者出厂价格和原材料购进价格分别下降3.5%和2.2%，较上

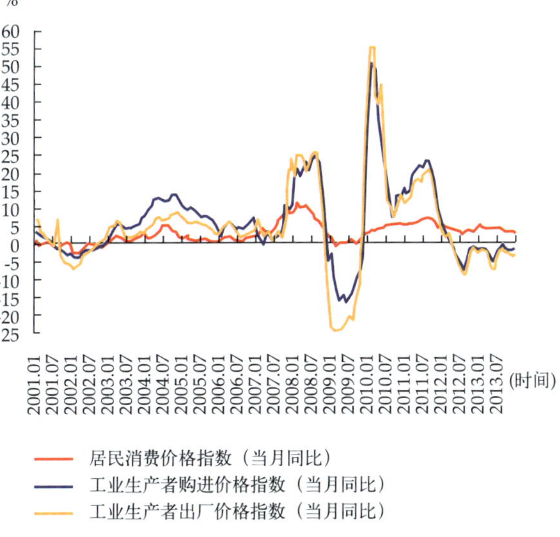

数据来源：新疆维吾尔自治区统计局。

图12　2001～2013年新疆维吾尔自治区居民消费价格和生产者价格变动趋势

年收窄0.4个和0.1个百分点。农业生产资料和农产品生产价格分别上涨2.5%和7.5%，涨幅较上年下降3.7个和2.1个百分点。

3. 劳动力成本上升较快。受工资收入提高以及劳动力短缺的影响，新疆劳动力成本快速上升。城镇单位就业人员月平均工资3 562元，增长16.9%；2小时最低工资标准为15.2元，居全国首位。

4. 资源性产品价格潜在上涨压力较大。按照国家发展改革委调整天然气价格的通知要求，新疆非居民用天然气销售价格大幅提高，乌鲁木齐车用天然气价格上涨近1倍。新疆启动水价改革，确定昌吉市、呼图壁县和伊吾县为试点县市，目前新疆平均水价仅为供水成本的1/3。为促进能源资源型行业的集聚发展，新疆煤炭、电价保持政策性低价。

（四）财政收支稳步增长，民生领域支出力度加大

财政收入平稳增长，地方财政收入占比提高。2013年，新疆全口径财政收入增长16.7%。地方财政收入占比提高至69.3%，同比上升5.9个百分点。主要是房地产市场活跃，相关税收贡献率提高，加之工业增速回升带动地方增值税收入增加。

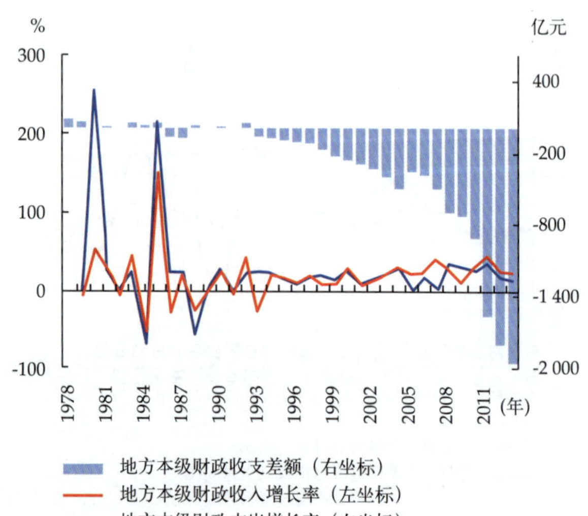

数据来源：新疆维吾尔自治区统计局。

图13 1978～2013年新疆维吾尔自治区财政收支状况

财政支出大幅增加，重点保障民生类支出。2013年，自治区重点项目、民生工程投资力度不断加大，全年地方财政支出增长14.2%，其中民生支出占公共财政预算支出的73%，连续三年超过七成。

（五）推进生态文明建设，环境质量总体保持稳定

加强生态环境保护，持续推进生态文明建设。编制完成《新疆生物多样性保护战略与行动计划》，博斯腾湖、艾比湖等重大生态治理修复工程、天然林保护、野生动物保护、湿地保护工程进展顺利。塔里木盆地周边防沙治沙、天山北坡谷地森林植被保护与恢复工程列入国家规划。启动气化新疆工程，力争2017年年末全疆所有县市政府所在城镇100%实现燃气化。加强重点企业管理，88.7%的国家重点监控企业签订环保承诺书。发布《新疆工业企业、建设项目化境保护状况蓝皮书》。

环境质量总体稳定，重点城市环境污染治理成效显著。2013年，新疆主要城市空气质量平均好于二级的优良天数比例为76.7%。通过主城区清洁能源全覆盖，乌鲁木齐市空气优良天数占比83.3%，比上年提高了3.5个百分点，空气质量全国排名由末位进入前20位，成为全国环境空气质量改善最为明显的城市之一。制定最严格水资源管理制度，总体水质状况良好。但是，由于现阶段新疆资源型经济依然占主导地位，高耗能工业占比大，节能减排任务艰巨。

（六）房地产市场活跃，现代畜牧业快速发展

1. 房地产市场供销两旺，保障房建设力度加大。2013年，新疆房地产开发投资活跃，新开工面积大幅回升，土地交易和商品房销售价格持续攀升，房地产贷款增速加快。

（1）房地产开发投资增速波动上行，企业资金面较为充裕。全年房地产开发投资825.7亿元，增长36.2%，高于全国16.7个百分点。由于商品房销售的恢复性增长，企业资金面整体较为充裕。房地产开发企业到位资金1 113.2亿元，增长

39.5%，较上年提高22.9个百分点。其中，自筹资金增长38.5%，定金及预收款、个人按揭贷款等其他资金增长45.2%。

（2）房地产供给增加，保障房建设力度加大。全年新开工面积增长32.1 %，较上年提高37.2个百分点；房地产施工、竣工面积同比分别增长38.1%和65.7%，较上年提高9.3个和 45.6个百分点。保障房开工建设29.9万套，开工率为101%，建成21.9万套，完成投资220.1亿元。

（3）商品房销售活跃，市场交易快速回暖。随着市场需求逐步释放，商品房交易快速回暖，商品房销售呈现恢复性增长态势。全年商品房销售面积和销售额分别增长41%和53.6%，较上年提高58.2个和62.2个百分点。

（4）土地交易价格提高，房价上扬。全疆土地成交价款为85.8亿元，增长64.7%，较上年提高77.3个百分点。乌鲁木齐市房地产价格持续攀升，新建商品住宅和二手住宅价格指数同比分别上涨10.7%和5.0%。在房地产调控政策作用下，下半年房价涨势有所趋缓。

（5）房地产贷款快速增长，保障房建设的融资渠道进一步拓宽。2013年年末，房地产贷款余额为1 215.9亿元，增长43.2%，较上年提高14.5个百分点。在土地储备贷款大幅增长带动下，房地产开发贷款同比增长1.9倍；个人住房贷款同比增长37.9%。保障房融资呈现多元化趋势，乌鲁木齐、克拉玛依、哈密、巴州开展公积金贷款支持保障房建设试点，乌鲁木齐市首单保障房私募债成功发行，通过贷款、发债、信托、委托贷款等方式，全疆累计向保障房建设项目融资209.5亿元。

2. 现代畜牧业快速发展。新疆是全国畜牧业生产基地和五大牧区之一，发展壮大畜牧业对促进新疆现代农业发展，保障农民增收，稳定地区物价具有重要的现实意义。

近年来，新疆加大扶持力度，打造优势主导产业，畜牧业呈现平稳较快发展态势。一是畜产品供给能力稳步提高。2013年，畜牧业产值首次突破500亿元大关，在农业总产值中占比达20%。二是产业体系逐步形成。牛奶、优质牛羊肉、细羊毛三大优势产业带形成规模，猪、禽等特色产业区逐步形成，现代马产业已具雏形。三是畜牧

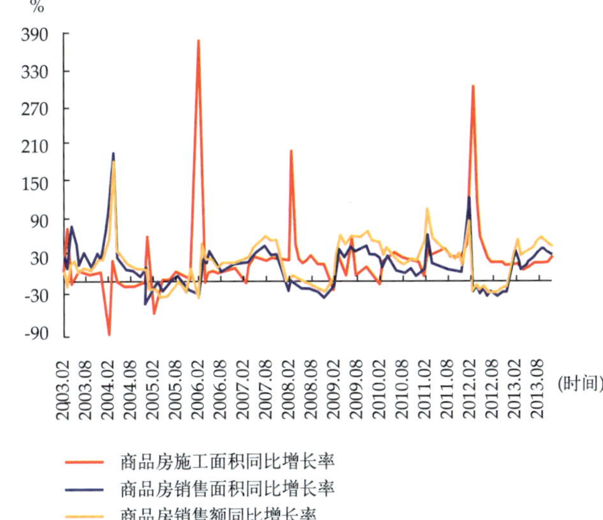

数据来源：中国人民银行乌鲁木齐中心支行。

图14　2003～2013年新疆维吾尔自治区商品房施工和销售变动趋势

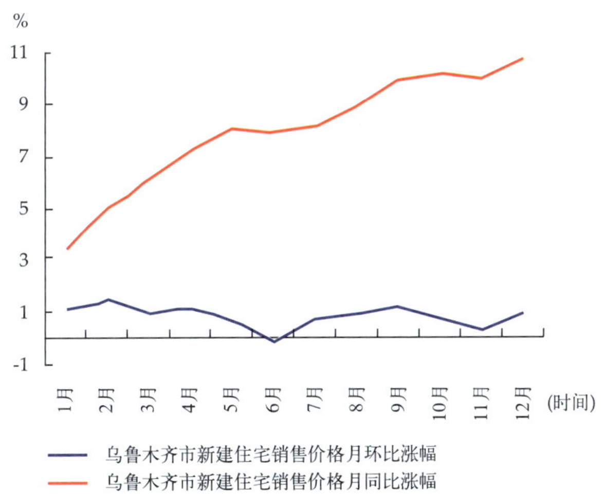

数据来源：中国人民银行乌鲁木齐中心支行。

图15　2013年乌鲁木齐市新建住宅销售价格变动趋势

业产业化进程加快。通过“公司+基地+农户”的产业化经营模式，构建龙头带基地，基地带动农户的发展格局。目前，全疆畜禽标准化规模养殖场（小区）799个，各类畜牧合作专业社2 294个，养殖大户达到30多万户，国家级畜禽标准化规模养殖示范场103家。

新疆畜牧业发展虽取得了一定成绩，但尚未完全摆脱传统生产方式，生产能力和产业化发展

水平仍显不足。目前，新疆畜牧业规模养殖水平仅为35%，低于全国15个百分点；肉类产品精深加工率不到5%，原料奶加工率仅为22.2%；肉牛肉羊供求失衡，价格持续偏高。

为配合畜牧业现代化的建设目标，2013年，自治区出台《关于加快肉羊肉牛产业发展的意见》，中央和自治区财政安排新疆畜牧业发展资金57.6亿元，同比增长12.3%，创历史新高。金融也不断加大对畜牧业的支持力度，中国人民银行乌鲁木齐中心支行联合相关部门出台《关于金融支持新疆肉羊肉牛产业发展的意见》，各家银行先后推出“公司+合作社+牧民”、“银企农”合作、“政府+信用社+合作社+保险公司+农户”等多种信贷模式，畜牧业贷款投放逐年上升。2013年年末，新疆金融机构畜牧业贷款余额为174亿元，同比增长41.8%。

三、预测与展望

目前，新疆仍处于发挥比较优势、实现跨越式发展的重要战略机遇期，经济有望继续保持快速增长态势。

多项因素利好新疆经济平稳较快发展。在中央对新疆工作做出新的全面部署，建设丝绸之路经济带、加快向西开放以及全面深化改革的政策背景下，宏观政策环境和新疆跨越式发展特殊阶段有利于投资继续保持快速增长；城乡居民收入持续增长和公共基础服务的不断完善有利于消费稳定增长；“五化”建设和经济转型升级的加快，进一步提升增长的内生动力；连片特困地区扶贫开发政策推动南疆三地州经济社会加快发展，有利于增强区域经济的协调性。同时，新疆经济发展仍面临一些挑战，从外部看，全球经济复苏缓慢，国内经济下行压力仍然较大，经济发展的不确定性因素较多；从自身看，新疆经济结构调整和转型升级任务艰巨，社会维稳形势依然严峻。

物价形势基本稳定。目前，工业品总体供大于求，粮食连续丰产丰收，肉羊肉牛产业供给能力加大，有利于新疆物价的稳定。但受劳动力成本上升，资源性产品价格改革推进，食品价格深层次矛盾尚未解决等因素的影响，新疆物价调控压力仍然较大。预计2014年新疆物价涨幅在4%左右。

2014年，新疆跨越式发展的资金需求依然旺盛。新疆金融业将按照稳中求进、改革创新的总基调，认真执行稳健的货币政策，保持信贷总量平稳适度增长，用好增量、盘活存量，调整优化资金配置，积极拓宽融资渠道，深化金融机构改革，防范金融风险，切实增强金融服务实体经济的能力。

中国人民银行乌鲁木齐中心支行货币政策分析小组

总　纂：朱苏荣　陶君道

统　稿：法尔哈提　靳　锐　张丽亚　张志超　王力敏

执　笔：毕燕茹　马　杰　李爱华　徐晓静　韩　莹

提供材料的还有：温　波　梁非坤　张馨月　郭　海　杨长伟　李宏林　谢　鹍　郑高强　高　锐
曹　振　张　波　马岩祥　张　硕　李　国　王　炜　劳桂珍　邵峥嵘

附录

（一）2013年新疆维吾尔自治区经济金融大事记

2月，《金融支持喀什霍尔果斯经济开发区战略合作协议》签署仪式在乌鲁木齐举行，9月，召开“金融支持新疆经济发展 加快喀什霍尔果斯经济开发区建设”座谈会。

8月，经中国人民银行批复同意，跨境人民币创新试点政策成功落户中哈霍尔果斯国际边境合作中心。

9月，第四次全国对口支援新疆工作会议召开，对当前和今后一个时期对口援疆工作作出重要部署。

9月，国家外汇管理局新疆分局出台《关于外汇管理支持新疆涉外经济跨越式发展的意见》（新汇发[2013]70号），提出了促进贸易投资便利化等方面意见。

9月，第三届中国—亚欧博览会“金融发展与合作论坛”在乌鲁木齐成功举办。本次论坛以“深化金融合作，促进中国与亚欧经贸发展”为主题，共计达成55项合作成果，签约金额1 987亿元。

9月，准东煤制气示范项目前期工作获国家发展改革委批准。该项目年产300亿立方米煤制气，是全国最大的煤制气项目。

10月，新疆股权交易中心正式开市，该中心是西北第一家股权交易中心，首批挂牌企业达146家。

11月，兰新铁路第二双线新疆段正线轨道铺设完成，第二双线全长1 776公里，是目前世界上一次性建设里程最长的高速铁路，其中新疆段正线全长710公里。

12月，新疆首家农村商业银行——天山农商银行挂牌营业；新疆银行获批筹建。

12月，习近平总书记主持召开中央政治局常委会议，研究和部署当前和今后一个时期新疆工作，提出了“新疆工作的着眼点和着力点就是社会稳定和长治久安”的重大论断，确立了长治久安的指导思想。

（二）2013年新疆维吾尔自治区主要经济金融指标

表1　2013年新疆维吾尔自治区主要存贷款指标

		1月	2月	3月	4月	5月	6月	7月	8月	9月	10月	11月	12月
本外币	金融机构各项存款余额（亿元）	12 396	12 420	12 900	13 107	13 430	13 579	13 623	13 855	14 360	14 360	14 272	14 247.5
	其中：储蓄存款	5 399	5 435	5 480	5 357	5 352	5 363	5 373	5 397	5 575	5 692	5 769	5 907.2
	单位存款	6 445	6 379	6 955	7 254	7 591	7 714	7 613	7 716	8 147	8 015	7 856	7 817.9
	各项存款余额比上月增加（亿元）	-32	23	481	206	323	150	43	232	505	1	-89	-24.1
	金融机构各项存款同比增长（%）	19.3	16.4	18.9	21.0	21.8	18.9	19.1	18.8	18.7	17.2	15.8	14.7
	金融机构各项贷款余额（亿元）	8 376	8 491	8 696	8 904	9 118	9 299	9 463	9 613	10 117	10 322	10 384	10 377.1
	其中：短期	2 681	2 719	2 843	2 927	2 973	3 001	2 982	3 024	3 390	3 513	3 503	3 424.4
	中长期	4 762	4 828	4 898	4 977	5 103	5 226	5 411	5 500	5 602	5 663	5 741	5 783.3
	票据融资	314	318	322	337	354	355	330	353	371	383	367	396.2
	各项贷款余额比上月增加（亿元）	-21	115	204	208	214	182	164	150	503	206	62	-6.9
	其中：短期	-118	38	124	84	45	28	-19	42	367	123	-10	-78.3
	中长期	67	67	69	80	125	124	185	88	103	61	78	42
	票据融资	11	5	4	16	17	1	-25	23	19	11	-15	28.9
	金融机构各项贷款同比增长（%）	24.4	23.3	24.1	25.0	25.5	25.3	24.4	24.5	24.5	24.5	25.2	23.7
	其中：短期	18.1	15.5	19.9	23.1	24.9	24.8	21.1	22.2	21.8	24.7	28.0	22.8
	中长期	21.7	21.6	21.1	20.6	21.3	22.6	24.9	24.9	24.9	23.9	24.2	23.2
	票据融资	67.5	66.3	53.2	44.9	31.3	17.8	-3.3	2.1	15.0	13.2	2.9	31.0
	建筑业贷款余额（亿元）	178	178	184	189	204	222	228	237	255	249	248	249.1
	房地产业贷款余额（亿元）	158	159	162	166	171	178	184	191	199	202	203	201.4
	建筑业贷款同比增长（%）	27.9	22.5	21.1	21.4	30.7	40.9	38.6	41.9	51.2	49.1	42.9	39.5
	房地产业贷款同比增长（%）	22.0	22.8	28.3	31.6	32.3	41.6	42.7	42.9	39.6	39.6	35.2	30.0
人民币	金融机构各项存款余额（亿元）	12 307	12 302	12 788	12 981	13 284	13 456	13 464	13 705	14 193	14 180	14 106	14 088.8
	其中：储蓄存款	5 379	5 412	5 458	5 334	5 329	5 341	5 350	5 374	5 553	5 670	5 747	5 884.5
	单位存款	6 371	6 279	6 862	7 148	7 465	7 610	7 475	7 587	7 999	7 854	7 708	7 677.2
	各项存款余额比上月增加（亿元）	-29	-6	486	193	302	172	8	241	488	-13	-74	-17.1
	其中：储蓄存款	94	33	45	-124	-5	12	9	24	179	117	78	137.3
	单位存款	-223	-92	582	286	317	144	-135	113	412	-145	-146	-31.0
	各项存款同比增长（%）	19.0	16.2	18.3	20.6	21.2	18.6	18.4	18.0	18.1	16.4	15.8	14.3
	其中：储蓄存款	19.1	19.5	19.1	19.1	18.5	16.1	17.0	16.8	15.4	13.8	12.7	11.4
	单位存款	22.3	14.7	19.4	23.3	25.5	23.6	21.1	18.8	21.9	20.1	18.9	16.5
	金融机构各项贷款余额（亿元）	7 891	7 994	8 185	8 391	8 603	8 783	8 948	9 099	9 602	9 793	9 847	9 840.46
	其中：个人消费贷款	785	797	816	838	870	895	924	954	978	999	1 026	1 053.1
	票据融资	314	318	322	337	354	355	330	353	371	383	367	396.2
	各项贷款余额比上月增加（亿元）	-34	103	191	206	212	180	165	151	503	191	53	-6.4
	其中：个人消费贷款	22	11	19	22	31	26	29	30	24	21	27	27.4
	票据融资	11	5	4	16	17	1	-25	23	19	11	-15	28.9
	金融机构各项贷款同比增长（%）	23.67	22.4	23.12	24.03	24.87	24.75	24	24.4	24.61	24.72	25.51	24.3
	其中：个人消费贷款	29.29	30.69	31.64	33.41	35.32	36.29	37.48	38.74	37.9111	38.85	38.72	39.9
	票据融资	67.523	66.357	53.177	44.938	31.321	17.832	-3.321	2.1082	15.0244	13.180	2.9298	31.0
外币	金融机构外币存款余额（亿美元）	14	19	18	20	24	20	26	24	27	29	27	26.0
	金融机构外币存款同比增长（%）	75.4	32.9	158.6	103.5	139.6	83.3	141.5	171.8	138.0	129.9	122.9	76.6
	金融机构外币贷款余额（亿美元）	77	79	81	82	83	84	83	83	84	86	88	88.0
	金融机构外币贷款同比增长（%）	38.7	41.1	43.0	44.5	40.5	38.6	34.8	30.5	26.0	23.6	21.9	17.2

数据来源：中国人民银行乌鲁木齐中心支行。

表2　2001～2013年新疆维吾尔自治区各类价格指数

单位：%

年/月	居民消费价格指数		农业生产资料价格指数		工业生产者购进价格指数		工业生产者出厂价格指数		乌鲁木齐市房屋销售价格指数
	当月同比	累计同比	当月同比	累计同比	当月同比	累计同比	当月同比	累计同比	当季(年）同比
2001	—	104.0	—	103.0	—	99.0	—	96.3	101.0
2002	—	99.4	—	99.6	—	94.9	—	97.3	99.2
2003	—	100.4	—	101.1	—	114.8	—	115.1	99.9
2004	—	102.7	—	107.3	—	118.2	—	116.4	100.7
2005	—	100.7	—	105.3	—	110.7	—	116.6	100.9
2006	—	101.3	—	102.5	—	111.1	—	114.4	101.3
2007	—	105.5	—	106.2	—	103.8	—	106.3	111.1
2008	—	108.1	—	112.3	—	117.8	—	116.4	116.3
2009	—	100.7	—	99.5	—	90.6	—	85.5	102.8
2010	—	104.3	—	103.1	—	123.9	—	125.3	107.9
2011	—	105.9	—	106.6	—	117.8	—	114.8	108.5
2012	—	103.8	—	106.2	—	97.9	—	96.9	101.7
2013	—	103.9	—	102.5	—	97.8	—	96.5	108.1
2012　1	105.0	105.0	106.4	106.4	103.6	103.6	101.7	101.7	103.9
2	104.7	104.9	106.8	106.6	101.9	102.7	100.4	101.0	102.7
3	104.1	104.6	105.9	106.4	100.4	101.9	100.6	100.9	101.9
4	103.8	104.4	106.6	106.4	100.2	101.5	100.3	100.7	101.6
5	103.8	104.3	106.1	106.4	96.6	100.5	96.7	99.9	101.1
6	103.7	104.2	107.3	106.5	95.0	99.5	94.7	99.0	100.8
7	103.0	104.0	105.6	106.4	94.2	98.7	91.7	97.9	100.9
8	103.0	103.9	105.4	106.3	92.7	98.0	91.1	97.1	100.9
9	103.1	103.8	106.6	106.3	95.4	97.7	94.2	96.7	101.0
10	103.3	103.7	107.0	106.4	97.7	97.7	96.5	96.7	101.4
11	103.2	103.7	104.9	106.2	99.2	97.8	98.6	96.9	102.0
12	105.4	103.8	105.7	106.2	98.2	97.9	97.3	96.9	102.4
2013　1	104.6	104.6	106.0	106.0	98.1	98.1	98.3	98.3	103.5
2	104.5	104.6	104.8	105.4	98.5	98.3	98.4	98.4	105.0
3	104.1	104.4	104.3	105.0	98.4	98.3	97.2	98.0	106.2
4	104.3	104.4	103.0	104.5	96.2	97.8	93.4	96.8	107.4
5	104.2	104.4	102.7	104.1	94.9	97.2	92.3	95.9	108.1
6	104.1	104.3	101.2	103.6	95.7	96.9	94.6	95.7	107.9
7	104.1	104.3	101.6	103.3	98.3	97.1	97.8	96.0	108.3
8	103.9	104.2	101.9	103.2	99.9	97.5	98.6	96.3	109.1
9	103.6	104.2	101.3	102.9	99.0	97.6	97.5	96.4	110.0
10	103.5	104.1	100.9	102.7	98.2	97.7	96.9	96.4	110.3
11	103.4	104.0	100.9	102.7	98.2	97.7	96.4	96.4	110.1
12	102.9	103.9	101.9	102.5	98.6	97.8	97.1	96.5	110.7

数据来源：新疆维吾尔自治区统计局。

表3　2013年新疆维吾尔自治区主要经济指标

	1月	2月	3月	4月	5月	6月	7月	8月	9月	10月	11月	12月
	绝对值（自年初累计）											
地区生产总值（亿元）	—	—	1 190.3	—	—	2 896.5	—	—	5 700.3	—	—	8 360.2
第一产业	—	—	108.3	—	—	283.1	—	—	1 005.5	—	—	1 468.3
第二产业	—	—	673.3	—	—	1 553.8	—	—	2 649.6	—	—	3 766.0
第三产业	—	—	408.7	—	—	1 059.7	—	—	2 045.3	—	—	3 126.0
工业增加值（亿元）	204	391	618	837	1 060	1 297	1 543	1 786	2 044	2 315	2 592	2 896
固定资产投资（亿元）	—	82	299	688	1 331	2 235	3 050	3 893	4 813	5 591	6 366	7 363
房地产开发投资	—	6	21	73	146	242	353	478	598	682	789	826
社会消费品零售总额（亿元）	—	—	470	—	—	941	—	—	1 444	—	—	2 039
外贸进出口总额（万美元）	233 945	377 567	523 801	724 079	903 297	1 047 278	1 253 017	1 500 784	1 819 009	2 077 329	2 366 333	2 756 200
进口	21 684	39 759	64 657	93 516	118 230	139 451	159 077	179 087	271 742	365 608	480 013	529 200
出口	212 261	337 808	459 144	630 563	785 067	907 827	1 093 940	1 321 697	1 547 267	1 711 721	1 886 320	2 227 000
进出口差额(出口－进口)	190 577	298 049	394 487	537 047	666 837	768 376	934 863	1 142 610	1 275 525	1 346 113	1 406 307	1 697 800
外商实际直接投资（万美元）	3 743	10 407	16 985	23 967	25 685	31 306	31 306	32 666	36 083	38 485	44 882	48 100
地方财政收支差额（亿元）	-43	-134	-385	-514	-672	-884	-995	-1 132	-1 380	-1 486	-1 719	-1 963
地方财政收入	105	174	254	373	476	600	737	844	959	1 095	1 294	1 557
地方财政支出	148	308	640	914	1 148	1 483	1 732	1 976	2 339	2 581	3 013	3 520
城镇登记失业率(%)(季度)	—	—	2.72	—	—	2.77	—	—	2.84	—	—	3.4
	同比累计增长率（%）											
地区生产总值	—	—	10.3	—	—	10.5	—	—	10.8	—	—	11.0
第一产业	—	—	4.5	—	—	5.1	—	—	5.1	—	—	6.9
第二产业	—	—	10.7	—	—	12.2	—	—	13.3	—	—	3.6
第三产业	—	—	10.8	—	—	9.0	—	—	10.6	—	—	9.3
工业增加值	1.5	8.7	10.3	10.4	10.9	11.4	11.9	11.9	12.1	12.6	12.8	12.9
固定资产投资	—	22.4	27.9	29.8	29.7	31.8	32.1	31.8	31.7	31.4	31.5	25.7
房地产开发投资	—	48.5	23.3	34.1	29.2	34.9	44.2	44.5	45.4	41.7	38.4	36.2
社会消费品零售总额	—	—	12.4	—	—	12.9	—	—	13.0	—	—	13.4
外贸进出口总额	87.6	42.0	26.4	12.0	12.0	6.6	2.2	5.0	8.5	8.1	5.9	9.5
进口	-7.1	-55.0	-41.8	-55.1	-49.4	-45.1	-43.9	-41.4	-16.9	-14.4	-10.1	-9.1
出口	110.0	90.2	51.3	44.0	37.1	24.6	16.2	17.6	14.7	14.6	11.0	15.1
外商实际直接投资	12.0	30.5	42.2	18.9	11.5	21.1	20.4	12.8	22.0	10.3	10.8	15.7
地方财政收入	15.3	13.2	14.5	16.0	14.2	15.6	13.0	11.5	11.0	12.4	19.2	24.0
地方财政支出	96.6	6.8	18.8	18.2	15.7	17.3	13.4	10.5	14.3	12.1	18.1	14.2

注：1. 如无特殊说明，本表数字均为累计数。

2. 地方财政收入指地方财政公共财政预算收入，地方财政支出指地方财政公共财政预算支出。

数据来源：新疆维吾尔自治区统计局。